# 2024

# 江苏统计年鉴

# Jiangsu Statistical Yearbook

（总第41期　№. 41）

江　苏　省　统　计　局
国家统计局江苏调查总队　编

*Compiled by*
Jiangsu Provincial Bureau of Statistics
Survey Office of the National Bureau of Statistics in Jiangsu

中国统计出版社
China Statistics Press

图书在版编目（CIP）数据

江苏统计年鉴. 2024 = Jiangsu Statistical Yearbook 2024 : 汉、英 / 江苏省统计局, 国家统计局江苏调查总队编. -- 北京 : 中国统计出版社, 2024. 12. -- ISBN 978-7-5230-0655-9

Ⅰ. C832.53-54

中国国家版本馆 CIP 数据核字第 2024NC2685 号

江苏统计年鉴 2024
**Jiangsu Statistical Yearbook 2024**

作　　者/江苏省统计局　国家统计局江苏调查总队
责任编辑/梁　超
封面设计/奚　磊
出版发行/中国统计出版社有限公司
通信地址/北京市丰台区西三环南路甲 6 号　邮政编码/100073
发行电话/邮购（010）63376909　书店（010）68783171
网　　址/http://www.zgtjcbs.com/
印　　刷/江苏恒佳印务有限公司
经　　销/新华书店
开　　本/880mm×1230mm　1/16
字　　数/2000 千字
印　　张/46.50
版　　别/2024 年 12 月第 1 版
版　　次/2024 年 12 月第 1 次印刷
定　　价/480.00 元

# 《江苏统计年鉴 2024》

# 编委会和编辑人员

# Jiangsu Statistical Yearbook 2024

# EDITORIAL BOARD AND EDITORIAL STAFF

# 编者说明

一、《江苏统计年鉴 2024》（以下简称《年鉴》）是一部全面、系统反映江苏省 2023 年及历年国民经济和社会发展情况的资料性年刊，收录了江苏省及各地区大量的经济社会发展统计信息。

二、《年鉴》共有 21 篇:1.综合；2.国民经济核算；3.人口、就业和工资；4.价格指数；5.人民生活；6. 固定资产投资；7.财政、金融；8.对外经济贸易；9.能源、资源、环境；10.农业；11.工业；12.建筑业；13.运输、邮电和服务业；14.批发零售、住宿餐饮和旅游；15.科技、教育；16.文化、体育、卫生；17.公共管理、社会保障和社会组织；18.城市经济与建设；19.区域经济；20.市县社会经济；21.县(市)社会经济发展序列，以及《附录：全国分省主要指标》。

为方便读者使用，各篇首设有简要说明，对本篇首的主要内容、资料来源、统计范围、统计方法以及历史变动情况予以简要概述，篇末附有主要统计指标解释。

三、《年鉴》资料大部分来自年度统计报表，少部分来自抽样调查等。全国分省资料来自国家统计局的有关统计资料。

四、《年鉴》中所使用的度量衡单位均采用国际统一标准计量单位。

五、《年鉴》中国民经济行业分类按 2017 年国家标准《国民经济行业分类》(GB/T4754 -2017)执行。

六、《年鉴》总量指标计算所采用的价格均为现行价格。

七、《年鉴》中部分数据合计数或相对数由于单位取舍不同产生的计算误差，均未作机械调整。

八、《年鉴》表中“...”表示数据不足本表最小单位数;空格表示该项统计指标数据不详或无该项数据: 加“#”表示其中的主要项。

九、为了满足统计调查划分经济类型需要，国家统计局会同市场监管总局对《关于划分企业登记注册类型的规定》（国统字〔2011〕86 号）进行修订，联合印发《关于市场主体统计分类的划分规定》（国统字〔2023〕14 号）（以下简称“新标准”），本年鉴对相关分组按“新标准”作出相应调整。

感谢国内外广大读者多年来对《年鉴》编辑出版工作的支持和帮助，欢迎继续提出宝贵意见，使《年鉴》的形式和内容更趋完善。

# EDITOR'S NOTES

Ⅰ. *Jiangsu Statistical Yearbook 2024* (abbreviated as Yearbook hereinafter) is an annual statistical publication which reflects comprehensive and systematic data series about the national economy and social development in Jiangsu Province in 2023 and some selected data series in historically years. It includes much statistical information on economic and social development the province and in various regions.

Ⅱ. *Yearbook* contains twenty-one chapters：1. General Survey;2.National Accounts;3.Population, Employment and Wages; 4.Price Indices; 5.People's living conditions; 6.Investment in Fixed Assets: 7.Government Finance, Financial Intemediation; 8. Foreign Trade and Economic Cooperation; 9. Energy, Resource and Environment ; 10. Agriculture; 11. Industry; 12. Construction; 13.Transport, Postal and Telecommunication Services and Service Industry; l4.Wholesale and Retail Trades, Hotels, Catering Services and Tourism; 15. Science and Technology, Education; l6. Culture, Sports and Public Health; 17. Public Management, Social Security and Social Organizations; 18. Urban Economy and Construction; 19.Regional Economy; 20.Social Economy of Cities and Counties; 21.Social Economy Development Sequence of Counties(Cities); Appendix, Main Indicators by Province.

To facilitate readers, the Brief Introduction at the beginning of each chapter provides a summary of the main contents of the chapter, data sources, statistical scope, statistical methods and historical changes. At the end of each chapter, Explanatory Notes on Main Statistical Indicators are included.

Ⅲ. The major data sources of this Yearbook are obtained from annual statistical reports, and some from sample surveys. National major indicators grouped by provinces are obtained from relative statistical data published by the National Bureau of Statistics of China.

Ⅳ. The units of measurement used in the Yearbook are international standard measurement units.

Ⅴ. The classification of national economic industry used in the Yearbook is carried out according to the national standard of 2017's The Classification on National Economic Industry (GB/T4754 -2017).

Ⅵ.The price used for gross indicator's calculating are current price.

Ⅶ Statistical dicrepancies on totals and relative figures due to rouding are not adjusted in the Yearbook.

Ⅷ. In the Yearbook "..." indicates that the data are is not large enough to be measured with the smallest unit in the table; (blank space) indicates that the data are unknown, or are not available, "#" indicates the major breakdown of the total.

Ⅸ. In order to meet the needs of economic classification in statistical surveys, the National Bureau of Statistics together with the State Administration for Market Regulation revised the Regulations on the Classification of Enterprises by Registration Status (Guotongzi[2011] No.86) and then jointly issued the Regulations on the Classification of Market Entity Statistics (Guotongzi [2023] No.14) (hereinafter referred to as the new standard). The yearbook has made corresponding adjustments to the relevant groups according to the "new standard".

We express thanks to the general readers of domestic and abroad for supporting and helping the work of compilation and publication of the Yearbook. We sincerely welcome valuable suggestions from the general readers so that the form and content of the Yearbook can be further improved.

# 目 录

# CONTENTS

## 第一篇 综 合
## Chapter 1 General Survey



## 第二篇 国民经济核算
## Chapter 2 National Accounts

**第三篇　人口、就业人员和工资**
**Chapter 3　Population, Employment and Wages**

## 第四篇 价格指数
## Chapter 4 Price Indices

## 第五篇 人民生活
## Chapter 5 People's Living Conditions

## 第六篇 固定资产投资
## Chapter 6 Investment in Fixed Assets



## 第七篇 财政、金融
## Chapter 7 Government Finance, Fiancial Intermediation

**第八篇　对外经济贸易**
**Chapter 8　Foreign Trade and Economic Cooperation**

**第九篇 能源、资源、环境**

**Chapter 9 Energy, Resources and Environment**

## 第十篇　农 业
## Chapter 10　Agriculture

## 第十一篇　工 业
## Chapter 11　Industry

## 第十二篇 建筑业
## Chapter 12 Construction

## 第十三篇　运输、邮电和服务业
## Chapter 13　Transport, Postal and Telecommunication Services, and Service Industry

## 第十四篇 批发零售、住宿餐饮和旅游
## Chapter 14 Wholesale and Retail Trades, Hotels, Catering Services and Tourism



## 第十五篇 科技、教育
## Chapter 15 Science And Technology, Education

## 第十六篇 文化、体育、卫生
## Chapter 16 Culture, Sports and Public Health

## 第十八篇 城市经济与建设

## Chapter 18 Urban Economy and Construction

## 第十九篇 区域经济
## Chapter 19 Regional Economy



## 第二十篇 市县社会经济
## Chapter 20 Social Economy of Cities and Counties

## 第二十一篇 县(市)社会经济发展序列
## Chapter 21 Social Economy Development Sequence of Counties (Cities)

## 附录　全国分省主要指标
## Appendix　Main Indicators by Province

# 1

# 综　　合
# General Survey

# 简 要 说 明

**本篇章主要内容和资料来源**

一、综合资料主要包括行政区划、国民经济和社会发展综合资料、法人单位统计资料等。

二、行政区划资料，由民政部门根据截止到上一年末全省行政区划变更情况整理提供。

三、国民经济综合资料是抽取全书的精华，通过对各篇章主要统计指标及其速度、结构、比例和效益等的加工计算，反映国民经济和社会发展的总体情况。

# Brief Introduction

**Main Contents and Sources of Data**

Ⅰ. This chapter consists of three parts: divisions of administrative areas, summary data on the national economy and social development, and private and legal entities.

Ⅱ. Data on divisions of administrative areas are provided by the Ministry of Civil Affairs on the basis of the changes in the divisions of administrative areas at the end of the previous year.

Ⅲ. The summary data on the national economy extracts the essence of the whole book and reflect the overall situation of the economic and social development by processing and calculating main statistical indicators and its growth, structure, ratio and efficiency, which derived from other chapters.

# 自然概况

## 位置

江苏简称苏，位于我国大陆东部沿海中心，介于东经 116° 21′ ~121° 56′ ，北纬 30° 45′ ~35° 08′ 之间。东濒黄海，西连安徽，北接山东，东南与浙江、上海毗邻。

江苏地处美丽富饶的长江三角洲，平原辽阔，主要有苏南平原、江淮平原、黄淮平原和东部滨海平原，自然条件优越，经济基础较好。

## 面积

全省面积 10.72 万平方公里，占全国总面积的 1.1%，海岸线长 954 公里。

## 河流

全省境内河川交错，水网密布，长江横穿东西 433 多公里，大运河纵贯南北 757 公里，西南部有秦淮河，北部有苏北灌溉总渠、新沭河、通扬运河等。有大小湖泊 290 多个，全国五大淡水湖，江苏得其二，太湖和洪泽湖像两面大明镜，分别镶嵌在水乡江南和苏北平原。

## 资源

江苏以地形地势低平，河湖众多为特点，平原、水面所占比例之大，在全国居首位，成为江苏一大地理优势。水产资源丰富，有广阔的海涂、浅海，东部沿海渔场面积达 15.4 万平方公里，其中包括著名的吕泗、海州湾等四大渔场，盛产黄鱼、带鱼、昌鱼、虾类、蟹类及贝藻类等。江苏也是全国河蟹、鳗鱼苗的主要产地。内陆水面 4000 多万亩，养殖面积 1148 万亩，有淡水鱼类 140 余种，已利用的有 40 多种。矿产资源分布广泛，品种较多，已发现的有 135 种。能源矿产主要有煤炭、石油和天然气；非金属矿产有硫、磷、钠盐、水晶、蓝晶石、蓝宝石、金刚石、高岭土、石灰石、石英砂、大理石、陶瓷黏土；金属矿产有铁、铜、铅、锌、银、金、锶、锰等。黏土类矿产、建材类矿产、化工原料矿产、冶金辅助原料矿产、特种用途矿产和有色金属矿产，是江苏矿产资源的优势。

## 气候

全省地处亚热带向暖温带过渡区，气候温和，雨量适中，四季分明，以淮河、灌溉总渠一线为界，以南属亚热带湿润季风气候，以北属暖温带湿润、半湿润季风气候。

# Natural Resources

**Location**

Jiangsu (short for Su) lies in the east of the country. It is situated in the center of the coastal area, between 116° 21′ —121° 56′ E and 30° 45′ —35° 08′ N, with Yellow Sea on the east, Anhui on the west, Shandong on the north, and Zhejiang and Shanghai as its neighbours on the south-east.

Jiangsu seats on the beautiful and abundant Yangtze River Delta with vast plains, mainly including South-Su Plain, Jianghuai Plain, Huanghuai Plain and Eastern Coastal Plain. Jiangsu possesses favorable natural conditions and good economic bases.

**Area**

The area of Jiangsu is 107.2 thousand square kilometres, occupied 1.1% of the total national area. The coastline of the province is as long as 954 kilometres.

**Rivers and Lakes**

In Jiangsu, there are rivers crisscrossing over the water network. The Yangtze River travels the whole area of Jiangsu, from west to east, for more than 433 kilometres. The Grand Canal flows from south to north for 757 kilometres. There are Qinhuai River in the south-west of Jiangsu, Northern Jiangsu Irrigation Canal, Xinshu River and Tongyang canal etc. in the north part. Among the 290 lakes of varying size in Jiangsu, the Taihu Lake and Hongzehu Lake are both listed among the national “Five Largest Freshwater Lakes”, which are like two bright mirrors inlaid respectively into the water town in the south of Yangtze River and Subei Plain.

**Resources**

The province is characteristic of topographical features in low and flat terrains, with numerous rivers and lakes. The proportion of plains and watersurface areas is so large that it ranks the first in China and becomes a geographical superiority proportion. There are plentiful aquatic resources, vast shallow sea beaches and epeiric seas. There are 154 thousand square kilometres of fishing grounds on the eastern coastal area, composed of the four famous fishing grounds such as Lvsi and Haizhouwan etc., abound in yellow croaker, hairtail, butterfish, shrimps and crabs, and shellfish and algae. Jiangsu is also a main production area of crabs and young eels in the country. There are more than 40 million mu of interior water surface, with 11.48 million mu of aquatic farm. Among 140 kinds and more of fresh water fishes, over 40 are utilized. Numerous varieties of mineral resources are widely dispersed, 135 kinds of them have been discovered. The main sources of energy and minerals dispersed in Jiangsu are coal, petroleum and natural gas. Non-metallic minerals contain sulphur, phosphorus, sodium, crystal, kyanite, sapphire, diamond, kaolin, limestone, quartzite, marble and pottery clay. Metallic minerals contain iron, copper, lead, zinc, silver, gold, strontium and manganese. The minerals as clay, construction materials, sand, chemical raw materials, metallurgical assistance raw materials, special purpose minerals and non-ferrous metal minerals become a mineral superiority of Jiangsu.

**Climate**

Jiangsu is located in the subtropical to warm temperate transition zone, with mild climate, moderate rainfall and distinct seasons. It is bounded by the Huaihe River and the general irrigation canal. The south belongs to the subtropical temperate monsoon climate, while the north belongs to the warm temperate humid, semihumid monsoon climate.

# 综 合
# GENERAL SURVEY

## 从数字看 2023 年的江苏
## Statistics of Jiangsu in 2023

### 江 苏 的 地 位
### Status of Jiangsu

| | | | | | |
|---|---|---|---|---|---|
| 地区生产总值 | Gross Domestic Product | 占全国 | 10.2 | % | 10.2 percent of China |
| #制造业 | Manufacturing Industry | 占全国 | 12.3 | % | 12.3 percent of China |
| #第三产业 | Tertiary Industry | 占全国 | 9.6 | % | 9.6 percent of China |
| 人均地区生产总值 | Per Capita GDP | 高于全国 | 61129 | 元 | Over 61129 yuan |
| 房地产开发投资 | Real Estate Development and Investment | 占全国 | 10.7 | % | 10.7 percent of China |
| 社会消费品零售总额 | Total Retail Sales of Consumer Goods | 占全国 | 9.7 | % | 9.7 percent of China |
| 进出口总额（人民币） | Total Value of Imports and Exports（RMB） | 占全国 | 12.6 | % | 12.6 percent of China |
| #出口总额 | Total Exports | 占全国 | 14.2 | % | 14.2 percent of China |
| 粮食产量 | Output of Grain | 占全国 | 5.5 | % | 5.5 percent of China |
| 钢材产量 | Output of Steel | 占全国 | 11.9 | % | 11.9 percent of China |
| 发电量 | Output of Electricity | 占全国 | 5.5 | % | 5.5 percent of China |
| 居民人均可支配收入 | Per Capita Disposable Income of Households | 高于全国 | 13456 | 元 | Over 13456 yuan |
| 城镇常住居民人均可支配收入 | Per Capita Disposable Income of Urban Permanent Households | 高于全国 | 11390 | 元 | Over 11390 yuan |
| 农村常住居民人均可支配收入 | Per Capita Disposable Income of Rural Permanent Households | 高于全国 | 8797 | 元 | Over 8797 yuan |

### 江 苏 的 人 口
### Population of Jiangsu

| | | | | |
|---|---|---|---|---|
| 年末常住人口 | Permanent Population at Year-end | 8526 | 万人 | （10000 persons） |
| 年末户籍人口 | Registered Population at Year-end | 7852 | 万人 | （10000 persons） |
| 从业人员 | Employment | 4840 | 万人 | （10000 persons） |
| 出生人口 | Births | 41 | 万人 | （10000 persons） |
| 死亡人口 | Deaths | 64 | 万人 | （10000 persons） |
| 结婚人数 | Marriages | 45.39 | 万对 | （10000 couples） |
| 离婚人数 | Divorces | 16.02 | 万对 | （10000 couples） |
| 人口密度（常住） | Population Density | 796 | 人/平方公里 | （person/sq.km） |

## 江 苏 的 经 济 发 展
## Economic Development of Jiangsu

| | | 1979-2023 年<br>平均增长(%)<br>1979—2023<br>Average Annual<br>Growth Rate（%） | 2012-2023 年<br>平均增长(%)<br>2012—2023<br>Average Annual<br>Growth Rate（%） |
|---|---|---|---|
| 地区生产总值 | Gross Domestic Product | 11.1 | 7.4 |
| 第一产业 | Primary Industry | 4.0 | 3.0 |
| 第二产业 | Secondary Industry | 12.2 | 7.5 |
| #工业 | Industry | 12.4 | 7.8 |
| 第三产业 | Tertiary Industry | 12.6 | 7.8 |
| 一般公共预算收入 | Government Revenue | 12.0 | 7.1 |
| 社会消费品零售总额 | Total Retail Sales of Consumer Goods | 15.0 | 9.5 |
| 出口总额（美元） | Total Exports | 16.9 | 4.5 |

## 江 苏 的 一 天
## One Day in Jiangsu

| | | | | |
|---|---|---|---|---|
| 地区生产总值 | Gross Domestic Product | 351.29 | 亿元 | （100 million yuan） |
| 第一产业 | Primary Industry | 13.91 | 亿元 | （100 million yuan） |
| 第二产业 | Secondary Industry | 155.92 | 亿元 | （100 million yuan） |
| #工业 | Industry | 134.92 | 亿元 | （100 million yuan） |
| 第三产业 | Tertiary Industry | 181.47 | 亿元 | （100 million yuan） |
| 财政收入 | Government Revenue | 21.33 | 亿元 | （100 million yuan） |
| 货物运输量 | Freight Traffic | 889.77 | 万吨 | （10000 tons） |
| 竣工房屋面积 | Floor Space of Buildings Completed | 200.52 | 万平方米 | （10000 sq.m） |
| 社会消费品零售总额 | Total Retail Sales of Consumer Goods | 124.79 | 亿元 | （100 million yuan） |
| 出口总额 | Total Exports | 131353 | 万美元 | （10000 USD） |
| 出版报纸 | Newspapers Published | 487.84 | 万份 | （10000 copies） |
| 邮寄函件 | Letters Delivered | 36.16 | 万件 | （10000 pieces） |

# 1-1 行政区划(2023年)
# Administrative Divisions(2023)

单位：个

| 市 名 | City | 设区市单位数 Number of District based Cities | 县级单位数 Number of Counties | 市辖区 Districts under the Jurisdiction of Cities | 县级市 Cities at County Level | 县 Counties |
|---|---|---|---|---|---|---|
| **全 省** | **Total** | **13** | **95** | **55** | **21** | **19** |
| 南京市 | Nanjing | 1 | 11 | 11 | | |
| 无锡市 | Wuxi | 1 | 7 | 5 | 2 | |
| 徐州市 | Xuzhou | 1 | 10 | 5 | 2 | 3 |
| 常州市 | Changzhou | 1 | 6 | 5 | 1 | |
| 苏州市 | Suzhou | 1 | 9 | 5 | 4 | |
| 南通市 | Nantong | 1 | 7 | 3 | 3 | 1 |
| 连云港市 | Lianyungang | 1 | 6 | 3 | | 3 |
| 淮安市 | Huai'an | 1 | 7 | 4 | | 3 |
| 盐城市 | Yancheng | 1 | 9 | 3 | 1 | 5 |
| 扬州市 | Yangzhou | 1 | 6 | 3 | 2 | 1 |
| 镇江市 | Zhenjiang | 1 | 6 | 3 | 3 | |
| 泰州市 | Taizhou | 1 | 6 | 3 | 3 | |
| 宿迁市 | Suqian | 1 | 5 | 2 | | 3 |

1-1 续表 continued

单位：个

| 市 名 | City | 镇 Towns | 乡 Townships | 街道办事处 Subdistrict Offices | 居民委员会 Neighbourhood Committees | 村民委员会 Village Committees |
|---|---|---|---|---|---|---|
| **全 省** | **Total** | **701** | **17** | **519** | **7714** | **13702** |
| 南京市 | Nanjing | 6 | | 95 | 920 | 321 |
| 无锡市 | Wuxi | 30 | | 45 | 659 | 533 |
| 徐州市 | Xuzhou | 97 | | 70 | 765 | 2013 |
| 常州市 | Changzhou | 33 | | 29 | 450 | 597 |
| 苏州市 | Suzhou | 51 | | 46 | 1214 | 947 |
| 南通市 | Nantong | 65 | | 38 | 645 | 1293 |
| 连云港市 | Lianyungang | 55 | 5 | 30 | 310 | 1424 |
| 淮安市 | Huai'an | 57 | | 38 | 306 | 1267 |
| 盐城市 | Yancheng | 95 | | 30 | 642 | 1760 |
| 扬州市 | Yangzhou | 61 | 2 | 20 | 399 | 1008 |
| 镇江市 | Zhenjiang | 31 | | 25 | 289 | 484 |
| 泰州市 | Taizhou | 61 | 2 | 25 | 534 | 1167 |
| 宿迁市 | Suqian | 59 | 8 | 28 | 581 | 888 |

# 1-2 国民经济和社会发展总量与速度指标

| 指标 | Item | 总量指标 1978 | 1990 | 2000 | 2010 |
|---|---|---|---|---|---|
| **人口与就业** | **Population and Employment** | | | | |
| **人口(万人)** | **Population(10000 persons)** | | | | |
| 年末人口 | Population at Year-end | 5834.32 | 6766.90 | 7327.24 | 7869.34 |
| 城镇人口 | Urban Population | 800.77 | 1458.94 | 3040.81 | 4767.63 |
| 乡村人口 | Rural Population | 5033.55 | 5307.96 | 4286.43 | 3101.71 |
| **就业(万人)** | **Employment(10000 persons)** | | | | |
| 就业人数 | Number of Employed Persons | 2777.72 | 4225.02 | 4418.14 | 4724.68 |
| #城镇非私营单位在岗职工人数 | Number of Employees in Urban Non Private Units | 581.50 | 879.85 | 673.25 | 710.58 |
| #国有单位 | State-owned Units | 366.37 | 536.88 | 411.40 | 263.95 |
| **宏观经济** | **Macro-economy** | | | | |
| **国民经济核算(亿元)** | **National Accounts(100 million yuan)** | | | | |
| 地区生产总值 | Gross Domestic Product | 249.24 | 1416.50 | 8553.69 | 41383.87 |
| 第一产业 | Primary Industry | 68.71 | 355.17 | 1048.34 | 2409.24 |
| 第二产业 | Secondary Industry | 131.09 | 692.59 | 4435.89 | 21853.60 |
| 第三产业 | Tertiary Industry | 49.44 | 368.74 | 3069.46 | 17121.03 |
| **投资(亿元)** | **Investment(100 million yuan)** | | | | |
| 房地产开发投资 | Real Estate Development and Investment | | 11.71 | 358.72 | 4299.38 |
| #住宅 | Residential Buildings | | | 260.79 | 3158.46 |
| **财政(亿元)** | **Finance(100 million yuan)** | | | | |
| 一般公共预算收入 | General Public Budget Revenue | 61.09 | 136.20 | 448.31 | 4079.86 |
| 一般公共预算支出 | General Public Budget Expenditure | 28.38 | 100.97 | 591.28 | 4914.06 |
| **物价(上年=100)** | **Price(preceding year=100)** | | | | |
| 居民消费价格指数 | Consumer Price Index | 100.1 | 103.2 | 100.1 | 103.8 |
| 工业生产者出厂价格指数 | Producer Price Index for Industrial Products | | | 101.1 | 107.3 |
| 工业生产者购进价格指数 | Purchasing Price Index of Industrial Producers | | | 107.1 | 112.8 |
| **利用外资(亿美元)** | **Utilization of Foreign Capital(USD 100 million)** | | | | |
| 实际使用投资 | Actually Utilization of Foreign Capital | | 1.41 | 64.24 | 284.98 |
| **产　业** | **Industry** | | | | |
| **农业** | **Agriculture** | | | | |
| 农林牧渔业总产值(亿元) | Gross Output Value of Agriculture, Forestry, Animal Husbandry and Fishery(100 million yuan) | 105.87 | 580.53 | 1869.73 | 4283.21 |
| 主要农产品产量(万吨) | Output of Major Farm Products(10000 tons) | | | | |
| 粮食 | Grain | 2400.65 | 3264.15 | 3106.63 | 3235.10 |
| 棉花 | Cotton | 47.54 | 46.42 | 31.45 | 26.08 |
| 油料 | Oil-bearing Crops | 37.44 | 112.39 | 225.65 | 151.97 |
| 猪牛羊肉 | Pork, Beef and Mutton | | 158.38 | 227.41 | 223.91 |
| 水产品 | Aquatic Products | 39.76 | 118.25 | 308.79 | 460.44 |
| **工业** | **Industry** | | | | |
| 全部工业增加值(亿元) | Total Industrial Added Value(100 million yuan) | 117.10 | 634.13 | 3848.52 | 19382.18 |
| 主要工业产品产量(万吨) | Output of Major Industrial Products(10000 tons) | | | | |
| 粗钢 | Crude Steel | 54.51 | 190.18 | 617.16 | 6242.75 |
| 钢材 | Rolled Steel | 60.31 | 203.01 | 1401.83 | 9122.95 |

# Aggregate Indicators on National Economy and Social Development and Growth Rates

| Aggregate Indicator | | 速度指标 Growth Rate | | | | | | | |
|---|---|---|---|---|---|---|---|---|---|
| | | 2023年比下列各年增长(%) Growth Rate of 2023 over the Following Years (%) | | | | | 年平均增长(%) Average Annual Growth Rate (%) | | |
| 2020 | 2023 | 1978 | 1990 | 2000 | 2010 | 2020 | 1979-2023 | 2002-2023 | 2012-2023 |
| 8477.26 | 8526 | 46.1 | 26.0 | 16.4 | 8.3 | 0.6 | 0.8 | 0.7 | 0.6 |
| 6225.86 | 6398 | 699.0 | 338.5 | 110.4 | 34.2 | 2.8 | 4.7 | 3.3 | 2.3 |
| 2251.40 | 2128 | -57.7 | -59.9 | -50.4 | -31.4 | -5.5 | -1.9 | -3.0 | -2.9 |
| 4893.00 | 4840.00 | 74.2 | 14.6 | 9.5 | 2.4 | -1.1 | 1.2 | 0.4 | 0.19 |
| 1263.46 | 1311.38 | 125.5 | 49.0 | 94.8 | 84.6 | 3.8 | 1.8 | 2.9 | 4.8 |
| 265.37 | 343.32 | -6.3 | -36.1 | -16.5 | 30.1 | 29.4 | -0.1 | -0.8 | 2.0 |
| 102807.68 | 128222.16 | 11298.7 | 3146.3 | 773.0 | 153.5 | 18.2 | 11.1 | 9.9 | 7.4 |
| 4537.58 | 5075.80 | 495.1 | 217.9 | 94.4 | 46.7 | 9.2 | 4.0 | 2.9 | 3.0 |
| 44631.25 | 56909.66 | 17573.3 | 4279.0 | 883.4 | 156.3 | 20.8 | 12.2 | 10.4 | 7.5 |
| 53638.85 | 66236.70 | 20582.4 | 4052.3 | 858.9 | 165.3 | 16.8 | 12.6 | 10.3 | 7.8 |
| 13171.27 | 11932.12 | | 101796.8 | 3226.3 | 177.5 | -9.4 | | 16.5 | 8.2 |
| 10416.03 | 9622.98 | | | 3589.9 | 204.7 | -7.6 | | 17.0 | 8.9 |
| 9058.99 | 9930.18 | 16155.0 | 7190.9 | 2115.0 | 143.4 | 9.6 | 12.0 | 14.4 | 7.1 |
| 13681.55 | 15242.28 | 53607.8 | 14995.9 | 2477.8 | 210.2 | 11.4 | 15.0 | 15.2 | 9.1 |
| 102.5 | 100.4 | 632.6 | 243.8 | 67.0 | 34.7 | 4.2 | 4.5 | 2.3 | 2.3 |
| 97.8 | 96.7 | | 96.4 | 23.4 | 2.7 | 6.1 | | 0.9 | 0.2 |
| 96.5 | 96.4 | | 255.8 | 81.3 | 4.1 | 16.1 | | 2.6 | 0.3 |
| 283.84 | 253.40 | | 17858.9 | 294.5 | -11.1 | -10.7 | | 6.1 | -0.9 |
| 7952.59 | 8935.53 | 799.3 | 352.8 | 115.3 | 42.4 | 12.5 | 5.0 | 3.4 | 2.8 |
| 3729.06 | 3797.70 | 58.2 | 16.3 | 22.2 | 17.4 | 1.8 | 1.0 | 0.9 | 1.2 |
| 1.06 | 0.50 | -98.9 | -98.9 | -98.4 | -98.1 | -52.8 | -9.6 | -16.5 | -26.2 |
| 93.01 | 103.42 | 176.2 | -8.0 | -54.2 | -31.9 | 11.2 | 2.3 | -3.3 | -2.9 |
| 149.55 | 201.13 | | 27.0 | -11.6 | -10.2 | 34.5 | | -0.5 | -0.8 |
| 490.18 | 522.05 | | 341.5 | 69.1 | 13.4 | 6.5 | | 2.3 | 1.0 |
| 38198.13 | 49244.63 | 18879.9 | 4432.4 | 962.8 | 166.3 | 22.2 | 12.4 | 10.8 | 7.8 |
| 12108.20 | 11859.20 | 21656.0 | 6135.8 | 1821.6 | 90.0 | -2.1 | 12.7 | 13.7 | 5.1 |
| 15004.02 | 16631.46 | 27476.6 | 8092.4 | 1086.4 | 82.3 | 10.8 | 13.3 | 11.4 | 4.7 |

1-2 续表 1

| 指标 | Item | 总量指标 | | | |
|---|---|---|---|---|---|
| | | 1978 | 1990 | 2000 | 2010 |
| 农用化肥(折100%) | Chemical Fertilizers | 72.18 | 145.90 | 192.38 | 241.96 |
| 水泥 | Cement | 444.10 | 1532.89 | 4599.52 | 15647.46 |
| 化学纤维 | Chemical Fiber | 2.11 | 40.76 | 190.99 | 1027.19 |
| 家用电冰箱(万台) | Household Refrigerators(10000 units) | | 83.18 | 285.17 | 812.49 |
| 汽车(万辆) | Motor Vehicles(10000 units) | 1.51 | 4.63 | 9.06 | 72.87 |
| **建筑业** | **Construction** | | | | |
| 建筑业从事主营业务活动的从业人员平均人数(万人) | The Average Number of Employees Engaged in Principal Business(10000 persons) | | 124.31 | 221.48 | 598.98 |
| 建筑业总产值(亿元) | Gross Output Value of Construction(100 million yuan) | | 147.23 | 1546.17 | 12405.90 |
| 施工房屋面积(万平方米) | Floor Space of Buildings under Construction(10000 sq.m) | | 5241 | 21287 | 119036 |
| 竣工房屋面积(万平方米) | Floor Space of Buildings Completed(10000 sq.m) | | 3308 | 12330 | 48560 |
| **交通运输** | **Transport** | | | | |
| 货运量(万吨) | Freight Traffic(10000 tons) | 14626 | 49399 | 90436 | 188565 |
| #铁路 | Railways | 3224 | 4235 | 4077 | 6374 |
| 公路 | Highways | 4488 | 27904 | 59056 | 123500 |
| 水运 | Waterways | 6557 | 15908 | 25902 | 48702 |
| 客运量(万人) | Passenger Traffic(10000 persons) | 25621 | 48339 | 107244 | 226627 |
| #铁路 | Railways | 2752 | 4788 | 4891 | 9711 |
| 公路 | Highways | 18694 | 41850 | 101713 | 215850 |
| 水运 | Waterways | 4175 | 1701 | 514 | 590 |
| 港口货物吞吐量(万吨) | Volume of Freight Handled at Seaports((10000 tons)) | 10183 | 17002 | 39200 | 158977 |
| **邮电通信业** | **Postal and Telecommunication Services** | | | | |
| 邮电业务总量(亿元) | Business Volume of Postal Services((100 million yuan)) | 1.83 | 9.98 | 323.45 | 2194.60 |
| 函件(亿件) | Number of Letters(100 million pieces) | 1.63 | 3.30 | 5.74 | 9.36 |
| 年末固定电话用户(万户) | Number of Fixed Telephone Subscribers at Year-end(10000 households) | | | 1138.06 | 2498.80 |
| 年末移动电话用户(万户) | Number of Mobile Phone Subscribers at Year-end(10000 households) | | | 619.50 | 5923.10 |
| **国内商业** | **Domestic Trade** | | | | |
| 社会消费品零售总额(亿元) | Total Retail Sales of Consumer Goods(100 million yuan) | 84.79 | 515.43 | 2940.16 | 13990.35 |
| **对外经济贸易和旅游** | **International Trade and Tourism** | | | | |
| 进出口总额(亿美元) | Total Value of Imports and Exports(USD 100 million) | 4.27 | 41.39 | 456.38 | 4657.93 |
| 进口 | Imports | 0.09 | 11.95 | 198.69 | 1952.43 |
| 出口 | Exports | 4.18 | 29.44 | 257.70 | 2705.50 |
| 接待海外旅游人数(万人) | Number of Overseas Tourists Received(10000 persons) | 11.33 | 72.48 | 160.94 | 653.55 |
| **金融保险(亿元)** | **Finance and Insurance(100 million yuan)** | | | | |
| 年末金融机构人民币存款 | RMB Deposits of Financial Institutions at the End of the Year | 60.72 | 860.33 | 8400.75 | 58984.1 |
| 年末金融机构人民币贷款 | RMB Loans of Financial Institutions at the End of the Year | 115.29 | 1013.45 | 5967.66 | 42121.04 |
| 国内保险保费收入 | Domestic Premium Income | | 9.31 | 132.03 | 1162.67 |
| **教育、科技、文化** | **Education,Science and Technology, Culture** | | | | |
| **教育** | **Education** | | | | |
| 高等学校本专科在校学生(万人) | Student Enrollment in Normal and Short-cycle Courses in Higher Education Institutions(10000 persons) | 6.05 | 14.69 | 45.19 | 164.94 |
| 中等专业学校在校学生(万人) | Students Enrollment in Specialized Secondary Schools(10000 persons) | 3.84 | 13.99 | 43.62 | 68.30 |
| 普通中学在校学生(万人) | Students Enrollment in Regular Secondary Schools(10000 persons) | 385.85 | 281.97 | 373.64 | 368.61 |
| 小学在校学生(万人) | Students Enrollment in Primary Schools(10000 persons) | 868.90 | 612.29 | 718.55 | 398.78 |

continued

| Aggregate Indicator | | 速度指标 Growth Rate | | | | | | | |
|---|---|---|---|---|---|---|---|---|---|
| 2020 | 2023 | 2023年比下列各年增长(%) Growth Rate of 2023 over the Following Years (%) | | | | | 年平均增长(%) Average Annual Growth Rate (%) | | |
| | | 1978 | 1990 | 2000 | 2010 | 2020 | 1979-2023 | 2002-2023 | 2012-2023 |
| 199.41 | 187.05 | 159.1 | 28.2 | -2.8 | -22.7 | -6.2 | 2.1 | -0.1 | -2.0 |
| 15246.45 | 14368.85 | 3135.5 | 837.4 | 212.4 | -8.2 | 5.8 | 8.0 | 5.1 | -0.7 |
| 1534.12 | 2327.87 | 110225.6 | 5611.2 | 1118.8 | 126.6 | 51.7 | 16.8 | 11.5 | 6.5 |
| 1265.22 | 1535.66 | | 1746.2 | 438.5 | 89.0 | 21.4 | | 7.6 | 5.0 |
| 75.33 | 195.23 | 12847.9 | 4117.5 | 2054.0 | 167.9 | 159.2 | 11.4 | 14.3 | 7.9 |
| 973.96 | 1053.33 | | 7417.3 | 373.6 | 75.9 | 8.1 | | 7.0 | 4.4 |
| 35251.64 | 42254.71 | | 28599.8 | 2632.9 | 240.6 | 19.9 | | 15.5 | 9.9 |
| 267408 | 259251 | | 4846.6 | 1117.9 | 117.8 | -3.1 | | 11.5 | 6.2 |
| 77803 | 73122 | | 2110.5 | 493.1 | 50.6 | -6.0 | | 8.0 | 3.2 |
| 288513 | 324766 | 2120.5 | 557.4 | 259.1 | 72.2 | 12.6 | 7.1 | 5.7 | 4.3 |
| 6866 | 8381 | 160.0 | 97.9 | 105.6 | 31.5 | 22.1 | 2.1 | 3.2 | 2.1 |
| 174624 | 183485 | 3988.3 | 557.6 | 210.7 | 48.6 | 5.1 | 8.6 | 5.1 | 3.1 |
| 93467 | 117563 | 1692.9 | 639.0 | 353.9 | 141.4 | 25.8 | 6.6 | 6.8 | 7.0 |
| 85164 | 71568 | 179.3 | 48.1 | -33.3 | -68.4 | -16.0 | 2.3 | -1.7 | -8.5 |
| 15038 | 28202 | 924.8 | 489.0 | 476.6 | 190.4 | 87.5 | 5.3 | 7.9 | 8.5 |
| 67664 | 38904 | 108.1 | -7.0 | -61.8 | -82.0 | -42.5 | 1.6 | -4.1 | -12.3 |
| 1562 | 2831 | -32.2 | 66.4 | 450.8 | 379.8 | 81.3 | -0.9 | 7.7 | 12.8 |
| 296553 | 351138 | 3348.3 | 1965.3 | 795.8 | 120.9 | 18.4 | 8.2 | 10.0 | 6.3 |
| 10881.16 | 2631.85 | 143716.9 | 26271.2 | 713.7 | 19.9 | -75.8 | 17.5 | 9.5 | 1.4 |
| 1.52 | 1.32 | -19.0 | -60.0 | -77.0 | -85.9 | -13.0 | -0.5 | -6.2 | -14.0 |
| 1265.34 | 1153.38 | | | 1.3 | -53.8 | -8.8 | | 0.1 | -5.8 |
| 9897.05 | 10859.36 | | | 1652.9 | 83.3 | 9.7 | | 13.3 | 4.8 |
| 37086.06 | 45547.50 | 53618.0 | 8736.8 | 1449.2 | 225.6 | 22.8 | 15.0 | 12.7 | 9.5 |
| 6427.75 | 7461.29 | 174437.2 | 17926.4 | 1534.9 | 60.2 | 16.1 | 18.0 | 12.9 | 3.7 |
| 2464.91 | 2666.92 | 2953299.8 | 22212.1 | 1242.3 | 36.6 | 8.2 | 25.7 | 12.0 | 2.4 |
| 3962.83 | 4794.37 | 114471.8 | 16186.2 | 1760.5 | 77.2 | 21.0 | 16.9 | 13.6 | 4.5 |
| 77.03 | 145.05 | 1180.2 | 100.1 | -9.9 | -77.8 | 88.3 | 5.8 | -0.5 | -10.9 |
| 172580.27 | 239679.55 | 394629.2 | 27759.0 | 2753.1 | 306.3 | 38.9 | 20.2 | 15.7 | 11.4 |
| 154523.28 | 233995.68 | 202862.7 | 22989.0 | 3821.1 | 455.5 | 51.4 | 18.4 | 17.3 | 14.1 |
| 4015.10 | 4790.30 | | 51353.3 | 3528.2 | 312.0 | 19.3 | | 16.9 | 11.5 |
| 225.84 | 261.86 | 4228.3 | 1682.6 | 479.5 | 58.8 | 15.9 | 8.7 | 7.9 | 3.6 |
| 50.83 | 45.95 | 1096.6 | 228.4 | 5.3 | -32.7 | -9.6 | 5.7 | 0.2 | -3.0 |
| 369.80 | 420.47 | 9.0 | 49.1 | 12.5 | 14.1 | 13.7 | 0.2 | 0.5 | 1.0 |
| 580.82 | 588.53 | -32.3 | -3.9 | -18.1 | 47.6 | 1.3 | -0.9 | -0.9 | 3.0 |

1-2　续表 2

| 指　标 | Item | 总　量　指　标 1978 | 1990 | 2000 | 2010 |
|---|---|---|---|---|---|
| **科技** | **Science** | | | | |
| 各类专业技术人员(万人) | Professional and technical personnel (10000 persons) | 22.18 | 158.86 | 194.24 | 140.53 |
| #工程技术人员 | Engineering Personnel | 7.83 | 31.84 | 44.84 | 19.00 |
| **文化** | **Culture** | | | | |
| 图书出版量(亿册) | Books Published(100 million copies) | 1.94 | 3.44 | 3.47 | 5.17 |
| 杂志出版量(万册) | Magazines Issued(10000 copies) | 535 | 4107 | 11008 | 10021 |
| 报纸出版量(亿份) | Newspapers Issued(100 million copies) | 2.45 | 8.27 | 23.34 | 27.12 |
| **家庭、生活、环境** | **Family,People's Livelihood and Health Care** | | | | |
| **家庭** | **Family** | | | | |
| 总户数(万户) | Total Households(10000 households) | 1423.11 | 1806.78 | 2220.38 | 2564.59 |
| 城镇居民平均每户家庭人口(人) | Average Household Size in Urban Households(person) | | 3.34 | 3.07 | 2.79 |
| 农村居民平均每户家庭人口(人) | Average Household Size in Rural Households(person) | | 4.10 | 3.74 | 3.68 |
| **居住** | **Housing** | | | | |
| 城镇居民人均住房建筑面积(平方米) | Per Capita Floor Space of Urban Households(sq.m) | 5.7 | 17.3 | 25.5 | 33.4 |
| 农村居民人均住房建筑面积(平方米) | Per Capita Floor Space of Rural Households(sq.m) | 9.7 | 25.2 | 33.7 | 46.3 |
| **生活** | **Income** | | | | |
| 城镇居民人均可支配收入(元) | Per Capita Disposable Income of Urban Households(yuan) | 288 | 1464 | 6800 | 22944 |
| 农村居民人均可支配收入(元) | Per Capita Disposable Income of Rural Households(yuan) | 155 | 884 | 3595 | 9118 |
| **工资** | **Wages** | | | | |
| 工资总额(亿元) | Total Wages of Staff and Workers(100 million yuan) | 29.05 | 184.60 | 705.36 | 2841.33 |
| 职工平均工资(元) | Average Wage of Staff and Workers(yuan) | 513 | 2129 | 10299 | 40505 |
| **卫生** | **Health Care** | | | | |
| 医疗卫生机构数(个) | Number of Health Care Institutions(unit) | 9277 | 12366 | 12813 | 30961 |
| #医院 | Hospitals | | | 634 | 1157 |
| 基层医疗卫生机构 | Health Care Institutions at Grassroots Level | | | | 29098 |
| 专业公共卫生机构 | Professional Public Health Institutions | | | | 449 |
| 其他机构 | Other Institutions | | | | 257 |
| 床位数(万张) | Number of Hospital Beds(10000 beds) | 12.29 | 16.45 | 17.31 | 26.97 |
| #医院 | Hospital | | | 10.01 | 19.55 |
| 基层医疗卫生机构 | Health Care Institutions at Grassroots Level | | | | 6.86 |
| 专业公共卫生机构 | Professional Public Health Institutions | | | | 0.34 |
| 其他机构 | Other Institutions | | | | 0.22 |
| 卫生技术人员数(万人) | Number of Health Technical Personnel(10000 persons) | 14.00 | 21.35 | 25.36 | 32.84 |
| #执业(助理)医师 | Licensed Physicians & Physician Assistants | 5.70 | 9.94 | 11.44 | 12.90 |
| 注册护士 | Registered Nurses | 1.79 | 5.34 | 7.39 | 12.03 |
| **市政建设** | **Urban Civil Construction** | | | | |
| 自来水供水量(亿吨) | Volume of Tap Water Supply(100 million tons) | 3.51 | 25.67 | 35.34 | 48.28 |
| 排水管道长度(公里) | Length of Sewage Pipes(km) | 1503 | 4099 | 11097 | 46867 |
| 年末实有道路长度(公里) | Length of Paved Roads at Year-end(km) | 1893 | 5812 | 11011 | 31899 |

continued

| Aggregate Indicator | | 速度指标 Growth Rate | | | | | | | |
|---|---|---|---|---|---|---|---|---|---|
| | | 2023年比下列各年增长(%) Growth Rate of 2023 over the Following Years (%) | | | | | 年平均增长(%) Average Annual Growth Rate (%) | | |
| 2020 | 2023 | 1978 | 1990 | 2000 | 2010 | 2020 | 1979-2023 | 2002-2023 | 2012-2023 |
| 125.12 | 137.06 | 517.9 | -13.7 | -29.4 | -2.5 | 9.5 | -1.1 | -1.5 | -0.2 |
| 12.37 | 14.40 | 83.9 | -54.8 | -67.9 | -24.2 | 16.4 | 1.4 | -4.8 | -2.1 |
| 7.00 | 7.47 | 285.3 | 117.3 | 115.4 | 44.6 | 6.7 | 3.0 | 3.4 | 2.9 |
| 10725 | 11116 | 1977.8 | 170.7 | 1.0 | 10.9 | 3.6 | 7.0 | 0.0 | 0.8 |
| 19.25 | 17.81 | 626.8 | 115.3 | -23.7 | -34.3 | -7.5 | 4.5 | -1.2 | -3.2 |
| 3193.26 | 3297.25 | 131.7 | 82.5 | 48.5 | 28.6 | 3.3 | 1.9 | 1.7 | 2.0 |
| 2.97 | 2.88 | | -13.8 | -6.2 | 3.2 | -3.0 | | -0.3 | 0.2 |
| 2.89 | 2.94 | | -28.3 | -21.4 | -20.1 | 1.8 | | -1.0 | -1.7 |
| 48.3 | 44.1 | 674.2 | 155.2 | 72.8 | 32.2 | -8.6 | 4.7 | 2.4 | 2.2 |
| 62.5 | 60.9 | 528.0 | 141.7 | 80.8 | 31.5 | -2.5 | 4.2 | 2.6 | 2.1 |
| 53102 | 63211 | 21848.3 | 4217.7 | 829.6 | 175.5 | 19.0 | 12.7 | 10.2 | 8.1 |
| 24198 | 30488 | 19570.0 | 3348.9 | 748.1 | 234.4 | 26.0 | 12.5 | 9.7 | 9.7 |
| 13044.40 | 15722.54 | 54022.3 | 8417.1 | 2129.0 | 453.4 | 20.5 | 15.0 | 14.4 | 14.1 |
| 106034 | 127620 | 24777.2 | 5894.4 | 1139.1 | 215.1 | 20.4 | 13.0 | 11.6 | 9.2 |
| 35746 | 39543 | 326.2 | 219.8 | 208.6 | 27.7 | 10.6 | 3.3 | 5.0 | 1.9 |
| 1996 | 2175 | | | 243.1 | 88.0 | 9.0 | | 5.5 | 5.0 |
| 32702 | 36378 | | | | 25.0 | 11.2 | | | 1.7 |
| 658 | 513 | | | | 14.3 | -22.0 | | | 1.0 |
| 390 | 477 | | | | 85.6 | 22.3 | | | 4.9 |
| 53.50 | 57.88 | 371.0 | 251.9 | 234.4 | 114.6 | 8.2 | 3.5 | 5.4 | 6.1 |
| 42.17 | 45.65 | | | 356.1 | 133.5 | 8.3 | | 6.8 | 6.7 |
| 10.16 | 10.82 | | | | 57.7 | 6.5 | | | 3.6 |
| 0.94 | 1.13 | | | | 232.8 | 20.4 | | | 9.7 |
| 0.22 | 0.28 | | | | 29.8 | 28.0 | | | 2.0 |
| 66.55 | 74.34 | 431.0 | 248.2 | 193.1 | 126.4 | 11.7 | 3.8 | 4.8 | 6.5 |
| 26.78 | 29.01 | 408.9 | 191.9 | 153.6 | 124.9 | 8.3 | 3.7 | 4.1 | 6.4 |
| 29.42 | 33.34 | 1762.6 | 524.3 | 351.2 | 177.2 | 13.3 | 6.7 | 6.8 | 8.2 |
| 58.76 | 71.22 | 1929.1 | 177.4 | 101.5 | 47.5 | 21.2 | 6.9 | 3.1 | 3.0 |
| 88001 | 107528 | 7054.2 | 2523.3 | 869.0 | 129.4 | 22.2 | 10.0 | 10.4 | 6.6 |
| 50861 | 60623 | 3102.5 | 943.1 | 450.6 | 90.0 | 19.2 | 8.0 | 7.7 | 5.1 |

# 1-3 国民经济和社会发展结构指标
# Composition Indicators on National Economy and Social Development

| 指 标 | Item | 1978 | 2005 | 2010 | 2015 | 2020 | 2023 |
|---|---|---|---|---|---|---|---|
| **人口与就业** | **Population and Employment** | | | | | | |
| **人口** | **Population** | | | | | | |
| 城乡结构 | Urban and Rural Structure | | | | | | |
| 城镇 | Urban Areas | 13.7 | 50.5 | 60.6 | 67.5 | 73.4 | 75.0 |
| 乡村 | Rural Areas | 86.3 | 49.5 | 39.4 | 32.5 | 26.6 | 25.0 |
| 性别结构 | Sexual Structure | | | | | | |
| 男 | Male | 50.6 | 50.0 | 50.4 | 50.7 | 50.8 | 50.7 |
| 女 | Female | 49.4 | 50.0 | 49.6 | 49.3 | 49.2 | 49.3 |
| **就业** | **Employment** | | | | | | |
| 产业结构 | Industrial Structure | | | | | | |
| 第一产业 | Primary Industry | 69.7 | 30.9 | 21.8 | 17.5 | 13.8 | 12.8 |
| 第二产业 | Secondary Industry | 19.6 | 37.2 | 42.3 | 42.1 | 39.7 | 40.5 |
| 第三产业 | Tertiary Industry | 10.7 | 31.9 | 35.9 | 40.4 | 46.5 | 46.7 |
| 经济类型结构 | Structures of Economic Types | | | | | | |
| 城镇非私营单位从业人员 | Staff and Workers Employed in Urban Non-Private Units | | 13.7 | 16.2 | 32.1 | 27.4 | 27.1 |
| 国有单位 | State-owned Units | | 6.2 | 6.0 | 6.1 | 5.7 | 7.1 |
| 其他单位 | Other Units | | 6.7 | 9.6 | 25.3 | 21.1 | 19.1 |
| **宏观经济** | **Macro-economy** | | | | | | |
| **国民经济核算** | **National Accounts** | | | | | | |
| 地区生产总值产业结构 | Regional GDP and Industrial Structure | | | | | | |
| 第一产业 | Primary Industry | 27.6 | 7.7 | 6.1 | 5.5 | 4.4 | 4.0 |
| 第二产业 | Secondary Industry | 52.6 | 56.5 | 52.8 | 46.8 | 43.4 | 44.4 |
| 第三产业 | Tertiary Industry | 19.8 | 35.9 | 41.1 | 47.6 | 52.2 | 51.6 |
| **投资** | **Investment** | | | | | | |
| 经济类型结构 | Structures of Economic Types | | | | | | |
| 国有经济 | State-owned Economy | 95.2 | 23.8 | 20.1 | 19.4 | 14.5 | 18.0 |
| 集体经济 | Collective-owned Economy | 4.8 | 5.1 | 4.2 | 4.1 | 0.6 | 0.5 |
| 港澳台及外商投资经济 | Hong Kong, Macao, Taiwan and Foreign Investment Economy | | 17.9 | 13.7 | 8.5 | 10.9 | 9.3 |
| 私营个体经济 | Private and Individual Economy | | 30.0 | 35.9 | 46.3 | 46.7 | 49.5 |
| 其他经济 | Other Economy | | 23.2 | 26.1 | 21.7 | 27.3 | 22.7 |
| **财政** | **Government Finance** | | | | | | |
| 财政预算支出结构 | Structure of General Public Budgetary Expenditure | | | | | | |
| #农林水事务 | Operating Expenses of Agriculture, Forestry and Water | 25.1 | 5.8 | 10.0 | 10.4 | 8.0 | 7.8 |
| 教育支出 | Education | 10.8 | 15.4 | 17.6 | 18.0 | 17.6 | 17.8 |
| **产业经济** | **Industrial Economy** | | | | | | |
| **农业** | **Agriculture** | | | | | | |

1-3 续表 1 continued

| 指 标 | Item | 1978 | 2005 | 2010 | 2015 | 2020 | 2023 |
|---|---|---|---|---|---|---|---|
| 农林牧渔业产值结构 | Structure of Output Value of Agriculture, Forestry, Animal Husbandry and Fishery | | | | | | |
| 农业 | Farming | 80.4 | 50.1 | 52.8 | 52.9 | 51.6 | 54.2 |
| 林业 | Forestry | 1.4 | 1.8 | 1.8 | 1.8 | 2.2 | 5.1 |
| 牧业 | Animal Husbandry | 15.8 | 23.2 | 21.5 | 18.0 | 16.5 | 13.8 |
| 渔业 | Fishery | 2.3 | 19.9 | 18.7 | 21.6 | 22.3 | 21.3 |
| 农林牧渔服务业 | Agriculture, Forestry, Animal Husbandry and Fishery Services | | 5.0 | 5.1 | 5.7 | 7.4 | 5.6 |
| **工业** | **Industry** | | | | | | |
| 工业产值按轻重分 | Grouped by Light and Heavy Industry | | | | | | |
| 轻工业 | Light Industry | 52.4 | 31.2 | 26.6 | 27.4 | 23.8 | 23.0 |
| 重工业 | Heavy Industry | 47.6 | 68.8 | 73.4 | 72.6 | 76.2 | 77.0 |
| **建筑业** | **Construction** | | | | | | |
| 建筑业总产值结构 | Structure of Gross Output Value of Construction | | | | | | |
| 内资企业 | domestic Funded | | 98.6 | 99.5 | 99.6 | 98.8 | 99.3 |
| 港澳台投资企业 | Investment from Hongkong, Macao and Taiwan | | 0.5 | 0.2 | 0.2 | 0.1 | 0.1 |
| 外商投资企业 | Foreign Invested | | 0.8 | 0.3 | 0.2 | 1.1 | 0.6 |
| **运输业** | **Transport** | | | | | | |
| 货运量结构 | Structure of Freight Traffic | | | | | | |
| 铁路 | Railways | 22.0 | 4.5 | 3.4 | 2.4 | 2.4 | 2.6 |
| 公路 | Highways | 30.7 | 67.6 | 65.5 | 53.6 | 60.5 | 56.5 |
| 水运 | Waterways | 44.8 | 25.9 | 25.8 | 38.0 | 32.4 | 36.2 |
| **对外经济贸易和旅游** | **International Trade and Tourism** | | | | | | |
| 出口商品结构 | Structure of Exports | | | | | | |
| #亚洲地区 | Asian Region | | 45.4 | 39.2 | 46.7 | 46.5 | 46.4 |
| 欧洲地区 | European Region | | 24.8 | 27.7 | 19.5 | 21.4 | 22.2 |
| 北美洲 | North America | | 23.8 | 23.1 | 23.1 | 21.0 | 18.1 |
| 海外旅游人数结构 | Structure of Overseas Tourists | | | | | | |
| 外国人 | Foreigners | 76.2 | 69.3 | 72.5 | 65.8 | 67.0 | 68.4 |
| 港澳同胞 | Compatriots from Hong Kong, Macao | 23.8 | 11.9 | 9.8 | 4.8 | 6.1 | 10.5 |
| 台湾同胞 | Compatriots from Taiwan | | 18.8 | 17.7 | 29.3 | 26.9 | 21.1 |
| **教育、科技、文化** | **Education, Science and Technology** | | | | | | |
| **教育** | **Education** | | | | | | |
| 在校学生结构 | Structure of Student Enrollment | | | | | | |
| 大学生 | College and University Students | 0.5 | 9.7 | 16.1 | 17.0 | 18.3 | 19.6 |
| 中学生 | Secondary School Students | 30.8 | 49.6 | 45.1 | 33.4 | 34.7 | 36.2 |
| 小学生 | Primary School Students | 68.7 | 40.6 | 38.8 | 49.6 | 47.1 | 44.1 |

1-3 续表 2 continued

| 指 标 | Item | 1978 | 2005 | 2010 | 2015 | 2020 | 2023 |
|---|---|---|---|---|---|---|---|
| 专任教师结构 | Full-time Teachers by Type | | | | | | |
| 大学 | Colleges and Universities | 3.0 | 10.5 | 15.1 | 15.7 | 15.2 | 14.5 |
| 中学 | Secondary Schools | 37.1 | 48.6 | 47.9 | 43.7 | 43.1 | 45.0 |
| 小学 | Primary Schools | 59.9 | 40.9 | 37.0 | 40.6 | 41.7 | 40.5 |
| **科技** | **Science and Technology** | | | | | | |
| 各类专业技术人员结构 | Structure of Professional and Technical Personnel | | | | | | |
| #工程技术人员 | Engineering and Technical Personnel | 35.3 | 14.1 | 13.5 | 9.7 | 9.9 | 10.5 |
| 农业技术人员 | Agricultural Technicians | 6.1 | 2.1 | 1.9 | 2.2 | 1.8 | 1.5 |
| 科学研究人员 | Scientific Research Personnel | 5.5 | 1.2 | 1.1 | 1.0 | 1.1 | 0.7 |
| 卫生技术人员 | Health Care Personnel | 30.5 | 15.8 | 15.1 | 19.4 | 18.9 | 18.1 |
| 教学人员 | Teaching staff | 22.5 | 46.6 | 47.5 | 56.9 | 56.6 | 55.4 |
| **生活、环境** | **People's Livelihood and Health Care** | | | | | | |
| **生活** | **People's Livelihood** | | | | | | |
| 城镇居民消费结构 | Consumption Structure of Urban Households | | | | | | |
| 食品烟酒 | Foods, Tobacco and Liquor | 55.1 | 37.2 | 36.5 | 28.1 | 26.9 | 26.6 |
| 衣着 | Clothing | 13.8 | 9.3 | 10.2 | 7.1 | 5.7 | 5.4 |
| 居住 | Residence | | 9.2 | 8.6 | 22.6 | 30.4 | 27.1 |
| 其他 | Others | | 44.3 | 44.7 | 42.2 | 37.0 | 9.6 |
| 农村居民消费结构 | Consumption Structure of Rural Households | | | | | | |
| 食品烟酒 | Foods, Tobacco and Liquor | 62.1 | 44.0 | 38.1 | 31.7 | 30.6 | 32.8 |
| 衣着 | Clothing | 12.1 | 5.4 | 5.4 | 6.0 | 4.8 | 5.2 |
| 居住 | Residence | 13.6 | 14.4 | 17.9 | 20.6 | 22.2 | 21.5 |
| 其他 | Others | 12.1 | 36.2 | 38.6 | 41.7 | 42.3 | 8.6 |
| **卫生** | **Health Care** | | | | | | |
| 医疗卫生机构构成 | Structure of Health Care Institutions | | | | | | |
| #医院 | Hospitals | | 3.1 | 3.7 | 5.0 | 5.6 | 5.5 |
| 基层医疗卫生机构 | Health Care Institutions at Grass-root Level | | 94.8 | 94.0 | 90.3 | 91.5 | 92.0 |
| 妇幼保健院 | Maternity and Children Care Institutions | | 0.0 | 0.0 | 0.1 | 0.1 | 0.3 |
| 疾病预防控制中心 | Disease Protection and Controlling Centers | | 0.3 | 0.4 | 0.4 | 0.3 | 0.3 |
| 卫生技术人员构成 | Structure of Health Technical Personnel | | | | | | |
| #执业(助理)医师 | Licensed Physicians & Physician Assistants | | 42.9 | 39.3 | 38.9 | 40.2 | 39.0 |
| 注册护士 | Registered Nurses | | 31.0 | 37.3 | 41.9 | 44.2 | 44.8 |
| 医疗卫生机构床位数 | Beds of Health Care Institutions | | | | | | |
| 医院 | Hospitals | | 65.9 | 72.5 | 79.4 | 78.8 | 78.9 |
| 基层医疗卫生机构 | Health Care Institutions at Grassroots Level | | 29.1 | 25.4 | 18.4 | 19.0 | 18.7 |
| 其他机构 | Other Health Care Institutions | | 5.0 | 2.1 | 2.2 | 2.2 | 2.4 |

# 1-4 国民经济和社会发展比例和效益指标
# Proportion and Efficiency Indicators on National Economy and Social Development

| 指 标 | Item | 2019 | 2020 | 2021 | 2022 | 2023 |
|---|---|---|---|---|---|---|
| **人口与就业** | **Population and Employment** | | | | | |
| 出生率(‰) | Birth Rate(‰) | 8.69 | 6.66 | 5.65 | 5.23 | 4.81 |
| 死亡率(‰) | Death Rate(‰) | 6.48 | 6.49 | 6.77 | 7.04 | 7.55 |
| 自然增长率(‰) | Natural Growth Rate(‰) | 2.21 | 0.17 | -1.12 | -1.81 | -2.74 |
| **国民经济核算** | **National Accounts** | | | | | |
| 服务业增加值占地区生产总值比重(%) | Proportion of Value-added of Service Industry to Regional GDP(%) | 51.5 | 52.2 | 51.1 | 51.0 | 50.6 |
| 人均地区生产总值(元) | Per Regional GDP(yuan) | 116650 | 121333 | 138255 | 143466 | 150487 |
| 人均地区生产总值(美元) | Per Regional GDP(USD) | 16909 | 17591 | 21430 | 21330 | 21356 |
| 全社会劳动生产率(元/人) | The Labor Productivity of the Whole Society(yuan/person) | 201544 | 209712 | 238552 | 252567 | 265883 |
| **固定资产投资** | **Investment in Fixed Assets** | | | | | |
| 第一产业占固定资产投资完成额比重(%) | Proportion of Primary Industry in Fixed Assets Investment(%) | 0.6 | 0.8 | 0.6 | 0.5 | 0.5 |
| 第二产业占固定资产投资完成额比重(%) | Proportion of Secondary Industry in Fixed Assets Investment(%) | 43.4 | 41.1 | 43.5 | 45.7 | 47.4 |
| 第三产业占固定资产投资完成额比重(%) | Proportion of Tertiary Industry in Fixed Assets Investment(%) | 56.0 | 58.1 | 55.8 | 53.8 | 52.1 |
| **消费** | **Consumption** | | | | | |
| 人均社会消费品零售额(元) | Per Retail Sales of Social Consumer Goods(yuan) | 44543 | 43769 | 50290 | 50236 | 53456 |
| **对外贸易** | **International Trade** | | | | | |
| 进出口总额相当于地区生产总值比例(%) | Proportion of Total Value of Imports & Exports to Regional GDP(%) | 44.0 | 43.3 | 44.7 | 44.6 | 40.9 |
| 出口总额相当于地区生产总值比例(%) | Proportion of Total Value of Exports to Regional GDP(%) | 27.6 | 26.7 | 16.8 | 28.5 | 26.3 |
| 高新技术产品出口额占出口总额的比重(%) | Proportion of New and High Technology Product Exports to Exports(%) | 36.6 | 39.3 | 34.7 | 34.7 | 33.6 |
| 机电产品出口额占出口总额的比重(%) | Proportion of Electronic Mechanical Product Exports to Exports(%) | 66.0 | 63.7 | 66.4 | 66.2 | 68.1 |
| 一般贸易出口额占出口总额的比重(%) | Proportion of Ordinary Trade Exports to Exports(%) | 53.2 | 53.4 | 58.0 | 58.8 | 58.4 |
| 加工贸易出口额占出口总额的比重(%) | Proportion of Processing Trade Exports to Exports(%) | 37.9 | 35.3 | 30.8 | 31.2 | 32.6 |
| **财政** | **Government Finance** | | | | | |
| 一般公共预算收入相当于地区生产总值比例(%) | Proportion of General Public Budget Revenue to Regional GDP(%) | 8.8 | 8.8 | 8.6 | 7.6 | 7.7 |
| 一般公共预算支出相当于地区生产总值比例(%) | Proportion of General Public Budget Expenditure to Regional GDP(%) | 12.7 | 13.3 | 12.5 | 12.1 | 11.9 |
| **农业** | **Agriculture** | | | | | |
| 每公顷播种面积农产品产量(千克/公顷) | Output of Farm Crops per Hectare of Sown Area(kg/hectare) | | | | | |
| 粮食 | Grain | 6887 | 6898 | 6902 | 6923 | 6957 |
| 棉花 | Cotton | 1350 | 1269 | 1363 | 1397 | 1455 |
| 油料 | Oil-bearing Crops | 3331 | 3338 | 3304 | 3334 | 3320 |
| **工业** | **Industry** | | | | | |
| 总资产贡献率(%) | Ratio of Total Assets to Industrial Output Value(%) | 9.28 | 8.77 | 9.15 | 8.32 | 8.21 |
| 资产负债率(%) | Assets-Liability Ratio(%) | 53.00 | 53.09 | 53.76 | 54.83 | 54.76 |
| 流动资产周转次数(次/年) | Turnover of Working Capital(times/year) | 1.71 | 1.58 | 1.65 | 1.56 | 1.49 |
| 成本费用利润率(%) | Ratio of Profits to Industrial Cost(%) | 6.17 | 6.51 | 6.66 | 6.13 | 6.21 |
| **建筑业** | **Construction** | | | | | |
| 建筑业劳动生产率(元/人) | Labor Productivity of Construction(yuan/person) | 363015 | 361942 | 369394 | 389048 | 401155 |
| 产值利税率(%) | Ratio of Pre-tax Profits to Gross Output Value(%) | 6.89 | 6.78 | 6.31 | 5.72 | 5.68 |
| 房屋建筑面积竣工率(%) | Rate of Floor Space of Buildings Completed(%) | 30.5 | 29.1 | 27.4 | 27.7 | 28.2 |

1-4 续表 continued

| 指标 | Item | 2019 | 2020 | 2021 | 2022 | 2023 |
|---|---|---|---|---|---|---|
| **交通运输业** | **Transport** | | | | | |
| 铁路网密度(公里／万平方公里) | Railway Density(km/10000 sq.km) | 330 | 373 | 394 | 394 | 431 |
| 公路网密度(公里／万平方公里) | Highway Density(km/10000 sq.km) | 14919 | 14748 | 14742 | 14798 | 14808 |
| **邮电通信业** | **Postal and Telecommunication Services** | | | | | |
| 电话普及率(含移动电话)(部/百人) | Popularization Rate of Telephone(Include Mobile Telephone)(set/100 persons) | 142.8 | 131.7 | 134.3 | 137.8 | 140.9 |
| 移动电话普及率(部/百人) | Popularization Rate of Mobile Telephone(set/100 persons) | 126.3 | 116.7 | 120.1 | 124.1 | 127.4 |
| **旅游业** | **Tourism** | | | | | |
| 每一来华游客花费(美元) | Expenditure per International Tourist in China(USD) | 1187 | 2151 | 1846 | 1864 | 1905 |
| 国内旅游人均花费(元) | Expenditure per Domestic Tourist(yuan) | 1587 | 1725 | 1642 | 1738 | 1258 |
| **金融业** | **Financial Intermediation** | | | | | |
| 金融机构存款相当于地区生产总值比例(%) | Proportion of Deposits of Financial Institutions to GDP(%) | 154.9 | 168.0 | 162.8 | 172.7 | 186.9 |
| 金融机构贷款相当于地区生产总值比例(%) | Proportion of Loans of Financial Institutions to GDP(%) Year-end(%) | 135.1 | 150.4 | 152.9 | 166.0 | 182.5 |
| 金融机构年末人民币贷、存款余额比例(%) | Ratio of Loan to Deposit of Financial Institutions at | 87.2 | 89.5 | 93.9 | 96.1 | 97.5 |
| **教育** | **Education** | | | | | |
| 每万人口在校大学生数(人) | Number of University and College Students per 10000 Population(person) | 258.8 | 266.5 | 280.1 | 295.8 | 307.1 |
| 初中升学率(%) | Promotion Rate from Junior Secondary Schools to Senior Secondary Schools(%) | 100.0 | 100.0 | 100.0 | 100.0 | 100.0 |
| 小学升学率(%) | Promotion Rate from Primary Schools to Junior Secondary Schools(%) | 100.0 | 100.0 | 100.0 | 100.0 | 100.0 |
| 学龄儿童入学率(%) | Enrollment Ratio of Primary Schools(%) | 100.0 | 100.0 | 100.0 | 100.0 | 100.0 |
| **科技** | **Science and Technology** | | | | | |
| 研发经费支出相当于地区生产总值比例(%) | Proportion of R&D Expenditure to Regional GDP(%) | 2.82 | 2.93 | 2.95 | 3.14 | 3.29 |
| 高新技术产业产值占工业总产值比例(%) | Proportion of New and High Technology Output to Industry(%) | 44.4 | 46.5 | 47.5 | 48.5 | 49.9 |
| 每万人发明专利拥有量(件/万人) | Possession of Invention Patent per 10000 Population (unit/10000 persons) | 30.16 | 36.14 | 41.17 | 50.39 | 62.20 |
| **卫生** | **Health Care** | | | | | |
| 每万人口执业(助理)医师数(人) | Number of Licensed(Assistant) Doctors per 10000 Population(person) | 31.6 | 31.6 | 32.1 | 32.8 | 34.0 |
| 每万人口医疗机构床位数(张) | Number of Beds of Hospitals per 10000 Population(bed) | 59.7 | 58.9 | 59.7 | 61.5 | 63.3 |
| 医疗机构病床使用率(%) | Beds Utilization Rate of Medical Organizations(%) | 81.0 | 71.6 | 71.9 | 69.3 | 76.5 |
| **人民生活** | **People's Livelihood** | | | | | |
| 城镇恩格尔系数(%) | Engle Coefficient of Urban Households(%) | 25.5 | 26.8 | 26.2 | 26.4 | 26.6 |
| 农村恩格尔系数(%) | Engle Coefficient of Rural Households(%) | 26.2 | 30.6 | 32.1 | 32.8 | 32.8 |
| 城乡收入比(以农民收入为1) | Urban and Rural Income Ratio(Rural Income as 1) | 2.25 | 2.19 | 2.16 | 2.11 | 2.07 |
| **城市市政建设** | **Municipal Works** | | | | | |
| 用水普及率(%) | Coverage Rate of Urban Population with Access to Tap Water(%) | 100.0 | 100.0 | 100.0 | 100.0 | 100.0 |
| 燃气普及率(%) | Coverage Rate of Urban Population with Access to Gas(%) | 99.8 | 99.9 | 99.9 | 99.9 | 100.0 |
| 人均公园绿地面积(平方米) | Per Capita Public Green Area(sq.m) | 15.0 | 15.3 | 15.6 | 15.9 | 16.2 |

# 1-5 江苏国民经济占全国的比重(2023年)
# Percentage of Jiangsu's National Economy in the Country(2023)

| 指 标 | Item | 全 国 Country | 江 苏 Jiangsu | 江苏占全国的比重(%) Percentage to the Country of Jiangsu(%) |
|---|---|---|---|---|
| 土地面积(万平方公里) | Land Area(10000 sq.km) | 960 | 10.72 | 1.1 |
| 年末总人口(万人) | Year-end Total Population(10000 persons) | 140967 | 8526.00 | 6.0 |
| 地区生产总值(亿元) | Gross Domestic Product(100 million yuan) | 1260582 | 128222.16 | 10.2 |
| 第一产业 | Primary Industry | 89755 | 5075.80 | 5.7 |
| 第二产业 | Secondary Industry | 482589 | 56909.66 | 11.8 |
| #工业 | Industry | 399103 | 49244.63 | 12.3 |
| 第三产业 | Tertiary Industry | 688238 | 66236.70 | 9.6 |
| 人均地区生产总值(元) | Per Capita GDP(yuan) | 89358 | 150487 | 高61129元 |
| 一般公共预算收入(亿元) | General Public Budget Revenue(100 million yuan) | 117219 | 9930.20 | 8.5 |
| 房地产开发投资(亿元) | Real Estate Investment(100 million yuan) | 112142 | 11932.12 | 10.6 |
| 社会消费品零售总额(亿元) | Total Retail Sales of Consumer Goods(100 million yuan) | 471495 | 45547.50 | 9.7 |
| 进出口总额(亿元) | Total Value of Exports and Imports(100 million yuan) | 417510 | 52495.40 | 12.6 |
| #出口 | Exports | 237656 | 33116.10 | 14.2 |
| 普通高等学校本专科在校生(万人) | Student Enrollment in Normal and Short-cycle Course in Higher Education Institutions(10000 persons) | 3775 | 261.86 | 6.9 |
| 医疗卫生机构床位数(万张) | Beds of Health Care Institutions(10000 beds) | 1017 | 57.88 | 5.7 |
| 卫生技术人员(万人) | Health Technical Personnel(10000 persons) | 1249 | 74.34 | 6.0 |
| #执业(助理)医师 | Licensed Physicians & Physician Assistants | 478 | 29.01 | 6.1 |
| 居民人均可支配收入(元) | Per Capita Disposable Income of Households(yuan) | 39218 | 52674 | 高13456元 |
| 城镇常住居民人均可支配收入(元) | Per Capita Disposable Income of Urban Permanent Households(yuan) | 51821 | 63211 | 高11390元 |
| 农村常住居民人均可支配收入(元) | Per Capita Disposable Income of Rural Permanent Households(yuan) | 21691 | 30488 | 高8797元 |
| 工农业主要产品产量(万吨) | Output of Major Industrial and Agricultural Products(10000 tons) | | | |
| 粮食 | Grain | 69541 | 3797.70 | 5.5 |
| 棉花 | Cotton | 562 | 0.50 | 0.1 |
| 油料 | Oil-bearing Crops | 3864 | 103.42 | 2.7 |
| 粗钢 | Crude Steel | 102886 | 11859.20 | 11.5 |
| 钢材 | Rolled Steel | 138379 | 16631.46 | 12.0 |
| 水泥 | Cement | 201940 | 14368.85 | 7.1 |
| 农用化肥(折100%) | Chemical Fertilizers (convert into 100 %) | 5684 | 187.05 | 3.3 |
| 化学纤维 | Chemical Fibers | 7567 | 2095.88 | 27.7 |
| 布(亿米) | Cloth(100 million) | 319 | 59.50 | 18.7 |
| 汽车(万辆) | Motor Vehicles(10000 units) | 3010 | 195.23 | 6.5 |

# 1-6 江苏的一天
# One Day in Jiangsu

| 指 标 | Item | 1978 | 2005 | 2010 | 2015 | 2020 | 2023 |
|---|---|---|---|---|---|---|---|
| **每天创造的财富** | **Daily Production** | | | | | | |
| 地区生产总值(亿元) | Gross Domestic Product(100 million yuan) | 0.68 | 49.65 | 113.38 | 195.22 | 280.65 | 351.29 |
| 第一产业 | Primary Industry | 0.19 | 4.00 | 6.93 | 10.83 | 12.40 | 13.91 |
| 第二产业 | Secondary Industry | 0.36 | 28.06 | 59.89 | 91.43 | 120.84 | 155.92 |
| 第三产业 | Tertiary Industry | 0.14 | 17.59 | 46.55 | 92.96 | 147.42 | 181.47 |
| #工业 | Industry | 0.32 | 25.08 | 53.10 | 78.91 | 103.13 | 134.92 |
| 建筑业 | Construction | 0.04 | 2.97 | 6.79 | 12.62 | 17.84 | 21.28 |
| 房地产业 | Real Estate | 0.02 | 2.19 | 6.99 | 13.57 | 24.44 | 21.33 |
| 财政收入(亿元) | Government Revenue(100 million yuan) | 0.17 | 8.56 | 32.17 | 48.88 | 73.73 | 76.51 |
| 粮食(万吨) | Grain(10000 tons) | 6.58 | 7.77 | 9.00 | 9.85 | 10.19 | 10.40 |
| 猪牛羊肉(吨) | Pork, Beef and Mutton(ton) | | 6633 | 6135 | 6356 | 4086 | 5510 |
| 水产品(吨) | Aquatic Products(ton) | 1089 | 10648 | 12615 | 14304 | 13393 | 14303 |
| 粗钢(万吨) | Rough Steel(10000 tons) | 0.15 | 9.00 | 17.10 | 30.12 | 33.08 | 32.49 |
| 钢材(万吨) | Rolled-steel(10000 tons) | 0.17 | 11.86 | 24.99 | 37.15 | 40.99 | 45.57 |
| 发电量(亿千瓦小时) | Electricity(100 million kW·h) | 0.35 | 4.90 | 9.20 | 11.92 | 13.80 | 16.73 |
| 原煤(万吨) | Coal(10000 tons) | 4.68 | 7.72 | 5.82 | 5.26 | 2.79 | 2.23 |
| 水泥(万吨) | Cement(10000 tons) | 1.22 | 26.24 | 42.87 | 49.35 | 41.66 | 39.37 |
| 布(万米) | Cloth(10000 m) | 385 | 1479 | 2424 | 2621 | 1436 | 1630 |
| **每天消费量** | **Daily Consumption** | | | | | | |
| 城镇居民人均生活消费支出(元) | Per Living Consumption Expenditure of Urban Households(yuan) | 0.76 | 23.62 | 39.33 | 68.40 | 84.38 | 110.85 |
| #食品烟酒 | Foods, Tobacco and Liquor | 0.42 | 8.78 | 14.36 | 19.19 | 22.66 | 29.44 |
| 农村居民人均生活消费支出(元) | Per Living Consumption Expenditure of Rural Households(yuan) | 0.38 | 9.77 | 17.93 | 35.29 | 46.51 | 68.57 |
| #食品烟酒 | Foods, Tobacco and Liquor | 0.24 | 4.30 | 6.83 | 11.17 | 14.25 | 22.46 |
| 社会消费品零售总额(亿元) | Total Retail Sales of Consumer Goods(100 million yuan) | 0.23 | 15.71 | 37.28 | 70.90 | 101.33 | 124.79 |
| **每天其他经济活动** | **Other Daily Economic Activities** | | | | | | |
| 货物运输量(万吨) | Freight Traffic(10000 tons) | 40.07 | 309.34 | 516.60 | 579.86 | 788.29 | 889.77 |
| 旅客运输量(万人) | Passenger Traffic(10000 persons) | 70.19 | 397.82 | 620.90 | 421.76 | 232.69 | 196.08 |
| 竣工房屋面积(万平方米) | Floor Space of Buildings Completed(10000 sq.m) | | 69.57 | 133.04 | 210.48 | 212.58 | 200.52 |
| 出版报纸(万份) | Newspapers Published(10000 copies) | 67.12 | 734.25 | 743.05 | 735.07 | 525.95 | 487.84 |
| 邮寄函件(万件) | Letters Delivered(10000 pieces) | 44.66 | 115.34 | 256.44 | 133.70 | 41.45 | 36.16 |
| 进出口总额(万美元) | Total Value of Imports and Exports(USD 10000) | 117 | 62450 | 127614 | 149483 | 175622 | 209350 |
| #出口 | Exports | 115 | 33694 | 74123 | 92786 | 108274 | 131353 |
| 实际使用外资(万美元) | Actually Utilization of Foreign Capital(USD 10000) | | 3611 | 7808 | 6651 | 7755 | 6942 |
| **每天人口变动和婚姻** | **Daily Population Changes and Marriages** | | | | | | |
| 出生人数(人) | Births(person) | 2483 | 1886 | 2079 | 1976 | 1542 | 1123 |
| 死亡人数(人) | Deaths(person) | 968 | 1436 | 1470 | 1535 | 1502 | 1762 |
| 结婚对数(对) | Marriages(couple) | | 1293 | 2074 | 2153 | 1345 | 1244 |
| 离婚对数(对) | Divorces(couple) | | 339 | 439 | 517 | 644 | 439 |

# 1-7 全省人均国民经济主要指标

## Major per Capita Indicators of National Economy of Jiangsu

| 指 标 | Item | 1978 | 2005 | 2010 | 2015 | 2020 | 2023 |
|---|---|---|---|---|---|---|---|
| 地区生产总值(元) | Gross Domestic Product(yuan) | 430 | 23984 | 52787 | 89426 | 121231 | 150487 |
| 第一产业 | Primary Industry | 118 | 1934 | 3228 | 4960 | 5354 | 5957 |
| 第二产业 | Secondary Industry | 226 | 13553 | 27885 | 41881 | 52196 | 66791 |
| 第三产业 | Tertiary Industry | 85 | 8496 | 21673 | 42584 | 63678 | 77738 |
| #工业 | Industry | 202 | 12117 | 24723 | 36147 | 44546 | 57795 |
| 建筑业 | Construction | 24 | 1437 | 3162 | 5782 | 7708 | 9114 |
| 房地产业 | Real Estate | 9 | 1058 | 3254 | 6217 | 10557 | 9135 |
| 一般公共预算收入(元) | General Public Budget Revenue(yuan) | 105 | 1751 | 5204 | 10076 | 10691 | 11654 |
| 一般公共预算支出(元) | General Public Budget Expenditure(yuan) | 49 | 2215 | 6268 | 12158 | 16147 | 17889 |
| 房地产开发投资(元) | Real Estate Investment(yuan) |  | 2045 | 5484 | 10233 | 15545 | 13956 |
| 社会消费品零售额(元) | Total Retail Sales of Consumer Goods(yuan) | 146 | 7591 | 17115 | 32475 | 43769 | 53456 |
| 进出口总额(美元) | Total Value of Imports and Exports(USD) | 7 | 3017 | 5941 | 6847 | 7586 | 8968 |
| #出口 | Exports | 7 | 1628 | 3451 | 4250 | 4677 | 5627 |
| 城镇常住居民人均可支配收入(元) | Per Capita Disposable Income of Urban Households(yuan) | 288 | 12319 | 22944 | 37173 | 53102 | 63211 |
| 农村常住居民人均可支配收入(元) | Per Capita Disposable Income of Rural Households(yuan) | 155 | 5276 | 9118 | 16257 | 24198 | 30488 |
| 在校大学生数(人/万人) | Number of University and College Students(person/10000 persons) | 10 | 155 | 210 | 235 | 266 | 307 |
| 医疗机构床位数(张/万人) | Beds of Health Care Institutions(bed/10000 persons) | 19 | 26 | 31 | 48 | 59 | 68 |
| 卫生技术人员数(人/万人) | Health Technical Personnel(person/10000 persons) | 24 | 34 | 42 | 61 | 79 | 87 |
| #执业(助理)医师 | Licensed Physicians & Physicians Assistants | 10 | 15 | 16 | 24 | 32 | 34 |
| 主要工农业产品产量(千克) | Output of Major Industrial and Agricultural Products(kg) |  |  |  |  |  |  |
| 粮 食 | Grain | 414 | 380 | 421 | 451 | 440 | 446 |
| 棉 花 | Cotton | 8.2 | 4.3 | 3.3 | 1.5 | 0.1 | 0.1 |
| 油 料 | Oil-Bearing Crops | 6 | 29 | 16 | 12 | 11 | 12 |
| 粗 钢 | Crude Steel | 9 | 435 | 796 | 1380 | 1429 | 1392 |
| 原 煤 | Coal | 294 | 373 | 271 | 241 | 121 | 96 |
| 发电量(千瓦·时) | Electricity(kW·h) | 218 | 2368 | 4285 | 5461 | 5959 | 7167 |

# 1-8 全省法人单位数
# Number of Legal Entities of Jiangsu

| 项 目 | Item | 法人单位数(个) Number of Legal Entities(unit) 2021 | 2022 |
|---|---|---|---|
| **合计** | **Total** | **3082465** | **3296932** |
| **按机构类型分** | **Grouped by Type of Institutions** | | |
| 企业 | Enterprises | 2892131 | 3120308 |
| 事业单位 | Government-affiliated Institutions | 34894 | 35593 |
| 机关 | Agencies & Organizations | 8183 | 8228 |
| 社会团体 | Social Groups | 32546 | 28094 |
| 民办非企业单位 | Private Non-Enterprise Units | 51233 | 44130 |
| 基金会 | Fundations | 584 | 690 |
| 居委会 | Neighborhood Committee | 6836 | 6481 |
| 村委会 | Villages Committee | 14094 | 13147 |
| 农民专业合作社 | Farmers Professional Cooperatives | 35728 | 32457 |
| 农村集体经济组织 | Rural Collective Economic Organizations | 766 | 1227 |
| 其他组织机构 | Other Organizations | 5470 | 6577 |
| **按登记注册类型分** | **Grouped by Type of Registration** | | |
| 内资 | Domestic Funded | 3047674 | 3261630 |
| 国有 | State-owned | 53430 | 53104 |
| 集体 | Collective-owned | 32580 | 27525 |
| 股份合作 | Cooperative | 1655 | 1784 |
| 联营 | Joint Ownership | 3089 | 2382 |
| 国有联营 | State Joint-owned | 145 | 148 |
| 集体联营 | Collective Joint-owned | 502 | 497 |
| 国有与集体联营 | Joint State-collective | 413 | 384 |
| 其他联营 | Other Joint-owned | 2029 | 1353 |
| 有限责任公司 | Limited Liability Corporations | 85035 | 88194 |
| 国有独资公司 | State Sole-proprietorship Corporations | 3998 | 4270 |
| 其他有限责任公司 | Other Limited Corporations Ltd. | 81037 | 83924 |
| 股份有限公司 | Share-holding Corporations Ltd. | 10119 | 9775 |
| 私营 | Private | 2757857 | 2977626 |
| 私营独资 | Private Sole-proprietorship | 138229 | 137967 |
| 私营合伙 | Private Partnership | 32844 | 37283 |
| 私营有限责任公司 | Private Limited Liability Corporations | 2572298 | 2788544 |
| 私营股份有限公司 | Private Share-holding Corporations Ltd. | 14486 | 13832 |

1-8 续表 continued

| 项 目 | Item | 法人单位数(个) Number of Legal Entities(unit) | |
|---|---|---|---|
| | | 2021 | 2022 |
| 其他内资 | Other Domestic Funded | 103909 | 101240 |
| 港澳台商投资 | Investment from Hong Kong, Macao and Taiwan | 15068 | 15281 |
| 与港澳台商合资经营 | Joint-venture | 3878 | 3913 |
| 与港澳台商合作经营 | Cooperative | 98 | 108 |
| 港澳台商独资 | Sole-proprietorship | 10607 | 10742 |
| 港澳台商投资股份有限公司 | Share-holding Corporations Ltd. | 234 | 238 |
| 其他港、澳、台商投资 | Others | 251 | 280 |
| 外商投资 | Foreign Invested | 19723 | 20021 |
| 中外合资经营 | Sino-foreign Joint-venture | 5160 | 5169 |
| 中外合作经营 | Sino-foreign Cooperative | 134 | 135 |
| 外资企业 | Sole-proprietorship Enterprises | 13507 | 13677 |
| 外商投资股份有限公司 | Foreign Invested share-holding Corporations Ltd. | 270 | 285 |
| 其他外商投资 | Others | 652 | 755 |
| **按行业分** | **Grouped by Sector** | | |
| 农、林、牧、渔业 | Agriculture,Forestry,Animal Husbandry and Fishery | 56489 | 55571 |
| 采 矿 业 | Mining | 447 | 492 |
| 制 造 业 | Manufacturing | 617269 | 641215 |
| 电力、热力、燃气及水的生产和供应业 | Production and Supply of Electricity, Heat, Gas and Water | 6247 | 7484 |
| 建筑业 | Construction | 273596 | 327922 |
| 批发和零售业 | Wholesale and Retail Trades | 904612 | 955561 |
| 交通运输、仓储和邮政业 | Transport, Storage and Post | 92990 | 101561 |
| 住宿和餐饮业 | Hotels and Catering Services | 41837 | 46499 |
| 信息传输、软件和信息技术服务业 | Information Transmissions, Software and IT Services | 144981 | 156201 |
| 金融业 | Financial Intermediation | 7542 | 8342 |
| 房地产业 | Real Estate | 86700 | 86864 |
| 租赁和商务服务业 | Leasing and Business Services | 319017 | 344553 |
| 科学研究和技术服务业 | Scientific Research and Technical Services | 239345 | 277407 |
| 水利、环境和公共设施管理业 | Management of Water Conservancy, Environment and Public Facilities | 23063 | 23013 |
| 居民服务、修理和其他服务业 | Services to Households, Repair and Other Services | 55276 | 59909 |
| 教育 | Education | 46000 | 43458 |
| 卫生和社会工作 | Health and Social Service | 34128 | 31061 |
| 文化、体育和娱乐业 | Culture, Sports and Entertainment | 55632 | 57846 |
| 公共管理、社会保障和社会组织 | Public Management, Social Security and Social Organization | 77294 | 71973 |

# 主要统计指标解释

**行政区划** 指国家对行政区域的划分。根据有关法规规定，我国的行政区域划分如下：(1) 全国分为省、自治区、直辖市；(2) 省、自治区分为市、自治州、县（市)、自治县；(3) 自治州分为县、自治县、市；(4) 县、自治县分为乡、民族乡、镇；(5) 直辖市和较大的市分为区、县（市)；(6) 国家在必要时设立的特别行政区。

**平均增长速度** 平均增长速度表明社会经济现象在一个较长的时期内逐期平均增长变化的程度，它不能根据各个环比增长速度直接求得，但与平均发展速度之间存在着一定的数量关系：平均增长速度＝平均发展速度-1。

平均发展速度是一种根据环比发展速度计算的序时平均数,由于各时期对比的基础不同，所以计算平均发展速度不能采用一般的序时平均数的计算方法，计算方法分为水平法和累计法。水平法，又称几何平均法，即将环比发展速度按连乘法用几何平均数公式计算。累计法，也称方程法，根据一段时期内各年发展水平总和与基期水平的关系，列出方程式计算平均发展速度。水平法着重考虑最后一年所达到的发展水平；累计法着重考虑整个时期累计发展水平的总量。

本《年鉴》内所列的平均增长速度，均用“水平法”计算。从某年到某年平均增长速度的年份，均不包括基期年在内。如 1978 年以来的平均增长速度是以 1978 年为基期计算的，则写为 1979-2023 年平均增长速度，其余类推。

# Explanatory Notes on Main Statistical Indicators

**Divisions of Administrative Areas** refer to the division of administrative areas by the State. The relative laws define the administrative division as follows: 1) the whole country is divided into provinces, autonomous regions and municipalities directly under the Central Government; 2) provinces and autonomous regions are divided into cities, autonomous prefectures, counties and autonomous counties 3) autonomous prefectures are further divided into counties, autonomous counties and cities; 4) counties and autonomous counties are further divided into townships, ethnic townships and towns; 5) municipalities directly under the Central Government and large cities are divided into districts and counties; 6) the State shall, when necessary, establish special administrative regions.

**Average Annual Growth Rate** shows the average growth rate of social and economic development during a longer period. It can not be directly calculated by chain based growth rate. The relation is:

Average Growth Rate = average speed of development-1

Average speed of development is the time series average of speed which is obtained through chain-based calculation. Because the reference bases during the different periods are not same, average speed of development can not be calculated by the general method. Level approach and accumulative approach for calculating average speed of development rate are applied. The "level approach", or geometric average approach, is derived by the formula of geometric average of the chain-based speeds of development by continuous multiplication. The other is called the "accumulative approach" or the "equation" method, which is derived by the summation of the actual figure of each year in the interval divided by the figure in the base year. The level approach focuses on the level of the last year, while the accumulative approach emphasizes the aggregate development for the entire duration.

The average annual growth rates listed in the *Yearbook* are calculated by the "level approach". The base year is not listed in the duration for which average annual growth rates are computed. For instance, the average annual growth rate since 1978 is shown as the average annual growth rate of 1979—2023 without showing the base year 1978.

# 2

# 国民经济核算

# National Accounts

# 简 要 说 明

**本篇章主要内容和资料来源**

一、地区生产总值数据是根据不同产业部门、不同支出构成的特点和资料来源情况而采用不同方法计算的。

二、地区生产总值是一个价值量指标，其价值的变化受价格变化和物量变化两大因素影响。不变价地区生产总值是把按当期价格计算的地区生产总值换算成按某个固定期（基期）价格计算的价值，从而使两个不同时期的价值进行比较时，能够剔除价格变化的影响，以反映物量变化，反映生产活动成果的实际变动。地区生产总值指数就是根据两个时期不变价地区生产总值计算得到的。随着经济的不断发展，各行业的价格结构也会不断发生变化，为了更好地反映这种变化对于经济的影响，计算不变价地区生产总值需要每隔若干年调整一次基期。我国自开始核算地区生产总值以来，共有 1952 年、1957 年、1970 年、1980 年、1990 年、2000 年、2005 年、2010 年、2015 年、2020 年 10 个不变价基期，目前的基期是 2020 年。也就是说，2023 年的不变价地区生产总值是按照 2020 年价格计算的。由于计算不变价地区生产总值采用按不同基期分段计算，因此本年鉴中的不变价地区生产总值数据也按分段方式公布。

三、2023 年数据为快报数。

# Brief Introduction

**Main Contents and Sources of Data**

Ⅰ. Data on gross regional product (GDP) are computed based on different approaches in the light of the different features of various sectors, various expenditure structures and different data sources.

Ⅱ. Gross Domestic Product (GDP) is a measurement of value which changes depending on changes of price and volume. GDP at constant prices converts the gross regional product based on the current price into a value based on the price of certain base period. After price effects are removed, the values of two different periods can be compared to reflect the volume changes, and the real changes of production activity results. GDP index is derived from the constant-price GDP. As the economy grows, changes will take place in the price structures of various industries, and the the calculation of GDP at constant prices requires an adjustment of the base period every few years in order to better reflect the impact of price change in the economy. Since China started GDP calculation, ten constant-price base periods have been used, such as 1952, 1957, 1970, 1980, 1990, 2000, 2005，2010, 2015 and 2020， and the current base period is 2020. That is to say, the 2023 GDP at constant prices is calculated on the basis of the 2020 prices. As the calculation of constant-price GDP is based on different base periods, the constant-price GDP data in this yearbook are also published on the basis of different base periods.

Ⅲ. Data in 2023 are the number of quick reports.

# 2-1　主要年份地区生产总值
# Gross Domestic Product in Major Years

本表按当年价格计算　　(at current prices)

| 年　份<br>Year | 地　区<br>生产总值<br>(亿元)<br>Gross Domestic Product | 第一产业<br>Primary Industry | 第二产业<br>Secondary Industry | 第三产业<br>Tertiary Industry | #工业<br>Industry | #建筑业<br>Construction | #金融业<br>Financial Intermediation | #房地产业<br>Real Estate | 人均地区生产总值(元)<br>Per Capita GDP (yuan) |
|---|---|---|---|---|---|---|---|---|---|
| 1952 | 48.41 | 25.49 | 8.53 | 14.39 | 7.63 | 0.90 | 1.53 | 0.75 | 131 |
| 1955 | 58.96 | 29.69 | 11.29 | 17.98 | 10.06 | 1.23 | 1.99 | 1.08 | 150 |
| 1957 | 65.11 | 29.94 | 14.40 | 20.77 | 12.51 | 1.89 | 2.25 | 1.19 | 157 |
| 1962 | 69.20 | 29.10 | 17.34 | 22.76 | 15.69 | 1.65 | 2.74 | 1.29 | 161 |
| 1965 | 95.10 | 41.20 | 30.26 | 23.64 | 26.87 | 3.39 | 2.81 | 1.50 | 208 |
| 1970 | 129.23 | 51.03 | 46.16 | 32.04 | 42.33 | 3.83 | 4.35 | 2.31 | 249 |
| 1975 | 184.16 | 67.59 | 79.61 | 36.96 | 72.70 | 6.91 | 5.31 | 2.90 | 329 |
| 1976 | 187.97 | 62.38 | 85.04 | 40.55 | 78.48 | 6.56 | 5.79 | 3.19 | 332 |
| 1977 | 202.40 | 53.22 | 105.35 | 43.83 | 97.15 | 8.20 | 6.34 | 3.51 | 353 |
| 1978 | 249.24 | 68.71 | 131.09 | 49.44 | 117.10 | 13.99 | 10.43 | 5.50 | 430 |
| 1979 | 298.55 | 104.04 | 141.14 | 53.37 | 126.25 | 14.89 | 10.27 | 5.42 | 509 |
| 1980 | 319.80 | 94.24 | 167.41 | 58.15 | 151.22 | 16.19 | 11.52 | 6.08 | 541 |
| 1981 | 350.02 | 109.39 | 178.01 | 62.62 | 161.11 | 16.90 | 12.32 | 6.50 | 586 |
| 1982 | 390.17 | 135.15 | 185.52 | 69.50 | 168.09 | 17.43 | 13.74 | 7.25 | 645 |
| 1983 | 437.65 | 150.41 | 210.81 | 76.43 | 191.52 | 19.29 | 14.47 | 7.64 | 716 |
| 1984 | 518.85 | 179.00 | 250.39 | 89.46 | 228.58 | 21.81 | 15.52 | 8.19 | 843 |
| 1985 | 651.82 | 195.66 | 339.56 | 116.60 | 307.89 | 31.67 | 18.91 | 11.93 | 1053 |
| 1986 | 744.94 | 224.26 | 376.32 | 144.36 | 337.77 | 38.55 | 25.56 | 13.50 | 1193 |
| 1987 | 922.33 | 246.86 | 493.69 | 181.78 | 443.23 | 50.46 | 25.14 | 14.59 | 1462 |
| 1988 | 1208.85 | 319.18 | 586.82 | 302.85 | 526.92 | 59.90 | 47.44 | 21.25 | 1891 |
| 1989 | 1321.85 | 324.18 | 657.06 | 340.61 | 599.91 | 57.15 | 65.45 | 24.72 | 2038 |
| 1990 | 1416.50 | 355.17 | 692.59 | 368.74 | 634.13 | 58.46 | 72.53 | 27.02 | 2130 |
| 1991 | 1601.38 | 345.14 | 793.92 | 462.32 | 725.83 | 68.09 | 77.81 | 33.51 | 2353 |
| 1992 | 2136.02 | 393.82 | 1119.26 | 622.94 | 1017.94 | 101.32 | 109.27 | 43.89 | 3106 |
| 1993 | 2998.16 | 490.59 | 1598.05 | 909.52 | 1451.97 | 146.08 | 140.04 | 73.03 | 4321 |
| 1994 | 4057.39 | 683.98 | 2186.77 | 1186.64 | 2002.22 | 184.55 | 187.37 | 95.23 | 5801 |
| 1995 | 5155.25 | 866.24 | 2715.26 | 1573.75 | 2467.63 | 247.63 | 244.65 | 134.95 | 7319 |
| 1996 | 6004.21 | 989.18 | 3074.12 | 1940.91 | 2754.80 | 319.32 | 291.71 | 178.79 | 8471 |
| 1997 | 6680.34 | 1035.80 | 3411.86 | 2232.68 | 3016.44 | 395.42 | 318.08 | 211.22 | 9371 |
| 1998 | 7199.95 | 1047.16 | 3640.10 | 2512.69 | 3157.69 | 482.41 | 322.33 | 253.14 | 10049 |
| 1999 | 7697.82 | 1037.37 | 3920.15 | 2740.30 | 3387.99 | 532.16 | 330.25 | 272.34 | 10695 |
| 2000 | 8553.69 | 1048.34 | 4435.89 | 3069.46 | 3848.52 | 587.37 | 349.49 | 298.15 | 11765 |
| 2001 | 9456.84 | 1094.48 | 4907.46 | 3454.90 | 4270.90 | 636.56 | 353.41 | 326.74 | 12879 |
| 2002 | 10606.85 | 1110.44 | 5604.49 | 3891.92 | 4880.09 | 724.40 | 368.86 | 371.09 | 14369 |
| 2003 | 12442.87 | 1162.45 | 6787.11 | 4493.31 | 6004.65 | 782.46 | 392.11 | 447.47 | 16743 |
| 2004 | 14823.13 | 1300.40 | 8325.76 | 5196.97 | 7407.76 | 924.14 | 440.50 | 534.17 | 19790 |
| 2005 | 18121.33 | 1390.20 | 10234.06 | 6497.07 | 9154.98 | 1085.44 | 492.39 | 799.73 | 23984 |
| 2006 | 21240.79 | 1468.29 | 11991.11 | 7781.39 | 10812.04 | 1186.05 | 653.25 | 1017.91 | 27868 |
| 2007 | 25988.36 | 1715.56 | 14497.42 | 9775.38 | 13137.87 | 1366.76 | 1054.25 | 1365.71 | 33798 |
| 2008 | 30945.45 | 1988.17 | 17051.10 | 11906.18 | 15336.03 | 1722.50 | 1298.49 | 1626.13 | 39967 |
| 2009 | 34471.67 | 2143.62 | 18667.16 | 13660.89 | 16570.31 | 2104.50 | 1596.98 | 2025.39 | 44272 |
| 2010 | 41383.87 | 2409.24 | 21853.60 | 17121.03 | 19382.18 | 2479.30 | 2105.92 | 2550.95 | 53525 |
| 2011 | 48839.21 | 2908.78 | 25231.21 | 20699.22 | 22313.47 | 2925.75 | 2540.11 | 2907.89 | 61464 |
| 2012 | 53701.92 | 3241.42 | 27150.75 | 23309.75 | 23942.24 | 3216.54 | 3046.51 | 3142.82 | 66533 |
| 2013 | 59349.41 | 3447.49 | 29149.42 | 26752.50 | 25564.39 | 3593.22 | 3818.79 | 3668.40 | 72768 |
| 2014 | 64830.51 | 3607.40 | 31048.84 | 30174.27 | 27154.52 | 3902.52 | 4483.69 | 4304.44 | 78711 |
| 2015 | 71255.93 | 3952.47 | 33371.77 | 33931.69 | 28802.63 | 4607.04 | 4914.55 | 4954.09 | 85871 |
| 2016 | 77350.85 | 4039.75 | 35041.53 | 38269.57 | 30291.36 | 4790.04 | 5545.17 | 5792.01 | 92658 |
| 2017 | 85869.76 | 4045.16 | 39124.11 | 42700.49 | 33782.61 | 5385.97 | 6215.65 | 6907.75 | 102202 |
| 2018 | 93207.55 | 4141.71 | 42129.37 | 46936.47 | 36113.22 | 6063.69 | 6846.88 | 7467.17 | 110508 |
| 2019 | 98656.82 | 4297.24 | 43507.53 | 50852.05 | 37225.68 | 6330.70 | 7435.70 | 7925.85 | 116650 |
| 2020 | 102807.68 | 4537.58 | 44631.25 | 53638.85 | 38198.13 | 6481.55 | 8245.23 | 8383.85 | 121333 |
| 2021 | 117392.36 | 4721.02 | 52678.69 | 59992.65 | 45730.67 | 6999.95 | 9003.48 | 8626.94 | 138255 |
| 2022 | 122089.28 | 4964.16 | 54886.08 | 62239.04 | 47688.40 | 7256.67 | 9529.18 | 7931.08 | 143466 |
| 2023 | 128222.16 | 5075.80 | 56909.66 | 66236.70 | 49244.63 | 7765.72 | 10230.77 | 7783.68 | 150487 |

# 2-2 主要年份地区生产总值构成
# Composition of Gross Domestic Product in Major Years

本表按当年价格计算，单位：% (at current prices，%)

| 年份<br>Year | 地区生产总值<br>Gross Domestic Product | 第一产业<br>Primary Industry | 第二产业<br>Secondary Industry | 第三产业<br>Tertiary Industry | #工业<br>Industry | #建筑业<br>Construction | #金融业<br>Financial Intermediation | #房地产业<br>Real Estate |
|---|---|---|---|---|---|---|---|---|
| 1952 | 100.0 | 52.7 | 17.6 | 29.7 | 15.8 | 1.9 | 3.2 | 1.5 |
| 1955 | 100.0 | 50.4 | 19.1 | 30.5 | 17.1 | 2.1 | 3.4 | 1.8 |
| 1957 | 100.0 | 46.0 | 22.1 | 31.9 | 19.2 | 2.9 | 3.5 | 1.8 |
| 1962 | 100.0 | 42.1 | 25.0 | 32.9 | 22.7 | 2.4 | 4.0 | 1.9 |
| 1965 | 100.0 | 43.3 | 31.8 | 24.9 | 28.3 | 3.6 | 3.0 | 1.6 |
| 1970 | 100.0 | 39.5 | 35.7 | 24.8 | 32.8 | 3.0 | 3.4 | 1.8 |
| 1975 | 100.0 | 36.7 | 43.2 | 20.1 | 39.5 | 3.8 | 2.9 | 1.6 |
| 1976 | 100.0 | 33.2 | 45.2 | 21.6 | 41.8 | 3.5 | 3.1 | 1.7 |
| 1977 | 100.0 | 26.3 | 52.0 | 21.7 | 48.0 | 4.1 | 3.1 | 1.7 |
| 1978 | 100.0 | 27.6 | 52.6 | 19.8 | 47.0 | 5.6 | 4.2 | 2.2 |
| 1979 | 100.0 | 34.8 | 47.3 | 17.9 | 42.3 | 5.0 | 3.4 | 1.8 |
| 1980 | 100.0 | 29.5 | 52.3 | 18.2 | 47.3 | 5.1 | 3.6 | 1.9 |
| 1981 | 100.0 | 31.3 | 50.8 | 17.9 | 46.0 | 4.8 | 3.5 | 1.9 |
| 1982 | 100.0 | 34.6 | 47.6 | 17.8 | 43.1 | 4.5 | 3.5 | 1.9 |
| 1983 | 100.0 | 34.4 | 48.2 | 17.4 | 43.8 | 4.4 | 3.3 | 1.7 |
| 1984 | 100.0 | 34.5 | 48.3 | 17.2 | 44.1 | 4.2 | 3.0 | 1.6 |
| 1985 | 100.0 | 30.0 | 52.1 | 17.9 | 47.2 | 4.9 | 2.9 | 1.8 |
| 1986 | 100.0 | 30.1 | 50.5 | 19.4 | 45.3 | 5.2 | 3.4 | 1.8 |
| 1987 | 100.0 | 26.8 | 53.5 | 19.7 | 48.1 | 5.5 | 2.7 | 1.6 |
| 1988 | 100.0 | 26.4 | 48.5 | 25.1 | 43.6 | 5.0 | 3.9 | 1.8 |
| 1989 | 100.0 | 24.5 | 49.7 | 25.8 | 45.4 | 4.3 | 5.0 | 1.9 |
| 1990 | 100.0 | 25.1 | 48.9 | 26.0 | 44.8 | 4.1 | 5.1 | 1.9 |
| 1991 | 100.0 | 21.5 | 49.6 | 28.9 | 45.3 | 4.3 | 4.9 | 2.1 |
| 1992 | 100.0 | 18.4 | 52.4 | 29.2 | 47.7 | 4.7 | 5.1 | 2.1 |
| 1993 | 100.0 | 16.4 | 53.3 | 30.3 | 48.4 | 4.9 | 4.7 | 2.4 |
| 1994 | 100.0 | 16.9 | 53.9 | 29.2 | 49.3 | 4.5 | 4.6 | 2.3 |
| 1995 | 100.0 | 16.8 | 52.7 | 30.5 | 47.9 | 4.8 | 4.7 | 2.6 |
| 1996 | 100.0 | 16.5 | 51.2 | 32.3 | 45.9 | 5.3 | 4.9 | 3.0 |
| 1997 | 100.0 | 15.5 | 51.1 | 33.4 | 45.2 | 5.9 | 4.8 | 3.2 |
| 1998 | 100.0 | 14.5 | 50.6 | 34.9 | 43.9 | 6.7 | 4.5 | 3.5 |
| 1999 | 100.0 | 13.5 | 50.9 | 35.6 | 44.0 | 6.9 | 4.3 | 3.5 |
| 2000 | 100.0 | 12.3 | 51.9 | 35.9 | 45.0 | 6.9 | 4.1 | 3.5 |
| 2001 | 100.0 | 11.6 | 51.9 | 36.5 | 45.2 | 6.7 | 3.7 | 3.5 |
| 2002 | 100.0 | 10.5 | 52.8 | 36.7 | 46.0 | 6.8 | 3.5 | 3.5 |
| 2003 | 100.0 | 9.3 | 54.5 | 36.1 | 48.3 | 6.3 | 3.2 | 3.6 |
| 2004 | 100.0 | 8.8 | 56.2 | 35.1 | 50.0 | 6.2 | 3.0 | 3.6 |
| 2005 | 100.0 | 7.7 | 56.5 | 35.9 | 50.5 | 6.0 | 2.7 | 4.4 |
| 2006 | 100.0 | 6.9 | 56.5 | 36.6 | 50.9 | 5.6 | 3.1 | 4.8 |
| 2007 | 100.0 | 6.6 | 55.8 | 37.6 | 50.6 | 5.3 | 4.1 | 5.3 |
| 2008 | 100.0 | 6.4 | 55.1 | 38.5 | 49.6 | 5.6 | 4.2 | 5.3 |
| 2009 | 100.0 | 6.2 | 54.2 | 39.6 | 48.1 | 6.1 | 4.6 | 5.9 |
| 2010 | 100.0 | 5.8 | 52.8 | 41.4 | 46.8 | 6.0 | 5.1 | 6.2 |
| 2011 | 100.0 | 6.0 | 51.7 | 42.4 | 45.7 | 6.0 | 5.2 | 6.0 |
| 2012 | 100.0 | 6.0 | 50.6 | 43.4 | 44.6 | 6.0 | 5.7 | 5.9 |
| 2013 | 100.0 | 5.8 | 49.1 | 45.1 | 43.1 | 6.1 | 6.4 | 6.2 |
| 2014 | 100.0 | 5.6 | 47.9 | 46.5 | 41.9 | 6.0 | 6.9 | 6.6 |
| 2015 | 100.0 | 5.5 | 46.8 | 47.6 | 40.4 | 6.5 | 6.9 | 7.0 |
| 2016 | 100.0 | 5.2 | 45.3 | 49.5 | 39.2 | 6.2 | 7.2 | 7.5 |
| 2017 | 100.0 | 4.7 | 45.6 | 49.7 | 39.3 | 6.3 | 7.2 | 8.0 |
| 2018 | 100.0 | 4.4 | 45.2 | 50.4 | 38.7 | 6.5 | 7.3 | 8.0 |
| 2019 | 100.0 | 4.4 | 44.1 | 51.5 | 37.7 | 6.4 | 7.5 | 8.0 |
| 2020 | 100.0 | 4.4 | 43.4 | 52.2 | 37.2 | 6.3 | 8.0 | 8.2 |
| 2021 | 100.0 | 4.0 | 44.9 | 51.1 | 39.0 | 6.0 | 7.7 | 7.3 |
| 2022 | 100.0 | 4.0 | 45.0 | 51.0 | 39.1 | 5.9 | 7.8 | 6.5 |
| 2023 | 100.0 | 4.0 | 44.4 | 51.6 | 38.4 | 6.1 | 8.0 | 6.1 |

# 2-3 不变价地区生产总值
## Gross Domestic Product at Constant Prices

单位：亿元 (100 million yuan)

| 年 份 Year | 地 区 生产总值 Gross Domestic Product | 第一产业 Primary Industry | 第二产业 Secondary Industry | 第三产业 Tertiary Industry | #工业 Industry | #建筑业 Construction |
|---|---|---|---|---|---|---|
| | 按1980年价格计算Price Base Year=1980 | | | | | |
| 1980 | 328.21 | 100.50 | 169.56 | 58.15 | 153.37 | 16.19 |
| 1981 | 363.85 | 113.44 | 181.85 | 68.56 | 164.56 | 17.29 |
| 1982 | 399.66 | 131.53 | 192.41 | 75.72 | 174.63 | 17.78 |
| 1983 | 448.78 | 140.98 | 221.82 | 85.98 | 202.11 | 19.71 |
| 1984 | 519.29 | 159.22 | 261.51 | 98.56 | 231.60 | 29.91 |
| 1985 | 609.14 | 157.88 | 334.88 | 116.38 | 304.52 | 30.36 |
| 1986 | 672.32 | 166.33 | 367.10 | 138.89 | 331.25 | 35.85 |
| 1987 | 762.72 | 167.11 | 433.55 | 162.06 | 388.62 | 44.93 |
| 1988 | 912.08 | 174.37 | 510.67 | 227.04 | 459.37 | 51.30 |
| 1989 | 934.74 | 169.42 | 512.97 | 252.35 | 468.94 | 44.03 |
| 1990 | 981.59 | 171.16 | 540.61 | 269.82 | 496.73 | 43.88 |
| | 按1990年价格计算Price Base Year=1990 | | | | | |
| 1990 | 1438.00 | 358.93 | 710.33 | 368.74 | 651.87 | 58.46 |
| 1991 | 1557.32 | 344.81 | 773.85 | 438.66 | 709.30 | 64.55 |
| 1992 | 1955.77 | 381.53 | 1020.73 | 553.51 | 928.13 | 92.60 |
| 1993 | 2342.88 | 391.25 | 1258.98 | 692.65 | 1143.28 | 115.70 |
| 1994 | 2728.74 | 411.73 | 1545.47 | 771.54 | 1410.47 | 135.00 |
| 1995 | 3148.95 | 467.66 | 1795.09 | 886.20 | 1626.27 | 168.82 |
| 1996 | 3533.97 | 503.88 | 2016.78 | 1013.31 | 1803.53 | 213.25 |
| 1997 | 3956.46 | 529.04 | 2271.40 | 1156.02 | 2007.33 | 264.07 |
| 1998 | 4392.36 | 540.19 | 2546.93 | 1305.24 | 2224.12 | 322.81 |
| 1999 | 4835.68 | 565.06 | 2834.48 | 1436.14 | 2477.67 | 356.81 |
| 2000 | 5346.92 | 587.06 | 3163.06 | 1596.80 | 2779.95 | 383.11 |
| | 按2000年价格计算Price Base Year=2000 | | | | | |
| 2000 | 8553.69 | 1048.34 | 4435.89 | 3069.46 | 3848.52 | 587.37 |
| 2001 | 9422.01 | 1079.79 | 4921.27 | 3420.95 | 4291.02 | 630.25 |
| 2002 | 10521.02 | 1109.48 | 5593.98 | 3817.56 | 4887.48 | 706.50 |
| 2003 | 11954.29 | 1107.82 | 6557.24 | 4289.23 | 5757.45 | 799.79 |
| 2004 | 13636.38 | 1118.97 | 7598.29 | 4919.12 | 6705.50 | 897.73 |
| 2005 | 15612.84 | 1147.37 | 8822.06 | 5643.41 | 7833.78 | 993.43 |
| | 按2005年价格计算Price Base Year=2005 | | | | | |
| 2005 | 18121.33 | 1390.20 | 10234.06 | 6497.07 | 9154.98 | 1085.44 |
| 2006 | 20828.39 | 1464.45 | 11864.68 | 7499.26 | 10669.23 | 1201.33 |
| 2007 | 23940.38 | 1493.85 | 13712.08 | 8734.45 | 12457.75 | 1260.66 |
| 2008 | 26980.37 | 1550.64 | 15527.38 | 9902.35 | 14169.09 | 1365.27 |
| 2009 | 30339.42 | 1614.28 | 17465.39 | 11259.75 | 15846.83 | 1625.70 |
| 2010 | 34198.16 | 1683.02 | 19744.88 | 12770.26 | 17953.00 | 1799.44 |
| | 按2010年价格计算Price Base Year=2010 | | | | | |
| 2010 | 41383.87 | 2409.24 | 21853.60 | 17121.03 | 19382.18 | 2479.30 |
| 2011 | 45952.65 | 2514.68 | 24431.81 | 19006.16 | 21789.61 | 2650.13 |
| 2012 | 50660.20 | 2629.27 | 27161.63 | 20869.30 | 24246.90 | 2922.74 |
| 2013 | 55580.11 | 2843.69 | 29915.59 | 22820.83 | 26782.44 | 3141.43 |
| 2014 | 60359.43 | 2929.00 | 32336.54 | 25093.89 | 28989.88 | 3354.83 |
| 2015 | 65552.00 | 3025.66 | 35050.98 | 27475.36 | 31330.72 | 3728.59 |
| | 按2015年价格计算Price Base Year=2015 | | | | | |
| 2015 | 71255.93 | 3952.47 | 33371.77 | 33931.69 | 28802.63 | 4607.04 |
| 2016 | 76814.60 | 4015.21 | 35583.34 | 37216.05 | 30804.92 | 4818.96 |
| 2017 | 82343.69 | 4030.57 | 37965.78 | 40347.34 | 33103.65 | 4905.70 |
| 2018 | 87860.84 | 4104.30 | 40210.23 | 43546.31 | 35301.94 | 4954.76 |
| 2019 | 93000.70 | 4157.66 | 42450.42 | 46392.62 | 37322.12 | 5176.51 |
| 2020 | 96404.53 | 4229.41 | 44129.47 | 48045.65 | 38840.07 | 5340.61 |
| | 按2020年价格计算Price Base Year=2020 | | | | | |
| 2020 | 102807.68 | 4537.58 | 44631.25 | 53638.85 | 38198.13 | 6481.55 |
| 2021 | 112000.19 | 4677.72 | 49520.81 | 57801.66 | 43134.36 | 6434.12 |
| 2022 | 114863.65 | 4783.84 | 50500.06 | 59579.75 | 43905.79 | 6671.09 |
| 2023 | 121474.33 | 4950.47 | 53884.16 | 62639.70 | 46660.73 | 7349.09 |

# 2-4 主要年份地区生产总值指数
# Indices of Gross Domestic Product in Major Years

按可比价计算，上年=100 (at constant prices， preceding year=100)

| 年 份<br>Year | 地 区<br>生产总值<br>Gross Domestic Product | 第一产业<br>Primary Industry | 第二产业<br>Secondary Industry | 第三产业<br>Tertiary Industry | #工业<br>Industry | #建筑业<br>Construction | #金融业<br>Financial Intermediation | #房地产业<br>Real Estate | 人均地区<br>生产总值<br>Per Capita GDP |
|---|---|---|---|---|---|---|---|---|---|
| 1952 | | | | | | | | | |
| 1955 | 111.1 | 114.7 | 101.7 | 107.0 | 101.9 | 100.7 | 107.8 | 105.3 | 108.6 |
| 1957 | 100.4 | 101.8 | 100.5 | 97.6 | 95.5 | 130.9 | 100.8 | 102.7 | 98.2 |
| 1962 | 93.2 | 101.5 | 73.5 | 94.0 | 72.8 | 80.8 | 100.7 | 89.9 | 91.9 |
| 1965 | 107.1 | 101.3 | 130.8 | 103.1 | 120.8 | 241.7 | 105.6 | 103.7 | 104.7 |
| 1970 | 114.9 | 107.1 | 136.5 | 110.1 | 137.5 | 130.6 | 110.2 | 109.7 | 112.3 |
| 1975 | 106.1 | 102.1 | 115.6 | 99.2 | 117.1 | 105.4 | 101.1 | 101.9 | 104.8 |
| 1976 | 101.0 | 87.3 | 112.0 | 111.3 | 113.7 | 98.8 | 108.0 | 105.5 | 99.7 |
| 1977 | 106.3 | 86.7 | 123.9 | 107.1 | 123.8 | 125.3 | 116.1 | 114.7 | 105.1 |
| 1978 | 124.6 | 132.1 | 124.6 | 113.9 | 123.3 | 135.7 | 138.5 | 131.2 | 123.3 |
| 1979 | 112.0 | 122.9 | 107.1 | 105.7 | 108.0 | 100.4 | 106.6 | 110.9 | 110.8 |
| 1980 | 104.8 | 89.5 | 118.2 | 101.6 | 119.7 | 105.2 | 103.2 | 103.3 | 103.9 |
| 1981 | 110.9 | 112.9 | 107.2 | 117.9 | 107.3 | 106.8 | 128.1 | 119.1 | 109.7 |
| 1982 | 109.8 | 115.9 | 105.8 | 110.4 | 106.1 | 102.8 | 111.0 | 111.0 | 108.5 |
| 1983 | 112.3 | 107.2 | 115.3 | 113.5 | 115.7 | 110.9 | 108.8 | 108.7 | 111.0 |
| 1984 | 115.7 | 112.9 | 117.9 | 114.6 | 114.6 | 151.8 | 114.6 | 114.7 | 115.0 |
| 1985 | 117.3 | 99.2 | 128.1 | 118.1 | 131.5 | 101.5 | 101.1 | 120.9 | 116.6 |
| 1986 | 110.4 | 105.4 | 109.6 | 119.3 | 108.8 | 118.1 | 130.3 | 109.1 | 109.5 |
| 1987 | 113.4 | 100.5 | 118.1 | 116.7 | 117.3 | 125.3 | 91.1 | 100.2 | 112.3 |
| 1988 | 119.6 | 104.3 | 117.8 | 140.1 | 118.2 | 114.2 | 158.6 | 122.4 | 118.0 |
| 1989 | 102.5 | 97.2 | 100.5 | 111.1 | 102.1 | 85.8 | 136.4 | 114.9 | 101.0 |
| 1990 | 105.0 | 101.0 | 105.4 | 106.9 | 105.9 | 99.7 | 109.5 | 108.1 | 102.4 |
| 1991 | 108.3 | 96.1 | 108.9 | 119.0 | 108.8 | 110.4 | 104.8 | 118.2 | 105.8 |
| 1992 | 125.6 | 110.6 | 131.9 | 126.2 | 130.9 | 143.5 | 133.1 | 117.9 | 124.3 |
| 1993 | 119.8 | 102.5 | 123.3 | 125.1 | 123.2 | 124.9 | 113.3 | 149.8 | 118.7 |
| 1994 | 116.5 | 105.2 | 122.8 | 111.4 | 123.4 | 116.7 | 111.9 | 108.1 | 115.6 |
| 1995 | 115.4 | 113.6 | 116.2 | 114.9 | 115.3 | 125.1 | 118.1 | 125.0 | 114.6 |
| 1996 | 112.2 | 107.7 | 112.3 | 114.3 | 110.9 | 126.3 | 115.4 | 123.7 | 111.5 |
| 1997 | 112.0 | 105.0 | 112.6 | 114.1 | 111.3 | 123.8 | 113.5 | 121.5 | 111.3 |
| 1998 | 111.0 | 102.1 | 112.1 | 112.9 | 110.8 | 122.2 | 103.9 | 123.8 | 110.5 |
| 1999 | 110.1 | 104.6 | 111.3 | 110.0 | 111.4 | 110.5 | 104.8 | 111.2 | 109.6 |
| 2000 | 110.6 | 103.9 | 111.6 | 111.2 | 112.2 | 107.4 | 109.8 | 107.5 | 109.5 |
| 2001 | 110.2 | 103.0 | 110.9 | 111.5 | 111.5 | 107.3 | 102.8 | 109.7 | 109.1 |
| 2002 | 111.7 | 102.7 | 113.7 | 111.6 | 113.9 | 112.1 | 105.9 | 112.6 | 111.1 |
| 2003 | 113.6 | 99.9 | 117.2 | 112.4 | 117.8 | 113.2 | 106.8 | 112.0 | 112.9 |
| 2004 | 114.1 | 101.0 | 115.9 | 114.7 | 116.5 | 112.2 | 107.5 | 109.5 | 113.2 |
| 2005 | 114.5 | 102.5 | 116.1 | 114.7 | 116.8 | 110.7 | 118.9 | 124.6 | 113.5 |
| 2006 | 114.9 | 105.3 | 115.9 | 115.4 | 116.5 | 110.7 | 121.3 | 119.3 | 113.9 |
| 2007 | 114.9 | 102.0 | 115.6 | 116.5 | 116.8 | 104.9 | 138.6 | 117.3 | 113.9 |
| 2008 | 112.7 | 103.8 | 113.2 | 113.4 | 113.7 | 108.3 | 112.0 | 109.0 | 111.9 |
| 2009 | 112.4 | 104.1 | 112.5 | 113.7 | 111.8 | 119.1 | 128.1 | 127.3 | 111.8 |
| 2010 | 112.7 | 104.3 | 113.1 | 113.4 | 113.3 | 110.7 | 117.0 | 108.9 | 111.9 |
| 2011 | 111.0 | 104.4 | 111.8 | 111.0 | 112.4 | 106.9 | 106.2 | 103.1 | 109.6 |
| 2012 | 110.2 | 104.6 | 111.2 | 109.8 | 111.3 | 110.3 | 114.7 | 108.6 | 108.5 |
| 2013 | 109.7 | 108.2 | 110.1 | 109.4 | 110.5 | 107.5 | 123.5 | 111.2 | 108.6 |
| 2014 | 108.6 | 103.0 | 108.1 | 110.0 | 108.2 | 106.8 | 116.9 | 102.1 | 107.5 |
| 2015 | 108.6 | 103.3 | 108.4 | 109.5 | 108.1 | 111.1 | 111.3 | 105.7 | 107.8 |
| 2016 | 107.8 | 101.6 | 106.6 | 109.7 | 107.0 | 104.6 | 112.7 | 105.7 | 107.2 |
| 2017 | 107.2 | 100.4 | 106.7 | 108.4 | 107.5 | 101.8 | 109.0 | 103.1 | 106.5 |
| 2018 | 106.7 | 101.8 | 105.9 | 107.9 | 106.6 | 101.0 | 107.0 | 101.8 | 106.3 |
| 2019 | 105.9 | 101.3 | 105.6 | 106.5 | 105.7 | 104.5 | 109.2 | 104.2 | 105.6 |
| 2020 | 103.7 | 101.7 | 104.0 | 103.6 | 104.1 | 103.2 | 107.3 | 104.1 | 103.5 |
| 2021 | 108.9 | 103.1 | 111.0 | 107.8 | 112.9 | 99.3 | 104.9 | 100.4 | 108.7 |
| 2022 | 102.6 | 102.3 | 102.0 | 103.1 | 101.8 | 103.7 | 106.0 | 94.6 | 102.3 |
| 2023 | 105.8 | 103.5 | 106.7 | 105.1 | 106.3 | 110.2 | 106.8 | 96.3 | 105.6 |

# 2-5 主要年份地区生产总值定基指数
## Fixed-base Indices of Gross Domestic Product in Major Years

按可比价计算 (at constant prices, year of 1952=100)

| 年 份 Year | 地 区 生产总值 Gross Domestic Product | 第一产业 Primary Industry | 第二产业 Secondary Industry | 第三产业 Tertiary Industry | #工业 Industry | #建筑业 Construction | #金融业 Financial Intermediation | #房地产业 Real Estate | 人均地区生产总值 Per Capita GDP |
|---|---|---|---|---|---|---|---|---|---|
| 1952 | 100.0 | 100.0 | 100.0 | 100.0 | 100.0 | 100.0 | 100.0 | 100.0 | 100.0 |
| 1955 | 118.9 | 115.9 | 133.5 | 121.6 | 132.0 | 142.1 | 124.0 | 113.8 | 111.3 |
| 1957 | 121.9 | 111.0 | 174.3 | 131.0 | 166.0 | 223.2 | 134.6 | 132.2 | 108.8 |
| 1962 | 103.8 | 84.6 | 202.6 | 118.0 | 212.1 | 146.3 | 152.5 | 173.6 | 89.2 |
| 1965 | 147.6 | 125.6 | 375.0 | 126.4 | 371.4 | 396.8 | 169.8 | 192.0 | 119.1 |
| 1970 | 200.9 | 148.7 | 663.6 | 176.0 | 671.7 | 615.8 | 246.9 | 300.0 | 143.1 |
| 1975 | 277.5 | 188.4 | 1179.3 | 198.1 | 1216.2 | 961.1 | 307.8 | 378.2 | 182.8 |
| 1976 | 280.3 | 164.4 | 1320.2 | 220.4 | 1382.9 | 949.5 | 332.4 | 398.9 | 182.4 |
| 1977 | 297.9 | 142.5 | 1636.2 | 236.0 | 1711.7 | 1189.5 | 386.0 | 457.5 | 191.7 |
| 1978 | 371.3 | 188.3 | 2038.8 | 268.8 | 2110.7 | 1613.7 | 534.6 | 600.0 | 236.3 |
| 1979 | 415.9 | 231.3 | 2183.9 | 284.1 | 2279.2 | 1620.0 | 569.8 | 665.5 | 261.8 |
| 1980 | 436.0 | 207.0 | 2580.8 | 288.6 | 2729.0 | 1704.2 | 588.3 | 687.4 | 272.1 |
| 1981 | 483.3 | 233.6 | 2767.9 | 340.2 | 2928.1 | 1820.0 | 753.6 | 818.4 | 298.5 |
| 1982 | 530.9 | 270.9 | 2928.6 | 375.8 | 3107.3 | 1871.6 | 836.3 | 908.0 | 324.0 |
| 1983 | 596.1 | 290.3 | 3376.3 | 426.7 | 3596.3 | 2074.7 | 909.5 | 987.4 | 359.8 |
| 1984 | 689.8 | 327.9 | 3980.4 | 489.1 | 4121.0 | 3148.4 | 1042.5 | 1132.2 | 413.7 |
| 1985 | 809.2 | 325.1 | 5097.1 | 577.6 | 5418.5 | 3195.8 | 1054.2 | 1369.0 | 482.4 |
| 1986 | 893.1 | 342.5 | 5587.5 | 689.3 | 5894.1 | 3773.7 | 1373.7 | 1493.1 | 527.9 |
| 1987 | 1013.2 | 344.1 | 6598.9 | 804.3 | 6914.9 | 4729.5 | 1252.0 | 1495.4 | 592.6 |
| 1988 | 1211.6 | 359.1 | 7772.8 | 1126.7 | 8173.8 | 5400.0 | 1986.0 | 1831.0 | 699.5 |
| 1989 | 1241.7 | 348.9 | 7807.8 | 1252.4 | 8344.1 | 4634.7 | 2709.5 | 2104.6 | 706.4 |
| 1990 | 1303.9 | 352.5 | 8228.5 | 1339.1 | 8838.6 | 4618.9 | 2967.6 | 2274.7 | 723.5 |
| 1991 | 1412.1 | 338.6 | 8964.3 | 1593.0 | 9617.3 | 5100.1 | 3111.2 | 2689.8 | 765.7 |
| 1992 | 1773.4 | 374.7 | 11824.1 | 2010.0 | 12584.4 | 7316.4 | 4140.6 | 3170.5 | 951.8 |
| 1993 | 2124.4 | 384.2 | 14584.0 | 2515.3 | 15501.6 | 9141.5 | 4692.6 | 4748.9 | 1129.8 |
| 1994 | 2474.3 | 404.3 | 17902.7 | 2801.8 | 19124.4 | 10666.4 | 5252.3 | 5132.0 | 1305.8 |
| 1995 | 2855.3 | 459.2 | 20794.3 | 3218.2 | 22050.4 | 13338.5 | 6203.2 | 6413.3 | 1496.3 |
| 1996 | 3204.5 | 494.8 | 23362.4 | 3679.8 | 24453.8 | 16849.0 | 7161.0 | 7936.2 | 1668.6 |
| 1997 | 3587.6 | 519.5 | 26311.9 | 4198.0 | 27217.1 | 20864.3 | 8131.1 | 9644.4 | 1857.3 |
| 1998 | 3982.8 | 530.5 | 29503.6 | 4739.9 | 30156.5 | 25505.3 | 8451.1 | 11944.3 | 2051.5 |
| 1999 | 4384.8 | 554.9 | 32834.6 | 5215.3 | 33594.4 | 28191.7 | 8857.8 | 13278.7 | 2248.2 |
| 2000 | 4848.4 | 576.5 | 36640.9 | 5798.7 | 37692.9 | 30269.7 | 9727.2 | 14270.4 | 2461.4 |
| 2001 | 5340.5 | 593.8 | 40650.2 | 6462.7 | 42026.9 | 32479.5 | 9999.4 | 15654.1 | 2684.4 |
| 2002 | 5963.5 | 610.1 | 46206.8 | 7212.0 | 47868.7 | 36408.9 | 10589.5 | 17626.6 | 2981.7 |
| 2003 | 6775.9 | 609.2 | 54163.4 | 8103.0 | 56389.3 | 41216.6 | 11309.8 | 19741.7 | 3365.4 |
| 2004 | 7729.3 | 615.3 | 62762.6 | 9293.0 | 65674.6 | 46263.8 | 12159.8 | 21617.4 | 3808.7 |
| 2005 | 8849.6 | 631.0 | 72871.1 | 10661.3 | 76725.1 | 51195.7 | 14458.0 | 26936.9 | 4323.2 |
| 2006 | 10171.6 | 664.7 | 84481.8 | 12305.8 | 89415.6 | 56661.7 | 17536.9 | 32124.7 | 4925.8 |
| 2007 | 11691.4 | 678.0 | 97636.1 | 14332.7 | 104404.7 | 59460.1 | 24314.8 | 37668.9 | 5612.0 |
| 2008 | 13175.9 | 703.8 | 110561.9 | 16249.1 | 118746.9 | 64394.1 | 27244.6 | 41073.8 | 6281.1 |
| 2009 | 14816.3 | 732.7 | 124361.4 | 18476.5 | 132807.5 | 76677.5 | 34913.0 | 52300.9 | 7023.6 |
| 2010 | 16700.8 | 763.9 | 140592.4 | 20955.2 | 150458.7 | 84872.1 | 40831.3 | 56956.8 | 7862.8 |
| 2011 | 18544.5 | 797.3 | 157179.0 | 23262.5 | 169146.9 | 90720.0 | 43363.0 | 58738.1 | 8617.7 |
| 2012 | 20444.3 | 833.6 | 174740.9 | 25542.8 | 188222.2 | 100052.0 | 49716.3 | 63807.8 | 9350.2 |
| 2013 | 22429.8 | 901.6 | 192458.2 | 27931.4 | 207905.0 | 107538.3 | 61422.1 | 70957.6 | 10154.3 |
| 2014 | 24358.5 | 928.6 | 208033.0 | 30713.5 | 225040.7 | 114843.4 | 71833.1 | 72453.8 | 10915.9 |
| 2015 | 26454.0 | 959.3 | 225496.0 | 33628.3 | 243212.0 | 127638.1 | 79932.6 | 76547.6 | 11767.3 |
| 2016 | 28517.7 | 974.5 | 240439.8 | 36883.3 | 260119.6 | 133509.3 | 90083.9 | 80910.7 | 12614.6 |
| 2017 | 30570.4 | 978.2 | 256538.2 | 39986.6 | 279530.2 | 135912.5 | 98191.5 | 83419.0 | 13434.5 |
| 2018 | 32618.6 | 996.1 | 271704.1 | 43156.9 | 298092.8 | 137271.7 | 105065.0 | 84920.7 | 14280.9 |
| 2019 | 34543.1 | 1009.1 | 286919.6 | 45962.1 | 315084.1 | 143448.9 | 114731.0 | 88487.4 | 15080.6 |
| 2020 | 35807.4 | 1026.5 | 298268.1 | 47599.8 | 327899.0 | 147996.2 | 123090.7 | 92078.6 | 15608.4 |
| 2021 | 38994.3 | 1058.3 | 331077.6 | 51312.6 | 370198.0 | 146960.2 | 129122.1 | 92446.9 | 16966.3 |
| 2022 | 40008.2 | 1082.6 | 337699.2 | 52903.3 | 376861.6 | 152397.7 | 136869.4 | 87454.8 | 17356.5 |
| 2023 | 42328.6 | 1120.5 | 360325.0 | 55601.4 | 400603.8 | 167942.3 | 146176.5 | 84218.9 | 18328.5 |

# 2-6　分行业地区生产总值

本表按当年价格计算,单位：亿元

| 行　业 | Sector | 2017 |
|---|---|---|
| **地区生产总值** | **Gross Domestic Product** | **85869.76** |
| **按三次产业分** | **Grouped by Industry** | |
| 第一产业 | Primary Industry | 4045.16 |
| 第二产业 | Secondary Industry | 39124.11 |
| 第三产业 | Tertiary Industry | 42700.49 |
| **按行业分** | **Grouped by Sector** | |
| 农、林、牧、渔业 | Agriculture,Forestry,Animal Husbandry and Fishery | 4314.53 |
| 农、林、牧、渔专业及辅助性活动 | Agriculture, Forestry, Animal Husbandry and Fishery Services | 269.37 |
| 工业 | Industry | 33782.61 |
| 采矿业 | Mining | 353.33 |
| 制造业 | Manufacturing | 31698.35 |
| 电力、热力、燃气及水的生产和供应业 | Production and Supply of Electricity, Heat, Gas and Water | 1730.93 |
| 建筑业 | Construction | 5385.97 |
| 批发和零售业 | Wholesale and Retail Trades | 9197.46 |
| 交通运输、仓储和邮政业 | Transport, Storage and Post | 2743.41 |
| 住宿和餐饮业 | Hotels and Catering Services | 1302.85 |
| 信息传输、软件和信息技术服务业 | Information Transmission, Software and Information Technology | 2172.79 |
| 金融业 | Financial Intermediation | 6215.65 |
| 房地产业 | Real Estate | 6907.75 |
| 租赁和商务服务业 | Leasing and Business Services | 2524.68 |
| 科学研究和技术服务业 | Scientific Research and Technical Services | 1822.59 |
| 水利、环境和公共设施管理业 | Management of Water Conservancy, Environment and Public Facilities | 509.61 |
| 居民服务、修理和其他服务业 | Household Service, Repair and Other Services | 957.65 |
| 教育 | Education | 2330.82 |
| 卫生和社会工作 | Health and Social Service | 1489.34 |
| 文化、体育和娱乐业 | Culture, Sports and Entertainment | 524.46 |
| 公共管理、社会保障和社会组织 | Public Management, Social Security and Social Organization | 3687.59 |

# Gross Domestic Product by Sector

(at current prices, 100 million yuan)

| 2018 | 2019 | 2020 | 2021 | 2022 | 2023 |
|---|---|---|---|---|---|
| **93207.55** | **98656.82** | **102807.68** | **117392.36** | **122089.28** | **128222.16** |
| | | | | | |
| 4141.71 | 4297.24 | 4537.58 | 4721.02 | 4964.16 | 5075.80 |
| 42129.37 | 43507.53 | 44631.25 | 52678.69 | 54886.08 | 56909.66 |
| 46936.47 | 50852.05 | 53638.85 | 59992.65 | 62239.04 | 66236.70 |
| | | | | | |
| 4431.38 | 4611.88 | 4868.50 | 5073.71 | 5382.95 | 5529.93 |
| 289.67 | 314.64 | 330.92 | 352.69 | 418.79 | 454.13 |
| 36113.22 | 37225.68 | 38198.13 | 45730.67 | 47688.40 | 49244.63 |
| 377.70 | 382.12 | 439.37 | 590.17 | 682.28 | 629.06 |
| 33885.20 | 34891.67 | 35817.64 | 43258.10 | 45042.33 | 46569.34 |
| 1850.32 | 1951.89 | 1941.12 | 1882.40 | 1963.79 | 2046.23 |
| 6063.69 | 6330.70 | 6481.55 | 6999.95 | 7256.67 | 7765.72 |
| 10139.27 | 10836.58 | 11210.63 | 13101.20 | 13505.64 | 14225.55 |
| 2964.41 | 3170.03 | 3179.78 | 3671.94 | 3671.51 | 4224.47 |
| 1413.43 | 1531.39 | 1396.40 | 1619.91 | 1537.07 | 1793.13 |
| 2409.97 | 2599.64 | 2996.47 | 3494.77 | 4057.64 | 4427.24 |
| 6846.88 | 7435.70 | 8245.23 | 9003.48 | 9529.18 | 10230.77 |
| 7467.17 | 7925.85 | 8383.85 | 8626.94 | 7931.08 | 7783.68 |
| 2800.26 | 2972.56 | 3061.27 | 3602.87 | 3922.52 | 4453.16 |
| 2021.53 | 2253.72 | 2411.19 | 2758.42 | 3078.25 | 3325.81 |
| 565.21 | 650.55 | 662.78 | 654.03 | 640.98 | 625.85 |
| 1062.17 | 1160.21 | 1178.42 | 1354.19 | 1509.34 | 1652.40 |
| 2585.24 | 2903.77 | 3051.66 | 3308.48 | 3554.27 | 3739.80 |
| 1651.91 | 1806.98 | 1942.12 | 2177.40 | 2381.28 | 2568.91 |
| 581.71 | 602.25 | 556.26 | 664.05 | 696.74 | 782.21 |
| 4090.10 | 4639.33 | 4983.44 | 5550.35 | 5745.76 | 5848.90 |

# 2-7 分行业地区生产总值构成

本表按当年价格计算,单位: %

| 行 业 | Sector | 2017 |
|---|---|---|
| **地区生产总值** | **Gross Domestic Product** | **100.0** |
| **按三次产业分** | **Grouped by Industry** | |
| 第一产业 | Primary Industry | 4.7 |
| 第二产业 | Secondary Industry | 45.6 |
| 第三产业 | Tertiary Industry | 49.7 |
| **按行业分** | **Grouped by Sector** | |
| 农、林、牧、渔业 | Agriculture,Forestry,Animal Husbandry and Fishery | 5.0 |
| 农、林、牧、渔专业及辅助性活动 | Agriculture, Forestry, Animal Husbandry and Fishery Services | 0.3 |
| 工业 | Industry | 39.3 |
| 采矿业 | Mining | 0.4 |
| 制造业 | Manufacturing | 36.9 |
| 电力、热力、燃气及水的生产和供应业 | Production and Supply of Electricity, Heat, Gas and Water | 2.0 |
| 建筑业 | Construction | 6.3 |
| 批发和零售业 | Wholesale and Retail Trades | 10.7 |
| 交通运输、仓储和邮政业 | Transport, Storage and Post | 3.2 |
| 住宿和餐饮业 | Hotels and Catering Services | 1.5 |
| 信息传输、软件和信息技术服务业 | Information Transmission, Software and Information Technology | 2.5 |
| 金融业 | Financial Intermediation | 7.2 |
| 房地产业 | Real Estate | 8.0 |
| 租赁和商务服务业 | Leasing and Business Services | 2.9 |
| 科学研究和技术服务业 | Scientific Research and Technical Services | 2.1 |
| 水利、环境和公共设施管理业 | Management of Water Conservancy, Environment and Public Facilities | 0.6 |
| 居民服务、修理和其他服务业 | Household Service, Repair and Other Services | 1.1 |
| 教育 | Education | 2.7 |
| 卫生和社会工作 | Health and Social Service | 1.7 |
| 文化、体育和娱乐业 | Culture, Sports and Entertainment | 0.6 |
| 公共管理、社会保障和社会组织 | Public Management, Social Security and Social Organization | 4.3 |

# Composition of Gross Domestic Product by Sector

(at current prices,%)

| 2018 | 2019 | 2020 | 2021 | 2022 | 2023 |
|---|---|---|---|---|---|
| **100.0** | **100.0** | **100.0** | **100.0** | **100.0** | **100.0** |
| | | | | | |
| 4.4 | 4.4 | 4.4 | 4.0 | 4.0 | 4.0 |
| 45.2 | 44.1 | 43.4 | 44.9 | 45.0 | 44.4 |
| 50.4 | 51.5 | 52.2 | 51.1 | 51.0 | 51.6 |
| | | | | | |
| 4.8 | 4.7 | 4.7 | 4.3 | 4.4 | 4.3 |
| 0.3 | 0.3 | 0.3 | 0.3 | 0.3 | 0.4 |
| 38.7 | 37.7 | 37.2 | 39.0 | 39.1 | 38.4 |
| 0.4 | 0.4 | 0.4 | 0.5 | 0.6 | 0.5 |
| 36.4 | 35.4 | 34.8 | 36.8 | 36.9 | 36.3 |
| 2.0 | 2.0 | 1.9 | 1.6 | 1.6 | 1.6 |
| 6.5 | 6.4 | 6.3 | 6.0 | 5.9 | 6.1 |
| 10.9 | 11.0 | 10.9 | 11.2 | 11.1 | 11.1 |
| 3.2 | 3.2 | 3.1 | 3.1 | 3.0 | 3.3 |
| 1.5 | 1.6 | 1.4 | 1.4 | 1.3 | 1.4 |
| 2.6 | 2.6 | 2.9 | 3.0 | 3.3 | 3.5 |
| 7.3 | 7.5 | 8.0 | 7.7 | 7.8 | 8.0 |
| 8.0 | 8.0 | 8.2 | 7.3 | 6.5 | 6.1 |
| 3.0 | 3.0 | 3.0 | 3.1 | 3.2 | 3.5 |
| 2.2 | 2.3 | 2.3 | 2.3 | 2.5 | 2.6 |
| 0.6 | 0.7 | 0.6 | 0.6 | 0.5 | 0.5 |
| 1.1 | 1.2 | 1.1 | 1.2 | 1.2 | 1.3 |
| 2.8 | 2.9 | 3.0 | 2.8 | 2.9 | 2.9 |
| 1.8 | 1.8 | 1.9 | 1.9 | 2.0 | 2.0 |
| 0.6 | 0.6 | 0.5 | 0.6 | 0.6 | 0.6 |
| 4.4 | 4.7 | 4.8 | 4.7 | 4.7 | 4.6 |

# 2-8 分市分行业地区生产总值(2023年)

本表按当年价格计算,单位：亿元

| 行 业 | Sector | 南 京<br>Nanjing | 无 锡<br>Wuxi |
|---|---|---|---|
| **地区生产总值** | **Gross Domestic Product** | **17421.40** | **15456.19** |
| **按三次产业分** | **Grouped by Industry** | | |
| 第一产业 | Primary Industry | 317.75 | 136.50 |
| 第二产业 | Secondary Industry | 5929.00 | 7376.85 |
| 第三产业 | Tertiary Industry | 11174.65 | 7942.84 |
| **按行业分** | **Grouped by Sector** | | |
| 农、林、牧、渔业 | Agriculture,Forestry,Animal Husbandry and Fishery | 346.00 | 157.97 |
| 农、林、牧、渔专业及辅助性活动 | Agriculture, Forestry, Animal Husbandry and Fishery Services | 28.25 | 21.47 |
| 工业 | Industry | 5015.45 | 6616.42 |
| 采矿业 | Mining | 16.44 | 18.01 |
| 制造业 | Manufacturing | 4840.52 | 6393.62 |
| 电力、热力、燃气及水的生产和供应业 | Production and Supply of Electricity, Heat, Gas and Water | 158.49 | 204.79 |
| 建筑业 | Construction | 915.11 | 760.87 |
| 批发和零售业 | Wholesale and Retail Trades | 1596.92 | 2259.48 |
| 交通运输、仓储和邮政业 | Transport, Storage and Post | 638.95 | 332.99 |
| 住宿和餐饮业 | Hotels and Catering Services | 226.25 | 199.13 |
| 信息传输、软件和信息技术服务业 | Information Transmission, Software and Information Technology | 1622.68 | 521.36 |
| 金融业 | Financial Intermediation | 2425.75 | 1391.01 |
| 房地产业 | Real Estate | 883.09 | 872.54 |
| 租赁和商务服务业 | Leasing and Business Services | 520.75 | 610.84 |
| 科学研究和技术服务业 | Scientific Research and Technical Services | 741.31 | 188.05 |
| 水利、环境和公共设施管理业 | Management of Water Conservancy, Environment and Public Facilities | 126.44 | 97.96 |
| 居民服务、修理和其他服务业 | Household Service, Repair and Other Services | 138.99 | 167.04 |
| 教育 | Education | 753.15 | 321.67 |
| 卫生和社会工作 | Health and Social Service | 431.74 | 244.16 |
| 文化、体育和娱乐业 | Culture, Sports and Entertainment | 128.55 | 59.28 |
| 公共管理、社会保障和社会组织 | Public Management, Social Security and Social Organization | 910.27 | 655.42 |

# Composition of Gross Domestic Product by Sector and City (2023)

(at current prices, 100 million yuan)

| 徐 州<br>Xuzhou | 常 州<br>Changzhou | 苏 州<br>Suzhou | 南 通<br>Nantong | 连云港<br>Lianyungang | 淮 安<br>Huai'an | 盐 城<br>Yancheng | 扬 州<br>Yangzhou | 镇 江<br>Zhenjiang | 泰 州<br>Taizhou | 宿 迁<br>Suqian |
|---|---|---|---|---|---|---|---|---|---|---|
| **8900.44** | **10116.36** | **24653.37** | **11813.27** | **4363.61** | **5015.06** | **7403.87** | **7423.26** | **5264.07** | **6731.66** | **4398.07** |
| | | | | | | | | | | |
| 770.97 | 178.92 | 195.22 | 519.65 | 435.54 | 462.95 | 818.87 | 337.09 | 167.52 | 344.71 | 389.50 |
| 3622.34 | 4857.43 | 11541.38 | 5728.15 | 2011.68 | 2023.21 | 2981.18 | 3509.60 | 2507.36 | 3258.62 | 1941.95 |
| 4507.13 | 5080.01 | 12916.77 | 5565.47 | 1916.39 | 2528.90 | 3603.82 | 3576.57 | 2589.19 | 3128.33 | 2066.62 |
| | | | | | | | | | | |
| 828.65 | 199.05 | 224.66 | 593.52 | 482.93 | 488.02 | 881.05 | 360.97 | 191.81 | 365.33 | 409.34 |
| 57.68 | 20.13 | 29.44 | 73.87 | 47.39 | 25.07 | 62.18 | 23.88 | 24.29 | 20.62 | 19.84 |
| 2959.71 | 4397.71 | 10552.17 | 4832.08 | 1714.01 | 1620.02 | 2454.11 | 2851.94 | 2271.87 | 2497.34 | 1614.18 |
| 249.21 | 4.65 | 1.59 | | 34.50 | 26.00 | 5.05 | 65.80 | 17.22 | 11.78 | 0.45 |
| 2562.06 | 4269.13 | 10246.45 | 4524.13 | 1387.79 | 1518.47 | 2232.43 | 2676.50 | 2083.77 | 2379.97 | 1574.45 |
| 148.44 | 123.93 | 304.13 | 307.95 | 291.72 | 75.55 | 216.63 | 109.64 | 170.88 | 105.59 | 39.28 |
| 665.55 | 460.45 | 1019.19 | 898.30 | 297.67 | 403.20 | 529.63 | 658.04 | 235.49 | 761.54 | 327.77 |
| 1422.41 | 1055.25 | 2502.51 | 1140.39 | 389.95 | 396.24 | 918.42 | 742.75 | 665.23 | 634.03 | 531.97 |
| 376.76 | 264.30 | 707.46 | 340.23 | 213.38 | 162.14 | 256.77 | 189.54 | 209.95 | 299.47 | 85.27 |
| 155.75 | 143.68 | 351.92 | 168.56 | 40.29 | 94.09 | 109.04 | 101.79 | 66.96 | 62.04 | 47.32 |
| 186.35 | 253.33 | 916.50 | 272.30 | 87.85 | 273.88 | 154.10 | 149.86 | 103.36 | 122.51 | 149.19 |
| 516.85 | 879.50 | 2497.66 | 886.68 | 317.67 | 345.02 | 476.36 | 437.54 | 471.81 | 473.16 | 326.90 |
| 409.65 | 562.95 | 1858.21 | 715.09 | 224.05 | 316.26 | 435.74 | 586.13 | 252.85 | 369.62 | 253.80 |
| 310.81 | 654.16 | 822.76 | 265.45 | 74.26 | 170.80 | 151.76 | 264.68 | 109.70 | 198.36 | 115.11 |
| 124.13 | 251.01 | 568.74 | 278.65 | 72.10 | 85.31 | 161.60 | 168.04 | 135.17 | 99.70 | 43.95 |
| 32.60 | 42.18 | 100.63 | 30.85 | 28.14 | 35.89 | 38.75 | 33.15 | 43.02 | 65.30 | 25.51 |
| 99.70 | 153.65 | 233.04 | 243.41 | 39.05 | 76.14 | 96.45 | 73.74 | 39.31 | 89.63 | 50.41 |
| 207.98 | 169.71 | 659.14 | 283.91 | 130.14 | 161.70 | 238.06 | 212.88 | 132.21 | 163.57 | 139.33 |
| 167.04 | 122.53 | 466.46 | 243.83 | 64.56 | 120.51 | 142.55 | 139.32 | 76.13 | 143.55 | 86.47 |
| 91.75 | 121.76 | 56.54 | 89.65 | 9.46 | 27.81 | 38.40 | 41.01 | 44.65 | 58.37 | 17.86 |
| 344.75 | 385.14 | 1115.78 | 530.37 | 178.10 | 238.03 | 321.08 | 411.88 | 214.55 | 328.14 | 173.69 |

# 2-9 三次产业对地区生产总值的贡献率和拉动

本表按可比价格计算

| 年 份<br>Year | 地 区<br>生产总值<br>Gross Domestic Product | | 第一产业<br>Primary Industry | |
|---|---|---|---|---|
| | 贡献率<br>(%)<br>Contribution Share<br>(%) | 拉 动<br>(百分点)<br>Contribution<br>(percentage points) | 贡献率<br>(%)<br>Contribution Share<br>(%) | 拉 动<br>(百分点)<br>Contribution<br>(percentage points) |
| 1990 | 100.0 | 5.0 | 3.7 | 0.2 |
| 1991 | 100.0 | 8.3 | -11.8 | -1.0 |
| 1992 | 100.0 | 25.6 | 9.2 | 2.4 |
| 1993 | 100.0 | 19.8 | 2.5 | 0.5 |
| 1994 | 100.0 | 16.5 | 5.3 | 0.9 |
| 1995 | 100.0 | 15.4 | 13.3 | 2.0 |
| 1996 | 100.0 | 12.2 | 9.4 | 1.1 |
| 1997 | 100.0 | 12.0 | 6.0 | 0.7 |
| 1998 | 100.0 | 11.0 | 2.6 | 0.3 |
| 1999 | 100.0 | 10.1 | 5.6 | 0.6 |
| 2000 | 100.0 | 10.6 | 4.3 | 0.5 |
| 2001 | 100.0 | 10.2 | 3.6 | 0.4 |
| 2002 | 100.0 | 11.7 | 2.7 | 0.3 |
| 2003 | 100.0 | 13.6 | -0.1 | 0.0 |
| 2004 | 100.0 | 14.1 | 0.7 | 0.1 |
| 2005 | 100.0 | 14.5 | 1.4 | 0.2 |
| 2006 | 100.0 | 14.9 | 2.7 | 0.4 |
| 2007 | 100.0 | 14.9 | 0.9 | 0.1 |
| 2008 | 100.0 | 12.7 | 1.9 | 0.2 |
| 2009 | 100.0 | 12.4 | 1.9 | 0.2 |
| 2010 | 100.0 | 12.7 | 1.8 | 0.2 |
| 2011 | 100.0 | 11.0 | 2.3 | 0.3 |
| 2012 | 100.0 | 10.2 | 2.4 | 0.2 |
| 2013 | 100.0 | 9.7 | 4.4 | 0.4 |
| 2014 | 100.0 | 8.6 | 1.8 | 0.2 |
| 2015 | 100.0 | 8.6 | 1.9 | 0.2 |
| 2016 | 100.0 | 7.8 | 1.1 | 0.1 |
| 2017 | 100.0 | 7.2 | 0.3 | 0.0 |
| 2018 | 100.0 | 6.7 | 1.3 | 0.1 |
| 2019 | 100.0 | 5.9 | 1.0 | 0.1 |
| 2020 | 100.0 | 3.7 | 2.1 | 0.1 |
| 2021 | 100.0 | 8.9 | 1.5 | 0.1 |
| 2022 | 100.0 | 2.6 | 3.7 | 0.1 |
| 2023 | 100.0 | 5.8 | 2.5 | 0.1 |

注：1.产业贡献率指各产业增加值增量与GDP增量之比(可比价)。
2.三次产业拉动指GDP增长速度与各产业贡献率之乘积。

# Contribution Share and Contribution of the Three Strata of Industry to GDP Growth

(at constant prices)

| 第二产业 Secondary Industry | | 第三产业 Tertiary Industry | | #工业 Industry | |
|---|---|---|---|---|---|
| 贡献率 (%) Contribution Share (%) | 拉　动 (百分点) Contribution (percentage points) | 贡献率 (%) Contribution Share (%) | 拉　动 (百分点) Contribution (percentage points) | 贡献率 (%) Contribution Share (%) | 拉　动 (百分点) Contribution (percentage points) |
| 59.0 | 3.0 | 37.3 | 1.9 | 59.3 | 3.0 |
| 53.2 | 4.4 | 58.6 | 4.9 | 48.1 | 4.0 |
| 62.0 | 15.9 | 28.8 | 7.4 | 54.9 | 14.1 |
| 61.5 | 12.2 | 35.9 | 7.1 | 55.6 | 11.0 |
| 74.2 | 12.3 | 20.4 | 3.4 | 69.2 | 11.4 |
| 59.4 | 9.1 | 27.3 | 4.2 | 51.4 | 7.9 |
| 57.6 | 7.0 | 33.0 | 4.0 | 46.0 | 5.6 |
| 60.3 | 7.2 | 33.8 | 4.1 | 48.2 | 5.8 |
| 63.2 | 7.0 | 34.2 | 3.8 | 49.7 | 5.5 |
| 64.9 | 6.6 | 29.5 | 3.0 | 57.2 | 5.8 |
| 64.3 | 6.8 | 31.4 | 3.3 | 59.1 | 6.3 |
| 55.9 | 5.7 | 40.5 | 4.1 | 51.0 | 5.2 |
| 61.2 | 7.2 | 36.1 | 4.2 | 54.3 | 6.3 |
| 67.2 | 9.1 | 32.9 | 4.5 | 60.7 | 8.3 |
| 61.9 | 8.7 | 37.4 | 5.3 | 56.4 | 7.9 |
| 61.9 | 9.0 | 36.6 | 5.3 | 57.1 | 8.3 |
| 60.2 | 9.0 | 37.0 | 5.5 | 55.9 | 8.3 |
| 59.4 | 8.8 | 39.7 | 5.9 | 57.5 | 8.6 |
| 59.7 | 7.6 | 38.4 | 4.9 | 56.3 | 7.1 |
| 57.7 | 7.2 | 40.4 | 5.0 | 49.9 | 6.2 |
| 59.1 | 7.5 | 39.1 | 5.0 | 54.6 | 6.9 |
| 56.4 | 6.2 | 41.3 | 4.5 | 52.7 | 5.8 |
| 58.0 | 5.9 | 39.6 | 4.0 | 52.2 | 5.3 |
| 56.0 | 5.4 | 39.7 | 3.8 | 51.5 | 5.0 |
| 50.7 | 4.4 | 47.6 | 4.1 | 46.2 | 4.0 |
| 52.3 | 4.5 | 45.9 | 3.9 | 45.1 | 3.9 |
| 39.8 | 3.1 | 59.1 | 4.6 | 36.0 | 2.8 |
| 43.1 | 3.1 | 56.6 | 4.1 | 41.6 | 3.0 |
| 40.7 | 2.7 | 58.0 | 3.9 | 39.8 | 2.7 |
| 43.6 | 2.6 | 55.4 | 3.3 | 39.3 | 2.3 |
| 49.3 | 1.8 | 48.6 | 1.8 | 44.6 | 1.7 |
| 53.2 | 4.7 | 45.3 | 4.0 | 53.7 | 4.8 |
| 34.2 | 0.9 | 62.1 | 1.6 | 26.9 | 0.7 |
| 51.2 | 3.0 | 46.3 | 2.7 | 41.7 | 2.4 |

a) Industrial contribution ration refers to the proportion of the increase in added value of each industry to the increase in GDP.
b) Contribution of the three strata of industry refers to the growth rate of GDP multiplied by the contribution rate of every industry.

# 2-10 分市地区生产总值
# Gross Domestic Product by City

本表按当年价格计算，单位：亿元 (at current prices, 100 million yuan)

| 地 区 | Region | 地区生产总值 Gross Domestic Product 2017 | 2018 | 2019 | 2020 | 2021 | 2022 | 2023 |
|---|---|---|---|---|---|---|---|---|
| **按地区分** | **by City** | | | | | | | |
| 南京市 | Nanjing | 11894.00 | 13009.17 | 14045.15 | 14782.95 | 16290.13 | 16776.32 | 17421.40 |
| 无锡市 | Wuxi | 10313.07 | 11202.98 | 11803.32 | 12340.48 | 14122.99 | 14750.58 | 15456.19 |
| 徐州市 | Xuzhou | 6333.50 | 6710.36 | 7053.35 | 7284.77 | 8007.44 | 8412.38 | 8900.44 |
| 常州市 | Changzhou | 6478.16 | 6897.02 | 7405.86 | 7810.32 | 9037.84 | 9552.11 | 10116.36 |
| 苏州市 | Suzhou | 16997.47 | 18263.48 | 19264.80 | 20180.45 | 23168.21 | 23805.29 | 24653.37 |
| 南通市 | Nantong | 8034.07 | 8753.23 | 9369.39 | 10018.31 | 10946.95 | 11309.02 | 11813.27 |
| 连云港市 | Lianyungang | 2784.48 | 2923.04 | 3125.29 | 3277.07 | 3788.12 | 4000.80 | 4363.61 |
| 淮安市 | Huai'an | 3341.61 | 3615.02 | 3840.21 | 4003.37 | 4503.73 | 4717.62 | 5015.06 |
| 盐城市 | Yancheng | 4990.12 | 5387.16 | 5656.26 | 5918.38 | 6603.97 | 7038.99 | 7403.87 |
| 扬州市 | Yangzhou | 5078.58 | 5478.74 | 5799.08 | 6013.33 | 6640.57 | 7053.38 | 7423.26 |
| 镇江市 | Zhenjiang | 3714.57 | 3847.79 | 4077.32 | 4185.09 | 4763.42 | 5002.02 | 5264.07 |
| 泰州市 | Taizhou | 4424.57 | 4767.24 | 5107.36 | 5297.77 | 6035.20 | 6366.06 | 6731.66 |
| 宿迁市 | Suqian | 2721.87 | 2864.87 | 3084.23 | 3270.37 | 3869.00 | 4117.72 | 4398.07 |
| **按区域分** | **by Region** | | | | | | | |
| 苏南 | Southern Jiangsu | 49397.27 | 53220.44 | 56596.45 | 59299.29 | 67382.60 | 69886.32 | 72911.39 |
| 苏中 | Mid Jiangsu | 17537.22 | 18999.21 | 20275.83 | 21329.41 | 23622.71 | 24728.46 | 25968.19 |
| 苏北 | Northern Jiangsu | 20171.58 | 21500.45 | 22759.34 | 23753.96 | 26772.26 | 28287.51 | 30081.05 |

## 2-10 续表 1 continued

本表按当年价格计算，单位：亿元 (at current prices, 100 million yuan)

| 地 区 | Region | 第一产业增加值 Value-Added by the Primary Industry 2017 | 2018 | 2019 | 2020 | 2021 | 2022 | 2023 |
|---|---|---|---|---|---|---|---|---|
| **按地区分** | **by City** | | | | | | | |
| 南京市 | Nanjing | 263.01 | 276.34 | 287.82 | 296.80 | 303.94 | 315.87 | 317.75 |
| 无锡市 | Wuxi | 133.96 | 125.52 | 122.51 | 128.10 | 130.33 | 133.59 | 136.50 |
| 徐州市 | Xuzhou | 631.03 | 649.58 | 682.83 | 718.68 | 743.34 | 772.85 | 770.97 |
| 常州市 | Changzhou | 157.10 | 157.31 | 157.00 | 164.30 | 166.87 | 172.45 | 178.92 |
| 苏州市 | Suzhou | 221.98 | 214.25 | 196.70 | 196.40 | 189.73 | 192.73 | 195.22 |
| 南通市 | Nantong | 382.69 | 408.41 | 428.84 | 458.70 | 485.02 | 510.07 | 519.65 |
| 连云港市 | Lianyungang | 313.42 | 335.60 | 362.64 | 386.10 | 398.13 | 424.65 | 435.54 |
| 淮安市 | Huai'an | 339.44 | 363.20 | 386.21 | 409.70 | 423.32 | 446.27 | 462.95 |
| 盐城市 | Yancheng | 551.71 | 592.53 | 619.90 | 661.20 | 735.76 | 794.72 | 818.87 |
| 扬州市 | Yangzhou | 268.36 | 279.97 | 292.80 | 307.10 | 317.18 | 327.02 | 337.09 |
| 镇江市 | Zhenjiang | 142.43 | 141.71 | 140.42 | 149.50 | 157.02 | 163.86 | 167.52 |
| 泰州市 | Taizhou | 264.08 | 286.24 | 292.50 | 307.10 | 318.13 | 334.90 | 344.71 |
| 宿迁市 | Suqian | 292.14 | 310.88 | 324.59 | 341.40 | 353.03 | 375.14 | 389.50 |
| **按区域分** | **by Region** | | | | | | | |
| 苏南 | Southern Jiangsu | 918.48 | 915.13 | 904.45 | 935.10 | 947.89 | 978.50 | 995.91 |
| 苏中 | Mid Jiangsu | 915.13 | 974.62 | 1014.14 | 1072.90 | 1120.33 | 1171.99 | 1201.45 |
| 苏北 | Northern Jiangsu | 2127.74 | 2251.78 | 2376.18 | 2517.08 | 2653.58 | 2813.64 | 2877.83 |

## 2-10　续表 2　continued

本表按当年价格计算，单位：亿元　(at current prices, 100 million yuan)

| 地　区 | Region | 第二产业增加值 Value-Added by the Secondary Industry 2017 | 2018 | 2019 | 2020 | 2021 | 2022 | 2023 |
|---|---|---|---|---|---|---|---|---|
| **按地区分** | **by City** | | | | | | | |
| 南 京 市 | Nanjing | 4451.96 | 4766.31 | 5040.85 | 5179.35 | 5797.06 | 5948.23 | 5929.00 |
| 无 锡 市 | Wuxi | 4853.03 | 5309.86 | 5578.88 | 5721.19 | 6741.33 | 7124.89 | 7376.85 |
| 徐 州 市 | Xuzhou | 2622.95 | 2701.49 | 2835.17 | 2911.61 | 3310.91 | 3512.92 | 3622.34 |
| 常 州 市 | Changzhou | 3116.00 | 3282.26 | 3529.17 | 3616.15 | 4301.72 | 4687.09 | 4857.43 |
| 苏 州 市 | Suzhou | 8217.83 | 8918.33 | 9130.18 | 9385.58 | 11102.36 | 11503.51 | 11541.38 |
| 南 通 市 | Nantong | 3979.65 | 4308.12 | 4588.10 | 4747.85 | 5298.32 | 5520.36 | 5728.15 |
| 连云港市 | Lianyungang | 1249.03 | 1269.82 | 1349.15 | 1372.35 | 1648.43 | 1777.86 | 2011.68 |
| 淮 安 市 | Huai'an | 1414.66 | 1521.40 | 1586.18 | 1608.98 | 1855.32 | 1974.40 | 2023.21 |
| 盐 城 市 | Yancheng | 2137.96 | 2309.92 | 2325.59 | 2344.38 | 2673.07 | 2870.61 | 2981.18 |
| 扬 州 市 | Yangzhou | 2474.71 | 2621.09 | 2727.21 | 2751.35 | 3166.87 | 3396.85 | 3509.60 |
| 镇 江 市 | Zhenjiang | 1807.78 | 1862.91 | 1954.79 | 1968.63 | 2311.50 | 2443.50 | 2507.36 |
| 泰 州 市 | Taizhou | 2197.02 | 2395.35 | 2499.98 | 2526.10 | 2909.18 | 3120.05 | 3258.62 |
| 宿 迁 市 | Suqian | 1219.91 | 1245.33 | 1316.85 | 1367.35 | 1685.88 | 1838.57 | 1941.95 |
| **按区域分** | **by Region** | | | | | | | |
| 苏　南 | Southern Jiangsu | 22446.60 | 24139.67 | 25233.87 | 25870.90 | 30253.97 | 31707.23 | 32212.02 |
| 苏　中 | Mid Jiangsu | 8651.38 | 9324.56 | 9815.29 | 10025.31 | 11374.36 | 12037.26 | 12496.37 |
| 苏　北 | Northern Jiangsu | 8644.51 | 9047.97 | 9412.94 | 9604.67 | 11173.60 | 11974.36 | 12580.36 |

## 2-10　续表 3　continued

本表按当年价格计算，单位：亿元　(at current prices, 100 million yuan)

| 地　区 | Region | 第三产业增加值 Value-Added by the Tertiary Industry 2017 | 2018 | 2019 | 2020 | 2021 | 2022 | 2023 |
|---|---|---|---|---|---|---|---|---|
| **按地区分** | **by City** | | | | | | | |
| 南 京 市 | Nanjing | 7179.03 | 7966.52 | 8716.48 | 9306.80 | 10189.14 | 10512.22 | 11174.65 |
| 无 锡 市 | Wuxi | 5326.08 | 5767.60 | 6101.93 | 6491.19 | 7251.33 | 7492.11 | 7942.84 |
| 徐 州 市 | Xuzhou | 3079.52 | 3359.29 | 3535.35 | 3654.48 | 3953.19 | 4126.61 | 4507.13 |
| 常 州 市 | Changzhou | 3205.06 | 3457.45 | 3719.69 | 4029.87 | 4569.25 | 4692.57 | 5080.01 |
| 苏 州 市 | Suzhou | 8557.66 | 9130.90 | 9937.92 | 10598.47 | 11876.12 | 12109.05 | 12916.77 |
| 南 通 市 | Nantong | 3671.73 | 4036.70 | 4352.45 | 4811.76 | 5163.61 | 5278.60 | 5565.47 |
| 连云港市 | Lianyungang | 1222.03 | 1317.62 | 1413.50 | 1518.62 | 1741.56 | 1798.29 | 1916.39 |
| 淮 安 市 | Huai'an | 1587.51 | 1730.42 | 1867.82 | 1984.69 | 2225.09 | 2296.95 | 2528.90 |
| 盐 城 市 | Yancheng | 2300.46 | 2484.71 | 2710.77 | 2912.79 | 3195.14 | 3373.65 | 3603.82 |
| 扬 州 市 | Yangzhou | 2335.51 | 2577.68 | 2779.07 | 2954.88 | 3156.52 | 3329.51 | 3576.57 |
| 镇 江 市 | Zhenjiang | 1764.36 | 1843.17 | 1982.11 | 2066.96 | 2294.90 | 2394.66 | 2589.19 |
| 泰 州 市 | Taizhou | 1963.47 | 2085.65 | 2314.88 | 2464.57 | 2807.89 | 2911.11 | 3128.33 |
| 宿 迁 市 | Suqian | 1209.82 | 1308.66 | 1442.79 | 1561.63 | 1830.09 | 1904.01 | 2066.62 |
| **按区域分** | **by Region** | | | | | | | |
| 苏　南 | Southern Jiangsu | 26032.19 | 28165.64 | 30458.13 | 32493.29 | 36180.74 | 37200.60 | 39703.46 |
| 苏　中 | Mid Jiangsu | 7970.71 | 8700.03 | 9446.40 | 10231.20 | 11128.02 | 11519.22 | 12270.37 |
| 苏　北 | Northern Jiangsu | 9399.33 | 10200.70 | 10970.22 | 11632.21 | 12945.08 | 13499.51 | 14622.86 |

## 2-10 续表 4 continued

本表按当年价格计算，单位：亿元 (at current prices, 100 million yuan)

| 地 区 | Region | 全部工业增加值 Value-Added by Total Industrial | | | | | | |
|---|---|---|---|---|---|---|---|---|
| | | 2017 | 2018 | 2019 | 2020 | 2021 | 2022 | 2023 |
| **按地区分** | **by City** | | | | | | | |
| 南京市 | Nanjing | 3837.39 | 4004.14 | 4215.76 | 4331.59 | 4885.80 | 5028.12 | 5015.45 |
| 无锡市 | Wuxi | 4358.43 | 4766.31 | 4985.41 | 5126.15 | 6069.30 | 6435.45 | 6616.42 |
| 徐州市 | Xuzhou | 2153.33 | 2190.21 | 2282.44 | 2346.16 | 2718.81 | 2891.98 | 2959.71 |
| 常州市 | Changzhou | 2802.18 | 2933.88 | 3156.05 | 3231.84 | 3892.27 | 4240.07 | 4397.71 |
| 苏州市 | Suzhou | 7535.95 | 8167.59 | 8316.49 | 8514.39 | 10192.07 | 10577.70 | 10552.17 |
| 南通市 | Nantong | 3353.45 | 3611.07 | 3835.70 | 3956.90 | 4480.76 | 4676.66 | 4832.08 |
| 连云港市 | Lianyungang | 1023.76 | 1020.11 | 1085.19 | 1107.60 | 1333.45 | 1478.63 | 1714.01 |
| 淮安市 | Huai'an | 1140.21 | 1222.84 | 1266.30 | 1286.78 | 1509.93 | 1597.32 | 1620.02 |
| 盐城市 | Yancheng | 1775.13 | 1908.27 | 1896.91 | 1924.52 | 2233.52 | 2380.98 | 2454.11 |
| 扬州市 | Yangzhou | 2011.23 | 2105.45 | 2210.96 | 2244.17 | 2622.38 | 2792.34 | 2851.94 |
| 镇江市 | Zhenjiang | 1633.94 | 1671.06 | 1749.32 | 1770.01 | 2097.72 | 2223.43 | 2271.87 |
| 泰州市 | Taizhou | 1731.58 | 1876.98 | 1946.11 | 1973.08 | 2297.01 | 2437.56 | 2497.34 |
| 宿迁市 | Suqian | 1022.91 | 1028.04 | 1084.32 | 1124.25 | 1415.57 | 1533.21 | 1614.18 |
| **按区域分** | **by Region** | | | | | | | |
| 苏南 | Southern Jiangsu | 20167.89 | 21542.98 | 22423.03 | 22973.98 | 27137.16 | 28504.77 | 28853.62 |
| 苏中 | Mid Jiangsu | 7096.26 | 7593.50 | 7992.77 | 8174.15 | 9400.15 | 9906.56 | 10181.36 |
| 苏北 | Northern Jiangsu | 7115.35 | 7369.47 | 7615.16 | 7789.30 | 9211.28 | 9882.12 | 10362.03 |

## 2-10 续表 5 continued

本表按当年价格计算，单位：元 (at current prices, yuan)

| 地 区 | Region | 人均地区生产总值 Per Capita GDP | | | | | | |
|---|---|---|---|---|---|---|---|---|
| | | 2017 | 2018 | 2019 | 2020 | 2021 | 2022 | 2023 |
| **按地区分** | **by City** | | | | | | | |
| 南京市 | Nanjing | 129784 | 141129 | 151630 | 158944 | 173824 | 177390 | 183016 |
| 无锡市 | Wuxi | 140306 | 151260 | 158659 | 165449 | 189019 | 197063 | 206278 |
| 徐州市 | Xuzhou | 70905 | 74486 | 77954 | 80288 | 88419 | 93227 | 98683 |
| 常州市 | Changzhou | 123796 | 131448 | 140720 | 148032 | 170057 | 178281 | 188366 |
| 苏州市 | Suzhou | 135139 | 144456 | 151844 | 158545 | 181020 | 184835 | 190605 |
| 南通市 | Nantong | 104530 | 113794 | 121529 | 129667 | 141607 | 146143 | 152508 |
| 连云港市 | Lianyungang | 61173 | 63926 | 68151 | 71303 | 82324 | 86949 | 94918 |
| 淮安市 | Huai'an | 71525 | 77596 | 82699 | 87028 | 98751 | 103509 | 110329 |
| 盐城市 | Yancheng | 74707 | 80505 | 84408 | 88209 | 98393 | 105038 | 110681 |
| 扬州市 | Yangzhou | 112862 | 121222 | 127733 | 132016 | 145340 | 154004 | 161940 |
| 镇江市 | Zhenjiang | 116671 | 120569 | 127418 | 130486 | 148204 | 155357 | 163273 |
| 泰州市 | Taizhou | 97414 | 105145 | 112831 | 117210 | 133543 | 141039 | 149383 |
| 宿迁市 | Suqian | 54965 | 57698 | 62065 | 65663 | 77479 | 82566 | 88379 |
| **按区域分** | **by Region** | | | | | | | |
| 苏南 | Southern Jiangsu | 131693 | 141147 | 149520 | 156168 | 176530 | 181998 | 189179 |
| 苏中 | Mid Jiangsu | 104839 | 113457 | 120861 | 126952 | 140454 | 146913 | 154239 |
| 苏北 | Northern Jiangsu | 67718 | 71915 | 75996 | 79287 | 89468 | 94699 | 100848 |

# 2-11　分市地区生产总值构成
# Composition of Gross Domestic Product by City

本表按当年价格计算，单位：%　　(at current prices, %)

| 地　区 | Region | 第一产业增加值 Value-Added by the Primary Industry | | | | | | |
|---|---|---|---|---|---|---|---|---|
| | | 2017 | 2018 | 2019 | 2020 | 2021 | 2022 | 2023 |
| **按地区区分** | **by City** | | | | | | | |
| 南 京 市 | Nanjing | 2.2 | 2.1 | 2.0 | 2.0 | 1.9 | 1.9 | 1.8 |
| 无 锡 市 | Wuxi | 1.3 | 1.1 | 1.0 | 1.0 | 0.9 | 0.9 | 0.9 |
| 徐 州 市 | Xuzhou | 10.0 | 9.7 | 9.7 | 9.9 | 9.3 | 9.2 | 8.7 |
| 常 州 市 | Changzhou | 2.4 | 2.3 | 2.1 | 2.1 | 1.8 | 1.8 | 1.8 |
| 苏 州 市 | Suzhou | 1.3 | 1.2 | 1.0 | 1.0 | 0.8 | 0.8 | 0.8 |
| 南 通 市 | Nantong | 4.8 | 4.7 | 4.6 | 4.6 | 4.4 | 4.5 | 4.4 |
| 连云港市 | Lianyungang | 11.3 | 11.5 | 11.6 | 11.8 | 10.5 | 10.6 | 10.0 |
| 淮 安 市 | Huai'an | 10.2 | 10.0 | 10.1 | 10.2 | 9.4 | 9.5 | 9.2 |
| 盐 城 市 | Yancheng | 11.1 | 11.0 | 11.0 | 11.2 | 11.1 | 11.3 | 11.1 |
| 扬 州 市 | Yangzhou | 5.3 | 5.1 | 5.0 | 5.1 | 4.8 | 4.6 | 4.5 |
| 镇 江 市 | Zhenjiang | 3.8 | 3.7 | 3.4 | 3.6 | 3.3 | 3.3 | 3.2 |
| 泰 州 市 | Taizhou | 6.0 | 6.0 | 5.7 | 5.8 | 5.3 | 5.3 | 5.1 |
| 宿 迁 市 | Suqian | 10.7 | 10.9 | 10.5 | 10.4 | 9.1 | 9.1 | 8.9 |
| **按区域分** | **by Region** | | | | | | | |
| 苏　　南 | Southern Jiangsu | 1.9 | 1.7 | 1.6 | 1.6 | 1.4 | 1.4 | 1.4 |
| 苏　　中 | Mid Jiangsu | 5.2 | 5.1 | 5.0 | 5.0 | 4.7 | 4.7 | 4.6 |
| 苏　　北 | Northern Jiangsu | 10.5 | 10.5 | 10.4 | 10.6 | 9.9 | 9.9 | 9.6 |

## 2-11　续表 1　continued

本表按当年价格计算，单位：%　　(at current prices, %)

| 地　区 | Region | 第二产业增加值 Value-Added by the Secondary Industry | | | | | | |
|---|---|---|---|---|---|---|---|---|
| | | 2017 | 2018 | 2019 | 2020 | 2021 | 2022 | 2023 |
| **按地区区分** | **by City** | | | | | | | |
| 南 京 市 | Nanjing | 37.4 | 36.6 | 35.9 | 35.0 | 35.6 | 35.4 | 34.0 |
| 无 锡 市 | Wuxi | 47.1 | 47.4 | 47.3 | 46.4 | 47.7 | 48.3 | 47.7 |
| 徐 州 市 | Xuzhou | 41.4 | 40.3 | 40.2 | 40.0 | 41.3 | 41.7 | 40.7 |
| 常 州 市 | Changzhou | 48.1 | 47.6 | 47.7 | 46.3 | 47.6 | 49.1 | 48.0 |
| 苏 州 市 | Suzhou | 48.3 | 48.8 | 47.4 | 46.5 | 47.9 | 48.3 | 46.8 |
| 南 通 市 | Nantong | 49.5 | 49.2 | 49.0 | 47.4 | 48.4 | 48.8 | 48.5 |
| 连云港市 | Lianyungang | 44.9 | 43.4 | 43.2 | 41.9 | 43.5 | 44.4 | 46.1 |
| 淮 安 市 | Huai'an | 42.3 | 42.1 | 41.3 | 40.2 | 41.2 | 41.8 | 40.4 |
| 盐 城 市 | Yancheng | 42.8 | 42.9 | 41.1 | 39.6 | 40.5 | 40.8 | 40.2 |
| 扬 州 市 | Yangzhou | 48.7 | 47.8 | 47.0 | 45.8 | 47.7 | 48.2 | 47.3 |
| 镇 江 市 | Zhenjiang | 48.7 | 48.4 | 47.9 | 47.0 | 48.5 | 48.8 | 47.6 |
| 泰 州 市 | Taizhou | 49.7 | 50.2 | 48.9 | 47.7 | 48.2 | 49.0 | 48.4 |
| 宿 迁 市 | Suqian | 44.8 | 43.5 | 42.7 | 41.8 | 43.6 | 44.7 | 44.1 |
| **按区域分** | **by Region** | | | | | | | |
| 苏　　南 | Southern Jiangsu | 45.4 | 45.4 | 44.6 | 43.6 | 44.9 | 45.4 | 44.2 |
| 苏　　中 | Mid Jiangsu | 49.3 | 49.1 | 48.4 | 47.0 | 48.2 | 48.7 | 48.1 |
| 苏　　北 | Northern Jiangsu | 42.9 | 42.1 | 41.4 | 40.4 | 41.7 | 42.4 | 41.8 |

## 2-11 续表 2 continued

本表按当年价格计算，单位：% (at current prices, %)

| 地 区 | Region | 第三产业增加值 Value-Added by the Tertiary Industry | | | | | | |
|---|---|---|---|---|---|---|---|---|
| | | 2017 | 2018 | 2019 | 2020 | 2021 | 2022 | 2023 |
| **按地区分** | **by City** | | | | | | | |
| 南京市 | Nanjing | 60.4 | 61.2 | 62.1 | 63.0 | 62.5 | 62.7 | 64.2 |
| 无锡市 | Wuxi | 51.6 | 51.5 | 51.7 | 52.6 | 51.3 | 50.8 | 51.4 |
| 徐州市 | Xuzhou | 48.6 | 50.1 | 50.1 | 50.1 | 49.4 | 49.1 | 50.6 |
| 常州市 | Changzhou | 49.5 | 50.1 | 50.2 | 51.6 | 50.6 | 49.1 | 50.2 |
| 苏州市 | Suzhou | 50.3 | 50.0 | 51.6 | 52.5 | 51.3 | 50.9 | 52.4 |
| 南通市 | Nantong | 45.7 | 46.1 | 46.5 | 48.0 | 47.2 | 46.7 | 47.1 |
| 连云港市 | Lianyungang | 43.9 | 45.1 | 45.2 | 46.3 | 46.0 | 45.0 | 43.9 |
| 淮安市 | Huai'an | 47.5 | 47.9 | 48.6 | 49.6 | 49.4 | 48.7 | 50.4 |
| 盐城市 | Yancheng | 46.1 | 46.1 | 47.9 | 49.2 | 48.4 | 47.9 | 48.7 |
| 扬州市 | Yangzhou | 46.0 | 47.0 | 47.9 | 49.1 | 47.5 | 47.2 | 48.2 |
| 镇江市 | Zhenjiang | 47.5 | 47.9 | 48.6 | 49.4 | 48.2 | 47.9 | 49.2 |
| 泰州市 | Taizhou | 44.4 | 43.7 | 45.3 | 46.5 | 46.5 | 45.7 | 46.5 |
| 宿迁市 | Suqian | 44.4 | 45.7 | 46.8 | 47.8 | 47.3 | 46.2 | 47.0 |
| **按区域分** | **by Region** | | | | | | | |
| 苏 南 | Southern Jiangsu | 52.7 | 52.9 | 53.8 | 54.8 | 53.7 | 53.2 | 54.4 |
| 苏 中 | Mid Jiangsu | 45.5 | 45.8 | 46.6 | 48.0 | 47.1 | 46.6 | 47.3 |
| 苏 北 | Northern Jiangsu | 46.6 | 47.4 | 48.2 | 49.0 | 48.4 | 47.7 | 48.6 |

## 2-11 续表 3 continued

本表按当年价格计算，单位：% (at current prices, %)

| 地 区 | Region | 全部工业增加值 Value-Added by Total Industrial | | | | | | |
|---|---|---|---|---|---|---|---|---|
| | | 2017 | 2018 | 2019 | 2020 | 2021 | 2022 | 2023 |
| **按地区分** | **by City** | | | | | | | |
| 南京市 | Nanjing | 32.3 | 30.8 | 30.0 | 29.3 | 30.0 | 30.0 | 28.8 |
| 无锡市 | Wuxi | 42.3 | 42.5 | 42.2 | 41.5 | 43.0 | 43.6 | 42.8 |
| 徐州市 | Xuzhou | 34.0 | 32.6 | 32.4 | 32.2 | 34.0 | 34.4 | 33.3 |
| 常州市 | Changzhou | 43.3 | 42.5 | 42.6 | 41.4 | 43.1 | 44.4 | 43.5 |
| 苏州市 | Suzhou | 44.3 | 44.7 | 43.2 | 42.2 | 44.0 | 44.4 | 42.8 |
| 南通市 | Nantong | 41.7 | 41.3 | 40.9 | 39.5 | 40.9 | 41.4 | 40.9 |
| 连云港市 | Lianyungang | 36.8 | 34.9 | 34.7 | 33.8 | 35.2 | 37.0 | 39.3 |
| 淮安市 | Huai'an | 34.1 | 33.8 | 33.0 | 32.1 | 33.5 | 33.9 | 32.3 |
| 盐城市 | Yancheng | 35.6 | 35.4 | 33.5 | 32.5 | 33.8 | 33.8 | 33.1 |
| 扬州市 | Yangzhou | 39.6 | 38.4 | 38.1 | 37.3 | 39.5 | 39.6 | 38.4 |
| 镇江市 | Zhenjiang | 44.0 | 43.4 | 42.9 | 42.3 | 44.0 | 44.5 | 43.2 |
| 泰州市 | Taizhou | 39.1 | 39.4 | 38.1 | 37.2 | 38.1 | 38.3 | 37.1 |
| 宿迁市 | Suqian | 37.6 | 35.9 | 35.2 | 34.4 | 36.6 | 37.2 | 36.7 |
| **按区域分** | **by Region** | | | | | | | |
| 苏 南 | Southern Jiangsu | 40.8 | 40.5 | 39.6 | 38.7 | 40.3 | 40.8 | 39.6 |
| 苏 中 | Mid Jiangsu | 40.5 | 40.0 | 39.4 | 38.3 | 39.8 | 40.1 | 39.2 |
| 苏 北 | Northern Jiangsu | 35.3 | 34.3 | 33.5 | 32.8 | 34.4 | 34.9 | 34.4 |

# 2-12　分市地区生产总值指数
# Indices of Gross Domestic Product by City

按可比价计算，上年=100　(at constant prices, preceding year=100)

| 地　区 | Region | 地区生产总值 Gross Domestic Product 2017 | 2018 | 2019 | 2020 | 2021 | 2022 | 2023 |
|---|---|---|---|---|---|---|---|---|
| **按地区分** | **by City** | | | | | | | |
| 南 京 市 | Nanjing | 108.1 | 108.0 | 107.7 | 104.6 | 107.4 | 101.8 | 104.6 |
| 无 锡 市 | Wuxi | 107.4 | 107.4 | 106.6 | 103.7 | 109.1 | 102.7 | 106.0 |
| 徐 州 市 | Xuzhou | 107.7 | 104.2 | 105.7 | 103.4 | 108.2 | 103.0 | 107.1 |
| 常 州 市 | Changzhou | 108.1 | 107.0 | 106.7 | 104.5 | 110.0 | 103.4 | 106.8 |
| 苏 州 市 | Suzhou | 107.1 | 106.8 | 105.6 | 103.4 | 109.4 | 101.7 | 104.6 |
| 南 通 市 | Nantong | 107.8 | 107.2 | 106.1 | 104.7 | 108.7 | 101.9 | 105.8 |
| 连云港市 | Lianyungang | 107.4 | 104.7 | 105.9 | 103.0 | 109.0 | 102.3 | 110.2 |
| 淮 安 市 | Huai'an | 107.4 | 106.5 | 106.4 | 103.2 | 109.7 | 103.5 | 107.8 |
| 盐 城 市 | Yancheng | 106.8 | 105.5 | 105.0 | 103.5 | 107.6 | 104.4 | 105.9 |
| 扬 州 市 | Yangzhou | 108.0 | 106.7 | 106.6 | 103.5 | 107.1 | 104.1 | 106.0 |
| 镇 江 市 | Zhenjiang | 107.2 | 103.1 | 105.6 | 103.5 | 109.4 | 102.7 | 106.3 |
| 泰 州 市 | Taizhou | 108.2 | 106.7 | 106.2 | 103.6 | 110.1 | 104.3 | 106.8 |
| 宿 迁 市 | Suqian | 107.5 | 106.8 | 106.9 | 104.5 | 110.1 | 103.6 | 107.8 |
| **按区域分** | **by Region** | | | | | | | |
| 苏　　南 | Southern Jiangsu | 107.5 | 106.9 | 106.5 | 103.9 | 108.9 | 102.2 | 105.3 |
| 苏　　中 | Mid Jiangsu | 107.9 | 106.9 | 106.3 | 104.1 | 108.6 | 103.1 | 106.1 |
| 苏　　北 | Northern Jiangsu | 108.4 | 105.3 | 105.8 | 103.5 | 108.7 | 103.4 | 107.4 |

## 2-12　续表 1　continued

按可比价计算，上年=100　(at constant prices, preceding year=100)

| 地　区 | Region | 第一产业增加值 Value-Added by the Primary Industry 2017 | 2018 | 2019 | 2020 | 2021 | 2022 | 2023 |
|---|---|---|---|---|---|---|---|---|
| **按地区分** | **by City** | | | | | | | |
| 南 京 市 | Nanjing | 101.2 | 100.6 | 100.7 | 100.9 | 100.8 | 102.4 | 101.7 |
| 无 锡 市 | Wuxi | 101.3 | 99.7 | 97.6 | 101.6 | 101.3 | 99.3 | 102.4 |
| 徐 州 市 | Xuzhou | 102.5 | 102.4 | 102.4 | 102.8 | 103.8 | 102.3 | 103.7 |
| 常 州 市 | Changzhou | 101.0 | 99.0 | 98.0 | 102.0 | 101.5 | 100.8 | 103.2 |
| 苏 州 市 | Suzhou | 100.8 | 95.4 | 93.4 | 98.0 | 99.2 | 101.2 | 103.1 |
| 南 通 市 | Nantong | 105.1 | 102.2 | 100.8 | 102.6 | 104.5 | 102.4 | 102.9 |
| 连云港市 | Lianyungang | 102.7 | 102.6 | 103.6 | 102.0 | 103.4 | 102.0 | 104.2 |
| 淮 安 市 | Huai'an | 103.1 | 103.1 | 105.4 | 101.8 | 103.4 | 103.8 | 103.3 |
| 盐 城 市 | Yancheng | 102.7 | 103.2 | 100.0 | 102.7 | 103.5 | 102.9 | 103.7 |
| 扬 州 市 | Yangzhou | 102.2 | 103.0 | 101.4 | 102.9 | 103.0 | 101.6 | 103.7 |
| 镇 江 市 | Zhenjiang | 101.4 | 95.8 | 98.3 | 102.8 | 103.4 | 101.5 | 103.4 |
| 泰 州 市 | Taizhou | 102.8 | 102.7 | 102.3 | 103.0 | 102.8 | 101.5 | 104.1 |
| 宿 迁 市 | Suqian | 102.7 | 103.0 | 102.1 | 101.7 | 103.1 | 102.4 | 104.9 |
| **按区域分** | **by Region** | | | | | | | |
| 苏　　南 | Southern Jiangsu | 101.1 | 98.1 | 97.6 | 100.8 | 101.1 | 101.3 | 102.6 |
| 苏　　中 | Mid Jiangsu | 103.6 | 102.6 | 101.4 | 102.8 | 103.6 | 101.9 | 103.5 |
| 苏　　北 | Northern Jiangsu | 102.7 | 102.9 | 102.3 | 102.3 | 103.5 | 102.7 | 103.9 |

## 2-12 续表 2 continued

按可比价计算，上年=100 (at constant prices, preceding year=100)

| 地 区 | Region | 第二产业增加值 Value-Added by the Secondary Industry | | | | | | |
|---|---|---|---|---|---|---|---|---|
| | | 2017 | 2018 | 2019 | 2020 | 2021 | 2022 | 2023 |
| **按地区分** | **by City** | | | | | | | |
| 南京市 | Nanjing | 105.1 | 106.5 | 106.3 | 105.6 | 106.8 | 101.2 | 102.8 |
| 无锡市 | Wuxi | 107.3 | 108.0 | 107.5 | 104.3 | 110.4 | 103.2 | 106.9 |
| 徐州市 | Xuzhou | 106.4 | 101.5 | 106.7 | 104.0 | 108.2 | 103.6 | 107.0 |
| 常州市 | Changzhou | 106.8 | 106.2 | 108.4 | 104.2 | 110.9 | 105.3 | 107.1 |
| 苏州市 | Suzhou | 106.0 | 105.6 | 105.1 | 103.4 | 110.7 | 101.7 | 103.6 |
| 南通市 | Nantong | 106.8 | 106.5 | 107.0 | 104.5 | 109.6 | 102.6 | 107.1 |
| 连云港市 | Lianyungang | 107.2 | 101.9 | 107.7 | 102.6 | 109.6 | 104.6 | 116.8 |
| 淮安市 | Huai'an | 106.4 | 104.9 | 106.0 | 103.5 | 108.8 | 105.3 | 105.8 |
| 盐城市 | Yancheng | 104.8 | 103.7 | 99.8 | 102.8 | 108.1 | 105.7 | 106.9 |
| 扬州市 | Yangzhou | 106.7 | 105.8 | 107.1 | 103.6 | 109.1 | 105.3 | 106.6 |
| 镇江市 | Zhenjiang | 106.0 | 103.0 | 104.4 | 103.6 | 110.4 | 103.2 | 106.0 |
| 泰州市 | Taizhou | 107.3 | 106.8 | 105.4 | 103.3 | 109.2 | 105.8 | 107.4 |
| 宿迁市 | Suqian | 107.8 | 107.4 | 106.8 | 104.7 | 110.7 | 105.7 | 108.9 |
| **按区域分** | **by Region** | | | | | | | |
| 苏 南 | Southern Jiangsu | 106.2 | 106.1 | 106.3 | 104.2 | 109.9 | 102.6 | 104.9 |
| 苏 中 | Mid Jiangsu | 106.9 | 106.4 | 106.6 | 103.9 | 109.3 | 104.2 | 107.0 |
| 苏 北 | Northern Jiangsu | 105.0 | 103.4 | 105.0 | 103.5 | 108.8 | 104.8 | 108.4 |

## 2-12 续表 3 continued

按可比价计算，上年=100 (at constant prices, preceding year=100)

| 地 区 | Region | 第三产业增加值 Value-Added by the Tertiary Industry | | | | | | |
|---|---|---|---|---|---|---|---|---|
| | | 2017 | 2018 | 2019 | 2020 | 2021 | 2022 | 2023 |
| **按地区分** | **by City** | | | | | | | |
| 南京市 | Nanjing | 110.3 | 109.1 | 108.7 | 104.1 | 107.9 | 102.1 | 105.6 |
| 无锡市 | Wuxi | 107.7 | 107.1 | 106.0 | 103.2 | 108.2 | 102.3 | 105.3 |
| 徐州市 | Xuzhou | 109.9 | 107.0 | 105.5 | 103.0 | 109.1 | 102.7 | 107.8 |
| 常州市 | Changzhou | 109.7 | 108.1 | 105.6 | 104.9 | 109.6 | 101.8 | 106.6 |
| 苏州市 | Suzhou | 108.2 | 108.1 | 106.3 | 103.5 | 108.5 | 101.6 | 105.5 |
| 南通市 | Nantong | 109.1 | 108.4 | 105.8 | 105.1 | 108.2 | 101.2 | 104.7 |
| 连云港市 | Lianyungang | 108.9 | 108.2 | 104.7 | 103.8 | 110.0 | 100.2 | 105.4 |
| 淮安市 | Huai'an | 109.2 | 108.8 | 106.9 | 103.2 | 111.7 | 102.0 | 110.3 |
| 盐城市 | Yancheng | 110.1 | 108.1 | 100.0 | 104.3 | 108.2 | 103.8 | 105.5 |
| 扬州市 | Yangzhou | 110.1 | 108.2 | 106.6 | 103.5 | 105.6 | 103.2 | 105.6 |
| 镇江市 | Zhenjiang | 109.0 | 103.7 | 107.3 | 103.5 | 108.9 | 102.3 | 106.7 |
| 泰州市 | Taizhou | 110.0 | 107.0 | 107.6 | 104.1 | 111.9 | 103.0 | 106.4 |
| 宿迁市 | Suqian | 108.5 | 107.3 | 108.2 | 100.0 | 111.1 | 101.9 | 107.3 |
| **按区域分** | **by Region** | | | | | | | |
| 苏 南 | Southern Jiangsu | 108.9 | 107.8 | 106.9 | 103.8 | 108.4 | 102.0 | 105.7 |
| 苏 中 | Mid Jiangsu | 109.6 | 108.0 | 106.4 | 104.4 | 108.4 | 102.2 | 105.4 |
| 苏 北 | Northern Jiangsu | 109.6 | 107.8 | 104.5 | 103.7 | 109.7 | 102.4 | 107.3 |

## 2-12 续表 4 continued

按可比价计算，上年=100 (at constant prices, preceding year=100)

| 地 区 | Region | 全部工业增加值 Value-Added by Total Industrial | | | | | | |
|---|---|---|---|---|---|---|---|---|
| | | 2016 | 2017 | 2018 | 2019 | 2020 | 2022 | 2023 |
| **按地区分** | **by City** | | | | | | | |
| 南 京 市 | Nanjing | 104.9 | 106.0 | 107.3 | 106.3 | 106.4 | 101.8 | 103.2 |
| 无 锡 市 | Wuxi | 106.8 | 108.0 | 108.6 | 107.6 | 104.6 | 103.5 | 106.5 |
| 徐 州 市 | Xuzhou | 108.5 | 107.5 | 101.3 | 106.7 | 104.5 | 104.3 | 106.8 |
| 常 州 市 | Changzhou | 106.3 | 107.7 | 106.7 | 108.7 | 104.6 | 106.2 | 107.4 |
| 苏 州 市 | Suzhou | 105.4 | 106.7 | 106.0 | 105.0 | 103.6 | 102.1 | 103.2 |
| 南 通 市 | Nantong | 111.2 | 108.0 | 107.4 | 107.8 | 104.8 | 103.6 | 107.0 |
| 连云港市 | Lianyungang | 108.6 | 108.0 | 101.7 | 108.5 | 104.4 | 106.4 | 120.1 |
| 淮 安 市 | Huai'an | 109.7 | 107.5 | 104.9 | 105.9 | 104.0 | 105.4 | 105.3 |
| 盐 城 市 | Yancheng | 109.8 | 105.6 | 104.1 | 99.7 | 103.2 | 105.6 | 106.6 |
| 扬 州 市 | Yangzhou | 108.6 | 107.7 | 106.4 | 107.6 | 103.9 | 105.5 | 105.9 |
| 镇 江 市 | Zhenjiang | 109.1 | 106.5 | 102.8 | 104.4 | 103.7 | 103.6 | 105.8 |
| 泰 州 市 | Taizhou | 109.4 | 108.5 | 107.6 | 105.6 | 103.7 | 105.5 | 106.1 |
| 宿 迁 市 | Suqian | 110.5 | 108.4 | 107.7 | 106.9 | 105.2 | 105.6 | 109.0 |
| **按区域分** | **by Region** | | | | | | | |
| 苏 南 | Southern Jiangsu | 106.1 | 106.9 | 106.6 | 106.3 | 104.9 | 103.0 | 104.8 |
| 苏 中 | Mid Jiangsu | 109.9 | 108.0 | 107.2 | 107.2 | 106.4 | 104.5 | 106.5 |
| 苏 北 | Northern Jiangsu | 109.3 | 105.6 | 103.5 | 105.0 | 101.8 | 105.3 | 108.7 |

# 2-13 按支出法计算的地区生产总值
# Gross Domestic Product by Expenditure Approach

本表按当年价格计算，单位：亿元 (at current prices,100 million yuan)

| 年 份<br>Year | 支出法地区生产总值<br>Gross Domestic Product by Expenditure Approach | 最终消费<br>Final Consumption Expenditure | 居民消费<br>Household Consumption Expenditure | 城镇居民<br>Urban Households | 农村居民<br>Rural Households | 政府消费<br>Government Consumption Expenditure | 资本形成总额<br>Gross Capital Formation | 固定资本形成<br>Gross Fixed Capital Formation | 存货增加<br>Changes in Inventories | 货物和服务净出口<br>Net Exports of Goods and Services |
|---|---|---|---|---|---|---|---|---|---|---|
| 1978 | 249.24 | 130.55 | 115.15 | 39.04 | 76.11 | 15.40 | 77.98 | 40.40 | 37.58 | 40.71 |
| 1980 | 319.80 | 175.47 | 154.72 | 49.59 | 105.13 | 20.75 | 97.44 | 58.25 | 39.19 | 46.89 |
| 1985 | 651.82 | 353.72 | 300.86 | 80.88 | 219.98 | 52.86 | 271.42 | 193.25 | 78.17 | 26.68 |
| 1989 | 1321.85 | 662.01 | 557.60 | 171.20 | 386.40 | 104.41 | 528.44 | 336.24 | 192.20 | 131.40 |
| 1990 | 1416.50 | 717.36 | 608.29 | 205.00 | 403.29 | 109.07 | 588.44 | 374.12 | 214.32 | 110.70 |
| 1991 | 1601.38 | 835.07 | 656.99 | 233.39 | 423.60 | 178.08 | 694.80 | 461.98 | 232.82 | 71.51 |
| 1992 | 2136.02 | 960.21 | 735.62 | 275.63 | 459.99 | 224.59 | 1069.20 | 747.29 | 321.91 | 106.61 |
| 1993 | 2998.16 | 1251.08 | 984.44 | 414.50 | 569.94 | 266.64 | 1589.93 | 1201.41 | 388.52 | 157.15 |
| 1994 | 4057.39 | 1721.45 | 1350.89 | 568.70 | 782.19 | 370.56 | 2018.95 | 1434.95 | 584.00 | 316.99 |
| 1995 | 5155.25 | 2250.66 | 1806.43 | 776.51 | 1029.92 | 444.23 | 2479.30 | 1756.88 | 722.42 | 425.29 |
| 1996 | 6004.21 | 2721.84 | 2218.68 | 904.67 | 1314.01 | 503.16 | 2798.62 | 2062.17 | 736.45 | 483.75 |
| 1997 | 6680.34 | 3020.94 | 2417.77 | 1027.26 | 1390.51 | 603.17 | 2925.28 | 2295.97 | 629.31 | 734.12 |
| 1998 | 7199.95 | 3161.88 | 2513.52 | 1142.99 | 1370.53 | 648.36 | 3321.44 | 2642.29 | 679.15 | 716.63 |
| 1999 | 7697.82 | 3339.79 | 2594.18 | 1266.14 | 1328.04 | 745.61 | 3554.26 | 2842.65 | 711.61 | 803.77 |
| 2000 | 8553.69 | 3710.72 | 2815.51 | 1477.05 | 1338.46 | 895.21 | 4044.78 | 3225.42 | 819.36 | 798.19 |
| 2001 | 9456.84 | 4141.92 | 3027.67 | 1654.36 | 1373.31 | 1114.25 | 4393.21 | 3543.16 | 850.05 | 921.71 |
| 2002 | 10606.85 | 4801.91 | 3475.13 | 1969.21 | 1505.92 | 1326.78 | 4808.67 | 3994.23 | 814.44 | 996.27 |
| 2003 | 12442.87 | 5484.04 | 3909.55 | 2468.92 | 1440.63 | 1574.49 | 6182.38 | 5480.80 | 701.58 | 776.45 |
| 2004 | 14823.13 | 6219.14 | 4429.02 | 3059.64 | 1369.38 | 1790.12 | 8099.20 | 7114.12 | 985.08 | 504.79 |
| 2005 | 18121.33 | 7650.97 | 5339.09 | 3750.82 | 1588.27 | 2311.88 | 9640.65 | 9067.15 | 573.50 | 829.71 |
| 2006 | 21240.79 | 9040.72 | 6236.42 | 4434.79 | 1801.63 | 2804.30 | 10950.49 | 10298.06 | 652.43 | 1249.58 |
| 2007 | 25988.36 | 10928.68 | 7328.19 | 5249.15 | 2079.04 | 3600.49 | 12787.19 | 12010.59 | 776.60 | 2272.49 |
| 2008 | 30945.45 | 12838.05 | 8425.61 | 6139.74 | 2285.87 | 4412.44 | 15398.06 | 14419.02 | 979.04 | 2709.34 |
| 2009 | 34471.67 | 14366.10 | 9235.38 | 6756.04 | 2479.34 | 5130.72 | 18029.88 | 17595.97 | 433.91 | 2075.69 |
| 2010 | 41383.87 | 17216.82 | 10942.82 | 8266.41 | 2676.41 | 6274.00 | 21740.40 | 21276.25 | 464.15 | 2426.65 |
| 2011 | 48839.21 | 20650.10 | 13534.19 | 10428.44 | 3105.75 | 7115.91 | 25739.54 | 25212.73 | 526.81 | 2449.57 |
| 2012 | 53701.92 | 22704.49 | 15385.57 | 11904.43 | 3481.14 | 7318.92 | 28098.77 | 27256.15 | 842.62 | 2898.66 |
| 2013 | 59349.41 | 26667.62 | 18889.19 | 14636.65 | 4252.54 | 7778.43 | 29899.48 | 28967.07 | 932.41 | 2782.31 |
| 2014 | 64830.51 | 31036.36 | 22510.56 | 17515.48 | 4995.08 | 8525.80 | 30892.99 | 29889.49 | 1003.50 | 2901.16 |
| 2015 | 71255.93 | 35002.17 | 25245.17 | 19689.08 | 5556.09 | 9757.00 | 31813.01 | 31153.21 | 659.80 | 4440.75 |
| 2016 | 77350.85 | 39499.88 | 28654.71 | 22493.95 | 6160.76 | 10845.17 | 33123.30 | 32254.56 | 868.74 | 4727.67 |
| 2017 | 85869.76 | 43020.75 | 31892.36 | 25082.70 | 6809.66 | 11128.39 | 37353.35 | 36416.79 | 936.56 | 5495.66 |
| 2018 | 93207.55 | 47069.81 | 35046.79 | 27612.69 | 7434.10 | 12023.02 | 37837.36 | 36757.83 | 1079.53 | 8300.38 |
| 2019 | 98656.82 | 49984.42 | 37548.34 | 29878.64 | 7669.70 | 12436.08 | 39275.85 | 38176.86 | 1098.99 | 9396.55 |
| 2020 | 102807.68 | 49717.89 | 36380.33 | 29349.18 | 7031.15 | 13337.56 | 43434.52 | 41548.93 | 1885.59 | 9655.27 |
| 2021 | 117392.36 | 56792.87 | 42002.53 | 33734.72 | 8267.81 | 14790.34 | 48708.27 | 46537.88 | 2170.39 | 11891.22 |
| 2022 | 122089.28 | 58776.45 | 43705.29 | 35067.14 | 8638.15 | 15071.16 | 50495.12 | 48035.38 | 2459.74 | 12817.71 |

# 2-14　按支出法计算的地区生产总值构成

## Composition of Gross Domestic Product by Expenditure Approach

本表按当年价格计算，单位：%　　(at current prices,%)

| 年 份 Year | 支出法地区生产总值 Gross Domestic Product by Expenditure Approach | 最终消费 Final Consumption Expenditure | 居民消费 Household Consumption Expenditure | 城镇居民 Urban Households | 农村居民 Rural Households | 政府消费 Government Consumption Expenditure | 资本形成总额 Gross Capital Formation | 固定资本形成 Gross Fixed Capital Formation | 存货增加 Changes in Inventories | 货物和服务净出口 Net Exports of Goods and Services |
|---|---|---|---|---|---|---|---|---|---|---|
| 1978 | 100.0 | 52.4 | 46.2 | 15.7 | 30.5 | 6.2 | 31.3 | 16.2 | 15.1 | 16.3 |
| 1980 | 100.0 | 54.9 | 48.4 | 15.5 | 32.9 | 6.5 | 30.5 | 18.2 | 12.3 | 14.7 |
| 1985 | 100.0 | 54.3 | 46.2 | 12.4 | 33.7 | 8.1 | 41.6 | 29.6 | 12.0 | 4.1 |
| 1989 | 100.0 | 50.1 | 42.2 | 13.0 | 29.2 | 7.9 | 40.0 | 25.4 | 14.5 | 9.9 |
| 1990 | 100.0 | 50.6 | 42.9 | 14.5 | 28.5 | 7.7 | 41.5 | 26.4 | 15.1 | 7.8 |
| 1991 | 100.0 | 52.1 | 41.0 | 14.6 | 26.5 | 11.1 | 43.4 | 28.8 | 14.5 | 4.5 |
| 1992 | 100.0 | 45.0 | 34.4 | 12.9 | 21.5 | 10.5 | 50.1 | 35.0 | 15.1 | 5.0 |
| 1993 | 100.0 | 41.7 | 32.8 | 13.8 | 19.0 | 8.9 | 53.0 | 40.1 | 13.0 | 5.2 |
| 1994 | 100.0 | 42.4 | 33.3 | 14.0 | 19.3 | 9.1 | 49.8 | 35.4 | 14.4 | 7.8 |
| 1995 | 100.0 | 43.7 | 35.0 | 15.1 | 20.0 | 8.6 | 48.1 | 34.1 | 14.0 | 8.2 |
| 1996 | 100.0 | 45.3 | 37.0 | 15.1 | 21.9 | 8.4 | 46.6 | 34.3 | 12.3 | 8.1 |
| 1997 | 100.0 | 45.2 | 36.2 | 15.4 | 20.8 | 9.0 | 43.8 | 34.4 | 9.4 | 11.0 |
| 1998 | 100.0 | 43.9 | 34.9 | 15.9 | 19.0 | 9.0 | 46.1 | 36.7 | 9.4 | 10.0 |
| 1999 | 100.0 | 43.4 | 33.7 | 16.4 | 17.3 | 9.7 | 46.2 | 36.9 | 9.2 | 10.4 |
| 2000 | 100.0 | 43.4 | 32.9 | 17.3 | 15.6 | 10.5 | 47.3 | 37.7 | 9.6 | 9.3 |
| 2001 | 100.0 | 43.8 | 32.0 | 17.5 | 14.5 | 11.8 | 46.5 | 37.5 | 9.0 | 9.7 |
| 2002 | 100.0 | 45.3 | 32.8 | 18.6 | 14.2 | 12.5 | 45.3 | 37.7 | 7.7 | 9.4 |
| 2003 | 100.0 | 44.1 | 31.4 | 19.8 | 11.6 | 12.7 | 49.7 | 44.0 | 5.6 | 6.2 |
| 2004 | 100.0 | 42.0 | 29.9 | 20.6 | 9.2 | 12.1 | 54.6 | 48.0 | 6.6 | 3.4 |
| 2005 | 100.0 | 42.2 | 29.5 | 20.7 | 8.8 | 12.8 | 53.2 | 50.0 | 3.2 | 4.6 |
| 2006 | 100.0 | 42.6 | 29.4 | 20.9 | 8.5 | 13.2 | 51.6 | 48.5 | 3.1 | 5.9 |
| 2007 | 100.0 | 42.1 | 28.2 | 20.2 | 8.0 | 13.9 | 49.2 | 46.2 | 3.0 | 8.7 |
| 2008 | 100.0 | 41.5 | 27.2 | 19.8 | 7.4 | 14.3 | 49.8 | 46.6 | 3.2 | 8.8 |
| 2009 | 100.0 | 41.7 | 26.8 | 19.6 | 7.2 | 14.9 | 52.3 | 51.0 | 1.3 | 6.0 |
| 2010 | 100.0 | 41.6 | 26.4 | 20.0 | 6.5 | 15.2 | 52.5 | 51.4 | 1.1 | 5.9 |
| 2011 | 100.0 | 42.3 | 27.7 | 21.4 | 6.4 | 14.6 | 52.7 | 51.6 | 1.1 | 5.0 |
| 2012 | 100.0 | 42.3 | 28.6 | 22.2 | 6.5 | 13.6 | 52.3 | 50.8 | 1.6 | 5.4 |
| 2013 | 100.0 | 44.9 | 31.8 | 24.7 | 7.2 | 13.1 | 50.4 | 48.8 | 1.6 | 4.7 |
| 2014 | 100.0 | 47.9 | 34.7 | 27.0 | 7.7 | 13.2 | 47.7 | 46.1 | 1.5 | 4.5 |
| 2015 | 100.0 | 49.1 | 35.4 | 27.6 | 7.8 | 13.7 | 44.6 | 43.7 | 0.9 | 6.2 |
| 2016 | 100.0 | 51.1 | 37.0 | 29.1 | 8.0 | 14.0 | 42.8 | 41.7 | 1.1 | 6.1 |
| 2017 | 100.0 | 50.1 | 37.1 | 29.2 | 7.9 | 13.0 | 43.5 | 42.4 | 1.1 | 6.4 |
| 2018 | 100.0 | 50.5 | 37.6 | 29.6 | 8.0 | 12.9 | 40.6 | 39.4 | 1.2 | 8.9 |
| 2019 | 100.0 | 50.7 | 38.1 | 30.3 | 7.8 | 12.6 | 39.8 | 38.7 | 1.1 | 9.5 |
| 2020 | 100.0 | 48.4 | 35.4 | 28.5 | 6.8 | 13.0 | 42.2 | 40.4 | 1.8 | 9.4 |
| 2021 | 100.0 | 48.4 | 35.8 | 28.7 | 7.0 | 12.6 | 41.5 | 39.6 | 1.8 | 10.1 |
| 2022 | 100.0 | 48.1 | 35.8 | 28.7 | 7.1 | 12.3 | 41.4 | 39.4 | 2.0 | 10.5 |

# 2-15 按支出法计算的地区生产总值指数
# Indices of Gross Domestic Product by Expenditure Approach

按可比价计算，1952=100 (at constant prices, year of 1952=100)

| 年 份 Year | 支出法地区生产总值指数 Gross Domestic Product by Expenditure Approach | 最终消费 Final Consumption Expenditure | 居民消费 Household Consumption Expenditure | 城镇居民 Urban Households | 农村居民 Rural Households | 政府消费 Government Consumption Expenditure | 资本形成总额 Gross Capital Formation | 固定资本形成 Gross Fixed Capital Formation | 存货增加 Changes in Inventories |
|---|---|---|---|---|---|---|---|---|---|
| 1952 | 100.0 | 100.0 | 100.0 | 100.0 | 100.0 | 100.0 | 100.0 | 100.0 | 100.0 |
| 1978 | 371.3 | 367.6 | 352.3 | 607.8 | 290.1 | 545.3 | 695.7 | 593.2 | 847.1 |
| 1980 | 436.0 | 468.4 | 448.7 | 732.2 | 379.7 | 696.3 | 809.3 | 811.3 | 806.4 |
| 1985 | 809.2 | 824.0 | 757.4 | 1022.5 | 693.7 | 1595.0 | 2156.6 | 2573.0 | 1541.6 |
| 1989 | 1241.7 | 1000.3 | 885.3 | 1411.2 | 757.8 | 2331.2 | 3610.7 | 3998.6 | 3037.7 |
| 1990 | 1303.9 | 1063.7 | 949.6 | 1601.7 | 791.9 | 2383.2 | 4161.1 | 4791.5 | 3229.8 |
| 1991 | 1412.1 | 1162.8 | 992.5 | 1754.9 | 806.8 | 3246.0 | 4472.4 | 5230.2 | 3389.1 |
| 1992 | 1773.4 | 1493.5 | 1253.9 | 2337.9 | 988.1 | 4462.1 | 5534.2 | 7583.6 | 3054.8 |
| 1993 | 2124.4 | 1787.9 | 1518.0 | 3114.8 | 1122.8 | 5103.7 | 6603.7 | 9239.5 | 3450.0 |
| 1994 | 2474.3 | 2095.2 | 1772.7 | 3585.7 | 1324.5 | 6068.9 | 7772.3 | 10860.6 | 4074.8 |
| 1995 | 2855.3 | 2422.4 | 2027.1 | 4102.3 | 1514.1 | 7331.8 | 9053.4 | 12381.0 | 5022.8 |
| 1996 | 3204.5 | 2670.9 | 2261.5 | 4311.6 | 1757.6 | 7711.4 | 10229.2 | 14289.6 | 5367.3 |
| 1997 | 3587.6 | 2944.6 | 2444.1 | 4851.4 | 1850.0 | 9193.2 | 11375.3 | 16021.8 | 5834.1 |
| 1998 | 3982.8 | 3250.8 | 2677.4 | 5686.3 | 1930.6 | 10441.6 | 12662.2 | 18662.4 | 5645.7 |
| 1999 | 4384.8 | 3593.4 | 2889.2 | 6573.2 | 1970.4 | 12530.4 | 13870.1 | 20698.5 | 5922.1 |
| 2000 | 4848.4 | 3970.6 | 3107.9 | 7632.5 | 1974.7 | 15034.2 | 15272.9 | 22421.1 | 6900.9 |
| 2001 | 5340.5 | 4420.0 | 3371.3 | 8640.9 | 2038.8 | 18080.3 | 16765.7 | 24392.9 | 7841.6 |
| 2002 | 5963.5 | 4993.8 | 3714.3 | 9963.0 | 2119.8 | 21867.4 | 18721.5 | 28445.5 | 7294.1 |
| 2003 | 6775.9 | 5667.9 | 4176.3 | 12455.3 | 2025.7 | 25417.8 | 21744.0 | 35873.5 | 5035.9 |
| 2004 | 7729.3 | 6452.9 | 4780.6 | 15489.1 | 1967.3 | 28542.9 | 25319.8 | 41206.1 | 6550.7 |
| 2005 | 8849.6 | 7349.2 | 5417.6 | 17552.9 | 2229.4 | 32920.2 | 28663.0 | 46648.2 | 7414.2 |
| 2006 | 10171.6 | 8558.7 | 6164.5 | 20188.5 | 2472.1 | 40369.3 | 32082.9 | 52226.0 | 8268.8 |
| 2007 | 11691.4 | 9942.6 | 6991.8 | 23096.7 | 2744.2 | 49276.2 | 36023.5 | 58471.7 | 9709.0 |
| 2008 | 13175.9 | 11300.9 | 7743.8 | 25885.2 | 2948.0 | 58859.0 | 39846.0 | 63882.2 | 12734.3 |
| 2009 | 14816.3 | 13005.8 | 8810.2 | 29524.6 | 3331.6 | 69167.9 | 45915.1 | 77205.7 | 5644.4 |
| 2010 | 16700.8 | 14800.6 | 9929.1 | 34366.7 | 3428.3 | 80027.3 | 51516.8 | 86856.4 | 5762.9 |
| 2011 | 18544.5 | 16783.9 | 11398.7 | 40209.0 | 3702.5 | 88750.3 | 56823.0 | 95889.5 | 6172.1 |
| 2012 | 20444.3 | 18781.2 | 13085.7 | 46401.2 | 4176.4 | 94785.3 | 62278.0 | 104807.2 | 7597.8 |
| 2013 | 22429.8 | 20922.3 | 15323.3 | 54428.6 | 4869.7 | 94974.9 | 67945.3 | 114135.1 | 8646.3 |
| 2014 | 24358.5 | 23014.5 | 17162.1 | 61232.2 | 5381.0 | 100103.5 | 73381.0 | 123151.7 | 9545.6 |
| 2015 | 26454.0 | 25408.0 | 18964.1 | 67845.2 | 5897.6 | 110314.1 | 78884.5 | 133742.8 | 6338.3 |
| 2016 | 28517.7 | 27669.3 | 20765.7 | 74833.3 | 6310.5 | 118477.3 | 84722.0 | 142971.0 | 8163.7 |
| 2017 | 30570.4 | 29993.6 | 22780.0 | 82241.8 | 6859.5 | 124519.6 | 89466.4 | 150977.4 | 8718.8 |
| 2018 | 32618.6 | 32483.0 | 24898.5 | 90137.0 | 7415.1 | 131368.2 | 93671.3 | 157620.4 | 9922.0 |
| 2019 | 34543.1 | 34691.9 | 26840.6 | 97347.9 | 7941.6 | 136754.3 | 97324.5 | 163452.4 | 10944.0 |
| 2020 | 35821.2 | 34865.3 | 26384.3 | 96958.6 | 7417.4 | 146190.4 | 106278.4 | 176855.5 | 15671.7 |
| 2021 | 39009.3 | 39118.9 | 30289.2 | 111114.5 | 8559.7 | 153646.1 | 109254.2 | 181453.7 | 16753.1 |
| 2022 | 40023.5 | 39862.2 | 30955.6 | 113447.9 | 8790.8 | 154875.3 | 112641.1 | 186534.4 | 18428.4 |

# 主要统计指标解释

**国内生产总值(GDP)**　指一个国家所有常住单位在一定时期内生产活动的最终成果。国内生产总值有三种表现形态，即价值形态、收入形态和产品形态。从价值形态看，它是所有常住单位在一定时期内生产的全部货物和服务价值超过同期中间投入的全部非固定资产货物和服务价值的差额，即所有常住单位的增加值之和；从收入形态看，它是所有常住单位在一定时期内创造并分配给常住单位和非常住单位的初次收入分配之和；从产品形态看，它是所有常住单位在一定时期内最终使用的货物和服务价值与货物和服务净出口价值之和。在实际核算中，国内生产总值有三种计算方法，即生产法、收入法和支出法。三种方法分别从不同的方面反映国内生产总值及其构成。对于一个地区来说。称为地区生产总值或地区 GDP。

**支出法国内生产总值**　是从最终使用的角度反映一个国家（或地区） 一定时期内生产活动最终成果的一种方法，包括最终消费支出、资本形成总额及货物和服务净出口三部分。计算公式为：

支出法国内生产总值=最终消费支出＋资本形成总额＋货物和服务净出口

**最终消费**　指常住单位在一定时期内对于货物和服务的全部最终消费支出，也就是常住单位为满足物质、文化和精神生活的需要，从本国经济领土和国外购买的货物和服务的支出；不包括非常住单位在本国经济领土内的消费支出。最终消费分为居民消费和政府消费。

**居民消费**　指常住住户在一定时期内对于货物和服务的全部最终消费支出。居民消费支出除了直接以货币形式购买的货物和服务的消费支出外，还包括以其他方式获得的货物和服务的消费支出，后者称为虚拟消费支出。居民虚拟消费支出主要包括：单位以实物报酬及实物转移的形式提供给劳动者的货物和服务；住户生产用于自身消费的货物（如自产自用的农产品），以及纳入生产核算范围并用于自身消费的服务（如住户的自有住房服务）；银行和保险机构提供的间接计算的金融服务。

**政府消费**　指政府部门为全社会提供公共服务的消费支出和免费或以较低价格向住户提供的货物和服务的净支出。前者等于政府服务的产出价值减去政府单位所获得的经营收入的价值，政府服务的产出价值等于它的经常性业务支出加上固定资产折旧；后者等于政府部门免费或以较低价格向住户提供的货物和服务的市场价值减去向住户收取的价值。

**资本形成总额**　指常住单位在一定时期内获得的减去处置的固定资产加存货的变动，包括固定资本形成总额和存货变动两部分。

**固定资本形成总额**　指常住单位在一定时期内获得的固定资产减处置的固定资产的价值总额。固定资产是通过生产活动生产出来的，且其使用年限在一年以上、单位价值在规定标准以上的资产，不包括自然资产、耐用品消费、小型工器具。固定资产形成总额包括住宅、其他建筑和构筑物、机器和设备、培育性生物资源、知识产权产品（研发支出、矿藏的勘测、计算机软件）的价值获得减处置。

**存货变动**　指常住单位一定时期内存货实物量变动的市场价值，即期末价值减期初价值的差额，再扣除当期由于价格变动而产生的持有效益。存货变动可以是正值，也可以是负值，正值表示存货上升，负值表示存货下降。存货包括生产单位购进的原材料、燃料和储备物资等存货，以及生产单位生产的成品、在制品和半成品等存货。

**货物和服务净出口**　指货物和服务出口减货物和服务进口的差额。出口包括常住单位向非常住单位出售或无偿转让的各种货物和服务的价值；进口包括常住单位从非常住单位购买或无偿得到的各种货物和服务的价值。货物的出口和进口都按离岸价格计算。

# Explanatory Notes on Main Statistical Indicators

**Gross Domestic Product (GDP)** refers to the final products produced by all resident units in a country during a certain period of time. Gross domestic product is expressed in three different perspectives, namely value, income, and products respectively. GDP in its value perspective refers to the balance of total value of all goods and services produced by all resident units during a certain period of time, minus the total value of input of goods and services of the nature of non-fixed assets; in other words, it is the sum of the value-added of all resident units. GDP from the perspective of income refers to the sum of all kinds of revenue, including compensation of employees, net taxes on production, depreciation of fixed assets, and operating surplus. GDP from the perspective of products refers to the value of all goods and services for final demand by all resident units plus the net exports of goods and services during a given period of time. In the practice of national accounting, gross domestic product is calculated by three approaches, namely production approach, income approach and expenditure approach, which reflect gross domestic product and its composition from different angles.

For a region, it is called as gross regional product (GDP) or regional GDP.

**GDP by Expenditure Approach** refers to the method of measuring the final results of production activities of a region during a given period from the perspective of final uses. It includes final consumption expenditure, gross capital formation and net export of goods and services. The formula for computation is:

GDP by Expenditure Approach = Final Consumption Expenditure + Gross Capital Formation + Net Export of Goods and Services

**Final Consumption Expenditure** refers to the total expenditure of resident units for purchases of goods and services from both the domestic economic territory and abroad to meet the needs of material, cultural and spiritual life. It does not include the expenditure of non-resident units on consumption in the economic territory of the country. The final consumption expenditure is broken down into household consumption expenditure and government consumption expenditure.

**Household Consumption Expenditure** refers to the total expenditure of resident households on the final consumption of goods and services. In addition to the consumption of goods and services bought by the households directly with money, the household consumption expenditure also includes expenditure on goods and services obtained by the households in other ways, i.e. the so-called imputed consumption expenditure, which mainly includes: (a) the goods and services provided to households by employers in the form of payment in kind and transfer in kind; (b) goods and services produced and consumed by the households themselves (such as self-producing and self-consuming agricultural products); (c) financial intermediate services provided by banking and insurance institutions.

**Government Consumption Expenditure** refers to the consumption expenditure spent for the provision of public services provided by the government to the whole country and the net expenditure on the goods and services provided by the government to households free of charge or at low prices. The former equals to the output value of the government services minus the value of operating income obtained by the government departments. The latter equals to the market value of the goods and services provided by the government free of charge or at low prices to the households minus the value received by the government from the households.

**Gross Capital Formation** refers to resident units' acquisitions less disposals of fixed assets and inventory during a given period, including gross fixed capital formation and changes in inventories.

**Gross Fixed Capital Formation** refers to the value of acquisitions less disposals of fixed assets during a given period. Fixed assets are the assets produced through production activities with unit value above a specified amount and which could be used for over one year. Natural assets,consumer durables, small instruments are not included. Gross fixed capital formation includes the value of housing, other buildings and structure, equipment and machinery, breeding biological resources, intellectual property right product (expenditure for R&D, the prospecting of minerals and the acquisition of computer software) minus the disposal of them.

**Changes in Inventories** refer to the market value of the change in the physical volume of inventory of resident units during a given period, i.e. the difference between the values at the beginning and at the end of the period minus the gains due to the change in prices. The changes in inventories can have a positive or a negative value. A positive value indicates an increase in inventory while a negative value indicates a decrease in inventory. The inventory includes raw materials, fuels and reserve materials purchased by the production units as well as the inventory of finished products, semi-finished products and work-in-progress.

**Net Export of Goods and Services** refers to the exports of goods and services subtracting the imports of goods and services. Exports include the value of various goods and services sold or gratuitously transferred by resident units to non-resident units. Imports include the value of various goods and services purchased or gratuitously acquired by resident units from non-resident units. The exports and imports of goods are calculated at FOB.

# 3

# 人口、就业人员和工资

# Population, Employment and Wages

# 简 要 说 明

**一、本篇资料主要内容**

本篇资料反映我省 2023 年及历年人口就业和城镇单位就业及工资方面的基本情况。（部分数据因四舍五入的原因，存在总计与分项合计不等的情况）

**二、本篇资料来源**

1.人口资料：表 3-1、表 3-2、表 3-3 为年末主要人口推算数据，其中 2011—2019 年数据根据第七次全国人口普查作了修订；表 3-4 为公安户籍资料；表 3-5 为历次人口普查主要数据；表 3-6 为分地区年末常住人口推算数据；表 3-7 至表 3-9 为 2023 年 1‰人口抽样调查样本数据。

2.就业基本情况：就业人数及分三次产业就业人数为推算数据，其中 2010—2019 年数据根据第七次全国人口普查作了修订；城镇单位就业数据，根据《劳动工资统计报表制度》推算整理。

3.城镇登记失业人数，由人力资源和社会保障部门整理提供。

**三、本篇统计调查方法**

1.人口资料采用抽样调查方法和人口普查资料进行整理。

2.城镇非私营和城镇私营单位工资统计采用全面调查和抽样调查相结合的方法。

# Brief Introduction

**I. Main Contents**

Data in this chapter show the basic condition of the population， employment and wages in 2023 as well as previous years for the province.

**II. Sources of Data**

1. Data on population：Data in tables 3-1, 3-2, 3-3 are estimated from the main population at year-end，figures for 2011—2019 have been revised in line with the data from the Seventh National Population Census; data in table 3-4 are household registered population from department of public security； data in table 3-5 present the main results from all previous provincial Population Census; data in table 3-6 are permanent population at year-end by region; In tables 3-7 to 3-9, data are the 1‰ population sample data from 2023.

2. Data on basic conditions of employment, data by groups, figures for 2011—2019 have been revised in line with the data from the Seventh National Population Census; total wage bills of staff and workers are collected and compiled through *The Reporting Form System on Labour Wage Statistics.*

3. Data on the number of registered unemployed persons in urban areas are provided by the department of Human Resources and Social Security.

**III. Statistical Survey Methods**

1.Data on population are collected by sampling survey and compiled according to the population censuses.

2.The statistics of urban non-private units and Urban private unit wage statistical data is used in comprehensive survey and sample survey of combining.

# 3-1　全省人口数、户数(常住)
# Population and Households(Permanent)

| 年 份 Year | 总户数 (万户) Total Households (10000 households) | 总人口 (万人) Total Population (10000 persons) | 按性别分 Grouped by Gender 男 Male 人口数 (万人) Population (10000 persons) | 男 Male 比重 (%) Proportion | 女 Female 人口数 (万人) Population (10000 persons) | 女 Female 比重 (%) Proportion | 平均每户人数 (人/户) Average Family Size (person/household) | 年平均人口 (万人) Average Annual Population (10000 person) | 人口密度 (人/平方公里) Density of Population (person/sq.km) |
|---|---|---|---|---|---|---|---|---|---|
| 1990 | 1806.78 | 6766.90 | 3443.68 | 50.89 | 3323.22 | 49.11 | 3.75 | | 660 |
| 1991 | 1859.70 | 6843.70 | 3451.96 | 50.44 | 3391.74 | 49.56 | 3.68 | 6805.30 | 667 |
| 1992 | 1957.85 | 6911.20 | 3483.24 | 50.40 | 3427.96 | 49.60 | 3.53 | 6877.45 | 674 |
| 1993 | 1893.28 | 6967.27 | 3513.59 | 50.43 | 3453.68 | 49.57 | 3.68 | 6939.24 | 679 |
| 1994 | 1923.44 | 7020.54 | 3534.09 | 50.34 | 3486.45 | 49.66 | 3.65 | 6993.91 | 684 |
| 1995 | 2066.09 | 7066.02 | 3589.56 | 50.80 | 3476.46 | 49.20 | 3.42 | 7043.28 | 689 |
| 1996 | 2014.21 | 7110.16 | 3610.72 | 50.78 | 3499.44 | 49.22 | 3.53 | 7088.09 | 693 |
| 1997 | 2133.69 | 7147.86 | 3628.08 | 50.76 | 3519.78 | 49.24 | 3.35 | 7129.01 | 697 |
| 1998 | 2087.92 | 7182.46 | 3643.21 | 50.72 | 3539.26 | 49.28 | 3.44 | 7165.16 | 700 |
| 1999 | 2121.51 | 7213.13 | 3656.05 | 50.69 | 3557.08 | 49.31 | 3.40 | 7197.80 | 703 |
| 2000 | 2220.38 | 7327.24 | 3710.28 | 50.64 | 3616.96 | 49.36 | 3.30 | 7270.19 | 714 |
| 2001 | 2314.00 | 7358.52 | 3724.81 | 50.62 | 3633.71 | 49.38 | 3.18 | 7342.88 | 717 |
| 2002 | 2350.96 | 7405.50 | 3752.03 | 50.67 | 3653.47 | 49.33 | 3.15 | 7382.01 | 722 |
| 2003 | 2345.19 | 7457.70 | 3775.26 | 50.62 | 3682.44 | 49.38 | 3.18 | 7431.60 | 727 |
| 2004 | 2388.23 | 7522.95 | 3811.87 | 50.67 | 3711.08 | 49.33 | 3.15 | 7490.33 | 733 |
| 2005 | 2463.60 | 7588.24 | 3795.64 | 50.02 | 3792.60 | 49.98 | 3.08 | 7555.59 | 740 |
| 2006 | 2485.61 | 7655.66 | 3829.47 | 50.02 | 3826.19 | 49.98 | 3.08 | 7621.95 | 746 |
| 2007 | 2507.51 | 7723.13 | 3863.09 | 50.02 | 3860.03 | 49.98 | 3.08 | 7689.40 | 753 |
| 2008 | 2504.03 | 7762.48 | 3883.33 | 50.03 | 3879.15 | 49.97 | 3.10 | 7742.81 | 756 |
| 2009 | 2519.44 | 7810.27 | 3908.18 | 50.04 | 3902.09 | 49.96 | 3.10 | 7786.38 | 761 |
| 2010 | 2564.59 | 7869.34 | 3964.31 | 50.38 | 3905.03 | 49.62 | 3.07 | 7839.81 | 767 |
| 2011 | 2630.06 | 8022.99 | 4052.08 | 50.51 | 3970.91 | 49.49 | 3.05 | 7946.17 | 782 |
| 2012 | 2676.64 | 8119.81 | 4107.61 | 50.59 | 4012.20 | 49.41 | 3.03 | 8071.40 | 791 |
| 2013 | 2724.49 | 8192.44 | 4148.61 | 50.64 | 4043.83 | 49.36 | 3.01 | 8156.13 | 798 |
| 2014 | 2778.98 | 8281.09 | 4199.39 | 50.71 | 4081.70 | 49.29 | 2.98 | 8236.77 | 773 |
| 2015 | 2815.59 | 8315.11 | 4217.60 | 50.72 | 4097.51 | 49.28 | 2.95 | 8298.10 | 776 |
| 2016 | 2883.79 | 8381.47 | 4255.00 | 50.77 | 4126.47 | 49.23 | 2.91 | 8348.29 | 782 |
| 2017 | 2945.70 | 8423.50 | 4277.02 | 50.77 | 4146.48 | 49.23 | 2.86 | 8402.49 | 786 |
| 2018 | 3013.29 | 8446.19 | 4288.05 | 50.77 | 4158.14 | 49.23 | 2.80 | 8434.85 | 788 |
| 2019 | 3094.93 | 8469.09 | 4299.51 | 50.77 | 4169.57 | 49.23 | 2.74 | 8457.64 | 790 |
| 2020 | 3193.26 | 8477.26 | 4304.41 | 50.78 | 4172.85 | 49.22 | 2.65 | 8473.18 | 791 |
| 2021 | 3273.60 | 8505.40 | 4316.20 | 50.75 | 4189.20 | 49.25 | 2.60 | 8491.33 | 794 |
| 2022 | 3284.32 | 8515.00 | 4320.00 | 50.73 | 4195.00 | 49.27 | 2.59 | 8510.20 | 795 |
| 2023 | 3297.25 | 8526.00 | 4322.00 | 50.69 | 4204.00 | 49.31 | 2.59 | 8520.50 | 796 |

# 3-2 全省市、镇、乡村人口数及其构成
# Population of Cities, Towns, Townships and It's Composition

单位：万人 (10000 persons)

| 年份 Year | 总人口数 Total Population | #城镇人口 Urban Population | | 市 City | | 镇 Town | | 乡村 Township | |
|---|---|---|---|---|---|---|---|---|---|
| | | 人口数 Population | 占总人口比重(%) Proportion (%) | 人口数 Population | 占总人口比重(%) Proportion (%) | 人口数 Population | 占总人口比重(%) Proportion (%) | 人口数 Population | 占总人口比重(%) Proportion (%) |
| 1978 | 5834.32 | 800.77 | 13.7 | 570.14 | 9.8 | 230.63 | 3.9 | 5033.55 | 86.3 |
| 1980 | 5938.19 | 901.78 | 15.2 | 636.41 | 10.7 | 265.37 | 4.5 | 5036.41 | 84.8 |
| 1985 | 6213.48 | 1099.79 | 17.7 | | | | | 5113.69 | 82.3 |
| 1990 | 6766.90 | 1458.94 | 21.6 | 1043.45 | 15.4 | 415.49 | 6.1 | 5307.96 | 78.5 |
| 1991 | 6843.70 | 1587.74 | 23.2 | 1163.43 | 17.0 | 424.31 | 6.2 | 5255.96 | 76.8 |
| 1992 | 6911.20 | 1643.72 | 23.8 | 1182.59 | 17.1 | 461.13 | 6.7 | 5267.48 | 76.2 |
| 1993 | 6967.27 | 1673.58 | 24.0 | 1199.26 | 17.2 | 474.32 | 6.8 | 5293.69 | 76.0 |
| 1994 | 7020.54 | 1733.01 | 24.7 | 1255.58 | 17.9 | 477.43 | 6.8 | 5287.53 | 75.3 |
| 1995 | 7066.02 | 1929.09 | 27.3 | 1331.30 | 18.8 | 597.79 | 8.5 | 5136.93 | 72.7 |
| 1996 | 7110.16 | 1942.50 | 27.3 | 1328.18 | 18.7 | 614.32 | 8.6 | 5167.66 | 72.7 |
| 1997 | 7147.86 | 2133.64 | 29.9 | 1465.31 | 20.5 | 668.33 | 9.4 | 5014.22 | 70.1 |
| 1998 | 7182.46 | 2262.47 | 31.5 | 1537.05 | 21.4 | 725.42 | 10.1 | 4919.99 | 68.5 |
| 1999 | 7213.13 | 2520.09 | 34.9 | 1685.84 | 23.4 | 834.25 | 11.6 | 4693.04 | 65.1 |
| 2000 | 7327.24 | 3040.81 | 41.5 | 1868.45 | 25.5 | 1172.36 | 16.0 | 4286.43 | 58.5 |
| 2001 | 7358.52 | 3134.73 | 42.6 | 1927.93 | 26.2 | 1206.80 | 16.4 | 4223.79 | 57.4 |
| 2002 | 7405.50 | 3310.25 | 44.7 | 2028.37 | 27.4 | 1281.89 | 17.3 | 4095.25 | 55.3 |
| 2003 | 7457.70 | 3487.97 | 46.8 | 2137.38 | 28.7 | 1350.59 | 18.1 | 3969.73 | 53.2 |
| 2004 | 7522.95 | 3624.56 | 48.2 | 2174.73 | 28.9 | 1449.82 | 19.3 | 3898.39 | 51.8 |
| 2005 | 7588.24 | 3832.06 | 50.5 | 2307.80 | 30.4 | 1524.26 | 20.1 | 3756.18 | 49.5 |
| 2006 | 7655.66 | 3973.29 | 51.9 | 2392.85 | 31.3 | 1580.44 | 20.6 | 3682.37 | 48.1 |
| 2007 | 7723.13 | 4108.70 | 53.2 | 2474.33 | 32.0 | 1634.37 | 21.2 | 3614.43 | 46.8 |
| 2008 | 7762.48 | 4215.17 | 54.3 | 2538.45 | 32.7 | 1676.72 | 21.6 | 3547.31 | 45.7 |
| 2009 | 7810.27 | 4342.51 | 55.6 | 2619.43 | 33.5 | 1723.08 | 22.1 | 3467.76 | 44.4 |
| 2010 | 7869.34 | 4767.63 | 60.6 | 3012.38 | 38.3 | 1755.25 | 22.3 | 3101.71 | 39.4 |
| 2011 | 8022.99 | 4975.06 | 62.0 | 3149.71 | 39.3 | 1825.35 | 22.8 | 3047.93 | 38.0 |
| 2012 | 8119.81 | 5116.29 | 63.0 | 3239.99 | 39.9 | 1876.30 | 23.1 | 3003.52 | 37.0 |
| 2013 | 8192.44 | 5275.11 | 64.4 | 3340.65 | 40.8 | 1934.46 | 23.6 | 2917.33 | 35.6 |
| 2014 | 8281.09 | 5440.68 | 65.7 | 3460.82 | 41.8 | 1979.86 | 23.9 | 2840.41 | 34.3 |
| 2015 | 8315.11 | 5611.87 | 67.5 | 3583.59 | 43.1 | 2028.28 | 24.4 | 2703.24 | 32.5 |
| 2016 | 8381.47 | 5777.35 | 68.9 | 3702.10 | 44.2 | 2075.25 | 24.8 | 2604.12 | 31.1 |
| 2017 | 8423.50 | 5911.61 | 70.2 | 3800.21 | 45.1 | 2111.40 | 25.1 | 2511.89 | 29.8 |
| 2018 | 8446.19 | 6012.84 | 71.2 | 3876.09 | 45.9 | 2136.75 | 25.3 | 2433.35 | 28.8 |
| 2019 | 8469.09 | 6137.55 | 72.5 | 3964.67 | 46.8 | 2172.88 | 25.7 | 2331.54 | 27.5 |
| 2020 | 8477.26 | 6225.86 | 73.4 | 4027.84 | 47.5 | 2198.02 | 25.9 | 2251.40 | 26.6 |
| 2021 | 8505.40 | 6288.89 | 73.9 | 4070.37 | 47.9 | 2218.52 | 26.1 | 2216.51 | 26.1 |
| 2022 | 8515.00 | 6337.00 | 74.4 | 4109.00 | 48.3 | 2228.00 | 26.2 | 2178.00 | 25.6 |
| 2023 | 8526.00 | 6398.00 | 75.0 | 4271.00 | 50.1 | 2127.00 | 24.9 | 2128.00 | 25.0 |

# 3-3　全省人口自然变动
# Natural Change of Population

| 年份<br>Year | 出生 Birth | | 死亡 Death | | 自然增长 Natural Growth | |
|---|---|---|---|---|---|---|
| | 人数<br>(万人)<br>Population<br>(10000 persons) | 出生率<br>(‰)<br>Birth Rate<br>(‰) | 人数<br>(万人)<br>Population<br>(10000 persons) | 死亡率<br>(‰)<br>Death Rate<br>(‰) | 人数<br>(万人)<br>Population<br>(10000 persons) | 自然增长率<br>(‰)<br>Natural Growth<br>Rate (‰) |
| 1978 | 90.62 | 15.63 | 35.32 | 6.09 | 55.30 | 9.54 |
| 1979 | 85.79 | 14.63 | 34.31 | 5.85 | 51.48 | 8.78 |
| 1980 | 86.90 | 14.69 | 38.87 | 6.57 | 48.03 | 8.12 |
| 1981 | 100.58 | 16.83 | 37.18 | 6.22 | 63.40 | 10.61 |
| 1982 | 99.42 | 16.43 | 34.77 | 5.75 | 64.65 | 10.68 |
| 1983 | 73.17 | 11.97 | 36.39 | 5.95 | 36.78 | 6.02 |
| 1984 | 64.09 | 10.42 | 36.32 | 5.90 | 27.77 | 4.52 |
| 1985 | 67.11 | 10.84 | 36.35 | 5.87 | 30.76 | 4.97 |
| 1986 | 82.38 | 13.20 | 36.19 | 5.80 | 46.19 | 7.40 |
| 1987 | 97.27 | 15.42 | 36.50 | 5.79 | 60.77 | 9.63 |
| 1988 | 102.46 | 16.03 | 37.65 | 5.89 | 64.81 | 10.14 |
| 1989 | 111.27 | 17.15 | 36.31 | 5.60 | 74.96 | 11.55 |
| 1990 | 137.96 | 20.54 | 43.86 | 6.53 | 94.10 | 14.01 |
| 1991 | 116.03 | 17.05 | 44.23 | 6.50 | 71.80 | 10.55 |
| 1992 | 108.04 | 15.71 | 46.49 | 6.76 | 61.55 | 8.95 |
| 1993 | 96.94 | 13.97 | 45.87 | 6.61 | 51.07 | 7.36 |
| 1994 | 96.38 | 13.78 | 47.98 | 6.86 | 48.40 | 6.92 |
| 1995 | 86.77 | 12.32 | 46.20 | 6.56 | 40.57 | 5.76 |
| 1996 | 85.84 | 12.11 | 46.64 | 6.58 | 39.20 | 5.53 |
| 1997 | 81.47 | 11.43 | 48.76 | 6.84 | 32.71 | 4.59 |
| 1998 | 78.60 | 10.97 | 49.01 | 6.84 | 29.59 | 4.13 |
| 1999 | 75.58 | 10.50 | 49.95 | 6.94 | 25.63 | 3.56 |
| 2000 | 66.01 | 9.08 | 47.40 | 6.52 | 18.61 | 2.56 |
| 2001 | 66.31 | 9.03 | 48.61 | 6.62 | 17.70 | 2.41 |
| 2002 | 67.69 | 9.17 | 51.60 | 6.99 | 16.09 | 2.18 |
| 2003 | 67.18 | 9.04 | 52.24 | 7.03 | 14.94 | 2.01 |
| 2004 | 70.78 | 9.45 | 53.93 | 7.20 | 16.85 | 2.25 |
| 2005 | 69.81 | 9.24 | 53.12 | 7.03 | 16.70 | 2.21 |
| 2006 | 71.34 | 9.36 | 53.96 | 7.08 | 17.38 | 2.28 |
| 2007 | 72.05 | 9.37 | 54.36 | 7.07 | 17.69 | 2.30 |
| 2008 | 72.32 | 9.34 | 54.51 | 7.04 | 17.81 | 2.30 |
| 2009 | 74.36 | 9.55 | 54.43 | 6.99 | 19.93 | 2.56 |
| 2010 | 76.31 | 9.73 | 53.94 | 6.88 | 22.37 | 2.85 |
| 2011 | 75.61 | 9.52 | 53.64 | 6.75 | 21.97 | 2.77 |
| 2012 | 74.67 | 9.25 | 53.84 | 6.67 | 20.83 | 2.58 |
| 2013 | 74.86 | 9.18 | 53.91 | 6.61 | 20.95 | 2.57 |
| 2014 | 75.13 | 9.12 | 54.20 | 6.58 | 20.93 | 2.54 |
| 2015 | 72.11 | 8.69 | 54.27 | 6.54 | 17.84 | 2.15 |
| 2016 | 77.96 | 9.34 | 54.35 | 6.51 | 23.61 | 2.83 |
| 2017 | 77.82 | 9.26 | 54.45 | 6.48 | 23.37 | 2.78 |
| 2018 | 74.93 | 8.88 | 54.57 | 6.47 | 20.36 | 2.41 |
| 2019 | 73.51 | 8.69 | 54.81 | 6.48 | 18.70 | 2.21 |
| 2020 | 56.43 | 6.66 | 54.99 | 6.49 | 1.44 | 0.17 |
| 2021 | 47.98 | 5.65 | 57.49 | 6.77 | -9.51 | -1.12 |
| 2022 | 44.50 | 5.23 | 59.90 | 7.04 | -15.40 | -1.81 |
| 2023 | 41.00 | 4.81 | 64.30 | 7.55 | -23.30 | -2.74 |

# 3-4 全省人口数、户数(户籍)
# Population and Households(Registered)

| 年 份 Year | 总户数 (万户) Total Households (10000 households) | 总人口 (万人) Total Population (10000 persons) | 按性别分 Grouped by Gender 男 Male 人口数 (万人) Population (10000 persons) | 比重 (%) Proportion (%) | 女 Female 人口数 (万人) Population (10000 persons) | 比重 (%) Proportion (%) | 平均每户人数 (人/户) Average Family Size (person/household) | 年平均人口 (万人) Average Annual Population (10000 person) | 人口密度 (人/平方公里) Density of Population (person/sq.km) |
|---|---|---|---|---|---|---|---|---|---|
| 1949 | 838.00 | 3512.00 | 1778.80 | 50.65 | 1733.20 | 49.35 | 4.19 | | 342 |
| 1952 | 888.00 | 3739.00 | 1891.60 | 50.59 | 1847.40 | 49.41 | 4.21 | 3697.50 | 364 |
| 1957 | 985.51 | 4182.71 | 2087.06 | 49.90 | 2095.65 | 50.10 | 4.24 | 4136.05 | 408 |
| 1962 | 1089.51 | 4333.74 | 2155.01 | 49.70 | 2178.73 | 50.30 | 3.98 | 4288.57 | 422 |
| 1965 | 1110.13 | 4623.74 | 2319.92 | 50.17 | 2303.82 | 49.83 | 4.17 | 4567.75 | 451 |
| 1970 | 1215.28 | 5252.09 | 2635.02 | 50.17 | 2617.07 | 49.83 | 4.32 | 5185.36 | 512 |
| 1975 | 1315.55 | 5636.12 | 2842.86 | 50.44 | 2793.26 | 49.56 | 4.28 | 5600.91 | 549 |
| 1980 | 1471.76 | 5938.19 | 3003.75 | 50.58 | 2934.44 | 49.42 | 4.03 | 5915.37 | 579 |
| 1985 | 1633.62 | 6213.48 | 3168.25 | 50.99 | 3045.23 | 49.01 | 3.80 | 6192.46 | 606 |
| 1990 | 1956.89 | 6671.73 | 3406.33 | 51.06 | 3265.40 | 48.94 | 3.41 | 6618.80 | 650 |
| 1991 | 1987.55 | 6733.87 | 3439.29 | 51.07 | 3294.58 | 48.93 | 3.39 | 6702.80 | 656 |
| 1992 | 2015.17 | 6767.49 | 3457.77 | 51.09 | 3309.72 | 48.91 | 3.36 | 6750.68 | 660 |
| 1993 | 2034.87 | 6800.69 | 3476.26 | 51.12 | 3324.43 | 48.88 | 3.34 | 6784.09 | 663 |
| 1994 | 2055.96 | 6831.28 | 3491.72 | 51.11 | 3339.56 | 48.89 | 3.32 | 6815.99 | 666 |
| 1995 | 2085.96 | 6868.42 | 3509.59 | 51.10 | 3358.83 | 48.90 | 3.29 | 6849.85 | 669 |
| 1996 | 2113.07 | 6908.13 | 3528.95 | 51.08 | 3379.19 | 48.92 | 3.27 | 6888.28 | 673 |
| 1997 | 2146.87 | 6948.36 | 3537.04 | 50.90 | 3411.32 | 49.10 | 3.24 | 6928.25 | 677 |
| 1998 | 2186.70 | 6983.09 | 3565.55 | 51.06 | 3417.54 | 48.94 | 3.19 | 6965.73 | 681 |
| 1999 | 2221.70 | 7009.09 | 3577.71 | 51.04 | 3431.37 | 48.96 | 3.15 | 6996.09 | 683 |
| 2000 | 2268.56 | 7069.28 | 3602.92 | 50.97 | 3466.36 | 49.03 | 3.12 | 7039.19 | 689 |
| 2001 | 2300.83 | 7097.00 | 3616.16 | 50.95 | 3480.84 | 49.05 | 3.08 | 7083.14 | 692 |
| 2002 | 2323.06 | 7127.33 | 3631.10 | 50.95 | 3496.23 | 49.05 | 3.07 | 7112.17 | 695 |
| 2003 | 2344.84 | 7163.93 | 3646.60 | 50.90 | 3517.33 | 49.10 | 3.06 | 7145.63 | 698 |
| 2004 | 2359.61 | 7206.05 | 3663.62 | 50.84 | 3542.43 | 49.16 | 3.05 | 7184.99 | 702 |
| 2005 | 2382.21 | 7252.88 | 3686.09 | 50.82 | 3566.79 | 49.18 | 3.04 | 7229.47 | 707 |
| 2006 | 2390.18 | 7317.72 | 3715.24 | 50.77 | 3602.48 | 49.23 | 3.06 | 7285.30 | 713 |
| 2007 | 2390.55 | 7354.08 | 3733.67 | 50.77 | 3620.41 | 49.23 | 3.08 | 7335.90 | 717 |
| 2008 | 2399.15 | 7388.63 | 3750.38 | 50.77 | 3638.25 | 49.23 | 3.08 | 7371.36 | 720 |
| 2009 | 2403.89 | 7419.23 | 3765.32 | 50.75 | 3653.91 | 49.25 | 3.09 | 7403.93 | 723 |
| 2010 | 2417.01 | 7466.59 | 3787.73 | 50.73 | 3678.86 | 49.27 | 3.09 | 7442.91 | 728 |
| 2011 | 2425.11 | 7514.25 | 3811.84 | 50.73 | 3702.41 | 49.27 | 3.10 | 7490.42 | 733 |
| 2012 | 2416.27 | 7553.48 | 3832.55 | 50.74 | 3720.93 | 49.26 | 3.12 | 7533.87 | 737 |
| 2013 | 2423.54 | 7616.84 | 3863.48 | 50.72 | 3753.36 | 49.28 | 3.14 | 7585.16 | 743 |
| 2014 | 2435.42 | 7684.69 | 3894.09 | 50.67 | 3790.60 | 49.33 | 3.16 | 7650.76 | 717 |
| 2015 | 2439.58 | 7717.59 | 3908.27 | 50.64 | 3809.32 | 49.36 | 3.16 | 7701.14 | 720 |
| 2016 | 2453.85 | 7775.66 | 3934.87 | 50.60 | 3840.79 | 49.40 | 3.17 | 7746.63 | 726 |
| 2017 | 2469.65 | 7794.19 | 3940.90 | 50.56 | 3853.29 | 49.44 | 3.16 | 7784.92 | 728 |
| 2018 | 2497.33 | 7831.86 | 3956.28 | 50.52 | 3875.58 | 49.48 | 3.14 | 7813.02 | 731 |
| 2019 | 2524.13 | 7858.27 | 3966.61 | 50.48 | 3891.66 | 49.52 | 3.11 | 7845.06 | 734 |
| 2020 | 2552.38 | 7876.75 | 3971.91 | 50.43 | 3904.85 | 49.57 | 3.09 | 7867.51 | 735 |
| 2021 | 2580.51 | 7881.70 | 3970.04 | 50.37 | 3911.65 | 49.63 | 3.05 | 7879.23 | 736 |
| 2022 | 2599.12 | 7872.00 | 3962.21 | 50.33 | 3909.78 | 49.67 | 3.03 | 7876.85 | 735 |
| 2023 | 2616.90 | 7852.36 | 3947.23 | 50.27 | 3905.13 | 49.73 | 3.00 | 7862.18 | 733 |

# 3-5　全省历次人口普查主要数据
## Major Data of All Previous Provincial Population Census

| 指　标 | Item | 1953 | 1964 | 1982 | 1990 | 2000 | 2010 | 2020 |
|---|---|---|---|---|---|---|---|---|
| **总人口(万人)** | **Total Population(10000 persons)** | **3767.29** | **4452.21** | **6052.11** | **6705.68** | **7304.36** | **7866.09** | **8474.80** |
| 男 | Male | 1888.95 | 2242.71 | 3076.75 | 3412.32 | 3698.20 | 3962.67 | 4303.16 |
| 女 | Female | 1878.34 | 2209.50 | 2975.36 | 3293.36 | 3606.16 | 3903.42 | 4171.64 |
| 性别比(女性为100) | Sex Ratio(Female=100) | 100.56 | 101.50 | 103.41 | 103.61 | 102.55 | 101.54 | 103.15 |
| **家庭户规模(人/户)** | **Family Size(person/household)** | **4.19** | **4.09** | **3.91** | **3.66** | **3.25** | **2.94** | **2.60** |
| **各年龄组人口(万人)** | **Population by Age(10000 persons)** | | | | | | | |
| 0-14岁 | Aged 0—14 | 1414.86 | 1772.66 | 1753.75 | 1592.47 | 1434.20 | 1023.35 | 1289.19 |
| 15-64岁 | Aged 15—64 | 2183.21 | 2514.48 | 3962.69 | 4657.93 | 5224.32 | 5986.88 | 5812.95 |
| 65岁及以上 | Aged 65 and Over | 169.22 | 165.07 | 335.67 | 455.28 | 645.84 | 855.86 | 1372.65 |
| **民族人口(万人)** | **Population by Ethnicity(10000 persons)** | | | | | | | |
| 汉族 | Han Nationality | 3760.92 | 4443.90 | 6041.08 | 6690.37 | 7278.37 | 7827.60 | 8412.68 |
| 占总人口比重(%) | Proportion(%) | 99.8 | 99.8 | 99.8 | 99.8 | 99.6 | 99.5 | 99.3 |
| 少数民族 | Minority Nationalities | 6.37 | 8.31 | 11.03 | 15.28 | 25.99 | 38.49 | 62.12 |
| 占总人口比重(%) | Proportion(%) | 0.2 | 0.2 | 0.2 | 0.2 | 0.4 | 0.5 | 0.7 |
| **每十万人拥有的各种受教育程度人口(人)** | **Population with Various Educational Attainment per 100000 Persons(person)** | | | | | | | |
| 大专及以上 | Junior Colleges and Above | | 386 | 639 | 1474 | 3919 | 10820 | 18663 |
| 高中和中专 | Senior Secondary Schools and Technical Secondary Schools | | 1470 | 6981 | 8670 | 13079 | 16150 | 16191 |
| 初中 | Junior Secondary Schools | | 5236 | 20049 | 26426 | 36365 | 38676 | 33308 |
| 小学 | Primary Schools | | 26588 | 32613 | 34791 | 32882 | 24196 | 22742 |
| **城乡人口(万人)** | **Population by Residence(10000 persons)** | | | | | | | |
| 城镇人口 | Urban Population | 556.81 | 660.26 | 957.22 | 1446.85 | 3086.24 | 4737.15 | 6224.24 |
| 乡村人口 | Rural Population | 3210.48 | 3791.95 | 5094.89 | 5258.83 | 4218.12 | 3128.94 | 2250.56 |
| **平均预期寿命(岁)** | **Life Expectancy at Birth(age)** | | | **69.49** | **71.62** | **74.13** | **76.63** | **79.32** |
| 男 | Male | | | 67.35 | 69.46 | 71.88 | 74.60 | 77.02 |
| 女 | Female | | | 71.56 | 73.82 | 76.47 | 78.81 | 81.83 |

# 3-6 按地区分常住人口

| 项目 Item | 年份 Year | 全 省 Total | 按地区分 City | | | | | | |
|---|---|---|---|---|---|---|---|---|---|
| | | | 南 京 NanJing | 无 锡 WuXi | 徐 州 XuZhou | 常 州 ChangZhou | 苏 州 SuZhou | 南 通 NanTong | 连云港 LianYungang |
| 总人口 (万人) Total Population (10000 persons) | 2010 | **7869.34** | 800.76 | 637.56 | 858.21 | 459.33 | 1046.85 | 728.18 | 439.71 |
| | 2011 | **8022.99** | 848.10 | 669.92 | 859.23 | 478.55 | 1110.87 | 739.01 | 440.55 |
| | 2012 | **8119.81** | 857.15 | 690.61 | 860.35 | 497.14 | 1159.42 | 750.76 | 443.40 |
| | 2013 | **8192.44** | 869.65 | 701.39 | 865.03 | 508.12 | 1193.35 | 758.48 | 445.98 |
| | 2014 | **8281.09** | 888.86 | 717.70 | 873.76 | 515.17 | 1222.57 | 763.36 | 448.77 |
| | 2015 | **8315.11** | 897.29 | 723.98 | 878.86 | 516.66 | 1230.55 | 767.21 | 451.30 |
| | 2016 | **8381.47** | 913.69 | 731.32 | 888.05 | 522.52 | 1253.66 | 768.23 | 453.93 |
| | 2017 | **8423.50** | 919.20 | 738.76 | 898.42 | 524.07 | 1261.90 | 768.95 | 456.43 |
| | 2018 | **8446.19** | 924.39 | 742.53 | 903.35 | 525.32 | 1266.69 | 769.48 | 458.08 |
| | 2019 | **8469.09** | 928.16 | 745.36 | 906.28 | 527.25 | 1270.75 | 772.44 | 459.09 |
| | 2020 | **8477.26** | 931.97 | 746.40 | 908.39 | 527.96 | 1274.96 | 772.80 | 460.10 |
| | 2021 | **8505.40** | 942.34 | 747.95 | 902.85 | 534.96 | 1284.78 | 773.30 | 460.20 |
| | 2022 | **8515.00** | 949.11 | 749.08 | 901.85 | 536.62 | 1291.06 | 774.35 | 460.05 |
| | 2023 | **8526.00** | 954.70 | 749.50 | 902.00 | 537.50 | 1295.80 | 774.85 | 459.40 |
| 城镇人口 (万人) Urban Population (10000 persons) | 2010 | **4767.63** | 628.60 | 452.35 | 462.56 | 293.74 | 738.51 | 407.78 | 227.55 |
| | 2011 | **4975.06** | 676.19 | 483.41 | 469.74 | 312.01 | 792.16 | 425.67 | 232.83 |
| | 2012 | **5116.29** | 686.58 | 500.90 | 476.12 | 329.11 | 832.46 | 439.19 | 238.55 |
| | 2013 | **5275.11** | 703.81 | 514.75 | 492.55 | 344.20 | 873.53 | 454.10 | 244.49 |
| | 2014 | **5440.68** | 728.33 | 535.05 | 507.83 | 356.91 | 910.20 | 467.86 | 250.10 |
| | 2015 | **5611.87** | 746.37 | 556.81 | 524.77 | 367.24 | 941.62 | 483.88 | 256.34 |
| | 2016 | **5777.35** | 769.24 | 570.87 | 542.60 | 378.10 | 975.22 | 501.88 | 262.37 |
| | 2017 | **5911.61** | 780.49 | 589.60 | 558.10 | 384.93 | 991.85 | 516.43 | 268.38 |
| | 2018 | **6012.84** | 787.77 | 597.22 | 570.56 | 391.05 | 1008.29 | 526.48 | 273.93 |
| | 2019 | **6137.55** | 799.33 | 611.12 | 582.56 | 398.07 | 1036.68 | 537.46 | 279.13 |
| | 2020 | **6225.86** | 808.95 | 617.94 | 596.18 | 406.90 | 1041.90 | 544.36 | 283.05 |
| | 2021 | **6288.89** | 818.89 | 619.98 | 597.60 | 415.02 | 1052.62 | 550.59 | 287.07 |
| | 2022 | **6337.00** | 825.80 | 622.39 | 602.57 | 418.64 | 1060.20 | 555.90 | 290.22 |
| | 2023 | **6398.00** | 832.47 | 624.39 | 610.08 | 421.99 | 1068.82 | 562.31 | 294.01 |
| 城镇人口比重 (%) Proportion of Urban Population (%) | 2010 | **60.6** | 78.5 | 71.0 | 53.9 | 64.0 | 70.6 | 56.0 | 51.8 |
| | 2011 | **62.0** | 79.7 | 72.2 | 54.7 | 65.2 | 71.3 | 57.6 | 52.9 |
| | 2012 | **63.0** | 80.1 | 72.5 | 55.3 | 66.2 | 71.8 | 58.5 | 53.8 |
| | 2013 | **64.4** | 80.9 | 73.4 | 56.9 | 67.7 | 73.2 | 59.9 | 54.8 |
| | 2014 | **65.7** | 81.9 | 74.6 | 58.1 | 69.3 | 74.5 | 61.3 | 55.7 |
| | 2015 | **67.5** | 83.2 | 76.9 | 59.7 | 71.1 | 76.5 | 63.1 | 56.8 |
| | 2016 | **68.9** | 84.2 | 78.1 | 61.1 | 72.4 | 77.8 | 65.3 | 57.8 |
| | 2017 | **70.2** | 84.9 | 79.8 | 62.1 | 73.5 | 78.6 | 67.2 | 58.8 |
| | 2018 | **71.2** | 85.2 | 80.4 | 63.2 | 74.4 | 79.6 | 68.4 | 59.8 |
| | 2019 | **72.5** | 86.1 | 82.0 | 64.3 | 75.5 | 81.6 | 69.6 | 60.8 |
| | 2020 | **73.4** | 86.8 | 82.8 | 65.6 | 77.1 | 81.7 | 70.4 | 61.5 |
| | 2021 | **73.9** | 86.9 | 82.9 | 66.2 | 77.6 | 81.9 | 71.2 | 62.4 |
| | 2022 | **74.4** | 87.0 | 83.1 | 66.8 | 78.0 | 82.1 | 71.8 | 63.1 |
| | 2023 | **75.0** | 87.2 | 83.3 | 67.6 | 78.5 | 82.5 | 72.6 | 64.0 |

# Permanent Population by Region

| 按地区分 City | | | | | | 按区域分 Region | | |
|---|---|---|---|---|---|---|---|---|
| 淮 安<br>Huai'an | 盐 城<br>YanCheng | 扬 州<br>YangZhou | 镇 江<br>ZhenJiang | 泰 州<br>TaiZhou | 宿 迁<br>SuQian | 苏 南<br>Southern Jiangsu | 苏 中<br>Mid Jiangsu | 苏 北<br>Northern Jiangsu |
| 480.40 | 726.40 | 446.08 | 311.45 | 462.13 | 472.28 | 3255.95 | 1636.39 | 2977.00 |
| 477.76 | 702.42 | 446.30 | 313.43 | 460.21 | 476.64 | 3420.87 | 1645.52 | 2956.60 |
| 475.66 | 684.52 | 446.72 | 315.48 | 458.80 | 479.80 | 3519.80 | 1656.28 | 2943.73 |
| 473.64 | 669.93 | 447.00 | 316.54 | 457.42 | 485.91 | 3589.05 | 1662.90 | 2940.49 |
| 471.69 | 667.52 | 447.79 | 317.14 | 456.44 | 490.32 | 3661.44 | 1667.59 | 2952.06 |
| 469.45 | 665.91 | 448.36 | 317.65 | 455.51 | 492.38 | 3686.13 | 1671.08 | 2957.90 |
| 467.27 | 666.96 | 449.14 | 318.13 | 454.63 | 493.94 | 3739.32 | 1672.00 | 2970.15 |
| 467.12 | 668.96 | 450.82 | 318.63 | 453.78 | 496.46 | 3762.56 | 1673.55 | 2987.39 |
| 464.63 | 669.38 | 453.10 | 319.64 | 453.01 | 496.59 | 3778.57 | 1675.59 | 2992.03 |
| 464.09 | 670.84 | 454.90 | 320.35 | 452.30 | 497.28 | 3791.87 | 1679.64 | 2997.58 |
| 455.92 | 671.06 | 456.10 | 321.10 | 451.68 | 498.82 | 3802.39 | 1680.58 | 2994.29 |
| 456.22 | 671.30 | 457.70 | 321.72 | 452.18 | 499.90 | 3831.75 | 1683.18 | 2990.47 |
| 455.31 | 668.97 | 458.29 | 322.22 | 450.56 | 497.53 | 3848.09 | 1683.20 | 2983.71 |
| 453.80 | 668.90 | 458.50 | 322.60 | 450.70 | 497.75 | 3860.10 | 1684.05 | 2981.85 |
| 244.00 | 381.36 | 253.06 | 192.97 | 257.18 | 227.97 | 2306.17 | 918.02 | 1543.44 |
| 248.63 | 377.90 | 258.41 | 199.40 | 261.45 | 237.27 | 2463.17 | 945.53 | 1566.37 |
| 254.48 | 379.22 | 262.67 | 206.67 | 265.65 | 244.70 | 2555.72 | 967.51 | 1593.07 |
| 261.31 | 379.31 | 268.74 | 213.79 | 270.06 | 254.47 | 2650.08 | 992.90 | 1632.13 |
| 267.35 | 385.49 | 275.35 | 218.16 | 274.55 | 263.50 | 2748.65 | 1017.76 | 1674.27 |
| 274.53 | 392.29 | 283.45 | 227.15 | 280.37 | 277.06 | 2839.19 | 1047.70 | 1724.99 |
| 280.92 | 399.98 | 291.81 | 232.87 | 287.33 | 284.16 | 2926.30 | 1081.02 | 1770.03 |
| 288.68 | 408.13 | 300.97 | 238.81 | 294.64 | 290.58 | 2985.68 | 1112.04 | 1813.87 |
| 293.18 | 415.28 | 308.02 | 244.11 | 298.99 | 297.95 | 3028.44 | 1133.49 | 1850.90 |
| 298.27 | 423.37 | 315.56 | 250.03 | 302.14 | 303.84 | 3095.23 | 1155.16 | 1887.17 |
| 299.40 | 430.22 | 323.97 | 255.11 | 307.41 | 310.47 | 3130.80 | 1175.74 | 1919.32 |
| 302.06 | 434.67 | 326.89 | 256.99 | 310.38 | 316.14 | 3163.50 | 1187.86 | 1937.54 |
| 304.29 | 437.70 | 330.01 | 258.55 | 311.95 | 318.78 | 3185.58 | 1197.86 | 1953.56 |
| 307.21 | 443.25 | 333.75 | 260.34 | 315.83 | 323.55 | 3208.01 | 1211.89 | 1978.10 |
| 50.8 | 52.5 | 56.7 | 62.0 | 55.7 | 48.3 | 70.8 | 56.1 | 51.8 |
| 52.0 | 53.8 | 57.9 | 63.6 | 56.8 | 49.8 | 72.0 | 57.5 | 53.0 |
| 53.5 | 55.4 | 58.8 | 65.5 | 57.9 | 51.0 | 72.6 | 58.4 | 54.1 |
| 55.2 | 56.6 | 60.1 | 67.5 | 59.0 | 52.4 | 73.8 | 59.7 | 55.5 |
| 56.7 | 57.8 | 61.5 | 68.8 | 60.2 | 53.7 | 75.1 | 61.0 | 56.7 |
| 58.5 | 58.9 | 63.2 | 71.5 | 61.6 | 56.3 | 77.0 | 62.7 | 58.3 |
| 60.1 | 60.0 | 65.0 | 73.2 | 63.2 | 57.5 | 78.3 | 64.7 | 59.6 |
| 61.8 | 61.0 | 66.8 | 75.0 | 64.9 | 58.5 | 79.4 | 66.4 | 60.7 |
| 63.1 | 62.0 | 68.0 | 76.4 | 66.0 | 60.0 | 80.1 | 67.6 | 61.9 |
| 64.3 | 63.1 | 69.4 | 78.1 | 66.8 | 61.1 | 81.6 | 68.8 | 63.0 |
| 65.7 | 64.1 | 71.0 | 79.5 | 68.1 | 62.2 | 82.3 | 70.0 | 64.1 |
| 66.2 | 64.8 | 71.4 | 79.9 | 68.6 | 63.2 | 82.6 | 70.6 | 64.8 |
| 66.8 | 65.4 | 72.0 | 80.2 | 69.2 | 64.1 | 82.8 | 71.2 | 65.5 |
| 67.7 | 66.3 | 72.8 | 80.7 | 70.1 | 65.0 | 83.1 | 72.0 | 66.3 |

# 3-7 全省人口年龄构成情况(2023年11月1日零时)
## Age Composition (0 o'clock on November 1,2023)

单位：人 (person)

| 年龄组(岁) Age Group | 总人口 Total | #女 Female | 城镇 Urban | 乡村 Rural |
|---|---|---|---|---|
| **合 计(Total)** | **390259** | **192249** | **290428** | **99831** |
| 0—4 | 13128 | 6316 | 10161 | 2967 |
| 5—9 | 20851 | 9826 | 16443 | 4408 |
| 10—14 | 21254 | 9818 | 15938 | 5316 |
| 15—19 | 17883 | 8149 | 14371 | 3512 |
| 20—24 | 16725 | 7638 | 14273 | 2452 |
| 25—29 | 21935 | 10126 | 17716 | 4219 |
| 30—34 | 34858 | 16839 | 28001 | 6857 |
| 35—39 | 29313 | 14505 | 23845 | 5468 |
| 40—44 | 26593 | 13208 | 21649 | 4944 |
| 45—49 | 26455 | 13249 | 20488 | 5967 |
| 50—54 | 36250 | 18337 | 26194 | 10056 |
| 55—59 | 34551 | 17492 | 24077 | 10474 |
| 60—64 | 20728 | 10368 | 14221 | 6507 |
| 65—69 | 24922 | 12466 | 15962 | 8960 |
| 70—74 | 18761 | 9584 | 11504 | 7257 |
| 75—79 | 12008 | 6259 | 7180 | 4828 |
| 80—84 | 7766 | 4241 | 4653 | 3113 |
| 85—89 | 4387 | 2590 | 2618 | 1769 |
| 90及以上(90 and over) | 1891 | 1238 | 1134 | 757 |

注：本表是2023年人口抽样调查样本直接汇总数据，总人口抽样比为0.46%。(3-8、3-9表同)

a) Data in this table are calculated by 2023 sample survey of population, and the sampling fraction is 0.46%.(The same as in the tables 3-8 and 3-9)

# 3-8　全省人口受教育程度情况(2023年11月1日零时)
## Educational Attainment (0 o'clock on November 1,2023)

单位：人　(person)

| 指　标 | Item | 6岁及以上人口 Population Aged 6 and Over | 未上过学 No Schooling | 学前教育 Preschool Education | 小　学 Primary Schools | 初　中 Junior Secondary Schools | 高　中 Senior Secondary Schools | 大学专科 College Students | 大学本科 Underg-raduates | 研究生 Postgra-duates |
|---|---|---|---|---|---|---|---|---|---|---|
| **合　计** | **Total** | **373685** | **7362** | **2452** | **86662** | **125156** | **60891** | **45761** | **41292** | **4109** |
| 男 | Male | 189412 | 1571 | 1056 | 37714 | 66096 | 34432 | 24736 | 21515 | 2292 |
| 女 | Female | 184273 | 5791 | 1396 | 48948 | 59060 | 26459 | 21025 | 19777 | 1817 |
| 按城乡分 | Grouped by Residence | | | | | | | | | |
| 城镇 | Urban | 277538 | 4170 | 1610 | 54266 | 86719 | 48383 | 39953 | 38484 | 3953 |
| 男 | Male | 140551 | 825 | 720 | 23853 | 44742 | 26733 | 21423 | 20037 | 2218 |
| 女 | Female | 136987 | 3345 | 890 | 30413 | 41977 | 21650 | 18530 | 18447 | 1735 |
| 乡村 | Rural | 96147 | 3192 | 842 | 32396 | 38437 | 12508 | 5808 | 2808 | 156 |
| 男 | Male | 48861 | 746 | 336 | 13860 | 21354 | 7700 | 3313 | 1478 | 74 |
| 女 | Female | 47286 | 2446 | 506 | 18536 | 17083 | 4808 | 2495 | 1330 | 82 |

# 3-9 全省15岁及以上人口的婚姻状况
## (2023年11月1日零时)
# Marital Status of Population Aged 15 and Over
## (0 o'clock on November 1,2023)

单位：人 (person)

| 年龄组<br>(岁)<br>Age Group | 未 婚<br>Never Married | 有 配 偶<br>Married | 离 婚<br>Divorced | 丧 偶<br>Widowed |
|---|---|---|---|---|
| **合 计(Total)** | **55597** | **251953** | **7175** | **20297** |
| 15—19 | 17862 | 21 | 0 | 0 |
| 20—24 | 15865 | 854 | 6 | 0 |
| 25—29 | 11558 | 10160 | 212 | 4 |
| 30—34 | 5576 | 28280 | 987 | 16 |
| 35—39 | 1676 | 26450 | 1127 | 59 |
| 40—44 | 669 | 24726 | 1102 | 95 |
| 45—49 | 413 | 24805 | 1033 | 203 |
| 50—54 | 442 | 34107 | 1064 | 636 |
| 55—59 | 406 | 32203 | 762 | 1181 |
| 60—64 | 223 | 18928 | 392 | 1184 |
| 65及以上(65 and over) | 907 | 51419 | 490 | 16919 |

# 3-10　就业基本情况
## Basic Conditions of Employment

| 指　标 | Item | 2000 | 2005 | 2010 | 2015 | 2020 | 2023 |
|---|---|---|---|---|---|---|---|
| 就业人员合计(万人) | Total Number of Employed Persons(10000 persons) | 4418.14 | 4578.75 | 4724.68 | 4832.50 | 4893.00 | 4840.00 |
| 第一产业 | Primary Industry | 1890.96 | 1414.83 | 1029.98 | 845.69 | 675.23 | 620.00 |
| 第二产业 | Secondary Industry | 1335.16 | 1703.29 | 1998.54 | 2034.48 | 1942.52 | 1959.00 |
| 第三产业 | Tertiary Industry | 1192.02 | 1460.62 | 1696.16 | 1952.33 | 2275.25 | 2261.00 |
| 就业人员构成(合计=100) | Composition of Employed Persons(Total=100) | | | | | | |
| 第一产业 | Primary Industry | 42.8 | 30.9 | 21.8 | 17.5 | 13.8 | 12.8 |
| 第二产业 | Secondary Industry | 30.2 | 37.2 | 42.3 | 42.1 | 39.7 | 40.5 |
| 第三产业 | Tertiary Industry | 27.0 | 31.9 | 35.9 | 40.4 | 46.5 | 46.7 |
| 城镇地区就业人员(万人) | Urban Employed Persons(10000 persons) | 1655.00 | 2133.58 | 2830.54 | 3192.59 | 3480.88 | 3554.00 |
| 城镇非私营单位就业人员(万人) | Employed Persons in Urban Non-private Units(10000 persons) | 693.09 | 628.82 | 763.75 | 1552.08 | 1342.51 | 1311.38 |
| 内资单位 | Domestic unit | 641.71 | 498.72 | 555.04 | 1117.12 | 994.90 | 1011.36 |
| 国有单位 | State-owned unit | 421.75 | 283.75 | 281.21 | 294.31 | 280.03 | 292.19 |
| 其他内资单位 | Other domestic funded units | 219.96 | 214.97 | 273.83 | 822.81 | 714.87 | 719.16 |
| 港澳台商投资单位 | Units with Funds from Hong Kong, Macao & Taiwan | 20.00 | 50.38 | 65.03 | 164.43 | 133.90 | 123.20 |
| 外商投资单位 | Foreign Funded Units | 31.38 | 79.72 | 143.68 | 270.53 | 213.71 | 176.81 |
| 城镇非私营单位在岗职工人数(万人) | Number of Staff and Workers in Urban Non-private Units (10000 persons) | 673.25 | 602.93 | 710.58 | 1467.53 | 1263.46 | 1247.28 |
| 国有单位 | State-owned Units | 411.40 | 273.43 | 263.95 | 275.97 | 265.37 | 324.79 |
| 其他单位 | Units of Other Types of Ownership | 147.00 | 292.67 | 419.28 | 1161.13 | 968.60 | 922.49 |
| 城镇非私营单位女性就业人员(万人) | Number of Employed Female Persons in Urban Units(10000 persons) | 270.20 | 264.94 | 319.03 | 529.34 | 479.29 | 485.92 |
| 年末城镇登记失业人数(万人) | Number of Registered Unemployed Persons in Urban Areas (year end)(10000 persons) | 30.36 | 41.63 | 40.65 | 36.01 | 36.67 | 64.83 |

注：1.从2013年起，原属于乡镇企业的规模以上非私营法人单位纳入城镇单位进行统计。
2.从2020年起，根据国家统计局新的方法制度，城镇单位就业人员数为抽样调查推算数。
3.从2023年起，根据国家统计局关于市场主体统计分类的划分规定，城镇非私营单位分为：内资单位、港澳台商投资单位、外商投资单位三个大类。内资单位包括国有单位和其他内资单位，不再进行城镇集体单位等类型分类。
4.从2023年起，国有单位指全民所有制企业，其他单位指除国有单位以外的城镇非私营单位。

a) The non-private legal entities above designated size originally belonged to township enterprises have been taken into urban units since 2013.
b) Since 2020, according to the new system of the National Bureau of Statistics, the number of employed persons in urban units was calculated based on sample survey.
c) Starting from 2023, according to the classification regulations of the National Bureau of Statistics on market entities, non private units in urban areas are divided into three categories: domestic units, Hong Kong, Macao and Taiwan investment units, and foreign-invested units. Domestic units include state-owned units and other domestic units, and are no longer classified as urban collective units.
d) Starting from 2023, state-owned units refer to state-owned enterprises and wholly state-owned enterprises, while other units refer to non private urban units other than state-owned units.

# 3-11 就业人数
# Number of Employed Persons

单位：万人 (10000 persons)

| 年 份 Year | 就业人数 Total Number of Employed Persons | #城镇非私营单位职工人数 Number of Staff and Workers in Urban Non private Units | 国有单位 State owned Units | 城镇集体单位 Urban Collective owned Units | 其他单位 Other Units | #城镇非私营单位其他就业人员 Others Employed Persons in Urban Non private Units |
|---|---|---|---|---|---|---|
| 1978 | 2777.72 | 581.50 | 366.37 | 215.13 | | |
| 1980 | 2821.03 | 644.15 | 401.98 | 242.17 | | |
| 1985 | 3262.97 | 782.44 | 468.80 | 305.39 | 8.25 | |
| 1989 | 3519.83 | 867.55 | 525.24 | 324.73 | 17.58 | |
| 1990 | 4225.02 | 879.85 | 536.88 | 323.34 | 19.63 | |
| 1991 | 4272.97 | 899.27 | 551.52 | 324.91 | 22.84 | |
| 1992 | 4315.12 | 904.09 | 562.69 | 313.81 | 27.59 | |
| 1993 | 4339.81 | 914.73 | 574.02 | 293.57 | 47.14 | 12.81 |
| 1994 | 4362.76 | 909.83 | 571.39 | 277.27 | 60.67 | 11.04 |
| 1995 | 4385.17 | 915.98 | 576.24 | 273.96 | 65.78 | 10.50 |
| 1996 | 4386.97 | 905.52 | 575.48 | 256.91 | 73.13 | 10.79 |
| 1997 | 4388.79 | 893.74 | 577.54 | 239.61 | 76.59 | 11.29 |
| 1998 | 4389.92 | 752.76 | 471.52 | 161.85 | 119.39 | 16.41 |
| 1999 | 4390.71 | 717.12 | 445.27 | 139.03 | 132.82 | 18.99 |
| 2000 | 4418.14 | 673.25 | 411.40 | 114.85 | 147.00 | 19.84 |
| 2001 | 4436.45 | 625.83 | 377.40 | 90.34 | 158.09 | 22.35 |
| 2002 | 4472.84 | 590.32 | 329.96 | 67.11 | 193.25 | 25.33 |
| 2003 | 4499.97 | 579.10 | 304.98 | 52.58 | 221.54 | 29.41 |
| 2004 | 4537.07 | 575.08 | 281.03 | 41.11 | 252.94 | 31.77 |
| 2005 | 4578.75 | 602.93 | 273.43 | 36.83 | 292.67 | 25.89 |
| 2006 | 4628.95 | 645.71 | 268.41 | 33.58 | 343.72 | 33.66 |
| 2007 | 4677.88 | 667.27 | 268.54 | 33.12 | 365.62 | 35.41 |
| 2008 | 4700.96 | 668.29 | 264.31 | 31.45 | 372.53 | 39.35 |
| 2009 | 4726.54 | 673.74 | 263.26 | 28.15 | 382.32 | 47.61 |
| 2010 | 4724.68 | 710.58 | 263.95 | 27.35 | 419.28 | 53.17 |
| 2011 | 4749.23 | 774.39 | 276.86 | 27.77 | 469.76 | 36.89 |
| 2012 | 4770.54 | 792.62 | 280.92 | 27.59 | 484.11 | 38.32 |
| 2013 | 4791.90 | 1418.57 | 276.26 | 35.04 | 1107.27 | 85.40 |
| 2014 | 4812.82 | 1512.79 | 281.13 | 35.34 | 1196.32 | 89.61 |
| 2015 | 4832.50 | 1467.53 | 275.97 | 30.43 | 1161.13 | 84.55 |
| 2016 | 4850.22 | 1410.73 | 271.01 | 29.51 | 1110.21 | 86.58 |
| 2017 | 4872.80 | 1394.55 | 261.66 | 24.78 | 1108.12 | 90.04 |
| 2018 | 4886.90 | 1374.06 | 240.30 | 22.65 | 1111.11 | 98.53 |
| 2019 | 4903.20 | 1252.78 | 246.45 | 26.16 | 980.17 | 75.76 |
| 2020 | 4893.00 | 1263.46 | 265.37 | 29.48 | 968.60 | 79.05 |
| 2021 | 4862.86 | 1241.23 | 277.95 | 28.72 | 934.56 | 72.80 |
| 2022 | 4805.00 | 1218.31 | 279.42 | 27.74 | 911.15 | 64.73 |
| 2023 | 4840.00 | 1247.28 | 292.19 | | 955.09 | 64.10 |

注：1.从1990年开始就业人数为推算数。
2.1998年以前的职工人数包括在岗职工人数和下岗职工人数。
3.1998年开始的职工人数为在岗职工人数，不包括离开本单位仍保留劳动关系的职工人数。
4.从2023年起，根据国家统计局关于市场主体统计分类的划分规定，城镇非私营单位分为：内资单位、港澳台商投资单位、外商投资单位三个大类。内资单位包括国有单位和其他内资单位，不再进行城镇集体单位等类型分类。
5.从2023年起，国有单位指全民所有制企业，其他单位指除国有单位以外的城镇非私营单位。

a) Since 1990, the number of employed persons was the estimated figure.
b) Before 1998, the number of staff and workers included employed and laid off personnel.
c) Since 1998, the number of staff and workers included employed personnel, but excluded staff and workers who had left self units, but still remained the labor relationship.
d)Starting from 2023,according to the "Regulations on the Classification of Market Entities Statistics" issued by the National Bureau of Statistics, urban non-private units are divided into three categories: domestic funded units, Hong Kong, Macao, and Taiwan funded units, and foreign-invested units.Domestic units are divided into state-owned units and other domestic units, and are no longer subdivided into types such as urban collective units.
e)Starting from 2023, state-owned units refer to enterprises owned by the whole people, and other units refer to urban non-private units except state-owned units.

# 3-12 按三次产业分的就业人数
## Number of Employed Persons by Three Strata of Industry

单位：万人 (10000 persons)

| 年 份<br>Year | 就业人数<br>Total Number of Employed Persons | | | | 构成(%)<br>Composition in Percentage(%) | | |
|---|---|---|---|---|---|---|---|
| | | 第一产业<br>Primary Industry | 第二产业<br>Secondary Industry | 第三产业<br>Tertiary Industry | 第一产业<br>Primary Industry | 第二产业<br>Secondary Industry | 第三产业<br>Tertiary Industry |
| 1978 | 2777.72 | 1937.06 | 544.57 | 296.09 | 69.7 | 19.6 | 10.7 |
| 1980 | 2821.03 | 1987.28 | 546.48 | 287.27 | 70.4 | 19.4 | 10.2 |
| 1985 | 3262.97 | 1738.09 | 1065.75 | 459.13 | 53.2 | 32.7 | 14.1 |
| 1989 | 3519.83 | 1714.69 | 1215.40 | 589.74 | 48.7 | 34.5 | 16.8 |
| 1990 | 4225.02 | 2389.25 | 1212.58 | 623.19 | 56.6 | 28.7 | 14.7 |
| 1991 | 4272.97 | 2405.68 | 1226.34 | 640.95 | 56.3 | 28.7 | 15.0 |
| 1992 | 4315.12 | 2337.93 | 1270.80 | 706.39 | 54.2 | 29.4 | 16.4 |
| 1993 | 4339.81 | 2228.06 | 1325.38 | 786.37 | 51.4 | 30.5 | 18.1 |
| 1994 | 4362.76 | 2131.65 | 1375.14 | 855.97 | 48.9 | 31.5 | 19.6 |
| 1995 | 4385.17 | 2057.08 | 1407.64 | 920.45 | 46.9 | 32.1 | 21.0 |
| 1996 | 4386.97 | 2014.06 | 1397.25 | 975.66 | 45.9 | 31.9 | 22.2 |
| 1997 | 4388.79 | 1981.54 | 1382.03 | 1025.22 | 45.1 | 31.5 | 23.4 |
| 1998 | 4389.92 | 1946.49 | 1341.12 | 1102.31 | 44.3 | 30.6 | 25.1 |
| 1999 | 4390.71 | 1908.64 | 1330.39 | 1151.68 | 43.5 | 30.3 | 26.2 |
| 2000 | 4418.14 | 1890.96 | 1335.16 | 1192.02 | 42.8 | 30.2 | 27.0 |
| 2001 | 4436.45 | 1832.25 | 1375.30 | 1228.90 | 41.3 | 31.0 | 27.7 |
| 2002 | 4472.84 | 1744.41 | 1453.67 | 1274.76 | 39.0 | 32.5 | 28.5 |
| 2003 | 4499.97 | 1615.49 | 1547.99 | 1336.49 | 35.9 | 34.4 | 29.7 |
| 2004 | 4537.07 | 1506.31 | 1633.35 | 1397.42 | 33.2 | 36.0 | 30.8 |
| 2005 | 4578.75 | 1414.83 | 1703.29 | 1460.62 | 30.9 | 37.2 | 31.9 |
| 2006 | 4628.95 | 1323.88 | 1777.52 | 1527.55 | 28.6 | 38.4 | 33.0 |
| 2007 | 4677.88 | 1230.28 | 1857.12 | 1590.48 | 26.3 | 39.7 | 34.0 |
| 2008 | 4700.96 | 1179.94 | 1889.79 | 1631.23 | 25.1 | 40.2 | 34.7 |
| 2009 | 4726.54 | 1120.19 | 1942.61 | 1663.74 | 23.7 | 41.1 | 35.2 |
| 2010 | 4724.68 | 1029.98 | 1998.54 | 1696.16 | 21.8 | 42.3 | 35.9 |
| 2011 | 4749.23 | 992.59 | 2018.42 | 1738.22 | 20.9 | 42.5 | 36.6 |
| 2012 | 4770.54 | 958.88 | 2032.25 | 1779.41 | 20.1 | 42.6 | 37.3 |
| 2013 | 4791.90 | 929.63 | 2041.35 | 1820.92 | 19.4 | 42.6 | 38.0 |
| 2014 | 4812.82 | 890.37 | 2045.45 | 1877.00 | 18.5 | 42.5 | 39.0 |
| 2015 | 4832.50 | 845.69 | 2034.48 | 1952.33 | 17.5 | 42.1 | 40.4 |
| 2016 | 4850.22 | 814.84 | 2027.39 | 2007.99 | 16.8 | 41.8 | 41.4 |
| 2017 | 4872.80 | 769.90 | 2012.47 | 2090.43 | 15.8 | 41.3 | 42.9 |
| 2018 | 4886.90 | 737.92 | 1993.86 | 2155.12 | 15.1 | 40.8 | 44.1 |
| 2019 | 4903.20 | 706.06 | 1961.28 | 2235.86 | 14.4 | 40.0 | 45.6 |
| 2020 | 4893.00 | 675.23 | 1942.52 | 2275.25 | 13.8 | 39.7 | 46.5 |
| 2021 | 4862.86 | 629.69 | 1956.88 | 2276.29 | 13.0 | 40.2 | 46.8 |
| 2022 | 4805.00 | 626.00 | 1951.00 | 2228.00 | 13.0 | 40.6 | 46.4 |
| 2023 | 4840.00 | 620.00 | 1959.00 | 2261.00 | 12.8 | 40.5 | 46.7 |

# 3-13 按地区分就业人数

单位：万人

| 年份 Year | 就业人数 Total Number of Employed Persons | 全省 Total | 按地区分 By City 南京 NanJing | 无锡 WuXi | 徐州 XuZhou | 常州 ChangZhou | 苏州 SuZhou | 南通 NanTong |
|---|---|---|---|---|---|---|---|---|
| 2020 | 合计 Total | **4893.00** | 484.39 | 418.81 | 482.11 | 300.48 | 747.79 | 486.19 |
| | 第一产业 Primary Industry | **675.23** | 37.58 | 13.68 | 95.01 | 26.89 | 19.18 | 71.91 |
| | 第二产业 Secondary Industry | **1942.52** | 150.34 | 206.13 | 166.53 | 132.63 | 384.19 | 204.17 |
| | 第三产业 Tertiary Industry | **2275.25** | 296.47 | 199.00 | 220.57 | 140.96 | 344.42 | 210.11 |
| 2021 | 合计 Total | **4862.86** | 485.06 | 418.74 | 475.20 | 300.44 | 748.77 | 481.90 |
| | 第一产业 Primary Industry | **629.69** | 36.16 | 13.04 | 86.98 | 25.27 | 18.09 | 66.28 |
| | 第二产业 Secondary Industry | **1956.88** | 152.30 | 206.61 | 167.58 | 134.08 | 386.08 | 205.46 |
| | 第三产业 Tertiary Industry | **2276.29** | 296.60 | 199.09 | 220.64 | 141.09 | 344.60 | 210.16 |
| 2022 | 合计 Total | **4805.00** | 476.88 | 414.92 | 466.68 | 297.89 | 741.70 | 475.62 |
| | 第一产业 Primary Industry | **626.00** | 35.76 | 12.94 | 86.75 | 24.88 | 17.96 | 65.85 |
| | 第二产业 Secondary Industry | **1951.00** | 151.28 | 206.05 | 167.09 | 133.85 | 384.86 | 204.64 |
| | 第三产业 Tertiary Industry | **2228.00** | 289.84 | 195.93 | 212.84 | 139.16 | 338.88 | 205.13 |
| 2023 | 合计 Total | **4840.00** | 477.50 | 418.20 | 471.60 | 301.00 | 747.40 | 479.00 |
| | 第一产业 Primary Industry | **620.00** | 34.13 | 12.78 | 86.81 | 25.17 | 17.55 | 65.62 |
| | 第二产业 Secondary Industry | **1959.00** | 149.76 | 207.00 | 167.86 | 134.72 | 386.63 | 205.58 |
| | 第三产业 Tertiary Industry | **2261.00** | 293.61 | 198.42 | 216.93 | 141.11 | 343.22 | 207.80 |

# Number of Employed Persons by Region

(10000 persons)

| 按地区分 By City | | | | | | | 按区域分 By Region | | |
|---|---|---|---|---|---|---|---|---|---|
| 连云港 LianYungang | 淮 安 Huai'an | 盐 城 YanCheng | 扬 州 YangZhou | 镇 江 ZhenJiang | 泰 州 TaiZhou | 宿 迁 SuQian | 苏 南 Southern Jiangsu | 苏 中 Mid Jiangsu | 苏 北 Northern Jiangsu |
| 252.97 | 268.87 | 417.95 | 272.27 | 199.39 | 278.61 | 283.17 | 2150.90 | 1037.10 | 1705.10 |
| 69.95 | 70.41 | 85.40 | 41.10 | 19.74 | 50.04 | 74.34 | 117.10 | 163.10 | 395.10 |
| 77.43 | 85.18 | 152.62 | 103.15 | 79.30 | 107.62 | 93.23 | 952.60 | 414.90 | 575.00 |
| 105.59 | 113.28 | 179.93 | 128.02 | 100.35 | 120.95 | 115.60 | 1081.20 | 459.10 | 735.00 |
| 249.37 | 265.43 | 413.00 | 270.82 | 198.73 | 275.61 | 279.79 | 2151.70 | 1028.30 | 1682.80 |
| 65.66 | 66.17 | 79.15 | 38.41 | 18.35 | 46.12 | 70.01 | 110.90 | 150.80 | 368.00 |
| 78.05 | 85.90 | 153.85 | 104.34 | 80.01 | 108.50 | 94.12 | 959.10 | 418.30 | 579.50 |
| 105.66 | 113.36 | 180.00 | 128.07 | 100.37 | 120.99 | 115.66 | 1081.80 | 459.20 | 735.30 |
| 246.57 | 260.45 | 409.58 | 267.69 | 196.37 | 272.45 | 278.20 | 2127.80 | 1015.80 | 1661.50 |
| 65.40 | 65.91 | 79.01 | 38.01 | 18.24 | 45.55 | 69.74 | 109.80 | 149.40 | 366.80 |
| 77.92 | 85.65 | 153.53 | 104.10 | 79.78 | 108.25 | 94.00 | 955.80 | 417.00 | 578.20 |
| 103.25 | 108.89 | 177.04 | 125.58 | 98.35 | 118.65 | 114.46 | 1062.20 | 449.40 | 716.50 |
| 248.70 | 262.60 | 412.30 | 269.50 | 197.70 | 273.70 | 280.80 | 2141.80 | 1022.20 | 1676.00 |
| 65.00 | 65.51 | 78.52 | 37.26 | 17.62 | 44.37 | 69.66 | 107.25 | 147.25 | 365.50 |
| 78.78 | 86.04 | 154.24 | 104.58 | 80.15 | 108.95 | 94.71 | 958.26 | 419.11 | 581.63 |
| 104.92 | 111.05 | 179.54 | 127.66 | 99.93 | 120.38 | 116.43 | 1076.29 | 455.84 | 728.87 |

# 3-14 城镇非私营单位就业人员数（2023年）
# Number of Employed Persons in Urban Non-Private Units (2023)

单位：万人 (10000 persons)

| 项目 | Item | 就业人员年末人数 Number of Employed Persons at Year end | 在岗职工 Staff and Workers | 其他就业人员 Others |
|---|---|---|---|---|
| **总计** | **Total** | **1311.38** | **1247.28** | **64.10** |
| **按登记注册统计类别分** | **Grouped by Registered Statistical Categories** | | | |
| 内资单位 | Domestic unit | 1011.36 | 955.74 | 55.62 |
| 国有单位 | State-owned unit | 292.19 | 279.32 | 12.87 |
| 其他内资单位 | Other domestic funded units | 719.16 | 676.42 | 42.75 |
| 港澳台商投资单位 | Units with Funds from Hong Kong,Macao and Taiwan | 123.20 | 118.79 | 4.42 |
| 外商投资单位 | Foreign Funded Units | 176.81 | 172.75 | 4.06 |
| **按国民经济行业分** | **Grouped by Sector** | | | |
| 农、林、牧、渔业 | Agriculture,Forestry, Animal Husbandry and Fishery | 2.14 | 1.95 | 0.18 |
| 采矿业 | Mining | 5.87 | 5.60 | 0.27 |
| 制造业 | Manufacturing | 439.48 | 433.29 | 6.19 |
| 电力、热力、燃气及水的生产和供应业 | Production and Supply of Electricity, Heat, Gas and Water | 15.09 | 14.95 | 0.13 |
| 建筑业 | Construction | 224.38 | 205.03 | 19.35 |
| 批发和零售业 | Wholesale and Retail Trades | 53.75 | 52.78 | 0.96 |
| 交通运输、仓储和邮政业 | Transport,Storage and Post | 47.80 | 47.03 | 0.76 |
| 住宿和餐饮业 | Hotels and Catering Services | 22.58 | 18.76 | 3.82 |
| 信息传输、软件和信息技术服务业 | Information Transmission, Software and IT Services | 37.30 | 36.82 | 0.47 |
| 金融业 | Financial Intermediation | 41.28 | 33.68 | 7.60 |
| 房地产业 | Real Estate | 31.85 | 29.88 | 1.97 |
| 租赁和商务服务业 | Leasing and Business Services | 56.91 | 48.85 | 8.06 |
| 科学研究和技术服务业 | Scientific Research and Technical Services | 29.72 | 28.90 | 0.82 |
| 水利、环境和公共设施管理业 | Management of Water Conservancy, Environment and Public Facilities | 13.31 | 12.04 | 1.26 |
| 居民服务、修理和其他服务业 | Services to Households, Repair and Other Services | 6.01 | 5.90 | 0.11 |
| 教育 | Education | 116.33 | 111.40 | 4.93 |
| 卫生和社会工作 | Health and Social Service | 68.04 | 64.05 | 3.99 |
| 文化、体育和娱乐业 | Culture,Sports and Entertainment | 9.05 | 8.66 | 0.39 |
| 公共管理、社会保障和社会组织 | Public Management, Social Security and Social Organization | 90.50 | 87.70 | 2.80 |

# 3-15 按行业分城镇非私营单位就业人员数(2023年)
# Number of Employed Persons in Urban Non-Private Units by Sector (2023)

单位：万人 (10000 persons)

| 项 目 | Item | 国有单位 State owned Units | 其他单位 Other Units |
|---|---|---|---|
| **总 计** | **Total** | **292.19** | **1019.18** |
| **按国民经济行业分** | **Grouped by Sector** | | |
| 农、林、牧、渔业 | Agriculture, Forestry, Animal Husbandry and Fishery | 0.31 | 1.83 |
| 采矿业 | Mining | 0.11 | 5.76 |
| 制造业 | Manufacturing | 2.91 | 436.56 |
| 电力、热力、燃气及水的生产和供应业 | Production and Supply of Electricity, Heat, Gas and Water | 0.41 | 14.68 |
| 建筑业 | Construction | 2.95 | 221.43 |
| 批发和零售业 | Wholesale and Retail Trades | 1.49 | 52.26 |
| 交通运输、仓储和邮政业 | Transport, Storage and Post | 2.64 | 45.15 |
| 住宿和餐饮业 | Hotels and Catering Services | 0.37 | 22.21 |
| 信息传输、软件和信息技术服务业 | Information Transmission, Software and IT Services | 1.45 | 35.85 |
| 金融业 | Financial Intermediation | 4.91 | 36.37 |
| 房地产业 | Real Estate | 0.58 | 31.28 |
| 租赁和商务服务业 | Leasing and Business Services | 4.56 | 52.76 |
| 科学研究和技术服务业 | Scientific Research and Technical Services | 7.20 | 22.53 |
| 水利、环境和公共设施管理业 | Management of Water Conservancy, Environment and Public Facilities | 5.50 | 7.81 |
| 居民服务、修理和其他服务业 | Services to Households, Repair and Other Services | 0.94 | 5.07 |
| 教育 | Education | 105.50 | 10.84 |
| 卫生和社会工作 | Health and Social Service | 56.41 | 11.63 |
| 文化、体育和娱乐业 | Culture, Sports and Entertainment | 4.25 | 4.80 |
| 公共管理、社会保障和社会组织 | Public Management, Social Security and Social Organization | 90.11 | 0.39 |

# 3-16 按行业分城镇非私营单位女性就业人员数(2023年)
# Number of Employed Women in Urban Non-Private Units by Sector (2023)

单位:万人 (10000 persons)

| 行业 | Sector | 女性就业人数 Number of Employed Women | 国有单位 State owned Units | 其他单位 Other Units |
|---|---|---|---|---|
| **总计** | **Total** | **485.92** | **153.15** | **332.77** |
| **按国民经济行业分** | **Grouped by Sector** | | | |
| 农、林、牧、渔业 | Agriculture, Forestry, Animal Husbandry and Fishery | 0.84 | 0.08 | 0.76 |
| 采矿业 | Mining | 0.92 | 0.03 | 0.89 |
| 制造业 | Manufacturing | 165.50 | 0.88 | 164.62 |
| 电力、热力、燃气及水的生产和供应业 | Production and Supply of Electricity, Heat, Gas and Water | 3.74 | 0.09 | 3.65 |
| 建筑业 | Construction | 12.35 | 0.34 | 12.00 |
| 批发和零售业 | Wholesale and Retail Trades | 28.15 | 0.45 | 27.70 |
| 交通运输、仓储和邮政业 | Transport,Storage and Post | 11.23 | 0.65 | 10.58 |
| 住宿和餐饮业 | Hotels and Catering Services | 13.50 | 0.22 | 13.29 |
| 信息传输、软件和信息技术服务业 | Information Transmission, Software and IT Services | 13.96 | 0.56 | 13.40 |
| 金融业 | Financial Intermediation | 22.86 | 2.42 | 20.44 |
| 房地产业 | Real Estate | 13.54 | 0.23 | 13.32 |
| 租赁和商务服务业 | Leasing and Business Services | 21.85 | 1.92 | 19.94 |
| 科学研究和技术服务业 | Scientific Research and Technical Services | 10.36 | 2.67 | 7.69 |
| 水利、环境和公共设施管理业 | Management of Water Conservancy, Environment and Public Facilities | 5.75 | 2.26 | 3.49 |
| 居民服务、修理和其他服务业 | Services to Households, Repair and Other Services | 2.67 | 0.39 | 2.29 |
| 教育 | Education | 76.59 | 68.85 | 7.73 |
| 卫生和社会工作 | Health and Social Service | 47.32 | 38.92 | 8.40 |
| 文化、体育和娱乐业 | Culture, Sports and Entertainment | 4.58 | 2.16 | 2.42 |
| 公共管理、社会保障和社会组织 | Public Management, Social Security and Social Organization | 30.18 | 30.02 | 0.16 |

# 3-17　城镇非私营单位就业人员工资总额(2023年)

# Total Wage Bill of Employed Persons in Urban Non-Private Units (2023)

单位：亿元　　　　(100 million yuan)

| 项　目 | Item | 就业人员工资总额 Total Wages Bill | 在岗职工 Staff and Workers | 其他就业人员 Others |
|---|---|---|---|---|
| **总 计** | **Total** | **16203.81** | **15722.54** | **481.26** |
| **按登记注册统计类别分** | **Grouped by Registered Statistical Categories** | | | |
| 内资单位 | Domestic unit | 12540.67 | 12151.79 | 388.88 |
| 国有单位 | State-owned unit | 4789.64 | 5269.18 | 132.69 |
| 其他内资单位 | Other domestic funded units | 7138.79 | 4695.24 | 94.40 |
| 港澳台商投资单位 | Units with Funds from Hong Kong, Macao and Taiwan | 7751.02 | 7456.55 | 294.48 |
| 外商投资单位 | Foreign Funded Units | 2260.24 | 2203.47 | 56.77 |
| **按国民经济行业分** | **Grouped by Sector** | | | |
| 农、林、牧、渔业 | Agriculture,Forestry,Animal Husbandry and Fishery | 14.41 | 13.33 | 1.08 |
| 采 矿 业 | Mining | 89.20 | 87.58 | 1.62 |
| 制 造 业 | Manufacturing | 5001.87 | 4923.18 | 78.68 |
| 电力、热力、燃气及水的生产和供应业 | Production and Supply of Electricity, Heat, Gas and Water | 260.18 | 259.02 | 1.16 |
| 建筑业 | Construction | 1744.44 | 1625.69 | 118.75 |
| 批发和零售业 | Wholesale and Retail Trades | 653.16 | 641.57 | 11.59 |
| 交通运输、仓储和邮政业 | Transport,Storage and Post | 592.96 | 587.83 | 5.14 |
| 住宿和餐饮业 | Hotels and Catering Services | 136.66 | 127.61 | 9.05 |
| 信息传输、软件和信息技术服务业 | Information Transmission, Software and IT Services | 741.12 | 736.06 | 5.05 |
| 金融业 | Financial Intermediation | 888.24 | 817.14 | 71.10 |
| 房地产业 | Real Estate | 314.37 | 303.92 | 10.45 |
| 租赁和商务服务业 | Leasing and Business Services | 529.80 | 465.96 | 63.84 |
| 科学研究和技术服务业 | Scientific Research and Technical Services | 516.81 | 508.93 | 7.88 |
| 水利、环境和公共设施管理业 | Management of Water Conservancy, Environment and Public Facilities | 122.86 | 117.39 | 5.47 |
| 居民服务、修理和其他服务业 | Services to Households, Repair and Other Services | 54.83 | 54.21 | 0.62 |
| 教育 | Education | 1806.44 | 1777.64 | 28.79 |
| 卫生和社会工作 | Health and Social Service | 1122.69 | 1081.10 | 41.58 |
| 文化、体育和娱乐业 | Culture, Sports and Entertainment | 116.46 | 114.27 | 2.19 |
| 公共管理、社会保障和社会组织 | Public Management, Social Security and Social Organization | 1497.32 | 1480.11 | 17.22 |

# 3-18 城镇非私营单位就业人员平均工资（2023年）
# Average Wage of Employed Persons in Urban Non-Private Units (2023)

单位：元 (yuan)

| 项 目 | Item | 就业人员年平均工资 Annual Average Wage | 在岗职工平均工资 Annual Average Wage of Staff and Workers | 其他就业人员平均工资 Annual Average Wage of Others |
|---|---|---|---|---|
| **总 计** | **Total** | **125102** | **127620** | **76061** |
| **按登记注册统计类别分** | **Grouped by Registered Statistical Categories** | | | |
| 内资单位 | Domestic unit | 126522 | 129790 | 70809 |
| 国有单位 | State-owned unit | 164986 | 169246 | 73264 |
| 其他内资单位 | Other domestic funded units | 110590 | 113937 | 70057 |
| 港澳台商投资单位 | Units with Funds from Hong Kong, Macao and Taiwan | 112727 | 113937 | 80073 |
| 外商投资单位 | Foreign Funded Units | 125839 | 125406 | 145315 |
| **按国民经济行业分** | **Grouped by Sector** | | | |
| 农、林、牧、渔业 | Agriculture, Forestry, Animal Husbandry and Fishery | 67261 | 68161 | 57823 |
| 采矿业 | Mining | 150448 | 155791 | 52617 |
| 制造业 | Manufacturing | 113582 | 113411 | 125400 |
| 电力、热力、燃气及水的生产和供应业 | Production and Supply of Electricity, Heat, Gas and Water | 171988 | 172859 | 80924 |
| 建筑业 | Construction | 84491 | 86449 | 64493 |
| 批发和零售业 | Wholesale and Retail Trades | 119615 | 119725 | 113828 |
| 交通运输、仓储和邮政业 | Transport,Storage and Post | 120293 | 121241 | 63466 |
| 住宿和餐饮业 | Hotels and Catering Services | 61114 | 69259 | 22993 |
| 信息传输、软件和信息技术服务业 | Information Transmission, Software and IT Services | 196104 | 198092 | 79611 |
| 金融业 | Financial Intermediation | 216999 | 243897 | 95703 |
| 房地产业 | Real Estate | 97457 | 100432 | 52352 |
| 租赁和商务服务业 | Leasing and Business Services | 93365 | 95011 | 82880 |
| 科学研究和技术服务业 | Scientific Research and Technical Services | 171206 | 173507 | 92210 |
| 水利、环境和公共设施管理业 | Management of Water Conservancy,Environment and Public Facilities | 90941 | 95977 | 42798 |
| 居民服务、修理和其他服务业 | Services to Households, Repair and Other Services | 93628 | 94348 | 56221 |
| 教育 | Education | 156922 | 161297 | 58671 |
| 卫生和社会工作 | Health and Social Service | 167041 | 170832 | 105931 |
| 文化、体育和娱乐业 | Culture, Sports and Entertainment | 127246 | 130787 | 52673 |
| 公共管理、社会保障和社会组织 | Public Management, Social Security and Social Organization | 166014 | 169616 | 58758 |

# 3-19 按地区分城镇非私营单位就业人员平均工资
# Average Wage of Employed Persons in Urban Non-Private Units by Region

单位：元 (yuan)

| 地 区 | Region | 2017 | 2018 | 2019 | 2020 | 2021 | 2022 | 2023 |
|---|---|---|---|---|---|---|---|---|
| **全 省** | **Total** | **78267** | **84688** | **96527** | **103621** | **115133** | **121724** | **125102** |
| 苏 南 | Southern Jiangsu | 89164 | 96649 | 107569 | 116563 | 128959 | 134869 | 140296 |
| 苏 中 | Mid Jiangsu | 70808 | 75196 | 82745 | 88505 | 99640 | 108237 | 112904 |
| 苏 北 | Northern Jiangsu | 62910 | 69096 | 77242 | 83128 | 92491 | 99007 | 100220 |
| 南京市 | Nanjing | 98106 | 106100 | 118906 | 130155 | 141988 | 149214 | 154206 |
| 无锡市 | Wuxi | 86780 | 95093 | 102649 | 112490 | 122798 | 130497 | 136947 |
| 徐州市 | Xuzhou | 62101 | 68820 | 76681 | 84159 | 94757 | 99803 | 100816 |
| 常州市 | Changzhou | 83909 | 90663 | 102561 | 110783 | 120748 | 130161 | 130785 |
| 苏州市 | Suzhou | 87431 | 94124 | 105357 | 112926 | 125513 | 130916 | 137092 |
| 南通市 | Nantong | 74640 | 78648 | 86070 | 91609 | 98277 | 106937 | 111748 |
| 连云港市 | Lianyungang | 66952 | 72870 | 80738 | 86303 | 96322 | 104906 | 106532 |
| 淮安市 | Huai'an | 63297 | 68584 | 74113 | 79232 | 86270 | 91468 | 93605 |
| 盐城市 | Yancheng | 63285 | 70147 | 82014 | 86650 | 97835 | 104956 | 105239 |
| 扬州市 | Yangzhou | 70497 | 74616 | 81266 | 86828 | 96712 | 105207 | 111663 |
| 镇江市 | Zhenjiang | 73702 | 77869 | 85150 | 91360 | 102346 | 108335 | 112925 |
| 泰州市 | Taizhou | 63929 | 69071 | 77963 | 84267 | 109454 | 117434 | 118426 |
| 宿迁市 | Suqian | 59279 | 64175 | 71011 | 76753 | 82207 | 89563 | 92759 |

# 3-20 按行业分城镇非私营单位就业人员平均工资(2023年)
# Average Wage of Employed Persons in Urban Non-Private Units by Sector (2023)

单位：元 (yuan)

| 项 目 | Item | 国有单位 State owned Units | 其他单位 Other Units |
|---|---|---|---|
| **总 计** | **Total** | **164986** | **113580** |
| **按国民经济行业分** | **Grouped by Sector** | | |
| 农、林、牧、渔业 | Agriculture.Forestry,Animal Husbandry and Fishery | 97368 | 62098 |
| 采矿业 | Mining | 210566 | 149291 |
| 制造业 | Manufacturing | 138759 | 113413 |
| 电力、热力、燃气及水的生产和供应业 | Production and Supply of Electricity, Heat, Gas and Water | 162671 | 172257 |
| 建筑业 | Construction | 73918 | 84670 |
| 批发和零售业 | Wholesale and Retail Trades | 191679 | 117588 |
| 交通运输、仓储和邮政业 | Transport, Storage and Post | 139684 | 119160 |
| 住宿和餐饮业 | Hotels and Catering Services | 80198 | 60798 |
| 信息传输、软件和信息技术服务业 | Information Transmission, Software and IT Services | 171427 | 197090 |
| 金融业 | Financial Intermediation | 205900 | 218505 |
| 房地产业 | Real Estate | 129814 | 96860 |
| 租赁和商务服务业 | Leasing and Business Services | 124701 | 90906 |
| 科学研究和技术服务业 | Scientific Research and Technical Services | 180536 | 168285 |
| 水利、环境和公共设施管理业 | Management of Water Conservancy, Environment and Public Facilities | 110430 | 77139 |
| 居民服务、修理和其他服务业 | Services to Households, Repair and Other Services | 115535 | 89612 |
| 教育 | Education | 162305 | 103808 |
| 卫生和社会工作 | Health and Social Service | 180750 | 100490 |
| 文化、体育和娱乐业 | Culture, Sports and Entertainment | 150686 | 106855 |
| 公共管理、社会保障和社会组织 | Public Management, Social Security and Social Organization | 166030 | 162443 |

# 3-21　按行业分城镇私营单位就业人员平均工资
# Average Wage of Employed Persons in Urban Private Units by Sector

单位：元　(yuan)

| 行　业 | Sector | 2017 | 2018 | 2019 | 2020 | 2021 | 2022 | 2023 |
|---|---|---|---|---|---|---|---|---|
| **总 计** | **Total** | **49345** | **54161** | **58322** | **63830** | **68868** | **71835** | **75088** |
| 农、林、牧、渔业 | Agriculture,Forestry,Animal Husbandry and Fishery | 37724 | 39849 | 41772 | 49812 | 53503 | 52085 | 51430 |
| 采矿业 | Mining | 42119 | 49054 | 55786 | 54251 | 86463 | 92940 | 116212 |
| 制造业 | Manufacturing | 50648 | 54899 | 59317 | 64691 | 72975 | 77996 | 82190 |
| 电力、热力、燃气及水的生产和供应业 | Production and Supply of Electricity, Heat, Gas and Water | 45789 | 51184 | 55960 | 73620 | 77557 | 83474 | 91903 |
| 建筑业 | Construction | 50390 | 55353 | 58541 | 63699 | 65313 | 66365 | 70027 |
| 批发和零售业 | Wholesale and Retail Trades | 43380 | 51175 | 55569 | 59595 | 62569 | 64458 | 68861 |
| 交通运输、仓储和邮政业 | Transport,Storage and Post | 48588 | 57893 | 62596 | 62404 | 65458 | 69360 | 72026 |
| 住宿和餐饮业 | Hotels and Catering Services | 39455 | 46793 | 49447 | 46553 | 50970 | 52441 | 56832 |
| 信息传输、软件和信息技术服务业 | Information Transmission, Software and IT Services | 56873 | 60451 | 68791 | 91114 | 100702 | 101730 | 110384 |
| 金融业 | Financial Intermediation | 46822 | 57090 | 58955 | 107398 | 106528 | 121601 | 137648 |
| 房地产业 | Real Estate | 43541 | 45953 | 48000 | 60834 | 64030 | 61962 | 59445 |
| 租赁和商务服务业 | Leasing and Commercial Services | 47193 | 51487 | 56207 | 61288 | 66932 | 72291 | 68754 |
| 科学研究和技术服务业 | Scientific Research and Technical Services | 54647 | 55250 | 61918 | 75389 | 79304 | 83805 | 83585 |
| 水利、环境和公共设施管理业 | Management of Water Conservancy, Environment and Public Facilities | 43685 | 39144 | 40631 | 45569 | 46241 | 47051 | 53575 |
| 居民服务、修理和其他服务业 | Services of Households, Repair and Other Services | 43481 | 43856 | 46156 | 45617 | 49202 | 50006 | 53639 |
| 教育 | Education | 49058 | 49419 | 53670 | 61289 | 68542 | 69576 | 72553 |
| 卫生和社会工作 | Health and Social Service | 50673 | 61134 | 68748 | 69408 | 76767 | 81666 | 88258 |
| 文化、体育和娱乐业 | Culture,Sports and Entertainment | 46356 | 51389 | 54362 | 59413 | 62836 | 66341 | 68351 |

# 3-22 城镇非私营单位在岗职工工资总额及指数
# Total Wage Bill of Staff and Workers and Indices

| 年 份 Year | 绝对数(亿元) Total Wage Bill(100 million yuan) | | | | 名义指数(以上年为100) Indices (preceding year=100) | | | |
|---|---|---|---|---|---|---|---|---|
| | 全部职工 Total | 国有单位 State owned Units | 城镇集体单位 Urban Collective owned Units | 其他单位 Other Types of Ownership | 全部职工 Total | 国有单位 State owned Units | 城镇集体单位 Urban Collective owned Units | 其他单位 Other Types of Ownership |
| 1990 | 184.60 | 123.25 | 56.70 | 4.65 | 111.6 | 113.5 | 106.9 | 123.3 |
| 1991 | 204.43 | 136.26 | 62.05 | 6.12 | 110.7 | 110.6 | 109.4 | 131.6 |
| 1992 | 251.51 | 170.85 | 71.64 | 9.02 | 123.0 | 125.4 | 115.4 | 147.4 |
| 1993 | 328.21 | 221.91 | 85.85 | 20.45 | 130.5 | 129.9 | 119.8 | 226.7 |
| 1994 | 450.44 | 312.56 | 103.32 | 34.56 | 137.2 | 140.8 | 120.3 | 169.0 |
| 1995 | 541.62 | 369.10 | 126.57 | 45.95 | 120.2 | 118.1 | 122.5 | 132.9 |
| 1996 | 595.72 | 411.30 | 128.61 | 55.81 | 110.0 | 111.4 | 101.6 | 121.5 |
| 1997 | 635.44 | 446.95 | 124.86 | 63.63 | 106.7 | 108.7 | 97.1 | 114.0 |
| 1998 | 628.49 | 422.35 | 99.49 | 106.65 | 103.0 | 101.8 | 92.9 | 131.3 |
| 1999 | 666.28 | 443.41 | 91.90 | 130.97 | 106.0 | 105.0 | 92.4 | 122.8 |
| 2000 | 705.36 | 463.63 | 82.98 | 158.75 | 105.9 | 104.6 | 90.3 | 121.2 |
| 2001 | 758.55 | 498.61 | 71.42 | 188.52 | 107.5 | 107.5 | 86.1 | 118.8 |
| 2002 | 813.09 | 506.06 | 60.42 | 246.61 | 107.2 | 101.5 | 84.6 | 130.8 |
| 2003 | 917.33 | 540.59 | 53.51 | 323.23 | 112.8 | 106.8 | 88.6 | 131.1 |
| 2004 | 1050.35 | 591.38 | 48.20 | 410.77 | 114.5 | 109.4 | 90.1 | 127.1 |
| 2005 | 1252.06 | 672.70 | 48.80 | 530.56 | 119.2 | 113.8 | 101.2 | 129.2 |
| 2006 | 1520.39 | 768.86 | 52.55 | 698.97 | 121.4 | 114.3 | 107.7 | 131.7 |
| 2007 | 1806.65 | 896.36 | 61.72 | 848.57 | 118.8 | 116.6 | 117.5 | 121.4 |
| 2008 | 2132.45 | 1035.56 | 72.33 | 1024.57 | 118.0 | 115.5 | 117.2 | 120.7 |
| 2009 | 2403.32 | 1196.05 | 75.78 | 1131.49 | 112.7 | 115.5 | 104.8 | 110.4 |
| 2010 | 2841.33 | 1344.25 | 85.33 | 1411.75 | 118.2 | 112.4 | 112.6 | 124.8 |
| 2011 | 3548.29 | 1569.23 | 102.31 | 1876.75 | 124.9 | 116.7 | 119.9 | 132.9 |
| 2012 | 4065.99 | 1758.24 | 119.59 | 2188.16 | 114.6 | 112.0 | 116.9 | 116.6 |
| 2013 | 8041.98 | 1914.49 | 179.22 | 5948.27 | 197.8 | 108.9 | 149.9 | 271.8 |
| 2014 | 9174.49 | 2083.33 | 190.74 | 6900.42 | 114.1 | 108.8 | 106.4 | 116.0 |
| 2015 | 9802.41 | 2262.27 | 179.75 | 7360.39 | 106.8 | 108.6 | 94.2 | 106.7 |
| 2016 | 10583.16 | 2570.48 | 203.71 | 7808.97 | 108.0 | 113.6 | 113.3 | 106.1 |
| 2017 | 10955.14 | 2765.22 | 183.34 | 8006.59 | 103.5 | 107.6 | 90.0 | 102.5 |
| 2018 | 11784.92 | 2843.98 | 191.48 | 8749.47 | 107.6 | 102.8 | 104.4 | 109.3 |
| 2019 | 12213.08 | 3350.73 | 246.15 | 8616.19 | 103.6 | 117.8 | 128.6 | 98.5 |
| 2020 | 13044.40 | 3913.56 | 294.12 | 8836.72 | 106.8 | 116.8 | 119.5 | 102.6 |
| 2021 | 14431.80 | 4414.48 | 307.95 | 9709.38 | 110.6 | 112.8 | 104.7 | 109.9 |
| 2022 | 15069.58 | 4630.39 | 313.70 | 10125.48 | 104.4 | 104.9 | 101.9 | 104.3 |
| 2023 | 15722.54 | 4695.24 | | 11027.30 | 104.3 | 101.4 | | 108.9 |

注：1.1998年起职工工资为在岗职工工资，不包括离开本单位仍保留劳动关系的职工的生活补助费。
2.从2023年起，根据国家统计局关于市场主体统计分类的划分规定，城镇非私营单位分为：内资单位、港澳台商投资单位、外商投资单位三个大类。内资单位包括国有单位和其他内资单位，不再进行城镇集体单位等类型分类。
3.从2023年起，国有单位指全民所有制企业，其他单位指除国有单位以外的城镇非私营单位。

a) Since 1998, the wage bill of staff and workers was for employed personnel, but excluded living expense subsidies of the personnel who had left self units, but still remained labor relationship.

b) Starting from 2023,according to the "Regulations on the Classification of Market Entities Statistics" issued by the National Bureau of Statistics, urban non-private units are divided into three categories: domestic funded units, Hong Kong, Macao, and Taiwan funded units, and foreign-invested units.Domestic units are divided into state-owned units and other domestic units, and are no longer subdivided into types such as urban collective units.

c) Starting from 2023, state-owned units refer to enterprises owned by the whole people, and other units refer to urban non-private units except state owned units.

# 3-23　城镇非私营单位在岗职工平均工资及指数
# Average Wage of Staff and Workers and Indices

| 年 份 Year | 绝对数(元) Absolute Figure (yuan) | | | 名义指数(以上年为100) Indices(preceding year=100) | | | 实际指数(以上年为100) Indices(preceding year=100) | | |
|---|---|---|---|---|---|---|---|---|---|
| | 全部职工 Total | 国有单位 State owned Units | 其他单位 Other Types of Ownership | 全部职工 Total | 国有单位 State owned Units | 其他单位 Other Types of Ownership | 全部职工 Total | 国有单位 State owned Units | 其他单位 Other Types of Ownership |
| 1990 | 2129 | 2331 | 2444 | 111.0 | 111.9 | 111.9 | 107.6 | 108.4 | 108.4 |
| 1991 | 2302 | 2501 | 2773 | 108.1 | 107.3 | 113.5 | 103.1 | 102.3 | 108.2 |
| 1992 | 2800 | 3057 | 3370 | 121.6 | 122.2 | 121.5 | 114.1 | 114.6 | 114.0 |
| 1993 | 3615 | 3896 | 4434 | 129.1 | 127.4 | 131.6 | 109.2 | 107.8 | 111.3 |
| 1994 | 4974 | 5491 | 5827 | 137.6 | 140.9 | 131.4 | 111.7 | 114.4 | 106.7 |
| 1995 | 5943 | 6441 | 7137 | 119.5 | 117.3 | 122.5 | 103.2 | 101.3 | 105.8 |
| 1996 | 6603 | 7186 | 7740 | 111.1 | 111.6 | 108.4 | 101.6 | 102.1 | 99.2 |
| 1997 | 7108 | 7745 | 8376 | 107.6 | 107.8 | 108.2 | 105.8 | 106.0 | 106.4 |
| 1998 | 8256 | 8872 | 8867 | 105.7 | 106.3 | 102.5 | 106.3 | 106.9 | 103.1 |
| 1999 | 9171 | 9855 | 9763 | 111.1 | 111.1 | 110.1 | 112.5 | 112.5 | 111.6 |
| 2000 | 10299 | 11109 | 10698 | 112.3 | 112.7 | 109.6 | 112.2 | 112.6 | 109.5 |
| 2001 | 11842 | 12917 | 11790 | 115.0 | 116.3 | 110.2 | 114.1 | 115.4 | 109.3 |
| 2002 | 13509 | 15030 | 12633 | 114.1 | 116.4 | 107.2 | 115.0 | 117.3 | 108.0 |
| 2003 | 15712 | 17502 | 14656 | 116.3 | 116.4 | 116.0 | 115.2 | 115.3 | 114.9 |
| 2004 | 18202 | 20876 | 16346 | 115.8 | 119.3 | 111.5 | 111.3 | 114.6 | 107.1 |
| 2005 | 20957 | 24659 | 18468 | 115.1 | 118.1 | 113.0 | 112.8 | 115.7 | 110.7 |
| 2006 | 23782 | 28722 | 20691 | 113.5 | 116.5 | 112.0 | 111.7 | 114.7 | 110.2 |
| 2007 | 27374 | 33411 | 23641 | 115.1 | 116.3 | 114.3 | 110.4 | 111.5 | 109.6 |
| 2008 | 31667 | 39325 | 27067 | 115.7 | 117.7 | 114.5 | 109.8 | 111.7 | 108.6 |
| 2009 | 35890 | 45446 | 29901 | 113.3 | 115.6 | 110.5 | 113.8 | 116.1 | 110.9 |
| 2010 | 40505 | 51245 | 34260 | 112.9 | 112.8 | 114.6 | 108.8 | 108.7 | 110.4 |
| 2011 | 45987 | 57002 | 40028 | 113.5 | 111.2 | 116.8 | 107.8 | 105.6 | 110.9 |
| 2012 | 51279 | 62913 | 45008 | 111.5 | 110.4 | 112.4 | 108.7 | 107.6 | 109.6 |
| 2013 | 57985 | 70114 | 55117 | 113.1 | 111.4 | 122.5 | 110.6 | 108.9 | 119.7 |
| 2014 | 61783 | 74673 | 58913 | 106.5 | 106.5 | 106.9 | 104.2 | 104.2 | 104.6 |
| 2015 | 67200 | 82355 | 63790 | 108.8 | 110.3 | 108.3 | 107.0 | 108.5 | 106.5 |
| 2016 | 72684 | 92412 | 68024 | 108.2 | 112.2 | 106.6 | 105.8 | 109.7 | 104.2 |
| 2017 | 79741 | 102328 | 72609 | 109.7 | 110.7 | 106.7 | 107.9 | 108.8 | 104.9 |
| 2018 | 86590 | 119135 | 79548 | 108.6 | 116.4 | 109.6 | 106.2 | 113.8 | 107.1 |
| 2019 | 98669 | 137322 | 89033 | 113.9 | 115.3 | 111.9 | 110.5 | 111.8 | 108.5 |
| 2020 | 106034 | 149287 | 94133 | 107.5 | 108.7 | 105.7 | 104.9 | 106.0 | 103.1 |
| 2021 | 117868 | 160771 | 105385 | 111.2 | 107.7 | 112.0 | 109.4 | 106.0 | 110.2 |
| 2022 | 124175 | 167284 | 111362 | 105.4 | 104.1 | 105.7 | 103.1 | 101.9 | 103.4 |
| 2023 | 127620 | 169246 | 115523 | 102.8 | 101.2 | 103.7 | 102.4 | 100.8 | 103.3 |

注：1.1998年起职工工资为在岗职工工资，不包括离开本单位仍保留劳动关系的职工的生活补助费

2.从2023年起，根据国家统计局关于市场主体统计分类的划分规定，城镇非私营单位分为：内资单位、港澳台商投资单位、外商投资单位三个大类。内资单位包括国有单位和其他内资单位，不再进行城镇集体单位等类型分类。

3.从2023年起，国有单位指全民所有制企业，其他单位指除国有单位以外的城镇非私营单位。

a) Since 1998, the wage bill of staff and workers was for employed personnel, but excluded living expense subsidies of the personnel who had left self units, but still remained labor relationship.

b) Starting from 2023,according to the "Regulations on the Classification of Market Entities Statistics" issued by the National Bureau of Statistics, urban non-private units are divided into three categories: domestic funded units, Hong Kong, Macao, and Taiwan funded units, and foreign-invested units.Domestic units are divided into state-owned units and other domestic units, and are no longer subdivided into types such as urban collective units.

c) Starting from 2023, state-owned units refer to enterprises owned by the whole people, and other units refer to urban non-private units except state-owned units.

# 3-24 城镇失业人数
## Number of Urban Unemployed Persons

单位:万人 (10000 persons)

| 年 份<br>Year | 城镇失业人员再就业人数<br>Re-employment | 年末城镇登记失业人数<br>Registered Unemployment in Urban Areas |
|---|---|---|
| 1979 | 54.70 | 34.30 |
| 1980 | 32.78 | 20.29 |
| 1985 | 15.25 | 7.15 |
| 1990 | 28.06 | 22.52 |
| 1991 | 23.33 | 18.68 |
| 1992 | 21.43 | 18.81 |
| 1993 | 20.64 | 19.43 |
| 1994 | 22.19 | 19.58 |
| 1995 | 21.49 | 20.13 |
| 1996 | 20.78 | 22.34 |
| 1997 | 21.40 | 23.80 |
| 1998 | 21.61 | 24.26 |
| 1999 | 21.57 | 26.57 |
| 2000 | 27.01 | 30.36 |
| 2001 | 34.94 | 36.14 |
| 2002 | 39.96 | 42.17 |
| 2003 | 54.46 | 41.84 |
| 2004 | 60.22 | 42.90 |
| 2005 | 62.92 | 41.63 |
| 2006 | 68.65 | 40.40 |
| 2007 | 81.89 | 39.26 |
| 2008 | 92.19 | 41.09 |
| 2009 | 52.00 | 40.74 |
| 2010 | 60.93 | 40.65 |
| 2011 | 66.11 | 41.45 |
| 2012 | 66.71 | 40.47 |
| 2013 | 81.61 | 37.61 |
| 2014 | 77.64 | 36.57 |
| 2015 | 77.74 | 36.01 |
| 2016 | 77.82 | 35.21 |
| 2017 | 80.55 | 34.69 |
| 2018 | 89.45 | 34.37 |
| 2019 | 94.81 | 35.09 |
| 2020 | 89.54 | 36.67 |
| 2021 | 88.33 | 49.13 |
| 2022 | 80.07 | 62.91 |
| 2023 | 65.43 | 64.83 |

# 主要统计指标解释

**人口数**　指一定时点、一定地区范围内有生命的个人的总和。

年度统计的年末人口数指每年12月31日24时的人口数。年度统计的全国人口总数内未包括香港、澳门特别行政区和台湾省以及海外华侨人数。

**城镇人口和乡村人口**

1952-1989年城镇人口是指市辖区内和县辖镇的全部人口；乡村人口是指县辖乡人口。

1990-1999年城镇人口是指设区的市的区人口和不设区的市所辖的街道人口以及不设区的市所辖镇的居民委员会人口和县辖镇的居民委员会人口；乡村人口是除上述两种人口以外的全部人口。

2000-2005年人口普查和2000年以后城镇人口：市人口是指设区市的人口密度在1500人/平方公里以上的市区人口和人口密度不足1500人的区政府驻地和区辖其他街道人口，以及政府驻地的城市建设延伸到的周边乡镇人口；不设区市的市政府驻地和市辖其他街道人口，以及政府驻地的城市建设延伸到的乡镇人口。镇人口是指镇政府驻地和镇辖其他居委会人口，以及镇政府驻地的城区建设延伸到周边村民委员会人口。乡村人口是指除上述人口以外的全部人口。

2006年至今的城镇人口分为城区人口和镇区人口。其中，城区人口，包括街道办事处所辖的居民委员会（社区委员会），及城市公共设施、居住设施等连接到的其他居民委员会（社区委员会）和村民委员会的人口。镇区人口，包括镇所辖的居民委员会（社区委员会），镇的公共设施、居住设施等连接到的村民委员会，以及常住人口在3000人以上独立的工矿区、开发区、科研单位、大专院校、农场、林场等特殊区域中的人口。乡村人口是除上述人口以外的全部人口。

**出生率（又称粗出生率）**　指在一定时期内（通常为一年）一定地区的出生人数与同期内平均人数（或期中人数）之比，用千分率表示。本资料中的出生率指年出生率，其计算公式为：

出生率=年出生人数 / 年平均人口×1000‰

**死亡率（又称粗死亡率）**　指在一定时期内（通常为一年）一定地区的死亡人数与同期内平均人数（或期中人数）之比，用千分率表示。本资料中的死亡率指年死亡率，其计算公式为：

死亡率=年死亡人数 / 年平均人数×1000‰

**人口自然增长率**　指在一定时期内（通常为一年）人口自然增加数（出生人数减死亡人数）与该时期内平均人数（或期中人数）之比，用千分率表示。计算公式为：

人口自然增长率=（本年出生人数-本年死亡人数） / 年平均人数×1000‰

=人口出生率-人口死亡率

**就业人员**　指年满16周岁，为取得报酬或经营利润，在调查周内从事了1小时（含1小时）以上劳动的人员；或由于在职学习、休假等原因在调查周内暂时未工作的人员；或由于停工、单位不景气等原因临时未工作的人员。

**单位在职人员**　指在各类法人单位工作，并由单位支付劳动报酬的人员，包括在岗职工和其他就业人员。在岗职工 指在本单位工作且与本单位签订劳动合同，并由单位支付各项工资和社会保险、住房公积金的人员，以及上述人员中由于学习、病伤、产假等原因暂未工作仍由单位支付工资的人员。其他就业人员　指在本单位工作，不能归到在岗职工、劳务派遣人员中的人员。此类人员是实际参加本单位生产或工作并从本单位取得劳动报酬的人员。具体包括：非全日制人员、聘用的正式离退休人员、兼职人员和第二职业者等，以及在本单位中工作的外籍和港澳台方人员。

**在岗职工**　指在本单位工作且与本单位签订劳动合 同，并由单位支付各项工资和社会保险、住房公积金的人员， 以及上述人员中由于学习、病伤、产假等原因暂未工作仍由 单位支付工资的人员。在岗职工还包括：

（1）应订立劳动合同而未订立劳动合同人员；

（2）处于试用期人员；

（3）编制外招用的人员，如临时人员；

（4）派往外单位工作，但工资仍由本单位发放的人员(如挂职锻炼、外派工作等情况)。

**工资总额** 指根据《关于工资总额组成的规定》（1990 年 1 月 1 日国家统计局发布的一号令）进行修订，本单位在报告期内（季度或年度）直接支付给本单位全部就业人员的劳动报酬总额。包括计时工资、计件工资、奖金、津贴和补贴、加班加点工资、特殊情况下支付的工资。工资总额是税前工资，包括单位从个人工资中直接为其代扣或代缴的个人所得税、社会保险基金和住房公积金等个人缴纳部分以及房费、水电费等。工资总额不论是计入成本的还是不计入成本的，不论是以货币形式支付的还是以实物形式支付的，均应列入工资总额的计算范围。

**平均工资** 指单位就业人员在一定时期内平均每人所得的工资额。计算公式为：

平均工资=报告期就业人员工资总额 / 报告期就业人员平均人数

**在岗职工平均名义工资指数** 指报告期在岗职工平均工资与基期在岗职工平均工资的比率，是反映不同时期在岗职工名义工资水平变动情况的相对数。计算公式为：

在岗职工平均名义工资指数=报告期在岗职工平均工资 / 基期在岗职工平均工资×100%

**在岗职工平均实际工资指数** 在岗职工平均实际工资指扣除物价变动因素后的在岗职工平均工资。在岗职工平均实际工资指数是反映实际工资变动情况的相对数，表明在岗职工实际工资水平提高或降低的程度。计算公式为：

在岗职工平均实际工资指数=报告期在岗职工平均实际工资指数 / 报告期城镇居民消费价格指数×100%。

# Explanatory Notes on Main Statistical Indicators

**Total Population** refers to the total number of people alive at a certain point of time within a given area.

The annual statistics on total population is taken at midnight, the 31st of December, not including residents in Taiwan Province, Chinese compatriots in Hong Kong SAR, Macao SAR and overseas Chinese.

**Urban Population and Rural Population**

From 1952 to 1989 urban population refers to the population of municipal districts and towns under the administration of cities; rural population refers to the population of townships under the administration of counties.

From 1990 to 1999 urban population is composed of the population of districts of cities divided into districts, the population of sub-district offices under the cities not divided into districts, the population of neighborhoods of towns under the administration of cities not divided into districts and the population of neighborhoods of towns under the administration of counties; rural population is the population other than those mentioned above.

Urban population from 2000 to 2005: city population refers to the population of the urban area of the districted city with a population density of more than 1,500 people per square kilometer, the population of the district government and other street under the jurisdiction of the district with a population density of less than 1,500 people, as well as the urban construction of the government seat extending to the population of surrounding townships. the population of the city governments and other streets under the jurisdiction of the city government without districts and cities, as well as the urban construction of the government premises extends to the population of the surrounding town ships. Town population refers to the population of places where town governments are stationed and other neighborhood committees under the administration of the towns, and the population of circumjacent villagers' committees where are the extending areas of town construction of the places where the town governments are stationed. Rural population is the population other than those mentioned above.

From 2006 to now urban population is composed of city population and town population. City population includes the population of neighborhood committees (community committees) under the administration of sub-district offices and the population of other neighborhood committees(community committees)and villagers'committees connected through city common facilities and residence facilities. Town population includes the population of neighborhood committees(community committees)under the administration of towns and the population of villagers'committees connected through town common facilities and residence facilities, and the population of special areas with more than 3,000 permanent residents, such as independent mining areas, development zones, research institutes, universities and colleges, farms, forestry centers and so on. Rural population is the population other than those mentioned above.

**Birth Rate (or Crude Birth Rate)** refers to the ratio of the number of births to the average population (or mid-year population) during a certain period of time (usually a year) which is often expressed in‰. Birth rate in the chapter refers to annual birth rate. The following formula is used:

Birth Rate=Annual Number of Births / Annual Average Population×1000‰

**Death Rate (or Crude Death Rate)** refers to the ratio of the number of deaths to the average population (or mid-year population) during a certain period of time (usually a year) which is often expressed in ‰. Death rate in the chapter refers to annual death rate. The following formula is used:

Death Rate=Annual Number of Deaths / Annual Average Population×1000 ‰

**Natural Growth Rate of Population** refers to the ratio of natural increase in population (number of births minus number of deaths) in a certain period of time (usually a year) to the average population (or mid-year population) of the same period which is often expressed in ‰. The following formula is applied:

Natural Growth Rate of Population=(Number of Births This Year-Number of Deaths This Year) / Annual

Average Population × 1000‰

**Unit employees** refer to personnel who work in various legal entities and are paid labor remuneration by the unit, including on-the-job employees and other employed personnel. On duty employees refer to those who work in the unit, sign labor contracts with the unit, and are paid various wages, social insurance, and housing provident fund by the unit, as well as those who are temporarily unemployed due to learning, illness, injury, maternity leave, and other reasons but are still paid wages by the unit. Other employed personnel refer to those who work in this unit and cannot be classified as on duty employees or labor dispatch personnel. This type of personnel refers to those who actually participate in the production or work of the unit and receive labor remuneration from the unit. Specifically, it includes: part-time employees, officially employed retirees, part-time employees, and second professionals, as well as foreign and Hong Kong, Macao, and Taiwan personnel working in this unit.

**Employed Staff and Workers** refer to persons who signed labor contracts with working units and working units would pay wages, social insurance and housing funds for them. Persons who have their work posts but are temporarily absent from work for reasons of study or on sick, injury or maternal leave and still receive wages from their working units are also included. Employed staff and workers also include:

1)Persons who should have signed the labor contracts but not;

2)Employees on probation;

3)Employees beyond the staffing quota, for example, temporary employees;

4)Employees who are sent to other working units but still obtain wages from their original units (situations like on-the-job placement, expatriated assignment, etc. )

**Total Wage Bill** It is revised according to the "Provision of Composition of Total Wages"(Order No.1 by National Bureau of Statistics on January, 1st,1990), total wage bill refers to the total remuneration payment to all employed persons in various units during the reporting period (by quarter or by year), including hourly-paid wages,piece-rate wages, bonuses, allowance and subsidies, overtime wages and wages paid under special circumstances.

Total wage bill is pre-tax wages, including the room charges, utility bills, housing funds and social insurance paid or withheld by employee's units.

Total wage bill, whether or not included in cost, whether or not paid in money or in kind, shall be included in the calculation of total wage.

**Average Wage** refers to the average per capita wage during a certain period of time for employed persons. It is calculated as follows:

Average Wage =Total Wage Bill of Employed Persons at Reference Time / Average Number of Persons Employed at Reference Time

**Average Nominal Wage Indices of Employed Staff and Workers** refers to the ratio of average wage of employed staff and workers at the reporting period to that at the base period, which reflects the change of money wage of employed staff and workers at the different period.It is calculated as follows:

Average Nominal Wage Indices of Employed Staff and Workers =Average Wage of Employed Staff and Workers at reference time / Average Wage of Employed Staff and Workers at base period × 100%

**Average Real Wage Indices of Employed Staff and Workers** refers to the average wage of employed staff and workers after removing the effects of the price changes and average real wage indices of employed staff and workers refers to the change of real wage, which reflects the relative increasing or decreasing level of real wage of employed staff and workers ,which is calculated as follows:

Average Real Wage Indices of employed Staff and Workers=Average Wage Indices of Employed Staff and Workers at reference time / Urban Consumer Price Indices at the report period × 100%

# 4

# 价格指数

# Price Indices

# 简 要 说 明

**一、本篇资料的主要内容**

本篇价格指数资料，反映生产、流通、消费与投资等环节的价格变动趋势和变动幅度。主要包括居民消费价格指数、工业生产者价格指数和房地产价格指数等。

**二、本篇的资料来源**

价格指数编制由国家统计局江苏调查总队组织实施。各市、县调查队依据国家统计局统一制定的价格统计调查制度从基层采集原始数据汇总后上报。

**三、居民消费格指数**

编制居民消费价格指数的资料采用抽样调查和重点调查相结合的方法取得，即在全省选择不同经济区域和分布合理的地区，以及有代表性的商品（服务）作为样本，对其市场价格进行定期调查，以样本推断总体。编制过程按下列几个步骤进行：

1.选择调查地区和调查点。调查地区按照经济区域和地区分布合理等原则，选出具有代表性的大、中、小城市和县作为国家的调查地区，在此基础上选定经营规模大、商品种类多的商场（店）、超市、农贸市场、服务网点和互联网电商等作为调查点。

2.选择代表规格品。代表规格品是选择那些消费量大、价格变动有代表性的商品（服务）；代表规格品的确定是根据城乡居民的消费支出记账资料和商品零售资料，按照有关规定筛选的。筛选原则：（1）与社会生产和人民生活关系密切；（2）消费（销售）数量（金额）大；（3）市场供应稳定；（4）价格变动趋势有代表性；（5）所选的代表规格品之间差异大，价格变动特征的相关性低。

目前，居民消费价格调查按用途划分为 8 大类，268 个基本分类，各地每月调查 800 种以上规格品价格。

3.价格调查方式。通过手持数据采集器，采用定人、定点、定时的方法直接调查。在保证价格准确的前提下，经国家统计局审定，可通过相关政府部门发布的通知、公告等文件，以及部分企业、单位公开发布的收费信息资料和被调查单位的电子数据进行采价，也可从互联网采集特定商品和服务价格。选中的调查对象应协助做好价格数据填报工作，配合提供相关数据资料。

4.权数的确定。居民消费价格指数的计算权数根据城乡居民家庭消费支出构成确定。

**四、工业生产者价格指数**

工业生产者价格包括工业企业产品第一次出售时的出厂价格（下简称工业生产者出厂价格）和原材料、燃料、动力购进价格（下简称工业生产者购进价格）。

工业生产者价格调查采用重点调查与典型调查相结合的调查方法。根据代表性原则，抽选年主营业务收入 2000 万元以上的企业作为调查对象。经国家统计局审定，可酌情补充部分年主营业务收入 2000 万元以下的企业。

1.代表企业的选择原则：（1）按工业行业选择调查企业，各中类行业原则上都要有调查企业。（2）大型企业应尽量都选上（或占相当大比重）。（3）选择生产稳定、正常的企业作为调查对象。

2.代表产品的选择原则：（1）按工业行业选择基本分类和代表产品。（2）选择对国计民生影响大的产品。（3）选择生产较为稳定的产品。（4）选择有发展前景的产品。（5）选择具有地方特色的产品。

3.价格调查方式。采用企业报表形式。

4.权数的确定。工业生产者出厂价格统计中，小类及小类以上的权数资料来源于工业统计中分行业工业销售产值数据资料；基本分类的权数资料来源于独立的工业企业产品权数调查。工业生产者购进价格统计中，基本分类及以上分类的权数资料主要来源于独立的工业企业产品权数调查，小类及小类以上的权数还可以参照相应行业的出厂权数和分行业的投入产出数据资料。权数一般五年更换一次。

## 五、房地产价格指数

住宅销售价格包括新建住宅和二手住宅两部分。

新建住宅价格调查，在 2010 年以前采用重点调查与典型调查相结合的方法，从 2011 年开始，采用全面调查的方法。二手住宅价格调查采用重点调查与典型调查相结合的方法。

# Brief Introduction

**Ⅰ. Main Contents**

Data on price indices in this chapter show the trends and rates of changes in the prices of production, distribution, consumption and investment, including mainly consumer price indices, producer price indices for industrial products, and price indices for real estate.

**Ⅱ. Sources of Data**

Compilation of statistics on price indices is organized by the Survey office of the National Bureau of Statistics in Jiangsu. The survey office and the selected cities and counties collect data and calculate the price indices in accordance with the scheme of price survey system stipulated by the NBS.

**Ⅲ. Consumer Price Indices**

Data for compilation of the consumer price indices in Jiangsu are collected through sample surveys and surveys of main units. Areas distributed in different economic regions are selected as the sample areas and representative goods or services are selected as the sample commodities. Regular surveys are conducted to collect data on their market prices. Price statistics are estimated on the basis of the results from the samples. Following are major steps in the process of calculation of the price indices:

1. The selection of areas and outlets: Based on such principles as regional economic features and reasonable geographic distribution, representative sample areas for the national survey are selected which include large, medium and small cities and counties. When the sample areas have been selected, shopping malls, supermarkets, farmers markets, service outlets and Internet e-commerce with large operation scale and various commodity types are selected as outlets for the survey.

2. The selection of representative commodities and their specifications or varieties: The representative specifications are to those goods or services that have large consumption and representative price changes. The representative specifications or varieties are determined based on the consumption expenditure account data of urban and rural residents and data on the retail sales of commodities in line with related instructions. The principles for selection are: (1) The commodities are closely related to social production people's living conditions; (2) They are consumes (or sold) in large quantities (or large values); (3) The market supply is stable; (4) The changes of their prices are representative in trend; (5) There is great heterogeneity among the specifications or varieties selected, and the correlation between price charges is low.

At present, data are collected on more than 800 and more specifications each month under 268 basic headings in 8 categories in the consumer price surveys.

3. Method of data collection: Through hand-held data capturing device, direct investigation is conducted by the method of fixed data collector, fixed outlet and fixed timing, or the selected respondents assist in filling in the forms. On the premise of ensuring accurate prices and with the approval by the NBS, local governments can collect prices of specific goods and services from the Internet through announcements and other documents issued by relevant government departments, as well as publicly published fee-collecting information of some enterprises and units, and electronic data of the units under investigation.

4. Determination of the weights: The weights of the consumer price indices are determined according to the composition expenditures of urban and rural households.

**Ⅳ. Producer Price Indices for Industrial Products**

Producer prices for manufactured goods refer to the ex-factory price of manufactured goods when they are first sold, primary materials, fuel and purchase price of power.

The survey program is a combined use of the key units' survey and typical units' survey methods. Key units refer to those non-State-owned industrial enterprises with annual revenue above 20 million yuan. Typical units refer to the industrial enterprises with annual sale revenue below 20 million yuan.

1. Principles for selecting the representative enterprises: (1)Enterprises to be covered in the survey are selected by industrial sectors. In principle, every branch should have enterprises selected; (2) All (or a majority of) large-sized enterprises should be selected; (3) Enterprises selected should be those with normal and stable production.

2. Principle for the selection of representative products: (1) The products are selected by industrial sectors; (2) The selected products should have great impact on the national economy and people's living conditions; (3) The production of the products selected are relatively more stable; (4) The prospects of the products selected are promising; (5) The products selected are representative to the localities.

3. Method of data collection: The method of reporting forms by enterprises is adopted.

4. Determination of the weights: In the statistics of industrial producers ex-factory prices, the weights of subcategories and above are derived from the data of industrial sales output value. The weights of the basic classification are defined from independent surveys of product weights of industrial enterprises. In the statistics of industrial producers purchase prices, the weights of the basic classification and above are mainly derived from the independent product weight survey of industrial enterprises. The weights of subcategories and above can also refer to the ex-factory rights of the corresponding industry and the input output data of the subindustry. The weights are replaced every five years.

**Ⅴ. Price Indices for Real Estate**

Sale prices of houses include the prices for commercialized houses and for second-hand houses.

New housing price survey before 2010 used the key survey and typical method of combining. From the beginning of 2011, it takes a comprehensive survey. Second-hand housing prices use a combination of the key units' survey and typical units' survey methods.

# 4-1　各种价格指数
# Price Indices

上年=100　　(preceding year=100)

| 年 份<br>Year | 居民消费价格指数<br>Consumer Price Index | 城市<br>Urban | 农村<br>Rural | 工业生产者出厂价格指数<br>Producer Price Index for Industrial Products | 工业生产者购进价格指数<br>Price Index for Industrial Products |
|---|---|---|---|---|---|
| 1979 | 101.0 | 100.7 | 101.3 | | |
| 1980 | 105.6 | 105.7 | 105.6 | | |
| 1981 | 101.5 | 102.3 | 100.9 | | |
| 1982 | 100.9 | 100.9 | 101.0 | | |
| 1983 | 100.4 | 100.8 | 100.0 | | |
| 1984 | 103.0 | 104.1 | 102.1 | | |
| 1985 | 109.5 | 109.6 | 109.4 | | |
| 1986 | 107.1 | 106.4 | 107.7 | | |
| 1987 | 109.2 | 110.5 | 107.7 | | |
| 1988 | 121.9 | 122.6 | 121.4 | | |
| 1989 | 117.1 | 116.0 | 118.5 | | |
| 1990 | 103.2 | 103.4 | 103.0 | | |
| 1991 | 104.9 | 107.7 | 101.9 | 103.2 | 107.0 |
| 1992 | 106.6 | 108.8 | 104.4 | 103.8 | 110.2 |
| 1993 | 118.2 | 118.7 | 117.3 | 118.5 | 125.7 |
| 1994 | 123.2 | 125.3 | 121.7 | 121.4 | 120.1 |
| 1995 | 115.8 | 116.2 | 115.3 | 114.2 | 117.3 |
| 1996 | 109.3 | 110.8 | 107.1 | 100.6 | 103.9 |
| 1997 | 101.7 | 101.3 | 102.0 | 97.9 | 97.9 |
| 1998 | 99.4 | 100.0 | 99.0 | 94.5 | 91.4 |
| 1999 | 98.7 | 98.6 | 98.8 | 96.1 | 94.4 |
| 2000 | 100.1 | 100.0 | 100.1 | 101.1 | 107.1 |
| 2001 | 100.8 | 100.1 | 101.5 | 99.1 | 99.5 |
| 2002 | 99.2 | 98.4 | 100.2 | 97.6 | 98.6 |
| 2003 | 101.0 | 100.9 | 101.2 | 102.3 | 106.5 |
| 2004 | 104.1 | 103.7 | 104.6 | 106.5 | 116.3 |
| 2005 | 102.1 | 102.0 | 102.4 | 102.6 | 107.6 |
| 2006 | 101.6 | 101.6 | 101.7 | 101.5 | 106.4 |
| 2007 | 104.3 | 104.1 | 104.8 | 102.6 | 105.0 |
| 2008 | 105.4 | 105.2 | 105.6 | 104.6 | 115.0 |
| 2009 | 99.6 | 99.6 | 99.5 | 95.2 | 91.9 |
| 2010 | 103.8 | 103.6 | 104.3 | 107.3 | 112.8 |
| 2011 | 105.3 | 105.1 | 105.9 | 106.2 | 108.9 |
| 2012 | 102.6 | 102.6 | 102.6 | 97.1 | 95.8 |
| 2013 | 102.3 | 102.3 | 102.5 | 98.0 | 97.1 |
| 2014 | 102.2 | 102.2 | 102.2 | 98.3 | 97.0 |
| 2015 | 101.7 | 101.7 | 101.5 | 95.3 | 92.1 |
| 2016 | 102.3 | 102.4 | 101.8 | 98.1 | 98.0 |
| 2017 | 101.7 | 101.8 | 101.5 | 104.8 | 109.7 |
| 2018 | 102.3 | 102.3 | 102.4 | 102.8 | 104.6 |
| 2019 | 103.1 | 103.1 | 103.4 | 98.9 | 97.2 |
| 2020 | 102.5 | 102.4 | 102.8 | 97.8 | 96.5 |
| 2021 | 101.6 | 101.6 | 101.5 | 106.3 | 113.8 |
| 2022 | 102.2 | 102.1 | 102.3 | 103.2 | 105.8 |
| 2023 | 100.4 | 100.5 | 100.3 | 96.7 | 96.4 |

# 4-2 各种价格定基指数
# Fixed-base Price Indices

| 年 份<br>Year | 居民消费价格指数(1978年=100)<br>Consumer Price Index(1978=100) | 城市<br>Urban | 农村<br>Rural | 工业生产者出厂价格指数(1990年=100)<br>Producer Price Index for Industrial Products (1990=100) | 工业生产者购进价格指数(1990年=100)<br>Price Index for Industrial Products (1990=100) |
|---|---|---|---|---|---|
| 1979 | 101.0 | 100.7 | 101.3 | | |
| 1980 | 106.7 | 106.4 | 107.0 | | |
| 1981 | 108.3 | 108.9 | 107.9 | | |
| 1982 | 109.2 | 109.9 | 109.0 | | |
| 1983 | 109.7 | 110.7 | 109.0 | | |
| 1984 | 113.0 | 115.3 | 111.3 | | |
| 1985 | 123.7 | 126.4 | 121.8 | | |
| 1986 | 132.5 | 134.4 | 131.1 | | |
| 1987 | 144.7 | 148.6 | 141.2 | | |
| 1988 | 176.3 | 182.1 | 171.5 | | |
| 1989 | 206.5 | 211.3 | 203.2 | | |
| 1990 | 213.1 | 218.5 | 209.3 | | |
| 1991 | 223.5 | 235.3 | 213.3 | 103.2 | 107.0 |
| 1992 | 238.3 | 256.0 | 222.6 | 107.1 | 117.9 |
| 1993 | 281.7 | 303.9 | 261.2 | 126.9 | 148.2 |
| 1994 | 347.0 | 380.7 | 317.8 | 154.1 | 178.0 |
| 1995 | 401.8 | 442.4 | 366.5 | 176.0 | 208.8 |
| 1996 | 439.2 | 490.2 | 392.5 | 177.0 | 216.9 |
| 1997 | 446.7 | 496.6 | 400.3 | 173.3 | 212.4 |
| 1998 | 444.0 | 496.6 | 396.3 | 163.8 | 194.1 |
| 1999 | 438.2 | 489.6 | 391.6 | 157.4 | 183.3 |
| 2000 | 438.7 | 489.6 | 392.0 | 159.1 | 196.3 |
| 2001 | 442.2 | 490.1 | 397.8 | 157.7 | 195.3 |
| 2002 | 438.6 | 482.2 | 398.6 | 153.9 | 192.6 |
| 2003 | 443.0 | 486.5 | 403.4 | 157.4 | 205.1 |
| 2004 | 461.2 | 504.5 | 422.0 | 167.6 | 238.5 |
| 2005 | 470.9 | 514.6 | 432.1 | 171.9 | 256.6 |
| 2006 | 478.4 | 522.8 | 439.5 | 174.5 | 273.0 |
| 2007 | 499.0 | 544.3 | 460.6 | 179.0 | 286.7 |
| 2008 | 525.9 | 572.6 | 486.4 | 187.2 | 329.7 |
| 2009 | 523.8 | 570.3 | 484.0 | 178.2 | 303.0 |
| 2010 | 543.7 | 590.8 | 504.8 | 191.2 | 341.8 |
| 2011 | 572.7 | 621.1 | 534.7 | 203.1 | 372.2 |
| 2012 | 587.4 | 637.0 | 548.5 | 197.2 | 356.6 |
| 2013 | 601.2 | 651.6 | 562.2 | 193.3 | 346.2 |
| 2014 | 614.4 | 666.0 | 574.5 | 190.0 | 335.8 |
| 2015 | 624.7 | 677.4 | 583.2 | 181.1 | 309.3 |
| 2016 | 638.7 | 693.3 | 593.0 | 177.7 | 303.1 |
| 2017 | 649.9 | 705.9 | 601.8 | 186.2 | 332.3 |
| 2018 | 664.9 | 722.0 | 616.3 | 191.4 | 347.8 |
| 2019 | 685.7 | 744.0 | 637.2 | 189.3 | 338.1 |
| 2020 | 702.8 | 762.0 | 655.2 | 185.1 | 326.2 |
| 2021 | 714.0 | 774.2 | 665.0 | 196.8 | 371.3 |
| 2022 | 729.7 | 790.4 | 680.3 | 203.1 | 392.8 |
| 2023 | 732.6 | 794.4 | 682.3 | 196.5 | 378.7 |

# 4-3　居民消费价格分类指数(2023年)
# Consumer Price Indices by Category (2023)

上年=100　　(preceding year=100)

| 类　　别 | Item | 全省 Total | 城市 Urban | 农村 Rural |
|---|---|---|---|---|
| **居民消费价格总指数** | **Total Consumer Price Index** | **100.4** | **100.5** | **100.3** |
| 消费品价格指数 | Consumer Goods Price Index | 99.9 | 99.9 | 99.7 |
| 服务价格指数 | Service Price Index | 101.2 | 101.2 | 101.3 |
| 一、食品烟酒 | Foods, Tobacco and Liquor | 101.0 | 100.9 | 101.1 |
| 食品 | Foods | 100.5 | 100.5 | 100.5 |
| 粮食 | Grain | 101.8 | 101.9 | 101.7 |
| 薯类 | Tubers | 99.5 | 98.9 | 101.0 |
| 豆类 | Beans | 102.0 | 102.0 | 101.8 |
| 食用油 | Edible Oil and Fats | 102.1 | 102.4 | 101.3 |
| 菜及食用菌 | Vegetables | 99.5 | 99.5 | 99.6 |
| #鲜菜 | Fresh Vegetables | 99.2 | 99.2 | 99.5 |
| 畜肉类 | Meat of Livestock | 94.8 | 94.8 | 94.5 |
| #猪肉 | Pork | 89.4 | 89.4 | 89.3 |
| 禽肉类 | Meat of Poultry | 104.1 | 104.0 | 104.3 |
| 水产品 | Aquatic Products | 100.2 | 100.2 | 100.4 |
| 蛋类 | Eggs | 100.7 | 100.4 | 101.8 |
| 奶类 | Milk and Other Dairy Products | 101.0 | 101.1 | 100.6 |
| 干鲜瓜果类 | Fruits and Nuts | 105.1 | 104.8 | 106.3 |
| #鲜果 | Fresh Fruits | 105.6 | 105.3 | 107.1 |
| 糖果糕点类 | Candy and Cake | 102.6 | 102.5 | 103.1 |
| 调味品 | Flavoring | 102.7 | 102.6 | 103.2 |
| 其他食品类 | Other Foods | 103.3 | 104.7 | 100.5 |
| 茶及饮料 | Tea and Beverages | 102.0 | 101.9 | 102.3 |
| 烟酒 | Tobacco and Alcohol | 102.3 | 102.3 | 102.4 |
| 卷烟 | Cigarettes | 103.7 | 103.6 | 103.7 |
| 酒类 | Alcohol | 100.0 | 100.0 | 100.0 |
| 在外餐饮 | Dining Out | 101.5 | 101.3 | 102.8 |
| 二、衣着 | Clothing | 101.4 | 101.6 | 100.3 |
| 服装 | Garments | 101.3 | 101.5 | 100.2 |
| 衣着材料及配件 | Clothing Material and Accessories | 100.7 | 100.7 | 100.6 |
| 衣着服务费 | Clothing Services | 101.9 | 101.9 | 101.6 |
| 鞋类 | Footwear | 101.8 | 102.1 | 100.5 |
| 三、居住 | Residence | 100.0 | 100.1 | 99.7 |
| 租赁房房租 | Rent of Rental Housing | 99.8 | 99.8 | 100.0 |
| 住房保养维修及管理 | Housing Maintenance and Management | 100.7 | 100.8 | 99.9 |
| 水电燃料 | Water,Electricity and Fuels | 100.1 | 100.1 | 100.1 |
| 自有住房 | Private Housing | 99.9 | 100.0 | 99.5 |
| 四、生活用品及服务 | Articles for Daily Use and Services | 100.6 | 100.6 | 100.6 |
| 家具及室内装饰品 | Furniture and Interior Decorations | 102.0 | 101.7 | 103.0 |
| 家用器具 | Home Appliances | 98.9 | 99.0 | 98.5 |
| 家用纺织品 | Home Textiles | 100.1 | 100.0 | 100.2 |
| 家庭日用杂品 | Daily Use Household Articles | 100.6 | 100.6 | 100.3 |
| 个人护理用品 | Personal-care Supplies | 100.7 | 100.5 | 101.6 |
| 家庭服务 | Household Services | 103.3 | 103.4 | 103.0 |
| 五、交通通信 | Transportation and Communications | 96.7 | 96.8 | 96.5 |
| 交通 | Transportation | 96.2 | 96.3 | 95.9 |
| 通信 | Communications | 98.4 | 98.3 | 98.9 |
| 六、教育文化娱乐 | Education, Culture and Recreation | 101.8 | 101.7 | 101.8 |
| 教育 | Education | 101.4 | 101.3 | 101.7 |
| 文化娱乐 | Culture and Recreation | 102.3 | 102.4 | 102.0 |
| 文娱耐用消费品 | Durable Consumer Goods for Cultural and Recreation | 97.6 | 97.6 | 97.6 |
| 文化娱乐服务 | Services for Culture and Recreation | 100.7 | 100.5 | 101.5 |
| 旅游 | Touring | 106.4 | 106.3 | 107.8 |
| 七、医疗保健 | Health Care | 103.2 | 103.0 | 103.7 |
| 药品及医疗器具 | Medicine and Medical Instruments | 100.8 | 100.8 | 100.7 |
| 医疗服务 | Medical Services | 103.9 | 103.7 | 104.5 |
| 八、其他用品及服务 | Other Articles and Services | 103.9 | 104.1 | 103.2 |
| 其他用品 | Other Articles | 104.9 | 105.0 | 104.5 |
| 其他服务 | Other Services | 102.7 | 103.0 | 101.3 |

# 4-4 工业生产者出厂价格指数
# Producer Price Indices for Industrial Products

上年=100 (preceding year=100)

| 类 别 | Item | 2005 | 2010 | 2015 | 2020 | 2023 |
|---|---|---|---|---|---|---|
| **工业生产者出厂价格指数** | **Producer Price Indices for Industrial Products** | **102.6** | **107.3** | **95.3** | **97.8** | **96.7** |
| 生产资料 | Means of Production | 103.2 | 108.2 | 94.4 | 97.3 | 96.1 |
| 采掘 | Mining | 121.9 | 124.4 | 80.8 | 100.5 | 86.2 |
| 原料 | Raw Materials | 108.9 | 114.3 | 90.5 | 94.1 | 93.0 |
| 加工 | Manufacturing | 100.9 | 106.3 | 95.6 | 98.2 | 97.0 |
| 生活资料 | Consumer Goods | 100.5 | 103.1 | 99.6 | 99.6 | 99.2 |
| 食品 | Foods | 99.9 | 105.6 | 99.1 | 103.2 | 96.7 |
| 衣着 | Clothing | 102.9 | 103.2 | 100.6 | 98.6 | 99.0 |
| 一般日用品 | Articles for Daily Use | 101.2 | 102.1 | 99.3 | 97.7 | 100.1 |
| 耐用消费品 | Durable Consumer Goods | 98.2 | 100.8 | 99.5 | 99.4 | 99.7 |

# 4-5 按部门分工业生产者出厂价格指数
# Producer Price Indices for Industrial Products by Department

(上年=100) (preceding year=100

| 类 别 | Item | 2005 | 2010 | 2015 | 2020 | 2023 |
|---|---|---|---|---|---|---|
| **工业生产者出厂价格指数** | **Producer Price Indices for Industrial Products** | **102.6** | **107.3** | **95.3** | **97.8** | **96.7** |
| 冶金工业 | Metallurgical Industry | 103.5 | 112.6 | 86.5 | 98.5 | 92.7 |
| 电力工业 | Power Industry | 106.0 | 100.5 | 100.7 | 95.6 | 97.7 |
| 煤炭及炼焦工业 | Coal and Coking Industry | 116.1 | 116.8 | 81.6 | 84.3 | 76.7 |
| 石油工业 | Petroleum Industry | 119.6 | 127.3 | 80.0 | 85.4 | 95.8 |
| 化学工业 | Chemical Industry | 105.8 | 113.8 | 91.1 | 94.7 | 93.0 |
| 机械工业 | Machanical Industry | 100.0 | 102.9 | 98.7 | 98.7 | 99.1 |
| 建筑材料工业 | Building Materials Industry | 95.4 | 105.5 | 94.5 | 102.0 | 88.6 |
| 森林工业 | Forest Industry | 103.0 | 101.3 | 101.0 | 99.7 | 99.0 |
| 食品工业 | Food Industry | 99.6 | 105.1 | 98.7 | 103.6 | 96.9 |
| 纺织工业 | Textile Industry | 101.5 | 111.7 | 98.3 | 94.9 | 97.5 |
| 缝纫工业 | Tailoring Industry | 103.3 | 103.2 | 100.6 | 98.3 | 98.9 |
| 皮革工业 | Leather Industry | 101.5 | 101.8 | 99.6 | 100.6 | 100.6 |
| 造纸工业 | Paper Industry | 101.8 | 107.9 | 99.4 | 98.4 | 93.0 |
| 文教艺术用品工业 | Cultural, Educational and Handicrafts Articles Industry | 102.2 | 101.1 | 100.3 | 100.0 | 100.3 |
| 其他工业 | Others | 100.8 | 104.0 | 100.4 | 97.6 | 101.3 |

# 4-6 按行业分工业生产者出厂价格指数

上年=100

| 行　业 | Sector | 2017 |
|---|---|---|
| **工业生产者出厂价格指数** | **Producer Price Indices for Industrial Products** | **104.8** |
| 煤炭开采和洗选业 | Mining and Washing of Coal | 121.5 |
| 石油和天然气开采业 | Extraction of Petroleum and Natural Gas | 132.7 |
| 黑色金属矿采选业 | Mining and Processing of Ferrous Metal Ores | 106.1 |
| 有色金属矿采选业 | Mining and Processing of Non-Ferrous Metal Ores | 99.0 |
| 非金属矿采选业 | Mining and Processing of Non-metallic Ores | 106.1 |
| 农副食品加工业 | Processing of Food from Agricultural Products | 102.2 |
| 食品制造业 | Manufacturing of Foods | 101.7 |
| 酒、饮料和精制茶制造业 | Manufacturing of Alcohol, Beverage and Refined Tea | 100.1 |
| 烟草制品业 | Manufacturing of Tobacco | 100.0 |
| 纺织业 | Manufacturing of Textile | 101.6 |
| 纺织服装、服饰业 | Manufacturing of Textile Wearing, Apparel and Accessories | 101.7 |
| 皮革、毛皮、羽毛及其制品和制鞋业 | Manufacturing of Leather, Fur, Feather and Related Products and Footwear | 100.3 |
| 木材加工和木、竹、藤、棕、草制品业 | Processing of Timber,Manufacture of Wood, Bamboo,Rattan,Palm and Straw Products | 98.4 |
| 家具制造业 | Manufacturing of Furniture | 102.1 |
| 造纸和纸制品业 | Manufacturing of Paper and Paper Products | 111.2 |
| 印刷和记录媒介复制业 | Printing and Reproduction of Recorded Media | 101.4 |
| 文教、工美、体育和娱乐用品制造业 | Manufacturing of Articles for Culture, Education, Arts and Crafts, Sport and Entertainment Activities | 100.5 |
| 石油加工、炼焦和核燃料加工业 | Processing of Petroleum, Coking, Processing of Nuclear Fuels | 120.3 |
| 化学原料和化学制品制造业 | Manufacturing of Raw Chemical Materials and Chemical Products | 110.8 |
| 医药制造业 | Manufacturing of Medicines | 100.1 |
| 化学纤维制造业 | Manufacturing of Chemical Fibers | 107.4 |
| 橡胶和塑料制品业 | Manufacturing of Rubber and Plastic Products | 103.5 |
| 非金属矿物制品业 | Manufacturing of Non-metallic Mineral Products | 109.1 |
| 黑色金属冶炼和压延加工业 | Smelting and Pressing of Ferrous Metals | 122.2 |
| 有色金属冶炼和压延加工业 | Smelting and Pressing of Non-ferrous Metals | 116.3 |
| 金属制品业 | Manufacturing of Metal Products | 107.8 |
| 通用设备制造业 | Manufacturing of General Purpose Machinery | 100.3 |
| 专用设备制造业 | Manufacturing of Special Purpose Machinery | 100.1 |
| 汽车制造业 | Manufacturing of Automobiles | 99.3 |
| 铁路、船舶、航空航天和其他运输设备制造业 | Manufacturing of Railway, Ship, Aerospace and Other Transport Equipment | 102.8 |
| 电气机械和器材制造业 | Manufacturing of Electrical Machinery and Apparatus | 101.6 |
| 计算机、通信和其他电子设备制造业 | Manufacturing of Computers, Communications and Other Electronic Equipment | 98.8 |
| 仪器仪表制造业 | Manufacturing of Measuring Instruments and Machinery | 99.1 |
| 其他制造业 | Other Manufacturing | 102.4 |
| 废弃资源综合利用业 | Utilization of Waste Resources | 106.5 |
| 金属制品、机械和设备修理业 | Repair Service of Metal Products, Machinery and Equipment | 102.0 |
| 电力、热力生产和供应业 | Production and Supply of Electric Power and Heat Power | 101.0 |
| 燃气生产和供应业 | Production and Supply of Gas | 102.4 |
| 水的生产和供应业 | Production and Supply of Water | 100.5 |

# Producer Price Indices for Industrial Products by Sector

(preceding year=100)

| 2018 | 2019 | 2020 | 2021 | 2022 | 2023 |
|---|---|---|---|---|---|
| **102.8** | **98.9** | **97.8** | **106.3** | **103.2** | **96.7** |
| 103.8 | 107.7 | 82.1 | 196.2 | 124.8 | 76.7 |
| 125.7 | 96.4 | 68.0 | 158.8 | 144.9 | 89.8 |
| 100.8 | 100.8 | 104.8 | 128.9 | 95.6 | 92.6 |
| 100.6 | 96.9 | 99.7 | 117.5 | 113.9 | 90.4 |
| 113.5 | 105.7 | 108.1 | 111.8 | 106.7 | 104.7 |
| 99.0 | 101.0 | 105.2 | 110.4 | 107.9 | 94.6 |
| 101.9 | 101.9 | 100.1 | 104.7 | 107.1 | 94.3 |
| 101.5 | 99.5 | 101.0 | 101.3 | 100.8 | 97.4 |
| 100.1 | 102.4 | 100.6 | 100.0 | 100.0 | 100.0 |
| 101.5 | 99.4 | 95.2 | 102.3 | 102.4 | 97.6 |
| 101.5 | 100.5 | 98.0 | 99.4 | 101.1 | 98.9 |
| 101.4 | 101.8 | 99.8 | 99.7 | 100.2 | 101.5 |
| 101.0 | 102.1 | 99.5 | 101.3 | 101.4 | 99.4 |
| | | | | | |
| 100.7 | 101.3 | 100.9 | 102.4 | 103.7 | 99.4 |
| 107.2 | 93.0 | 97.3 | 104.1 | 97.9 | 93.0 |
| 101.1 | 101.1 | 98.9 | 100.4 | 98.9 | 98.9 |
| 99.7 | 102.4 | 100.0 | 101.3 | 102.4 | 103.2 |
| | | | | | |
| 112.7 | 98.4 | 84.4 | 122.8 | 124.0 | 95.0 |
| 107.5 | 96.7 | 94.7 | 118.1 | 104.4 | 89.2 |
| 102.9 | 100.2 | 98.3 | 97.6 | 97.8 | 101.0 |
| 104.8 | 93.5 | 86.6 | 117.5 | 106.1 | 96.7 |
| 101.7 | 99.4 | 97.2 | 103.6 | 100.2 | 95.7 |
| 112.8 | 103.1 | 100.5 | 103.7 | 96.4 | 89.7 |
| 106.8 | 97.8 | 98.3 | 122.6 | 95.1 | 89.1 |
| 105.9 | 97.8 | 98.9 | 120.9 | 104.1 | 95.9 |
| 106.2 | 100.0 | 98.7 | 108.3 | 102.7 | 96.5 |
| 101.0 | 100.5 | 100.1 | 101.3 | 101.6 | 100.0 |
| 101.2 | 100.0 | 100.7 | 100.2 | 100.7 | 100.6 |
| 99.8 | 99.9 | 101.2 | 99.8 | 100.4 | 99.0 |
| 101.9 | 100.0 | 100.3 | 101.0 | 102.0 | 102.2 |
| 99.6 | 96.0 | 94.5 | 105.9 | 105.4 | 96.3 |
| 97.4 | 99.3 | 98.4 | 98.8 | 102.2 | 99.7 |
| 98.7 | 101.5 | 100.7 | 99.8 | 104.4 | 101.4 |
| 100.8 | 98.3 | 100.7 | 98.0 | 99.6 | 100.3 |
| 115.3 | 103.7 | 106.6 | 135.3 | 97.3 | 93.0 |
| 103.9 | 105.4 | 100.2 | 100.6 | 100.0 | 100.0 |
| 100.9 | 97.8 | 98.3 | 102.9 | 118.6 | 97.7 |
| 104.8 | 102.0 | 95.7 | 100.7 | 119.2 | 99.1 |
| 101.4 | 103.8 | 99.6 | 99.8 | 100.9 | 99.5 |

# 4-7　工业生产者购进价格指数
# Purchasing Price Indices for Industrial Products

上年=100 (preceding year=100)

| 类　别 | Item | 2017 | 2018 | 2019 | 2020 | 2021 | 2022 | 2023 |
|---|---|---|---|---|---|---|---|---|
| **工业生产者购进价格指数** | **Purchasing Price Indices for Industrial Products** | **109.7** | **104.6** | **97.2** | **96.5** | **113.8** | **105.8** | **96.4** |
| 燃料动力类 | Fuel and Power | 114.5 | 107.4 | 96.4 | 89.7 | 122.1 | 125.6 | 94.5 |
| 黑色金属材料类 | Ferrous Metal | 117.2 | 107.8 | 100.6 | 99.7 | 119.9 | 97.4 | 94.4 |
| 有色金属材料和电线类 | Non Ferrous Metal and Wire | 115.6 | 103.8 | 97.3 | 100.9 | 126.0 | 104.8 | 101.0 |
| 化工原料类 | Chemical Materials | 113.1 | 106.0 | 90.7 | 89.3 | 119.8 | 103.9 | 91.2 |
| 木材及纸浆类 | Timber and Pulp | 104.3 | 106.0 | 97.3 | 97.9 | 107.0 | 104.5 | 97.4 |
| 建筑材料及非金属矿类 | Construction Materials and Non-Metal Mining Industry | 108.1 | 110.7 | 102.0 | 100.2 | 108.3 | 101.9 | 91.1 |
| 其他工业原材料、半成品类 | Other Industrial Raw Materials and Semi-Finished Products | 103.0 | 101.3 | 98.6 | 99.1 | 105.3 | 102.5 | 99.1 |
| 农副产品类 | Farm and Sideline Products | 104.7 | 98.9 | 98.9 | 99.8 | 116.4 | 109.8 | 93.1 |
| 纺织原料类 | Textile Raw Materials | 103.9 | 102.2 | 99.1 | 95.9 | 104.4 | 103.7 | 97.2 |

# 4-8　房地产价格指数
# Real Estate Price Indices

上年=100 (preceding year=100)

| 类　别 | Item | 2017 | 2018 | 2019 | 2020 | 2021 | 2022 | 2023 |
|---|---|---|---|---|---|---|---|---|
| **新建住宅** | **New Commercial Residential** | | | | | | | |
| 南京 | Nanjing | 113.9 | 98.8 | 104.0 | 104.5 | 104.8 | 101.5 | 99.8 |
| 无锡 | Wuxi | 117.8 | 100.7 | 108.0 | 108.7 | 105.2 | 101.6 | 98.7 |
| 徐州 | Xuzhou | 111.3 | 111.7 | 115.7 | 111.4 | 107.7 | 100.4 | 99.8 |
| 扬州 | Yangzhou | 112.6 | 109.1 | 112.4 | 108.7 | 107.4 | 97.7 | 99.5 |
| **二手住宅** | **Second-hand Residential** | | | | | | | |
| 南京 | Nanjing | 114.4 | 99.6 | 103.3 | 104.8 | 105.6 | 98.0 | 97.5 |
| 无锡 | Wuxi | 117.8 | 105.0 | 106.3 | 109.0 | 106.6 | 101.1 | 98.5 |
| 徐州 | Xuzhou | 106.4 | 106.7 | 107.4 | 106.7 | 108.0 | 97.8 | 97.4 |
| 扬州 | Yangzhou | 108.8 | 106.0 | 107.6 | 104.4 | 105.9 | 97.9 | 97.2 |

# 主要统计指标解释

**居民消费价格指数**　是反映一定时期内城乡居民所购买的生活消费品价格和服务项目价格变动趋势和程度的相对数。

**工业生产者价格指数**　是反映工业产品价格变化趋势和变动幅度的统计指标，是工业企业的产品价格在不同时间和空间条件下平均变动的相对数。工业生产者价格包括工业生产者出厂价格和工业生产者购进价格。工业生产者价格指数是进行国民经济核算和经济管理的重要依据。

# Explanatory Notes on Main Statistical Indicators

**Consumer Price Indices** are relative figures reflecting the trend and degree of changes in price of consumer goods and services purchased of urban and rural households during a given period and the results of the comprehensive summary calculation of the consumer price index of urban households and the consumer price index of rural households. Using the consumer price index, the degree of in fluence of retail prices and service price changes of consumer goods on the actual living expenses of urban and rural households can be observed and analyzed.

**Producer Price Indices for Industrial Products** reflect the trend and manitude of changes in the prices of industrial products. They are the relative numbers of average changes in the price of products of industrial enterprises under different conditions of time and space. Producer price for industrial products contains producer price for industrial products and purchasing price for industrial producers. Producer price indices for industrial products is an important basis for national accounts and economic management.

# 5

# 人民生活

# People's Living Conditions

# 简 要 说 明

**一、本篇资料的主要内容**

本篇资料反映江苏人民生活现状及变化情况。

居民生活状况的数据来源于住户调查，是对居民家庭抽样调查汇总的结果。主要内容包括居民现金和实物收支情况、住户成员及劳动力从业情况、居民家庭食品和能源消费情况、住房和耐用消费品拥有情况、家庭经营和生产投资情况、社区基本情况以及其他民生状况等。

**二、住户样本抽选方法**

住户调查的样本抽选包括抽样方法设计、调查网点代表性评估、调查小区抽选以及摸底调查、调查住宅抽选、调查户落实等现场抽样工作。

住户调查的样本量按满足以下代表性需求的标准确定：在95%的置信度下，居民及分城乡居民人均可支配收入、消费支出以及主要收入项和消费项的抽样误差控制在3%以内。

**三、住户调查方法**

住户调查采用日记账和问卷调查相结合的方式采集基础数据。其中，居民现金收入与支出、实物收入与支出等内容主要使用记账方式采集。住户成员及劳动力从业情况、住房和耐用消费品拥有情况、家庭经营和生产投资情况、社区基本情况及其他民生状况等资料使用问卷调查方式采集。

**四、城乡一体化住户调查**

从2013年开始，经国务院同意，国家统计局对长期分开进行的城镇住户调查和农村住户调查实施了一体化改革。按照城乡常住人口现状，统一调查指标、统一抽样方法、统一调查过程、统一数据处理和统一数据发布，建立了城乡一体化住户收支调查制度，并在全国统一实施。指标名称、城乡划分范围和指标口径同时发生了变化。

# Brief Introduction

**Ⅰ. Main Contents**

Data in this chapter show the people’s living conditions and changes in Jiangsu.

Data on residents’ living conditions come from Household Survey, which are the results of the sample survey of households. They consist of income and expenditure of cash and real objects, household members, employed persons, food and energy consumption, housing conditions, the quantity of durable consumer goods owned, household business and production investment, basic situation of community and so on.

**Ⅱ. Method for Household Sampling**

The selection of household sampling consists of the design of the sampling method, representative evaluation of survey sites, survey area selection, survey for basic condition, investigated residence selection, investigated household verification.

The selection of household sampling should meet the following standards:under the confidence level of 95%,the sampling errors of income of residents, income of urban and rural residents, consumption expenditure, main income and consumption are controlled within 3%.

**Ⅲ. Methodology of Household Survey**

Basic data are collected by journals and questionnaires, and among this, cash income and expenditure, real objects income and expenditure are mainly collected by account. Data on people's livelihood consist of household members, employed persons, housing conditions and the quantity of durable consumer goods owned, household business and production investment, basic situation of community are collected by questionnaires.

**Ⅳ. Urban and Rural Household Survey**

Since 2013, with the approval of the state council,the Nation Bureau of statistics launched a refoem to develop an integrated survey of the long-term separate urban household survey and rural household survey. According to the current situation of urban and rural resident population, investigation index, sampling methods, investigation process, data processing and data release were all unified. The unified urban and rural household income and expenditure survey system has been established and carried out nationwidely. Name of index names, range of urban and rural areas and standards of some indicators were changed at the same time.

# 5-1 人民生活水平情况

| 指 标 | Item | 2016 |
|---|---|---|
| **就业** | **Employment** | |
| 农村平均每户家庭从业人口(人) | Number of Employed Persons per Rural Household(person) | 1.95 |
| 每一农村就业人口负担人数(人) | Number of Dependents per Labor of Rural(person) | 1.53 |
| 城镇平均每户家庭从业人口(人) | Number of Employed Persons per Urban Household(person) | 1.66 |
| 每一城镇就业人口负担人数(人) | Number of Dependents per Labor of Urban(person) | 1.79 |
| **收入与支出(元)** | **Income and Expenditure(yuan)** | |
| 居民人均可支配收入 | Per Capita Disposable Income of Households | 32070 |
| 居民人均生活消费支出 | Per Capita Consumption Expenditure of Households | 22130 |
| 城镇常住居民人均可支配收入 | Per Capita Disposable Income of Urban Permanent Residents | 40152 |
| 城镇常住居民人均生活消费支出 | Per Capita Consumption Expenditure of Urban Permanent Residents | 26433 |
| 农村常住居民人均可支配收入 | Per Capita Disposable Income of Rural Permanent Residents | 17606 |
| 农村常住居民人均生活消费支出 | Per Capita Consumption Expenditure of Rural Permanent Residents | 14428 |
| 职工年平均工资 | Annual Average Wage of Workers and Staff | 72684 |
| **生活质量** | **Life Quality** | |
| 居民家庭恩格尔系数(%) | Household's Engle Coefficient(%) | 28.3 |
| 城镇居民 | Urban Residents | 28.0 |
| 农村居民 | Rural Residents | 29.5 |
| 人均住房面积(平方米) | Per Capita Floor Space of Residential Building(sq.m) | 46.3 |
| 城镇人均现住房建筑面积 | Per Capita Existing Residential Building Space in Urban Areas | 40.3 |
| 农村人均现住房建筑面积 | Per Capita Existing Residential Building Space in Rural Areas | 56.9 |
| 交通状况 | Traffic | |
| 城市每万人拥有公共汽(电)车(辆) | Number of Public Transportation Vehicles per 10000 persons(unit) | 15.5 |
| 城市人均拥有道路面积(平方米) | Per Capita Area of Road in Urban Areas(sq.m) | 25.4 |
| 城镇每百户拥有家用汽车(辆) | Number of Automobiles per 100 Households in Urban Areas(unit) | 45.8 |
| 农村每百户拥有摩托车(辆) | Number of Motor cycles per 100 Households in Rural Areas(unit) | 42.1 |
| 邮电通信水平 | Postal and Telecommunication | |
| 每一邮政局所服务面积(平方公里) | Average Area Served by Every Post Office(sq.km) | 45.02 |
| 固定电话普及率(部/百人) | Popularization Rate of Fixed Telephones(unit/100 persons) | 21.42 |
| 移动电话普及率(部/百人) | Popularization Rate of Mobile Telephones(unit/100 persons) | 102.79 |
| 城市公用事业 | Urban Public Utilities | |
| 用水普及率(%) | Percentage of Population with Access to Tap Water(%) | 99.9 |
| 燃气普及率(%) | Percentage of Population with Access to LPG(%) | 99.5 |
| 人均公园绿地面积(平方米) | Per Capita Public Green Areas(sq.m) | 14.8 |

注：自2020年起，火灾事故发生数统计口径变化,将所有生产经营性场所火灾、易燃易爆物品燃烧爆炸事故、垃圾草坪火灾等全部纳入统计

# Basic Conditions of People's Living Standard

| 2017 | 2018 | 2019 | 2020 | 2021 | 2022 | 2023 |
|---|---|---|---|---|---|---|
| | | | | | | |
| 1.93 | 1.77 | 1.75 | 1.68 | 1.75 | 1.71 | 1.68 |
| 1.53 | 1.66 | 1.65 | 1.72 | 1.63 | 1.66 | 1.75 |
| 1.65 | 1.60 | 1.60 | 1.55 | 1.55 | 1.51 | 1.46 |
| 1.79 | 1.85 | 1.86 | 1.91 | 1.90 | 1.94 | 1.98 |
| | | | | | | |
| 35024 | 38096 | 41400 | 43390 | 47498 | 49862 | 52674 |
| 23469 | 25007 | 26697 | 26225 | 31451 | 32848 | 35491 |
| 43622 | 47200 | 51056 | 53102 | 57743 | 60178 | 63211 |
| 27726 | 29462 | 31329 | 30882 | 36558 | 37796 | 40461 |
| 19158 | 20845 | 22675 | 24198 | 26791 | 28486 | 30488 |
| 15612 | 16567 | 17716 | 17022 | 21130 | 22597 | 25029 |
| 79741 | 86590 | 98669 | 106034 | 117868 | 124175 | 127620 |
| | | | | | | |
| 27.8 | 26.1 | 25.6 | 27.7 | 27.5 | 27.8 | 28.0 |
| 27.5 | 26.1 | 25.5 | 26.8 | 26.2 | 26.4 | 26.6 |
| 28.9 | 26.2 | 26.2 | 30.6 | 32.1 | 32.8 | 32.8 |
| 46.5 | 50.2 | 52.4 | 53.1 | 54.3 | 54.7 | 49.5 |
| 40.6 | 46.9 | 47.5 | 48.3 | 48.7 | 49.3 | 44.1 |
| 57.3 | 56.4 | 61.7 | 62.5 | 65.6 | 66.1 | 60.9 |
| | | | | | | |
| 16.0 | 16.6 | 17.1 | 17.6 | 17.4 | 17.4 | 17.4 |
| 25.6 | 25.2 | 25.4 | 25.6 | 25.6 | 25.3 | 25.5 |
| 47.5 | 52.2 | 55.2 | 49.6 | 54.5 | 56.0 | 67.4 |
| 39.7 | 27.2 | 22.6 | 23.6 | 15.1 | 14.4 | 12.9 |
| | | | | | | |
| 45.12 | 45.21 | 45.16 | 45.14 | 45.17 | 45.04 | 44.57 |
| 18.83 | 16.94 | 16.51 | 14.93 | 14.22 | 13.69 | 13.53 |
| 109.69 | 121.70 | 126.27 | 116.75 | 120.08 | 124.10 | 127.37 |
| | | | | | | |
| 100.0 | 100.0 | 100.0 | 100.0 | 100.0 | 100.0 | 100.0 |
| 99.7 | 99.8 | 99.8 | 99.9 | 99.9 | 99.9 | 100.0 |
| 15.0 | 14.70 | 14.98 | 15.34 | 15.60 | 15.90 | 16.2 |

a)Since 2020, the statistical caliber of fire accidents has changed, including all production and business site fires, flammable and explosive material combustion and explosion accidents, and garbage lawn fires.

5-1　续表

| 指　标 | Item | 2016 |
|---|---|---|
| **文化、教育和卫生** | **Culture, Education and Health Care** | |
| 文化 | Culture | |
| 广播综合人口覆盖率（%） | Listener Rating(%) | 100.00 |
| 电视综合人口覆盖率(%) | Viewer Rating(%) | 100.00 |
| 城镇每百户拥有彩色电视机(台) | Number of Color TV Sets per 100 Households in Urban Areas(unit) | 173.9 |
| 农村每百户拥有彩色电视机(台) | Number of Color TV Sets per 100 Households in Rural Areas(unit) | 154.5 |
| 每百户家用电脑拥有量(台) | Number of Computers per 100 Households(unit) | 76.6 |
| 城镇 | Urban | 94.2 |
| 农村 | Rural | 45.0 |
| 居民家庭文教娱乐支出比重(%) | Percentage of Household Expenditure on Culture,Recreation and Education(%) | 11.4 |
| 城镇 | Urban | 12.0 |
| 农村 | Rural | 9.4 |
| 教育 | Education | |
| 每万人口在校学生数(人) | Number of Students per 10000 Population(person) | |
| 大学生数 | University (or college) Students | 238.5 |
| 中学生数 | Secondary School Students | 362.7 |
| 小学生数 | Primary School Students | 652.9 |
| 卫生 | Heath Care | |
| 每万人拥有病床(张) | Number of Hospital Beds per 10000 persons(bed) | 51.9 |
| 每万人拥有医生数(人) | Number of Doctors per 10000 persons(person) | 25.6 |
| 居民家庭医疗保健支出比重(%) | Percentage of Household Expenditure on Medicine and Healthcare(%) | 6.6 |
| 城镇 | Urban | 6.2 |
| 农村 | Rural | 8.0 |
| **社会保障、社区服务和治安** | **Social Security, Community Service and Public Security** | |
| 社会保障 | Social Security | |
| 参加企业职工基本养老保险人数(万人) | Basic Endowment Insurance Participants(10000 persons) | 2725.9 |
| 参加基本医疗保险人数(万人) | Basic Medical Insurance Participants(10000 persons) | 2490.5 |
| 参加失业保险人数(万人) | Unemployment Insurance Participants(10000 persons) | 1538.2 |
| 参加工伤保险人数(万人) | Work Injury Insurance Participants(10000 persons) | |
| 城镇居民最低生活保障人数(万人) | Number of Persons Receiving Subsistence Allowance in Urban Areas(10000 persons) | 24.8 |
| 农村居民最低生活保障人数(万人) | Number of Rural Residents Receiving Subsistence Allowance(10000 persons) | 109.9 |
| 社区服务 | Community Service | |
| 城镇社区服务设施(个) | Number of Urban Welfare Facilities(unit) | 39767 |
| 社会治安 | Social Public Security | |
| 公安机关刑事案件立案数(起) | Number of Criminal Cases Registered in Public Security Organs(case) | 401507 |
| 公安机关治安案件受理数(起) | Cases of Offence Against Public Order Handled by Public Security Organs(case) | 696432 |
| 火灾事故发生数(起) | Number of Traffic Accidents(case) | 25012 |

continued

| 2017 | 2018 | 2019 | 2020 | 2021 | 2022 | 2023 |
|---|---|---|---|---|---|---|
| 100.00 | 100.0 | 100.0 | 100.0 | 100.0 | 100.0 | 100.0 |
| 100.00 | 100.0 | 100.0 | 100.0 | 100.0 | 100.0 | 100.0 |
| 176.5 | 171.3 | 174.2 | 174.5 | 165.2 | 166.2 | 151.1 |
| 158.7 | 149.9 | 149.9 | 152.8 | 150.9 | 150.8 | 141.9 |
| 78.7 | 62.6 | 62.2 | 62.7 | 53.0 | 54.9 | 61.5 |
| 96.8 | 77.6 | 78.3 | 78.0 | 64.8 | 66.9 | 74.5 |
| 45.4 | 34.5 | 31.9 | 33.2 | 29.8 | 30.7 | 33.6 |
| 11.7 | 10.3 | 11.0 | 8.8 | 9.5 | 8.5 | 9.4 |
| 12.4 | 10.6 | 11.5 | 8.8 | 9.7 | 8.7 | 8.7 |
| 9.3 | 9.3 | 9.4 | 8.5 | 8.6 | 7.7 | 8.6 |
| 242.2 | 248.5 | 258.8 | 266.5 | 280.1 | 295.8 | 307.1 |
| 377.4 | 402.3 | 430.6 | 436.4 | 457.4 | 476.1 | 493.2 |
| 672.8 | 696.1 | 709.6 | 685.4 | 688.6 | 687.8 | 690.3 |
| 54.6 | 59.7 | 59.7 | 58.9 | 59.7 | 61.5 | 63.3 |
| 27.1 | 29.0 | 31.6 | 31.6 | 32.1 | 32.8 | 34.0 |
| 6.4 | 8.1 | 8.1 | 7.7 | 7.8 | 7.8 | 8.2 |
| 5.7 | 7.7 | 7.7 | 7.0 | 7.7 | 8.5 | 7.9 |
| 8.9 | 9.2 | 9.5 | 10.1 | 8.4 | 8.8 | 9.4 |
| 2818.2 | 2957.6 | 3144.9 | 3272.3 | 3313.5 | 3388.7 | 3444.4 |
| 2601.1 | 2752.6 | 2954.1 | 3102.3 | 2403.9 | 2506.4 | 2539.4 |
| 1583.0 | 1671.3 | 1794.2 | 1890.9 | 1989.4 | 2031.9 | 2037.7 |
|  | 1777.5 | 2016.3 | 2130.9 | 2342.5 | 2401.0 | 2426.1 |
| 20.5 | 14.5 | 12.3 | 11.0 | 10.0 | 8.4 | 8.2 |
| 97.2 | 74.8 | 68.9 | 66.6 | 62.4 | 55.7 | 56.4 |
| 41826 | 43458 | 44552 | 51745 | 47947 | 45570 | 44570 |
| 383644 | 369646 | 358039 | 358672 | 394784 | 386895 | 354384 |
| 764971 | 804239 | 866616 | 950640 | 1087262 | 1044713 | 1257416 |
| 18587 | 14621 | 12866 | 54062 | 66557 | 51991 | 42492 |

# 5-2 全体居民人均可支配收入

# Per Capital Disposable Income of Urban and Rural Households

单位：元 (yuan)

| 年 份<br>Year | 人均可支配收入<br>Per Capita<br>Disposable Income | 工资性收入<br>Income from Wages<br>and Salaries | 经营净收入<br>Net Business<br>Income | 财产净收入<br>Net Income<br>from Properties | 转移净收入<br>Net Income<br>from Transfer |
|---|---|---|---|---|---|
| 2005 | 8712 | 5311 | 1627 | 314 | 1460 |
| 2006 | 9947 | 6022 | 1813 | 379 | 1734 |
| 2007 | 11574 | 6759 | 2068 | 635 | 2112 |
| 2008 | 13237 | 7794 | 2463 | 561 | 2420 |
| 2009 | 14653 | 8504 | 2583 | 772 | 2795 |
| 2010 | 17006 | 9575 | 2902 | 1324 | 3205 |
| 2011 | 19820 | 11319 | 3246 | 1795 | 3460 |
| 2012 | 22432 | 12974 | 3651 | 1896 | 3912 |
| 2013 | 24776 | 14353 | 3994 | 2134 | 4295 |
| 2014 | 27173 | 15707 | 4421 | 2300 | 4745 |
| 2015 | 29539 | 17188 | 4467 | 2537 | 5348 |
| 2016 | 32070 | 18664 | 4724 | 2880 | 5802 |
| 2017 | 35024 | 20399 | 4994 | 3239 | 6392 |
| 2018 | 38096 | 21948 | 5386 | 3746 | 7016 |
| 2019 | 41400 | 23836 | 5636 | 4372 | 7556 |
| 2020 | 43390 | 24657 | 5703 | 4737 | 8294 |
| 2021 | 47498 | 26721 | 6215 | 5316 | 9247 |
| 2022 | 49862 | 28124 | 6421 | 5352 | 9965 |
| 2023 | 52674 | 30054 | 6645 | 5417 | 10557 |

注：2013年开始，经国务院同意，国家统计局对长期分开进行的城镇住户调查和农村住户调查实施了一体化改革。在发布全体居民可支配收入的同时，城乡居民收入口径也发生了变化；2018年国家统计局对历史数据进行了重新测算和反馈。(下表同)

a)Since 2013, with the approval of the State Council, the National Bureau of Statistics launched a reform to develop an integrated survey of the long-term separate urban household survey and rural household survey. At meantime the disposable income of all residents was released, the income of urban and rural residents also changed. In 2018, the National Bureau of Statistics recalculated the historical data and gave feedback.(the same below)

# 5-3　城镇常住居民人均可支配收入
# Per Capita Disposable Income of Urban Households

单位：元　(yuan)

| 年　份<br>Year | 人均可支配收入<br>Per Capita Disposable Income | 工资性收入<br>Income from Wages and Salaries | 经营净收入<br>Net Business Income | 财产净收入<br>Net Income from Properties | 转移净收入<br>Net Income from Transfer |
|---|---|---|---|---|---|
| 1978 | 288 | | | | |
| 1979 | | | | | |
| 1980 | 433 | | | | |
| 1981 | 448 | | | | |
| 1982 | 484 | | | | |
| 1983 | 498 | | | | |
| 1984 | 626 | | | | |
| 1985 | 766 | | | | |
| 1986 | 910 | | | | |
| 1987 | 1005 | | | | |
| 1988 | 1218 | | | | |
| 1989 | 1372 | | | | |
| 1990 | 1464 | | | | |
| 1991 | 1623 | | | | |
| 1992 | 2138 | | | | |
| 1993 | 2774 | | | | |
| 1994 | 3779 | | | | |
| 1995 | 4634 | | | | |
| 1996 | 5186 | | | | |
| 1997 | 5765 | | | | |
| 1998 | 6005 | 4214 | 79 | 150 | 1561 |
| 1999 | 6510 | 4433 | 117 | 120 | 1840 |
| 2000 | 6756 | 4536 | 320 | 101 | 1800 |
| 2001 | 7311 | 4785 | 364 | 115 | 2047 |
| 2002 | 8088 | 5372 | 301 | 139 | 2276 |
| 2003 | 9140 | 5895 | 644 | 242 | 2359 |
| 2004 | 10319 | 6579 | 757 | 363 | 2620 |
| 2005 | 12098 | 7974 | 1036 | 481 | 2607 |
| 2006 | 13799 | 8954 | 1271 | 572 | 3003 |
| 2007 | 16009 | 9956 | 1497 | 1005 | 3550 |
| 2008 | 18215 | 11418 | 2020 | 832 | 3946 |
| 2009 | 19996 | 12313 | 2149 | 1148 | 4386 |
| 2010 | 22273 | 13187 | 2533 | 1964 | 4589 |
| 2011 | 25570 | 15339 | 2953 | 2698 | 4580 |
| 2012 | 28808 | 17517 | 3369 | 2816 | 5106 |
| 2013 | 31585 | 19127 | 3671 | 3159 | 5629 |
| 2014 | 34346 | 20720 | 4063 | 3373 | 6189 |
| 2015 | 37173 | 22460 | 4134 | 3682 | 6897 |
| 2016 | 40152 | 24214 | 4411 | 4151 | 7376 |
| 2017 | 43622 | 26298 | 4656 | 4625 | 8043 |
| 2018 | 47200 | 28136 | 5053 | 5318 | 8693 |
| 2019 | 51056 | 30416 | 5298 | 6202 | 9141 |
| 2020 | 53102 | 31168 | 5328 | 6680 | 9925 |
| 2021 | 57743 | 33456 | 5815 | 7476 | 10997 |
| 2022 | 60178 | 34952 | 5971 | 7464 | 11791 |
| 2023 | 63211 | 37332 | 6049 | 7522 | 12308 |

# 5-4 农村常住居民人均可支配收入
## Per Capita Disposable Income of Rural Permanent Residents

单位：元 (yuan)

| 年 份<br>Year | 人均可支配收入<br>Per Capita Disposable Income | 工资性收入<br>Income from Wages and Salaries | 经营净收入<br>Net Business Income | 财产净收入<br>Net Income from Properties | 转移净收入<br>Net Income from Transfer |
|---|---|---|---|---|---|
| 1978 | 155 | | | | |
| 1979 | 200 | | | | |
| 1980 | 218 | | | | |
| 1981 | 258 | | | | |
| 1982 | 309 | | | | |
| 1983 | 357 | | | | |
| 1984 | 448 | | | | |
| 1985 | 493 | | | | |
| 1986 | 561 | | | | |
| 1987 | 627 | | | | |
| 1988 | 797 | | | | |
| 1989 | 876 | | | | |
| 1990 | 884 | | | | |
| 1991 | 921 | | | | |
| 1992 | 1061 | | | | |
| 1993 | 1267 | | | | |
| 1994 | 1832 | | | | |
| 1995 | 2457 | | | | |
| 1996 | 3029 | | | | |
| 1997 | 3270 | | | | |
| 1998 | 3375 | 1463 | 1754 | 42 | 116 |
| 1999 | 3492 | 1602 | 1702 | 47 | 141 |
| 2000 | 3591 | 1629 | 1793 | 48 | 122 |
| 2001 | 3778 | 1764 | 1817 | 51 | 146 |
| 2002 | 3972 | 1914 | 1829 | 60 | 169 |
| 2003 | 4229 | 2082 | 1856 | 92 | 199 |
| 2004 | 4740 | 2298 | 2102 | 107 | 233 |
| 2005 | 5258 | 2595 | 2230 | 145 | 289 |
| 2006 | 5791 | 2859 | 2398 | 171 | 364 |
| 2007 | 6533 | 3124 | 2717 | 215 | 477 |
| 2008 | 7322 | 3487 | 2989 | 238 | 607 |
| 2009 | 7962 | 3733 | 3126 | 302 | 801 |
| 2010 | 9067 | 4130 | 3458 | 361 | 1118 |
| 2011 | 10744 | 4973 | 3709 | 370 | 1692 |
| 2012 | 12133 | 5634 | 4108 | 409 | 1983 |
| 2013 | 13521 | 6463 | 4528 | 440 | 2090 |
| 2014 | 14958 | 7170 | 5031 | 472 | 2286 |
| 2015 | 16257 | 8015 | 5046 | 545 | 2651 |
| 2016 | 17606 | 8732 | 5283 | 606 | 2985 |
| 2017 | 19158 | 9513 | 5620 | 680 | 3345 |
| 2018 | 20845 | 10222 | 6017 | 767 | 3839 |
| 2019 | 22675 | 11077 | 6291 | 825 | 4482 |
| 2020 | 24198 | 11789 | 6445 | 895 | 5070 |
| 2021 | 26791 | 13109 | 7022 | 950 | 5710 |
| 2022 | 28486 | 13977 | 7353 | 974 | 6182 |
| 2023 | 30488 | 14733 | 7901 | 986 | 6869 |

# 5-5　全体居民家庭基本情况
## Basic Conditions of Urban and Rural Households

| 指　　标 | Item | 2017 | 2018 | 2019 | 2020 | 2021 | 2022 | 2023 |
|---|---|---|---|---|---|---|---|---|
| **基本情况** | **Basic Conditions** | | | | | | | |
| 调查户数(户) | Number of Households Surveyed(household) | 6600 | 6600 | 6600 | 6600 | 6600 | 6600 | 6800 |
| 平均每户家庭常住人口(人) | Number of Permanent Residents per Households(person) | 2.96 | 3.00 | 2.90 | 2.94 | 2.92 | 2.90 | 2.90 |
| 平均每户就业人口(人) | Average Employed Persons per Households(person) | 1.75 | 1.70 | 1.60 | 1.59 | 1.62 | 1.58 | 1.53 |
| 平均每一就业人口负担人数(人) | Number of Persons Supported by Each Employed Person(person) | 1.69 | 1.80 | 1.80 | 1.84 | 1.80 | 1.84 | 1.90 |
| 平均每户就业面(%) | Percentage of Employed Persons per Households(%) | 59.1 | 56.2 | 56.1 | 54.3 | 55.6 | 54.4 | 52.7 |
| 平均每人现住房建筑面积(平方米) | Per Capita Living Space(sq.m) | 46.5 | 50.2 | 52.4 | 53.1 | 54.3 | 54.7 | 49.5 |
| **人均可支配收入(元)** | **Per Capita Disposable Income(yuan)** | **35024** | **38096** | **41400** | **43390** | **47498** | **49862** | **52674** |
| #工资性收入 | Income from Wages and Salaries | 20399 | 21948 | 23836 | 24657 | 26721 | 28124 | 30054 |
| 经营净收入 | Net Business Income | 4994 | 5386 | 5636 | 5703 | 6215 | 6421 | 6645 |
| 财产净收入 | Net Income from Properties | 3239 | 3746 | 4372 | 4737 | 5316 | 5352 | 5417 |
| 转移净收入 | Net Income from Transfer | 6392 | 7016 | 7556 | 8294 | 9247 | 9965 | 10557 |
| **人均生活消费支出(元)** | **Per Capita Consumption Expenditure(yuan)** | **23469** | **25007** | **26697** | **26225** | **31451** | **32848** | **35491** |
| 食品烟酒 | Foods,Tobacco and Liquor | 6525 | 6530 | 6847 | 7258 | 8661 | 9139 | 9926 |
| 衣着 | Clothing | 1506 | 1541 | 1573 | 1450 | 1784 | 1770 | 1891 |
| 居住 | Housing | 5586 | 6731 | 7247 | 7506 | 8434 | 9073 | 9169 |
| 生活用品及服务 | Household Equipments, Furnishings and Services | 1444 | 1493 | 1496 | 1523 | 1912 | 1954 | 2030 |
| 交通通信 | Transport and Communications | 3496 | 3523 | 3732 | 3589 | 4336 | 4587 | 5075 |
| 教育文化娱乐 | Education,Culture and Recreation | 2748 | 2583 | 2946 | 2298 | 2985 | 2779 | 3334 |
| 医疗保健 | Health Care and Medical Services | 1511 | 2016 | 2166 | 2019 | 2463 | 2564 | 2916 |
| 其他用品和服务 | Miscellaneous Goods and Services | 653 | 590 | 688 | 582 | 878 | 983 | 1151 |

# 5-6 城镇居民家庭基本情况
# Basic Conditions of Urban Households

| 指 标 | Item | 2017 | 2018 | 2019 | 2020 | 2021 | 2022 | 2023 |
|---|---|---|---|---|---|---|---|---|
| **基本情况** | **Basic Conditions** | | | | | | | |
| 调查户数(户) | Number of Households Surveyed(household) | 4200 | 4630 | 4630 | 4630 | 4630 | 4630 | 4480 |
| 平均每户家庭常住人口(人) | Number of Permanent Residents per Households(person) | 2.96 | 3.00 | 3.00 | 2.97 | 2.94 | 2.93 | 2.88 |
| 平均每户就业人口(人) | Average Employed Persons per Households(person) | 1.65 | 1.60 | 1.60 | 1.55 | 1.55 | 1.51 | 1.46 |
| 平均每一就业人口负担人数(人) | Number of Persons Supported by Each Employed Person(person) | 1.79 | 1.90 | 1.90 | 1.91 | 1.90 | 1.94 | 1.98 |
| 平均每户就业面(%) | Percentage of Employed Persons per Households(%) | 55.8 | 54.0 | 53.7 | 52.3 | 52.7 | 51.6 | 50.6 |
| 平均每人现住房建筑面积(平方米) | Per Capita Living Space(sq.m) | 40.6 | 46.9 | 47.5 | 48.3 | 48.7 | 49.3 | 44.1 |
| **人均可支配收入(元)** | **Per Capita Disposable Income(yuan)** | **43622** | **47200** | **51056** | **53102** | **57743** | **60178** | **63211** |
| #工资性收入 | Income from Wages and Salaries | 26298 | 28136 | 30416 | 31168 | 33456 | 34952 | 37332 |
| 经营净收入 | Net Business Income | 4656 | 5053 | 5298 | 5328 | 5815 | 5971 | 6049 |
| 财产净收入 | Net Income from Properties | 4625 | 5317 | 6202 | 6680 | 7476 | 7464 | 7522 |
| 转移净收入 | Net Income from Transfer | 8043 | 8693 | 9141 | 9925 | 10997 | 11791 | 12308 |
| **人均生活消费支出(元)** | **Per Capita Consumption Expenditure(yuan)** | **27726** | **29462** | **31329** | **30882** | **36558** | **37796** | **40461** |
| 食品烟酒 | Foods,Tobacco and Liquor | 7616 | 7687 | 7981 | 8292 | 9590 | 9968 | 10746 |
| 衣着 | Clothing | 1838 | 1926 | 1931 | 1768 | 2075 | 2022 | 2174 |
| 居住 | Housing | 6773 | 8104 | 8787 | 9388 | 10321 | 10983 | 10971 |
| 生活用品及服务 | Household Equipments, Furnishings and Services | 1709 | 1786 | 1711 | 1809 | 2176 | 2198 | 2268 |
| 交通通信 | Transport and Communications | 3972 | 3820 | 4052 | 3995 | 4927 | 5281 | 5822 |
| 教育文化娱乐 | Education,Culture and Recreation | 3450 | 3129 | 3606 | 2728 | 3564 | 3284 | 3898 |
| 医疗保健 | Health Care and Medical Services | 1574 | 2273 | 2420 | 2174 | 2801 | 2839 | 3185 |
| 其他用品和服务 | Miscellaneous Goods and Services | 794 | 738 | 842 | 729 | 1104 | 1220 | 1397 |

# 5-7　农村居民家庭基本情况
# Basic Conditions of Rural Households

| 指　　标 | Item | 2017 | 2018 | 2019 | 2020 | 2021 | 2022 | 2023 |
|---|---|---|---|---|---|---|---|---|
| **基本情况** | **Basic Conditions** | | | | | | | |
| 调查户数(户) | Number of Households Surveyed(household) | 2400 | 1970 | 1970 | 1970 | 1970 | 1970 | 2320 |
| 平均每户家庭常住人口(人) | Number of Permanent Residents per Households(person) | 2.97 | 2.90 | 2.90 | 2.89 | 2.86 | 2.83 | 2.94 |
| 平均每户就业人口(人) | Average Employed Persons per Households(person) | 1.93 | 1.80 | 1.70 | 1.68 | 1.75 | 1.71 | 1.68 |
| 平均每一就业人口负担人数(人) | Number of Persons Supported by Each Employed Person(person) | 1.53 | 1.70 | 1.60 | 1.72 | 1.63 | 1.66 | 1.75 |
| 平均每户就业面(%) | Percentage of Employed Persons per Households(%) | 65.2 | 60.2 | 60.8 | 58.1 | 61.3 | 60.3 | 57.2 |
| 平均每人现住房建筑面积(平方米) | Per Capita Living Space(sq.m) | 57.3 | 56.4 | 61.7 | 62.5 | 65.6 | 66.1 | 60.9 |
| **人均可支配收入(元)** | **Per Capita Disposable Income(yuan)** | **19158** | **20845** | **22675** | **24198** | **26791** | **28486** | **30488** |
| #工资性收入 | Income from Wages and Salaries | 9513 | 10222 | 11077 | 11789 | 13109 | 13977 | 14733 |
| 经营净收入 | Net Business Income | 5620 | 6017 | 6291 | 6445 | 7022 | 7353 | 7901 |
| 财产净收入 | Net Income from Properties | 680 | 768 | 825 | 895 | 950 | 974 | 986 |
| 转移净收入 | Net Income from Transfer | 3345 | 3839 | 4482 | 5070 | 5710 | 6182 | 6869 |
| **人均生活消费支出(元)** | **Per Capita Consumption Expenditure(yuan)** | **15612** | **16567** | **17716** | **17022** | **21130** | **22597** | **25029** |
| 食品烟酒 | Foods,Tobacco and Liquor | 4511 | 4338 | 4647 | 5216 | 6781 | 7421 | 8199 |
| 衣着 | Clothing | 892 | 812 | 881 | 823 | 1195 | 1247 | 1294 |
| 居住 | Housing | 3395 | 4130 | 4261 | 3786 | 4618 | 5115 | 5377 |
| 生活用品及服务 | Household Equipments, Furnishings and Services | 954 | 939 | 1080 | 958 | 1377 | 1449 | 1529 |
| 交通通信 | Transport and Communications | 2620 | 2960 | 3113 | 2787 | 3141 | 3148 | 3501 |
| 教育文化娱乐 | Education,Culture and Recreation | 1450 | 1547 | 1668 | 1448 | 1815 | 1731 | 2147 |
| 医疗保健 | Health Care and Medical Services | 1395 | 1530 | 1675 | 1712 | 1782 | 1994 | 2348 |
| 其他用品和服务 | Miscellaneous Goods and Services | 394 | 311 | 390 | 292 | 421 | 492 | 634 |

# 5-8 全体居民家庭人均主要消费品消费量
# Per Capita Consumption of Major Consumer Goods of Households

单位：千克 (kg)

| 指标Item | | 2017 | 2018 | 2019 | 2020 | 2021 | 2022 | 2023 |
|---|---|---|---|---|---|---|---|---|
| 粮食 | Grain | 114.8 | 121.9 | 120.3 | 122.1 | 126.8 | 130.2 | 133.3 |
| #小麦 | Wheat | 30.2 | 35.1 | 36.1 | 36.9 | 38.7 | 40.7 | 50.6 |
| 稻谷 | Rice | 67.3 | 66.4 | 63.6 | 64.6 | 65.7 | 66.0 | 55.8 |
| 油脂类 | Oil and Fats | 12.2 | 9.1 | 9.3 | 10.2 | 10.1 | 9.8 | 8.3 |
| 蔬菜及菜制品 | Vegetable and Products | 108.2 | 100.1 | 101.4 | 104.5 | 121.6 | 130.2 | 125.1 |
| 肉类 | Meat and Products | 26.6 | 28.6 | 25.3 | 25.0 | 33.9 | 35.9 | 41.9 |
| #猪肉 | Pork | 19.5 | 21.2 | 17.8 | 18.1 | 25.1 | 27.1 | 30.2 |
| 牛肉 | Beef | 1.9 | 2.1 | 2.3 | 2.2 | 2.6 | 2.5 | 3.9 |
| 羊肉 | Mutton | 0.8 | 0.9 | 0.8 | 0.8 | 1.1 | 1.1 | 1.4 |
| 禽类 | Poultry | 10.3 | 10.7 | 12.4 | 13.2 | 14.0 | 14.2 | 15.5 |
| 水产品 | Aquatic Products | 18.1 | 17.8 | 19.6 | 19.5 | 22.1 | 23.0 | 24.9 |
| 蛋类及蛋制品 | Eggs and Products | 10.7 | 10.5 | 11.3 | 13.2 | 14.1 | 15.2 | 17.0 |
| 奶和奶制品 | Milk and Dairy Products | 15.6 | 15.1 | 14.7 | 15.4 | 15.0 | 14.4 | 16.4 |

# 5-9 城镇居民人均主要消费品消费量
# Per Capita Consumption of Major Consumer Goods of Urban Households

单位：千克 (kg)

| 指 标 | Item | 2017 | 2018 | 2019 | 2020 | 2021 | 2022 | 2023 |
|---|---|---|---|---|---|---|---|---|
| 粮食 | Grain | 103.9 | 111.6 | 108.4 | 109.9 | 116.0 | 117.7 | 119.7 |
| #小麦 | Wheat | 29.1 | 32.1 | 32.4 | 33.3 | 36.0 | 37.3 | 47.3 |
| 稻谷 | Rice | 57.5 | 61.2 | 57.5 | 58.2 | 59.3 | 58.9 | 47.7 |
| 油脂类 | Oil and Fats | 12.2 | 8.5 | 8.5 | 9.4 | 9.2 | 8.9 | 7.7 |
| 蔬菜及菜制品 | Vegetable and Products | 113.8 | 107.1 | 105.7 | 106.7 | 122.4 | 128.8 | 122.0 |
| 肉类 | Meat and Products | 28.4 | 30.5 | 27.3 | 27.1 | 34.5 | 36.0 | 40.7 |
| #猪肉 | Pork | 20.5 | 22.2 | 18.8 | 19.4 | 24.9 | 26.7 | 28.3 |
| 牛肉 | Beef | 2.3 | 2.5 | 2.6 | 2.6 | 2.9 | 2.8 | 4.4 |
| 羊肉 | Mutton | 0.9 | 1.1 | 0.9 | 0.9 | 1.1 | 1.1 | 1.3 |
| 禽类 | Poultry | 11.3 | 11.9 | 13.2 | 13.7 | 14.3 | 14.4 | 16.0 |
| 水产品 | Aquatic Products | 20.3 | 20.1 | 21.8 | 21.4 | 23.2 | 23.9 | 24.7 |
| 蛋类及蛋制品 | Eggs and Products | 11.3 | 11.2 | 11.5 | 13.2 | 14.0 | 14.8 | 15.9 |
| 奶和奶制品 | Milk and Dairy Products | 18.1 | 17.3 | 16.8 | 17.6 | 16.6 | 15.4 | 18.0 |

# 5-10　农村居民人均主要消费品消费量
# Per Capita Consumption of Major Consumer Goods of Rural Households

单位：千克　(kg)

| 指　标 | Item | 2017 | 2018 | 2019 | 2020 | 2021 | 2022 | 2023 |
|---|---|---|---|---|---|---|---|---|
| 粮食 | Grain | 134.9 | 141.4 | 143.3 | 146.1 | 148.4 | 156.1 | 161.8 |
| #小麦 | Wheat | 32.2 | 40.9 | 43.4 | 44.1 | 44.2 | 47.8 | 57.5 |
| 稻谷 | Rice | 85.3 | 76.3 | 75.4 | 77.2 | 78.5 | 80.6 | 72.7 |
| 油脂类 | Oil and Fats | 12.1 | 10.4 | 10.6 | 11.8 | 11.8 | 11.6 | 9.5 |
| 蔬菜及菜制品 | Vegetable and Products | 97.8 | 86.9 | 93.2 | 100.1 | 119.8 | 133.0 | 131.7 |
| 肉类 | Meat and Products | 23.1 | 25.0 | 21.5 | 20.7 | 32.8 | 35.8 | 44.2 |
| #猪肉 | Pork | 17.7 | 19.5 | 16.0 | 15.5 | 25.3 | 28.0 | 34.0 |
| 牛肉 | Beef | 1.1 | 1.4 | 1.5 | 1.4 | 2.0 | 1.9 | 2.9 |
| 羊肉 | Mutton | 0.7 | 0.7 | 0.6 | 0.6 | 1.0 | 1.0 | 1.4 |
| 禽类 | Poultry | 8.5 | 8.5 | 10.8 | 12.2 | 13.3 | 13.7 | 14.4 |
| 水产品 | Aquatic Products | 14.2 | 13.5 | 15.2 | 15.8 | 19.8 | 21.1 | 25.3 |
| 蛋类及蛋制品 | Eggs and Products | 9.6 | 9.2 | 10.9 | 13.1 | 14.5 | 15.9 | 19.2 |
| 奶和奶制品 | Milk and Dairy Products | 11.1 | 11.0 | 10.6 | 11.0 | 12.0 | 12.3 | 13.2 |

# 5-11 全体居民家庭平均购买商品数量
# Average Purchases of Commodities of Households

| 项 目 | Item | 2017 | 2018 | 2019 | 2020 | 2021 | 2022 | 2023 |
|---|---|---|---|---|---|---|---|---|
| **平均每人购买** | **Per Capita Purchases** | | | | | | | |
| 粮食(公斤) | Grain(kg) | 74.7 | 81.5 | 64.9 | 67.2 | 79.0 | 75.7 | 80.1 |
| 食用植物油(公斤) | Edible Vegetable Oil(kg) | 11.0 | 7.7 | 7.9 | 8.9 | 8.8 | 8.6 | 7.6 |
| 动物油(公斤) | Animal Oil(kg) | 0.1 | 0.3 | 0.2 | 0.3 | 0.2 | 0.2 | 0.3 |
| 鲜菜(公斤) | Fresh Vegetables(kg) | 81.6 | 76.3 | 76.0 | 81.7 | 98.2 | 101.7 | 105.0 |
| 猪肉(公斤) | Pork(kg) | 19.4 | 21.1 | 17.7 | 18.0 | 25.9 | 27.0 | 30.0 |
| 牛羊肉(公斤) | Beef, Mutton(kg) | 2.7 | 3.0 | 3.1 | 3.0 | 3.6 | 3.5 | 5.2 |
| 禽类(公斤) | Poultry(kg) | 9.8 | 10.3 | 11.9 | 12.4 | 13.1 | 13.5 | 15.0 |
| 水产品(公斤) | Aquatic Products(kg) | 17.8 | 17.7 | 19.4 | 19.3 | 21.8 | 22.8 | 24.4 |
| 蛋类(公斤) | Eggs(kg) | 9.6 | 9.5 | 10.1 | 11.8 | 12.5 | 13.7 | 15.5 |
| 奶类(公斤) | Milk(kg) | 15.6 | 15.1 | 14.7 | 15.3 | 15.0 | 14.4 | 16.4 |
| 干鲜瓜果类(公斤) | Dried and Fresh Melons and Fruits(kg) | 45.8 | 45.0 | 45.5 | 44.1 | 53.0 | 51.8 | 61.9 |
| 糖果糕点类(公斤) | Sugars and Cakes(kg) | 6.0 | 7.0 | 6.4 | 6.1 | 7.0 | 1.6 | 5.3 |
| **平均每百户购买** | **Per 100 Households Purchases** | | | | | | | |
| 洗衣机(台) | Washing Machine(set) | 6.0 | 5.9 | 5.7 | 6.3 | 7.6 | 7.3 | 7.5 |
| 电冰箱(柜)(台) | Refrigerator(set) | 6.2 | 6.2 | 5.3 | 6.7 | 8.9 | 9.0 | 7.7 |
| 空调器(台) | Air Conditioner(set) | 10.9 | 10.6 | 9.4 | 10.0 | 11.2 | 13.2 | 12.3 |
| 吸尘器(台) | Cleaner(set) | 1.3 | 1.5 | 1.9 | 1.8 | 2.4 | 1.9 | 3.0 |
| 抽油烟机(台) | Kitchen Ventilator(set) | 3.1 | 3.4 | 2.9 | 3.2 | 32.4 | 4.2 | 2.8 |
| 微波炉(台) | Microwave Oven(set) | 2.2 | 2.8 | 2.8 | 2.6 | 3.2 | 3.4 | 4.0 |
| 非太阳能热水器(台) | Non-Solar Water Heater(set) | 3.4 | 3.5 | 3.9 | 3.9 | 5.1 | 5.2 | |
| 太阳能热水器(台) | Solar Water Heater(set) | 1.3 | 1.5 | 1.6 | 1.2 | 2.5 | 1.8 | |
| 燃气炉具(台) | Gas Stove(set) | 3.3 | 4.6 | 5.4 | 5.8 | 8.6 | 7.6 | 8.2 |
| 汽车(辆) | Automobile(unit) | 2.7 | 2.8 | 2.7 | 2.3 | 3.1 | 2.9 | 3.3 |
| 摩托车(辆) | Motorcycle(unit) | 0.3 | 0.3 | 0.3 | 0.3 | 0.3 | 0.3 | 0.4 |
| 自行车(辆) | Bicycle(unit) | 2.7 | 2.5 | 2.5 | 2.6 | 2.7 | 3.4 | 3.7 |
| 电动自行车(辆) | Electric Bicycle(unit) | 12.6 | 13.4 | 12.3 | 13.4 | 16.0 | 16.7 | 15.4 |
| 移动电话机(辆) | Mobile Phone(set) | 36.6 | 46.5 | 38.6 | 37.1 | 41.7 | 36.2 | 35.9 |

# 5-12 城镇家庭平均购买商品数量
## Average Purchases of Commodities of Urban Households

| 项 目 | Item | 2017 | 2018 | 2019 | 2020 | 2021 | 2022 | 2023 |
|---|---|---|---|---|---|---|---|---|
| **平均每人购买** | **Per Capita Purchases** | | | | | | | |
| 粮食(公斤) | Grain(kg) | 78.2 | 84.6 | 66.9 | 67.6 | 78.1 | 72.9 | 75.6 |
| 食用植物油(公斤) | Edible Vegetable Oil(kg) | 11.7 | 7.8 | 7.9 | 8.6 | 8.6 | 8.3 | 7.2 |
| 动物油(公斤) | Animal Oil(kg) | 0.1 | 0.4 | 0.2 | 0.3 | 0.2 | 0.2 | 0.3 |
| 鲜菜(公斤) | Fresh Vegetables(kg) | 101.3 | 92.7 | 90.9 | 95.4 | 110.3 | 111.5 | 110.8 |
| 猪肉(公斤) | Pork(kg) | 20.5 | 22.1 | 18.8 | 19.3 | 25.8 | 26.7 | 28.2 |
| 牛羊肉(公斤) | Beef, Mutton(kg) | 3.2 | 3.5 | 3.5 | 3.5 | 4.0 | 3.8 | 5.6 |
| 禽类(公斤) | Poultry(kg) | 11.2 | 11.7 | 13.0 | 13.3 | 13.8 | 14.1 | 15.8 |
| 水产品(公斤) | Aquatic Products(kg) | 20.1 | 20.1 | 21.7 | 21.3 | 23.0 | 23.9 | 24.5 |
| 蛋类(公斤) | Eggs(kg) | 10.9 | 10.7 | 11.0 | 12.5 | 13.1 | 14.1 | 15.5 |
| 奶类(公斤) | Milk(kg) | 18.1 | 17.3 | 16.8 | 17.6 | 16.5 | 15.4 | 17.9 |
| 干鲜瓜果类(公斤) | Dried and Fresh Melons and Fruits(kg) | 51.5 | 51.9 | 51.7 | 48.9 | 56.5 | 54.2 | 64.9 |
| 糖果糕点类(公斤) | Sugars and Cakes(kg) | 6.4 | 7.7 | 7.0 | 6.5 | 7.5 | 1.5 | 5.5 |
| **平均每百户购买** | **Per 100 Households Purchases** | | | | | | | |
| 洗衣机(台) | Washing Machine(set) | 6.3 | 5.9 | 5.8 | 6.3 | 7.8 | 7.8 | 7.5 |
| 电冰箱(柜)(台) | Refrigerator(set) | 6.1 | 6.2 | 5.4 | 7.4 | 8.7 | 8.9 | 7.2 |
| 空调器(台) | Air Conditioner(set) | 10.4 | 11.1 | 10.3 | 10.8 | 10.8 | 12.9 | 12.3 |
| 吸尘器(台) | Cleaner(set) | 1.4 | 1.8 | 2.6 | 2.5 | 3.1 | 2.4 | 3.5 |
| 抽油烟机(台) | Kitchen Ventilator(set) | 3.5 | 3.6 | 3.5 | 3.6 | 47.4 | 4.5 | 3.0 |
| 微波炉(台) | Microwave Oven(set) | 2.4 | 3.1 | 3.3 | 3.0 | 3.6 | 3.7 | 4.2 |
| 非太阳能热水器(台) | Non-Solar Water Heater(set) | 4.3 | 4.6 | 4.7 | 4.5 | 5.4 | 5.4 | |
| 太阳能热水器(台) | Solar Water Heater(set) | 1.0 | 1.1 | 1.2 | 1.1 | 2.0 | 1.6 | |
| 燃气炉具(台) | Gas Stove(set) | 3.6 | 5.0 | 5.4 | 6.2 | 8.8 | 7.7 | 7.7 |
| 汽车(辆) | Automobile(unit) | 2.6 | 2.3 | 2.5 | 2.4 | 3.6 | 3.4 | 3.5 |
| 摩托车(辆) | Motorcycle(unit) | 0.2 | 0.2 | 0.3 | 0.2 | 0.3 | 0.3 | 0.4 |
| 自行车(辆) | Bicycle(unit) | 3.1 | 3.0 | 2.7 | 2.9 | 2.9 | 3.7 | 4.2 |
| 电动自行车(辆) | Electric Bicycle(unit) | 10.4 | 13.1 | 11.5 | 13.2 | 14.8 | 15.9 | 14.6 |
| 移动电话机(辆) | Mobile Phone(set) | 36.2 | 47.1 | 39.5 | 37.8 | 41.4 | 35.5 | 36.1 |

# 5-13 农村家庭平均购买商品数量
# Average Purchases of Commodities of Rural Households

| 项　目 | Item | 2017 | 2018 | 2019 | 2020 | 2021 | 2022 | 2023 |
|---|---|---|---|---|---|---|---|---|
| **平均每人购买** | **Per Capita Purchases** | | | | | | | |
| 粮食(公斤) | Grain(kg) | 68.1 | 75.7 | 61.0 | 66.4 | 80.7 | 81.4 | 89.5 |
| 食用植物油(公斤) | Edible Vegetable Oil(kg) | 9.7 | 7.7 | 8.1 | 9.4 | 9.2 | 9.1 | 8.3 |
| 动物油(公斤) | Animal Oil(kg) | 0.2 | 0.2 | 0.2 | 0.2 | 0.3 | 0.3 | 0.3 |
| 鲜菜(公斤) | Fresh Vegetables(kg) | 45.4 | 45.1 | 47.3 | 54.5 | 74.0 | 81.3 | 92.8 |
| 猪肉(公斤) | Pork(kg) | 17.5 | 19.1 | 15.6 | 15.5 | 26.1 | 27.9 | 33.8 |
| 牛羊肉(公斤) | Beef, Mutton(kg) | 1.8 | 2.1 | 2.1 | 2.0 | 2.9 | 2.8 | 4.2 |
| 禽类(公斤) | Poultry(kg) | 7.4 | 7.6 | 9.6 | 10.7 | 11.6 | 12.3 | 13.2 |
| 水产品(公斤) | Aquatic Products(kg) | 13.3 | 13.2 | 15.0 | 15.5 | 19.4 | 20.7 | 24.1 |
| 蛋类(公斤) | Eggs(kg) | 7.3 | 7.1 | 8.4 | 10.3 | 11.2 | 12.6 | 15.7 |
| 奶类(公斤) | Milk(kg) | 11.1 | 11.0 | 10.6 | 11.0 | 11.9 | 12.2 | 13.2 |
| 干鲜瓜果类(公斤) | Dried and Fresh Melons and Fruits(kg) | 35.4 | 31.7 | 33.4 | 34.7 | 46.0 | 46.7 | 55.6 |
| 糖果糕点类(公斤) | Sugars and Cakes(kg) | 5.2 | 5.5 | 5.3 | 5.5 | 5.9 | 1.9 | 4.9 |
| **平均每百户购买** | **Per 100 Households Purchases** | | | | | | | |
| 洗衣机(台) | Washing Machine(set) | 5.6 | 5.9 | 5.4 | 6.4 | 7.1 | 6.3 | 7.5 |
| 电冰箱(柜)(台) | Refrigerator(set) | 6.5 | 6.3 | 5.3 | 5.5 | 9.1 | 9.3 | 8.8 |
| 空调器(台) | Air Conditioner(set) | 11.8 | 9.8 | 7.7 | 8.3 | 11.9 | 13.7 | 12.4 |
| 吸尘器(台) | Cleaner(set) | 1.0 | 0.8 | 0.7 | 0.5 | 0.9 | 1.1 | 1.8 |
| 抽油烟机(台) | Kitchen Ventilator(set) | 2.2 | 2.9 | 1.8 | 2.4 | 2.9 | 3.6 | 2.4 |
| 微波炉(台) | Microwave Oven(set) | 1.8 | 2.3 | 2.0 | 1.7 | 2.5 | 2.8 | 3.6 |
| 非太阳能热水器(台) | Non-Solar Water Heater(set) | 1.8 | 1.4 | 2.4 | 2.7 | 4.4 | 4.8 | |
| 太阳能热水器(台) | Solar Water Heater(set) | 1.9 | 2.4 | 2.3 | 1.3 | 3.4 | 2.2 | |
| 燃气炉具(台) | Gas Stove(set) | 2.7 | 3.9 | 5.3 | 5.0 | 8.1 | 7.5 | 9.5 |
| 汽车(辆) | Automobile(unit) | 2.8 | 3.6 | 3.0 | 2.1 | 2.2 | 1.9 | 2.9 |
| 摩托车(辆) | Motorcycle(unit) | 0.6 | 0.4 | 0.4 | 0.4 | 0.1 | 0.4 | 0.3 |
| 自行车(辆) | Bicycle(unit) | 2.1 | 1.4 | 2.1 | 2.0 | 2.3 | 2.6 | 2.8 |
| 电动自行车(辆) | Electric Bicycle(unit) | 16.7 | 14.1 | 13.7 | 13.7 | 18.5 | 18.2 | 16.9 |
| 移动电话机(辆) | Mobile Phone(set) | 37.3 | 45.2 | 36.9 | 35.7 | 42.3 | 37.6 | 35.5 |

# 5-14 全体居民家庭平均每百户年末耐用品拥有量
# Durable Goods Owned per 100 Households at Year-end

| 项 目 | Item | 2017 | 2018 | 2019 | 2020 | 2021 | 2022 | 2023 |
|---|---|---|---|---|---|---|---|---|
| 家用汽车(辆) | Automobile(unit) | 40.2 | 43.8 | 45.9 | 41.0 | 47.3 | 48.9 | 59.0 |
| 摩托车(辆) | Motorcycle(unit) | 23.1 | 17.6 | 14.9 | 14.6 | 9.4 | 9.2 | 7.2 |
| 助力车(台) | Electric Bicycle(unit) | 123.3 | 122.2 | 131.3 | 134.8 | 139.8 | 142.2 | 128.0 |
| 洗衣机(台) | Washing Machine(set) | 100.1 | 100.4 | 101.9 | 102.6 | 104.1 | 103.9 | 102.7 |
| 电冰箱(柜)(台) | Refrigerator(set) | 104.1 | 108.4 | 109.0 | 110.0 | 111.8 | 112.0 | 109.4 |
| 微波炉(台) | Microwave Oven(set) | 84.0 | 78.5 | 80.7 | 82.4 | 85.4 | 86.1 | 84.1 |
| 彩色电视机(台) | Color TV Set(set) | 170.3 | 163.9 | 165.8 | 167.1 | 160.4 | 161.1 | 148.2 |
| 空调(台) | Air Conditioner(set) | 184.2 | 193.0 | 199.3 | 201.4 | 217.6 | 218.5 | 237.3 |
| 热水器(台) | Water Heater(set) | 103.2 | 106.1 | 105.9 | 107.6 | 100.3 | 100.9 | 96.9 |
| 抽油烟机(台) | Kitchen Ventilator(set) | 69.2 | 68.9 | 70.4 | 72.5 | 75.1 | 76.6 | 83.3 |
| 固定电话(线) | Fixed-line Telephone(line) | 53.1 | 30.7 | 25.0 | 22.8 | 13.4 | 12.5 | 8.1 |
| 移动电话机(部) | Mobile Phone(set) | 242.9 | 247.3 | 251.1 | 252.3 | 252.8 | 252.7 | 249.5 |
| 计算机(台) | Computer(set) | 78.7 | 62.6 | 62.2 | 62.7 | 53.0 | 54.9 | 61.5 |
| 照相机(台) | Camera(set) | 28.6 | 14.4 | 13.7 | 13.3 | 10.1 | 10.6 | 10.8 |
| 中高档乐器(架) | Medium-to-High Grade Instrument(set) | 4.8 | 6.5 | 6.5 | 6.4 | 6.6 | 7.2 | 9.6 |
| 健身器材(台) | Fitness Equipment(set) | 6.2 | 6.2 | 6.9 | 7.5 | 6.8 | 7.0 | 8.2 |

# 5-15 城镇家庭平均每百户年末耐用品拥有量
# Durable Goods Owned per 100 of Urban Households at Year-end

| 项目 | Item | 2017 | 2018 | 2019 | 2020 | 2021 | 2022 | 2023 |
|---|---|---|---|---|---|---|---|---|
| 家用汽车(辆) | Automobile(unit) | 47.5 | 52.2 | 55.2 | 49.6 | 54.5 | 56.0 | 67.4 |
| 摩托车(辆) | Motorcycle(unit) | 14.1 | 12.5 | 10.7 | 9.9 | 6.4 | 6.5 | 4.5 |
| 助力车(台) | Electric Bicycle(unit) | 115.3 | 116.4 | 124.0 | 127.6 | 132.8 | 134.9 | 116.6 |
| 洗衣机(台) | Washing Machine(set) | 101.2 | 102.3 | 104.0 | 104.3 | 104.4 | 103.9 | 103.0 |
| 电冰箱(柜)(台) | Refrigerator(set) | 104.1 | 107.3 | 108.8 | 109.3 | 109.6 | 110.1 | 107.7 |
| 微波炉(台) | Microwave Oven(set) | 91.5 | 87.0 | 88.6 | 89.3 | 89.6 | 90.2 | 87.3 |
| 彩色电视机(台) | Color TV Set(set) | 176.5 | 171.3 | 174.2 | 174.5 | 165.2 | 166.2 | 151.1 |
| 空调(台) | Air Conditioner(set) | 211.1 | 219.7 | 226.3 | 227.6 | 237.6 | 238.7 | 254.5 |
| 热水器(台) | Water Heater(set) | 107.8 | 111.6 | 112.1 | 112.8 | 102.8 | 103.6 | 101.2 |
| 抽油烟机(台) | Kitchen Ventilator(set) | 85.5 | 85.0 | 86.7 | 87.3 | 86.3 | 87.6 | 93.2 |
| 固定电话(线) | Fixed-line Telephone(line) | 54.4 | 32.9 | 27.2 | 24.3 | 14.9 | 13.9 | 8.3 |
| 移动电话机(部) | Mobile Phone(set) | 243.5 | 248.9 | 254.5 | 254.2 | 254.0 | 254.4 | 246.5 |
| 计算机(台) | Computer(set) | 96.8 | 77.6 | 78.3 | 78.0 | 64.8 | 66.9 | 74.5 |
| 照相机(台) | Camera(set) | 38.3 | 19.9 | 19.2 | 18.6 | 13.9 | 14.7 | 14.6 |
| 中高档乐器(架) | Medium-to-High Grade Instrument(set) | 6.7 | 8.8 | 9.3 | 9.3 | 9.1 | 9.9 | 13.1 |
| 健身器材(台) | Fitness Equipment(set) | 8.4 | 8.3 | 9.1 | 9.9 | 8.6 | 9.2 | 10.5 |

# 5-16 农村家庭平均每百户年末耐用品拥有量
# Durable Goods Owned per 100 of Rural Households at Year-end

| 项 目 | Item | 2017 | 2018 | 2019 | 2020 | 2021 | 2022 | 2023 |
|---|---|---|---|---|---|---|---|---|
| 家用汽车(辆) | Automobile(unit) | 26.6 | 27.8 | 28.5 | 24.7 | 33.3 | 34.7 | 40.9 |
| 摩托车(辆) | Motorcycle(unit) | 39.7 | 27.2 | 22.7 | 23.6 | 15.1 | 14.4 | 12.9 |
| 助力车(台) | Electric Bicycle(unit) | 138.0 | 133.0 | 144.9 | 148.6 | 153.5 | 156.7 | 152.5 |
| 洗衣机(台) | Washing Machine(set) | 97.9 | 96.9 | 97.9 | 99.5 | 103.7 | 103.9 | 102.0 |
| 电冰箱(柜)(台) | Refrigerator(set) | 104.1 | 110.4 | 109.4 | 111.3 | 116.1 | 115.8 | 113.2 |
| 微波炉(台) | Microwave Oven(set) | 70.1 | 62.5 | 65.9 | 69.2 | 77.3 | 77.7 | 77.3 |
| 彩色电视机(台) | Color TV Set(set) | 158.7 | 149.9 | 149.9 | 152.8 | 150.9 | 150.8 | 141.9 |
| 空调(台) | Air Conditioner(set) | 134.7 | 142.8 | 148.7 | 151.2 | 178.2 | 178.1 | 200.3 |
| 热水器(台) | Water Heater(set) | 94.7 | 95.7 | 94.3 | 97.5 | 95.5 | 95.7 | 87.6 |
| 抽油烟机(台) | Kitchen Ventilator(set) | 39.0 | 38.6 | 39.9 | 44.1 | 53.1 | 54.5 | 62.0 |
| 固定电话(线) | Fixed-line Telephone(line) | 50.8 | 26.7 | 20.7 | 19.8 | 10.6 | 9.5 | 7.7 |
| 移动电话机(部) | Mobile Phone(set) | 241.8 | 244.3 | 244.7 | 248.6 | 250.3 | 249.4 | 255.9 |
| 计算机(台) | Computer(set) | 45.4 | 34.5 | 31.9 | 33.2 | 29.8 | 30.7 | 33.6 |
| 照相机(台) | Camera(set) | 10.7 | 4.2 | 3.4 | 3.1 | 2.7 | 2.5 | 2.6 |
| 中高档乐器(架) | Medium-to-High Grade Instrument(set) | 1.3 | 2.0 | 1.2 | 1.0 | 1.6 | 1.9 | 2.1 |
| 健身器材(台) | Fitness Equipment(set) | 2.2 | 2.1 | 2.6 | 2.8 | 3.1 | 2.7 | 3.3 |

# 5-17 分地区城镇常住居民家庭基本情况（2023年）

| 指 标 | Item | 苏 南 Southern Jiangsu | 苏 中 Mid Jiangsu | 苏 北 Northern Jiangsu | 南京市 Nanjing |
|---|---|---|---|---|---|
| **基本情况** | **Basic Conditions** | | | | |
| 调查户数(户) | Number of Households Surveyed(household) | 5340 | 2660 | 4400 | 1570 |
| 平均每户家庭人口(人) | Average Household Size(person) | 2.86 | 3.07 | 3.10 | 2.74 |
| 平均每户就业人口(人) | Number of Employed Persons per Household(person) | 1.51 | 1.64 | 1.63 | 1.38 |
| 平均每一就业人口负担人数(人) | Number of Dependents per Employee(person) | 1.90 | 1.87 | 1.90 | 1.99 |
| 平均每户就业面(%) | Proportion of Employment per Household(%) | 52.8 | 53.6 | 52.6 | 50.4 |
| 平均每人现住房建筑面积(平方米) | Current Floor Space of Buildings Completed per Capita(sq.m) | 43.9 | 50.0 | 45.3 | 37.2 |
| **人均可支配收入(元)** | **Per Capita Disposable Income(yuan)** | **77693** | **60012** | **45283** | **79858** |
| 工资性收入 | Income from Wages and Salaries | 48938 | 35735 | 25757 | 49472 |
| 经营净收入 | Net Business Income | 7353 | 8531 | 7807 | 7950 |
| 财产净收入 | Net Income from Properties | 9857 | 6037 | 3400 | 8448 |
| 转移净收入 | Net Income from Transfer | 11544 | 9709 | 8319 | 13988 |
| **人均生活消费支出(元)** | **Per Capita Consumption Expenditure(yuan)** | **46775** | **36538** | **26568** | **46552** |
| 食品烟酒 | Foods,Tobacco and Liquor | 12221 | 10404 | 7817 | 11733 |
| 衣着 | Clothing and Footwear | 2829 | 2526 | 1980 | 3050 |
| 居住 | Housing | 10803 | 8300 | 5417 | 10646 |
| 生活用品及服务 | Household Equipments, Furnishings and Services | 2656 | 2013 | 1805 | 2916 |
| 交通通信 | Transport and Communications | 7194 | 4881 | 3454 | 6342 |
| 教育文化娱乐 | Education,Culture and Recreation | 6852 | 4769 | 3530 | 7438 |
| 医疗保健 | Health Care and Medical Services | 2781 | 2429 | 1851 | 2966 |
| 其他用品和服务 | Miscellaneous Goods and Services | 1440 | 1218 | 712 | 1461 |

## Basic Conditions of Urban Permanent Households by Region (2023)

| 无锡市 Wuxi | 徐州市 Xuzhou | 常州市 Changzhou | 苏州市 Suzhou | 南通市 Nantong | 连云港市 Lianyungang | 淮安市 Huai'an | 盐城市 Yancheng | 扬州市 Yangzhou | 镇江市 Zhenjiang | 泰州市 Taizhou | 宿迁市 Suqian |
|---|---|---|---|---|---|---|---|---|---|---|---|
| 930 | 1190 | 690 | 1480 | 1120 | 610 | 970 | 1030 | 800 | 670 | 740 | 600 |
| 2.78 | 3.06 | 2.84 | 2.96 | 3.16 | 3.23 | 3.15 | 2.78 | 2.91 | 3.06 | 3.06 | 3.46 |
| 1.57 | 1.63 | 1.46 | 1.56 | 1.62 | 1.65 | 1.65 | 1.41 | 1.60 | 1.68 | 1.73 | 1.92 |
| 1.77 | 1.88 | 1.94 | 1.90 | 1.95 | 1.96 | 1.90 | 1.97 | 1.82 | 1.83 | 1.77 | 1.80 |
| 56.5 | 53.3 | 51.5 | 52.6 | 51.3 | 51.1 | 52.4 | 50.7 | 54.9 | 54.8 | 56.5 | 55.5 |
| 44.3 | 45.6 | 50.7 | 44.7 | 51.9 | 48.9 | 45.1 | 46.3 | 46.5 | 49.4 | 50.3 | 40.1 |
| **76644** | **44796** | **71744** | **82989** | **62512** | **43769** | **48498** | **48526** | **56781** | **64602** | **59604** | **38756** |
| 49282 | 26580 | 44478 | 52613 | 36139 | 23956 | 27977 | 26813 | 34375 | 40669 | 36823 | 21527 |
| 7511 | 5997 | 9457 | 6034 | 9608 | 7482 | 8909 | 8654 | 7548 | 7399 | 7745 | 9088 |
| 8278 | 3192 | 6005 | 14311 | 6157 | 3873 | 4550 | 3506 | 5289 | 6561 | 6672 | 2023 |
| 11573 | 9027 | 11804 | 10030 | 10608 | 8457 | 7062 | 9553 | 9569 | 9973 | 8363 | 6118 |
| **48409** | **26937** | **41695** | **50656** | **38897** | **28024** | **26149** | **26884** | **33445** | **37866** | **35991** | **23756** |
| 12829 | 7824 | 10905 | 13189 | 11097 | 8871 | 7798 | 7543 | 9647 | 11004 | 10080 | 7022 |
| 3098 | 1972 | 2714 | 2619 | 2579 | 2006 | 1855 | 2021 | 2609 | 2645 | 2371 | 1982 |
| 11182 | 5439 | 8262 | 12537 | 8814 | 5786 | 5806 | 5653 | 7996 | 7854 | 7791 | 4194 |
| 2711 | 2017 | 2444 | 2637 | 2252 | 1736 | 1634 | 1645 | 1909 | 2227 | 1718 | 1801 |
| 7697 | 3700 | 6609 | 8278 | 5457 | 2967 | 3689 | 3849 | 3846 | 5510 | 4999 | 2564 |
| 6438 | 3265 | 6504 | 7216 | 4734 | 4218 | 3070 | 3292 | 4903 | 5344 | 4739 | 4076 |
| 2808 | 1989 | 2902 | 2809 | 2727 | 1733 | 1554 | 2109 | 1658 | 1934 | 2738 | 1569 |
| 1646 | 732 | 1355 | 1372 | 1237 | 708 | 743 | 773 | 877 | 1348 | 1554 | 548 |

# 5-18 分地区农村常住居民家庭基本情况(2023年)

| 指 标 | Item | 苏 南 Southern Jiangsu | 苏 中 Mid Jiangsu | 苏 北 Northern Jiangsu | 南京市 Nanjing |
|---|---|---|---|---|---|
| **基本情况** | **Basic Conditions** | | | | |
| 调查户数(户) | Number of Households Surveyed(household) | 1860 | 1510 | 2860 | 450 |
| 平均每户家庭人口(人) | Average Household Size(person) | 2.93 | 3.10 | 2.99 | 2.82 |
| 平均每户就业人口(人) | Number of Employed Persons per Household(person) | 1.64 | 1.87 | 1.84 | 1.57 |
| 平均每一就业人口负担人数(人) | Number of Dependents per Employee(person) | 1.79 | 1.66 | 1.64 | 1.80 |
| 平均每户就业面(%) | Proportion of Employment per Household(%) | 56.0 | 60.2 | 61.2 | 55.7 |
| 平均每人现住房建筑面积(平方米) | Current Floor Space of Buildings Completed per Capita(sq.m) | 68.6 | 67.0 | 58.2 | 62.8 |
| **人均可支配收入(元)** | **Per Capita Disposable Income(yuan)** | **41809** | **32152** | **26591** | **36789** |
| 工资性收入 | Income from Wages and Salaries | 25739 | 18759 | 12678 | 24920 |
| 经营净收入 | Net Business Income | 7354 | 6907 | 8265 | 5519 |
| 财产净收入 | Net Income from Properties | 2905 | 1015 | 625 | 1853 |
| 转移净收入 | Net Income from Transfer | 5811 | 5471 | 5023 | 4497 |
| **人均生活消费支出(元)** | **Per Capita Consumption Expenditure(yuan)** | **29922** | **24041** | **18884** | **27811** |
| 食品烟酒 | Foods,Tobacco and Liquor | 8697 | 7308 | 5939 | 8243 |
| 衣着 | Clothing and Footwear | 1769 | 1327 | 1222 | 1480 |
| 居住 | Housing | 6435 | 4690 | 3507 | 5353 |
| 生活用品及服务 | Household Equipments, Furnishings and Services | 1801 | 1502 | 1250 | 1856 |
| 交通通信 | Transport and Communications | 4634 | 3794 | 2564 | 4527 |
| 教育文化娱乐 | Education,Culture and Recreation | 3519 | 2712 | 2439 | 3659 |
| 医疗保健 | Health Care and Medical Services | 2179 | 1794 | 1558 | 1741 |
| 其他用品和服务 | Miscellaneous Goods and Services | 887 | 913 | 405 | 952 |

# Basic Conditions of Rural Permanent Households by Region (2023)

| 无锡市 Wuxi | 徐州市 Xuzhou | 常州市 Changzhou | 苏州市 Suzhou | 南通市 Nantong | 连云港市 Lianyungang | 淮安市 Huai'an | 盐城市 Yancheng | 扬州市 Yangzhou | 镇江市 Zhenjiang | 泰州市 Taizhou | 宿迁市 Suqian |
|---|---|---|---|---|---|---|---|---|---|---|---|
| 240 | 670 | 400 | 440 | 600 | 530 | 600 | 690 | 490 | 330 | 420 | 370 |
| 2.81 | 3.01 | 2.65 | 3.17 | 3.34 | 3.12 | 2.95 | 2.53 | 2.88 | 3.07 | 2.94 | 3.45 |
| 1.54 | 1.86 | 1.55 | 1.75 | 1.97 | 1.75 | 1.65 | 1.50 | 1.69 | 1.76 | 1.89 | 2.51 |
| 1.82 | 1.62 | 1.71 | 1.81 | 1.70 | 1.78 | 1.79 | 1.69 | 1.71 | 1.74 | 1.56 | 1.37 |
| 54.8 | 61.6 | 58.4 | 55.1 | 58.8 | 56.1 | 55.9 | 59.1 | 58.5 | 57.4 | 64.1 | 72.8 |
| 65.4 | 58.2 | 76.2 | 72.0 | 70.3 | 64.7 | 59.4 | 54.6 | 60.3 | 59.8 | 68.0 | 56.0 |
| **44617** | **27065** | **40401** | **46385** | **32977** | **24411** | **25287** | **29744** | **31488** | **35466** | **31810** | **24679** |
| 27395 | 12861 | 24606 | 27415 | 19143 | 11545 | 13170 | 13254 | 18502 | 22230 | 18593 | 12186 |
| 7451 | 9782 | 8457 | 8047 | 6622 | 7315 | 5887 | 9035 | 7315 | 6737 | 7053 | 7578 |
| 3837 | 400 | 851 | 4513 | 1012 | 396 | 464 | 1193 | 705 | 1348 | 1315 | 612 |
| 5934 | 4021 | 6487 | 6410 | 6200 | 5155 | 5766 | 6263 | 4966 | 5151 | 4850 | 4303 |
| **31785** | **19894** | **28895** | **31609** | **23802** | **17537** | **16581** | **21856** | **24466** | **28576** | **24280** | **16428** |
| 9599 | 6136 | 9006 | 8520 | 7054 | 6398 | 5170 | 6630 | 7146 | 8557 | 7933 | 4888 |
| 2320 | 1403 | 2106 | 1463 | 1169 | 1048 | 856 | 1490 | 1517 | 1854 | 1414 | 1036 |
| 6866 | 3367 | 5382 | 7445 | 4651 | 3296 | 3434 | 4256 | 5334 | 6500 | 4207 | 3007 |
| 1716 | 1514 | 1845 | 1897 | 1540 | 1119 | 1047 | 1130 | 1468 | 1587 | 1490 | 1248 |
| 4641 | 3121 | 3217 | 5727 | 4294 | 1528 | 2176 | 3220 | 3227 | 3909 | 3573 | 2076 |
| 3592 | 2252 | 3553 | 3435 | 2425 | 2867 | 1972 | 2464 | 3303 | 3638 | 2647 | 2688 |
| 2002 | 1685 | 2683 | 2405 | 1826 | 998 | 1528 | 2126 | 1688 | 1803 | 1862 | 1156 |
| 1049 | 417 | 1103 | 717 | 843 | 282 | 398 | 540 | 783 | 728 | 1153 | 329 |

# 5-19 农村常住居民家庭房屋情况
# Housing Conditions of Rural Permanent Households

| 指　　标 | Item | 2017 | 2018 | 2019 | 2020 | 2021 | 2022 | 2023 |
|---|---|---|---|---|---|---|---|---|
| **平均每人住房** | **Per Capita Housing Conditions** | | | | | | | |
| 现住房建筑面积(平方米) | Current Floor Space of Buildings Completed (sq.m) | 57.3 | 56.4 | 61.7 | 62.5 | 65.6 | 66.1 | 60.9 |
| **按居住空间样式(%)** | **by Spatial Style(%)** | | | | | | | |
| 单栋楼房 | Detached House | 58.9 | 55.6 | 56.0 | 56.5 | 63.4 | 63.1 | 59.6 |
| 单栋平房 | Single Bungalow | 36.8 | 41.5 | 41.6 | 40.8 | 33.0 | 33.0 | 35.5 |
| **主要建筑材料(%)** | **Main Building Materials(%)** | | | | | | | |
| #钢筋混凝土 | Reinforced Concrete | 14.4 | 14.6 | 14.0 | 16.2 | 29.4 | 29.2 | 31.0 |
| 砖混材料 | Brick-mixed | 59.8 | 62.8 | 63.8 | 62.5 | 55.4 | 55.6 | 59.2 |
| 砖瓦砖木 | Brick-Tile or Brick-Wood | 25.6 | 22.2 | 21.8 | 20.9 | 15.2 | 15.2 | 9.8 |

# 主要统计指标解释

**可支配收入**　指调查户在调查期内获得的、可用于最终消费支出和储蓄的总和，即调查户可以用来自由支配的收入。可支配收入既包括现金，也包括实物收入。按照收入的来源，可支配收入包含四项：工资性收入、经营净收入、财产净收入和转移净收入。计算公式为：

可支配收入=工资性收入+经营净收入+财产净收入+转移净收入

**工资性收入**　指就业人员通过各种途径得到的全部劳动报酬和各种福利，包括受雇于单位或个人、从事各种自由职业、兼职和零星劳动得到的全部劳动报酬和福利。

**经营净收入**　指住户或住户成员从事生产经营活动所获得的净收入，是全部经营收入中扣除经营费用、生产性固定资产折旧和生产税之后得到的净收入。计算公式具体为：经营净收入=经营收入-经营费用-生产性固定资产折旧-生产税

**财产净收入**　指住户或住户成员将其所拥有的金融资产、住房等非金融资产和自然资源交由其他机构单位、住户或个人支配而获得的回报并扣除相关的费用之后得到的净收入。财产净收入包括利息净收入、红利收入、储蓄性保险净收益、转让承包土地经营权租金净收入、出租房屋净收入、出租其他资产净收入和自有住房折算净租金等。

**转移净收入**　计算公式为：转移净收入=转移性收入-转移性支出

转移性收入是指国家、单位、社会团体对住户的各种经常性转移支付和住户之间的经常性收入转移。包括政府、非行政事业单位、社会团体对居民转移的养老金或退休金、社会救济和补助、惠农补贴、政策性生活补贴、救灾款、经常性捐赠和赔偿以及报销医疗费等；住户之间的赡养收入、经常性捐赠和赔偿以及农村地区（村委会）在外（含国外）工作的本住户非常住成员寄回带回的收入等。转移性支出是指调查户对国家、单位、住户或个人的经常性或义务性转移支付。包括缴纳的税款、各项社会保障支出、赡养支出、经常性捐赠和赔偿支出以及其他经常转移支出等。

**消费支出**　指住户用于满足家庭日常生活消费需要的全部支出，包括用于消费品的支出和用于服务性消费的支出。根据用途不同，消费支出可划分为食品烟酒、衣着、居住、生活用品及服务、交通通信、教育文化娱乐、医疗保健、其他用品及服务八大类。根据来源不同，消费支出可划分为现金消费支出、实物消费支出（含自产自用、来自单位、来自政府和其他社会组织）。

# Explanatory Notes on Main Statistical Indicators

**Disposable Income** refers to the income for purpose of final expenditure and savings which is gotten during the survey period. It's the income which can be freely allocated by sample households. It includes income both in cash and in kind. By sources of income, disposable income includes four categories: income from wages and salaries, net business income, net income from properties and net income from transfer. The following formula is used:

Disposable Income=Income from Wages and Salaries+Net Business Income+Net Income from Properties+Net Income from Transfer.

**Income from Wages and Salaries** refers to remuneration and benefits of all kinds of employed persons, including those employed by other units or individuals, freelance workers, part-time jobs and sporadic workers.

**Net Business Income** refers to the net income earned by households or their members engaged in production and business activities. It refers to the net operating revenue minus operating costs, depreciation of productive fixed assets, and production tax. The following formula is used:

Net Business Income=Operating Revenue-Operating Costs-Depreciation of Productive Fixed Assets-Production Tax

**Net Income from Properties** refers to the net income received as returns by households or members through lending of their financial assets, not-financial assets such as housing, to other institutions, households or individuals, minus relevant costs. Net income from properties includes net income of interest, bonus income, net income of saving insurance, net income from transferring management right of contract land, income from lending of housing, income from lending other assets, net converted rents of self owned housing.

**Net Income from Transfer** The following formula is used:

Net Income from Transfer=Income from Transfer-Expenditure from Transfer

Income from Transfer refers to the regular transfer received from governments, institutions, social organizations to households and between households. It includes old-age and retirement pension, regular donation and compensation, reimbursement of medical fees, supporting income between households, income from non-resident members of households, etc. Expenditure from Transfer refers to regular or obligatory transfer paid to government, institutions, households or individuals. It includes tax payment, expenditure on all kinds of social security, supporting expenditure, regular donation, compensation payment and other regular transfer expenditure.

**Consumption Expenditure** refers to all expenditure of residents for living expenditure to satisfy family daily living, including expenditure for consumer goods and services. It includes expenditure in cash and in kind. It includes eight categories by use: foods tobacco and liquor; clothing and foot wear; housing; household equipments, furnishings and services; transport and communications; education, cultural and recreation; health care and medical services, and miscellaneous goods and services. It includes expenditure in cash and in kind (including self-produced and self-used expenditure and expenditure of units, governments and other social organizations) by source.

# 6

# 固定资产投资

# Investment in Fixed Assets

# 简 要 说 明

**一、本篇资料的主要内容**

本篇资料通过对一定时期全社会建造和购置固定资产活动的数量方面的描述，反映报告期内固定资产投资的规模和速度、固定资产投资的结构和比例关系、固定资产投资的资金来源及固定资产投资的效果等。

**二、本篇资料的统计范围**

固定资产投资统计的范围包括：城乡建设项目投资，房地产开发投资。

**三、本篇的资料来源**

固定资产投资统计调查。

**四、本篇的统计调查方法**

全面统计报表。

# Brief Introduction

**Ⅰ. Main Contents**

Statistics in this chapter describe activities on the construction and purchase of fixed assets of the whole country during a given period of time, and reflect the size, growth, structure, ratio, financing and results of the investment in fixed assets during the reference period.

**Ⅱ. Scope of Statistics**

The scope of statistics on the investment in fixed assets cover investments in capital construction projects in urban and rural areas, investments in real estate development.

**Ⅲ. Sources of Data**

Data are from statistical survey of the investment in fixed assets.

**Ⅳ. Methodology of Data Collection**

Data on the investment in fixed assets are collected by the system of reporting form with complete enumeration.

# 6-1　固定资产投资主要指标
# Major Indicators of Investment in Fixed Assets

| 指　标 | Item | 2013 | 2014 | 2015 | 2016 | 2017 |
|---|---|---|---|---|---|---|
| **投资总额(亿元)** | **Total Investment(100 million yuan)** | **35982.52** | **41552.75** | **45905.17** | **49370.85** | **53000.21** |
| **按经济类型分** | **Grouped by Ownership** | | | | | |
| 国有经济 | State-owned Economy | 6865.27 | 8308.13 | 8901.58 | 8236.65 | 8811.26 |
| 集体经济 | Collective-owned Economy | 1639.37 | 1835.30 | 1872.50 | 806.51 | 742.24 |
| 私营个体经济 | Private and Individual Economy | 14955.56 | 18185.36 | 21252.12 | 23417.12 | 26992.16 |
| 联营经济 | Joint-ownership Economy | 82.69 | 66.04 | 52.32 | 42.52 | 22.64 |
| 股份制经济 | Cooperative Economy | 1567.00 | 1376.93 | 1210.16 | 1176.19 | 1144.20 |
| 有限责任公司 | Limited Liability Corporations | 5924.45 | 6792.92 | 7752.74 | 10481.14 | 10079.59 |
| 港澳台投资经济 | Funds from Hong Kong, Macao and Taiwan | 1597.74 | 1679.36 | 1648.71 | 2306.36 | 2250.40 |
| 外商投资经济 | Foreign Funded | 2315.26 | 2476.57 | 2253.73 | 2386.47 | 2234.05 |
| 其他经济 | Others | 1035.18 | 832.16 | 961.31 | 517.88 | 723.67 |
| **按资金来源分** | **Grouped by Sources of Funds** | | | | | |
| 国家预算内资金 | State Budget | 529.19 | 627.26 | 806.89 | 990.43 | 1044.76 |
| 国内贷款 | Domestic Loans | 5091.04 | 5360.60 | 4810.95 | 5778.54 | 6386.98 |
| 利用外资 | Foreign Investment | 1127.55 | 1152.05 | 926.17 | 599.88 | 376.11 |
| 自筹资金 | Self-raising Funds | 29444.25 | 33325.52 | 36305.15 | 36257.99 | 37667.86 |
| 其他资金来源 | Others | 6822.96 | 6232.21 | 7206.37 | 10830.18 | 11518.51 |
| **按构成分** | **Grouped by Composition of Funds** | | | | | |
| 建筑安装工程 | Constructions and Installations | 20821.56 | 24686.18 | 27570.90 | 28989.35 | 30261.05 |
| 设备工器具购置 | Purchase of Equipments and Instruments | 10903.11 | 12327.57 | 14225.16 | 15368.57 | 16915.28 |
| 其他费用 | Others | 4257.84 | 4539.00 | 4109.11 | 5012.94 | 5823.89 |
| **按产业分** | **Grouped by Industry** | | | | | |
| #住宅 | Residential Buildings | 5646.33 | 6367.41 | 6527.16 | 6971.13 | 7611.69 |
| 第一产业 | Primary Industry | 195.71 | 206.97 | 232.24 | 293.11 | 343.42 |
| 第二产业 | Secondary Industry | 18412.48 | 20298.45 | 22890.96 | 24673.81 | 26412.41 |
| #工业 | Industry | 18369.54 | 20259.05 | 22757.45 | 24544.40 | 26180.81 |
| 第三产业 | Tertiary Industry | 17374.32 | 21047.33 | 22781.97 | 24403.93 | 26244.38 |
| **新增固定资产(亿元)** | **Newly Increased Fixed Assets(100 million yuan)** | **26434.29** | **32156.36** | **36648.83** | **33963.72** | **38353.72** |
| **房屋建筑面积(万平方米)** | **Floor Space of Buildings(10000 sq.m)** | | | | | |
| 施工面积 | Floor Space Under Construction | ######## | ######## | 98850.04 | 93782.52 | 90333.85 |
| #住宅 | Residential Buildings | 42305.79 | 44641.13 | 45370.63 | 45254.99 | 45487.43 |
| 竣工面积 | Floor Space Completed | 33342.59 | 34562.35 | 36541.38 | 24665.24 | 22989.74 |
| #住宅 | Residential Buildings | 9251.55 | 8426.35 | 9349.36 | 8335.47 | 8062.50 |
| **商品房销售面积(万平方米)** | **Floor Space of Commercialize Buildings Sold(10000 sq.m)** | **11454.77** | **9846.84** | **11414.05** | **13962.09** | **14211.12** |

注：1.自筹投资中含发行债券部分(下同)。
2.从2003年开始，资金来源为可用于投资的资金到位数(下同)。
3.从2004年开始，水利业投资从第一产业调到第三产业(下同)。
4.从2010年开始，投资总额中不含农户投资(下同)。

a) Self-raising funds included bond publishing.(The same below)
b) Since 2003, the sources of finance was available for investment.(The same below)
c) Since 2004, the investment for water conservancy was transferred from primary industry to tertiary industry.(The same below)
d) Since 2010, the investment of farm households was not included in the total investment.(The same below)

# 6-2 固定资产投资额
# Investment in Fixed Assets

单位：亿元　(100 million yuan)

| 年 份 Year | 投资额 Investment | #工业投资 Industrial Investment | #房地产开发 Real Estate Development | #国有经济 State owned | #集体经济 Collective owned | #私营个体 Privates and Individuals | #外商及港澳台商投资 Hong Kong, Macao, Taiwan and Foreign Funds |
|---|---|---|---|---|---|---|---|
| 1978 | 21.75 | | | 20.70 | 1.05 | | |
| 1980 | 34.73 | | | 31.65 | 3.08 | | |
| **"六五"时期 The Period of the Sixth Five-year plan** | **564.89** | | | **242.73** | **156.57** | | |
| **"七五"时期 The Period of the Seventh Five-year plan** | **1606.75** | | | **642.46** | **377.21** | | |
| **"八五"时期 The Period of the Eighth Five-year plan** | **5307.18** | | **554.92** | **1944.32** | **1788.50** | | |
| 1991 | 439.98 | | 17.22 | 172.09 | 109.87 | | |
| 1992 | 711.70 | | 30.42 | 288.00 | 276.16 | | |
| 1993 | 1144.20 | | 114.01 | 403.67 | 493.12 | | |
| 1994 | 1331.13 | | 152.42 | 477.86 | 418.27 | | |
| 1995 | 1680.17 | | 240.85 | 602.70 | 491.08 | | 300.22 |
| **"九五"时期 The Period of the Ninth Five-year plan** | **12426.20** | | **1463.68** | **4912.01** | **2288.90** | | **2124.97** |
| 1996 | 1949.53 | | 232.62 | 708.60 | 465.21 | | 399.99 |
| 1997 | 2203.09 | | 241.55 | 826.60 | 447.94 | | 437.25 |
| 1998 | 2535.50 | | 300.24 | 1031.96 | 457.36 | | 514.23 |
| 1999 | 2742.65 | | 330.55 | 1144.84 | 462.53 | 148.23 | 410.28 |
| 2000 | 2995.43 | | 358.72 | 1200.01 | 455.86 | 326.08 | 363.22 |
| **"十五"时期 The Period of the Tenth Five-year plan** | **28055.30** | **10495.83** | **4583.38** | **8790.13** | **2018.49** | **6453.90** | **4719.01** |
| 2001 | 3302.96 | 684.83 | 414.36 | 1285.71 | 400.36 | 528.38 | 378.17 |
| 2002 | 3849.24 | 905.69 | 544.13 | 1422.06 | 297.56 | 769.90 | 568.77 |
| 2003 | 5335.80 | 1667.65 | 809.96 | 1998.19 | 456.98 | 932.11 | 972.88 |
| 2004 | 6827.59 | 2104.28 | 1269.78 | 2006.20 | 418.43 | 1599.91 | 1230.56 |
| 2005 | 8739.71 | 5133.38 | 1545.15 | 2077.97 | 445.16 | 2623.60 | 1568.63 |
| **"十一五"时期 The Period of the Eleventh Five-year plan** | **79534.10** | **42558.47** | **15124.96** | **14898.12** | **3136.70** | **27735.48** | **12592.54** |
| 2006 | 10071.42 | 5347.13 | 1906.71 | 2144.93 | 441.57 | 3049.30 | 1756.83 |
| 2007 | 12268.07 | 6599.08 | 2515.91 | 2092.57 | 453.28 | 4125.86 | 2301.12 |
| 2008 | 15060.45 | 8246.27 | 3064.46 | 2494.77 | 539.99 | 5268.79 | 2838.43 |
| 2009 | 18949.88 | 10167.44 | 3338.50 | 3677.11 | 753.73 | 6872.67 | 2681.77 |
| 2010 | 23184.28 | 12342.54 | 4299.38 | 4488.74 | 948.13 | 8418.86 | 3014.39 |
| 2010(新口径) (New Statistical Scale) | 21643.02 | 11442.06 | 4299.38 | 4348.46 | 902.95 | 7778.03 | 2969.94 |
| **"十二五"时期 The Period of the Twelfth Five-year plan** | **181461.67** | **91701.18** | **35409.39** | **35102.31** | **7873.25** | **76164.81** | **19093.01** |
| 2011 | 26314.66 | 13771.12 | 5567.94 | 5004.82 | 1132.95 | 9696.87 | 3303.41 |
| 2012 | 31706.58 | 16544.02 | 6206.10 | 6022.51 | 1393.13 | 12074.90 | 3818.24 |
| 2013 | 35982.52 | 18369.54 | 7241.45 | 6865.27 | 1639.37 | 14955.56 | 3913.00 |
| 2014 | 41552.75 | 20259.05 | 8240.22 | 8308.13 | 1835.30 | 18185.36 | 4155.92 |
| 2015 | 45905.17 | 22757.45 | 8153.68 | 8901.58 | 1872.50 | 21252.12 | 3902.44 |
| **"十三五"时期 The Period of the Thirteenth Five-year plan** | | | | | | | |
| 2016 | 49370.85 | 24544.40 | 8956.37 | 8236.65 | 806.51 | 23417.12 | 4692.83 |
| 2017 | 53000.21 | 26180.81 | 9629.11 | 8811.26 | 742.24 | 26992.16 | 4484.45 |

注：房地产开发投资统计制度从1990年开始建立，城乡私营个体投资统计制度从1999年开始建立。

a) The statistical system of real estate development and investment was established in 1990, while that of the urban and rural private and individual investment was established in 1999.

# 6-3 按资金来源和构成分固定资产投资
# Investment in Fixed Assets by Sources and Composition of Funds

| 年 份 Year | 按资金来源分 Grouped by Sources of Funds | | | | | 按构成分 Composition | | |
|---|---|---|---|---|---|---|---|---|
| | 国家预算内资金 State Budget | 国内贷款 Domestic Loans | 利用外资 Foreign Investment | 自筹资金 Self raising Funds | 其他资金来源 Others | 建筑安装工程 Constructions and Installations | 设备工器具购置 Purchase of Equipments and Instruments | 其他费用 Others |
| **投资额(亿元) Investment(100 million yuan)** | | | | | | | | |
| 1985 | 17.25 | 36.79 | 3.98 | 64.45 | 69.46 | 149.40 | 34.41 | 8.12 |
| 1986 | 18.74 | 43.52 | 12.71 | 73.27 | 92.99 | 187.33 | 43.82 | 10.08 |
| 1987 | 21.46 | 63.15 | 19.15 | 85.66 | 127.71 | 240.92 | 60.61 | 15.60 |
| 1988 | 17.23 | 69.94 | 27.77 | 106.30 | 150.63 | 281.34 | 73.71 | 16.82 |
| 1989 | 16.80 | 41.74 | 19.91 | 91.66 | 150.12 | 256.23 | 52.25 | 11.75 |
| 1990 | 15.02 | 45.47 | 15.92 | 106.47 | 173.42 | 284.24 | 53.70 | 18.36 |
| 1991 | 16.38 | 84.77 | 20.41 | 290.13 | 28.29 | 347.72 | 71.33 | 20.93 |
| 1992 | 24.73 | 189.49 | 40.56 | 378.30 | 78.62 | 408.59 | 257.45 | 45.66 |
| 1993 | 17.85 | 253.80 | 89.48 | 649.95 | 133.12 | 651.17 | 395.34 | 97.69 |
| 1994 | 17.54 | 242.93 | 151.96 | 744.20 | 174.50 | 775.84 | 437.87 | 117.42 |
| 1995 | 25.83 | 270.16 | 228.89 | 880.02 | 275.27 | 983.24 | 536.48 | 160.45 |
| 1996 | 24.01 | 282.88 | 335.16 | 1001.29 | 306.19 | 1151.16 | 600.59 | 197.78 |
| 1997 | 29.63 | 293.66 | 390.59 | 1199.29 | 289.92 | 1307.24 | 688.66 | 207.19 |
| 1998 | 49.46 | 331.83 | 413.66 | 1406.39 | 334.16 | 1503.62 | 755.02 | 276.86 |
| 1999 | 62.91 | 399.36 | 309.02 | 1639.01 | 332.35 | 1682.72 | 746.75 | 313.18 |
| 2000 | 73.42 | 489.04 | 281.17 | 1827.79 | 324.01 | 1817.08 | 867.74 | 310.61 |
| 2001 | 69.97 | 524.51 | 326.22 | 1977.97 | 404.29 | 1901.68 | 967.21 | 434.07 |
| 2002 | 54.48 | 735.30 | 421.21 | 2237.73 | 400.52 | 2091.15 | 1160.08 | 598.01 |
| 2003 | 92.61 | 1141.99 | 579.51 | 2999.19 | 587.42 | 2906.59 | 1510.59 | 918.62 |
| 2004 | 81.30 | 1233.07 | 641.66 | 4201.29 | 928.38 | 3886.52 | 1928.66 | 1012.41 |
| 2005 | 67.60 | 1264.49 | 836.19 | 5826.89 | 1205.90 | 4879.72 | 2544.36 | 1315.63 |
| 2006 | 66.59 | 1445.16 | 874.82 | 6800.90 | 1590.15 | 5624.16 | 2944.50 | 1502.76 |
| 2007 | 135.20 | 1561.06 | 1255.85 | 8522.18 | 2398.08 | 6804.65 | 3558.53 | 1904.89 |
| 2008 | 153.86 | 1818.06 | 1394.98 | 10624.51 | 2210.27 | 8310.70 | 4587.89 | 2161.86 |
| 2009 | 278.79 | 2774.45 | 1114.78 | 14064.93 | 4350.16 | 10454.05 | 5901.61 | 2594.22 |
| 2010 | 282.11 | 3343.47 | 1154.87 | 17553.37 | 4912.63 | 12601.51 | 7054.33 | 3528.44 |

6-3 续表 continued

| 年 份 Year | 按资金来源分 Grouped by Sources of Funds | | | | | 按构成分 Composition | | |
|---|---|---|---|---|---|---|---|---|
| | 国家预算内资金 State Budget | 国内贷款 Domestic Loans | 利用外资 Foreign Investment | 自筹资金 Self raising Funds | 其他资金来源 Others | 建筑安装工程 Constructions and Installations | 设备工器具购置 Purchase of Equipments and Instruments | 其他费用 Others |
| 2010(新口径) (New Statistical Scale) | 273.00 | 3231.05 | 1135.69 | 16186.61 | 4839.81 | 11804.76 | 6436.57 | 3401.70 |
| 2011 | 344.87 | 3751.24 | 1241.65 | 20652.57 | 4394.19 | 14569.44 | 8112.05 | 3633.17 |
| 2012 | 448.05 | 4658.42 | 1216.78 | 25824.05 | 5262.67 | 17913.03 | 9756.39 | 4037.16 |
| 2013 | 529.19 | 5091.04 | 1127.55 | 29444.25 | 6822.96 | 20821.56 | 10903.11 | 4257.84 |
| 2014 | 627.26 | 5360.60 | 1152.05 | 33325.52 | 6232.21 | 24686.18 | 12327.57 | 4539.00 |
| 2015 | 806.89 | 4810.95 | 926.17 | 36305.15 | 7206.37 | 27570.90 | 14225.16 | 4109.11 |
| 2016 | 990.43 | 5778.54 | 599.88 | 36257.99 | 10830.18 | 28989.35 | 15368.57 | 5012.94 |
| 2017 | 1044.76 | 6386.98 | 376.11 | 37667.86 | 11518.51 | 30261.05 | 16915.28 | 5823.89 |
| **构成(%) Composition(%)** | | | | | | | | |
| 1985 | 9.0 | 19.1 | 2.1 | 33.6 | 36.2 | 77.9 | 17.9 | 4.2 |
| 1990 | 4.2 | 12.8 | 4.5 | 29.9 | 48.6 | 80.0 | 15.1 | 4.9 |
| 1995 | 1.5 | 16.1 | 13.6 | 52.4 | 16.4 | 58.5 | 31.9 | 9.6 |
| 2000 | 2.5 | 16.3 | 9.4 | 61.0 | 10.8 | 60.6 | 29.0 | 10.4 |
| 2005 | 0.7 | 13.8 | 9.1 | 63.3 | 13.1 | 55.8 | 29.1 | 15.1 |
| 2006 | 0.6 | 13.4 | 8.1 | 63.1 | 14.8 | 55.9 | 29.2 | 14.9 |
| 2007 | 1.0 | 11.3 | 9.0 | 61.4 | 17.3 | 55.5 | 29.0 | 15.5 |
| 2008 | 0.9 | 11.2 | 8.6 | 65.6 | 13.6 | 55.2 | 30.5 | 14.3 |
| 2009 | 1.2 | 12.3 | 4.9 | 62.3 | 19.3 | 55.2 | 31.1 | 13.7 |
| 2010 | 1.0 | 12.3 | 4.2 | 64.4 | 18.0 | 54.4 | 30.4 | 15.2 |
| 2010(新口径) (New Statistical Scale) | 1.1 | 12.6 | 4.4 | 63.1 | 18.9 | 54.5 | 29.7 | 15.7 |
| 2011 | 0.9 | 10.6 | 3.7 | 53.3 | 15.9 | 44.9 | 24.5 | 12.9 |
| 2012 | 1.1 | 12.3 | 4.1 | 68.0 | 14.5 | 55.4 | 30.8 | 13.8 |
| 2013 | 1.2 | 11.8 | 2.6 | 68.5 | 15.9 | 57.9 | 30.3 | 11.8 |
| 2014 | 1.3 | 11.5 | 2.5 | 71.4 | 13.3 | 59.4 | 29.7 | 10.9 |
| 2015 | 1.6 | 9.6 | 1.9 | 72.5 | 14.4 | 60.1 | 31.0 | 9.0 |
| 2016 | 1.8 | 10.6 | 1.1 | 66.6 | 19.9 | 58.7 | 31.1 | 10.2 |
| 2017 | 1.8 | 11.2 | 0.7 | 66.1 | 20.2 | 57.1 | 31.9 | 11.0 |

# 6-4　按登记注册类型分固定资产投资比上年增长情况

# Growth Rate of Total Investment in Fixed Assets over Preceding Year by Registration Status

单位：%　　(%)

| 类　别 | Item | 投资额 Investment | | #工业投资 Industrial Investment | |
|---|---|---|---|---|---|
| | | 2022 | 2023 | 2022 | 2023 |
| **总　计** | **Total** | **9.7** | **9.1** | **9.0** | **9.1** |
| 内资企业 | Domestic Funded Enterprises | 10.7 | 9.5 | 10.5 | 9.7 |
| 国有企业 | State-owned Enterprises | 19.5 | 19.5 | 56.2 | 20.3 |
| 集体企业 | Collective-owned Enterprises | -25.0 | 6.8 | -61.9 | 167.3 |
| 股份合作企业 | Cooperative Enterprises | 59.9 | 30.0 | 114.4 | 12.6 |
| 联营企业 | Joint-ownership Enterprises | 8.4 | -2.4 | -8.5 | -24.9 |
| 国有联营 | State Joint-owned Enterprises | 2105.3 | -10.7 | | 29.7 |
| 集体联营 | Collective Joint-owned Enterprises | -11.5 | 29.1 | 26.6 | -65.5 |
| 国有与集体联营 | Joint State-collective Enterprises | 293.4 | -0.5 | 615.4 | 21.8 |
| 其他联营企业 | Other Joint-owned Enterprises | -22.3 | -42.5 | -31.0 | -40.6 |
| 有限责任公司 | Limited Liability Corporations | 10.9 | 8.8 | 21.0 | 17.9 |
| 国有独资公司 | State Sole-proprietorship Corporations | 2.0 | -0.5 | 17.2 | 8.3 |
| 其他有限责任公司 | Other Limited Corporations Ltd. | 16.3 | 13.8 | 21.8 | 19.8 |
| 股份有限公司 | Share-holding Corporations Ltd. | 16.6 | -14.7 | 10.5 | -17.5 |
| 私营企业 | Private Enterprises | 8.5 | 9.2 | 7.6 | 9.3 |
| 其他企业 | Other Enterprises | 22.0 | -4.4 | 21.5 | -7.6 |
| 港、澳、台商投资企业 | Enterprises with Funds from Hong Kong, Macao and Taiwan | 9.4 | -1.1 | 9.5 | -2.2 |
| 合资经营企业 | Joint-venture Enterprises | 13.7 | -12.8 | 10.5 | -15.5 |
| 合作经营企业 | Cooperative Enterprises | -74.1 | 42.3 | -73.2 | 12.5 |
| 独资企业 | Enterprises with Sole Fund | 7.5 | 4.2 | 9.9 | 3.6 |
| 股份有限公司 | Share-holding Corporations Ltd. | 9.2 | 25.0 | 4.5 | 28.2 |
| 其他港澳台商投资 | Others | 88.2 | 38.1 | 74.1 | 56.7 |
| 外商投资企业 | Foreign Funded Enterprises | -8.2 | 13.9 | -8.8 | 13.1 |
| 合资经营企业 | Joint-venture Enterprises | -9.5 | -2.3 | -10.6 | -5.3 |
| 合作经营企业 | Cooperative Enterprises | -55.6 | -47.3 | -10.4 | -47.4 |
| 独资企业 | Enterprises with Sole Fund | -8.7 | 21.3 | -9.6 | 21.0 |
| 股份有限公司 | Share-holding Corporations Ltd. | 0.4 | 0.7 | -5.2 | -0.9 |
| 其他外商投资 | Others | 56.7 | 48.8 | 82.5 | 54.1 |
| 个体经营 | Individuals | -39.3 | 35.2 | -34.5 | -45.8 |
| 个体户 | Self-employed Individuals | -37.8 | 36.6 | -32.1 | -54.6 |
| 个人合伙 | Partnership Individuals | -58.7 | 6.8 | | |
| **按地区分** | **by Region** | | | | |
| 南 京 市 | Nanjing | 5.4 | -3.4 | 11.0 | 1.5 |
| 无 锡 市 | Wuxi | 11.2 | 17.2 | 0.2 | 9.6 |
| 徐 州 市 | Xuzhou | 7.3 | 9.4 | 12.2 | 9.9 |
| 常 州 市 | Changzhou | 10.0 | 5.1 | 8.7 | 2.5 |
| 苏 州 市 | Suzhou | 9.4 | 12.7 | 6.4 | 10.1 |
| 南 通 市 | Nantong | 2.7 | 4.9 | -4.3 | 0.9 |
| 连云港市 | Lianyungang | 4.3 | 2.8 | 9.3 | -7.3 |
| 淮 安 市 | Huai'an | 17.1 | 19.2 | 20.7 | 24.4 |
| 盐 城 市 | Yancheng | 13.5 | 11.1 | 10.5 | 15.9 |
| 扬 州 市 | Yangzhou | 20.6 | 17.0 | 25.2 | 22.2 |
| 镇 江 市 | Zhenjiang | 11.1 | 7.4 | 6.0 | 17.8 |
| 泰 州 市 | Taizhou | 10.6 | 10.4 | 11.4 | 10.9 |
| 宿 迁 市 | Suqian | 13.3 | 9.1 | 16.2 | 12.6 |

注：本表不含房地产开发投资。

a) The investment in real estate development was not included in this table.

# 6-5 按构成分固定资产投资比上年增长情况(2023年)
# Growth Rate of Total Investment in Fixed Assets over Preceding Year by Composition of Funds (2023)

单位：% (%)

| 行 业 | Sector | 投资额 Investment | 建筑安装工程 Constructions and Installations | 设备工器具购置 Purchase of Equipments and Instruments | 其他 Others |
|---|---|---|---|---|---|
| **总计** | **Total** | **5.2** | **7.3** | **0.8** | **1.7** |
| 农、林、牧、渔业 | Agriculture, Forestry, Animal Husbandry and Fishery | 8.9 | 15.4 | -24.7 | -48.8 |
| 农业 | Farming | 42.2 | 42.6 | 29.7 | 128.2 |
| 林业 | Forestry | 27.9 | 30.7 | -4.5 | -98.5 |
| 畜牧业 | Animal Husbandry | -23.3 | -20.0 | -27.7 | -78.8 |
| 渔业 | Fishery | 2.3 | 21.7 | -73.7 | 15.7 |
| 农、林、牧、渔专业及辅助性活动 | Professional and Support Activities for Agriculture, Forestry, Animal Husbandry and Fishery | 0.8 | 8.1 | -30.5 | -75.7 |
| 采矿业 | Mining | -18.3 | -3.9 | -29.5 | -92.8 |
| 煤炭开采和洗选业 | Mining and Washing of Coal | | | | |
| 石油和天然气开采业 | Extraction of Petroleum and Natural Gas | 10.0 | 14.2 | -41.5 | -100.0 |
| 黑色金属矿采选业 | Mining and Processing of Ferrous Metal Ores | -52.5 | -65.9 | -37.6 | -67.6 |
| 有色金属矿采选业 | Mining and Processing of Non-ferrous Metal Ores | 264.3 | 150.1 | 10000.0 | |
| 非金属矿采选业 | Mining and Processing of Non-metallic Ores | -20.6 | 8.1 | 18.2 | -99.6 |
| 开采辅助活动 | Professional and Support Activities for Mining | | | | |
| 其他采矿业 | Mining of Other Ores | -100.0 | -100.0 | -100.0 | |
| 制造业 | Manufacturing | 9.1 | 15.3 | -0.2 | -5.2 |
| 农副食品加工业 | Processing of Food from Agricultural Products | 6.6 | 8.4 | 3.4 | -30.0 |
| 食品制造业 | Manufacturing of Foods | 33.1 | 40.1 | 17.0 | 0.9 |
| 酒、饮料和精制茶制造业 | Manufacture of Liquor, Beverages and Refined Tea | 31.9 | 35.8 | 22.9 | -39.9 |
| 烟草制品业 | Manufacture of Tobacco | -3.3 | -32.2 | 20.7 | -56.4 |
| 纺织业 | Manufacture of Textile | 3.7 | 10.7 | -7.3 | -47.5 |
| 纺织服装、服饰业 | Manufacture of Textile, Wearing Apparel and Accessories | -7.5 | -9.8 | 14.1 | -73.5 |
| 皮革、毛皮、羽毛及其制品和制鞋业 | Manufacture of Leather, Fur, Feather and Related Products and Footwear | -16.6 | -8.1 | -39.7 | -71.6 |
| 木材加工和木、竹、藤、棕、草制品业 | Processing of Timber, Manufacture of Wood, Bamboo, Rattan, Palm and Straw Products | 16.3 | 24.7 | -1.7 | -79.5 |
| 家具制造业 | Manufacture of Furniture | -31.0 | -30.4 | -27.6 | -72.1 |
| 造纸和纸制品业 | Manufacture of Paper and Paper Products | 5.2 | 8.0 | 4.5 | -54.9 |
| 印刷和记录媒介复制业 | Printing and Reproduction of Recording Media | 3.9 | 6.0 | 4.7 | -65.2 |
| 文教、工美、体育和娱乐用品制造业 | Manufacture of Articles for Culture, Education, Arts and Crafts, Sport and Entertainment Activities | -16.9 | -14.4 | -28.2 | 87.6 |
| 石油加工、炼焦和核燃料加工业 | Processing of Petroleum, Coking, Processing of Nuclear Fuels | -48.3 | -60.2 | 1.4 | -67.0 |
| 化学原料和化学制品制造业 | Manufacture of Raw Chemical Materials and Chemical Products | 11.7 | 21.0 | 6.8 | -12.5 |
| 医药制造业 | Manufacture of Medicines | -5.2 | 3.5 | -23.5 | -17.0 |
| 化学纤维制造业 | Manufacture of Chemical Fibers | -6.4 | 12.8 | -21.7 | -27.0 |
| 橡胶和塑料制品业 | Manufacture of Rubber and Plastic Products | 14.7 | 15.6 | 15.5 | -15.3 |
| 非金属矿物制品业 | Manufacture of Non-metallic Mineral Products | 2.0 | -2.6 | 14.0 | 5.7 |
| 黑色金属冶炼和压延加工业 | Smelting and Pressing of Ferrous Metals | 23.1 | 24.7 | -5.5 | 431.6 |
| 有色金属冶炼和压延加工业 | Smelting and Pressing of Non-ferrous Metals | 47.4 | 54.0 | 33.6 | 39.7 |
| 金属制品业 | Manufacture of Metal Products | 11.2 | 19.5 | -4.8 | -0.3 |
| 通用设备制造业 | Manufacture of General Purpose Machinery | 14.1 | 23.8 | -3.4 | 0.9 |

## 6-5　续表 1　continued

单位：%　　　　(%)

| 行　业 | Sector | 投资额 Investment | 建筑安装工　程 Constructions and Installations | 设备工器具购置 Purchase of Equipments and Instruments | 其他 Others |
|---|---|---|---|---|---|
| 专用设备制造业 | Manufacture of Special Purpose Machinery | 7.1 | 13.0 | -4.6 | -18.8 |
| 汽车制造业 | Manufacture of Automobiles | 24.9 | 33.2 | 18.1 | 4.5 |
| 铁路、船舶、航空航天和其他运输设备制造业 | Manufacture of Railway, Ship, Aerospace and Other Transport Equipments | 6.0 | 8.5 | -3.6 | 37.7 |
| 电气机械和器材制造业 | Manufacture of Electrical Machinery and Apparatus | 46.0 | 68.5 | 18.7 | 34.4 |
| 计算机、通信和其他电子设备制造业 | Manufacture of Computers, Communication and Other Electronic Equipment | -0.2 | 7.0 | -7.2 | -8.8 |
| 仪器仪表制造业 | Manufacture of Measuring Instruments and Machinery | -14.7 | -11.1 | -23.6 | -17.4 |
| 其他制造业 | Other Manufacture | -17.6 | -24.0 | -2.2 | 32.6 |
| 废弃资源综合利用业 | Utilization of Waste Resources | -0.6 | 8.6 | -28.8 | 68.1 |
| 金属制品、机械和设备修理业 | Repair Service of Metal Products, Machinery and Equipment | -11.5 | 8.9 | 20.0 | -96.2 |
| 电力、热力、燃气及水的生产和供应业 | Production and Supply of Electricity, Heat, Gas and Water | 10.7 | 13.0 | 14.1 | -11.4 |
| 电力、热力生产和供应业 | Production and Supply of Electric Power and Heat Power | 12.6 | 16.4 | 15.8 | -13.2 |
| 燃气生产和供应业 | Production and Supply of Gas | 31.2 | 30.4 |  | 77.2 |
| 水的生产和供应业 | Production and Supply of Water | 0.8 | 2.9 | -1.1 | -29.3 |
| 建筑业 | Construction | 47.6 | 128.8 | -53.2 | -72.2 |
| 房屋建筑业 | Construction of Buildings | -35.2 | -23.1 | -100.0 | -98.2 |
| 土木工程建筑业 | Civil Engineering | 129.6 | 753.2 | -49.9 | -5.2 |
| 建筑安装业 | Building Installation |  |  |  |  |
| 建筑装饰和其他建筑业 | Building Decoration and Other Construction | 72575.0 | 72575.0 |  |  |
| 批发和零售业 | Wholesale and Retail Trades | 4.9 | 3.7 | -6.0 | 22.3 |
| 批发业 | Wholesale Trade | -16.2 | -24.1 | 1.3 | 118.5 |
| 零售业 | Retail Trade | 20.5 | 25.7 | -17.1 | 0.8 |
| 交通运输、仓储和邮政业 | Transport, Storage and Post | 24.0 | 31.3 | 32.7 | -2.2 |
| 铁路运输业 | Railway Transport | 134.8 | 214.9 | 281.5 | 45.6 |
| 道路运输业 | Road Transport | 7.3 | 9.8 | 38.8 | -8.4 |
| 水上运输业 | Water Transport | 29.7 | 31.2 | 70.9 | -12.2 |
| 航空运输业 | Air Transport | -35.3 | 116.1 | -41.6 | -90.8 |
| 管道运输业 | Transport Via Pipelines | 2.9 | 13.7 | -47.9 | -18.7 |
| 多式联运和运输代理业 | Intermodality and Forwarding Agency | -17.1 | 4.4 | 57.7 | -83.7 |
| 装卸搬运和仓储业 | Loading, Unloading and Storage | 31.9 | 42.8 | -9.7 | -10.5 |
| 邮政业 | Post | 194.9 | 146.0 | 3108.4 | 1293.8 |
| 住宿和餐饮业 | Hotels and Catering Services | 13.8 | 9.1 | 125.1 | 44.1 |
| 住宿业 | Hotels | 16.0 | 9.3 | 169.2 | 65.8 |
| 餐饮业 | Catering Services | -0.3 | 7.8 | -2.3 | -93.7 |
| 信息传输、软件和信息技术服务业 | Information Transmission, Software and IT Services | -6.0 | -7.0 | 0.4 | -28.5 |
| 电信、广播电视和卫星传输服务 | Telecommunication, Radio, Television and Satellite Transmission Services | 14.6 | 16.1 | 18.2 | -55.6 |
| 互联网和相关服务 | Internet and Related Services | -15.0 | -13.0 | -5.1 | -76.8 |
| 软件和信息技术服务业 | Software and IT Services | -4.1 | -8.9 | -5.7 | 60.8 |
| 金融业 | Financial Intermediation | -9.3 | -19.5 | 17.0 | 164.8 |
| 货币金融服务 | Monetary and Financial Service | -6.6 | -14.1 | 5.5 | 79.1 |

6-5 续表 2 continued

单位：% (%)

| 行业 | Sector | 投资额 Investment | 建筑安装工程 Constructions and Installations | 设备工器具购置 Purchase of Equipments and Instruments | 其他 Others |
|---|---|---|---|---|---|
| 资本市场服务 | Capital Market Service | 44.5 | 45.9 | -100.0 | |
| 保险业 | Insurance | -50.0 | -50.0 | | |
| 其他金融业 | Other Financial Activities | -31.8 | -55.2 | 1233.8 | |
| 房地产业 | Real Estate | -3.0 | -6.5 | 19.5 | 2.3 |
| 租赁和商务服务业 | Leasing and Business Services | 33.3 | 35.6 | 5.4 | 21.3 |
| 租赁业 | Leasing | 78.2 | 86.0 | 74.3 | 57.5 |
| 商务服务业 | Business Services | 32.8 | 35.3 | -18.4 | 21.2 |
| 科学研究和技术服务业 | Scientific Research and Technical Services | 7.3 | 12.0 | 7.5 | -25.6 |
| 研究和试验发展 | Research and Experimental Development | -1.8 | 8.0 | -10.9 | -50.1 |
| 专业技术服务业 | Professional Technical Services | 24.9 | 33.1 | 3.2 | 9.7 |
| 科技推广和应用服务业 | Science and Technology Popularization and Application of Services | 8.1 | 8.0 | 57.1 | -15.5 |
| 水利、环境和公共设施管理业 | Management of Water Conservancy, Environment and Public Facilities | -4.5 | -5.9 | -30.1 | 16.9 |
| 水利管理业 | Management of Water Conservancy | 32.3 | 13.5 | -8.9 | 175.7 |
| 生态保护和环境治理业 | Ecological Protection and Enviromental Treatment | -16.0 | -10.0 | -32.7 | -49.4 |
| 公共设施管理业 | Management of Public Facilities | -7.2 | -7.6 | -30.5 | 0.9 |
| 土地管理业 | Management of Land | 28.4 | 31.4 | | -100.0 |
| 居民服务、修理和其他服务业 | Services to Households, Repair and Other Services | 56.7 | 50.2 | 115.3 | 196.6 |
| 居民服务业 | Services to Households | 58.8 | 52.8 | -26.5 | 461.4 |
| 机动车、电子产品和日用产品修理业 | Repair of motor Vehicles, Electronics and Household Products | 31.0 | 19.2 | 277.9 | -100.0 |
| 其他服务业 | Other Services | 72.0 | 61.3 | 219.6 | -52.9 |
| 教育 | Education | 7.0 | 3.7 | -18.5 | 64.3 |
| 卫生和社会工作 | Health and Social Service | 13.4 | 13.3 | 23.4 | 7.6 |
| 卫生 | Health | 6.3 | 6.3 | 24.5 | -9.7 |
| 社会工作 | Social Service | 60.4 | 57.4 | 6.9 | 127.1 |
| 文化、体育和娱乐业 | Culture, Sports and Entertainment | -7.4 | -6.0 | -45.3 | 2.4 |
| 新闻和出版业 | Journalism and Publishing Activities | 74.3 | 63.4 | | |
| 广播、电视、电影和影视录音制作业 | Radio, Television, Motion Picture and Audio-visual Programme Production Services | -47.2 | -38.2 | -89.5 | -100.0 |
| 文化艺术业 | Cultural and Art Activities | -2.7 | -5.9 | 6.9 | 34.3 |
| 体育 | Sports Activities | -21.2 | -28.4 | 11.5 | 45.7 |
| 娱乐业 | Entertainment | -5.1 | 3.3 | -55.4 | -32.3 |
| 公共管理、社会保障和社会组织 | Public Management, Social Security and Social Organization | -0.7 | 0.6 | 0.6 | -33.2 |
| 中国共产党机关 | Organs of Communist Party of China | -100.0 | -100.0 | -100.0 | |
| 国家机构 | Government Agencies | 1.8 | 2.4 | 2.6 | -25.5 |
| 人民政协、民主党派 | People's Political Consultative Conference and Democratic Parties | -100.0 | -100.0 | | |
| 社会保障 | Social Security | -2.2 | -2.2 | | |
| 群众团体、社会团体和其他成员组织 | Mass Organizations, Social Organizations and Other Membership Organizations | -35.1 | -32.4 | -100.0 | -43.9 |
| 基层群众自治组织 | Grass Roots Self-governing Organizations | 2.9 | 5.4 | -3.5 | -33.9 |

# 6-6　按建设性质分固定资产投资比上年增长情况(2023年)
# Growth Rate of Total Investment in Fixed Assets over Preceding Year by Type of Construction (2023)

单位：%　　(%)

| 行　业 | Sector | 投资额 Investment | #新　建 New Construction | #扩　建 Expansion | #改　建 Reconstruction |
|---|---|---|---|---|---|
| **总计** | **Total** | **9.1** | **11.3** | **6.2** | **5.4** |
| 农、林、牧、渔业 | Agriculture, Forestry, Animal Husbandry and Fishery | 8.9 | 7.3 | 6.9 | 63.4 |
| 农业 | Farming | 42.2 | 42.7 | -54.9 | 281.2 |
| 林业 | Forestry | 27.9 | 27.9 | | |
| 畜牧业 | Animal Husbandry | -23.3 | -31.2 | 460.7 | -40.2 |
| 渔业 | Fishery | 2.3 | | -36.7 | 149.8 |
| 农、林、牧、渔专业及辅助性活动 | Professional and Support Activities for Agriculture, Forestry, Animal Husbandry and Fishery | 0.8 | 1.5 | -66.0 | 65.7 |
| 采矿业 | Mining | -18.3 | -53.8 | -100.0 | 15.0 |
| 煤炭开采和洗选业 | Mining and Washing of Coal | | | | |
| 石油和天然气开采业 | Extraction of Petroleum and Natural Gas | 10.0 | -100.0 | | 31.0 |
| 黑色金属矿采选业 | Mining and Processing of Ferrous Metal Ores | -52.5 | -84.2 | -100.0 | -21.2 |
| 有色金属矿采选业 | Mining and Processing of Non-ferrous Metal Ores | 264.3 | 264.3 | | |
| 非金属矿采选业 | Mining and Processing of Non-metallic Ores | -20.6 | -17.5 | -100.0 | 21.2 |
| 开采辅助活动 | Professional and Support Activities for Mining | | | | |
| 其他采矿业 | Mining of Other Ores | -100.0 | -100.0 | | |
| 制造业 | Manufacturing | 9.1 | 12.9 | 3.9 | 5.3 |
| 农副食品加工业 | Processing of Food from Agricultural Products | 6.6 | -0.4 | 9.9 | 24.8 |
| 食品制造业 | Manufacturing of Foods | 33.1 | 35.7 | 23.8 | 31.1 |
| 酒、饮料和精制茶制造业 | Manufacture of Liquor, Beverages and Refined Tea | 31.9 | 40.5 | 130.7 | 12.4 |
| 烟草制品业 | Manufacture of Tobacco | -3.3 | | 84.7 | 32.6 |
| 纺织业 | Manufacture of Textile | 3.7 | 10.0 | -23.1 | 0.8 |
| 纺织服装、服饰业 | Manufacture of Textile, Wearing Apparel and Accessories | -7.5 | -5.2 | 86.1 | -32.1 |
| 皮革、毛皮、羽毛及其制品和制鞋业 | Manufacture of Leather, Fur, Feather and Related Products and Footwear | -16.6 | -6.5 | -8.5 | -33.6 |
| 木材加工和木、竹、藤、棕、草制品业 | Processing of Timber, Manufacture of Wood, Bamboo, Rattan, Palm and Straw Products | 16.3 | 27.1 | 22.7 | -15.8 |
| 家具制造业 | Manufacture of Furniture | -31.0 | -22.4 | -24.8 | -49.0 |
| 造纸和纸制品业 | Manufacture of Paper and Paper Products | 5.2 | 14.1 | -7.9 | -11.5 |
| 印刷和记录媒介复制业 | Printing and Reproduction of Recording Media | 3.9 | 4.5 | 65.0 | -6.0 |
| 文教、工美、体育和娱乐用品制造业 | Manufacture of Articles for Culture, Education, Arts and Crafts, Sport and Entertainment Activities | -16.9 | -10.9 | -48.5 | -13.1 |
| 石油加工、炼焦和核燃料加工业 | Processing of Petroleum, Coking, Processing of Nuclear Fuels | -48.3 | -59.3 | 546.2 | -67.4 |
| 化学原料和化学制品制造业 | Manufacture of Raw Chemical Materials and Chemical Products | 11.7 | 7.9 | 28.9 | 5.8 |
| 医药制造业 | Manufacture of Medicines | -5.2 | 3.5 | -32.9 | -5.3 |
| 化学纤维制造业 | Manufacture of Chemical Fibers | -6.4 | -8.7 | 6.0 | -7.2 |
| 橡胶和塑料制品业 | Manufacture of Rubber and Plastic Products | 14.7 | 23.1 | -18.9 | 14.9 |
| 非金属矿物制品业 | Manufacture of Non-metallic Mineral Products | 2.0 | -0.4 | 17.5 | 1.9 |
| 黑色金属冶炼和压延加工业 | Smelting and Pressing of Ferrous Metals | 23.1 | 7.1 | 4.4 | 51.6 |
| 有色金属冶炼和压延加工业 | Smelting and Pressing of Non-ferrous Metals | 47.4 | 63.1 | 6.2 | 52.1 |
| 金属制品业 | Manufacture of Metal Products | 11.2 | 20.9 | -0.4 | -1.2 |

注：本表不含房地产开发投资。
a) The investment in real estate development was not included in this table.

## 6-6 续表 1 continued

单位：% (%)

| 行 业 | Sector | 投资额 Investment | #新 建 New Construction | #扩 建 Expansion | #改 建 Reconstruction |
|---|---|---|---|---|---|
| 通用设备制造业 | Manufacture of General Purpose Machinery | 14.1 | 19.3 | -3.0 | 15.3 |
| 专用设备制造业 | Manufacture of Special Purpose Machinery | 7.1 | 13.2 | 21.5 | -5.7 |
| 汽车制造业 | Manufacture of Automobiles | 24.9 | 24.3 | -1.1 | 47.8 |
| 铁路、船舶、航空航天和其他运输设备制造业 | Manufacture of Railway, Ship, Aerospace and Other Transport Equipments | 6.0 | -0.4 | 12.9 | 15.8 |
| 电气机械和器材制造业 | Manufacture of Electrical Machinery and Apparatus | 46.0 | 58.6 | 39.8 | 20.7 |
| 计算机、通信和其他电子设备制造业 | Manufacture of Computers, Communication and Other Electronic Equipment | -0.2 | 5.2 | -9.0 | -3.7 |
| 仪器仪表制造业 | Manufacture of Measuring Instruments and Machinery | -14.7 | -12.7 | -30.9 | -11.0 |
| 其他制造业 | Other Manufacture | -17.6 | -20.7 | -26.5 | 4.3 |
| 废弃资源综合利用业 | Utilization of Waste Resources | -0.6 | 2.0 | -35.2 | 11.2 |
| 金属制品、机械和设备修理业 | Repair Service of Metal Products, Machinery and Equipment | -11.5 | -18.7 | | 344.0 |
| 电力、热力、燃气及水的生产和供应业 | Production and Supply of Electricity, Heat, Gas and Water | 10.7 | 7.6 | 31.3 | 3.0 |
| 电力、热力生产和供应业 | Production and Supply of Electric Power and Heat Power | 12.6 | 4.3 | 44.5 | 52.5 |
| 燃气生产和供应业 | Production and Supply of Gas | 31.2 | 108.1 | 17.7 | -43.3 |
| 水的生产和供应业 | Production and Supply of Water | 0.8 | 8.9 | 16.8 | -49.8 |
| 建筑业 | Construction | 47.6 | 8.5 | 7723.8 | |
| 房屋建筑业 | Construction of Buildings | -35.2 | -31.3 | | |
| 土木工程建筑业 | Civil Engineering | 129.6 | 34.6 | 7723.8 | |
| 建筑安装业 | Building Installation | | | | |
| 建筑装饰和其他建筑业 | Building Decoration and Other Construction | 72575.0 | 72575.0 | | |
| 批发和零售业 | Wholesale and Retail Trades | 4.9 | 12.4 | -61.3 | -30.6 |
| 批发业 | Wholesale Trade | -16.2 | -8.1 | -72.8 | -43.9 |
| 零售业 | Retail Trade | 20.5 | 27.1 | -8.7 | -22.2 |
| 交通运输、仓储和邮政业 | Transport, Storage and Post | 24.0 | 26.6 | 10.0 | 10.3 |
| 铁路运输业 | Railway Transport | 134.8 | 134.2 | -100.0 | |
| 道路运输业 | Road Transport | 7.3 | 5.5 | 13.7 | 24.5 |
| 水上运输业 | Water Transport | 29.7 | 29.1 | 30.1 | 17.8 |
| 航空运输业 | Air Transport | -35.3 | 3.8 | -42.9 | -25.6 |
| 管道运输业 | Transport Via Pipelines | 2.9 | -14.9 | 233.5 | 64.4 |
| 多式联运和运输代理业 | Intermodality and Forwarding Agency | -17.1 | -10.7 | | -57.3 |
| 装卸搬运和仓储业 | Loading, Unloading and Storage | 31.9 | 40.9 | -2.9 | -15.6 |
| 邮政业 | Post | 194.9 | 179.1 | 1997.9 | 2793.5 |
| 住宿和餐饮业 | Hotels and Catering Services | 13.8 | 5.4 | 75.9 | 94.4 |
| 住宿业 | Hotels | 16.0 | 7.7 | 81.9 | 87.3 |
| 餐饮业 | Catering Services | -0.3 | -8.4 | -37.0 | 131.6 |
| 信息传输、软件和信息技术服务业 | Information Transmission, Software and IT Services | -6.0 | -3.2 | -25.1 | 44.4 |
| 电信、广播电视和卫星传输服务 | Telecommunication, Radio, Television and Satellite Transmission Services | 14.6 | 17.7 | 9.5 | 53.0 |
| 互联网和相关服务 | Internet and Related Services | -15.0 | -7.1 | -56.3 | 22.8 |
| 软件和信息技术服务业 | Software and IT Services | -4.1 | -5.2 | -7.8 | 57.5 |
| 金融业 | Financial Intermediation | -9.3 | -6.1 | -45.8 | -67.0 |
| 货币金融服务 | Monetary and Financial Service | -6.6 | -3.4 | | -56.0 |

6-6 续表 2 continued

单位：% (%)

| 行 业 | Sector | 投资额 Investment | #新 建 New Construction | #扩 建 Expansion | #改 建 Reconstruction |
|---|---|---|---|---|---|
| 资本市场服务 | Capital Market Service | 44.5 | 147.7 | | -94.0 |
| 保险业 | Insurance | -50.0 | -28.4 | -45.8 | -100.0 |
| 其他金融业 | Other Financial Activities | -31.8 | -51.9 | | |
| 房地产业 | Real Estate | 8.4 | 7.4 | 27.2 | 44.0 |
| 租赁和商务服务业 | Leasing and Business Services | 33.3 | 39.9 | -19.1 | -19.1 |
| 租赁业 | Leasing | 78.2 | 104.6 | | 81.3 |
| 商务服务业 | Business Services | 32.8 | 39.2 | -19.1 | -19.6 |
| 科学研究和技术服务业 | Scientific Research and Technical Services | 7.3 | 6.4 | 27.3 | 20.1 |
| 研究和试验发展 | Research and Experimental Development | -1.8 | -4.2 | 32.0 | -13.8 |
| 专业技术服务业 | Professional Technical Services | 24.9 | 29.1 | 9.0 | 32.7 |
| 科技推广和应用服务业 | Science and Technology Popularization and Application of Services | 8.1 | 7.3 | 31.1 | 35.9 |
| 水利、环境和公共设施管理业 | Management of Water Conservancy, Environment and Public Facilities | -4.5 | -6.8 | 12.7 | 1.3 |
| 水利管理业 | Management of Water Conservancy | 32.3 | 13.8 | 224.4 | 27.9 |
| 生态保护和环境治理业 | Ecological Protection and Enviromental Treatment | -16.0 | -24.4 | 32.5 | 34.6 |
| 公共设施管理业 | Management of Public Facilities | -7.2 | -7.2 | -13.1 | -2.6 |
| 土地管理业 | Management of Land | 28.4 | 52.6 | | -69.2 |
| 居民服务、修理和其他服务业 | Services to Households, Repair and Other Services | 56.7 | 60.8 | -23.9 | 63.2 |
| 居民服务业 | Services to Households | 58.8 | 66.3 | -44.7 | 24.0 |
| 机动车、电子产品和日用产品修理业 | Repair of motor Vehicles, Electronics and Household Products | 31.0 | 10.8 | 451.0 | 272.0 |
| 其他服务业 | Other Services | 72.0 | 79.4 | 13.7 | |
| 教育 | Education | 7.0 | 6.6 | 3.2 | 0.7 |
| 卫生和社会工作 | Health and Social Service | 13.4 | 14.0 | 9.5 | -7.6 |
| 卫生 | Health | 6.3 | 5.0 | 10.6 | -7.8 |
| 社会工作 | Social Service | 60.4 | 67.2 | -10.5 | -6.6 |
| 文化、体育和娱乐业 | Culture, Sports and Entertainment | -7.4 | -7.2 | 38.6 | -25.4 |
| 新闻和出版业 | Journalism and Publishing Activities | 74.3 | 68.8 | | |
| 广播、电视、电影和影视录音制作业 | Radio, Television, Motion Picture and Audio-visual Programme Production Services | -47.2 | -42.5 | | -63.0 |
| 文化艺术业 | Cultural and Art Activities | -2.7 | 6.0 | 34.6 | -62.3 |
| 体育 | Sports Activities | -21.2 | -22.7 | -80.4 | 187.6 |
| 娱乐业 | Entertainment | -5.1 | -9.6 | 285.7 | 336.9 |
| 公共管理、社会保障和社会组织 | Public Management, Social Security and Social Organization | -0.7 | 6.8 | -27.7 | -8.3 |
| 中国共产党机关 | Organs of Communist Party of China | -100.0 | -100.0 | | |
| 国家机构 | Government Agencies | 1.8 | 12.5 | -33.6 | -9.4 |
| 人民政协、民主党派 | People's Political Consultative Conference and Democratic Parties | -100.0 | -100.0 | | |
| 社会保障 | Social Security | -2.2 | -2.2 | | |
| 群众团体、社会团体和其他成员组织 | Mass Organizations, Social Organizations and Other Membership Organizations | -35.1 | -36.0 | -13.6 | |
| 基层群众自治组织 | Grass Roots Self-governing Organizations | 2.9 | -1.8 | 171.7 | 49.7 |

# 6-7 按隶属关系和注册类型分固定资产投资比上年增长情况(2023年)

单位：%

| 行　业 | Sector | 投资额 Investment | 中　央 Central Government |
|---|---|---|---|
| **总计** | **Total** | **5.2** | **35.2** |
| 农、林、牧、渔业 | Agriculture, Forestry, Animal Husbandry and Fishery | 8.9 | -37.8 |
| 农业 | Farming | 42.2 | -13.6 |
| 林业 | Forestry | 27.9 | |
| 畜牧业 | Animal Husbandry | -23.3 | |
| 渔业 | Fishery | 2.3 | |
| 农、林、牧、渔专业及辅助性活动 | Professional and Support Activities for Agriculture, Forestry, Animal Husbandry and Fishery | 0.8 | -43.2 |
| 采矿业 | Mining | -18.3 | 10.3 |
| 煤炭开采和洗选业 | Mining and Washing of Coal | | |
| 石油和天然气开采业 | Extraction of Petroleum and Natural Gas | 10.0 | 31.0 |
| 黑色金属矿采选业 | Mining and Processing of Ferrous Metal Ores | -52.5 | -92.0 |
| 有色金属矿采选业 | Mining and Processing of Non-ferrous Metal Ores | 264.3 | |
| 非金属矿采选业 | Mining and Processing of Non-metallic Ores | -20.6 | |
| 开采辅助活动 | Professional and Support Activities for Mining | | |
| 其他采矿业 | Mining of Other Ores | -100.0 | |
| 制造业 | Manufacturing | 9.1 | 8.3 |
| 农副食品加工业 | Processing of Food from Agricultural Products | 6.6 | -71.9 |
| 食品制造业 | Manufacturing of Foods | 33.1 | |
| 酒、饮料和精制茶制造业 | Manufacture of Liquor, Beverages and Refined Tea | 31.9 | |
| 烟草制品业 | Manufacture of Tobacco | -3.3 | -38.5 |
| 纺织业 | Manufacture of Textile | 3.7 | -97.6 |
| 纺织服装、服饰业 | Manufacture of Textile, Wearing Apparel and Accessories | -7.5 | |
| 皮革、毛皮、羽毛及其制品和制鞋业 | Manufacture of Leather, Fur, Feather and Related Products and Footwear | -16.6 | |
| 木材加工和木、竹、藤、棕、草制品业 | Processing of Timber, Manufacture of Wood, Bamboo, Rattan, Palm and Straw Products | 16.3 | |
| 家具制造业 | Manufacture of Furniture | -31.0 | |
| 造纸和纸制品业 | Manufacture of Paper and Paper Products | 5.2 | |
| 印刷和记录媒介复制业 | Printing and Reproduction of Recording Media | 3.9 | |
| 文教、工美、体育和娱乐用品制造业 | Manufacture of Articles for Culture, Education, Arts and Crafts, Sport and Entertainment Activities | -16.9 | |
| 石油加工、炼焦和核燃料加工业 | Processing of Petroleum, Coking, Processing of Nuclear Fuels | -48.3 | 139.7 |
| 化学原料和化学制品制造业 | Manufacture of Raw Chemical Materials and Chemical Products | 11.7 | -35.3 |
| 医药制造业 | Manufacture of Medicines | -5.2 | 154.6 |
| 化学纤维制造业 | Manufacture of Chemical Fibers | -6.4 | -9.3 |
| 橡胶和塑料制品业 | Manufacture of Rubber and Plastic Products | 14.7 | 295.4 |
| 非金属矿物制品业 | Manufacture of Non-metallic Mineral Products | 2.0 | 194.6 |
| 黑色金属冶炼和压延加工业 | Smelting and Pressing of Ferrous Metals | 23.1 | -25.4 |
| 有色金属冶炼和压延加工业 | Smelting and Pressing of Non-ferrous Metals | 47.4 | -70.0 |
| 金属制品业 | Manufacture of Metal Products | 11.2 | -32.4 |
| 通用设备制造业 | Manufacture of General Purpose Machinery | 14.1 | 40.2 |

# Growth Rate of Total Investment in Fixed Assets over Preceding Year by Jurisdiction of Management and Registration Status (2023)

(%)

| 地　方<br>Local | 内　资<br>Domestic Funded | 港澳台商投资<br>Funds from Hong Kong, Macao and Taiwan | 外商投资<br>Foreign Funded | 国有控股<br>State holding | 集体控股<br>Collective holding | 私人控股<br>Private holding |
|---|---|---|---|---|---|---|
| **4.3** | **6.0** | **-8.6** | **8.6** | **13.4** | **-1.1** | **5.3** |
| 10.0 | 9.3 | -48.2 | -82.2 | -3.3 | 41.6 | 9.3 |
| 42.9 | 41.7 | -23.6 | -42.9 | 81.8 | 67.8 | 25.1 |
| 27.9 | 27.9 |  |  | -77.2 | 1.8 | 61.0 |
| -23.3 | -22.2 | -75.6 | -86.5 | 61.6 |  | -23.0 |
| 2.3 | 3.3 |  |  | -33.3 | 1909.6 | 3.4 |
| 3.7 | 1.1 |  |  | -21.4 | -9.1 | 52.4 |
| -42.6 | -18.5 | 16.2 | -40.4 | -7.4 |  | -26.7 |
|  | 10.0 |  |  | 31.0 |  |  |
| -27.6 | -53.4 |  | -40.4 | -88.3 |  | -19.2 |
| 264.3 | 264.3 |  |  |  |  | 264.3 |
| -39.1 | -23.3 | 16.2 |  | -15.8 |  | -34.7 |
| -100.0 | -100.0 |  |  |  |  | -100.0 |
| 9.1 | 9.9 | -4.4 | 12.9 | 11.1 | 2.7 | 8.7 |
| 6.8 | 13.1 | -7.8 | -45.6 | -15.5 | 279.6 | 14.0 |
| 32.6 | 33.8 | 26.6 | 21.9 | 96.0 | -59.5 | 28.9 |
| 31.9 | 28.3 | 157.1 | 60.6 | 118.4 | 20.0 | 32.5 |
| 36.5 | -3.3 |  |  | -3.3 |  |  |
| 3.7 | 3.4 | 24.0 | -23.2 | 0.2 |  | 2.1 |
| -7.4 | -2.6 | -23.9 | -56.3 |  |  | -3.5 |
| -16.6 | -15.5 | -69.8 | -7.0 |  |  | -13.2 |
| 16.3 | 16.1 | -96.6 | 456.2 | -5.3 |  | 17.6 |
| -31.0 | -30.9 | -38.3 | -26.6 | -33.8 | 117.7 | -33.3 |
| 5.2 | -14.6 | 27.5 | 98.9 |  |  | -15.0 |
| 3.9 | 0.5 | 84.6 | 10.9 |  | 57.9 | -2.0 |
| -16.9 | -11.6 | -31.5 | -70.2 | 18.4 |  | -13.6 |
| -59.6 | -48.7 | -87.8 | 147.5 | 127.4 |  | -60.1 |
| 17.5 | 11.3 | -18.0 | 55.7 | -7.7 | -62.7 | 13.6 |
| -5.7 | -0.8 | -33.6 | 5.9 | -6.5 | -40.0 | -0.4 |
| -6.2 | -7.0 | 8.9 | -59.9 | -11.0 |  | -7.7 |
| 14.6 | 13.3 | 24.5 | 35.2 | 116.2 | -31.3 | 10.8 |
| 0.4 | 3.0 | -35.4 | 34.1 | 19.0 | -79.9 | -0.7 |
| 24.8 | 23.0 | 61.9 | -28.4 | -43.5 | -16.1 | 25.4 |
| 47.8 | 44.9 | 124.6 | 9.3 | 56.1 | 3578.2 | 38.5 |
| 11.3 | 12.4 | 6.1 | -10.3 | -3.6 | 36.4 | 12.9 |
| 14.0 | 12.7 | 21.4 | 34.2 | -8.3 | 219.9 | 14.1 |

## 6-7 续表 1

单位：%

| 行 业 | Sector | 投资额 Investment | 中 央 Central Government |
|---|---|---|---|
| 专用设备制造业 | Manufacture of Special Purpose Machinery | 7.1 | 37.3 |
| 汽车制造业 | Manufacture of Automobiles | 24.9 | -45.3 |
| 铁路、船舶、航空航天和其他运输设备制造业 | Manufacture of Railway, Ship, Aerospace and Other Transport Equipments | 6.0 | 27.4 |
| 电气机械和器材制造业 | Manufacture of Electrical Machinery and Apparatus | 46.0 | -17.4 |
| 计算机、通信和其他电子设备制造业 | Manufacture of Computers, Communication and Other Electronic Equipment | -0.2 | 172.2 |
| 仪器仪表制造业 | Manufacture of Measuring Instruments and Machinery | -14.7 | 537.2 |
| 其他制造业 | Other Manufacture | -17.6 | |
| 废弃资源综合利用业 | Utilization of Waste Resources | -0.6 | 91.5 |
| 金属制品、机械和设备修理业 | Repair Service of Metal Products, Machinery and Equipment | -11.5 | -83.6 |
| 电力、热力、燃气及水的生产和供应业 | Production and Supply of Electricity, Heat, Gas and Water | 10.7 | 60.4 |
| 电力、热力生产和供应业 | Production and Supply of Electric Power and Heat Power | 12.6 | 73.3 |
| 燃气生产和供应业 | Production and Supply of Gas | 31.2 | -6.7 |
| 水的生产和供应业 | Production and Supply of Water | 0.8 | -6.1 |
| 建筑业 | Construction | 47.6 | 1692.1 |
| 房屋建筑业 | Construction of Buildings | -35.2 | |
| 土木工程建筑业 | Civil Engineering | 129.6 | |
| 建筑安装业 | Building Installation | | |
| 建筑装饰和其他建筑业 | Building Decoration and Other Construction | 72575.0 | |
| 批发和零售业 | Wholesale and Retail Trades | 4.9 | -8.1 |
| 批发业 | Wholesale Trade | -16.2 | -27.0 |
| 零售业 | Retail Trade | 20.5 | -3.4 |
| 交通运输、仓储和邮政业 | Transport, Storage and Post | 24.0 | 129.0 |
| 铁路运输业 | Railway Transport | 134.8 | |
| 道路运输业 | Road Transport | 7.3 | -47.8 |
| 水上运输业 | Water Transport | 29.7 | 4.5 |
| 航空运输业 | Air Transport | -35.3 | |
| 管道运输业 | Transport Via Pipelines | 2.9 | -3.6 |
| 多式联运和运输代理业 | Intermodality and Forwarding Agency | -17.1 | |
| 装卸搬运和仓储业 | Loading, Unloading and Storage | 31.9 | 60.3 |
| 邮政业 | Post | 194.9 | 370.0 |
| 住宿和餐饮业 | Hotels and Catering Services | 13.8 | -13.6 |
| 住宿业 | Hotels | 16.0 | -13.6 |
| 餐饮业 | Catering Services | -0.3 | |
| 信息传输、软件和信息技术服务业 | Information Transmission, Software and IT Services | -6.0 | 28.6 |
| 电信、广播电视和卫星传输服务 | Telecommunication, Radio, Television and Satellite Transmission Services | 14.6 | 72.0 |
| 互联网和相关服务 | Internet and Related Services | -15.0 | 9.2 |
| 软件和信息技术服务业 | Software and IT Services | -4.1 | -32.7 |
| 金融业 | Financial Intermediation | -9.3 | -25.4 |
| 货币金融服务 | Monetary and Financial Service | -6.6 | -25.4 |

continued

(%)

| 地　方<br>Local | 内　资<br>Domestic Funded | 港澳台商投资<br>Funds from Hong Kong, Macao and Taiwan | 外商投资<br>Foreign Funded | 国有控股<br>State holding | 集体控股<br>Collective holding | 私人控股<br>Private holding |
|---|---|---|---|---|---|---|
| 6.5 | 5.5 | 55.4 | -9.2 | 18.0 | -36.4 | 5.5 |
| 25.6 | 27.5 | -11.3 | 18.5 | 49.4 | 41.2 | 25.0 |
| 5.0 | 9.4 | -41.6 | 12.7 | 9.0 | -24.0 | 8.6 |
| 49.5 | 47.0 | -13.5 | 97.6 | 26.4 | -9.4 | 49.6 |
| -0.8 | 1.3 | -7.0 | -1.6 | -2.6 | 121.1 | -0.5 |
| -15.6 | -13.3 | -36.8 | -34.3 | -10.3 | -51.7 | -12.8 |
| -17.6 | -14.8 | -64.7 | 75.4 | -30.3 | -100.0 | -6.4 |
| -0.6 | 4.2 | -29.1 | -63.6 | 366.9 | 3421.4 | -12.2 |
| 0.4 | -11.4 |  |  | -79.4 |  | 105.5 |
| -0.8 | 8.2 | 55.5 | 23.4 | 18.2 | 60.6 | 0.5 |
| -4.6 | 10.5 | 85.6 | -32.8 | 22.6 | -6.4 | 3.7 |
| 76.5 | 6.6 | -10.7 | 233.4 | 8.4 |  | 106.6 |
| 0.9 | 1.7 | -28.1 | 9.5 | 8.5 | 256.1 | -24.3 |
| 9.1 | 47.6 |  |  | 573.1 |  | -17.9 |
| -32.4 | -35.2 |  |  |  |  | -40.8 |
| 37.8 | 129.6 |  |  | 745.0 |  | -24.2 |
| 72575.0 | 72575.0 |  |  |  |  | 72575.0 |
| 5.4 | 5.1 | -0.2 | -7.3 | 23.4 | -74.8 | 4.3 |
| -16.0 | -16.3 | 0.5 | -59.3 | 15.0 | -54.9 | -25.8 |
| 21.9 | 22.0 | -0.8 | -0.5 | 29.2 | -78.8 | 31.5 |
| 21.4 | 24.3 | 15.5 | 15.6 | 28.9 | -43.5 | 16.7 |
| 103.2 | 134.8 |  |  | 174.6 | 90.9 | -10.0 |
| 7.8 | 7.0 | 315.7 |  | 11.6 | -52.8 | -23.1 |
| 33.5 | 31.4 | -5.1 | 185.9 | 34.4 |  | 48.4 |
| -35.3 | -35.3 |  |  | -44.0 |  | 36.9 |
| 3.4 | 2.8 |  | 18.8 | 2.2 |  | 2.7 |
| -17.1 | -15.7 | -24.7 |  | -10.0 | 15.4 | -27.7 |
| 30.5 | 36.5 | 17.5 | 6.8 | 45.5 | -62.3 | 40.9 |
| 189.1 | 276.6 | -26.4 |  | 115.2 |  | 304.6 |
| 14.1 | 15.9 | -64.2 | -95.8 | 15.5 | -16.3 | 16.9 |
| 16.4 | 18.5 | -63.5 | -95.8 | 17.0 | -70.9 | 21.2 |
| -0.3 | 0.1 | -100.0 |  | -8.0 | 264.1 | -2.3 |
| -17.0 | -0.6 | -43.0 | -25.5 | 1.3 | 39.5 |  |
| -40.6 | 21.3 | -20.3 |  | 26.1 |  | -21.6 |
| -26.0 | -8.0 | -64.2 | 7.3 | -9.2 | 54.8 | -4.0 |
| -3.1 | -0.9 | -24.2 | -42.0 | -3.7 |  | 2.3 |
| -8.4 | -8.0 | -65.0 |  | -5.7 | 247.1 | -0.8 |
| -5.0 | -6.6 |  |  | 5.3 | 224.1 | -32.9 |

6-7 续表 2

单位：%

| 行业 | Sector | 投资额 Investment | 中央 Central Government |
|---|---|---|---|
| 资本市场服务 | Capital Market Service | 44.5 | |
| 保险业 | Insurance | -50.0 | |
| 其他金融业 | Other Financial Activities | -31.8 | |
| 房地产业 | Real Estate | -3.0 | 46.8 |
| 租赁和商务服务业 | Leasing and Business Services | 33.3 | 260.4 |
| 租赁业 | Leasing | 78.2 | |
| 商务服务业 | Business Services | 32.8 | 260.4 |
| 科学研究和技术服务业 | Scientific Research and Technical Services | 7.3 | -3.6 |
| 研究和试验发展 | Research and Experimental Development | -1.8 | 1.8 |
| 专业技术服务业 | Professional Technical Services | 24.9 | 64.0 |
| 科技推广和应用服务业 | Science and Technology Popularization and Application of Services | 8.1 | -45.9 |
| 水利、环境和公共设施管理业 | Management of Water Conservancy, Environment and Public Facilities | -4.5 | 27.8 |
| 水利管理业 | Management of Water Conservancy | 32.3 | -20.3 |
| 生态保护和环境治理业 | Ecological Protection and Enviromental Treatment | -16.0 | -26.0 |
| 公共设施管理业 | Management of Public Facilities | -7.2 | 45.8 |
| 土地管理业 | Management of Land | 28.4 | |
| 居民服务、修理和其他服务业 | Services to Households, Repair and Other Services | 56.7 | |
| 居民服务业 | Services to Households | 58.8 | |
| 机动车、电子产品和日用产品修理业 | Repair of motor Vehicles, Electronics and Household Products | 31.0 | |
| 其他服务业 | Other Services | 72.0 | |
| 教育 | Education | 7.0 | -5.3 |
| 卫生和社会工作 | Health and Social Service | 13.4 | 36.4 |
| 卫生 | Health | 6.3 | 38.5 |
| 社会工作 | Social Service | 60.4 | 29.5 |
| 文化、体育和娱乐业 | Culture, Sports and Entertainment | -7.4 | -67.3 |
| 新闻和出版业 | Journalism and Publishing Activities | 74.3 | |
| 广播、电视、电影和影视录音制作业 | Radio, Television, Motion Picture and Audio-visual Programme Production Services | -47.2 | |
| 文化艺术业 | Cultural and Art Activities | -2.7 | -77.8 |
| 体育 | Sports Activities | -21.2 | 72.8 |
| 娱乐业 | Entertainment | -5.1 | -87.6 |
| 公共管理、社会保障和社会组织 | Public Management, Social Security and Social Organization | -0.7 | -47.7 |
| 中国共产党机关 | Organs of Communist Party of China | -100.0 | -100.0 |
| 国家机构 | Government Agencies | 1.8 | -45.3 |
| 人民政协、民主党派 | People's Political Consultative Conference and Democratic Parties | -100.0 | |
| 社会保障 | Social Security | -2.2 | |
| 群众团体、社会团体和其他成员组织 | Mass Organizations, Social Organizations and Other Membership Organizations | -35.1 | |
| 基层群众自治组织 | Grass Roots Self-governing Organizations | 2.9 | |

continued

(%)

| 地　方<br>Local | 内　资<br>Domestic Funded | 港澳台商投资<br>Funds from Hong Kong, Macao and Taiwan | 外商投资<br>Foreign Funded | 国有控股<br>State holding | 集体控股<br>Collective holding | 私人控股<br>Private holding |
|---|---|---|---|---|---|---|
| 44.5 | 44.5 | | | -31.1 | | 440.9 |
| -50.0 | -50.0 | | | -61.8 | | 1174.7 |
| -31.8 | -26.3 | -65.0 | | -38.4 | | -28.6 |
| -4.1 | -1.5 | -17.3 | -9.7 | 17.5 | -1.1 | -1.8 |
| 32.3 | 30.8 | 53.9 | 303.1 | 19.5 | -2.0 | 45.9 |
| 78.2 | 117.0 | | -57.4 | 4530.9 | 73.2 | -59.3 |
| 31.8 | 30.0 | 53.9 | 511.7 | 16.5 | -3.9 | 47.8 |
| 8.0 | 5.4 | 35.9 | 77.6 | -4.2 | 60.9 | 14.9 |
| -2.2 | -7.1 | 90.4 | 88.9 | -11.1 | -21.7 | 1.4 |
| 23.0 | 24.0 | 937.4 | 44.1 | 8.2 | -31.2 | 42.7 |
| 10.2 | 8.3 | -3.9 | 90.8 | -1.2 | 340.6 | 12.3 |
| -5.2 | -4.2 | -15.4 | -84.0 | -3.1 | 0.3 | -11.0 |
| 33.1 | 32.3 | | | 38.5 | 58.6 | -31.5 |
| -15.6 | -14.4 | 1.7 | -85.5 | -14.5 | -33.9 | -10.6 |
| -8.3 | -7.1 | -28.6 | -71.5 | -7.4 | -8.2 | -9.5 |
| 28.4 | 28.4 | | | 92.1 | | |
| 56.4 | 65.0 | -57.6 | -19.4 | 35.1 | -46.8 | 184.9 |
| 58.3 | 58.8 | | | 40.0 | -36.5 | 191.7 |
| 31.0 | 163.8 | -57.6 | -100.0 | | | 203.8 |
| 72.0 | 69.9 | | 241.2 | -62.5 | -24.5 | 150.7 |
| 7.1 | 7.2 | -38.3 | 51.1 | 13.3 | -9.3 | 3.7 |
| 13.0 | 13.4 | 68.8 | -40.5 | 24.3 | -7.2 | -4.6 |
| 5.8 | 6.4 | 68.8 | -40.5 | 12.1 | 16.8 | -9.3 |
| 61.3 | 59.0 | | | 166.4 | -47.6 | 14.4 |
| -6.3 | -8.8 | 230.4 | -9.8 | -10.0 | 84.7 | -8.3 |
| 74.3 | 74.3 | | | 4.1 | | 265.2 |
| -47.2 | -47.2 | | | -31.3 | | -51.3 |
| 0.6 | -2.4 | -55.1 | | -11.0 | 227.8 | 21.5 |
| -22.1 | -20.9 | | | 51.7 | -66.3 | -41.7 |
| -4.6 | -8.5 | 520.1 | -9.8 | -29.7 | 65.1 | -3.4 |
| 1.3 | -0.7 | | | 5.7 | 25.0 | -29.0 |
| | -100.0 | | | -100.0 | | |
| 4.0 | 1.8 | | | 7.9 | -20.5 | -31.2 |
| -100.0 | -100.0 | | | -100.0 | | |
| -2.2 | -2.2 | | | | -14.7 | |
| -35.1 | -35.1 | | | -36.9 | 1002.0 | -25.6 |
| 2.9 | 2.9 | | | -18.3 | 89.7 | -31.6 |

# 6-8 房地产开发投资主要指标
## Major Indicators of Investment in Real Estate Development

| 指 标 | Item | 2005 | 2010 | 2015 | 2020 | 2023 |
|---|---|---|---|---|---|---|
| **投资完成额（亿元）** | **Investment Completed This Year(100 million yuan)** | **1545.15** | **4299.38** | **8153.68** | **13171.27** | **11932.12** |
| 按构成分 | Grouped by Composition of Funds | | | | | |
| #建筑安装工程 | Constructions and Installations | 1091.29 | 2897.21 | 6186.30 | 7345.99 | 6654.57 |
| 设备工器具购置 | Purchase of Equipments and Instruments | 12.53 | 41.09 | 118.93 | 158.02 | 109.79 |
| 按工程用途分 | Grouped by Use of Project | | | | | |
| 住宅 | Residential Buildings | 1133.06 | 3158.46 | 6080.21 | 10416.03 | 9622.98 |
| #90平方米以下 | Below 90 Square Meters | | 733.15 | 1773.41 | 1203.69 | 1200.28 |
| #144平方米以上 | Above 144 Square Meters | | 744.76 | 1248.38 | 2088.26 | 1832.70 |
| 办公楼 | Office Buildings | 54.27 | 154.61 | 344.07 | 379.08 | 371.27 |
| 商业营业用房 | Buildings for Business Use | 217.02 | 611.08 | 1130.91 | 1019.74 | 812.98 |
| 其他 | Others | 140.81 | 375.23 | 598.50 | 1356.42 | 1124.90 |
| 按资金来源分 | Grouped by Sources of Funds | | | | | |
| 国内贷款 | Domestic Loans | 392.73 | 1515.66 | 1877.93 | 3842.96 | 2401.06 |

注：1.本表资金来源为资金到位数。
2.从2011年开始，将140平方米及以上住宅改为144平方米及以上。

a) The funds sources of this table were all available for investment.

b) The standard of the high-grade residential area standard has been changed to 144 square meters and above since 2011.

## 6-8　续表　continued

| 指　标 | Item | 2005 | 2010 | 2015 | 2020 | 2023 |
|---|---|---|---|---|---|---|
| 利用外资 | Foreign Investment | 33.16 | 92.76 | 44.91 | 41.09 | 10.47 |
| 自筹资金 | Self-raised Fund | 614.76 | 2031.38 | 3416.80 | 5217.37 | 3905.49 |
| 其他到位资金 | Others | 998.18 | 4382.54 | 6700.36 | 970.97 | 669.84 |
| 定金及预收款 | Deposit and Prepayment | | | | 9253.34 | 4821.02 |
| 个人按揭贷款 | Individual Mortgage Loans | | | | 4072.50 | 2583.74 |
| **房屋建筑面积（万平方米）** | **Floor Space of Buildings Construction(10000 sq.m)** | | | | | |
| 施工面积 | Floor Space of Buildings under Construction | 15619.26 | 35106.90 | 58118.44 | 67889.46 | 57414.73 |
| #住宅 | Residential Buildings | 12385.98 | 26347.13 | 42315.98 | 51020.11 | 41823.47 |
| 竣工面积 | Floor Space of Buildings Completed | 5500.12 | 8696.28 | 10296.96 | 11151.04 | 8942.76 |
| #住宅 | Residential Buildings | 4497.68 | 6553.53 | 7930.21 | 8272.63 | 6614.74 |
| **商品房销售情况（万平方米）** | **Sale of Commercial Buildings(10000 sq.m)** | | | | | |
| 房屋销售面积 | Floor Space of Commercial Buildings Sold | 5135.55 | 9485.47 | 11414.05 | 15426.99 | 11024.25 |
| #住宅 | Residential Buildings | 4523.14 | 8112.37 | 10275.95 | 13855.72 | 9073.40 |
| #90平方米以下 | Below 90 Square Meters | | 1583.11 | 1896.76 | 1134.20 | 603.70 |
| 144平方米以上 | Above 144 Square Meters | | 1816.86 | 1533.98 | 2286.30 | 886.65 |

# 6-9　按登记注册统计类别分房地产开发投资(2023年)

| 项　目 | Item | 总计<br>Total |
|---|---|---|
| **企业个数(个)** | **Number of Enterprises(unit)** | **6922** |
| **本年完成投资(亿元)** | **Investment Completed This Year(100 million yuan)** | **11932.12** |
| 按构成分 | Grouped by Composition of Funds | |
| 建筑工程 | Constructions | 6307.47 |
| 安装工程 | Installations | 347.10 |
| 设备工器具购置 | Purchase of Equipments and Instruments | 109.79 |
| 其他费用 | Other Expenses | 5167.76 |
| 按构成用途分 | Grouped by Use of Project | |
| 住宅 | Residential Buildings | 9622.98 |
| #90平方米以下 | Below 90 Square Meters | 1200.28 |
| 144平方米以上住房 | Above 144 Square Meters | 1832.70 |
| 办公楼 | Office Buildings | 371.27 |
| 商业营业用房 | Buildings for Business Use | 812.98 |
| 其他 | Others | 1124.90 |
| **本年新增固定资产(亿元)** | **Newly Increased Fixed Assets This Year(100 million yuan)** | **5885.66** |
| **资金来源** | **Sources of Funds** | |
| 本年资金来源合计 | Total of Funds This Year | **21278.08** |
| 上年末结余资金 | Balance of Founds Preceding Year | 6886.47 |
| 本年资金来源小计 | Subtotal Funds This Year | 14391.61 |
| 国内贷款 | Domestic Loans | 2401.06 |
| 利用外资 | Foreign Investment | 10.47 |
| 自筹资金 | Self-raised Fund | 3905.49 |
| 其他资金来源 | Others | 669.84 |
| 定金及预收款 | Deposit and Prepayment | 4821.02 |
| 个人按揭贷款 | Individual Mortgage Loans | 2583.74 |

# Investment in Real Estate Development by Registered Statistical Categories (2023)

| 内 资<br>Domestic Fund | | | 港澳台商投资<br>Funds from Hong Kong, Macao and Taiwan | 外商投资<br>Foreign Funded |
|---|---|---|---|---|
| | 国 有<br>State owned | 集 体<br>Collective owned | | |
| **6378** | **179** | **10** | **423** | **121** |
| **10755.95** | **523.71** | **7.06** | **963.83** | **212.34** |
| | | | | |
| 5708.81 | 317.86 | 5.87 | 474.37 | 124.30 |
| 306.75 | 12.59 | 0.70 | 28.98 | 11.38 |
| 100.68 | 1.95 | 0.21 | 7.68 | 1.43 |
| 4639.71 | 191.31 | 0.29 | 452.81 | 75.24 |
| | | | | |
| 8751.03 | 420.56 | 6.36 | 701.54 | 170.42 |
| 1129.13 | 109.73 | 1.97 | 61.65 | 9.50 |
| 1639.35 | 47.22 | 1.07 | 144.10 | 49.25 |
| 321.43 | 7.17 | | 44.06 | 5.77 |
| 690.41 | 34.94 | | 108.90 | 13.67 |
| 993.08 | 61.04 | 0.70 | 109.33 | 22.48 |
| **5191.97** | **191.59** | **3.37** | **560.34** | **133.36** |
| | | | | |
| **19170.59** | **1003.31** | **6.18** | **1612.96** | **494.53** |
| 6010.86 | 311.21 | 0.51 | 595.11 | 280.50 |
| 13159.73 | 692.11 | 5.67 | 1017.85 | 214.02 |
| 2292.89 | 188.18 | 0.75 | 94.84 | 13.33 |
| | | | 2.97 | 7.50 |
| 3521.62 | 215.09 | 4.90 | 335.68 | 48.19 |
| 625.94 | 27.38 | | 41.34 | 2.56 |
| 4382.27 | 186.80 | 0.01 | 337.09 | 101.66 |
| 2337.02 | 74.67 | 0.01 | 205.93 | 40.79 |

# 6-10 分市房地产开发投资（2023年）

| 指 标 | Item | 南 京 Nanjing | 无 锡 Wuxi | 徐 州 Xuzhou |
|---|---|---|---|---|
| **企业个数(个)** | **Number of Enterprises(unit)** | **755** | **645** | **535** |
| **投资完成额(亿元)** | **Investment Completed This Year(100 million yuan)** | **2772.37** | **1275.32** | **751.17** |
| 按构成分 | Grouped by Composition of Funds | | | |
| #建筑安装工程 | Constructions and Installations | 1982.19 | 1390.39 | 1054.03 |
| 设备工器具购置 | Purchase of Equipments and Instruments | 10.79 | 18.93 | 8.29 |
| 按工程用途分 | Grouped by Use of Project | | | |
| 住宅 | Residential Buildings | 2082.24 | 1020.87 | 618.05 |
| 办公楼 | Office Buildings | 130.85 | 42.27 | 27.71 |
| 商业营业用房 | Houses for Business Use | 221.96 | 92.89 | 48.19 |
| 其他 | Others | 337.32 | 119.29 | 57.22 |
| 按资金来源分 | Grouped by Sources of Funds | | | |
| 国内贷款 | Domestic Loans | 534.08 | 165.16 | 120.25 |
| 利用外资 | Foreign Investment | | 0.06 | |
| 自筹投资 | Self-raised Fund | 865.53 | 480.43 | 192.67 |
| 其他投资 | Others | 126.80 | 38.04 | 103.97 |
| 定金及预收款 | Deposit and Prepayment | 934.41 | 618.56 | 262.52 |
| 个人按揭贷款 | Individual Mortgage Loans | 652.91 | 241.53 | 200.78 |
| **本年新增固定资产(亿元)** | **Newly Increased Fixed Assets This Year(100 million yuan)** | **1233.20** | **910.88** | **362.57** |
| **房屋建筑面积(万平方米)** | **Floor Space of Buildings(10000 sq.m)** | | | |
| 施工面积 | Floor Space of Buildings under Construction | 7483.17 | 5003.29 | 6223.06 |
| #住宅 | Residential Buildings | 4527.08 | 3510.85 | 4972.13 |
| 竣工面积 | Floor Space of Buildings Completed | 997.50 | 838.08 | 743.25 |
| #住宅 | Residential Buildings | 641.72 | 600.84 | 550.79 |
| **商品房销售情况(万平方米)** | **Sale of Commercial Buildings(10000 sq.m)** | | | |
| 房屋销售面积 | Floor Space of Commercial Buildings Sold | 907.95 | 1081.83 | 1180.61 |
| #住宅 | Residential Buildings | 797.79 | 793.38 | 1090.06 |

# Investment in Real Estate Development by City (2023)

| 常 州<br>Changzhou | 苏 州<br>Suzhou | 南 通<br>Nantong | 连云港<br>Lianyungang | 淮 安<br>Huai'an | 盐 城<br>Yancheng | 扬 州<br>Yangzhou | 镇 江<br>Zhenjiang | 泰 州<br>Taizhou | 宿 迁<br>Suqian |
|---|---|---|---|---|---|---|---|---|---|
| **481** | **1180** | **660** | **334** | **270** | **630** | **513** | **360** | **244** | **315** |
| **822.91** | **2597.97** | **925.11** | **246.24** | **282.22** | **569.19** | **639.14** | **312.43** | **357.01** | **381.03** |
| | | | | | | | | | |
| 853.47 | 2168.08 | 1221.06 | 370.69 | 444.49 | 839.39 | 910.14 | 407.93 | 463.99 | 509.11 |
| 11.27 | 4.77 | 10.37 | 4.89 | 5.19 | 3.88 | 20.07 | 3.77 | 2.34 | 5.23 |
| | | | | | | | | | |
| 668.23 | 2226.35 | 757.77 | 193.20 | 213.11 | 462.53 | 507.92 | 258.26 | 296.71 | 317.74 |
| 15.09 | 48.55 | 23.13 | 7.71 | 11.37 | 23.92 | 26.97 | 4.16 | 6.28 | 3.26 |
| 38.78 | 131.32 | 57.66 | 24.18 | 31.63 | 47.06 | 52.51 | 23.16 | 21.47 | 22.18 |
| 100.82 | 191.76 | 86.54 | 21.15 | 26.11 | 35.67 | 51.74 | 26.86 | 32.55 | 37.85 |
| | | | | | | | | | |
| 188.09 | 699.76 | 313.34 | 34.44 | 22.04 | 79.27 | 107.75 | 16.80 | 42.19 | 77.89 |
| | 7.50 | | | | | | | 2.90 | |
| 192.09 | 929.31 | 248.95 | 97.00 | 114.27 | 301.73 | 225.15 | 90.72 | 98.28 | 69.36 |
| 31.46 | 116.26 | 61.98 | 14.97 | 13.27 | 69.69 | 55.49 | 25.84 | 2.78 | 9.29 |
| 223.08 | 1516.44 | 287.12 | 89.35 | 95.70 | 224.98 | 213.51 | 89.76 | 133.42 | 132.18 |
| 154.63 | 649.45 | 115.40 | 63.38 | 87.74 | 66.76 | 84.80 | 61.42 | 83.19 | 121.74 |
| **613.47** | **930.90** | **580.60** | **186.06** | **78.33** | **238.92** | **190.39** | **207.96** | **137.00** | **215.38** |
| | | | | | | | | | |
| 3741.95 | 9822.20 | 6381.37 | 2512.39 | 2736.45 | 3558.59 | 2660.34 | 2311.60 | 1770.59 | 3209.73 |
| 2575.66 | 6974.00 | 4763.95 | 1965.51 | 2108.20 | 2712.74 | 1869.10 | 1884.47 | 1392.02 | 2567.77 |
| 866.77 | 1797.94 | 1053.42 | 441.38 | 235.08 | 517.92 | 361.01 | 380.42 | 248.46 | 461.54 |
| 648.26 | 1325.90 | 761.82 | 340.93 | 162.63 | 427.21 | 270.80 | 308.58 | 191.03 | 384.21 |
| | | | | | | | | | |
| 618.86 | 1720.59 | 1263.51 | 341.59 | 677.73 | 853.54 | 627.16 | 506.81 | 556.08 | 687.98 |
| 475.41 | 1524.88 | 970.85 | 302.06 | 595.41 | 712.51 | 510.53 | 416.66 | 427.09 | 456.78 |

# 6-11 房地产开发企业经营情况
# Operating Statistics on Enterprises for Real Estate Development

| 指 标 | Item | 2005 | 2010 | 2015 | 2020 | 2023 |
|---|---|---|---|---|---|---|
| **企业个数(个)** | **Number of Enterprises(unit)** | **3810** | **6070** | **6642** | **7003** | **6922** |
| 内资 | Domestic Fund | 3384 | 5450 | 6056 | 6411 | 6378 |
| #国有 | State-owned Enterprises | 248 | 252 | 201 | 293 | 179 |
| 集体 | Collective-owned Enterprises | 192 | 124 | 35 | 21 | 10 |
| 港澳台商投资 | Enterprises with Funds from Hong Kong, Macao and Taiwan | 277 | 352 | 396 | 437 | 423 |
| 外商投资 | Foreign Funded | 149 | 268 | 190 | 155 | 121 |
| **平均从业人数(万人)** | **Average Number of Employed Persons(10000 persons)** | **8.47** | **13.17** | **17.96** | **17.51** | **11.61** |
| 内资 | Domestic Fund | 7.54 | 11.61 | 15.85 | 15.43 | 10.47 |
| #国有 | State-owned Enterprises | 0.63 | 0.59 | 0.70 | 0.80 | 0.47 |
| 集体 | Collective-owned Enterprises | 0.33 | 0.19 | 0.09 | 0.04 | 0.03 |
| 港澳台商投资 | Enterprises with Funds from Hong Kong, Macao and Taiwan | 0.59 | 0.87 | 1.41 | 1.51 | 0.84 |
| 外商投资 | Foreign Funded | 0.34 | 0.69 | 0.70 | 0.57 | 0.31 |
| **土地开发及购置(万平方米)** | **Land Development and Purchase(10000 sq.m)** | | | | | |
| 待开发土地面积 | Land Space Pending for Development | 3981.34 | 3798.79 | 4044.91 | 3764.66 | 3826.63 |
| **资产负债(亿元)** | **Assets and Liabilities(100 million yuan)** | | | | | |
| 实收资本 | Paid-in Capital | 953.90 | 4061.51 | 8815.06 | 16579.61 | 17929.91 |
| 资产总计 | Total Assets | 5679.81 | 19791.32 | 46749.11 | 93701.00 | 108784.50 |
| 累计折旧 | Total Depreciation | 34.48 | 128.74 | 264.16 | 362.59 | 600.60 |
| #本年折旧 | Depreciation in the Year | 8.45 | 33.70 | 52.22 | 69.60 | 129.31 |
| 负债总计 | Total Liabilities | 4343.07 | 14233.81 | 35200.59 | 72511.83 | 81500.18 |
| 所有者权益 | Owners' Equity | 1336.74 | 5557.51 | 11548.52 | 21189.18 | 27284.32 |

# 主要统计指标解释

**全社会固定资产投资**　是以货币表现的建造和购置固定资产活动的工作量，它是反映固定资产投资规模、速度、比例关系和使用方向的综合性指标。全社会固定资产投资按登记注册类型可分为国有、集体、个体、联营、股份制、外商、港澳台商、其他等。全社会固定资产投资总额分为城镇项目投资、农村建设项目投资和房地产开发投资三个部分。

**房地产开发投资**　指房地产开发公司、商品房建设公司及其他房地产开发法人单位和附属于其他法人单位实际从事房地产开发或经营的活动单位统一开发的包括统一代建、拆迁还建的住宅、厂房、仓库、饭店、宾馆、度假村、写字楼、办公楼等房屋建筑物和配套的服务设施，土地开发工程（如道路、给水、排水、供电、供热、通讯、平整场地等基础设施工程）的投资；不包括单纯的土地交易活动。

**固定资产投资的资金来源**　根据固定资产投资的资金来源不同，分为国家预算内资金、国内贷款、利用外资、自筹资金和其他资金来源。

（1）国家预算内资金：分为财政拨款和财政安排的贷款两部分。包括中央财政的基本建设基金、专项支出、收回再贷、贴息资金，财政安排的挖潜改造和新产品试制支出、城建支出、商业部门简易建筑支出、不发达地区发展基金等资金中用于固定资产投资的资金；地方财政中由国家统筹安排的资金等。

（2）国内贷款：指报告期内企、事业单位向银行及非银行金融机构借入的用于固定资产投资的各种国内借款。包括银行利用自有资金及吸收的存款发放的贷款、上级主管部门拨入的国内贷款、国家专项贷款（包括煤代油贷款、劳改煤矿专项贷款等）、地方财政专项资金安排的贷款、国内储备贷款、周转贷款等。

（3）利用外资：指报告期收到的用于固定资产建造和购置投资的境外资金（包括设备、材料、技术在内）。计算利用外资时，需要折算成人民币，折算中所使用的外汇汇率按现汇计算，即按使用外汇时的汇率计算。包括外商直接投资、对外借款及外商其他投资。不包括我国自有外汇资金。

（4）自筹资金：指固定资产投资单位报告期收到的，由各地区、各部门及企业、事业单位筹集用于固定资产投资的预算外资金，包括中央各部门、各级地方和企业、事业单位的自有资金。

（5）其他资金：指在报告期收到的除以上各种资金之外其他用于固定资产投资的资金。包括社会集资、个人资金、无偿捐赠的资金及其他单位拨入的资金等。

**固定资产投资按国民经济行业分**　按建设项目建成投产后的主要产品或主要用途及社会经济活动性质来确定。一般情况下，一个建设项目或一个企业、事业单位只能属于一种国民经济行业。

**固定资产投资按建设性质分**　建设项目的性质一般分为新建、扩建、改建、迁建、恢复。

（1）新建：一般是指从无到有、“平地起家”新开始建设的单位。有的单位原有的基础很小，经过建设后其新增加的固定资产价值超过原有固定资产价值（原值）三倍以上的也算新建。

（2）扩建：一般是指为扩大原有产品的生产能力，在厂内或其他地点增建主要生产车间（或主要工程）、独立的生产线或分厂的企业；事业单位和行政单位在原单位增建业务用房（如学校增建教学用房、医院增建门诊部或病床用房、行政机关增建办公楼等）也作为扩建。

（3）改建：一般是指现有企业、事业单位为了技术进步，提高产品质量，增加花色品种，促进产品升级换代，降低消耗和成本，加强资源综合利用和三废治理、劳保安全等，采用新技术、新工艺、新设备、新材料等对现有设施、工艺条件进行技术改造或更新（包括相应配套的辅助性生产、生活福利设施）。有的企业为充分发挥现有生产能力，进行填平补齐而增建不增加本单位主要产品生产能力的车间等，也属于改建。

**固定资产投资按构成分**　固定资产投资活动按其工作内容和实现方式分为建筑安装工程，设备、工具、器具购置，其他费用三个部分。

（1）建筑安装工程（建筑安装工作量）：指各种房屋、建筑物的建造工程和各种设备、装置的安装工程。包括各种房屋建造工程，各种用途设备基础和各种工业窑炉的砌筑工程；为施工而进行的各种准备工作和临时工程以及完工后的清理工作等；铁路、道路的铺设，矿井的开凿及石油管道的架设等；水利工程；防空地下建筑等特殊工程；以及各种机械设备的安装工程；为测定安装工程质量，对设备进行的试运工作。在安装工程中，不包括被安装设备本身的价值。

（2）设备、工具、器具购置：指购置或自制达到固定资产标准的设备、工具、器具的价值，固定资产的标准按财务部门规定。新建单位、扩建单位的新建车间按照设计和计划要求购置或自制的全部设备、工具、器具，不论是否达到固定资产标准均计入“设备、工具、器具购置”中。

（3）其他费用：指在固定资产建造和购置过程中发生的，除建筑安装工程和设备、工具、器具购置以外的各种应摊入固定资产的费用。

**施工项目** 指报告期内曾进行建筑或安装工程施工活动的建设项目，包括报告期内新开工项目、报告期以前开工跨入报告期继续施工的项目以及报告期施过工并在报告期内全部建成投产或停缓建的项目。

**全部建成投产项目** 工业项目是指设计文件规定形成生产能力的主体工程及其相应配套的辅助设施全部建成，经负荷试运转，证明具备生产设计规定合格产品的条件，并经过验收鉴定合格或达到竣工验收标准，与生产性工程配套的生活福利设施可以满足近期正常生产的需要，正式移交生产的建设项目。非工业项目是指设计文件规定的主体工程和相应的配套工程全部建成，能够发挥设计规定的全部效益，经验收鉴定合格或达到竣工验收标准，正式移交使用的建设项目。

**房屋建筑面积** 指从房屋外墙线算起的各层平面面积的总和，包括可供使用的有效面积和房屋结构（如柱、墙）占用的面积。多层建筑按各层（包括地下室）面积总和计算。

**住宅建筑面积** 指施工和竣工房屋建筑面积中供居住用的施工和竣工房屋建筑面积。

**施工面积** 指报告期内施工的全部房屋建筑面积。包括本期新开工的面积、上期跨入本期继续施工的房屋面积、上期停缓建在本期恢复施工的房屋面积、本期竣工的房屋面积及本期施工后又停缓建的房屋面积。

**竣工面积** 指在报告期内房屋建筑按照设计要求已全部完工，达到住人和使用条件，经验收鉴定合格，正式移交使用单位的建筑面积。

# Explanatory Notes on Main Statistical Indicators

**Total Investment in Fixed Assets in the Whole Country** refers to the volume of activities in construction and purchases of fixed assets of the whole country expressed in monetary terms. It is a comprehensive indicator which shows the size, pace, proportional relations and use direction of the investment in fixed assets. Total investment in fixed assets in the whole country includes, by registration status, the investment by State-owned units, collective-owned units, individuals, joint ownership units, share-holding units, as well as investments by entrepreneurs from Hong Kong, Macao and Taiwan, foreign investors and others. Total investment in fixed assets in the whole country is classified into the following three parts: investment in urban projects, rural construction projects and real estate development.

**Investment in Real Estate Development** It includes the investment by the real estate development companies, commercial buildings construction companies and other real estate development units of various types of ownership in the construction of house buildings, such as residential buildings after removing, factory buildings, warehouses, restaurants, hotels, holiday villages, office buildings, and the matched service facilities and land development projects, such as roads, water supply, water drainage, power supply, heat supply, telecommunications, land leveling and other projects of infrastructure. It excludes the activities in simple land transactions.

**Sources of Funds for Investment in Fixed Assets** It includes funds of the State budget, domestic loans, foreign investment, self-raised funds, and other funds.

(1) Funds from the State budget: consist of fiscal allotments and loans from the State budget. It includes capital construction funds from the central government, special expenditures, loans from repayment, discount funds, expenses on innovation and trial-produce of new products, expenses on urban construction, expenses on temporary construction from business departments, development funds for less developed areas, as well as local budgetary funds overall arranged by the central budget.

(2) Domestic loans: refer to various funds borrowed by enterprises and institutions from banks and non-bank financial institutions during the reference period for the purpose of investment in fixed assets, including loans issued by banks from their self-owned funds and deposit, loans appropriated by upstream authorities, special loans by government(including loan for replacing petroleum with coal, special loan for reform through labor coal mines), loans arranged by local government from special funds, domestic reserve loan, and revolving loan, etc.

(3) Foreign investment: refers to foreign funds received during the reference period for the construction and purchase of investment in fixed assets (covering equipment, materials and technology). In calculating the utilization of foreign capital, foreign currencies are converted into Chinese RMB applying the current exchange rate when the foreign capitals are actually used. It includes foreign direct investment, foreign loans and other foreign investments. It excludes self-owned foreign exchange funds from China.

(4) Self-raised funds: refer to extra-budgetary funds for investment in fixed assets received during the reference period by investing units from central government ministries, local governments, enterprises and institutions, including their self-raised funds.

(5) Other funds: refer to funds for investment in fixed assets received from sources other than those listed above, including funds raised from society and individuals, donations, and funds transferred from other units.

**Investment in Fixed Assets by Sector** The classification of construction projects by sector is determined by the major products or the purpose of the projects when they are put into production or use, and by the nature of their social economic activities instead of being determined by industrial classification of the project enterprises. In general, one project can only be classified into one sector.

**Investment in Fixed Assets by Types of Construction** The construction projects in general can be classified by the type of construction into new construction, expansion, reconstruction, moving and restoration.

(1) New construction in general refers to newly constructed units. In case the size of the existing unit is quite small, and the value of newly added fixed is more than three times of the original value, the investment will be considered as new construction.

(2) Expansion refers to the construction of new major production workshop, independent production line or construction of a branch factory so as to increase the production capacity of the original products. Newly constructed business houses in institutions and administrative organizations(such as the newly constructed teaching buildings in schools, buildings for clinics or wards in hospitals, and office buildings in administrative agencies, etc. )are also classified as expansion.

(3) Reconstruction refers to technical transform and innovation of the existing equipment and technical conditions undertaken by enterprises and institutions for the purposes of technological advancement, improvement in product quality, enlarging variety of products, promoting new generation of products, reducing production consumption and cost, enhancing comprehensive utilization of resources, strengthening treatment of waste gas, waste water and waste solid, and safety in production and soon through application of new technologies and techniques, use of new equipment and new materials(including accessory facilities for production or for living and welfare purposes). Construction of new workshops for improving existing production capacity rather than increasing production capacity is also considered as reconstruction.

**Investment in Fixed Assets by Composition of Funds** refers to the three major parts of investment activities: construction and installation, purchase of equipment and instruments, and other expenses.

(1) Construction and installation(work volume of construction and installation)refer to the construction of various houses and buildings and installation of various kinds of equipment and instruments, including construction of various houses, equipment foundations and industrial kilns and stoves, preparatory and temporary works for project construction, and clean-up works post project construction, pavement of railways and roads, drilling of mines and putting up of oil pipes, construction of projects of water conservancy, construction of underground air defence shelters and construction of other special projects, installation of various machinery equipment, testing operation for pre-testing the quality of installation projects. The value of equipment installed is not included in the value of installation projects.

(2) Purchase of equipment and instruments refers to the total value of equipment, instruments and implements purchased or self-produced which come up to standards for fixed assets in accordance with regulation of financial department. Equipment, instruments and implements purchased or self produced for new workshops by newly established or expanded units are categorized as “purchase of equipment and instruments” no matter whether they come up to the standards for fixed assets or not.

(3) Other expenses refer to expenses occurring during the construction or purchase of fixed assets expect for construction and installation of equipment, instruments and implements.

**Projects under Construction** refer to projects having construction and installation activities undertaken in the reference period, including projects started in the reference period, or continued from the previous period, or completed and put into production or suspended in the reference period.

**Projects Completed and Put into Use** Industrial projects refer to the major projects and accessory facilities completed which result in forming production capacity and have been checked and accepted while the living and welfare facilities have been completed and can ensure normal production and formally put into production. Non-industrial projects refer to the major projects and accessory facilities completed which possess the designed capacity and have been checked, accepted and formally put into production.

**Floor Space of Buildings Construction** refers to total floor space in each story of buildings calculated from the outside line of building walls, including both usable space and the space occupied by constructions like pillars or walls. The floor space of multi-story buildings includes the total floor space of each story(including basement).

**Floor Space of Residential Buildings** refers to the floor space of the residential buildings among the total space of buildings under construction or completed.

**Floor Space of Buildings under Construction** refers to total floor space of all buildings under construction during the reference period, including floor space of newly started buildings during the reference period, floor space of construction extended from the previous period to the current period, floor space of construction suspended during the previous period and resumed in the current period, floor space of construction completed in the current period, and floor space of construction started and then suspended in the current period.

**Floor Space of Buildings Completed** refers to the floor space of buildings completed in the reference period, which meet the requirements as designed, up to the standard for being resided in and put into use, be checked and accepted by departments concerned as qualified and can be handed over for putting into use.

# 7

# 财政、金融

# Government Finance，Financial Intermediation

# 简 要 说 明

本篇主要反映财政收支的基本情况及金融、证券和保险业的发展情况。

**一、财政部分的主要内容、资料来源和口径说明**

财政统计资料主要内容：一是财政收支历年统计数据；二是财政收支的主要构成项目。

资料来源：财政相关统计资料由江苏省财政厅提供，资料基础为财政决算表。其中，有关财政收支方面的资料根据财政决算收支总表、财政决算收入明细表、财政决算支出明细表的数据加工整理编制。

财政统计资料口径变动说明：财政预算外资金从 1982 年开始建立统计制度，1993 年实施新的财务通则和会计准则，国有企业更新改造资金、大修理基金等不再作为预算外资金。从 1997 年起，财政部将政府预算收支科目分为两部分，即：将纳入预算管理的政府性基金收支及原属预算外的地方税费附加收支称为财政基金预算收支，原来的财政预算收支改称为财政一般预算收支。2007 年财政收支科目实施了较大改革，特别是财政支出项目口径变化很大。2015 年起，非税收入中的国有资本经营收入不再列入一般公共预算收入。

**二、金融部分的主要内容和资料来源**

金融统计资料主要内容：反映我省金融、证券和保险业发展情况。由四个部分构成：一是金融机构金融活动情况，二是金融机构、人员情况，三是保险业务情况，四是证券市场基本情况。

资料来源：金融机构金融活动情况和金融机构、人员情况由中国人民银行江苏省分行提供；保险业务情况由国家金融监督管理总局江苏监管局提供；直接融资情况由中国证券监督管理委员会江苏监管局提供。

# Brief Introduction

**Ⅰ. Main Contents, Sources of Data and Diameter Description of Government Revenue**

Financial Statistics mainly include the revenue and expenditure statistics over the years, the main component of revenue and expenditure project.

The data are provided by the Department of Finance of Jiangsu Province. The base data are from the financial statement sheets . Among them, information about revenue and expenditure of the total balance sheet is based on final accounts, final accounts of income schedule, schedule of expenditures of final accounts data processing order preparation.

Data on the extra-budgetary funds have been collected in accordance with the statistical reporting scheme since 1982. In 1993, new general financial rules and accounting standards were implemented. As a result, the innovation fund and the major repair fund in the state-owned enterprises were no longer listed as extra-budgetary funds. Starting from 1997, government funds have been reclassified into budget management and have not been included in the extra-budgetary revenue and expenditure. In 2007, financial revenue and expenditure subjects had a large reform especially the caliber charges of financial support for projects. Since 2015, the income of state-owned capital in non-tax income were no longer listed in general public budget revenue.

**Ⅱ. Main Contents and Sources of Data of Finance**

Data in this chapter show the development of Jiangsu Province's financial, securities and insurance industries. It consists of four parts: (1) the financial activities of the financial institutions; (2) the situation of financial institutions and employed persons; (3) the situation of the insurance business; (4) the situation of the stock market.

The data are from the financial activities of financial institutions and situation of financial institutions, employed persons which are provided by the People's Bank of China, Jiangsu Branch. Major Situation of Insurance Business is Provided by National Financial Regulatory Administration, Jiangsu Province. Basic information of direct financing is provided by the China Securities Regulatory Commission, Jiangsu Province.

# 7-1 历年财政收支
# Financial Revenue and Expenditure over the Years

单位：亿元 (100 million yuan)

| 年 份 Year | 财 政 总收入 Government Revenue | #一般公共预算收入 General Public Budget Revenue | #税收收入 Taxes | 一般公共预算支出 General Public Budget Expenditure | 财政总收入占地区生产总值的比重(%) Percentage of Government Revenue to Regional GDP(%) | 一般公共预算收入占地区生产总值的比重(%) Percentage of Budget Revenue to Regional GDP(%) |
|---|---|---|---|---|---|---|
| 1978 | 61.09 | 61.09 | 35.93 | 28.38 | 24.5 | 24.5 |
| 1979 | 59.28 | 59.28 | 38.33 | 32.06 | 19.9 | 19.9 |
| 1980 | 62.45 | 62.45 | 41.36 | 28.95 | 19.5 | 19.5 |
| 1981 | 63.04 | 63.04 | 44.64 | 23.79 | 18.0 | 18.0 |
| 1982 | 66.61 | 66.61 | 49.84 | 24.63 | 17.1 | 17.1 |
| 1983 | 73.63 | 73.63 | 54.57 | 32.29 | 16.8 | 16.8 |
| 1984 | 76.28 | 76.28 | 61.79 | 39.15 | 14.7 | 14.7 |
| 1985 | 89.00 | 89.00 | 80.32 | 50.53 | 13.7 | 13.7 |
| 1986 | 98.73 | 98.73 | 87.29 | 66.16 | 13.3 | 13.3 |
| 1987 | 107.17 | 107.17 | 94.96 | 68.00 | 11.6 | 11.6 |
| 1988 | 117.96 | 117.96 | 107.74 | 81.45 | 9.8 | 9.8 |
| 1989 | 126.39 | 126.39 | 122.82 | 92.25 | 9.6 | 9.6 |
| 1990 | 136.20 | 136.20 | 130.96 | 100.97 | 9.6 | 9.6 |
| 1991 | 143.29 | 143.29 | 125.91 | 128.18 | 8.9 | 8.9 |
| 1992 | 152.31 | 152.31 | 145.49 | 125.86 | 7.1 | 7.1 |
| 1993 | 221.30 | 221.30 | 220.05 | 163.87 | 7.4 | 7.4 |
| 1994 | 293.41 | 136.62 | 121.05 | 200.17 | 7.2 | 3.4 |
| 1995 | 350.08 | 172.64 | 146.39 | 253.49 | 6.8 | 3.3 |
| 1996 | 427.99 | 223.17 | 184.65 | 310.94 | 7.1 | 3.7 |
| 1997 | 512.93 | 255.59 | 210.56 | 364.36 | 7.7 | 3.8 |
| 1998 | 579.90 | 296.58 | 244.20 | 424.90 | 8.1 | 4.1 |
| 1999 | 680.23 | 343.36 | 314.26 | 484.65 | 8.8 | 4.5 |
| 2000 | 865.00 | 448.31 | 409.14 | 591.28 | 10.1 | 5.2 |
| 2001 | 1064.99 | 572.15 | 523.84 | 729.64 | 11.3 | 6.1 |
| 2002 | 1483.68 | 643.70 | 565.30 | 860.25 | 14.0 | 6.1 |
| 2003 | 1968.92 | 798.11 | 690.53 | 1047.68 | 15.8 | 6.4 |
| 2004 | 2216.41 | 980.43 | 833.64 | 1312.04 | 14.6 | 6.5 |
| 2005 | 3124.83 | 1322.68 | 1107.27 | 1673.40 | 16.6 | 7.0 |
| 2006 | 3935.87 | 1656.68 | 1389.13 | 2013.25 | 17.9 | 7.5 |
| 2007 | 5591.29 | 2237.73 | 1894.77 | 2553.72 | 21.3 | 8.5 |
| 2008 | 7109.72 | 2731.41 | 2278.71 | 3247.49 | 22.7 | 8.7 |
| 2009 | 8404.99 | 3228.78 | 2654.75 | 4017.36 | 24.1 | 9.2 |
| 2010 | 11743.22 | 4079.86 | 3312.61 | 4914.06 | 28.0 | 9.7 |
| 2011 | 14119.85 | 5148.92 | 4124.62 | 6221.72 | 28.4 | 10.3 |
| 2012 | 14843.89 | 5860.69 | 4782.59 | 7027.67 | 27.0 | 10.7 |
| 2013 | 17328.80 | 6568.46 | 5419.49 | 7798.47 | 28.5 | 10.8 |
| 2014 | 18201.33 | 7233.14 | 6006.05 | 8472.45 | 27.5 | 10.9 |
| 2015 | 17841.60 | 8028.59 | 6610.12 | 9687.58 | 25.0 | 11.3 |
| 2016 | 19586.03 | 8121.23 | 6531.83 | 9981.96 | 25.2 | 10.5 |
| 2017 | 21125.77 | 8171.53 | 6484.32 | 10621.03 | 24.6 | 9.5 |
| 2018 | 23394.22 | 8630.16 | 7263.65 | 11657.35 | 25.3 | 9.3 |
| 2019 | 24716.11 | 8802.36 | 7339.59 | 12573.55 | 24.8 | 8.8 |
| 2020 | 26983.70 | 9058.99 | 7413.86 | 13681.55 | 26.3 | 8.8 |
| 2021 | 31149.07 | 10015.16 | 8171.30 | 14585.26 | 26.8 | 8.6 |
| 2022 | 27333.71 | 9258.88 | 6803.22 | 14901.37 | 22.2 | 7.5 |
| 2023 | 27924.78 | 9930.18 | 7976.99 | 15242.28 | 21.8 | 7.7 |

注：财政总收入为一般公共预算收入、政府性基金收入、国有资本经营收入、上划中央四税之和。

a) Provincial revenue is the sum of general public budget revenue,fund revenue, state-owned capital operating income and turn over revenue to the central government.

# 7-2 财政收支
# Financial Revenue and Expenditure

单位：亿元 (100 million yuan)

| 指 标 | Item | 2017 | 2018 | 2019 | 2020 | 2021 | 2022 | 2023 |
|---|---|---|---|---|---|---|---|---|
| **一般公共预算收入** | **General Public Budget Revenue** | **8171.53** | **8630.16** | **8802.36** | **9058.99** | **10015.16** | **9258.88** | **9930.18** |
| 税收收入 | Tax Revenue | 6484.33 | 7263.65 | 7339.59 | 7413.86 | 8171.30 | 6803.22 | 7976.99 |
| 增值税 | Value-added Tax | 2864.23 | 3113.45 | 3146.71 | 2944.76 | 3319.63 | 2242.66 | 3665.17 |
| 营业税 | Business Tax | | | | | | | |
| 企业所得税 | Corporate Income Tax | 1145.19 | 1312.65 | 1316.81 | 1348.57 | 1566.00 | 1478.85 | 1408.71 |
| 个人所得税 | Individual Income Tax | 386.82 | 468.41 | 349.34 | 393.94 | 456.35 | 518.43 | 505.39 |
| 城市维护建设税 | Urban Maintenance and Development Tax | 431.82 | 478.54 | 474.36 | 458.78 | 498.80 | 433.86 | 486.24 |
| 房产税 | Tax on Real Estates | 291.19 | 310.82 | 322.91 | 321.75 | 373.39 | 393.43 | 405.80 |
| 土地增值税 | Value-added Tax on Land | 458.93 | 494.48 | 558.86 | 584.00 | 655.95 | 596.54 | 303.15 |
| 耕地占用税 | Farmland Occupation Tax | 53.00 | 54.17 | 72.53 | 61.90 | 41.18 | 56.67 | 61.41 |
| 契税 | Deed Tax | 488.20 | 635.10 | 717.13 | 918.64 | 848.29 | 659.46 | 668.44 |
| 其他各项税收 | Others | 364.95 | 396.02 | 380.95 | 381.52 | 411.72 | 423.31 | 472.68 |
| 非税收收入 | Non-tax Revenue | 1687.21 | 1366.51 | 1462.77 | 1645.13 | 1843.86 | 2455.66 | 1953.20 |
| 专项收入 | Special Project Income | 493.05 | 478.74 | 421.02 | 412.02 | 448.90 | 604.53 | 487.88 |
| 行政事业性收费收入 | Charge of Administrative and Institutional Units | 420.51 | 299.85 | 312.85 | 312.48 | 345.80 | 333.61 | 275.42 |
| 罚没收入 | Penalty and Confiscatory Income | 136.46 | 141.53 | 162.37 | 173.00 | 241.77 | 247.71 | 241.02 |
| 国有资源有偿使用收入 | Income from Use of State-owned Resources | 465.90 | 328.78 | 423.45 | 553.50 | 624.22 | 889.13 | 700.52 |
| 其他各项收入 | Others | 171.29 | 117.61 | 143.09 | 194.14 | 183.17 | 380.69 | 248.36 |
| **上划中央收入** | **Turn Over Revenue to the Central Government** | **5779.80** | **6412.58** | **6481.77** | **6329.94** | **7153.37** | **6312.15** | **7346.34** |
| 消费税 | Consumption Tax | 693.38 | 709.32 | 859.44 | 760.68 | 886.26 | 974.27 | 1047.70 |
| 增值税 | Value-added Tax | 2864.85 | 3113.97 | 3149.06 | 2996.81 | 3270.13 | 2368.98 | 3470.75 |
| 企业所得税 | Corporate Income Tax | 1641.34 | 1886.67 | 1949.29 | 1981.54 | 2312.45 | 2191.22 | 2069.78 |
| 个人所得税 | Individual Income Tax | 580.24 | 702.62 | 523.99 | 590.91 | 684.53 | 777.68 | 758.12 |
| **一般公共预算支出** | **General Public Budget Expenditure** | **10621.03** | **11657.35** | **12573.55** | **13681.55** | **14585.26** | **14901.37** | **15242.28** |
| 一般公共服务 | General Public Service | 1022.75 | 1124.06 | 1210.99 | 1233.45 | 1304.63 | 1315.41 | 1315.40 |
| 公共安全 | Public Security | 717.07 | 826.08 | 853.13 | 884.45 | 908.30 | 945.65 | 903.66 |
| 教育 | Education | 1979.57 | 2055.56 | 2213.84 | 2406.53 | 2563.41 | 2598.05 | 2709.98 |
| 科学技术 | Science and Technology | 428.01 | 507.31 | 572.04 | 584.39 | 671.59 | 678.32 | 761.46 |
| 文化旅游体育与传媒 | Culture, Tourism, Sports and Media | 194.37 | 197.22 | 264.53 | 311.68 | 271.01 | 246.78 | 229.93 |
| 社会保障和就业 | Social Security and Employment | 1043.40 | 1316.55 | 1416.00 | 1779.31 | 1891.50 | 1946.82 | 2048.33 |
| 卫生健康 | Medical Treatment and Healthcare | 789.52 | 845.32 | 906.01 | 1007.47 | 1183.71 | 1442.51 | 1384.06 |
| 节能环保 | Envionment Protection | 292.10 | 317.99 | 372.77 | 336.90 | 336.80 | 279.20 | 247.22 |
| 城乡社区 | Operating Expenses of Urban and Rural Communities | 1500.54 | 1599.60 | 1697.55 | 1818.13 | 1757.05 | 1696.50 | 1749.13 |
| 农林水 | Operating Expenses of Agriculture, Forestry and Water | 918.22 | 996.67 | 1032.37 | 1091.25 | 1106.20 | 1108.36 | 1187.82 |
| 交通运输 | Transport | 482.13 | 497.95 | 574.95 | 550.83 | 598.39 | 621.52 | 600.00 |
| 资源勘探信息等 | Operating Expenses of Industry, Commerce and Financial Intermediation | 347.58 | 322.91 | 306.08 | 308.11 | 441.36 | 433.42 | 453.93 |
| 其他各项支出 | Others | 905.77 | 1050.13 | 1153.29 | 1369.05 | 1551.31 | 1588.84 | 1651.35 |

# 7-3 分市财政收支(2023年)

单位：亿元

| 指 标 | Item | 南 京 Nanjing | 无 锡 Wuxi | 徐 州 Xuzhou |
|---|---|---|---|---|
| **一般公共预算收入** | **General Public Budget Revenue** | **1619.98** | **1195.42** | **545.96** |
| 税收收入 | Tax Revenue | **1366.53** | **982.80** | **415.69** |
| 增值税 | Value-added Tax | 534.66 | 470.17 | 198.15 |
| 企业所得税 | Corporate Income Tax | 289.91 | 177.70 | 53.97 |
| 个人所得税 | Individual Income Tax | 114.93 | 70.38 | 17.97 |
| 城市维护建设税 | Urban Maintenance and Development Tax | 89.93 | 59.62 | 34.50 |
| 房产税 | Tax on Real Estates | 63.28 | 52.61 | 14.90 |
| 土地增值税 | Value-added Tax on Land | 90.96 | 21.87 | 19.47 |
| 耕地占用税 | Farmland Occupation Tax | 12.36 | 1.56 | 4.78 |
| 契税 | Deed Tax | 108.01 | 68.84 | 43.45 |
| 其他各项税收 | Others | 62.49 | 60.05 | 28.51 |
| 非税收收入 | Non-tax Revenue | 253.45 | 212.63 | 130.26 |
| 专项收入 | Special Project Income | 100.83 | 54.70 | 42.41 |
| 行政事业性收费收入 | Charge of Administrative and Institutional Units | 35.30 | 20.45 | 24.65 |
| 罚没收入 | Penalty and Confiscatory Income | 15.71 | 20.10 | 29.30 |
| 国有资源有偿使用收入 | Income from Use of State-owned Resources | 75.52 | 88.57 | 25.19 |
| 其他各项收入 | Others | 26.09 | 28.80 | 8.71 |
| **上划中央收入** | **Turn Over Revenue to the Central Government** | **1559.60** | **867.63** | **478.12** |
| 增值税 | Consumption Tax | 536.01 | 470.44 | 198.47 |
| 消费税 | Value-added Tax | 396.04 | 18.74 | 173.76 |
| 企业所得税 | Corporate Income Tax | 455.15 | 272.84 | 78.93 |
| 个人所得税 | Individual Income Tax | 172.40 | 105.61 | 26.95 |
| **一般公共预算支出** | **General Public Budget Expenditure** | **1838.70** | **1390.19** | **1056.90** |
| 一般公共服务 | General Public Service | 152.82 | 111.94 | 90.10 |
| 公共安全 | Public Security | 118.55 | 82.66 | 61.92 |
| 教育 | Education | 340.96 | 219.83 | 219.44 |
| 科学技术 | Science and Technology | 112.64 | 69.90 | 24.88 |
| 文化旅游体育与传媒 | Culture, Sports and Media | 28.90 | 16.47 | 13.23 |
| 社会保障和就业 | Social Security and Employment | 237.26 | 162.07 | 151.04 |
| 卫生健康 | Medical Treatment and Healthcare | 177.27 | 121.39 | 106.47 |
| 节能环保 | Envionment Protection | 19.86 | 40.62 | 13.95 |
| 城乡社区 | Operating Expenses of Urban and Rural Communities | 253.23 | 263.72 | 117.58 |
| 农林水 | Operating Expenses of Agriculture, Forestry and Water | 95.90 | 50.84 | 100.67 |
| 交通运输 | Transport | 51.60 | 42.56 | 32.68 |
| 资源勘探信息等 | Operating Expenses of Industry, Commerce and Financial Intermediation | 49.36 | 61.69 | 44.80 |
| 其他各项支出 | Others | 200.35 | 146.52 | 80.12 |

# Financial Revenue and Expenditure by City (2023)

(100 million yuan)

| 常州 Changzhou | 苏州 Suzhou | 南通 Nantong | 连云港 Lianyungang | 淮安 Huai'an | 盐城 Yancheng | 扬州 Yangzhou | 镇江 Zhenjiang | 泰州 Taizhou | 宿迁 Suqian |
|---|---|---|---|---|---|---|---|---|---|
| **680.30** | **2456.81** | **680.16** | **256.02** | **316.61** | **482.73** | **347.57** | **320.71** | **439.70** | **302.00** |
| **585.34** | **2087.20** | **538.79** | **195.84** | **239.30** | **341.25** | **277.00** | **229.50** | **307.91** | **240.37** |
| 270.52 | 988.92 | 241.54 | 84.51 | 114.67 | 145.62 | 131.43 | 112.13 | 153.40 | 120.64 |
| 104.77 | 376.87 | 88.94 | 32.03 | 29.93 | 42.46 | 32.20 | 26.69 | 45.90 | 36.77 |
| 34.58 | 144.18 | 27.39 | 10.79 | 11.55 | 19.41 | 13.82 | 10.71 | 14.42 | 15.25 |
| 40.27 | 118.32 | 29.10 | 12.91 | 21.07 | 16.62 | 16.86 | 13.32 | 19.10 | 14.53 |
| 30.89 | 119.16 | 32.25 | 8.71 | 9.85 | 22.35 | 13.07 | 15.59 | 13.89 | 9.26 |
| 13.36 | 81.20 | 10.96 | 7.23 | 8.37 | 21.14 | 13.29 | 2.78 | 6.59 | 5.93 |
| 2.12 | 7.69 | 5.11 | 0.95 | 5.48 | 4.55 | 7.95 | 2.28 | 2.16 | 4.44 |
| 47.18 | 148.66 | 63.88 | 19.51 | 22.28 | 39.19 | 30.66 | 25.98 | 30.71 | 20.11 |
| 41.64 | 102.20 | 39.63 | 19.19 | 16.11 | 29.93 | 17.71 | 20.03 | 21.75 | 13.44 |
| 94.96 | 369.61 | 141.37 | 60.18 | 77.31 | 141.49 | 70.57 | 91.20 | 131.80 | 61.63 |
| 33.23 | 97.58 | 29.51 | 12.77 | 19.07 | 16.14 | 15.82 | 11.40 | 26.30 | 14.98 |
| 12.30 | 35.60 | 27.33 | 11.03 | 14.50 | 20.34 | 12.50 | 10.79 | 13.25 | 15.89 |
| 10.05 | 33.74 | 18.93 | 7.58 | 16.19 | 36.72 | 13.33 | 19.85 | 9.29 | 9.71 |
| 31.96 | 162.25 | 53.35 | 19.55 | 15.46 | 51.46 | 24.01 | 16.61 | 58.64 | 18.03 |
| 7.42 | 40.44 | 12.25 | 9.25 | 12.09 | 16.83 | 4.91 | 32.55 | 24.31 | 3.02 |
| **520.29** | **1830.21** | **436.34** | **248.82** | **300.21** | **254.56** | **221.91** | **177.00** | **294.05** | **257.20** |
| 271.28 | 989.97 | 241.59 | 84.61 | 114.65 | 145.59 | 131.43 | 112.27 | 153.40 | 120.62 |
| 37.59 | 36.96 | 15.91 | 99.14 | 122.13 | 14.18 | 19.72 | 7.57 | 48.23 | 57.74 |
| 159.55 | 587.01 | 137.75 | 48.89 | 46.11 | 65.69 | 50.02 | 41.10 | 70.79 | 55.96 |
| 51.88 | 216.27 | 41.09 | 16.19 | 17.33 | 29.11 | 20.74 | 16.06 | 21.62 | 22.88 |
| **854.77** | **2621.28** | **1180.93** | **574.70** | **717.35** | **1228.23** | **711.24** | **533.95** | **697.42** | **641.80** |
| 80.46 | 216.61 | 114.41 | 61.39 | 69.22 | 93.14 | 82.15 | 49.89 | 72.58 | 50.79 |
| 53.64 | 162.88 | 61.93 | 33.61 | 39.16 | 59.37 | 43.25 | 33.42 | 36.41 | 31.20 |
| 151.73 | 469.92 | 191.07 | 104.23 | 103.77 | 162.63 | 107.44 | 76.87 | 89.14 | 105.84 |
| 55.67 | 269.86 | 57.20 | 11.23 | 18.61 | 29.31 | 17.08 | 11.12 | 15.40 | 18.94 |
| 9.98 | 42.09 | 14.26 | 7.38 | 10.27 | 15.06 | 12.06 | 8.82 | 13.18 | 9.17 |
| 117.68 | 278.09 | 208.16 | 81.84 | 96.87 | 198.65 | 105.08 | 75.29 | 119.59 | 86.43 |
| 76.24 | 199.68 | 144.21 | 57.20 | 61.13 | 128.26 | 63.98 | 43.22 | 73.23 | 64.47 |
| 20.26 | 44.24 | 12.66 | 9.71 | 7.91 | 10.43 | 13.73 | 10.07 | 10.23 | 11.80 |
| 100.46 | 407.38 | 83.88 | 48.61 | 57.80 | 104.36 | 62.37 | 82.73 | 92.37 | 72.54 |
| 40.80 | 142.76 | 85.25 | 52.80 | 109.59 | 205.70 | 67.06 | 41.08 | 60.21 | 74.58 |
| 22.65 | 102.76 | 31.70 | 27.32 | 29.76 | 48.29 | 31.14 | 22.07 | 17.31 | 41.60 |
| 26.75 | 49.74 | 35.21 | 9.81 | 38.32 | 35.09 | 18.73 | 12.84 | 15.11 | 27.55 |
| 98.44 | 235.27 | 140.98 | 69.56 | 74.94 | 137.94 | 87.16 | 66.51 | 82.66 | 46.89 |

# 7-4 历年金融机构存贷款

# Balance of Deposits and Loans of Financial Institutions over the Years

单位：亿元 (100 million yuan)

| 年 份 Year | 金融机构各项存款余额（本外币） Balance of Deposits of Financial Institutions(RMB and Foreign Currency) | #储蓄存款 Saving Deposits | 金融机构各项贷款余额（本外币） Balance of Loans of Financial Institutions (RMB and Foreign Currency) | 金融机构各项存款余额（人民币） Balance of Deposits of Financial Institutions (RMB) | #储蓄存款 Saving Deposits | 金融机构各项贷款余额（人民币） Balance of Loans of Financial Institutions (RMB) |
|---|---|---|---|---|---|---|
| 1978 | | | | 60.72 | 12.40 | 115.29 |
| 1979 | | | | 78.31 | 16.68 | 129.70 |
| 1980 | | | | 95.55 | 23.72 | 159.11 |
| 1981 | | | | 124.54 | 30.42 | 195.33 |
| 1982 | | | | 146.21 | 40.60 | 217.87 |
| 1983 | | | | 171.12 | 56.93 | 242.28 |
| 1984 | | | | 221.68 | 74.76 | 333.40 |
| 1985 | | | | 247.12 | 99.35 | 387.06 |
| 1986 | | | | 372.62 | 139.59 | 528.83 |
| 1987 | | | | 443.44 | 193.68 | 659.29 |
| 1988 | | | | 517.81 | 231.85 | 742.10 |
| 1989 | | | | 640.84 | 331.86 | 835.56 |
| 1990 | | | | 860.33 | 471.18 | 1013.45 |
| 1991 | | | | 1136.51 | 617.61 | 1230.49 |
| 1992 | | | | 1422.61 | 766.11 | 1480.80 |
| 1993 | | | | 1797.33 | 964.22 | 1777.80 |
| 1994 | | | | 2481.10 | 1352.57 | 2218.15 |
| 1995 | | | | 3500.49 | 1922.33 | 2875.39 |
| 1996 | | | | 4706.36 | 2581.06 | 3840.74 |
| 1997 | | | | 5674.94 | 3101.89 | 4452.46 |
| 1998 | | | | 6578.80 | 3656.46 | 5063.57 |
| 1999 | | | | 7470.43 | 4131.98 | 5535.15 |
| 2000 | | | | 8400.75 | 4456.83 | 5967.66 |
| 2001 | | | | 9700.68 | 5172.83 | 6671.74 |
| 2002 | | | | 11881.19 | 6276.20 | 8234.58 |
| 2003 | | | | 15378.49 | 7638.18 | 11299.55 |
| 2004 | | | | 18211.02 | 8863.10 | 13480.98 |
| 2005 | 22821.57 | 10860.60 | 16282.60 | 22001.44 | 10581.27 | 15396.59 |
| 2006 | 26722.83 | 12454.90 | 19383.65 | 25860.47 | 12183.47 | 18485.02 |
| 2007 | 31337.99 | 13213.11 | 23265.83 | 30450.54 | 13014.92 | 22092.10 |
| 2008 | 38063.38 | 16916.74 | 27081.06 | 37017.48 | 16721.18 | 26160.72 |
| 2009 | 50061.85 | 20303.67 | 36846.34 | 48850.29 | 20080.63 | 35296.73 |
| 2010 | 60583.07 | 23533.13 | 44180.21 | 58984.14 | 23334.48 | 42121.04 |
| 2011 | 67638.75 | 26111.82 | 50283.52 | 65723.56 | 25914.74 | 47868.30 |
| 2012 | 78109.00 | 30285.44 | 57652.84 | 75481.51 | 30057.19 | 54412.30 |
| 2013 | 88302.07 | 34072.84 | 64908.22 | 85604.08 | 33823.90 | 61836.53 |
| 2014 | 96939.01 | 36847.53 | 72490.02 | 93735.61 | 36580.59 | 69572.67 |
| 2015 | 111329.86 | 40951.02 | 81169.72 | 107873.03 | 40562.97 | 78866.34 |
| 2016 | 125576.94 | 44544.05 | 92957.02 | 121106.58 | 43900.50 | 91107.60 |
| 2017 | 134776.17 | 46686.69 | 104007.34 | 129942.89 | 46088.01 | 102113.27 |
| 2018 | 144227.38 | 51373.47 | 117807.90 | 139717.98 | 50768.61 | 115719.00 |
| 2019 | 157139.72 | 58354.32 | 135139.67 | 152837.34 | 57759.21 | 133329.87 |
| 2020 | 177978.00 | 66983.86 | 156577.38 | 172580.27 | 66373.06 | 154523.28 |
| 2021 | 196016.31 | 74952.05 | 180538.69 | 189433.13 | 74361.95 | 177970.10 |
| 2022 | 218695.78 | 90807.50 | 206845.36 | 212225.20 | 90161.55 | 203925.53 |
| 2023 | 245918.55 | 106135.37 | 236409.15 | 239679.55 | 105446.33 | 233995.68 |

注：2015年人民银行调整金融报表项目及归属，取消储蓄存款，本表2015年之后数据为住户存款。

a) Since 2015, the People's Bank of China has revised financial statement items and attribution and cancelled saving deposits. The data of "Saving Deposits" in this table after 2015 refer to "Deposits of Households".

# 7-5　金融机构存贷款年末余额(2023年)

# Balance of Deposits and Loans of Financial Institutions at Year-end(2023)

| 指　标 | Item | 本外币(亿元) RMB and Foreign Currency (100 million yuan) | 人民币(亿元) RMB(100 million yuan) | 外　汇(亿美元) Foreign Currency (USD 100 million) |
|---|---|---|---|---|
| **各项存款** | **Total Deposits** | **245918.55** | **239679.55** | **880.88** |
| 境内存款 | Domestic Deposits | 244617.36 | 239085.00 | 781.11 |
| 住户存款 | Deposits of Households | 106135.37 | 105446.33 | 97.28 |
| 活期存款 | Demand Deposits | 25921.70 | 25650.40 | 38.30 |
| 定期及其他存款 | Regular and Other Deposits | 80213.66 | 79795.93 | 58.98 |
| 非金融企业存款 | Deposits of Non-financial Enterprise | 85515.82 | 80705.62 | 679.15 |
| 活期存款 | Demand Deposits | 25329.68 | 23023.33 | 325.63 |
| 定期及其他存款 | Regular and Other Deposits | 60186.14 | 57682.29 | 353.52 |
| 机关团体存款 | Deposits of Government Departments & Organizations | 31449.34 | 31436.99 | 1.74 |
| 财政性存款 | Fiscal Deposits | 3407.35 | 3407.35 | |
| 非银行业金融机构存款 | Deposits of Non-banking Financial Institutions | 18109.49 | 18088.71 | 2.93 |
| 境外存款 | Overseas Deposits | 1301.18 | 594.55 | 99.77 |
| **各项贷款** | **Total Loans** | **236409.15** | **233995.68** | **340.76** |
| 境内贷款 | Domestic Loans | 236046.95 | 233813.04 | 315.40 |
| 住户贷款 | Loans to Households | 72968.37 | 72964.19 | 0.59 |
| 短期贷款 | Short-term Loans | 18281.74 | 18277.58 | 0.59 |
| 消费贷款 | Consumer Loans | 7438.41 | 7434.25 | 0.59 |
| 经营贷款 | Business Loans | 10843.33 | 10843.33 | |
| 中长期贷款 | Medium and Long-term Loans | 54686.63 | 54686.61 | |
| 消费贷款 | Consumer Loans | 45829.44 | 45829.41 | |
| 经营贷款 | Business Loans | 8857.20 | 8857.20 | |
| 企(事)业单位贷款 | Loans to Non-financial Enterprise and Institution | 162984.25 | 160755.23 | 314.71 |
| 短期贷款 | Short-term Loans | 51248.31 | 49831.95 | 199.98 |
| 中长期贷款 | Medium Long-term Loans | 96017.46 | 95235.03 | 110.47 |
| 票据融资 | Bill Financing | 12898.04 | 12897.32 | 0.10 |
| 融资租赁 | Finance Leases | 2716.81 | 2688.07 | 4.06 |
| 各项垫款 | The Advances | 103.63 | 102.86 | 0.11 |
| 非银行业金融机构贷款 | Loans to Non-banking Financial Institutions | 94.33 | 93.62 | 0.10 |
| 境外贷款 | Overseas Loans | 362.21 | 182.64 | 25.35 |

# 7-6 按地区分金融机构本外币存贷款年末余额(2023年)

单位：亿元

| 指　标 | Item | 南　京<br>Nanjing | 无　锡<br>Wuxi | 徐　州<br>Xuzhou |
|---|---|---|---|---|
| **各项存款** | **Total Deposits** | **54279.92** | **27237.18** | **11697.91** |
| 境内存款 | Domestic Deposits | 53796.77 | 27129.26 | 11694.37 |
| 住户存款 | Deposits of Households | 15453.12 | 11845.00 | 6847.79 |
| 活期存款 | Demand Deposits | 4114.78 | 2750.67 | 1964.76 |
| 定期及其他存款 | Regular and Other Deposits | 11338.34 | 9094.34 | 4883.03 |
| 非金融企业存款 | Deposits of Non-financial Enterprise | 16931.91 | 11132.38 | 3139.78 |
| 活期存款 | Demand Deposits | 4881.93 | 3049.45 | 1052.55 |
| 定期及其他存款 | Regular and Other Deposits | 12049.98 | 8082.93 | 2087.23 |
| 机关团体存款 | Deposits of Government Departments & Organizations | 9558.12 | 3069.74 | 1410.48 |
| 财政性存款 | Fiscal Deposits | 1618.63 | 211.19 | 120.26 |
| 非银行业金融机构存款 | Deposits of Non-banking Financial Institutions | 10234.99 | 870.95 | 176.06 |
| 境外存款 | Overseas Deposits | 483.15 | 107.92 | 3.54 |
| **各项贷款** | **Total Loans** | **54337.89** | **22581.68** | **10869.62** |
| 境内贷款 | Domestic Loans | 54224.20 | 22543.24 | 10861.71 |
| 住户贷款 | Loans to Households | 17954.60 | 5820.32 | 4371.74 |
| 短期贷款 | Short-term Loans | 5470.57 | 1113.28 | 1085.60 |
| 消费贷款 | Consumer Loans | 3859.75 | 515.20 | 276.59 |
| 经营贷款 | Business Loans | 1610.81 | 598.08 | 809.00 |
| 中长期贷款 | Medium and Long-term Loans | 12484.04 | 4707.03 | 3286.14 |
| 消费贷款 | Consumer Loans | 10625.48 | 3804.95 | 2776.65 |
| 经营贷款 | Business Loans | 1858.55 | 902.08 | 509.50 |
| 企(事)业单位贷款 | Loans to Non-financial Enterprise and Institution | 36228.37 | 16722.92 | 6484.07 |
| 短期贷款 | Short-term Loans | 8528.28 | 6103.06 | 2022.10 |
| 中长期贷款 | Medium Long-term Loans | 22976.42 | 9103.96 | 3759.55 |
| 票据融资 | Bill Financing | 2630.36 | 1514.41 | 678.67 |
| 融资租赁 | Finance Leases | 2054.39 |  | 22.79 |
| 各项垫款 | The Advances | 38.92 | 1.49 | 0.95 |
| 非银行业金融机构贷款 | Loans to Non-banking Financial Institutions | 41.22 |  | 5.90 |
| 境外贷款 | Overseas Loans | 113.69 | 38.45 | 7.92 |

## Balance of Deposits and Loans of Financial Institutions at Year-end by City(RMB and Foreign Currency)(2023)

(100 million yuan)

| 常 州 Changzhou | 苏 州 Suzhou | 南 通 Nantong | 连云港 Lianyungang | 淮 安 Huai'an | 盐 城 Yancheng | 扬 州 Yangzhou | 镇 江 Zhenjiang | 泰 州 Taizhou | 宿 迁 Suqian |
|---|---|---|---|---|---|---|---|---|---|
| **18062.73** | **53638.46** | **20952.94** | **5849.81** | **6715.73** | **11448.89** | **10378.14** | **8551.67** | **11173.14** | **5932.03** |
| 18021.31 | 53055.86 | 20919.39 | 5844.80 | 6712.53 | 11444.94 | 10366.75 | 8538.25 | 11163.43 | 5929.71 |
| 8236.49 | 19707.75 | 12445.47 | 2874.07 | 3326.86 | 6611.26 | 5899.22 | 4312.56 | 5810.30 | 2765.49 |
| 1863.29 | 5670.29 | 1912.91 | 945.76 | 979.40 | 1343.92 | 1246.26 | 857.97 | 1220.56 | 1051.13 |
| 6373.21 | 14037.46 | 10532.56 | 1928.31 | 2347.46 | 5267.34 | 4652.95 | 3454.59 | 4589.74 | 1714.35 |
| 6735.59 | 22432.74 | 5613.36 | 2107.49 | 2201.38 | 3342.63 | 2873.71 | 2933.21 | 3869.02 | 2202.64 |
| 1949.89 | 6682.40 | 1760.63 | 671.93 | 761.37 | 1039.62 | 1012.68 | 727.63 | 1037.29 | 702.31 |
| 4785.70 | 15750.35 | 3852.73 | 1435.56 | 1440.01 | 2303.01 | 1861.02 | 2205.58 | 2831.72 | 1500.33 |
| 2204.09 | 6591.83 | 1975.55 | 687.79 | 937.34 | 1085.05 | 1254.07 | 786.66 | 1138.88 | 749.73 |
| 169.67 | 498.43 | 185.68 | 47.19 | 86.24 | 117.48 | 143.91 | 57.61 | 110.61 | 40.47 |
| 675.46 | 3825.11 | 699.33 | 128.27 | 160.71 | 288.53 | 195.84 | 448.22 | 234.62 | 171.39 |
| 41.42 | 582.60 | 33.55 | 5.00 | 3.20 | 3.95 | 11.39 | 13.42 | 9.71 | 2.32 |
| **16332.26** | **52589.95** | **18353.99** | **7073.32** | **7637.46** | **11531.29** | **9767.42** | **9034.74** | **10285.51** | **6014.01** |
| 16327.93 | 52415.80 | 18348.87 | 7069.48 | 7637.09 | 11530.98 | 9766.98 | 9031.93 | 10284.83 | 6003.93 |
| 4209.72 | 17122.95 | 4799.82 | 2501.33 | 2686.94 | 3211.67 | 2658.63 | 2150.29 | 2547.27 | 2933.08 |
| 1023.16 | 2951.75 | 1220.09 | 689.36 | 782.98 | 1095.33 | 694.71 | 368.00 | 806.87 | 980.05 |
| 226.79 | 990.84 | 214.37 | 171.43 | 223.32 | 316.77 | 144.55 | 85.20 | 167.29 | 246.30 |
| 796.37 | 1960.90 | 1005.72 | 517.93 | 559.66 | 778.56 | 550.16 | 282.79 | 639.58 | 733.76 |
| 3186.56 | 14171.20 | 3579.74 | 1811.97 | 1903.97 | 2116.34 | 1963.92 | 1782.30 | 1740.40 | 1953.02 |
| 2762.53 | 11959.30 | 2833.36 | 1548.29 | 1616.91 | 1762.49 | 1664.97 | 1516.12 | 1334.14 | 1624.24 |
| 424.03 | 2211.90 | 746.38 | 263.68 | 287.06 | 353.85 | 298.95 | 266.17 | 406.27 | 328.79 |
| 12118.20 | 35252.85 | 13549.04 | 4560.95 | 4950.14 | 8319.31 | 7108.35 | 6881.63 | 7737.56 | 3070.86 |
| 3919.68 | 12712.04 | 4115.67 | 1461.60 | 1547.09 | 2966.36 | 2159.77 | 2298.11 | 2550.48 | 864.05 |
| 6959.65 | 19123.85 | 8529.10 | 2711.83 | 3131.76 | 4724.52 | 4486.99 | 4082.27 | 4532.42 | 1895.13 |
| 917.65 | 3048.98 | 894.12 | 387.51 | 271.30 | 627.97 | 460.30 | 500.53 | 654.62 | 311.62 |
| 319.00 | 320.63 | | | | | | | | |
| 2.21 | 47.35 | 10.15 | | | 0.46 | 1.29 | 0.72 | 0.04 | 0.06 |
| | 40.00 | | 7.20 | | | | | | |
| 4.34 | 174.15 | 5.12 | 3.85 | 0.38 | 0.31 | 0.44 | 2.81 | 0.68 | 10.08 |

# 7-7 按地区分金融机构人民币存贷款年末余额(2023年)

单位：亿元

| 指 标 | Item | 南 京 Nanjing | 无 锡 Wuxi | 徐 州 Xuzhou | 常 州 Changzhou |
|---|---|---|---|---|---|
| **各项存款** | **Total Deposits** | **53178.25** | **26391.61** | **11636.95** | **17608.33** |
| 境内存款 | Domestic Deposits | 53050.54 | 26331.33 | 11633.68 | 17586.01 |
| 住户存款 | Deposits of Households | 15228.95 | 11743.94 | 6831.18 | 8188.59 |
| 活期存款 | Demand Deposits | 4036.95 | 2717.15 | 1956.19 | 1845.43 |
| 定期及其他存款 | Regular and Other Deposits | 11192.00 | 9026.79 | 4874.99 | 6343.16 |
| 非金融企业存款 | Deposits of Non-financial Enterprise | 16432.21 | 10436.29 | 3096.40 | 6348.47 |
| 活期存款 | Demand Deposits | 4595.59 | 2693.97 | 1027.05 | 1705.60 |
| 定期及其他存款 | Regular and Other Deposits | 11836.61 | 7742.32 | 2069.35 | 4642.86 |
| 机关团体存款 | Deposits of Government Departments & Organizations | 9554.24 | 3069.49 | 1409.79 | 2204.07 |
| 财政性存款 | Fiscal Deposits | 1618.63 | 211.19 | 120.26 | 169.67 |
| 非银行业金融机构存款 | Deposits of Non-banking Financial Institutions | 10216.51 | 870.43 | 176.05 | 675.21 |
| 境外存款 | Overseas Deposits | 127.71 | 60.28 | 3.27 | 22.32 |
| **各项贷款** | **Total Loans** | **53901.89** | **22288.90** | **10841.34** | **16293.35** |
| 境内贷款 | Domestic Loans | 53865.68 | 22278.42 | 10841.25 | 16289.02 |
| 住户贷款 | Loans to Households | 17953.67 | 5819.82 | 4371.59 | 4209.32 |
| 短期贷款 | Short-term Loans | 5469.65 | 1112.79 | 1085.44 | 1022.76 |
| 消费贷款 | Consumer Loans | 3858.83 | 514.71 | 276.44 | 226.39 |
| 经营贷款 | Business Loans | 1610.81 | 598.08 | 809.00 | 796.37 |
| 中长期贷款 | Medium and Long-term Loans | 12484.03 | 4707.03 | 3286.14 | 3186.56 |
| 消费贷款 | Consumer Loans | 10625.48 | 3804.95 | 2776.65 | 2762.53 |
| 经营贷款 | Business Loans | 1858.55 | 902.08 | 509.50 | 424.03 |
| 企(事)业单位贷款 | Loans to Non-financial Enterprise and Institution | 35871.49 | 16458.60 | 6463.76 | 12079.70 |
| 短期贷款 | Short-term Loans | 8420.85 | 5990.01 | 2010.90 | 3882.76 |
| 中长期贷款 | Medium Long-term Loans | 22756.24 | 8952.69 | 3750.45 | 6958.29 |
| 票据融资 | Bill Financing | 2630.36 | 1514.41 | 678.67 | 917.65 |
| 融资租赁 | Finance Leases | 2025.66 |  | 22.79 | 319.00 |
| 各项垫款 | The Advances | 38.38 | 1.49 | 0.95 | 1.99 |
| 非银行业金融机构贷款 | Loans to Non-banking Financial Institutions | 40.52 |  | 5.90 |  |
| 境外贷款 | Overseas Loans | 36.21 | 10.48 | 0.10 | 4.33 |

# Balance of Deposits and Loans of Financial Institutions at Year-end by City(RMB) (2023)

(100 million yuan)

| 苏　州<br>Suzhou | 南　通<br>Nantong | 连云港<br>Lianyungang | 淮　安<br>Huai'an | 盐　城<br>Yancheng | 扬　州<br>Yangzhou | 镇　江<br>Zhenjiang | 泰　州<br>Taizhou | 宿　迁<br>Suqian |
|---|---|---|---|---|---|---|---|---|
| **50800.95** | **20606.07** | **5794.33** | **6683.14** | **11367.78** | **10257.24** | **8436.09** | **11033.70** | **5885.11** |
| 50469.55 | 20593.69 | 5792.15 | 6679.96 | 11364.43 | 10248.80 | 8426.07 | 11025.97 | 5882.84 |
| 19535.03 | 12405.04 | 2865.17 | 3322.09 | 6602.95 | 5876.48 | 4292.31 | 5791.51 | 2763.10 |
| 5599.29 | 1894.90 | 940.35 | 976.71 | 1339.16 | 1236.73 | 849.94 | 1208.26 | 1049.36 |
| 13935.74 | 10510.14 | 1924.82 | 2345.38 | 5263.79 | 4639.75 | 3442.37 | 4583.26 | 1713.74 |
| 20027.52 | 5328.12 | 2063.75 | 2173.60 | 3270.43 | 2778.55 | 2841.78 | 3750.35 | 2158.15 |
| 5733.99 | 1595.53 | 643.54 | 736.94 | 1001.94 | 962.45 | 679.09 | 963.81 | 683.82 |
| 14293.54 | 3732.59 | 1420.20 | 1436.65 | 2268.49 | 1816.10 | 2162.69 | 2786.54 | 1474.34 |
| 6584.85 | 1975.53 | 687.79 | 937.32 | 1085.05 | 1254.02 | 786.23 | 1138.88 | 749.73 |
| 498.43 | 185.68 | 47.19 | 86.24 | 117.48 | 143.91 | 57.61 | 110.61 | 40.47 |
| 3823.71 | 699.31 | 128.26 | 160.71 | 288.53 | 195.84 | 448.14 | 234.61 | 171.39 |
| 331.41 | 12.39 | 2.18 | 3.17 | 3.35 | 8.44 | 10.03 | 7.73 | 2.27 |
| **51247.64** | **18288.02** | **6998.33** | **7634.42** | **11496.39** | **9758.68** | **9015.66** | **10217.89** | **6013.17** |
| 51135.08 | 18285.47 | 6996.32 | 7634.04 | 11496.08 | 9758.24 | 9012.85 | 10217.51 | 6003.09 |
| 17121.73 | 4799.52 | 2501.26 | 2686.88 | 3211.57 | 2658.48 | 2150.16 | 2547.14 | 2933.04 |
| 2950.54 | 1219.79 | 689.29 | 782.91 | 1095.23 | 694.56 | 367.87 | 806.74 | 980.02 |
| 989.63 | 214.06 | 171.36 | 223.26 | 316.67 | 144.40 | 85.07 | 167.16 | 246.26 |
| 1960.90 | 1005.72 | 517.93 | 559.66 | 778.56 | 550.16 | 282.79 | 639.58 | 733.76 |
| 14171.20 | 3579.74 | 1811.97 | 1903.97 | 2116.34 | 1963.92 | 1782.29 | 1740.40 | 1953.02 |
| 11959.30 | 2833.36 | 1548.29 | 1616.91 | 1762.49 | 1664.97 | 1516.12 | 1334.14 | 1624.24 |
| 2211.90 | 746.38 | 263.68 | 287.06 | 353.85 | 298.95 | 266.17 | 406.27 | 328.79 |
| 33973.34 | 13485.95 | 4487.86 | 4947.16 | 8284.50 | 7099.76 | 6862.69 | 7670.37 | 3070.05 |
| 11691.56 | 4075.01 | 1449.19 | 1544.93 | 2936.47 | 2151.59 | 2283.68 | 2531.65 | 863.36 |
| 18864.84 | 8507.40 | 2651.16 | 3130.93 | 4719.61 | 4486.58 | 4077.76 | 4484.06 | 1895.01 |
| 3048.98 | 893.40 | 387.51 | 271.30 | 627.97 | 460.30 | 500.53 | 654.62 | 311.62 |
| 320.63 | | | | | | | | |
| 47.33 | 10.15 | | | 0.46 | 1.29 | 0.72 | 0.04 | 0.06 |
| 40.00 | | 7.20 | | | | | | |
| 112.56 | 2.55 | 2.01 | 0.38 | 0.31 | 0.44 | 2.81 | 0.38 | 10.08 |

# 7-8 按地区分金融机构外汇存贷款年末余额(2023年)

单位：亿元

| 指　标 | Item | 南　京 Nanjing | 无　锡 Wuxi | 徐　州 Xuzhou |
|---|---|---|---|---|
| **各项存款** | **Total Deposits** | **155.54** | **119.39** | **8.61** |
| 境内存款 | Domestic Deposits | 105.36 | 112.66 | 8.57 |
| 住户存款 | Deposits of Households | 31.65 | 14.27 | 2.34 |
| 活期存款 | Demand Deposits | 10.99 | 4.73 | 1.21 |
| 定期及其他存款 | Regular and Other Deposits | 20.66 | 9.54 | 1.13 |
| 非金融企业存款 | Deposits of Non-financial Enterprise | 70.55 | 98.28 | 6.12 |
| 活期存款 | Demand Deposits | 40.43 | 50.19 | 3.60 |
| 定期及其他存款 | Regular and Other Deposits | 30.12 | 48.09 | 2.52 |
| 机关团体存款 | Deposits of Government Departments & Organizations | 0.55 | 0.04 | 0.10 |
| 财政性存款 | Fiscal Deposits | | | |
| 非银行业金融机构存款 | Deposits of Non-banking Financial Institutions | 2.61 | 0.07 | |
| 境外存款 | Overseas Deposits | 50.18 | 6.73 | 0.04 |
| **各项贷款** | **Total Loans** | **61.56** | **41.34** | **3.99** |
| 境内贷款 | Domestic Loans | 50.62 | 37.39 | 2.89 |
| 住户贷款 | Loans to Households | 0.13 | 0.07 | 0.02 |
| 短期贷款 | Short-term Loans | 0.13 | 0.07 | 0.02 |
| 消费贷款 | Consumer Loans | 0.13 | 0.07 | 0.02 |
| 经营贷款 | Business Loans | | | |
| 中长期贷款 | Medium and Long-term Loans | | | |
| 消费贷款 | Consumer Loans | | | |
| 经营贷款 | Business Loans | | | |
| 企(事)业单位贷款 | Loans to Non-financial Enterprise and Institution | 50.39 | 37.32 | 2.87 |
| 短期贷款 | Short-term Loans | 15.17 | 15.96 | 1.58 |
| 中长期贷款 | Medium Long-term Loans | 31.09 | 21.36 | 1.29 |
| 票据融资 | Bill Financing | | | |
| 融资租赁 | Finance Leases | 4.06 | | |
| 各项垫款 | The Advances | 0.08 | | |
| 非银行业金融机构贷款 | Loans to Non-banking Financial Institutions | 0.10 | | |
| 境外贷款 | Overseas Loans | 10.94 | 3.95 | 1.10 |

# Balance of Deposits and Loans of Financial Institutions at Year-end by City(Foreign Currency)(2023)

(100 million yuan)

| 常州<br>Changzhou | 苏州<br>Suzhou | 南通<br>Nantong | 连云港<br>Lianyungang | 淮安<br>Huai'an | 盐城<br>Yancheng | 扬州<br>Yangzhou | 镇江<br>Zhenjiang | 泰州<br>Taizhou | 宿迁<br>Suqian |
|---|---|---|---|---|---|---|---|---|---|
| **64.16** | **400.63** | **48.97** | **7.83** | **4.60** | **11.45** | **17.07** | **16.32** | **19.69** | **6.62** |
| 61.46 | 365.16 | 45.99 | 7.43 | 4.60 | 11.37 | 16.65 | 15.84 | 19.41 | 6.62 |
| 6.76 | 24.39 | 5.71 | 1.26 | 0.67 | 1.17 | 3.21 | 2.86 | 2.65 | 0.34 |
| 2.52 | 10.03 | 2.54 | 0.76 | 0.38 | 0.67 | 1.35 | 1.13 | 1.74 | 0.25 |
| 4.24 | 14.36 | 3.17 | 0.49 | 0.29 | 0.50 | 1.86 | 1.72 | 0.92 | 0.09 |
| 54.66 | 339.59 | 40.27 | 6.18 | 3.92 | 10.19 | 13.43 | 12.91 | 16.75 | 6.28 |
| 34.49 | 133.91 | 23.31 | 4.01 | 3.45 | 5.32 | 7.09 | 6.85 | 10.37 | 2.61 |
| 20.17 | 205.69 | 16.96 | 2.17 | 0.47 | 4.87 | 6.34 | 6.06 | 6.38 | 3.67 |
|  | 0.98 |  |  |  |  | 0.01 | 0.06 |  |  |
|  |  |  |  |  |  |  |  |  |  |
| 0.04 | 0.20 |  |  |  |  |  | 0.01 |  |  |
| 2.70 | 35.47 | 2.99 | 0.40 |  | 0.09 | 0.42 | 0.48 | 0.28 | 0.01 |
| **5.49** | **189.52** | **9.31** | **10.59** | **0.43** | **4.93** | **1.23** | **2.69** | **9.55** | **0.12** |
| 5.49 | 180.82 | 8.95 | 10.33 | 0.43 | 4.93 | 1.23 | 2.69 | 9.50 | 0.12 |
| 0.06 | 0.17 | 0.04 | 0.01 | 0.01 | 0.01 | 0.02 | 0.02 | 0.02 | 0.01 |
| 0.06 | 0.17 | 0.04 | 0.01 | 0.01 | 0.01 | 0.02 | 0.02 | 0.02 |  |
| 0.06 | 0.17 | 0.04 | 0.01 | 0.01 | 0.01 | 0.02 | 0.02 | 0.02 |  |
|  |  |  |  |  |  |  |  |  |  |
|  |  |  |  |  |  |  |  |  |  |
|  |  |  |  |  |  |  |  |  |  |
|  |  |  |  |  |  |  |  |  |  |
| 5.44 | 180.65 | 8.91 | 10.32 | 0.42 | 4.91 | 1.21 | 2.68 | 9.49 | 0.11 |
| 5.21 | 144.08 | 5.74 | 1.75 | 0.31 | 4.22 | 1.15 | 2.04 | 2.66 | 0.10 |
| 0.19 | 36.57 | 3.06 | 8.57 | 0.12 | 0.69 | 0.06 | 0.64 | 6.83 | 0.02 |
|  |  | 0.10 |  |  |  |  |  |  |  |
|  |  |  |  |  |  |  |  |  |  |
| 0.03 |  |  |  |  |  |  |  |  |  |
|  |  |  |  |  |  |  |  |  |  |
|  | 8.70 | 0.36 | 0.26 |  |  |  |  | 0.04 |  |

# 7-9 按行业分金融机构贷款年末余额
# Balance of Loans to Financial Institutions at Year-end by Sector

| 行业 | Sector | 本外币(亿元) RMB and Foreign Currency(100 million yuan) | | | | |
|---|---|---|---|---|---|---|
| | | 2019 | 2020 | 2021 | 2022 | 2023 |
| **总计** | **Total** | **128627.06** | **149709.55** | **172420.73** | **195828.89** | **225413.72** |
| 农、林、牧、渔业 | Agriculture, Forestry, Animal Husbandry and Fishery | 1841.87 | 2229.39 | 2582.92 | 2955.00 | 3580.55 |
| 采矿业 | Mining | 98.05 | 91.09 | 86.59 | 99.87 | 139.07 |
| 制造业 | Manufacturing | 16957.80 | 18699.68 | 21481.86 | 26273.55 | 30510.11 |
| 电力、热力、燃气及水的生产和供应业 | Production and Supply of Electricity, Heat, Gas and Water | 3420.07 | 3875.95 | 4383.90 | 5097.18 | 6225.65 |
| 建筑业 | Construction | 4729.11 | 5242.30 | 5845.27 | 6818.38 | 8245.11 |
| 批发和零售业 | Wholesale and Retail Trades | 7260.99 | 7952.28 | 8752.30 | 10415.27 | 13032.86 |
| 交通运输、仓储和邮政业 | Transport, Storage and Post | 5666.01 | 6630.18 | 7376.95 | 8168.28 | 9474.24 |
| 住宿和餐饮业 | Hotels and Catering Services | 455.35 | 505.81 | 556.90 | 593.96 | 672.63 |
| 信息传输、软件和信息技术服务业 | Information Transmission, Software and IT Services | 461.93 | 570.14 | 659.99 | 860.64 | 1091.54 |
| 金融业 | Financial Intermediation | 1781.61 | 1930.68 | 2331.15 | 3154.98 | 4239.04 |
| 房地产业 | Real Estate | 8594.22 | 9806.07 | 10598.69 | 11055.54 | 11855.47 |
| 租赁和商务服务业 | Leasing and Commercial Services | 15264.41 | 18883.19 | 22754.95 | 27819.16 | 35793.47 |
| 科学研究和技术服务业 | Scientific Research and Technical Services | 431.29 | 552.67 | 800.31 | 1240.92 | 1782.27 |
| 水利、环境和公共设施管理业 | Management of Water Conservancy, Environment and Public Facilities | 12909.25 | 14918.19 | 17089.57 | 19353.69 | 23275.18 |
| 居民服务、修理和其他服务业 | Services of Households, Repair and Other Services | 184.28 | 204.07 | 238.99 | 230.94 | 253.63 |
| 教育 | Education | 326.05 | 309.93 | 298.63 | 314.23 | 333.74 |
| 卫生和社会工作 | Health and Social Service | 574.61 | 614.23 | 641.36 | 693.13 | 740.31 |
| 文化、体育和娱乐业 | Culture, Sports and Entertainment | 485.73 | 503.44 | 541.99 | 564.22 | 658.79 |
| 公共管理、社会保障和社会组织 | Public Management, Social Security and Social Organization | 152.21 | 147.94 | 27.26 | 5.22 | 5.07 |

注：本表不含票据融资数据。
a) This table does not include the data of bill financing.

7-9　续表 1　continued

| 行　业 | Sector | 人民币(亿元) RMB (100 million yuan) | | | | |
|---|---|---|---|---|---|---|
| | | 2019 | 2020 | 2021 | 2022 | 2023 |
| **总计** | **Total** | **126798.68** | **147642.44** | **169813.89** | **192870.50** | **222953.42** |
| 农、林、牧、渔业 | Agriculture, Forestry, Animal Husbandry and Fishery | 1841.80 | 2229.39 | 2582.67 | 2954.88 | 3580.49 |
| 采矿业 | Mining | 97.89 | 91.00 | 86.56 | 99.87 | 139.07 |
| 制造业 | Manufacturing | 15656.75 | 17143.36 | 19453.09 | 23949.67 | 28654.92 |
| 电力、热力、燃气及水的生产和供应业 | Production and Supply of Electricity, Heat, Gas and Water | 3338.23 | 3798.88 | 4320.18 | 5052.05 | 6185.36 |
| 建筑业 | Construction | 4708.49 | 5222.40 | 5841.25 | 6811.63 | 8237.81 |
| 批发和零售业 | Wholesale and Retail Trades | 7110.66 | 7820.09 | 8543.23 | 10236.70 | 12824.97 |
| 交通运输、仓储和邮政业 | Transport, Storage and Post | 5658.05 | 6618.17 | 7368.04 | 8161.16 | 9471.56 |
| 住宿和餐饮业 | Hotels and Catering Services | 455.35 | 505.81 | 556.90 | 593.96 | 672.63 |
| 信息传输、软件和信息技术服务业 | Information Transmission, Software and IT Services | 461.26 | 569.45 | 657.28 | 857.83 | 1089.28 |
| 金融业 | Financial Intermediation | 1722.82 | 1890.69 | 2285.36 | 3101.24 | 4170.96 |
| 房地产业 | Real Estate | 8594.22 | 9806.07 | 10598.69 | 11055.54 | 11855.47 |
| 租赁和商务服务业 | Leasing and Commercial Services | 15247.64 | 18864.69 | 22727.94 | 27771.94 | 35739.56 |
| 科学研究和技术服务业 | Scientific Research and Technical Services | 428.89 | 550.33 | 797.66 | 1237.81 | 1779.53 |
| 水利、环境和公共设施管理业 | Management of Water Conservancy, Environment and Public Facilities | 12909.08 | 14918.04 | 17088.48 | 19342.50 | 23264.47 |
| 居民服务、修理和其他服务业 | Services of Households, Repair and Other Services | 178.54 | 193.31 | 222.35 | 226.23 | 251.21 |
| 教育 | Education | 326.05 | 309.93 | 298.63 | 314.23 | 333.74 |
| 卫生和社会工作 | Health and Social Service | 574.15 | 613.87 | 641.07 | 692.87 | 740.08 |
| 文化、体育和娱乐业 | Culture, Sports and Entertainment | 485.65 | 503.44 | 541.99 | 564.22 | 658.79 |
| 公共管理、社会保障和社会组织 | Public Management, Social Security and Social Organization | 152.21 | 147.94 | 27.26 | 5.22 | 5.07 |

7-9　续表 2　continued

| 行　业 | Sector | 外汇(亿美元) Foreign Currency (USD 100 million) | | | | |
|---|---|---|---|---|---|---|
| | | 2019 | 2020 | 2021 | 2022 | 2023 |
| **总计** | **Total** | **262.09** | **316.80** | **408.87** | **424.78** | **347.37** |
| 农、林、牧、渔业 | Agriculture, Forestry, Animal Husbandry and Fishery | 0.01 | | 0.04 | 0.02 | 0.01 |
| 采矿业 | Mining | 0.02 | 0.01 | | | |
| 制造业 | Manufacturing | 186.50 | 238.52 | 318.20 | 333.67 | 261.93 |
| 电力、热力、燃气及水的生产和供应业 | Production and Supply of Electricity, Heat, Gas and Water | 11.73 | 11.81 | 9.99 | 6.48 | 5.69 |
| 建筑业 | Construction | 2.96 | 3.05 | 0.63 | 0.97 | 1.03 |
| 批发和零售业 | Wholesale and Retail Trades | 21.55 | 20.26 | 32.79 | 25.64 | 29.35 |
| 交通运输、仓储和邮政业 | Transport, Storage and Post | 1.14 | 1.84 | 1.40 | 1.02 | 0.38 |
| 住宿和餐饮业 | Hotels and Catering Services | | | | | |
| 信息传输、软件和信息技术服务业 | Information Transmission, Software and IT Services | 0.10 | 0.10 | 0.43 | 0.40 | 0.32 |
| 金融业 | Financial Intermediation | 8.43 | 6.13 | 7.18 | 7.72 | 9.61 |
| 房地产业 | Real Estate | | | | | |
| 租赁和商务服务业 | Leasing and Commercial Services | 2.40 | 2.84 | 4.24 | 6.78 | 7.61 |
| 科学研究和技术服务业 | Scientific Research and Technical Services | 0.34 | 0.36 | 0.42 | 0.45 | 0.39 |
| 水利、环境和公共设施管理业 | Management of Water Conservancy, Environment and Public Facilities | 0.02 | 0.02 | 0.17 | 1.61 | 1.51 |
| 居民服务、修理和其他服务业 | Services of Households, Repair and Other Services | 0.82 | 1.65 | 2.61 | 0.68 | 0.34 |
| 教育 | Education | | | | | |
| 卫生和社会工作 | Health and Social Service | 0.07 | 0.06 | 0.04 | 0.04 | 0.03 |
| 文化、体育和娱乐业 | Culture, Sports and Entertainment | 0.01 | | | | |
| 公共管理、社会保障和社会组织 | Public Management, Social Security and Social Organization | | | | | |

# 7-10 按市和行业分金融机构本外币贷款年末余额(2023年)

| 行 业 | Sector | 南 京 Nanjing | 无 锡 Wuxi |
|---|---|---|---|
| 农、林、牧、渔业 | Agriculture, Forestry, Animal Husbandry and Fishery | 381.48 | 530.16 |
| 采矿业 | Mining | 64.20 | 7.16 |
| 制造业 | Manufacturing | 4117.51 | 4185.37 |
| 电力、热力、燃气及水的生产和供应业 | Production and Supply of Electricity, Heat, Gas and Water | 1994.08 | 302.69 |
| 建筑业 | Construction | 1551.63 | 597.79 |
| 批发和零售业 | Wholesale and Retail Trades | 2654.97 | 1314.38 |
| 交通运输、仓储和邮政业 | Transport, Storage and Post | 4779.17 | 568.59 |
| 住宿和餐饮业 | Hotels and Catering Services | 128.10 | 45.71 |
| 信息传输、软件和信息技术服务业 | Information Transmission, Software and IT Services | 407.00 | 130.31 |
| 金融业 | Financial Intermediation | 2261.38 | 229.81 |
| 房地产业 | Real Estate | 4310.09 | 684.24 |
| 租赁和商务服务业 | Leasing and Commercial Services | 6836.78 | 4273.11 |
| 科学研究和技术服务业 | Scientific Research and Technical Services | 389.84 | 212.31 |
| 水利、环境和公共设施管理业 | Management of Water Conservancy, Environment and Public Facilities | 4443.52 | 2044.24 |
| 居民服务、修理和其他服务业 | Services of Households, Repair and Other Services | 31.28 | 15.74 |
| 教育 | Education | 110.63 | 17.62 |
| 卫生和社会工作 | Health and Social Service | 190.42 | 26.61 |
| 文化、体育和娱乐业 | Culture, Sports and Entertainment | 212.20 | 38.12 |
| 公共管理、社会保障和社会组织 | Public Management, Social Security and Social Organization | 2.58 | 0.04 |
| 国际组织 | International Organizations | | |
| 对境外贷款 | Overseas Loans | 142.28 | 38.45 |
| 个人贷款及透支 | Individual Loans and Overdrafts | 18099.99 | 5820.32 |

注：本表不含票据融资数据。

## Balance of Loans to Financial Institutions at Year-end by City and Sector (2023)

| 徐 州 Xuzhou | 常 州 Changzhou | 苏 州 Suzhou | 南 通 Nantong | 连云港 Lianyungang | 淮 安 Huai'an | 盐 城 Yancheng | 扬 州 Yangzhou | 镇 江 Zhenjiang | 泰 州 Taizhou | 宿 迁 Suqian |
|---|---|---|---|---|---|---|---|---|---|---|
| 225.29 | 373.66 | 668.15 | 190.65 | 103.28 | 187.85 | 426.38 | 132.43 | 138.89 | 101.03 | 121.29 |
| 26.98 | 0.12 | 0.22 | 0.10 | 32.41 | 2.50 | 2.42 | 1.71 | 1.24 | | |
| 934.77 | 2573.07 | 9729.69 | 2340.66 | 765.42 | 541.49 | 1106.94 | 1070.88 | 1258.77 | 1277.30 | 608.22 |
| 259.94 | 304.66 | 1029.02 | 634.21 | 486.56 | 141.88 | 484.84 | 172.67 | 132.80 | 189.97 | 92.33 |
| 697.88 | 587.34 | 1052.03 | 958.45 | 259.36 | 403.91 | 497.56 | 593.62 | 416.56 | 432.51 | 196.47 |
| 588.52 | 889.25 | 2528.07 | 1276.64 | 376.60 | 415.41 | 862.81 | 426.18 | 687.42 | 821.44 | 191.18 |
| 339.17 | 281.15 | 1655.48 | 460.59 | 451.51 | 114.91 | 318.91 | 127.38 | 102.95 | 187.76 | 86.68 |
| 21.23 | 30.41 | 244.03 | 46.96 | 10.69 | 25.54 | 36.43 | 25.04 | 19.38 | 30.90 | 8.22 |
| 17.38 | 45.34 | 343.27 | 28.56 | 13.27 | 14.12 | 16.76 | 13.32 | 26.42 | 28.82 | 6.96 |
| 52.94 | 189.30 | 1078.24 | 86.13 | 30.73 | 9.02 | 123.37 | 38.39 | 64.98 | 71.11 | 3.63 |
| 446.36 | 639.82 | 2634.38 | 1290.27 | 201.59 | 296.29 | 362.69 | 346.71 | 241.23 | 181.43 | 220.38 |
| 1212.40 | 3373.09 | 7311.32 | 2973.03 | 645.09 | 1073.86 | 2284.25 | 1645.75 | 1378.24 | 2099.46 | 687.10 |
| 85.00 | 137.56 | 581.62 | 82.12 | 13.49 | 44.87 | 77.27 | 45.90 | 33.16 | 53.12 | 26.01 |
| 783.42 | 1599.93 | 3427.25 | 2196.01 | 718.81 | 1341.20 | 997.05 | 1950.44 | 1806.80 | 1507.61 | 458.91 |
| 5.84 | 10.49 | 79.54 | 26.47 | 6.18 | 9.72 | 22.29 | 9.80 | 20.81 | 10.04 | 5.41 |
| 18.46 | 17.90 | 79.99 | 16.78 | 18.69 | 7.13 | 5.76 | 8.39 | 5.02 | 11.39 | 15.96 |
| 95.34 | 70.61 | 76.43 | 22.46 | 35.73 | 32.89 | 54.80 | 18.84 | 52.72 | 36.29 | 27.16 |
| 6.36 | 94.41 | 137.45 | 27.22 | 11.19 | 16.24 | 24.23 | 20.19 | 22.12 | 42.75 | 6.31 |
| 0.02 | 0.01 | 1.70 | | 0.02 | | 0.28 | 0.40 | | | 0.01 |
| 7.92 | 4.34 | 174.15 | 5.12 | 3.85 | 0.38 | 0.31 | 0.44 | 2.81 | 0.68 | 10.08 |
| 4371.75 | 4210.15 | 17122.96 | 4799.82 | 2501.33 | 2686.94 | 3211.67 | 2658.63 | 2150.29 | 2547.27 | 2933.08 |

a) This table does not include the data of bill financing.

# 7-11 金融机构人员情况表
## Number of Institutions and Employees in Financial Organizations

| 项目 | Item | 2017 | 2018 | 2019 | 2020 | 2021 | 2022 | 2023 |
|---|---|---|---|---|---|---|---|---|
| **机构数(家)** | **Number of Institutions(unit)** | **13318** | **13366** | **13396** | **13398** | **13416** | **13456** | **13473** |
| #国有商业银行 | State-owned Commercial Banks | 4726 | 4700 | 4668 | 4646 | 4623 | 4621 | 4606 |
| 政策性银行 | Banks of Budgetary Subsidies | 93 | 93 | 93 | 93 | 93 | 93 | 92 |
| 股份制商业银行 | Joint-stock Commercial Banks | 1369 | 1397 | 1405 | 1428 | 1464 | 1475 | 1477 |
| 农村商业银行 | Rural Commercial Banks | 3330 | 3355 | 3378 | 3361 | 3354 | 3341 | 3317 |
| 农村信用社 | Rural Credit Cooperatives | 1 | 1 | 1 | 1 | 1 | 1 | 1 |
| 财务公司 | Financial Companies | 16 | 16 | 16 | 16 | 16 | 16 | 16 |
| 信托投资公司 | Trusted Investment Agencies | 4 | 4 | 4 | 4 | 4 | 4 | 4 |
| 租赁公司 | Rent Companies | 5 | 5 | 5 | 5 | 5 | 5 | 5 |
| **职工人数(人)** | **Number of Employees(person)** | **243125** | **244169** | **247918** | **253089** | **256652** | **262516** | **266685** |
| #国有商业银行 | State-owned Commercial Banks | 100510 | 98918 | 98525 | 98611 | 98572 | 99138 | 99540 |
| 政策性银行 | Banks of Budgetary Subsidies | 2446 | 2458 | 2456 | 2526 | 2534 | 2516 | 2456 |
| 股份制商业银行 | Joint-stock Commercial Banks | 42177 | 43046 | 43587 | 45648 | 46925 | 48055 | 48442 |
| 农村商业银行 | Rural Commercial Banks | 49727 | 50152 | 50973 | 51282 | 51533 | 51756 | 51741 |
| 农村信用社 | Rural Credit Cooperatives | 604 | 615 | 581 | 639 | 663 | 699 | 730 |
| 财务公司 | Financial Companies | 437 | 466 | 483 | 485 | 506 | 526 | 542 |
| 信托投资公司 | Trusted Investment Agencies | 538 | 599 | 674 | 698 | 689 | 702 | 751 |
| 租赁公司 | Rent Companies | 470 | 553 | 620 | 685 | 785 | 884 | 1038 |

注：机构数为营业网点数。
a) The number of institutions refers to the number of business departments.

# 7-12　保险业务主要指标
## Major Indicators of Insurance Business

| 指　标 | Item | 2017 | 2018 | 2019 | 2020 | 2021 | 2022 | 2023 |
|---|---|---|---|---|---|---|---|---|
| **原保险保费收入(亿元)** | **Premium(100 million yuan)** | **3449.51** | **3317.28** | **3750.21** | **4015.10** | **4051.10** | **4317.72** | **4790.30** |
| 财产险 | Property Insurance | 814.00 | 858.81 | 940.88 | 993.34 | 1002.17 | 1124.44 | 1193.36 |
| #企业财产保险 | Enterprise Property Insurance | 41.85 | 44.66 | 48.67 | 50.54 | 53.47 | 59.51 | 64.36 |
| 家庭财产保险 | Family Property Insurance | 4.83 | 5.62 | 6.40 | 6.74 | 7.82 | 15.23 | 22.00 |
| 机动车辆保险 | Motor Vehicle Insurance | 639.44 | 653.34 | 685.04 | 714.31 | 700.14 | 758.28 | 791.34 |
| 人身意外伤害险 | Personal Accident Insurance | 69.65 | 78.11 | 85.23 | 87.34 | 94.38 | 86.51 | 71.19 |
| 健康险 | Health Insurance | 354.60 | 395.04 | 508.77 | 586.00 | 609.55 | 640.59 | 697.23 |
| 寿险 | Life Insurance | 2211.26 | 1985.32 | 2215.32 | 2348.41 | 2345.00 | 2466.18 | 2828.52 |
| **各项赔款和给付(亿元)** | **Claim and Payment(100 million yuan)** | **983.62** | **996.72** | **998.60** | **1081.41** | **1254.78** | **1247.68** | **1646.33** |
| 财产险 | Property Insurance | 455.61 | 512.53 | 534.45 | 563.33 | 625.77 | 641.04 | 778.08 |
| #企业财产保险 | Enterprise Property Insurance | 23.69 | 23.21 | 19.46 | 20.35 | 23.91 | 21.99 | 25.10 |
| 家庭财产保险 | Family Property Insurance | 1.76 | 2.13 | 1.92 | 1.94 | 2.74 | 2.32 | 2.80 |
| 机动车辆保险 | Motor Vehicle Insurance | 375.88 | 410.85 | 416.43 | 424.76 | 474.94 | 467.18 | 541.14 |
| 人身意外伤害险 | Personal Accident Insurance | 21.25 | 23.89 | 25.02 | 24.78 | 26.34 | 25.75 | 27.79 |
| 健康险 | Health Insurance | 73.54 | 104.40 | 144.77 | 203.10 | 345.41 | 273.32 | 268.50 |
| 寿险 | Life Insurance | 433.21 | 355.90 | 294.36 | 290.20 | 257.26 | 307.56 | 571.96 |
| **保险公司主体数(家)** | **Number of Insurance Co.(unit)** | **102** | **106** | **111** | **113** | **114** | **114** | **115** |
| #财产保险公司 | Property Insurance Co. | 41 | 43 | 45 | 45 | 46 | 46 | 47 |
| 人寿保险公司 | Life Insurance Co. | 61 | 63 | 66 | 68 | 68 | 68 | 68 |
| #中资保险公司 | Chinese-Funded Co. | 67 | 70 | 75 | 76 | 77 | 77 | 80 |
| 外资保险公司 | Foreign-Funded Co. | 35 | 36 | 36 | 37 | 37 | 37 | 35 |
| **保险公司机构数(家)** | **Branches of Insurance Co.(unit)** | **6073** | **5739** | **5722** | **5735** | **5635** | **5469** | **5415** |
| **从业人员数(万人)** | **Number of Employees(10000 persons)** | **62.28** | **61.91** | **63.47** | **60.27** | **47.04** | **35.60** | **33.6** |

# 7-13 江苏辖区证券市场基本情况

## Basic Conditions of Securities Markets within Jiangsu

| 项 目 | Item | 2017 | 2018 | 2019 | 2020 | 2021 | 2022 | 2023 |
|---|---|---|---|---|---|---|---|---|
| 上市公司数(家) | Number of Listed Companies(unit) | 382 | 401 | 428 | 482 | 571 | 637 | 690 |
| #A股 | A Shares | 381 | 400 | 427 | 481 | 570 | 636 | 689 |
| #B股 | B Shares | 4 | 4 | 4 | 4 | 4 | 4 | 4 |
| 辅导企业数(家) | Number of Guidance Enterprises(unit) | 238 | 206 | 223 | 383 | 380 | 425 | 427 |
| 证券公司数(家) | Number of Securities Companies(unit) | 6 | 6 | 6 | 6 | 6 | 6 | 6 |
| 证券营业部数(家) | Number of Securities Business Departments(unit) | 887 | 928 | 947 | 921 | 1035 | 1051 | 1048 |
| 期货经纪公司(家) | Number of Futures Brokerage Companies (unit) | 9 | 9 | 9 | 9 | 9 | 9 | 9 |
| 期货经纪公司营业部(个) | Number of Trading Offices of Futures Brokerage Companies(unit) | 159 | 174 | 177 | 186 | 193 | 201 | 204 |
| 证券投资咨询机构数(家) | Number of Securities Investment Consulting Institutions(unit) | 3 | 3 | 3 | 3 | 3 | 3 | 3 |
| 证券从业人员数(人) | Number of Securities Practitioners(person) | 12089 | 11701 | 11833 | 14959 | 16150 | 16780 | 15506 |
| 期货从业人员数(人) | Number of Futures Practitioners(person) | 2176 | 2153 | 2084 | 2076 | 2131 | 2341 | 2359 |
| 证券投资者开户数(万户) | Number of Accounts of Securities Investors(10000 accounts) | 1537 | 1659 | 1583 | 1896 | 2196 | 3790 | 4607 |
| 期货投资者开户数(户) | Number of Accounts of Futures Investors (account) | 197688 | 327406 | 395600 | 469000 | 469505 | 484779 | 504500 |
| 资本市场直接融资额(亿元) | Amount of Direct Financing by Capital Market(100 million yuan) | 2115.76 | 2249.83 | 3385.19 | 6997.72 | 7578.17 | 7232.86 | 7744.34 |
| 发行 | Issue | 302.21 | 188.67 | 248.72 | 524.48 | 597.8 | 795.52 | 587.37 |
| 配股 | Allotment | | | | 66.40 | 229.06 | | |
| 增发 | Additional Issue | 1200.41 | 1262.06 | 271.63 | 766.63 | 693.94 | 948.59 | 300.12 |
| 公司债 | Corporate Bonds | 613.14 | 1423.85 | 2864.84 | 5640.20 | 6057.37 | 5488.75 | 7156.86 |
| 上市公司总资产(亿元) | Total Assets of Listed Companies(100 million yuan) | 67281.71 | 76026.18 | 92159.84 | 105968.09 | 119613.3 | 133633.46 | 146708.95 |
| 上市公司净资产(亿元) | Net Assets of Listed Companies(100 million yuan) | 16006.77 | 18267.47 | 20783.06 | 24470.15 | 27598.57 | 31385.72 | 34625.35 |
| 上市公司总股本(亿股) | Total Share Capital of Listed Companies (100 million shares) | 3258.14 | 3639.28 | 3857.86 | 4219.53 | 4474.38 | 4762.91 | 5058.63 |
| 上市公司总市值(亿元) | Total Market Value(100 million yuan) | 40675.96 | 31986.12 | 42987.69 | 62810.54 | 75537.54 | 64533.04 | 64156.67 |
| 上市公司净利润(亿元) | Net Profit of Listed Companies(100 million yuan) | 1456.44 | 1458.23 | 1514.50 | 2036.75 | 1931.34 | 2267.19 | 2572.42 |
| 上市公司每股收益(元) | Per Share Income of Listed Companies (yuan) | 0.47 | 0.43 | 0.42 | 0.46 | 0.41 | 0.46 | 0.51 |
| 证券经营机构证券交易额(亿元) | Bonds Trading Turnover of Securities Institutions(100 million yuan) | 172892.25 | 134294.45 | 186571.33 | 277610.79 | 341420.7 | 509442.16 | 548113.21 |
| 期货经营机构代理交易额(亿元) | Agency Trading Volume of Futures Business Institutions(100 million yuan) | 126659.74 | 152905.13 | 134652.52 | 200183.49 | 327068.9 | 255868.56 | 262908.48 |

# 主要统计指标解释

**财政收入**　指国家财政参与社会产品分配所取得的收入，是实现国家职能的财力保证。按我省口径，财政总收入为公共财政预算收入、基金收入和上划中央四税之和。

**财政支出**　国家财政将筹集起来的资金进行分配使用，以满足经济建设和各项事业的需要。

**保险公司**　经保险监管机构批准设立，并依法登记注册经营保险业务的公司。

**保险金额**　保险人承担赔偿或者给付保险金责任的最高限额。

**保费**　投保人为取得保险保障，按保险合同约定向保险人支付的费用。

**赔款**　保险人对保险事故造成的损失，根据合同约定向被保险人或受益人给予的经济补偿。

**给付**　人身保险合同中，保险人向被保险人或受益人给付保险金的行为。包括死伤医疗给付、满期给付和年金给付。死伤医疗给付指因人寿保险及长期健康保险业务的被保险人在保险期内发生保险责任范围内的保险事故，保险公司按保险合同约定支付给被保险人(或受益人)的保险金。满期给付指因人寿保险业务的被保险人生存至保险期满，保险公司按保险合同约定支付给被保险人的满期保险金。年金给付指保险公司因年金保险业务的被保险人生存至规定的年龄，按保险合同约定支付给被保险人的给付金额。

# Explanatory Notes on Main Statistical Indicators

**Government Revenue** refers to income for the government finance through participating in the distribution of social products. It is the financial guarantee to ensure the function of the government. In our province, total financial revenue is the sum of public budget revenue, fund revenue and four taxes turned over to central government.

**Government Expenditure** refers to the distribution and usage of the funds which the government finance has raised, so as to meet the needs of economic construction and various causes.

**Insurance Companies** refer to commercial insurance companies of various forms registered by law and established in china with the approval of insurance regulatory agencies.

**Amount Insured** refers to the maximum that the insurant will get for the claim of the case insured.

**Premium** is the fee paid by the insurant to the insurer to obtain the obligation of compensation from the insurance within the agreed terms.

**Settled Claim** is the compensation paid by the insurer to the insurant or beneficiary for the loss of the insurance accident in accordance with the insurance contract.

**Payment** is the behavior that the insurer pays insured amount to the insurant or the beneficiary according to the personal insurance contract. It includes payment for death, injury or medical treatment, payment at maturity and annuity payment. Payment for death, injury or medical treatment refer to the money paid to the insurant (or the beneficiary) in accordance with the life or health insurance contract when the insurant encounters accidents within the insured period covered in the contract. Payment at maturity refers to the payment to the insurant in accordance with the life insurance contract at the end of the insured period. Annuity payment refer to the payment to the insurant in accordance with the life insurance contract when the insurant under the annuity insurance lives to the specified age.

# 8

# 对外经济贸易

# Foreign Trade and Economic Cooperation

# 简 要 说 明

本篇资料综合反映江苏的对外贸易、利用外资、对外直接投资、对外经济合作的历年概况，重点反映对外经济贸易的近期发展状况。

**一、对外贸易部分**

对外贸易统计的主要内容包括：进出口货物的品种、数(重)量、金额、国别(地区)、经营单位、境内目的地、境内货源地、贸易方式、关别等项目。

对外贸易统计的资料来源于海关总署，调查方法是全面调查。

历年出口商品分类金额和历年进口商品分类金额按照联合国《国际贸易标准分类》(SITC)进行统计。

对各国(地区)进出口总额表中，出口货物按中华人民共和国关境外最终目的国(地区)，进口货物按中华人民共和国关境外原产国(地区)统计。进出口总额分别按境内经营单位所在地和目的地、货源地列示。经营单位所在地是指江苏省境内进出口企业报关注册的登记地；境内货源地是指出口货物在江苏省境内的产地或原始发货地。

**二、利用外资统计部分**

利用外资统计的主要内容包括：外商直接投资、外商投资企业登记注册情况。

统计范围是外商投资，包括境外投资者通过在江苏省境内设立外商投资企业，取得江苏省境内企业的股份、股权、财产份额或其他类似权益，设立境外银行分行、境外保险公司分公司，开发油气等方式进行的投资。外商投资可分为外商直接投资和外商其他投资，其中，外商直接投资限于境外投资者在非上市公司、合伙企业中的全部投资，在单个境外投资者所占股权比例不低于 10%的上市公司中该单个境外投资者的投资，以及对境外银行分行、境外保险公司分公司、油气开发项目的投资。

利用外资统计的资料来源于商务部门，其中，外商投资企业的登记注册情况资料来源于工商行政管理部门，调查方法是全面调查。

**三、对外经济合作部分**

对外经济合作统计的主要内容包括：对外承包工程、对外劳务合作的合同数、合同金额、完成营业额等。

统计范围是对外承包工程、对外劳务合作。

该制度统计单位是经各级商务主管部门批准的从事对外承包和劳务合作业务并具有法人地位的对外承包劳务企业。

资料来源是商务部门，调查方法是全面调查。

**四、对外直接投资部分**

对外直接投资统计的内容主要包括：境内投资主体的基本情况、境外企业的基本情况等。

统计范围主要包括境内投资主体通过直接投资在境外设立的各类公司型企业和非公司型企业。

资料来源是商务部门，调查方法是全面调查。

**五、其他**

历年人民币对美元、日元、港币的年平均汇价，资料来源于国家外汇管理局，各年的年平均汇价是根据当年国家外汇管理局公布的每日汇价进行加权平均计算而得出的。

# Brief Introduction

Data in this chapter provide summary data of Jiangsu's international trade, utilization of foreign capital, outward direct investment, contracted projects and labour cooperation with foreign countries or territories over the years, focusing on the recent situation of international trade and economic cooperation.

**Ⅰ. International Trade**

Data on international trade include: varieties of imports and exports, quantity(weight), value, countries(regions), imports and exports corporations, destination within territory, origin of goods within territory, mode of trade, types of tariffs and so on.

Sources of data on trade in goods are from the General Administration of Customs of the People's Republic of China through a comprehensive reporting system.

Customs statistics in value terms for both imports and exports are compiled according to the classifications of UN Standard International Trade Classification (SITC).

In the table on total imports and exports with related countries and regions, the exported commodities are compiled by the countries(regions) of destination outside China's customs, and the imported commodities are compiled by the Customs of the countries(regions) of origin outside China's customs. The total values of the imports and exports by region are compiled respectively at the provinces where the import or export corporations are located and at the provinces of destination or provinces of origin within the border of Jiangsu. The province where the import or export corporations are located refers to the province where the import or export corporations have applied to and have been registered at the Customs. The province of origin within the border of Jiangsu refers to the province where the export commodities are produced or originally delivered.

**Ⅱ. Statistics on Utilization of Foreign Capitals**

Utilization of foreign capitals includes: foreign direct investments and the basic condition of registration of foreign invested enterprises.

The scope of statistic is foreign investments, including investments through establishing foreign-invested enterprises within Jiangsu to acquire stock, stock rights, property shares or other similar rights of enterprises, establishing branch banks and branch insurance companies without Jiangsu and the development of oil by foreign investors. Foreign investments include foreign direct investments and other foreign investments. Foreign direct investments are limited to all investments in unlisted companies and cooperative enterprises by foreign investors. It also includes investments of branch banks, branch insurance companies without Jiangsu and the development of oil by foreign investors whose percentage of shares in listed companies are more than 10%.

Data on utilization of foreign capitals are from departments of commerce, of which, data on the basic condition of registration of foreign invested enterprises are from the departments of administration for industry and commerce through comprehensive reporting system.

**Ⅲ. Foreign Economic Cooperation**

Data on foreign economic cooperation include: number of contracts for overseas contracted projects, contracted volume, complete business turnover and so on.

The statistics cover overseas contracted projects and dispatched workers for overseas labour services.

The statistical unit in the scheme is enterprises engaged in contracted projects and labour services cooperation with foreign countries and has been approved by the department of commerce at various levels.

Data on foreign economic cooperation are from the Ministry of Commerce through a comprehensive reporting system.

**Ⅳ. Outward Direct Investment**

Outward direct investment includes basic situation of domestic investors and overseas enterprises.

The statistics cover overseas corporations and non-corporations enterprises of various forms which established by domestic investors through their investment operation.

Data are from the Ministry of Commerce through a comprehensive reporting system.

**Ⅴ. Others**

The average exchange rates of RMB yuan to US dollar, Japanese yen and Hong Kong dollar over the years come from the State Administration of Exchange Control. The annual average exchange rate is calculated as the weighted mean of the daily exchange rates provided by the State Administration of Exchange Control in the year.

# 8-1　对外经济贸易主要指标

## Major Indicators of International Trade and Economic Cooperation

单位：亿美元　　(USD 100 million)

| 指　标 | Item | 2017 | 2018 | 2019 | 2020 | 2021 | 2022 | 2023 |
|---|---|---|---|---|---|---|---|---|
| **进出口总额** | **Total Value of Imports and Exports** | **5911.39** | **6640.43** | **6294.70** | **6427.75** | **8068.73** | **8177.54** | **7461.29** |
| 进口总额 | Imports | **2278.40** | **2599.99** | **2346.85** | **2464.91** | **3033.29** | **2951.62** | **2666.92** |
| 初级产品 | Primary Goods | 299.86 | 334.24 | 328.38 | | | | |
| 工业制成品 | Manufactured Goods | 1849.92 | 2118.86 | 1888.62 | | | | |
| 出口总额 | Exports | **3632.98** | **4040.44** | **3947.84** | **3962.83** | **5035.44** | **5225.92** | **4794.37** |
| 初级产品 | Primary Goods | 55.26 | 58.58 | 53.48 | | | | |
| 工业制成品 | Manufactured Goods | 3411.89 | 3786.02 | 3693.36 | | | | |
| **新设外商投资企业数(家)** | **Number of Newly Established Foreign-Invested Enterprises(unit)** | **3254** | **3348** | **3410** | **3573** | **4237** | **3303** | **3481** |
| **实际使用外资** | **Realized FDI Value** | | **222.7** | **227.8** | **235.2** | **288.5** | **305.0** | **253.4** |
| **外商投资企业基本情况** | **Foreign-Invested Enterprises** | | | | | | | |
| 年底登记户数(户) | Number of Registered Enterprises(unit) | 58577 | 59308 | 62360 | 63031 | 64643 | 65079 | 65804 |
| 投资总额 | Total Investment | 9658.19 | 10560.42 | 11735.15 | 13697.29 | 14308.60 | 14915.92 | 15591.83 |
| 注册资本 | Registered Capital | 5226.16 | 5639.86 | 6372.81 | 7344.93 | 8057.90 | 8826.08 | 8829.01 |
| **对外经济合作** | **Economic Cooperation with Foreign Countries & Regions** | | | | | | | |
| 对外承包工程 | Contracted Projects | | | | | | | |
| 合同金额 | Contracted Value | 108.2 | 65.90 | 68.04 | 54.56 | 55.90 | 42.94 | 84.29 |
| 完成营业额 | Value of Turnover Fulfilled | 95.29 | 83.27 | 77.84 | 62.44 | 59.50 | 56.02 | 61.59 |
| 对外劳务合作 | Labour Services | | | | | | | |
| 新签劳务人员合同工资总额 | Total Contract Wages of New Signed Labour | 4.40 | 5.42 | 3.98 | 2.05 | 1.88 | 3.14 | 5.82 |
| 劳务人员实际收入总额 | Total Real Income of Signed Labour | 7.22 | 7.97 | 8.69 | 5.70 | 4.32 | 4.39 | 5.71 |
| **境外投资情况** | **Overseas Investment** | | | | | | | |
| 新批项目数(个) | Number of Newly Approved Projects(unit) | 631 | 786 | 827 | 696 | 724 | 850 | 1242 |
| 贸易型项目 | Trade | 213 | 233 | 221 | 126 | 111 | 111 | 188 |
| 非贸易型项目 | Non-trade | 418 | 533 | 606 | 570 | 613 | 739 | 1054 |
| 中方协议金额(万美元) | Protocol Fund from China(USD 10000) | 927072 | 948424 | 894503 | 573636 | 667484 | 966747 | 1116131 |
| 贸易型项目 | Trade | 106254 | 187761 | 185328 | 48643 | 55026 | 57003 | 149872 |
| 非贸易型项目 | Non-trade | 820818 | 760663 | 709175 | 524993 | 612458 | 909744 | 966259 |

注：1.本表进出口额按HS统计，初级产品、工业制成品按SITC统计。
2.2020年《外商投资法》正式实施以后，全面取消了外资审批、备案，改为外商投资信息报告，商务部门不再审批或者备案。
3.《外商投资统计调查制度(2022)》规定，省级商务主管部门发布和使用外商投资统计数据，或向同级统计部门提供外商投资统计数据用于编制国民经济和社会发展统计公报、统计年鉴等资料，应以商务部反馈的本地数据为准。商务部2018年起公布各省利用外资数据。

a) Data of imports and exports are counted by HS, and data of primary products and manufactured products are counted by SITC.

b) The approval and filing of foreign investment have been cancelled comprehensively since Foreign Investment Law was carried out in 2020. The information reports of foreign investment should be submitted and the Department of Commerce won't approve or file.

c) Statistical Investigation System of Foreign Investment(2022) stipulates that the foreign investment statistics which are released and used by provincial-level commerce authorities, or provided for statistical departments at the same level to compile the statistical bulletins, yearbooks and other materials should be in accordance with the local data feedback by the Ministry of Commerce. Since 2018, the Ministry of Commerce has released data on the utilization of foreign capital by province.

# 8-2 人民币对主要外币年平均汇价(中间价)
# Average Exchange Rate of RMB Yuan against Main Convertible Currencies(Middle Price)

单位：人民币元 (RMB yuan)

| 年 份<br>Year | 100美元<br>100 US Dollars | 100日元<br>100 Japanese Yen | 100港元<br>100 Hong Kong Dollars | 100欧元<br>100 Euros |
|---|---|---|---|---|
| 1981 | 170.50 | 0.7735 | 30.41 | |
| 1982 | 189.25 | 0.7607 | 31.15 | |
| 1983 | 197.57 | 0.8318 | 27.36 | |
| 1984 | 232.70 | 0.9780 | 29.71 | |
| 1985 | 293.67 | 1.2457 | 37.57 | |
| 1986 | 345.28 | 2.0694 | 44.22 | |
| 1987 | 372.21 | 2.5799 | 47.74 | |
| 1988 | 372.21 | 2.9082 | 47.70 | |
| 1989 | 376.51 | 2.7360 | 48.28 | |
| 1990 | 478.32 | 3.3233 | 61.39 | |
| 1991 | 532.33 | 3.9602 | 68.45 | |
| 1992 | 551.46 | 4.3608 | 71.24 | |
| 1993 | 576.20 | 5.2020 | 74.41 | |
| 1994 | 861.87 | 8.4370 | 111.53 | |
| 1995 | 835.10 | 8.9225 | 107.96 | |
| 1996 | 831.42 | 7.6352 | 107.51 | |
| 1997 | 828.98 | 6.8600 | 107.09 | |
| 1998 | 827.91 | 6.3488 | 106.88 | |
| 1999 | 827.83 | 7.2932 | 106.66 | |
| 2000 | 827.84 | 7.6864 | 106.18 | |
| 2001 | 827.70 | 6.8075 | 106.08 | |
| 2002 | 827.70 | 6.6237 | 106.07 | 800.58 |
| 2003 | 827.70 | 7.1466 | 106.24 | 936.13 |
| 2004 | 827.68 | 7.6552 | 106.23 | 1029.00 |
| 2005 | 819.17 | 7.4484 | 105.30 | 1019.53 |
| 2006 | 797.18 | 6.8570 | 102.62 | 1001.90 |
| 2007 | 760.40 | 6.4632 | 97.46 | 1041.75 |
| 2008 | 694.51 | 6.7427 | 89.19 | 1022.27 |
| 2009 | 683.10 | 7.2986 | 88.12 | 952.70 |
| 2010 | 676.95 | 7.7279 | 87.13 | 897.25 |
| 2011 | 645.88 | 8.1050 | 82.97 | 900.11 |
| 2012 | 631.25 | 7.9037 | 81.38 | 810.67 |
| 2013 | 619.32 | 6.3323 | 79.85 | 822.19 |
| 2014 | 614.28 | 5.8196 | 79.22 | 816.51 |
| 2015 | 622.84 | 5.1543 | 80.34 | 691.41 |
| 2016 | 664.23 | 6.1243 | 85.58 | 734.26 |
| 2017 | 675.18 | 6.0244 | 86.64 | 763.03 |
| 2018 | 661.74 | 5.9890 | 84.43 | 780.16 |
| 2019 | 689.85 | 6.3347 | 88.05 | 772.55 |
| 2020 | 689.76 | 6.4626 | 88.93 | 787.55 |
| 2021 | 645.15 | 5.8735 | 83.00 | 762.93 |
| 2022 | 672.61 | 5.1261 | 85.89 | 707.21 |
| 2023 | 704.67 | 5.0350 | 90.02 | 764.25 |

# 8-3　对外贸易进出口总额

# Total Import and Export Volume of Foreign Trade

单位：亿美元　　　　(USD 100 million)

| 年　份<br>Year | 海关进出口总额(经营单位)<br>Total Import and Export Value by Customs<br>(Operating Unit) | | | 海关进出口总额(目源地)<br>Total Import and Export Value by Customs<br>(Goods Destination or Origin) | | |
|---|---|---|---|---|---|---|
| | 合计<br>Total | 进口<br>Imports | 出口<br>Exports | 合计<br>Total | 进口<br>Imports | 出口<br>Exports |
| 1985 | 19.87 | 4.01 | 15.86 | | | |
| 1986 | 24.12 | 5.42 | 18.70 | | | |
| 1987 | 28.73 | 7.56 | 21.17 | | | |
| 1988 | 34.58 | 10.41 | 24.17 | | | |
| 1989 | 38.43 | 13.07 | 25.36 | | | |
| 1990 | 41.39 | 11.95 | 29.44 | | | |
| 1991 | 53.10 | 18.85 | 34.25 | | | |
| 1992 | 69.62 | 29.60 | 40.02 | | | |
| 1993 | 91.29 | 44.77 | 46.52 | 107.75 | 59.81 | 47.94 |
| 1994 | 117.59 | 50.73 | 66.86 | 122.47 | 52.86 | 69.61 |
| 1995 | 162.78 | 64.96 | 97.82 | 180.05 | 79.42 | 100.63 |
| 1996 | 206.88 | 90.87 | 116.01 | 222.17 | 102.92 | 119.25 |
| 1997 | 236.21 | 95.32 | 140.89 | 252.93 | 108.82 | 144.11 |
| 1998 | 264.26 | 107.75 | 156.51 | 281.66 | 122.09 | 159.57 |
| 1999 | 312.61 | 129.52 | 183.09 | 328.62 | 142.80 | 185.82 |
| 2000 | 456.38 | 198.68 | 257.70 | 491.98 | 228.17 | 263.81 |
| 2001 | 513.55 | 224.77 | 288.78 | 544.84 | 250.91 | 293.93 |
| 2002 | 703.05 | 318.25 | 384.80 | 745.09 | 354.80 | 390.29 |
| 2003 | 1136.70 | 545.30 | 591.40 | 1213.37 | 617.26 | 596.11 |
| 2004 | 1708.57 | 833.60 | 874.97 | 1794.72 | 913.67 | 881.05 |
| 2005 | 2279.41 | 1049.59 | 1229.82 | 2384.86 | 1138.75 | 1246.11 |
| 2006 | 2839.95 | 1235.77 | 1604.19 | 2990.58 | 1360.67 | 1629.91 |
| 2007 | 3496.71 | 1459.38 | 2037.33 | 3723.93 | 1646.19 | 2077.74 |
| 2008 | 3922.68 | 1542.32 | 2380.36 | 4304.81 | 1852.62 | 2452.19 |
| 2009 | 3388.32 | 1395.89 | 1992.43 | 3659.94 | 1585.99 | 2073.95 |
| 2010 | 4657.93 | 1952.42 | 2705.50 | 4987.59 | 2173.02 | 2814.58 |
| 2011 | 5397.59 | 2271.36 | 3126.23 | 5813.74 | 2568.98 | 3244.77 |
| 2012 | 5480.93 | 2195.55 | 3285.38 | 5887.95 | 2545.48 | 3342.47 |
| 2013 | 5508.44 | 2219.88 | 3288.57 | 5932.74 | 2594.53 | 3338.21 |
| 2014 | 5637.62 | 2218.93 | 3418.69 | 6093.14 | 2587.38 | 3505.75 |
| 2015 | 5456.14 | 2069.45 | 3386.68 | 5810.72 | 2321.73 | 3488.99 |
| 2016 | 5096.12 | 1902.68 | 3193.44 | 5475.16 | 2162.05 | 3313.11 |
| 2017 | 5911.39 | 2278.40 | 3632.98 | 6367.80 | 2615.57 | 3752.23 |
| 2018 | 6640.43 | 2599.99 | 4040.44 | 7172.38 | 3000.26 | 4172.13 |
| 2019 | 6294.70 | 2346.85 | 3947.84 | 6784.51 | 2755.21 | 4029.30 |
| 2020 | 6427.75 | 2464.91 | 3962.83 | 6840.45 | 2864.75 | 3975.70 |
| 2021 | 8068.73 | 3033.29 | 5035.44 | 8663.83 | 3610.25 | 5053.57 |
| 2022 | 8177.54 | 2951.62 | 5225.92 | 8913.46 | 3476.31 | 5437.15 |
| 2023 | 7461.29 | 2666.92 | 4794.37 | 8275.94 | 3232.65 | 5043.29 |

# 8-4 按贸易方式和经济类型分的进口额
# Total Value of Imports by Type of Trade and Economy

单位：亿美元 (USD 100 million)

| 项　目 | Item | 2017 | 2018 | 2019 | 2020 | 2021 | 2022 | 2023 |
|---|---|---|---|---|---|---|---|---|
| **总　值** | **Total** | **2278.40** | **2599.99** | **2346.85** | **2464.91** | **3033.29** | **2951.62** | **2666.92** |
| **按贸易方式分** | **Grouped by Type of Trade** | | | | | | | |
| #一般贸易 | Ordinary Trade | 1086.04 | 1206.13 | 1150.38 | 1244.58 | 1618.21 | 1621.07 | 1477.18 |
| 来料加工装配贸易 | Processing and Assembling Trade with Provided Raw Material | 151.87 | 116.15 | 95.11 | 87.59 | 100.36 | 83.33 | 87.27 |
| 进料加工贸易 | Processing Trade with Imported Material | 768.40 | 939.24 | 774.57 | 764.12 | 898.68 | 825.40 | 705.13 |
| 加工贸易进口设备 | Imported Equipment for Processing Trade | 1.02 | 4.57 | 0.44 | 0.24 | 0.09 | 0.12 | 0.15 |
| 外商投资企业作为投资进口的设备、物品 | Imported Equipment as Investment | 16.57 | 10.31 | 12.24 | 8.29 | 5.71 | 2.61 | 2.12 |
| 出料加工贸易 | Processing Trade with Providing Raw Material | 0.21 | 0.89 | 0.24 | 0.07 | 0.04 | 0.14 | 0.47 |
| 保税监管场所进出境货物 | Bonded Inbound and Outbound Goods | 101.98 | 111.24 | 97.32 | | | | |
| 海关特殊监管区域物流货物 | Logistics Goods under Special Customs Supervision Areas | 125.68 | 169.22 | 170.51 | | | | |
| **按经济类型分** | **Grouped by Type of Economy** | | | | | | | |
| #国有企业 | State-owned Enterprises | 160.78 | 202.73 | 215.67 | 249.67 | 331.49 | 334.87 | 291.81 |
| 集体企业 | Collective-owned Enterprises | 33.99 | 34.50 | 34.00 | 40.69 | 55.80 | 42.53 | 26.22 |
| 私营企业 | Private Enterprise | 429.40 | 523.50 | 498.33 | 586.02 | 820.56 | 868.84 | 962.06 |
| 外商投资企业 | Foreign Invested Enterprises | 1653.78 | 1838.79 | 1597.25 | 1587.42 | 1824.62 | 1704.89 | 1386.44 |
| #中外合作 | Cooperative Enterprises | 17.49 | 19.53 | 20.29 | 24.66 | 18.95 | 14.85 | 20.19 |
| 中外合资 | Joint-Venture Enterprises | 353.53 | 404.76 | 381.65 | 327.88 | 367.67 | 345.83 | 301.62 |
| 外商独资 | Sole-proprietorship Enterprises | 1282.75 | 1414.50 | 1195.31 | 1234.88 | 1438.00 | 1344.21 | 1064.63 |

注：1.2020年起，海关不公布保税监管场所进出境货物、海关特殊监管区域物流货物数据。（下表同）
a) The data of bonded inbound and outbound goods and logistics goods under special customs supervision areas have stopped publishing since 2020. (the same below)

# 8-5 按贸易方式和经济类型分的进口额(人民币计价)
## Total Value of Imports by Type of Trade and Economy(RMB)

单位：亿元 (100 million yuan)

| 项 目 | Item | 2017 | 2018 | 2019 | 2020 | 2021 | 2022 | 2023 |
|---|---|---|---|---|---|---|---|---|
| **总 值** | **Total** | **15414.89** | **17144.68** | **16171.10** | **17056.21** | **19598.26** | **19639.23** | **18774.62** |
| **按贸易方式分** | **Grouped by Type of Trade** | | | | | | | |
| #一般贸易 | Ordinary Trade | 7348.10 | 7941.77 | 7929.34 | 8620.24 | 10458.83 | 10792.40 | 10396.16 |
| 来料加工装配贸易 | Processing and Assembling Trade with Provided Raw Material | 1032.07 | 765.82 | 655.24 | 605.65 | 648.26 | 552.93 | 614.20 |
| 进料加工贸易 | Processing Trade with Imported Material | 5194.81 | 6201.31 | 5337.80 | 5284.68 | 5804.63 | 5479.99 | 4968.70 |
| 加工贸易进口设备 | Imported Equipment For Processing Trade | 6.86 | 29.41 | 3.02 | 1.67 | 0.58 | 0.81 | 1.05 |
| 外商投资企业作为投资进口的设备、物品 | Imported Equipment as Investment | 111.39 | 67.49 | 84.17 | 57.34 | 369.52 | 17.27 | 14.84 |
| 出料加工贸易 | Processing Trade with Providing Raw Material | 1.41 | 5.87 | 1.67 | 0.47 | 0.23 | 0.99 | 3.33 |
| 保税监管场所进出境货物 | Bonded Inbound and Outbound Goods | 690.04 | 732.98 | 670.23 | | | | |
| 海关特殊监管区域物流货物 | Logistics Goods under Special Customs Supervision Areas | 849.61 | 1120.33 | 1173.80 | | | | |
| **按经济类型分** | **Grouped by Ownership** | | | | | | | |
| #国有企业 | State-owned Enterprises | 1087.29 | 1336.49 | 1484.41 | 1729.67 | 2141.26 | 2230.26 | 2050.59 |
| 集体企业 | Collective-owned Enterprises | 230.77 | 227.09 | 234.23 | 282.22 | 360.55 | 279.16 | 184.28 |
| 私营企业 | Private Enterprise | 2904.44 | 3452.97 | 3436.63 | 4048.50 | 5299.88 | 5804.94 | 6785.69 |
| 外商投资企业 | Foreign Invested Enterprises | 11189.33 | 12125.10 | 11004.56 | 10988.10 | 11791.23 | 11321.69 | 9751.34 |
| #中外合作 | Cooperative Enterprises | 118.68 | 128.62 | 139.58 | 172.01 | 122.27 | 99.79 | 142.26 |
| 中外合资 | Joint-venture Enterprises | 2393.20 | 2669.66 | 2626.53 | 2268.36 | 2376.51 | 2297.31 | 2119.68 |
| 外商独资 | Sole-proprietorship Enterprises | 8677.45 | 9326.82 | 8238.44 | 8547.74 | 9292.45 | 8924.59 | 7489.40 |

# 8-6 按贸易方式和经济类型分的出口额
# Total Value of Exports by Type of Trade and Economy

单位：亿美元 (USD 100 million)

| 项 目 | Item | 2017 | 2018 | 2019 | 2020 | 2021 | 2022 | 2023 |
|---|---|---|---|---|---|---|---|---|
| **总 值** | **Total** | **3632.98** | **4040.44** | **3947.84** | **3962.83** | **5035.44** | **5225.92** | **4794.37** |
| **按贸易方式分** | **Grouped by Type of Trade** | | | | | | | |
| #一般贸易 | Ordinary Trade | 1756.40 | 2032.17 | 2098.76 | 2187.13 | 2920.39 | 3072.06 | 2799.58 |
| 来料加工装配贸易 | Processing and Assembling Trade with Provided Raw Material | 134.25 | 117.53 | 116.17 | 106.45 | 127.41 | 143.23 | 123.97 |
| 进料加工贸易 | Processing Trade with Imported Material | 1379.00 | 1432.16 | 1378.85 | 1311.75 | 1421.39 | 1488.41 | 1439.02 |
| 出料加工贸易 | Imported Equipment For Processing Trade | 0.11 | 0.62 | 0.13 | 0.04 | 0.02 | 0.19 | 0.33 |
| 易货贸易 | Imported Equipment as Investment | | | | | | | |
| 保税监管场所进出境货物 | Processing Trade with Providing Raw Material | 8.48 | 7.58 | 9.49 | | | | |
| 海关特殊监管区域物流货物 | Barter Trade | 301.39 | 426.55 | 314.63 | | | | |
| **按经济类型分** | **Grouped by Ownership** | | | | | | | |
| #国有企业 | State-owned Enterprises | 374.92 | 453.85 | 338.66 | 298.25 | 392.06 | 419.17 | 332.16 |
| 集体企业 | Collective-owned Enterprises | 56.81 | 58.58 | 49.90 | 41.57 | 44.96 | 50.87 | 53.57 |
| 私营企业 | Private Enterprise | 1084.09 | 1281.80 | 1394.45 | 1593.64 | 2180.23 | 2344.11 | 2324.12 |
| 外商投资企业 | Foreign Invested Enterprises | 2114.43 | 2243.57 | 2157.29 | 2023.55 | 2414.90 | 2408.79 | 2082.09 |
| #中外合作 | Cooperative Enterprises | 16.52 | 17.34 | 15.79 | 13.67 | 15.16 | 14.31 | 12.32 |
| 中外合资 | Joint-venture Enterprises | 418.79 | 455.39 | 442.06 | 391.62 | 507.12 | 507.92 | 458.99 |
| 外商独资 | Sole-proprietorship Enterprises | 1679.12 | 1770.84 | 1699.44 | 1618.27 | 1892.62 | 1886.56 | 1610.78 |

# 8-7　按贸易方式和经济类型分的出口额(人民币计价)
# Total Value of Exports by Type of Trade and Economy(RMB)

单位：亿元　　(100 million yuan)

| 项　目 | Item | 2017 | 2018 | 2019 | 2020 | 2021 | 2022 | 2023 |
|---|---|---|---|---|---|---|---|---|
| **总　值** | **Total** | **24607.18** | **26657.68** | **27208.63** | **27444.25** | **32532.33** | **34815.68** | **33719.13** |
| **按贸易方式分** | **Grouped by Type of Trade** | | | | | | | |
| #一般贸易 | Ordinary Trade | 11900.61 | 13400.78 | 14464.26 | 15153.72 | 18869.49 | 20464.67 | 19681.51 |
| 来料加工装配贸易 | Processing and Assembling Trade with Provided Raw Material | 910.33 | 775.03 | 800.03 | 737.87 | 822.94 | 953.45 | 871.12 |
| 进料加工贸易 | Processing Trade with Imported Material | 9338.53 | 9459.75 | 9506.80 | 9088.77 | 9182.60 | 9921.67 | 10127.68 |
| 出料加工贸易 | Imported Equipment For Processing Trade | 0.76 | 4.04 | 0.88 | 0.26 | 0.13 | 1.32 | 2.34 |
| 保税监管场所进出境货物 | Processing Trade with Providing Raw Material | 57.71 | 49.79 | 65.10 | | | | |
| 海关特殊监管区域物流货物 | Barter Trade | 2036.33 | 2811.75 | 2163.67 | | | | |
| **按经济类型分** | **Grouped by Ownership** | | | | | | | |
| #国有企业 | State-owned Enterprises | 2539.13 | 2989.22 | 2330.60 | 2069.97 | 2532.85 | 2781.36 | 2336.06 |
| 集体企业 | Collective-owned Enterprises | 385.60 | 384.90 | 343.09 | 288.51 | 290.76 | 336.80 | 376.22 |
| 私营企业 | Private Enterprise | 7345.39 | 8456.00 | 9618.57 | 11032.08 | 14085.02 | 15641.89 | 16355.46 |
| 外商投资企业 | Foreign Invested Enterprises | 14318.49 | 14810.18 | 14863.17 | 14012.84 | 15602.33 | 16035.66 | 14634.26 |
| #中外合作 | Cooperative Enterprises | 111.87 | 114.34 | 108.70 | 95.07 | 97.94 | 95.55 | 86.62 |
| 中外合资 | Joint-venture Enterprises | 2839.05 | 2999.47 | 3042.79 | 2712.97 | 3276.55 | 3379.95 | 3227.20 |
| 外商独资 | Sole-proprietorship Enterprises | 11367.57 | 11696.36 | 11711.67 | 11204.81 | 12227.84 | 12560.15 | 11320.43 |

# 8-8 进出口商品主要国家和地区
# Imports and Exports Goods by Country and Region

单位：万美元 (USD 10000)

| 国家(地区) | Country(Region) | 2022 进出口 Imports and Exports | 2022 进口 Imports | 2022 出口 Exports | 2023 进出口 Imports and Exports | 2023 进口 Imports | 2023 出口 Exports |
|---|---|---|---|---|---|---|---|
| **亚　洲** | **Asia** | **43608915** | **19412400** | **24196515** | **39172568** | **16933691** | **22238877** |
| #巴林 | Bahrain | 18785 | 3937 | 14848 | 14645 | 342 | 14303 |
| 孟加拉国 | Bangladesh | 481710 | 8408 | 473303 | 404016 | 7353 | 396663 |
| 缅甸 | Myanmar | 186297 | 7019 | 179278 | 155943 | 4619 | 151324 |
| 柬埔寨 | Cambodia | 251002 | 17356 | 233646 | 266821 | 18236 | 248585 |
| 塞浦路斯 | Cyprus | 6264 | 30 | 6234 | 9202 | 46 | 9156 |
| 中国香港 | Hong Kong, China | 2798349 | 13474 | 2784874 | 2238171 | 33060 | 2205110 |
| 印度 | India | 2163926 | 224889 | 1939037 | 2183054 | 205257 | 1977797 |
| 印度尼西亚 | Indonesia | 1889214 | 927924 | 961290 | 1725064 | 812527 | 912536 |
| 伊朗 | Iran | 117436 | 48173 | 69262 | 104929 | 39462 | 65467 |
| 以色列 | Israel | 263613 | 72328 | 191285 | 217519 | 53913 | 163606 |
| 日本 | Japan | 6530446 | 3162176 | 3368269 | 5564870 | 2624679 | 2940191 |
| 科威特 | Kuwait | 55099 | 13098 | 42001 | 66080 | 8416 | 57664 |
| 中国澳门 | Macao, China | 16708 | 189 | 16519 | 14303 | 53 | 14250 |
| 马来西亚 | Malaysia | 1999956 | 984964 | 1014992 | 1832427 | 897046 | 935381 |
| 巴基斯坦 | Pakistan | 255262 | 15491 | 239771 | 208643 | 15431 | 193212 |
| 菲律宾 | Philippine | 942409 | 361615 | 580794 | 779109 | 287172 | 491937 |
| 卡塔尔 | Qatar | 449873 | 407310 | 42563 | 447202 | 391787 | 55415 |
| 沙特阿拉伯 | Saudi Arabia | 614248 | 248036 | 366212 | 743245 | 248446 | 494799 |
| 新加坡 | Singapore | 1719939 | 629322 | 1090617 | 1529321 | 481165 | 1048156 |
| 韩国 | Korea, Rep. | 8550413 | 4922839 | 3627574 | 7214139 | 3934158 | 3279981 |
| 斯里兰卡 | Sri Lanka | 49398 | 4673 | 44725 | 48263 | 4367 | 43896 |
| 叙利亚 | Syria | 3943 | 22 | 3921 | 3153 |  | 3152 |
| 泰国 | Thailand | 1909961 | 682525 | 1227437 | 1782848 | 535304 | 1247544 |
| 土耳其 | Turkey | 601074 | 33179 | 567895 | 641984 | 32741 | 609243 |
| 阿拉伯联合酋长国 | United Arab Emirates | 617763 | 43837 | 573926 | 810324 | 143968 | 666356 |
| 越南 | Viet Nam | 3510055 | 1179621 | 2330434 | 3452280 | 1412079 | 2040200 |
| 中国台湾 | Taiwan, China | 5813886 | 4134368 | 1679517 | 4825532 | 3519558 | 1305974 |
| **非　洲** | **Africa** | **2187889** | **608422** | **1579467** | **2237522** | **511955** | **1725567** |
| #喀麦隆 | Cameroon | 30580 | 12928 | 17651 | 31514 | 12596 | 18918 |
| 埃及 | Egypt | 203124 | 8463 | 194662 | 203999 | 7138 | 196861 |
| 加蓬 | Gabon | 35785 | 32226 | 3559 | 32110 | 26139 | 5972 |
| 摩洛哥 | Morocco | 68640 | 5647 | 62993 | 69815 | 5463 | 64352 |
| 尼日利亚 | Nigeria | 180346 | 1274 | 179073 | 142691 | 2596 | 140095 |
| 南非 | South Africa | 451611 | 177423 | 274189 | 430238 | 154259 | 275979 |
| **欧　洲** | **Europe** | **15639920** | **3906536** | **11733383** | **14601213** | **3962895** | **10638319** |
| #比利时 | Belgium | 644279 | 118132 | 526147 | 516415 | 90052 | 426363 |
| 丹麦 | Denmark | 230809 | 34272 | 196537 | 199358 | 39799 | 159559 |
| 英国 | United Kindom | 1323361 | 167688 | 1155672 | 1248965 | 144355 | 1104610 |

## 8-8 续表 continued

单位：万美元 (USD 10000)

| 国家(地区) | Country(Region) | 2022 进出口 Imports and Exports | 2022 进口 Imports | 2022 出口 Exports | 2023 进出口 Imports and Exports | 2023 进口 Imports | 2023 出口 Exports |
|---|---|---|---|---|---|---|---|
| 德国 | Germany | 3322005 | 1402494 | 1919511 | 3050456 | 1378453 | 1672003 |
| 法国 | France | 1015310 | 260747 | 754563 | 979124 | 283664 | 695460 |
| 爱尔兰 | Ireland | 97006 | 27695 | 69312 | 105738 | 38584 | 67155 |
| 意大利 | Italy | 999309 | 250961 | 748348 | 922290 | 247239 | 675052 |
| 荷兰 | Netherlands | 2424620 | 148895 | 2275725 | 2005472 | 125149 | 1880323 |
| 希腊 | Greece | 122059 | 2338 | 119722 | 112172 | 1629 | 110543 |
| 葡萄牙 | Portugal | 126102 | 14177 | 111925 | 112545 | 16033 | 96512 |
| 西班牙 | Spain | 650834 | 91670 | 559164 | 582596 | 87584 | 495012 |
| 奥地利 | Austria | 177997 | 105114 | 72883 | 180720 | 109368 | 71352 |
| 芬兰 | Finland | 227637 | 120015 | 107622 | 147302 | 84328 | 62975 |
| 匈牙利 | Hungary | 242372 | 49126 | 193246 | 248884 | 41003 | 207881 |
| 挪威 | Norway | 94644 | 25890 | 68754 | 82535 | 29925 | 52610 |
| 波兰 | Poland | 726113 | 63622 | 662491 | 658293 | 62664 | 595629 |
| 罗马尼亚 | Romania | 191845 | 21701 | 170145 | 171186 | 20391 | 150795 |
| 瑞典 | Sweden | 457027 | 192326 | 264701 | 426239 | 208970 | 217269 |
| 瑞士 | Switzerland | 316301 | 184864 | 131437 | 308443 | 186129 | 122314 |
| 俄罗斯联邦 | Russia | 1209451 | 409470 | 799981 | 1564812 | 591085 | 973727 |
| 乌克兰 | Ukraine | 76229 | 42414 | 33815 | 51708 | 24764 | 26944 |
| 捷克 | Czech Rep. | 418672 | 76787 | 341885 | 392385 | 60976 | 331409 |
| **拉丁美洲** | **Latin America** | **5567216** | **1996658** | **3570557** | **5269710** | **1972361** | **3297349** |
| #阿根廷 | Argentina | 293646 | 94629 | 199017 | 256458 | 93875 | 162584 |
| 巴西 | Brazil | 2406883 | 1280209 | 1126674 | 2188256 | 1299262 | 888993 |
| 智利 | Chile | 436353 | 154904 | 281449 | 422541 | 165103 | 257438 |
| 哥伦比亚 | Colombia | 213317 | 7929 | 205388 | 161822 | 4435 | 157387 |
| 危地马拉 | Guatemala | 50039 | 9485 | 40553 | 55223 | 11688 | 43535 |
| 墨西哥 | Mexico | 1290350 | 201477 | 1088872 | 1317669 | 203024 | 1114645 |
| 巴拿马 | Panama | 100848 | 249 | 100599 | 129776 | 314 | 129462 |
| 秘鲁 | Peru | 238633 | 61980 | 176653 | 218475 | 50609 | 167866 |
| 乌拉圭 | Uruguay | 121816 | 84503 | 37313 | 54328 | 22480 | 31848 |
| 委内瑞拉 | Venezuela | 31656 | 13322 | 18333 | 37266 | 17733 | 19532 |
| **北美洲** | **North America** | **11838234** | **2156045** | **9682189** | **10694616** | **2004465** | **8690151** |
| #加拿大 | Canada | 1027912 | 231537 | 796375 | 927461 | 218918 | 708543 |
| 美国 | United States | 10807575 | 1924508 | 8883067 | 9763683 | 1785547 | 7978137 |
| **大洋洲** | **Oceanic** | **2928562** | **1431456** | **1497106** | **2633342** | **1279871** | **1353472** |
| #澳大利亚 | Australia | 2483937 | 1257395 | 1226542 | 2241046 | 1150898 | 1090148 |
| 新西兰 | New Zealand | 207719 | 77354 | 130365 | 183812 | 70670 | 113142 |
| 巴布亚新几内亚 | Papua New Guinea | 72334 | 61867 | 10468 | 38801 | 27570 | 11230 |
| **附:东南亚国家联盟** | **Association of South-east Asia Nations** | **12444898** | **4805469** | **7639430** | **11576207** | **4461897** | **7114310** |
| **欧洲联盟** | **European Union** | **12488208** | **3048619** | **9439589** | **11221608** | **2954564** | **8267045** |

# 8-9 进出口商品主要国家和地区(人民币计价)
# Imports and Exports Goods by Country and Region (RMB)

单位：万元 (10000 yuan)

| 国家(地区) | Country(Region) | 2022 进出口 Imports and Exports | 2022 进口 Imports | 2022 出口 Exports | 2023 进出口 Imports and Exports | 2023 进口 Imports | 2023 出口 Exports |
|---|---|---|---|---|---|---|---|
| **亚 洲** | **Asia** | **290225208** | **129047674** | **161177534** | **275692186** | **119284919** | **156407268** |
| #巴林 | Bahrain | 123926 | 25118 | 98808 | 102648 | 2382 | 100266 |
| 孟加拉国 | Bangladesh | 3190144 | 56384 | 3133760 | 2835717 | 51957 | 2783760 |
| 缅甸 | Myanmar | 1236754 | 46526 | 1190227 | 1093233 | 32488 | 1060745 |
| 柬埔寨 | Cambodia | 1664684 | 115075 | 1549608 | 1873591 | 127969 | 1745622 |
| 塞浦路斯 | Cyprus | 41751 | 193 | 41558 | 65009 | 316 | 64693 |
| 中国香港 | Hong Kong, China | 18547741 | 90787 | 18456954 | 15781074 | 234438 | 15546637 |
| 印度 | India | 14417696 | 1495233 | 12922464 | 15352783 | 1442269 | 13910514 |
| 印度尼西亚 | Indonesia | 12612056 | 6204752 | 6407304 | 12139488 | 5712659 | 6426830 |
| 伊朗 | Iran | 779671 | 315988 | 463683 | 738295 | 277929 | 460366 |
| 以色列 | Israel | 1753972 | 478302 | 1275670 | 1527706 | 379259 | 1148447 |
| 日本 | Japan | 43519323 | 21042311 | 22477011 | 39165578 | 18501974 | 20663604 |
| 科威特 | Kuwait | 368199 | 88167 | 280032 | 465442 | 59408 | 406034 |
| 中国澳门 | Macao, China | 112446 | 1281 | 111165 | 101338 | 363 | 100975 |
| 马来西亚 | Malaysia | 13326969 | 6560043 | 6766926 | 12893321 | 6312271 | 6581050 |
| 巴基斯坦 | Pakistan | 1695870 | 103229 | 1592641 | 1466449 | 108973 | 1357476 |
| 菲律宾 | Philippine | 6292767 | 2407242 | 3885525 | 5470266 | 2013155 | 3457111 |
| 卡塔尔 | Qatar | 3007178 | 2722334 | 284845 | 3145185 | 2754602 | 390583 |
| 沙特阿拉伯 | Saudi Arabia | 4094702 | 1642152 | 2452550 | 5238857 | 1756240 | 3482617 |
| 新加坡 | Singapore | 11488628 | 4167709 | 7320919 | 10732868 | 3380404 | 7352464 |
| 韩国 | Korea, Rep. | 56791051 | 32608697 | 24182353 | 50749282 | 27703328 | 23045955 |
| 斯里兰卡 | Sri Lanka | 327625 | 31008 | 296617 | 340309 | 30678 | 309630 |
| 叙利亚 | Syria | 26386 | 139 | 26247 | 22133 | 2 | 22132 |
| 泰国 | Thailand | 12713672 | 4533976 | 8179696 | 12533134 | 3762853 | 8770281 |
| 土耳其 | Turkey | 4006448 | 220616 | 3785832 | 4508360 | 230717 | 4277643 |
| 阿拉伯联合酋长国 | United Arab Emirates | 4139492 | 301178 | 3838314 | 5722741 | 1028965 | 4693776 |
| 越南 | Viet Nam | 23439301 | 7922793 | 15516508 | 24338039 | 9976243 | 14361796 |
| 中国台湾 | Taiwan, China | 38575747 | 27441830 | 11133917 | 33973885 | 24788699 | 9185185 |
| **非 洲** | **Africa** | **14567081** | **4051313** | **10515769** | **15732200** | **3607746** | **12124454** |
| #喀麦隆 | Cameroon | 204002 | 86027 | 117975 | 221313 | 88286 | 133027 |
| 埃及 | Egypt | 1347577 | 55212 | 1292365 | 1435171 | 50463 | 1384708 |
| 加蓬 | Gabon | 239045 | 215271 | 23775 | 226024 | 184028 | 41995 |
| 摩洛哥 | Morocco | 457654 | 37579 | 420075 | 491987 | 38411 | 453576 |
| 尼日利亚 | Nigeria | 1198829 | 8430 | 1190399 | 1003418 | 18344 | 985073 |
| 南非 | South Africa | 3000353 | 1175527 | 1824826 | 3021790 | 1085376 | 1936414 |
| **欧 洲** | **Europe** | **104306229** | **26059647** | **78246582** | **102658553** | **27888960** | **74769593** |
| #比利时 | Belgium | 4296487 | 782592 | 3513896 | 3623056 | 633021 | 2990035 |
| 丹麦 | Denmark | 1531302 | 227890 | 1303411 | 1404713 | 280153 | 1124560 |
| 英国 | United Kindom | 8819088 | 1118525 | 7700563 | 8793778 | 1015155 | 7778623 |

8-9　续表　continued

单位：万元　　(10000 yuan)

| 国家(地区) | Country(Region) | 2022 | | | 2023 | | |
|---|---|---|---|---|---|---|---|
| | | 进出口 Imports and Exports | 进口 Imports | 出口 Exports | 进出口 Imports and Exports | 进口 Imports | 出口 Exports |
| 德国 | Germany | 22157497 | 9356434 | 12801063 | 21441153 | 9696036 | 11745117 |
| 法国 | France | 6767761 | 1740099 | 5027662 | 6880598 | 1994450 | 4886147 |
| 爱尔兰 | Ireland | 648206 | 184496 | 463710 | 745251 | 272959 | 472292 |
| 意大利 | Italy | 6659211 | 1678311 | 4980899 | 6477231 | 1738437 | 4738794 |
| 荷兰 | Netherlands | 16133165 | 990051 | 15143113 | 14081206 | 878973 | 13202233 |
| 希腊 | Greece | 812646 | 15504 | 797142 | 788883 | 11539 | 777344 |
| 葡萄牙 | Portugal | 840327 | 94612 | 745715 | 789569 | 113122 | 676447 |
| 西班牙 | Spain | 4332006 | 611932 | 3720074 | 4095342 | 614878 | 3480465 |
| 奥地利 | Austria | 1186801 | 700552 | 486249 | 1270253 | 770292 | 499961 |
| 芬兰 | Finland | 1514179 | 801638 | 712541 | 1033675 | 591632 | 442042 |
| 匈牙利 | Hungary | 1616129 | 327189 | 1288940 | 1752489 | 288724 | 1463765 |
| 挪威 | Norway | 630635 | 171594 | 459041 | 578889 | 209527 | 369362 |
| 波兰 | Poland | 4854764 | 423890 | 4430874 | 4619035 | 439988 | 4179047 |
| 罗马尼亚 | Romania | 1278779 | 144543 | 1134236 | 1201584 | 143149 | 1058435 |
| 瑞典 | Sweden | 3052979 | 1285776 | 1767203 | 2992920 | 1467142 | 1525778 |
| 瑞士 | Switzerland | 2107198 | 1231863 | 875334 | 2169641 | 1311375 | 858266 |
| 俄罗斯联邦 | Russia | 8128312 | 2743231 | 5385081 | 11038496 | 4175106 | 6863390 |
| 乌克兰 | Ukraine | 497345 | 276954 | 220391 | 364387 | 174250 | 190137 |
| 捷克 | Czech Rep. | 2801684 | 511566 | 2290118 | 2766066 | 429267 | 2336799 |
| **拉丁美洲** | **Latin America** | **37068660** | **13301391** | **23767269** | **37057950** | **13878457** | **23179493** |
| #阿根廷 | Argentina | 1968200 | 646758 | 1321442 | 1802167 | 659168 | 1142999 |
| 巴西 | Brazil | 15985647 | 8490387 | 7495260 | 15390590 | 9143480 | 6247111 |
| 智利 | Chile | 2908355 | 1042340 | 1866014 | 2973111 | 1164418 | 1808693 |
| 哥伦比亚 | Colombia | 1423149 | 53010 | 1370139 | 1137640 | 31538 | 1106102 |
| 危地马拉 | Guatemala | 333681 | 62717 | 270964 | 388122 | 81760 | 306362 |
| 墨西哥 | Mexico | 8598544 | 1343860 | 7254683 | 9266902 | 1429007 | 7837896 |
| 巴拿马 | Panama | 669173 | 1688 | 667484 | 908277 | 2200 | 906076 |
| 秘鲁 | Peru | 1588173 | 410737 | 1177436 | 1538292 | 356751 | 1181541 |
| 乌拉圭 | Uruguay | 818940 | 569852 | 249088 | 381121 | 157385 | 223736 |
| 委内瑞拉 | Venezuela | 212055 | 89053 | 123002 | 261196 | 123003 | 138193 |
| **北美洲** | **North America** | **78859772** | **14400167** | **64459605** | **75259426** | **14066707** | **61192718** |
| #加拿大 | Canada | 6849954 | 1545901 | 5304053 | 6521622 | 1531501 | 4990121 |
| 美国 | United States | 71991269 | 12854264 | 59137005 | 68713252 | 12535206 | 56178047 |
| **大洋洲** | **Oceanic** | **19491556** | **9501489** | **9990067** | **18509592** | **8991779** | **9517813** |
| #澳大利亚 | Australia | 16513121 | 8341763 | 8171358 | 15754441 | 8087627 | 7666814 |
| 新西兰 | New Zealand | 1380419 | 511534 | 868885 | 1289961 | 494415 | 795546 |
| 巴布亚新几内亚 | Papua New Guinea | 485727 | 415846 | 69881 | 272659 | 193776 | 78883 |
| **附:东南亚国家联盟** | **Association of South-east Asia Nations** | **83014320** | **32057926** | **50956394** | **81445685** | **31415332** | **50030353** |
| **欧洲联盟** | **European Union** | **83243414** | **20332397** | **62911017** | **78847460** | **20776936** | **58070524** |

# 8-10 按行业分外商直接投资(2023年)
# Foreign Direct Investment by Sector (2023)

| 行 业 | Sector | 新设外商投资企业数(家) Number of New Establishment of Enterprises (unit) | 实际使用外资金额(亿美元) Realized FDI Value (USD 100 million) |
|---|---|---|---|
| **总 计** | **Total** | **3481** | **253.42** |
| 农、林、牧、渔业 | Agriculture, Forestry, Animal Husbandry and Fishery | 4 | 0.45 |
| 采矿业 | Mining | | |
| 制造业 | Manufacturing | 536 | 93.84 |
| 农副食品加工业 | Processing of Food from Agricultural Products | | |
| 食品制造业 | Manufacturing of Foods | | |
| 酒、饮料和精制茶制造业 | Manufacture of Liquor, Beverages and Refined Tea | | |
| 纺织业 | Manufacture of Textile | | |
| 纺织服装、服饰业 | Manufacture of Textile, Wearing Apparel and Accessories | 4 | 0.88 |
| 皮革、毛皮、羽毛及其制品和制鞋业 | Manufacture of Leather, Fur, Feather and Related Products | | |
| 木材加工和木、竹、藤、棕、草制品业 | Processing of Timber, Manufacture of Wood, Bamboo, Rattan, Palm and Straw Products | | |
| 家具制造业 | Manufacture of Furniture | | |
| 造纸和纸制品业 | Manufacture of Paper and Paper Products | | |
| 印刷和记录媒介复制业 | Printing and Reproduction of Recording Media | | |
| 文教、工美、体育和娱乐用品制造业 | Manufacture of Articles for Culture, Education, Arts and Crafts, Sport and Entertainment Activities | 7 | 0.52 |
| 石油、煤炭及其他燃料加工业 | Processing of Petroleum, Coal and Other fuels | | |
| 化学原料和化学制品制造业 | Manufacture of Raw Chemical Materials and Chemical Products | 5 | 8.04 |
| 医药制造业 | Manufacture of Medicines | 15 | 5.73 |
| 化学纤维制造业 | Manufacture of Chemical Fibers | 3 | 1.01 |
| 橡胶和塑料制品业 | Manufacture of Rubber and Plastic Products | 9 | 2.05 |
| 非金属矿物制品业 | Manufacture of Non-metallic Mineral Products | 20 | 2.49 |
| 黑色金属冶炼和压延加工业 | Smelting and Pressing of Ferrous Metals | | |
| 有色金属冶炼和压延加工业 | Smelting and Pressing of Non-ferrous Metals | 1 | 0.16 |
| 金属制品业 | Manufacture of Metal Products | 29 | 2.80 |
| 通用设备制造业 | Manufacture of General Purpose Machinery | 77 | 5.76 |
| 专用设备制造业 | Manufacture of Special Purpose Machinery | 91 | 10.40 |

8-10　续表　continued

| 行　业 | Sector | 新设外商投资企业数（家）Number of New Establishment of Enterprises (unit) | 实际使用外资金额（亿美元）Realized FDI Value (USD 100 million) |
|---|---|---|---|
| 汽车制造业 | Manufacture of Automobiles | 24 | 4.14 |
| 铁路、船舶、航空航天和其他运输设备制造业 | Manufacture of Railway, Ship, Aerospace and Other Transport Equipments | | |
| 电气机械和器材制造业 | Manufacture of Electrical Machinery and Apparatus | 55 | 16.55 |
| 计算机、通信和其他电子设备制i | Manufacture of Computers, Communication and Other Electronic | 84 | 20.02 |
| 仪器仪表制造业 | Manufacture of Measuring Instruments and Machinery | 33 | 2.10 |
| 其他制造业 | Other Manufacture | | |
| 废弃资源综合利用业 | Utilization of Waste Resources | | |
| 金属制品、机械和设备修理业 | Repair Service of Metal Products, Machinery and Equipment | | |
| 电力、热力、燃气及水生产和供应业 | Production and Supply of Electricity, Heat, Gas and Water | 62 | 4.74 |
| 建筑业 | Construction | 60 | 4.27 |
| 批发和零售业 | Wholesale and Retail Trades | 586 | 6.23 |
| 交通运输、仓储和邮政业 | Transport, Storage and Post | 36 | 3.60 |
| 住宿和餐饮业 | Hotels and Catering Services | | |
| 信息传输、软件和信息技术服务业 | Information Transmission, Software and IT Services | 175 | 14.10 |
| 金融业 | Financial Intermediation | 60 | 8.84 |
| 房地产业 | Real Estate | 32 | 17.57 |
| 租赁和商务服务业 | Leasing and Business Services | 594 | 42.01 |
| 科学研究和技术服务业 | Scientific Research, Technical Services and Geologic Prospecting | 1189 | 55.41 |
| 水利、环境和公共设施管理业 | Management of Water Conservancy, Environment and Public Facilities | 10 | 1.34 |
| 居民服务、修理和其他服务业 | Services to Households and Other Services | | |
| 教育 | Education | | |
| 卫生和社会工作 | Health and Social Service | | |
| 文化、体育和娱乐业 | Culture, Sports and Entertainment | 65 | 0.12 |
| 公共管理、社会保障和社会组织 | Public Management, Social Security and Social Organizations | | |

# 8-11 按国家(地区)分外商直接投资(2023年)
# Foreign Direct Investment by Country (Region) (2023)

| 国家(地区) | Country(Region) | 新设外商投资企业数(家) Number of New Establishment of Enterprises (unit) | 实际使用外资金额(亿美元) Realized FDI Value (USD 100 million) |
|---|---|---|---|
| **亚 洲** | **Asia** | **2598** | **212.42** |
| #中国香港 | Hong Kong, China | 1127 | 177.70 |
| 中国澳门 | Macao, China | 24 | 0.44 |
| 中国台湾 | Taiwan, China | 778 | 1.06 |
| 印度尼西亚 | Indonesia | | |
| 日本 | Japan | 103 | 4.95 |
| 马来西亚 | Malaysia | | |
| 菲律宾 | Philippine | | |
| 新加坡 | Singapore | 190 | 16.44 |
| 韩国 | Korea, Rep. | 163 | 10.25 |
| 泰国 | Thailand | | |
| **非 洲** | **Africa** | | |
| **欧 洲** | **Europe** | | |
| #比利时 | Belgium | | |
| 丹麦 | Denmark | | |
| 英国 | United Kindom | 48 | 2.12 |
| 德国 | Germany | 88 | 2.16 |
| 法国 | France | 21 | 3.08 |
| 爱尔兰 | Ireland | | |
| 意大利 | Italy | | |
| 卢森堡 | Luxembourg | | |
| 荷兰 | Netherlands | | |
| 希腊 | Greece | | |
| 葡萄牙 | Portugal | | |
| 西班牙 | Spain | | |
| 芬兰 | Finland | | |
| 瑞士 | Switzerland | | |
| **北美洲** | **North America** | | |
| #加拿大 | Canada | | |
| 美国 | United States | 230 | 1.43 |
| **大洋洲** | **Oceanic** | | |
| #澳大利亚 | Australia | | |
| **南美洲** | **South America** | | |

# 8-12　年末登记外商投资企业行业分布情况(2023年)

# Sector Distribution of Registered Foreign Invested Enterprises at Year-end(2023)

| 行　业 | Sector | 企业数(个) Number of Registered Enterprises (unit) | 投资总额(万美元) Total Investment (USD 10000) | 注册资本(万美元) Registered Capital (USD 10000) | #外方 Foreign Capital |
|---|---|---|---|---|---|
| **总　计** | **Total** | **65804** | **155918250.12** | **88290091.12** | **70514436.47** |
| 农、林、牧、渔业 | Agriculture, Forestry, Animal Husbandry and Fishery | 566 | 1182978.79 | 834617.64 | 779466.64 |
| 采矿业 | Mining | 43 | 164409.14 | 74478.61 | 70146.84 |
| 制造业 | Manufacturing | 21381 | 68039245.14 | 34159383.00 | 27830046.41 |
| 电力、热力、燃气及水的生产 | Production and Supply of Electricity, Heat, | 729 | 5149865.57 | 1769521.47 | 1270774.37 |
| 和供应业 | Gas and Water | | | | |
| 建筑业 | Construction | 991 | 2578090.30 | 1589943.02 | 1279845.00 |
| 批发和零售业 | Wholesale and Retail Trades | 13755 | 6458731.53 | 4146542.99 | 3690199.21 |
| 交通运输、仓储和邮政业 | Transport, Storage and Post | 1059 | 2667056.77 | 1490375.39 | 1236250.72 |
| 住宿和餐饮业 | Hotels and Catering Services | 5058 | 545788.21 | 345255.83 | 257061.28 |
| 信息传输、软件和信息技术 | Information Transmission, Software and IT Services | 2533 | 7726687.82 | 6231417.84 | 5376757.92 |
| 服务业 | | | | | |
| 金融业 | Financial Intermediation | 1278 | 1890417.26 | 2042078.89 | 1445349.06 |
| 房地产业 | Real Estate | 1981 | 15651812.03 | 9416493.18 | 5952012.61 |
| 租赁和商务服务业 | Leasing and Business Services | 5338 | 12561842.61 | 9409069.09 | 7936090.25 |
| 科学研究和技术服务业 | Scientific Research and Technical Services | 9846 | 28897488.99 | 15493178.90 | 12480757.11 |
| 水利、环境和公共设施管理业 | Management of Water Conservancy, Environment | 152 | 737927.80 | 479621.62 | 311790.16 |
| | and Public Facilities | 441 | 413597.78 | 267225.90 | 242510.96 |
| 居民服务、修理和其他服务业 | Services to Households, Repair and Other Services | 80 | 16273.59 | 8104.51 | 6560.13 |
| 教育 | Education | | | | |
| 卫生和社会工作 | Health and Social Service | 62 | 424796.15 | 171186.56 | 146352.46 |
| 文化、体育和娱乐业 | Culture, Sports and Entertainment | 507 | 808240.64 | 358596.68 | 199643.16 |
| 其他 | Others | 4 | 3000.00 | 3000.00 | 2822.18 |

# 8-13 对外承包工程
# Overseas Contracted Projects

| 年份<br>Year | 合同数<br>(份)<br>Number of<br>Contracts<br>(unit) | 合同金额<br>(万美元)<br>Contracted<br>Value<br>(USD 10000) | 实际完成营业额<br>(万美元)<br>Value of Turnover<br>Fulfilled<br>(USD 10000) | 年末在外人数<br>(人)<br>Persons Abroad<br>at Year end<br>(person) |
|---|---|---|---|---|
| 1985 | 13 | 262 | | |
| 1990 | 32 | 3571 | 3521 | 881 |
| 1995 | 101 | 19495 | 19774 | 2946 |
| 1996 | 148 | 24040 | 22725 | 3298 |
| 1997 | 239 | 34599 | 31011 | 5997 |
| 1998 | 224 | 38224 | 34878 | 5784 |
| 1999 | 273 | 52110 | 34636 | 7403 |
| 2000 | 306 | 58544 | 49722 | 8616 |
| 2001 | 513 | 71200 | 62747 | 8320 |
| 2002 | 587 | 133743 | 105403 | 10992 |
| 2003 | 642 | 174201 | 142671 | 13449 |
| 2004 | 3317 | 213267 | 188958 | 21073 |
| 2005 | 1853 | 290079 | 251095 | 30211 |
| 2006 | 4975 | 426788 | 376509 | 38432 |
| 2007 | 922 | 400569 | 344919 | 41268 |
| 2008 | 791 | 432043 | 388434 | 34945 |
| 2009 | 727 | 449596 | 433249 | 36739 |
| 2010 | 968 | 544726 | 519838 | 35987 |
| 2011 | 891 | 594909 | 599171 | 35484 |
| 2012 | 1009 | 719844 | 646755 | 35615 |
| 2013 | 1021 | 865653 | 726299 | 36266 |
| 2014 | 1067 | 966108 | 795426 | 36552 |
| 2015 | 875 | 779596 | 876128 | 37907 |
| 2016 | 1543 | 728708 | 911122 | 32403 |
| 2017 | 548 | 1082087 | 952857 | 31944 |
| 2018 | 645 | 659004 | 832664 | 37784 |
| 2019 | 1737 | 680364 | 778352 | 34053 |
| 2020 | | 545570 | 624428 | 19241 |
| 2021 | 1244 | 559451 | 595277 | 16669 |
| 2022 | | 429393 | 560200 | 14592 |
| 2023 | | 842909 | 615869 | 15205 |

注：合同数口径2007年起调整,在国内承包的外资项目不再作为对外承包工程。

a) The caliber of contracted projects were adjusted from 2007, and foreign founded projects contracted in domestic were no longer contracted projects with foreign countries.

# 8-14　对外劳务合作
# Foreign Labor Cooperation

| 年　份<br>Year | 新签劳务人员合同工资总额<br>(万美元)<br>Total Contract Wages of New Signed Labor<br>(USD 10000) | 劳务人员实际收入总额<br>(万美元)<br>Total Real Income of Signed Labor<br>(USD 10000) | 年末在外人数<br>(人)<br>Persons Abroad at Year end<br>(person) |
|---|---|---|---|
| 1985 | 2704 | | |
| 1990 | 475 | 525 | 390 |
| 1995 | 8591 | 6120 | 5260 |
| 1996 | 12253 | 6287 | 9068 |
| 1997 | 13022 | 7454 | 9049 |
| 1998 | 24250 | 17271 | 17439 |
| 1999 | 29286 | 26538 | 25012 |
| 2000 | 39394 | 30293 | 34426 |
| 2001 | 48689 | 45316 | 56852 |
| 2002 | 37401 | 49989 | 62670 |
| 2003 | 33444 | 53984 | 65576 |
| 2004 | 31322 | 56974 | 69984 |
| 2005 | 40451 | 68056 | 70049 |
| 2006 | 41243 | 58843 | 73984 |
| 2007 | 51874 | 71087 | 75924 |
| 2008 | 56072 | 71304 | 66240 |
| 2009 | 53793 | 74555 | 63045 |
| 2010 | 76040 | 76864 | 59778 |
| 2011 | 64883 | 73590 | 53864 |
| 2012 | 62021 | 77438 | 51234 |
| 2013 | 75680 | 88826 | 51748 |
| 2014 | 120789 | 85351 | 59850 |
| 2015 | 51941 | 74550 | 63911 |
| 2016 | 45319 | 69634 | 55371 |
| 2017 | 44034 | 72179 | 59506 |
| 2018 | 54217 | 79653 | 69755 |
| 2019 | 39769 | 86889 | 64860 |
| 2020 | 20496 | 56979 | 30325 |
| 2021 | 18831 | 43220 | 25346 |
| 2022 | 31393 | 43909 | 29298 |
| 2023 | 58178 | 57088 | 27707 |

# 8-15 境外投资情况
# Overseas Investment

| 指 标 | Item | 2017 | 2018 | 2019 | 2020 | 2021 | 2022 | 2023 |
|---|---|---|---|---|---|---|---|---|
| **新批项目数(个)** | **Number of Newly Approved Projects(unit)** | **631** | **786** | **827** | **696** | **724** | **850** | **1242** |
| 按项目类型 | By Project Type | | | | | | | |
| 企业 | Enterprise | 584 | 735 | 750 | 658 | 704 | 827 | 1218 |
| 子公司 | Subsidiary | 570 | 723 | 722 | 650 | 691 | 814 | 1188 |
| 独资子公司 | Sole-proprietorship Subsidiary | 429 | 546 | 542 | 502 | 515 | 624 | 969 |
| 合资子公司 | Joint-venture Subsidiary | 141 | 177 | 180 | 148 | 176 | 190 | 219 |
| 联营公司 | Joint Ownership Subsidiary | 14 | 12 | 28 | 8 | 13 | 13 | 30 |
| 机构 | Institution | 47 | 51 | 77 | 38 | 20 | 23 | 24 |
| 按主体类型 | By Subject Type | | | | | | | |
| 国有及国有控股企业 | State-owned Enterprise | 83 | 72 | 58 | 61 | 38 | 57 | 67 |
| 集体企业 | Collective-owned Enterprise | 6 | 6 | 3 | | 2 | 1 | 1 |
| 民营企业 | Private Enterprise | 432 | 587 | 671 | 546 | 559 | 664 | 1053 |
| 外资企业 | Foreign Invested Enterprise | 110 | 121 | 95 | 89 | 125 | 128 | 121 |
| 按业务类型 | By Business Type | | | | | | | |
| #参股并购类项目 | Share Participating, Merger and Acquisition Projects | 137 | 156 | 134 | 129 | 168 | 170 | 124 |
| 风险投资类项目 | Venture Investment Projects | 1 | 1 | 3 | | 5 | 1 | |
| 贸易型项目 | Trade Projects | 213 | 233 | 221 | 126 | 111 | 111 | 188 |
| 非贸易型项目 | Non-trade Projects | 418 | 553 | 606 | 570 | 613 | 739 | 1054 |
| #境外加工贸易项目 | Projects of Overseas Processing Trade | 44 | 53 | 47 | 50 | 26 | 40 | 47 |
| 境外资源开发项目 | Projects of Overseas Resource Development | 2 | 1 | 1 | 2 | | | 1 |
| **中方协议金额(万美元)** | **Protocol Fund from China(USD 10000)** | **927073** | **948424** | **894503** | **573636** | **667484** | **966747** | **1116131** |
| 按项目类型 | By Project Type | | | | | | | |
| 企业 | Enterprise | 904664 | 936117 | 873815 | 562704 | 665199 | 966737 | 1115781 |
| 子公司 | Subsidiary | 885165 | 908721 | 843796 | 566743 | 658115 | 936811 | 1108083 |
| 独资子公司 | Sole-proprietorship Subsidiary | 689252 | 697944 | 653206 | 301071 | 358536 | 526915 | 893462 |
| 合资子公司 | Joint-venture Subsidiary | 195913 | 210777 | 190590 | 265671 | 299579 | 409896 | 214621 |
| 联营公司 | Joint Ownership Subsidiary | 19499 | 27395 | 30020 | -4039 | 7084 | 29926 | 7698 |
| 机构 | Institution | 22409 | 12307 | 20688 | 10932 | 2285 | 10 | 350 |
| 按主体类型 | By Subject Type | | | | | | | |
| 国有及国有控股企业 | State-owned Enterprise | 138680 | 86905 | 47627 | 54708 | 95532 | 312135 | 55073 |
| 集体企业 | Collective-owned Enterprise | 27705 | 4673 | 12858 | | 5581 | 500 | 180 |
| 民营企业 | Private Enterprise | 631619 | 766479 | 762359 | 427805 | 474560 | 478283 | 789757 |
| 外资企业 | Foreign Invested Enterprise | 129070 | 90366 | 71659 | 91123 | 91812 | 175828 | 271120 |
| 按业务类型 | By Business Type | | | | | | | |
| #参股并购类项目 | Share Participating, Merger and Acquisition Projects | 493901 | 399939 | 271062 | 188944 | 301971 | 405731 | 85142 |
| 风险投资类项目 | Venture Investment Projects | 2655 | 500 | 2310 | | -6255 | 1400 | |
| 贸易型项目 | Trade Projects | 106254 | 187761 | 185328 | 48643 | 55026 | 57003 | 149872 |
| 非贸易型项目 | Non-trade Projects | 820819 | 760663 | 709175 | 524993 | 612458 | 909744 | 966259 |
| #境外加工贸易项目 | Projects of Overseas Processing Trade | 157283 | 152956 | 85751 | 58868 | 49646 | 114935 | 163139 |
| 境外资源开发项目 | Projects of Overseas Resource Development | 10000 | -527 | 2000 | -4995 | | | -2850 |

# 8-16 境外投资主要国别(地区)情况
## Overseas Investment by Country (Region)

| | | 2022 | | 2023 | |
|---|---|---|---|---|---|
| | | 新批项目数(个) Number of Newly Approved Projects (unit) | 中方协议投资(万美元) Protocol Fund from China (USD 10000) | 新批项目数(个) Number of Newly Approved Projects (unit) | 中方协议投资(万美元) Protocol Fund from China (USD 10000) |
| **全部** | **Total** | **850** | **966747** | **1242** | **1116131** |
| **亚洲** | **Asia** | **482** | **424254** | **824** | **656555** |
| #巴林 | Bahrain | | | | |
| 孟加拉国 | Bangladesh | 1 | 200 | 4 | 3060 |
| 文莱 | Brunei Darussalam | | | | |
| 缅甸 | Myanmar | 5 | 1130 | 1 | 300 |
| 柬埔寨 | Cambodia | 11 | 30486 | 18 | 6252 |
| 塞浦路斯 | Cyprus | | | | |
| 朝鲜 | DPPK | | | | |
| 中国香港 | Hong Kong, China | 166 | 78347 | 209 | 36187 |
| 印度 | India | 3 | 762 | 1 | -5 |
| 印度尼西亚 | Indonesia | 18 | 37530 | 28 | 68065 |
| 伊朗 | Iran | | | | |
| 以色列 | Israel | 6 | 1215 | | |
| 日本 | Japan | 31 | 3008 | 40 | 7829 |
| 老挝 | Laos | 2 | 560 | 3 | 29025 |
| 中国澳门 | Macao, China | 3 | 87 | 2 | 230 |
| 马来西亚 | Malaysia | 17 | 30972 | 39 | 66240 |
| 马尔代夫 | Maldives | | | | |
| 蒙古 | Mongolia | | | | |
| 尼泊尔 | Nepal | 1 | 1 | 1 | |
| 巴基斯坦 | Pakistan | 2 | 452 | 1 | 31 |
| 菲律宾 | Philippine | 3 | 125 | 4 | 350 |
| 卡塔尔 | Qatar | | | | |
| 沙特阿拉伯 | Saudi Arabia | 2 | 185 | 2 | 630 |
| 新加坡 | Singapore | 77 | 75087 | 150 | 127446 |
| 韩国 | Korea, Rep. | 34 | 1913 | 36 | 21090 |
| 斯里兰卡 | Sri Lanka | | | | |
| 泰国 | Thailand | 33 | 70026 | 98 | 166633 |
| 土耳其 | Turkey | 3 | 728 | 3 | 1304 |
| 阿拉伯联合酋长国 | United Arab Emirates | 6 | 480 | 7 | 7799 |
| 越南 | Viet Nam | 46 | 82279 | 169 | 113474 |
| 中国台湾 | Taiwan, China | 6 | 6677 | 4 | 450 |
| 东帝汶 | East Timor | | | | |
| 哈萨克斯坦 | Kazakhstan | 2 | 1370 | 3 | 155 |
| 吉尔吉斯斯坦 | Kyrgyzstan | | | | |
| 土库曼斯坦 | Turkmenistan | 1 | 630 | | |
| 乌兹别克斯坦 | Uzbekistan | 1 | | 1 | 10 |
| 其他 | Others | | | | |
| **非洲** | **Africa** | **15** | **6887** | **25** | **13546** |
| #阿尔及利亚 | Algeria | | | | |
| 安哥拉 | Angola | | | | |

8-16 续表 1 continued

| | | 2022 | | 2023 | |
|---|---|---|---|---|---|
| | | 新批项目数(个) Number of Newly Approved Projects (unit) | 中方协议投资(万美元) Protocol Fund from China (USD 10000) | 新批项目数(个) Number of Newly Approved Projects (unit) | 中方协议投资(万美元) Protocol Fund from China (USD 10000) |
| 喀麦隆 | Cameroon | | | | |
| 乍得 | Chad | | | | |
| 刚果 | Congo | | | 1 | 500 |
| 埃及 | Egypt | 1 | 600 | 2 | 796 |
| 赤道几内亚 | Guinea | | | | |
| 埃塞俄比亚 | Ethiopia | 5 | 700 | 4 | 432 |
| 加蓬 | Gabon | | | 1 | 300 |
| 冈比亚 | Gambia | | | | |
| 几内亚 | Guinea | | | | |
| 肯尼亚 | Kenya | 3 | 2000 | 1 | -1000 |
| 毛里塔尼亚 | Mauritania | | | 1 | 1500 |
| 毛里求斯 | Mauritius | | | | |
| 莫桑比克 | Mozambique | | | 1 | 370 |
| 纳米比亚 | Namibia | | | | |
| 尼日利亚 | Nigeria | 1 | 3 | 2 | -1550 |
| 塞内加尔 | Senegal | | | | |
| 塞舌尔 | Seychelles | | | | |
| 南非 | South Africa | 2 | 2338 | 4 | 672 |
| 苏丹 | Sudan | | | | |
| 坦桑尼亚 | Tanzania | | | | |
| 多哥 | Togo | | | | |
| 乌干达 | Uganda | | | | |
| 民主刚果 | Democratic Congo | | | | |
| 赞比亚 | Zambia | | | | |
| 津巴布韦 | Zimbabwe | | | 2 | 1157 |
| 加纳 | Ghana | | | 1 | 41 |
| 摩洛哥 | Morocco | | | 4 | 10233 |
| 塞拉利昂 | Sierra Leone | | | 1 | 95 |
| **欧洲** | **Europe** | **122** | **307739** | **156** | **172228** |
| #比利时 | Belgium | 2 | 1955 | 2 | 51 |
| 丹麦 | Denmark | 1 | 1479 | 2 | 35 |
| 英国 | United Kingdom | 11 | 724 | 22 | 35524 |
| 德国 | Germany | 52 | 22670 | 51 | 73583 |
| 法国 | France | 5 | 2358 | 5 | 434 |
| 爱尔兰 | Ireland | 2 | 1050 | | |
| 意大利 | Italy | 5 | 5954 | 6 | 6607 |
| 卢森堡 | Luxembourg | 1 | 510 | 1 | 106 |
| 荷兰 | Netherlands | 9 | 223705 | 14 | 11985 |
| 西班牙 | Spain | 2 | 11 | 7 | 7861 |
| 阿尔巴尼亚 | Albania | | | | |
| 奥地利 | Austria | 2 | 59 | 1 | 43 |
| 保加利亚 | Bulgaria | | | | |

8-16 续表 2 continued

| | | 2022 | | 2023 | |
|---|---|---|---|---|---|
| | | 新批项目数（个）Number of Newly Approved Projects (unit) | 中方协议投资（万美元）Protocol Fund from China (USD 10000) | 新批项目数（个）Number of Newly Approved Projects (unit) | 中方协议投资（万美元）Protocol Fund from China (USD 10000) |
| 芬兰 | Finland | 1 | -6156 | 1 | 108 |
| 匈牙利 | Hungary | 6 | 6810 | 14 | 8092 |
| 挪威 | Norway | 1 | 29 | | |
| 波兰 | Poland | 8 | 752 | 1 | 2500 |
| 罗马尼亚 | Romania | | | 2 | 350 |
| 瑞典 | Sweden | 3 | 840 | 2 | 32 |
| 瑞士 | Switzerland | 3 | 11808 | 3 | 382 |
| 拉脱维亚 | Latvia | 1 | 1000 | 1 | -50 |
| 立陶宛 | Lithuania | | | | |
| 格鲁吉亚 | Georgia | | | | |
| 俄罗斯联邦 | Russia | 2 | 170 | 12 | 2211 |
| 乌克兰 | Ukraine | | | | |
| 斯洛文尼亚 | Slovenia | | | | |
| 克罗地亚 | Croatia | | | | |
| 捷克 | Czech Rep. | 1 | 424 | 1 | 24 |
| 塞尔维亚 | Serbia | 3 | 2681 | 4 | 19232 |
| 希腊 | Greece | | | 1 | 220 |
| 葡萄牙 | Portugal | | | 1 | 607 |
| 白俄罗斯 | Belarus | | | 1 | 144 |
| 斯洛伐克 | Slovakia | | | 1 | 2147 |
| **拉丁美洲** | **Latin America** | **75** | **146978** | **68** | **89750** |
| 阿根廷 | Argentina | | | | |
| 巴西 | Brazil | 4 | 65 | 8 | 1952 |
| 开曼群岛 | Cayman Islands | 48 | 99120 | 31 | 40939 |
| 智利 | Chile | | | 1 | 15 |
| 古巴 | Cuba | | | | |
| 厄瓜多尔 | Ecuador | | | | |
| 墨西哥 | Mexico | 10 | 6613 | 23 | 45621 |
| 秘鲁 | Peru | 1 | 300 | 1 | 120 |
| 英属维尔京群岛 | British Virgin Islands | 12 | 40880 | 4 | 1103 |
| **北美洲** | **North America** | **142** | **76352** | **140** | **170563** |
| 加拿大 | Canada | 10 | 2702 | 7 | 1260 |
| 美国 | United States | 129 | 69525 | 130 | 168292 |
| 其他 | Others | 3 | 4125 | 3 | 1010 |
| **大洋洲** | **Oceanic** | **14** | **4537** | **29** | **13489** |
| 澳大利亚 | Australia | 13 | 4524 | 24 | 12797 |
| 斐济 | Fiji | | | | |
| 瓦努阿图 | Vanuatu | | | 1 | 40 |
| 新西兰 | New Zealand | 1 | 13 | 2 | 150 |
| 巴布亚新几内亚 | Papua New Guinea | | | 1 | 402 |
| 萨摩亚 | Samoa | | | 1 | 100 |

# 8-17 分行业境外投资情况

| 行 业 | Sector |
|---|---|
| **全 部** | **Total** |
| 第一产业 | Primary Industry |
| 第二产业 | Secondary Industry |
| 第三产业 | Tertiary Industry |
| 按国民经济行业分 | By Sector |
| 农、林、牧、渔业 | Agriculture, Forestry, Animal Husbandry and Fishery |
| 农业 | Farming |
| 林业 | Forestry |
| 畜牧业 | Animal Husbandry |
| 渔业 | Fishery |
| 农、林、牧、渔专业及辅助性活动 | Agriculture, Forestry, Animal Husbandry, Fishery and Support Activities |
| 采矿业 | Mining |
| 煤炭开采和洗选业 | Mining and Washing of Coal |
| 石油和天然气开采业 | Extraction of Petroleum and Natural Gas |
| 黑色金属矿采选业 | Mining and Processing of Ferrous Metal Ores |
| 有色金属矿采选业 | Mining and Processing of Non-ferrous Metal Ores |
| 非金属矿采选业 | Mining and Processing of Non-metal Ores |
| 开采专业及辅助性活动 | Professional and Support Activities for Mining |
| 其他采矿业 | Mining of Other Ores |
| 制造业 | Manufacturing |
| 农副食品加工业 | ProcessingofFoodfromAgriculturalProducts |
| 食品制造业 | Manufacturing of Foods |
| 酒、饮料和精制茶制造业 | Manufacture of Liquor, Beverages and Refined Tea |
| 烟草制品业 | Manufacture of Tobacco |
| 纺织业 | Manufacture of Textile |
| 纺织服装、服饰业 | Manufacture of Textile, Wearing Apparel and Accessories |
| 皮革、毛皮、羽毛及其制品和制鞋业 | Manufacture of Leather, Fur, Feather and Related Products |
| 木材加工及木、竹、藤、棕、草制品业 | Processing of Timber, Manufacture of Wood, Bamboo, Rattan, Palm and Straw Products |
| 家具制造业 | Manufacture of Furniture |
| 造纸和纸制品业 | Manufacture of Paper and Paper Products |
| 印刷和记录媒介复制业 | Printing and Reproduction of Recording Media |
| 文教、工美、体育和娱乐用品制造业 | Manufacture of Articles for Culture, Education, Arts and Crafts, Sport and Entertainment Activities |
| 石油、煤炭及其他燃料加工业 | Processing of Petroleum, Coal and Other Fuels |
| 化学原料和化学制品制造业 | Manufacture of Raw Chemical Materials and Chemical Products |
| 医药制造业 | Manufacture of Medicines |
| 化学纤维制造业 | Manufacture of Chemical Fibers |

# Overseas Investment by Sector

| 2022 | | 2023 | |
|---|---|---|---|
| 新批项目数（个）Number of Newly Approved Projects (unit) | 中方协议投资（万美元）Protocol Fund from China (USD 10000) | 新批项目数（个）Number of Newly Approved Projects (unit) | 中方协议投资（万美元）Protocol Fund from China (USD 10000) |
| **850** | **966747** | **1242** | **1116131** |
| 8 | 7403 | 8 | 2550 |
| 316 | 647104 | 530 | 722341 |
| 526 | 312241 | 704 | 391240 |
| 8 | 7403 | 8 | 2550 |
| 2 | 4000 | 3 | 724 |
| 6 | 3403 | 5 | 1826 |
| 6 | 3678 | 6 | 1690 |
| 4 | 1064 | 4 | 753 |
| 2 | 2614 | 2 | 937 |
| 285 | 640159 | 481 | 638571 |
| 1 | 100 | 3 | 1052 |
| 2 | 2331 | 3 | 702 |
| 1 | 8500 | 1 | |
| 11 | 4054 | 17 | 20510 |
| 13 | 2865 | 14 | 5134 |
| 4 | 4690 | 6 | 6791 |
| 8 | 14167 | 11 | 5639 |
| 2 | 100 | 4 | 510 |
| 3 | 1704 | 2 | 3623 |
| 13 | 2856 | 16 | 26385 |
| 26 | 25785 | 27 | 18211 |
| 1 | 3119 | 1 | 1030 |

8-17 续表 1

| 行 业 | Sector |
|---|---|
| 橡胶和塑料制品业 | Manufacture of Rubber and Plastic Products |
| 非金属矿物制品业 | Manufacture of Non-metallic Mineral Products |
| 黑色金属冶炼及压延加工业 | Smelting and Pressing of Ferrous Metals |
| 有色金属冶炼及压延加工业 | Smelting and Pressing of Non-ferrous Metals |
| 金属制品业 | Manufacture of Metal Products |
| 通用设备制造业 | Manufacture of General Purpose Machinery |
| 专用设备制造业 | Manufacture of Special Purpose Machinery |
| 汽车制造业 | Manufacture of Automobiles |
| 铁路、船舶、航空航天和其他运输设备制造业 | Manufacture of Railway, Ship, Aerospace and Other Transport Equipments |
| 电气机械和器材制造业 | Manufacture of Electrical Machinery and Apparatus |
| 计算机、通信和其他电子设备制造业 | Manufacture of Computers, Communication and Other Electronic Equipment |
| 仪器仪表制造业 | Manufacture of Measuring Instruments and Machinery |
| 其他制造业 | Other Manufacture |
| 废弃资源综合利用业 | Utilization of Waste Resources |
| 金属制品、机械和设备修理业 | Repair Service of Metal Products, Machinery and Equipment |
| 电力、热力、燃气及水的生产和供应业 | Production and Supply of Electricity, Heat, Gas and Water |
| 电力、热力生产和供应业 | Production and Supply of Electric Power and Heat Power |
| 燃气生产和供应业 | Production and Supply of Gas |
| 水的生产和供应业 | Production and Supply of Water |
| 建筑业 | Construction |
| 房屋建筑业 | Construction of Buildings |
| 土木工程建筑业 | Civil Engineering |
| 建筑安装业 | Building Installation |
| 建筑装饰、装修和其他建筑业 | Building Decoration, Decoration and Other Construction Industries |
| 批发和零售业 | Wholesale and Retail Trades |
| 批发业 | Wholesale |
| 零售业 | Retail Trades |
| 交通运输、仓储和邮政业 | Transport, Storage and Post |
| 铁路运输业 | Railway Transport |
| 道路运输业 | Road Transport |
| 水上运输业 | Water Transport |
| 航空运输业 | Air Transport |
| 管道运输业 | Pipeline Transport |
| 多式联运和运输代理业 | Multimodal and Forwarding Agencies |
| 装卸搬运和仓储业 | Loading, Unloading and Storage |
| 邮政业 | Post |
| 住宿和餐饮业 | Hotels and Catering Services |
| 住宿业 | Hotels |
| 餐饮业 | Catering Services |

continued

| 2022 | | 2023 | |
|---|---|---|---|
| 新批项目数<br>(个)<br>Number of Newly Approved Projects<br>(unit) | 中方协议投资<br>(万美元)<br>Protocol Fund from China<br>(USD 10000) | 新批项目数<br>(个)<br>Number of Newly Approved Projects<br>(unit) | 中方协议投资<br>(万美元)<br>Protocol Fund from China<br>(USD 10000) |
| 7 | 51135 | 36 | 37636 |
| 3 | 6388 | 3 | 2476 |
| 3 | 14985 | 1 | -1750 |
| 4 | 39658 | 4 | 37304 |
| 9 | 2329 | 41 | 33533 |
| 30 | 16610 | 39 | 35807 |
| 43 | 35348 | 65 | 54899 |
| 17 | 49449 | 32 | 67940 |
| 15 | 31984 | 48 | 121900 |
| 43 | 300636 | 66 | 140389 |
| 4 | 1118 | 3 | 316 |
| 21 | 6314 | 35 | 17174 |
| 1 | 13935 | 3 | 1360 |
| 8 | 2480 | 17 | 70989 |
| 8 | 2480 | 15 | 70916 |
| | | 2 | 72 |
| 17 | 786 | 26 | 11092 |
| 9 | -97 | 10 | 2459 |
| 7 | 873 | 9 | 8183 |
| 1 | 10 | 7 | 450 |
| 253 | 57024 | 392 | 107604 |
| 195 | 47031 | 305 | 96061 |
| 58 | 9992 | 87 | 11543 |
| 14 | 21659 | 29 | 31171 |
| | | 2 | 101 |
| | | 3 | 513 |
| 3 | 18799 | 2 | 400 |
| 11 | 2859 | 22 | 30158 |
| 2 | 799 | 5 | 820 |
| | | 1 | 140 |
| 2 | 799 | 4 | 680 |

8-17 续表 2

| 行 业 | Sector |
| --- | --- |
| 信息传输、软件和信息技术服务业 | Information Transmission, Software and IT Services |
| 电信、广播电视和卫星传输服务 | Telecommunication, Satellites Radio and Television Services |
| 互联网和相关服务 | Internet and Related Services |
| 软件和信息技术服务业 | Software and IT Services |
| 金融业 | Financial Intermediation |
| 货币金融服务业 | Monetary and Financial |
| 资本市场服务业 | Capital Market Service |
| 保险业 | Insurance |
| 其他金融业 | Other Financial Activities |
| 房地产业 | Real Estate |
| 租赁和商务服务业 | Leasing and Business Services |
| 租赁业 | Leasing |
| 商务服务业 | Business Services |
| 科学研究和技术服务业 | Scientific Research and Technical Services |
| 研究与试验发展 | Research and Experimental Development |
| 专业技术服务业 | Professional Technical Services |
| 科技推广和应用服务业 | Science and Technology Popularization and Application of Science |
| 水利、环境和公共设施管理业 | Management of Water Conservancy, Environment and Public Facilities |
| 水利管理业 | Management of Water Conservancy |
| 生态保护和环境治理业 | Ecological Protection and Enviromental Governance |
| 公共设施管理业 | Management of Public Facilities |
| 土地管理业 | Management of Land |
| 居民服务、修理和其他服务业 | Services to Households and Other Services |
| 居民服务业 | Services to Households |
| 机动车、电子产品和日用产品修理业 | Repair of Vehicle, Electronics and Daily Maintenance |
| 其他服务业 | Other Services |
| 教育 | Education |
| 卫生和社会工作 | Public Health and Social Services |
| 卫生 | Public Health |
| 社会工作 | Social Services |
| 文化、体育和娱乐业 | Culture, Sports and Entertainment |
| 新闻和出版业 | Journalism and Publishing |
| 广播、电视、电影和录音制作业 | Radio, TV, Movie and Video Recording |
| 文化艺术业 | Cultural and Art |
| 体育 | Sports |
| 娱乐业 | Entertainment |

continued

| 2022 | | 2023 | |
|---|---|---|---|
| 新批项目数（个）Number of Newly Approved Projects (unit) | 中方协议投资（万美元）Protocol Fund from China (USD 10000) | 新批项目数（个）Number of Newly Approved Projects (unit) | 中方协议投资（万美元）Protocol Fund from China (USD 10000) |
| 53 | 71279 | 57 | -14194 |
| 5 | 23532 | 1 | -27643 |
| 33 | 9447 | 43 | 16155 |
| 15 | 38300 | 13 | -2706 |
| | | 1 | 5 |
| | | | |
| | | | |
| | | | |
| | | 1 | 5 |
| | | | |
| 66 | 37912 | 74 | 47869 |
| | | 2 | 4226 |
| 66 | 37912 | 72 | 43644 |
| 130 | 122718 | 132 | 207048 |
| 87 | 98981 | 82 | 191551 |
| 23 | 9288 | 20 | 10618 |
| 20 | 14449 | 30 | 4880 |
| 1 | 200 | 2 | 504 |
| | | 2 | 504 |
| 1 | 200 | | |
| | | | |
| | | | |
| 4 | -344 | 10 | 10142 |
| | | 1 | 217 |
| | | | |
| 4 | -344 | 9 | 9925 |
| | | 1 | 40 |
| 1 | 200 | 1 | 230 |
| | | 1 | 230 |
| 1 | 200 | | |
| 2 | 794 | | |
| | | | |
| | | | |
| | | | |
| 2 | 794 | | |

# 8-18 分地区境外投资情况
# Overseas Investment by Region

| 地 区 | Region | 2022 | | 2023 | |
|---|---|---|---|---|---|
| | | 新批项目数（个）Number of Newly Approved Projects (unit) | 中方协议投资（万美元）Protocol Fund from China (USD 10000) | 新批项目数（个）Number of Newly Approved Projects (unit) | 中方协议投资（万美元）Protocol Fund from China (USD 10000) |
| **全 省** | **Total** | **850** | **966747** | **1242** | **1116131** |
| 苏 南 | Southern Jiangsu | 711 | 854096 | 997 | 826880 |
| 苏 中 | Mid Jiangsu | 76 | 58565 | 146 | 112984 |
| 苏 北 | Northern Jiangsu | 63 | 54086 | 99 | 176266 |
| 南京市 | Nanjing | 104 | 55365 | 130 | 66481 |
| 无锡市 | Wuxi | 157 | 402748 | 191 | 265999 |
| 徐州市 | Xuzhou | 20 | 5579 | 33 | 58515 |
| 常州市 | Changzhou | 54 | 111554 | 116 | 149986 |
| 苏州市 | Suzhou | 381 | 256271 | 528 | 270292 |
| 南通市 | Nantong | 37 | 30185 | 69 | 25171 |
| 连云港市 | Lianyungang | 16 | 40395 | 10 | 3165 |
| 淮安市 | Huai'an | 7 | 3258 | 12 | 7262 |
| 盐城市 | Yancheng | 10 | 2280 | 21 | 72862 |
| 扬州市 | Yangzhou | 26 | 24300 | 40 | 44767 |
| 镇江市 | Zhenjiang | 15 | 28158 | 32 | 74122 |
| 泰州市 | Taizhou | 13 | 4080 | 37 | 43047 |
| 宿迁市 | Suqian | 10 | 2574 | 23 | 34462 |

# 主要统计指标解释

**进出口总额**　海关进出口总额指实际进出我国国境的货物总金额。包括对外贸易实际进出口货物，来料加工装配进出口货物，国家间、联合国及国际组织无偿援助物资和赠送品，华侨、港澳台同胞和外籍华人捐赠品，租赁期满归承租人所有的租赁货物，进料加工进出口货物，边境地方贸易及边境地区小额贸易进出口货物(边民互市贸易除外)，中外合资企业、中外合作经营企业、外商独资经营企业进出口货物和公用物品，到、离岸价格在规定限额以上的进出口货样和广告品(无商业价值、无使用价值和免费提供出口的除外)，从保税仓库提取在中国境内销售的进口货物，以及其他进出口货物。进出口总额用以观察一个国家在对外贸易方面的总规模。我国规定出口货物按离岸价格统计，进口货物按到岸价格统计。

**商品经营单位所在地进、出口额**　指所在地海关注册登记的有进出口经营权的企业实际进、出口额。

**商品目的地进口额和商品货源地出口额**　目的地进口额指进口货物的消费、使用或最终抵运地的实际进口额，货源地出口额是指出口货物的产地或原始发货地的实际出口额。

**实际使用外资金额**　指合同外资金额的实际执行数，包括境外投资者实际缴付的注册资本、营运资金，以及受让境内投资者股权实际支付的交易对价。

**对外承包工程**　指各对外承包公司以招标议标承包方式承揽的下列业务：（1）承包国外工程建设项目，（2）承包我国对外经援项目，（3）承包我国驻外机构的工程建设项目，（4）承包我国境内利用外资进行建设的工程项目，（5）与外国承包公司合营或联合承包工程项目时我国公司分包部分，（6）对外承包兼营的房屋开发业务。对外承包工程的营业额是以货币表现的本期内完成的对外承包工程的工作量，包括以前年度签订的合同和本年度新签订的合同在报告期内完成的工作量。

**对外劳务合作**　指以收取工资的形式向业主或承包商提供技术和劳动服务的活动。我国对外承包公司在境外开办的合营企业，中国公司同时又提供劳务的，其劳务部分也纳入劳务合作统计。劳务合作营业额按报告期内向雇主提交的结算数（包括工资、加班费和奖金等）统计。

# Explanatory Notes on Main Statistical Indicators

**Total Imports and Exports Value** refer to the value of commodities actually imported and exported across the border of China. They include the actual imports and exports through foreign trade, imported and exported goods under the processing and assembling trades and materials, supplies and gifts as aid given gratis between governments and by the United Nations, other international organizations, and contributions donated by overseas Chinese, compatriots in Hong Kong, Macao and Taiwan and Chinese with foreign citizenship, leasing commodities owned by tenant at the expiration of leasing period, the imported and exported commodities processed with imported materials, commodities trading in border areas(excluding mutual exchange goods), the imported and exported commodities and articles for public use of the Sino-foreign joint ventures, cooperative enterprises and ventures exclusively with sole foreign investment. Also included are import or export of samples and advertising goods for whose CIF or FOB value are beyond the permitted ceiling (excluding goods of no trading or use value and free commodities for export), imported goods sold in China from bonded warehouses and other imported or exported goods. The indicator of the total imports and exports at customs can be used to observe the total size of external trade in a country. In accordance with the stipulation of the Chinese government, imports are calculated at CIF, while exports are calculated at FOB.

**Imports or Exports Value by Location of China's Foreign Trade Operating Units** refers to actual value of imports and exports carried out by corporations which have been registered by the local customhouse and are vested with fight to run import or export business.

**Import Value of Commodities by Destination and Export Value of Commodities by Origin The former indicator** refers to the value of import commodities of consumption, utilization or the final destination. The latter indicator refers to the value of export commodities of their origin or the places of the commodities dispatched.

**Overseas Contracted Projects** refer to projects undertaken by Chinese contractors(project contracting companies)through bidding process. They include: (1)overseas engineering construction projects financed by foreign investors; (2)overseas projects financed by the Chinese government through its foreign aid programs; (3)construction projects of Chinese diplomatic missions, trade offices and other institutions stationed abroad; (4)construction projects in China financed by foreign investment; (5)sub-contracted projects to be taken by Chinese contractors through a joint umbrella project with foreign contractors; (6)housing development projects. The business income from international contracted projects is the work volume of contracted projects completed during the reference period, expressed in monetary terms, including completed work on projects signed in previous years.

**Overseas Labour Services** refer to the activities of providing technology and labor services to employers or contractors in the forms of receiving salaries and wages. Labor services providing by contractual joint ventures of Chinese international contracting corporations should be included in the statistics of service co-operation with foreign countries. The business income of labor service co-operation is the income in the form of wages and salaries, overtime pay, bonuses and other remuneration received from the employers during the reference period.

# 9

# 能源、资源、环境

# Energy，Resources and Environment

# 简 要 说 明

**一、本篇资料的主要内容**

本篇主要反映江苏自然资源、能源消费、电力运行、环境保护事业发展情况。

自然资源包括水资源、气象等数据资料。

能源消费包括综合能源平衡表、规模以上工业企业主要能源品种消费量等。

电力运行包括电网生产经营情况、用电量、主要电厂发电量等。

环境保护事业发展情况主要包括污染排放与处理情况、生态环境保护情况等。

**二、本篇资料的统计范围**

本篇资料的统计范围为全社会。

**三、本篇的资料来源**

气象、水资源、环境保护事业发展情况分别由气象、水利、环保等部门提供。

电力运行数据来源于省电力公司。

能源消费数据来自历年能源平衡表及相关能源统计年报。

# Brief Introduction

**I. Main Contents**

This chapter contains information that reflects natural resource conditions, energy consumption, power operation and the development of environment protection.

Natural resource includes water resource and meteorological phenomena, etc.

Energy consumption includes overall energy balance sheet and major energy consumption of industrial enterprises above designated size, etc.

Electric power operation includes power grid production and operation, use of electricity, the electricity generation of the main power plants, etc.

The development of environmental protection mainly includes discharge and treatment of pollution, ecological and environmental protection, etc.

**II. Scope of Data**

The scope of data in this chapter is the whole province.

**III. Sources of Data**

Data on meteorological phenomena, water resource, development of environmental protection are provided respectively by department of meteorology, water conservancy, environmental protection.

Power operation data are from the Jiangsu Electric Power Company.

Data on energy consumption are from the energy balance sheets over the years and relevant energy statistics annals.

# 9-1　主要城市月平均气温(2023年)
## Monthly Average Temperature of Major Cities (2023)

单位：摄氏度　　(℃)

| 城　市 | City | 1月 Jan. | 2月 Feb. | 3月 Mar. | 4月 Apr. | 5月 May | 6月 Jun. | 7月 Jul. | 8月 Aug. | 9月 Sept. | 10月 Oct. | 11月 Nov. | 12月 Dec. | 年平均气温 Yearly Average |
|---|---|---|---|---|---|---|---|---|---|---|---|---|---|---|
| 南　京 | Nanjing | 4.8 | 6.0 | 12.7 | 17.2 | 21.5 | 25.7 | 28.6 | 28.0 | 24.4 | 18.9 | 12.2 | 4.8 | 17.1 |
| 无　锡 | Wuxi | 5.4 | 6.9 | 13.1 | 17.8 | 22.2 | 25.9 | 29.8 | 29.0 | 25.7 | 19.5 | 13.3 | 5.5 | 17.8 |
| 徐　州 | Xuzhou | 2.0 | 5.1 | 12.9 | 16.4 | 21.8 | 26.6 | 28.8 | 28.3 | 23.9 | 18.3 | 10.0 | 2.3 | 16.4 |
| 常　州 | Changzhou | 5.0 | 6.4 | 13.0 | 17.4 | 22.1 | 26.0 | 29.4 | 28.6 | 25.3 | 19.3 | 13.1 | 5.1 | 17.6 |
| 苏　州 | Suzhou | 6.1 | 7.1 | 13.0 | 17.7 | 22.1 | 25.9 | 29.7 | 28.9 | 25.7 | 20.3 | 14.1 | 6.3 | 18.1 |
| 南　通 | Nantong | 4.6 | 5.6 | 11.8 | 16.3 | 21.1 | 24.8 | 28.8 | 28.3 | 24.8 | 19.2 | 12.9 | 5.3 | 17.0 |
| 连云港 | Lianyungang | 1.6 | 3.9 | 11.1 | 14.6 | 20.0 | 25.2 | 27.8 | 27.2 | 23.4 | 18.0 | 9.7 | 2.3 | 15.4 |
| 淮　安 | Huai'an | 2.6 | 4.6 | 11.8 | 15.6 | 20.3 | 25.3 | 27.9 | 27.1 | 23.0 | 17.5 | 10.2 | 2.6 | 15.7 |
| 盐　城 | Yancheng | 2.6 | 4.6 | 11.5 | 15.6 | 20.3 | 24.9 | 28.1 | 27.8 | 24.2 | 18.2 | 11.3 | 3.4 | 16.0 |
| 扬　州 | Yangzhou | 3.7 | 5.5 | 12.8 | 17.0 | 21.8 | 25.7 | 28.8 | 28.2 | 24.5 | 18.4 | 11.7 | 3.8 | 16.8 |
| 镇　江 | Zhenjiang | 3.8 | 5.7 | 12.3 | 16.8 | 21.4 | 25.5 | 28.5 | 28.2 | 24.7 | 18.5 | 11.8 | 4.2 | 16.8 |
| 泰　州 | Taizhou | 3.5 | 5.3 | 11.9 | 16.2 | 20.9 | 25.0 | 28.4 | 27.9 | 24.4 | 18.5 | 11.7 | 4.0 | 16.5 |
| 宿　迁 | Suqian | 2.6 | 4.9 | 12.9 | 16.1 | 21.4 | 26.1 | 28.3 | 27.9 | 23.6 | 18.8 | 10.5 | 3.0 | 16.3 |

# 9-2　主要城市月降水量(2023年)
## Monthly Precipitation of Major Cities (2023)

单位：毫米　　(mm)

| 城　市 | City | 1月 Jan. | 2月 Feb. | 3月 Mar. | 4月 Apr. | 5月 May | 6月 Jun. | 7月 Jul. | 8月 Aug. | 9月 Sept. | 10月 Oct. | 11月 Nov. | 12月 Dec. | 全年累计 Yearly Total |
|---|---|---|---|---|---|---|---|---|---|---|---|---|---|---|
| 南　京 | Nanjing | 27.1 | 64.7 | 49.9 | 46.1 | 57.7 | 250.6 | 240.7 | 330.8 | 104.1 | 27.3 | 22.9 | 54.3 | 1276.2 |
| 无　锡 | Wuxi | 42.6 | 67.7 | 76.9 | 33.5 | 68.6 | 307.3 | 289.1 | 141.6 | 166.5 | 12.1 | 15.5 | 44.6 | 1266.0 |
| 徐　州 | Xuzhou | 26.0 | 31.1 | 10.0 | 60.1 | 202.8 | 70.6 | 254.3 | 126.0 | 127.3 | 8.6 | 18.5 | 19.3 | 954.6 |
| 常　州 | Changzhou | 28.3 | 67.1 | 60.9 | 41.1 | 69.7 | 382.0 | 280.8 | 96.4 | 110.8 | 19.1 | 17.4 | 44.2 | 1217.8 |
| 苏　州 | Suzhou | 71.9 | 65.2 | 68.8 | 29.0 | 74.6 | 226.1 | 457.0 | 107.4 | 217.2 | 20.1 | 30.0 | 39.5 | 1406.8 |
| 南　通 | Nantong | 28.4 | 64.7 | 47.0 | 41.0 | 80.0 | 257.1 | 397.1 | 91.5 | 145.1 | 35.0 | 22.9 | 29.1 | 1238.9 |
| 连云港 | Lianyungang | 13.8 | 24.3 | 20.0 | 59.1 | 112.8 | 72.2 | 314.2 | 266.4 | 132.8 | 3.6 | 28.4 | 39.5 | 1087.1 |
| 淮　安 | Huai'an | 41.7 | 39.2 | 40.4 | 47.1 | 89.4 | 152.5 | 308.6 | 275.7 | 108.0 | 8.1 | 47.7 | 67.7 | 1226.1 |
| 盐　城 | Yancheng | 21.5 | 54.2 | 42.6 | 45.5 | 127.9 | 143.2 | 118.1 | 159.5 | 80.3 | 11.1 | 20.4 | 73.8 | 898.1 |
| 扬　州 | Yangzhou | 40.9 | 69.0 | 35.5 | 43.1 | 72.5 | 246.0 | 625.1 | 92.6 | 216.7 | 26.2 | 22.2 | 59.5 | 1549.3 |
| 镇　江 | Zhenjiang | 30.0 | 64.5 | 48.0 | 34.0 | 86.6 | 329.5 | 475.8 | 135.7 | 97.9 | 22.8 | 21.3 | 59.9 | 1406.0 |
| 泰　州 | Taizhou | 45.6 | 62.6 | 33.8 | 27.2 | 146.4 | 240.6 | 603.5 | 188.8 | 173.4 | 30.2 | 24.4 | 54.9 | 1631.4 |
| 宿　迁 | Suqian | 23.6 | 35.9 | 28.4 | 77.8 | 232.7 | 58.5 | 271.9 | 157.8 | 103.7 | 5.5 | 24.0 | 48.9 | 1068.7 |

# 9-3 水资源总量(2023年)
# Water Resources (2023)

单位：亿立方米 (100 million cu.m)

| 项 目 | Item Water Resources | 水资源总量 Total | 地表水资源量 Surface Water Volume | 地下水资源量 Ground water Resources | 地下水与地表水重复计算量 Overlapped Measurement Between Groundwater and Surface Water | 年降水量 Annual Precipitation |
|---|---|---|---|---|---|---|
| **合 计** | **Total** | **422.06** | **369.75** | **122.68** | **70.37** | **1162.83** |
| **按流域区域分** | **By Drainage Area** | | | | | |
| 淮河流域 | Huaihe River Basin | 224.40 | 185.31 | 81.28 | 42.19 | 676.19 |
| 王家坝至中渡区 | From Wangjiaba to Zhongdu | 23.80 | 18.85 | 8.23 | 3.27 | 87.66 |
| 中渡以下 | Below Zhongdu | 119.84 | 106.19 | 40.78 | 27.13 | 346.91 |
| 沂沭泗河区 | Yishusi River District | 80.76 | 60.28 | 32.27 | 11.79 | 241.62 |
| 长江流域 | Yangtze River Basin | 197.66 | 184.43 | 41.40 | 28.18 | 486.65 |
| 湖口以下干流 | Trunk Stream below Hukou | 85.27 | 77.24 | 23.84 | 15.80 | 240.14 |
| 太湖流域 | Taihu Basin | 112.38 | 107.20 | 17.56 | 12.38 | 246.51 |
| **按行政区域分** | **By City** | | | | | |
| 南 京 市 | Nanjing | 24.78 | 23.67 | 6.02 | 0.11 | 75.57 |
| 无 锡 市 | Wuxi | 27.99 | 26.51 | 4.17 | 0.05 | 59.77 |
| 徐 州 市 | Xuzhou | 30.54 | 20.58 | 14.82 | 0.14 | 100.16 |
| 常 州 市 | Changzhou | 24.17 | 23.18 | 4.23 | 0.08 | 53.27 |
| 苏 州 市 | Suzhou | 51.52 | 49.27 | 7.13 | 0.01 | 113.87 |
| 南 通 市 | Nantong | 45.95 | 39.31 | 15.26 | | 123.07 |
| 连云港市 | Lianyungang | 24.12 | 19.09 | 8.25 | 0.12 | 70.43 |
| 淮 安 市 | Huai'an | 36.65 | 31.37 | 12.98 | 0.08 | 108.00 |
| 盐 城 市 | Yancheng | 51.38 | 43.05 | 19.60 | | 165.70 |
| 扬 州 市 | Yangzhou | 30.38 | 27.77 | 9.40 | 0.03 | 84.05 |
| 镇 江 市 | Zhenjiang | 19.30 | 18.55 | 3.83 | 0.07 | 47.33 |
| 泰 州 市 | Taizhou | 27.84 | 25.76 | 8.30 | | 75.10 |
| 宿 迁 市 | Suqian | 27.44 | 21.63 | 8.69 | 0.08 | 86.51 |

# 9-4　农村自然灾害情况
## Basic Conditions of Rural Natural Disasters

单位：千公顷　(1000 hectares)

| 指　标 | Item | 2017 | 2018 | 2019 | 2020 | 2021 | 2022 | 2023 |
|---|---|---|---|---|---|---|---|---|
| 受灾面积 | Disaster Area | 62.29 | 353.73 | 210.81 | 131.00 | 88.25 | 79.04 | 29.64 |
| #旱灾 | Drought | 8.62 | 5.83 |  |  |  | 71.76 |  |
| 水灾 | Flood | 13.79 | 8.71 | 6.77 | 115.99 |  |  | 23.84 |

# 9-5　规模以上工业企业主要能源消费量
## Major Energy Consumption of Industrial Enterprises above Designated Size

单位：万吨　(10000 tons)

| 名　称 | Type of Energy | 2017 | 2018 | 2019 | 2020 | 2021 | 2022 | 2023 |
|---|---|---|---|---|---|---|---|---|
| 原煤 | Coal | 24364.76 | 24215.30 | 23297.55 | 22716.88 | 24949.03 | 25004.24 | 26790.44 |
| 焦炭 | Coke | 4070.63 | 4298.16 | 4967.15 | 4485.53 | 4403.65 | 4460.07 | 4233.57 |
| 原油 | Crude Oil | 3866.06 | 4067.87 | 4120.20 | 4017.88 | 4019.99 | 3986.62 | 5349.37 |
| 汽油 | Gasoline | 36.55 | 26.35 | 21.14 | 12.91 | 11.01 | 8.80 | 13.44 |
| 煤油 | Kerosene | 0.79 | 0.61 | 0.52 | 0.43 | 0.52 | 1.14 | 2.48 |
| 柴油 | Diesel Oil | 94.80 | 68.76 | 57.65 | 48.40 | 50.04 | 45.70 | 54.30 |
| 燃料油 | Fuel Oil | 227.56 | 134.91 | 58.79 | 58.15 | 27.29 | 23.47 | 265.75 |
| 液化石油气 | LPG | 35.40 | 35.97 | 45.25 | 40.46 | 45.79 | 37.22 | 42.32 |

# 9-6 规模以上工业企业平均每天主要能源消费量
# Average Daily Energy Consumption of Industrial Enterprises above Designated Size

单位：吨 (ton)

| 名 称 | Type of Energy | 2017 | 2018 | 2019 | 2020 | 2021 | 2022 | 2023 |
|---|---|---|---|---|---|---|---|---|
| 原煤 | Coal | 667528 | 663433 | 638289 | 620680 | 683535 | 685048 | 733985 |
| 焦炭 | Coke | 111524 | 117758 | 136086 | 122555 | 120648 | 122194 | 115988 |
| 原油 | Crude Oil | 105920 | 111449 | 112882 | 109778 | 110137 | 109222 | 146558 |
| 汽油 | Gasoline | 1001 | 722 | 579 | 353 | 302 | 241 | 368 |
| 煤油 | Kerosene | 22 | 17 | 14 | 12 | 14 | 31 | 68 |
| 柴油 | Diesel Oil | 2597 | 1884 | 1579 | 1322 | 1371 | 1252 | 1488 |
| 燃料油 | Fuel Oil | 6234 | 3696 | 1611 | 1589 | 748 | 643 | 7281 |
| 液化石油气 | LPG | 970 | 986 | 1240 | 1105 | 1254 | 1020 | 1159 |

# 9-7 综合能源平衡表
# Overall Energy Balance Sheet

单位：万吨标准煤 (10000 tce)

| 项 目 | Item | 2017 | 2018 | 2019 | 2020 | 2021 | 2022 |
|---|---|---|---|---|---|---|---|
| **可供消费的能源总量** | **Total Energy Available for Consumption** | | | | | | |
| 一次能源生产量 | Primary Energy Production | 2708.05 | 3245.63 | 3489.29 | 3620.89 | 4482.52 | 5155.67 |
| 回收能 | Recovery of Energy | 1842.56 | 2088.68 | 2502.49 | 2461.99 | 2618.26 | 2638.39 |
| 进口量 | Imports | 5028.44 | 5737.03 | 5682.72 | 6034.55 | 6685.77 | 6227.41 |
| 出口量 | Exports | 104.76 | 201.16 | 362.19 | 199.05 | 155.21 | 146.05 |
| 年初年末库存差额 | Stock Changes in the Year | 20.56 | -318.80 | -454.63 | 943.19 | -664.34 | -247.66 |
| **能源消费总量** | **Total Energy Consumption** | **31602.09** | **31635.20** | **32525.97** | **32672.49** | **34679.94** | **35823.95** |
| 在总量中: | Consumption by Sector: | | | | | | |
| 农、林、牧、渔、水利业 | Agriculture, Forestry, Animal Husbandry, Fishery and Water Conservancy | 546.02 | 564.25 | 550.24 | 542.54 | 581.40 | 644.05 |
| 工业 | Industry | 23472.50 | 22915.16 | 23498.52 | 23459.56 | 24802.03 | 25413.26 |
| 建筑业 | Construction | 357.56 | 379.56 | 402.41 | 443.03 | 455.11 | 381.38 |
| 交通运输、仓储及邮电通信业 | Transport, Storage, Post and Telecommunication | 2319.58 | 2442.05 | 2594.32 | 2607.25 | 2554.06 | 2437.70 |
| 批发和零售贸易餐饮业 | Wholesale and Retail Trades and Catering Services | 609.94 | 669.83 | 701.08 | 679.60 | 810.26 | 858.68 |
| 其他 | Others | 1323.09 | 1492.48 | 1585.52 | 1597.95 | 1889.17 | 2027.31 |
| 生活消费 | Household Consumption | 2973.40 | 3171.87 | 3193.88 | 3342.56 | 3587.91 | 4061.58 |
| 在总量中: | Consumption by Usage: | | | | | | |
| 终端消费 | Final Consumption | 32029.43 | 32335.19 | 33607.57 | 33755.68 | 35853.99 | 37008.26 |
| #工业 | Industry | 23899.86 | 23615.15 | 24982.52 | 24542.75 | 25976.09 | 26597.56 |
| 损失量 | Losses | 719.54 | 648.93 | 661.51 | 658.00 | 712.41 | 709.36 |

# 9-8 江苏电网生产经营综合情况

## General Production and Operating of Jiangsu Power Grid

| 指标名称 | Item | 2017 | 2018 | 2019 | 2020 | 2021 | 2022 | 2023 |
|---|---|---|---|---|---|---|---|---|
| 发电装机(万千瓦) | Power Generation Capacity(10000 kW) | 11457 | 12657 | 13288 | 14146 | 15420 | 16156 | 17966 |
| 发电量(亿千瓦时) | Generating Capacity(100 million kW·h) | 4884.58 | 5030.87 | 5062.28 | 5073.67 | 5867.26 | 5948.98 | 6272.54 |
| 全社会用电量(亿千瓦时) | Total Electricity Consumption (100 million kW·h) | 5807.89 | 6128.27 | 6264.36 | 6373.71 | 7101.16 | 7399.55 | 7832.96 |
| #第一产业 | Primary Industry(100 million kW·h) | 66.78 | 46.46 | 48.41 | 53.76 | 64.46 | 73.42 | 80.14 |
| 第二产业 | Secondary Industry(100 million kW·h) | 4318.22 | 4448.23 | 4512.42 | 4580.85 | 5047.02 | 5126.94 | 5434.17 |
| #工业 | Industry(100 million kW·h) | 4271.45 | 4396.06 | 4453.35 | 4523.11 | 4979.99 | 5063.19 | 5377.24 |
| 第三产业 | Tertiary Industry(100 million kW·h) | 738.57 | 875.31 | 936.05 | 941.39 | 1118.23 | 1183.94 | 1315.59 |
| 统调用电最高负荷(万千瓦) | Maximum Load of Controlled Electricity Consumption(10000 kW) | 10218.6 | 10287.9 | 11014.5 | 10828.4 | 11444.20 | 12687.51 | 13127.60 |
| 电源固定资产投资(亿元) | Investment in Fixed Assets in Power Supply(100 million yuan) | 58.93 | 32.34 | 59.01 | 37.43 | 13.55 | 3.44 | 4.31 |
| 新投发电装机(万千瓦) | Newly Increased Power Generation Capacity(10000 kW) | 1453 | 1239 | 761 | 992 | 1355 | 763 | 1888 |

# 9-9 全社会用电情况
# Total Electricity Consumption

单位：亿千瓦时 (100 million kW·h)

| 项　目 | Item | 2017 | 2018 | 2019 | 2020 | 2021 | 2022 | 2023 |
|---|---|---|---|---|---|---|---|---|
| **全社会用电量** | **Total** | **5807.89** | **6128.27** | **6264.36** | **6373.71** | **7101.16** | **7399.55** | **7832.96** |
| **按产业分** | **Grouped by Type of Industry** | | | | | | | |
| 第一产业 | Primary Industry | 66.78 | 46.46 | 48.41 | 53.76 | 64.46 | 73.42 | 80.14 |
| 第二产业 | Secondary Industry | 4318.22 | 4448.23 | 4512.42 | 4580.85 | 5047.02 | 5126.94 | 5434.17 |
| 第三产业 | Tertiary Industry | 738.57 | 875.31 | 936.05 | 941.39 | 1118.23 | 1183.94 | 1315.59 |
| **按行业分** | **Grouped by Sector** | | | | | | | |
| 农林牧渔业 | Agriculture, Forestry, Animal Husbandry and Fishery | 66.78 | 71.98 | 76.62 | 80.31 | 93.28 | 111.42 | 116.15 |
| #排灌 | Irrigation | 13.54 | 13.76 | 15.74 | 13.53 | 12.59 | 18.51 | 15.72 |
| 工业 | Industry | 4271.45 | 4396.06 | 4453.35 | 4523.11 | 4979.99 | 5063.19 | 5377.24 |
| #制造业 | Manufacturing | 3578.41 | 3702.43 | 3743.03 | 3792.89 | 4167.09 | 4215.96 | 4467.31 |
| #纺织业 | Manufacture of Textile | 466.59 | 463.55 | 458.78 | 410.04 | 453.08 | 416.56 | 441.76 |
| 化学原料及化学制品制造业 | Chemical Raw Materials and Chemical Products | 458.97 | 424.94 | 399.53 | 398.36 | 419.99 | 430.77 | 447.16 |
| 非金属矿物制品业 | Manufacture of Non-metallic Mineral Products | 195.11 | 201.05 | 210.30 | 213.03 | 224.63 | 227.57 | 218.39 |
| 黑色金属冶炼及压延加工业 | Smelting and Pressing of Ferrous Metals | 429.78 | 449.29 | 477.44 | 490.64 | 502.95 | 484.49 | 490.72 |
| 通用及专用设备制造业 | Manufacture of General and Special Purpose Machinery | 322.91 | 306.70 | 313.08 | 333.27 | 384.16 | 379.23 | 390.81 |
| 建筑业 | Construction | 46.77 | 54.69 | 61.60 | 59.95 | 69.60 | 66.32 | 59.69 |
| 交通运输、仓储和邮政业 | Transport, Storage and Post | 83.20 | 90.76 | 97.63 | 99.13 | 118.25 | 116.85 | 136.22 |
| 信息传输、计算机服务和软件业 | Information Transmission, Computer Services and Software | 52.99 | 60.29 | 65.28 | 82.72 | 105.48 | 119.99 | 133.05 |
| 批发和零售、住宿和餐饮业 | Wholesale and Retail Trades, Hotels and Catering Services | 201.94 | 231.18 | 244.48 | 238.50 | 288.04 | 302.62 | 348.56 |
| 金融、房地产、租赁和商务服务业 | Finance, Real Estate, Commercial and Resident Service | 189.55 | 195.48 | 211.09 | 210.15 | 251.04 | 265.96 | 294.82 |
| 公共事业及管理组织 | Public Services and Management Organizations | 210.89 | 269.56 | 286.84 | 282.14 | 324.03 | 337.95 | 364.18 |
| 城乡居民生活用电 | Electricity Consumption by Urban and Rural Residents | 684.32 | 758.27 | 767.48 | 797.70 | 871.45 | 1015.25 | 1003.06 |
| 城镇居民 | Urban Residents | 340.23 | 380.87 | 387.05 | 398.40 | 444.51 | 511.24 | 508.74 |
| 乡村居民 | Rural Residents | 344.08 | 377.40 | 380.44 | 399.30 | 426.94 | 504.01 | 494.32 |

# 9-10　分地区全社会用电量
# Total Electricity Consumption by Region

单位：亿千瓦时　　(100 million kW·h)

| 地　区 | Region | 2017 | 2018 | 2019 | 2020 | 2021 | 2022 | 2023 |
|---|---|---|---|---|---|---|---|---|
| **全　省** | **Total** | **5807.89** | **6128.27** | **6264.36** | **6373.71** | **7101.16** | **7399.55** | **7832.96** |
| **苏　南** | **Southern Jiangsu** | **3446.05** | **3646.66** | **3687.06** | **3705.48** | **4090.92** | **4127.33** | **4262.54** |
| 南京市 | Nanjing | 556.96 | 606.40 | 621.53 | 632.94 | 683.57 | 724.46 | 747.27 |
| 无锡市 | Wuxi | 686.67 | 732.81 | 750.82 | 759.53 | 838.64 | 833.30 | 864.07 |
| 常州市 | Changzhou | 455.03 | 489.72 | 505.85 | 522.62 | 588.38 | 609.37 | 625.09 |
| 苏州市 | Suzhou | 1503.53 | 1562.49 | 1544.48 | 1523.34 | 1685.28 | 1661.73 | 1719.31 |
| 镇江市 | Zhenjiang | 243.86 | 255.24 | 264.39 | 267.05 | 295.06 | 298.47 | 306.80 |
| **苏　中** | **Mid Jiangsu** | **911.50** | **968.43** | **1006.95** | **1048.83** | **1169.27** | **1261.26** | **1367.73** |
| 南通市 | Nantong | 400.55 | 433.31 | 451.55 | 477.29 | 541.70 | 585.43 | 658.53 |
| 扬州市 | Yangzhou | 237.05 | 248.99 | 259.40 | 264.66 | 289.77 | 313.61 | 331.67 |
| 泰州市 | Taizhou | 273.90 | 286.14 | 296.00 | 306.88 | 337.80 | 362.22 | 377.52 |
| **苏　北** | **Northern Jiangsu** | **1175.75** | **1230.12** | **1282.97** | **1333.60** | **1508.76** | **1662.13** | **1843.97** |
| 徐州市 | Xuzhou | 361.23 | 352.05 | 371.13 | 364.96 | 393.55 | 430.86 | 452.85 |
| 连云港市 | Lianyungang | 182.79 | 178.51 | 183.67 | 194.10 | 218.19 | 255.93 | 319.45 |
| 淮安市 | Huai'an | 172.92 | 186.59 | 191.26 | 193.81 | 228.72 | 248.66 | 276.26 |
| 盐城市 | Yancheng | 287.26 | 320.93 | 327.69 | 358.22 | 410.12 | 448.92 | 482.59 |
| 宿迁市 | Suqian | 171.55 | 192.05 | 209.22 | 222.51 | 258.17 | 277.76 | 312.82 |

注：各市用电量中未包括网损、大厂厂用电量和沙河抽水电量。(下同)

a) The network loss, the electricity consumption of larger factories and pumping didn't include in the total electricity consumption of cities.(The same below)

# 9-11　分地区工业用电量
# Industrial Electricity Consumption by Region

单位：亿千瓦时　　(100 million kW·h)

| 地　区 | Region | 2017 | 2018 | 2019 | 2020 | 2021 | 2022 | 2023 |
|---|---|---|---|---|---|---|---|---|
| **全　省** | **Total** | **4271.45** | **4396.06** | **4453.35** | **4523.11** | **4979.99** | **5063.19** | **5377.24** |
| **苏　南** | **Southern Jiangsu** | **2576.07** | **2667.00** | **2665.69** | **2671.24** | **2903.32** | **2836.66** | **2898.73** |
| 南京市 | Nanjing | 318.14 | 331.27 | 327.26 | 338.88 | 350.33 | 355.25 | 365.83 |
| 无锡市 | Wuxi | 524.68 | 551.49 | 563.31 | 569.39 | 620.25 | 600.40 | 615.03 |
| 常州市 | Changzhou | 351.21 | 373.05 | 385.20 | 400.18 | 449.65 | 456.39 | 466.36 |
| 苏州市 | Suzhou | 1202.04 | 1227.77 | 1199.82 | 1170.57 | 1271.45 | 1213.31 | 1235.38 |
| 镇江市 | Zhenjiang | 180.02 | 183.42 | 190.10 | 192.23 | 211.64 | 211.30 | 216.13 |
| **苏　中** | **Mid Jiangsu** | **639.72** | **667.23** | **691.75** | **719.20** | **792.26** | **842.80** | **933.25** |
| 南通市 | Nantong | 275.76 | 295.86 | 307.45 | 323.52 | 362.50 | 388.12 | 450.39 |
| 扬州市 | Yangzhou | 162.21 | 165.64 | 171.95 | 174.54 | 189.62 | 200.15 | 214.66 |
| 泰州市 | Taizhou | 201.75 | 205.74 | 212.36 | 221.14 | 240.15 | 254.53 | 268.20 |
| **苏　北** | **Northern Jiangsu** | **781.07** | **778.78** | **808.53** | **846.86** | **952.21** | **1034.89** | **1186.53** |
| 徐州市 | Xuzhou | 245.35 | 219.91 | 229.54 | 219.17 | 229.40 | 249.20 | 260.59 |
| 连云港市 | Lianyungang | 120.59 | 106.52 | 108.89 | 118.81 | 131.68 | 159.52 | 216.42 |
| 淮安市 | Huai'an | 111.02 | 115.97 | 117.37 | 117.62 | 142.02 | 149.86 | 174.51 |
| 盐城市 | Yancheng | 190.18 | 212.54 | 215.22 | 242.02 | 274.61 | 293.99 | 321.95 |
| 宿迁市 | Suqian | 113.93 | 123.84 | 137.51 | 149.24 | 174.50 | 182.33 | 213.05 |

# 9-12 主要发电厂发电情况
## Electricity Generation of Major Power Plants

| 厂 名 | Power Plant | 2022 | | 2023 | |
|---|---|---|---|---|---|
| | | 装机容量(万千瓦) Installed Capacity (10000 kW) | 发电量(亿千瓦时) Electricity Generation (100 million kW·h) | 装机容量(万千瓦) Installed Capacity (10000 kW) | 发电量(亿千瓦时) Electricity Generation (100 million kW·h) |
| **全省总计** | **Total** | **16156** | **5948.98** | **17966** | **6272.54** |
| 统调发电厂 | Unified Dispatching Power Plant | 13185 | 5412.73 | 13728 | 5620.63 |
| 非统调发电厂 | Non-unified Dispatching Power Plant | 2971 | 536.25 | 4237 | 651.90 |
| **按管理关系分** | **By Management Relationship** | | | | |
| **中国华能集团** | **China Huaneng Group Co.** | | | | |
| 华能南京金陵发电有限公司 | Nanjing Jinling Power Co.,Ltd of Huaneng Group | 200 | 104.26 | 200 | 112.48 |
| 华能南通发电厂 | Nantong Power Plant of Huaneng Group | 70 | 30.84 | 70 | 34.17 |
| 华能淮阴第二发电有限责任公司 | Huaiyin Second Power Co.,Ltd of Huaneng Group | 132 | 43.81 | 132 | 50.97 |
| 华能太仓发电有限责任公司 | Taicang Power LLC of Huaneng Group | 126 | 61.80 | 126 | 71.56 |
| 华能南京燃机发电有限公司 | Nanjing Combustion Generating Power Co.,Ltd of Huaneng Group | 78 | 7.20 | 78 | 8.16 |
| 华能南京发电厂 | Nanjing Power Plant of Huaneng Group | 64 | 34.35 | 64 | 28.09 |
| 华能(苏州工业园区)发电有限责任公司 | Suzhou Industrial Park Power LLC of Huaneng Group | 64 | 31.90 | 64 | 30.94 |
| 华能金陵燃机热电有限公司 | Jinling Combustion Generating Power Co.,Ltd of Huaneng Group | 36 | 11.28 | 36 | 10.30 |
| 华能苏州热电有限公司 | Suzhou Thermal Power Co.,Ltd of Huaneng | 12 | 4.80 | 12 | 5.40 |
| 华能苏州燃机热电有限公司 | Suzhou Combustion Generating Power Co.,Ltd of Huaneng | 45 | 17.58 | 45 | 10.94 |
| 华能江阴燃机发电公司 | Jiangyin Combustion Generating Power Co.,Ltd of Huaneng | 88 | 27.48 | 88 | 26.33 |
| **中国大唐集团** | **China Datang Group Co.** | | | | |
| 江苏大唐国际吕四港发电有限责任公司 | Jiangsu Datang Lvsi Power LLC | 264 | 108.68 | 264 | 121.11 |
| 大唐南京发电厂 | Datang Nanjing Power Plant | 132 | 61.55 | 132 | 62.38 |
| 江苏徐塘发电有限公司 | Jiangsu Xutang Power Co.,Ltd | 130 | 40.51 | 130 | 48.70 |
| 大唐苏州热电有限责任公司 | Datang Suzhou Thermal Power LLC | 36 | 12.98 | 36 | 12.71 |
| 江苏大唐国际金坛热电有限责任公司 | Jiangsu Datang Jintan Thermal Power Co.,Ltd | 87 | 28.35 | 87 | 30.31 |
| 大唐姜堰燃机热电有限责任公司 | Datang Jiangyan Thermal Power LLC | 36 | 11.68 | 36 | 11.65 |
| **中国华电集团** | **China Huadian Group Co.** | | | | |
| 江苏华电句容发电有限公司 | Jiangsu Huadian Jurong Power Co.,Ltd | 400 | 202.32 | 400 | 228.54 |
| 江苏华电戚墅堰发电有限公司 | Jiangsu Huadian Qishuyan Power Co.,Ltd | 173 | 21.06 | 173 | 27.40 |
| 中国华电集团公司望亭发电厂 | China Huadian Wangting Power Plant | 132 | 70.24 | 132 | 71.28 |
| 江苏华电集团望亭天然气发电有限公司 | Jiangsu Huadian Wangting Natural Gaspower Co.,Ltd | 78 | 16.71 | 78 | 13.19 |
| 江苏华电扬州发电有限公司 | Jiangsu Huandian Yangzhou Power Co.,Ltd | 161 | 38.93 | 161 | 42.54 |
| 江苏华电仪征热电有限公司 | Jiangsu Huadian Yizheng Thermal Power Co.,Ltd | 66 | 13.06 | 66 | 11.25 |
| 上海华电电力发展有限公司 | Shanghai Huadian Power Co.,Ltd | 31 | 17.40 | 31 | 16.27 |
| 江苏华电戚墅堰热电有限公司 | Jiangsu Huadian Qishuyan Thermal Power Co.,Ltd | 40 | 13.83 | 40 | 12.63 |

9-12　续表 1　continued

| 厂　　名 | Power Plant | 2022 | | 2023 | |
|---|---|---|---|---|---|
| | | 装机容量(万千瓦) Installed Capacity (10000 kW) | 发电量(亿千瓦时) Electricity Generation (100 million kW·h) | 装机容量(万千瓦) Installed Capacity (10000 kW) | 发电量(亿千瓦时) Electricity Generation (100 million kW·h) |
| 江苏华电吴江热电有限公司 | Jiangsu Huadian Wujiang Thermal Power Co.,Ltd | 36 | 13.48 | 36 | 12.91 |
| 江苏华电通州热电有限公司 | Jiangsu Huadian Tongzhou Thermal Power Co.,Ltd | 44 | 18.06 | 44 | 17.60 |
| 江苏华电昆山热电有限公司 | Jiangsu Huadian Kunshan Thermal Power Co.,Ltd | 85 | 33.94 | 85 | 33.22 |
| **国电能源集团** | **China Guodian Energy Group Co.** | | | | |
| 国电泰州发电有限公司 | China Guodian Taizhou Power Co.,Ltd | 400 | 219.60 | 400 | 222.42 |
| 中国国电集团谏壁发电厂 | China Guodian Group Jianbi Power Plant | 200 | 122.33 | 200 | 114.96 |
| 国电常州发电有限公司 | China Guodian Changzhou Power Co.,Ltd | 126 | 74.72 | 126 | 78.13 |
| 国电江苏谏壁发电有限公司 | China Guodian Jiangsu Jianbi Power Co.,Ltd | 66 | 35.68 | 66 | 36.12 |
| 天生港发电有限公司 | Tianshenggang Power Co.,Ltd | 66 | 37.89 | 66 | 36.30 |
| 江阴苏龙热电有限公司 | Jiangyin Sulong Thermal Power Co.,Ltd | 122 | 67.83 | 122 | 66.89 |
| 国电宿迁热电有限公司 | China Guodian Suqian Thermal Power Co.,Ltd | 132 | 78.06 | 132 | 76.42 |
| **国家电投集团** | **China Power Investment Group Co.** | | | | |
| 江苏常熟发电有限公司 | Jiangsu Changshu Power Co.,Ltd | 332 | 180.85 | 332 | 177.34 |
| 江苏阚山发电有限公司 | Jiangsu Kanshan Power Co.,Ltd | 120 | 50.46 | 120 | 54.95 |
| 国家电投集团协鑫滨海发电有限公司 | China Power Investment Group Xinbinhai Power Co., Ltd | 200 | 91.46 | 200 | 102.82 |
| **华润电力控股有限公司** | **China Resources Power Holdings Co., Ltd.** | | | | |
| 铜山华润电力有限公司 | Tongshan Huarun Power Co.,Ltd | 200 | 93.56 | 200 | 105.31 |
| 华润电力(常熟)有限公司 | Huarun(Changshu) Power Co.,Ltd | 195 | 115.60 | 195 | 106.64 |
| 徐州华润电力有限公司 | Xuzhou Huarun Power Co.,Ltd | 128 | 53.00 | 128 | 52.15 |
| 江苏镇江发电有限公司 | Jiangsu Zhenjiang Power Co.,Ltd | 153 | 74.54 | 126 | 75.17 |
| 江苏南热发电有限责任公司 | Jiangsu Nanre Power LLC | 120 | 62.82 | 120 | 66.42 |
| 南京华润热电有限公司 | Nanjing Huarun Thermal Power Co. ,Ltd | 66 | 31.23 | 66 | 34.88 |
| 徐州华鑫发电有限公司 | Xuzhou Huaxin Power Co.,Ltd | 66 | 25.17 | 66 | 29.78 |
| 南京化学工业园热电有限公司 | Nanjing Chemical Industry Park Thermal Power Co., Ltd | 67 | 37.68 | 67 | 35.07 |
| **国能国华电力公司** | **Guoneng Guohua Power Co.** | | | | |
| 国能徐州发电有限公司 | Guoneng Xuzhou Power Co.,Ltd | 200 | 77.77 | 200 | 91.37 |
| 国能陈家港发电有限公司 | Guoneng a Chenjiagang Power Co.,Ltd | 132 | 68.53 | 132 | 69.36 |
| 国能太仓发电有限公司 | Guoneng  Taicang Power Co.,Ltd | 126 | 72.65 | 126 | 75.01 |
| **江苏省国信集团公司** | **Jiangsu Guoxin Group Co.** | | | | |
| 江苏新海发电有限公司 | Jiangsu Xinhai Power Co.,Ltd | 200 | 97.92 | 200 | 103.74 |
| 江苏国信靖江发电有限公司 | Jiangsu Guoxin Jingjiang Power Co.,Ltd | 132 | 68.05 | 132 | 64.30 |
| 江苏射阳港发电有限责任公司 | Jiangsu Sheyanggang Power LLC | 132 | 66.43 | 232 | 83.12 |

9-12 续表 2 continued

| 厂 名 | Power Plant | 2022 | | 2023 | |
|---|---|---|---|---|---|
| | | 装机容量(万千瓦) Installed Capacity (10000 kW) | 发电量(亿千瓦时) Electricity Generation (100 million kW·h) | 装机容量(万千瓦) Installed Capacity (10000 kW) | 发电量(亿千瓦时) Electricity Generation (100 million kW·h) |
| 扬州第二发电有限责任公司 | Yangzhou No.2 Power LLC | 126 | 60.94 | 126 | 66.82 |
| 江苏国信扬州发电有限责任公司 | Jiangsu Guoxin Yangzhou Power LLC | 130 | 67.92 | 130 | 65.96 |
| 江苏国信连云港发电有限责任公司 | Jiangsu Guoxin Lianyungang Power LLC | 66 | 15.75 | 66 | 19.60 |
| 江苏国信协联燃气热电有限公司 | Guoxin Yixing Power Co.,Ltd | 84 | 30.69 | 84 | 32.39 |
| 江苏淮阴发电有限责任公司 | Jiangsu Huaiyin Power LLC | 66 | 25.82 | 66 | 27.46 |
| 江苏国信淮安燃气发电有限责任公司 | Jiangsu Guoxin Huai龘an Natural Gas Power LLC | 36 | 0.89 | 36 | 0.57 |
| 江苏国信协联能源有限公司 | Jiangsu Guoxin Xielian Energy Co.,Ltd | 27 | 18.00 | 27 | 20.25 |
| 江苏国信溧阳抽水蓄能发电有限公司 | Jiangsu Guoxin Liyang Pumped Storage Power Generation Co., Ltd | 150 | 18.45 | 150 | 18.65 |
| 江苏国信淮安第二燃气发电有限公司 | Jiangsu Guoxin Huai'an Second Gas Power Generation Co., Ltd | 92 | 10.54 | 92 | 2.64 |
| 江苏国信高邮热电有限责任公司 | Jiangsu Guoxin Gaoyou Thermal Power LLC | 24 | 7.07 | 24 | 7.90 |
| 江苏国信仪征热电有限责任公司 | Jiangsu Guoxin Yizheng Thermal Power | 24 | 0.01 | 24 | 2.54 |
| **国网新能源公司** | **State Grid New Energy Corporation** | | | | |
| 华东宜兴抽水蓄能有限公司 | East China Yixing Pumped Storage Power Co.,Ltd | 100 | 10.26 | 100 | 10.08 |
| **省内其他电厂** | **Others** | | | | |
| 江阴利港发电股份有限公司 | Jiangyin Ligang Power holdings Co.,Ltd | 404 | 239.56 | 404 | 217.64 |
| 江苏南通发电有限公司 | Jiangsu Nantong Power Co.,Ltd | 200 | 104.96 | 200 | 102.76 |
| 江苏核电有限公司 | Jiangsu Nuclear Power Co.,Ltd | 661 | 525.58 | 661 | 502.76 |
| 太仓港协鑫发电有限公司 | Taicanggang Xiexin Power Co.,Ltd | 130 | 57.99 | 130 | 71.18 |
| 张家港沙洲电力有限公司 | Zhangjiagang Shazhou Power Co.,Ltd | 326 | 170.39 | 326 | 185.35 |
| 张家港华兴电力有限公司 | Zhangjiagang Huaxing Power Co.,Ltd | 78 | 7.92 | 78 | 9.57 |
| 苏州工业园区蓝天燃气热电有限公司 | Suzhou Industry Park Lantian Interna-combustion Thermal Power Co.,Ltd | 36 | 12.36 | 36 | 11.57 |
| 苏州北部燃机热电有限公司 | Suzhou North Gasturbine Co., Ltd. | 36 | 7.85 | 36 | 5.22 |
| 江苏华美热电有限公司 | Jiangsu Huamei Thermal Power Co.,Ltd | 70 | 28.01 | 70 | 33.37 |
| 江苏徐矿综合利用发电有限公司 | Jiangsu Xukuang Comprehensive Utilization Power Co.,Ltd | 60 | 26.96 | 60 | 27.78 |
| 无锡蓝天燃机热电有限公司 | Wuxi Lantian Thermal Power Co.,Ltd | 36 | 13.46 | 36 | 11.98 |
| 无锡西区燃气热电有限公司 | Wuxi Western Gas Thermal Power Co.,Ltd | 42 | 18.49 | 42 | 13.86 |
| 南京协鑫燃机热电有限公司 | Nanjing GCL Gas Turbine Cogeneration Co.,Ltd | 36 | 12.40 | 36 | 12.50 |
| 东亚电力有限公司 | East Asia Power Co.,Ltd | 93 | 12.52 | 93 | 15.07 |
| 上海大屯能源股份有限公司 | Shanghai Energy Datun Thermal Power Co.,Ltd | 70 | 25.16 | 70 | 30.09 |
| 张家港华兴金城电力有限公司 | Zhangjiagang Huaxing Jincheng Power Co., Ltd | 88 | 26.45 | 88 | 26.92 |
| 江苏镇江燃气热电有限公司 | Jiangsu Zhenjiang Power Co.,Ltd | 92 | 18.65 | 92 | 14.04 |

# 9-13　环境保护基本情况
# Basic Conditions of Environmental Protection

| 项　目 | Item | 2017 | 2018 | 2019 | 2020 | 2021 | 2022 | 2023 |
|---|---|---|---|---|---|---|---|---|
| **污染排放与处理利用情况** | **Discharge and Treatment of Pollution** | | | | | | | |
| **废水** | **Waste Water** | | | | | | | |
| 工业废水排放量(亿吨) | Industrial Waste Water Discharge(100 million tons) | 15.19 | 14.36 | 13.75 | 11.47 | 12.17 | 12.47 | 12.73 |
| 城镇生活污水排放量(亿吨) | Urban Living Waste Water Discharge(100 million tons) | 42.28 | 44.03 | 46.03 | 36.88 | 36.37 | 34.50 | 32.36 |
| 集中式治理设施污水排放量(亿吨) | Volume of Centralized Sewage Treatment Facilities(100 million tons) | 0.05 | 0.04 | 0.05 | 0.05 | 0.06 | 0.06 | 0.05 |
| 化学需氧量排放量(万吨) | Volume of COD Emission(10000 tons) | 74.42 | 68.45 | 66.56 | 120.78 | 119.49 | 124.01 | 127.68 |
| #工业源 | Industry | 11.16 | 9.29 | 8.78 | 5.93 | 6.29 | 5.42 | 4.25 |
| 农业源 | Agriculture | 1.87 | 1.25 | 0.93 | 69.58 | 73.37 | 76.07 | 78.54 |
| 城镇生活源 | Urban Living | 61.26 | 57.77 | 56.78 | 45.24 | 39.81 | 42.49 | 29.92 |
| 集中式治理设施 | Centralized Sewage Treatment Facilities | 0.13 | 0.13 | 0.08 | 0.02 | 0.03 | 0.02 | 0.02 |
| 氨氮排放量(万吨) | Ammonia Nitogen Emissions(10000 tons) | 10.12 | 9.61 | 9.10 | 5.19 | 4.33 | 4.01 | 5.40 |
| #工业源 | Industry | 0.81 | 0.68 | 0.58 | 0.25 | 0.22 | 0.19 | 0.14 |
| 农业源 | Agriculture | 0.07 | 0.05 | 0.04 | 1.49 | 1.60 | 1.62 | 1.64 |
| 城镇生活源 | Urban Living | 9.23 | 8.88 | 8.46 | 3.45 | 2.52 | 2.20 | 2.58 |
| 集中式治理设施 | Centralized Sewage Treatment Facilities | 0.01 | 0.01 | 0.02 | 0.002 | 0.001 | 0.001 | 0.001 |
| **废气** | **Waste Gas** | | | | | | | |
| 二氧化硫排放量(万吨) | Volume of Sulfur Dioxide Emissions(10000 tons) | 41.07 | 30.66 | 22.55 | 11.26 | 8.86 | 7.48 | 7.04 |
| #工业源 | Industry | 36.47 | 26.41 | 19.15 | 10.83 | 8.41 | 7.11 | 6.65 |
| 城镇生活源 | Urban Living | 4.57 | 4.19 | 3.35 | 0.41 | 0.41 | 0.33 | 0.38 |
| 集中式治理设施 | Centralized Sewage Treatment Facilities | 0.03 | 0.05 | 0.05 | 0.02 | 0.04 | 0.04 | 0.01 |
| 氮氧化物排放量(万吨) | Nitrogen Oxide Emissions(10000 tons) | 90.72 | 78.85 | 75.54 | 48.50 | 44.34 | 45.00 | 52.50 |
| #工业源 | Industry | 50.23 | 40.93 | 32.50 | 19.05 | 17.28 | 14.89 | 14.84 |
| 城镇生活源 | Urban Living | 0.68 | 0.67 | 0.64 | 0.86 | 0.84 | 0.78 | 0.90 |
| 机动车 | Motor | 39.68 | 37.06 | 42.20 | 28.40 | 25.99 | 29.05 | 24.78 |
| 集中式治理设施 | Centralized Sewage Treatment Facilities | 0.12 | 0.18 | 0.20 | 0.19 | 0.24 | 0.27 | 0.12 |
| 颗粒物排放量(万吨) | Emissions of particulate matter (10000 tons) | | | | 16.01 | 12.65 | 9.09 | 9.65 |
| #工业源 | Industry | | | | 13.98 | 10.56 | 7.45 | 7.39 |
| 城镇生活源 | Urban Living | | | | 1.69 | 1.71 | 1.38 | 1.57 |
| 机动车 | Motor | | | | 0.33 | 0.37 | 0.25 | 0.20 |
| 集中式治理设施 | Centralized Sewage Treatment Facilities | | | | 0.01 | 0.01 | 0.01 | 0.01 |
| 烟(粉)尘排放量(万吨) | Volume of Smoke and Dust Emissions(10000 tons) | 39.08 | 33.28 | 24.70 | | | | |
| #工业源 | Industry | 33.85 | 28.97 | 23.21 | | | | |
| 城镇生活源 | Urban Living | 1.78 | 1.45 | 1.05 | | | | |
| 机动车 | Motor | 3.42 | 2.83 | 0.41 | | | | |
| 集中式治理设施 | Centralized Sewage Treatment Facilities | 0.03 | 0.03 | 0.03 | | | | |
| **工业固体废物** | **Industrial Solid Wastes** | | | | | | | |
| 一般工业固体废物产生量(万吨) | General Industrial Solid Wastes Produced(10000 tons) | 12002 | 11810 | 11516 | 11870 | 13051 | 13278 | 14141 |
| 一般工业固体废物综合利用量(万吨) | Comprehensive Utilization of General Industrial Solid Wastes(10000 tons) | 11298 | 11110 | 10948 | 10866 | 12350 | 12364 | 13288 |
| #综合利用往年贮存量 | Stock of Comprehensive Utilization in Previous Years | 39 | 56 | 44 | 78 | 69 | 87 | 109 |
| 一般工业固体废物综合利用率(%) | Comprehensive Utilization Rate of General Industrial Solid Wastes(%) | 93.83 | 93.63 | 94.70 | 90.95 | 94.13 | 92.51 | 93.25 |
| 一般工业固体废物处置量(万吨) | General Industrial Solid Wastes Disposed(10000 tons) | 591 | 620 | 495 | 970 | 699 | 947 | 901 |
| #处置往年贮存量 | Disposal Stock of Previous Years | 17 | 21 | 6 | 9 | 34 | 51 | 16 |
| 一般工业固体废物贮存量(万吨) | Stock of General Industrial Solid Wastes(10000 tons) | 167 | 157 | 124 | 121 | 105 | 105 | 77 |

注：因《生态环境统计调查制度》改革，烟(粉)尘排放量自2020年起不再统计。

a) The volume of smoke and dust emissions wasn't calculated since 2020 due to the reform of Ecological Environment Statistical Investigation System.

# 主要统计指标解释

**气温** 指空气的温度，我国一般以摄氏度(℃)为单位表示。气象观测的温度表是放在离地面约 1.5 米处通风良好的百叶箱里测量的，因此，通常说的气温指的是离地面 1.5 米处百叶箱中的温度。其统计计算方法为：

月平均气温是将全月各日的平均气温相加，除以该月的天数而得。

年平均气温是将 12 个月的月平均气温累加后除以 12 而得。

**降水量** 指从天空降落到地面的液态或固态(经融化后)水，未经蒸发、渗透、流失而在地面上积聚的深度。其统计计算方法为：

月降水量是将全月各日的降水量累加而得。

年降水量是将 12 个月的月降水量累加而得。

**水资源** 水在自然界中以固体、液体和气态三种聚集状态存在，分布于海洋、陆地(包括土壤)以及大气之中，通过水循环形成水资源。水资源包括经人类控制并直接可供灌溉、发电、给水、航运、养殖等用途的地表水和地下水，以及江河、湖泊、井、泉、潮汐、港湾和养殖水域等。水资源是发展国民经济不可缺少的重要自然资源。

**地表水和地下水** 陆地上的水因空间分布不同，分为地表水和地下水。地表水指分别存在于河流、湖泊、沼泽、冰川和冰盖等水体中水分的总称，又称陆地水。地下水指储存在地面以下饱和岩土孔隙、裂隙及溶洞中的水。

**能源消费总量** 指一定时期内，各行业和居民生活消费的各种能源的总和。该指标是观察能源消费水平构成和增长速度的总量指标。能源消费总量分为终端能源消费量、能源加工转换损失量和能源损失量三部分。

（1）终端能源消费量：指一定时期内，生产和生活消费的各种能源在扣除了用于加工转换二次能源消费量和损失量以后的数量。

（2）能源加工转换损失量：指一定时期内，投入加工转换的各种能源数量之和与产出各种能源产品之和的差额。它是观察能源在加工转换过程中损失量变化的指标。

（3）能源损失量：指一定时期内，能源在输送、分配、储存过程中发生的损失和由客观原因造成的各种损失量，不包括各种气体能源放空、放散量。

**工业废水排放量** 指报告期内经过企业厂区所有排放口排到企业外部的工业废水量。包括生产废水、外排的直接冷却水、超标排放的矿井地下水和与工业废水混排的厂区生活污水，不包括外排的间接冷却水(清污不分流的间接冷却水应计算在废水排放量内)。

**城镇生活污水排放量** 指报告期内城镇居民排放生活污水的量。城镇生活包括“住宿业与餐饮业、居民服务和其他服务业、医院和独立燃烧设施以及城镇生活污染源”。

**集中式治理设施污水排放量** 指报告期内集中式治理设施的渗滤液排放量。集中式治理设施包括垃圾处理场（厂）和危险废物（医疗废物）集中处置厂。

**化学需氧量排放量** 指报告期内工业、农业、城镇生活和集中式治理设施排放的废水中 COD 排放量之和。

**氨氮排放量** 指报告期内工业、农业、城镇生活和集中式治理设施排放的废水中氨氮排放量之和。

**二氧化硫排放量** 指报告期内工业、城镇生活和集中式治理设施 SO2 排放量之和。

**氮氧化物排放量** 指报告期内工业、城镇生活、机动车和集中式治理设施氮氧化物排放量之和。

**烟（粉）尘排放量**　指报告期内工业、城镇生活、机动车和集中式治理设施烟（粉）尘排放量之和。

**一般工业固体废物产生量**　指未被列入《国家危险废物名录》或者根据国家规定的危险废物鉴别标准（GB5085）、固体废物浸出毒性浸出方法（GB5086）及固体废物浸出毒性测定方法（GB / T 15555）鉴别方法判定不具有危险特性的工业固体废物。

**一般工业固体废物综合利用量**　指报告期内企业通过回收、加工、循环、交换等方式，从固体废物中提取或者使其转化为可以利用的资源、能源和其他原材料的固体废物量（包括当年利用的往年工业固体废物累计贮存量）。如用作农业肥料、生产建筑材料、筑路等。

**综合利用往年贮存量**　指企业在报告期内对往年贮存的工业固体废物进行综合利用的量。

# Explanatory Notes on Main Statistical Indicators

**Temperature** refers to the air temperature. China uses centigrade as the unit. The thermometer used for weather observation is put in a breezy shutter, which is 1.5 meters high from the ground. Therefore, the commonly referred temperature refers to the temperature in the breezy shutter 1.5 meters away from the ground. The calculation method is as following:

Monthly average temperature is the summation of average daily temperature of one month divided by the actual days of that particular month.

Annual average temperature is the summation of monthly average of a year divided by 12 months.

**Volume of Precipitation** refers to the deepness of liquid state or solid state(thawed)water falling from the sky to the ground that has not been evaporated, infiltrated or run off. The calculation method is as following: Monthly precipitation is the summation of daily precipitation of a month. Annual precipitation is the summation of 12 months precipitation of a year.

**Water Resource** Water exists in nature in the form of solid, liquid and gas, which is distributed in the ocean, land(including earth)and air, and constitutes the water resource through the circulation of water. Water resource includes the surface water and groundwater that is controlled by the human beings for irrigation, power generation, water supply, navigation and cultivation. It also includes rivers, lakes, wells, springs, tides, gulf and water area for cultivation. Water resource is an important natural resource, which is indispensable for the development of the national economy.

**Surface Water and Groundwater** Water on earth can be divided into surface water and groundwater according to its space distribution. Surface water refers to moisture exists in rivers, lakes, swamps, glaciers, icecaps and so on. It is also called land water. The groundwater refers to water deposited underground in the cranny and the hole of saturated rock soil and in the water-eroded cave.

**Total Energy Consumption** refers to the total consumption of energy of various kinds by sectors and households in a given period of time. This indicator is a total indicator that observes the composition and growth rate of energy consumption levels. Total energy consumption can be divided into three parts: end-use energy consumption, loss during the process of energy conversion, and energy loss.

(1) End-use Energy Consumption: It refers to the total energy consumption by sectors and households in the country (region) in a given period of time. It does not include the consumption during the conversion of primary energy into secondary energy and the loss in the process of energy conversion.

(2) Loss during the Process of Energy Conversion: It refers to the total input of various kinds of energy for conversion, minus the total output of various kinds of energy in the country(region) in a given period of time. It is an indicator to show the loss that occurs during the process of energy conversion.

(3) Energy Loss: It refers to the total of the loss of energy during the course of energy transport, distribution and storage and the loss caused by any objective reason in a given period of time. The loss of various kinds of gas due to gas discharges and stocktaking is not included.

**Industrial Waste Water Discharged** refers to the volume of waste water discharged by industrial enterprises through all their outlets during the period, including waste water from production process, directly cooled water, groundwater from mining wells which does not meet discharge standards and sewage from households mixed with waste water produced by industrial activities, but excluding indirectly cooled water discharged (It should be included if the discharge is not separated with waste water).

**Urban Living Waste Water Discharged** refers to the volume of waste water discharged by urban residents during the period. Urban living contains hotels and catering services, residential services and others, hospitals, independent burning facilities and so on.

**Waste Water Discharged of Centralized Sewage Treatment Facilities** refers to the volume of leachate discharged by centralized treatment facilities during the period, such as waste treatment plants, hazardous waste treatment plants and medical waste plants.

**Volume of COD Emissions** refers to the sum of COD emissions by industry, agriculture, urban living and centralized sewage treatment facilities during the period.

**Ammonia Nitrogen Emissions** refers to the sum of ammonia nitrogen emissions in waste water discharged by industry, agriculture, urban living and centralized sewage treatment facilities during the period.

**Sulphur Dioxide Emissions** refers to the sum of sulphur dioxide emissions by industry, urban living and centralized treatment facilities during the period.

**Nitrogen Oxides Emissions** refers to the sum of nitrogen oxides emissions by industry, urban living, motor vehicles and centralized treatment facilities during the period.

**Smoke and Dust Emissions** refers to the sum of smoke and dust emissions by industry, urban living, motor vehicles and centralized treatment facilities during the period.

**General Industrial Solid Wastes Produced** refers to the industrial solid wastes that are not listed in the National Catalogue of Hazardous Wastes, or not regarded as hazardous according to the national hazardous waste identification standards (GB5085), solid waste-extraction procedure for leaching toxicity (GB5086) and solid waste-extraction procedure for leaching toxicity (GB/T 15555).

**Comprehensive Utilization of General Industrial Solid Wastes** refers to volume of solid wastes from which useful materials can be extracted or which can be converted into usable resources, energy or other materials by means of reclamation, processing recycling and exchange(including utilizing in the year and the stocks of industrial solid wastes of the previous year)during the report period, e.g. Examples of such utilizations include agricultural fertilizers, building materials and road materials.

**Stock of Comprehensive Utilization in Previous Years** refers to the volume of comprehensive utilization of industrial solid wastes stored in previous.

# 10

# 农　业
# Agriculture

# 简 要 说 明

**一、本篇资料的主要内容及统计范围**

本篇资料反映我省农业生产和农村经济的基本情况，内容主要包括农业机械拥有量、农林牧渔业产值、主要农产品产量、国有农场基本情况等方面的统计资料。

农业统计范围包括全社会除军马生产及农业科研机构进行的农业生产以外的所有农业生产活动。包括：农村各种经济组织和农户经营的农林牧渔业生产活动；各种专业性农、林、牧、渔场的农业生产活动；国家各级机关、团体、学校、部队进行的农业生产活动；集体所有制的乡、镇、村办农场的农业生产活动；以及工矿企业经营的农、林、牧、渔业生产活动。

1. 农业：指对各种农作物的种植活动。包括谷物、豆类、薯类、棉花、油料、糖料、麻类、烟叶、蔬菜、园艺作物、水果、坚果、饮料和香料作物、中草药及其他作物的种植。

2. 林业：包括林木的栽培(不包括茶园、桑园和果园的栽培、管理和收获等活动),木材和竹材的采运，林产品的采集。

3. 畜牧业：包括牲畜饲养和放牧, 家禽饲养以及其他动物的捕猎和饲养。

4. 渔业：包括水生动物和海藻类植物的养殖和捕捞。

5. 农林牧渔专业及辅助性活动：指对农、林、牧、渔业生产活动进行的各种支持性服务，但不包括各种科学技术和专业性技术服务活动。

**二、本篇的资料来源及统计调查方法**

1. 农业生产基本情况：根据《农林牧渔业统计报表制度》《农业产值与增加值核算统计报表制度》的有关资料整理提供。

《农林牧渔业统计报表制度》为全面报表，由各级统计部门根据当地实际情况，采取抽样调查、重点调查或全面调查的办法搜集资料并逐层上报，或利用同级业务部门统计资料上报。如林业生产情况、渔业生产情况等指标取自同级业务部门的统计资料。

2. 国有农场基本情况资料主要取材于农垦系统汇总的统计报表，统计方法为逐级上报、全面汇总。

# Brief Introduction

**Ⅰ. Main Contents and Statistical Scopes**

The data in this chapter show the basic conditions of agricultural production and rural economy, including mainly quantity of agricultural machinery, output value of agriculture, forestry, animal husbandry and fishery, output of major products, basic conditions of state-owned farms.

Statistics on agriculture cover all agricultural production activities except horse raising for military purpose and agricultural production activities undertaken by agriculture research institutions.

It includes agriculture, forestry, animal husbandry and fishery production activities undertaken by rural economic units of various types and rural households; production activities of farms specializing in agriculture, forestry, animal husbandry and fishery; production activities in agriculture undertaken by government agencies, institutions, schools and military units; production activities in agriculture undertaken by collective farms run by townships and villages; and production activities in agriculture, forestry, animal husbandry and fishery undertaken by manufacturing and mining enterprises.

1. Agriculture: refers to cultivation of farm crops, including cereals, beans, tuber crops, cotton, oil-bearing crops, sugar crops, hemp, tobacco leaves, vegetables, gardening plants, fruits, nuts, crops for beverages and spices, medicinal herbs and other farm crops.

2. Forestry: includes the planting of trees (excluding the operations of planting, management and harvesting on tea plantations, mulberry fields and orchards), cutting and transport of timber and bamboo and collection of forest products.

3. Animal husbandry: includes the raising and grazing of domestic animals and poultry, and the hunting and raising of other animals.

4. Fishery: includes cultivation and catching of aquatic animals and seaweed.

5. Services of agriculture, forestry, animal husbandry and fishery: include supporting services to production activities in agriculture, forestry, animal husbandry and fishery, but do not include activities of science and technology and professional services.

**Ⅱ. Data Sources and Survey Methods**

1. Data on agricultural production come from *the Statistical Reporting System on Agriculture，Forestry, Animal Husbandry and Fishery; the Statistical Reporting System on Agricultural Output and Value-added Accounting.*

*Statistical Reporting System on Agriculture, Forestry, Animal Husbandry and Fishery* is a comprehensive reporting program. Data required in this reporting program are collected by statistical offices at all levels by means of sample surveys, surveys of key units or complete enumeration depending on the local circumstances, or estimated by using information from other government agencies at the same level. For instance, some data on forestry and fishery are obtained from statistics data collected by other government agencies at the same level.

2. Data on the basic conditions of the state-owned farms come from the statistical reports tabulated by the Bureau of Reclamation. Data are collected from the grassroots units in accordance with the statistical reporting scheme whereby reporting is done level by level for aggregation.

# 10-1 农业基本情况
## Basic Conditions of Agriculture

| 指 标 | Item | 2017 | 2018 | 2019 | 2020 | 2021 | 2022 | 2023 |
|---|---|---|---|---|---|---|---|---|
| 乡村户数(万户) | Rural Households(10000 units) | 1410.71 | 1410.63 | 1405.58 | 1398.07 | 1384.06 | | |
| 乡村从业人员(万人) | Rural Employees(10000 persons) | 2589.17 | 2583.34 | 2567.05 | 2547.80 | 2523.52 | | |
| 按性别分 | Grouped by Gender | | | | | | | |
| 男 | Male | 1359.22 | 1357.45 | 1349.92 | 1339.93 | 1328.65 | | |
| 女 | Female | 1229.95 | 1225.89 | 1217.13 | 1207.87 | 1194.87 | | |
| 按行业分 | Grouped by Sector | | | | | | | |
| 农、林、牧、渔业 | Agriculture, Forestry, Animal Husbandry, Fishery | 722.67 | 708.03 | 687.59 | 658.13 | 631.46 | | |
| #农业 | Farming | 582.18 | 569.17 | 553.64 | 534.99 | 514.82 | | |
| 工业 | Industry | 837.70 | 846.64 | 847.27 | 853.64 | 861.37 | | |
| 建筑业 | Construction | 383.56 | 382.14 | 382.63 | 384.61 | 382.95 | | |
| 交通运输、仓储和邮政业 | Transport, Storage and Post | 113.82 | 113.20 | 113.13 | 113.46 | 112.23 | | |
| 信息传输、软件和信息技术服务业 | Information Transmissions, Software and IT Services | 18.04 | 18.92 | 20.11 | 21.36 | 22.60 | | |
| 批发和零售业 | Wholesale and Retail Sales | 157.59 | 157.32 | 157.92 | 159.54 | 157.23 | | |
| 住宿和餐饮业 | Hotels and Catering Services | 63.40 | 65.01 | 66.32 | 68.44 | 69.97 | | |
| 金融、保险业 | Financial Intermediation and Insurance | 12.47 | 12.99 | 13.59 | 14.42 | 15.16 | | |
| 房地产、社会服务业 | Real Estate and Social Services | 36.28 | 36.36 | 36.38 | 37.00 | 36.26 | | |
| 卫生、体育、社会福利业 | Health, Sports and Social Welfare | 15.38 | 15.82 | 16.20 | 16.33 | 16.75 | | |
| 教育、文化、艺术和广播电视事业 | Education, Culture, Arts, Broadcasting and Television | 18.33 | 18.56 | 18.78 | 18.91 | 19.46 | | |
| 科学研究和综合技术服务事业 | Scientific Research and Integrated Technology Services | 4.76 | 5.11 | 5.17 | 5.37 | 5.46 | | |
| 乡经济组织管理 | Rural Economic Management | 12.89 | 13.32 | 13.45 | 13.63 | 13.79 | | |
| 其他 | Others | 192.28 | 189.92 | 188.51 | 182.97 | 178.85 | | |
| **农作物总播种面积(千公顷)** | **Total Sown Area(1000 hectares)** | **7556.40** | **7520.23** | **7442.63** | **7478.39** | **7514.45** | **7534.24** | **7589.96** |
| #粮食 | Grain Crops | 5527.31 | 5475.93 | 5381.48 | 5405.64 | 5427.54 | 5444.43 | 5458.94 |
| **主要农产品产量(万吨)** | **Output of Major Farm Products(10000 tons)** | | | | | | | |
| 粮食 | Grain | 3610.80 | 3660.28 | 3706.20 | 3729.06 | 3746.10 | 3769.13 | 3797.70 |
| 棉花 | Cotton | 2.57 | 2.06 | 1.57 | 1.06 | 0.79 | 0.58 | 0.50 |
| 油料 | Oil-bearing Crops | 85.36 | 86.04 | 94.32 | 93.01 | 97.81 | 96.28 | 103.42 |
| 肉类 | Output of Meat | 342.32 | 328.48 | 274.53 | 268.21 | 306.44 | 318.06 | 331.72 |
| 水产品 | Aquatic Products | 507.59 | 494.84 | 484.12 | 490.18 | 493.81 | 504.86 | 522.05 |

注：乡村户数和乡村从业人员自2022年起不再统计。

a) The number of rural households and rural employees has not been counted since 2022.

# 10-2 农业现代化情况
# Conditions of Agricultural Modernization

| 指 标 | Item | 2017 | 2018 | 2019 | 2020 | 2021 | 2022 | 2023 |
|---|---|---|---|---|---|---|---|---|
| **农业机械化情况** | **Conditions of Agricultural Machinery** | | | | | | | |
| 农业机械总动力(万千瓦) | Total Power of Agricultural Machinery (10000 kW) | 4991.41 | 5042.27 | 5111.95 | 5214.83 | 5148.24 | 5264.08 | 5360.21 |
| 机耕面积(千公顷) | Ploughed Area by Tractors(1000 hectares) | 5828.96 | 6194.34 | 5874.01 | 7630.59 | 6804.38 | 6955.49 | 7138.61 |
| 机播面积(千公顷) | Sown Area by Tractors(1000 hectares) | 4640.00 | 4576.13 | 4635.46 | 6059.12 | 5490.66 | 5797.70 | 6142.25 |
| #机播小麦面积 | Sown Area of Wheat by Tractors | 2132.46 | 2083.58 | 2128.39 | 2193.01 | 2243.36 | 2298.42 | 2313.19 |
| 机械植保面积(千公顷) | Planting Protection Area by Tractors(1000 hectares) | 5588.41 | 5445.15 | 5315.81 | 6619.70 | 6212.05 | 6582.65 | 6719.30 |
| 机械收获面积(千公顷) | Harvest Area by Tractors(1000 hectares) | 5107.99 | 5087.14 | 5026.81 | 6239.14 | 5673.65 | 5965.52 | 6216.88 |
| **农田水利情况** | **Irrigation and Water Conservancy** | | | | | | | |
| 有效灌溉面积(千公顷) | Effective Irrigated Area(1000 hectares) | 4131.88 | 4179.83 | 4205.44 | 4224.73 | 4232.00 | 3837.32 | 3856.68 |
| 除涝面积(千公顷) | Area with Flood Prevention Measures(1000 hectares) | 4014.38 | 4315.00 | 4451.07 | 4483.01 | 4526.31 | 4030.21 | 4034.39 |
| 水土流失治理面积(千公顷) | Area with Soil Erosion under Control(1000 hectares) | 918.81 | 930.20 | 940.39 | 950.69 | 959.90 | 970.10 | 979.88 |
| 堤防长度(公里) | Total Length of Dikes(km) | 56232 | 56090 | 56372 | 56399 | 56405 | 52463 | 51986 |
| 堤防保护面积(千公顷) | Area of Land Protected by Dikes(1000 hectares) | 2945.35 | 2975.97 | 3017.36 | 3002.06 | 2995.72 | 2857.96 | 2911.86 |

# 10-3 主要年份农林牧渔业总产值
# Gross Output Value of Agriculture, Forestry, Animal Husbandry and Fishery in Major Years

当年价格，单位：亿元 (at current prices,100 million yuan)

| 年 份<br>Year | 农林牧渔业总产值<br>Total | 农 业<br>Farming | 林 业<br>Forestry | 牧 业<br>Animal Husbandry | 渔 业<br>Fishery | 农林牧渔专业及辅助性活动<br>Professional and Support Activities for Agriculture, Forestry, Animal Husbandry, Fishery |
|---|---|---|---|---|---|---|
| 1949 | 22.59 | 19.41 | … | 3.02 | 0.16 | |
| 1952 | 31.87 | 26.14 | 0.03 | 5.00 | 0.70 | |
| 1957 | 36.81 | 30.10 | 0.22 | 5.25 | 1.24 | |
| 1962 | 40.15 | 34.19 | 0.32 | 4.48 | 1.16 | |
| 1965 | 57.27 | 47.02 | 0.63 | 8.25 | 1.37 | |
| 1970 | 71.33 | 57.08 | 0.85 | 11.76 | 1.64 | |
| 1975 | 91.66 | 72.17 | 1.47 | 15.55 | 2.47 | |
| 1976 | 100.71 | 82.53 | 1.31 | 14.86 | 2.01 | |
| 1977 | 89.16 | 73.05 | 1.25 | 12.90 | 1.96 | |
| 1978 | 105.87 | 85.17 | 1.48 | 16.78 | 2.44 | |
| 1979 | 145.25 | 114.26 | 2.03 | 25.77 | 3.19 | |
| 1980 | 138.45 | 105.98 | 1.94 | 26.65 | 3.88 | |
| 1981 | 153.62 | 119.90 | 2.00 | 27.11 | 4.61 | |
| 1982 | 188.11 | 145.69 | 1.96 | 35.80 | 4.66 | |
| 1983 | 206.86 | 160.38 | 3.30 | 36.66 | 6.52 | |
| 1984 | 253.82 | 193.28 | 4.33 | 47.17 | 9.04 | |
| 1985 | 288.55 | 201.85 | 4.63 | 66.54 | 15.53 | |
| 1986 | 332.66 | 235.07 | 5.15 | 69.83 | 22.61 | |
| 1987 | 380.25 | 257.90 | 6.02 | 87.95 | 28.38 | |
| 1988 | 497.95 | 310.20 | 7.29 | 140.49 | 39.97 | |
| 1989 | 522.25 | 325.02 | 7.02 | 148.13 | 42.08 | |
| 1990 | 580.53 | 362.46 | 7.94 | 160.78 | 49.35 | |
| 1991 | 580.93 | 354.42 | 7.55 | 168.30 | 50.66 | |
| 1992 | 673.82 | 411.33 | 9.93 | 188.64 | 63.92 | |
| 1993 | 875.37 | 518.55 | 14.61 | 236.81 | 105.40 | |
| 1994 | 1335.23 | 777.94 | 18.38 | 390.70 | 148.21 | |
| 1995 | 1686.78 | 986.15 | 21.42 | 475.67 | 203.54 | |

## 10-3　续表　continued

当年价格，单位：亿元　　(at current prices,100 million yuan)

| 年　份 Year | 农林牧渔业总产值 Total | 农　业 Farming | 林　业 Forestry | 牧　业 Animal Husbandry | 渔　业 Fishery | 农林牧渔专业及辅助性活动 Professional and Support Activities for Agriculture, Forestry, Animal Husbandry, Fishery |
|---|---|---|---|---|---|---|
| 1996 | 1693.76 | 1062.39 | 23.48 | 368.54 | 239.35 | |
| 1997 | 1816.37 | 1085.26 | 22.56 | 430.57 | 277.98 | |
| 1998 | 1849.20 | 1096.88 | 24.16 | 435.51 | 292.65 | |
| 1999 | 1837.43 | 1095.13 | 26.13 | 413.95 | 302.22 | |
| 2000 | 1869.73 | 1096.02 | 30.17 | 430.53 | 313.01 | |
| 2001 | 1956.10 | 1142.66 | 30.76 | 448.51 | 334.17 | |
| 2002 | 2011.48 | 1165.49 | 36.29 | 456.02 | 353.68 | |
| 2003 | 1952.20 | 981.25 | 31.49 | 458.87 | 371.56 | 109.03 |
| 2004 | 2417.63 | 1242.41 | 40.16 | 563.44 | 449.47 | 122.15 |
| 2005 | 2576.98 | 1291.06 | 45.27 | 599.14 | 511.86 | 129.65 |
| 2006 | 2718.61 | 1416.91 | 54.26 | 544.48 | 543.39 | 159.57 |
| 2007 | 3062.32 | 1540.39 | 58.88 | 704.12 | 579.00 | 179.94 |
| 2008 | 3585.12 | 1741.99 | 64.92 | 915.78 | 665.75 | 196.69 |
| 2009 | 3806.96 | 1940.10 | 70.79 | 873.01 | 719.25 | 203.81 |
| 2010 | 4283.21 | 2256.99 | 78.12 | 921.90 | 805.25 | 220.95 |
| 2011 | 5216.99 | 2622.67 | 92.81 | 1188.32 | 1060.44 | 252.74 |
| 2012 | 5781.50 | 2942.11 | 99.75 | 1223.48 | 1235.40 | 280.77 |
| 2013 | 6124.25 | 3137.14 | 107.30 | 1219.09 | 1351.11 | 309.60 |
| 2014 | 6402.75 | 3325.67 | 118.18 | 1179.22 | 1426.74 | 352.95 |
| 2015 | 6980.37 | 3675.87 | 129.09 | 1257.92 | 1517.51 | 399.97 |
| 2016 | 7178.96 | 3663.42 | 129.33 | 1326.67 | 1621.88 | 437.67 |
| 2017 | 7161.21 | 3764.73 | 136.73 | 1157.98 | 1623.43 | 478.33 |
| 2018 | 7192.46 | 3735.02 | 147.25 | 1091.31 | 1707.87 | 511.01 |
| 2019 | 7503.15 | 3828.60 | 162.00 | 1213.02 | 1740.99 | 558.55 |
| 2020 | 7952.59 | 4102.16 | 172.85 | 1315.84 | 1774.00 | 587.75 |
| 2021 | 8279.72 | 4426.06 | 178.15 | 1215.87 | 1833.51 | 626.13 |
| 2022 | 8733.80 | 4685.72 | 185.65 | 1294.18 | 1856.93 | 711.32 |
| 2023 | 8935.53 | 4844.11 | 188.42 | 1230.13 | 1903.21 | 769.66 |

# 10-4 主要年份农林牧渔业总产值指数

## Indices of Gross Output Value of Agriculture, Forestry, Animal Husbandry and Fishery in Major Years

按可比价格计算，上年=100 (at constant prices, preceding year=100)

| 年份 Year | 农林牧渔业总产值 Total | 农业 Farming | 林业 Forestry | 牧业 Animal Husbandry | 渔业 Fishery | 农林牧渔专业及辅助性活动 Professional and Support Activities for Agriculture, Forestry, Animal Husbandry, Fishery |
|---|---|---|---|---|---|---|
| 1949 | | | | | | |
| 1952 | 117.4 | 110.0 | | 141.9 | 306.1 | |
| 1957 | 103.4 | 99.2 | 553.8 | 128.4 | 106.9 | |
| 1962 | 101.1 | 97.5 | 98.2 | 135.2 | 94.9 | |
| 1965 | 105.7 | 100.5 | 168.0 | 141.7 | 95.6 | |
| 1970 | 107.2 | 107.1 | 67.2 | 109.4 | 124.2 | |
| 1975 | 100.9 | 99.5 | 98.0 | 107.1 | 104.0 | |
| 1976 | 103.9 | 105.1 | 121.1 | 93.4 | 94.4 | |
| 1977 | 89.9 | 89.5 | 99.2 | 93.0 | 101.9 | |
| 1978 | 121.5 | 123.4 | 84.5 | 115.6 | 98.8 | |
| 1979 | 110.9 | 108.5 | 105.0 | 131.8 | 110.3 | |
| 1980 | 94.5 | 91.9 | 99.5 | 102.1 | 118.2 | |
| 1981 | 107.9 | 109.7 | 95.3 | 99.3 | 115.4 | |
| 1982 | 114.9 | 113.0 | 106.0 | 123.8 | 105.2 | |
| 1983 | 105.9 | 107.2 | 110.8 | 98.2 | 99.6 | |
| 1984 | 116.4 | 106.3 | 117.8 | 118.2 | 124.1 | |
| 1985 | 103.1 | 99.0 | 107.9 | 117.1 | 126.3 | |
| 1986 | 106.3 | 106.6 | 97.3 | 100.6 | 134.9 | |
| 1987 | 103.1 | 103.3 | 104.8 | 101.2 | 108.1 | |
| 1988 | 106.6 | 104.8 | 93.8 | 114.4 | 108.9 | |
| 1989 | 100.3 | 100.6 | 94.4 | 99.5 | 101.7 | |
| 1990 | 102.5 | 101.1 | 97.4 | 106.7 | 107.9 | |
| 1991 | 98.9 | 95.9 | 90.0 | 105.2 | 101.2 | |
| 1992 | 113.0 | 113.7 | 119.1 | 110.5 | 115.6 | |
| 1993 | 111.3 | 106.2 | 124.1 | 114.0 | 134.8 | |
| 1994 | 112.1 | 108.0 | 112.4 | 117.5 | 119.0 | |
| 1995 | 113.6 | 112.9 | 117.0 | 110.8 | 124.0 | |

10-4 续表 continued

按可比价格计算，上年=100 (at constant prices, preceding year=100)

| 年 份 Year | 农林牧渔业总产值 Total | 农 业 Farming | 林 业 Forestry | 牧 业 Animal Husbandry | 渔 业 Fishery | 农林牧渔专业及辅助性活动 Professional and Support Activities for Agriculture, Forestry, Animal Husbandry, Fishery |
|---|---|---|---|---|---|---|
| 1996 | 107.4 | 108.7 | 107.4 | 103.1 | 111.8 | |
| 1997 | 107.7 | 106.4 | 92.6 | 110.9 | 109.5 | |
| 1998 | 104.0 | 103.0 | 109.9 | 104.2 | 107.2 | |
| 1999 | 105.2 | 105.9 | 100.0 | 103.5 | 106.5 | |
| 2000 | 105.0 | 103.1 | 119.9 | 107.5 | 107.4 | |
| 2001 | 104.5 | 105.0 | 99.1 | 102.4 | 106.7 | |
| 2002 | 103.8 | 102.3 | 115.8 | 103.9 | 108.0 | |
| 2003 | 101.0 | 94.3 | 120.0 | 102.8 | 106.6 | 130.0 |
| 2004 | 107.8 | 113.8 | 109.4 | 97.7 | 109.7 | 107.0 |
| 2005 | 103.7 | 101.1 | 107.5 | 103.6 | 110.7 | 104.0 |
| 2006 | 104.9 | 105.4 | 115.7 | 101.2 | 106.8 | 106.0 |
| 2007 | 103.1 | 102.6 | 109.9 | 100.7 | 104.4 | 108.3 |
| 2008 | 104.5 | 103.2 | 104.7 | 107.1 | 105.4 | 102.6 |
| 2009 | 104.6 | 103.3 | 105.2 | 106.6 | 105.2 | 104.0 |
| 2010 | 104.4 | 103.8 | 105.6 | 105.3 | 104.5 | 105.1 |
| 2011 | 104.2 | 104.3 | 104.0 | 102.7 | 104.4 | 107.6 |
| 2012 | 104.8 | 104.5 | 102.8 | 105.3 | 104.4 | 107.8 |
| 2013 | 102.6 | 103.3 | 103.9 | 96.9 | 105.3 | 107.1 |
| 2014 | 103.1 | 104.0 | 105.8 | 98.9 | 102.5 | 111.9 |
| 2015 | 102.6 | 103.3 | 106.1 | 97.7 | 102.5 | 111.6 |
| 2016 | 100.8 | 100.5 | 104.2 | 98.9 | 101.2 | 107.5 |
| 2017 | 102.3 | 103.1 | 106.1 | 99.8 | 100.6 | 107.3 |
| 2018 | 100.9 | 100.8 | 105.5 | 97.2 | 102.4 | 104.7 |
| 2019 | 100.7 | 102.8 | 105.2 | 92.3 | 99.3 | 106.0 |
| 2020 | 102.0 | 102.8 | 104.3 | 100.7 | 100.6 | 103.4 |
| 2021 | 104.3 | 103.2 | 101.5 | 112.5 | 101.1 | 104.8 |
| 2022 | 103.9 | 103.3 | 105.0 | 103.9 | 102.0 | 112.4 |
| 2023 | 103.9 | 102.9 | 104.9 | 105.0 | 104.0 | 108.1 |

# 10-5 主要年份农林牧渔业总产值定基指数
# Fixed base Indices of Gross Output Value of Agriculture, Forestry, Animal Husbandry and Fishery in Major Years

按可比价格计算，1949年=100 (at constant prices, year of 1949=100)

| 年 份 Year | 农林牧渔业总产值 Total | 农 业 Farming | 林 业 Forestry | 牧 业 Animal Husbandry | 渔 业 Fishery | 农林牧渔专业及辅助性活动 Professional and Support Activities for Agriculture, Forestry, Animal Husbandry, Fishery |
|---|---|---|---|---|---|---|
| 1949 | 100.0 | 100.0 | | 100.0 | 100.0 | |
| 1952 | 144.2 | 135.7 | 100.0 | 166.5 | 612.2 | |
| 1957 | 157.4 | 151.4 | 900.0 | 159.0 | 563.4 | |
| 1962 | 134.7 | 134.1 | 1387.5 | 106.8 | 407.3 | |
| 1965 | 201.4 | 190.7 | 2162.5 | 224.6 | 534.1 | |
| 1970 | 239.7 | 232.5 | 1487.5 | 255.0 | 575.6 | |
| 1975 | 294.7 | 281.6 | 2487.5 | 322.3 | 819.5 | |
| 1976 | 306.2 | 296.1 | 3012.5 | 301.1 | 773.2 | |
| 1977 | 275.4 | 264.9 | 2987.0 | 280.1 | 787.8 | |
| 1978 | 334.6 | 326.8 | 2525.0 | 323.9 | 778.0 | |
| 1979 | 371.1 | 354.7 | 2650.0 | 426.8 | 858.5 | |
| 1980 | 350.7 | 326.0 | 2637.5 | 435.8 | 1014.6 | |
| 1981 | 378.4 | 357.7 | 2512.5 | 432.6 | 1170.7 | |
| 1982 | 434.8 | 404.2 | 2662.5 | 535.6 | 1231.7 | |
| 1983 | 460.6 | 433.3 | 2950.0 | 525.9 | 1226.8 | |
| 1984 | 536.3 | 460.6 | 3475.0 | 621.5 | 1522.0 | |
| 1985 | 553.1 | 456.1 | 3750.0 | 727.9 | 1922.0 | |
| 1986 | 587.7 | 486.4 | 3650.0 | 732.5 | 2592.7 | |
| 1987 | 605.9 | 502.4 | 3825.0 | 741.1 | 2802.4 | |
| 1988 | 646.1 | 526.3 | 3587.5 | 847.5 | 3051.2 | |
| 1989 | 648.3 | 529.4 | 3387.5 | 843.1 | 3102.4 | |
| 1990 | 664.6 | 535.2 | 3300.5 | 899.3 | 3346.3 | |
| 1991 | 657.1 | 513.3 | 2971.7 | 946.3 | 3385.3 | |
| 1992 | 742.5 | 583.6 | 3538.2 | 1045.7 | 3913.7 | |
| 1993 | 826.4 | 619.6 | 4391.5 | 1191.6 | 5275.3 | |
| 1994 | 926.3 | 668.9 | 4936.8 | 1400.2 | 6278.5 | |
| 1995 | 1052.7 | 755.4 | 5774.3 | 1551.0 | 7785.4 | |

# 10-5 续表 continued

按可比价格计算，1949年=100 (at constant prices, year of 1949=100)

| 年 份 Year | 农林牧渔业总产值 Total | 农 业 Farming | 林 业 Forestry | 牧 业 Animal Husbandry | 渔 业 Fishery | 农林牧渔专业及辅助性活动 Professional and Support Activities for Agriculture, Forestry, Animal Husbandry, Fishery |
|---|---|---|---|---|---|---|
| 1996 | 1130.6 | 821.0 | 6204.0 | 1599.2 | 8707.8 | |
| 1997 | 1217.1 | 873.5 | 5746.0 | 1773.5 | 9532.8 | |
| 1998 | 1265.6 | 899.4 | 6313.9 | 1847.5 | 10219.7 | |
| 1999 | 1331.1 | 952.4 | 6312.3 | 1911.5 | 10883.6 | |
| 2000 | 1397.9 | 981.6 | 7566.8 | 2055.1 | 11688.1 | |
| 2001 | 1461.5 | 1030.6 | 7500.2 | 2103.9 | 12474.9 | |
| 2002 | 1516.9 | 1053.8 | 8681.6 | 2186.3 | 13475.4 | 100.0 |
| 2003 | 1532.8 | 994.0 | 10415.4 | 2248.1 | 14369.5 | 130.0 |
| 2004 | 1653.0 | 1131.5 | 11389.9 | 2196.7 | 15768.3 | 139.1 |
| 2005 | 1714.2 | 1143.9 | 12245.5 | 2275.4 | 17448.0 | 144.6 |
| 2006 | 1798.2 | 1205.6 | 14168.0 | 2302.7 | 18634.5 | 153.3 |
| 2007 | 1853.2 | 1236.7 | 15569.2 | 2319.0 | 19458.1 | 166.1 |
| 2008 | 1936.8 | 1276.4 | 16294.7 | 2483.0 | 20510.8 | 170.5 |
| 2009 | 2024.9 | 1318.4 | 17144.7 | 2646.0 | 21573.2 | 177.4 |
| 2010 | 2113.6 | 1368.5 | 18104.8 | 2786.9 | 22552.0 | 186.5 |
| 2011 | 2201.6 | 1427.5 | 18836.2 | 2863.4 | 23554.6 | 200.8 |
| 2012 | 2307.0 | 1491.7 | 19371.5 | 3015.0 | 24591.8 | 216.5 |
| 2013 | 2365.9 | 1540.6 | 20123.0 | 2922.6 | 25885.6 | 231.7 |
| 2014 | 2438.9 | 1602.8 | 21282.6 | 2889.3 | 26521.5 | 259.2 |
| 2015 | 2502.5 | 1656.0 | 22578.0 | 2821.7 | 27184.4 | 289.3 |
| 2016 | 2522.6 | 1664.0 | 23520.3 | 2789.3 | 27497.6 | 310.9 |
| 2017 | 2579.8 | 1716.0 | 24946.4 | 2784.5 | 27672.6 | 333.8 |
| 2018 | 2604.2 | 1730.5 | 26324.9 | 2706.7 | 28325.7 | 349.4 |
| 2019 | 2621.4 | 1779.1 | 27684.6 | 2497.7 | 28133.6 | 370.5 |
| 2020 | 2673.4 | 1828.1 | 28870.9 | 2514.4 | 28288.4 | 383.0 |
| 2021 | 2789.1 | 1886.0 | 29289.6 | 2827.7 | 28596.7 | 401.2 |
| 2022 | 2896.6 | 1948.9 | 30765.0 | 2939.3 | 29173.0 | 450.8 |
| 2023 | 3009.1 | 2004.7 | 32287.2 | 3085.5 | 30334.6 | 487.3 |

# 10-6 农林牧渔业分项产值

按当年价格计算，单位：亿元

| 指 标 | Item | 2017 |
|---|---|---|
| **农林牧渔业总产值** | **Total** | **7161.21** |
| **农业产值** | **Farming** | **3764.73** |
| 谷物及其他作物 | Cereals and Others | 1338.37 |
| #谷物 | Cereals | 1134.31 |
| 薯类 | Tubers | 17.98 |
| 豆类 | Beans | 31.46 |
| 棉花 | Cotton | 19.67 |
| 油料 | Oil-bearing Crops | 60.48 |
| 蔬菜园艺作物 | Vegetables and Gardening Crops | 1993.25 |
| #蔬菜(含菜用瓜、食用菌) | Vegetables (include Melons, Edible Mushroom) | 1802.58 |
| 水果、坚果、饮料和香料作物 | Fruits, Nuts, Beverage and Perfume Crops | 416.14 |
| #水果、坚果(含果用瓜) | Fruits, Nuts (include Melons) | 366.05 |
| 中药材 | Chinese Herbal Medicine | 16.98 |
| **林业产值** | **Forestry** | **136.73** |
| 林木的培育和种植 | Forest Cultivation and Planting | 97.76 |
| 竹木采运 | Cutting and Transportation of Bamboo and Timber | 25.17 |
| 林产品 | Forest Products | 13.80 |
| **牧业产值** | **Animal Husbandry** | **1157.98** |
| 牲畜饲养 | Livestock Raising | 95.24 |
| #牛 | Cattle and Buffaloes | 12.52 |
| 羊 | Sheep and Goats | 56.33 |
| 猪的饲养 | Hogs Raising | 508.92 |
| 家禽饲养 | Poultry Raising | 417.43 |
| #肉禽 | Meat and Poultry | 234.49 |
| 禽蛋 | Poultry Eggs | 180.18 |
| 狩猎和捕捉动物 | Hunting and Catching Animals | 1.22 |
| 其他畜牧业 | Other Animal Husbandry | 135.18 |
| **渔业产值** | **Fishery** | **1623.43** |
| 海水产品 | Seawater Aquatic Products | 478.39 |
| 淡水产品 | Freshwater Aquatic Products | 1145.04 |
| **农林牧渔专业及辅助性活动产值** | **Professional and Support Activities for Agriculture, Forestry, Animal Husbandry, Fishery** | **478.33** |

# Gross Output Value of Agriculture, Forestry, Animal Husbandry and Fishery by Branch

(at current prices,100 million yuan)

| 2018 | 2019 | 2020 | 2021 | 2022 | 2023 |
|---|---|---|---|---|---|
| **7192.46** | **7503.15** | **7952.59** | **8279.72** | **8733.80** | **8935.53** |
| **3735.02** | **3828.60** | **4102.16** | **4426.06** | **4685.72** | **4844.11** |
| 1295.78 | 1295.11 | 1402.93 | 1519.72 | 1568.19 | 1562.52 |
| 1096.19 | 1075.88 | 1170.17 | 1271.82 | 1337.42 | 1320.34 |
| 26.62 | 32.93 | 35.41 | 37.45 | 9.47 | 9.53 |
| 33.96 | 37.02 | 44.37 | 48.27 | 52.20 | 53.28 |
| 3.49 | 3.00 | 2.35 | 2.27 | 1.25 | 1.13 |
| 60.16 | 70.19 | 70.56 | 75.33 | 78.46 | 89.75 |
| 1999.61 | 2051.09 | 2216.04 | 2407.27 | 2573.63 | 2706.10 |
| 1841.62 | 1876.19 | 2036.11 | 2203.25 | 2344.15 | 2464.60 |
| 426.48 | 468.97 | 451.23 | 463.07 | 504.75 | 541.20 |
| 376.16 | 417.60 | 411.53 | 424.83 | 462.15 | 501.60 |
| 13.15 | 13.42 | 31.96 | 36.00 | 39.14 | 34.29 |
| **147.25** | **162.00** | **172.85** | **178.15** | **185.65** | **188.42** |
| 107.10 | 119.11 | 123.37 | 115.76 | 121.90 | 119.80 |
| 26.40 | 28.66 | 34.74 | 47.45 | 50.04 | 54.11 |
| 13.75 | 14.23 | 14.74 | 14.94 | 13.70 | 14.51 |
| **1091.31** | **1213.02** | **1315.84** | **1215.87** | **1294.18** | **1230.13** |
| 94.53 | 102.70 | 102.89 | 108.13 | 119.57 | 110.12 |
| 12.53 | 14.79 | 14.13 | 14.80 | 16.49 | 18.28 |
| 59.73 | 59.97 | 60.50 | 63.05 | 71.26 | 60.66 |
| 417.12 | 434.03 | 626.93 | 484.23 | 505.95 | 453.12 |
| 459.53 | 565.82 | 503.69 | 569.03 | 607.01 | 611.13 |
| 241.98 | 285.71 | 253.09 | 266.52 | 289.09 | 293.91 |
| 215.03 | 276.35 | 245.21 | 296.75 | 317.92 | 317.22 |
| 1.04 | 1.15 | 1.20 | 1.08 | | |
| 119.08 | 109.34 | 81.13 | 53.40 | 61.65 | 55.76 |
| **1707.87** | **1740.99** | **1774.00** | **1833.51** | **1856.93** | **1903.21** |
| 522.66 | 534.61 | 552.35 | 494.56 | 517.84 | 533.68 |
| 1185.21 | 1206.38 | 1221.65 | 1338.96 | 1339.09 | 1369.53 |
| **511.01** | **558.55** | **587.75** | **626.13** | **711.32** | **769.66** |

# 10-7 农作物播种面积

单位：千公顷

| 年份 Year | 总播种面积 Total Sown Area | 粮食作物 Grain Crops | #小麦 Wheat | #稻谷 Rice | #薯类 Tubers | #玉米 Corn | #大豆 Soybeans | 经济作物 Economic Crops |
|---|---|---|---|---|---|---|---|---|
| 1978 | 8582.74 | 6310.93 | 1412.82 | 2661.18 | 478.29 | 445.01 | 345.36 | 905.84 |
| 1980 | 8248.93 | 6090.25 | 1519.47 | 2676.15 | 332.02 | 386.21 | 236.47 | 957.04 |
| 1985 | 8557.84 | 6432.44 | 2170.39 | 2431.11 | 282.45 | 659.62 | 317.93 | 1302.77 |
| 1989 | 8384.33 | 6454.51 | 2353.54 | 2419.67 | 248.16 | 501.15 | 309.39 | 1194.62 |
| 1990 | 8259.18 | 6363.02 | 2399.19 | 2454.44 | 221.65 | 461.01 | 244.67 | 1188.41 |
| 1991 | 8091.70 | 6202.77 | 2364.93 | 2351.40 | 214.51 | 426.44 | 177.81 | 1202.48 |
| 1992 | 8234.63 | 6180.77 | 2366.23 | 2447.27 | 192.59 | 421.14 | 192.28 | 1350.29 |
| 1993 | 8032.29 | 6029.66 | 2281.66 | 2278.44 | 201.00 | 472.37 | 270.67 | 1143.39 |
| 1994 | 7861.76 | 5748.78 | 2114.26 | 2168.36 | 179.46 | 458.95 | 255.41 | 1225.86 |
| 1995 | 7909.01 | 5755.15 | 2150.35 | 2250.31 | 166.71 | 461.98 | 201.32 | 1268.75 |
| 1996 | 7914.10 | 5877.42 | 2216.26 | 2335.91 | 180.59 | 467.83 | 179.49 | 1132.24 |
| 1997 | 7966.78 | 5994.43 | 2341.37 | 2377.62 | 169.61 | 439.00 | 217.44 | 1063.10 |
| 1998 | 8058.28 | 5946.26 | 2314.95 | 2369.70 | 162.67 | 473.49 | 220.83 | 1063.32 |
| 1999 | 8023.43 | 5828.52 | 2251.70 | 2398.45 | 156.89 | 454.31 | 210.41 | 1006.41 |
| 2000 | 7944.87 | 5304.31 | 1954.60 | 2203.46 | 158.26 | 423.16 | 249.19 | 1227.97 |
| 2001 | 7777.42 | 4886.66 | 1712.81 | 2010.25 | 146.01 | 429.81 | 244.37 | 1347.53 |
| 2002 | 7797.40 | 4882.58 | 1715.85 | 1982.05 | 143.75 | 436.53 | 243.44 | 1255.19 |
| 2003 | 7681.49 | 4659.47 | 1620.45 | 1840.93 | 134.20 | 451.90 | 241.68 | 1315.37 |
| 2004 | 7668.98 | 4774.59 | 1601.17 | 2112.90 | 114.17 | 389.11 | 216.42 | 1356.65 |
| 2005 | 7641.20 | 4909.48 | 1684.44 | 2209.33 | 100.16 | 370.24 | 214.80 | 1237.36 |
| 2006 | 7385.16 | 5110.80 | 1912.67 | 2216.00 | 76.27 | 378.17 | 213.00 | 1007.48 |
| 2007 | 7362.79 | 5193.83 | 2039.30 | 2220.84 | 68.72 | 393.13 | 220.73 | 853.07 |
| 2008 | 7494.85 | 5299.32 | 2116.99 | 2222.62 | 67.21 | 432.72 | 230.10 | 836.22 |
| 2009 | 7542.63 | 5329.72 | 2145.15 | 2223.75 | 68.02 | 433.83 | 230.91 | 788.87 |
| 2010 | 7616.96 | 5372.17 | 2200.20 | 2224.86 | 62.31 | 439.57 | 224.23 | 732.34 |
| 2011 | 7646.43 | 5411.17 | 2245.83 | 2227.73 | 60.55 | 448.24 | 223.04 | 698.14 |
| 2012 | 7651.38 | 5458.52 | 2304.38 | 2228.94 | 60.74 | 453.93 | 216.64 | 590.44 |
| 2013 | 7661.00 | 5475.22 | 2344.30 | 2229.87 | 58.31 | 467.52 | 206.69 | 553.71 |
| 2014 | 7672.27 | 5517.55 | 2374.13 | 2236.70 | 40.53 | 519.70 | 201.70 | 502.10 |
| 2015 | 7737.75 | 5572.54 | 2410.66 | 2250.32 | 34.50 | 540.98 | 195.82 | 433.24 |
| 2016 | 7639.92 | 5583.28 | 2436.81 | 2256.26 | 26.73 | 540.17 | 196.89 | 331.24 |
| 2017 | 7556.40 | 5527.31 | 2412.75 | 2237.72 | 25.80 | 543.21 | 194.40 | 303.95 |
| 2018 | 7520.23 | 5475.93 | 2403.96 | 2214.72 | 35.66 | 515.77 | 193.75 | 294.65 |
| 2019 | 7442.63 | 5381.48 | 2346.93 | 2184.29 | 35.98 | 504.24 | 191.79 | 315.61 |
| 2020 | 7478.39 | 5405.64 | 2338.89 | 2202.84 | 39.07 | 509.76 | 196.39 | 308.79 |
| 2021 | 7514.45 | 5427.54 | 2357.87 | 2219.20 | 39.80 | 500.60 | 192.79 | 323.18 |
| 2022 | 7534.24 | 5444.43 | 2377.27 | 2221.42 | 35.19 | 495.04 | 210.38 | 313.89 |
| 2023 | 7589.96 | 5458.94 | 2389.52 | 2221.02 | 33.42 | 488.31 | 225.36 | 335.77 |

# Sown Areas of Farm Crops

(1000 hectares)

| #棉花<br>Cotton | #油菜籽<br>Rapeseeds | #花生<br>Peanuts | #芝麻<br>Sesames | #黄红麻<br>Jute and Ambary Hemp | #甘蔗<br>Sugar cane | #甜菜<br>Beet roots | #烤烟<br>Flue Cured Tobacco | 其他作物<br>Others |
|---|---|---|---|---|---|---|---|---|
| 589.99 | 156.46 | 65.49 | 10.60 | 20.71 | 0.75 | 6.91 | 7.05 | 1365.97 |
| 631.00 | 169.58 | 83.79 | 4.61 | 11.51 | 0.35 | 5.78 | 2.17 | 1201.64 |
| 592.24 | 442.64 | 134.11 | 12.85 | 24.78 | 4.11 | 4.39 | 3.47 | 822.63 |
| 535.19 | 459.12 | 116.39 | 6.29 | 5.14 | 3.92 | 2.09 | 9.47 | 735.20 |
| 572.13 | 440.81 | 108.71 | 5.85 | 5.16 | 3.35 | 2.23 | 5.63 | 707.75 |
| 550.61 | 482.80 | 102.95 | 4.79 | 4.57 | 3.18 | 0.73 | 5.16 | 686.45 |
| 673.43 | 483.78 | 107.36 | 7.14 | 3.99 | 3.83 | 0.70 | 7.39 | 703.57 |
| 517.65 | 458.30 | 125.42 | 8.65 | 5.20 | 5.50 | 1.31 | 2.02 | 859.24 |
| 534.57 | 516.59 | 146.52 | 6.65 | 2.15 | 4.57 | 0.70 | 0.87 | 887.12 |
| 564.90 | 530.66 | 148.66 | 7.54 | 1.31 | 3.95 | 0.17 | 1.17 | 885.11 |
| 485.91 | 498.00 | 123.55 | 9.19 | 0.89 | 3.66 | 0.87 | 1.44 | 904.44 |
| 438.74 | 473.93 | 117.25 | 13.66 | 0.79 | 3.46 | 1.51 | 2.61 | 909.25 |
| 416.16 | 468.94 | 141.39 | 16.23 | 0.54 | 3.25 | 0.52 | 0.09 | 1048.70 |
| 261.99 | 518.83 | 177.25 | 20.62 | 0.41 | 4.20 | 0.15 | 0.01 | 1188.50 |
| 295.27 | 650.50 | 227.90 | 18.20 | 0.20 | 5.16 | 0.07 | 0.02 | 1412.59 |
| 383.99 | 681.04 | 230.21 | 15.53 | 0.36 | 5.75 | 0.40 | … | 1543.23 |
| 311.35 | 668.08 | 223.63 | 15.00 | 0.32 | 6.08 | 0.38 | … | 1659.63 |
| 369.50 | 683.03 | 214.52 | 12.70 | 0.31 | 5.98 | 0.29 | … | 1706.65 |
| 409.62 | 689.86 | 218.59 | 11.91 | 0.16 | 4.89 | 0.12 | … | 1537.74 |
| 368.27 | 660.50 | 174.29 | 11.92 | 0.18 | 4.10 | 0.02 | | 1494.36 |
| 330.40 | 525.47 | 130.60 | 11.38 | 0.04 | 1.39 | 0.01 | | 1266.88 |
| 326.90 | 410.03 | 95.32 | 9.89 | 0.02 | 1.11 | | | 1315.89 |
| 300.47 | 405.01 | 100.76 | 9.80 | 0.02 | 1.41 | | 0.02 | 1359.31 |
| 252.34 | 400.65 | 104.23 | 9.29 | 0.05 | 1.67 | 0.02 | 0.04 | 1424.04 |
| 235.68 | 365.35 | 101.73 | 8.18 | | 1.33 | 0.09 | 0.04 | 1512.45 |
| 239.25 | 330.80 | 98.20 | 7.57 | 0.02 | 1.20 | | 0.04 | 1537.12 |
| 170.63 | 298.14 | 93.60 | 6.85 | | 1.12 | 0.04 | 0.03 | 1602.42 |
| 155.22 | 276.47 | 91.57 | 6.19 | | 1.03 | 0.03 | 0.02 | 1632.07 |
| 131.81 | 251.03 | 88.72 | 5.39 | | 1.00 | 0.01 | 0.02 | 1652.62 |
| 94.29 | 223.62 | 87.35 | 4.89 | | 0.89 | 0.04 | 0.02 | 1731.97 |
| 31.70 | 188.84 | 90.14 | 4.33 | | 0.80 | 0.01 | | 1725.40 |
| 21.00 | 175.27 | 88.15 | 4.00 | | 0.80 | 0.02 | | 1725.19 |
| 16.60 | 159.08 | 98.38 | 5.14 | | 0.85 | 0.02 | | 1749.65 |
| 11.60 | 173.54 | 103.53 | 5.77 | | 0.87 | 2.73 | | 1745.54 |
| 8.35 | 172.91 | 99.70 | 5.86 | 0.01 | 0.81 | 2.61 | | 1763.96 |
| 5.78 | 193.12 | 97.20 | 5.94 | | 0.72 | 2.50 | … | 1763.73 |
| 4.15 | 188.59 | 94.22 | 5.80 | | 0.64 | 2.49 | … | 1775.92 |
| 3.46 | 208.89 | 95.13 | 7.20 | | 0.57 | 2.38 | … | 1795.26 |

# 10-8 主要农作物种植结构
# Planting Structure of Major Farm Crops

单位：% (%)

| 项　目 | Item | 2017 | 2018 | 2019 | 2020 | 2021 | 2022 | 2023 |
|---|---|---|---|---|---|---|---|---|
| **农作物总播种面积** | **Total Sown Area of Farm Crops** | **100.00** | **100.00** | **100.00** | **100.00** | **100.00** | **100.00** | **100.00** |
| **粮食作物** | **Grain Crops** | **73.15** | **72.82** | **72.31** | **72.28** | **72.23** | **72.26** | **71.92** |
| 谷物 | Cereals | 69.50 | 68.92 | 68.25 | 68.13 | 68.13 | 68.08 | 67.66 |
| 稻谷 | Rice | 29.61 | 29.45 | 29.35 | 29.46 | 29.53 | 29.48 | 29.26 |
| 小麦 | Wheat | 31.93 | 31.97 | 31.53 | 31.28 | 31.38 | 31.55 | 31.48 |
| 玉米 | Corn | 7.19 | 6.86 | 6.78 | 6.82 | 6.66 | 6.57 | 6.43 |
| 其他谷物 | Other Cereals | 0.77 | 0.65 | 0.59 | 0.59 | 0.56 | 0.47 | 0.48 |
| 豆类 | Beans | 3.30 | 3.42 | 3.57 | 3.63 | 3.56 | 3.72 | 3.83 |
| #大豆 | Soybeans | 2.57 | 2.58 | 2.58 | 2.63 | 2.57 | 2.79 | 2.97 |
| 杂豆 | Miscellaneous Beans | 0.73 | 0.84 | 1.00 | 1.00 | 1.00 | 0.93 | 0.86 |
| 薯类 | Tubers | 0.34 | 0.47 | 0.48 | 0.52 | 0.53 | 0.47 | 0.44 |
| **油料作物** | **Oil-bearing Crops** | **3.54** | **3.49** | **3.80** | **3.73** | **3.94** | **3.83** | **4.10** |
| #花生 | Peanuts | 1.17 | 1.31 | 1.39 | 1.33 | 1.29 | 1.25 | 1.25 |
| 油菜籽 | Rapeseeds | 2.32 | 2.12 | 2.33 | 2.31 | 2.57 | 2.50 | 2.75 |
| 芝麻 | Sesame | 0.05 | 0.07 | 0.08 | 0.08 | 0.08 | 0.08 | 0.09 |
| **棉花** | **Cotton** | **0.28** | **0.22** | **0.16** | **0.11** | **0.08** | **0.06** | **0.05** |
| **麻类** | **Fiber Crops** | **…** | **…** | **…** | **…** | **…** | **…** | **…** |
| **糖料** | **Sugar Crops** | **0.01** | **0.01** | **0.05** | **0.05** | **0.04** | **0.04** | **0.04** |
| #甘蔗 | Sugarcane | 0.01 | 0.01 | 0.01 | 0.01 | 0.01 | 0.01 | 0.01 |
| **药材** | **Medicinal Materials** | **0.18** | **0.19** | **0.23** | **0.24** | **0.23** | **0.23** | **0.23** |
| **蔬菜、瓜类** | **Vegetables and Melons** | **20.77** | **21.13** | **21.33** | **21.40** | **21.42** | **21.64** | **21.63** |
| #蔬菜 | Vegetables | 18.63 | 18.95 | 19.14 | 19.31 | 19.34 | 19.53 | 19.56 |
| **其他农作物** | **Other Farm Crops** | **2.07** | **2.14** | **2.12** | **2.19** | **2.05** | **1.93** | **2.03** |
| #青饲料 | Succulence | 0.40 | 0.36 | 0.36 | 0.35 | 0.36 | 0.33 | 0.30 |

# 10-9 主要农作物播种面积和产量(2023年)
# Total Sown Area of Farm Crops and Output (2023)

| 指 标 | Item | 播种面积(千公顷) Sown Area (1000 hectares) | 单位面积产量(千克/公顷) Per Hectare Output (kg/hectare) | 总产量(吨) Total Output (ton) |
|---|---|---|---|---|
| **农作物总播种面积** | **Total Sown Area of Farm Crops** | **7589.96** | | |
| **粮食作物** | **Grain Crops** | **5458.94** | **6957** | **37976976** |
| 夏粮 | Summer Grain | 2480.50 | 5672 | 14070547 |
| 小麦 | Wheat | 2389.52 | 5748 | 13735321 |
| 元麦 | Hull-less Barley | 1.18 | 3998 | 4717 |
| 大麦 | Barley | 30.23 | 5607 | 169483 |
| 蚕豌豆 | Horsebean and Pea | 59.57 | 2703 | 161027 |
| 秋粮 | Autumn Grain | 2978.44 | 8026 | 23906429 |
| 稻谷 | Rice | 2221.02 | 9020 | 20032490 |
| #中稻和一季晚稻 | Rice and Late Season Rice | 2221.02 | 9020 | 20032490 |
| 玉米 | Corn | 488.31 | 6120 | 2988478 |
| 高粱 | Sorghum | 3.71 | 5730 | 21257 |
| 谷子 | Millet | | | |
| 薯类 | Tubers | 33.42 | 6687 | 223479 |
| 大豆 | Soybean | 225.36 | 2769 | 624022 |
| 其他秋粮 | Others | 6.62 | 2525 | 16704 |
| **经济作物** | **Economic Crops** | **335.77** | | |
| 棉花 | Cotton | 3.46 | 1455 | 5028 |
| 油料 | Oil-bearing Crops | 311.54 | 3320 | 1034241 |
| #花生 | Peanuts | 95.13 | 4279 | 407088 |
| 油菜籽 | Rapeseeds | 208.89 | 2934 | 612963 |
| 芝麻 | Sesame | 7.20 | 1867 | 13443 |
| 麻类 | Fiber Crops | 0.18 | 2455 | 451 |
| #黄红麻 | Jute and Ambary Hemp | | | |
| 苎麻 | Ramee | 0.18 | 2455 | 451 |
| 糖类 | Sugar Crops | 2.95 | 18009 | 53071 |
| #甘蔗 | Sugarcane | 0.57 | 62276 | 35452 |
| 药材 | Medicinal Materials | 17.64 | | |
| **其他农作物** | **Others** | **1795.26** | | |
| #蔬菜 | Vegetables | 1484.34 | 41336 | 61356080 |
| 瓜果类 | Melons and Fruits Crops | 157.00 | 42779 | 6716240 |

# 10-10 主要农产品产量
# Output of Major Farm Products

单位：万吨 (10000 tons)

| 年 份 Year | 粮 食 Grain | 夏 粮 Summer Grain | 秋 粮 Autumn Grain | 棉 花 Cotton | 油 料 Oil bearing Crops | #花 生 Peanuts | #油菜籽 Rapeseeds |
|---|---|---|---|---|---|---|---|
| 1949 | 748.50 | 217.00 | 531.50 | 2.81 | 15.94 | 11.82 | 3.60 |
| 1952 | 997.55 | 277.85 | 719.70 | 9.28 | 21.68 | 14.38 | 6.00 |
| 1957 | 1063.60 | 274.85 | 788.75 | 15.01 | 25.07 | 19.81 | 4.93 |
| 1962 | 965.35 | 280.65 | 684.70 | 8.21 | 10.27 | 6.38 | 3.52 |
| 1965 | 1442.75 | 379.85 | 1062.90 | 26.44 | 21.68 | 13.87 | 7.41 |
| 1970 | 1705.15 | 415.50 | 1289.65 | 32.82 | 21.67 | 10.31 | 10.87 |
| 1975 | 2056.85 | 524.40 | 1532.45 | 45.48 | 29.64 | 11.73 | 17.63 |
| 1978 | 2400.65 | 677.30 | 1723.35 | 47.54 | 37.44 | 13.60 | 23.06 |
| 1980 | 2417.95 | 873.60 | 1544.35 | 41.81 | 38.64 | 14.50 | 23.93 |
| 1985 | 3126.52 | 1064.46 | 2062.06 | 47.91 | 108.78 | 34.13 | 73.11 |
| 1989 | 3282.80 | 1033.00 | 2249.80 | 48.47 | 99.91 | 31.25 | 67.72 |
| 1990 | 3264.15 | 1143.46 | 2120.69 | 46.42 | 112.39 | 30.12 | 81.41 |
| 1991 | 3035.51 | 1032.43 | 2003.08 | 55.71 | 114.06 | 28.12 | 85.32 |
| 1992 | 3320.55 | 1251.19 | 2069.36 | 52.74 | 127.33 | 30.51 | 95.88 |
| 1993 | 3279.70 | 1152.60 | 2127.10 | 42.90 | 125.71 | 37.66 | 87.04 |
| 1994 | 3124.05 | 1105.29 | 2018.76 | 45.71 | 133.59 | 44.80 | 87.77 |
| 1995 | 3286.30 | 1073.46 | 2212.84 | 56.16 | 159.46 | 48.43 | 109.54 |
| 1996 | 3476.35 | 1200.95 | 2275.40 | 53.75 | 147.50 | 39.65 | 106.34 |
| 1997 | 3563.79 | 1226.91 | 2336.88 | 50.75 | 141.93 | 39.53 | 100.53 |
| 1998 | 3415.12 | 864.22 | 2550.90 | 46.19 | 115.63 | 48.90 | 64.26 |
| 1999 | 3559.03 | 1195.96 | 2363.07 | 24.60 | 184.04 | 63.25 | 117.89 |
| 2000 | 3106.63 | 899.75 | 2206.88 | 31.45 | 225.65 | 79.75 | 142.99 |
| 2001 | 2942.05 | 821.44 | 2120.61 | 46.05 | 232.53 | 84.09 | 145.81 |
| 2002 | 2907.05 | 758.18 | 2148.87 | 36.28 | 217.03 | 83.71 | 130.81 |
| 2003 | 2471.85 | 729.29 | 1742.56 | 29.10 | 199.45 | 51.57 | 145.74 |
| 2004 | 2829.06 | 807.24 | 2021.82 | 50.28 | 238.38 | 69.12 | 167.32 |
| 2005 | 2834.59 | 844.42 | 1990.17 | 32.27 | 215.99 | 55.46 | 158.67 |
| 2006 | 3096.03 | 1017.12 | 2078.91 | 35.52 | 176.47 | 45.51 | 129.00 |
| 2007 | 3122.27 | 1065.36 | 2056.91 | 34.75 | 138.87 | 33.70 | 103.33 |
| 2008 | 3192.23 | 1102.26 | 2089.96 | 32.60 | 137.72 | 35.29 | 100.52 |
| 2009 | 3260.87 | 1123.45 | 2137.42 | 25.55 | 142.31 | 38.20 | 102.37 |
| 2010 | 3284.99 | 1143.53 | 2141.47 | 26.08 | 127.78 | 37.09 | 89.29 |
| 2011 | 3357.10 | 1164.00 | 2193.09 | 24.68 | 116.44 | 36.26 | 78.89 |
| 2012 | 3431.55 | 1203.05 | 2228.51 | 22.04 | 113.58 | 35.15 | 77.22 |
| 2013 | 3440.82 | 1224.64 | 2216.18 | 20.93 | 111.10 | 34.29 | 75.66 |
| 2014 | 3523.04 | 1281.03 | 2242.01 | 15.95 | 104.12 | 33.71 | 69.40 |
| 2015 | 3594.71 | 1304.03 | 2290.68 | 11.69 | 98.04 | 33.81 | 63.30 |
| 2016 | 3542.44 | 1293.20 | 2249.24 | 3.69 | 88.67 | 35.24 | 52.60 |
| 2017 | 3610.80 | 1335.82 | 2274.98 | 2.57 | 85.36 | 34.78 | 49.77 |
| 2018 | 3660.28 | 1326.42 | 2333.86 | 2.06 | 86.04 | 39.33 | 45.70 |
| 2019 | 3706.20 | 1356.64 | 2349.56 | 1.57 | 94.32 | 42.71 | 50.45 |
| 2020 | 3729.06 | 1373.79 | 2355.27 | 1.06 | 93.01 | 40.63 | 51.21 |
| 2021 | 3746.10 | 1380.74 | 2365.36 | 0.79 | 97.81 | 40.26 | 56.38 |
| 2022 | 3769.13 | 1400.30 | 2368.83 | 0.58 | 96.28 | 39.51 | 55.66 |
| 2023 | 3797.70 | 1407.05 | 2390.64 | 0.50 | 103.42 | 40.71 | 61.30 |

# 10-11 人均占有主要农产品产量
# Per Capita Output of Major Farm Products

单位：千克/人 (kg/person)

| 年 份 Year | 粮食产量 Output of Grain | 棉花产量 Output of Cotton | 油料产量 Output of Oil bearing Crops | 生猪饲养量（头/人） Output of Raising Hogs (head/person) | 猪、牛、羊肉产量 Output of Pork, Beef and Mutton | 水产品产量 Output of Aquatic Products |
|---|---|---|---|---|---|---|
| 1952 | 270.0 | 2.5 | 5.9 | 0.24 | | 4.6 |
| 1957 | 257.0 | 3.7 | 6.1 | 0.34 | | 6.9 |
| 1962 | 225.0 | 1.9 | 2.4 | 0.22 | | 4.5 |
| 1965 | 316.0 | 5.8 | 4.8 | 0.46 | | 5.5 |
| 1970 | 329.0 | 6.4 | 4.2 | 0.50 | | 5.2 |
| 1975 | 367.0 | 8.1 | 5.3 | 0.60 | | 6.5 |
| 1978 | 414.0 | 8.2 | 6.5 | 0.60 | | 6.9 |
| 1980 | 408.5 | 7.1 | 6.6 | 0.70 | 18.1 | 7.2 |
| 1985 | 505.0 | 7.8 | 17.6 | 0.64 | 22.4 | 10.9 |
| 1989 | 506.1 | 7.5 | 15.4 | 0.60 | 23.3 | 17.0 |
| 1990 | 486.0 | 6.9 | 16.7 | 0.59 | 23.6 | 17.6 |
| 1991 | 446.1 | 8.2 | 16.8 | 0.59 | 24.0 | 17.3 |
| 1992 | 482.8 | 7.7 | 18.5 | 0.61 | 25.1 | 19.6 |
| 1993 | 472.6 | 6.2 | 18.1 | 0.62 | 25.8 | 22.7 |
| 1994 | 446.7 | 6.5 | 19.1 | 0.65 | 28.5 | 25.8 |
| 1995 | 466.6 | 8.0 | 22.6 | 0.69 | 30.9 | 31.2 |
| 1996 | 490.4 | 7.6 | 20.8 | 0.51 | 24.7 | 34.7 |
| 1997 | 499.9 | 7.1 | 19.9 | 0.57 | 26.2 | 37.3 |
| 1998 | 476.6 | 6.4 | 16.1 | 0.63 | 29.2 | 39.4 |
| 1999 | 494.5 | 3.4 | 25.6 | 0.63 | 29.9 | 41.2 |
| 2000 | 427.3 | 4.3 | 31.0 | 0.66 | 31.3 | 42.5 |
| 2001 | 400.8 | 6.3 | 31.7 | 0.67 | 32.2 | 43.7 |
| 2002 | 394.6 | 4.9 | 29.5 | 0.67 | 32.6 | 45.4 |
| 2003 | 334.4 | 3.9 | 27.0 | 0.68 | 33.1 | 46.4 |
| 2004 | 381.3 | 6.8 | 32.1 | 0.66 | 32.7 | 49.3 |
| 2005 | 380.3 | 4.3 | 29.0 | 0.66 | 32.5 | 52.1 |
| 2006 | 412.1 | 4.7 | 23.5 | 0.63 | 28.4 | 53.0 |
| 2007 | 411.5 | 4.6 | 18.3 | 0.53 | 25.4 | 53.9 |
| 2008 | 417.3 | 4.3 | 18.0 | 0.56 | 26.7 | 55.6 |
| 2009 | 423.5 | 3.3 | 18.5 | 0.58 | 27.8 | 57.6 |
| 2010 | 421.3 | 3.3 | 16.4 | 0.58 | 28.4 | 59.1 |
| 2011 | 422.5 | 3.1 | 14.7 | 0.58 | 28.2 | 59.9 |
| 2012 | 425.1 | 2.7 | 14.1 | 0.59 | 29.3 | 61.2 |
| 2013 | 421.9 | 2.6 | 13.6 | 0.58 | 29.0 | 62.5 |
| 2014 | 427.7 | 1.9 | 12.6 | 0.58 | 29.0 | 63.0 |
| 2015 | 433.2 | 1.4 | 11.8 | 0.56 | 28.0 | 62.9 |
| 2016 | 424.3 | 0.4 | 10.6 | 0.53 | 26.6 | 60.9 |
| 2017 | 429.7 | 0.3 | 10.2 | 0.53 | 26.8 | 60.4 |
| 2018 | 433.9 | 0.2 | 10.2 | 0.50 | 25.6 | 58.7 |
| 2019 | 438.2 | 0.2 | 11.2 | 0.30 | 18.4 | 57.2 |
| 2020 | 440.1 | 0.1 | 11.0 | 0.38 | 17.6 | 57.9 |
| 2021 | 441.2 | 0.1 | 11.5 | 0.43 | 21.7 | 58.2 |
| 2022 | 442.9 | 0.1 | 11.3 | 0.40 | 22.3 | 59.3 |
| 2023 | 445.7 | 0.1 | 12.1 | 0.45 | 23.6 | 61.3 |

# 10-12 茶叶、水果生产情况
# Output of Tea and Fruits

| 指　标 | Item | 2017 | 2018 | 2019 | 2020 | 2021 | 2022 | 2023 |
|---|---|---|---|---|---|---|---|---|
| 茶叶产量(万吨) | Output of Tea(10000 tons) | 1.39 | 1.40 | 1.43 | 1.12 | 1.09 | 1.08 | 1.08 |
| 红毛茶 | Black Tea | 0.30 | 0.33 | 0.36 | 0.23 | 0.25 | 0.26 | 0.27 |
| 绿毛茶 | Green Tea | 1.08 | 1.07 | 1.07 | 0.89 | 0.84 | 0.80 | 0.79 |
| 其他茶 | Others | 0.01 | … | … | … | … | 0.02 | 0.02 |
| 水果产量(万吨) | Output of Fruits(10000 tons) | 309.79 | 287.38 | 322.24 | 322.83 | 321.18 | 336.19 | 343.55 |
| #苹果 | Apples | 58.00 | 40.48 | 53.97 | 56.60 | 55.05 | 57.16 | 57.34 |
| 柑橘 | Citrus | 3.17 | 3.01 | 2.87 | 3.37 | 2.90 | 3.47 | 3.38 |
| 梨 | Pears | 77.98 | 70.36 | 77.81 | 78.35 | 74.79 | 77.53 | 78.59 |
| 葡萄 | Grapes | 64.90 | 67.06 | 65.22 | 61.06 | 62.14 | 65.30 | 69.84 |
| 桃子 | Peaches | 69.31 | 74.90 | 87.81 | 88.96 | 94.44 | 97.37 | 98.58 |
| 红枣 | Red Dates | 0.67 | 0.40 | 0.34 | 0.31 | 0.42 | 0.49 | 0.33 |
| 柿子 | Persimmons | 10.89 | 9.29 | 7.78 | 7.51 | 6.85 | 7.33 | 8.14 |
| 食用坚果产量(万吨) | Edible nut production (10000 tons) | 11.08 | 4.79 | 6.07 | 6.29 | 6.80 | 6.32 | 6.39 |
| 核桃 | Walnut | 0.21 | 0.20 | 0.24 | 0.23 | 0.34 | 0.51 | 0.62 |
| 板栗 | Chinese chestnut | 1.91 | 1.34 | 1.37 | 1.27 | 1.51 | 1.34 | 1.50 |
| 松子 | Pinenut |  | 0.65 | 0.85 | 0.83 |  |  |  |
| 其他 | Others | 8.96 | 2.60 | 3.60 | 3.97 | 4.94 | 4.47 | 4.27 |
| 茶园面积(千公顷) | Area of Tea Plantations(1000 hectares) | 33.71 | 33.74 | 33.79 | 34.24 | 34.21 | 33.90 | 33.97 |
| #当年采摘面积 | Picked Area in the Year | 30.46 | 31.33 | 30.26 | 30.72 | 30.82 | 30.72 | 30.52 |
| 果园面积(千公顷) | Area of Orchards(1000 hectares) | 209.15 | 204.54 | 199.52 | 198.83 | 190.65 | 185.37 | 180.00 |
| #苹果园 | Apples | 31.33 | 29.43 | 28.55 | 28.56 | 28.09 | 28.15 | 25.98 |
| 柑橘园 | Citrus | 2.33 | 2.31 | 2.22 | 2.12 | 2.12 | 2.25 | 2.16 |
| 梨园 | Pears | 38.41 | 39.94 | 36.21 | 35.15 | 31.80 | 32.33 | 30.75 |
| 葡萄园 | Grapes | 35.91 | 39.89 | 34.79 | 33.84 | 33.25 | 35.03 | 34.24 |

# 10-13 林业生产情况
# Output of Forestry

| 指 标 | Item | 2017 | 2018 | 2019 | 2020 | 2021 | 2022 | 2023 |
|---|---|---|---|---|---|---|---|---|
| 造林面积(公顷) | Area of Forestation( hectares) | 36329.9 | 43354.3 | 44207.4 | 51451.3 | 15937.1 | 16079.4 | 15562.7 |
| 按造林方式分 | Grouped by afforestation method | | | | | | | |
| 人工造林 | Artificial afforestation | 32891.4 | 41008.6 | 40256.3 | 46333.3 | 11476.6 | 3281.3 | 3175.2 |
| 人工更新 | Artificial Regeneration | 3182.1 | 2116.2 | 3810.5 | 5004.0 | 4109.5 | 5038.5 | 3889.7 |
| 封山育林 | Close hillsides to facilitate afforestation | | | | | 98.3 | 3308.1 | 4071.2 |
| 低产低效林改造 | Low efficiency forest renovation in real estate | 256.4 | 229.5 | 140.6 | 114.0 | 252.7 | 4451.5 | 4426.6 |
| 按经济成分分 | Grouped by economic component | | | | | | | |
| 公有经济造林 | Public economic afforestation | 22930.0 | 26897.1 | 24586.6 | 26225.4 | 11171.7 | 14151.0 | 13224.9 |
| 国有经济造林 | State owned economic afforestation | 3260.6 | 5587.5 | 3921.2 | 3524.8 | 1579.7 | 5341.2 | 5004.9 |
| 集体经济造林 | Collective economic afforestation | 19669.4 | 21309.6 | 20665.4 | 22700.6 | 9592.0 | 8809.8 | 8220.0 |
| 非公有经济造林 | Afforestation of non-public economy | 13399.9 | 16457.2 | 19620.8 | 25225.9 | 4765.4 | 1928.4 | 2337.8 |
| 按林种用途分 | Grouped by forest type usage | | | | | | | |
| 用材林 | Timber Forests | 267.9 | 221.1 | 162.0 | 810.9 | 388.1 | 453.7 | 90.5 |
| 经济林 | Economic Forests | 4769.7 | 5712.6 | 6799.5 | 6729.8 | 2008.9 | 273.0 | 336.0 |
| 防护林 | Protection Forests | 31292.3 | 37420.6 | 37245.9 | 43910.6 | 13540.1 | 15352.7 | 15136.2 |
| 四旁(零星)植树(万株) | Planting trees on all sides (scattered) (10000 plants) | 5864.0 | 4978.0 | 5168.0 | 4032.0 | 4402.0 | 3053.0 | 3012.0 |
| 当年苗木产量(亿株) | Current year's seedling yield (100 million plants) | 57.4 | 61.5 | 62.9 | 97.5 | 82.1 | 78.9 | 11.7 |
| 育苗面积(万公顷) | Seedling area (10000 hectares) | 19.6 | 20.4 | 20.5 | 21.1 | 19.1 | 20.5 | 17.2 |
| 其中：本年新增育苗面积 | Newly added seedling area this year | 1.0 | 1.2 | 1.2 | 1.3 | 0.7 | 0.8 | 0.8 |
| 木材产量(万立方米) | Wood production (10000 cb.m) | 138.2 | 130.7 | 232.5 | 213.9 | 233.0 | 236.3 | 181.8 |
| 竹材产量(万根) | Bamboo production (10000 units) | 213.8 | 419.0 | 406.1 | 591.8 | 448.0 | 545.4 | 468.3 |
| 人造板(万立方米) | Artificial board (10000 cb.m) | 5433.4 | 5743.5 | 5734.1 | 5866.5 | 6083.4 | 5443.0 | 5665.4 |
| 木竹地板(万平方米) | Wood and bamboo flooring (10000 sq.m) | 33153.4 | 34724.8 | 39756.7 | 39090.5 | 42060.8 | 45457.1 | 45592.2 |

注：1.造林面积调整统计口径为全部造林面积，历史年份数据已按新口径调整数据。
2.根据国家林业和草原局最新制度要求，2023年当年苗木产量统计口径发生变化，只统计当年生产的苗木产量，2022年及以前统计口径为当年年末存有的苗木产量，包括以前年份的产量。

a)The statistical caliber for afforestation area adjustment is all afforestation areas, and historical year data has been adjusted according to

b)According to the latest system requirements of the State Forestry Administration, the statistical caliber of seedling output in 2023 has changed, and only the seedling output produced in the year is counted, and the statistical caliber of 2022 and before is the seedling output existing at the end of the year, including the output of previous years.

# 10-14 畜牧业生产情况
# Output of Livestock

| 指 标 | Item | 2017 | 2018 | 2019 | 2020 | 2021 | 2022 | 2023 |
|---|---|---|---|---|---|---|---|---|
| **牲畜年末存栏(万头)** | **Livestock (Year-end)(10000 heads)** | | | | | | | |
| 大牲畜 | Large Animals | 32.91 | 31.72 | 29.00 | 27.83 | 27.45 | 28.48 | 31.48 |
| 牛 | Cattle and Buffaloes | 30.50 | 29.23 | 27.74 | 27.12 | 27.23 | 28.31 | 31.32 |
| #奶牛 | Cows | 13.92 | 13.39 | 12.55 | 12.90 | 13.10 | 14.28 | 14.90 |
| 马 | Horses | 0.16 | 0.18 | 0.09 | 0.09 | 0.08 | 0.02 | 0.01 |
| 驴 | Donkeys | 1.72 | 1.69 | 0.73 | 0.36 | 0.14 | 0.15 | 0.14 |
| 骡 | Mules | 0.53 | 0.62 | 0.43 | 0.26 | 0.01 | | |
| 猪 | Hogs | 1640.30 | 1551.97 | 577.43 | 1374.85 | 1482.59 | 1452.68 | 1412.27 |
| 羊 | Sheep and Goats | 398.50 | 390.21 | 356.23 | 352.86 | 376.10 | 387.38 | 358.27 |
| 山羊 | Goats | 389.25 | 380.70 | 338.29 | 330.79 | 351.82 | 352.21 | 318.91 |
| 绵羊 | Sheep | 9.25 | 9.51 | 17.94 | 22.07 | 24.28 | 35.17 | 39.36 |
| **畜禽产品产量** | **Output of Livestock and Poultry Products** | | | | | | | |
| 猪牛羊出栏(万头) | Slaughtered Fattened Hogs, Sheep and Goats(10000 heads) | | | | | | | |
| 猪 | Hogs | 2805.50 | 2680.90 | 1921.79 | 1825.70 | 2210.11 | 2258.73 | 2408.50 |
| 牛 | Cattle and Buffaloes | 16.36 | 15.49 | 16.05 | 13.94 | 14.36 | 14.83 | 16.83 |
| 羊 | Sheep and Goats | 707.70 | 690.48 | 639.38 | 584.40 | 583.81 | 630.65 | 556.12 |
| 肉类产量(万吨) | Output of Meat(10000 tons) | 342.32 | 328.48 | 274.53 | 268.21 | 306.44 | 318.06 | 331.72 |
| #猪肉 | Pork | 214.30 | 205.50 | 146.21 | 140.66 | 175.16 | 179.37 | 191.35 |
| 牛肉 | Beef | 2.93 | 2.82 | 2.93 | 2.64 | 2.79 | 2.89 | 3.30 |
| 羊肉 | Mutton | 7.99 | 7.79 | 6.49 | 6.25 | 6.57 | 7.19 | 6.48 |
| 禽肉 | Poultry | 110.20 | 105.75 | 115.24 | 115.78 | 119.58 | 126.60 | 128.74 |
| **其他畜禽产品产量(吨)** | **Others(ton)** | | | | | | | |
| 牛奶 | Milk | 490443 | 500290 | 623597 | 629545 | 648825 | 687819 | 728773 |
| 绵羊毛 | Sheep Wool | 289 | 344 | 300 | 309 | 255 | 317 | 318 |
| 山羊毛 | Goat Wool | 8 | 9 | 7 | 1 | 7 | 7 | 4 |
| 蜂蜜 | Honey | 3479 | 4663 | 3684 | 6129 | 5335 | 6052 | 5382 |
| 禽蛋(万吨) | Poultry Eggs(10000 tons) | 186.05 | 180.60 | 214.44 | 234.43 | 235.24 | 238.65 | 240.73 |
| 蚕茧(万吨) | Silkworm Cocoon(10000 tons) | 3.93 | 3.86 | 3.85 | 3.64 | 3.06 | 2.74 | 2.24 |

# 10-15 渔业生产情况
## Output of Fishery

| 指 标 | Item | 2017 | 2018 | 2019 | 2020 | 2021 | 2022 | 2023 |
|---|---|---|---|---|---|---|---|---|
| **水产品产量(万吨)** | **Output of Aquatic Products(10000 tons)** | **507.59** | **494.84** | **484.12** | **490.18** | **493.81** | **504.86** | **522.05** |
| 海水产品 | Seawater Aquatic Products | 149.51 | 140.83 | 137.02 | 134.99 | 130.63 | 135.22 | 141.99 |
| 按生产性质分 | Grouped by Nature | | | | | | | |
| 天然生产 | Naturally Grown | 56.43 | 49.00 | 45.49 | 42.71 | 42.52 | 42.82 | 46.90 |
| 人工养殖 | Artificially Cultured | 93.08 | 91.83 | 91.53 | 92.28 | 88.11 | 92.40 | 95.09 |
| 按类别分 | Grouped by Category | | | | | | | |
| 鱼类 | Fish | 37.65 | 34.20 | 32.43 | 30.44 | 29.82 | 29.40 | 29.36 |
| 甲壳类 | Crustaceans | 27.04 | 25.38 | 24.52 | 23.20 | 21.61 | 22.63 | 23.41 |
| 贝类 | Shellfish | 72.18 | 70.83 | 70.64 | 71.64 | 69.38 | 72.06 | 75.50 |
| 藻类 | Algae | 4.35 | 4.34 | 4.22 | 4.80 | 4.80 | 4.71 | 3.68 |
| 按主要品种分 | Grouped by Variety | | | | | | | |
| 大黄鱼 | Big Yellow Croaker | 0.04 | 0.01 | 0.02 | 0.05 | 0.09 | 0.10 | 0.05 |
| 小黄鱼 | Little Yellow Croaker | 2.88 | 2.62 | 2.44 | 2.47 | 2.47 | 2.54 | 2.46 |
| 带鱼 | Hairtail | 5.41 | 4.96 | 4.63 | 4.45 | 4.49 | 4.54 | 4.51 |
| 鱿鱼 | Sleeve-fish | 2.67 | 2.12 | 1.62 | 1.36 | 0.70 | 1.99 | 1.71 |
| 淡水产品 | Freshwater Aquatic Products | 358.08 | 354.01 | 347.10 | 355.20 | 363.18 | 369.63 | 380.07 |
| 按生产性质分 | Grouped by Nature | | | | | | | |
| 天然生产 | Naturally Grown | 30.76 | 28.72 | 29.21 | 25.94 | 17.80 | 17.69 | 17.99 |
| 人工养殖 | Artificially Cultured | 327.32 | 325.29 | 317.89 | 329.26 | 345.38 | 351.95 | 362.08 |
| 按类别分 | Grouped by Category | | | | | | | |
| 鱼类 | Fish | 259.70 | 252.48 | 244.02 | 250.31 | 254.21 | 261.84 | 267.25 |
| 甲壳类 | Crustaceans | 85.04 | 89.39 | 90.89 | 92.95 | 97.24 | 96.45 | 101.42 |
| 贝类 | Shellfish | 9.86 | 8.99 | 9.29 | 8.96 | 8.90 | 8.40 | 8.48 |
| **水产养殖面积(千公顷)** | **Aquatic Raise Areas(1000 hectares)** | **632.15** | **649.01** | **603.09** | **598.54** | **585.33** | **584.59** | **580.79** |
| 淡水养殖面积 | Breeding Area of Freshwater | 439.76 | 462.37 | 423.14 | 420.91 | 414.22 | 412.40 | 409.34 |
| 海水养殖面积 | Breeding Area of Seawater | 192.39 | 186.64 | 179.95 | 177.63 | 171.11 | 172.19 | 171.45 |

# 10-16 主要农业机械年底拥有量

| 年 份<br>Year | 农业机械总动力<br>(万千瓦)<br>Total Power of Agricultural Machinery<br>(10000 kW) | 农用水泵<br>(万台)<br>Agricultural Water Pumps<br>(10000 units) | 谷物联合收割机<br>(台)<br>Combine Harvesters<br>(unit) | 机动脱粒机<br>(万台)<br>Motorized Threshers<br>(10000 units) | 拖拉机<br>(万台)<br>Tractors<br>(10000 units) |
|---|---|---|---|---|---|
| 1978 | 855.16 | 29.20 | 295 | 32.96 | 20.43 |
| 1980 | 1113.05 | 36.18 | 478 | 40.99 | 27.23 |
| 1985 | 1675.06 | 37.75 | 687 | 68.51 | 51.05 |
| 1989 | 2212.37 | 40.29 | 1821 | 86.36 | 71.90 |
| 1990 | 2004.77 | 39.63 | 2411 | 89.42 | 73.60 |
| 1991 | 1966.61 | 40.73 | 3583 | 92.29 | 74.64 |
| 1992 | 2016.07 | 41.55 | 5964 | 93.37 | 74.48 |
| 1993 | 2081.75 | 41.59 | 7279 | 94.80 | 75.65 |
| 1994 | 2161.40 | 42.63 | 8604 | 98.32 | 77.13 |
| 1995 | 2226.95 | 43.36 | 12063 | 105.22 | 77.36 |
| 1996 | 2297.43 | 44.84 | 20074 | 105.01 | 79.58 |
| 1997 | 2499.69 | 50.63 | 27656 | 121.42 | 86.91 |
| 1998 | 2594.83 | 52.20 | 33343 | 123.80 | 87.85 |
| 1999 | 2767.89 | 54.07 | 42266 | 124.52 | 91.12 |
| 2000 | 2925.29 | 65.62 | 48821 | 129.69 | 94.19 |
| 2001 | 2957.93 | 58.09 | 52025 | 120.16 | 95.58 |
| 2002 | 2983.89 | 59.74 | 56151 | 111.45 | 97.21 |
| 2003 | 3029.10 | 58.81 | 58645 | 93.56 | 95.76 |
| 2004 | 3052.51 | 56.88 | 61115 | 91.45 | 96.22 |
| 2005 | 3135.33 | 61.93 | 69569 | 73.95 | 100.08 |
| 2006 | 3278.53 | 62.00 | 77100 | 75.00 | 102.95 |
| 2007 | 3392.44 | 59.09 | 78498 | 59.00 | 94.91 |
| 2008 | 3630.86 | 59.80 | 85327 | 43.62 | 127.61 |
| 2009 | 3810.57 | 60.42 | 90979 | 38.00 | 131.83 |
| 2010 | 3937.34 | 59.29 | 98511 | 33.19 | 132.52 |
| 2011 | 4106.11 | 63.49 | 103500 | 20.92 | 134.09 |
| 2012 | 4214.64 | 66.29 | 118078 | 18.39 | 110.30 |
| 2013 | 4405.78 | 66.53 | 136619 | 16.44 | 105.67 |
| 2014 | 4649.98 | 65.99 | 149503 | 14.95 | 103.27 |
| 2015 | 4825.49 | 65.92 | 159115 | 10.50 | 98.62 |
| 2016 | 4906.55 | 67.61 | 169641 | 8.93 | 94.04 |
| 2017 | 4991.41 | 67.45 | 174954 | 8.33 | 89.24 |
| 2018 | 5042.27 | 67.51 | 176851 | 7.71 | 83.98 |
| 2019 | 5111.95 | 67.72 | 180345 | 6.09 | 78.99 |
| 2020 | 5214.83 | 68.48 | 184788 | 5.45 | 75.91 |
| 2021 | 5148.24 | 68.27 | 168884 | 6.88 | 68.99 |
| 2022 | 5264.08 | 68.45 | 168614 | 6.16 | 67.04 |
| 2023 | 5360.21 | 68.90 | 173273 | 5.72 | 63.58 |

# Possession of Major Agricultural Machinery at Year-end

| 拖拉机配套农具（万件） Tractor Towing Farm Machinery (10000 units) | 水稻插秧机（万台） Rice Transplanters (10000 units) | 机动植保机械（万台） Mobile Plant Protection Machinery (10000 units) | 植保无人驾驶航空器（万架） Plant Protection Unmanned Aerial Vehicle (10000 units) | 谷物烘干机（万台） Grain dryers (10000 units) | 保鲜储藏设备（万台） Fresh Storage Equipment (10000 units) |
|---|---|---|---|---|---|
| 36.44 | 1.32 | | | | |
| 56.81 | 1.35 | | | | |
| 114.53 | 0.06 | | | | |
| 115.78 | 0.10 | | | | |
| 121.68 | 0.15 | | | | |
| 126.31 | 0.21 | | | | |
| 126.49 | 0.24 | | | | |
| 128.96 | 0.25 | | | | |
| 129.87 | 0.25 | | | | |
| 132.43 | 0.24 | | | | |
| 134.90 | 0.22 | | | | |
| 145.63 | 0.21 | | | | |
| 150.77 | 0.19 | | | | |
| 156.92 | 0.19 | | | | |
| 161.07 | 0.17 | | | | |
| 159.87 | 0.19 | | | | |
| 153.19 | 0.27 | | | | |
| 153.54 | 0.50 | | | | |
| 151.97 | 0.76 | | | | |
| 151.72 | 1.42 | | | | |
| 153.05 | 2.36 | | | | |
| 152.19 | 3.38 | | | | |
| 174.44 | 4.34 | | | 0.07 | |
| 184.20 | 5.32 | | | 0.08 | |
| 185.24 | 6.53 | | | 0.14 | 0.37 |
| 192.76 | 8.27 | | | 0.24 | 0.66 |
| 175.47 | 9.89 | | | 0.42 | 0.97 |
| 172.26 | 12.15 | | | 0.54 | 1.07 |
| 173.57 | 13.88 | | | 0.74 | 1.15 |
| 170.84 | 14.67 | | | 1.12 | 1.26 |
| 165.57 | 14.84 | | | 1.76 | 1.29 |
| 160.13 | 14.65 | | | 2.53 | 1.27 |
| 152.66 | 14.14 | 60.57 | 0.28 | 2.71 | 1.29 |
| 147.77 | 14.04 | 61.97 | 0.49 | 2.87 | 1.30 |
| 148.22 | 14.32 | 61.50 | 0.90 | 3.12 | 1.39 |
| 140.75 | 13.66 | 59.29 | 1.47 | 3.16 | 2.05 |
| 138.46 | 13.74 | 58.65 | 1.93 | 3.34 | 1.71 |
| 138.31 | 14.03 | 58.06 | 2.34 | 3.58 | 2.01 |

# 10-17　国有农场基本情况

| 指　标 | Item | 2017 |
|---|---|---|
| 农场数(个) | Number of Farms(unit) | 17 |
| 职工人数(万人) | Number of Staff and Workers(10000 persons) | 4.73 |
| 耕地面积(千公顷) | Area of Cultivated Land(1000 hectares) | 64.83 |
| 农业机械总动力(万千瓦) | Total Power of Agricultural Machinery(10000 kW) | 53.16 |
| 农业机械拥有量(台、辆) | Possession of Agricultural Machinery(unit) | |
| 大中型农用拖拉机 | Large and Medium-sized Agricultural Tractors | 3882 |
| 小型及手扶拖拉机 | Small and Walking Agricultural Tractors | 786 |
| 农用排灌动力机械 | Machinery for Agricultural Drainage and Irrigation | 1035 |
| 联合收割机 | Combine Harvesters | 1630 |
| 农用载重汽车 | Trucks for Agricultural Use | 33 |
| 农用化肥施用量(万吨) | Consumption of Chemical Fertilizers(10000 tons) | 18.85 |
| 农业总产值(亿元) | Gross Agricultural Output Value(100 million yuan) | 41.16 |
| 农作物总播种面积(千公顷) | Sown Area of Farm Crops(1000 hectares) | 154.26 |
| 粮食作物 | Grain | 149.98 |
| 棉花 | Cotton | |
| 油料 | Oil-bearing Crops | |
| 年底实有桑园面积(公顷) | Area of Mulberry Plantations (year-end)(hectare) | 60 |
| 年底实有果园面积(公顷) | Area of Orchards (year-end)(hectare) | 138 |
| 主要农产品产量 | Output of Major Farm Products(10000 tons) | |
| 粮食作物(万吨) | Grain | 116.77 |
| 棉花(万吨) | Cotton | |
| 油料(万吨) | Oil-bearing Crops | |
| 水果(万吨) | Fruits | 0.24 |
| 畜牧业、渔业生产 | Production of Animal Husbandry and Fishery | |
| 大牲畜年底头数(万头) | Number of Large Animals (year-end)(10000 heads) | 0.69 |
| 猪年底头数(万头) | Number of Hogs(10000 heads) | 13.93 |
| 羊年底只数(万只) | Number of Sheep and Goats(10000 heads) | 0.66 |
| 畜产品产量(万吨) | Output of Livestock Products(10000 tons) | |
| 猪牛羊肉 | Pork, Beef and Mutton | 4.57 |
| #猪肉 | Pork | 1.81 |
| 牛奶 | Milk | 2.19 |
| 禽蛋 | Poultry Eggs | 1.62 |
| 羊毛 | Sheep Wool | |
| 水产品总产量(万吨) | Total Output of Aquatic Products(10000 tons) | 6.04 |

注：本表为农垦系统数据。

# Basic Conditions on State Farms

| 2018 | 2019 | 2020 | 2021 | 2022 | 2023 |
|---|---|---|---|---|---|
| 17 | 17 | 17 | 17 | 17 | 17 |
| 4.49 | 4.34 | 4.07 | 3.93 | 3.89 | 3.53 |
| 64.58 | 64.34 | 64.05 | 63.78 | 64.04 | 63.81 |
| 65.14 | 73.47 | 83.81 | 98.51 | 104.50 | 127.34 |
| | | | | | |
| 4156 | 5155 | 5601 | 6428 | 6974 | 6903 |
| 409 | 342 | 338 | 227 | 190 | 166 |
| 1065 | 1827 | 2117 | 2041 | 2025 | 1974 |
| 1809 | 2088 | 1820 | 1798 | 2211 | 2151 |
| 36 | 98 | 97 | 94 | 164 | 183 |
| 19.25 | 17.26 | 16.58 | 15.54 | 15.22 | 16.08 |
| 41.77 | 41.57 | 65.02 | 67.48 | 69.78 | 74.27 |
| 153.90 | 152.66 | 149.15 | 150.29 | 156.25 | 161.76 |
| 150.03 | 147.31 | 143.59 | 143.88 | 151.12 | 153.52 |
| | | | | | |
| | | 0.06 | 19.00 | 0.20 | 0.31 |
| 60 | 73 | 46 | 47 | 20 | 17 |
| 140 | 151 | 179 | 159 | 155 | 154 |
| | | | | | |
| 121.06 | 133.67 | 124.07 | 123.86 | 123.55 | 135.81 |
| | | | | | |
| | | 0.01 | 0.58 | 0.38 | 1.05 |
| 0.32 | 0.29 | 0.31 | 0.46 | 0.42 | 0.48 |
| | | | | | |
| 0.72 | 0.66 | 0.99 | 1.25 | 1.87 | 2.17 |
| 10.27 | 13.94 | 7.56 | 6.74 | 6.73 | 5.28 |
| 0.87 | 0.96 | 1.11 | 1.35 | 1.53 | 1.31 |
| | | | | | |
| 4.40 | 3.67 | 4.04 | 4.70 | 4.99 | 6.29 |
| 1.84 | 1.13 | 0.70 | 0.79 | 0.88 | 1.15 |
| 2.47 | 3.02 | 2.80 | 3.48 | 5.45 | 8.49 |
| 1.47 | 1.92 | 2.15 | 2.19 | 1.81 | 2.05 |
| | | | | | |
| 5.38 | 5.79 | 5.78 | 6.66 | 6.38 | 6.47 |

a) Data in this table are from farming system.

# 10-18 分市农业基本情况(2023年)

| 指 标 | Item | 南 京 Nanjing | 无 锡 Wuxi | 徐 州 Xuzhou | 常 州 Changzhou |
|---|---|---|---|---|---|
| 农业机械总动力(万千瓦) | Total Power of Agricultural Machinery(10000 kW) | 242.37 | 90.20 | 823.03 | 138.78 |
| 农作物总播种面积(千公顷) | Sown Area of Farm Crops(1000 hectares) | 263.84 | 135.79 | 1192.51 | 171.76 |
| #粮食 | Grain Crops | 139.04 | 81.87 | 770.07 | 96.59 |
| 主要农产品产量(万吨) | Output of Major Farm Products(10000 tons) | | | | |
| 粮食 | Grain | 99.35 | 56.41 | 505.07 | 70.49 |
| 棉花 | Cotton | 0.02 | | 0.42 | |
| 油料 | Oil-bearing Crops | 5.52 | 0.94 | 11.44 | 3.21 |
| 肉类 | Meat | 4.93 | 1.11 | 64.83 | 5.67 |
| #猪牛羊肉 | Pork, Beef and Mutton | 2.78 | 0.81 | 37.03 | 1.60 |
| 水产品 | Output of Aquatic Products | 16.79 | 10.33 | 16.48 | 15.11 |
| 农林牧渔业总产值(亿元) | Gross Output Value of Agriculture, Forestry, Animal Husbandry and Fishery(100 million yuan) | 530.70 | 223.39 | 1364.90 | 305.55 |
| 农业 | Farming | 285.10 | 137.55 | 899.20 | 162.77 |
| 林业 | Forestry | 25.00 | 12.78 | 22.80 | 12.16 |
| 牧业 | Animal Husbandry | 25.90 | 5.18 | 255.70 | 17.30 |
| 渔业 | Fishery | 147.70 | 34.67 | 84.70 | 81.11 |
| 农林牧渔专业及辅助性活动 | Professional and Support Activities for Agriculture, Forestry, Animal Husbandry, Fishery | 47.00 | 33.21 | 102.50 | 32.21 |

## Basic Conditions of Agriculture by City (2023)

| 苏 州<br>Suzhou | 南 通<br>Nantong | 连云港<br>Lianyungang | 淮 安<br>Huai'an | 盐 城<br>Yancheng | 扬 州<br>Yangzhou | 镇 江<br>Zhenjiang | 泰 州<br>Taizhou | 宿 迁<br>Suqian |
|---|---|---|---|---|---|---|---|---|
| 140.07 | 455.31 | 584.96 | 662.64 | 796.50 | 328.76 | 146.25 | 301.37 | 649.95 |
| 214.06 | 803.77 | 631.70 | 817.77 | 1404.41 | 488.76 | 187.95 | 524.96 | 752.67 |
| 132.43 | 537.26 | 513.02 | 683.68 | 994.13 | 391.16 | 137.01 | 377.76 | 604.93 |
| | | | | | | | | |
| 95.10 | 342.79 | 368.57 | 494.82 | 718.80 | 289.23 | 97.87 | 283.09 | 412.97 |
| … | 0.04 | | … | 0.01 | | | | … |
| 0.84 | 22.98 | 11.23 | 5.91 | 14.78 | 5.91 | 4.59 | 10.93 | 5.14 |
| 2.37 | 39.09 | 36.78 | 34.18 | 60.41 | 16.20 | 9.03 | 17.21 | 39.92 |
| 2.22 | 23.48 | 23.29 | 21.29 | 40.80 | 9.88 | 2.61 | 12.81 | 22.53 |
| 14.53 | 84.11 | 82.43 | 33.05 | 124.31 | 41.54 | 10.28 | 41.39 | 31.68 |
| 354.80 | 974.82 | 797.04 | 771.39 | 1454.40 | 595.90 | 290.58 | 574.03 | 673.89 |
| | | | | | | | | |
| 181.70 | 430.70 | 342.36 | 486.75 | 729.70 | 282.04 | 168.12 | 324.50 | 404.92 |
| 20.70 | 4.30 | 10.78 | 16.63 | 25.20 | 13.06 | 11.27 | 3.17 | 16.65 |
| 11.90 | 144.50 | 118.77 | 113.58 | 254.10 | 58.02 | 34.89 | 62.93 | 107.55 |
| 88.90 | 266.22 | 246.69 | 113.31 | 336.80 | 202.51 | 40.03 | 147.93 | 109.95 |
| 51.60 | 129.10 | 78.45 | 41.12 | 108.60 | 40.26 | 36.28 | 35.51 | 34.82 |

# 主要统计指标解释

**农林牧渔业总产值** 指以货币表现的农、林、牧、渔业全部产品和对农业生产进行各种支持性服务活动的总量，它反映一定时期内农业生产总规模和总成果。从2003年开始农林牧渔业总产值执行新的国民经济行业分类标准，包括农业、林业、牧业、渔业、不再包括农民兼营商品性工业。农林牧渔业总产值中的农、林、牧、渔四业的计算方法通常是按农、林、牧、渔业产品及其副产品的产量分别乘以各自单位产品价格求得，现行价格从2003年开始使用生产价格调查的价格；少数生产周期较长，当年没有产品或产品产量不易统计的，则采用间接方法匡算其产值；然后将四业产品产值与农林牧渔专业及辅助性活动相加即为农林牧渔业总产值。

**粮食产量** 指全社会的产量。包括国有经济经营的、集体统一经营的和农民家庭经营的粮食产量，还包括工矿企业办的农场和其他生产单位的产量。粮食除包括稻谷、小麦、玉米、高粱、谷子及其他杂粮外，还包括薯类和豆类。其产量计算方法，豆类按去豆荚后的干豆计算（作为蔬菜食用的青豆列入蔬菜统计）；薯类（包括甘薯和马铃薯，不包括芋头和木薯）1963年以前按每4公斤鲜薯折1公斤粮食计算，从1964年开始改为按5公斤鲜薯折1公斤粮食计算。经请示国家统计局同意,目前江苏的马铃薯已全部列入蔬菜统计,不再作为粮食统计,产量按鲜品计算。其他粮食一律按脱粒后的原粮计算。

**油料产量** 指全部油料作物的生产量。包括花生、油菜籽、芝麻、向日葵籽、胡麻籽（亚麻籽）和其他油料。不包括大豆、木本油料和野生油料。花生以带壳干花生计算。

**棉花产量** 指全社会的产量。包括春播棉和夏播棉。产量按皮棉计算。

**水产品产量** 指人工养殖的水产品和天然生长的水产品的捕捞量。包括海水的鱼类、虾蟹类、贝类和藻类以及内陆水域的鱼类、虾蟹类和贝类，不包括淡水水生植物。

**猪、牛、羊肉产量** 指当年出栏并已屠宰、除去头蹄下水后带骨肉（即胴体重）的重量。

**期初（末）畜禽存栏头（只）数** 指报告期初（末）农村各种合作经济组织和国有农场、农民个人、机关、团体、学校、工矿企业、部队等单位以及城镇居民饲养的大牲畜、猪、羊、家禽等畜禽的存栏数。

**农作物播种面积** 指实际播种或移植有农作物的面积。凡是实际种植有农作物的面积，不论种植在耕地上还是种植在非耕地上，均包括在农作物播种面积中。在播种季节基本结束后，因遭灾而重新改种和补种的农作物面积，也包括在内。

**有效灌溉面积** 指具有一定的水源，地块比较平整，灌溉工程或设备已经配套，在一般年景下当年能够进行正常灌溉的耕地面积。在一般情况下，有效灌溉面积应等于灌溉工程或设备已经配备，能够进行正常灌溉的水田和水浇地面积之和。

**农业机械总动力** 指主要用于农、林、牧、渔业的各种动力机械的动力总和。包括耕作机械、排灌机械、收获机械、农用运输机械、植物保护机械、牧业机械、林业机械、渔业机械和其他农业机械（内燃机按引擎马力折成瓦（特）计算、电动机按功率折成瓦（特）计算）。不包括专门用于乡、镇、村、组办工业、基本建设、非农业运输、科学试验和教学等非农业生产方面用的动力机械与作业机械。

# Explanatory Notes on Main Statistical Indicators

**Gross Output Value of Agriculture, Forestry, Animal Husbandry and Fishery** refers to the total value of products of agriculture, forestry, animal husbandry and fishery and total value of various supporting services activities for agriculture, forestry, animal husbandry and fishery, which reflects the total scale and results of agricultural production during a given period. Since 2003, the total output value of agriculture, forestry, animal husbandry and fishery is counted with new classified standard of the national economy, including value of services to agriculture, forestry, animal husbandry and fishery, while excluding the value of industrial output by rural households. Gross output value of agriculture, forestry, animal husbandry, fishery and the value of service industry is obtained by multiplying the output of each product with its price, resulting in the output value of each single item. Since 2003, the current price is used by the investigated production price. For a small number of products, annual output of which is not available or difficult to get due to the long production growing process involved, the output value is estimated through an indirect approach. The sum of output value of all products of agriculture, forestry, animal husbandry, fishery and professional and support activities for them is then equal to the gross output value of agriculture.

**Grain Output** refers to the grain production in the whole country including grains produced by state farms, collective units, rural families, as well as the output of farms and other production units run by industrial and mining enterprises. Grain includes rice, wheat, corn, sorghum, millet and other miscellaneous grains as well as tubers and beans. Output of beans refer to dry beans without pods. The output of tubers (sweet potatoes and potatoes, not including taros and cassava)was converted with the ratio of 4∶1, i.e. 4 kilograms of fresh tubers were equivalent to 1 kilogram of grain before 1963. Since 1964 the ratio has been changed to 5∶1. Tubers consumed as vegetables(such as potatoes)in cities and suburbs are calculated as fresh vegetables and their output is not included in the output of grain. Output of all other grains refer to husked grain.

**Output of Oil-bearing Crops** refers to the total production of oil-bearing crops of various kinds, including peanuts, (dry, in shell), rapeseeds, sesame, sunflower seeds, flax seeds, and other oil-bearing crops. Soybeans, oil-bearing woody plants, and wild oil-bearing crops are not included.

**Cotton Output** refers to the cotton production in the whole country including cotton planted in spring and in autumn. Output is measured as the weight of ginned cotton.

**Output of Aquatic Products** refers to catches of both artificially cultured and naturally grown aquatic products, including fish, shrimps, crabs and shellfish in sea and inland water as well as seaweed. Freshwater plants are not included.

**Output of Pork, Beef, and Mutton** refers to the meat of slaughtered hogs, cattle, sheep and goats with head, feet, and offal taken away.

**Number of Livestock or Poultry in Stock at Beginning/End of Period** refers to the total number of large animals, pigs, sheep, fowls, etc. raised by rural cooperative organizations, state farms, rural individuals, government agencies, schools, industrial and mining enterprises, army, and urban residents at the beginning/end of the reference period.

**Sown Area of farm Crops** refers to area of all land sown or transplanted with crops regardless of being in cultivated area or non-cultivated area. Area of land re-sown due to natural disasters is also included.

**Effective Irrigated Area** refers to area of land that are effectively irrigated, i.e. relatively level land where there are water source or complete sets of irrigation facilities to lift and move adequate water for irrigation purpose under normal conditions. Under normal conditions, irrigated area of cultivated land is the sum of watered fields and irrigated fields where irrigation systems or equipment have been installed for regular irrigation purpose.

**Total Power of Agricultural Machinery** refers to total mechanical power of machinery used in agriculture, forestry, animal husbandry and fishery, including ploughing, irrigation and drainage, harvesting, transport, plant protection, stock breeding, forestry and fishery. The power of internal combustion engines is required to convert horsepower into watts and the power of electric motors is required to be converted into watts. Machinery employed for non agricultural purposes, such as the machines used in township-run and village-run industry, construction, non-agricultural transport, scientific experiments and teaching, is excluded.

# 11

# 工　业

# Industry

# 简 要 说 明

**一、本篇资料的主要内容**

本篇资料反映我省工业经济方面的基本情况，包括：

1.全省规模以上工业生产、效益主要指标增速，以及按企业登记注册类型、企业规模、工业行业大类和按地区分组的生产、效益主要指标增速；

2.全省规模以上工业企业主要经济指标，以及按企业登记注册类型、轻重工业、企业规模、工业行业大类和按地区分组的主要经济指标；

3.国有控股、私营、外商投资和港澳台商投资工业企业按工业行业大类和按地区分组的主要经济指标；

4.大中型工业企业按工业行业大类和按地区分组的主要经济指标；

5.规模以上工业中高技术制造业主要经济指标；

6.主要工业产品产量和生产能力等。

**二、本篇资料的统计范围**

本篇资料中规模以上工业企业的统计范围：1998 年至 2006 年为全部国有和年主营业务收入 500 万元及以上的非国有工业法人单位，2007 年至 2010 年为年主营业务收入 500 万元及以上的工业法人单位，2011 年至 2020 年为年主营业务收入 2000 万元及以上工业法人单位，2021 年起为年主营业务收入 2000 万元及以上工业法人单位和个体经营户。本篇资料中工业行业分类按《国民经济行业分类》（GB/T 4754-2017）标准划分；企业规模划分按《统计上大中小微型企业划分办法（2017）》标准执行。

**三、本篇的资料来源和统计调查方法**

本篇工业企业统计数据主要根据工业统计报表有关资料整理汇总。

**四、数据使用注意事项**

2017 年以来全国规模以上工业企业主要经济指标数据与上年数据之间存在不可比因素，其主要原因是：（1）根据统计制度，每年定期对规模以上工业企业调查范围进行调整。每年有部分企业达到规模标准纳入调查范围，也有部分企业因规模变小而退出调查范围，还有新建投产企业、破产、注（吊）销企业等变化。（2）加强统计执法，对统计执法检查中发现的不符合规模以上工业统计要求的企业进行了清理，对相关基数依规进行了修正。（3）加强数据质量管理，剔除跨地区、跨行业重复统计数据。

# Brief Introduction

**I. Main Contents**

Data in this chapter reflect the basic conditions of the industrial sector in Jiangsu. It includes:

1. Main growth rate of industrial production and efficiency indicators of industrial enterprises above designated size; as well as their main growth rate of economic indicators classified by type of registration, by size of enterprise, by industrial sector and by region.

2. Main economic indicators of industrial enterprises above designated size, as well as their main economic indicators, classified by type of registration, by light and heavy industries, by size of enterprise, by industrial sector and by region.

3. Main economic indicators and efficiency indicators of state-holding industrial enterprises, private industrial enterprises, foreign-funded industrial enterprises and industrial enterprises with funds from Hong Kong, Macao and Taiwan classified by industrial sector and by region.

4. Main economic indicators and efficiency indicators of large and medium-sized industrial enterprises classified by industrial sector and by region.

5. Main economic indicators and efficiency indicators of medium and high technology manufacturing above designated size classified by industrial sector and by region.

6. Output and production capacity of key industrial products.

**II. Scopes of Statistics**

The scopes of industrial enterprices above designated size were: all state-owned industrial enterprises and non-state-owned industrial enterprises with revenue from principal business over 5 million yuan from 1998 to 2006. From 2007 to 2010, the scopes of industrial enterprises with revenue from principal business Were over 5 million yuan. Since 2011, the scopes of all industrial enterprises with revenue from principal business were adjusted to above 20 million. Data by branch of industry in this chapter are based on *the National Industrial Classification of all Economic Activities*（GB/T 4754-2017）, and data by size of enterprise are based on *the 2017's Standards of Enterprises by Size*.

**III. Sources of Data and Methods of Survey**

The data on industrial enterprises in this Chapter are compiled mainly based on the annual industrial statistics reporting forms.

Ⅳ. **Data Usage Notes**

Since 2017, data of main indicators of industrial enterprises above designated size nationwide are not comparable with previous years, the reasons are as following: (1) According to the statistic system, the investigation scope of industrial enterprises above designated size should be adjusted regularly every year. Every year, some enterprises meet the scale criteria to be included in the scope of investigation, some enterprises with draw from the scope of investigation because of the smaller scale, and there are other changes: new enterprises, bankruptcy, annotation（cancellation） enterprises, etc. (2) Strengthening of Statistical law enforcement, cleaning up enterprises found in the inspection of statistical law enforcement that don't meet the standard of industrial statistics above designated size, and amending the relevant cardinality in accordance with regulations. (3) Strengthening data quality management and eliminating duplicated statistical data across regions and across industries.

# 11-1 历年规模以上工业增加值增长速度
# The Growth Rate of Industrial Value Added of Industrial Enterprises above Designated Size

按可比价计算，单位：% (%)

| 年 份<br>Year | 规模以上工业<br>Industry above Designated Size | #轻工业<br>Light Industry | 重工业<br>Heavy Industry | #股份制工业<br>Share holding Industry | 外商港澳台商投资工业<br>Foreign Invested and Investment from Hong Kong, Macao and Taiwan Industry | #国控工业<br>State owned Industry | 私营工业<br>Private Industry | #大中型工业<br>Large and Medium sized Industry |
|---|---|---|---|---|---|---|---|---|
| 1999 | 11.7 | 11.1 | 12.9 | 8.0 | 21.4 | 8.2 | | 7.7 |
| 2000 | 14.8 | 12.1 | 17.0 | 18.0 | 23.5 | 11.6 | | 12.4 |
| 2001 | 12.0 | 11.6 | 12.3 | 11.0 | 12.8 | 10.7 | | 7.6 |
| 2002 | 15.7 | 14.5 | 16.6 | 16.6 | 17.1 | 11.5 | 21.6 | 13.5 |
| 2003 | 22.7 | 17.2 | 27.2 | 20.8 | 31.0 | 16.5 | 25.4 | 18.0 |
| 2004 | 23.4 | 20.5 | 24.9 | 18.7 | 31.2 | 16.2 | 22.0 | 22.1 |
| 2005 | 22.5 | 20.8 | 23.6 | 21.9 | 25.3 | 13.7 | 25.6 | 19.6 |
| 2006 | 21.4 | 18.4 | 22.9 | 20.6 | 22.8 | 14.5 | 24.2 | 16.5 |
| 2007 | 18.9 | 15.3 | 20.6 | 18.6 | 20.6 | 12.7 | 20.6 | 14.9 |
| 2008 | 14.2 | 10.9 | 15.6 | 14.1 | 15.7 | 7.9 | 16.8 | 10.1 |
| 2009 | 14.6 | 11.8 | 15.7 | 17.4 | 12.7 | 6.1 | 19.7 | 9.7 |
| 2010 | 16.0 | 14.6 | 16.6 | 15.9 | 16.5 | 13.6 | 17.9 | 13.1 |
| 2011 | 13.8 | 11.1 | 14.8 | 13.9 | 13.8 | 9.5 | 16.7 | 11.6 |
| 2012 | 12.6 | 12.8 | 12.5 | 16.7 | 7.9 | 8.3 | 18.6 | 9.8 |
| 2013 | 11.5 | 10.5 | 11.9 | 13.7 | 8.8 | 9.0 | 15.1 | 8.8 |
| 2014 | 9.9 | 9.8 | 9.9 | 11.2 | 8.3 | 5.0 | 11.7 | 7.3 |
| 2015 | 8.3 | 7.6 | 8.6 | 10.0 | 6.0 | 2.1 | 11.0 | 6.4 |
| 2016 | 7.7 | 7.6 | 7.7 | 9.3 | 5.3 | 4.0 | 10.6 | 5.6 |
| 2017 | 7.5 | 8.6 | 6.9 | 8.0 | 6.6 | 6.7 | 8.0 | 6.4 |
| 2018 | 5.1 | 3.5 | 5.5 | 5.0 | 5.3 | 8.1 | 3.5 | 4.8 |
| 2019 | 6.2 | 6.4 | 6.1 | 8.5 | 2.2 | 4.3 | 10.1 | 4.8 |
| 2020 | 6.1 | 4.2 | 6.8 | 6.7 | 4.3 | 3.2 | 8.1 | 5.4 |
| 2021 | 12.8 | 12.4 | 12.9 | 14.4 | 10.7 | 7.9 | 15.5 | 12.1 |
| 2022 | 5.1 | 7.1 | 4.4 | 7.4 | 0.9 | | 7.5 | 6.6 |
| 2023 | 7.6 | 4.5 | 8.7 | 11.2 | 0.8 | 5.4 | 9.6 | 8.3 |

# 11-2 历年规模以上工业营业收入增长速度
# The Growth Rate of Business Revenue of Industrial Enterprises above Designated Size

单位：% (%)

| 年 份<br>Year | 规模以上工业<br>Industry above Designated Size | #股份制工业<br>Share holding Industry | 外商港澳台商投资工业<br>Foreign Invested and Investment from Hong Kong, Macao and Taiwan Industry | #国控工业<br>State owned Industry | 私营工业<br>Private Industry | #大中型工业<br>Large and Medium sized Industry |
|---|---|---|---|---|---|---|
| 1999 | 13.9 | 12.3 | 27.4 | 11.0 | | 8.8 |
| 2000 | 21.4 | 24.7 | 32.3 | 18.8 | | 18.6 |
| 2001 | 13.0 | 10.9 | 14.5 | 8.7 | | 8.1 |
| 2002 | 19.7 | 19.2 | 23.2 | 10.7 | 26.7 | 16.7 |
| 2003 | 33.0 | 31.5 | 44.1 | 23.9 | 35.9 | 26.6 |
| 2004 | 34.1 | 31.8 | 41.4 | 24.1 | 33.7 | 32.1 |
| 2005 | 28.8 | 27.9 | 31.2 | 19.9 | 30.4 | 29.1 |
| 2006 | 26.1 | 26.0 | 26.0 | 19.1 | 30.7 | 22.9 |
| 2007 | 25.9 | 27.1 | 26.0 | 18.0 | 28.9 | 23.5 |
| 2008 | 19.6 | 21.6 | 18.7 | 13.8 | 23.8 | 15.2 |
| 2009 | 11.4 | 13.5 | 9.6 | 2.1 | 17.1 | 6.1 |
| 2010 | 27.3 | 28.9 | 25.8 | 27.3 | 30.9 | 22.5 |
| 2011 | 24.1 | 26.6 | 20.6 | 21.0 | 30.0 | 19.9 |
| 2012 | 11.0 | 15.4 | 5.0 | 8.2 | 18.2 | 7.6 |
| 2013 | 10.8 | 13.6 | 7.0 | 9.6 | 14.8 | 8.7 |
| 2014 | 7.5 | 8.7 | 6.1 | 3.3 | 9.4 | 5.5 |
| 2015 | 4.8 | 6.2 | 2.5 | -4.3 | 8.4 | 3.1 |
| 2016 | 7.5 | 9.0 | 5.1 | 2.1 | 11.1 | 5.7 |
| 2017 | 10.9 | 11.6 | 10.8 | 11.1 | 9.9 | 11.7 |
| 2018 | 7.3 | 8.8 | 5.5 | 11.3 | 7.5 | 8.0 |
| 2019 | 2.7 | 4.5 | -0.3 | 2.7 | 4.9 | 3.1 |
| 2020 | 4.0 | 4.2 | 3.3 | 0.7 | 5.2 | 3.8 |
| 2021 | 20.9 | 23.7 | 15.7 | 16.3 | 25.2 | 20.6 |
| 2022 | 5.4 | 7.5 | 0.6 | 5.1 | 6.4 | 7.7 |
| 2023 | 2.4 | 4.9 | -3.2 | 0.1 | 4.3 | 3.1 |

# 11-3 历年规模以上工业利润增长速度
## The Growth Rate of Profit of Industrial Enterprises above Designated Size

单位：% (%)

| 年 份 Year | 规模以上工业 Industry above Designated Size | #股份制工业 Share holding Industry | 外商港澳台商投资工业 Foreign Invested and Investment from Hong Kong, Macao and Taiwan Industry | #国控工业 State owned Industry | 私营工业 Private Industry | #大中型工业 Large and Medium sized Industry |
|---|---|---|---|---|---|---|
| 1999 | 53.3 | 21.5 | 119.2 | 87.2 | | 40.9 |
| 2000 | 42.9 | 29.1 | 65.4 | 27.5 | | 24.2 |
| 2001 | 10.4 | -0.1 | 9.1 | -8.6 | | -3.0 |
| 2002 | 31.1 | 37.2 | 31.6 | 20.3 | 42.1 | 25.7 |
| 2003 | 44.1 | 45.3 | 51.0 | 42.6 | 44.0 | 40.3 |
| 2004 | 39.3 | 44.1 | 35.1 | 56.2 | 30.6 | 38.2 |
| 2005 | 24.9 | 23.0 | 23.2 | 8.7 | 47.7 | 19.3 |
| 2006 | 36.5 | 31.2 | 46.4 | 21.3 | 44.5 | 29.5 |
| 2007 | 43.3 | 56.8 | 38.9 | 40.2 | 45.0 | 41.1 |
| 2008 | 3.8 | 6.3 | 6.8 | -56.2 | 30.5 | -7.1 |
| 2009 | 24.3 | 29.3 | 18.0 | 133.0 | 28.6 | 19.3 |
| 2010 | 43.6 | 42.9 | 43.6 | 36.9 | 47.3 | 35.6 |
| 2011 | 24.3 | 31.7 | 15.5 | 10.5 | 41.5 | 17.4 |
| 2012 | 5.8 | 13.9 | -5.8 | -2.6 | 24.9 | -4.2 |
| 2013 | 14.5 | 15.0 | 12.6 | 24.2 | 14.5 | 10.9 |
| 2014 | 12.8 | 11.2 | 16.4 | -0.5 | 12.2 | 12.0 |
| 2015 | 9.1 | 12.9 | 3.3 | 8.4 | 13.1 | 7.9 |
| 2016 | 10.0 | 8.7 | 13.2 | 4.7 | 9.0 | 9.2 |
| 2017 | 12.4 | 15.2 | 10.3 | 1.4 | 10.6 | 14.4 |
| 2018 | 9.4 | 11.9 | 4.3 | 19.4 | 11.5 | 10.0 |
| 2019 | -5.4 | -5.4 | -5.4 | -22.0 | -0.2 | -7.5 |
| 2020 | 10.1 | 6.8 | 15.0 | 4.9 | 7.5 | 6.5 |
| 2021 | 25.7 | 30.4 | 19.9 | 37.7 | 30.5 | 27.4 |
| 2022 | -4.2 | -3.8 | -5.0 | -22.7 | -0.6 | -7.1 |
| 2023 | 2.5 | 7.9 | -7.1 | 3.9 | 11.1 | -0.2 |

注：本表根据工业月度报表资料整理汇总，按本同期可比口径计算。

a) This table is collated and summarized on the basis of the industrial monthly report data, and calculated according to the comparable caliber of the current period.

# 11-4　规模以上工业主要经济指标增长速度

# The Growth Rate of Main Economic Indicators of Industrial Enterprises above Designated Size

单位：%　　　　(%)

| 项　目 | Item | 2022 | | |
|---|---|---|---|---|
| | | 增加值 Value Added | 营业收入 Business Revenue | 利　润 Profits |
| **规模以上工业** | **Industry above Designated Size** | **5.1** | **5.4** | **-4.2** |
| #高技术制造业 | Manufacture of High Technology | 10.8 | 10.7 | 12.1 |
| #装备制造业 | Manufacture of Equipment | 8.5 | 8.7 | 8.5 |
| **按行业分** | **Grouped by Sector** | | | |
| **采矿业** | **Mining** | **3.8** | **17.8** | **254.8** |
| 煤炭开采和洗选业 | Mining and Washing of Coal | 23.2 | 44.2 | 473.8 |
| 石油和天然气开采业 | Extraction of Petroleum and Natural Gas | 0.0 | 32.9 | 589.3 |
| 黑色金属矿采选业 | Mining and Processing of Ferrous Metal Ores | 0.7 | -34.6 | 274.6 |
| 有色金属矿采选业 | Mining and Processing of Non-ferrous Metal Ores | -33.0 | -10.8 | -20.2 |
| 非金属矿采选业 | Mining and Processing of Non-metal Ores | -7.7 | 36.2 | 38.4 |
| 开采专业及辅助性活动 | Professional Support Activities for Mining | | | |
| 其他采矿业 | Mining of Other Ores | 14.4 | 15.2 | 15.4 |
| **制造业** | **Manufacturing** | **5.5** | **4.7** | **-5.1** |
| 农副食品加工业 | Processing of Food from Agricultural Products | 1.3 | 6.9 | -2.6 |
| 食品制造业 | Manufacturing of Foods | 6.5 | 10.0 | 32.6 |
| 酒、饮料和精制茶制造业 | Manufacture of Liquor, Beverages and Refined Tea | 10.6 | 14.0 | 20.9 |
| 烟草制品业 | Manufacture of Tobacco | 5.7 | 4.4 | 8.1 |
| 纺织业 | Manufacture of Textile | -0.9 | -5.7 | -17.6 |
| 纺织服装、服饰业 | Manufacture of Textile, Wearing Apparel and Accessories | 5.3 | 0.4 | 56.6 |
| 皮革、毛皮、羽毛及其制品和制鞋业 | Manufacture of Leather, Fur, Feather and Related Products and Footwear | 3.1 | -1.5 | 2.4 |
| 木材加工和木、竹、藤、棕、草制品业 | Processing of Timber, Manufacture of Wood, Bamboo, Rattan, Palm and Straw Products | -0.1 | -5.1 | 26.1 |
| 家具制造业 | Manufacture of Furniture | -10.0 | -11.6 | 5.9 |
| 造纸和纸制品业 | Manufacture of Paper and Paper Products | 2.6 | 0.1 | -26.4 |
| 印刷和记录媒介复制业 | Printing and Reproduction of Recording Media | 4.6 | -1.8 | -14.0 |
| 文教、工美、体育和娱乐用品制造业 | Manufacture of Articles for Culture, Education, Arts and Crafts, Sport and Entertainment Activities | -2.6 | -6.0 | 6.4 |
| 石油、煤炭及其他燃料加工业 | Processing of Petroleum, Coal and Other Fuels | 0.0 | 22.0 | -68.7 |
| 化学原料和化学制品制造业 | Manufacture of Raw Chemical Materials and Chemical Products | -1.4 | 1.0 | -34.8 |
| 医药制造业 | Manufacture of Medicines | 11.0 | 7.8 | 16.1 |
| 化学纤维制造业 | Manufacture of Chemical Fibers | 0.4 | 3.1 | -51.1 |
| 橡胶和塑料制品业 | Manufacture of Rubber and Plastics Products | 1.7 | -1.6 | -4.3 |

## 11-4 续表 1 continued

单位：% (%)

| 项 目 | Item | 2022 增加值 Value Added | 2022 营业收入 Business Revenue | 2022 利 润 Profits |
|---|---|---|---|---|
| 非金属矿物制品业 | Manufacture of Non-metallic Mineral Products | 0.8 | -8.2 | -21.4 |
| 黑色金属冶炼和压延加工业 | Smelting and Pressing of Ferrous Metals | -0.1 | -9.1 | -56.9 |
| 有色金属冶炼和压延加工业 | Smelting and Pressing of Non-ferrous Metals | -1.8 | 12.2 | 33.7 |
| 金属制品业 | Manufacture of Metal Products | 10.1 | 1.9 | -2.9 |
| 通用设备制造业 | Manufacture of General Purpose Machinery | 0.9 | -1.2 | -0.8 |
| 专用设备制造业 | Manufacture of Special Purpose Machinery | 6.0 | 2.8 | 0.5 |
| 汽车制造业 | Manufacture of Automobiles | 14.8 | 12.0 | -2.3 |
| 铁路、船舶、航空航天和其他运输设备制造业 | Manufacture of Railway, Ship, Aerospace and Other Transport Equipments | 3.5 | 6.2 | 24.8 |
| 电气机械和器材制造业 | Manufacture of Electrical Machinery and Apparatus | 16.3 | 23.6 | 31.1 |
| 计算机、通信和其他电子设备制造业 | Manufacture of Computers, Communication and Other Electronic Equipment | 6.3 | 5.6 | 8.7 |
| 仪器仪表制造业 | Manufacture of Measuring Instruments and Machinery | 0.8 | 5.7 | 9.3 |
| 其他制造业 | Other Manufacture | 15.8 | -1.5 | 13.9 |
| 废弃资源综合利用业 | Utilization of Waste Resources | 26.2 | 16.9 | -30.4 |
| 金属制品、机械和设备修理业 | Repair Service of Metal Products, Machinery and Equipment | 69.9 | -6.8 | -12.8 |
| **电力、热力、燃气及水的生产和供应业** | **Production and Supply of Electricity, Heat, Gas and Water** | **-1.3** | **16.6** | **6.1** |
| 电力、热力生产和供应业 | Production and Supply of Electricity and Heat | -3.6 | 16.1 | 34.2 |
| 燃气生产和供应 | Production and Supply of Gas | 6.5 | 23.8 | -16.0 |
| 水的生产和供应业 | Production and Supply of Water | 7.3 | 4.7 | -13.8 |
| **按地区分** | **By City** | | | |
| 南京市 | Nanjing | 2.4 | 3.9 | -24.7 |
| 无锡市 | Wuxi | 5.4 | | 2.6 |
| 徐州市 | Xuzhou | 5.9 | 4.8 | 5.9 |
| 常州市 | Changzhou | 9.2 | 16.2 | 9.8 |
| 苏州市 | Suzhou | 2.4 | 0.6 | -12.9 |
| 南通市 | Nantong | 5.1 | 7.0 | -3.1 |
| 连云港市 | Lianyungang | 7.3 | 6.3 | -13.5 |
| 淮安市 | Huai'an | 8.2 | 6.2 | 2.9 |
| 盐城市 | Yancheng | 9.3 | 17.2 | 67.6 |
| 扬州市 | Yangzhou | 8.7 | 6.1 | -27.7 |
| 镇江市 | Zhenjiang | 5.6 | 6.0 | -22.3 |
| 泰州市 | Taizhou | 8.5 | 10.2 | 25.9 |
| 宿迁市 | Suqian | 8.4 | 10.7 | 15.0 |

11-4 续表 2 continued

单位：% (%)

| 项 目 | Item | 2023 增加值 Value Added | 2023 营业收入 Business Revenue | 2023 利 润 Profits |
|---|---|---|---|---|
| **规模以上工业** | **Industry above Designated Size** | **7.6** | **2.4** | **2.5** |
| #高技术制造业 | Manufacture of High Technology | 2.8 | 2.0 | -11.7 |
| #装备制造业 | Manufacture of Equipment | 7.8 | 3.9 | 3.1 |
| **按行业分** | **Grouped by Sector** | | | |
| **采矿业** | **Mining** | **8.8** | **-9.3** | **-49.5** |
| 煤炭开采和洗选业 | Mining and Washing of Coal | 14.1 | -17.6 | -48.0 |
| 石油和天然气开采业 | Extraction of Petroleum and Natural Gas | 11.3 | -9.1 | -75.0 |
| 黑色金属矿采选业 | Mining and Processing of Ferrous Metal Ores | 6.8 | 6.2 | -71.5 |
| 有色金属矿采选业 | Mining and Processing of Non-ferrous Metal Ores | 44.3 | 24.4 | -2.9 |
| 非金属矿采选业 | Mining and Processing of Non-metal Ores | -9.4 | -3.1 | -18.0 |
| 开采专业及辅助性活动 | Professional Support Activities for Mining | | | |
| 其他采矿业 | Mining of Other Ores | -44.6 | -45.1 | -60.0 |
| **制造业** | **Manufacturing** | **7.6** | **2.5** | **0.8** |
| 农副食品加工业 | Processing of Food from Agricultural Products | 12.6 | 6.2 | 12.1 |
| 食品制造业 | Manufacturing of Foods | 13.3 | 5.1 | 8.7 |
| 酒、饮料和精制茶制造业 | Manufacture of Liquor, Beverages and Refined Tea | 11.7 | 16.7 | 22.4 |
| 烟草制品业 | Manufacture of Tobacco | 4.2 | 2.5 | 3.9 |
| 纺织业 | Manufacture of Textile | 1.7 | 5.7 | 11.7 |
| 纺织服装、服饰业 | Manufacture of Textile, Wearing Apparel and Accessories | -3.4 | -2.2 | 3.6 |
| 皮革、毛皮、羽毛及其制品和制鞋业 | Manufacture of Leather, Fur, Feather and Related Products and Footwear | -7.5 | -0.9 | 19.9 |
| 木材加工和木、竹、藤、棕、草制品业 | Processing of Timber, Manufacture of Wood, Bamboo, Rattan, Palm and Straw Products | 2.0 | 1.1 | 32.6 |
| 家具制造业 | Manufacture of Furniture | 0.0 | 2.3 | 29.5 |
| 造纸和纸制品业 | Manufacture of Paper and Paper Products | 2.2 | -1.8 | -2.9 |
| 印刷和记录媒介复制业 | Printing and Reproduction of Recording Media | -0.6 | -4.3 | 11.2 |
| 文教、工美、体育和娱乐用品制造业 | Manufacture of Articles for Culture, Education, Arts and Crafts, Sport and Entertainment Activities | -3.8 | -7.3 | 3.8 |
| 石油、煤炭及其他燃料加工业 | Processing of Petroleum, Coal and Other Fuels | 18.9 | 31.2 | 47.0 |
| 化学原料和化学制品制造业 | Manufacture of Raw Chemical Materials and Chemical Products | 10.6 | -9.1 | -41.6 |
| 医药制造业 | Manufacture of Medicines | -2.9 | -2.3 | -5.1 |
| 化学纤维制造业 | Manufacture of Chemical Fibers | 23.1 | 17.1 | 61.3 |
| 橡胶和塑料制品业 | Manufacture of Rubber and Plastics Products | 8.1 | 1.0 | 10.3 |

## 11-4 续表 3 continued

单位：% (%)

| 项 目 | Item | 2023 增加值 Value Added | 营业收入 Business Revenue | 利 润 Profits |
|---|---|---|---|---|
| 非金属矿物制品业 | Manufacture of Non-metallic Mineral Products | 6.1 | -6.1 | 10.1 |
| 黑色金属冶炼和压延加工业 | Smelting and Pressing of Ferrous Metals | 7.5 | -3.6 | -2.3 |
| 有色金属冶炼和压延加工业 | Smelting and Pressing of Non-ferrous Metals | 10.4 | 6.1 | 37.7 |
| 金属制品业 | Manufacture of Metal Products | 6.9 | -3.2 | 5.3 |
| 通用设备制造业 | Manufacture of General Purpose Machinery | -0.1 | -0.6 | 4.7 |
| 专用设备制造业 | Manufacture of Special Purpose Machinery | 3.9 | -2.3 | -1.7 |
| 汽车制造业 | Manufacture of Automobiles | 15.9 | 17.4 | 29.3 |
| 铁路、船舶、航空航天和其他运输设备制造业 | Manufacture of Railway, Ship, Aerospace and Other Transport Equipments | 15.2 | 9.5 | 43.5 |
| 电气机械和器材制造业 | Manufacture of Electrical Machinery and Apparatus | 15.9 | 8.2 | 11.6 |
| 计算机、通信和其他电子设备制造业 | Manufacture of Computers, Communication and Other Electronic Equipment | 2.7 | 0.4 | -20.1 |
| 仪器仪表制造业 | Manufacture of Measuring Instruments and Machinery | 2.8 | 3.7 | 5.5 |
| 其他制造业 | Other Manufacture | 3.8 | 2.3 | 7.1 |
| 废弃资源综合利用业 | Utilization of Waste Resources | 17.1 | 4.9 | 25.6 |
| 金属制品、机械和设备修理业 | Repair Service of Metal Products, Machinery and Equipment | 55.4 | 7.0 | -10.8 |
| **电力、热力、燃气及水的生产和供应业** | **Production and Supply of Electricity, Heat, Gas and Water** | **7.3** | **2.8** | **58.4** |
| 电力、热力生产和供应业 | Production and Supply of Electricity and Heat | 7.7 | 2.8 | 98.3 |
| 燃气生产和供应 | Production and Supply of Gas | 6.5 | 2.4 | 1.9 |
| 水的生产和供应业 | Production and Supply of Water | 4.9 | 6.0 | 10.5 |
| **按地区分** | **By City** | | | |
| 南京市 | Nanjing | 3.6 | -2.1 | -4.6 |
| 无锡市 | Wuxi | 7.8 | 1.7 | 12.6 |
| 徐州市 | Xuzhou | 8.0 | 1.7 | -4.5 |
| 常州市 | Changzhou | 8.8 | 6.8 | 16.9 |
| 苏州市 | Suzhou | 3.6 | -1.0 | -3.8 |
| 南通市 | Nantong | 8.8 | 7.1 | 0.2 |
| 连云港市 | Lianyungang | 25.2 | 25.2 | 16.4 |
| 淮安市 | Huai'an | 6.2 | 5.1 | 14.7 |
| 盐城市 | Yancheng | 8.1 | 2.9 | -12.6 |
| 扬州市 | Yangzhou | 7.2 | 3.7 | 10.1 |
| 镇江市 | Zhenjiang | 7.0 | 0.5 | 15.7 |
| 泰州市 | Taizhou | 7.1 | -2.0 | -20.1 |
| 宿迁市 | Suqian | 11.4 | 14.7 | 17.0 |

# 11-5 历年规模以上工业企业主要经济指标
# Main Economic Indicators of Industrial Enterprises above Designated Size

单位：亿元 (100 million yuan)

| 年份 地区 | Year City | 企业单位数（个）Number of Enterprises (unit) | 营业收入 Business Revenue | 利润总额 Total Profits | 应收账款净额 Net Accounts Receivable | 产成品 Finished Goods |
|---|---|---|---|---|---|---|
| 1998 | | 17957 | 7375.45 | 151.51 | 1238.11 | 584.21 |
| 1999 | | 18001 | 8256.12 | 234.07 | 1360.48 | 617.49 |
| 2000 | | 18309 | 9971.01 | 370.03 | 1496.80 | 666.81 |
| 2001 | | 19684 | 11247.52 | 419.85 | 1583.56 | 707.66 |
| 2002 | | 21476 | 13534.77 | 554.21 | 1848.48 | 734.00 |
| 2003 | | 23862 | 18019.97 | 793.98 | 2420.45 | 845.99 |
| 2004 | | 27123 | 24492.28 | 1111.42 | 3025.34 | 1164.41 |
| 2005 | | 32224 | 32098.48 | 1384.64 | 4056.66 | 1298.38 |
| 2006 | | 36319 | 41015.28 | 1906.91 | 4954.52 | 1527.95 |
| 2007 | | 41841 | 52594.30 | 2765.77 | 6287.46 | 1916.52 |
| 2008 | | 45818 | 66481.84 | 3972.93 | 7239.07 | 2484.95 |
| 2009 | | 60817 | 71724.90 | 4099.58 | 8316.41 | 2676.61 |
| 2010 | | 64136 | 91077.41 | 5970.56 | 10261.18 | 3042.05 |
| 2011 | | 43368 | 107030.09 | 7074.44 | 11885.97 | 3655.22 |
| 2012 | | 45859 | 119286.78 | 7250.20 | 13577.65 | 3986.09 |
| 2013 | | 48787 | 133605.91 | 8379.50 | 15212.05 | 4214.89 |
| 2014 | | 48708 | 141955.99 | 9057.17 | 16341.30 | 4525.64 |
| 2015 | | 48488 | 147074.45 | 9686.84 | 17500.33 | 4596.18 |
| 2016 | | 47900 | 156591.04 | 10574.40 | 19022.03 | 4787.06 |
| 2017 | | 45414 | 148996.61 | 10052.54 | 20704.09 | 5154.21 |
| 2018 | | 46290 | 127777.89 | 8974.94 | 22408.93 | 5658.48 |
| 2019 | | 46090 | 114089.17 | 6855.03 | 22807.99 | 5684.82 |
| 2020 | | 50168 | 120699.39 | 7622.80 | 26244.56 | 6298.52 |
| 2021 | | 56281 | 153888.58 | 9586.47 | 30413.98 | 7983.48 |
| 2022 | | 61504 | 164753.25 | 9490.60 | 34603.71 | 9050.53 |
| 2023 | | 66571 | 171068.50 | 9950.67 | 39290.79 | 9542.39 |
| 南京市 | Nanjing | 4711 | 16000.16 | 886.64 | 3635.56 | 671.15 |
| 无锡市 | Wuxi | 8495 | 24096.93 | 1771.37 | 5385.42 | 1933.47 |
| 徐州市 | Xuzhou | 3421 | 6614.25 | 385.66 | 1520.56 | 387.32 |
| 常州市 | Changzhou | 6838 | 18409.53 | 1146.27 | 5092.16 | 940.54 |
| 苏州市 | Suzhou | 13972 | 45582.76 | 2338.70 | 11770.33 | 2476.37 |
| 南通市 | Nantong | 6888 | 13106.78 | 769.43 | 2938.81 | 785.89 |
| 连云港市 | Lianyungang | 1479 | 5187.64 | 402.32 | 611.12 | 241.37 |
| 淮安市 | Huai'an | 2265 | 3649.08 | 252.92 | 657.92 | 181.19 |
| 盐城市 | Yancheng | 4421 | 8572.94 | 397.98 | 1930.04 | 413.84 |
| 扬州市 | Yangzhou | 4203 | 7284.02 | 390.45 | 1575.22 | 301.85 |
| 镇江市 | Zhenjiang | 2902 | 5654.64 | 321.14 | 1412.93 | 324.57 |
| 泰州市 | Taizhou | 4004 | 7267.27 | 418.32 | 1479.06 | 509.85 |
| 宿迁市 | Suqian | 2940 | 5049.65 | 425.51 | 788.08 | 341.17 |

# 11-6 规模以上工业企业主要经济指标（2023年）

单位：亿元

| 项 目 | Item | 企业单位数（个）Number of Enterprises (unit) |
|---|---|---|
| **总 计** | **Total** | **66571** |
| **按登记注册统计类别分** | **Grouped by Registered Statistical Categories** | |
| 内资企业 | Domestic Invested Enterprises | 57720 |
| 有限责任公司 | Limited Liability Corporations | 53620 |
| 股份有限公司 | Share-holding Corporations Ltd. | 2512 |
| 非公司企业法人 | Non Corporate Legal Entity | 171 |
| 个人独资企业 | Sole Proprietorship Enterprises | 1351 |
| 合伙企业 | Partnership Enterprises | 66 |
| 港、澳、台商投资企业 | Enterprises with Investment from Hong Kong, Macao and Taiwan | 2995 |
| 外商投资企业 | Foreign Invested Enterprises | 5829 |
| 其他统计类别 | Other Statistical Categories | 27 |
| **按轻重工业分** | **Grouped by Light & Heavy Industry** | |
| 轻工业 | Light Industry | 22322 |
| 重工业 | Heavy Industry | 44249 |
| **按企业规模分** | **Grouped by Size of Enterprises** | |
| 大型企业 | Large Enterprises | 992 |
| 中型企业 | Medium-sized Enterprises | 4395 |
| 小微型企业 | Small and Micro Enterprises | 61184 |
| **按行业分** | **Grouped by Sector** | |
| **采矿业** | **Mining** | **56** |
| 煤炭开采和洗选业 | Mining and Washing of Coal | 3 |
| 石油和天然气开采业 | Extraction of Petroleum and Natural Gas | |
| 黑色金属矿采选业 | Mining and Processing of Ferrous Metal Ores | 12 |
| 有色金属矿采选业 | Mining and Processing of Non-ferrous Metals Ores | 6 |
| 非金属矿采选业 | Mining and Processing of Non-metal Ores | 32 |
| 开采专业及辅助性活动 | Professional Support Activities for Mining | |
| 其他采矿业 | Mining of Other Ores | |
| **制造业** | **Manufacturing** | **65325** |
| 农副食品加工业 | Processing of Food from Agricultural Products | 1612 |
| 食品制造业 | Manufacturing of Foods | 675 |
| 酒、饮料和精制茶制造业 | Manufacture of Liquor, Beverages and Refined Tea | 161 |
| 烟草制品业 | Manufacture of Tobacco | 5 |
| 纺织业 | Manufacture of Textile | 4890 |
| 纺织服装、服饰业 | Manufacture of Textile, Wearing Apparel and Accessories | 1687 |
| 皮革、毛皮、羽毛及其制品和制鞋业 | Manufacture of Leather,Fur,Feather and Related Products and Footwear | 387 |
| 木材加工和木、竹、藤、棕、草制品业 | Processing of Timber, Manufacture of Wood, Bamboo, Rattan, Palm and Straw Products | 1486 |
| 家具制造业 | Manufacture of Furniture | 465 |

注：1.本表登记注册统计类别按《关于市场主体统计分类的划分规定》(国统字〔2023〕14号)执行。
2.“其他统计类别”分组包括农民专业合作社(联合社)、个体工商户和其他市场主体。

# Main Economic Indicators of Industrial Enterprises above Designated Size (2023)

(100 million yuan)

| 资产总计 Total Assets | 流动资产合计 Current Assets | 应收账款 Accounts Receivable | 存货 Inventories | #产成品 Finished Goods | 负债合计 Total Liabilities |
|---|---|---|---|---|---|
| **190299.01** | **114687.68** | **39290.79** | **22338.75** | **9542.39** | **104210.66** |
| | | | | | |
| 138844.98 | 82444.27 | 28181.58 | 16263.22 | 7305.22 | 79600.76 |
| 108095.13 | 64096.72 | 23118.21 | 12770.96 | 5862.49 | 66475.09 |
| 28773.41 | 17108.23 | 4606.85 | 3270.79 | 1326.85 | 12155.33 |
| 1469.72 | 887.94 | 290.36 | 149.72 | 74.34 | 661.80 |
| 468.04 | 327.10 | 157.66 | 68.42 | 39.87 | 292.32 |
| 38.68 | 24.28 | 8.49 | 3.34 | 1.66 | 16.23 |
| 20410.01 | 12474.25 | 4382.80 | 1954.07 | 735.18 | 10274.84 |
| 31035.37 | 19762.40 | 6722.89 | 4120.82 | 1501.77 | 14329.54 |
| 8.66 | 6.76 | 3.52 | 0.64 | 0.22 | 5.52 |
| | | | | | |
| 43131.55 | 26460.48 | 7526.19 | 5947.30 | 2757.70 | 22426.32 |
| 147167.46 | 88227.19 | 31764.60 | 16391.44 | 6784.70 | 81784.34 |
| | | | | | |
| 69986.96 | 39254.34 | 12713.63 | 7234.38 | 2965.16 | 38139.87 |
| 47933.65 | 29292.84 | 9344.41 | 5883.98 | 2496.55 | 24791.87 |
| 72378.40 | 46140.50 | 17232.75 | 9220.39 | 4080.68 | 41278.92 |
| | | | | | |
| **973.36** | **392.87** | **38.52** | **28.94** | **11.26** | **505.21** |
| 419.78 | 184.11 | 12.17 | 6.02 | 0.81 | 163.78 |
| | | | | | |
| 84.68 | 47.60 | 14.74 | 9.67 | 5.74 | 62.46 |
| 21.22 | 10.55 | 0.92 | 5.37 | 1.71 | 9.01 |
| 257.67 | 97.31 | 8.82 | 6.92 | 2.65 | 149.62 |
| | | | | | |
| **172302.01** | **109902.93** | **37919.33** | **22069.73** | **9488.40** | **93757.38** |
| 2316.31 | 1502.14 | 296.33 | 430.08 | 178.10 | 1486.13 |
| 1325.12 | 715.09 | 174.70 | 143.63 | 63.20 | 632.77 |
| 1563.10 | 1086.68 | 130.99 | 412.21 | 119.06 | 540.42 |
| 764.21 | 647.60 | 28.15 | 268.24 | 17.95 | 74.70 |
| 4807.69 | 3071.04 | 902.53 | 919.78 | 516.84 | 2832.33 |
| 1876.06 | 1302.07 | 396.81 | 291.77 | 175.24 | 987.12 |
| 254.66 | 176.16 | 75.13 | 47.12 | 22.77 | 155.44 |
| 780.89 | 468.67 | 182.04 | 123.86 | 67.34 | 469.15 |
| | | | | | |
| 511.63 | 301.90 | 89.93 | 70.23 | 29.63 | 288.38 |

a) The registered statistical categories of this table is implemented in accordance with the Regulations on the Classification of Market Entity Statistics (Guotongzi [2023] No. 14).

b) The other statistical categories include professional farmers cooperatives, individual businesses and other market entities.

## 11-6 续表 1

单位：亿元

| 项 目 | Item | 企业单位数 (个) Number of Enterprises (unit) |
|---|---|---|
| 造纸和纸制品业 | Manufacture of Paper and Paper Products | 680 |
| 印刷和记录媒介复制业 | Printing and Reproduction of Recording Media | 1062 |
| 文教、工美、体育和娱乐用品制造业 | Manufacture of Articles for Culture, Education, Arts and Crafts, Sport and Entertainment Activities | 1789 |
| 石油、煤炭及其他燃料加工业 | Processing of Petroleum, Coal and Other Fuels | 134 |
| 化学原料和化学制品制造业 | Manufacture of Raw Chemical Materials and Chemical Products | 2080 |
| 医药制造业 | Manufacture of Medicines | 935 |
| 化学纤维制造业 | Manufacture of Chemical Fibers | 888 |
| 橡胶和塑料制品业 | Manufacture of Rubber and Plastics Products | 3824 |
| 非金属矿物制品业 | Manufacture of Non-metallic Mineral Products | 4325 |
| 黑色金属冶炼和压延加工业 | Smelting and Pressing of Ferrous Metals | 1054 |
| 有色金属冶炼和压延加工业 | Smelting and Pressing of Non-ferrous Metals | 1569 |
| 金属制品业 | Manufacture of Metal Products | 5675 |
| 通用设备制造业 | Manufacture of General Purpose Machinery | 7512 |
| 专用设备制造业 | Manufacture of Special Purpose Machinery | 5851 |
| 汽车制造业 | Manufacture of Automobiles | 3091 |
| 铁路、船舶、航空航天和其他运输设备制造业 | Manufacture of Railway, Ship, Aerospace and Other Transport Equipments | 1290 |
| 电气机械和器材制造业 | Manufacture of Electrical Machinery and Apparatus | 5941 |
| 计算机、通信和其他电子设备制造业 | Manufacture of Computers, Communication and Other Electronic Equipment | 4175 |
| 仪器仪表制造业 | Manufacture of Measuring Instruments and Machinery | 1512 |
| 其他制造业 | Other Manufacture | 161 |
| 废弃资源综合利用业 | Utilization of Waste Resources | 366 |
| 金属制品、机械和设备修理业 | Repair Service of Metal Products, Machinery and Equipment | 43 |
| **电力、热力、燃气及水的生产和供应业** | **Production and Supply of Electricity, Heat, Gas and Water** | **1190** |
| 电力、热力生产和供应业 | Production and Supply of Electricity and Heat | 675 |
| 燃气生产和供应 | Production and Supply of Gas | 238 |
| 水的生产和供应业 | Production and Supply of Water | 277 |
| **按地区分** | **By City** | |
| 南京市 | Nanjing | 4711 |
| 无锡市 | Wuxi | 8495 |
| 徐州市 | Xuzhou | 3421 |
| 常州市 | Changzhou | 6838 |
| 苏州市 | Suzhou | 13972 |
| 南通市 | Nantong | 6888 |
| 连云港市 | Lianyungang | 1479 |
| 淮安市 | Huai'an | 2265 |
| 盐城市 | Yancheng | 4421 |
| 扬州市 | Yangzhou | 4203 |
| 镇江市 | Zhenjiang | 2902 |
| 泰州市 | Taizhou | 4004 |
| 宿迁市 | Suqian | 2940 |

continued

(100 million yuan)

| 资产总计<br>Total Assets | 流动资产合计<br>Current Assets | 应收账款<br>Accounts Receivable | 存货<br>Inventories | #产成品<br>Finished Goods | 负债合计<br>Total Liabilities |
|---|---|---|---|---|---|
| 1918.60 | 1004.67 | 290.51 | 175.29 | 79.71 | 1053.45 |
| 1040.92 | 648.83 | 236.79 | 106.04 | 44.36 | 531.48 |
| 1302.47 | 857.77 | 255.06 | 221.02 | 111.48 | 769.09 |
| | | | | | |
| 2370.52 | 831.07 | 157.74 | 387.78 | 101.37 | 1539.67 |
| 10699.54 | 5384.00 | 1357.18 | 1040.26 | 526.95 | 4501.05 |
| 6106.74 | 4075.02 | 925.50 | 658.03 | 313.88 | 2300.40 |
| 3379.57 | 1393.28 | 200.56 | 436.69 | 239.55 | 2146.04 |
| 5442.68 | 3253.59 | 1214.50 | 632.51 | 306.85 | 2622.43 |
| 7489.50 | 4958.75 | 2157.25 | 586.04 | 275.91 | 4366.86 |
| 9256.30 | 4638.96 | 625.17 | 1027.11 | 510.87 | 5602.23 |
| 2938.15 | 2044.12 | 686.28 | 462.40 | 209.10 | 1829.42 |
| 7726.92 | 5358.05 | 1957.70 | 1114.12 | 525.40 | 4192.71 |
| 12557.33 | 8796.86 | 3135.04 | 2053.37 | 796.86 | 6593.24 |
| 12180.03 | 8954.87 | 3075.46 | 2121.77 | 798.59 | 6465.24 |
| 12119.37 | 8161.50 | 3544.78 | 1298.69 | 564.61 | 7812.59 |
| 5213.76 | 3789.68 | 912.05 | 740.74 | 198.00 | 3290.46 |
| | | | | | |
| 25100.37 | 16672.08 | 6528.88 | 2714.05 | 1379.93 | 14772.48 |
| 25926.57 | 16268.54 | 7308.87 | 2804.94 | 1017.40 | 13173.30 |
| 4567.52 | 3111.73 | 968.80 | 668.69 | 240.17 | 2275.02 |
| 138.77 | 69.86 | 22.45 | 16.36 | 7.75 | 61.17 |
| 594.09 | 333.39 | 73.59 | 93.52 | 48.14 | 374.00 |
| 32.64 | 24.96 | 8.56 | 3.38 | 1.38 | 18.59 |
| **17023.65** | **4391.87** | **1332.94** | **240.07** | **42.74** | **9948.08** |
| 12537.61 | 2427.86 | 1172.90 | 156.04 | 3.16 | 7100.76 |
| 1277.28 | 458.28 | 72.07 | 33.83 | 22.66 | 708.39 |
| 3208.76 | 1505.73 | 87.97 | 50.20 | 16.92 | 2138.93 |
| | | | | | |
| 18243.12 | 11009.71 | 3635.56 | 1939.33 | 671.15 | 9824.58 |
| 25688.95 | 17030.04 | 5385.42 | 3771.28 | 1933.47 | 13384.81 |
| 7960.84 | 4604.73 | 1520.56 | 920.92 | 387.32 | 4576.07 |
| 20206.78 | 13401.44 | 5092.16 | 2147.10 | 940.54 | 11711.64 |
| 48640.15 | 32008.67 | 11770.33 | 6194.67 | 2476.37 | 25510.75 |
| 16089.60 | 8577.47 | 2938.81 | 1805.14 | 785.89 | 8909.08 |
| 6940.64 | 2937.44 | 611.12 | 638.61 | 241.37 | 4189.94 |
| 4306.50 | 2288.62 | 657.92 | 518.04 | 181.19 | 2406.29 |
| 9115.10 | 4844.72 | 1930.04 | 874.89 | 413.84 | 6129.87 |
| 7368.04 | 4289.65 | 1575.22 | 764.19 | 301.85 | 4128.79 |
| 7179.10 | 4378.71 | 1412.93 | 716.53 | 324.57 | 3901.81 |
| 8250.69 | 5332.03 | 1479.06 | 1025.95 | 509.85 | 4534.80 |
| 5216.82 | 2940.89 | 788.08 | 802.10 | 341.17 | 2695.72 |

## 11-6 续表 2

单位：亿元

| 项 目 | Item | 营业收入 Business Revenue |
|---|---|---|
| **总 计** | **Total** | **171068.50** |
| **按登记注册统计类别分** | **Grouped by Registered Statistical Categories** | |
| 内资企业 | Domestic Invested Enterprises | 123096.96 |
| 有限责任公司 | Limited Liability Corporations | 105370.89 |
| 股份有限公司 | Share-holding Corporations Ltd. | 16131.10 |
| 非公司企业法人 | Non Corporate Legal Entity | 802.47 |
| 个人独资企业 | Sole Proprietorship Enterprises | 765.82 |
| 合伙企业 | Partnership Enterprises | 26.67 |
| 港、澳、台商投资企业 | Enterprises with Investment from Hong Kong, Macao and Taiwan | 16507.40 |
| 外商投资企业 | Foreign Invested Enterprises | 31451.14 |
| 其他统计类别 | Other Statistical Categories | 13.01 |
| **按轻重工业分** | **Grouped by Light & Heavy Industry** | |
| 轻工业 | Light Industry | 38925.19 |
| 重工业 | Heavy Industry | 132143.31 |
| **按企业规模分** | **Grouped by Size of Enterprises** | |
| 大型企业 | Large Enterprises | 64876.65 |
| 中型企业 | Medium-sized Enterprises | 39727.22 |
| 小微型企业 | Small and Micro Enterprises | 66464.63 |
| **按行业分** | **Grouped by Sector** | |
| **采矿业** | **Mining** | **485.95** |
| 煤炭开采和洗选业 | Mining and Washing of Coal | 194.37 |
| 石油和天然气开采业 | Extraction of Petroleum and Natural Gas | |
| 黑色金属矿采选业 | Mining and Processing of Ferrous Metal Ores | 117.17 |
| 有色金属矿采选业 | Mining and Processing of Non-ferrous Metals Ores | 11.24 |
| 非金属矿采选业 | Mining and Processing of Non-metal Ores | 79.70 |
| 开采专业及辅助性活动 | Professional Support Activities for Mining | |
| 其他采矿业 | Mining of Other Ores | |
| **制造业** | **Manufacturing** | **160900.11** |
| 农副食品加工业 | Processing of Food from Agricultural Products | 3907.38 |
| 食品制造业 | Manufacturing of Foods | 1190.74 |
| 酒、饮料和精制茶制造业 | Manufacture of Liquor, Beverages and Refined Tea | 1058.53 |
| 烟草制品业 | Manufacture of Tobacco | 991.52 |
| 纺织业 | Manufacture of Textile | 5286.99 |
| 纺织服装、服饰业 | Manufacture of Textile， Wearing Apparel and Accessories | 1931.45 |
| 皮革、毛皮、羽毛及其制品和制鞋业 | Manufacture of Leather,Fur,Feather and Related Products and Footwear | 278.56 |
| 木材加工和木、竹、藤、棕、草制品业 | Processing of Timber, Manufacture of Wood, Bamboo, Rattan, Palm and Straw Products | 1024.59 |
| 家具制造业 | Manufacture of Furniture | 422.52 |

continued

(100 million yuan)

| 营业成本<br>Business Cost | 销售费用<br>Selling Expenses | 管理费用<br>Management Expenses | 财务费用<br>Financial Expenses | 利润总额<br>Total Profits | 平均用工人数（万人）<br>Annual Average Employees (10000 persons) |
|---|---|---|---|---|---|
| **145263.12** | **3942.88** | **5509.87** | **795.17** | **9950.67** | **953.11** |
| | | | | | |
| 104989.37 | 2601.49 | 3707.66 | 698.72 | 6634.01 | 686.53 |
| 91034.59 | 1956.11 | 3035.78 | 634.55 | 4952.72 | 582.93 |
| 12600.17 | 620.30 | 616.04 | 60.05 | 1573.94 | 91.76 |
| 657.71 | 14.97 | 31.50 | 0.04 | 66.84 | 3.91 |
| 674.77 | 9.22 | 22.22 | 4.04 | 39.98 | 7.48 |
| 22.13 | 0.89 | 2.11 | 0.04 | 0.53 | 0.45 |
| 13785.43 | 471.33 | 578.75 | 23.84 | 1160.58 | 101.41 |
| 26476.56 | 869.83 | 1222.98 | 72.59 | 2155.59 | 165.07 |
| 11.75 | 0.23 | 0.48 | 0.02 | 0.49 | 0.10 |
| | | | | | |
| 31379.14 | 1623.51 | 1496.96 | 139.15 | 2748.51 | 296.08 |
| 113883.97 | 2319.37 | 4012.91 | 656.02 | 7202.16 | 657.03 |
| | | | | | |
| 55537.42 | 1403.59 | 1353.98 | 139.78 | 3903.36 | 259.30 |
| 33463.19 | 1010.05 | 1296.06 | 159.50 | 2580.53 | 229.89 |
| 56262.51 | 1529.24 | 2859.82 | 495.89 | 3466.78 | 463.91 |
| | | | | | |
| **404.16** | **3.79** | **32.07** | **2.26** | **37.17** | **3.68** |
| 172.21 | 0.62 | 12.35 | -0.57 | 18.70 | 2.27 |
| | | | | | |
| 105.24 | 1.60 | 4.07 | 0.81 | 4.06 | 0.36 |
| 8.65 | 0.15 | 0.95 | 0.14 | 1.67 | 0.09 |
| 62.60 | 1.05 | 3.34 | 0.75 | 8.80 | 0.42 |
| | | | | | |
| **136174.86** | **3869.95** | **5332.79** | **621.95** | **9360.78** | **933.63** |
| 3603.61 | 54.60 | 60.52 | 14.04 | 126.25 | 14.08 |
| 928.85 | 74.09 | 60.20 | 5.82 | 100.60 | 9.96 |
| 587.95 | 74.58 | 42.68 | -1.41 | 282.56 | 4.88 |
| 355.23 | 7.52 | 24.13 | -10.15 | 138.99 | 0.66 |
| 4703.83 | 77.98 | 170.32 | 37.92 | 195.07 | 52.52 |
| 1638.95 | 46.97 | 107.58 | 8.33 | 125.87 | 29.99 |
| 239.01 | 6.26 | 14.35 | 1.60 | 10.92 | 5.03 |
| 877.37 | 19.54 | 26.15 | 6.02 | 66.23 | 9.58 |
| | | | | | |
| 344.50 | 15.44 | 25.73 | 3.04 | 24.57 | 6.49 |

## 11-6 续表 3

单位：亿元

| 项 目 | Item | 营业收入 Business Revenue |
| --- | --- | --- |
| 造纸和纸制品业 | Manufacture of Paper and Paper Products | 1454.77 |
| 印刷和记录媒介复制业 | Printing and Reproduction of Recording Media | 940.88 |
| 文教、工美、体育和娱乐用品制造业 | Manufacture of Articles for Culture, Education, Arts and Crafts, Sport and Entertainment Activities | 1476.22 |
| 石油、煤炭及其他燃料加工业 | Processing of Petroleum，Coal and Other Fuels | 3880.40 |
| 化学原料和化学制品制造业 | Manufacture of Raw Chemical Materials and Chemical Products | 9384.61 |
| 医药制造业 | Manufacture of Medicines | 3220.96 |
| 化学纤维制造业 | Manufacture of Chemical Fibers | 3218.37 |
| 橡胶和塑料制品业 | Manufacture of Rubber and Plastics Products | 4641.10 |
| 非金属矿物制品业 | Manufacture of Non-metallic Mineral Products | 5212.45 |
| 黑色金属冶炼和压延加工业 | Smelting and Pressing of Ferrous Metals | 12721.05 |
| 有色金属冶炼和压延加工业 | Smelting and Pressing of Non-ferrous Metals | 6074.06 |
| 金属制品业 | Manufacture of Metal Products | 7906.01 |
| 通用设备制造业 | Manufacture of General Purpose Machinery | 10362.47 |
| 专用设备制造业 | Manufacture of Special Purpose Machinery | 7914.71 |
| 汽车制造业 | Manufacture of Automobiles | 11718.23 |
| 铁路、船舶、航空航天和其他运输设备制造业 | Manufacture of Railway, Ship, Aerospace and Other Transport Equipments | 3872.96 |
| 电气机械和器材制造业 | Manufacture of Electrical Machinery and Apparatus | 23171.62 |
| 计算机、通信和其他电子设备制造业 | Manufacture of Computers, Communication and Other Electronic Equipment | 23766.82 |
| 仪器仪表制造业 | Manufacture of Measuring Instruments and Machinery | 2764.10 |
| 其他制造业 | Other Manufacture | 151.53 |
| 废弃资源综合利用业 | Utilization of Waste Resources | 919.86 |
| 金属制品、机械和设备修理业 | Repair Service of Metal Products, Machinery and Equipment | 34.64 |
| **电力、热力、燃气及水的生产和供应业** | **Production and Supply of Electricity, Heat, Gas and Water** | **9682.44** |
| 电力、热力生产和供应业 | Production and Supply of Electricity and Heat | 7792.78 |
| 燃气生产和供应 | Production and Supply of Gas | 1491.42 |
| 水的生产和供应业 | Production and Supply of Water | 398.24 |
| **按地区分** | **By City** | |
| 南京市 | Nanjing | 16000.16 |
| 无锡市 | Wuxi | 24096.93 |
| 徐州市 | Xuzhou | 6614.25 |
| 常州市 | Changzhou | 18409.53 |
| 苏州市 | Suzhou | 45582.76 |
| 南通市 | Nantong | 13106.78 |
| 连云港市 | Lianyungang | 5187.64 |
| 淮安市 | Huai'an | 3649.08 |
| 盐城市 | Yancheng | 8572.94 |
| 扬州市 | Yangzhou | 7284.02 |
| 镇江市 | Zhenjiang | 5654.64 |
| 泰州市 | Taizhou | 7267.27 |
| 宿迁市 | Suqian | 5049.65 |

continued

(100 million yuan)

| 营业成本<br>Business Cost | 销售费用<br>Selling Expenses | 管理费用<br>Management Expenses | 财务费用<br>Financial Expenses | 利润总额<br>Total Profits | 平均用工人数<br>(万人)<br>Annual Average Employees<br>(10000 persons) |
|---|---|---|---|---|---|
| 1255.10 | 46.41 | 49.16 | 15.90 | 74.21 | 7.71 |
| 771.59 | 30.27 | 53.52 | 6.66 | 58.03 | 10.72 |
| 1236.05 | 39.35 | 66.68 | 6.99 | 93.23 | 18.74 |
| | | | | | |
| 3326.16 | 13.65 | 42.46 | 24.19 | 24.52 | 3.19 |
| 8049.61 | 216.18 | 337.98 | 38.82 | 542.67 | 30.98 |
| 1552.41 | 643.92 | 223.64 | -18.34 | 567.11 | 22.41 |
| 2928.42 | 23.29 | 61.53 | 33.85 | 108.37 | 15.71 |
| 3818.49 | 124.59 | 216.40 | 25.85 | 325.30 | 38.22 |
| 4274.82 | 149.96 | 207.46 | 31.48 | 410.78 | 34.70 |
| 11742.91 | 73.02 | 151.73 | 58.71 | 406.98 | 21.44 |
| 5628.17 | 30.89 | 69.07 | 23.04 | 191.86 | 13.05 |
| 6748.67 | 140.56 | 294.98 | 44.64 | 456.17 | 55.24 |
| 8258.15 | 315.14 | 570.84 | 42.34 | 818.73 | 85.65 |
| 6032.05 | 347.96 | 461.31 | 29.48 | 688.65 | 68.93 |
| 9965.49 | 239.41 | 457.56 | 43.93 | 627.23 | 63.92 |
| 3243.92 | 71.17 | 149.26 | 2.19 | 296.09 | 29.22 |
| | | | | | |
| 19918.72 | 579.51 | 596.67 | 60.96 | 1289.56 | 103.30 |
| 21049.41 | 264.04 | 614.31 | 66.52 | 963.62 | 151.10 |
| 2095.80 | 129.86 | 150.91 | 11.47 | 305.20 | 21.38 |
| 127.07 | 5.27 | 7.11 | 0.71 | 8.05 | 1.89 |
| 843.36 | 7.65 | 15.98 | 7.10 | 32.07 | 2.41 |
| 29.20 | 0.85 | 2.57 | 0.25 | 1.28 | 0.54 |
| **8684.10** | **69.14** | **145.00** | **170.96** | **552.72** | **15.79** |
| 7078.99 | 6.94 | 86.52 | 156.84 | 390.90 | 9.76 |
| 1323.53 | 26.27 | 24.84 | 3.16 | 113.04 | 1.98 |
| 281.58 | 35.93 | 33.65 | 10.96 | 48.79 | 4.06 |
| | | | | | |
| 13329.53 | 437.26 | 536.84 | 52.76 | 886.64 | 65.19 |
| 20323.56 | 505.65 | 813.13 | 127.25 | 1771.37 | 124.77 |
| 5506.15 | 149.80 | 176.21 | 31.45 | 385.66 | 40.25 |
| 15728.91 | 417.33 | 555.85 | 53.89 | 1146.27 | 94.18 |
| 38945.69 | 1143.21 | 1706.40 | 151.04 | 2338.70 | 267.97 |
| 11226.16 | 241.71 | 409.33 | 100.34 | 769.43 | 85.58 |
| 4137.11 | 206.66 | 121.33 | 56.71 | 402.32 | 18.64 |
| 2909.15 | 91.24 | 124.70 | 19.90 | 252.92 | 27.23 |
| 7549.12 | 124.19 | 220.36 | 84.78 | 397.98 | 48.50 |
| 6222.62 | 148.42 | 234.39 | 37.69 | 390.45 | 51.83 |
| 4713.76 | 151.12 | 194.08 | 29.18 | 321.14 | 37.20 |
| 6096.39 | 228.51 | 241.55 | 16.63 | 418.32 | 48.02 |
| 4196.03 | 90.27 | 122.82 | 24.21 | 425.51 | 37.48 |

# 11-7 规模以上工业企业主要经济效益指标(2023年)

单位：%

| 项 目 | Item |
|---|---|
| **总 计** | **Total** |
| **按登记注册统计类别分** | **Grouped by Registered Statistical Categories** |
| 内资企业 | Domestic Invested Enterprises |
| 有限责任公司 | Limited Liability Corporations |
| 股份有限公司 | Share-holding Corporations Ltd. |
| 非公司企业法人 | Non Corporate Legal Entity |
| 个人独资企业 | Sole Proprietorship Enterprises |
| 合伙企业 | Partnership Enterprises |
| 港、澳、台商投资企业 | Enterprises with Investment from Hong Kong， Macao and Taiwan |
| 外商投资企业 | Foreign Invested Enterprises |
| 其他统计类别 | Other Statistical Categories |
| **按轻重工业分** | **Grouped by Light & Heavy Industry** |
| 轻工业 | Light Industry |
| 重工业 | Heavy Industry |
| **按企业规模分** | **Grouped by Size of Enterprises** |
| 大型企业 | Large Enterprises |
| 中型企业 | Medium-sized Enterprises |
| 小微型企业 | Small and Micro Enterprises |
| **按行业分** | **Grouped by Sector** |
| **采矿业** | **Mining** |
| 煤炭开采和洗选业 | Mining and Washing of Coal |
| 石油和天然气开采业 | Extraction of Petroleum and Natural Gas |
| 黑色金属矿采选业 | Mining and Processing of Ferrous Metal Ores |
| 有色金属矿采选业 | Mining and Processing of Non-ferrous Metals Ores |
| 非金属矿采选业 | Mining and Processing of Non-metal Ores |
| 开采专业及辅助性活动 | Professional Support Activities for Mining |
| 其他采矿业 | Mining of Other Ores |
| **制造业** | **Manufacturing** |
| 农副食品加工业 | Processing of Food from Agricultural Products |
| 食品制造业 | Manufacturing of Foods |
| 酒、饮料和精制茶制造业 | Manufacture of Liquor, Beverages and Refined Tea |
| 烟草制品业 | Manufacture of Tobacco |
| 纺织业 | Manufacture of Textile |
| 纺织服装、服饰业 | Manufacture of Textile， Wearing Apparel and Accessories |
| 皮革、毛皮、羽毛及其制品和制鞋业 | Manufacture of Leather,Fur,Feather and Related Products and Footwear |
| 木材加工和木、竹、藤、棕、草制品业 | Processing of Timber, Manufacture of Wood, Bamboo, Rattan, Palm and Straw Products |
| 家具制造业 | Manufacture of Furniture |
| 造纸和纸制品业 | Manufacture of Paper and Paper Products |

# Main Economic Benefit Indicators of Industrial Enterprises above Designated Size (2023)

(%)

| 企业亏损面<br>Percentage of Business Suffering Loss | 资产负债率<br>Assets Liability Ratio | 流动资产周转次数（次/年）<br>Times of Turnover of current Assets (times/year) | 成本费用利润率<br>Ratio of Profits to Cost Expense | 总资产贡献率<br>Ratio of Total Assets to Industrial Output Value |
|---|---|---|---|---|
| **18.05** | **54.76** | **1.49** | **6.21** | **8.21** |
| | | | | |
| 17.09 | 57.33 | 1.49 | 5.75 | 8.07 |
| 17.34 | 61.50 | 1.64 | 4.98 | 8.07 |
| 17.20 | 42.25 | 0.94 | 10.80 | 8.02 |
| 17.54 | 45.03 | 0.90 | 9.08 | 6.38 |
| 6.74 | 62.46 | 2.34 | 5.55 | 14.32 |
| 16.67 | 41.95 | 1.10 | 2.01 | 4.25 |
| 24.71 | 50.34 | 1.32 | 7.54 | 7.72 |
| 24.21 | 46.17 | 1.59 | 7.36 | 9.16 |
| 0.00 | 63.71 | 1.92 | 3.93 | 8.85 |
| | | | | |
| 19.50 | 52.00 | 1.47 | 7.70 | 10.56 |
| 17.32 | 55.57 | 1.50 | 5.79 | 7.52 |
| | | | | |
| 14.21 | 54.50 | 1.65 | 6.49 | 9.11 |
| 16.63 | 51.72 | 1.36 | 6.95 | 7.58 |
| 18.21 | 57.03 | 1.44 | 5.51 | 7.76 |
| | | | | |
| **14.29** | **51.90** | **1.24** | **8.28** | **7.73** |
| 0.00 | 39.01 | 1.06 | 10.05 | 6.92 |
| | | | | |
| 16.67 | 73.76 | 2.46 | 3.60 | 9.83 |
| 16.67 | 42.43 | 1.07 | 16.25 | 11.60 |
| 15.63 | 58.06 | 0.82 | 12.79 | 5.85 |
| | | | | |
| | | | | |
| **18.13** | **54.41** | **1.46** | **6.22** | **8.46** |
| 14.76 | 64.16 | 2.60 | 3.35 | 7.77 |
| 23.56 | 47.75 | 1.67 | 9.20 | 11.29 |
| 22.98 | 34.57 | 0.97 | 39.44 | 28.05 |
| 0.00 | 9.78 | 1.53 | 36.52 | 89.45 |
| 20.02 | 58.91 | 1.72 | 3.84 | 7.05 |
| 20.75 | 52.62 | 1.48 | 6.91 | 10.15 |
| 17.31 | 61.04 | 1.58 | 4.10 | 8.17 |
| 9.08 | 60.08 | 2.19 | 6.96 | 14.00 |
| | | | | |
| 23.87 | 56.37 | 1.40 | 6.16 | 7.91 |
| 21.76 | 54.91 | 1.45 | 5.30 | 7.01 |

11-7 续表

单位：%

| 项 目 | Item |
|---|---|
| 印刷和记录媒介复制业 | Printing and Reproduction of Recording Media |
| 文教、工美、体育和娱乐用品制造业 | Manufacture of Articles for Culture,Education,Arts and Crafts,Sport and Entertainment Activities |
| 石油、煤炭及其他燃料加工业 | Processing of Petroleum,Coal and Other Fuels |
| 化学原料和化学制品制造业 | Manufacture of Raw Chemical Materials and Chemical Products |
| 医药制造业 | Manufacture of Medicines |
| 化学纤维制造业 | Manufacture of Chemical Fibers |
| 橡胶和塑料制品业 | Manufacture of Rubber and Plastics Products |
| 非金属矿物制品业 | Manufacture of Non-metallic Mineral Products |
| 黑色金属冶炼和压延加工业 | Smelting and Pressing of Ferrous Metals |
| 有色金属冶炼和压延加工业 | Smelting and Pressing of Non-ferrous Metals |
| 金属制品业 | Manufacture of Metal Products |
| 通用设备制造业 | Manufacture of General Purpose Machinery |
| 专用设备制造业 | Manufacture of Special Purpose Machinery |
| 汽车制造业 | Manufacture of Automobiles |
| 铁路、船舶、航空航天和其他运输设备制 | Manufacture of Railway,Ship,Aerospace and Other Transport Equipments |
| 电气机械和器材制造业 | Manufacture of Electrical Machinery and Apparatus |
| 计算机、通信和其他电子设备制造业 | Manufacture of Computers, Communication and Other Electronic Equipment |
| 仪器仪表制造业 | Manufacture of Measuring Instruments and Machinery |
| 其他制造业 | Other Manufacture |
| 废弃资源综合利用业 | Utilization of Waste Resources |
| 金属制品、机械和设备修理业 | Repair Service of Metal Products, Machinery and Equipment |
| **电力、热力、燃气及水的生产和供应业** | **Production and Supply of Electricity,Heat,Gas and Water** |
| 电力、热力生产和供应业 | Production and Supply of Electricity and Heat |
| 燃气生产和供应 | Production and Supply of Gas |
| 水的生产和供应业 | Production and Supply of Water |
| **按地区分** | **By City** |
| 南京市 | Nanjing |
| 无锡市 | Wuxi |
| 徐州市 | Xuzhou |
| 常州市 | Changzhou |
| 苏州市 | Suzhou |
| 南通市 | Nantong |
| 连云港市 | Lianyungang |
| 淮安市 | Huai'an |
| 盐城市 | Yancheng |
| 扬州市 | Yangzhou |
| 镇江市 | Zhenjiang |
| 泰州市 | Taizhou |
| 宿迁市 | Suqian |

continued

(%)

| 企业亏损面 Percentage of Business Suffering Loss | 资产负债率 Assets Liability Ratio | 流动资产周转次数（次/年） Times of Turnover of current Assets (times/year) | 成本费用利润率 Ratio of Profits to Cost Expense | 总资产贡献率 Ratio of Total Assets to Industrial Output Value |
|---|---|---|---|---|
| 18.74 | 51.06 | 1.45 | 6.55 | 8.80 |
| 14.70 | 59.05 | 1.72 | 6.74 | 10.75 |
| | | | | |
| 17.16 | 64.95 | 4.67 | 0.72 | 22.22 |
| 20.72 | 42.07 | 1.74 | 6.14 | 7.29 |
| 26.95 | 37.67 | 0.79 | 21.11 | 12.08 |
| 23.54 | 63.50 | 2.31 | 3.48 | 5.70 |
| 17.13 | 48.18 | 1.43 | 7.53 | 8.44 |
| 19.58 | 58.31 | 1.05 | 8.57 | 8.23 |
| 17.17 | 60.52 | 2.74 | 3.31 | 6.47 |
| 17.97 | 62.26 | 2.97 | 3.28 | 10.32 |
| 15.84 | 54.26 | 1.48 | 6.14 | 8.76 |
| 15.14 | 52.51 | 1.18 | 8.57 | 9.19 |
| 17.42 | 53.08 | 0.88 | 9.51 | 7.92 |
| 19.96 | 64.46 | 1.44 | 5.69 | 8.29 |
| 19.07 | 63.11 | 1.02 | 8.19 | 7.43 |
| 15.23 | 58.85 | 1.39 | 5.90 | 7.25 |
| 26.83 | 50.81 | 1.46 | 4.23 | 5.16 |
| 15.08 | 49.81 | 0.89 | 12.10 | 8.90 |
| 15.53 | 44.08 | 2.17 | 5.61 | 8.67 |
| 20.77 | 62.95 | 2.76 | 3.61 | 13.16 |
| 16.28 | 56.95 | 1.39 | 3.84 | 8.63 |
| **13.61** | **58.44** | **2.20** | **6.06** | **5.68** |
| 12.15 | 56.64 | 3.21 | 5.30 | 6.04 |
| 11.76 | 55.46 | 3.25 | 8.18 | 10.81 |
| 18.77 | 66.66 | 0.26 | 13.33 | 2.25 |
| | | | | |
| 23.39 | 53.85 | 1.45 | 6.01 | 9.90 |
| 16.01 | 52.10 | 1.41 | 7.92 | 9.16 |
| 14.38 | 57.48 | 1.44 | 6.38 | 9.55 |
| 18.10 | 57.96 | 1.37 | 6.66 | 8.27 |
| 22.55 | 52.45 | 1.42 | 5.40 | 6.81 |
| 18.37 | 55.37 | 1.53 | 6.23 | 7.20 |
| 17.04 | 60.37 | 1.77 | 8.59 | 10.40 |
| 13.33 | 55.88 | 1.59 | 7.76 | 12.10 |
| 18.50 | 67.25 | 1.77 | 4.87 | 7.56 |
| 10.18 | 56.04 | 1.70 | 5.67 | 8.25 |
| 19.81 | 54.35 | 1.29 | 6.11 | 6.97 |
| 14.36 | 54.96 | 1.36 | 6.16 | 7.98 |
| 15.71 | 51.67 | 1.72 | 9.35 | 13.65 |

# 11-8 国有控股工业企业主要经济指标（2023年）

单位：亿元

| 项 目 | Item | 企业单位数（个）Number of Enterprises (unit) |
|---|---|---|
| **总 计** | **Total** | **1710** |
| **按登记注册统计类别分** | **Grouped by Registered Statistical Categories** | |
| 内资企业 | Domestic Invested Enterprises | 1598 |
| 有限责任公司 | Limited Liability Corporations | 1454 |
| 股份有限公司 | Share-holding Corporations Ltd. | 90 |
| 非公司企业法人 | Non Corporate Legal Entity | 54 |
| 港、澳、台商投资企业 | Enterprises with Investment from Hong Kong,Macao and Taiwan | 46 |
| 外商投资企业 | Foreign Invested Enterprises | 66 |
| **按轻重工业分** | **Grouped by Light & Heavy Industry** | |
| 轻工业 | Light Industry | 261 |
| 重工业 | Heavy Industry | 1449 |
| **按企业规模分** | **Grouped by Size of Enterprises** | |
| 大型企业 | Large Enterprises | 110 |
| 中型企业 | Medium-sized Enterprises | 325 |
| 小微型企业 | Small and Micro Enterprises | 1275 |
| **按行业分** | **Grouped by Sector** | |
| **采矿业** | **Mining** | **23** |
| 煤炭开采和洗选业 | Mining and Washing of Coal | |
| 石油和天然气开采业 | Extraction of Petroleum and Natural Gas | |
| 黑色金属矿采选业 | Mining and Processing of Ferrous Metal Ores | 3 |
| 有色金属矿采选业 | Mining and Processing of Non-ferrous Metals Ores | |
| 非金属矿采选业 | Mining and Processing of Non-metal Ores | 15 |
| 开采专业及辅助性活动 | Professional Support Activities for Mining | |
| 其他采矿业 | Mining of Other Ores | |
| **制造业** | **Manufacturing** | **1162** |
| 农副食品加工业 | Processing of Food from Agricultural Products | 37 |
| 食品制造业 | Manufacturing of Foods | 21 |
| 酒、饮料和精制茶制造业 | Manufacture of Liquor, Beverages and Refined Tea | 16 |
| 烟草制品业 | Manufacture of Tobacco | 4 |
| 纺织业 | Manufacture of Textile | 19 |
| 纺织服装、服饰业 | Manufacture of Textile, Wearing Apparel and Accessories | 34 |
| 皮革、毛皮、羽毛及其制品和制鞋业 | Manufacture of Leather, Fur, Feather and Related Products and Footwear | |
| 木材加工和木、竹、藤、棕、草制品业 | Processing of Timber, Manufacture of Wood, Bamboo, Rattan, Palm and Straw Products | |
| 家具制造业 | Manufacture of Furniture | |
| 造纸和纸制品业 | Manufacture of Paper and Paper Products | 6 |
| 印刷和记录媒介复制业 | Printing and Reproduction of Recording Media | 23 |
| 文教、工美、体育和娱乐用品制造业 | Manufacture of Articles for Culture, Education, Arts and Crafts, Sport and Entertainment Activities | 11 |

# Main Economic Indicators of State-holding Industrial Enterprises (2023)

(100 million yuan)

| 资产总计 Total Assets | 流动资产合计 Current Assets | 应收账款 Accounts Receivable | 存 货 Inventories | #产成品 Finished Goods | 负债合计 Total Liabilities |
|---|---|---|---|---|---|
| **32412.66** | **14594.38** | **4253.94** | **2681.39** | **852.12** | **18077.01** |
| 30085.52 | 13497.51 | 3957.75 | 2527.41 | 785.23 | 16812.85 |
| 24820.70 | 10673.52 | 3314.03 | 1925.22 | 610.53 | 14571.67 |
| 4162.47 | 2199.55 | 420.32 | 505.98 | 136.24 | 1739.09 |
| 1102.35 | 624.44 | 223.41 | 96.21 | 38.47 | 502.09 |
| 619.96 | 320.82 | 100.74 | 50.73 | 28.91 | 361.28 |
| 1707.19 | 776.05 | 195.45 | 103.25 | 37.97 | 902.88 |
| 3563.08 | 2231.16 | 329.59 | 711.12 | 171.71 | 1355.64 |
| 28849.58 | 12363.22 | 3924.35 | 1970.27 | 680.40 | 16721.36 |
| 16353.99 | 6989.90 | 1905.82 | 1545.60 | 409.56 | 8353.91 |
| 7256.47 | 3773.14 | 1061.30 | 712.13 | 276.55 | 4083.07 |
| 8802.20 | 3831.34 | 1286.82 | 423.66 | 166.01 | 5640.03 |
| **847.31** | **334.81** | **27.93** | **14.59** | **4.25** | **433.50** |
| 51.09 | 23.59 | 7.98 | 1.77 | 1.09 | 38.88 |
| 185.70 | 73.97 | 6.24 | 5.34 | 1.62 | 110.68 |
| **18699.05** | **11359.19** | **3286.22** | **2489.10** | **821.22** | **10280.64** |
| 112.01 | 91.32 | 7.82 | 16.27 | 5.48 | 88.05 |
| 221.09 | 102.75 | 10.71 | 9.41 | 4.44 | 111.33 |
| 956.20 | 742.83 | 83.13 | 283.16 | 78.53 | 283.22 |
| 750.14 | 634.82 | 25.41 | 267.80 | 17.66 | 63.25 |
| 84.47 | 41.30 | 6.81 | 11.52 | 6.63 | 39.10 |
| 65.76 | 45.61 | 3.57 | 8.54 | 6.67 | 22.56 |
| 34.73 | 12.17 | 0.61 | 4.32 | 1.62 | 19.69 |
| 36.97 | 17.29 | 3.04 | 2.68 | 1.17 | 12.39 |
| 12.63 | 8.51 | 1.40 | 3.05 | 0.97 | 6.76 |

## 11-8 续表 1

单位：亿元

| 项 目 | Item | 企业单位数(个) Number of Enterprises (unit) |
|---|---|---|
| 石油、煤炭及其他燃料加工业 | Processing of Petroleum, Coal and Other Fuels | 12 |
| 化学原料和化学制品制造业 | Manufacture of Raw Chemical Materials and Chemical Products | 73 |
| 医药制造业 | Manufacture of Medicines | 28 |
| 化学纤维制造业 | Manufacture of Chemical Fibers | 15 |
| 橡胶和塑料制品业 | Manufacture of Rubber and Plastics Products | 17 |
| 非金属矿物制品业 | Manufacture of Non-metallic Mineral Products | 142 |
| 黑色金属冶炼和压延加工业 | Smelting and Pressing of Ferrous Metals | 17 |
| 有色金属冶炼和压延加工业 | Smelting and Pressing of Non-ferrous Metals | 25 |
| 金属制品业 | Manufacture of Metal Products | 53 |
| 通用设备制造业 | Manufacture of General Purpose Machinery | 93 |
| 专用设备制造业 | Manufacture of Special Purpose Machinery | 92 |
| 汽车制造业 | Manufacture of Automobiles | 86 |
| 铁路、船舶、航空航天和其他运输设备制造业 | Manufacture of Railway, Ship, Aerospace and Other Transport Equipments | 78 |
| 电气机械和器材制造业 | Manufacture of Electrical Machinery and Apparatus | 82 |
| 计算机、通信和其他电子设备制造业 | Manufacture of Computers, Communication and Other Electronic Equipment | 114 |
| 仪器仪表制造业 | Manufacture of Measuring Instruments and Machinery | 36 |
| 其他制造业 | Other Manufacture | |
| 废弃资源综合利用业 | Utilization of Waste Resources | 18 |
| 金属制品、机械和设备修理业 | Repair Service of Metal Products, Machinery and Equipment | 6 |
| **电力、热力、燃气及水的生产和供应业** | **Production and Supply of Electricity, Heat, Gas and Water** | **525** |
| 电力、热力生产和供应业 | Production and Supply of Electricity and Heat | 320 |
| 燃气生产和供应 | Production and Supply of Gas | 57 |
| 水的生产和供应业 | Production and Supply of Water | 148 |
| **按地区分** | **By City** | |
| 南京市 | Nanjing | 310 |
| 无锡市 | Wuxi | 139 |
| 徐州市 | Xuzhou | 139 |
| 常州市 | Changzhou | 113 |
| 苏州市 | Suzhou | 191 |
| 南通市 | Nantong | 145 |
| 连云港市 | Lianyungang | 83 |
| 淮安市 | Huai'an | 92 |
| 盐城市 | Yancheng | 156 |
| 扬州市 | Yangzhou | 125 |
| 镇江市 | Zhenjiang | 78 |
| 泰州市 | Taizhou | 52 |
| 宿迁市 | Suqian | 31 |

continued

(100 million yuan)

| 资产总计<br>Total Assets | 流动资产合计<br>Current Assets | 应收账款<br>Accounts Receivable | 存 货<br>Inventories | #产成品<br>Finished Goods | 负债合计<br>Total Liabilities |
|---|---|---|---|---|---|
| 642.21 | 243.88 | 53.71 | 139.48 | 17.77 | 315.33 |
| 1507.54 | 580.33 | 74.53 | 88.13 | 41.21 | 519.42 |
| 274.30 | 158.46 | 47.20 | 33.74 | 13.58 | 101.67 |
| 410.99 | 116.67 | 6.80 | 28.90 | 13.98 | 189.29 |
| 104.62 | 45.75 | 14.68 | 12.48 | 9.64 | 45.46 |
| 823.84 | 478.39 | 248.29 | 50.77 | 24.43 | 531.50 |
| 962.96 | 360.39 | 49.43 | 72.05 | 24.24 | 496.35 |
| 191.18 | 127.82 | 16.71 | 52.89 | 18.75 | 117.01 |
| 594.47 | 384.31 | 130.72 | 76.64 | 34.17 | 339.10 |
| 1227.86 | 797.19 | 264.72 | 165.41 | 74.97 | 695.85 |
| 1216.46 | 867.16 | 450.38 | 191.62 | 76.89 | 878.79 |
| 2039.81 | 1356.92 | 401.10 | 210.37 | 119.92 | 1356.22 |
| 1671.59 | 1215.98 | 276.87 | 285.26 | 61.33 | 1165.08 |
| | | | | | |
| 1739.71 | 1136.11 | 529.04 | 166.12 | 80.66 | 1155.18 |
| 1776.19 | 1082.92 | 371.70 | 226.25 | 66.73 | 1066.49 |
| 1175.58 | 665.57 | 196.93 | 75.94 | 17.85 | 620.78 |
| | | | | | |
| 54.84 | 36.33 | 7.10 | 4.67 | 0.71 | 34.77 |
| 6.14 | 5.08 | 2.26 | 0.86 | 0.50 | 3.57 |
| **12866.31** | **2900.39** | **939.78** | **177.70** | **26.64** | **7362.87** |
| 9815.34 | 1598.89 | 864.94 | 127.62 | 1.04 | 5400.76 |
| 479.35 | 167.68 | 16.58 | 7.69 | 10.00 | 267.65 |
| 2571.62 | 1133.82 | 58.26 | 42.39 | 15.61 | 1694.45 |
| | | | | | |
| 6468.58 | 3414.55 | 945.05 | 610.01 | 139.10 | 3579.48 |
| 2516.32 | 1194.34 | 269.09 | 205.82 | 107.70 | 1264.20 |
| 2654.44 | 1698.91 | 640.06 | 302.25 | 114.05 | 1633.73 |
| 1508.93 | 772.49 | 303.23 | 166.84 | 88.56 | 940.85 |
| 1950.99 | 1036.42 | 313.41 | 183.51 | 63.17 | 1100.72 |
| 2948.36 | 1305.81 | 358.62 | 198.53 | 93.78 | 1825.23 |
| 1791.01 | 534.71 | 86.12 | 116.32 | 19.66 | 1205.12 |
| 733.45 | 365.64 | 67.27 | 83.32 | 13.08 | 377.94 |
| 1965.31 | 677.43 | 310.84 | 53.24 | 16.44 | 1321.96 |
| 1829.35 | 834.46 | 196.56 | 143.95 | 48.67 | 1053.07 |
| 911.54 | 412.54 | 79.57 | 47.86 | 13.87 | 516.77 |
| 491.93 | 216.76 | 65.84 | 25.67 | 9.61 | 308.10 |
| 1120.58 | 773.36 | 85.37 | 285.02 | 80.13 | 391.27 |

11-8 续表 2

单位: 亿元

| 项 目 | Item | 营业收入 Business Revenue |
|---|---|---|
| **总 计** | **Total** | **23888.54** |
| **按登记注册类型分** | **Grouped by Status of Registration** | |
| 内资企业 | Domestic Invested Enterprises | 22149.50 |
| 有限责任公司 | Limited Liability Corporations | 18734.56 |
| 股份有限公司 | Share-holding Corporations Ltd. | 2915.16 |
| 非公司企业法人 | Non Corporate Legal Entity | 499.78 |
| 港、澳、台商投资企业 | Enterprises with Investment from Hong Kong,Macao and Taiwan | 362.51 |
| 外商投资企业 | Foreign Invested Enterprises | 1376.53 |
| **按轻重工业分** | **Grouped by Light & Heavy Industry** | |
| 轻工业 | Light Industry | 2747.16 |
| 重工业 | Heavy Industry | 21141.38 |
| **按企业规模分** | **Grouped by Size of Enterprises** | |
| 大型企业 | Large Enterprises | 14045.94 |
| 中型企业 | Medium-sized Enterprises | 5129.38 |
| 小微型企业 | Small and Micro Enterprises | 4713.21 |
| **按行业分** | **Grouped by Sector** | |
| **采矿业** | **Mining** | **280.23** |
| 煤炭开采和洗选业 | Mining and Washing of Coal | |
| 石油和天然气开采业 | Extraction of Petroleum and Natural Gas | |
| 黑色金属矿采选业 | Mining and Processing of Ferrous Metal Ores | 25.50 |
| 有色金属矿采选业 | Mining and Processing of Non-ferrous Metals Ores | |
| 非金属矿采选业 | Mining and Processing of Non-metal Ores | 32.29 |
| 开采专业及辅助性活动 | Professional Support Activities for Mining | |
| 其他采矿业 | Mining of Other Ores | |
| **制造业** | **Manufacturing** | **16054.47** |
| 农副食品加工业 | Processing of Food from Agricultural Products | 208.46 |
| 食品制造业 | Manufacturing of Foods | 125.63 |
| 酒、饮料和精制茶制造业 | Manufacture of Liquor, Beverages and Refined Tea | 491.21 |
| 烟草制品业 | Manufacture of Tobacco | 984.64 |
| 纺织业 | Manufacture of Textile | 95.85 |
| 纺织服装、服饰业 | Manufacture of Textile， Wearing Apparel and Accessories | 33.75 |
| 皮革、毛皮、羽毛及其制品和制鞋业 | Manufacture of Leather, Fur, Feather and Related Products and Footwear | |
| 木材加工和木、竹、藤、棕、草制品业 | Processing of Timber, Manufacture of Wood, Bamboo, Rattan, Palm and Straw Products | |
| 家具制造业 | Manufacture of Furniture | |
| 造纸和纸制品业 | Manufacture of Paper and Paper Products | 20.15 |
| 印刷和记录媒介复制业 | Printing and Reproduction of Recording Media | 17.00 |
| 文教、工美、体育和娱乐用品制造业 | Manufacture of Articles for Culture, Education, Arts and Crafts, Sport and Entertainment Activities | 48.16 |

continued

(100 million yuan)

| 营业成本<br>Business Cost | 销售费用<br>Selling Expenses | 管理费用<br>Management Expenses | 财务费用<br>Financial Expenses | 利润总额<br>Total Profits | 平均用工人数(万人)<br>Annual Average Employees (10000 persons) |
|---|---|---|---|---|---|
| **20357.44** | **345.40** | **536.11** | **148.78** | **1289.74** | **65.32** |
| 18861.27 | 313.69 | 487.09 | 143.37 | 1177.27 | 59.96 |
| 16231.03 | 231.87 | 377.94 | 137.47 | 801.10 | 49.01 |
| 2243.54 | 69.34 | 83.43 | 6.54 | 328.73 | 8.25 |
| 386.70 | 12.48 | 25.71 | -0.63 | 47.43 | 2.70 |
| 289.56 | 3.73 | 12.61 | 1.73 | 52.04 | 1.22 |
| 1206.61 | 27.98 | 36.41 | 3.68 | 60.43 | 4.15 |
| 1625.57 | 93.33 | 94.95 | -8.64 | 383.16 | 9.68 |
| 18731.87 | 252.07 | 441.16 | 157.42 | 906.58 | 55.65 |
| 11824.56 | 202.55 | 270.70 | 27.88 | 730.27 | 32.75 |
| 4429.91 | 92.15 | 133.04 | 25.07 | 294.05 | 19.27 |
| 4102.96 | 50.70 | 132.36 | 95.82 | 265.42 | 13.30 |
| **214.63** | **1.71** | **28.75** | **1.67** | **29.11** | **3.31** |
| 18.99 | 0.10 | 3.26 | 0.57 | 1.94 | 0.29 |
| 24.10 | 0.60 | 1.69 | 0.55 | 3.26 | 0.20 |
| **13251.31** | **295.18** | **413.54** | **26.24** | **915.79** | **51.03** |
| 198.83 | 1.71 | 1.78 | 0.38 | 4.08 | 0.23 |
| 97.50 | 7.33 | 5.53 | 0.77 | 10.72 | 0.70 |
| 196.36 | 30.57 | 21.96 | -1.05 | 200.49 | 2.04 |
| 351.91 | 7.27 | 23.27 | -10.44 | 137.12 | 0.59 |
| 90.36 | 0.76 | 1.58 | 0.32 | 1.00 | 0.75 |
| 24.93 | 0.60 | 6.81 | -0.43 | 1.54 | 1.05 |
| 17.81 | 0.16 | 2.52 | 0.46 | -1.71 | 0.21 |
| 14.34 | 0.51 | 2.02 | 0.02 | -0.06 | 0.31 |
| 46.86 | 0.16 | 0.66 | 0.02 | 0.41 | 0.12 |

## 11-8 续表 3

单位：亿元

| 项 目 | Item | 营业收入 Business Revenue |
|---|---|---|
| 石油、煤炭及其他燃料加工业 | Processing of Petroleum, Coal and Other Fuels | 1926.52 |
| 化学原料和化学制品制造业 | Manufacture of Raw Chemical Materials and Chemical Products | 1089.21 |
| 医药制造业 | Manufacture of Medicines | 127.47 |
| 化学纤维制造业 | Manufacture of Chemical Fibers | 322.89 |
| 橡胶和塑料制品业 | Manufacture of Rubber and Plastics Products | 73.22 |
| 非金属矿物制品业 | Manufacture of Non-metallic Mineral Products | 492.15 |
| 黑色金属冶炼和压延加工业 | Smelting and Pressing of Ferrous Metals | 1157.98 |
| 有色金属冶炼和压延加工业 | Smelting and Pressing of Non-ferrous Metals | 1061.13 |
| 金属制品业 | Manufacture of Metal Products | 438.08 |
| 通用设备制造业 | Manufacture of General Purpose Machinery | 734.11 |
| 专用设备制造业 | Manufacture of Special Purpose Machinery | 837.62 |
| 汽车制造业 | Manufacture of Automobiles | 2135.86 |
| 铁路、船舶、航空航天和其他运输设备制造业 | Manufacture of Railway, Ship, Aerospace and Other Transport Equipments | 1073.35 |
| 电气机械和器材制造业 | Manufacture of Electrical Machinery and Apparatus | 1150.00 |
| 计算机、通信和其他电子设备制造业 | Manufacture of Computers, Communication and Other Electronic Equipment | 936.52 |
| 仪器仪表制造业 | Manufacture of Measuring Instruments and Machinery | 392.99 |
| 其他制造业 | Other Manufacture | |
| 废弃资源综合利用业 | Utilization of Waste Resources | 57.38 |
| 金属制品、机械和设备修理业 | Repair Service of Metal Products, Machinery and Equipment | 11.90 |
| **电力、热力、燃气及水的生产和供应业** | **Production and Supply of Electricity, Heat, Gas and Water** | **7553.84** |
| 电力、热力生产和供应业 | Production and Supply of Electricity and Heat | 6655.42 |
| 燃气生产和供应 | Production and Supply of Gas | 603.58 |
| 水的生产和供应业 | Production and Supply of Water | 294.85 |
| **按地区分** | **By City** | |
| 南京市 | Nanjing | 5941.35 |
| 无锡市 | Wuxi | 1965.97 |
| 徐州市 | Xuzhou | 1899.52 |
| 常州市 | Changzhou | 1025.08 |
| 苏州市 | Suzhou | 1748.01 |
| 南通市 | Nantong | 1543.44 |
| 连云港市 | Lianyungang | 574.95 |
| 淮安市 | Huai'an | 503.96 |
| 盐城市 | Yancheng | 558.82 |
| 扬州市 | Yangzhou | 1677.68 |
| 镇江市 | Zhenjiang | 674.69 |
| 泰州市 | Taizhou | 338.18 |
| 宿迁市 | Suqian | 574.48 |

continued

(100 million yuan)

| 营业成本<br>Business Cost | 销售费用<br>Selling Expenses | 管理费用<br>Management Expenses | 财务费用<br>Financial Expenses | 利润总额<br>Total Profits | 平均用工人数(万人)<br>Annual Average Employees (10000 persons) |
|---|---|---|---|---|---|
| 1635.48 | 1.80 | 23.15 | 3.11 | 1.23 | 1.21 |
| 977.72 | 16.13 | 37.27 | -2.33 | 43.69 | 3.06 |
| 61.27 | 35.34 | 7.22 | 0.52 | 19.28 | 0.91 |
| 276.05 | 1.72 | 14.09 | 0.14 | 16.27 | 1.15 |
| 61.99 | 2.05 | 2.35 | 0.17 | 5.23 | 0.46 |
| 428.55 | 9.96 | 18.50 | 3.99 | 18.31 | 2.21 |
| 1058.38 | 3.07 | 10.63 | 2.54 | 68.40 | 1.68 |
| 1028.80 | 1.75 | 2.86 | 1.14 | 13.80 | 0.47 |
| 387.59 | 3.67 | 13.57 | 1.59 | 18.96 | 2.29 |
| 631.98 | 19.17 | 25.19 | -0.54 | 39.12 | 3.71 |
| 692.40 | 38.33 | 19.83 | 4.28 | 32.62 | 3.42 |
| 1865.75 | 42.83 | 55.82 | 1.09 | 108.36 | 7.05 |
| 916.03 | 14.24 | 41.42 | 0.14 | 48.09 | 7.68 |
| | | | | | |
| 1002.02 | 29.04 | 23.58 | 5.63 | 43.04 | 3.46 |
| 788.64 | 14.30 | 37.27 | 9.93 | 22.08 | 4.69 |
| 327.38 | 12.14 | 13.17 | 4.00 | 60.18 | 1.39 |
| | | | | | |
| 51.00 | 0.39 | 0.93 | 0.73 | 2.75 | 0.16 |
| 10.91 | 0.03 | 0.33 | 0.01 | 0.44 | 0.05 |
| **6891.50** | **48.52** | **93.82** | **120.87** | **344.85** | **10.97** |
| 6133.27 | 4.50 | 59.49 | 110.32 | 277.39 | 7.32 |
| 546.90 | 12.71 | 9.76 | 1.09 | 35.32 | 0.70 |
| 211.33 | 31.30 | 24.57 | 9.46 | 32.15 | 2.96 |
| | | | | | |
| 4993.86 | 77.35 | 150.49 | 14.93 | 215.38 | 12.33 |
| 1663.76 | 44.13 | 44.85 | 8.49 | 186.94 | 5.96 |
| 1439.12 | 59.78 | 45.32 | 5.40 | 124.85 | 7.29 |
| 908.95 | 22.96 | 29.45 | 5.99 | 33.55 | 4.30 |
| 1567.96 | 33.83 | 38.97 | 6.18 | 65.37 | 4.67 |
| 1298.32 | 19.85 | 39.69 | 21.47 | 121.95 | 5.50 |
| 459.63 | 6.00 | 17.29 | 25.64 | 55.66 | 1.96 |
| 304.96 | 4.88 | 17.34 | 3.12 | 38.16 | 1.27 |
| 436.41 | 4.50 | 12.37 | 31.43 | 66.11 | 1.74 |
| 1506.13 | 18.39 | 39.92 | 8.60 | 42.71 | 6.68 |
| 605.48 | 9.55 | 13.12 | 5.17 | 26.16 | 2.01 |
| 297.00 | 3.58 | 5.65 | 1.51 | 25.43 | 2.02 |
| 269.81 | 31.70 | 22.97 | 0.93 | 205.59 | 2.23 |

# 11-9 国有控股工业企业主要经济效益指标(2023年)

单位：%

| 项 目 | Item |
| --- | --- |
| **总 计** | **Total** |
| **按登记注册统计类别分** | **Grouped by Registered Statistical Categories** |
| 内资企业 | Domestic Invested Enterprises |
| 有限责任公司 | Limited Liability Corporations |
| 股份有限公司 | Share-holding Corporations Ltd. |
| 非公司企业法人 | Non Corporate Legal Entity |
| 港、澳、台商投资企业 | Enterprises with Investment from Hong Kong,Macao and Taiwan |
| 外商投资企业 | Foreign Invested Enterprises |
| **按轻重工业分** | **Grouped by Light & Heavy Industry** |
| 轻工业 | Light Industry |
| 重工业 | Heavy Industry |
| **按企业规模分** | **Grouped by Size of Enterprises** |
| 大型企业 | Large Enterprises |
| 中型企业 | Medium-sized Enterprises |
| 小微型企业 | Small and Micro Enterprises |
| **按行业分** | **Grouped by Sector** |
| **采矿业** | **Mining** |
| 煤炭开采和洗选业 | Mining and Washing of Coal |
| 石油和天然气开采业 | Extraction of Petroleum and Natural Gas |
| 黑色金属矿采选业 | Mining and Processing of Ferrous Metal Ores |
| 有色金属矿采选业 | Mining and Processing of Non-ferrous Metals Ores |
| 非金属矿采选业 | Mining and Processing of Non-metal Ores |
| 开采专业及辅助性活动 | Professional Support Activities for Mining |
| 其他采矿业 | Mining of Other Ores |
| **制造业** | **Manufacturing** |
| 农副食品加工业 | Processing of Food from Agricultural Products |
| 食品制造业 | Manufacturing of Foods |
| 酒、饮料和精制茶制造业 | Manufacture of Liquor, Beverages and Refined Tea |
| 烟草制品业 | Manufacture of Tobacco |
| 纺织业 | Manufacture of Textile |
| 纺织服装、服饰业 | Manufacture of Textile， Wearing Apparel and Accessories |
| 皮革、毛皮、羽毛及其制品和制鞋业 | Manufacture of Leather, Fur, Feather and Related Products and Footwear |
| 木材加工和木、竹、藤、棕、草制品业 | Processing of Timber, Manufacture of Wood, Bamboo, Rattan, Palm and Straw Products |
| 家具制造业 | Manufacture of Furniture |
| 造纸和纸制品业 | Manufacture of Paper and Paper Products |
| 印刷和记录媒介复制业 | Printing and Reproduction of Recording Media |
| 文教、工美、体育和娱乐用品制造业 | Manufacture of Articles for Culture, Education, Arts and Crafts, Sport and Entertainment Activitie |

# Main Economic Benefit Indicators of State-holding Industrial Enterprises (2023)

(%)

| 企业亏损面<br>Percentage of Business Suffering Loss | 资产负债率<br>Assets Liability Ratio | 流动资产周转次数(次/年)<br>Times of Turnover of current Assets (times/year) | 成本费用利润率<br>Ratio of Profits to Cost Expense | 总资产贡献率<br>Ratio of Total Assets to Industrial Output Value |
|---|---|---|---|---|
| **19.24** | **55.77** | **1.64** | **5.90** | **9.06** |
| 19.52 | 55.88 | 1.64 | 5.82 | 9.14 |
| 19.88 | 58.71 | 1.76 | 4.62 | 8.20 |
| 14.44 | 41.78 | 1.33 | 13.41 | 15.54 |
| 18.52 | 45.55 | 0.80 | 10.47 | 6.34 |
| 8.70 | 58.27 | 1.13 | 16.51 | 10.38 |
| 19.70 | 52.89 | 1.77 | 4.63 | 7.01 |
| 26.05 | 38.05 | 1.23 | 20.75 | 30.23 |
| 18.01 | 57.96 | 1.71 | 4.53 | 6.44 |
| 18.18 | 51.08 | 2.01 | 5.82 | 12.10 |
| 16.92 | 56.27 | 1.36 | 6.08 | 6.45 |
| 19.92 | 64.08 | 1.23 | 5.95 | 5.54 |
| **13.04** | **51.16** | **0.84** | **11.56** | **7.32** |
| 0.00 | 76.11 | 1.08 | 8.39 | 9.29 |
| 20.00 | 59.60 | 0.44 | 11.83 | 3.41 |
| **22.03** | **54.98** | **1.41** | **6.36** | **11.84** |
| 27.03 | 78.61 | 2.28 | 2.00 | 5.31 |
| 28.57 | 50.36 | 1.22 | 9.33 | 7.22 |
| 18.75 | 29.62 | 0.66 | 79.46 | 32.69 |
| 0.00 | 8.43 | 1.55 | 36.51 | 90.77 |
| 36.84 | 46.29 | 2.32 | 1.05 | 3.55 |
| 20.59 | 34.31 | 0.74 | 4.72 | 4.86 |
| 50.00 | 56.69 | 1.66 | -7.88 | -2.31 |
| 30.43 | 33.52 | 0.98 | -0.33 | 1.98 |
| 27.27 | 53.52 | 5.66 | 0.85 | 5.62 |

## 11-9 续表

单位：%

| 项 目 | Item |
| --- | --- |
| 石油、煤炭及其他燃料加工业 | Processing of Petroleum，Coal and Other Fuels |
| 化学原料和化学制品制造业 | Manufacture of Raw Chemical Materials and Chemical Products |
| 医药制造业 | Manufacture of Medicines |
| 化学纤维制造业 | Manufacture of Chemical Fibers |
| 橡胶和塑料制品业 | Manufacture of Rubber and Plastics Products |
| 非金属矿物制品业 | Manufacture of Non-metallic Mineral Products |
| 黑色金属冶炼和压延加工业 | Smelting and Pressing of Ferrous Metals |
| 有色金属冶炼和压延加工业 | Smelting and Pressing of Non-ferrous Metals |
| 金属制品业 | Manufacture of Metal Products |
| 通用设备制造业 | Manufacture of General Purpose Machinery |
| 专用设备制造业 | Manufacture of Special Purpose Machinery |
| 汽车制造业 | Manufacture of Automobiles |
| 铁路、船舶、航空航天和其他运输设备制造业 | Manufacture of Railway,Ship,Aerospace and Other Transport Equipments |
| 电气机械和器材制造业 | Manufacture of Electrical Machinery and Apparatus |
| 计算机、通信和其他电子设备制造业 | Manufacture of Computers, Communication and Other Electronic Equipment |
| 仪器仪表制造业 | Manufacture of Measuring Instruments and Machinery |
| 其他制造业 | Other Manufacture |
| 废弃资源综合利用业 | Utilization of Waste Resources |
| 金属制品、机械和设备修理业 | Repair Service of Metal Products, Machinery and Equipment |
| **电力、热力、燃气及水的生产和供应业** | **Production and Supply of Electricity,Heat,Gas and Water** |
| 电力、热力生产和供应业 | Production and Supply of Electricity and Heat |
| 燃气生产和供应 | Production and Supply of Gas |
| 水的生产和供应业 | Production and Supply of Water |
| **按地区分** | **By City** |
| 南京市 | Nanjing |
| 无锡市 | Wuxi |
| 徐州市 | Xuzhou |
| 常州市 | Changzhou |
| 苏州市 | Suzhou |
| 南通市 | Nantong |
| 连云港市 | Lianyungang |
| 淮安市 | Huai'an |
| 盐城市 | Yancheng |
| 扬州市 | Yangzhou |
| 镇江市 | Zhenjiang |
| 泰州市 | Taizhou |
| 宿迁市 | Suqian |

continued

(%)

| 企业亏损面<br>Percentage of Business Suffering Loss | 资产负债率<br>Assets Liability Ratio | 流动资产周转次数<br>(次/年)<br>Times of Turnover of current Assets<br>(times/year) | 成本费用利润率<br>Ratio of Profits to Cost Expense | 总资产贡献率<br>Ratio of Total Assets to Industrial Output Value |
|---|---|---|---|---|
| 33.33 | 49.10 | 7.90 | 0.07 | 44.80 |
| 23.29 | 34.45 | 1.88 | 4.17 | 4.24 |
| 25.00 | 37.06 | 0.80 | 17.22 | 10.12 |
| 40.00 | 46.06 | 2.77 | 5.39 | 6.26 |
| 17.65 | 43.45 | 1.60 | 7.58 | 6.85 |
| 30.99 | 64.51 | 1.03 | 3.86 | 4.61 |
| 5.88 | 51.54 | 3.21 | 6.22 | 9.19 |
| 12.00 | 61.21 | 8.30 | 1.32 | 9.95 |
| 15.09 | 57.04 | 1.14 | 4.52 | 5.53 |
| 19.35 | 56.67 | 0.92 | 5.52 | 4.82 |
| 18.48 | 72.24 | 0.97 | 4.13 | 4.74 |
| 24.42 | 66.49 | 1.57 | 5.38 | 9.82 |
| 12.82 | 69.70 | 0.88 | 4.69 | 4.32 |
| 13.41 | 66.40 | 1.01 | 3.91 | 3.92 |
| 28.07 | 60.04 | 0.86 | 2.42 | 3.25 |
| 13.89 | 52.81 | 0.59 | 16.03 | 6.40 |
| | | | | |
| 16.67 | 63.39 | 1.58 | 5.07 | 14.88 |
| 0.00 | 58.14 | 2.35 | 3.81 | 12.75 |
| **13.33** | **57.23** | **2.60** | **4.79** | **5.13** |
| 12.19 | 55.02 | 4.16 | 4.37 | 5.75 |
| 5.26 | 55.84 | 3.60 | 6.18 | 9.22 |
| 18.92 | 65.89 | 0.26 | 11.53 | 1.99 |
| | | | | |
| 16.77 | 55.34 | 1.74 | 4.05 | 13.16 |
| 12.95 | 50.24 | 1.65 | 10.32 | 9.69 |
| 22.30 | 61.55 | 1.12 | 7.81 | 14.22 |
| 23.89 | 62.35 | 1.33 | 3.38 | 4.56 |
| 17.80 | 56.42 | 1.69 | 3.88 | 5.34 |
| 20.69 | 61.91 | 1.18 | 8.57 | 6.23 |
| 33.73 | 67.29 | 1.08 | 10.72 | 5.80 |
| 26.09 | 51.53 | 1.38 | 11.31 | 26.28 |
| 18.59 | 67.26 | 0.82 | 13.36 | 6.19 |
| 20.00 | 57.57 | 2.01 | 2.63 | 4.81 |
| 17.95 | 56.69 | 1.64 | 4.05 | 5.33 |
| 15.38 | 62.63 | 1.56 | 8.18 | 7.53 |
| 12.90 | 34.92 | 0.74 | 62.16 | 28.53 |

# 11-10 私营工业企业主要经济指标(2023年)

单位：亿元

| 项 目Item | | 企业单位数(个) Number of Enterprises (unit) |
|---|---|---|
| **总 计** | **Total** | **52177** |
| **按登记注册统计类别分** | **Grouped by Registered Statistical Categories** | |
| 个人独资企业 | Sole Proprietorship Enterprises | 1351 |
| 合伙企业 | Partnership Enterprises | 66 |
| 私营有限责任公司 | Private Limited Liability Corporations | 48584 |
| 私营股份有限公司 | Private Share-holding Co.,Ltd. | 2176 |
| **按轻重工业分** | **Grouped by Light & Heavy Industry** | |
| 轻工业 | Light Industry | 18134 |
| 重工业 | Heavy Industry | 34043 |
| **按企业规模分** | **Grouped by Size of Enterprises** | |
| 大型企业 | Large Enterprises | 313 |
| 中型企业 | Medium-sized Enterprises | 2171 |
| 小微型企业 | Small and Micro Enterprises | 49693 |
| **按行业分** | **Grouped by Sector** | |
| **采矿业** | **Mining** | **19** |
| 煤炭开采和洗选业 | Mining and Washing of Coal | |
| 石油和天然气开采业 | Extraction of Petroleum and Natural Gas | |
| 黑色金属矿采选业 | Mining and Processing of Ferrous Metal Ores | 6 |
| 有色金属矿采选业 | Mining and Processing of Non-ferrous Metals Ores | |
| 非金属矿采选业 | Mining and Processing of Non-metal Ores | 9 |
| 开采专业及辅助性活动 | Professional Support Activities for Mining | |
| 其他采矿业 | Mining of Other Ores | |
| **制造业** | **Manufacturing** | **51900** |
| 农副食品加工业 | Processing of Food from Agricultural Products | 1329 |
| 食品制造业 | Manufacturing of Foods | 460 |
| 酒、饮料和精制茶制造业 | Manufacture of Liquor, Beverages and Refined Tea | 75 |
| 烟草制品业 | Manufacture of Tobacco | |
| 纺织业 | Manufacture of Textile | 4398 |
| 纺织服装、服饰业 | Manufacture of Textile， Wearing Apparel and Accessories | 1270 |
| 皮革、毛皮、羽毛及其制品和制鞋业 | Manufacture of Leather, Fur, Feather and Related Products and Footwear | 325 |
| 木材加工和木、竹、藤、棕、草制品业 | Processing of Timber, Manufacture of Wood, Bamboo, Rattan, Palm and Straw Products | 1417 |
| 家具制造业 | Manufacture of Furniture | 384 |
| 造纸和纸制品业 | Manufacture of Paper and Paper Products | 555 |
| 印刷和记录媒介复制业 | Printing and Reproduction of Recording Media | 898 |

注：“私营工业企业”包含《关于市场主体统计分类的划分规定》(国统字〔2023〕14号)中的“私营有限责任公司”“私营股份有限公司”“个人独资公司”“合伙企业”。

# Main Economic Indicators of Private Industrial Enterprises (2023)

(100 million yuan)

| 资产总计<br>Total Assets | 流动资产合计<br>Current Assets | 应收账款<br>Accounts Receivable | 存 货<br>Inventories | #产成品<br>Finished Goods | 负债合计<br>Total Liabilities |
|---|---|---|---|---|---|
| **81989.71** | **52943.19** | **18042.48** | **10962.35** | **5259.76** | **45957.92** |
| 468.04 | 327.10 | 157.66 | 68.42 | 39.87 | 292.32 |
| 38.68 | 24.28 | 8.49 | 3.34 | 1.66 | 16.23 |
| 60910.89 | 40014.56 | 14397.10 | 8481.01 | 4159.49 | 37058.69 |
| 20572.11 | 12577.24 | 3479.23 | 2409.59 | 1058.73 | 8590.69 |
| 21388.91 | 13226.32 | 3951.15 | 3018.01 | 1554.83 | 12178.88 |
| 60600.80 | 39716.86 | 14091.33 | 7944.34 | 3704.93 | 33779.03 |
| 20302.16 | 11807.14 | 2977.67 | 2343.59 | 1216.50 | 11181.58 |
| 19817.23 | 12525.29 | 3936.54 | 2568.73 | 1193.55 | 10346.79 |
| 41870.33 | 28610.76 | 11128.27 | 6050.04 | 2849.70 | 24429.55 |
| **58.67** | **20.93** | **4.64** | **6.68** | **2.46** | **40.33** |
| 12.66 | 7.76 | 2.53 | 3.35 | 1.12 | 10.42 |
| 34.23 | 5.97 | 1.53 | 0.58 | 0.53 | 26.78 |
| **81026.26** | **52563.52** | **17942.80** | **10940.12** | **5255.21** | **45356.99** |
| 1224.86 | 787.87 | 149.64 | 228.75 | 98.75 | 800.42 |
| 517.92 | 281.22 | 79.30 | 76.35 | 32.59 | 272.79 |
| 130.75 | 82.14 | 12.01 | 36.40 | 12.41 | 67.22 |
| 3307.32 | 2080.96 | 614.84 | 635.56 | 353.87 | 2116.18 |
| 1004.91 | 644.61 | 207.47 | 141.69 | 83.58 | 565.50 |
| 163.94 | 107.07 | 41.19 | 31.63 | 15.21 | 101.97 |
| 623.58 | 367.55 | 141.41 | 102.50 | 56.74 | 384.20 |
| 361.44 | 218.28 | 59.21 | 50.91 | 21.85 | 215.83 |
| 437.19 | 258.13 | 90.48 | 73.28 | 36.73 | 279.38 |
| 628.81 | 402.15 | 147.87 | 71.87 | 30.45 | 345.48 |

a) The private industrial enterprises include private limited liability corporations, private share-holding limited corporations, sole proprietorship companies and partnership enterprises as defined in the Regulations on the Classification of Market Entity Statistics (Guotongzi [2023] No. 14).

11-10 续表 1

单位：亿元

| 项 目Item | | 企业单位数 (个) Number of Enterprises (unit) |
|---|---|---|
| 文教、工美、体育和娱乐用品制造业 | Manufacture of Articles for Culture, Education, Arts and Crafts, Sport and Entertainment Activities | 1500 |
| 石油、煤炭及其他燃料加工业 | Processing of Petroleum，Coal and Other Fuels | 99 |
| 化学原料和化学制品制造业 | Manufacture of Raw Chemical Materials and Chemical Products | 1304 |
| 医药制造业 | Manufacture of Medicines | 642 |
| 化学纤维制造业 | Manufacture of Chemical Fibers | 773 |
| 橡胶和塑料制品业 | Manufacture of Rubber and Plastics Products | 3041 |
| 非金属矿物制品业 | Manufacture of Non-metallic Mineral Products | 3664 |
| 黑色金属冶炼和压延加工业 | Smelting and Pressing of Ferrous Metals | 933 |
| 有色金属冶炼和压延加工业 | Smelting and Pressing of Non-ferrous Metals | 1370 |
| 金属制品业 | Manufacture of Metal Products | 4857 |
| 通用设备制造业 | Manufacture of General Purpose Machinery | 6041 |
| 专用设备制造业 | Manufacture of Special Purpose Machinery | 4708 |
| 汽车制造业 | Manufacture of Automobiles | 2010 |
| 铁路、船舶、航空航天和其他运输设备制造业 | Manufacture of Railway, Ship, Aerospace and Other Transport Equipments | 968 |
| 电气机械和器材制造业 | Manufacture of Electrical Machinery and Apparatus | 4757 |
| 计算机、通信和其他电子设备制造业 | Manufacture of Computers, Communication and Other Electronic Equipment | 2494 |
| 仪器仪表制造业 | Manufacture of Measuring Instruments and Machinery | 1177 |
| 其他制造业 | Other Manufacture | 127 |
| 废弃资源综合利用业 | Utilization of Waste Resources | 294 |
| 金属制品、机械和设备修理业 | Repair Service of Metal Products, Machinery and Equipment | |
| **电力、热力、燃气及水的生产和供应业** | **Production and Supply of Electricity,Heat,Gas and Water** | **258** |
| 电力、热力生产和供应业 | Production and Supply of Electricity and Heat | 132 |
| 燃气生产和供应 | Production and Supply of Gas | 78 |
| 水的生产和供应业 | Production and Supply of Water | 48 |
| **按地区分** | **By City** | |
| 南京市 | Nanjing | 3391 |
| 无锡市 | Wuxi | 7020 |
| 徐州市 | Xuzhou | 2830 |
| 常州市 | Changzhou | 5772 |
| 苏州市 | Suzhou | 9124 |
| 南通市 | Nantong | 5541 |
| 连云港市 | Lianyungang | 1124 |
| 淮安市 | Huai'an | 1803 |
| 盐城市 | Yancheng | 3666 |
| 扬州市 | Yangzhou | 3628 |
| 镇江市 | Zhenjiang | 2358 |
| 泰州市 | Taizhou | 3421 |
| 宿迁市 | Suqian | 2512 |

continued

(100 million yuan)

| 资产总计<br>Total Assets | 流动资产合计<br>Current Assets | 应收账款<br>Accounts Receivable | 存 货<br>Inventories | #产成品<br>Finished Goods | 负债合计<br>Total Liabilities |
|---|---|---|---|---|---|
| 873.82 | 559.75 | 170.22 | 146.84 | 72.61 | 539.53 |
| | | | | | |
| 386.06 | 218.69 | 31.21 | 68.61 | 22.60 | 241.59 |
| 3581.98 | 2043.59 | 560.48 | 388.42 | 212.13 | 1528.09 |
| 2365.65 | 1511.15 | 407.16 | 255.08 | 130.09 | 778.34 |
| 1872.88 | 948.33 | 146.61 | 275.03 | 163.92 | 1226.45 |
| 3194.63 | 1942.39 | 736.28 | 379.33 | 193.87 | 1665.79 |
| 4616.58 | 3296.00 | 1585.79 | 402.79 | 190.51 | 2951.60 |
| 6030.31 | 3113.89 | 464.67 | 711.75 | 378.64 | 3739.44 |
| 2165.36 | 1547.70 | 532.52 | 326.49 | 159.90 | 1403.83 |
| 5024.38 | 3578.78 | 1369.71 | 722.85 | 343.48 | 2901.24 |
| 6621.85 | 4570.22 | 1664.73 | 1091.77 | 460.09 | 3527.23 |
| 6547.86 | 4819.84 | 1640.05 | 1229.78 | 488.75 | 3462.76 |
| 4098.24 | 2702.65 | 1078.92 | 464.94 | 205.87 | 2625.61 |
| 1497.95 | 1039.52 | 331.09 | 223.22 | 85.18 | 885.88 |
| | | | | | |
| 14199.10 | 9496.19 | 3655.14 | 1658.36 | 893.22 | 8125.78 |
| 6737.24 | 4004.33 | 1415.77 | 677.66 | 312.07 | 3172.94 |
| 2307.62 | 1644.47 | 532.18 | 374.21 | 150.74 | 1110.21 |
| 91.28 | 49.83 | 16.13 | 11.51 | 5.18 | 45.80 |
| 384.57 | 222.58 | 52.90 | 80.56 | 43.45 | 254.13 |
| | | | | | |
| **904.78** | **358.73** | **95.04** | **15.56** | **2.08** | **560.59** |
| 623.53 | 208.68 | 71.99 | 4.53 | 0.40 | 374.67 |
| 120.59 | 61.51 | 10.67 | 5.81 | 0.70 | 65.86 |
| 160.66 | 88.54 | 12.37 | 5.22 | 0.99 | 120.05 |
| | | | | | |
| 5007.85 | 3453.28 | 1227.98 | 602.11 | 261.30 | 2647.61 |
| 12530.49 | 9018.33 | 2999.38 | 2151.48 | 1259.49 | 6910.56 |
| 3126.68 | 1779.36 | 571.72 | 423.08 | 201.62 | 1858.44 |
| 12034.15 | 8105.71 | 2773.04 | 1343.42 | 591.72 | 7031.21 |
| 19829.12 | 12704.84 | 4010.14 | 2626.26 | 1142.55 | 10735.34 |
| 7683.32 | 4382.61 | 1633.19 | 981.21 | 466.48 | 4206.62 |
| 1970.83 | 1228.24 | 282.11 | 225.18 | 96.81 | 918.49 |
| 1868.26 | 1080.52 | 356.66 | 242.77 | 97.88 | 1102.59 |
| 4186.53 | 2474.47 | 1041.89 | 528.25 | 256.75 | 2818.90 |
| 4026.80 | 2583.10 | 1050.94 | 461.55 | 191.70 | 2230.62 |
| 3784.05 | 2494.64 | 828.55 | 440.02 | 206.62 | 2239.91 |
| 3543.34 | 2371.62 | 870.69 | 584.57 | 309.58 | 1959.62 |
| 2422.70 | 1284.73 | 405.07 | 359.63 | 181.46 | 1318.12 |

## 11-10 续表 2

单位：亿元

| 项 目Item | | 营业收入 Business Revenue |
|---|---|---|
| **总 计** | **Total** | **77194.74** |
| **按登记注册统计类别分** | **Grouped by Registered Statistical Categories** | |
| 个人独资企业 | Sole Proprietorship Enterprises | 765.82 |
| 合伙企业 | Partnership Enterprises | 26.67 |
| 私营有限责任公司 | Private Limited Liability Corporations | 65333.60 |
| 私营股份有限公司 | Private Share-holding Co.,Ltd. | 11068.65 |
| **按轻重工业分** | **Grouped by Light & Heavy Industry** | |
| 轻工业 | Light Industry | 20764.28 |
| 重工业 | Heavy Industry | 56430.46 |
| **按企业规模分** | **Grouped by Size of Enterprises** | |
| 大型企业 | Large Enterprises | 17211.56 |
| 中型企业 | Medium-sized Enterprises | 16702.38 |
| 小微型企业 | Small and Micro Enterprises | 43280.81 |
| **按行业分** | **Grouped by Sector** | |
| **采矿业** | **Mining** | **132.26** |
| 煤炭开采和洗选业 | Mining and Washing of Coal | |
| 石油和天然气开采业 | Extraction of Petroleum and Natural Gas | |
| 黑色金属矿采选业 | Mining and Processing of Ferrous Metal Ores | 38.40 |
| 有色金属矿采选业 | Mining and Processing of Non-ferrous Metals Ores | |
| 非金属矿采选业 | Mining and Processing of Non-metal Ores | 31.19 |
| 开采专业及辅助性活动 | Professional Support Activities for Mining | |
| 其他采矿业 | Mining of Other Ores | |
| **制造业** | **Manufacturing** | **76531.57** |
| 农副食品加工业 | Processing of Food from Agricultural Products | 1992.01 |
| 食品制造业 | Manufacturing of Foods | 541.16 |
| 酒、饮料和精制茶制造业 | Manufacture of Liquor, Beverages and Refined Tea | 123.37 |
| 烟草制品业 | Manufacture of Tobacco | |
| 纺织业 | Manufacture of Textile | 3576.68 |
| 纺织服装、服饰业 | Manufacture of Textile, Wearing Apparel and Accessories | 962.54 |
| 皮革、毛皮、羽毛及其制品和制鞋业 | Manufacture of Leather, Fur, Feather and Related Products and Footwear | 200.52 |
| 木材加工和木、竹、藤、棕、草制品业 | Processing of Timber, Manufacture of Wood, Bamboo, Rattan, Palm and Straw Products | 907.06 |
| 家具制造业 | Manufacture of Furniture | 304.76 |
| 造纸和纸制品业 | Manufacture of Paper and Paper Products | 519.36 |
| 印刷和记录媒介复制业 | Printing and Reproduction of Recording Media | 618.64 |

continued

(100 million yuan)

| 营业成本<br>Business Cost | 销售费用<br>Selling Expenses | 管理费用<br>Management Expenses | 财务费用<br>Financial Expenses | 利润总额<br>Total Profits | 平均用工人数<br>(万人)<br>Annual Average Employees<br>(10000 persons) |
|---|---|---|---|---|---|
| **65296.17** | **1868.64** | **2721.26** | **452.10** | **4393.13** | **526.86** |
| | | | | | |
| 674.77 | 9.22 | 22.22 | 4.04 | 39.98 | 7.48 |
| 22.13 | 0.89 | 2.11 | 0.04 | 0.53 | 0.45 |
| 56008.69 | 1374.12 | 2237.32 | 402.12 | 3290.79 | 445.79 |
| 8590.58 | 484.41 | 459.62 | 45.89 | 1061.84 | 73.14 |
| | | | | | |
| 17355.31 | 711.17 | 783.74 | 119.38 | 1176.82 | 188.72 |
| 47940.86 | 1157.47 | 1937.52 | 332.71 | 3216.32 | 338.14 |
| | | | | | |
| 14671.70 | 476.43 | 343.26 | 59.24 | 1070.56 | 72.25 |
| 14007.12 | 402.06 | 502.66 | 84.29 | 1124.91 | 108.82 |
| 36617.35 | 990.14 | 1875.34 | 308.57 | 2197.66 | 345.79 |
| | | | | | |
| **124.21** | **0.27** | **1.53** | **0.51** | **4.49** | **0.17** |
| | | | | | |
| 36.70 | 0.07 | 0.53 | 0.35 | 0.63 | 0.03 |
| | | | | | |
| 25.72 | 0.18 | 0.62 | 0.10 | 3.52 | 0.08 |
| | | | | | |
| **64714.79** | **1863.22** | **2705.85** | **439.79** | **4348.56** | **525.26** |
| 1793.98 | 29.62 | 34.73 | 9.01 | 86.15 | 9.45 |
| 433.46 | 25.77 | 26.38 | 4.16 | 38.71 | 5.39 |
| 98.12 | 5.70 | 4.86 | 0.64 | 11.24 | 0.76 |
| | | | | | |
| 3168.53 | 50.91 | 128.28 | 30.35 | 125.42 | 40.47 |
| 819.83 | 26.07 | 54.83 | 5.24 | 55.63 | 18.52 |
| 171.71 | 4.16 | 8.64 | 1.28 | 9.78 | 3.44 |
| 775.95 | 15.10 | 21.25 | 5.20 | 63.16 | 8.67 |
| | | | | | |
| 250.59 | 9.79 | 18.28 | 2.67 | 16.00 | 4.80 |
| 451.05 | 13.06 | 20.21 | 3.80 | 19.00 | 4.21 |
| 508.14 | 17.35 | 35.10 | 5.83 | 38.57 | 7.39 |

11-10 续表 3

单位：亿元

| 项 目Item | | 营业收入 Business Revenue |
|---|---|---|
| 文教、工美、体育和娱乐用品制造业 | Manufacture of Articles for Culture, Education, Arts and Crafts, Sport and Entertainment Activities | 1029.57 |
| 石油、煤炭及其他燃料加工业 | Processing of Petroleum，Coal and Other Fuels | 526.66 |
| 化学原料和化学制品制造业 | Manufacture of Raw Chemical Materials and Chemical Products | 3264.84 |
| 医药制造业 | Manufacture of Medicines | 1299.21 |
| 化学纤维制造业 | Manufacture of Chemical Fibers | 1968.84 |
| 橡胶和塑料制品业 | Manufacture of Rubber and Plastics Products | 2916.59 |
| 非金属矿物制品业 | Manufacture of Non-metallic Mineral Products | 3543.37 |
| 黑色金属冶炼和压延加工业 | Smelting and Pressing of Ferrous Metals | 8040.74 |
| 有色金属冶炼和压延加工业 | Smelting and Pressing of Non-ferrous Metals | 4383.44 |
| 金属制品业 | Manufacture of Metal Products | 5763.72 |
| 通用设备制造业 | Manufacture of General Purpose Machinery | 5334.15 |
| 专用设备制造业 | Manufacture of Special Purpose Machinery | 4295.69 |
| 汽车制造业 | Manufacture of Automobiles | 3332.50 |
| 铁路、船舶、航空航天和其他运输设备制造业 | Manufacture of Railway, Ship, Aerospace and Other Transport Equipments | 1317.59 |
| 电气机械和器材制造业 | Manufacture of Electrical Machinery and Apparatus | 13255.61 |
| 计算机、通信和其他电子设备制造业 | Manufacture of Computers, Communication and Other Electronic Equipment | 4356.87 |
| 仪器仪表制造业 | Manufacture of Measuring Instruments and Machinery | 1419.20 |
| 其他制造业 | Other Manufacture | 100.94 |
| 废弃资源综合利用业 | Utilization of Waste Resources | 613.03 |
| 金属制品、机械和设备修理业 | Repair Service of Metal Products, Machinery and Equipment | |
| **电力、热力、燃气及水的生产和供应业** | **Production and Supply of Electricity,Heat,Gas and Water** | **530.91** |
| 电力、热力生产和供应业 | Production and Supply of Electricity and Heat | 243.45 |
| 燃气生产和供应 | Production and Supply of Gas | 247.72 |
| 水的生产和供应业 | Production and Supply of Water | 39.74 |
| **按地区分** | **By City** | |
| 南京市 | Nanjing | 3592.87 |
| 无锡市 | Wuxi | 12873.95 |
| 徐州市 | Xuzhou | 3181.82 |
| 常州市 | Changzhou | 12463.33 |
| 苏州市 | Suzhou | 15396.51 |
| 南通市 | Nantong | 7336.09 |
| 连云港市 | Lianyungang | 1898.30 |
| 淮安市 | Huai'an | 1889.89 |
| 盐城市 | Yancheng | 4613.17 |
| 扬州市 | Yangzhou | 4241.16 |
| 镇江市 | Zhenjiang | 3308.03 |
| 泰州市 | Taizhou | 3565.02 |
| 宿迁市 | Suqian | 2860.38 |

continued

(100 million yuan)

| 营业成本<br>Business Cost | 销售费用<br>Selling Expenses | 管理费用<br>Management Expenses | 财务费用<br>Financial Expenses | 利润总额<br>Total Profits | 平均用工人数<br>(万人)<br>Annual Average Employees<br>(10000 persons) |
|---|---|---|---|---|---|
| 859.66 | 24.32 | 43.97 | 6.00 | 70.35 | 13.51 |
| | | | | | |
| 472.76 | 4.53 | 7.75 | 3.61 | 8.01 | 0.88 |
| 2759.42 | 67.99 | 130.65 | 17.87 | 195.02 | 15.05 |
| 681.44 | 190.31 | 88.12 | -0.46 | 216.46 | 10.86 |
| 1780.52 | 14.98 | 32.01 | 20.08 | 88.09 | 10.57 |
| 2432.02 | 67.79 | 127.59 | 20.63 | 185.90 | 23.98 |
| 2941.62 | 109.59 | 140.98 | 27.57 | 233.72 | 25.18 |
| 7405.60 | 46.28 | 101.71 | 45.02 | 234.47 | 14.96 |
| 4042.36 | 22.88 | 48.25 | 17.79 | 148.44 | 9.91 |
| 4969.54 | 92.43 | 198.55 | 37.62 | 305.83 | 39.96 |
| 4252.82 | 163.24 | 302.38 | 34.69 | 371.98 | 53.29 |
| 3185.62 | 194.68 | 281.43 | 26.03 | 391.31 | 44.73 |
| 2754.37 | 84.07 | 140.39 | 20.78 | 198.89 | 27.67 |
| 1119.70 | 29.11 | 57.51 | 5.99 | 67.68 | 12.31 |
| | | | | | |
| 11329.07 | 384.02 | 348.97 | 51.87 | 732.52 | 63.30 |
| 3565.00 | 86.28 | 191.06 | 24.52 | 261.16 | 38.78 |
| 1038.56 | 72.83 | 93.63 | 5.78 | 139.87 | 13.77 |
| 85.25 | 3.76 | 4.87 | 0.65 | 4.41 | 1.42 |
| 552.02 | 5.91 | 10.80 | 5.10 | 28.42 | 1.67 |
| | | | | | |
| **457.17** | **5.16** | **13.89** | **11.80** | **40.09** | **1.43** |
| 196.58 | 1.38 | 8.03 | 10.28 | 26.18 | 0.79 |
| 231.69 | 2.50 | 2.68 | 0.42 | 9.08 | 0.23 |
| 28.90 | 1.27 | 3.18 | 1.10 | 4.82 | 0.42 |
| | | | | | |
| 2856.92 | 156.20 | 199.25 | 21.53 | 223.24 | 27.32 |
| 10885.67 | 272.23 | 463.37 | 71.58 | 865.59 | 75.83 |
| 2766.77 | 69.60 | 83.78 | 20.65 | 147.60 | 24.60 |
| 10656.88 | 286.10 | 363.93 | 43.85 | 781.59 | 64.35 |
| 12940.22 | 408.98 | 647.91 | 110.34 | 751.95 | 111.67 |
| 6309.99 | 137.84 | 232.46 | 52.87 | 392.64 | 54.37 |
| 1497.37 | 94.40 | 62.67 | 0.77 | 147.76 | 9.57 |
| 1615.38 | 43.47 | 65.50 | 13.22 | 94.67 | 15.41 |
| 4030.47 | 71.84 | 132.58 | 31.85 | 222.21 | 32.08 |
| 3548.29 | 99.38 | 147.46 | 24.20 | 267.96 | 35.54 |
| 2724.94 | 97.61 | 119.38 | 22.94 | 166.96 | 24.55 |
| 3001.78 | 94.09 | 136.94 | 21.76 | 183.21 | 27.82 |
| 2483.80 | 37.13 | 66.72 | 16.99 | 149.20 | 23.86 |

# 11-11 私营工业企业主要经济效益指标(2023年)

单位：%

| 项 目 | Item |
|---|---|
| **总 计** | **Total** |
| **按登记注册统计类别分** | **Grouped by Registered Statistical Categories** |
| 个人独资企业 | Sole Proprietorship Enterprises |
| 合伙企业 | Partnership Enterprises |
| 私营有限责任公司 | Private Limited Liability Corporations |
| 私营股份有限公司 | Private Share-holding Co.,Ltd. |
| **按轻重工业分** | **Grouped by Light & Heavy Industry** |
| 轻工业 | Light Industry |
| 重工业 | Heavy Industry |
| **按企业规模分** | **Grouped by Size of Enterprises** |
| 大型企业 | Large Enterprises |
| 中型企业 | Medium-sized Enterprises |
| 小微型企业 | Small and Micro Enterprises |
| **按行业分** | **Grouped by Sector** |
| **采矿业** | **Mining** |
| 煤炭开采和洗选业 | Mining and Washing of Coal |
| 石油和天然气开采业 | Extraction of Petroleum and Natural Gas |
| 黑色金属矿采选业 | Mining and Processing of Ferrous Metal Ores |
| 有色金属矿采选业 | Mining and Processing of Non-ferrous Metals Ores |
| 非金属矿采选业 | Mining and Processing of Non-metal Ores |
| 开采专业及辅助性活动 | Professional Support Activities for Mining |
| 其他采矿业 | Mining of Other Ores |
| **制造业** | **Manufacturing** |
| 农副食品加工业 | Processing of Food from Agricultural Products |
| 食品制造业 | Manufacturing of Foods |
| 酒、饮料和精制茶制造业 | Manufacture of Liquor, Beverages and Refined Tea |
| 烟草制品业 | Manufacture of Tobacco |
| 纺织业 | Manufacture of Textile |
| 纺织服装、服饰业 | Manufacture of Textile， Wearing Apparel and Accessories |
| 皮革、毛皮、羽毛及其制品和制鞋业 | Manufacture of Leather,Fur,Feather and Related Products and Footwear |
| 木材加工和木、竹、藤、棕、草制品业 | Processing of Timber, Manufacture of Wood, Bamboo, Rattan, Palm and Straw Products |
| 家具制造业 | Manufacture of Furniture |
| 造纸和纸制品业 | Manufacture of Paper and Paper Products |
| 印刷和记录媒介复制业 | Printing and Reproduction of Recording Media |
| 文教、工美、体育和娱乐用品制造业 | Manufacture of Articles for Culture, Education, Arts and Crafts, Sport and Entertainment Activities |
| 石油、煤炭及其他燃料加工业 | Processing of Petroleum，Coal and Other Fuels |

# Main Economic Benefit Indicators of Private Industrial Enterprises (2023)

(%)

| 企业亏损面<br>Percentage of Business Suffering Loss | 资产负债率<br>Assets Liability Ratio | 流动资产周转次数(次/年)<br>Times of Turnover of current Assets (times/year) | 成本费用利润率<br>Ratio of Profits to Cost Expense | 总资产贡献率<br>Ratio of Total Assets to Industrial Output Value |
|---|---|---|---|---|
| **16.27** | **56.05** | **1.46** | **6.04** | **8.15** |
| | | | | |
| 6.74 | 62.46 | 2.34 | 5.55 | 14.32 |
| 16.67 | 41.95 | 1.10 | 2.01 | 4.25 |
| 16.49 | 60.84 | 1.63 | 5.32 | 8.55 |
| 17.14 | 41.76 | 0.88 | 10.49 | 6.86 |
| | | | | |
| 17.89 | 56.94 | 1.57 | 6.01 | 8.56 |
| 15.40 | 55.74 | 1.42 | 6.05 | 8.01 |
| | | | | |
| 15.02 | 55.08 | 1.46 | 6.63 | 7.43 |
| 14.83 | 52.21 | 1.33 | 7.24 | 8.00 |
| 16.34 | 58.35 | 1.51 | 5.35 | 8.58 |
| | | | | |
| **10.53** | **68.75** | **6.32** | **3.54** | **12.67** |
| | | | | |
| | | | | |
| 33.33 | 82.31 | 4.95 | 1.66 | 11.12 |
| | | | | |
| 0.00 | 78.25 | 5.22 | 13.13 | 15.86 |
| | | | | |
| | | | | |
| **16.26** | **55.98** | **1.46** | **6.03** | **8.17** |
| 12.64 | 65.35 | 2.53 | 4.54 | 9.83 |
| 21.52 | 52.67 | 1.92 | 7.71 | 11.42 |
| 26.67 | 51.41 | 1.50 | 10.08 | 11.90 |
| | | | | |
| 19.58 | 63.98 | 1.72 | 3.63 | 7.06 |
| 18.82 | 56.27 | 1.49 | 6.07 | 9.09 |
| 13.54 | 62.20 | 1.87 | 5.14 | 10.30 |
| 7.83 | 61.61 | 2.47 | 7.55 | 16.34 |
| 22.66 | 59.71 | 1.40 | 5.53 | 7.90 |
| 21.26 | 63.90 | 2.01 | 3.80 | 9.49 |
| 17.37 | 54.94 | 1.54 | 6.62 | 9.88 |
| 13.07 | 61.74 | 1.84 | 7.33 | 12.39 |
| | | | | |
| 15.15 | 62.58 | 2.41 | 1.62 | 11.60 |

## 11-11 续表

单位：%

| 项 目 | Item |
|---|---|
| 化学原料和化学制品制造业 | Manufacture of Raw Chemical Materials and Chemical Products |
| 医药制造业 | Manufacture of Medicines |
| 化学纤维制造业 | Manufacture of Chemical Fibers |
| 橡胶和塑料制品业 | Manufacture of Rubber and Plastics Products |
| 非金属矿物制品业 | Manufacture of Non-metallic Mineral Products |
| 黑色金属冶炼和压延加工业 | Smelting and Pressing of Ferrous Metals |
| 有色金属冶炼和压延加工业 | Smelting and Pressing of Non-ferrous Metals |
| 金属制品业 | Manufacture of Metal Products |
| 通用设备制造业 | Manufacture of General Purpose Machinery |
| 专用设备制造业 | Manufacture of Special Purpose Machinery |
| 汽车制造业 | Manufacture of Automobiles |
| 铁路、船舶、航空航天和其他运输设备制造业 | Manufacture of Railway, Ship, Aerospace and Other Transport Equipments |
| 电气机械和器材制造业 | Manufacture of Electrical Machinery and Apparatus |
| 计算机、通信和其他电子设备制造业 | Manufacture of Computers, Communication and Other Electronic Equipment |
| 仪器仪表制造业 | Manufacture of Measuring Instruments and Machinery |
| 其他制造业 | Other Manufacture |
| 废弃资源综合利用业 | Utilization of Waste Resources |
| 金属制品、机械和设备修理业 | Repair Service of Metal Products, Machinery and Equipment |
| **电力、热力、燃气及水的生产和供应业** | **Production and Supply of Electricity, Heat, Gas and Water** |
| 电力、热力生产和供应业 | Production and Supply of Electricity and Heat |
| 燃气生产和供应 | Production and Supply of Gas |
| 水的生产和供应业 | Production and Supply of Water |
| **按地区分** | **By City** |
| 南京市 | Nanjing |
| 无锡市 | Wuxi |
| 徐州市 | Xuzhou |
| 常州市 | Changzhou |
| 苏州市 | Suzhou |
| 南通市 | Nantong |
| 连云港市 | Lianyungang |
| 淮安市 | Huai'an |
| 盐城市 | Yancheng |
| 扬州市 | Yangzhou |
| 镇江市 | Zhenjiang |
| 泰州市 | Taizhou |
| 宿迁市 | Suqian |

continued

(%)

| 企业亏损面<br>Percentage of Business Suffering Loss | 资产负债率<br>Assets Liability Ratio | 流动资产周转次数(次/年)<br>Times of Turnover of current Assets (times/year) | 成本费用利润率<br>Ratio of Profits to Cost Expense | 总资产贡献率<br>Ratio of Total Assets to Industrial Output Value |
|---|---|---|---|---|
| 17.79 | 42.66 | 1.60 | 6.34 | 7.99 |
| 24.77 | 32.90 | 0.86 | 20.19 | 11.99 |
| 21.35 | 65.48 | 2.08 | 4.65 | 7.00 |
| 15.09 | 52.14 | 1.50 | 6.79 | 8.49 |
| 18.12 | 63.93 | 1.08 | 7.07 | 8.12 |
| 16.40 | 62.01 | 2.58 | 3.03 | 6.07 |
| 15.77 | 64.83 | 2.83 | 3.53 | 10.92 |
| 14.78 | 57.74 | 1.61 | 5.62 | 9.21 |
| 13.56 | 53.27 | 1.17 | 7.49 | 8.65 |
| 15.65 | 52.88 | 0.89 | 10.00 | 8.78 |
| 16.62 | 64.07 | 1.23 | 6.35 | 6.99 |
| 18.29 | 59.14 | 1.27 | 5.40 | 7.13 |
| 13.33 | 57.23 | 1.40 | 5.84 | 7.61 |
| 24.70 | 47.10 | 1.09 | 6.36 | 5.89 |
| 14.10 | 48.11 | 0.86 | 10.79 | 8.62 |
| 15.75 | 50.17 | 2.03 | 4.54 | 7.39 |
| 18.37 | 66.08 | 2.75 | 4.85 | 14.42 |
| | | | | |
| **17.44** | **61.96** | **1.48** | **8.11** | **6.52** |
| 15.15 | 60.09 | 1.17 | 11.93 | 6.33 |
| 20.51 | 54.62 | 4.03 | 3.79 | 10.62 |
| 18.75 | 74.73 | 0.45 | 13.76 | 4.16 |
| | | | | |
| 22.09 | 52.87 | 1.04 | 6.61 | 7.00 |
| 14.93 | 55.15 | 1.43 | 7.20 | 9.57 |
| 12.12 | 59.44 | 1.79 | 4.87 | 7.47 |
| 17.10 | 58.43 | 1.54 | 6.71 | 9.16 |
| 21.32 | 54.14 | 1.21 | 5.12 | 6.07 |
| 17.07 | 54.75 | 1.67 | 5.64 | 8.02 |
| 13.35 | 46.60 | 1.55 | 8.55 | 11.59 |
| 10.98 | 59.02 | 1.75 | 5.26 | 8.21 |
| 16.58 | 67.33 | 1.86 | 5.06 | 8.81 |
| 8.60 | 55.39 | 1.64 | 6.74 | 9.88 |
| 18.28 | 59.19 | 1.33 | 5.44 | 7.14 |
| 12.01 | 55.30 | 1.50 | 5.42 | 8.38 |
| 14.53 | 54.41 | 2.23 | 5.57 | 11.03 |

# 11-12 外商投资和港澳台商投资工业企业主要经济指标(2023年)

单位：亿元

| 项 目 | Item | 企业单位数(个) Number of Enterprises (unit) |
|---|---|---|
| **总 计** | **Total** | **8824** |
| **按登记注册统计类别分** | **Grouped by Registered Statistical Categories** | |
| 港澳台投资有限责任公司 | Hong Kong, Macao and Taiwan Investment Limited liability company | 2827 |
| 港澳台投资股份有限公司 | Hong Kong, Macao and Taiwan Investment Joint-stock company | 125 |
| 港澳台投资合伙企业 | Hong Kong, Macao and Taiwan Investment Partnership Enterprise | 36 |
| 其他港澳台投资企业 | Other Hong Kong, Macao and Taiwan investment enterprises | 7 |
| 外商投资有限责任公司 | Foreign Investment Limited Liability Company | 5600 |
| 外商投资股份有限公司 | Foreign Investment Corporation Limited | 158 |
| 外商投资合伙企业 | Foreign invested partnership enterprise | 60 |
| 其他外商投资企业 | Other foreign-invested enterprises | 11 |
| **按轻重工业分** | **Grouped by Light & Heavy Industry** | |
| 轻工业 | Light Industry | 2799 |
| 重工业 | Heavy Industry | 6025 |
| **按企业规模分** | **Grouped by Size of Enterprises** | |
| 大型企业 | Large Enterprises | 441 |
| 中型企业 | Medium-sized Enterprises | 1390 |
| 小微型企业 | Small and Micro Enterprises | 6993 |
| **按行业分** | **Grouped by Sector** | |
| **采矿业** | **Mining** | **8** |
| 煤炭开采和洗选业 | Mining and Washing of Coal | |
| 石油和天然气开采业 | Extraction of Petroleum and Natural Gas | |
| 黑色金属矿采选业 | Mining and Processing of Ferrous Metal Ores | |
| 有色金属矿采选业 | Mining and Processing of Non-ferrous Metals Ores | |
| 非金属矿采选业 | Mining and Processing of Non-metal Ores | 5 |
| 开采专业及辅助性活动 | Professional Support Activities for Mining | |
| 其他采矿业 | Mining of Other Ores | |
| **制造业** | **Manufacturing** | **8585** |
| 农副食品加工业 | Processing of Food from Agricultural Products | 121 |
| 食品制造业 | Manufacturing of Foods | 124 |
| 酒、饮料和精制茶制造业 | Manufacture of Liquor, Beverages and Refined Tea | 54 |
| 烟草制品业 | Manufacture of Tobacco | |
| 纺织业 | Manufacture of Textile | 370 |
| 纺织服装、服饰业 | Manufacture of Textile, Wearing Apparel and Accessories | 290 |
| 皮革、毛皮、羽毛及其制品和制鞋业 | Manufacture of Leather, Fur, Feather and Related Products and Footwear | 57 |
| 木材加工和木、竹、藤、棕、草制品业 | Processing of Timber, Manufacture of Wood, Bamboo, Rattan, Palm and Straw Products | 36 |
| 家具制造业 | Manufacture of Furniture | 57 |
| 造纸和纸制品业 | Manufacture of Paper and Paper Products | 83 |
| 印刷和记录媒介复制业 | Printing and Reproduction of Recording Media | 93 |

注：本表登记注册统计类别按《关于市场主体统计分类的划分规定》(国统字〔2023〕14号)执行。

# Main Economic Indicators of Industrial Enterprises with Hong Kong, Macao, Taiwan and Foreign Funds (2023)

(100 million yuan)

| 资产总计 Total Assets | 流动资产合计 Current Assets | 应收账款 Accounts Receivable | 存 货 Inventories | #产成品 Finished Goods | 负债合计 Total Liabilities |
|---|---|---|---|---|---|
| **51445.37** | **32236.65** | **11105.69** | **6074.89** | **2236.95** | **24604.38** |
| 16706.28 | 10167.15 | 3514.58 | 1686.42 | 633.08 | 8524.90 |
| 3315.26 | 2056.11 | 744.55 | 231.95 | 89.76 | 1512.93 |
| 221.09 | 155.26 | 76.12 | 21.53 | 7.87 | 91.54 |
| 167.38 | 95.75 | 47.56 | 14.17 | 4.47 | 145.47 |
| 26951.79 | 17372.61 | 6116.88 | 3756.83 | 1365.43 | 12695.40 |
| 3787.43 | 2178.43 | 531.74 | 329.16 | 122.48 | 1473.15 |
| 200.78 | 149.95 | 55.22 | 26.89 | 12.07 | 88.03 |
| 95.37 | 61.42 | 19.04 | 7.94 | 1.80 | 72.96 |
| 12055.97 | 7339.27 | 2133.70 | 1551.08 | 677.84 | 5657.84 |
| 39389.40 | 24897.38 | 8971.99 | 4523.80 | 1559.11 | 18946.54 |
| 22700.04 | 14077.94 | 5169.80 | 2296.75 | 813.97 | 11413.23 |
| 14001.34 | 8873.99 | 2884.23 | 1835.87 | 682.41 | 6411.25 |
| 14743.99 | 9284.72 | 3051.66 | 1942.27 | 740.58 | 6779.90 |
| **32.48** | **12.64** | **3.44** | **2.52** | **0.61** | **13.49** |
| 21.51 | 5.20 | 0.25 | 0.47 | 0.16 | 8.72 |
| **48925.91** | **31454.03** | **10885.27** | **6020.86** | **2211.71** | **23192.98** |
| 718.80 | 483.51 | 87.18 | 150.36 | 57.44 | 435.77 |
| 458.36 | 267.90 | 71.20 | 41.43 | 18.70 | 183.76 |
| 222.24 | 108.99 | 28.83 | 32.39 | 12.45 | 86.72 |
| 948.80 | 607.35 | 166.86 | 168.55 | 80.99 | 445.65 |
| 488.64 | 355.04 | 115.52 | 63.48 | 29.47 | 256.94 |
| 80.36 | 63.62 | 31.07 | 14.17 | 6.90 | 47.83 |
| 58.90 | 38.41 | 11.47 | 10.47 | 4.47 | 31.17 |
| 96.72 | 56.17 | 23.43 | 11.91 | 4.99 | 38.76 |
| 1361.75 | 694.78 | 187.42 | 84.95 | 34.13 | 706.77 |
| 259.76 | 150.30 | 55.35 | 19.73 | 8.18 | 124.29 |

a) The registered statistical categories of this table is implemented in accordance with the Regulations on the Classification of Market Entity Statistics (Guotongzi [2023] No. 14).

## 11-12 续表 1

单位：亿元

| 项 目 | Item | 企业单位数(个) Number of Enterprises (unit) |
|---|---|---|
| 文教、工美、体育和娱乐用品制造业 | Manufacture of Articles for Culture, Education, Arts and Crafts, Sport and Entertainment Activities | 213 |
| 石油、煤炭及其他燃料加工业 | Processing of Petroleum，Coal and Other Fuels | 12 |
| 化学原料和化学制品制造业 | Manufacture of Raw Chemical Materials and Chemical Products | 524 |
| 医药制造业 | Manufacture of Medicines | 141 |
| 化学纤维制造业 | Manufacture of Chemical Fibers | 63 |
| 橡胶和塑料制品业 | Manufacture of Rubber and Plastics Products | 600 |
| 非金属矿物制品业 | Manufacture of Non-metallic Mineral Products | 253 |
| 黑色金属冶炼和压延加工业 | Smelting and Pressing of Ferrous Metals | 73 |
| 有色金属冶炼和压延加工业 | Smelting and Pressing of Non-ferrous Metals | 114 |
| 金属制品业 | Manufacture of Metal Products | 534 |
| 通用设备制造业 | Manufacture of General Purpose Machinery | 1028 |
| 专用设备制造业 | Manufacture of Special Purpose Machinery | 747 |
| 汽车制造业 | Manufacture of Automobiles | 762 |
| 铁路、船舶、航空航天和其他运输设备制造业 | Manufacture of Railway, Ship, Aerospace and Other Transport Equipments | 189 |
| 电气机械和器材制造业 | Manufacture of Electrical Machinery and Apparatus | 671 |
| 计算机、通信和其他电子设备制造业 | Manufacture of Computers, Communication and Other Electronic Equipment | 1122 |
| 仪器仪表制造业 | Manufacture of Measuring Instruments and Machinery | 199 |
| 其他制造业 | Other Manufacture | 25 |
| 废弃资源综合利用业 | Utilization of Waste Resources | 25 |
| 金属制品、机械和设备修理业 | Repair Service of Metal Products, Machinery and Equipment | 5 |
| **电力、热力、燃气及水的生产和供应业** | **Production and Supply of Electricity, Heat, Gas and Water** | **231** |
| 电力、热力生产和供应业 | Production and Supply of Electricity and Heat | 113 |
| 燃气生产和供应 | Production and Supply of Gas | 73 |
| 水的生产和供应业 | Production and Supply of Water | 45 |
| **按地区分** | **By City** | |
| 南京市 | Nanjing | 610 |
| 无锡市 | Wuxi | 1081 |
| 徐州市 | Xuzhou | 156 |
| 常州市 | Changzhou | 705 |
| 苏州市 | Suzhou | 3908 |
| 南通市 | Nantong | 751 |
| 连云港市 | Lianyungang | 131 |
| 淮安市 | Huai'an | 178 |
| 盐城市 | Yancheng | 326 |
| 扬州市 | Yangzhou | 286 |
| 镇江市 | Zhenjiang | 303 |
| 泰州市 | Taizhou | 264 |
| 宿迁市 | Suqian | 131 |

continued

(100 million yuan)

| 资产总计<br>Total Assets | 流动资产合计<br>Current Assets | 应收账款<br>Accounts Receivable | 存 货<br>Inventories | #产成品<br>Finished Goods | 负债合计<br>Total Liabilities |
|---|---|---|---|---|---|
| 328.65 | 221.82 | 61.34 | 54.76 | 29.67 | 154.35 |
| | | | | | |
| 98.46 | 56.68 | 20.45 | 20.04 | 8.42 | 38.66 |
| 3890.36 | 2112.26 | 562.73 | 418.80 | 198.33 | 1423.98 |
| 1959.16 | 1316.98 | 286.09 | 246.07 | 103.47 | 852.53 |
| 688.65 | 251.67 | 29.27 | 95.40 | 40.42 | 447.63 |
| 1503.09 | 957.05 | 360.61 | 192.52 | 88.78 | 542.51 |
| 1449.72 | 815.27 | 150.86 | 79.35 | 35.95 | 494.86 |
| 594.20 | 353.43 | 41.81 | 100.91 | 32.88 | 345.69 |
| 391.23 | 254.71 | 97.91 | 56.73 | 20.97 | 192.98 |
| 1559.71 | 1000.82 | 325.75 | 195.32 | 77.38 | 626.32 |
| 3488.78 | 2586.46 | 933.07 | 552.28 | 161.40 | 1597.04 |
| 3614.55 | 2679.50 | 766.00 | 535.12 | 189.33 | 1660.40 |
| 5153.79 | 3390.87 | 1510.68 | 550.52 | 204.82 | 3071.56 |
| 1661.80 | 1225.87 | 263.30 | 210.58 | 44.13 | 953.91 |
| | | | | | |
| 5041.28 | 3506.94 | 1297.57 | 541.13 | 231.13 | 2777.76 |
| 12129.38 | 7414.58 | 3255.09 | 1431.28 | 447.78 | 5367.70 |
| 558.69 | 427.56 | 134.69 | 136.05 | 35.85 | 245.29 |
| 36.76 | 15.56 | 5.11 | 3.86 | 2.00 | 12.86 |
| 72.41 | 31.71 | 3.73 | 1.93 | 0.85 | 25.63 |
| 10.93 | 8.22 | 0.86 | 0.74 | 0.43 | 3.66 |
| **2486.98** | **769.98** | **216.98** | **51.51** | **24.63** | **1397.91** |
| 1401.43 | 351.80 | 158.09 | 15.79 | 0.36 | 799.99 |
| 725.72 | 245.88 | 48.09 | 22.59 | 11.87 | 377.89 |
| 359.83 | 172.30 | 10.80 | 13.14 | 12.39 | 220.04 |
| | | | | | |
| 4747.41 | 2781.49 | 931.53 | 499.98 | 158.43 | 2384.10 |
| 8906.80 | 5464.99 | 1698.69 | 1051.72 | 393.08 | 4120.11 |
| 1150.92 | 642.24 | 159.73 | 102.85 | 35.94 | 458.26 |
| 4334.22 | 2945.79 | 1160.40 | 479.30 | 202.24 | 2253.78 |
| 20642.58 | 13738.42 | 5125.33 | 2738.10 | 973.08 | 9400.25 |
| 3568.23 | 1908.15 | 542.60 | 448.90 | 163.32 | 1828.90 |
| 856.14 | 597.80 | 128.93 | 82.11 | 42.37 | 428.62 |
| 670.04 | 367.67 | 109.09 | 55.80 | 17.83 | 285.69 |
| 1509.69 | 840.61 | 310.81 | 151.00 | 66.90 | 957.57 |
| 1043.02 | 585.30 | 218.73 | 103.78 | 35.52 | 511.47 |
| 1865.37 | 1100.95 | 351.31 | 147.85 | 62.15 | 832.90 |
| 2019.36 | 1246.74 | 293.01 | 202.49 | 74.62 | 1128.52 |
| 532.52 | 309.39 | 104.24 | 41.70 | 16.51 | 246.30 |

## 11-12 续表 1

单位：亿元

| 项 目 | Item | 企业单位数(个) Number of Enterprises (unit) |
|---|---|---|
| 文教、工美、体育和娱乐用品制造业 | Manufacture of Articles for Culture, Education, Arts and Crafts, Sport and Entertainment Activities | 213 |
| 石油、煤炭及其他燃料加工业 | Processing of Petroleum，Coal and Other Fuels | 12 |
| 化学原料和化学制品制造业 | Manufacture of Raw Chemical Materials and Chemical Products | 524 |
| 医药制造业 | Manufacture of Medicines | 141 |
| 化学纤维制造业 | Manufacture of Chemical Fibers | 63 |
| 橡胶和塑料制品业 | Manufacture of Rubber and Plastics Products | 600 |
| 非金属矿物制品业 | Manufacture of Non-metallic Mineral Products | 253 |
| 黑色金属冶炼和压延加工业 | Smelting and Pressing of Ferrous Metals | 73 |
| 有色金属冶炼和压延加工业 | Smelting and Pressing of Non-ferrous Metals | 114 |
| 金属制品业 | Manufacture of Metal Products | 534 |
| 通用设备制造业 | Manufacture of General Purpose Machinery | 1028 |
| 专用设备制造业 | Manufacture of Special Purpose Machinery | 747 |
| 汽车制造业 | Manufacture of Automobiles | 762 |
| 铁路、船舶、航空航天和其他运输设备制造业 | Manufacture of Railway, Ship, Aerospace and Other Transport Equipments | 189 |
| 电气机械和器材制造业 | Manufacture of Electrical Machinery and Apparatus | 671 |
| 计算机、通信和其他电子设备制造业 | Manufacture of Computers, Communication and Other Electronic Equipment | 1122 |
| 仪器仪表制造业 | Manufacture of Measuring Instruments and Machinery | 199 |
| 其他制造业 | Other Manufacture | 25 |
| 废弃资源综合利用业 | Utilization of Waste Resources | 25 |
| 金属制品、机械和设备修理业 | Repair Service of Metal Products, Machinery and Equipment | 5 |
| **电力、热力、燃气及水的生产和供应业** | **Production and Supply of Electricity, Heat, Gas and Water** | **231** |
| 电力、热力生产和供应业 | Production and Supply of Electricity and Heat | 113 |
| 燃气生产和供应 | Production and Supply of Gas | 73 |
| 水的生产和供应业 | Production and Supply of Water | 45 |
| **按地区分** | **By City** | |
| 南京市 | Nanjing | 610 |
| 无锡市 | Wuxi | 1081 |
| 徐州市 | Xuzhou | 156 |
| 常州市 | Changzhou | 705 |
| 苏州市 | Suzhou | 3908 |
| 南通市 | Nantong | 751 |
| 连云港市 | Lianyungang | 131 |
| 淮安市 | Huai'an | 178 |
| 盐城市 | Yancheng | 326 |
| 扬州市 | Yangzhou | 286 |
| 镇江市 | Zhenjiang | 303 |
| 泰州市 | Taizhou | 264 |
| 宿迁市 | Suqian | 131 |

continued

(100 million yuan)

| 营业成本<br>Business Cost | 销售费用<br>Selling Expenses | 管理费用<br>Management Expenses | 财务费用<br>Financial Expenses | 利润总额<br>Total Profits | 平均用工人数（万人）<br>Annual Average Employees (10000 persons) |
|---|---|---|---|---|---|
| **40261.99** | **1341.17** | **1801.73** | **96.43** | **3316.17** | **266.48** |
| | | | | | |
| 11994.22 | 379.68 | 512.73 | 29.25 | 985.45 | 90.28 |
| 1262.92 | 87.26 | 54.33 | -6.08 | 185.78 | 8.83 |
| 248.27 | 3.29 | 6.70 | -0.02 | 8.99 | 1.52 |
| 280.03 | 1.10 | 4.99 | 0.69 | -19.64 | 0.79 |
| 24671.49 | 813.34 | 1132.33 | 70.29 | 1892.10 | 152.18 |
| 1452.79 | 48.15 | 71.19 | 2.91 | 239.83 | 11.00 |
| 195.93 | 7.52 | 13.41 | -0.51 | 19.48 | 1.46 |
| 156.35 | 0.82 | 6.05 | -0.10 | 4.18 | 0.44 |
| | | | | | |
| 8802.45 | 600.41 | 492.88 | 24.65 | 862.99 | 71.43 |
| 31459.54 | 740.76 | 1308.85 | 71.78 | 2453.19 | 195.06 |
| | | | | | |
| 19733.42 | 586.06 | 609.11 | 24.67 | 1583.18 | 116.25 |
| 10349.27 | 386.53 | 533.69 | 15.93 | 958.18 | 75.23 |
| 10179.31 | 368.58 | 658.93 | 55.83 | 774.81 | 75.00 |
| | | | | | |
| **25.75** | **1.25** | **0.52** | **0.24** | **0.90** | **0.07** |
| | | | | | |
| 4.47 | 0.03 | 0.25 | 0.15 | 0.99 | 0.04 |
| | | | | | |
| **39142.17** | **1318.97** | **1768.70** | **74.93** | **3160.94** | **263.56** |
| 1225.23 | 15.40 | 17.18 | 2.73 | 27.86 | 2.47 |
| 279.48 | 32.62 | 22.66 | 0.53 | 42.50 | 2.66 |
| 249.01 | 18.94 | 9.55 | 0.72 | 25.49 | 1.25 |
| | | | | | |
| 754.33 | 23.82 | 32.75 | 2.77 | 38.73 | 8.64 |
| 392.52 | 17.76 | 40.43 | 1.08 | 43.79 | 7.44 |
| 61.20 | 1.98 | 5.26 | 0.27 | 0.38 | 1.40 |
| 32.62 | 1.73 | 2.01 | 0.37 | -1.45 | 0.44 |
| | | | | | |
| 65.27 | 2.49 | 5.31 | 0.19 | 5.13 | 1.20 |
| 689.66 | 30.17 | 24.45 | 10.53 | 54.30 | 2.72 |
| 168.42 | 10.22 | 12.38 | 0.65 | 14.94 | 1.81 |

11-12 续表 3

单位：亿元

| 项 目 | Item | 营业收入 Business Revenue |
|---|---|---|
| 文教、工美、体育和娱乐用品制造业 | Manufacture of Articles for Culture, Education, Arts and Crafts, Sport and Entertainment Activities | 268.63 |
| 石油、煤炭及其他燃料加工业 | Processing of Petroleum，Coal and Other Fuels | 147.24 |
| 化学原料和化学制品制造业 | Manufacture of Raw Chemical Materials and Chemical Products | 3621.93 |
| 医药制造业 | Manufacture of Medicines | 1260.54 |
| 化学纤维制造业 | Manufacture of Chemical Fibers | 715.55 |
| 橡胶和塑料制品业 | Manufacture of Rubber and Plastics Products | 1275.88 |
| 非金属矿物制品业 | Manufacture of Non-metallic Mineral Products | 714.72 |
| 黑色金属冶炼和压延加工业 | Smelting and Pressing of Ferrous Metals | 1172.02 |
| 有色金属冶炼和压延加工业 | Smelting and Pressing of Non-ferrous Metals | 393.39 |
| 金属制品业 | Manufacture of Metal Products | 1236.80 |
| 通用设备制造业 | Manufacture of General Purpose Machinery | 3503.61 |
| 专用设备制造业 | Manufacture of Special Purpose Machinery | 2316.99 |
| 汽车制造业 | Manufacture of Automobiles | 5419.72 |
| 铁路、船舶、航空航天和其他运输设备制造业 | Manufacture of Railway, Ship, Aerospace and Other Transport Equipments | 1095.16 |
| 电气机械和器材制造业 | Manufacture of Electrical Machinery and Apparatus | 5341.91 |
| 计算机、通信和其他电子设备制造业 | Manufacture of Computers, Communication and Other Electronic Equipment | 12865.61 |
| 仪器仪表制造业 | Manufacture of Measuring Instruments and Machinery | 637.91 |
| 其他制造业 | Other Manufacture | 41.70 |
| 废弃资源综合利用业 | Utilization of Waste Resources | 30.03 |
| 金属制品、机械和设备修理业 | Repair Service of Metal Products, Machinery and Equipment | 3.91 |
| **电力、热力、燃气及水的生产和供应业** | **Production and Supply of Electricity, Heat, Gas and Water** | **1317.70** |
| 电力、热力生产和供应业 | Production and Supply of Electricity and Heat | 600.08 |
| 燃气生产和供应 | Production and Supply of Gas | 657.93 |
| 水的生产和供应业 | Production and Supply of Water | 59.69 |
| **按地区分** | **By City** | |
| 南京市 | Nanjing | 5059.95 |
| 无锡市 | Wuxi | 7252.77 |
| 徐州市 | Xuzhou | 767.42 |
| 常州市 | Changzhou | 3212.30 |
| 苏州市 | Suzhou | 22006.23 |
| 南通市 | Nantong | 2853.99 |
| 连云港市 | Lianyungang | 723.41 |
| 淮安市 | Huai'an | 423.08 |
| 盐城市 | Yancheng | 1443.92 |
| 扬州市 | Yangzhou | 1002.13 |
| 镇江市 | Zhenjiang | 1235.73 |
| 泰州市 | Taizhou | 1778.12 |
| 宿迁市 | Suqian | 434.83 |

continued

(100 million yuan)

| 营业成本<br>Business Cost | 销售费用<br>Selling Expenses | 管理费用<br>Management Expenses | 财务费用<br>Financial Expenses | 利润总额<br>Total Profits | 平均用工人数<br>(万人)<br>Annual Average Employees<br>(10000 persons) |
|---|---|---|---|---|---|
| 212.79 | 13.15 | 19.21 | 0.58 | 15.48 | 4.13 |
| | | | | | |
| 125.18 | 4.26 | 3.61 | 0.73 | 7.46 | 0.18 |
| 3097.07 | 112.82 | 128.98 | 4.16 | 230.28 | 9.02 |
| 597.46 | 289.16 | 96.21 | -5.79 | 201.20 | 7.46 |
| 644.17 | 5.51 | 14.52 | 9.31 | 32.06 | 2.41 |
| 991.92 | 49.77 | 73.49 | 1.62 | 121.29 | 11.13 |
| 503.61 | 18.47 | 33.97 | -3.99 | 138.10 | 4.63 |
| 1110.25 | 7.04 | 12.14 | 4.77 | 7.48 | 2.05 |
| 347.27 | 5.08 | 13.42 | 2.45 | 17.23 | 1.67 |
| 997.96 | 38.38 | 69.07 | 2.12 | 102.10 | 9.81 |
| 2731.96 | 108.44 | 210.93 | 2.27 | 357.27 | 23.08 |
| 1799.88 | 97.66 | 135.40 | -2.25 | 223.51 | 16.09 |
| 4581.74 | 108.77 | 248.86 | 18.17 | 293.45 | 24.59 |
| 880.45 | 17.61 | 37.62 | -1.18 | 136.77 | 6.46 |
| | | | | | |
| 4546.65 | 120.75 | 160.10 | -1.43 | 396.17 | 23.09 |
| 11512.57 | 137.93 | 303.87 | 22.93 | 543.65 | 83.13 |
| 478.38 | 27.36 | 31.14 | 0.20 | 82.60 | 3.98 |
| 35.21 | 0.72 | 1.76 | 0.04 | 2.90 | 0.39 |
| 26.94 | 0.59 | 2.12 | 0.36 | -0.04 | 0.17 |
| 2.96 | 0.35 | 0.30 | 0.02 | 0.32 | 0.05 |
| **1094.08** | **20.94** | **32.51** | **21.27** | **154.33** | **2.85** |
| 504.43 | 0.59 | 12.40 | 21.57 | 67.24 | 1.09 |
| 548.91 | 16.89 | 14.46 | 1.68 | 74.24 | 1.24 |
| 40.73 | 3.46 | 5.65 | -1.98 | 12.86 | 0.52 |
| | | | | | |
| 4292.06 | 151.85 | 151.75 | 10.26 | 313.30 | 19.33 |
| 5983.88 | 172.59 | 271.61 | 35.70 | 627.43 | 37.25 |
| 625.70 | 11.32 | 27.63 | 1.22 | 74.15 | 4.02 |
| 2648.84 | 84.20 | 129.47 | -0.07 | 259.52 | 19.41 |
| 18648.94 | 601.57 | 888.17 | 16.96 | 1344.18 | 124.97 |
| 2393.98 | 64.37 | 100.97 | 16.08 | 214.80 | 17.12 |
| 438.66 | 95.90 | 24.00 | -2.35 | 150.18 | 3.74 |
| 334.18 | 14.86 | 19.29 | -1.02 | 47.55 | 5.25 |
| 1265.31 | 35.48 | 40.02 | 14.98 | 61.20 | 6.87 |
| 859.85 | 24.48 | 36.15 | 2.33 | 58.55 | 6.76 |
| 1026.97 | 36.06 | 48.66 | -0.64 | 88.90 | 7.38 |
| 1556.39 | 40.78 | 54.81 | 3.80 | 88.45 | 10.56 |
| 384.45 | 8.38 | 13.66 | -0.71 | 24.95 | 4.65 |

# 11-13 外商投资和港澳台商投资工业企业主要经济效益指标(2023年)

单位：%

| 项 目 | Item |
| --- | --- |
| **总 计** | **Total** |
| **按登记注册统计类别分** | **Grouped by Registered Statistical Categories** |
| 港澳台投资有限责任公司 | Hong Kong, Macao and Taiwan Investment Limited liability company |
| 港澳台投资股份有限公司 | Hong Kong, Macao and Taiwan Investment Joint-stock company |
| 港澳台投资合伙企业 | Hong Kong, Macao and Taiwan Investment Partnership Enterprise |
| 其他港澳台投资企业 | Other Hong Kong, Macao and Taiwan investment enterprises |
| 外商投资有限责任公司 | Foreign Investment Limited Liability Company |
| 外商投资股份有限公司 | Foreign Investment Corporation Limited |
| 外商投资合伙企业 | Foreign invested partnership enterprise |
| 其他外商投资企业 | Other foreign-invested enterprises |
| **按轻重工业分** | **Grouped by Light & Heavy Industry** |
| 轻工业 | Light Industry |
| 重工业 | Heavy Industry |
| **按企业规模分** | **Grouped by Size of Enterprises** |
| 大型企业 | Large Enterprises |
| 中型企业 | Medium-sized Enterprises |
| 小微型企业 | Small and Micro Enterprises |
| **按行业分** | **Grouped by Sector** |
| **采矿业** | **Mining** |
| 煤炭开采和洗选业 | Mining and Washing of Coal |
| 石油和天然气开采业 | Extraction of Petroleum and Natural Gas |
| 黑色金属矿采选业 | Mining and Processing of Ferrous Metal Ores |
| 有色金属矿采选业 | Mining and Processing of Non-ferrous Metals Ores |
| 非金属矿采选业 | Mining and Processing of Non-metal Ores |
| 开采专业及辅助性活动 | Professional Support Activities for Mining |
| 其他采矿业 | Mining of Other Ores |
| **制造业** | **Manufacturing** |
| 农副食品加工业 | Processing of Food from Agricultural Products |
| 食品制造业 | Manufacture of Foods |
| 酒、饮料和精制茶制造业 | Manufacture of Liquor, Beverages and Refined Tea |
| 烟草制品业 | Manufacture of Tobacco |
| 纺织业 | Manufacture of Textile |
| 纺织服装、服饰业 | Manufacture of Textile, Wearing Apparel and Accessories |
| 皮革、毛皮、羽毛及其制品和制鞋业 | Manufacture of Leather, Fur, Feather and Related Products and Footwear |
| 木材加工和木、竹、藤、棕、草制品业 | Processing of Timber, Manufacture of Wood, Bamboo, Rattan, Palm and Straw Products |
| 家具制造业 | Manufacture of Furniture |
| 造纸和纸制品业 | Manufacture of Paper and Paper Products |
| 印刷和记录媒介复制业 | Printing and Reproduction of Recording Media |

# Main Economic Benefit Indicators of Industrial Enterprises with Hong Kong,Macao, Taiwan and Foreign Funds (2023)

(%)

| 企业亏损面<br>Percentage of Business Suffering Loss | 资产负债率<br>Assets Liability Ratio | 流动资产周转次数(次/年)<br>Times of Turnover of current Assets (times/year) | 成本费用利润率<br>Ratio of Profits to Cost Expense | 总资产贡献率<br>Ratio of Total Assets to Industrial Output Value |
|---|---|---|---|---|
| **24.38** | **47.83** | **1.49** | **7.42** | **8.59** |
| | | | | |
| 24.80 | 51.03 | 1.41 | 7.38 | 8.04 |
| 19.20 | 45.64 | 0.79 | 12.50 | 7.23 |
| 36.11 | 41.40 | 1.76 | 3.41 | 4.89 |
| 28.57 | 86.91 | 2.85 | -6.76 | -10.56 |
| 24.39 | 47.10 | 1.68 | 6.95 | 9.35 |
| 20.25 | 38.90 | 0.85 | 14.34 | 7.64 |
| 18.33 | 43.84 | 1.62 | 8.83 | 11.67 |
| 18.18 | 76.51 | 2.79 | 2.56 | 11.81 |
| | | | | |
| 25.72 | 46.93 | 1.50 | 8.46 | 9.72 |
| 23.75 | 48.10 | 1.48 | 7.12 | 8.24 |
| | | | | |
| 12.02 | 50.28 | 1.64 | 7.35 | 9.09 |
| 16.55 | 45.79 | 1.41 | 8.25 | 8.85 |
| 26.71 | 45.98 | 1.33 | 6.72 | 7.58 |
| | | | | |
| **37.50** | **41.53** | **2.23** | **3.21** | **5.34** |
| | | | | |
| 40.00 | 40.55 | 1.04 | 19.79 | 7.15 |
| | | | | |
| **24.82** | **47.40** | **1.48** | **7.27** | **8.60** |
| 21.49 | 60.62 | 2.67 | 2.20 | 5.39 |
| 27.42 | 40.09 | 1.42 | 12.49 | 13.37 |
| 20.37 | 39.02 | 2.83 | 9.10 | 17.58 |
| | | | | |
| 24.59 | 46.97 | 1.44 | 4.66 | 6.53 |
| 29.66 | 52.58 | 1.39 | 9.58 | 12.76 |
| 40.35 | 59.52 | 1.11 | 0.55 | 3.29 |
| 41.67 | 52.91 | 0.94 | -3.91 | -0.54 |
| | | | | |
| 29.82 | 40.07 | 1.42 | 6.90 | 6.93 |
| 21.69 | 51.90 | 1.16 | 7.03 | 6.20 |
| 26.88 | 47.85 | 1.40 | 7.59 | 8.27 |

## 11-13 续表

单位：%

| 项　目 | Item |
| --- | --- |
| 文教、工美、体育和娱乐用品制造业 | Manufacture of Articles for Culture, Education, Arts and Crafts, Sport and Entertainment Activities |
| 石油、煤炭及其他燃料加工业 | Processing of Petroleum, Coal and Other Fuels |
| 化学原料和化学制品制造业 | Manufacture of Raw Chemical Materials and Chemical Products |
| 医药制造业 | Manufacture of Medicines |
| 化学纤维制造业 | Manufacture of Chemical Fibers |
| 橡胶和塑料制品业 | Manufacture of Rubber and Plastics Products |
| 非金属矿物制品业 | Manufacture of Non-metallic Mineral Products |
| 黑色金属冶炼和压延加工业 | Smelting and Pressing of Ferrous Metals |
| 有色金属冶炼和压延加工业 | Smelting and Pressing of Non-ferrous Metals |
| 金属制品业 | Manufacture of Metal Products |
| 通用设备制造业 | Manufacture of General Purpose Machinery |
| 专用设备制造业 | Manufacture of Special Purpose Machinery |
| 汽车制造业 | Manufacture of Automobiles |
| 铁路、船舶、航空航天和其他运输设备制造业 | Manufacture of Railway, Ship, Aerospace and Other Transport Equipments |
| 电气机械和器材制造业 | Manufacture of Electrical Machinery and Apparatus |
| 计算机、通信和其他电子设备制造业 | Manufacture of Computers, Communication and Other Electronic Equipment |
| 仪器仪表制造业 | Manufacture of Measuring Instruments and Machinery |
| 其他制造业 | Other Manufacture |
| 废弃资源综合利用业 | Utilization of Waste Resources |
| 金属制品、机械和设备修理业 | Repair Service of Metal Products, Machinery and Equipment |
| **电力、热力、燃气及水的生产和供应业** | **Production and Supply of Electricity, Heat, Gas and Water** |
| 电力、热力生产和供应业 | Production and Supply of Electricity and Heat |
| 燃气生产和供应 | Production and Supply of Gas |
| 水的生产和供应业 | Production and Supply of Water |
| **按地区分** | **By City** |
| 南京市 | Nanjing |
| 无锡市 | Wuxi |
| 徐州市 | Xuzhou |
| 常州市 | Changzhou |
| 苏州市 | Suzhou |
| 南通市 | Nantong |
| 连云港市 | Lianyungang |
| 淮安市 | Huai'an |
| 盐城市 | Yancheng |
| 扬州市 | Yangzhou |
| 镇江市 | Zhenjiang |
| 泰州市 | Taizhou |
| 宿迁市 | Suqian |

continued

(%)

| 企业亏损面<br>Percentage of Business Suffering Loss | 资产负债率<br>Assets Liability Ratio | 流动资产周转次数(次/年)<br>Times of Turnover of current Assets (times/year) | 成本费用利润率<br>Ratio of Profits to Cost Expense | 总资产贡献率<br>Ratio of Total Assets to Industrial Output Value |
|---|---|---|---|---|
| 23.94 | 46.97 | 1.21 | 6.14 | 6.72 |
| | | | | |
| 25.00 | 39.27 | 2.60 | 5.54 | 16.10 |
| 23.85 | 36.60 | 1.71 | 6.80 | 8.00 |
| 31.91 | 43.52 | 0.96 | 18.40 | 13.48 |
| 31.75 | 65.00 | 2.84 | 4.70 | 8.31 |
| 22.67 | 36.09 | 1.33 | 10.56 | 10.49 |
| 24.51 | 34.13 | 0.88 | 24.17 | 11.34 |
| 30.14 | 58.18 | 3.32 | 0.65 | 4.21 |
| 34.21 | 49.33 | 1.54 | 4.58 | 6.40 |
| 23.60 | 40.16 | 1.24 | 8.97 | 8.85 |
| 18.97 | 45.78 | 1.35 | 11.38 | 12.75 |
| 25.44 | 45.94 | 0.86 | 10.57 | 7.58 |
| 26.38 | 59.60 | 1.60 | 5.77 | 9.28 |
| 24.87 | 57.40 | 0.89 | 14.07 | 9.61 |
| | | | | |
| 20.72 | 55.10 | 1.52 | 8.00 | 9.61 |
| 29.95 | 44.25 | 1.74 | 4.41 | 5.77 |
| 16.08 | 43.90 | 1.49 | 14.85 | 17.74 |
| 12.00 | 34.99 | 2.68 | 7.56 | 11.49 |
| 44.00 | 35.40 | 0.95 | -0.14 | 1.56 |
| 40.00 | 33.45 | 0.48 | 8.80 | 5.13 |
| **7.36** | **56.21** | **1.71** | **13.16** | **8.53** |
| 7.96 | 57.08 | 1.71 | 12.43 | 7.95 |
| 6.85 | 52.07 | 2.68 | 12.73 | 12.11 |
| 6.67 | 61.15 | 0.35 | 26.29 | 3.57 |
| | | | | |
| 28.03 | 50.22 | 1.82 | 6.65 | 9.52 |
| 21.55 | 46.26 | 1.33 | 9.44 | 8.78 |
| 21.79 | 39.82 | 1.19 | 10.79 | 8.05 |
| 22.27 | 52.00 | 1.09 | 8.80 | 8.42 |
| 24.74 | 45.54 | 1.60 | 6.49 | 8.45 |
| 22.24 | 51.26 | 1.50 | 8.14 | 8.13 |
| 29.77 | 50.06 | 1.21 | 24.94 | 21.32 |
| 18.54 | 42.64 | 1.15 | 12.55 | 9.41 |
| 31.60 | 63.43 | 1.72 | 4.43 | 7.09 |
| 20.28 | 49.04 | 1.71 | 6.20 | 8.69 |
| 27.72 | 44.65 | 1.12 | 7.78 | 6.76 |
| 29.92 | 55.88 | 1.43 | 5.23 | 6.07 |
| 20.61 | 46.25 | 1.41 | 6.03 | 8.48 |

# 11-14 大中型工业企业主要经济指标(2023年)

单位：亿元

| 项 目 | Item | 企业单位数(个) Number of Enterprises (unit) |
|---|---|---|
| **总 计** | **Total** | **5387** |
| **按登记注册统计类别分** | **Grouped by Registered Statistical Categories** | |
| 内资企业 | Domestic Invested Enterprises | 3556 |
| 有限责任公司 | Limited Liability Corporations | 2736 |
| 股份有限公司 | Share-holding Corporations Ltd. | 779 |
| 非公司企业法人 | Non Corporate Legal Entity | 30 |
| 个人独资企业 | Sole Proprietorship Enterprises | |
| 合伙企业 | Partnership Enterprises | |
| 港、澳、台商投资企业 | Enterprises with Investment from Hong Kong,Macao and Taiwan | 648 |
| 外商投资企业 | Foreign Invested Enterprises | 1183 |
| **按轻重工业分** | **Grouped by Light & Heavy Industry** | |
| 轻工业 | Light Industry | 1673 |
| 重工业 | Heavy Industry | 3714 |
| **按行业分** | **Grouped by Sector** | |
| **采矿业** | **Mining** | **13** |
| 煤炭开采和洗选业 | Mining and Washing of Coal | 3 |
| 石油和天然气开采业 | Extraction of Petroleum and Natural Gas | |
| 黑色金属矿采选业 | Mining and Processing of Ferrous Metal Ores | |
| 有色金属矿采选业 | Mining and Processing of Non-ferrous Metals Ores | |
| 非金属矿采选业 | Mining and Processing of Non-metal Ores | 5 |
| 开采专业及辅助性活动 | Professional Support Activities for Mining | |
| 其他采矿业 | Mining of Other Ores | |
| **制造业** | **Manufacturing** | **5275** |
| 农副食品加工业 | Processing of Food from Agricultural Products | 72 |
| 食品制造业 | Manufacture of Foods | 65 |
| 酒、饮料和精制茶制造业 | Manufacture of Liquor, Beverages and Refined Tea | 21 |
| 烟草制品业 | Manufacture of Tobacco | 3 |
| 纺织业 | Manufacture of Textile | 292 |
| 纺织服装、服饰业 | Manufacture of Textile， Wearing Apparel and Accessories | 198 |
| 皮革、毛皮、羽毛及其制品和制鞋业 | Manufacture of Leather, Fur, Feather and Related Products and Footwear | 23 |
| 木材加工和木、竹、藤、棕、草制品业 | Processing of Timber，Manufacture of Wood， Bamboo，Rattan，Palm and Straw Products | 24 |
| 家具制造业 | Manufacture of Furniture | 36 |
| 造纸和纸制品业 | Manufacture of Paper and Paper Products | 33 |
| 印刷和记录媒介复制业 | Printing and Reproduction of Recording Media | 43 |
| 文教、工美、体育和娱乐用品制造业 | Manufacture of Articles for Culture, Education, Arts and Crafts, Sport and Entertainment Activities | 74 |
| 石油、煤炭及其他燃料加工业 | Processing of Petroleum, Coal and Other Fuels | 14 |

# Main Economic Indicators of Large and Medium Size Industrial Enterprises (2023)

(100 million yuan)

| 资产总计 Total Assets | 流动资产合计 Current Assets | 应收账款 Accounts Receivable | 存 货 Inventories | #产成品 Finished Goods | 负债合计 Total Liabilities |
|---|---|---|---|---|---|
| **117920.62** | **68547.18** | **22058.04** | **13118.36** | **5461.71** | **62931.74** |
| 81219.24 | 45595.25 | 14004.01 | 8985.74 | 3965.34 | 45107.26 |
| 56776.21 | 31150.70 | 10206.87 | 6298.20 | 2883.37 | 34828.17 |
| 23204.89 | 13703.42 | 3566.86 | 2557.14 | 1014.08 | 9755.90 |
| 1206.31 | 722.05 | 227.53 | 128.15 | 66.42 | 514.88 |
| 14988.47 | 9322.39 | 3312.95 | 1394.50 | 505.37 | 7770.37 |
| 21712.91 | 13629.54 | 4741.08 | 2738.12 | 991.01 | 10054.11 |
| 26069.70 | 15578.43 | 4046.66 | 3242.20 | 1446.19 | 12661.94 |
| 91850.91 | 52968.75 | 18011.39 | 9876.16 | 4015.53 | 50269.80 |
| **696.55** | **279.31** | **23.88** | **12.49** | **3.73** | **341.23** |
| 419.78 | 184.11 | 12.17 | 6.02 | 0.81 | 163.78 |
| 32.51 | 16.20 | 2.19 | 3.24 | 1.10 | 17.01 |
| **108438.83** | **66618.54** | **21583.24** | **12948.01** | **5442.51** | **57853.03** |
| 774.29 | 489.10 | 96.68 | 137.89 | 62.86 | 462.19 |
| 641.91 | 351.18 | 70.45 | 42.39 | 17.03 | 269.25 |
| 1253.55 | 911.02 | 93.73 | 346.20 | 94.38 | 402.58 |
| 743.14 | 635.28 | 26.88 | 265.32 | 16.05 | 73.40 |
| 1921.14 | 1190.29 | 296.75 | 350.55 | 203.62 | 944.65 |
| 1117.37 | 765.91 | 226.17 | 160.80 | 102.55 | 516.64 |
| 67.63 | 48.99 | 26.94 | 8.92 | 3.15 | 37.61 |
| 159.00 | 96.98 | 39.18 | 22.36 | 13.02 | 87.84 |
| 241.99 | 137.75 | 37.31 | 23.44 | 8.66 | 128.14 |
| 1428.37 | 700.59 | 175.08 | 94.96 | 43.22 | 765.29 |
| 309.75 | 189.85 | 69.64 | 31.28 | 12.41 | 154.35 |
| 386.74 | 249.19 | 60.63 | 69.31 | 33.16 | 198.80 |
| 2044.85 | 639.55 | 112.77 | 335.35 | 76.14 | 1383.36 |

## 11-14 续表 1

单位：亿元

| 项 目 | Item | 企业单位数 (个) Number of Enterprises (unit) |
| --- | --- | --- |
| 化学原料和化学制品制造业 | Manufacture of Raw Chemical Materials and Chemical Products | 223 |
| 医药制造业 | Manufacture of Medicines | 156 |
| 化学纤维制造业 | Manufacture of Chemical Fibers | 72 |
| 橡胶和塑料制品业 | Manufacture of Rubber and Plastics Products | 213 |
| 非金属矿物制品业 | Manufacture of Non-metallic Mineral Products | 145 |
| 黑色金属冶炼和压延加工业 | Smelting and Pressing of Ferrous Metals | 89 |
| 有色金属冶炼和压延加工业 | Smelting and Pressing of Non-ferrous Metals | 67 |
| 金属制品业 | Manufacture of Metal Products | 264 |
| 通用设备制造业 | Manufacture of General Purpose Machinery | 459 |
| 专用设备制造业 | Manufacture of Special Purpose Machinery | 385 |
| 汽车制造业 | Manufacture of Automobiles | 493 |
| 铁路、船舶、航空航天和其他运输设备制造业 | Manufacture of Railway, Ship, Aerospace and Other Transport Equipments | 156 |
| 电气机械和器材制造业 | Manufacture of Electrical Machinery and Apparatus | 666 |
| 计算机、通信和其他电子设备制造业 | Manufacture of Computers, Communication and Other Electronic Equipment | 830 |
| 仪器仪表制造业 | Manufacture of Measuring Instruments and Machinery | 141 |
| 其他制造业 | Other Manufacture | 9 |
| 废弃资源综合利用业 | Utilization of Waste Resources | 6 |
| 金属制品、机械和设备修理业 | Repair Service of Metal Products, Machinery and Equipment | 3 |
| **电力、热力、燃气及水的生产和供应业** | **Production and Supply of Electricity, Heat, Gas and Water** | **99** |
| 电力、热力生产和供应业 | Production and Supply of Electricity and Heat | 45 |
| 燃气生产和供应 | Production and Supply of Gas | 17 |
| 水的生产和供应业 | Production and Supply of Water | 37 |
| **按地区分** | **By City** | |
| 南京市 | Nanjing | 382 |
| 无锡市 | Wuxi | 713 |
| 徐州市 | Xuzhou | 214 |
| 常州市 | Changzhou | 574 |
| 苏州市 | Suzhou | 1674 |
| 南通市 | Nantong | 493 |
| 连云港市 | Lianyungang | 96 |
| 淮安市 | Huai'an | 147 |
| 盐城市 | Yancheng | 238 |
| 扬州市 | Yangzhou | 197 |
| 镇江市 | Zhenjiang | 241 |
| 泰州市 | Taizhou | 199 |
| 宿迁市 | Suqian | 194 |

continued

(100 million yuan)

| 资产总计<br>Total Assets | 流动资产合计<br>Current Assets | 应收账款<br>Accounts Receivable | 存　货<br>Inventories | #产成品<br>Finished Goods | 负债合计<br>Total Liabilities |
|---|---|---|---|---|---|
| 6087.36 | 2674.47 | 588.02 | 519.21 | 260.85 | 2569.05 |
| 4672.30 | 3271.26 | 730.71 | 484.45 | 231.29 | 1621.54 |
| 2396.78 | 804.36 | 53.69 | 262.34 | 134.80 | 1500.40 |
| 2473.38 | 1281.18 | 440.00 | 247.70 | 117.02 | 1099.21 |
| 2751.50 | 1664.31 | 320.60 | 158.50 | 70.63 | 1351.22 |
| 8161.58 | 3871.37 | 432.47 | 813.03 | 388.68 | 4892.56 |
| 1188.74 | 765.94 | 296.66 | 159.76 | 59.17 | 770.00 |
| 3197.85 | 2153.71 | 683.23 | 465.61 | 218.38 | 1567.72 |
| 6406.06 | 4399.54 | 1414.51 | 997.64 | 383.45 | 3239.30 |
| 6180.48 | 4521.90 | 1499.12 | 1151.20 | 457.80 | 3200.13 |
| 8252.38 | 5434.65 | 2289.15 | 864.72 | 370.46 | 5256.26 |
| 3890.19 | 2888.29 | 605.39 | 510.21 | 122.84 | 2478.63 |
| | | | | | |
| 18386.95 | 11842.83 | 4376.86 | 1894.17 | 1027.43 | 10998.91 |
| 20526.46 | 12746.52 | 6003.42 | 2113.30 | 751.23 | 10502.75 |
| 2634.46 | 1814.08 | 503.92 | 379.15 | 144.22 | 1296.11 |
| 49.37 | 23.38 | 5.62 | 4.80 | 2.78 | 18.65 |
| 90.30 | 52.47 | 6.31 | 33.44 | 15.26 | 64.00 |
| 2.94 | 2.60 | 1.37 | 0.05 | 0.00 | 2.52 |
| **8785.24** | **1649.34** | **450.93** | **157.86** | **15.47** | **4737.48** |
| 6804.63 | 890.22 | 409.91 | 120.37 | 0.93 | 3459.56 |
| 343.84 | 113.92 | 24.38 | 9.65 | 2.17 | 181.60 |
| 1636.76 | 645.20 | 16.64 | 27.84 | 12.37 | 1096.33 |
| | | | | | |
| 12112.96 | 7012.85 | 2231.87 | 1253.30 | 395.41 | 6461.09 |
| 16141.06 | 10123.57 | 2742.97 | 2277.25 | 1147.09 | 8054.51 |
| 5061.34 | 3026.34 | 930.49 | 578.52 | 237.43 | 2852.99 |
| 13059.08 | 8417.15 | 3159.31 | 1290.67 | 582.27 | 7445.51 |
| 31745.87 | 20309.89 | 7553.69 | 3766.99 | 1505.49 | 16551.39 |
| 8220.72 | 4187.89 | 1215.47 | 920.31 | 401.06 | 4309.01 |
| 5025.74 | 1901.44 | 326.12 | 454.60 | 155.85 | 2983.78 |
| 2288.59 | 1257.48 | 278.33 | 302.10 | 85.66 | 1215.75 |
| 4156.42 | 2278.22 | 818.73 | 382.49 | 191.76 | 2988.60 |
| 3488.39 | 1962.72 | 613.25 | 345.52 | 125.55 | 1971.89 |
| 4278.59 | 2537.76 | 701.86 | 399.47 | 181.66 | 2232.56 |
| 4462.22 | 2890.37 | 648.13 | 441.62 | 210.97 | 2296.89 |
| 3004.40 | 1768.97 | 387.37 | 518.87 | 202.53 | 1400.93 |

## 11-14 续表 2

单位：亿元

| 项 目 | Item | 营业收入 Business Revenue |
|---|---|---|
| **总　计** | **Total** | **104603.87** |
| **按登记注册统计类别分** | **Grouped by Registered Statistical Categories** | |
| 内资企业 | Domestic Invested Enterprises | 68954.46 |
| 有限责任公司 | Limited Liability Corporations | 55257.31 |
| 股份有限公司 | Share-holding Corporations Ltd. | 13012.82 |
| 非公司企业法人 | Non Corporate Legal Entity | 609.49 |
| 个人独资企业 | Sole Proprietorship Enterprises | |
| 合伙企业 | Partnership Enterprises | |
| 港、澳、台商投资企业 | Enterprises with Investment from Hong Kong, Macao and Taiwan | 12724.29 |
| 外商投资企业 | Foreign Invested Enterprises | 22925.12 |
| **按轻重工业分** | **Grouped by Light & Heavy Industry** | |
| 轻工业 | Light Industry | 21159.49 |
| 重工业 | Heavy Industry | 83444.38 |
| **按行业分** | **Grouped by Sector** | |
| **采矿业** | **Mining** | **337.67** |
| 煤炭开采和洗选业 | Mining and Washing of Coal | 194.37 |
| 石油和天然气开采业 | Extraction of Petroleum and Natural Gas | |
| 黑色金属矿采选业 | Mining and Processing of Ferrous Metal Ores | |
| 有色金属矿采选业 | Mining and Processing of Non-ferrous Metals Ores | |
| 非金属矿采选业 | Mining and Processing of Non-metal Ores | 32.00 |
| 开采专业及辅助性活动 | Professional Support Activities for Mining | |
| 其他采矿业 | Mining of Other Ores | |
| **制造业** | **Manufacturing** | **97805.72** |
| 农副食品加工业 | Processing of Food from Agricultural Products | 1418.59 |
| 食品制造业 | Manufacture of Foods | 518.23 |
| 酒、饮料和精制茶制造业 | Manufacture of Liquor, Beverages and Refined Tea | 733.33 |
| 烟草制品业 | Manufacture of Tobacco | 984.95 |
| 纺织业 | Manufacture of Textile | 2057.19 |
| 纺织服装、服饰业 | Manufacture of Textile, Wearing Apparel and Accessories | 1030.94 |
| 皮革、毛皮、羽毛及其制品和制鞋业 | Manufacture of Leather, Fur, Feather and Related Products and Footwear | 69.15 |
| 木材加工和木、竹、藤、棕、草制品业 | Processing of Timber, Manufacture of Wood, Bamboo, Rattan, Palm and Straw Products | 119.17 |
| 家具制造业 | Manufacture of Furniture | 184.79 |
| 造纸和纸制品业 | Manufacture of Paper and Paper Products | 882.97 |
| 印刷和记录媒介复制业 | Printing and Reproduction of Recording Media | 242.42 |
| 文教、工美、体育和娱乐用品制造业 | Manufacture of Articles for Culture, Education, Arts and Crafts, Sport and Entertainment Activities | 443.15 |
| 石油、煤炭及其他燃料加工业 | Processing of Petroleum, Coal and Other Fuels | 3547.57 |

continued

(100 million yuan)

| 营业成本<br>Business Cost | 销售费用<br>Selling Expenses | 管理费用<br>Management Expenses | 财务费用<br>Financial Expenses | 利润总额<br>Total Profits | 平均用工人数(万人)<br>Annual Average Employees (10000 persons) |
|---|---|---|---|---|---|
| **89000.60** | **2413.64** | **2650.05** | **299.28** | **6483.89** | **489.20** |
| 58917.91 | 1441.05 | 1507.25 | 258.68 | 3942.52 | 297.71 |
| 48190.07 | 920.01 | 1026.68 | 227.88 | 2581.69 | 224.37 |
| 10164.71 | 508.86 | 453.86 | 32.35 | 1306.28 | 70.04 |
| 492.14 | 11.40 | 24.98 | -1.51 | 53.92 | 2.85 |
| 10681.99 | 369.46 | 390.08 | 2.50 | 887.51 | 76.31 |
| 19400.70 | 603.13 | 752.72 | 38.10 | 1653.85 | 115.17 |
| 16291.32 | 1117.52 | 684.90 | 25.19 | 1941.83 | 130.94 |
| 72709.28 | 1296.12 | 1965.14 | 274.09 | 4542.05 | 358.25 |
| **274.44** | **1.58** | **28.35** | **1.31** | **28.94** | **3.39** |
| 172.21 | 0.62 | 12.35 | -0.57 | 18.70 | 2.27 |
| 26.40 | 0.47 | 1.29 | 0.19 | 2.85 | 0.24 |
| **82708.20** | **2366.11** | **2548.47** | **237.39** | **6246.34** | **476.54** |
| 1320.06 | 16.76 | 17.30 | 4.39 | 42.81 | 5.09 |
| 396.15 | 35.17 | 20.54 | 1.07 | 59.64 | 4.24 |
| 319.65 | 63.98 | 30.11 | -2.79 | 259.37 | 3.38 |
| 352.02 | 7.50 | 22.66 | -9.88 | 137.96 | 0.62 |
| 1830.37 | 32.01 | 51.12 | 12.30 | 96.12 | 18.73 |
| 858.28 | 26.25 | 55.36 | 3.26 | 91.05 | 13.49 |
| 59.36 | 1.63 | 3.65 | 0.31 | 2.98 | 1.21 |
| 95.33 | 5.95 | 4.02 | 1.28 | 8.21 | 1.09 |
| 147.08 | 7.61 | 9.26 | 1.05 | 16.27 | 2.71 |
| 758.80 | 29.65 | 25.35 | 11.32 | 55.67 | 2.96 |
| 193.41 | 9.83 | 11.63 | 0.84 | 18.16 | 2.64 |
| 361.44 | 13.27 | 16.49 | 1.19 | 43.97 | 4.89 |
| 3035.61 | 8.35 | 34.94 | 21.55 | 9.39 | 2.55 |

11-14 续表 3

单位: 亿元

| 项 目 | Item | 营业收入 Business Revenue |
|---|---|---|
| 化学原料和化学制品制造业 | Manufacture of Raw Chemical Materials and Chemical Products | 4918.12 |
| 医药制造业 | Manufacture of Medicines | 2425.58 |
| 化学纤维制造业 | Manufacture of Chemical Fibers | 2131.53 |
| 橡胶和塑料制品业 | Manufacture of Rubber and Plastics Products | 1743.61 |
| 非金属矿物制品业 | Manufacture of Non-metallic Mineral Products | 1578.37 |
| 黑色金属冶炼和压延加工业 | Smelting and Pressing of Ferrous Metals | 10818.74 |
| 有色金属冶炼和压延加工业 | Smelting and Pressing of Non-ferrous Metals | 1797.59 |
| 金属制品业 | Manufacture of Metal Products | 2682.89 |
| 通用设备制造业 | Manufacture of General Purpose Machinery | 4954.62 |
| 专用设备制造业 | Manufacture of Special Purpose Machinery | 3772.85 |
| 汽车制造业 | Manufacture of Automobiles | 8152.61 |
| 铁路、船舶、航空航天和其他运输设备制造业 | Manufacture of Railway, Ship, Aerospace and Other Transport Equipments | 2697.97 |
| 电气机械和器材制造业 | Manufacture of Electrical Machinery and Apparatus | 16432.19 |
| 计算机、通信和其他电子设备制造业 | Manufacture of Computers, Communication and Other Electronic Equipment | 19808.02 |
| 仪器仪表制造业 | Manufacture of Measuring Instruments and Machinery | 1499.46 |
| 其他制造业 | Other Manufacture | 36.37 |
| 废弃资源综合利用业 | Utilization of Waste Resources | 115.92 |
| 金属制品、机械和设备修理业 | Repair Service of Metal Products, Machinery and Equipment | 6.85 |
| **电力、热力、燃气及水的生产和供应业** | **Production and Supply of Electricity, Heat, Gas and Water** | **6460.48** |
| 电力、热力生产和供应业 | Production and Supply of Electricity and Heat | 5924.99 |
| 燃气生产和供应 | Production and Supply of Gas | 337.07 |
| 水的生产和供应业 | Production and Supply of Water | 198.42 |
| **按地区分** | **By City** | |
| 南京市 | Nanjing | 11140.05 |
| 无锡市 | Wuxi | 13073.57 |
| 徐州市 | Xuzhou | 4100.42 |
| 常州市 | Changzhou | 11498.16 |
| 苏州市 | Suzhou | 29938.44 |
| 南通市 | Nantong | 6784.17 |
| 连云港市 | Lianyungang | 3732.58 |
| 淮安市 | Huai'an | 1814.43 |
| 盐城市 | Yancheng | 5045.97 |
| 扬州市 | Yangzhou | 3329.14 |
| 镇江市 | Zhenjiang | 3186.96 |
| 泰州市 | Taizhou | 3618.11 |
| 宿迁市 | Suqian | 2806.15 |

continued

(100 million yuan)

| 营业成本 Business Cost | 销售费用 Selling Expenses | 管理费用 Management Expenses | 财务费用 Financial Expenses | 利润总额 Total Profits | 平均用工人数 (万人) Annual Average Employees (10000 persons) |
|---|---|---|---|---|---|
| 4308.39 | 97.28 | 144.75 | 18.81 | 252.18 | 14.73 |
| 1018.70 | 563.47 | 157.52 | -24.29 | 507.40 | 14.35 |
| 1949.73 | 12.34 | 35.80 | 22.94 | 65.85 | 9.66 |
| 1424.54 | 44.03 | 67.45 | 5.37 | 148.09 | 13.23 |
| 1238.01 | 34.65 | 47.34 | -2.51 | 213.79 | 9.55 |
| 9998.78 | 53.76 | 113.48 | 50.24 | 349.56 | 15.40 |
| 1656.04 | 9.13 | 18.12 | 8.78 | 56.99 | 4.09 |
| 2230.61 | 51.59 | 83.49 | 8.41 | 211.72 | 17.51 |
| 3912.86 | 152.50 | 229.66 | 7.82 | 493.42 | 34.37 |
| 2879.46 | 176.83 | 157.49 | 0.37 | 394.85 | 28.05 |
| 6912.57 | 176.44 | 287.82 | 23.73 | 478.75 | 39.43 |
| 2245.08 | 48.91 | 89.96 | -4.00 | 242.99 | 19.34 |
| | | | | | |
| 14204.63 | 432.33 | 337.60 | 26.94 | 924.72 | 62.25 |
| 17736.02 | 174.74 | 404.93 | 44.00 | 865.27 | 119.08 |
| 1129.41 | 77.47 | 67.18 | 2.76 | 188.95 | 10.43 |
| 29.65 | 2.21 | 1.69 | 0.17 | 2.19 | 0.70 |
| 99.63 | 0.45 | 1.53 | 1.94 | 8.02 | 0.52 |
| 6.55 | 0.00 | 0.25 | 0.02 | 0.01 | 0.25 |
| **6017.96** | **45.95** | **73.23** | **60.58** | **208.61** | **9.26** |
| 5589.93 | 2.62 | 47.32 | 57.95 | 160.33 | 6.27 |
| 288.94 | 14.15 | 8.97 | 1.31 | 24.83 | 0.82 |
| 139.09 | 29.19 | 16.93 | 1.31 | 23.45 | 2.16 |
| | | | | | |
| 9278.55 | 285.22 | 281.35 | 18.27 | 659.08 | 35.80 |
| 10899.56 | 301.25 | 371.79 | 64.80 | 1113.49 | 61.43 |
| 3326.12 | 101.97 | 96.60 | 10.58 | 266.72 | 19.63 |
| 9842.44 | 273.98 | 248.47 | 14.70 | 784.02 | 48.25 |
| 25832.82 | 705.42 | 892.89 | 60.93 | 1623.42 | 158.72 |
| 5848.91 | 118.16 | 167.21 | 34.87 | 430.72 | 38.74 |
| 2856.55 | 181.05 | 75.90 | 41.89 | 339.51 | 10.25 |
| 1362.17 | 52.76 | 56.44 | 0.68 | 143.66 | 13.00 |
| 4577.04 | 59.32 | 88.68 | 28.67 | 191.09 | 20.52 |
| 2917.87 | 62.49 | 86.23 | 6.08 | 137.06 | 19.48 |
| 2661.18 | 86.21 | 80.33 | 9.93 | 207.15 | 18.21 |
| 2983.15 | 124.36 | 96.15 | -10.33 | 264.88 | 21.30 |
| 2281.27 | 54.68 | 58.91 | 9.31 | 280.18 | 17.79 |

# 11-15 大中型工业企业主要经济效益指标(2023年)

单位：%

| 项 目 | Item |
|---|---|
| **总 计** | **Total** |
| **按登记注册统计类别分** | **Grouped by Registered Statistical Categories** |
| 内资企业 | Domestic Invested Enterprises |
| 有限责任公司 | Limited Liability Corporations |
| 股份有限公司 | Share-holding Corporations Ltd. |
| 非公司企业法人 | Non Corporate Legal Entity |
| 个人独资企业 | Sole Proprietorship Enterprises |
| 合伙企业 | Partnership Enterprises |
| 港、澳、台商投资企业 | Enterprises with Investment from Hong Kong, Macao and Taiwan |
| 外商投资企业 | Foreign Invested Enterprises |
| **按轻重工业分** | **Grouped by Light & Heavy Industry** |
| 轻工业 | Light Industry |
| 重工业 | Heavy Industry |
| **按行业分** | **Grouped by Sector** |
| **采矿业** | **Mining** |
| 煤炭开采和洗选业 | Mining and Washing of Coal |
| 石油和天然气开采业 | Extraction of Petroleum and Natural Gas |
| 黑色金属矿采选业 | Mining and Processing of Ferrous Metal Ores |
| 有色金属矿采选业 | Mining and Processing of Non-ferrous Metals Ores |
| 非金属矿采选业 | Mining and Processing of Non-metal Ores |
| 开采专业及辅助性活动 | Professional Support Activities for Mining |
| 其他采矿业 | Mining of Other Ores |
| **制造业** | **Manufacturing** |
| 农副食品加工业 | Processing of Food from Agricultural Products |
| 食品制造业 | Manufacture of Foods |
| 酒、饮料和精制茶制造业 | Manufacture of Liquor, Beverages and Refined Tea |
| 烟草制品业 | Manufacture of Tobacco |
| 纺织业 | Manufacture of Textile |
| 纺织服装、服饰业 | Manufacture of Textile, Wearing Apparel and Accessories |
| 皮革、毛皮、羽毛及其制品和制鞋业 | Manufacture of Leather, Fur, Feather and Related Products and Footwear |
| 木材加工和木、竹、藤、棕、草制品业 | Processing of Timber, Manufacture of Wood, Bamboo, Rattan, Palm and Straw Products |
| 家具制造业 | Manufacture of Furniture |
| 造纸和纸制品业 | Manufacture of Paper and Paper Products |
| 印刷和记录媒介复制业 | Printing and Reproduction of Recording Media |
| 文教、工美、体育和娱乐用品制造业 | Manufacture of Articles for Culture, Education, Arts and Crafts, Sport and Entertainment Activities |
| 石油、煤炭及其他燃料加工业 | Processing of Petroleum, Coal and Other Fuels |

# Main Economic Benefit Indicators of Large and Medium Size Industrial Enterprises (2023)

(%)

| 企业亏损面<br>Percentage of Business Suffering Loss | 资产负债率<br>Assets Liability Ratio | 流动资产周转次数(次/年)<br>Times of Turnover of current Assets (times/year) | 成本费用利润率<br>Ratio of Profits to Cost Expense | 总资产贡献率<br>Ratio of Total Assets to Industrial Output Value |
|---|---|---|---|---|
| **16.19** | **53.37** | **1.53** | **6.67** | **8.48** |
| 16.56 | 55.54 | 1.51 | 6.15 | 8.25 |
| 18.35 | 61.34 | 1.77 | 4.99 | 8.28 |
| 10.27 | 42.04 | 0.95 | 11.18 | 8.29 |
| 16.67 | 42.68 | 0.84 | 9.70 | 6.21 |
| 17.28 | 51.84 | 1.36 | 7.47 | 7.90 |
| 14.45 | 46.30 | 1.68 | 7.77 | 9.75 |
| 17.33 | 48.57 | 1.36 | 10.35 | 12.31 |
| 15.67 | 54.73 | 1.58 | 5.79 | 7.40 |
| **7.69** | **48.99** | **1.21** | **9.32** | **8.72** |
|  | 39.01 | 1.06 | 10.05 | 6.92 |
| 20.00 | 52.32 | 1.98 | 9.96 | 14.65 |
| **16.15** | **53.35** | **1.47** | **6.89** | **8.78** |
| 20.83 | 59.69 | 2.90 | 3.13 | 7.55 |
| 16.92 | 41.95 | 1.48 | 12.89 | 13.01 |
| 0.00 | 32.11 | 0.80 | 61.77 | 31.85 |
| 0.00 | 9.88 | 1.55 | 36.70 | 91.69 |
| 19.52 | 49.17 | 1.73 | 4.89 | 7.80 |
| 16.67 | 46.24 | 1.35 | 9.56 | 11.17 |
| 8.70 | 55.60 | 1.41 | 4.53 | 7.76 |
| 20.83 | 55.25 | 1.23 | 7.47 | 9.16 |
| 16.67 | 52.95 | 1.34 | 9.55 | 9.83 |
| 24.24 | 53.58 | 1.26 | 6.58 | 6.70 |
| 9.30 | 49.83 | 1.28 | 8.11 | 8.26 |
| 10.81 | 51.40 | 1.78 | 10.95 | 14.55 |
| 42.86 | 67.65 | 5.55 | 0.30 | 24.22 |

11-15 续表

单位：%

| 项 目 | Item |
|---|---|
| 化学原料和化学制品制造业 | Manufacture of Raw Chemical Materials and Chemical Products |
| 医药制造业 | Manufacture of Medicines |
| 化学纤维制造业 | Manufacture of Chemical Fibers |
| 橡胶和塑料制品业 | Manufacture of Rubber and Plastics Products |
| 非金属矿物制品业 | Manufacture of Non-metallic Mineral Products |
| 黑色金属冶炼和压延加工业 | Smelting and Pressing of Ferrous Metals |
| 有色金属冶炼和压延加工业 | Smelting and Pressing of Non-ferrous Metals |
| 金属制品业 | Manufacture of Metal Products |
| 通用设备制造业 | Manufacture of General Purpose Machinery |
| 专用设备制造业 | Manufacture of Special Purpose Machinery |
| 汽车制造业 | Manufacture of Automobiles |
| 铁路、船舶、航空航天和其他运输设备制造业 | Manufacture of Railway, Ship, Aerospace and Other Transport Equipments |
| 电气机械和器材制造业 | Manufacture of Electrical Machinery and Apparatus |
| 计算机、通信和其他电子设备制造业 | Manufacture of Computers, Communication and Other Electronic Equipment |
| 仪器仪表制造业 | Manufacture of Measuring Instruments and Machinery |
| 其他制造业 | Other Manufacture |
| 废弃资源综合利用业 | Utilization of Waste Resources |
| 金属制品、机械和设备修理业 | Repair Service of Metal Products, Machinery and Equipment |
| **电力、热力、燃气及水的生产和供应业** | **Production and Supply of Electricity, Heat, Gas and Water** |
| 电力、热力生产和供应业 | Production and Supply of Electricity and Heat |
| 燃气生产和供应 | Production and Supply of Gas |
| 水的生产和供应业 | Production and Supply of Water |
| **按地区分** | **By City** |
| 南京市 | Nanjing |
| 无锡市 | Wuxi |
| 徐州市 | Xuzhou |
| 常州市 | Changzhou |
| 苏州市 | Suzhou |
| 南通市 | Nantong |
| 连云港市 | Lianyungang |
| 淮安市 | Huai'an |
| 盐城市 | Yancheng |
| 扬州市 | Yangzhou |
| 镇江市 | Zhenjiang |
| 泰州市 | Taizhou |
| 宿迁市 | Suqian |

continued

(%)

| 企业亏损面<br>Percentage of Business Suffering Loss | 资产负债率<br>Assets Liability Ratio | 流动资产周转次数(次/年)<br>Times of Turnover of current Assets (times/year) | 成本费用利润率<br>Ratio of Profits to Cost Expense | 总资产贡献率<br>Ratio of Total Assets to Industrial Output Value |
|---|---|---|---|---|
| 23.32 | 42.20 | 1.84 | 5.41 | 5.97 |
| 21.79 | 34.71 | 0.74 | 26.09 | 13.68 |
| 27.78 | 62.60 | 2.65 | 3.19 | 5.23 |
| 15.02 | 44.44 | 1.36 | 9.29 | 7.78 |
| 15.17 | 49.11 | 0.95 | 15.68 | 9.71 |
| 13.48 | 59.95 | 2.79 | 3.34 | 6.22 |
| 20.90 | 64.77 | 2.35 | 3.30 | 8.22 |
| 12.88 | 49.02 | 1.25 | 8.62 | 8.87 |
| 8.28 | 50.57 | 1.13 | 11.03 | 9.89 |
| 13.77 | 51.78 | 0.83 | 11.65 | 8.13 |
| 15.01 | 63.69 | 1.50 | 6.27 | 8.90 |
| 17.31 | 63.71 | 0.93 | 9.76 | 7.71 |
| | | | | |
| 14.86 | 59.82 | 1.39 | 5.97 | 6.92 |
| 20.48 | 51.17 | 1.55 | 4.57 | 5.52 |
| 9.22 | 49.20 | 0.83 | 14.03 | 8.98 |
| 0.00 | 37.77 | 1.56 | 6.31 | 5.91 |
| 16.67 | 70.87 | 2.21 | 7.37 | 13.74 |
| 66.67 | 85.69 | 2.64 | 0.08 | 11.10 |
| **19.19** | **53.93** | **3.92** | **3.35** | **4.86** |
| 22.22 | 50.84 | 6.66 | 2.80 | 5.35 |
| 11.76 | 52.81 | 2.96 | 7.91 | 8.81 |
| 18.92 | 66.98 | 0.31 | 12.47 | 1.98 |
| | | | | |
| 16.49 | 53.34 | 1.59 | 6.53 | 11.68 |
| 12.90 | 49.90 | 1.29 | 9.28 | 8.77 |
| 25.23 | 56.37 | 1.35 | 7.29 | 11.06 |
| 12.72 | 57.01 | 1.37 | 7.34 | 8.21 |
| 15.41 | 52.14 | 1.47 | 5.72 | 6.77 |
| 17.04 | 52.42 | 1.62 | 6.76 | 7.32 |
| 14.58 | 59.37 | 1.96 | 10.31 | 12.11 |
| 18.37 | 53.12 | 1.44 | 9.37 | 14.82 |
| 21.43 | 71.90 | 2.21 | 3.94 | 7.33 |
| 16.75 | 56.53 | 1.70 | 4.30 | 6.43 |
| 16.60 | 52.18 | 1.26 | 7.05 | 7.14 |
| 19.10 | 51.47 | 1.25 | 8.03 | 8.76 |
| 23.20 | 46.63 | 1.59 | 11.34 | 15.70 |

# 11-16 规模以上高技术制造业主要经济指标(2023年)

单位：亿元

| 项 目 | Item | 企业单位数 (个) Number of Enterprises (unit) |
| --- | --- | --- |
| **高技术制造业合计** | **Total** | **8358** |
| #医药制造业 | Manufacture of Medicines | 935 |
| 电子及通信设备制造业 | Manufacture of Electronic and Communication Equipment | 4675 |
| 计算机及办公设备制造 | Manufacture of Computer and Office Equipment | 416 |
| 医疗仪器设备及仪器仪表制造 | Medical Instruments and Equipment and Instrument Manufacturing | 2210 |
| **按地区分** | **By City** | |
| 南京市 | Nanjing | 1160 |
| 无锡市 | Wuxi | 837 |
| 徐州市 | Xuzhou | 270 |
| 常州市 | Changzhou | 859 |
| 苏州市 | Suzhou | 2577 |
| 南通市 | Nantong | 671 |
| 连云港市 | Lianyungang | 97 |
| 淮安市 | Huai'an | 203 |
| 盐城市 | Yancheng | 418 |
| 扬州市 | Yangzhou | 404 |
| 镇江市 | Zhenjiang | 283 |
| 泰州市 | Taizhou | 364 |
| 宿迁市 | Suqian | 168 |

# Main Economic Indicators of High Technology Manufacturing above Designated Size (2023)

| 资产总计 Total Assets | 流动资产合计 Current Assets | 应收账款 Accounts Receivable | 存 货 Inventories | #产成品 Finished Goods | 负债合计 Total Liabilities |
|---|---|---|---|---|---|
| **47070.27** | **29613.77** | **11370.05** | **5445.93** | **2161.12** | **23356.21** |
| 6106.74 | 4075.02 | 925.50 | 658.03 | 313.88 | 2300.40 |
| 31347.13 | 18928.62 | 8031.41 | 3379.89 | 1367.79 | 16435.26 |
| 2502.94 | 1937.49 | 1030.44 | 378.03 | 118.21 | 1304.24 |
| 6239.22 | 4127.94 | 1215.75 | 869.38 | 317.45 | 2871.77 |
| | | | | | |
| 6303.98 | 3888.83 | 1368.98 | 576.69 | 198.73 | 3266.09 |
| 6682.40 | 3862.57 | 1169.63 | 1031.48 | 447.26 | 2783.14 |
| 837.40 | 467.48 | 151.77 | 91.11 | 34.26 | 393.44 |
| 4996.84 | 3028.76 | 1285.90 | 453.69 | 214.58 | 2557.03 |
| 16716.30 | 11336.93 | 5193.41 | 2042.55 | 749.63 | 8819.75 |
| 2880.73 | 1589.11 | 552.30 | 304.84 | 125.36 | 1243.63 |
| 1078.31 | 773.79 | 160.14 | 70.49 | 39.05 | 354.34 |
| 561.22 | 278.99 | 123.12 | 47.07 | 18.45 | 246.53 |
| 1421.53 | 706.52 | 336.54 | 144.45 | 60.93 | 888.86 |
| 1097.52 | 680.26 | 262.67 | 138.86 | 57.38 | 541.92 |
| 1127.04 | 658.15 | 152.03 | 119.56 | 66.61 | 612.00 |
| 1805.84 | 1245.68 | 265.86 | 170.06 | 86.27 | 780.27 |
| 467.17 | 283.12 | 99.56 | 42.09 | 19.93 | 216.25 |

## 11-16 续表

单位：亿元

| 项 目 | Item | 营业收入 Business Revenue |
|---|---|---|
| **高技术制造业合计** | **Total** | **36552.85** |
| #医药制造业 | Manufacture of Medicines | 3220.96 |
| 电子及通信设备制造业 | Manufacture of Electronic and Communication Equipment | 24946.69 |
| 计算机及办公设备制造 | Manufacture of Computer and Office Equipment | 4128.50 |
| 医疗仪器设备及仪器仪表制造 | Medical Instruments and Equipment and Instrument Manufacturing | 3767.00 |
| **按地区分** | **By City** | |
| 南京市 | Nanjing | 4365.63 |
| 无锡市 | Wuxi | 4672.38 |
| 徐州市 | Xuzhou | 434.97 |
| 常州市 | Changzhou | 3412.30 |
| 苏州市 | Suzhou | 16314.39 |
| 南通市 | Nantong | 2014.40 |
| 连云港市 | Lianyungang | 611.47 |
| 淮安市 | Huai'an | 369.61 |
| 盐城市 | Yancheng | 1131.89 |
| 扬州市 | Yangzhou | 868.17 |
| 镇江市 | Zhenjiang | 697.76 |
| 泰州市 | Taizhou | 882.93 |
| 宿迁市 | Suqian | 302.70 |

continued

(100 million yuan)

| 营业成本 Business Cost | 销售费用 Selling Expenses | 管理费用 Management Expenses | 财务费用 Financial Expenses | 利润总额 Total Profits | 平均用工人数（万人） Annual Average Employees (10000 persons) |
|---|---|---|---|---|---|
| **30311.78** | **1272.59** | **1242.4** | **72.48** | **2265** | **233.28** |
| 1552.41 | 643.92 | 223.64 | -18.34 | 567.11 | 22.41 |
| 21750.45 | 363.33 | 690.16 | 85.67 | 1150.75 | 153.34 |
| 3858.17 | 40.19 | 66.70 | -5.66 | 96.38 | 22.42 |
| 2754.18 | 219.13 | 234.62 | 8.59 | 418.21 | 32.36 |
| | | | | | |
| 3519.95 | 177.25 | 155.32 | 19.06 | 364.50 | 20.51 |
| 3797.25 | 136.03 | 162.28 | 34.88 | 348.74 | 29.20 |
| 321.35 | 28.68 | 20.74 | 1.99 | 36.13 | 4.01 |
| 2787.32 | 128.55 | 105.12 | 1.50 | 264.23 | 20.40 |
| 14240.66 | 386.01 | 493.24 | 16.71 | 611.54 | 98.41 |
| 1686.84 | 49.36 | 66.29 | 7.51 | 140.69 | 12.96 |
| 197.67 | 160.01 | 38.89 | -6.66 | 156.45 | 4.07 |
| 300.61 | 14.83 | 15.10 | 0.96 | 17.89 | 4.57 |
| 1007.94 | 21.84 | 35.24 | 6.20 | 31.34 | 9.35 |
| 697.37 | 27.29 | 36.67 | -0.20 | 73.72 | 7.18 |
| 543.97 | 27.94 | 29.18 | 3.15 | 59.31 | 5.64 |
| 578.32 | 104.79 | 46.51 | -11.99 | 115.92 | 9.97 |
| 266.29 | 3.85 | 11.76 | -1.68 | 11.80 | 4.20 |

# 11-17 主要年份工业主要产品产量
## Output of Main Industrial Products in Major Years

| 年份 Year | 原煤 (万吨) Coal (10000 tons) | 发电量 (亿千瓦时) Electricity Generation (100 million kW·h) | 钢材 (万吨) Rolled Steel (10000 tons) | 水泥 (万吨) Cement (10000 tons) | 农用化肥 (万吨) Chemical Fertilizer (10000 tons) | 布 (亿米) Cloth (100 million m) | 化学纤维 (万吨) Chemical Fiber (10000 tons) | 汽车 (辆) Motor Vehicles (unit) |
|---|---|---|---|---|---|---|---|---|
| 1949 | 81.49 | 1.98 | 0.03 | 3.10 | 0.38 | 2.32 | | |
| 1952 | 113.21 | 4.10 | 0.19 | 36.90 | 1.32 | 6.10 | | |
| 1957 | 193.11 | 7.08 | 0.27 | 80.70 | 3.63 | 6.97 | | |
| 1962 | 462.70 | 15.43 | 6.19 | 58.60 | 10.09 | 3.20 | | 452 |
| 1965 | 485.66 | 25.78 | 18.48 | 103.00 | 20.25 | 6.76 | 0.54 | 2350 |
| 1970 | 699.17 | 49.96 | 18.36 | 163.12 | 28.21 | 9.60 | 0.52 | 7472 |
| 1975 | 1143.75 | 81.80 | 44.09 | 274.16 | 41.82 | 11.68 | 0.88 | 13932 |
| 1978 | 1707.02 | 126.42 | 60.31 | 444.10 | 72.18 | 14.06 | 2.11 | 15079 |
| 1980 | 1690.00 | 156.32 | 104.87 | 629.00 | 111.61 | 17.97 | 3.26 | 19624 |
| 1985 | 2193.85 | 234.48 | 145.18 | 1116.90 | 121.71 | 21.05 | 12.52 | 24474 |
| 1990 | 2407.79 | 404.47 | 203.01 | 1532.89 | 145.90 | 28.91 | 40.76 | 46291 |
| 1991 | 2470.55 | 441.20 | 247.76 | 1823.18 | 147.33 | 27.01 | 48.15 | 64045 |
| 1992 | 2457.76 | 481.15 | 387.51 | 2275.59 | 144.63 | 29.04 | 55.09 | 101009 |
| 1993 | 2505.53 | 536.84 | 466.02 | 2660.50 | 133.69 | 30.19 | 66.18 | 124334 |
| 1994 | 2503.44 | 631.90 | 674.19 | 3087.38 | 153.09 | 32.71 | 78.09 | 129957 |
| 1995 | 2650.72 | 700.41 | 787.89 | 3966.42 | 191.85 | 48.90 | 102.20 | 125197 |
| 1996 | 2606.52 | 756.87 | 795.58 | 4040.28 | 184.30 | 34.55 | 105.94 | 110157 |
| 1997 | 2506.01 | 777.00 | 856.79 | 4031.73 | 187.98 | 40.46 | 139.11 | 104801 |
| 1998 | 2378.53 | 754.27 | 933.63 | 3856.30 | 170.12 | 31.72 | 140.94 | 89828 |
| 1999 | 2291.97 | 787.06 | 1170.25 | 4378.32 | 171.27 | 31.76 | 170.06 | 91300 |
| 2000 | 2479.02 | 909.69 | 1401.83 | 4599.52 | 192.38 | 33.74 | 190.99 | 90636 |
| 2001 | 2451.14 | 986.64 | 1754.13 | 5135.59 | 187.62 | 32.91 | 219.75 | 97682 |
| 2002 | 2593.58 | 1116.56 | 2274.56 | 6035.29 | 205.02 | 37.28 | 261.22 | 168248 |
| 2003 | 2760.40 | 1277.88 | 2876.80 | 7225.14 | 190.90 | 37.61 | 303.76 | 212566 |
| 2004 | 2747.03 | 1539.49 | 3749.91 | 7993.22 | 227.22 | 42.74 | 377.81 | 243750 |
| 2005 | 2817.56 | 1789.53 | 4328.32 | 9579.15 | 284.63 | 53.97 | 458.49 | 305726 |
| 2006 | 3047.53 | 2216.40 | 5816.26 | 10880.77 | 254.66 | 64.95 | 665.14 | 274820 |
| 2007 | 2480.20 | 2674.43 | 7276.33 | 11787.42 | 259.93 | 64.20 | 803.35 | 269387 |
| 2008 | 2428.09 | 2776.85 | 7364.13 | 12683.21 | 255.83 | 74.55 | 790.67 | 330257 |
| 2009 | 2397.44 | 2928.21 | 7859.69 | 14434.14 | 317.34 | 78.97 | 894.50 | 506188 |
| 2010 | 2122.48 | 3358.98 | 9122.95 | 15647.46 | 241.96 | 88.46 | 1027.19 | 728700 |
| 2011 | 2100.27 | 3755.63 | 9994.01 | 14899.69 | 243.70 | 67.73 | 1123.80 | 803758 |
| 2012 | 2104.16 | 3928.35 | 10989.18 | 16777.87 | 267.15 | 80.34 | 1274.95 | 886959 |
| 2013 | 2011.18 | 4288.91 | 13038.96 | 18646.40 | 260.21 | 101.28 | 1372.89 | 1117137 |
| 2014 | 2019.20 | 4347.07 | 13255.21 | 19439.06 | 230.70 | 91.26 | 1312.17 | 1257161 |
| 2015 | 1918.90 | 4351.78 | 13560.81 | 18013.66 | 203.76 | 95.68 | 1430.62 | 1217487 |
| 2016 | 1367.91 | 4667.73 | 13469.72 | 17989.78 | 207.17 | 91.46 | 1458.19 | 1448947 |
| 2017 | 1278.47 | 4812.50 | 12295.44 | 17330.20 | 159.76 | 76.99 | 1425.33 | 1255244 |
| 2018 | 1245.78 | 4933.54 | 12904.26 | 14567.11 | 169.71 | 90.54 | 1503.38 | 1189585 |
| 2019 | 1102.74 | 5015.41 | 14211.41 | 15743.27 | 199.06 | 66.05 | 1525.19 | 838187 |
| 2020 | 1022.28 | 5049.54 | 15004.02 | 15246.45 | 199.41 | 52.54 | 1534.12 | 753275 |
| 2021 | 934.34 | 5782.40 | 15701.90 | 15374.24 | 178.29 | 53.29 | 1625.34 | 775700 |
| 2022 | 964.10 | 5831.26 | 14882.23 | 14206.29 | 161.60 | 48.97 | 1631.98 | 943577 |
| 2023 | 814.00 | 6106.35 | 16631.46 | 14368.85 | 187.05 | 59.51 | 2327.87 | 1952331 |

# 11-18 规模以上工业主要产品生产能力
# Production Capacity of Main Industrial Products of Industrial Enterprises above Designated Size

单位：万吨 (10000 tons)

| 产品名称 | Item | 生产能力 Production Capacity 2022 | 2023 |
|---|---|---|---|
| 天然原油 | Natural Crude Oil | 152.92 | 157.63 |
| 卷烟（亿支） | Cigarettes(100 million pieces) | 1031.30 | 1049.80 |
| 原油加工能力／原油加工量 | Crude Oil Processing Capacity | 5992.98 | 5879.38 |
| 焦炭 | Coke | 1637.00 | 1904.23 |
| 烧碱(折100%) | Caustic Soda(100%) | 357.00 | 350.00 |
| 农用氮、磷、钾化学肥料总计(折纯) | Chemical Fertilizers | 221.06 | 200.72 |
| 初级形态塑料 | Primary Plastics | 1535.81 | 1628.39 |
| 化学纤维 | Chemical Fibre | 2476.95 | 2930.16 |
| 水泥 | Cement | 20318.19 | 20896.93 |
| 平板玻璃(万重量箱) | Plain Glass(10000 weight cases) | 3091.28 | 4295.25 |
| 粗钢 | Crude Steel | 12830.80 | 13227.60 |
| 钢材 | Rolled Steel | 21829.79 | 22643.02 |
| 金属切削机床(万台) | Metal-cutting Machine Tools(10000 sets) | 10.54 | 12.86 |
| 汽车(万辆) | Moter Vehicles(10000 units) | 302.91 | 310.87 |
| 家用电冰箱(万台) | Household Refrigerators(10000 sets) | 1948.67 | 2124.94 |
| 房间空气调节器(万台) | Air Conditioners(10000 sets) | 772.32 | 1238.23 |
| 微型计算机设备(万台) | Micro Computer Equipment(10000 sets) | 4602.03 | 3779.39 |
| 移动通信手持机(手机)（万台） | Mobile Phones(10000 sets) | 9063.13 | 12201.40 |
| 彩色电视机(万台) | Color TV Set(10000 sets) | 2316.46 | 1796.32 |
| 发电设备容量总计／发电量(万千瓦) | Installed Capacity of Power Generation(10000 kW) | 13240.58 | 13242.17 |
| #火电设备容量／发电量 | Thermal Power | 9976.47 | 10006.96 |
| 水电设备容量／发电量 | Hydro Power | 260.00 | 260.00 |
| 核电设备容量／发电量 | Nuclear Power | 660.80 | 660.80 |
| 风电设备容量／发电量 | Wind Power | 1678.31 | 1768.83 |

# 主要统计指标解释

**工业** 指从事自然资源的开采，对采掘品和农产品进行加工和再加工的物质生产部门。具体包括：（1）对自然资源的开采，如采矿、晒盐、森林采伐等（但不包括禽兽捕猎和水产捕捞）；（2）对农副产品的加工、再加工，如粮油加工、食品加工、缫丝、纺织、制革等；（3）对采掘品的加工、再加工，如炼铁、炼钢、化工生产、石油加工、机器制造、木材加工等，以及电力、燃气及水的生产和供应等；（4）对工业品的修理、翻新，如机器设备的修理等。

**轻工业** 指主要提供生活消费品和制作手工工具的工业。按其所使用的原料不同，可分为两大类：（1）以农产品为原料的轻工业，是指直接或间接以农产品为基本原料的轻工业。主要包括食品制造、饮料制造、烟草加工、纺织、缝纫、皮革和毛皮制作、造纸以及印刷等工业；（2）以非农产品为原料的轻工业，是指以工业品为原料的轻工业。主要包括文教体育用品、化学药品制造、合成纤维制造、日用化学制品、日用玻璃制品、日用金属制品、手工工具制造、医疗器械制造、文化和办公用机械制造等工业。

**重工业** 是指为国民经济各部门提供物质技术基础的主要生产资料的工业。按其生产性质和产品用途，可以分为下列三类：（1）采掘（伐）工业，是指对自然资源的开采，包括石油开采、煤炭开采、金属矿开采、非金属矿开采和木材采伐等工业；（2）原材料工业，指向国民经济各部门提供基本材料、动力和燃料的工业。包括金属冶炼及加工、炼焦及焦炭、化学、化工原料、水泥、人造板以及电力、石油和煤炭加工等工业；（3）加工工业，是指对工业原材料进行再加工制造的工业。包括装备国民经济各部门的机械设备制造工业、金属结构、水泥制品等工业，以及为农业提供的生产资料如化肥、农药等工业。

根据上述划分原则，修理业中以重工业产品为修理作业对象的划为重工业，反之划为轻工业。

**资产总计** 指企业过去的交易或者事项形成的、由企业拥有或者控制的、预期会给企业带来经济利益的资源。包括企业拥有的土地、办公楼、厂房、机器、运输工具、存货等实物资产和现金、存款、应收账款和预付账款等金融资产。资产一般按流动性分为流动资产和非流动资产。其中流动资产可分为货币资金、交易性金融资产、应收票据、应收账款、预付款项、其他应收款、存货等；非流动资产可分为长期股权投资、固定资产、无形资产及其他非流动资产等。来源于会计“资产负债表”中“资产总计”项目的期末余额数。

**流动资产合计** 资产满足以下条件之一应归为流动资产：（1）预计在一个正常营业周期中变现、出售或耗用，主要包括存货、应收账款等；（2）主要为交易目的而持有；（3）预计在资产负债表日起一年内（含一年）变现；（4）自资产负债日起一年内，交换其他资产或清偿负债的能力不受限制的现金或现金等价物。包括货币资金、应收票据、应收账款、存货等项目。来源于会计“资产负债表”中“流动资产合计”项目的期末余额数。

**负债合计** 指企业过去的交易或者事项形成的，预期会导致经济利益流出企业的现时义务。包括银行贷款、借款、应付账款、应付职工工资、应付职工福利费、应交税金等企业负有偿还责任的债务。负债一般按偿还期长短分为流动负债和非流动负债。来源于会计“资产负债表”中“负债合计”项目的期末余额数。

**应收账款** 指资产负债表日以摊余成本计量的、企业因销售商品、提供服务等经营活动应收取的款项。来源于会计“资产负债表”中“应收账款”项目的期末余额数。

**存货** 指企业在日常活动中持有以备出售的产成品或商品、处在生产过程中的在产品、在生产过程或提供劳务过程中耗用的材料或物料等，通常包括原材料、在产品、半成品、产成品、商品以及周转材料等。来源于会计“资产负债表”中“存货”项目的期末余额数。

**产成品** 指企业已经完成全部生产过程并验收入库，可以按照合同规定的条件送交订货单位，或者可以作为商品对外销售的产品。如果会计“资产负债表”列示“产成品”或“库存商品”项目，则为其期末余额；或者，根据会计“产成品”或“库存商品”科目的借方余额，减去为“产成品”或“库存商品”计提的存货跌价准备等计算得出。

**营业收入** 指企业从事销售商品、提供劳务和让渡资产使用权等生产经营活动形成的经济利益流入。营业收入包括“主营业务收入”和“其他业务收入”。来源于会计“利润表”中“营业收入”项目的本年累计数。

**营业成本** 指企业从事销售商品、提供劳务和让渡资产使用权等生产经营活动发生的实际成本。包括企业（单位）在报告期内从事销售商品、提供劳务等日常活动发生的各种耗费。包括“主营业务成本”和“其他业务成本”。来源于会计“利润表”中“营业成本”项目的本年累计数。

**销售费用** 指企业在销售商品和材料、提供劳务的过程中发生的各种费用，包括保险费、包装费、展览费和广告费、商品维修费、预计产品质量保证损失、运输费、装卸费等以及为销售本企业商品而专设的销售机构（含销售网点、售后服务网点等）的职工薪酬、业务费、折旧费等经营费用。

**管理费用** 指企业为组织和管理企业生产经营所发生的费用，包括企业在筹建期间内发生的开办费、董事会和行政管理部门在企业经营管理中发生的，或者应当由企业统一负担的公司经费等。来源于会计“利润表”中“管理费用”项目的本年累计数。

**财务费用** 指企业为筹集生产经营所需资金等而发生的筹资费用，包括企业生产经营期间发生的利息支出（减利息收入）、汇兑损失（减汇兑收益）以及相关的手续费等。来源于会计“利润表”中“财务费用”项目的本年累计数。

**利润总额** 指企业在一定会计期间的经营成果，是生产经营过程中各种收入扣除各种耗费后的盈余，反映企业在报告期内实现的盈亏总额。来源于会计“利润表”中“利润总额”项目的本年累计数。

**平均用工人数** 指报告期企业平均实际拥有的、参与本企业生产经营活动的人员数。

**企业亏损面** 指报告期末的亏损企业单位数占全部企业单位数的比重，用百分数表示。计算公式为：企业亏损面=亏损企业单位数/全部企业单位数×100%。

**资产负债率** 该指标既反映企业经营风险的大小，也反映企业利用债权人提供的资金从事经营活动的能力。计算公式为：资产负债率（%）=负债总额/资产总额×100%。资产与负债均为报告期期末数。

**流动资产周转次数** 指一定时期内流动资产完成的周转次数，反映投入工业企业流动资金的周转速度。计算公式为：流动资产周转次数=营业收入/流动资产平均余额。公式中全部流动资产平均余额为期初和期末的流动资产之和的算术平均值，年鉴指标“流动资产周转次数”计算时流动资产平均余额直接取流动资产报告期期末数。

**成本费用利润率** 反映企业投入的生产成本及费用的经济效益，同时也反映企业降低成本所取得的经济效益。计算公式为：成本费用利润（%）=利润总额/成本费用总额×100%。

**总资产贡献率** 反映企业全部资产的获利能力，是企业经营业绩和管理水平的集中体现，是评价和考核企业盈利能力的核心指标。计算公式为：总资产贡献率（%）=（利润总额+税金总额+利息支出）/平均资产总额×100%。公式中平均资产总额为期初期末资产之和的算术平均值，年鉴指标“总资产贡献率”计算时平均资产总额直接取资产报告期期末数。

# Explanatory Notes on Main Statistical Indicators

**Industry** refers to the material production sector which is engaged in extraction of natural resources and processing and reprocessing of minerals and agricultural products,including (1)extraction of natural resources,such as mining, salt production, deforestation and so on(but not including hunting and fishing); (2)processing and reprocessing of farm and sideline produces, such as grain and oil processing, food processing, silk reeling, spinning and weaving, and leather making; (3)processing and reprocessing of mineral products, such as steel making, iron smelting, chemicals manufacturing, petroleum processing, machine building, timber processing, and production and supply of electricity, gas and water; (4)repairing and renovating of industrial products such as the machinery.

**Light Industry** refers to the industry that produces consumer goods and hand tools. It consists of two categories according to the raw materials used: (1)Light industries using farm products as raw materials. These are branches of light industry which directly or indirectly use farm products as basic raw materials, including the manufacture of foods and beverages, tobacco processing, textile, clothing, leather and fur manufacturing, paper making, printing, etc. (2)Light industries using non-farm products as raw materials. These are branches of light industry which use manufactured goods as raw materials, including the manufacture of cultural, stationery and sporting goods, chemicals, synthetic fibre, chemical products for daily use, glass products for daily use, metal products for daily use, hand tools, medical apparatus and instruments, and the manufacture of cultural and machinery for office use.

**Heavy Industry** refers to the industry which produces capital goods, and provides various sectors of the national economy with necessary material and technical basis. It consists of the following three branches according to the purpose of production or the usage of products: (1)Extractive industry refers to the industry that extracts natural resources, including extraction of petroleum, coal, metal and non-metal ores and logging. (2)Raw materials industry refers to the industry that provides various sectors of the national economy with raw materials, fuels and power. It includes smelting and processing of metals, coking and carbon coke, chemistry, chemical materials and building materials such as cement, artificial board, power, petroleum refining and coal dressing. (3)Processing industry refers to the industry that processes raw materials. It includes machinery manufacturing industry which equips sectors of the national economy, industries of metal structure and cement products, industries producing means of agricultural production, such as chemical fertilizers and pesticides.

According to the above principle of classification, the repairing trades which are engaged primarily in repairing products of heavy industry are classified into heavy industry while these engaged in repairing products of light industry are classified into light industry.

**Total Assets** refer to all resources, owned or controlled by enterprises, that could bring prospective economic benefits by past trades and items, including land owned by enterprises, office buildings, factory buildings, machines, transportation, physical assets such as stocks, financial assets such as cash, deposit, receivables and prepayment. Assets can be classified into current assets and non-current assets through mobility.

**Current assets** refer to the assets that meet one of the following requirements: (1) expected to be cashed, sold or used in a normal operation cycle, mainly including inventory and accounts receivable; (2) owned for transaction purpose mainly; (3) expected to be cashed within one year(including one year) from the day of the Balance Sheet; (4) unlimited cash or cash equivalents that can be exchanged with other assets or capable of settling debts during one year since the day of the Balance Sheet. Included are monetary capital, notes receivable, accounts receivable and inventories. Data on this indicator can be obtained from the year-end figures of total current assets in the Balance Sheet of accounting records.

**Total Liabilities** refer to the current obligations that could result in prospective outflow of economic benefits by past trades and items. They include bank loans, accounts of payable, staff salaries of payable, staff welfare expenses of payable, taxes payable and liabilities which should be paid back by enterprises. Classified by terms of repayment, liabilities include liquid liabilities and long-term liabilities. Data on this indictor can be obtained from the year-end figures of total liabilities in the Balance Sheet of accounting records.

**Accounts Receivable** refers to creditor's rights through business activities such as selling goods and providing services. It comes from the ending balance of accounts receivable in balance sheet.

**Inventories** refers to finished goods or commodities held in preparation for sale in enterprises' daily activities, goods in the production process, material or the physical materials consumed in the production process or in the process of providing services, usually include raw materials, goods in the production process, semi-finished products, finished products, goods and materials in flow. It comes from the ending balance of inventory in balance sheet.

**Finished Goods** refers to the products that the enterprises have completed all of the production process and accepted and put in storage, and can be sent to the ordering units in accordance with the contract stipulations, or canbe on sale. If “finished goods” or “goods in stock” are listed in the Balance Sheet, it is the ending balance; or, it is calculated according to the debit balance of the accounting “finished goods” or “goods in stock” account, minus the inventory falling price reserves for “finished products” or “goods in stock”.

**Business Revenue** refers to the inflow of economic benefits through production and operation activities of enterprises, such as selling commodities, providing labor services and transferring the right to use of assets. Business revenue includes “revenue from principal business” and “revenue from other business”. It comes from current year's cumulative report of “business revenue” items from the “income statement”.

**Business Cost** refers to the actual costs incurred by the enterprises in such production and operation activities as selling commodities, providing labor services and transferring the right to use of assets. It includes various expenditures incurred by enterprises(units) in their daily activities of selling goods and providing labour services during the reporting period. It includes “cost of principal business” and “cost of other business”. It comes from current year's cumulative report of “operating cost” items from the “income statement”.

**Selling Expenses** refer to the cost during the sale of goods and materials, providing labour services, including insurance, packing, exhibition fees and advertising fees, merchandise maintenance costs, expected product quality guarantee loss, transportation fees, handling fees, and operating expenses for the sales of the company's products, such as employee compensation, business expenses, depreciation costs for dedicated sales offices(including sales outlets, after-sales service outlets, etc.).

**Management Expenses** refer to the expenses for the organization and management of enterprise operation, including the start-up costs during the construction of enterprises, funds occurred during enterprises operation by board of directors and executive management in the enterprise management, and other costs to be paid by enterprises. It comes from current year's cumulative amount of management cost in income statement.

**Financial Expenses** refer to cost of fund-raising for enterprises to raise funds for production and operation, including interest payments(a reduction in interest income), exchange loss(less exchange gains) and related fees during the period of production. It comes from current year's cumulative amount of financial expenses in income statement.

**Total Profits** refer to the operational results in a certain accounting period, and it is the balance of various incomes minus various spendings in the course of operation, reflecting the total profits and losses of enterprises in reference period. Data are obtained from current year's cumulative amount of total profits in the profit statement of the accounting record of enterprise.

**Annual Average Employees** refer to the number of persons engaged in the production and operation activities of enterprises in the reporting period, which are actually employed by the enterprises.

**Percentage of Business Suffering Loss** refers to the proportion of the number of loss-making enterprise units in the total number of enterprise units at the end of the reporting period, expressed in percentages. The formula for computation is:

Percentage of Business Suffering Loss=Number of Loss-making Enterprise Units/Total Number of Enterprise

Units × 100%.

**Assets Liability Ratio** This indicator reflects both the size of the business risk and the ability of the enterprise to use the funds provided by creditors to engage in business activities. The formula for computation is:

Assets Liability Ratio(%)=Total Liabilities/Total Assets × 100%

Assets and liabilities are data at the end of the reporting period.

**Times of Turnover of Current Assets** refers to the times of turnover of current assets completed in a certain period of time, reflecting the turnover speed of the working capital invested in industrial enterprises. The formula for computation is: Times of Turnover of Current Assets= Business Revenue/Average Balance of Current Assets. The average balance of all current assets in the formula is the arithmetic average of the sum of the current assets at the beginning and end of the period. When calculates "Times of turnover of current assets" in the yearbook, the average balance of current assets is directly taken from the end of the current assets reporting period.

**Ratio of Profits to Cost Expense** It reflects the economic benefits of the production costs and expenses invested by the enterprises, and also reflects the economic benefits achieved by the enterprise in reducing costs. The formula for computation is:

Ratio of Profits of Cost Expense(%)=Total Profits/Total Cost Expenses × 100%

**Contribution Ratio of Total Assets** It reflects the profitability of all assets of the enterprise. It is the concentrated embodiment of the business performance and management level of the enterprise and is the core indicator for evaluating and assessing the profitability of the enterprise. The formula for computation is:

Contribution Ratio of Total Assets=(Total Profits+Total Tax+Interest Expenses) /Average Total Assets × 100%

The average total assets in the formula is the arithmetic average of the sum of the assets at the beginning and end of the period. When calculates "Contribution ratio of total assets" in the yearbook, the average total assets is directly taken from the assets reporting period."

# 12

# 建筑业
# Construction

# 简 要 说 明

**一、本篇资料的主要内容**

本篇资料反映我省建筑业概况和发展情况。包括建筑业企业基本情况和生产经营情况。主要指标有企业个数、从业人员数、建筑业总产值、房屋建筑面积、劳动生产率等。

**二、本篇资料的统计范围**

根据建筑业发展的实际情况，建筑业统计范围从 2002 年年报起由原具有建筑业资质等级四级及四级以上的独立核算的建筑业企业调整为具有建筑业资质的独立核算建筑业企业。

**三、本篇的资料来源及统计调查方法**

本篇建筑业企业统计数据是根据国家统计局制定的《建筑业统计报表制度》整理汇总的。建筑业统计报表是各级统计部门根据当地实际情况采取全面调查的方法布置、收集，由辖区内各资质内建筑业企业通过联网直报上报统计数据。

# Brief Introduction

**I. Main Contents Data**

In this chapter show the general situation and the development of the construction industry in Jiangsu. They cover the situation of production and management of the construction enterprises, including the number of enterprises; number of employed persons; gross output value of the construction industry; floor space of buildings and labour productivity etc.

**II. Scopes of Statistics**

In view of the development of the construction industry, starting from 2002 the scope of construction statistics has been adjusted to include all the construction enterprises of various types of ownership with qualification certificates and independent accounting systems, replacing the previous criteria that required general contract and specilized construction enterprises of various types of ownership to have qualification certificates at or above Grade 4 with independent accounting systems.

**III. Sources of Data and Methods of Survey**

Data on construction enterprises are collected in accordance with the Statistical Reporting System of Construction stipulated by the National Bureau of Statistics. The construction statistical reports are distributed and collected through comprehensive survey by each Bureau of statistics in accordance with real conditions of the enterprises, and they are directly reported by qualified construction enterprises through internet.

# 12-1 建筑业企业概况
# Main Indicators of Construction Enterprises

| 指标Item 年份Year | 总计 Total | 内资企业 Domestic Invested Enterprises | 港澳台投资企业 Enterprises with Investment from Hong Kong, Macao and Taiwan | 外商投资企业 Foreign Invested Enterprises |
|---|---|---|---|---|
| **企业单位个数(个)** | | | | |
| **Number of Enterprises(unit)** | | | | |
| 1980 | 2022 | | | |
| 1985 | 2360 | | | |
| 1990 | 2284 | | | |
| 1995 | 3426 | | | |
| 2000 | 3948 | 3860 | 56 | 32 |
| 2005 | 5909 | 5790 | 53 | 66 |
| 2010 | 8949 | 8849 | 45 | 55 |
| 2011 | 9164 | 9060 | 47 | 57 |
| 2012 | 9254 | 9146 | 50 | 58 |
| 2013 | 9560 | 9450 | 53 | 57 |
| 2014 | 9220 | 9124 | 45 | 51 |
| 2015 | 9149 | 9061 | 44 | 44 |
| 2016 | 9023 | 8937 | 42 | 44 |
| 2017 | 8920 | 8838 | 40 | 42 |
| 2018 | 9787 | 9714 | 30 | 43 |
| 2019 | 9906 | 9836 | 29 | 41 |
| 2020 | 11534 | 11465 | 29 | 40 |
| 2021 | 12893 | 12824 | 28 | 41 |
| 2022 | 13856 | 13794 | 26 | 36 |
| 2023 | 15436 | 15376 | 29 | 31 |
| **从事建筑业活动的平均人数(万人)** | | | | |
| **The Average Number of Employees Engaged in Construction Industry Activities(10000 persons)** | | | | |
| 1980 | 68.18 | | | |
| 1985 | 124.09 | | | |
| 1990 | 124.31 | | | |
| 1995 | 232.94 | | | |
| 2000 | 221.48 | 219.59 | 1.01 | 0.88 |
| 2005 | 342.24 | 339.14 | 1.10 | 2.00 |
| 2010 | 598.98 | 595.97 | 1.16 | 1.84 |

注：1.1980-1992年为全民和集体所有制建筑业企业数据；1993-1995年为各种经济成分的建制镇以上企业数据；1996-2001年数据为资质等级(旧资质)四级及四级以上建筑业企业数据；2002年及以后数据为所有具有资质等级的施工总承包、专业承包建筑业企业数据。

a) Data from 1980 to 1992 were construction enterprises owned by the whole people or under collective ownership. Data from 1993 to 1995 were enterprises above the designated town in diverse economic sectors. Data from 1996 to 2001 included construction enterprises at fourth or higher quality grades(old classification of grades). Data since 2002 included all general contracting and professional contracting construction enterprises which possess qualification certificates.

12-1 续表 continued

| 指标Item 年份Year | 总 计 Total | 内资企业 Domestic Invested Enterprises | 港澳台投资企业 Enterprises with Investment from Hong Kong, Macao and Taiwan | 外商投资企业 Foreign Invested Enterprises |
|---|---|---|---|---|
| 2011 | 607.55 | 604.24 | 1.68 | 1.62 |
| 2012 | 700.96 | 697.42 | 1.73 | 1.81 |
| 2013 | 782.36 | 779.26 | 1.44 | 1.66 |
| 2014 | 828.27 | 825.29 | 1.43 | 1.55 |
| 2015 | 833.31 | 830.69 | 1.62 | 1.00 |
| 2016 | 845.84 | 843.12 | 1.58 | 1.14 |
| 2017 | 894.95 | 891.70 | 1.51 | 1.73 |
| 2018 | 885.17 | 881.71 | 0.79 | 2.67 |
| 2019 | 911.79 | 908.81 | 0.75 | 2.23 |
| 2020 | 973.96 | 966.46 | 0.67 | 6.83 |
| 2021 | 1035.33 | 1028.51 | 0.51 | 6.32 |
| 2022 | 1045.12 | 1038.74 | 0.36 | 6.01 |
| 2023 | 1053.21 | 1047.27 | 0.95 | 4.99 |
| **建筑业总产值(亿元) Gross Output Value of Construction Enterprises(100 million yuan)** | | | | |
| 1980 | 27.33 | | | |
| 1985 | 82.63 | | | |
| 1990 | 147.23 | | | |
| 1995 | 537.21 | | | |
| 2000 | 1538.84 | 1518.74 | 9.87 | 10.23 |
| 2005 | 4368.95 | 4309.46 | 22.84 | 36.65 |
| 2010 | 12405.92 | 12343.46 | 24.34 | 38.11 |
| 2011 | 15122.85 | 15042.47 | 37.56 | 42.82 |
| 2012 | 18423.55 | 18324.07 | 47.10 | 52.39 |
| 2013 | 21993.61 | 21604.09 | 48.75 | 59.31 |
| 2014 | 24592.93 | 24492.20 | 47.15 | 53.58 |
| 2015 | 24785.81 | 24692.81 | 47.44 | 45.56 |
| 2016 | 25791.76 | 25693.66 | 49.10 | 49.00 |
| 2017 | 27956.71 | 27836.87 | 50.73 | 69.11 |
| 2018 | 30846.66 | 30644.43 | 42.10 | 160.13 |
| 2019 | 33099.18 | 32934.75 | 33.48 | 130.94 |
| 2020 | 35251.64 | 34837.64 | 27.05 | 386.96 |
| 2021 | 38244.49 | 37935.05 | 22.99 | 286.45 |
| 2022 | 40660.05 | 40361.16 | 30.18 | 268.71 |
| 2023 | 42251.25 | 41947.37 | 45.54 | 258.34 |

# 12-2　按登记注册统计类别分建筑业企业主要经济指标（2023年）

## Main Economic Indicators of Construction Enterprises by Registered Statistical Categories (2023)

| 指　标 | Item | 总　计 Total | 内资企业 Domestic Invested Enterprises | 港澳台投资企　业 Enterprises with Investment from Hong Kong, Macao and Taiwan | 外商投资企　业 Foreign Invested Enterprises |
|---|---|---|---|---|---|
| 企业单位数(个) | Number of Construction Enterprises (unit) | 15436 | 15376 | 29 | 31 |
| 从事建筑业活动的平均 | The Average Number of Employees Engaged in Construction | 1053.21 | 1047.29 | 0.95 | 4.99 |
| 人数(万人) | Industry Activities (10000 persons) | 3074.11 | 3022.14 | 6.16 | 45.82 |
| 固定资产原价(亿元) | Fixed Assets (original value) (100 million yuan) | 42251.25 | 41947.37 | 45.54 | 258.34 |
| 建筑业总产值(亿元) | Gross Output Value of Construction (100 million yuan) | 259218.33 | 259036.08 | 70.83 | 111.42 |
| 房屋施工面积(万平方米) | Floor Space of Buildings under Construction (10 000 sq.m) | 73100.06 | 73056.44 | 9.34 | 34.28 |
| 房屋竣工面积(万平方米) | Floor Space of Buildings Completed (10 000 sq.m) | 1419.28 | 1397.93 | 5.27 | 16.08 |
| 利润总额(亿元) | Total Profits (100 million yuan) | 970.28 | 965.34 | 0.68 | 4.26 |
| 税金总额(亿元) | Total Tax (100 million yuan) | 401167 | 400541 | 479056 | 517643 |
| 按总产值计算的劳动 | Output Value (yuan/person) | 28.2 | 28.2 | 13.2 | 30.8 |
| 生产率(元/人) | | 3.4 | 3.3 | 11.6 | 6.2 |
| 房屋建筑面积竣工率(%) | Rate of Floor Space of Buildings Completed (%) | 5.7 | 5.6 | 13.1 | 7.9 |
| 产值利润率(%) | Ratio of Profit to Gross Output Value (%) | 3.4 | 3.3 | 11.6 | 6.2 |
| 产值利税率(%) | Ratio of Pre-tax Profit to Gross Output Value (%) | 5.7 | 5.7 | 13.1 | 7.9 |

# 12-3 分地区建筑业劳动生产率(2023年)
# Labor Productivity of Construction Industry by Region (2023)

单位：元/人 (yuan/person)

| 地 区 | Region | 按建筑业总产值计算的劳动生产率 Labor Productivity in Terms of Total Output Value of Construction | #内资企业 Domestic Invested Enterprises |
|---|---|---|---|
| **全 省** | **Province Total** | **401167** | **400541** |
| 南京市 | Nanjing | 519193 | **517440** |
| 无锡市 | Wuxi | 493343 | 493366 |
| 徐州市 | Xuzhou | 300888 | 300895 |
| 常州市 | Changzhou | 341270 | 340874 |
| 苏州市 | Suzhou | 462572 | 461017 |
| 南通市 | Nantong | 470836 | 470843 |
| 连云港市 | Lianyungang | 323423 | 323448 |
| 淮安市 | Huaian | 225481 | 225503 |
| 盐城市 | Yancheng | 356136 | 356136 |
| 扬州市 | Yangzhou | 433662 | 433823 |
| 镇江市 | Zhenjiang | 433662 | 406177 |
| 泰州市 | Taizhou | 316439 | 316439 |
| 宿迁市 | Suqian | 314824 | 314824 |

# 12-4 分地区按登记注册统计类别分建筑业企业单位数（2023年）
# Number of Construction Enterprises by Registered Statistical Categories and Region (2023)

单位：个 (unit)

| 地 区 | Region | 总 计 Total | 内资企业 Domestic Invested Enterprises | 港澳台投资企业 Enterprises with Investment from Hong Kong, Macao and Taiwan | 外商投资企业 Foreign Invested Enterprises |
|---|---|---|---|---|---|
| **全 省** | **Province Total** | **15436** | **15376** | **29** | **31** |
| 南京市 | Nanjing | 2233 | 2215 | 7 | 11 |
| 无锡市 | Wuxi | 733 | 730 | 3 | |
| 徐州市 | Xuzhou | 1251 | 1249 | 2 | |
| 常州市 | Changzhou | 1080 | 1077 | 1 | 2 |
| 苏州市 | Suzhou | 1565 | 1538 | 12 | 15 |
| 南通市 | Nantong | 1507 | 1505 | 1 | 1 |
| 连云港市 | Lianyungang | 593 | 592 | 1 | |
| 淮安市 | Huaian | 904 | 902 | 2 | |
| 盐城市 | Yancheng | 1734 | 1734 | | |
| 扬州市 | Yangzhou | 1381 | 1380 | | 1 |
| 镇江市 | Zhenjiang | 705 | 705 | | |
| 泰州市 | Taizhou | 1137 | 1136 | | 1 |
| 宿迁市 | Suqian | 613 | 613 | | |

# 12-5　分地区按登记注册统计类别分从事建筑业活动的平均人数（2023年）

## The Average Number of Employees Engaged in Construction Industry Activities by Registered Statistical Categories and Region (2023)

单位：人　　　　( person)

| 地　区 | Region | 总　计 Total | 内资企业 Domestic Invested Enterprises | 港澳台投资企　业 Enterprises with Investment from Hong Kong, Macao and Taiwan | 外商投资企　业 Foreign Invested Enterprises |
|---|---|---|---|---|---|
| **全　省** | **Province Total** | **10532097** | **10472683** | **9507** | **49907** |
| 南京市 | Nanjing | 978223 | 975328 | 1297 | 1598 |
| 无锡市 | Wuxi | 315358 | 315054 | 304 | |
| 徐州市 | Xuzhou | 627574 | 627261 | 313 | |
| 常州市 | Changzhou | 661769 | 661024 | 586 | 159 |
| 苏州市 | Suzhou | 891124 | 838205 | 6226 | 46693 |
| 南通市 | Nantong | 2461200 | 2460867 | 258 | .75 |
| 连云港市 | Lianyungang | 190424 | 190268 | 156 | |
| 淮安市 | Huaian | 774520 | 774153 | 367 | |
| 盐城市 | Yancheng | 672385 | 672385 | | |
| 扬州市 | Yangzhou | 1261864 | 1260510 | | 1354 |
| 镇江市 | Zhenjiang | 181135 | 181135 | | |
| 泰州市 | Taizhou | 1261785 | 1261757 | | 28 |
| 宿迁市 | Suqian | 254736 | 254736 | | |

# 12-6　分地区建筑业总产值（2023年）

## Total Output Value of Construction by Region (2023)

单位：亿元　　　　(100 million yuan)

| 地　区 | Region | 建筑业总产值 Total Output Value of Construction | 建筑工程产值 Output Value of Construction | 安装工程产值 Output Value of Installation | 其　他 Others |
|---|---|---|---|---|---|
| **全　省** | **Province Total** | **42251.25** | **39082.15** | **2910.23** | **258.87** |
| 南京市 | Nanjing | 5078.86 | 4702.58 | 328.38 | 47.90 |
| 无锡市 | Wuxi | 1555.80 | 1222.99 | 317.38 | 15.43 |
| 徐州市 | Xuzhou | 1888.29 | 1734.43 | 107.18 | 46.67 |
| 常州市 | Changzhou | 2258.42 | 1775.50 | 466.24 | 16.68 |
| 苏州市 | Suzhou | 4122.09 | 3786.92 | 296.73 | 38.44 |
| 南通市 | Nantong | 11588.21 | 10956.08 | 608.56 | 23.57 |
| 连云港市 | Lianyungang | 615.87 | 591.31 | 21.80 | 2.76 |
| 淮安市 | Huaian | 1746.40 | 1675.14 | 55.71 | 15.55 |
| 盐城市 | Yancheng | 2394.61 | 2304.31 | 75.59 | 14.70 |
| 扬州市 | Yangzhou | 5472.23 | 5061.34 | 399.08 | 11.81 |
| 镇江市 | Zhenjiang | 735.73 | 638.48 | 88.47 | 8.78 |
| 泰州市 | Taizhou | 3992.78 | 3861.25 | 118.87 | 12.66 |
| 宿迁市 | Suqian | 801.97 | 771.82 | 26.25 | 3.90 |

# 12-7 分地区按登记注册统计类别分建筑业总产值（2023年）
# Total Output Value of Construction by Registered Statistical Categories and Region (2023)

单位：亿元 (100 million yuan)

| 地 区 | Region | 总 计 Total | 内资企业 Domestic Invested Enterprises | 港澳台投资企业 Enterprises with Investment from Hong Kong, Macao and Taiwan | 外商投资企业 Foreign Invested Enterprises |
|---|---|---|---|---|---|
| **全 省** | **Province Total** | **42251.25** | **41947.37** | **45.54** | **258.34** |
| 南京市 | Nanjing | 5078.86 | 5046.74 | 10.54 | 21.58 |
| 无锡市 | Wuxi | 1555.80 | 1554.37 | 1.43 | |
| 徐州市 | Xuzhou | 1888.29 | 1887.40 | 0.89 | |
| 常州市 | Changzhou | 2258.42 | 2253.26 | 2.84 | 2.32 |
| 苏州市 | Suzhou | 4122.09 | 3864.27 | 27.70 | 230.13 |
| 南通市 | Nantong | 11588.21 | 11586.81 | 1.03 | 0.37 |
| 连云港市 | Lianyungang | 615.87 | 615.42 | 0.46 | |
| 淮安市 | Huaian | 1746.40 | 1745.74 | 0.66 | |
| 盐城市 | Yancheng | 2394.61 | 2394.61 | | |
| 扬州市 | Yangzhou | 5472.23 | 5468.38 | | 3.85 |
| 镇江市 | Zhenjiang | 735.73 | 735.73 | | |
| 泰州市 | Taizhou | 3992.78 | 3992.69 | | 0.09 |
| 宿迁市 | Suqian | 801.97 | 801.97 | | |

# 12-8 分地区按行业分建筑业总产值（2023年）
# Total Output Value of Construction by Branch and Region (2023)

单位：亿元 (100 million yuan)

| 地 区 | Region | 建筑业总产值 Total Output Value of Construction | 房屋建筑业 Construction of Buildings | 土木工程建筑业 Civil Engineering | 建筑安装业 Building Installation | 建筑装饰、装修和其他建筑业 Building Decoration and Other Construction | 建筑装饰业 Construction Decoration |
|---|---|---|---|---|---|---|---|
| **全 省** | **Province Total** | **42251.25** | **30303.35** | **6780.91** | **2944.50** | **2222.51** | **1853.82** |
| 南京市 | Nanjing | 5078.86 | 2490.38 | 1536.56 | 719.74 | 332.18 | 259.30 |
| 无锡市 | Wuxi | 1555.80 | 545.62 | 565.52 | 364.89 | 79.77 | 69.37 |
| 徐州市 | Xuzhou | 1888.29 | 1365.05 | 367.93 | 57.59 | 97.72 | 47.78 |
| 常州市 | Changzhou | 2258.42 | 1320.02 | 322.01 | 442.57 | 173.81 | 151.27 |
| 苏州市 | Suzhou | 4122.09 | 2483.61 | 943.89 | 303.19 | 391.39 | 364.27 |
| 南通市 | Nantong | 11588.21 | 10052.21 | 540.38 | 474.29 | 521.33 | 461.86 |
| 连云港市 | Lianyungang | 615.87 | 409.12 | 147.47 | 34.10 | 25.18 | 15.15 |
| 淮安市 | Huaian | 1746.40 | 1292.02 | 244.74 | 43.47 | 166.17 | 153.72 |
| 盐城市 | Yancheng | 2394.61 | 1822.13 | 424.82 | 75.36 | 72.30 | 42.90 |
| 扬州市 | Yangzhou | 5472.23 | 4290.59 | 658.21 | 259.91 | 263.51 | 214.07 |
| 镇江市 | Zhenjiang | 735.73 | 267.55 | 380.87 | 56.47 | 30.83 | 25.89 |
| 泰州市 | Taizhou | 3992.78 | 3317.40 | 522.68 | 94.29 | 58.41 | 40.96 |
| 宿迁市 | Suqian | 801.97 | 647.66 | 125.82 | 18.58 | 9.91 | 7.27 |

# 12-9　分地区建筑业企业签订合同和承包工程完成情况（2023年）
# Contracts Signed and Completion of Contracted Projects by Construction Enterprises by Region (2023)

单位：亿元　　(100 million yuan)

| 地　区 | Region | 合同总额 Total Value of Contracts | 上年结转合同额 Value from Contracts Signed in Last Year | 本年新签合同额 Value from New Contracts Signed in This Year | 直接从建设单位承揽工程完成的产值 Completed Output Value of Projects Contracted Directly from Investors | 自行完成施工产值 Own-completed Output Value | 分包出去工程的产值 Output Value of Out-subcontracted Projects | 从建设单位以外承揽工程完成的产值 Completed Output Value of Projects Contracted from Non-investors |
|---|---|---|---|---|---|---|---|---|
| **全　省** | **Province Total** | **64182.04** | **26637.96** | **37544.09** | **38747.25** | **38521.43** | **225.82** | **3729.82** |
| 南京市 | Nanjing | 10216.71 | 5535.77 | 4680.93 | 4604.81 | 4479.03 | 125.77 | 599.83 |
| 无锡市 | Wuxi | 2745.22 | 1282.88 | 1462.34 | 1360.11 | 1354.36 | 5.75 | 201.44 |
| 徐州市 | Xuzhou | 2444.15 | 790.97 | 1653.18 | 1739.11 | 1732.36 | 6.75 | 155.93 |
| 常州市 | Changzhou | 3295.97 | 1262.15 | 2033.81 | 2059.13 | 2047.28 | 11.85 | 211.13 |
| 苏州市 | Suzhou | 7875.95 | 3924.67 | 3951.28 | 3751.42 | 3732.22 | 19.20 | 389.87 |
| 南通市 | Nantong | 16110.33 | 6328.83 | 9781.50 | 10723.60 | 10713.28 | 10.32 | 874.93 |
| 连云港市 | Lianyungang | 899.04 | 351.88 | 547.16 | 579.32 | 577.90 | 1.41 | 37.97 |
| 淮安市 | Huaian | 2285.13 | 789.94 | 1495.19 | 1640.23 | 1633.91 | 6.33 | 112.49 |
| 盐城市 | Yancheng | 3066.42 | 789.10 | 2277.32 | 2251.63 | 2243.61 | 8.01 | 150.99 |
| 扬州市 | Yangzhou | 7637.76 | 2832.52 | 4805.24 | 4964.81 | 4954.43 | 10.38 | 517.79 |
| 镇江市 | Zhenjiang | 1215.73 | 561.72 | 654.01 | 681.50 | 676.45 | 5.04 | 59.28 |
| 泰州市 | Taizhou | 5259.48 | 1807.92 | 3451.56 | 3620.73 | 3610.43 | 10.30 | 382.35 |
| 宿迁市 | Suqian | 1130.17 | 379.61 | 750.56 | 770.85 | 766.15 | 4.70 | 35.82 |

# 12-10　分地区按登记注册统计类别分建筑业企业实收资本（2023年）
# Paid-in Capitals of Construction Enterprises by Registered Statistical Categories and Region (2023)

单位：亿元　　(100 million yuan)

| 地　区 | Region | 总　计 Total | 内资企业 Domestic Invested Enterprises | 港澳台投资企业 Enterprises with Investment from Hong Kong, Macao and Taiwan | 外商投资企业 Foreign Invested Enterprises |
|---|---|---|---|---|---|
| **全　省** | **Province Total** | **4626.73** | **4597.92** | **15.20** | **13.61** |
| 南京市 | Nanjing | 893.48 | 884.81 | 4.67 | 4.00 |
| 无锡市 | Wuxi | 258.83 | 258.29 | 0.54 | |
| 徐州市 | Xuzhou | 239.14 | 239.09 | 0.05 | |
| 常州市 | Changzhou | 334.36 | 331.87 | 1.88 | 0.61 |
| 苏州市 | Suzhou | 562.32 | 548.16 | 7.83 | 6.33 |
| 南通市 | Nantong | 622.98 | 622.59 | 0.23 | 0.16 |
| 连云港市 | Lianyungang | 117.56 | 117.56 | | |
| 淮安市 | Huaian | 189.71 | 189.71 | | |
| 盐城市 | Yancheng | 536.33 | 536.33 | | |
| 扬州市 | Yangzhou | 352.62 | 350.11 | | 2.51 |
| 镇江市 | Zhenjiang | 128.34 | 128.34 | | |
| 泰州市 | Taizhou | 264.82 | 264.82 | | |
| 宿迁市 | Suqian | 126.24 | 126.24 | | |

# 12-11 分地区建筑业企业资产（2023年）
# Assets of Construction Enterprises by Region (2023)

单位：亿元 (100 million yuan)

| 地 区 | Region | 资产总计 Total Assets | 流动资产 Current Assets | 固定资产 Fixed Assets | 在建工程 Projects Under Construction |
|---|---|---|---|---|---|
| **全 省** | **Province Total** | **31617.59** | **26659.15** | **3074.11** | **360.94** |
| 南京市 | Nanjing | 5688.05 | 4873.90 | 465.27 | 41.73 |
| 无锡市 | Wuxi | 2071.53 | 1779.38 | 176.55 | 45.06 |
| 徐州市 | Xuzhou | 1323.62 | 1121.50 | 171.28 | 16.01 |
| 常州市 | Changzhou | 2123.27 | 1850.52 | 188.52 | 18.67 |
| 苏州市 | Suzhou | 3872.94 | 3400.04 | 269.11 | 33.89 |
| 南通市 | Nantong | 5605.58 | 4867.48 | 456.36 | 60.46 |
| 连云港市 | Lianyungang | 904.11 | 779.28 | 78.39 | 12.99 |
| 淮安市 | Huaian | 1448.91 | 1108.07 | 135.32 | 25.09 |
| 盐城市 | Yancheng | 1749.42 | 1230.69 | 216.17 | 43.53 |
| 扬州市 | Yangzhou | 3272.35 | 2715.72 | 530.12 | 23.02 |
| 镇江市 | Zhenjiang | 1270.52 | 1054.33 | 100.36 | 5.22 |
| 泰州市 | Taizhou | 1644.20 | 1336.51 | 222.30 | 26.35 |
| 宿迁市 | Suqian | 643.09 | 541.72 | 64.37 | 8.91 |

# 12-12 分地区建筑业企业负债及所有者权益（2023年）
# Liabilities and Owners' Equity of Construction Enterprises by Region (2023)

单位：亿元 (100 million yuan)

| 地 区 | Region | 负债合计 Total Liabilities | 所有者权益 Owners' Equity | 实收资本 Paid-in Capitals |
|---|---|---|---|---|
| **全 省** | **Province Total** | **19192.92** | **12424.67** | **4626.73** |
| 南京市 | Nanjing | 3952.97 | 1735.08 | 893.48 |
| 无锡市 | Wuxi | 1441.56 | 629.97 | 258.83 |
| 徐州市 | Xuzhou | 668.33 | 655.29 | 239.14 |
| 常州市 | Changzhou | 1346.03 | 777.24 | 334.36 |
| 苏州市 | Suzhou | 2643.32 | 1229.63 | 562.32 |
| 南通市 | Nantong | 3187.43 | 2418.15 | 622.98 |
| 连云港市 | Lianyungang | 615.28 | 288.83 | 117.56 |
| 淮安市 | Huaian | 853.97 | 594.94 | 189.71 |
| 盐城市 | Yancheng | 712.41 | 1037.01 | 536.33 |
| 扬州市 | Yangzhou | 1770.90 | 1501.45 | 352.62 |
| 镇江市 | Zhenjiang | 960.07 | 310.45 | 128.34 |
| 泰州市 | Taizhou | 746.32 | 897.88 | 264.82 |
| 宿迁市 | Suqian | 294.33 | 348.77 | 126.24 |

# 12-13 分地区按登记注册统计类别分建筑业企业资产（2023年）
## Assets of Construction Enterprises by Registered Statistical Categories and Region (2023)

单位：亿元 (100 million yuan)

| 地 区 | Region | 总 计 Total | 内资企业 Domestic Invested Enterprises | 港澳台投资企业 Enterprises with Investment from Hong Kong, Macao and Taiwan | 外商投资企业 Foreign Invested Enterprises |
|---|---|---|---|---|---|
| **全 省** | **Province Total** | **31617.59** | **31112.85** | **116.20** | **388.53** |
| 南京市 | Nanjing | 5688.05 | 5649.87 | 17.68 | 20.49 |
| 无锡市 | Wuxi | 2071.53 | 2070.19 | 1.34 | |
| 徐州市 | Xuzhou | 1323.62 | 1322.75 | 0.87 | |
| 常州市 | Changzhou | 2123.27 | 2101.18 | 9.98 | 12.11 |
| 苏州市 | Suzhou | 3872.94 | 3455.67 | 77.03 | 340.25 |
| 南通市 | Nantong | 5605.58 | 5602.80 | 1.68 | 1.10 |
| 连云港市 | Lianyungang | 904.11 | 897.55 | 6.56 | |
| 淮安市 | Huaian | 1448.91 | 1447.84 | 1.07 | |
| 盐城市 | Yancheng | 1749.42 | 1749.42 | | |
| 扬州市 | Yangzhou | 3272.35 | 3259.22 | | 13.13 |
| 镇江市 | Zhenjiang | 1270.52 | 1270.52 | | |
| 泰州市 | Taizhou | 1644.20 | 1642.75 | | 1.45 |
| 宿迁市 | Suqian | 643.09 | 643.09 | | |

# 12-14 分地区按登记注册统计类别分建筑业企业负债（2023年）
## Liabilities of Construction Enterprises by Registered Statistical Categories and Region (2023)

单位：亿元 (100 million yuan)

| 地 区 | Region | 总 计 Total | 内资企业 Domestic Invested Enterprises | 港澳台投资企业 Enterprises with Investment from Hong Kong, Macao and Taiwan | 外商投资企业 Foreign Invested Enterprises |
|---|---|---|---|---|---|
| **全 省** | **Province Total** | **19192.92** | **18898.68** | **75.89** | **218.34** |
| 南京市 | Nanjing | 3952.97 | 3932.65 | 9.75 | 10.57 |
| 无锡市 | Wuxi | 1441.56 | 1441.08 | 0.47 | |
| 徐州市 | Xuzhou | 668.33 | 667.62 | 0.71 | |
| 常州市 | Changzhou | 1346.03 | 1328.06 | 7.59 | 10.38 |
| 苏州市 | Suzhou | 2643.32 | 2403.92 | 52.00 | 187.39 |
| 南通市 | Nantong | 3187.43 | 3186.37 | 0.69 | 0.37 |
| 连云港市 | Lianyungang | 615.28 | 610.99 | 4.29 | |
| 淮安市 | Huaian | 853.97 | 853.59 | 0.38 | |
| 盐城市 | Yancheng | 712.41 | 712.41 | | |
| 扬州市 | Yangzhou | 1770.90 | 1761.92 | | 8.98 |
| 镇江市 | Zhenjiang | 960.07 | 960.07 | | |
| 泰州市 | Taizhou | 746.32 | 745.67 | | 0.65 |
| 宿迁市 | Suqian | 294.33 | 294.33 | | |

## 12-15 分地区按登记注册统计类别分建筑业企业所有者权益（2023年）
## Owners' Equity of Construction Enterprises by Registered Statistical Categories and Region (2023)

单位：亿元 (100 million yuan)

| 地 区 | Region | 总 计<br>Total | 内资企业<br>Domestic Invested Enterprises | 港澳台投资企业<br>Enterprises with Investment from Hong Kong, Macao and Taiwan | 外商投资企业<br>Foreign Invested Enterprises |
|---|---|---|---|---|---|
| **全 省** | **Province Total** | **12424.67** | **12214.17** | **40.31** | **170.19** |
| 南京市 | Nanjing | 1735.08 | 1717.22 | 7.93 | 9.93 |
| 无锡市 | Wuxi | 629.97 | 629.11 | 0.86 | |
| 徐州市 | Xuzhou | 655.29 | 655.13 | 0.16 | |
| 常州市 | Changzhou | 777.24 | 773.12 | 2.39 | 1.73 |
| 苏州市 | Suzhou | 1229.63 | 1051.75 | 25.02 | 152.85 |
| 南通市 | Nantong | 2418.15 | 2416.43 | 0.99 | 0.73 |
| 连云港市 | Lianyungang | 288.83 | 286.56 | 2.27 | |
| 淮安市 | Huaian | 594.94 | 594.25 | 0.69 | |
| 盐城市 | Yancheng | 1037.01 | 1037.01 | | |
| 扬州市 | Yangzhou | 1501.45 | 1494.30 | | 4.15 |
| 镇江市 | Zhenjiang | 310.45 | 310.45 | | |
| 泰州市 | Taizhou | 897.88 | 897.07 | | 0.80 |
| 宿迁市 | Suqian | 348.77 | 348.77 | | |

## 12-16 分地区建筑业企业营业收入（2023年）
## Business Revenue of Construction Enterprises by Region (2023)

单位：亿元 (100 million yuan)

| 地 区 | Region | 营业收入<br>Business Revenue | 主营业务收入<br>Revenue from Principal Business | #主营业务成本<br>Costs of Principal Business | #主营业务利润<br>Profits from Principal Business | 其他业务收入<br>Revenue from Other Businesses | #其他业务利润<br>Profits from Other Businesses |
|---|---|---|---|---|---|---|---|
| **全 省** | **Province Total** | **35399.21** | **34915.86** | **31573.22** | **1417.38** | **483.34** | **22.58** |
| 南京市 | Nanjing | 4643.86 | 4592.71 | 4232.80 | 160.15 | 51.15 | 4.79 |
| 无锡市 | Wuxi | 1550.33 | 1481.08 | 1328.95 | 68.96 | 69.24 | 1.32 |
| 徐州市 | Xuzhou | 1527.76 | 1488.25 | 1332.64 | 66.43 | 39.52 | 0.27 |
| 常州市 | Changzhou | 1805.17 | 1783.33 | 1666.65 | 47.87 | 21.84 | 0.96 |
| 苏州市 | Suzhou | 3501.46 | 3422.60 | 3128.70 | 93.96 | 78.86 | 7.17 |
| 南通市 | Nantong | 9572.21 | 9549.67 | 8685.76 | 215.15 | 22.54 | 1.06 |
| 连云港市 | Lianyungang | 439.48 | 429.32 | 381.95 | 20.36 | 10.16 | 0.14 |
| 淮安市 | Huaian | 1423.80 | 1377.31 | 1199.24 | 95.06 | 46.49 | 0.31 |
| 盐城市 | Yancheng | 2165.58 | 2122.14 | 1885.80 | 133.35 | 43.44 | 0.45 |
| 扬州市 | Yangzhou | 4289.52 | 4245.88 | 3742.62 | 290.54 | 43.64 | 2.54 |
| 镇江市 | Zhenjiang | 635.63 | 607.84 | 549.08 | 22.17 | 27.79 | 3.14 |
| 泰州市 | Taizhou | 3206.64 | 3182.23 | 2868.85 | 174.50 | 24.42 | 0.07 |
| 宿迁市 | Suqian | 637.77 | 633.52 | 570.16 | 28.88 | 4.25 | 0.36 |

# 12-17 分地区按登记注册统计类别分建筑业企业营业收入（2023年）
## Business Revenue of Construction Enterprises by Registered Statistical Categories and Region (2023)

单位：亿元 (100 million yuan)

| 地 区 | Region | 总 计 Total | 内资企业 Domestic Invested Enterprises | 港澳台投资企业 Enterprises with Investment from Hong Kong, Macao and Taiwan | 外商投资企业 Foreign Invested Enterprises |
|---|---|---|---|---|---|
| **全 省** | **Province Total** | **35399.21** | **35098.15** | **71.05** | **230.00** |
| 南京市 | Nanjing | 4643.86 | 4612.29 | 8.62 | 22.96 |
| 无锡市 | Wuxi | 1550.33 | 1548.59 | 1.73 | |
| 徐州市 | Xuzhou | 1527.76 | 1527.16 | 0.61 | |
| 常州市 | Changzhou | 1805.17 | 1795.59 | 5.78 | 3.79 |
| 苏州市 | Suzhou | 3501.46 | 3250.99 | 51.95 | 198.53 |
| 南通市 | Nantong | 9572.21 | 9570.77 | 1.01 | 0.43 |
| 连云港市 | Lianyungang | 439.48 | 438.94 | 0.54 | |
| 淮安市 | Huaian | 1423.80 | 1422.99 | 0.81 | |
| 盐城市 | Yancheng | 2165.58 | 2165.58 | | |
| 扬州市 | Yangzhou | 4289.52 | 4285.35 | | 4.16 |
| 镇江市 | Zhenjiang | 635.63 | 635.63 | | |
| 泰州市 | Taizhou | 3206.64 | 3206.52 | | 0.13 |
| 宿迁市 | Suqian | 637.77 | 637.77 | | |

# 12-18 分地区建筑业企业利税总额（2023年）
## Total Pre-tax Profits of Construction Enterprises by Region (2023)

| 地 区 | Region | 利税总额 合计（亿元） Total Pre-tax Profits (100 million yuan) | 利润总额 Total Profits | 税金总额 Total Tax | 产值利税率(%) Ratio of Pre-tax Profits to Output Value (%) | 资产利税率(%) Ratio of Pre-tax Profits to Assets (%) |
|---|---|---|---|---|---|---|
| **全 省** | **Province Total** | **2389.57** | **1419.28** | **970.28** | **5.66** | **7.56** |
| 南京市 | Nanjing | 240.22 | 152.32 | 87.90 | 4.73 | 4.22 |
| 无锡市 | Wuxi | 100.51 | 66.54 | 33.97 | 6.46 | 4.85 |
| 徐州市 | Xuzhou | 117.11 | 65.61 | 51.50 | 6.20 | 8.85 |
| 常州市 | Changzhou | 103.15 | 47.62 | 55.53 | 4.57 | 4.86 |
| 苏州市 | Suzhou | 171.75 | 102.15 | 69.59 | 4.17 | 4.43 |
| 南通市 | Nantong | 438.23 | 215.32 | 222.91 | 3.78 | 7.82 |
| 连云港市 | Lianyungang | 32.89 | 21.19 | 11.70 | 5.34 | 3.64 |
| 淮安市 | Huaian | 148.16 | 93.83 | 54.32 | 8.48 | 10.23 |
| 盐城市 | Yancheng | 222.81 | 133.58 | 89.23 | 9.30 | 12.74 |
| 扬州市 | Yangzhou | 450.95 | 292.49 | 158.45 | 8.24 | 13.78 |
| 镇江市 | Zhenjiang | 39.97 | 24.55 | 15.41 | 5.43 | 3.15 |
| 泰州市 | Taizhou | 275.99 | 174.17 | 101.82 | 6.91 | 16.79 |
| 宿迁市 | Suqian | 47.84 | 29.91 | 17.93 | 5.97 | 7.44 |

## 12-19 分地区按登记注册统计类别分建筑业企业税金总额（2023年）
## Taxes of Construction Enterprises by Registered Statistical Categories and by Region (2023)

单位：亿元 (100 million yuan)

| 地 区 | Region | 总 计 Total | 内资企业 Domestic Invested Enterprises | 港澳台投资企业 Enterprises with Investment from Hong Kong, Macao and Taiwan | 外商投资企业 Foreign Invested Enterprises |
|---|---|---|---|---|---|
| **全 省** | **Province Total** | **970.28** | **965.34** | **0.68** | **4.26** |
| 南京市 | Nanjing | 87.90 | 87.51 | 0.08 | 0.31 |
| 无锡市 | Wuxi | 33.97 | 33.96 | 0.01 | |
| 徐州市 | Xuzhou | 51.50 | 51.47 | 0.03 | |
| 常州市 | Changzhou | 55.53 | 55.39 | 0.03 | 0.11 |
| 苏州市 | Suzhou | 69.59 | 65.35 | 0.46 | 3.79 |
| 南通市 | Nantong | 222.91 | 222.85 | 0.04 | 0.01 |
| 连云港市 | Lianyungang | 11.70 | 11.67 | 0.03 | |
| 淮安市 | Huaian | 54.32 | 54.32 | 0.00 | |
| 盐城市 | Yancheng | 89.23 | 89.23 | | |
| 扬州市 | Yangzhou | 158.45 | 158.43 | | 0.02 |
| 镇江市 | Zhenjiang | 15.41 | 15.41 | | |
| 泰州市 | Taizhou | 101.82 | 101.82 | | 0.00 |
| 宿迁市 | Suqian | 71.93 | 17.93 | | |

## 12-20 分地区按登记注册统计类别分建筑业企业利润总额（2023年）
## Total Profits of Construction Enterprises by Registered Statistical Categories and Region (2023)

单位：亿元 (100 million yuan)

| 地 区 | Region | 总 计 Total | 内资企业 Domestic Invested Enterprises | 港澳台投资企业 Enterprises with Investment from Hong Kong, Macao and Taiwan | 外商投资企业 Foreign Invested Enterprises |
|---|---|---|---|---|---|
| **全 省** | **Province Total** | **1419.28** | **1397.93** | **5.27** | **16.08** |
| 南京市 | Nanjing | 152.32 | 148.86 | 0.70 | 2.76 |
| 无锡市 | Wuxi | 66.54 | 66.55 | -0.01 | |
| 徐州市 | Xuzhou | 65.61 | 65.59 | 0.02 | |
| 常州市 | Changzhou | 47.62 | 46.35 | 0.12 | 1.15 |
| 苏州市 | Suzhou | 102.15 | 85.95 | 4.09 | 12.12 |
| 南通市 | Nantong | 215.32 | 215.20 | 0.08 | 0.04 |
| 连云港市 | Lianyungang | 21.19 | 20.93 | 0.26 | |
| 淮安市 | Huaian | 93.83 | 93.81 | 0.02 | |
| 盐城市 | Yancheng | 133.58 | 133.58 | | |
| 扬州市 | Yangzhou | 292.49 | 292.51 | | -0.02 |
| 镇江市 | Zhenjiang | 24.55 | 24.55 | | |
| 泰州市 | Taizhou | 174.17 | 174.14 | | 0.03 |
| 宿迁市 | Suqian | 29.91 | 29.91 | | |

# 12-21　分地区按登记注册统计类别分建筑业企业主营业务利润（2023年）
# Profits from Principal Business of Construction Enterprises by Registered Statistical Categories and Region (2023)

单位：亿元　　(100 million yuan)

| 地　区 | Region | 总　计 Total | 内资企业 Domestic Invested Enterprises | 港澳台投资企　业 Enterprises with Investment from Hong Kong, Macao and Taiwan | 外商投资企　业 Foreign Invested Enterprises |
|---|---|---|---|---|---|
| **全　省** | **Province Total** | **1417.38** | **1396.37** | **5.29** | **15.72** |
| 南京市 | Nanjing | 160.15 | 156.76 | 0.66 | 2.73 |
| 无锡市 | Wuxi | 68.96 | 68.98 | -0.01 | |
| 徐州市 | Xuzhou | 66.43 | 66.40 | 0.02 | |
| 常州市 | Changzhou | 47.87 | 46.61 | 0.11 | 1.15 |
| 苏州市 | Suzhou | 93.96 | 78.03 | 4.15 | 11.78 |
| 南通市 | Nantong | 215.15 | 215.04 | 0.08 | 0.04 |
| 连云港市 | Lianyungang | 20.36 | 20.10 | 0.26 | |
| 淮安市 | Huaian | 95.06 | 95.05 | 0.02 | |
| 盐城市 | Yancheng | 133.35 | 133.35 | | |
| 扬州市 | Yangzhou | 290.54 | 290.56 | | -0.02 |
| 镇江市 | Zhenjiang | 22.17 | 22.17 | | |
| 泰州市 | Taizhou | 174.50 | 174.47 | | 0.03 |
| 宿迁市 | Suqian | 28.88 | 28.88 | | |

# 12-22 建筑业企业房屋建筑面积
## Floor Space of Buildings Constructed by Construction Enterprises

单位：万平方米 (10 000 sq.m)

| 年份<br>地区 | Year<br>Region | 施工面积<br>Floor Space under Construction | 竣工面积<br>Floor Space Completed |
|---|---|---|---|
| 1985 | | 5570.3 | 3527.2 |
| 1990 | | 5241.0 | 3307.9 |
| 1995 | | 16646.1 | 8739.4 |
| 2000 | | 21287.1 | 12329.7 |
| 2005 | | 52242.2 | 25391.9 |
| 2006 | | 63140.5 | 28715.4 |
| 2007 | | 79901.6 | 34992.2 |
| 2008 | | 90144.6 | 40273.0 |
| 2009 | | 99659.9 | 43307.5 |
| 2010 | | 119035.5 | 48560.1 |
| 2011 | | 145451.5 | 54650.2 |
| 2012 | | 166779.1 | 61241.7 |
| 2013 | | 196739.9 | 69010.2 |
| 2014 | | 213038.8 | 76795.0 |
| 2015 | | 215592.0 | 76823.9 |
| 2016 | | 221493.6 | 74990.3 |
| 2017 | | 232034.2 | 75454.3 |
| 2018 | | 249419.8 | 75895.2 |
| 2019 | | 255156.7 | 77823.4 |
| 2020 | | 267407.7 | 77802.9 |
| 2021 | | 273428.0 | 74993.3 |
| 2022 | | 275135.0 | 76318.6 |
| 2023 | | 259218.3 | 73100.1 |
| 南京市 | Nanjing | 18883.5 | 5023.5 |
| 无锡市 | Wuxi | 5153.8 | 1524.0 |
| 徐州市 | Xuzhou | 8874.5 | 2417.0 |
| 常州市 | Changzhou | 11427.7 | 3944.4 |
| 苏州市 | Suzhou | 19666.6 | 5352.3 |
| 南通市 | Nantong | 95371.7 | 22922.7 |
| 连云港市 | Lianyungang | 3823.5 | 1091.7 |
| 淮安市 | Huai'an | 11622.8 | 3114.9 |
| 盐城市 | Yancheng | 13493.5 | 4634.9 |
| 扬州市 | Yangzhou | 34413.4 | 11097.7 |
| 镇江市 | Zhenjiang | 2170.9 | 727.1 |
| 泰州市 | Taizhou | 27671.9 | 9009.8 |
| 宿迁市 | Suqian | 6644.5 | 2240.2 |

# 主要统计指标解释

**建筑业统计单位** 指从事房屋、构筑物建造、装饰装修、设备安装活动和工程准备、提供施工设备服务等其他建筑活动的具有建筑业资质的法人企业。建筑业法人企业应同时具备的条件是：（1）依法成立，有自己的名称、组织机构和场所，能够承担民事责任；（2）独立拥有和使用资产，承担负债，有权与其他单位签订合同；（3）独立核算盈亏，能够编制资产负债表。

建筑业总产值（即自行完成施工产值） 是以货币表现的建筑业企业在一定时期内生产的建筑业产品和服务的总和。建筑业总产值包括：

（1）建筑工程产值：指列入建筑工程预算内的各种工程价值。

（2）安装工程产值：指设备安装工程价值，不包括被安装设备本身价值。

（3）其他产值：指建筑业总产值中除建筑工程、安装工程以外的产值。包括房屋、构筑物修理所完成的产值（不包括被修理的房屋、构筑物本身的价值）、非标准设备制造产值、总包企业向分包企业收取的管理费和不能明确划分的施工活动所完成的产值。

**房屋建筑施工面积** 指在报告期内施过工的全部房屋建筑面积，包括本期新开工的房屋面积、上期跨入本期继续施工的房屋面积、上期停缓建在本期恢复施工的房屋面积、本期竣工的房屋面积及本期施工后又停缓建的房屋面积。

**房屋建筑竣工面积** 指在报告期内房屋建筑按照设计要求全部完工，达到了住人和使用条件，经检查验收鉴定合格的房屋建筑面积。

**营业收入** 指企业经营主要业务和其他业务所确认的收入总额，包括主营业务收入和其他业务收入。计算公式为：

营业收入=主营业务收入+其他业务收入

**主营业务收入** 指企业确认的销售商品、提供劳务等主营业务的收入。对建筑业企业而言，主营业务收入指企业承包工程实现的工程价款结算收入，以及向发包单位收取的除工程价款以外按规定列作营业收入的各种款项，如临时设施费、劳动保险费、施工机械调迁费等以及向发包单位收取的各种索赔款。

**营业利润** 指企业从事生产经营活动所取得的利润。执行2006年《企业会计准则》的企业，营业利润为营业收入减去营业成本、营业税金及附加、销售费用、管理费用、财务费用、资产减值损失，再加上公允价值变动收益和投资收益。未执行2006年《企业会计准则》的企业，营业利润为主营业务收入减去主营业务成本、主营业务税金及附加，加上其他业务利润后，再减去销售费用、管理费用、财务费用后的金额。

**利润总额** 指企业在一定会计期间的经营成果，是生产经营过程中各种收入扣除各种耗费后的盈余，反映企业在报告期内实现的盈亏总额。执行2006年《企业会计准则》的企业，利润总额为营业利润加上营业外收入，减去营业外支出后的金额；未执行2006年《企业会计准则》的企业，利润总额为营业利润加上投资收益、补贴收入、营业外收入，再减去营业外支出后的金额。

**从事主营业务活动的从业人员平均人数** 指建筑业企业（或单位）报告期实际拥有的、与建筑施工活动有关的人员的平均人数，包括参加本企业（或单位）建筑施工活动的非本企业（或单位）人员，但不包括企业内部社会服务性机构的人员以及由本企业支付工资但所从事的工作与本企业生产基本无关的人员。

# Explanatory Notes on Main Statistical Indicators

**Statistical Units in the Construction Industry** refers to corporate enterprise engaged in the construction of buildings and structures and in the installation of equipment. A corporate construction enterprise should meet the following requirements: 1. being set up in line with relevant legal basis, having its full name, organization and location, and capable of taking civil liabilities; 2. independently possessing and using its assets and assuming its liabilities, and entitled to sign contracts with other institutions; 3. making independent accounts of its profits and losses, and capable of compiling its own balance sheet.

**Gross Output Value of Construction (Output Value of Projects under Construction)** refers to total of construction products and services, expressed in monetary terms, completed by construction and installation enterprises during a given period of time. It includes:

1. Output value of construction projects: the value of projects covered by the project budgets.

2. Output value of installation projects: the value of the installation of equipment (excluding the value of the equipment to be installed).

3. Other output value: the total output of construction industry except the output value of construction projects, output value of installation projects.It covered the output value of buildings and structures repairing (excluding the value of buildings and structures being repaired); output value of manufactured nonstandard equipment; management expenses collected by general contracted enterprises from branch contracted enterprises, and the output value of construction activities which can't to be divided definitely.

**Floor Space of Buildings under Construction** refers to floor space of buildings under construction during the reference period, including newly started buildings, buildings started earlier and continued during the reference period, and buildings suspended earlier but restarted during the reference period, buildings completed during the reference period, and buildings under construction but suspended during the reference period.

**Floor Space of Buildings Completed** refers to the floor space of buildings that are completed in the reference period in accordance with the requirements of the design, up to the standard for accomodation or putting them into use, and have been checked and accepted by departments concerned as qualified ones.

**Business Revenue** refers to the sum of revenue from principal business and other business, including revenue from principal business and other business revenue. It is calculated as follows: Business Revenue-Revenue from Principle Business+Revenue from Other.

**Business Revenue from Principal Business** refers to the revenue from principal business such as sales of products, providing labor services and so on. For construction enterprises, revenue from principal business refers to the revenue received by the construction enterprise from the contracted project through settlement procedures, and other charges to the contractors as operational costs in addition to the value of the project, such as temporary facility fee, labour insurance premium, moving cost of construction equipment, as well as various types of claims to the contractors.

**Business Profit** refers to the profit from production and business activities of the corporation. Enterprises in accordance with Accounting *Standard for Business Enterprises* (2006), their business profit is: operating revenue-operating cost-business tariff and annex-selling expense-administration expense-financial cost-devaluation lost of assets+fair value change income+total investment income. Enterprises which don't follow Accounting *Standard for Business Enterprises* (2006), their operating profit is: revenue from principal business-principal business cost-principal business tariff and annex+profit from other businesses-selling expense-administration expense-financial cost.

**Total Profit** refers to the surplus after deducting various expences of various incomes in the process of production and operation by the enterprises during an accounting period.It reflects profit and loss during reporting period.Enterprises in accordance with Accounting *Standard for Business Enterprises* (2006), their total profit is: operating profit+non-business revenue−non-business expenditure;Enterprises which don't follow Accounting *Standard for Business Enterprises* (2006), their total profit is: operating profit+investment revenue+ subsidize revenue+non-business revenue−non-business expenditure.

**The Average Number of Employees Engaged in Principal Business** refers to the average personnel actually held by construction enterprises(units) and related to construction activities in the reporting period, including the personnel of other enterprises, who take part in the construction activities of these enterprises, but excluding the personnel of the inner social service institutions, and the personnel whose wages are paid by the enterprises but do not take part in the construction activities basically.

# 13

# 运输、邮电和服务业

# Transport, Postal and Telecommunication Services, and Service Industry

# 简 要 说 明

本篇反映我省交通运输业和邮政、电信业发展情况。

**一、交通运输邮电业部分的主要内容**

1. 交通运输业资料主要包括：五种运输方式的线路里程、完成的货物运输量和旅客运输量，全社会港口码头泊位和通过能力，主要港口吞吐量以及民用车辆拥有量等资料。

2. 邮政电信业资料主要包括：邮电业务总量、业务收入情况，电信主要通信能力，邮电业务总量完成情况，邮政电信发展水平等资料。

3. 规模以上服务业资料主要内容包括：按企业登记注册类型、按行业门类和按省辖市分组的主要经济指标。

**二、交通运输邮电业部分的资料来源和相关说明**

1. 铁路资料：由中国铁路上海局集团有限公司、中国铁路济南局集团有限公司提供。范围是江苏境内国家铁路（含控股合资）、地方铁路和非控股合资铁路运营情况，不含军用铁路及由厂矿企事业单位自建的铁路专用线和专用铁道。

2. 公路、水运、港口资料：由江苏省交通运输厅提供。（1）公路和水路线路里程为年末通车和通航里程数，不含未正式投入使用的公路和航道里程；（2）民用车辆拥有量及机动车和汽车驾驶员人数，根据江苏省公安厅交通管理局登记注册的车辆资料和驾驶员资料整理，不含军用车辆，不含拖拉机数量；（3）公路营运汽车拥有量，根据各省辖市道路运输主管部门登记注册的从事公路运输的营业性运输车辆资料整理，从 2010 年起，不含出租车数量；（4）营业性运输船舶拥有量，根据各省辖市交通运输主管部门登记注册的从事水上客、货运输的营业性船舶资料整理，不含非运输船舶及农业、渔业生产船舶；（5）公路、水路客货运输量资料，由省交通运输厅负责收集整理；（6）公路、水路运输量统计包括全面调查和非全面调查两种方式，统计范围是在各省辖市交通运输主管部门登记注册的从事公路、水路客、货运输的营业性的车辆和船舶所完成的运输量，由交通部门组织实施。

3. 管道运输资料：由东部原油储运有限公司提供。包括输原油、输成品油、输天然气及输其他气体的运输量。

4. 民航运输资料：由中国民用航空江苏安全监督管理局提供。统计对象为在江苏省境内注册从事民用航空运输飞行和通用飞行的航空运输企业和民用航空机场。统计范围为民航运输企业从事国内运输、港澳台运输、国际运输的定期航班航线条数及里程、运输量及运营情况，飞行完成情况等。

5. 邮政电信资料：由江苏省邮政管理局和江苏省通信管理局提供。包括邮政企业和年业务收入 200 万元以上快递企业，以及所有从事电信运营的企业（即中国电信、中国移动、中国联通三家基础电信企业），不含专用网业务资料。邮电业务量按业务种类分为邮政业务量和电信业务量；按业务范围分为国内业务量和国际及港澳业务量（对台业务量统计在港澳中）。

6. 规模以上服务业资料：根据规模以上服务业统计年度报表中有关资料汇总整理。统计范围为：（1）辖区内年营业收入 2000 万元以上的服务业法人单位。包括：交通运输、仓储和邮政业，信息传输、软件和信息技术服务，水利、环境和公共设施管理业；以及卫生等行业。（2）辖区内年营业收入 1000 万元以上的服务业法人单位。包括：租赁和商务服务业，科学研究和技术服务业，教育；以及物业管理、房地产中介服务、房地产租赁经营和其他房地产业等行业。（3）辖区内年营业收入 500 万元以上的服务业法人单位。包括居民服务、修理和其他服务业，文化、体育和娱乐业；以及社会工作等行业。

# Brief Introduction

Data in this chapter present the development of transportation, post and telecommunications and above designated size service industry in Jiangsu Province.

**Ⅰ. Main Contents in This Article**

1. Data on transport cover mainly the length of the routes of five means of transportation, freight traffic and passenger traffic number of berths and traffic capacity in all ports, volume of freight and passenger handled at major ports, and number of civil motor vehicles.

2. Data on business volume of post and telecommunication services cover revenue from post and telecommunication services, main telecommunication capacity, volume of postal and telecommunication services achieved and the level of development of postal and telecommunication services.

3. Date of above designated size service industry include: index of enterprise registration type, industry category and provincial cities.

**Ⅱ. Scope and Sources of Statistics in This Article**

1. Data on railway transportation： They were from Shanghai Railway Bureau, Jinan Railway Bureau. They include the operation and management of the national, local and joint-venture railways in Jiangsu Province but not railways for military purpose, lines built by industrial and mining enterprises and special railways.

2. Data on highways, waterways and ports： They were from Jiangsu Provincial Communications Department. (1) The length of highways and waterways refer to the length open to traffic or navigation at the end of the year, but not including the highways and waterways under construction or not officially in operation. (2) Data on the possession of civil motor vehicles and the number of drivers are provided by the offices of vehicle management under the provincial departments of public security, subordinate to the Traffic Management Bureau, Ministry of Public Security, but not including vehicles for military use. (3) Data on possession of highway vehicles are provided by the offices of vehicle management under provincial departments of public security, which are subordinate to the Traffic Management Bureau, Ministry of Public Security, including vehicles for business use and non-business use. From 2010, possession of buses and taxies are not included. (4) Data on possession of ships are provided by the offices of navigation or ports management under municipal departments of communications, which are subordinate to the Ministry of Transport. However, fishing vessel, agricultural vessel and vessel not engaged in transportation are not included. (5) Data on passenger traffic and freight traffic by highways and waterways are collected and prepared by Jiangsu Provincial Communications Department. (6) Data on highway and waterway transport are collected through both comprehensive reporting system and non-comprehensive reporting system. The statistical scope encompasses all the enterprises, institutional units and individuals (including joint-households) registered in municipal departments of communications and engaged in highway or waterway freight or passenger transport business.

3. Data on pipeline transport: Data are from Eastern Petroleum Storage and Transportation Co., Ltd. The data on pipeline transport cover the volume transported of petroleum (crude oil) pipelines, petroleum products pipelines, natural gas pipelines and other gas pipelines.

4. Data on civil aviation transport： Data are from Jiangsu Safety Supervision and Administration Bureau of Civil Aviation of China. The targets of statistical collection are enterprises registered for engagement in civil aviation transport flights and flights for general purposes and civil airports in Jiangsu Province. The scope of statistics encompasses civil aviation transport enterprises and the number of lines, mileage, transport volume, operating situations and flight completion between China mainland and Hong Kong, Macao and Taiwan, and international transport.

5. Data on postal and telecommunications： Data are from Jiangsu Provincial Postal Administration and

Jiangsu Communication Administration. Data in this category include postal enterprises, express delivery company with annual revenue more than 2 million yuan and all telecommunication enterprises (i.e. the three major enterprises of telecommunication: China Telecom, China Mobile and China Unicom), but exclude service data of dedicated networks. The business volume of post and telecommunication is classified by types of business into postal and telecommunication services, and by scopes of business into domestic service, international service, and service between the mainland and Hong Kong, Macao (business volume to Taiwan is covered in that for Hong Kong and Macao).

6. Data on service industry: above designated size it is summarized and sorted out according to statistical annual report of the service industry above designated size. (1)The service legal person units with an annual operating income of more than 20 million yuan in the jurisdiction: Transport, Storage and Post, and Information Technology Sofeware Services, Management of Water Conservancy, Environment and Public Facilities and Health Care. (2)The service legal person units worth an annual operating income of more than 10 million yuan in the jurisdiction: Leasing and Business Services, Scientific Research and Technical Services, Education, Realty Management, Real Estate Agency Service, Real Estate Leasing Operations and Other Real Estate Industries. (3)The service legal person units with and annual operating income of more than 5 million yuan in the jurisdiction: Resident Service, Repair and other service, Culture, Sports and Entertainment and Social Work.

# 13-1 交通运输基本情况

| 指 标 | Item | 2017 |
|---|---|---|
| **运输线路长度(公里)** | **Length of Transport Routes(km)** | |
| 铁路营业里程 | Railways in Operation | 2804 |
| #高速铁路 | High-speed Railways | 887 |
| 铁路正线延展长度 | Extended Railways | 4801 |
| 公路通车里程 | Highways in Operation | 158475 |
| #等级公路里程 | Expressway and Class Ⅰ to Ⅳ Highways | 155803 |
| #高速公路 | Expressway | 4688 |
| 一级公路 | Class Ⅰ Highways | 14234 |
| 二级公路 | Class Ⅱ Highways | 23084 |
| 内河航道里程 | Navigable Inland Waterways | 24366 |
| 输油管道里程 | Petroleum Pipelines | 6464 |
| 公路桥梁(座) | Highway Bridges(unit) | 70679 |
| 公路桥梁长度(米) | Length of Highway Bridges(m) | 3578426 |
| **客运量总计(万人)** | **Total Passenger Traffic(10000 persons)** | **127952** |
| 铁路 | Railways | 19786 |
| 公路 | Highways | 104566 |
| 水运 | Waterways | 2431 |
| 民用航空 | Civil Aviation | 1169 |
| **旅客周转量(亿人公里)** | **Total Passenger-kilometers(100 million person-km)** | **1659.45** |
| **货运量总计(万吨)** | **Total Freight Traffic(10000 tons)** | **234092** |
| 铁路 | Railways | 5720 |
| 公路 | Highways | 128915 |
| 水运 | Waterways | 85668 |
| 民用航空 | Civil Aviation | 8.19 |
| 输油管道 | Petroleum Pipelines | 13781 |
| **货物周转量(亿吨公里)** | **Total Freight Ton-kilometers(100 million ton-km)** | **9726.51** |
| **民用车辆拥有量(万辆)** | **Possession of Civil Motor Vehicles(10000 units)** | **1884.23** |
| #民用汽车拥有量 | Civil Vehicles | 1619.46 |
| #载客汽车 | Passenger Vehicles | 1499.72 |
| 载货汽车 | Trucks | 105.65 |
| #营运汽车(含公交出租车辆) | Motor Vehicles in Operation(Include Bus and Taxi) | 99.39 |
| #私人汽车 | Private Vehicles | 1408.20 |
| **民用运输船舶拥有量(万艘)** | **Possession of Civil Transport Vessels(10000 units)** | **3.59** |
| 机动船 | Motor Vessels | 3.07 |
| 驳船 | Barges | 0.51 |
| **港口货物吞吐量(万吨)** | **Volume of Freight Handled in Coastal Ports(10000 tons)** | **256976** |
| #外贸 | Foreign Trade | 48654 |

注：1.2017-2023年铁路营业里程和正线延展里程为上海铁路局、济南铁路局的统计数据，均包含江苏省的丰沛线及地方铁路。
2.公路客运量不包括公交车和出租车的运输量；公路货运量不包含农用车和拖拉机的运输量。
3.民用车辆拥有量中不包含拖拉机数量。
4.根据2019年道路货物运输量专项调查，对2019年公路货物运输量统计口径进行了调整，与之前年份的统计口径不可比。

# Basic Conditions of Transport

| 2018 | 2019 | 2020 | 2021 | 2022 | 2023 |
|---|---|---|---|---|---|
| 3056 | 3581 | 4089 | 4313 | 4319 | 4623 |
| 1126 | 1554 | 2062 | 2253 | 2259 | 2541 |
| 5342 | 6337 | 7359 | 7735 | 7745 | 8329 |
| 158729 | 159937 | 158101 | 158036 | 158000 | 158734 |
| 156297 | 157954 | 158101 | 158036 | 158000 | 158734 |
| 4711 | 4865 | 4925 | 5023 | 5087 | 5128 |
| 15081 | 15260 | 15819 | 16038 | 16165 | 16543 |
| 23439 | 23878 | 24252 | 24161 | 23899 | 24005 |
| 24362 | 24354 | 24354 | 24368 | 24390 | 24391 |
| 6319 | 6312 | 5898 | 6687 | 7143 | 8667 |
| 71043 | 71282 | 71544 | 71356 | 74174 | 80264 |
| 3693976 | 3764727 | 3818044 | 3885289 | 4492140 | 5679505 |
| **121884** | **120802** | **85164** | **66156** | **46350** | **71568** |
| 21204 | 22880 | 15038 | 19075 | 11399 | 28202 |
| 97025 | 94475 | 67664 | 43789 | 32652 | 38904 |
| 2383 | 2083 | 1562 | 2140 | 1582 | 2831 |
| 1272 | 1364 | 900 | 1153 | 716 | 1631 |
| **1692.14** | **1736.98** | **1057.11** | **1142.09** | **712.39** | **1526.88** |
| **247388** | **281060** | **288513** | **307176** | **292305** | **324766** |
| 5971 | 6170 | 6866 | 8188 | 8411 | 8381 |
| 139251 | 164577 | 174624 | 186708 | 159936 | 183485 |
| 87735 | 95541 | 93467 | 98232 | 109197 | 117563 |
| 7.67 | 7.40 | 23.45 | 23.51 | 23.38 | 22.64 |
| 14423 | 14765 | 13533 | 14025 | 14738 | 15315 |
| **9684.01** | **11114.57** | **11538.86** | **12441.71** | **12478.04** | **13937.78** |
| **1987.16** | **2111.42** | **2230.46** | **2359.94** | **2450.58** | **2624.08** |
| 1783.23 | 1919.22 | 2044.40 | 2179.40 | 2281.70 | 2423.77 |
| 1652.10 | 1777.89 | 1887.90 | 2010.18 | 2116.49 | 2253.37 |
| 116.24 | 126.02 | 140.00 | 152.00 | 148.03 | 153.69 |
| 101.46 | 94.79 | 91.44 | 93.34 | 90.71 | 88.86 |
| 1537.62 | 1646.03 | 1747.98 | 1858.83 | 1967.51 | 2078.56 |
| **3.27** | **3.04** | **2.91** | **2.84** | **2.66** | **2.62** |
| 2.86 | 2.73 | 2.63 | 2.58 | 2.45 | 2.44 |
| 0.41 | 0.31 | 0.28 | 0.26 | 0.21 | 0.18 |
| **258469** | **283111** | **296553** | **320835.5** | **324327.3** | **351137.8** |
| 49045 | 52447 | 55827 | 59497.9 | 55600.6 | 62305.1 |

a) From 2017 to 2023, the railway operating and main extension mileage are statistical date from Shanghai Railway Bureau and Jinan Railway Bureau, both including the Fengpei Line and local railways in Jiangsu Province.

b) Road passenger traffic volume does not include transportation by buses and taxis. Road freight volume does not include transportation by agricultural vehicles and tractors.

c) The number of civil vehicles does not include tractors.

d) Based on the Road Freight Volume Survey of 2019, the statistical caliber of road freight volume in 2019 is adjusted, which is not comparable with the same caliber.

# 13-2 客运量
# Passenger Traffic

单位：万人 (10000 persons)

| 年份 Year | 总计 Total | 铁路 Railways | 公路 Highways | 水运 Waterways | 民用航空 Civil Aviation |
|---|---|---|---|---|---|
| 1978 | 25621 | 2752 | 18694 | 4175 | |
| 1980 | 34002 | 3364 | 26463 | 4175 | |
| 1985 | 53935 | 4819 | 45751 | 3365 | |
| 1990 | 48339 | 4788 | 41850 | 1701 | |
| 1991 | 50264 | 4932 | 43764 | 1568 | |
| 1992 | 55400 | 5035 | 48748 | 1617 | |
| 1993 | 59666 | 5533 | 53331 | 797 | 5 |
| 1994 | 61104 | 5471 | 54930 | 677 | 26 |
| 1995 | 84803 | 5185 | 78947 | 623 | 48 |
| 1996 | 91870 | 4502 | 86801 | 499 | 68 |
| 1997 | 93684 | 4433 | 88826 | 341 | 84 |
| 1998 | 97033 | 4451 | 92215 | 273 | 94 |
| 1999 | 101000 | 4824 | 95564 | 504 | 108 |
| 2000 | 107244 | 4891 | 101713 | 514 | 126 |
| 2001 | 110713 | 5029 | 105105 | 430 | 149 |
| 2002 | 115889 | 5297 | 110139 | 284 | 170 |
| 2003 | 123462 | 5104 | 118046 | 147 | 165 |
| 2004 | 128516 | 5997 | 122218 | 91 | 210 |
| 2005 | 145204 | 6658 | 138287 | 37 | 222 |
| 2006 | 161425 | 7293 | 153824 | 27 | 280 |
| 2007 | 187241 | 7658 | 179206 | 27 | 350 |
| 2008 | 208237 | 8846 | 199008 | 32 | 351 |
| 2009 | 201262 | 9167 | 191001 | 686 | 408 |
| 2010 | 226627 | 9711 | 215850 | 590 | 476 |
| 2011 | 247405 | 10598 | 235673 | 579 | 555 |
| 2012 | 268371 | 11757 | 255358 | 594 | 662 |
| 2013 | 152172 | 13435 | 135555 | 2454 | 728 |
| 2014 | 156016 | 15374 | 137270 | 2563 | 809 |
| 2015 | 153943 | 16116 | 134553 | 2392 | 882 |
| 2016 | 134605 | 17814 | 113493 | 2272 | 1025 |
| 2017 | 127952 | 19786 | 104566 | 2431 | 1169 |
| 2018 | 121884 | 21204 | 97025 | 2383 | 1272 |
| 2019 | 120802 | 22880 | 94475 | 2083 | 1364 |
| 2020 | 85164 | 15038 | 67664 | 1562 | 900 |
| 2021 | 66156 | 19075 | 43789 | 2140 | 1153 |
| 2022 | 46350 | 11399 | 32652 | 1582 | 716 |
| 2023 | 71568 | 28202 | 38904 | 2831 | 1631 |

注：2020年及以后年份的民用航空客运量包括东航江苏分公司、深航无锡分公司、邮政航空和吉祥航空江苏分公司等4家公司的完成数。

a) Since 2020, the passenger traffic by civil aviation include the fulfillment of China Eastern Airline Jiangsu Branch, Shenzhen Airlines Wuxi Branch, Postal Airlines and Jixiang Airlines Jiangsu Branch.

# 13-3　旅客周转量
# Passenger-Kilometers

单位：亿人公里　　(100 million person-km)

| 年　份 Year | 总　计 Total | 铁　路 Railways | 公　路 Highways | 水　运 Waterways | 民用航空 Civil Aviation |
|---|---|---|---|---|---|
| 1978 | 105.29 | 46.35 | 49.93 | 9.01 | |
| 1980 | 140.15 | 61.60 | 68.25 | 10.30 | |
| 1985 | 273.76 | 107.46 | 156.30 | 10.00 | |
| 1990 | 324.94 | 124.13 | 195.24 | 5.57 | |
| 1991 | 342.12 | 132.57 | 204.11 | 5.44 | |
| 1992 | 515.08 | 147.53 | 361.28 | 6.27 | |
| 1993 | 520.86 | 161.36 | 355.50 | 3.42 | 0.58 |
| 1994 | 541.09 | 166.94 | 367.98 | 3.28 | 2.89 |
| 1995 | 630.56 | 163.69 | 459.08 | 3.42 | 4.37 |
| 1996 | 647.73 | 143.85 | 495.70 | 2.51 | 5.67 |
| 1997 | 657.93 | 144.68 | 504.05 | 1.64 | 7.56 |
| 1998 | 680.02 | 141.15 | 527.62 | 1.12 | 10.13 |
| 1999 | 725.66 | 157.65 | 554.04 | 1.40 | 12.57 |
| 2000 | 776.25 | 165.87 | 594.48 | 1.45 | 14.45 |
| 2001 | 874.63 | 173.40 | 682.25 | 1.06 | 17.93 |
| 2002 | 924.31 | 183.80 | 719.08 | 0.70 | 20.71 |
| 2003 | 978.03 | 182.88 | 774.11 | 0.50 | 20.53 |
| 2004 | 1109.19 | 226.73 | 855.41 | 0.27 | 26.78 |
| 2005 | 1222.03 | 245.37 | 948.10 | 0.11 | 28.45 |
| 2006 | 1366.95 | 267.99 | 1062.61 | 0.10 | 36.25 |
| 2007 | 1596.06 | 309.83 | 1241.13 | 0.33 | 44.77 |
| 2008 | 1766.00 | 319.14 | 1400.80 | 0.37 | 45.69 |
| 2009 | 1423.33 | 311.29 | 1058.01 | 1.29 | 52.74 |
| 2010 | 1604.00 | 351.00 | 1196.59 | 1.50 | 54.00 |
| 2011 | 1777.80 | 398.10 | 1307.30 | 1.50 | 70.90 |
| 2012 | 1949.80 | 446.40 | 1418.40 | 1.40 | 83.60 |
| 2013 | 1451.14 | 505.88 | 847.28 | 3.97 | 94.01 |
| 2014 | 1550.64 | 589.60 | 852.00 | 3.04 | 106.00 |
| 2015 | 1566.40 | 613.50 | 835.00 | 2.70 | 115.20 |
| 2016 | 1591.93 | 672.65 | 779.98 | 2.39 | 136.91 |
| 2017 | 1659.45 | 750.03 | 746.89 | 3.22 | 159.31 |
| 2018 | 1692.14 | 803.14 | 716.64 | 3.47 | 168.90 |
| 2019 | 1736.98 | 846.77 | 698.19 | 3.58 | 188.44 |
| 2020 | 1057.11 | 518.57 | 414.22 | 1.29 | 123.02 |
| 2021 | 1142.09 | 678.13 | 301.58 | 0.83 | 161.55 |
| 2022 | 712.39 | 408.47 | 203.52 | 0.55 | 99.85 |
| 2023 | 1526.88 | 1029.64 | 257.29 | 1.12 | 238.84 |

# 13-4 货运量
# Freight Traffic

单位：万吨 (10000 tons)

| 年份 Year | 总计 Total | 铁路 Railways | 公路 Highways | 水运 Waterways | | | 民用航空 Civil Aviation | 输油管道 Petroleum Pipeline |
|---|---|---|---|---|---|---|---|---|
| | | | | | 内河 Inland Waterways | 沿海、远洋 Seashipping | | |
| 1978 | 14626 | 3224 | 4488 | 6557 | 6557 | | | 357 |
| 1980 | 16527 | 3420 | 4427 | 6482 | 6452 | 30 | | 2198 |
| 1985 | 46842 | 4037 | 23255 | 18117 | 18067 | 50 | | 1433 |
| 1990 | 49399 | 4235 | 27904 | 15908 | 15809 | 99 | | 1352 |
| 1991 | 49298 | 4078 | 27948 | 16064 | 15884 | 180 | | 1208 |
| 1992 | 56953 | 4343 | 30730 | 20751 | 20533 | 218 | | 1129 |
| 1993 | 66339 | 4344 | 35060 | 25915 | 25610 | 305 | | 1020 |
| 1994 | 69470 | 4318 | 36899 | 27279 | 26920 | 359 | | 974 |
| 1995 | 81830 | 4143 | 49578 | 27161 | 26728 | 433 | | 948 |
| 1996 | 84666 | 4361 | 50571 | 28819 | 28429 | 390 | | 915 |
| 1997 | 82290 | 4131 | 52441 | 24826 | 24424 | 402 | | 892 |
| 1998 | 80429 | 3793 | 54328 | 21363 | 21059 | 304 | | 945 |
| 1999 | 81529 | 3941 | 54803 | 21596 | 20045 | 1551 | | 1188 |
| 2000 | 90436 | 4077 | 59056 | 25902 | 24275 | 1627 | | 1395 |
| 2001 | 87505 | 4239 | 59058 | 22583 | 21030 | 1553 | | 1622 |
| 2002 | 88588 | 4407 | 60299 | 22411 | 20681 | 1730 | | 1468 |
| 2003 | 93511 | 4462 | 64321 | 23320 | 20845 | 2475 | | 1405 |
| 2004 | 100093 | 4665 | 69058 | 24812 | 21239 | 3573 | | 1554 |
| 2005 | 112909 | 5090 | 76301 | 29277 | 25061 | 4216 | | 2236 |
| 2006 | 125114 | 5169 | 84319 | 32862 | 25779 | 7083 | | 2759 |
| 2007 | 143805 | 5177 | 97473 | 37858 | 29567 | 8291 | 5.32 | 3292 |
| 2008 | 166322 | 5118 | 110302 | 42799 | 27154 | 15645 | 4.68 | 8098 |
| 2009 | 160967 | 6137 | 104002 | 42016 | 30221 | 11795 | 4.44 | 8807 |
| 2010 | 188558 | 6374 | 123500 | 48702 | 35713 | 12989 | 5.46 | 9977 |
| 2011 | 212594 | 7282 | 140803 | 54012 | 37783 | 16229 | 6.08 | 10491 |
| 2012 | 231295 | 7223 | 153696 | 58639 | 41007 | 17632 | 6.69 | 11730 |
| 2013 | 194048 | 6806 | 103709 | 70909 | 47559 | 23350 | 6.67 | 12617 |
| 2014 | 208623 | 6090 | 114449 | 75328 | 51603 | 23725 | 7.10 | 12749 |
| 2015 | 211648 | 5066 | 113351 | 80343 | 58065 | 22278 | 7.00 | 12881 |
| 2016 | 215651 | 5335 | 117166 | 79314 | 56656 | 22658 | 7.61 | 13828 |
| 2017 | 234092 | 5720 | 128915 | 85668 | 61514 | 24154 | 8.19 | 13781 |
| 2018 | 247388 | 5971 | 139251 | 87735 | 62805 | 24930 | 7.67 | 14423 |
| 2019 | 281060 | 6170 | 164577 | 95541 | 64373 | 31168 | 7.41 | 14765 |
| 2020 | 288513 | 6866 | 174624 | 93467 | 61611 | 31856 | 23.45 | 13533 |
| 2021 | 307176 | 8188 | 186708 | 98232 | 61447 | 36785 | 23.51 | 14025 |
| 2022 | 292305 | 8411 | 159936 | 109197 | 68398 | 40799 | 23.38 | 14738 |
| 2023 | 324766 | 8381 | 183485 | 117563 | 72307 | 45256 | 22.64 | 15315 |

注：1. 2020年及以后年份的民用航空货运量包括东航江苏分公司、深航无锡分公司、邮政航空和吉祥航空江苏分公司等4家公司的完成数。
2. 水运货物周转量数据为全社会口径数据。
3. 据2015年度全国公路水路运输量小样本抽样调查结果，对2015年公路、内河客货运输量、周转量统计值有所修正，与之前年份的统计口径不可比。根据2019年道路货物运输量专项调查，对2019年公路货物运输量统计口径进行了调整，与之前年份的统计口径不可比。

a) Since 2020, the freight traffic by civil aviation includes the fulfillment of China Eastern Airline Jiangsu Branch, Shenzhen Airlines Wuxi Branch, Postal Airlines and Jixiang Airlines Jiangsu Branch.
b) The data of water transport cargo turnover is the caliber data of the whole society.
c) Based on the small sample sampling survey results of 2015 national highway water traffic,amend some statistics,cover the volume of freight traffic and passengers between highway and waterway, the turnover volume between highway and waterway. which can't compare with the 2015 caliber. Based on the special survey of freight traffic in 2019, the statistical caliber of freight traffic in 2019 has been adjusted, which can't compare with the 2019 caliber.

# 13-5　货物周转量
# Freight Ton-kilometers

单位：亿吨公里　(100 million ton-km)

| 年　份 Year | 总　计 Total | 铁　路 Railways | 公　路 Highways | 水　运 Waterways | 内　河 Inland Waterways | 沿海、远洋 Sea Shipping | 民用航空 Civil Aviation | 输油管道 Petroleum Pipeline |
|---|---|---|---|---|---|---|---|---|
| 1978 | 283.85 | 172.72 | 11.24 | 87.97 | 87.97 | | | 11.92 |
| 1980 | 382.77 | 186.31 | 11.45 | 93.56 | 91.51 | 2.05 | | 91.45 |
| 1985 | 575.58 | 240.48 | 81.30 | 205.90 | 194.83 | 11.07 | | 47.90 |
| 1990 | 730.22 | 297.44 | 154.01 | 233.65 | 209.53 | 24.12 | | 45.12 |
| 1991 | 788.41 | 301.73 | 166.21 | 280.59 | 240.23 | 40.36 | | 39.88 |
| 1992 | 963.94 | 333.85 | 179.92 | 400.78 | 361.87 | 38.91 | | 49.39 |
| 1993 | 1193.87 | 346.49 | 235.07 | 578.01 | 520.51 | 57.50 | | 34.30 |
| 1994 | 1246.12 | 372.13 | 243.33 | 598.02 | 523.21 | 74.81 | | 32.64 |
| 1995 | 1376.88 | 393.51 | 281.04 | 670.75 | 585.84 | 84.91 | | 31.58 |
| 1996 | 1412.56 | 380.09 | 289.44 | 712.33 | 635.20 | 77.13 | | 30.70 |
| 1997 | 1370.63 | 355.73 | 303.40 | 681.42 | 617.18 | 64.24 | | 30.08 |
| 1998 | 1353.23 | 343.41 | 316.14 | 661.85 | 579.51 | 82.34 | | 31.71 |
| 1999 | 1400.55 | 342.65 | 319.75 | 704.01 | 436.89 | 267.12 | | 33.91 |
| 2000 | 1505.57 | 371.32 | 340.72 | 746.39 | 463.17 | 283.22 | | 46.84 |
| 2001 | 1524.96 | 371.97 | 340.73 | 757.58 | 489.01 | 268.57 | | 54.37 |
| 2002 | 1549.12 | 377.17 | 351.95 | 770.03 | 395.05 | 374.98 | | 49.63 |
| 2003 | 1817.44 | 408.69 | 365.01 | 995.34 | 444.98 | 550.36 | | 47.97 |
| 2004 | 2398.64 | 434.72 | 386.91 | 1523.63 | 468.13 | 1055.50 | | 52.87 |
| 2005 | 3068.88 | 480.49 | 459.18 | 2056.90 | 631.98 | 1424.92 | | 71.73 |
| 2006 | 3644.79 | 497.42 | 542.09 | 2515.09 | 583.94 | 1931.15 | | 89.54 |
| 2007 | 4099.16 | 424.00 | 638.59 | 2930.08 | 634.65 | 2295.43 | 0.74 | 105.75 |
| 2008 | 4707.74 | 346.50 | 723.60 | 3179.30 | 598.29 | 2581.01 | 0.67 | 457.67 |
| 2009 | 5154.46 | 323.90 | 971.13 | 3372.05 | 638.45 | 2733.60 | 0.64 | 486.74 |
| 2010 | 6111.57 | 336.86 | 1149.10 | 4095.70 | 694.11 | 3401.59 | 0.78 | 529.13 |
| 2011 | 7513.99 | 398.57 | 1315.27 | 5236.91 | 748.30 | 4488.61 | 0.84 | 562.40 |
| 2012 | 8474.64 | 391.53 | 1452.45 | 6052.95 | 823.60 | 5229.35 | 0.91 | 576.80 |
| 2013 | 10536.84 | 373.17 | 1790.40 | 7753.02 | 1336.55 | 6416.46 | 0.95 | 619.30 |
| 2014 | 11028.47 | 346.10 | 1978.50 | 8087.07 | 1505.20 | 6581.87 | 1.10 | 615.70 |
| 2015 | 7374.00 | 303.70 | 2072.96 | 5886.75 | 1871.18 | 4015.57 | 1.00 | 623.30 |
| 2016 | 8290.69 | 282.46 | 2140.33 | 5224.60 | 1863.70 | 3360.90 | 1.09 | 642.20 |
| 2017 | 9726.51 | 291.42 | 2377.90 | 6382.21 | 2026.43 | 4355.78 | 1.17 | 673.80 |
| 2018 | 9684.01 | 296.66 | 2544.35 | 6121.94 | 2063.13 | 4058.82 | 1.06 | 719.99 |
| 2019 | 11114.57 | 322.40 | 3234.82 | 6841.28 | 2120.82 | 4720.46 | 1.08 | 714.90 |
| 2020 | 11538.86 | 320.74 | 3524.51 | 7038.58 | 2079.69 | 4958.89 | 2.80 | 652.23 |
| 2021 | 12441.71 | 345.16 | 3687.79 | 7743.29 | 2130.83 | 5612.46 | 2.84 | 662.62 |
| 2022 | 12478.05 | 368.70 | 3207.63 | 8239.66 | 2340.55 | 5899.11 | 2.74 | 659.30 |
| 2023 | 13937.78 | 358.27 | 3459.48 | 9403.93 | 2511.71 | 6892.23 | 2.70 | 713.40 |

注：1. 2020年及以后年份的民用航空货运量包括东航江苏分公司、深航无锡分公司、邮政航空和吉祥航空江苏分公司等4家公司的完成数。
2. 水运货物周转量数据为全社会口径数据。
3. 据2015年度全国公路水路运输量小样本抽样调查结果，对2015年公路、内河客货运输量、周转量统计值有所修正，与之前年份的统计口径不可比。根据2019年道路货物运输量专项调查，对2019年公路货物运输量统计口径进行了调整，与之前年份的统计口径不可比。

a) Since 2020, the freight traffic by civil aviation includes the fulfillment of China Eastern Airline Jiangsu Branch, Shenzhen Airlines Wuxi Branch, Postal Airlines and Jixiang Airlines Jiangsu Branch.

b) The data of water transport cargo turnover is the caliber data of the whole society.

c) Based on the small sample sampling survey results of 2015 national highway water traffic,amend some statistics,cover the volume of freight traffic and passengers between highway and waterway, the turnover volume between highway and waterway. which can't compare with the 2015 caliber. Based on the special survey of freight traffic in 2019, the statistical caliber of freight traffic in 2019 has been adjusted, which can't compare with the 2019 caliber.

# 13-6 全社会港口码头泊位和通过能力

| 指 标 | Item | 2019 | | | 2020 | | |
|---|---|---|---|---|---|---|---|
| | | 合 计 Total | 沿海港口 Coastal Ports | 内河港口 Inland River Ports | 合 计 Total | 沿海港口 Coastal Ports | 内河港口 Inland River Ports |
| **生产用码头泊位** | **Number of Berths of Ports** | | | | | | |
| 泊位个数(个) | Number of Berths(unit) | 5563 | 165 | 5398 | 5684 | 181 | 5503 |
| 泊位长度(米) | Length of Quay Line(m) | 448426 | 28905 | 419521 | 480368 | 31454 | 448914 |
| 泊位年通过能力 | Comprehensive Traffic Capacity | | | | | | |
| #货物(万吨) | Freight(10000 tons) | 198897 | 23809 | 175088 | 216378 | 25692 | 190686 |
| **非生产用码头泊位** | **Ports for Non-productive Use** | | | | | | |
| 泊位个数(个) | Number of Berths(unit) | 28 | | | 16 | | |
| 泊位长度(米) | Length of Quay Line(m) | 1172 | | | 1239 | | |

# 13-7 主要港口吞吐量

| 港口名称 | Ports | 2019 | | 2020 | |
|---|---|---|---|---|---|
| | | 旅客吞吐量(万人) Passenger (10000 persons) | 货物吞吐量(万吨) Freight (10000 tons) | 旅客吞吐量(万人) Passenger (10000 persons) | 货物吞吐量(万吨) Freight (10000 tons) |
| **总 计** | **Total** | **20.74** | **283113.15** | **0.74** | **296552.59** |
| 沿海港口 | Coastal Ports | 20.74 | 31574.55 | 0.74 | 33968.29 |
| #连云港 | Lianyungang | 20.74 | 23455.59 | 0.74 | 24182.24 |
| 内河港口 | Inland River Ports | | 251538.60 | | 262584.29 |

## Volume of Berths and Traffic Capacity in All Ports

| 2021 | | | 2022 | | | 2023 | | |
|---|---|---|---|---|---|---|---|---|
| 合　计 Total | 沿海港口 Coastal Ports | 内河港口 Inland River Ports | 合　计 Total | 沿海港口 Coastal Ports | 内河港口 Inland River Ports | 合　计 Total | 沿海港口 Coastal Ports | 内河港口 Inland River Ports |
| 5909 | 200 | 5709 | 6406 | 210 | 6196 | 6695 | 217 | 6478 |
| 503990 | 35651 | 468339 | 551802 | 40624 | 511178 | 578443 | 43071 | 535372 |
| 225532 | 30336 | 195195 | 246876 | 34505 | 212371 | 264206 | 34843 | 229364 |
| 16 | | | 30 | | | 84 | | |
| 1239 | | | 2257 | | | 6222 | | |

## Volume of Freight and Passenger Handled in Major Ports

| 2021 | | 2022 | | 2023 | |
|---|---|---|---|---|---|
| 旅客吞吐量（万人） Passenger (10000 persons) | 货物吞吐量（万吨） Freight (10000 tons) | 旅客吞吐量（万人） Passenger (10000 persons) | 货物吞吐量（万吨） Freight (10000 tons) | 旅客吞吐量（万人） Passenger (10000 persons) | 货物吞吐量（万吨） Freight (10000 tons) |
| | **320835.47** | | **324327.35** | | **351137.83** |
| | 39973.75 | | 45655.33 | | 52807.21 |
| | 26917.87 | | 30110.82 | | 32149.19 |
| | 280861.71 | | 278672.02 | | 298330.62 |

# 13-8 全省民用车辆拥有量(2023年)
# Possession of Civil Vehicles(2023)

单位：辆 (unit)

| 指 标 | Item | 总 计 Total | #营运 Working | #进口 Import | #个人 Individual |
|---|---|---|---|---|---|
| **合 计** | **Total** | **26240760** | **1378132** | **1370741** | **22547765** |
| 汽车 | Civil Vehicles | 24237673 | 1071431 | 1329385 | 20785616 |
| 载客汽车 | Passenger Vehicles | 22533663 | 180244 | 1324841 | 19982620 |
| #大型 | Large | 98325 | 76590 | 368 | 161 |
| 中型 | Medium | 27393 | 4419 | 1196 | 4321 |
| 小型 | Small | 22354459 | 99215 | 1305945 | 19928803 |
| #轿车 | Cars | 15090794 | 92180 | 704783 | 13747132 |
| 载货汽车 | Trucks | 1536870 | 862956 | 4330 | 720247 |
| #重型 | Heavy | 577284 | 544758 | 2235 | 176473 |
| 中型 | Medium | 81703 | 52007 | 9 | 32083 |
| 轻型 | Light | 877555 | 266166 | 2086 | 511470 |
| #普通载货 | Ordinary Trucks | 553849 | 197591 | 724 | 335101 |
| 其他汽车 | Other Vehicles | 167140 | 28231 | 214 | 82911 |
| #三轮汽车 | Tricycle Vehicles | 41075 | 22644 |  | 37578 |
| 低速货车 | Low-speed Trucks | 9577 | 3373 |  | 8813 |
| 摩托车 | Motors | 1787937 | 94983 | 41170 | 1697557 |
| #普通 | Ordinary | 1663895 | 94884 | 41128 | 1577030 |
| 轻便 | Light | 124042 | 99 | 42 | 120527 |
| 挂车 | Freight Trailers | 215150 | 211718 | 186 | 64592 |
| 拖拉机 | Tractors | 635769 |  |  |  |

注：民用车辆拥有量合计数中不含拖拉机数量。

a) The total number of civil vehicles owned do not include the number of tractors.

# 13-9 个人车辆拥有量
# Possession of Private Vehicles

单位：辆 (unit)

| 指 标 | Item | 2017 | 2018 | 2019 | 2020 | 2021 | 2022 | 2023 |
|---|---|---|---|---|---|---|---|---|
| **合计** | **Total** | **16601661** | **17270788** | **18223334** | **19146995** | **20185314** | **21257520** | **22547765** |
| 民用汽车 | Civil Vehicles | 14081982 | 15376235 | 16460322 | 17479841 | 18588263 | 19675086 | 20785616 |
| 载客汽车 | Passenger Vehicles | 13490993 | 14749981 | 15796636 | 16757141 | 17817602 | 18896597 | 19982620 |
| #大型 | Large | 374 | 305 | 273 | 235 | 206 | 184 | 161 |
| 轿车 | Cars | 9876012 | 10668193 | 11313001 | 11877084 | 12509635 | 13162393 | 13747132 |
| 载货汽车 | Trucks | 502067 | 534640 | 573503 | 628933 | 677098 | 687551 | 720247 |
| #重型 | Large | 157698 | 165572 | 173053 | 184442 | 191412 | 182265 | 176473 |
| 其他汽车 | Others | 88922 | 91614 | 90183 | 93767 | 93563 | 90938 | 82911 |
| 摩托车 | Motors | 2477781 | 1847658 | 1711864 | 1608070 | 1533778 | 1518499 | 1697557 |
| 挂车 | Freight Trailers | 41898 | 46895 | 51148 | 59084 | 63273 | 63935 | 64592 |

# 13-10　全省公路运输汽车拥有量
# Possession of Vehicles for Highway Transport Business

单位：辆　　(unit)

| 指　标 | Item | 2017 | 2018 | 2019 | 2020 | 2021 | 2022 | 2023 |
|---|---|---|---|---|---|---|---|---|
| **合　计** | **Total** | **859247** | **908023** | **841770** | **806312** | **825552** | **800733** | **784821** |
| 载客汽车 | Passenger Vehicles | | | | | | | |
| 辆数 | Number | 50778 | 52729 | 53233 | 50297 | 31794 | 29744 | 29231 |
| 客位(万客位) | Seats(10000 seats) | 169 | 168 | 163 | 152 | 133 | 124 | 121 |
| 载货汽车 | Trucks | | | | | | | |
| 辆数 | Number | 808469 | 855294 | 788537 | 756015 | 793758 | 770989 | 755590 |
| #普通载货汽车 | Ordinary Trucks | 597866 | 623996 | 577222 | 504317 | 513696 | 488951 | 462291 |
| 吨位(万吨) | Tonnages(10000 tons) | 764 | 837 | 906 | 1037 | 1104 | 1081 | 1057 |
| #普通载货汽车 | Ordinary Trucks | 564 | 620 | 768 | 860 | 896 | 863 | 818 |

# 13-11　全社会运输船舶拥有量
# Possession of Transport Vessels

| 指　标 | Item | 2022 | | | 2023 | | |
|---|---|---|---|---|---|---|---|
| | | 数　量（艘） Number (unit) | 载客量（客位） Passenger Capacity (seat) | 净载重量（万吨位） Dead Weight Tonnage (10000 tons) | 数　量（艘） Number (unit) | 载客量（客位） Passenger Capacity (seat) | 净载重量（万吨位） Dead Weight Tonnage (10000 tons) |
| **总　计** | **Total** | **26601** | **38564** | **3819.15** | **26188** | **34800** | **3804.50** |
| #内河船舶 | Inland Waterway Vessels | 24908 | 37895 | 2219.68 | 24433 | 34648 | 2112.78 |
| 沿海和远洋船舶 | Coastal and Ocean Going Vessels | 1693 | 669 | 1599.47 | 1755 | 152 | 1691.73 |
| #机动船 | Motor Vessels | 24486 | 38564 | 3562.17 | 24135 | 34800 | 3549.20 |
| 客船 | Passenger Ships | 324 | 28902 | 0.60 | 310 | 30300 | |
| 客货船 | Passenger and Cargo Ships | 60 | 9662 | 1.72 | 33 | 4500 | 0.97 |
| 货船 | Cargo Ships | 23456 | | 3559.85 | 23135 | | 3548.23 |
| 拖轮 | Tugboats | 646 | | | 657 | | |
| 驳船 | Barges | 2115 | | 256.98 | 2053 | | 255.30 |

# 13-12 分市交通运输基本情况(2023年)

| 指 标 | Item | 南 京 Nanjing | 无 锡 Wuxi | 徐 州 Xuzhou |
|---|---|---|---|---|
| **运输线路** | **Transport Routes** | | | |
| 公路通车里程(公里) | Highways in Operation(km) | 9893 | 7645 | 15999 |
| #等级公路里程 | Expressway and Class Ⅰ to Ⅳ Highways | 9893 | 7645 | 15999 |
| #高速公路 | Expressways | 553 | 324 | 464 |
| 一级公路 | Class Ⅰ Highways | 1295 | 1264 | 1449 |
| 二级公路 | Class Ⅱ Highways | 995 | 1861 | 1666 |
| 内河航道里程(公里) | Navigable Inland Waterways(km) | 644 | 1578 | 909 |
| 公路桥梁(座) | Highway Bridges(unit) | 2826 | 4774 | 6010 |
| 公路桥梁长度(延米) | Length of Highway Bridges(Linear meter) | 442572 | 393451 | 368318 |
| **客运量** | **Passenger Traffic** | | | |
| 公路(万人) | Highways(10000 persons) | 6693 | 6276 | 2535 |
| 水运(万人) | Waterways(10000 persons) | 79 | 423 | |
| 民用航空(万人) | Civil Aviation(10000 persons) | 2734 | 880 | 299 |
| **货运量** | **Freight Traffic(10000 tons)** | | | |
| 公路(万吨) | Highways(10000 tons) | 21899 | 21238 | 31252 |
| 水运(万吨) | Waterways(10000 tons) | 18776 | 3798 | 5310 |
| 民用航空(吨) | Civil Aviation(tons) | 383521 | 125556 | 9764 |
| **机动车拥有量(万辆)** | **Number of Vehicles(10000 units)** | **338.51** | **270.86** | **227.05** |
| #机动汽车拥有量 | Motor Vehicles | 321.82 | 254.39 | 205.20 |
| #载客汽车 | Passenger Vehicles | 300.81 | 239.99 | 182.89 |
| 载货汽车 | Trucks | 19.26 | 13.51 | 20.92 |
| #营运汽车(含公交出租车辆) | Motor Vehicles in Operation(Include Bus and Taxi) | 11.09 | 7.67 | 13.96 |
| #私人汽车 | Private Vehicles | 165.19 | 143.52 | 117.96 |
| **全社会船舶拥有量(万艘)** | **Number of Transport Vessels(10000 units)** | **0.092** | **0.107** | **0.269** |
| 机动船 | Motor Vessels | 0.085 | 0.107 | 0.147 |
| 驳船 | Barges | 0.008 | | 0.121 |
| **港口货物吞吐量(万吨)** | **Volume of Freight Handled in Coastal Ports(10000 tons)** | **27649** | **45980** | **5946** |
| #外贸 | Foreign Trade | 3563 | 6361 | 1 |

注：民用航空客、货运量分市数据分别为各机场旅客、货邮吞吐量。

# Basic Conditions of Transport by City (2023)

| 常 州 Changzhou | 苏 州 Suzhou | 南 通 Nantong | 连云港 Lianyungang | 淮 安 Huai'an | 盐 城 Yancheng | 扬 州 Yangzhou | 镇 江 Zhenjiang | 泰 州 Taizhou | 宿 迁 Suqian |
|---|---|---|---|---|---|---|---|---|---|
| | | | | | | | | | |
| 8411 | 11322 | 17561 | 12270 | 13791 | 22283 | 9687 | 6984 | 10205 | 12684 |
| 8411 | 11322 | 17561 | 12270 | 13791 | 22283 | 9687 | 6984 | 10205 | 12684 |
| 379 | 620 | 482 | 354 | 400 | 417 | 308 | 209 | 323 | 296 |
| 1140 | 1923 | 2129 | 854 | 870 | 1876 | 711 | 968 | 1294 | 769 |
| 1511 | 4149 | 1854 | 1822 | 1668 | 2827 | 1511 | 906 | 1346 | 1888 |
| 1080 | 2786 | 3522 | 1103 | 1402 | 4369 | 2169 | 597 | 2550 | 870 |
| 3933 | 10729 | 8997 | 3496 | 4418 | 16934 | 4568 | 1664 | 7800 | 4115 |
| 410631 | 969873 | 509869 | 338146 | 335139 | 681242 | 324548 | 200902 | 434640 | 270174 |
| | | | | | | | | | |
| 1782 | 13031 | 1676 | 1663 | 816 | 1250 | 782 | 1005 | 1167 | 228 |
| 175 | 651 | 201 | 1 | 12 | | 21 | 789 | 479 | |
| 403 | | 366 | 145 | 160 | 169 | 326 | | | |
| | | | | | | | | | |
| 10826 | 26746 | 12891 | 12700 | 5446 | 13342 | 5571 | 6116 | 5804 | 9655 |
| 5816 | 1138 | 12585 | 4369 | 6959 | 11166 | 14021 | 1395 | 30439 | 1791 |
| 21859 | | 60228 | 2009 | 19073 | 4206 | 10582 | | | |
| **186.24** | **537.22** | **252.05** | **119.80** | **94.10** | **162.34** | **112.95** | **86.77** | **117.10** | **119.09** |
| 178.09 | 528.61 | 227.03 | 100.53 | 86.03 | 137.71 | 99.87 | 77.82 | 105.19 | 101.47 |
| 167.74 | 503.22 | 213.68 | 86.60 | 78.74 | 125.42 | 92.74 | 73.56 | 98.47 | 89.50 |
| 9.75 | 23.72 | 12.52 | 12.31 | 6.87 | 11.57 | 6.60 | 3.95 | 6.27 | 11.51 |
| 4.89 | 11.51 | 5.89 | 7.98 | 4.48 | 5.89 | 3.62 | 2.38 | 3.27 | 6.22 |
| 95.91 | 302.93 | 137.21 | 54.90 | 52.10 | 79.96 | 58.73 | 45.79 | 61.58 | 58.92 |
| **0.148** | **0.027** | **0.114** | **0.117** | **0.247** | **0.512** | **0.176** | **0.026** | **0.665** | **0.119** |
| 0.148 | 0.027 | 0.114 | 0.114 | 0.243 | 0.484 | 0.172 | 0.025 | 0.664 | 0.084 |
| | | | 0.003 | 0.005 | 0.028 | 0.004 | 0.001 | 0.001 | 0.035 |
| **12439** | **76176** | **34362** | **32686** | **7864** | **21541** | **14278** | **26692** | **42677** | **2850** |
| 1240 | 19531 | 4141 | 15928 | 20 | 2354 | 1392 | 4817 | 2954 | 2 |

a) Passenger and cargo traffic data of civil aviation of divide cities are passenger and cargo throughput of airports.

# 13-13 邮电业务基本情况

| 指 标 | Item | 2017 |
|---|---|---|
| 邮电业务总量(亿元) | Business Volume of Postal & Telecommunication Services(100 million yuan) | 2948.63 |
| 邮政业务总量 | Business Volume of Postal Services | 880.93 |
| 电信业务总量 | Business Volume of Telecommunication Services | 2067.70 |
| 邮电业务收入(亿元) | Revenue from Postal and Telecommunication Services(100 million yuan) | 1475.92 |
| 邮政业务收入 | Revenue from Postal Services | 560.72 |
| 电信业务收入 | Revenue from Telecommunication Services | 915.20 |
| 函件(亿件) | Letters(100 million pcs) | 2.86 |
| 包件(万件) | Packages(10000 pcs) | 150.49 |
| 快递(亿件) | Express Mail Services(100 million pcs) | 35.96 |
| 报刊期发数(万份) | Issue of Newspapers and Magazines(10000 pcs) | 1094.68 |
| 移动短信业务量(亿条) | Short Message Services(100 million messages) | 771.60 |
| 年末固定电话用户(万户) | Fixed Telephone Subscribers at Year-end(10000 subscribers) | 1512.08 |
| 年末移动电话用户(万户) | Mobile Phone Subscribers at Year-end(10000 subscribers) | 8807.69 |
| 固定宽带接入用户(万户) | Fixed Broadband Subscribers(10000 subscribers) | 3106.15 |
| 邮政局所(个) | Number of Post Offices(unit) | 2376 |
| 邮路及农村投递路线总长度(万公里) | Length of Postal Routes and Rural Delivery Routes(10000 km) | 40.20 |
| #汽车邮路 | Highway Routes | 13.90 |
| 长途光缆线路长度(公里) | Length of Long-distance Optical Cable Lines(km) | 43111 |
| 每局所服务面积(平方公里) | Average Area Served by Each Post Office(sq.km) | 45.12 |
| 人均邮电业务量(元/人) | Average Business Volume of Postal Services(yuan/person) | 3672.34 |
| 每百人平均函件量(件/百人) | Average Number of Letters Mailed per 100 Persons(unit/100 persons) | 356.20 |
| 每百人平均订阅报刊量(份/百人) | Average Number of Newspaper and Magazine Subscribed per 100 Persons(unit/100 persons) | 14.00 |
| 人均快递发件量(件/人) | Average Express Delivery Volume(unit/person) | 44.79 |
| 每百人平均包件(件/百人) | Average Number of Packages per 100 Persons(unit/100 persons) | 1.87 |
| 每百人移动短信量(条/百人) | Number of Short Messages per 100 Persons(unit/person) | 96095 |
| 电话普及率(部/百人) | Popularization Rate of Telephones(unit/100 persons) | 128.53 |
| 固定电话普及率 | Popularization Rate of Fixed Line Telephones | 18.83 |
| 移动电话普及率 | Popularization Rate of Mobile Phones | 109.69 |

注：1.邮政业务总量、业务收入及快递包含国有、民营、外资各类企业的快递业务活动。
2.2020年及之前年份的邮政业务总量采用2010年不变单价核算；2021年及以后年份邮政业务总量采用2020年不变单价核算。
3.2020年及之前年份的电信业务总量采用2015年不变单价核算；2021年及以后年份电信业务总量采用上年不变单价核算。
4.邮路及农村投递路线总长度及其分项自2023年起不再统计。

# Basic Conditions of Postal and Telecommunication Services

| 2018 | 2019 | 2020 | 2021 | 2022 | 2023 |
|---|---|---|---|---|---|
| 5861.83 | 8973.55 | 10881.16 | 2270.13 | 2397.82 | 2631.85 |
| 1050.23 | 1426.90 | 1699.50 | 972.66 | 1022.15 | 1163.55 |
| 4811.60 | 7546.65 | 9181.66 | 1297.47 | 1375.67 | 1468.30 |
| 1622.11 | 1791.76 | 1949.31 | 2136.62 | 2311.18 | 2516.80 |
| 647.01 | 813.80 | 919.50 | 1001.11 | 1059.55 | 1165.12 |
| 975.10 | 977.96 | 1029.81 | 1135.51 | 1251.63 | 1351.68 |
| 2.26 | 2.10 | 1.52 | 1.21 | 1.26 | 1.32 |
| 139.53 | 122.96 | 133.08 | 117.41 | 128.20 | 147.17 |
| 43.89 | 57.41 | 69.77 | 86.07 | 87.12 | 99.46 |
| 969.35 | 830.16 | 805.61 | 781.52 | 797.68 | 809.69 |
| 1034.86 | 1148.90 | 1132.88 | 979.29 | 1020.12 | 1006.38 |
| 1364.00 | 1329.11 | 1265.34 | 1205.47 | 1165.68 | 1153.38 |
| 9794.00 | 10165.91 | 9897.05 | 10179.47 | 10566.88 | 10859.36 |
| 3351.87 | 3585.74 | 3756.83 | 4071.61 | 4451.59 | 4754.55 |
| 2371 | 2374 | 2375 | 2373 | 2380 | 2405 |
| 48.43 | 49.09 | 51.56 | 57.31 | 64.06 | |
| 22.64 | 25.71 | 24.38 | 30.38 | 27.87 | |
| 40366 | 39107 | 40429 | 39572 | 40961 | 42280 |
| 45.21 | 45.16 | 45.14 | 45.17 | 45.04 | 44.57 |
| 7281.14 | 11119.64 | 12835.70 | 2669.04 | 2816.00 | 3086.85 |
| 280.72 | 260.22 | 179.00 | 142.26 | 147.97 | 154.53 |
| 12.00 | 10.00 | 10.00 | 9.19 | 9.37 | 9.50 |
| | | | | | |
| 54.52 | 71.14 | 82.32 | 101.19 | 102.31 | 116.65 |
| 1.73 | 1.52 | 1.57 | 1.38 | 1.51 | 1.73 |
| 128543 | 142708 | 133637 | 115137 | 119803 | 118036 |
| 139.00 | 142.78 | 131.67 | 134.30 | 137.79 | 140.90 |
| 16.94 | 16.51 | 14.93 | 14.22 | 13.69 | 13.53 |
| 121.70 | 126.27 | 116.75 | 120.08 | 124.10 | 127.37 |

a) Postal services,postal revenue and express which contains express services by enterprises of state owned, private and foreign invested.
b) The total business volume of postal services for 2020 and prior years is accounted by the constant unit price of 2010. The total business volume of postal services for 2021 and beyond is accounted by the constant unit price of 2020.
c) The total business volume of telecommunication services for 2020 and prior years is accounted by the constant unit price of 2015. The total business volume of telecommunication services for 2021 and beyond is accounted by the constant unit price of the previous year.
d)The total length of postal routes and rural delivery routes and their breakdown are no longer counted from 2023.

# 13-14 按市分邮电业务基本情况(2023年)

| 指 标 | Item | 南 京 Nanjing | 无 锡 Wuxi |
|---|---|---|---|
| 邮电业务总量(亿元) | Business Volume of Postal & Telecommunication Services(100 million yuan) | 332.70 | 257.32 |
| 邮政业务总量 | Business Volume of Postal Services | 133.49 | 105.98 |
| 电信业务总量 | Business Volume of Telecommunication Services | 199.21 | 151.34 |
| 邮电业务收入(亿元) | Revenue from Postal and Telecommunication Services(100 million yuan) | 350.01 | 272.87 |
| 邮政业务收入 | Revenue from Postal Services | 149.28 | 127.58 |
| 电信业务收入 | Revenue from Telecommunication Services | 200.73 | 145.29 |
| 函件(万件) | Letters(100 million pcs) | 2136.00 | 750.36 |
| 包件(万件) | Packages(10000 pcs) | 18.83 | 13.12 |
| 快递(亿件) | Express Mail Services(10000 pcs) | 9.79 | 8.18 |
| 报刊期发数(万份) | Issue of Newspapers and Magazines(10000 pcs) | 125.51 | 72.75 |
| 年末固定电话用户(万户) | Fixed Telephone Subscribers at Year-end(10000 subscribers) | 186.69 | 125.54 |
| 年末移动电话用户(万户) | Mobile Phone Subscribers at Year-end(10000 subscribers) | 1422.34 | 1038.67 |
| 固定宽带接入用户(万户) | Fixed Broadband Subscribers(10000 subscribers) | 637.99 | 450.02 |
| 邮政局所(个) | Number of Post Offices(unit) | 189.00 | 149.00 |
| **邮政通信水平** | **Level of Postal and Telecommunication** | | |
| 每局所服务面积(平方公里) | Average Area Served by Each Post office(sq.km) | 34.85 | 31.06 |
| 人均邮电业务量(元/人) | Average Business Volume of Postal Services(yuan/person) | 3484.88 | 3433.21 |
| 每百人平均函件量(件/百人) | Average Number of Letters Mailed per 100 Persons(unit/100 persons) | 223.73 | 100.11 |
| 每百人平均订阅报刊量(份/百人) | Average Number of Newspaper and Magazine Subscribed per 100 Persons(unit/100 persons) | 13.15 | 9.71 |
| 每百人平均包件(件/百人) | Average Number of Packages per 100 Persons(unit/100 persons) | 1.97 | 1.75 |
| 人均快递发件量(件/人) | Average Express Delivery Volume(unit/person) | 102.54 | 109.16 |
| 电话普及率(部/百人) | Popularization Rate of Telephones(unit/100 persons) | 168.54 | 155.33 |
| 固定电话普及率 | Popularization Rate of Fixed Line Telephones | 19.56 | 16.75 |
| 移动电话普及率 | Popularization Rate of Mobile Phones | 148.98 | 138.58 |

注：各设区市固定电话用户数不含江苏移动公司的固定电话用户。

# Basic Conditions of Postal and Telecommunication Services by City (2023)

| 徐 州<br>Xuzhou | 常 州<br>Changzhou | 苏 州<br>Suzhou | 南 通<br>Nantong | 连云港<br>Lianyungang | 淮 安<br>Huai'an | 盐 城<br>Yancheng | 扬 州<br>Yangzhou | 镇 江<br>Zhenjiang | 泰 州<br>Taizhou | 宿 迁<br>Suqian |
|---|---|---|---|---|---|---|---|---|---|---|
| 192.74 | 161.74 | 576.75 | 235.52 | 109.86 | 106.31 | 132.99 | 119.39 | 89.10 | 102.55 | 130.96 |
| 79.98 | 67.24 | 296.44 | 124.75 | 52.36 | 53.09 | 46.63 | 52.28 | 40.92 | 40.32 | 70.07 |
| 112.76 | 94.50 | 280.31 | 110.77 | 57.50 | 53.22 | 86.36 | 67.11 | 48.18 | 62.23 | 60.89 |
| 171.67 | 182.09 | 595.66 | 210.48 | 93.03 | 90.24 | 121.02 | 115.75 | 87.15 | 101.17 | 108.93 |
| 71.58 | 86.23 | 316.16 | 104.31 | 41.89 | 41.65 | 40.64 | 50.76 | 41.72 | 40.78 | 52.54 |
| 100.09 | 95.86 | 279.50 | 106.17 | 51.14 | 48.59 | 80.38 | 64.99 | 45.43 | 60.39 | 56.39 |
| 102.24 | 439.49 | 7575.69 | 518.43 | 55.38 | 131.08 | 142.16 | 209.59 | 898.49 | 160.73 | 55.78 |
| 14.84 | 8.71 | 38.36 | 12.97 | 3.76 | 4.78 | 4.22 | 7.00 | 6.28 | 9.36 | 4.94 |
| 6.91 | 4.28 | 27.93 | 11.59 | 5.67 | 4.31 | 3.20 | 4.15 | 3.34 | 2.82 | 7.29 |
| 61.45 | 54.25 | 116.87 | 84.58 | 29.63 | 35.34 | 54.11 | 43.74 | 43.85 | 45.07 | 42.54 |
| 90.05 | 78.60 | 211.41 | 92.40 | 53.18 | 34.84 | 52.13 | 87.60 | 51.39 | 57.77 | 31.78 |
| 1073.23 | 709.12 | 1891.85 | 942.38 | 518.69 | 521.30 | 733.04 | 560.83 | 390.51 | 520.72 | 536.67 |
| 475.34 | 309.07 | 744.49 | 449.91 | 224.01 | 220.44 | 331.36 | 263.38 | 186.20 | 240.05 | 222.29 |
| 233.00 | 151.00 | 245.00 | 312.00 | 127.00 | 169.00 | 231.00 | 182.00 | 107.00 | 175.00 | 135.00 |
| | | | | | | | | | | |
| 50.49 | 28.95 | 35.34 | 25.64 | 59.96 | 59.35 | 73.30 | 36.22 | 35.89 | 33.07 | 63.37 |
| 2136.81 | 3009.15 | 4450.89 | 3039.49 | 2391.36 | 2342.70 | 1988.14 | 2603.83 | 2761.85 | 2275.37 | 2631.09 |
| 11.33 | 81.77 | 584.64 | 66.90 | 12.06 | 28.89 | 21.25 | 45.71 | 278.52 | 35.66 | 11.21 |
| 6.81 | 10.09 | 9.02 | 10.92 | 6.45 | 7.79 | 8.09 | 9.54 | 13.59 | 10.00 | 8.55 |
| | | | | | | | | | | |
| 1.65 | 1.62 | 2.96 | 1.67 | 0.82 | 1.05 | 0.63 | 1.53 | 1.95 | 2.08 | 0.99 |
| 76.60 | 79.63 | 215.55 | 149.52 | 123.35 | 95.04 | 47.80 | 90.56 | 103.43 | 62.58 | 146.51 |
| 128.97 | 146.55 | 162.31 | 133.55 | 124.48 | 122.55 | 117.38 | 141.42 | 136.98 | 128.35 | 114.20 |
| 9.98 | 14.62 | 16.32 | 11.93 | 11.58 | 7.68 | 7.79 | 19.11 | 15.93 | 12.82 | 6.38 |
| 118.98 | 131.93 | 146.00 | 121.62 | 112.91 | 114.88 | 109.59 | 122.32 | 121.05 | 115.53 | 107.82 |

a) The number of fixed telephone subscribers of each city doesn’t include the fixed telephone subscribers of China Mobile Communications Corporation Jiangsu Branch.

# 13-15 规模以上服务业企业主要经济指标

单位：亿元

| 项目Item | | 单位数(个) Number of Enterprises(unit) | |
|---|---|---|---|
| | | 2022 | 2023 |
| **总计** | **Total** | **22640** | **23153** |
| **按登记注册类型分** | **Grouped by Registration Status** | | |
| 内资企业 | Domestic Funded Enterprises | 21761 | 22269 |
| 国有企业 | State-owned Enterprises | 713 | 684 |
| 集体企业 | Collective-owned Enterprises | 157 | 151 |
| 股份合作企业 | Cooperative Enterprises | 14 | 15 |
| 联营企业 | Joint Ownership Enterprises | 22 | 22 |
| 有限责任公司 | Limited Liability Corporations | 3578 | 3657 |
| #国有独资公司 | State Sole Funded Corporations | 788 | 796 |
| 股份有限公司 | Share-holding Corporations Ltd. | 402 | 381 |
| 私营企业 | Private Enterprises | 16658 | 17155 |
| 其他企业 | Other Enterprises | 217 | 204 |
| 港、澳、台商投资企业 | Enterprises with Funds from Hong Kong, Macao and Taiwan | 444 | 444 |
| 外商投资企业 | Foreign Funded Enterprises | 435 | 440 |
| **按行业门类分** | **Grouped by Sector** | | |
| 交通运输、仓储和邮政业 | Transport, Storage and Post | 4165 | 4165 |
| 信息传输、软件和信息技术服务业 | Information Transmission, Software and IT Services | 2401 | 2491 |
| 房地产业(不含房地产开发业) | Real Estate (Exclude Real Estate Development) | 1894 | 1895 |
| 租赁和商务服务业 | Leasing and Business Services | 5955 | 6025 |
| 科学研究和技术服务业 | Scientific Research and Technical Services | 3886 | 3995 |
| 水利、环境和公共设施管理业 | Management of Water Conservancy, Environment and Public Facilities | 571 | 541 |
| 居民服务、修理和其他服务业 | Services to Households, Repair and Other Services | 1070 | 1216 |
| 教育 | Education | 306 | 281 |
| 卫生和社会工作 | Health and Social Service | 614 | 623 |
| 文化、体育和娱乐业 | Culture, Sports and Entertainment | 1778 | 1921 |
| **按地区分** | **Grouped by City** | | |
| 南京市 | Nanjing | 4620 | 4694 |
| 无锡市 | Wuxi | 2097 | 2091 |
| 徐州市 | Xuzhou | 1870 | 2034 |
| 常州市 | Changzhou | 1542 | 1537 |
| 苏州市 | Suzhou | 4072 | 3936 |
| 南通市 | Nantong | 2141 | 2332 |
| 连云港市 | Lianyungang | 636 | 657 |
| 淮安市 | Huai'an | 888 | 891 |
| 盐城市 | Yancheng | 1396 | 1494 |
| 扬州市 | Yangzhou | 1311 | 1388 |
| 镇江市 | Zhenjiang | 555 | 557 |
| 泰州市 | Taizhou | 1087 | 1100 |
| 宿迁市 | Suqian | 425 | 442 |

# Main Economic Indicators of Service Industrial Enterprises above Designated Size

(100 million yuan)

| 资产总计 Total Assets | | 负债合计 Total Liabilities | | 营业收入 Business Revenue | | 期末用工人数(万人) Number of Employment at Year-end(10000 persons) | |
|---|---|---|---|---|---|---|---|
| 2022 | 2023 | 2022 | 2023 | 2022 | 2023 | 2022 | 2023 |
| **107153.0** | **115204.2** | **65394.3** | **70385.5** | **22791.4** | **24537.8** | **327.32** | **333.55** |
| | | | | | | | |
| 102396.9 | 110231.5 | 63049.0 | 67957.6 | 21276.5 | 22922.2 | 313.07 | 319.41 |
| 12246.1 | 13421.1 | 6631.2 | 7431.0 | 1000.3 | 1182.3 | 17.42 | 18.97 |
| 638.5 | 660.5 | 466.5 | 466.1 | 88.9 | 94.2 | 2.81 | 2.27 |
| 10.3 | 14.0 | 2.1 | 5.2 | 4.9 | 6.2 | 0.15 | 0.17 |
| 18.5 | 37.7 | 9.9 | 20.9 | 8.8 | 8.3 | 0.23 | 0.24 |
| 68146.2 | 73683.7 | 43127.6 | 46665.1 | 7299.4 | 8310.4 | 75.98 | 77.75 |
| 40094.7 | 43358.4 | 24599.7 | 26655.4 | 1890.6 | 2183.4 | 19.69 | 19.66 |
| 6987.7 | 7536.8 | 3385.4 | 3633.3 | 1759.1 | 1870.7 | 13.87 | 13.33 |
| 14197.5 | 14735.7 | 9317.0 | 9637.0 | 11009.1 | 11349.0 | 199.34 | 203.85 |
| 152.0 | 142.0 | 109.3 | 99.1 | 105.9 | 101.2 | 3.28 | 2.84 |
| 3169.3 | 3235.7 | 1644.5 | 1673.8 | 892.6 | 941.0 | 6.81 | 6.79 |
| 1586.8 | 1737.0 | 700.8 | 754.1 | 622.3 | 674.7 | 7.45 | 7.35 |
| | | | | | | | |
| 21242.3 | 23086.7 | 12341.1 | 13245.2 | 6332.3 | 6607.2 | 51.87 | 54.42 |
| 7677.7 | 8237.3 | 4245.5 | 4507.2 | 5598.5 | 6007.2 | 51.74 | 50.35 |
| 10911.4 | 11646.4 | 7263.9 | 7922.9 | 1074.9 | 1114.6 | 41.32 | 37.97 |
| 46255.2 | 49801.2 | 28744.2 | 31196.6 | 4761.7 | 5609.5 | 98.86 | 106.56 |
| 8370.2 | 8930.8 | 4632.5 | 4980.8 | 3119.2 | 3222.7 | 37.85 | 37.74 |
| 9376.6 | 9557.0 | 5910.1 | 6053.4 | 564.2 | 487.5 | 10.65 | 10.09 |
| | | | | | | | |
| 255.0 | 325.2 | 171.8 | 225.0 | 253.1 | 293.6 | 10.63 | 12.08 |
| 238.2 | 277.0 | 138.5 | 165.1 | 117.3 | 120.4 | 4.16 | 3.91 |
| 718.5 | 734.3 | 512.5 | 514.5 | 518.0 | 551.3 | 12.61 | 12.53 |
| 2107.9 | 2608.4 | 1434.2 | 1574.7 | 452.2 | 523.8 | 7.62 | 7.90 |
| | | | | | | | |
| 41315.6 | 42889.5 | 24461.3 | 25093.5 | 7796.3 | 8407.1 | 89.45 | 87.38 |
| 6474.3 | 7681.7 | 3496.3 | 3974.3 | 2002.0 | 2094.2 | 32.66 | 31.99 |
| 2641.9 | 2713.3 | 1642.4 | 1608.3 | 1062.3 | 1129.7 | 20.78 | 20.03 |
| 6203.9 | 6473.5 | 4124.3 | 4357.2 | 1171.8 | 1152.3 | 22.03 | 22.27 |
| 16693.5 | 17997.7 | 9920.1 | 10764.1 | 4848.2 | 5430.5 | 69.73 | 73.26 |
| 3032.8 | 3753.7 | 1918.6 | 2345.3 | 1164.7 | 1155.9 | 19.85 | 18.58 |
| 6864.9 | 7171.3 | 4340.0 | 4517.7 | 767.6 | 752.2 | 8.40 | 8.20 |
| 4352.7 | 4663.6 | 2422.0 | 2676.6 | 629.4 | 763.0 | 10.32 | 11.84 |
| 7170.7 | 7811.7 | 4683.3 | 5363.1 | 890.5 | 906.3 | 13.65 | 15.10 |
| 3302.4 | 3611.4 | 2027.8 | 2274.1 | 723.5 | 778.1 | 14.14 | 14.38 |
| 1572.3 | 1803.1 | 1100.1 | 1278.1 | 463.2 | 477.3 | 6.09 | 6.14 |
| 6235.5 | 7059.7 | 4316.9 | 4998.7 | 636.4 | 669.4 | 11.50 | 12.62 |
| 1292.6 | 1573.8 | 941.3 | 1134.5 | 635.6 | 821.7 | 8.75 | 11.75 |

# 主要统计指标解释

**铁路营业里程** 又称营业长度（包括正式营业和临时营业里程），指办理客货运输业务的铁路正线总长度。凡是全线或部分建成双线及以上的线路，以第一线的实际长度计算；复线、站线、段管线、岔线和特殊用途线以及不计算运费的联络线都不计算营业里程。铁路营业里程是反映铁路运输业基础设施发展水平的重要指标，也是计算客货周转量、运输密度和机车车辆运用效率等指标的基础资料。

**铁路正线延展里程** 指正线第一线、第二线、第三线和其他正线建筑里程之和，不包括站线、段管线、岔线及特殊用途线的延展里程。它是作为计算铁路线上钢轨、枕木及路基砂石需要量的主要依据。

**公路里程** 指在一定时期内实际达到《公路工程[WTBZ]技术标准 JTJ01-88》规定的等级公路，并经公路主管部门正式验收交付使用的公路里程数。包括大中城市的郊区公路以及通过小城镇街道部分的公路里程和桥梁、渡口的长度，不包括大中城市的街道、厂矿、林区生产用道和农业生产用道的里程。两条或多条公路共同经由同一路段，只计算一次，不得重复计算里程长度。它是反映公路建设发展规模的重要指标，也是计算运输网密度等指标的基础资料。

**内河航道里程** 也称内河通航里程，指在一定时期内，能通航运输船舶及排筏的天然河流、湖泊水库、运河及通航渠道的长度。包括全年季节性通航累计三个月以上的航道，不包括仅供零散流放竹、木排的河道。它是反映内河水运网规模、水平和发展情况的主要指标。

**输油（气）管道长度** 也称输油（气）里程，指油品（或天然气）的实际输送距离，一般按输油（气）管道的单线长度计算。若包括复线和备用线长度则称为输油（气）管道延展长度，是指管道铺设的实际长度。我们通常使用的是不包括复线的“输油（气）管道里程”，它是反映管道运输发展规模和水平的主要指标。

**货（客）运量** 指在一定时期内，各种运输工具实际运送的货物（旅客）数量。它是反映运输业为国民经济和人民生活服务的数量指标，也是制定和检查运输生产计划、研究运输发展规模和速度的重要指标。货运按吨计算，客运按人计算。货物不论运输距离长短、货物类别，均按实际重量统计。旅客不论行程远近或票价多少，均按一人一次客运量统计；半价票、小孩票也按一人统计。

**货物（旅客）周转量** 指在一定时期内，由各种运输工具运送的货物（旅客）数量与其相应运输距离的乘积之总和。它是反映运输业生产总成果的重要指标，也是编制和检查运输生产计划，计算运输效率、劳动生产率以及核算运输单位成本的主要基础资料。计算货物周转量通常按发出站与到达站之间的最短距离，也就是计费距离计算。计算公式为：

货物（旅客）周转量＝Σ货物（旅客）运输量×运输距离

**港口货物吞吐量** 指经水运进出沿海主要港区范围，并经过装卸的货物数量，包括邮件及办理托运手续的行李、包裹以及补给运输船舶的燃、物料和淡水。货物吞吐量按货物流向分为进口、出口吞吐量，按货物交流性质分为外贸货物吞吐量和国内贸易货物吞吐量。货物吞吐量的货类构成及其流向，是衡量港口生产能力大小的重要指标。

**邮电业务总量** 指以价值量形式表现的邮电通信企业为社会提供各类邮电通信服务的总数量。邮电业务量按专业分类包括函件、包件、汇票、报刊发行、邮政快件、特快专递、邮政储蓄、集邮、公众电报、用户电报、传真、长途电话、出租电路、无线寻呼、移动电话、分组交换数据通信、出租代维等。计算方法为各类产品乘以相应的平均单价（不变价）之和，再加上出租电路和设备、代用户维护电话交换机和线路等的服务收入。它综合反映了一定时期邮电业务发展的总成果，是研究邮电业务量构成和发展趋势的重要指标。计算公式为：

邮电业务总量＝Σ（各类邮电业务量×不变单价）+ 出租代维及其他业务收入

**移动电话用户**　是指通过移动电话交换机进入移动电话网、占用移动电话号码的电话用户。用户数量以报告期末在移动电话营业部门实际办理登记手续进入移动电话网的户数进行计算，一部移动电话统计为一户。

**固定电话用户**　指接入国家公众固定电话网，并按固定电话业务进行经营管理的电话用户。

# Explanatory Notes on Main Statistical Indicators

**Length of Railways in Operation** refer to the total length of the trunk line for passenger and freight transportation(including both full operation and temporary operation). The calculation is based on the actual length of the first line even if this line has a full or partial double track or more tracks, excluding double tracks, station tracks, tracks under the charge of stations, branch lines, special purpose lines and connecting lines without freight. The length of railways in operation is an important indicator to show the development of the infrastructure for the railway transport, and also the essential data to calculate volume of passenger freight transport, traffic density and utilization efficiency of the locomotives and carriages.

**Extended Railways** refer to the sum of the first, the second, the third lines and other constructed length of the trunk railways, excluding the extenuation length of the station tracks under the charge of stations, branch lines, lines for special purpose. It provides important information for the calculation of the needs for steel rails, sleepers, sand and stone for roadbeds.

**Length of Highways** refer to the length of highways which are built in conformity with the grades specified by *the Highway Engineering Standard Specifications JTJ01-88*, and have been formally checked and accepted by the departments of highways and put into use. The length of highways includes that of the suburb highways at large and medium-sized cities, highways passing through streets at small cities and towns, and also the length of bridges and ferries. It does not include the length of streets in big and medium-sized cities and highways built for the production purpose at factories, mines, forest areas and agricultural areas. If two or more highways go the same section of the way, the length of the section is only calculated for once and double counting isn't allowed. The length of highways is an important indicator to show the development of the highway construction and to provide essential information to calculate the transport network density.

**Length of Inland Waterways** is also called length of navigable inland waterways, it refers to the length of the natural rivers, lakes, reservoirs, canals, and ditches open to navigation during a given period, which enables the transport by ships and rafts. It includes the channels open to navigation for over an accumulative 3 months in a year, yet this does not include the river courses which are only used to float odd logs and bamboo rafts. It's an indicator reflecting the size, level and development of inland water network.

**Length of Oil(Gas)Pipelines** used as an indicator to show the development, scale and level of the pipeline transportation, it refers to the actual transport distance of oil (gas) products, and is in general calculated in the length of single pipe line. If the length of the double pipelines and alternate pipeline are included, it is called the extension length of the oil (gas) pipelines, which indicates the actual length of the pipelines built, excluding double pipelines.

**Freight(Passenger)Traffic** refers to the weight of freight (passenger) transported with various means within a specific period of time. Freight transport is calculated in tons and passenger traffic is calculated in the terms of number of persons. Despite the type of freight and travelling distance, the freight transport is calculated in the actual weight of the goods; despite the travelling distance and ticket price, the passenger traffic is calculated by the principle that one person can be counted only once in one travel. The passenger who travel with a half price ticket or a child ticket is also calculated as one person. The freight (passenger) traffic provides a quantitative measure to show how the transport industry serves the national economy and people, and is also an important indicator for planning the transport industry and for studying the development scale and speed of the transport industry.

**Freight Ton-kilometers(Passenger-kilometers)** refer to the sum of the products of the volume of transported cargo (passengers) multiplied by the transport distance, usually using ton-kilometer and passenger-kilometer as units for measurement. Normally, the shortest distance between the departure station and the destination station(i.e., the payable distance)is the basis to calculate the freight ton-kilometers. This is an important indicator to show the total results of the transport industry, to prepare and examine the transport plan and to measure the efficiency, the labour productivity and the unit cost of transport. The formula is as follows:

Freight Ton-kilometers(Passenger-kilometers)=Σ Freight(Passenger)Traffic × Distance of Transportation

**Volume of Freight Handled in Coastal Ports** refer to the volume of cargo passing in and out of the harbor area of the major coastal ports and having been loaded and unloaded. The volume includes that of the postal matters, registered luggage and fuels, materials and fresh water as supplies of the ships. The volume of freight handled may be classified by direction of cargo flow as freight for import and freight for export, or by nature of trading as freight for domestic trade and freight for foreign trade. As an important indicator, the volume of freight handled by type of cargo and by main flow direction reflects the production capacity of ports.

**Business Volume of Post and Telecommunications** refer to the total amount of postal and telecommunications services, ex-pressed in value terms, provided by the post and telecommunications departments for the society. Postal and telecommunication services can be classified as letters, packages, remittance, issue of newspapers and magazines, fast mail service, express mail service, savings deposits, stamps for collection, public and individual telegraph service, facsimiles, long-distance telephone service, leasing of telephone lines, urban paging service, mobile telephone service, data transfer and transmission, etc. The calculation method is to multiply the service products of all types with their average unit price(constant price)to get sum of business value, plus income from other services such as leasing of telephone lines and equipment, maintenance of telephone switches and lines on behalf of customers. This indicator reflects the overall results of post and telecommunications service during a given period, and is important to study the composition of business service and the development of post and telecommunications service. The formula is as follows:

Business Volume of Post and Telecommunications=Σ(Transaction of Postal and Telecommunication Service × Constant Price)+Income from Leasing, Maintenance and Other Services.

**Mobile Phone Subscribers** refer to the persons who own mobile phone numbers and are connected with the mobile phone communication network through the mobile phone switchboards. The number of subscribers is calculated by the subscribers who have completed registration at mobile communication business centers and entered into the mobile phone network. One mobile phone is taken as a subscriber.

**Fixed Telephone Subscribers** refer to subscribers that are connected to the public line telephone network provided with telephone services.

# 14

# 批发零售、住宿餐饮和旅游

# Wholesale and Retail Trades，Hotels，Catering Services and Tourism

# 简 要 说 明

**一、本篇资料的主要内容**

本篇资料主要反映江苏消费品市场、批发和零售业、住宿和餐饮业以及旅游业的发展状况。主要内容包括社会消费品零售总额；批发和零售业、住宿和餐饮业全行业经营情况；限额以上批发和零售业、住宿和餐饮业的基本情况、财务状况、连锁经营情况；亿元以上商品交易市场基本情况和成交情况；旅行社、星级饭店基本情况；入境旅游人数、国内居民旅游人数以及国际、国内旅游收入。

**二、本篇资料的统计范围**

社会消费品零售总额的统计范围为参与市场商品零售或餐饮经营活动的各行业法人企业、产业活动单位和个体经营户；批发和零售业、住宿和餐饮业全行业经营情况的统计范围为全部批发和零售业、住宿和餐饮业法人企业、产业活动单位和个体经营户；限额以上批发和零售业基本情况、财务状况和连锁经营情况的统计范围为年主营业务收入达到2000万元及以上的批发业、年主营业务收入达到500万元及以上的零售业法人企业、产业活动单位和个体经营户；限额以上住宿和餐饮业基本情况、财务状况和连锁经营情况的统计范围为年主营业务收入达到200万元及以上的住宿和餐饮业法人企业、产业活动单位和个体经营户；亿元以上商品交易市场基本情况和成交情况统计范围为年商品成交额达到亿元及以上的现货商品交易市场；旅行社和星级饭店基本情况、入境旅游人数、国内居民旅游人数以及国际、国内旅游收入的统计范围为全省范围内的旅行社、星级饭店和旅游者。

**三、本篇资料的来源**

本篇资料中社会消费品零售总额以及批发和零售业、住宿和餐饮业发展情况根据《批发和零售业统计报表制度》《住宿和餐饮业统计报表制度》规定的有关统计内容进行加工整理；旅游业发展情况根据旅游局提供的有关资料编制。

**四、本篇资料的统计调查方法**

本篇资料中社会消费品零售总额以及批发和零售业、住宿和餐饮业发展情况方面资料涉及限额以上法人企业、产业活动单位和个体经营户以及亿元及以上商品交易市场的采用全面调查方法；涉及限额以下法人企业、产业活动单位和个体经营户的采用抽样调查方法推算。旅游业发展情况数据中国际、国内旅游收入和国内居民旅游人数等指标采用抽样调查方法，其余数据均为全面调查统计取得。

# Brief Introduction

**Ⅰ. Main Contents**

Data in this chapter reflect the development of markets of consumer goods, wholesale and retail trades, hotels and catering services and tourism. Main contents include the total sales of consumer goods, the operation of wholesale and retail trades and hotels and catering services, the basic conditions, financial status and chain operation of the wholesale and retail trades and hotels and catering services above designated size, the basic condition and turnover of large commodity transaction markets with transaction over 100 million yuan, the basic conditions of travel agencies and starred hotels, number of international tourists and Chinese residents going abroad, number of domestic tourists and income from international and domestic tourism.

## Ⅱ. Scope of Statistics

The scope of statistics of the total sales of consumer goods include corporate enterprises, establishments, and self-employed individuals involved in wholesale and retail trades and hotels and catering services. The scope of statistics of the operation of wholesale and retail trades and hotels and catering services include all corporate enterprises, establishments, and self-employed individuals involved in wholesale and retail trades and hotels and catering services. The scope of statistics of the basic conditions, financial status and chain operation of the wholesale and retail trades above designated size include corporate enterprises, establishments, and self-employed individuals involved in wholesale trade with annual principal business sales over 20 million yuan, retail trade with annual principal business sales over 5 million yuan. The scope of statistics of the basic conditions, financial status and chain operation of the hotels and catering services above designated size include corporate enterprises, establishments, and self-employed individuals involved in the hotels and catering services with annual principal business sales over 2 million yuan. The scope of statistics of the basic condition and turnover of large commodity transaction markets with transaction over 100 million yuan include all transaction markets with the total sales value of commodities over 100 million yuan. The scope of statistics of the basic conditions of travel agencies and star-rated hotels, number of international tourists and Chinese residents going abroad, number of domestic tourists and income from international and domestic tourism include all travel agencies, star-rated hotels and tourists in Jiangsu Province.

## Ⅲ. Sources of Data

The total sales of consumer goods and the development of wholesale and retail trades, hotels and catering services are collected and processed in accordance with Statistical Reporting System on Wholesale and Retail Trades and Statistical Reporting System on Hotels and Catering Services. The data on tourism are from the Cultural Tourism Department.

## Ⅳ. Methods of Survey

Data on corporate enterprises above designated size, establishments, self-employed individuals and commodity transaction markets with transaction over 100 million yuan are collected through comprehensive reporting system. Data on enterprises and self-employed individuals below the designated size are collected by sample surveys. Data on tourism are from the comprehensive reporting system except those on the earnings from international and domestic tourism and number of domestic tourists going abroad from sample surveys.

# 14-1 国内贸易基本情况

| 指 标 | Item | 2017 |
|---|---|---|
| **限额以上法人企业(个)** | **Number of Enterprises above Designated Size(unit)** | **22540** |
| 批发业 | Wholesale Trade | 11209 |
| 零售业 | Retail Trade | 8425 |
| 住宿业 | Hotels | 1047 |
| 餐饮业 | Catering Services | 1859 |
| **产业活动单位数(个)** | **Industry Activity Units(unit)** | **37078** |
| 批发业 | Wholesale Trade | 12675 |
| 零售业 | Retail Trade | 20004 |
| 住宿业 | Hotels | 1086 |
| 餐饮业 | Catering Services | 3313 |
| **限额以上企业(单位)从业人数(人)** | **Number of Employed Persons in Enterprises above Designated Size(person)** | **1216968** |
| 批发业 | Wholesale Trade | 414885 |
| 零售业 | Retail Trade | 522284 |
| 住宿业 | Hotels | 102728 |
| 餐饮业 | Catering Services | 177071 |
| **限额以上批发和零售业** | **Wholesale and Retail Trades above Designated Size** | |
| 商品购进总额(亿元) | Total Purchases Value(100 million yuan) | 50071.87 |
| 商品销售总额(亿元) | Total Sales Value(100 million yuan) | 54534.88 |
| 商品库存总额(亿元) | Total Stock(100 million yuan) | 5159.15 |
| **社会消费品零售总额(亿元)** | **Total Retail Sales of Consumer Goods(100 million yuan)** | **32818.24** |
| **商品交易市场数(个)** | **Number of Commodity Exchange Markets(unit)** | **2753** |
| 消费品市场 | Markets of Consumer Goods | 2399 |
| 生产资料市场 | Markets of Production Material | 354 |

注：因2020年统计口径调整(外省在江苏的产业活动单位不再纳入统计)，本表对2015年以来的产业活动单位数等指标进行了修订。

# Basic Conditions of Domestic Trade

| 2018 | 2019 | 2020 | 2021 | 2022 | 2023 |
|---|---|---|---|---|---|
| **25225** | **28172** | **34869** | **42683** | **51992** | **63694** |
| 13717 | 16110 | 21030 | 25414 | 30320 | 36177 |
| 8585 | 8824 | 9967 | 12336 | 14989 | 18488 |
| 1075 | 1208 | 1362 | 1633 | 2053 | 2577 |
| 1848 | 2030 | 2510 | 3300 | 4630 | 6452 |
| **28002** | **30106** | **31000** | **38569** | **42903** | **47379** |
| 4514 | 4271 | 4215 | 4895 | 5176 | 5752 |
| 20814 | 22561 | 22777 | 27793 | 30790 | 33392 |
| 138 | 175 | 168 | 269 | 341 | 349 |
| 2536 | 3099 | 3840 | 5612 | 6596 | 7886 |
| **1273866** | **1276209** | **1387918** | **1473611** | **1545612** | **1671779** |
| 459142 | 486470 | 558157 | 583070 | 617042 | 663150 |
| 514100 | 481297 | 498272 | 520597 | 534890 | 550811 |
| 101285 | 100463 | 96653 | 97971 | 101441 | 117704 |
| 199339 | 207979 | 234836 | 271973 | 292239 | 340114 |
| | | | | | |
| 61125.59 | 67564.29 | 79783.24 | 100307.50 | 105091.51 | 116090.48 |
| 67165.86 | 72602.88 | 85290.81 | 105760.76 | 110742.12 | 122294.33 |
| 3395.15 | 3973.07 | 6057.03 | 4447.75 | 4774.37 | 4893.36 |
| **35472.62** | **37672.51** | **37086.06** | **42702.65** | **42752.12** | **45547.50** |
| **2795** | **2202** | **3321** | **3490** | **2171** | **2032** |
| 2383 | 1864 | 3086 | 3337 | 2039 | 1914 |
| 412 | 338 | 235 | 153 | 132 | 118 |

a) Due to the adjustment of statistical caliber in 2020, industrial activity units of other provinces in Jiangsu Province are no longer included in the statistics. The number of industrial activity units since 2015 has been revised.

# 14-2 按行业分社会消费品零售总额
# Total Retail Sales of Consumer Goods by Sector

单位：亿元 (100 million yuan)

| 年 份<br>Year | 社会消费品零售总额<br>Total Retail Sales of Consumer Goods | 批发和零售业<br>Wholesale and Retail Trades | 住宿业<br>Hotels | 餐饮业<br>Catering Services | 其他行业<br>Others |
|---|---|---|---|---|---|
| 1978 | 84.79 | 79.18 | | 3.24 | 2.37 |
| 1979 | 99.16 | 91.61 | | 3.90 | 3.65 |
| 1980 | 122.56 | 114.35 | | 4.72 | 3.49 |
| 1981 | 134.79 | 125.16 | | 5.17 | 4.46 |
| 1982 | 150.01 | 138.87 | | 5.49 | 5.65 |
| 1983 | 169.12 | 156.28 | | 6.14 | 6.70 |
| 1984 | 205.05 | 188.80 | | 7.61 | 8.64 |
| 1985 | 262.57 | 240.69 | | 10.45 | 11.43 |
| 1986 | 304.58 | 279.25 | | 12.53 | 12.80 |
| 1987 | 360.74 | 329.31 | | 15.84 | 15.59 |
| 1988 | 471.83 | 432.06 | | 20.33 | 19.44 |
| 1989 | 509.56 | 467.11 | | 22.47 | 19.98 |
| 1990 | 515.43 | 472.72 | | 24.17 | 18.54 |
| 1991 | 578.12 | 529.94 | | 27.86 | 20.32 |
| 1992 | 704.52 | 644.61 | | 33.64 | 26.27 |
| 1993 | 969.08 | 889.44 | | 44.80 | 34.84 |
| 1994 | 1363.30 | 1241.66 | | 71.63 | 50.01 |
| 1995 | 1749.02 | 1579.42 | | 95.60 | 74.00 |
| 1996 | 2091.75 | 1911.80 | | 136.38 | 43.57 |
| 1997 | 2316.25 | 2096.87 | | 169.06 | 50.32 |
| 1998 | 2473.87 | 2226.26 | | 194.10 | 53.51 |

注：1. 2003年前住宿业包括在餐饮业和其他行业中。
2. 2018年为第四次全国经济普查数据，2019年为按经普口径统计数据，1993-2018年根据趋势离差法和2018年经济普查数据调整。

a) Before 2003, the hotel industry included in the catering industry and other industries.

b) The data of 2018 is from the fourth Economic Census. The data of 2019 is the statistical data of the economic census. The data from 1993 to 2018 was adjusted according to the trend deviation method and the data of 2018 Economic Census.

14-2　续表　continued

单位：亿元　(100 million yuan)

| 年　份 Year | 社会消费品零售总额 Total Retail Sales of Consumer Goods | 批发和零售业 Wholesale and Retail Trades | 住宿业 Hotels | 餐饮业 Catering Services | 其他行业 Others |
|---|---|---|---|---|---|
| 1999 | 2674.82 | 2390.16 | | 229.75 | 54.91 |
| 2000 | 2940.16 | 2611.34 | | 272.53 | 56.29 |
| 2001 | 3273.02 | 2880.81 | | 330.71 | 61.50 |
| 2002 | 3706.46 | 3222.60 | | 416.43 | 67.43 |
| 2003 | 4257.49 | 3667.94 | | 518.61 | 70.93 |
| 2004 | 4993.13 | 4422.60 | 42.53 | 506.34 | 21.66 |
| 2005 | 5863.45 | 5164.39 | 50.92 | 596.09 | 52.05 |
| 2006 | 6865.75 | 6039.14 | 69.29 | 694.98 | 62.34 |
| 2007 | 8187.58 | 7200.86 | 84.56 | 831.03 | 71.13 |
| 2008 | 10171.21 | 9129.14 | 102.48 | 848.29 | 91.29 |
| 2009 | 11807.16 | 10599.58 | 110.65 | 983.84 | 113.08 |
| 2010 | 13990.35 | 12551.70 | 130.74 | 1180.39 | 127.52 |
| 2011 | 16511.02 | 14724.60 | 166.51 | 1397.59 | 222.33 |
| 2012 | 18946.41 | 16927.08 | 183.61 | 1634.25 | 201.47 |
| 2013 | 21504.90 | 19256.02 | 178.43 | 1842.12 | 228.33 |
| 2014 | 24176.13 | 21879.40 | 193.41 | 2103.32 | |
| 2015 | 26710.13 | 24168.35 | 205.32 | 2336.46 | |
| 2016 | 29612.50 | 26715.96 | 223.57 | 2672.97 | |
| 2017 | 32818.24 | 29584.58 | 243.83 | 2989.83 | |
| 2018 | 35472.62 | 31812.29 | 266.67 | 3393.66 | |
| 2019 | 37672.51 | 34662.72 | 305.76 | 2704.03 | |
| 2020 | 37086.06 | 34313.39 | 254.62 | 2518.05 | |
| 2021 | 42702.65 | 39407.59 | 281.12 | 3013.93 | |
| 2022 | 42752.12 | 39590.37 | 248.28 | 2913.47 | |
| 2023 | 45547.50 | 41821.01 | 290.55 | 3435.94 | |

# 14-3 按地区分社会消费品零售总额(2023年)
# Total Retail Sales of Consumer Goods by Region(2023)

单位：亿元 (100 million yuan)

| 地 区 | Region | 社会消费品零售总额 Total Retail Sales of Consumer Goods |
|---|---|---|
| 苏 南 | Southern Jiangsu | 25883.40 |
| 苏 中 | Mid Jiangsu | 7585.50 |
| 苏 北 | Northern Jiangsu | 12078.60 |
| 南京市 | Nanjing | 8201.10 |
| 无锡市 | Wuxi | 3567.60 |
| 徐州市 | Xuzhou | 4445.10 |
| 常州市 | Changzhou | 3050.10 |
| 苏州市 | Suzhou | 9582.90 |
| 南通市 | Nantong | 4215.10 |
| 连云港市 | Lianyungang | 1277.30 |
| 淮安市 | Huai'an | 1896.30 |
| 盐城市 | Yancheng | 2872.50 |
| 扬州市 | Yangzhou | 1660.60 |
| 镇江市 | Zhenjiang | 1481.70 |
| 泰州市 | Taizhou | 1709.70 |
| 宿迁市 | Suqian | 1587.40 |

# 14-4　限额以上批发和零售业基本情况(2023年)
# Basic Conditions of Enterprises above Designated Size of Wholesale and Retail Trade (2023)

| 项　目 | Item | 法人企业数(个) Number of Corporation Enterprises (unit) | 产业活动单位数(个) Industry Activity Units (unit) | 从业人员(人) Employed Persons (person) |
|---|---|---|---|---|
| **总　计** | **Total** | **54665** | **39144** | **1213961** |
| #国有控股 | State-owned Holding | 1603 | 5135 | 109577 |
| **批发业** | **Wholesale Trade** | **36177** | **5752** | **663150** |
| #国有控股 | State-owned Holding | 1201 | 1214 | 70837 |
| 按登记注册类型分 | Grouped by Status of Registration | | | |
| 内资企业 | Domestic Funded Enterprises | 34642 | 4520 | 577175 |
| 国有独资公司 | State Sole-proprietorship Corporations | 128 | 48 | 6059 |
| 私营有限责任公司 | Private Limited Liability Corporations | 31310 | 3011 | 425850 |
| 其他有限责任公司 | Other Limited Liability Corporations | 2778 | 1142 | 109752 |
| 私营股份有限公司 | Private Share-holding Corporations Ltd. | 159 | 58 | 9191 |
| 其他股份有限公司 | Other Share-holding Corporations Ltd. | 52 | 145 | 13686 |
| 全民所有制企业(国有企业) | State-owned Enterprises | 35 | 90 | 10077 |
| 集体所有制企业(集体企业) | Collective-owned Enterprises | 20 | 10 | 331 |
| 股份合作企业 | Cooperative Enterprises | 7 | 2 | 248 |
| 联营企业 | Joint Ownership Enterprises | 1 | | 2 |
| 个人独资企业 | Private Sole-proprietorship Enterprises | 144 | 11 | 1810 |
| 合伙企业 | Partnership Enterprises | 8 | 3 | 169 |
| 其他内资企业 | Other Domestic Funded Enterprises | | | |
| 港澳台投资企业 | Enterprises with Investment from Hong Kong, Macao and Taiwan | 430 | 438 | 26393 |
| 港澳台投资有限责任公司 | Limited Liability Corporations from Hong Kong, Macao and Taiwan | 417 | 413 | 24800 |
| 港澳台投资股份有限公司 | Share-holding Corporations Ltd. from Hong Kong, Macao and Taiwan | 7 | 25 | 1560 |
| 港澳台投资合伙企业 | Partnership Enterprises from Hong Kong, Macao and Taiwan | 4 | | |
| 其他港澳台投资企业 | Other Enterprises with Investment from Hong Kong, Macao and Taiwan | 2 | | 33 |
| 外商投资企业 | Foreign Investment Enterprises | 553 | 794 | 51276 |
| 外商投资有限责任公司 | Foreign Investment Limited Liability Corporations | 535 | 180 | 42382 |
| 外商投资股份有限公司 | Foreign Investment Share-holding Corporations Ltd. | 13 | 256 | 8346 |
| 外商投资合伙企业 | Foreign Investment Partnership Enterprise | 2 | | 32 |
| 其他外商投资企业 | Other Foreign Invested Enterprises | 3 | 358 | 516 |
| 农民专业合作社(联合社) | Professional Farmers Cooperatives | 552 | | 8306 |
| 个体工商户 | Individually-owned Business | | | |
| 其他市场主体 | Other Market Entities | | | |
| 按行业分 | Grouped by Sector | | | |
| 农、林、牧、渔产品批发 | Wholesale of Agriculture, Forestry and Livestock Products | 1493 | 266 | 28230 |
| 食品、饮料及烟草制品批发 | Wholesale of Food, Beverages and Tobaccos | 2619 | 599 | 88930 |
| 纺织、服装及家庭用品批发 | Wholesale of Textiles,Garments and Daily Consumer Articles | 3913 | 958 | 132434 |
| 文化、体育用品及器材批发 | Wholesale of Culture, Sports Appliances and Equipments | 939 | 361 | 21711 |
| 医药及医疗器材批发 | Wholesale of Medicines and Medical Appliances | 1286 | 680 | 66025 |

注：产业活动单位数包括本省限额上批零住餐法人所属的全部(包括在外省的)产业活动单位和其他行业的限额以上批零产业活动单位。营业面积、从业人数为法人在地口径。

a) The number of establishments includes the number of enterprises above designated size in wholesale and retail trades of Jiangsu and other province established of enterprises above designated size in whole sale and retail sale trade of Jiangsu. The data of persons engaged and floor space of retail business are base on the data of corporation enterprises.

14-4 续表 1 continued

| 项 目 | Item | 法人企业数(个) Number of Corporation Enterprises (unit) | 产业活动单位数(个) Industry Activity Units (unit) | 从业人员(人) Employed Persons (person) |
|---|---|---|---|---|
| 矿产品、建材及化工产品批发 | Wholesale of Mineral Products, Building Materials and Chemical Products | 18739 | 1854 | 188577 |
| 机械设备、五金产品及电子产品批发 | Wholesale of Machinery,Hardware and Electronic Products | 5724 | 894 | 112151 |
| 贸易经纪与代理 | Trade Broker and Agency | 190 | 11 | 3730 |
| 其他批发业 | Others | 1274 | 129 | 21362 |
| **零售业** | **Retail Trade** | **18488** | **33392** | **550811** |
| #国有控股 | State-owned Holding | 402 | 3585 | 38740 |
| 按登记注册类型分 | Grouped by Status of Registration | | | |
| 内资企业 | Domestic Funded Enterprises | 17862 | 30038 | 475393 |
| 国有独资公司 | State Sole-proprietorship Corporations | 37 | 487 | 3489 |
| 私营有限责任公司 | Private Limited Liability Corporations | 15357 | 21693 | 348130 |
| 其他有限责任公司 | Other Limited Liability Corporations | 1589 | 6623 | 99029 |
| 私营股份有限公司 | Private Share-holding Corporations Ltd. | 49 | 393 | 9708 |
| 其他股份有限公司 | Other Share-holding Corporations Ltd. | 29 | 392 | 4921 |
| 全民所有制企业(国有企业) | State-owned Enterprises | 15 | 36 | 542 |
| 集体所有制企业(集体企业) | Collective-owned Enterprises | 88 | 152 | 1527 |
| 股份合作企业 | Cooperative Enterprises | 16 | 9 | 212 |
| 联营企业 | Joint Ownership Enterprises | 4 | 16 | 128 |
| 个人独资企业 | Private Sole-proprietorship Enterprises | 614 | 232 | 6999 |
| 合伙企业 | Partnership Enterprises | 64 | 5 | 708 |
| 其他内资企业 | Other Domestic Funded Enterprises | | | |
| 港澳台投资企业 | Enterprises with Investment from Hong Kong, Macao and Taiwan | 205 | 703 | 46741 |
| 港澳台投资有限责任公司 | Limited Liability Corporations from Hong Kong, Macao and Taiwan | 196 | 702 | 45524 |
| 港澳台投资股份有限公司 | Share-holding Corporations Ltd. from Hong Kong, Macao and Taiwan | 4 | 1 | 882 |
| 港澳台投资合伙企业 | Partnership Enterprises from Hong Kong, Macao and Taiwan | 2 | | 81 |
| 其他港澳台投资企业 | Other Enterprises with Investment from Hong Kong, Macao and Taiwan | 3 | | 254 |
| 外商投资企业 | Foreign Investment Enterprises | 142 | 2647 | 25511 |
| 外商投资有限责任公司 | Foreign Investment Limited Liability Corporations | 116 | 1062 | 22937 |
| 外商投资股份有限公司 | Foreign Investment Share-holding Corporations Ltd. | | | |
| 外商投资合伙企业 | Foreign Investment Partnership Enterprise | 2 | 130 | 148 |
| 其他外商投资企业 | Other Foreign Invested Enterprises | 24 | 1455 | 2426 |
| 农民专业合作社(联合社) | Professional Farmers Cooperatives | 279 | 4 | 3166 |
| 个体工商户 | Individually-owned Business | | | |
| 其他市场主体 | Other Market Entities | | | |
| 按行业分 | Grouped by Sector | | | |
| 综合零售 | General Retail | 1026 | 4953 | 123767 |
| 食品、饮料及烟草制品专门零售 | Special Retail of Food, Beverages and Tobaccos | 2429 | 4063 | 45660 |
| 纺织、服装及日用品专门零售 | Special Retail of Textiles, Garments and Daily Consumer Articles | 1304 | 1200 | 33109 |
| 文化、体育用品及器材专门零售 | Special Retail of Culture, Sports Appliances and Equipments | 1552 | 818 | 32757 |
| 医药及医疗器材专门零售 | Special Retail of Medicines and Medica Appliances | 594 | 16071 | 62270 |
| 汽车、摩托车、燃料及零配件专门零售 | Retail of Motor Vehicles, Motorcycles, Fuel and Parts | 4521 | 3613 | 135292 |

## 14-4　续表 2　continued

| 项　目 | Item | 法人企业数(个) Number of Corporation Enterprises (unit) | 产业活动单位数(个) Industry Activity Units (unit) | 从业人员(人) Employed Persons (person) |
|---|---|---|---|---|
| 家用电器及电子产品专门零售 | Special Retail of Household Electric Appliances and Electronic Products | 1971 | 1617 | 37669 |
| 五金、家具及室内装饰材料专门零售 | Special Retail of Hardware, Furniture and Interior Decoration Materials | 1977 | 84 | 18987 |
| 货摊、无店铺及其他零售业 | Stalls, Non-shop and Other Retail | 3114 | 973 | 61300 |
| 按零售业态分 | Grouped by Business Categories | | | |
| 有店铺零售 | Retail Store | 12954 | 31966 | 457687 |
| 便利店 | Convenience Store | 816 | 6930 | 32703 |
| 超市 | Supermarket | 850 | 3071 | 97490 |
| 折扣店 | Discount Store | 37 | 16 | 1229 |
| 仓储会员店 | Warehouse Club | 111 | 41 | 1870 |
| 百货店 | Department Store | 619 | 407 | 23909 |
| 购物中心 | Shopping Mall | 195 | 343 | 8508 |
| 专业店 | Specialty Store | 6971 | 17883 | 179440 |
| 品牌专卖店 | Brand Store | 3155 | 3197 | 108718 |
| 集合店 | Building Material Shop | 181 | 74 | 3592 |
| 无人值守商店 | Unattended Store | 19 | 4 | 228 |
| 无店铺零售 | Non-shop Retailing | 5534 | 1426 | 93124 |
| 网络零售 | Online Retailing | 2674 | 330 | 47879 |
| 电视/广播零售 | TV/Radio Retailing | 10 | 28 | 277 |
| 邮寄零售 | Mailing Retail | 76 | 7 | 1490 |
| 无人售货设备零售 | Retail of vending equipment | 13 | 10 | 342 |
| 电话零售 | Telephone Retailing | 133 | 14 | 2495 |
| 直销 | Direct Sales | 823 | 354 | 12621 |
| 流动货摊零售 | Mobile stall Retail | 19 | 5 | 266 |
| 其他 | Others | 1786 | 678 | 27754 |
| **在总计中:** | **In the Total** | | | |
| 南 京 市 | Nanjing | 6302 | 9513 | 237216 |
| 无 锡 市 | Wuxi | 7401 | 3886 | 169139 |
| 徐 州 市 | Xuzhou | 4384 | 2678 | 80627 |
| 常 州 市 | Changzhou | 5157 | 2503 | 89904 |
| 苏 州 市 | Suzhou | 8003 | 7154 | 231483 |
| 南 通 市 | Nantong | 4664 | 2781 | 77324 |
| 连云港市 | Lianyungang | 2229 | 1136 | 43562 |
| 淮 安 市 | Huai'an | 1705 | 1521 | 35896 |
| 盐 城 市 | Yancheng | 3490 | 1461 | 57115 |
| 扬 州 市 | Yangzhou | 4539 | 1629 | 67010 |
| 镇 江 市 | Zhenjiang | 1886 | 1357 | 33382 |
| 泰 州 市 | Taizhou | 3496 | 2553 | 60055 |
| 宿 迁 市 | Zhenjiang | 1409 | 972 | 31248 |

# 14-5 限额以上批发和零售业商品购销存总额(2023年)

单位：亿元

| 项 目 | Item |
|---|---|
| **限额以上企业和单位总计** | **Total of Enterprises and Units above Designated Size** |
| #国有控股 | State owned Holding |
| **批发业** | **Wholesale Trade** |
| #国有控股 | State owned Holding |
| 按登记注册类型分 | Grouped by Status of Registration |
| 内资企业 | Domestic Funded Enterprises |
| 国有独资公司 | State Sole-proprietorship Corporations |
| 私营有限责任公司 | Private Limited Liability Corporations |
| 其他有限责任公司 | Other Limited Liability Corporations |
| 私营股份有限公司 | Private Share-holding Corporations Ltd. |
| 其他股份有限公司 | Other Share-holding Corporations Ltd. |
| 全民所有制企业(国有企业) | State-owned Enterprises |
| 集体所有制企业(集体企业) | Collective-owned Enterprises |
| 股份合作企业 | Cooperative Enterprises |
| 联营企业 | Joint Ownership Enterprises |
| 个人独资企业 | Private Sole-proprietorship Enterprises |
| 合伙企业 | Partnership Enterprises |
| 其他内资企业 | Other Domestic Funded Enterprises |
| 港澳台投资企业 | Enterprises with Investment from Hong Kong, Macao and Taiwan |
| 港澳台投资有限责任公司 | Limited Liability Corporations from Hong Kong, Macao and Taiwan |
| 港澳台投资股份有限公司 | Share-holding Corporations Ltd. from Hong Kong, Macao and Taiwan |
| 港澳台投资合伙企业 | Partnership Enterprises from Hong Kong, Macao and Taiwan |
| 其他港澳台投资企业 | Other Enterprises with Investment from Hong Kong, Macao and Taiwan |
| 外商投资企业 | Foreign Investment Enterprises |
| 外商投资有限责任公司 | Foreign Investment Limited Liability Corporations |
| 外商投资股份有限公司 | Foreign Investment Share-holding Corporations Ltd. |
| 外商投资合伙企业 | Foreign Investment Partnership Enterprise |
| 其他外商投资企业 | Other Foreign Invested Enterprises |
| 农民专业合作社(联合社) | Professional Farmers Cooperatives |
| 个体工商户 | Individually-owned Business |
| 其他市场主体 | Other Market Entities |
| 按行业分 | Grouped by Sector |
| 农、林、牧、渔产品批发 | Wholesale of Agriculture, Forestry and Livestock Products |
| 食品、饮料及烟草制品批发 | Wholesale of Food, Beverages and Tobaccos |

# Total Value of Commodity Purchasing,Sales and Inventory of Enterprises of Wholesale and Retail Trade above Designated Size(2023)

(100 million yuan)

| 商品购进总额<br>Total Purchase Value | 商品销售总额<br>Total Sales Value | | | 商品库存总额<br>Stock |
|---|---|---|---|---|
| | | 批发<br>Whole sale Value | 零售<br>Retail Sale Value | |
| **116090.48** | **122294.33** | **105420.81** | **16873.52** | **4893.36** |
| 20641.40 | 20887.68 | 18916.43 | 1971.25 | 1191.30 |
| **102002.01** | **106321.44** | **104337.56** | **1983.88** | **3793.76** |
| 19052.91 | 18934.46 | 18568.92 | 365.54 | 1089.18 |
| | | | | |
| 92764.16 | 97161.16 | 95609.95 | 1551.21 | 3275.13 |
| 1261.59 | 1371.37 | 1338.20 | 33.16 | 111.98 |
| 61580.35 | 64211.40 | 63306.04 | 905.35 | 1680.03 |
| 25706.97 | 27056.23 | 26683.00 | 373.23 | 1197.74 |
| 692.83 | 746.80 | 736.80 | 10.00 | 51.59 |
| 2049.34 | 1912.79 | 1691.93 | 220.85 | 175.10 |
| 1135.36 | 1481.58 | 1479.09 | 2.49 | 52.56 |
| 42.65 | 50.47 | 50.18 | 0.29 | 1.48 |
| 229.65 | 233.29 | 233.15 | 0.14 | 2.89 |
| 0.59 | 0.54 | 0.27 | 0.27 | 0.12 |
| 61.48 | 92.49 | 87.12 | 5.36 | 1.60 |
| 3.35 | 4.22 | 4.16 | 0.06 | 0.04 |
| | | | | |
| 3179.16 | 3680.31 | 3608.33 | 71.99 | 206.17 |
| 3004.68 | 3503.73 | 3432.58 | 71.15 | 201.27 |
| 169.86 | 171.47 | 170.63 | 0.84 | 4.88 |
| | | | | |
| 4.62 | 5.12 | 5.12 | | 0.03 |
| 5827.29 | 5215.88 | 4874.47 | 341.40 | 309.25 |
| 3798.11 | 4319.85 | 4140.52 | 179.33 | 244.41 |
| 323.75 | 318.60 | 287.03 | 31.57 | 41.84 |
| 1.52 | 1.40 | 1.40 | | 0.26 |
| 1703.91 | 576.03 | 445.52 | 130.51 | 22.73 |
| 231.40 | 264.09 | 244.81 | 19.27 | 3.21 |
| | | | | |
| | | | | |
| | | | | |
| 3285.05 | 3457.84 | 3394.75 | 63.09 | 347.94 |
| 5205.32 | 6262.11 | 6052.19 | 209.92 | 472.69 |

14-5 续表 1

单位: 亿元

| 项 目 | Item |
| --- | --- |
| 纺织、服装及家庭用品批发 | Wholesale of Textiles,Garments and Daily Consumer Articles |
| 文化、体育用品及器材批发 | Wholesale of Culture,Sports Appliances and Equipment |
| 医药及医疗器材批发 | Wholesale of Medicines and Medical Appliances |
| 矿产品、建材及化工产品批发 | Wholesale of Mineral Products, Building Materials and Chemical Products |
| 机械设备、五金产品及电子产品批发 | Wholesale of Machinery,Hardware and Electronic Products |
| 贸易经纪与代理 | Trade Broker and Agency |
| 其他批发业 | Others |
| **零售业** | **Retail Trade** |
| #国有控股 | State owned Holding |
| 按登记注册类型分 | Grouped by Status of Registration |
| 内资企业 | Domestic Funded Enterprises |
| 国有独资公司 | State Sole-proprietorship Corporations |
| 私营有限责任公司 | Private Limited Liability Corporations |
| 其他有限责任公司 | Other Limited Liability Corporations |
| 私营股份有限公司 | Private Share-holding Corporations Ltd. |
| 其他股份有限公司 | Other Share-holding Corporations Ltd. |
| 全民所有制企业(国有企业) | State-owned Enterprises |
| 集体所有制企业(集体企业) | Collective-owned Enterprises |
| 股份合作企业 | Cooperative Enterprises |
| 联营企业 | Joint Ownership Enterprises |
| 个人独资企业 | Private Sole-proprietorship Enterprises |
| 合伙企业 | Partnership Enterprises |
| 其他内资企业 | Other Domestic Funded Enterprises |
| 港澳台投资企业 | Enterprises with Investment from Hong Kong, Macao and Taiwan |
| 港澳台投资有限责任公司 | Limited Liability Corporations from Hong Kong, Macao and Taiwan |
| 港澳台投资股份有限公司 | Share-holding Corporations Ltd. from Hong Kong, Macao and Taiwan |
| 港澳台投资合伙企业 | Partnership Enterprises from Hong Kong, Macao and Taiwan |
| 其他港澳台投资企业 | Other Enterprises with Investment from Hong Kong, Macao and Taiwan |
| 外商投资企业 | Foreign Investment Enterprises |
| 外商投资有限责任公司 | Foreign Investment Limited Liability Corporations |
| 外商投资股份有限公司 | Foreign Investment Share-holding Corporations Ltd. |
| 外商投资合伙企业 | Foreign Investment Partnership Enterprise |
| 其他外商投资企业 | Other Foreign Invested Enterprises |
| 农民专业合作社(联合社) | Professional Farmers Cooperatives |
| 个体工商户 | Individually-owned Business |
| 其他市场主体 | Other Market Entities |

continued

(100 million yuan)

| 商品购进总额<br>Total Purchase Value | 商品销售总额<br>Total Sales Value | 批发<br>Whole sale Value | 零售<br>Retail Sale Value | 商品库存总额<br>Stock |
|---|---|---|---|---|
| 10708.26 | 11579.94 | 10958.91 | 621.03 | 629.68 |
| 1307.17 | 1388.98 | 1301.70 | 87.27 | 85.66 |
| 3598.77 | 4214.41 | 4138.74 | 75.67 | 334.64 |
| 62758.39 | 63223.92 | 62625.17 | 598.74 | 1168.90 |
| 9603.21 | 10362.61 | 10133.03 | 229.58 | 545.47 |
| 1252.96 | 1319.83 | 1304.42 | 15.41 | 54.10 |
| 4282.87 | 4511.81 | 4428.64 | 83.17 | 154.67 |
| **14088.47** | **15972.89** | **1083.25** | **14889.64** | **1099.61** |
| 1588.49 | 1953.22 | 347.50 | 1605.71 | 102.12 |
| | | | | |
| 11552.03 | 12967.18 | 744.16 | 12223.02 | 981.71 |
| 128.56 | 135.19 | 22.12 | 113.08 | 4.49 |
| 7134.96 | 7948.06 | 305.86 | 7642.19 | 680.11 |
| 3655.76 | 4028.81 | 278.10 | 3750.72 | 261.53 |
| 212.17 | 339.59 | 43.08 | 296.51 | 20.73 |
| 226.25 | 287.40 | 74.42 | 212.97 | 6.46 |
| 30.54 | 30.54 | 3.06 | 27.48 | 1.32 |
| 26.60 | 30.42 | 4.42 | 26.00 | 0.88 |
| 4.82 | 5.41 | 0.08 | 5.33 | 0.17 |
| 2.04 | 2.25 | 0.35 | 1.90 | 0.26 |
| 116.63 | 141.88 | 11.30 | 130.58 | 5.41 |
| 13.69 | 17.64 | 1.38 | 16.26 | 0.37 |
| | | | | |
| 1172.89 | 1265.36 | 53.93 | 1211.43 | 65.10 |
| 1150.94 | 1239.70 | 52.85 | 1186.85 | 63.59 |
| 7.61 | 10.51 | 1.08 | 9.43 | 0.04 |
| 10.26 | 10.49 | | 10.49 | 1.08 |
| 4.08 | 4.66 | | 4.66 | 0.40 |
| 1322.52 | 1686.89 | 283.00 | 1403.89 | 51.91 |
| 521.44 | 594.92 | 14.10 | 580.82 | 38.96 |
| | | | | |
| 193.62 | 193.60 | 84.15 | 109.44 | 1.92 |
| 607.46 | 898.38 | 184.75 | 713.63 | 11.02 |
| 41.03 | 53.46 | 2.15 | 51.30 | 0.88 |

14-5 续表 2

单位：亿元

| 项 目 | Item |
| --- | --- |
| 按行业分 | Grouped by Sector |
| 综合零售 | General Retail |
| 食品、饮料及烟草制品专门零售 | Special Retail of Food, Beverages and Tobaccos |
| 纺织、服装及日用品专门零售 | Special Retail of Textiles, Garments and Daily Consumer Articles |
| 文化、体育用品及器材专门零售 | Special Retail of Culture, Sports Appliances and Equipments |
| 医药及医疗器材专门零售 | Special Retail of Medicines and Medica Appliances |
| 汽车、摩托车、燃料及零配件专门零售 | Retail of Motor Vehicles, Motorcycles, Fuel and Parts |
| 家用电器及电子产品专门零售 | Special Retail of Household Electric Appliances and Electronic Products |
| 五金、家具及室内装饰材料专门零售 | Special Retail of Hardware, Furniture and Interior Decoration Materials |
| 货摊、无店铺及其他零售业 | Stalls, Non-shop and Other Retail |
| 按零售业态分 | Grouped by Business Categories |
| 有店铺零售 | Retail Store |
| 便利店 | Convenience Store |
| 超市 | Supermarket |
| 折扣店 | Discount Store |
| 仓储会员店 | Warehouse Club |
| 百货店 | Department Store |
| 购物中心 | Shopping Mall |
| 专业店 | Specialty Store |
| 品牌专卖店 | Brand Store |
| 集合店 | Building Material Shop |
| 无人值守商店 | Unattended Store |
| 无店铺零售 | Non-shop Retailing |
| 网络零售 | Online Retailing |
| 电视/广播零售 | TV/Radio Retailing |
| 邮寄零售 | Mailing Retail |
| 自动售货亭 | Vending Machine |
| 电话零售 | Telephone Retailing |
| 直销 | Direct Sales |
| 流动货摊零售 | Mobile stall Retail |
| 其他 | Others |

continued

(100 million yuan)

| 商品购进总额 Total Purchase Value | 商品销售总额 Total Sales Value | | | 商品库存总额 Stock |
|---|---|---|---|---|
| | | 批发 Whole sale Value | 零售 Retail Sale Value | |
| 1760.80 | 2148.59 | 58.71 | 2089.88 | 97.39 |
| 804.90 | 922.85 | 63.19 | 859.66 | 56.80 |
| 367.80 | 472.83 | 25.55 | 447.28 | 64.44 |
| 521.19 | 642.27 | 72.41 | 569.85 | 129.94 |
| 477.01 | 604.08 | 40.15 | 563.92 | 58.99 |
| 6531.25 | 7098.37 | 588.46 | 6509.91 | 492.35 |
| 847.43 | 922.84 | 95.20 | 827.64 | 84.24 |
| 346.47 | 395.35 | 20.72 | 374.63 | 23.80 |
| 2431.61 | 2765.72 | 118.84 | 2646.88 | 91.66 |
| | | | | |
| 11140.82 | 12598.85 | 923.94 | 11674.90 | 940.56 |
| 940.72 | 1103.38 | 197.78 | 905.61 | 33.93 |
| 1079.94 | 1198.78 | 44.80 | 1153.98 | 78.60 |
| 59.95 | 68.42 | 0.49 | 67.93 | 2.53 |
| 38.85 | 41.12 | 2.36 | 38.76 | 2.33 |
| 517.17 | 755.56 | 12.30 | 743.26 | 23.93 |
| 290.72 | 356.62 | 9.40 | 347.22 | 20.88 |
| 4270.52 | 4920.44 | 432.89 | 4487.55 | 384.60 |
| 3854.10 | 4058.61 | 222.34 | 3836.27 | 387.71 |
| 83.06 | 89.38 | 1.55 | 87.83 | 5.93 |
| 5.80 | 6.53 | 0.03 | 6.50 | 0.11 |
| 2947.65 | 3374.04 | 159.30 | 3214.74 | 158.94 |
| 2010.71 | 2305.44 | 92.24 | 2213.21 | 81.31 |
| 3.25 | 4.25 | 0.15 | 4.10 | 0.11 |
| 17.25 | 19.89 | 2.05 | 17.84 | 1.64 |
| 8.97 | 11.44 | 0.37 | 11.06 | 0.52 |
| 36.27 | 44.53 | 1.09 | 43.44 | 2.45 |
| 230.99 | 266.67 | 16.76 | 249.91 | 23.04 |
| 2.44 | 3.28 | 0.05 | 3.23 | 0.09 |
| 637.77 | 718.53 | 46.59 | 671.94 | 49.78 |

# 14-6 限额以上批发和零售业企业财务状况（2023年）

单位：亿元

| 项 目 | Item | 资产总计 Total Assets |
| --- | --- | --- |
| **总 计** | **Total** | **58293.8** |
| #国有控股 | State-owned Holding | 17723.4 |
| **批发业** | **Wholesale Trade** | **50270.0** |
| #国有控股 | State-owned Holding | 16429.5 |
| 按登记注册类型分 | Grouped by Status of Registration | |
| 内资企业 | Domestic Funded Enterprises | 44396.8 |
| 国有独资公司 | State Sole-proprietorship Corporations | 2132.2 |
| 私营有限责任公司 | Private Limited Liability Corporations | 19633.3 |
| 其他有限责任公司 | Other Limited Liability Corporations | 17983.2 |
| 私营股份有限公司 | Private Share-holding Corporations Ltd. | 902.8 |
| 其他股份有限公司 | Other Share-holding Corporations Ltd. | 2928.6 |
| 全民所有制企业(国有企业) | State-owned Enterprises | 636.9 |
| 集体所有制企业(集体企业) | Collective-owned Enterprises | 67.1 |
| 股份合作企业 | Cooperative Enterprises | 84.6 |
| 联营企业 | Joint Ownership Enterprises | 0.4 |
| 个人独资企业 | Private Sole-proprietorship Enterprises | 25.6 |
| 合伙企业 | Partnership Enterprises | 2.2 |
| 其他内资企业 | Other Domestic Funded Enterprises | |
| 港澳台投资企业 | Enterprises with Investment from Hong Kong, Macao and Taiwan | 2709.6 |
| 港澳台投资有限责任公司 | Limited Liability Corporations from Hong Kong, Macao and Taiwan | 2397.9 |
| 港澳台投资股份有限公司 | Share-holding Corporations Ltd. from Hong Kong, Macao and Taiwan | 311.1 |
| 港澳台投资合伙企业 | Partnership Enterprises from Hong Kong, Macao and Taiwan | |
| 其他港澳台投资企业 | Other Enterprises with Investment from Hong Kong, Macao and Taiwan | 0.6 |
| 外商投资企业 | Foreign Investment Enterprises | 3079.2 |
| 外商投资有限责任公司 | Foreign Investment Limited Liability Corporations | 2100.4 |
| 外商投资股份有限公司 | Foreign Investment Share-holding Corporations Ltd. | 691.3 |
| 外商投资合伙企业 | Foreign Investment Partnership Enterprise | 4.0 |
| 其他外商投资企业 | Other Foreign Invested Enterprises | 283.5 |
| 农民专业合作社(联合社) | Professional Farmers Cooperatives | 84.4 |
| 个体工商户 | Individually-owned Business | |
| 其他市场主体 | Other Market Entities | |
| 按行业分 | Grouped by Sector | |
| 农、林、牧、渔产品批发 | Wholesale of Agriculture, Forestry and Livestock Products | 1660.0 |
| 食品、饮料及烟草制品批发 | Wholesale of Food, Beverages and Tobaccos | 3651.2 |
| 纺织、服装及家庭用品批发 | Wholesale of Textiles, Garments and Daily Consumer Articals | 6859.6 |
| 文化、体育用品及器材批发 | Wholesale of Culture, Sports Appliances and Equipment | 1233.8 |
| 医药及医疗器材批发 | Wholesale of Medicines and Medical Appliances | 2370.2 |
| 矿产品、建材及化工产品批发 | Wholesale of Mineral Products, Building Materials and Chemical Products | 24881.6 |
| 机械设备、五金产品及电子产品批发 | Wholesale of Machinery,Hardware and Electronic Products | 7112.7 |
| 贸易经纪与代理 | Trade Broker and Agency | 535.8 |
| 其他批发业 | Others | 1965.1 |

# Financial Indicators of Enterprises above Designated Size of Wholesale and Retail Trade (2023)

(100 million yuan)

| #流动资产 Current Assets | 固定资产净额 Net Value of Fixed Assets | 负债合计 Total Liabilities | 所有者权益合计 Total Owners Equities | 主营业务收入 Revenue from Principal Business | 营业成本 Business Cost | 其他业务利润 Profits from Other Business | 营业利润 Business Profit | 利润总额 Total Profits |
|---|---|---|---|---|---|---|---|---|
| **45823.7** | **1612.4** | **43922.1** | **14358.7** | **108167.9** | **101797.0** | **207.2** | **2852.0** | **2820.9** |
| 13411.9 | 610.0 | 13647.9 | 4055.9 | 18562.7 | 17430.5 | 123.0 | 616.7 | 611.1 |
| **40286.4** | **1133.4** | **38225.3** | **12041.3** | **94173.7** | **89230.3** | **58.3** | **2522.3** | **2488.8** |
| 12640.2 | 507.8 | 12917.6 | 3508.5 | 16866.2 | 15878.5 | 10.6 | 559.3 | 557.7 |
| | | | | | | | | |
| 35700.0 | 991.5 | 34412.0 | 9981.4 | 86079.1 | 81946.7 | 51.1 | 2261.0 | 2225.9 |
| 1718.2 | 114.6 | 1796.2 | 336.0 | 1204.4 | 1155.6 | 0.5 | 27.5 | 27.4 |
| 16628.3 | 323.4 | 15299.2 | 4334.1 | 56990.2 | 54495.7 | 32.8 | 1321.0 | 1284.2 |
| 14436.7 | 440.0 | 14620.5 | 3359.3 | 24155.7 | 23177.3 | 15.6 | 555.0 | 554.8 |
| 481.2 | 29.6 | 433.5 | 469.2 | 666.5 | 618.3 | 0.3 | 25.8 | 27.8 |
| 1665.7 | 58.2 | 1966.7 | 961.9 | 1407.1 | 1239.2 | 1.3 | 133.9 | 134.6 |
| 599.2 | 23.0 | 137.0 | 499.9 | 1314.7 | 936.6 | 0.4 | 187.3 | 187.2 |
| 64.1 | 0.4 | 61.1 | 6.0 | 44.7 | 41.0 | 0.0 | 3.2 | 3.2 |
| 83.5 | 0.0 | 81.9 | 2.7 | 206.6 | 201.4 | 0.1 | 3.1 | 2.9 |
| 0.2 | 0.0 | 0.3 | 0.2 | 0.5 | 0.4 | | 0.0 | 0.0 |
| 21.1 | 2.2 | 13.5 | 12.1 | 85.0 | 78.0 | | 3.8 | 3.5 |
| 1.9 | | 2.1 | 0.1 | 3.7 | 3.1 | 0.0 | 0.3 | 0.3 |
| | | | | | | | | |
| 2171.8 | 61.8 | 1751.0 | 958.6 | 3160.4 | 2817.8 | 3.6 | 104.9 | 109.2 |
| 2066.7 | 60.7 | 1703.3 | 694.6 | 3004.0 | 2663.1 | 3.0 | 105.5 | 109.8 |
| 104.5 | 1.1 | 47.4 | 263.7 | 151.8 | 150.2 | 0.6 | -0.8 | -0.7 |
| | | | | | | | | |
| 0.6 | | 0.3 | 0.3 | 4.6 | 4.4 | | 0.1 | 0.1 |
| 2350.3 | 75.0 | 2005.8 | 1073.3 | 4683.0 | 4237.7 | 3.6 | 141.3 | 138.7 |
| 1711.2 | 60.7 | 1272.8 | 827.6 | 3950.9 | 3554.2 | 3.4 | 102.5 | 100.4 |
| 407.7 | 2.5 | 304.7 | 386.6 | 292.9 | 257.9 | 0.2 | 21.3 | 21.2 |
| 1.6 | | 1.8 | 2.2 | 1.2 | 1.6 | | -0.5 | -0.5 |
| 229.8 | 11.8 | 426.6 | -143.0 | 438.0 | 424.0 | | 18.0 | 17.6 |
| 64.2 | 5.1 | 56.4 | 27.9 | 251.2 | 228.0 | 0.0 | 15.1 | 15.0 |
| | | | | | | | | |
| 1281.8 | 95.6 | 1326.4 | 333.6 | 3179.2 | 3111.0 | 1.6 | 33.4 | 33.2 |
| 3166.7 | 143.1 | 2611.1 | 1039.8 | 5601.3 | 4825.3 | 5.1 | 413.4 | 417.9 |
| 5118.5 | 176.7 | 4880.4 | 1979.2 | 10007.4 | 9109.3 | 10.1 | 343.2 | 349.2 |
| 898.9 | 39.3 | 830.3 | 403.6 | 1269.8 | 1167.6 | 1.9 | 51.0 | 51.8 |
| 2167.8 | 38.5 | 1871.3 | 498.9 | 3779.6 | 3228.1 | 4.4 | 95.8 | 94.4 |
| 19688.9 | 484.8 | 19352.8 | 5528.8 | 55826.9 | 54144.1 | 21.8 | 1158.3 | 1121.0 |
| 5684.9 | 124.9 | 5374.8 | 1737.9 | 9391.2 | 8813.9 | 8.3 | 265.5 | 266.9 |
| 496.5 | 1.6 | 408.8 | 127.0 | 1032.6 | 966.6 | 0.2 | 59.7 | 60.9 |
| 1782.4 | 29.0 | 1569.4 | 392.6 | 4085.7 | 3864.3 | 4.8 | 102.1 | 93.5 |

## 14-6 续表 1

单位：亿元

| 项　目 | Item | 资产总计 Total Assets |
|---|---|---|
| **零售业** | **Retail Trade** | **8023.8** |
| #国有控股 | State-owned Holding | 1294.0 |
| 按登记注册类型分 | Grouped by Status of Registration | |
| 内资企业 | Domestic Funded Enterprises | 6396.7 |
| 国有独资公司 | State Sole-proprietorship Corporations | 204.6 |
| 私营有限责任公司 | Private Limited Liability Corporations | 3414.3 |
| 其他有限责任公司 | Other Limited Liability Corporations | 2062.1 |
| 私营股份有限公司 | Private Share-holding Corporations Ltd. | 552.0 |
| 其他股份有限公司 | Other Share-holding Corporations Ltd. | 95.6 |
| 全民所有制企业(国有企业) | State-owned Enterprises | 10.7 |
| 集体所有制企业(集体企业) | Collective-owned Enterprises | 9.2 |
| 股份合作企业 | Cooperative Enterprises | 1.1 |
| 联营企业 | Joint Ownership Enterprises | 0.5 |
| 个人独资企业 | Private Sole-proprietorship Enterprises | 41.9 |
| 合伙企业 | Partnership Enterprises | 4.6 |
| 其他内资企业 | Other Domestic Funded Enterprises | |
| 港澳台投资企业 | Enterprises with Investment from Hong Kong, Macao and Taiwan | 671.4 |
| 港澳台投资有限责任公司 | Limited Liability Corporations from Hong Kong, Macao and Taiwan | 649.0 |
| 港澳台投资股份有限公司 | Share-holding Corporations Ltd. from Hong Kong, Macao and Taiwan | 16.1 |
| 港澳台投资合伙企业 | Partnership Enterprises from Hong Kong, Macao and Taiwan | 3.0 |
| 其他港澳台投资企业 | Other Enterprises with Investment from Hong Kong, Macao and Taiwan | 3.2 |
| 外商投资企业 | Foreign Investment Enterprises | 936.2 |
| 外商投资有限责任公司 | Foreign Investment Limited Liability Corporations | 485.5 |
| 外商投资股份有限公司 | Foreign Investment Share-holding Corporations Ltd. | |
| 外商投资合伙企业 | Foreign Investment Partnership Enterprise | 25.5 |
| 其他外商投资企业 | Other Foreign Invested Enterprises | 425.1 |
| 农民专业合作社(联合社) | Professional Farmers Cooperatives | 19.5 |
| 个体工商户 | Individually-owned Business | |
| 其他市场主体 | Other Market Entities | |
| 按行业分 | Grouped by Sector | |
| 综合零售 | General Retail | 2059.9 |
| 食品、饮料及烟草制品专门零售 | Special Retail of Food,Beverages and Tobaccos | 467.1 |
| 纺织、服装及日用品专门零售 | Special Retail of Textiles,Garments and Daily Consumer Articles | 379.6 |
| 文化、体育用品及器材专门零售 | Special Retail of Culture, Sports Appliances and Equipments | 656.8 |
| 医药及医疗器材专门零售 | Special Retail of Medicines and Medical Appliances | 347.6 |
| 汽车、摩托车、零配件和燃料及其他动力销售 | Retail of Motor Vehicles,Motorcycles,Fuel and Parts | 2563.9 |
| 家用电器及电子产品专门零售 | Special Retail of Household Electric Appliances and Electronic Products | 568.1 |
| 五金、家具及室内装饰材料专门零售 | Special Retail of Hardware,Furniture and Interior Decoration Materials | 230.8 |
| 货摊、无店铺及其他零售业 | Stalls, Non-shop and Other Retail | 750.0 |

continued

(100 million yuan)

| #流动资产 Current Assets | 固定资产净额 Net Value of Fixed Assets | 负债合计 Total Liabilities | 所有者权益合计 Total Owners Equities | 主营业务收入 Revenue from Principal Business | 营业成本 Business Cost | 其他业务利润 Profits from Other Business | 营业利润 Business Profit | 利润总额 Total Profits |
|---|---|---|---|---|---|---|---|---|
| **5537.3** | **479.1** | **5696.8** | **2317.4** | **13994.2** | **12566.8** | **148.9** | **329.7** | **332.1** |
| 771.6 | 102.3 | 730.4 | 547.4 | 1696.5 | 1552.0 | 112.4 | 57.4 | 53.4 |
| | | | | | | | | |
| 4604.9 | 354.5 | 4685.6 | 1711.0 | 11348.5 | 10162.5 | 85.1 | 258.5 | 265.0 |
| 138.0 | 9.9 | 147.4 | 57.2 | 123.4 | 115.4 | 0.4 | 2.6 | 3.0 |
| 2679.6 | 175.3 | 2647.4 | 766.8 | 7036.6 | 6273.0 | 44.9 | 171.3 | 174.6 |
| 1469.7 | 117.0 | 1576.4 | 485.7 | 3533.4 | 3190.9 | 31.0 | 53.0 | 55.8 |
| 241.3 | 25.1 | 213.8 | 338.3 | 210.3 | 175.6 | 6.9 | 12.9 | 13.2 |
| 37.2 | 21.2 | 64.9 | 30.7 | 245.0 | 234.5 | 1.5 | 4.0 | 4.1 |
| 3.1 | 1.1 | 8.8 | 1.9 | 27.2 | 24.9 | 0.1 | 0.5 | 0.3 |
| 6.3 | 1.3 | 4.2 | 5.0 | 27.0 | 23.6 | 0.1 | 1.3 | 1.3 |
| 0.9 | 0.1 | 0.5 | 0.6 | 4.9 | 4.3 | 0.0 | 0.3 | 0.3 |
| 0.5 | 0.0 | 0.2 | 0.3 | 2.0 | 1.8 | 0.0 | 0.0 | 0.0 |
| 24.9 | 3.3 | 19.7 | 22.3 | 123.0 | 105.4 | 0.2 | 11.2 | 11.3 |
| 3.3 | 0.4 | 2.4 | 2.3 | 15.6 | 13.0 | 0.0 | 1.2 | 1.2 |
| | | | | | | | | |
| 394.7 | 37.5 | 501.2 | 170.2 | 1129.1 | 1013.7 | -54.8 | 20.3 | 20.3 |
| 377.5 | 36.5 | 489.4 | 159.6 | 1106.0 | 994.2 | -55.1 | 19.5 | 19.6 |
| 12.6 | 0.2 | 6.7 | 9.3 | 9.7 | 6.2 | | 0.9 | 0.9 |
| 1.7 | 0.7 | 1.9 | 1.1 | 9.1 | 9.5 | 0.3 | -0.1 | -0.1 |
| 2.9 | 0.0 | 3.2 | 0.1 | 4.4 | 3.8 | 0.0 | -0.1 | -0.1 |
| 526.8 | 84.8 | 501.7 | 425.0 | 1466.9 | 1348.6 | 118.6 | 45.8 | 41.6 |
| 279.9 | 52.4 | 347.4 | 144.9 | 525.7 | 462.6 | 17.8 | 11.4 | 12.7 |
| | | | | | | | | |
| 2.8 | 4.9 | 22.4 | 3.2 | 171.9 | 163.7 | | 2.9 | 3.1 |
| 244.1 | 27.5 | 131.9 | 277.0 | 769.2 | 722.3 | 100.8 | 31.5 | 25.9 |
| 10.9 | 2.2 | 8.3 | 11.2 | 49.7 | 42.1 | 0.0 | 5.1 | 5.2 |
| | | | | | | | | |
| 1150.4 | 146.9 | 1458.3 | 608.3 | 1747.3 | 1484.0 | -16.3 | 57.5 | 59.3 |
| 362.0 | 25.3 | 333.8 | 133.3 | 837.0 | 736.0 | 1.8 | 32.5 | 32.7 |
| 294.9 | 19.5 | 309.8 | 69.8 | 421.1 | 339.8 | 1.7 | 15.8 | 16.8 |
| 459.8 | 35.4 | 372.9 | 283.8 | 589.5 | 484.7 | 4.2 | 34.3 | 34.6 |
| 266.7 | 7.5 | 269.4 | 78.2 | 538.4 | 428.1 | 3.4 | 20.4 | 20.7 |
| 1722.8 | 181.7 | 1731.1 | 816.7 | 6264.9 | 5920.2 | 145.5 | 87.3 | 87.2 |
| 484.9 | 15.3 | 444.2 | 123.9 | 796.5 | 720.5 | 3.1 | 14.4 | 13.9 |
| 181.2 | 18.0 | 182.1 | 48.7 | 355.3 | 311.1 | 0.6 | 14.7 | 13.2 |
| 614.6 | 29.5 | 595.3 | 154.7 | 2444.2 | 2142.4 | 4.9 | 52.7 | 53.8 |

## 14-6 续表 2

单位：亿元

| 项 目 | Item | 资产总计 Total Assets |
|---|---|---|
| 按经营方式分 | Grouped by Business Mode | |
| 独立门店 | Independent Store | 5510.6 |
| 连锁总店(总部) | Chain Store | 1033.2 |
| 连锁直营店 | Chain direct-sale Store | 453.3 |
| 连锁加盟店 | Chain franchise Store | 23.3 |
| 其他 | Others | 1003.3 |
| 按零售业态分 | Grouped by Business Categories | |
| 有店铺零售 | Retail Store | 6738.8 |
| 便利店 | Convenience Store | 508.3 |
| 超市 | Supermarket | 728.7 |
| 折扣店 | Discount Store | 30.9 |
| 仓储会员店 | Warehouse Club | 26.5 |
| 百货店 | Department Store | 1061.4 |
| 购物中心 | Shopping Mall | 264.7 |
| 专业店 | Specialty Store | 2682.9 |
| 品牌专卖店 | Brand Store | 1397.9 |
| 集合店 | Building Material Shop | 34.5 |
| 无人值守商店 | Unattended Store | 2.8 |
| 无店铺零售 | Non-shop Retailing | 1285.0 |
| 网络零售 | Online Retailing | 591.7 |
| 电视/广播零售 | TV/Radio Retailing | 1.4 |
| 邮寄零售 | Mailing Retail | 13.7 |
| 自动售货亭 | Vending Machine | 3.6 |
| 电话零售 | Telephone Retailing | 28.7 |
| 直销 | Direct Sales | 167.9 |
| 流动货摊零售 | Mobile stall Retail | 0.8 |
| 其他 | Others | 477.0 |
| **在总计中:** | **In the Total** | |
| 南 京 市 | Nanjing | 11366.6 |
| 无 锡 市 | Wuxi | 7831.5 |
| 徐 州 市 | Xuzhou | 2233.4 |
| 常 州 市 | Changzhou | 4818.2 |
| 苏 州 市 | Suzhou | 11520.2 |
| 南 通 市 | Nantong | 3972.3 |
| 连云港市 | Lianyungang | 2194.8 |
| 淮 安 市 | Huai'an | 1017.6 |
| 盐 城 市 | Yancheng | 3206.1 |
| 扬 州 市 | Yangzhou | 1361.6 |
| 镇 江 市 | Zhenjiang | 3478.2 |
| 泰 州 市 | Taizhou | 4005.6 |
| 宿 迁 市 | Suqian | 1287.8 |

continued

(100 million yuan)

| #流动资产 Current Assets | 固定资产净额 Net Value of Fixed Assets | 负债合计 Total Liabilities | 所有者权益合计 Total Owners Equities | 主营业务收入 Revenue from Principal Business | 营业成本 Business Cost | 其他业务利润 Profits from Other Business | 营业利润 Business Profit | 利润总额 Total Profits |
|---|---|---|---|---|---|---|---|---|
| 3644.4 | 335.9 | 3669.0 | 1841.6 | 9032.2 | 8168.2 | 76.4 | 224.2 | 229.0 |
| 737.3 | 74.9 | 891.7 | 148.3 | 1447.3 | 1237.7 | -41.0 | 30.9 | 31.7 |
| 337.6 | 24.5 | 381.8 | 71.5 | 681.0 | 619.1 | 108.6 | 2.6 | 4.6 |
| 20.1 | 0.3 | 17.2 | 6.1 | 68.6 | 59.1 | 0.3 | 2.5 | 2.6 |
| 797.9 | 43.4 | 737.1 | 249.9 | 2765.1 | 2482.6 | 4.5 | 69.6 | 64.1 |
| | | | | | | | | |
| 4489.5 | 429.7 | 4730.5 | 1998.8 | 10963.5 | 9908.3 | 142.6 | 249.8 | 251.2 |
| 212.1 | 37.8 | 190.4 | 301.7 | 965.1 | 871.1 | 5.0 | 27.2 | 28.3 |
| 463.7 | 57.4 | 695.5 | 40.0 | 1040.6 | 884.2 | -34.8 | 9.7 | 10.3 |
| 17.7 | 5.1 | 18.3 | 12.6 | 52.6 | 46.6 | 0.5 | 2.3 | 2.4 |
| 22.8 | 1.4 | 14.7 | 11.8 | 36.6 | 33.5 | 0.1 | 0.8 | 0.8 |
| 531.2 | 79.6 | 538.6 | 522.8 | 529.4 | 446.0 | 16.0 | 34.6 | 35.7 |
| 142.1 | 4.3 | 207.5 | 57.2 | 303.0 | 260.4 | 1.1 | 19.0 | 19.1 |
| 1991.1 | 164.5 | 1929.2 | 753.8 | 4343.0 | 3907.7 | 124.6 | 126.4 | 122.2 |
| 1079.6 | 77.6 | 1104.6 | 293.4 | 3607.8 | 3381.3 | 29.4 | 28.5 | 31.4 |
| 26.6 | 1.8 | 29.8 | 4.8 | 79.2 | 72.0 | 0.5 | 1.1 | 0.9 |
| 2.6 | 0.2 | 2.0 | 0.8 | 6.2 | 5.5 | 0.0 | 0.2 | 0.1 |
| 1047.8 | 49.4 | 966.3 | 318.6 | 3030.7 | 2658.5 | 6.3 | 79.9 | 80.9 |
| 502.1 | 16.5 | 475.4 | 116.3 | 2065.0 | 1797.7 | 3.9 | 45.6 | 46.6 |
| 1.3 | 0.0 | 1.0 | 0.3 | 3.1 | 2.7 | | 0.3 | 0.3 |
| 12.1 | 0.5 | 7.5 | 6.3 | 17.7 | 15.8 | 0.0 | -0.1 | 0.0 |
| 2.2 | 1.1 | 3.4 | 0.2 | 10.7 | 8.3 | | 0.3 | 0.3 |
| 22.5 | 1.8 | 20.9 | 7.8 | 40.2 | 33.5 | 0.2 | 1.3 | 1.3 |
| 121.0 | 11.8 | 116.3 | 51.6 | 244.6 | 215.2 | 0.4 | 9.6 | 9.9 |
| 0.7 | 0.0 | 0.7 | 0.2 | 3.0 | 2.7 | | 0.1 | 0.1 |
| 385.9 | 17.6 | 341.0 | 135.9 | 646.4 | 582.7 | 1.7 | 22.9 | 22.4 |
| | | | | | | | | |
| 8569.3 | 284.5 | 8666.5 | 2696.7 | 18955.3 | 17880.6 | 53.3 | 344.8 | 357.7 |
| 5813.5 | 223.9 | 5267.8 | 2570.4 | 20553.1 | 19347.4 | 115.3 | 821.0 | 812.8 |
| 1842.0 | 85.5 | 1726.3 | 507.1 | 5435.3 | 5022.7 | 6.6 | 187.6 | 193.6 |
| 4203.0 | 83.0 | 3763.5 | 1054.7 | 7800.7 | 7405.4 | 10.6 | 179.2 | 177.7 |
| 9277.2 | 299.5 | 8816.0 | 2704.2 | 28910.5 | 27635.0 | 50.9 | 240.0 | 251.1 |
| 3419.1 | 98.6 | 3130.9 | 841.4 | 7081.5 | 6775.5 | 9.0 | 178.9 | 180.1 |
| 1391.3 | 100.6 | 1375.2 | 819.6 | 2891.2 | 2702.1 | 2.1 | 108.4 | 103.2 |
| 802.7 | 48.8 | 758.3 | 259.3 | 1589.5 | 1379.9 | -62.4 | 116.3 | 117.2 |
| 2373.5 | 109.8 | 2406.3 | 799.8 | 3536.8 | 3320.1 | 4.2 | 130.5 | 135.2 |
| 1116.5 | 43.7 | 970.0 | 391.6 | 2556.1 | 2294.3 | 4.8 | 128.8 | 116.8 |
| 2700.4 | 83.9 | 2915.0 | 547.0 | 2566.4 | 2401.9 | 3.5 | 93.7 | 92.4 |
| 3216.0 | 126.9 | 3125.9 | 879.6 | 4191.8 | 3864.9 | 4.4 | 115.2 | 87.9 |
| 1099.3 | 23.7 | 1000.5 | 287.4 | 2099.6 | 1767.2 | 4.8 | 207.7 | 195.2 |

# 14-7 限额以上住宿和餐饮业基本情况（2023年）

| 项 目 | Item |
|---|---|
| **总 计** | **Total** |
| #国有控股 | State-owned Holding |
| **住宿业** | **Hotels** |
| #国有控股 | State-owned Holding |
| 按登记注册类型分 | Grouped by Status of Registration |
| 内资企业 | Domestic Funded Enterprises |
| 国有独资公司 | State Sole-proprietorship Corporations |
| 私营有限责任公司 | Private Limited Liability Corporations |
| 其他有限责任公司 | Other Limited Liability Corporations |
| 私营股份有限公司 | Private Share-holding Corporations Ltd. |
| 其他股份有限公司 | Other Share-holding Corporations Ltd. |
| 全民所有制企业(国有企业) | State-owned Enterprises |
| 集体所有制企业(集体企业) | Collective-owned Enterprises |
| 股份合作企业 | Cooperative Enterprises |
| 联营企业 | Joint Ownership Enterprises |
| 个人独资企业 | Private Sole-proprietorship Enterprises |
| 合伙企业 | Partnership Enterprises |
| 其他内资企业 | Other Domestic Funded Enterprises |
| 港澳台投资企业 | Enterprises with Investment from Hong Kong, Macao and Taiwan |
| 港澳台投资有限责任公司 | Limited Liability Corporations from Hong Kong, Macao and Taiwan |
| 港澳台投资股份有限公司 | Share-holding Corporations Ltd. from Hong Kong, Macao and Taiwan |
| 港澳台投资合伙企业 | Partnership Enterprises from Hong Kong, Macao and Taiwan |
| 其他港澳台投资企业 | Other Enterprises with Investment from Hong Kong, Macao and Taiwan |
| 外商投资企业 | Foreign Investment Enterprises |
| 外商投资有限责任公司 | Foreign Investment Limited Liability Corporations |
| 外商投资股份有限公司 | Foreign Investment Share-holding Corporations Ltd. |
| 外商投资合伙企业 | Foreign Investment Partnership Enterprise |
| 其他外商投资企业 | Other Foreign Invested Enterprises |
| 农民专业合作社(联合社) | Professional Farmers Cooperatives |
| 个体工商户 | Individually-owned Business |
| 其他市场主体 | Other Market Entities |
| 按行业分组 | Grouped by Sector |
| 旅游饭店 | Tourist Hotel |

# Basic Conditions of Enterprises above Designated Size of Hotels and Catering Services (2023)

| 法人企业数<br>(个)<br>Number of<br>Corporation Enterprises<br>(unit) | 产业活动单位数<br>(个)<br>Industrial<br>Activity Units<br>(unit) | 餐饮营业面积<br>(平方米)<br>Operating Area of<br>Catering Enterprises<br>(sq.m) | 从业人员<br>(人)<br>Employed<br>Persons<br>(person) |
|---:|---:|---:|---:|
| **9029** | **8235** | **21078694** | **457818** |
| 431 | 336 | 2789815 | 50976 |
| **2577** | **349** | **9551527** | **117704** |
| 249 | 138 | 1862331 | 32894 |
| | | | |
| 2515 | 332 | 9236116 | 111207 |
| 30 | 19 | 291275 | 4173 |
| 1920 | 154 | 6005330 | 60929 |
| 426 | 146 | 2680436 | 41371 |
| 4 | | 5780 | 442 |
| 3 | 8 | 21550 | 918 |
| 11 | | 33756 | 1255 |
| 2 | | 7038 | 43 |
| 1 | | 200 | 49 |
| | | | |
| 110 | 5 | 174651 | 1866 |
| 8 | | 16100 | 161 |
| | | | |
| 42 | 8 | 232290 | 4064 |
| 42 | 8 | 232290 | 4064 |
| | | | |
| | | | |
| | | | |
| 20 | 9 | 83121 | 2433 |
| 20 | 9 | 83121 | 2433 |
| | | | |
| | | | |
| | | | |
| | | | |
| | | | |
| | | | |
| | | | |
| 800 | 203 | 4795437 | 74432 |

14-7 续表 1

| 项 目 | Item |
|---|---|
| 一般旅馆 | Fonda |
| 民宿服务 | Home Lodging Service |
| 露营地服务 | Campground Service |
| 其他住宿服务 | Others |
| 按星级等级分组 | Grouped by Star Class |
| 一星 | One-star Class |
| 二星 | Two-star Class |
| 三星 | Three-star Class |
| 四星 | Four-star Class |
| 五星 | Five-star Class |
| 其他 | Others |
| **餐饮业** | **Catering Service** |
| #国有控股 | State-owned Holding |
| 按登记注册类型分 | Grouped by Status of Registration |
| 内资企业 | Domestic Funded Enterprises |
| 国有独资公司 | State Sole-proprietorship Corporations |
| 私营有限责任公司 | Private Limited Liability Corporations |
| 其他有限责任公司 | Other Limited Liability Corporations |
| 私营股份有限公司 | Private Share-holding Corporations Ltd. |
| 其他股份有限公司 | Other Share-holding Corporations Ltd. |
| 全民所有制企业(国有企业) | State-owned Enterprises |
| 集体所有制企业(集体企业) | Collective-owned Enterprises |
| 股份合作企业 | Cooperative Enterprises |
| 联营企业 | Joint Ownership Enterprises |
| 个人独资企业 | Private Sole-proprietorship Enterprises |
| 合伙企业 | Partnership Enterprises |
| 其他内资企业 | Other Domestic Funded Enterprises |
| 港澳台投资企业 | Enterprises with Investment from Hong Kong, Macao and Taiwan |
| 港澳台投资有限责任公司 | Limited Liability Corporations from Hong Kong, Macao and Taiwan |
| 港澳台投资股份有限公司 | Share-holding Corporations Ltd. from Hong Kong, Macao and Taiwan |
| 港澳台投资合伙企业 | Partnership Enterprises from Hong Kong, Macao and Taiwan |
| 其他港澳台投资企业 | Other Enterprises with Investment from Hong Kong, Macao and Taiwan |
| 外商投资企业 | Foreign Investment Enterprises |
| 外商投资有限责任公司 | Foreign Investment Limited Liability Corporations |

continued

| 法人企业数 (个) Number of Corporation Enterprises (unit) | 产业活动单位数 (个) Industrial Activity Units (unit) | 餐饮营业面积 (平方米) Operating Area of Catering Enterprises (sq.m) | 从业人员 (人) Employed Persons (person) |
|---|---|---|---|
| 1617 | 131 | 4148847 | 39340 |
| 31 | 6 | 57125 | 439 |
| 1 | | 4000 | 28 |
| 128 | 9 | 546118 | 3465 |
| 35 | | 52425 | 398 |
| 68 | | 142317 | 1071 |
| 260 | 30 | 990885 | 7636 |
| 215 | 36 | 1456482 | 18446 |
| 96 | 63 | 899479 | 16734 |
| 1903 | 220 | 6009939 | 73419 |
| **6452** | **7886** | **11527167** | **340114** |
| 182 | 198 | 927484 | 18082 |
| 6370 | 5490 | 10638386 | 277714 |
| 15 | 43 | 179029 | 2148 |
| 5151 | 2827 | 7965229 | 213658 |
| 718 | 2518 | 1959286 | 51597 |
| 5 | 14 | 51920 | 807 |
| 1 | | 6000 | 238 |
| 9 | 4 | 13479 | 679 |
| 3 | | 13500 | 77 |
| 443 | 84 | 424225 | 7805 |
| 25 | | 25718 | 705 |
| 48 | 1032 | 486323 | 31047 |
| 48 | 1032 | 486323 | 31047 |
| 34 | 1364 | 402458 | 31353 |
| 33 | 1347 | 400793 | 31265 |

14-7 续表 2

| 项 目 | Item |
|---|---|
| 外商投资股份有限公司 | Foreign Investment Share-holding Corporations Ltd. |
| 外商投资合伙企业 | Foreign Investment Partnership Enterprise |
| 其他外商投资企业 | Other Foreign Invested Enterprises |
| 农民专业合作社(联合社) | Professional Farmers Cooperatives |
| 个体工商户 | Individually-owned Business |
| 其他市场主体 | Other Market Entities |
| 按行业分组 | Grouped by Sector |
| 正餐服务 | Restaurant |
| 快餐服务 | Fast Food |
| 饮料及冷饮服务 | Beverages and Cold Drink |
| 餐饮配送及外卖送餐服务 | Catering Distribution and Delivery |
| 其他餐饮业 | Others |
| 按经营形式分组 | Grouped by Business Mode |
| 独立门店 | Independent Store |
| 连锁总店 | Chain Store |
| 连锁直营店 | Branches of Chain Store |
| 连锁加盟店 | Franchise of Chain Store |
| 其他 | Others |
| **在总计中:** | **In the Total** |
| 南 京 市 | Nanjing |
| 无 锡 市 | Wuxi |
| 徐 州 市 | Xuzhou |
| 常 州 市 | Changzhou |
| 苏 州 市 | Suzhou |
| 南 通 市 | Nantong |
| 连云港市 | Lianyungang |
| 淮 安 市 | Huai'an |
| 盐 城 市 | Yancheng |
| 扬 州 市 | Yangzhou |
| 镇 江 市 | Zhenjiang |
| 泰 州 市 | Taizhou |
| 宿 迁 市 | Suqian |

continued

| 法人企业数 (个) Number of Corporation Enterprises (unit) | 产业活动单位数 (个) Industrial Activity Units (unit) | 餐饮营业面积 (平方米) Operating Area of Catering Enterprises (sq.m) | 从业人员 (人) Employed Persons (person) |
|---:|---:|---:|---:|
| 1 | 17 | 1665 | 88 |
| 5487 | 2581 | 9784770 | 220219 |
| 303 | 2598 | 1013756 | 75752 |
| 238 | 2066 | 155545 | 10655 |
| 316 | 149 | 420747 | 25721 |
| 108 | 492 | 152349 | 7767 |
| 5684 | 2008 | 9159842 | 201876 |
| 67 | 3655 | 898012 | 74064 |
| 243 | 1893 | 614781 | 39267 |
| 88 | 125 | 94808 | 3666 |
| 370 | 205 | 759724 | 21241 |
| 1316 | 3645 | 4396449 | 127894 |
| 615 | 1277 | 2203418 | 58536 |
| 790 | 143 | 1358648 | 17565 |
| 358 | 337 | 1041995 | 27697 |
| 1009 | 1896 | 2662000 | 96050 |
| 1026 | 217 | 1354626 | 23670 |
| 330 | 79 | 723164 | 9332 |
| 619 | 89 | 1328481 | 17115 |
| 1022 | 126 | 1751859 | 25740 |
| 959 | 209 | 1502932 | 19751 |
| 184 | 85 | 650382 | 9590 |
| 620 | 76 | 1508985 | 17105 |
| 181 | 56 | 595755 | 7773 |

# 14-8 限额以上住宿和餐饮业经营情况（2023年）

单位：万元

| 项 目 | Item | 营业额 Business Revenue |
|---|---|---|
| **限额以上企业和单位总计** | **Total of Enterprises and Units above Designated Size** | **14489678** |
| #国有控股 | State-owned Holding | 1600751 |
| **住宿业** | **Hotels** | **3815026** |
| #国有控股 | State-owned Holding | 1042336 |
| 按登记注册类型分 | Grouped by Status of Registration | |
| 内资企业 | Domestic Funded Enterprises | 3606698 |
| 国有独资公司 | State Sole-proprietorship Corporations | 128442 |
| 私营有限责任公司 | Private Limited Liability Corporations | 2021396 |
| 其他有限责任公司 | Other Limited Liability Corporations | 1294482 |
| 私营股份有限公司 | Private Share-holding Corporations Ltd. | 11638 |
| 其他股份有限公司 | Other Share-holding Corporations Ltd. | 39375 |
| 全民所有制企业(国有企业) | State-owned Enterprises | 30810 |
| 集体所有制企业(集体企业) | Collective-owned Enterprises | 1709 |
| 股份合作企业 | Cooperative Enterprises | 2624 |
| 联营企业 | Joint Ownership Enterprises | |
| 个人独资企业 | Private Sole-proprietorship Enterprises | 71235 |
| 合伙企业 | Partnership Enterprises | 4987 |
| 其他内资企业 | Other Domestic Funded Enterprises | |
| 港澳台投资企业 | Enterprises with Investment from Hong Kong, Macao and Taiwan | 131670 |
| 港澳台投资有限责任公司 | Limited Liability Corporations from Hong Kong, Macao and Taiwan | 131670 |
| 港澳台投资股份有限公司 | Share-holding Corporations Ltd. from Hong Kong, Macao and Taiwan | |
| 港澳台投资合伙企业 | Partnership Enterprises from Hong Kong, Macao and Taiwan | |
| 其他港澳台投资企业 | Other Enterprises with Investment from Hong Kong, Macao and Taiwan | |
| 外商投资企业 | Foreign Investment Enterprises | 76658 |
| 外商投资有限责任公司 | Foreign Investment Limited Liability Corporations | 76658 |
| 外商投资股份有限公司 | Foreign Investment Share-holding Corporations Ltd. | |
| 外商投资合伙企业 | Foreign Investment Partnership Enterprise | |
| 其他外商投资企业 | Other Foreign Invested Enterprises | |
| 农民专业合作社(联合社) | Professional Farmers Cooperatives | |
| 个体工商户 | Individually-owned Business | |
| 其他市场主体 | Other Market Entities | |
| 按行业分组 | Grouped by Sector | |
| 旅游饭店 | Tourist Hotel | 2365634 |
| 一般旅馆 | Fonda | 1323379 |
| 民宿服务 | Home Lodging Service | 16459 |
| 露营地服务 | Campground Service | 555 |
| 其他住宿服务 | Others | 108999 |
| 按星级等级分组 | Grouped by Star Class | |
| 一星 | One-star Class | 15346 |
| 二星 | Two-star Class | 31696 |
| 三星 | Three-star Class | 229620 |
| 四星 | Four-star Class | 558291 |
| 五星 | Five-star Class | 617840 |
| 其他 | Others | 2362233 |

# Business of Enterprises of Hotels and Catering Services above Designated Size (2023)

(10000 yuan)

| 客房收入 From Hotel Rooms | 餐费收入 From Meals | 商品销售收入 From Sales of Commodities | 其他收入 Other Revenue | 年末拥有床位数（个） Number of Beds at Year end (unit) | 年末拥有餐位数（位） Number of Dining seats at Year end (unit) |
|---|---|---|---|---|---|
| **2816688** | **10911529** | **305458** | **456003** | **695117** | **3508363** |
| 563694 | 803803 | 40924 | 192330 | 115266 | 282550 |
| **2249175** | **1247378** | **67933** | **250541** | **481970** | **570813** |
| 447746 | 436086 | 25002 | 133502 | 88762 | 182146 |
| | | | | | |
| 2145981 | 1162583 | 63534 | 234601 | 463661 | 541775 |
| 56775 | 56380 | 2105 | 13183 | 9276 | 28230 |
| 1392750 | 538555 | 23396 | 66695 | 308512 | 276538 |
| 615685 | 503265 | 35188 | 140345 | 126904 | 211010 |
| 5303 | 5947 | 174 | 214 | 755 | 3860 |
| 14435 | 17505 | 796 | 6638 | 1653 | 2927 |
| 12758 | 11776 | 97 | 6179 | 2316 | 6874 |
| 1242 | 437 | 13 | 18 | 395 | 460 |
| 2400 | 160 | 59 | 5 | 304 | 100 |
| | | | | | |
| 39788 | 28521 | 1682 | 1245 | 12319 | 11541 |
| 4846 | 38 | 25 | 80 | 1227 | 235 |
| | | | | | |
| 66322 | 54430 | 2126 | 8792 | 11574 | 20645 |
| 66322 | 54430 | 2126 | 8792 | 11574 | 20645 |
| | | | | | |
| 36871 | 30366 | 2273 | 7148 | 6735 | 8393 |
| 36871 | 30366 | 2273 | 7148 | 6735 | 8393 |
| | | | | | |
| 1079653 | 1036870 | 45937 | 203174 | 203651 | 439328 |
| 1077841 | 180804 | 20933 | 43801 | 247885 | 106001 |
| 13076 | 2876 | 368 | 140 | 3479 | 2456 |
| 175 | 142 | 19 | 218 | 140 | 200 |
| 78431 | 26685 | 676 | 3208 | 26815 | 22828 |
| | | | | | |
| 13038 | 2164 | 132 | 13 | 2650 | 2872 |
| 25732 | 4712 | 1150 | 102 | 10349 | 4107 |
| 138455 | 74407 | 4630 | 12128 | 39516 | 48980 |
| 249498 | 238498 | 12051 | 58243 | 53003 | 105371 |
| 264524 | 288931 | 15014 | 49371 | 37206 | 88038 |
| 1557928 | 638665 | 34955 | 130685 | 339246 | 321445 |

14-8 续表

单位：万元

| 项目 | Item | 营业额 Business Revenue |
|---|---|---|
| **餐饮业** | **Catering Service** | **10674652** |
| #国有控股 | State-owned Holding | 558415 |
| 按登记注册类型分 | Grouped by Status of Registration | |
| 内资企业 | Domestic Funded Enterprises | 9023148 |
| 国有独资公司 | State Sole-proprietorship Corporations | 54816 |
| 私营有限责任公司 | Private Limited Liability Corporations | 6749755 |
| 其他有限责任公司 | Other Limited Liability Corporations | 1813080 |
| 私营股份有限公司 | Private Share-holding Corporations Ltd. | 54107 |
| 其他股份有限公司 | Other Share-holding Corporations Ltd. | 5456 |
| 全民所有制企业(国有企业) | State-owned Enterprises | 29317 |
| 集体所有制企业(集体企业) | Collective-owned Enterprises | 2911 |
| 股份合作企业 | Cooperative Enterprises | |
| 联营企业 | Joint Ownership Enterprises | |
| 个人独资企业 | Private Sole-proprietorship Enterprises | 288370 |
| 合伙企业 | Partnership Enterprises | 25336 |
| 其他内资企业 | Other Domestic Funded Enterprises | |
| 港澳台投资企业 | Enterprises with Investment from Hong Kong, Macao and Taiwan | 632529 |
| 港澳台投资有限责任公司 | Limited Liability Corporations from Hong Kong, Macao and Taiwan | 632529 |
| 港澳台投资股份有限公司 | Share-holding Corporations Ltd. from Hong Kong, Macao and Taiwan | |
| 港澳台投资合伙企业 | Partnership Enterprises from Hong Kong, Macao and Taiwan | |
| 其他港澳台投资企业 | Other Enterprises with Investment from Hong Kong, Macao and Taiwan | |
| 外商投资企业 | Foreign Investment Enterprises | 1018975 |
| 外商投资有限责任公司 | Foreign Investment Limited Liability Corporations | 1016385 |
| 外商投资股份有限公司 | Foreign Investment Share-holding Corporations Ltd. | |
| 外商投资合伙企业 | Foreign Investment Partnership Enterprise | 2590 |
| 其他外商投资企业 | Other Foreign Invested Enterprises | |
| 农民专业合作社(联合社) | Professional Farmers Cooperatives | |
| 个体工商户 | Individually-owned Business | |
| 其他市场主体 | Other Market Entities | |
| 按行业分组 | Grouped by Sector | |
| 正餐服务 | Restaurant | 7154358 |
| 快餐服务 | Fast Food | 1995903 |
| 饮料及冷饮服务 | Beverages and Cold Drink | 523142 |
| 餐饮配送及外卖送餐服务 | Catering Distribution and Delivery | 703358 |
| 其他餐饮服务 | Others | 297891 |
| 按经营形式分组 | Grouped by Business Mode | |
| 独立门店 | Independent Store | 6415332 |
| 连锁总店 | Chain Store | 2160327 |
| 连锁直营店 | Branches of Chain Store | 1326000 |
| 连锁加盟店 | Franchise of Chain Store | 103572 |
| 其他 | Others | 669422 |

continued

(10000 yuan)

| 客房收入<br>From Hotel Rooms | 餐费收入<br>From Meals | 商品销售收入<br>From Sales of Commodities | 其他收入<br>Other Revenue | 年末拥有床位数<br>(个)<br>Number of Beds at Year end<br>(unit) | 年末拥有餐位数<br>(位)<br>Number of Dining seats at Year end<br>(unit) |
|---:|---:|---:|---:|---:|---:|
| **567514** | **9664152** | **237525** | **205462** | **213147** | **2937550** |
| 115948 | 367717 | 15922 | 58828 | 26504 | 100404 |
| | | | | | |
| 547359 | 8082715 | 224616 | 168458 | 206138 | 2713577 |
| 14204 | 35795 | 315 | 4502 | 2639 | 9259 |
| 336458 | 6173762 | 159835 | 79700 | 153529 | 2195135 |
| 178962 | 1500694 | 54606 | 78819 | 44962 | 308848 |
| | 53195 | 241 | 671 | | 11129 |
| 663 | 3509 | | 1284 | 100 | 650 |
| 4526 | 22955 | 161 | 1675 | 1435 | 5337 |
| 128 | 2783 | | | 90 | 550 |
| | | | | | |
| | | | | | |
| 12160 | 265322 | 9270 | 1619 | 3348 | 175422 |
| 259 | 24701 | 188 | 188 | 35 | 7247 |
| | | | | | |
| 18242 | 584390 | 8868 | 21029 | 6439 | 95441 |
| 18242 | 584390 | 8868 | 21029 | 6439 | 95441 |
| | | | | | |
| | | | | | |
| | | | | | |
| 1912 | 997046 | 4041 | 15976 | 570 | 128532 |
| 1912 | 994456 | 4041 | 15976 | 570 | 127962 |
| | | | | | |
| | 2590 | | | | 570 |
| | | | | | |
| | | | | | |
| | | | | | |
| | | | | | |
| | | | | | |
| 563288 | 6280562 | 162254 | 148254 | 211256 | 2312449 |
| 2688 | 1925364 | 23834 | 44017 | 1316 | 332367 |
| | 505825 | 12547 | 4770 | | 27099 |
| 156 | 674330 | 22534 | 6337 | 154 | 165013 |
| 1381 | 278070 | 16357 | 2083 | 421 | 100622 |
| | | | | | |
| 514220 | 5602744 | 152442 | 145927 | 167489 | 2281198 |
| 3356 | 2102675 | 16332 | 37964 | 700 | 302541 |
| 18188 | 1258119 | 41054 | 8639 | 2787 | 113961 |
| 10243 | 88917 | 3689 | 723 | 2505 | 19783 |
| 21507 | 611698 | 24008 | 12209 | 39666 | 220067 |

# 14-9 限额以上住宿和餐饮业企业财务状况（2023年）

单位：亿元

| 项 目 | Item | 资产总计 Total Assets |
|---|---|---|
| **总 计** | **Total** | **2326.24** |
| #国有控股 | State-owned Holding | 749.01 |
| **住宿业** | **Hotels** | **1318.01** |
| #国有控股 | State-owned Holding | 543.37 |
| 按登记注册类型分 | Grouped by Status of Registration | |
| 内资企业 | Domestic Funded Enterprises | 1208.39 |
| 国有独资公司 | State Sole-proprietorship Corporations | 66.50 |
| 私营有限责任公司 | Private Limited Liability Corporations | 389.02 |
| 其他有限责任公司 | Other Limited Liability Corporations | 712.75 |
| 私营股份有限公司 | Private Share-holding Corporations Ltd. | 2.29 |
| 其他股份有限公司 | Other Share-holding Corporations Ltd. | 21.64 |
| 全民所有制企业(国有企业) | State-owned Enterprises | 7.45 |
| 集体所有制企业(集体企业) | Collective-owned Enterprises | 0.26 |
| 股份合作企业 | Cooperative Enterprises | 0.26 |
| 联营企业 | Joint Ownership Enterprises | |
| 个人独资企业 | Private Sole-proprietorship Enterprises | 7.52 |
| 合伙企业 | Partnership Enterprises | 0.70 |
| 其他内资企业 | Other Domestic Funded Enterprises | |
| 港澳台投资企业 | Enterprises with Investment from Hong Kong, Macao and Taiwan | 74.90 |
| 港澳台投资有限责任公司 | Limited Liability Corporations from Hong Kong, Macao and Taiwan | 74.90 |
| 港澳台投资股份有限公司 | Share-holding Corporations Ltd. from Hong Kong, Macao and Taiwan | |
| 港澳台投资合伙企业 | Partnership Enterprises from Hong Kong, Macao and Taiwan | |
| 其他港澳台投资企业 | Other Enterprises with Investment from Hong Kong, Macao and Taiwan | |
| 外商投资企业 | Foreign Investment Enterprises | 34.72 |
| 外商投资有限责任公司 | Foreign Investment Limited Liability Corporations | 34.72 |
| 外商投资股份有限公司 | Foreign Investment Share-holding Corporations Ltd. | |
| 外商投资合伙企业 | Foreign Investment Partnership Enterprise | |
| 其他外商投资企业 | Other Foreign Invested Enterprises | |
| 农民专业合作社(联合社) | Professional Farmers Cooperatives | |
| 个体工商户 | Individually-owned Business | |
| 其他市场主体 | Other Market Entities | |
| 按行业分组 | Grouped by Sector | |
| 旅游饭店 | Tourist Hotel | 916.78 |
| 一般旅馆 | Fonda | 320.68 |
| 民宿服务 | Home Lodging Service | 3.06 |
| 露营地服务 | Campground Service | 0.29 |
| 其他住宿服务 | Others | 77.21 |
| 按星级等级分组 | Grouped by Star Class | |
| 一星 | One-star Class | 1.38 |
| 二星 | Two-star Class | 4.78 |
| 三星 | Three-star Class | 54.02 |
| 四星 | Four-star Class | 182.21 |
| 五星 | Five-star Class | 274.53 |
| 其他 | Others | 801.10 |
| **餐饮业** | **Catering Service** | **1008.23** |
| #国有控股 | State-owned Holding | 205.64 |
| 按登记注册类型分 | Grouped by Status of Registration | |
| 内资企业 | Domestic Funded Enterprises | 880.08 |
| 国有独资公司 | State Sole-proprietorship Corporations | 27.74 |
| 私营有限责任公司 | Private Limited Liability Corporations | 528.62 |

# Financial Indicators of Enterprises above Designated Size in Hotels and Catering Services (2023)

(100 million yuan)

| #流动资产 Current Assets | 固定资产净额 Net Value of Fixed Assets | 负债合计 Total Liabilities | 所有者权益合计 Total Owners Equities | 主营业务收入 Revenue from Principal Business | 营业成本 Business Cost | 其他业务利润 Profits from Other Business | 营业利润 Business Profit | 利润总额 Total Profits |
|---|---|---|---|---|---|---|---|---|
| **1041.29** | **329.74** | **1794.26** | **532.11** | **1362.02** | **745.64** | **6.87** | **51.24** | **54.69** |
| 333.40 | 128.04 | 530.17 | 218.85 | 153.09 | 75.08 | 0.85 | -3.99 | -3.02 |
| **531.97** | **221.11** | **1035.82** | **282.32** | **357.83** | **167.57** | **2.21** | **-5.63** | **-3.94** |
| 206.38 | 106.13 | 356.40 | 186.97 | 99.93 | 43.91 | 0.55 | -3.13 | -2.32 |
| | | | | | | | | |
| 498.34 | 181.72 | 923.22 | 285.30 | 338.27 | 159.65 | 2.02 | -3.60 | -1.92 |
| 21.11 | 13.40 | 62.14 | 4.36 | 11.94 | 5.42 | 0.11 | -2.80 | -2.71 |
| 154.92 | 59.02 | 361.71 | 27.45 | 187.47 | 90.43 | 1.27 | -0.19 | 0.50 |
| 308.28 | 99.99 | 484.01 | 228.75 | 123.84 | 56.81 | 0.64 | -1.81 | -0.93 |
| 0.33 | 1.60 | 1.53 | 0.76 | 1.12 | 0.45 | 0.00 | -0.08 | -0.06 |
| 7.00 | 2.36 | 5.24 | 16.39 | 3.72 | 0.98 | 0.00 | 0.74 | 0.73 |
| 3.94 | 2.85 | 2.84 | 4.61 | 2.82 | 0.70 | 0.00 | 0.00 | 0.01 |
| 0.03 | 0.03 | 0.19 | 0.07 | 0.16 | 0.07 | 0.00 | 0.02 | 0.02 |
| 0.13 | | 0.11 | 0.15 | 0.25 | 0.03 | 0.00 | 0.03 | 0.03 |
| | | | | | | | | |
| 2.07 | 2.45 | 4.70 | 2.83 | 6.48 | 4.42 | 0.00 | 0.59 | 0.60 |
| 0.53 | 0.00 | 0.77 | -0.07 | 0.48 | 0.34 | 0.00 | -0.09 | -0.09 |
| | | | | | | | | |
| 24.63 | 26.82 | 78.70 | -3.80 | 12.14 | 5.00 | 0.18 | -1.19 | -1.18 |
| 24.63 | 26.82 | 78.70 | -3.80 | 12.14 | 5.00 | 0.18 | -1.19 | -1.18 |
| | | | | | | | | |
| | | | | | | | | |
| | | | | | | | | |
| 9.00 | 12.58 | 33.90 | 0.82 | 7.41 | 2.91 | 0.01 | -0.84 | -0.84 |
| 9.00 | 12.58 | 33.90 | 0.82 | 7.41 | 2.91 | 0.01 | -0.84 | -0.84 |
| | | | | | | | | |
| | | | | | | | | |
| | | | | | | | | |
| | | | | | | | | |
| | | | | | | | | |
| | | | | | | | | |
| | | | | | | | | |
| 359.22 | 193.94 | 684.51 | 232.21 | 221.79 | 93.95 | 1.85 | -7.65 | -6.51 |
| 140.08 | 18.75 | 278.10 | 42.78 | 123.87 | 66.81 | 0.36 | 2.37 | 2.67 |
| 0.96 | 1.05 | 2.13 | 0.93 | 1.58 | 1.02 | 0.00 | -0.06 | -0.06 |
| 0.12 | 0.05 | 1.10 | -0.81 | 0.05 | 0.02 | | -0.14 | 0.05 |
| 31.58 | 7.32 | 69.99 | 7.22 | 10.54 | 5.76 | 0.00 | -0.14 | -0.09 |
| | | | | | | | | |
| 0.68 | 0.16 | 0.88 | 0.50 | 1.35 | 0.99 | 0.02 | 0.10 | 0.10 |
| 1.70 | 0.49 | 3.09 | 1.69 | 2.88 | 1.98 | 0.01 | 0.18 | 0.19 |
| 27.26 | 5.13 | 44.14 | 9.87 | 21.14 | 11.53 | 0.02 | 0.11 | 0.27 |
| 56.46 | 34.48 | 103.11 | 79.11 | 53.90 | 25.12 | 0.63 | 0.82 | 0.77 |
| 71.14 | 74.08 | 181.91 | 92.62 | 57.50 | 19.87 | 0.64 | -0.88 | -0.54 |
| 374.72 | 106.78 | 702.70 | 98.54 | 221.07 | 108.07 | 0.89 | -5.95 | -4.72 |
| **509.32** | **108.62** | **758.43** | **249.79** | **1004.20** | **578.07** | **4.65** | **56.86** | **58.63** |
| 127.02 | 21.91 | 173.77 | 31.87 | 53.17 | 31.17 | 0.30 | -0.86 | -0.71 |
| | | | | | | | | |
| 480.79 | 92.57 | 683.62 | 196.45 | 849.67 | 496.36 | 4.63 | 41.99 | 43.66 |
| 8.79 | 1.19 | 23.77 | 3.98 | 5.35 | 1.97 | | -0.39 | -0.40 |
| 280.72 | 56.27 | 400.95 | 127.66 | 636.37 | 375.88 | 4.15 | 30.95 | 31.79 |

## 14-9 续表

单位：亿元

| 项 目 | Item | 资产总计 Total Assets |
|---|---|---|
| 其他有限责任公司 | Other Limited Liability Corporations | 287.75 |
| 私营股份有限公司 | Private Share-holding Corporations Ltd. | 6.35 |
| 其他股份有限公司 | Other Share-holding Corporations Ltd. | 1.26 |
| 全民所有制企业(国有企业) | State-owned Enterprises | 10.91 |
| 集体所有制企业(集体企业) | Collective-owned Enterprises | 0.22 |
| 股份合作企业 | Cooperative Enterprises | |
| 联营企业 | Joint Ownership Enterprises | |
| 个人独资企业 | Private Sole-proprietorship Enterprises | 16.68 |
| 合伙企业 | Partnership Enterprises | 0.54 |
| 其他内资企业 | Other Domestic Funded Enterprises | |
| 港澳台投资企业 | Enterprises with Investment from Hong Kong, Macao and Taiwan | 81.11 |
| 港澳台投资有限责任公司 | Limited Liability Corporations from Hong Kong, Macao and Taiwan | 81.11 |
| 港澳台投资股份有限公司 | Share-holding Corporations Ltd. from Hong Kong, Macao and Taiwan | |
| 港澳台投资合伙企业 | Partnership Enterprises from Hong Kong, Macao and Taiwan | |
| 其他港澳台投资企业 | Other Enterprises with Investment from Hong Kong, Macao and Taiwan | |
| 外商投资企业 | Foreign Investment Enterprises | 47.04 |
| 外商投资有限责任公司 | Foreign Investment Limited Liability Corporations | 46.96 |
| 外商投资股份有限公司 | Foreign Investment Share-holding Corporations Ltd. | |
| 外商投资合伙企业 | Foreign Investment Partnership Enterprise | 0.07 |
| 其他外商投资企业 | Other Foreign Invested Enterprises | |
| 农民专业合作社(联合社) | Professional Farmers Cooperatives | |
| 个体工商户 | Individually-owned Business | |
| 其他市场主体 | Other Market Entities | |
| 按行业分组 | Grouped by Sector | |
| 正餐服务 | Restaurant | 827.26 |
| 快餐服务 | Fast Food | 100.46 |
| 饮料及冷饮服务 | Beverages and Cold Drink | 30.36 |
| 餐饮配送及外卖送餐服务 | Catering Distribution and Delivery | 34.97 |
| 其他餐饮服务 | Others | 15.18 |
| 按经营方式分组 | Grouped by Business Mode | |
| 独立门店 | Independent Store | 727.63 |
| 连锁总部(总店) | Chain Store | 111.23 |
| 连锁直营店 | Branches of Chain Store | 67.24 |
| 连锁加盟店 | Franchise of Chain Store | 11.87 |
| 其他 | Others | 90.26 |
| **在总计中:** | **In the Total** | |
| 南 京 市 | Nanjing | 576.08 |
| 无 锡 市 | Wuxi | 255.90 |
| 徐 州 市 | Xuzhou | 52.28 |
| 常 州 市 | Changzhou | 97.09 |
| 苏 州 市 | Suzhou | 638.58 |
| 南 通 市 | Nantong | 101.32 |
| 连云港市 | Lianyungang | 60.48 |
| 淮 安 市 | Huai龗an | 95.89 |
| 盐 城 市 | Yancheng | 131.23 |
| 扬 州 市 | Yangzhou | 119.03 |
| 镇 江 市 | Zhenjiang | 47.75 |
| 泰 州 市 | Taizhou | 108.25 |
| 宿 迁 市 | Suqian | 42.35 |

continued

(100 million yuan)

| #流动资产 Current Assets | 固定资产净额 Net Value of Fixed Assets | 负债合计 Total Liabilities | 所有者权益合计 Total Owners Equities | 主营业务收入 Revenue from Principal Business | 营业成本 Business Cost | 其他业务利润 Profits from Other Business | 营业利润 Business Profit | 利润总额 Total Profits |
|---|---|---|---|---|---|---|---|---|
| 171.02 | 33.00 | 233.37 | 54.38 | 170.17 | 92.82 | 0.47 | 8.06 | 8.84 |
| 4.97 | 0.01 | 5.25 | 1.10 | 5.01 | 3.40 | | 0.39 | 0.40 |
| 0.84 | 0.20 | 2.07 | -0.81 | 0.51 | 0.19 | | -0.08 | -0.08 |
| 7.07 | 0.06 | 9.69 | 1.22 | 2.82 | 1.27 | | 0.09 | 0.10 |
| 0.09 | 0.08 | 0.07 | 0.15 | 0.28 | 0.15 | | 0.02 | 0.02 |
| | | | | | | | | |
| 6.89 | 1.75 | 8.10 | 8.58 | 26.89 | 19.50 | 0.00 | 2.84 | 2.86 |
| 0.41 | 0.01 | 0.36 | 0.18 | 2.26 | 1.17 | | 0.12 | 0.13 |
| | | | | | | | | |
| 14.70 | 10.35 | 43.73 | 37.38 | 59.40 | 27.19 | 0.02 | 2.02 | 2.06 |
| 14.70 | 10.35 | 43.73 | 37.38 | 59.40 | 27.19 | 0.02 | 2.02 | 2.06 |
| | | | | | | | | |
| 13.82 | 5.70 | 31.08 | 15.96 | 95.12 | 54.52 | 0.00 | 12.86 | 12.90 |
| 13.79 | 5.70 | 30.96 | 16.00 | 94.88 | 54.45 | 0.00 | 12.86 | 12.91 |
| | | | | | | | | |
| 0.03 | | 0.12 | -0.04 | 0.24 | 0.08 | | -0.01 | -0.01 |
| | | | | | | | | |
| 418.80 | 92.02 | 619.64 | 207.61 | 672.94 | 375.46 | 4.37 | 33.43 | 35.00 |
| 35.55 | 13.71 | 76.71 | 23.75 | 186.91 | 105.49 | 0.23 | 18.55 | 18.78 |
| 19.51 | 0.62 | 27.62 | 2.74 | 49.67 | 27.32 | 0.01 | 3.80 | 3.81 |
| 26.60 | 1.22 | 22.00 | 12.97 | 67.26 | 54.18 | 0.03 | 1.16 | 1.17 |
| 8.86 | 1.05 | 12.47 | 2.71 | 27.42 | 15.62 | 0.02 | -0.09 | -0.13 |
| | | | | | | | | |
| 389.74 | 80.91 | 541.28 | 186.35 | 602.46 | 372.53 | 4.27 | 20.59 | 21.97 |
| 34.79 | 12.84 | 86.82 | 24.41 | 203.16 | 108.79 | 0.04 | 22.21 | 22.30 |
| 40.21 | 5.04 | 52.77 | 14.47 | 124.73 | 51.06 | 0.20 | 11.68 | 11.90 |
| 3.48 | 3.63 | 7.84 | 4.03 | 9.63 | 4.30 | 0.00 | 0.60 | 0.52 |
| 41.09 | 6.20 | 69.72 | 20.54 | 64.22 | 41.40 | 0.14 | 1.79 | 1.93 |
| | | | | | | | | |
| 244.48 | 60.01 | 444.35 | 131.67 | 397.82 | 187.10 | 3.96 | 20.43 | 21.52 |
| 82.91 | 30.67 | 206.32 | 49.77 | 154.32 | 80.79 | 0.34 | 2.33 | 3.28 |
| 21.85 | 5.44 | 35.39 | 16.89 | 53.49 | 36.80 | 0.11 | 2.86 | 2.95 |
| 44.58 | 18.50 | 90.23 | 6.86 | 72.51 | 39.19 | 0.43 | 0.08 | 0.54 |
| 293.90 | 120.54 | 464.50 | 174.08 | 279.52 | 147.78 | 0.80 | -0.08 | 0.64 |
| 52.62 | 16.57 | 69.38 | 31.94 | 85.23 | 54.92 | 0.14 | 4.54 | 4.62 |
| 22.70 | 4.20 | 54.63 | 5.86 | 21.84 | 13.58 | 0.03 | 0.59 | 0.61 |
| 56.75 | 8.22 | 73.87 | 22.03 | 51.85 | 32.83 | 0.12 | 6.27 | 6.37 |
| 68.99 | 13.74 | 101.30 | 29.93 | 66.44 | 43.24 | 0.26 | 4.05 | 4.19 |
| 59.46 | 19.30 | 91.64 | 27.39 | 71.75 | 44.12 | 0.36 | 6.06 | 6.03 |
| 24.54 | 4.28 | 44.66 | 3.09 | 24.80 | 13.18 | 0.07 | -0.54 | -0.45 |
| 52.23 | 17.55 | 86.56 | 21.69 | 65.30 | 41.70 | 0.07 | 4.23 | 3.92 |
| 16.29 | 10.72 | 31.44 | 10.92 | 17.16 | 10.42 | 0.17 | 0.42 | 0.47 |

# 14-10 批发和零售业、住宿和餐饮业连锁总店经营情况（2023年）

| 项 目 | Item | 连锁总店数（个）Number of Chain Head Stores (unit) |
|---|---|---|
| **总 计** | **Total** | **310** |
| **批发和零售业** | **Wholesale and Retail Trades** | **256** |
| #外商及港澳台投资 | Enterprises with Investment from Hong Kong, Macao Taiwan and Foreign | 16 |
| 按零售业态分 | Grouped by Business Categories | |
| 便利店 | Convenience Store | 15 |
| 超市 | Supermarket | 42 |
| 仓储会员店 | Warehouse Membership Store | 1 |
| 百货店 | Department Store | 3 |
| 购物中心 | Shopping Center | 1 |
| 专业店 | Specialty Store | 170 |
| 品牌专卖店 | Brand Store | 24 |
| **住宿和餐饮业** | **Hotels and Catering Service** | **54** |
| #外商及港澳台投资 | Enterprises with Investment from Hong Kong, Macao Taiwan and Foreign | 9 |
| 住宿业 | Hotels | 5 |
| 餐饮业 | Catering Services | 49 |
| 按行业分 | Grouped by Sector | |
| 正餐 | Restaurant | 21 |
| 快餐 | Fast Food | 14 |
| 其他 | Others | 14 |

# Management Conditions of General Chain Stores of Wholesale and Retail Trade, Hotels and Catering Services (2023)

| 连锁门店数 (个) Number of Chain Stores (unit) | 商品销售总额 (或营业总收入) (亿元) Total Sales of (or Gross Revenue) Commodities (100 million yuan) | #商品零售额 Retail Sales | 零售或餐饮营业面积 (万平方米) Operating Area of Retail and Catering Enterprises (10000 sq.m) | 从业人员 (万人) Employed Persons (10000 persons) |
|---|---|---|---|---|
| **30122** | **3715.61** | **2843.09** | **1734.53** | **23.14** |
| **26046** | **3500.69** | **2841.64** | **1643.58** | **15.29** |
| 5234 | 2367.84 | 1761.07 | 1092.06 | 6.21 |
| | | | | |
| 704 | 18.27 | 16.33 | 7.23 | 0.14 |
| 2114 | 499.26 | 429.62 | 374.39 | 4.36 |
| 150 | 11.85 | 9.79 | 6.56 | 0.21 |
| 580 | 83.77 | 34.79 | 120.14 | 1.00 |
| 14 | 3.30 | 3.30 | 0.23 | 0.01 |
| 19547 | 2832.18 | 2299.27 | 1106.84 | 8.61 |
| 2937 | 52.05 | 48.54 | 28.17 | 0.96 |
| **4076** | **214.92** | **1.45** | **90.95** | **7.84** |
| 2085 | 138.80 | 0.68 | 55.62 | 5.40 |
| 19 | 1.24 | 0.01 | 0.40 | 0.04 |
| 4057 | 213.68 | 1.43 | 90.55 | 7.80 |
| | | | | |
| 576 | 46.03 | 0.33 | 25.84 | 1.82 |
| 2158 | 140.08 | 0.68 | 56.43 | 5.46 |
| 1323 | 27.57 | 0.42 | 8.28 | 0.51 |

# 14-11 亿元以上商品交易市场基本情况(2023年)

| 项 目 | Item |
|---|---|
| **总 计** | **Total** |
| **按经营环境分** | **Grouped by Business Environment** |
| 露天式 | Open Air |
| 封闭式 | Closed |
| 其他 | Others |
| **按经营方式分** | **Grouped by Business Mode** |
| 以批发为主 | Whole-sale |
| 以零售为主 | Retail-sale |
| **按市场类别分** | **Grouped by Market Category** |
| 综合市场 | General Markets |
| 综合贸易市场 | General Trade Market |
| 生产资料综合市场 | Production Comprehensive Markets |
| 工业消费品综合市场 | Industrial Consumable Comprehensive Markets |
| 农产品综合市场 | Farm Produce Comprehensive Markets |
| 其他综合市场 | Others |
| 专业市场 | Specialized Markets |
| 生产资料市场 | Markets for Means of Production |
| 农业生产用具市场 | Markets for Agricultural Production Equipment |
| 农用生产资料市场 | Markets for Means of Agricultural Production |
| 煤炭市场 | Coal and Charcoal Markets |
| 木材市场 | Wood Markets |
| 建材市场 | Building Material Markets |
| 化工材料及制品市场 | Chemical Material and Products Markets |
| 金属材料市场 | Metel Materials Markets |
| 机械设备市场 | Mechanical Equipments Markets |
| 其他生产资料市场 | Others |
| 农产品市场 | Farm Products Markets |
| 粮油市场 | Grain and Oil Markets |
| 肉禽蛋市场 | Meat,Poultry and Eggs Markets |
| 水产品市场 | Aquatic Products Markets |
| 蔬菜市场 | Vegetables Markets |
| 干鲜果品市场 | Dried and Fresh Melons and Fruits Markets |
| 棉麻土畜、烟叶市场 | Markets for Cotton， Local & Livestock Products and Tobacco Leaves |
| 其他农产品市场 | Others |
| 食品、饮料及烟酒市场 | Markets for Food, Beverages, Tobacco and Liquor |
| 食品饮料市场 | Food and Beverages Markets |
| 茶叶市场 | Tea Markets |
| 烟酒市场 | Tobacco and Liquor Markets |
| 其他食品、饮料及烟酒市场 | Others |
| 纺织、服装、鞋帽市场 | Markets for Textiles, Clothing, Shoes and Hats |
| 布料及纺织品市场 | Cloth and Textiles Markets |
| 服装市场 | Clothing Markets |
| 鞋帽市场 | Shoes and Hats Markets |
| 其他纺织服装鞋帽市场 | Others |
| 日用品及文化用品市场 | Markets for Daily Use Articles and Culture Goods |
| 小商品市场 | Small Merchandise Markets |
| 箱包市场 | Luggage Markets |
| 玩具市场 | Toys Markets |
| 文具市场 | Stationeries Markets |

# Basic Conditions of Commodity Exchange Markets with Transaction Value over 100 Million Yuan (2023)

| 市场个数<br>(个)<br>Number of Markets<br>(unit) | 年末出租摊位<br>(个)<br>Booths at Year end<br>(unit) | 商品成交额<br>(亿元)<br>Turnover<br>(100 million yuan) | 营业面积<br>(万平方米)<br>Operating Area<br>(10000 sq.m) |
|---|---|---|---|
| **334** | **283608** | **20381.99** | **3466.41** |
| | | | |
| 30 | 10099 | 1184.41 | 169.77 |
| 260 | 240722 | 14088.84 | 2707.75 |
| 44 | 32787 | 5108.73 | 588.89 |
| | | | |
| 187 | 205381 | 19094.77 | 2648.98 |
| 147 | 78227 | 1287.21 | 817.43 |
| | | | |
| 64 | 68860 | 2829.77 | 695.72 |
| 64 | 68860 | 2829.77 | 695.72 |
| 5 | 10022 | 131.25 | 146.09 |
| 10 | 18766 | 419.60 | 165.54 |
| 33 | 21553 | 1936.89 | 213.06 |
| 16 | 18519 | 342.04 | 171.04 |
| 270 | 214748 | 17552.21 | 2770.69 |
| 56 | 39750 | 7956.17 | 707.52 |
| 1 | 467 | 5.39 | 5.27 |
| 2 | 147 | 6.36 | 11.05 |
| | | | |
| 3 | 561 | 8.47 | 9.53 |
| 22 | 18227 | 342.10 | 408.86 |
| 4 | 2780 | 1943.41 | 16.75 |
| 19 | 14056 | 5452.01 | 229.13 |
| 3 | 2467 | 185.00 | 24.14 |
| 2 | 1045 | 13.44 | 2.78 |
| 84 | 42345 | 2238.14 | 343.13 |
| 9 | 4884 | 268.67 | 88.60 |
| 16 | 4789 | 392.66 | 33.21 |
| 17 | 5436 | 238.94 | 52.66 |
| 5 | 2724 | 64.47 | 20.80 |
| 5 | 5066 | 154.85 | 39.68 |
| 1 | 2371 | 264.57 | 42.60 |
| 31 | 17075 | 853.98 | 65.59 |
| 7 | 1624 | 74.46 | 21.98 |
| 1 | 102 | 0.96 | 4.00 |
| | | | |
| 1 | 180 | 3.63 | 0.32 |
| 5 | 1342 | 69.86 | 17.66 |
| 24 | 67034 | 5009.31 | 769.77 |
| 7 | 18308 | 3189.52 | 381.01 |
| 10 | 42038 | 1754.18 | 355.28 |
| 2 | 587 | 12.16 | 15.12 |
| 5 | 6101 | 53.45 | 18.36 |
| 4 | 4026 | 96.38 | 32.58 |
| 1 | 316 | 3.34 | 1.31 |

14-11 续表

| 项 目 | Item |
|---|---|
| 图书、报刊杂志市场 | Markets for Books,Newspapers and Magazines |
| 音像制品及电子出版物市场 | Markets for Video and E-book Products |
| 体育用品市场 | Sports Article Markets |
| 其他日用品及文化用品市场 | Others |
| 黄金、珠宝、玉器等首饰市场 | Gold,Jewelry and Jade Markets |
| 电器、通讯器材、电子设备市场 | Markets for Electrical Appliances,Communication Appliances and Electronic Appliances |
| 家电市场 | Household Appliances Markets |
| 通讯器材市场 | Communications Appliances Markets |
| 照相、摄像器材市场 | Cameras and Video Equipments Markets |
| 计算机及辅助设备市场 | Computers and Auxiliary Equipments Markets |
| 其他电器、通讯器材、电子设备市场 | Others |
| 医药、医疗用品及器材市场 | Markets for Medicine, Medical Materials and Medical Instruments |
| 中药材市场 | Chinese Medicine Markets |
| 其他医药、医疗用品及器材市场 | Others |
| 家具、五金及装饰材料市场 | Markets Furniture,Hardware and Decorating Materials |
| 家具市场 | Furniture Markets |
| 装饰材料市场 | Decoration Materials Markets |
| 灯具市场 | Lamps Markets |
| 厨具、盥洗设备市场 | Markets for kitchen Utensils and Washing Equipment |
| 五金材料市场 | Hardware Materials Markets |
| 其他装修市场 | Others |
| 汽车、摩托车及零配件市场 | Markets for Cars, Motorcycles and Spare Parts |
| 汽车市场 | Cars Markets |
| 摩托车市场 | Motorcycles Markets |
| 机动车零配件市场 | Vehicles Spare Parts Markets |
| 花、鸟、鱼、虫市场 | Markets for Flower,Bird,Fish and Insect |
| 花卉市场 | Flower Markets |
| 鸟市场 | Bird Markets |
| 观赏鱼市场 | Markets for Fish for Display |
| 其他花鸟鱼虫市场 | Others |
| 旧货市场 | Second-hand Articles Markets |
| 古玩、古董、字画市场 | Markets for Antiques,Calligraphy and Painting |
| 邮票、硬币市场 | Stamps and Coins Markets |
| 其他旧货市场 | Others |
| 其他专业市场 | Other Specialized Markets |
| **按地区分** | **by City** |
| 南 京 市 | Nanjing |
| 无 锡 市 | Wuxi |
| 徐 州 市 | Xuzhou |
| 常 州 市 | Changzhou |
| 苏 州 市 | Suzhou |
| 南 通 市 | Nantong |
| 连云港市 | Lianyungang |
| 淮 安 市 | Huai'an |
| 盐 城 市 | Yancheng |
| 扬 州 市 | Yangzhou |
| 镇 江 市 | Zhenjiang |
| 泰 州 市 | Taizhou |
| 宿 迁 市 | Suqian |

continued

| 市场个数<br>(个)<br>Number of Markets<br>(unit) | 年末出租摊位<br>(个)<br>Booths at Year end<br>(unit) | 商品成交额<br>(亿元)<br>Turnover<br>(100 million yuan) | 营业面积<br>(万平方米)<br>Operating Area<br>(10000 sq.m) |
|---:|---:|---:|---:|
| 1 | 66 | 2.12 | 0.50 |
| 2 | 3644 | 90.92 | 30.77 |
| 2 | 6609 | 209.13 | 18.84 |
| 6 | 2442 | 21.54 | 8.10 |
| 1 | 359 | 5.00 | 1.10 |
| 1 | 1309 | 2.34 | 4.42 |
| 4 | 774 | 14.20 | 2.58 |
| 65 | 37779 | 724.29 | 608.29 |
| 20 | 11444 | 209.48 | 172.10 |
| 23 | 11384 | 161.48 | 237.34 |
| 1 | 2852 | 120.10 | 40.20 |
| 8 | 5906 | 93.56 | 42.85 |
| 13 | 6193 | 139.67 | 115.80 |
| 16 | 6358 | 470.74 | 162.20 |
| 12 | 4866 | 425.32 | 138.45 |
| 4 | 1492 | 45.43 | 23.75 |
| 3 | 3898 | 315.09 | 85.80 |
| 3 | 3898 | 315.09 | 85.80 |
| 3 | 2883 | 436.96 | 12.49 |
| 30 | 32504 | 1358.00 | 252.23 |
| 52 | 41005 | 4817.33 | 665.14 |
| 21 | 24197 | 435.40 | 186.40 |
| 38 | 29222 | 2278.70 | 401.64 |
| 50 | 68183 | 7983.59 | 820.10 |
| 47 | 27584 | 1969.39 | 407.26 |
| 13 | 14719 | 348.69 | 81.86 |
| 11 | 5798 | 58.04 | 80.56 |
| 13 | 5460 | 53.27 | 58.61 |
| 24 | 9356 | 217.07 | 132.91 |
| 13 | 6228 | 312.55 | 118.06 |
| 16 | 12550 | 349.76 | 148.33 |
| 6 | 6802 | 200.21 | 113.30 |

# 14-12 旅游业主要指标
# Main Indicators of Tourism

| 项　目 | Item | 2017 | 2018 | 2019 | 2020 | 2021 | 2022 | 2023 |
|---|---|---|---|---|---|---|---|---|
| **旅行社数(个)** | **Number of Travel Agencies(unit)** | **2593** | **2779** | **2954** | **3066** | **3160** | **3298** | **3878** |
| 南 京 市 | Nanjing | 628 | 700 | 747 | 774 | 790 | 828 | 1025 |
| 无 锡 市 | Wuxi | 207 | 221 | 241 | 251 | 267 | 270 | 313 |
| 徐 州 市 | Xuzhou | 207 | 210 | 210 | 211 | 208 | 221 | 278 |
| 常 州 市 | Changzhou | 161 | 175 | 193 | 201 | 213 | 233 | 271 |
| 苏 州 市 | Suzhou | 387 | 438 | 478 | 514 | 540 | 570 | 670 |
| 南 通 市 | Nantong | 175 | 188 | 204 | 213 | 218 | 224 | 231 |
| 连云港市 | Lianyungang | 112 | 116 | 118 | 119 | 124 | 125 | 143 |
| 淮 安 市 | Huai'an | 110 | 110 | 114 | 116 | 124 | 127 | 151 |
| 盐 城 市 | Yancheng | 146 | 137 | 142 | 148 | 156 | 159 | 181 |
| 扬 州 市 | Yangzhou | 147 | 158 | 167 | 168 | 163 | 171 | 201 |
| 镇 江 市 | Zhenjiang | 110 | 112 | 120 | 123 | 120 | 124 | 138 |
| 泰 州 市 | Taizhou | 122 | 126 | 131 | 136 | 144 | 146 | 163 |
| 宿 迁 市 | Suqian | 81 | 88 | 89 | 92 | 93 | 100 | 113 |
| **星级饭店数(个)** | **Number of Star-rated Hotels(unit)** | **649** | **551** | **482** | **399** | **372** | **342** | **312** |
| 南 京 市 | Nanjing | 83 | 76 | 72 | 61 | 60 | 54 | 52 |
| 无 锡 市 | Wuxi | 42 | 39 | 34 | 29 | 29 | 27 | 22 |
| 徐 州 市 | Xuzhou | 63 | 50 | 37 | 19 | 15 | 12 | 8 |
| 常 州 市 | Changzhou | 44 | 38 | 38 | 33 | 30 | 27 | 26 |
| 苏 州 市 | Suzhou | 112 | 95 | 77 | 68 | 63 | 56 | 51 |
| 南 通 市 | Nantong | 80 | 63 | 54 | 47 | 44 | 42 | 40 |
| 连云港市 | Lianyungang | 26 | 20 | 17 | 12 | 10 | 9 | 10 |
| 淮 安 市 | Huai'an | 36 | 29 | 27 | 21 | 21 | 20 | 18 |
| 盐 城 市 | Yancheng | 34 | 32 | 32 | 27 | 24 | 21 | 20 |
| 扬 州 市 | Yangzhou | 43 | 37 | 36 | 25 | 24 | 25 | 22 |
| 镇 江 市 | Zhenjiang | 32 | 30 | 26 | 25 | 22 | 17 | 12 |
| 泰 州 市 | Taizhou | 30 | 22 | 16 | 17 | 17 | 18 | 18 |
| 宿 迁 市 | Suqian | 24 | 20 | 16 | 15 | 13 | 14 | 13 |
| **国内旅游接待人数(万人次)** | **Number of Domestic Visitors(10000 person-times)** | **74287.31** | **81422.84** | **87611.70** | **47174.12** | **70617.57** | **53308.84** | **94045.25** |
| 南 京 市 | Nanjing | 11383.32 | 12185.94 | 12718.85 | 8670.37 | 10830.60 | 10329.02 | 15697.79 |
| 无 锡 市 | Wuxi | 9179.34 | 9817.68 | 10236.93 | 6010.20 | 8800.09 | 7920.98 | 12711.97 |
| 徐 州 市 | Xuzhou | 5097.77 | 5758.44 | 6337.14 | 2754.88 | 5196.23 | 3333.26 | 7295.85 |
| 常 州 市 | Changzhou | 6582.71 | 7224.54 | 7947.05 | 5144.75 | 6999.42 | 6369.16 | 10275.76 |
| 苏 州 市 | Suzhou | 12046.42 | 12847.67 | 13374.10 | 8502.75 | 11248.75 | 9901.83 | 15797.01 |
| 南 通 市 | Nantong | 4247.00 | 4766.93 | 5251.21 | 1620.83 | 4314.97 | 2915.17 | 6510.75 |
| 连云港市 | Lianyungang | 3384.18 | 3802.19 | 4199.36 | 2562.55 | 3619.51 | 3411.14 | 4816.89 |
| 淮 安 市 | Huai'an | 2931.74 | 3290.11 | 3658.47 | 2204.36 | 3293.04 | 2492.86 | 4502.60 |
| 盐 城 市 | Yancheng | 2926.83 | 3326.90 | 3703.84 | 2405.25 | 2672.27 | 2573.25 | 4836.82 |
| 扬 州 市 | Yangzhou | 6290.60 | 7036.59 | 7739.11 | 3839.61 | 6060.37 | 5065.30 | 10317.24 |
| 镇 江 市 | Zhenjiang | 5964.56 | 6546.70 | 7120.71 | 3772.93 | 5563.56 | 2354.38 | 4777.41 |
| 泰 州 市 | Taizhou | 2558.32 | 2868.39 | 3156.72 | 1266.96 | 2336.01 | 1685.24 | 3562.54 |
| 宿 迁 市 | Suqian | 1694.52 | 1950.76 | 2168.21 | 1251.13 | 1801.26 | 1738.13 | 3672.67 |

注：2020年起开始执行最新修订的《全国文物文化和旅游统计调查制度》，全省接待国内游客总人数=各设区市接待国内游客人数之和÷游客平均游览城市数，因此全省接待国内游客总人数不等于各设区市接待国内游客人数之和，且与往年数据不可比。

a) Since 2020, the latest revised National Survey System for Cultural Relics and Tourism Statistics will be implemented. The total number of domestic tourists received in the province=the sum of the number of domestic tourists received in each district and city ÷ the average number of tourist cities visited. Therefore, the total number of domestic tourists received in the province does not equal the sum of the number of domestic tourists received in each district and city, and cannot comparable to previous years' data.

14-12 续表 continued

| 项 目 | Item | 2017 | 2018 | 2019 | 2020 | 2021 | 2022 | 2023 |
|---|---|---|---|---|---|---|---|---|
| **国内旅游收入（亿元）** | **Earnings from Domestic Tourism(100 million yuan)** | **11307.51** | **12851.30** | **13902.21** | **8136.31** | **11593.90** | **9263.82** | **11832.12** |
| 南 京 市 | Nanjing | 2020.43 | 2279.42 | 2412.24 | 1796.08 | 2112.25 | 1946.18 | 1929.60 |
| 无 锡 市 | Wuxi | 1702.64 | 1906.02 | 2015.70 | 1044.23 | 1646.79 | 1373.39 | 1558.16 |
| 徐 州 市 | Xuzhou | 658.92 | 766.03 | 844.44 | 322.18 | 629.96 | 403.43 | 798.59 |
| 常 州 市 | Changzhou | 936.79 | 1070.25 | 1178.09 | 825.14 | 1052.02 | 938.93 | 1216.27 |
| 苏 州 市 | Suzhou | 2161.32 | 2416.48 | 2559.29 | 1775.95 | 2262.31 | 1863.35 | 1775.84 |
| 南 通 市 | Nantong | 601.43 | 693.33 | 765.42 | 267.00 | 614.96 | 399.78 | 791.33 |
| 连云港市 | Lianyungang | 454.12 | 526.20 | 582.05 | 266.73 | 495.84 | 406.80 | 526.41 |
| 淮 安 市 | Huai'an | 353.66 | 409.23 | 465.66 | 266.04 | 403.90 | 280.85 | 510.21 |
| 盐 城 市 | Yancheng | 311.75 | 365.89 | 413.23 | 172.84 | 291.09 | 285.42 | 531.78 |
| 扬 州 市 | Yangzhou | 785.29 | 904.76 | 996.33 | 608.41 | 810.41 | 685.37 | 924.37 |
| 镇 江 市 | Zhenjiang | 812.87 | 923.77 | 1012.35 | 492.20 | 774.51 | 272.16 | 508.56 |
| 泰 州 市 | Taizhou | 321.39 | 371.23 | 409.31 | 153.01 | 290.03 | 203.13 | 375.25 |
| 宿 迁 市 | Suqian | 186.90 | 218.71 | 248.11 | 146.50 | 209.83 | 205.01 | 385.75 |
| **接待海外旅游者人数（人次）** | **Number of Overseas Tourists Received (person-times)** | **3701038** | **4008509** | **3994629** | **770316** | **618933** | **485326** | **1450463** |
| 南 京 市 | Nanjing | 745117 | 815615 | 853109 | 164603 | 134033 | 116214 | 342854 |
| 无 锡 市 | Wuxi | 495425 | 586016 | 609557 | 91116 | 67047 | 49507 | 190093 |
| 徐 州 市 | Xuzhou | 39884 | 44472 | 46854 | 12130 | 15324 | 9952 | 29314 |
| 常 州 市 | Changzhou | 177143 | 203697 | 198484 | 35899 | 44070 | 23286 | 84997 |
| 苏 州 市 | Suzhou | 1756298 | 1827753 | 1743447 | 280592 | 247116 | 209821 | 553863 |
| 南 通 市 | Nantong | 185745 | 195230 | 198539 | 113082 | 40852 | 22323 | 79615 |
| 连云港市 | Lianyungang | 26140 | 28936 | 33803 | 5797 | 3988 | 4125 | 13488 |
| 淮 安 市 | Huai'an | 23977 | 26032 | 25462 | 8183 | 9091 | 6951 | 19052 |
| 盐 城 市 | Yancheng | 64635 | 70181 | 67976 | 16224 | 15254 | 13023 | 35104 |
| 扬 州 市 | Yangzhou | 67818 | 76358 | 7959 | 13422 | 16079 | 9666 | 39609 |
| 镇 江 市 | Zhenjiang | 69615 | 75747 | 79173 | 16814 | 13706 | 11999 | 34413 |
| 泰 州 市 | Taizhou | 40808 | 45707 | 47134 | 9146 | 9535 | 6600 | 21403 |
| 宿 迁 市 | Suqian | 8433 | 12765 | 11501 | 3308 | 2838 | 1859 | 6658 |
| **旅游外汇收入（万美元）** | **Foreign Exchange Earnings from International Tourism(USD 10000)** | **419472** | **464836** | **474356** | **165672** | **114269** | **90452** | **276314** |
| 南 京 市 | Nanjing | 79227 | 88281 | 94204 | 38510 | 26382 | 23068 | 70277 |
| 无 锡 市 | Wuxi | 42482 | 49514 | 51863 | 19813 | 11677 | 8740 | 33227 |
| 徐 州 市 | Xuzhou | 4963 | 5431 | 5712 | 2054 | 2861 | 1794 | 5919 |
| 常 州 市 | Changzhou | 15468 | 17725 | 17971 | 5934 | 8061 | 4143 | 15691 |
| 苏 州 市 | Suzhou | 230448 | 252200 | 251346 | 64398 | 46566 | 39512 | 106780 |
| 南 通 市 | Nantong | 12581 | 13743 | 14259 | 21776 | 5571 | 3099 | 11020 |
| 连云港市 | Lianyungang | 2716 | 2951 | 3242 | 1028 | 712 | 767 | 2611 |
| 淮 安 市 | Huai'an | 2125 | 2357 | 2387 | 1203 | 1568 | 1212 | 3449 |
| 盐 城 市 | Yancheng | 8212 | 8822 | 8595 | 2987 | 2866 | 2463 | 6974 |
| 扬 州 市 | Yangzhou | 7506 | 8341 | 8548 | 2787 | 3021 | 1711 | 7868 |
| 镇 江 市 | Zhenjiang | 8539 | 9424 | 10098 | 3270 | 2726 | 2405 | 7112 |
| 泰 州 市 | Taizhou | 4161 | 4658 | 4802 | 1604 | 1765 | 1213 | 4138 |
| 宿 迁 市 | Suqian | 1044 | 1389 | 1330 | 309 | 494 | 326 | 1249 |

# 14-13 接待海外旅游者人数和收入
# Number of Overseas Tourists Received and Earnings

| 项 目 | Item | 2017 | 2018 | 2019 | 2020 | 2021 | 2022 | 2023 |
|---|---|---|---|---|---|---|---|---|
| **接待人数(人次)** | **Number of Received Tourists (person-times)** | **3701038** | **4008509** | **3994629** | **770316** | **618933** | **485326** | **1450463** |
| 外国人 | Foreigners | 2417538 | 2646909 | 2664614 | 516149 | 397531 | 312275 | 992239 |
| #亚洲 | Asia | | | | | | | |
| #日本 | Japan | 461922 | 485023 | 458077 | 92483 | 69148 | 49599 | 121309 |
| 菲律宾 | Philippine | 26394 | 27100 | 28760 | 4075 | 2501 | 2324 | 12230 |
| 新加坡 | Singapore | 72914 | 80237 | 85004 | 13907 | 11643 | 9185 | 42860 |
| 泰国 | Thailand | 29216 | 39358 | 37305 | 4016 | 2955 | 2460 | 17072 |
| 印度尼西亚 | Indonesia | 44821 | 50404 | 61982 | 7741 | 4656 | 4501 | 25080 |
| 马来西亚 | Malaysia | 98742 | 110238 | 135295 | 14134 | 10031 | 8455 | 56364 |
| 韩国 | Korea, Rep. | 403309 | 438699 | 442470 | 109761 | 90836 | 78612 | 145062 |
| 北美洲 | North America | | | | | | | |
| #美国 | United States | 249059 | 283482 | 273196 | 41653 | 32651 | 23064 | 82609 |
| 加拿大 | Canada | 83217 | 96223 | 75041 | 17587 | 14699 | 10802 | 28864 |
| 欧洲 | Europe | | | | | | | |
| #英国 | United Kingdom | 60294 | 63952 | 63941 | 15163 | 11570 | 9421 | 22211 |
| 法国 | France | 50003 | 52513 | 52375 | 9506 | 7081 | 4760 | 18141 |
| 德国 | Germany | 108208 | 114272 | 108998 | 18808 | 15084 | 10461 | 44216 |
| 意大利 | Italy | 39906 | 44863 | 46105 | 10480 | 6953 | 4536 | 16307 |
| 瑞士 | Switzerland | 8784 | 9264 | 8840 | 1171 | 876 | 520 | 3452 |
| 瑞典 | Sweden | 11962 | 12076 | 11715 | 1958 | 1527 | 822 | 5310 |
| 俄罗斯 | Russia | 15926 | 8183 | 20399 | 8062 | 5941 | 4480 | 31258 |
| 西班牙 | Spain | 22383 | 22815 | 22502 | 3103 | 2603 | 1695 | 7491 |
| 大洋洲 | Oceania | | | | | | | |
| #澳大利亚 | Australia | 77192 | 93621 | 106873 | 12114 | 8729 | 6816 | 30022 |
| 香港同胞 | Chinese Compatriots from Hong Kong | 182295 | 210056 | 218569 | 38754 | 32256 | 22682 | 137760 |
| 澳门同胞 | Chinese Compatriots from Macao | 10749 | 13433 | 15282 | 8304 | 8410 | 3176 | 14981 |
| 台湾同胞 | Chinese Compatriots from Taiwan | 1090456 | 1138111 | 1096164 | 207109 | 180736 | 147193 | 305483 |
| **接待人天数(人天)** | **Number of Received Days(person-days)** | **13888725** | **15239145** | **15334352** | **8006937** | **5224348** | **4186923** | **13082948** |
| 外国人 | Foreigners | 8392001 | 9259953 | 9400006 | 5229759 | 3380615 | 2720491 | 8986515 |
| 香港同胞 | Chinese Compatriots from Hong Kong | 451479 | 518138 | 538752 | 359079 | 297611 | 209483 | 1265744 |
| 澳门同胞 | Chinese Compatriots from Macao | 25622 | 31849 | 36208 | 77147 | 76990 | 29217 | 137727 |
| 台湾同胞 | Chinese Compatriots from Taiwan | 5019623 | 5429205 | 5359386 | 2340952 | 1469132 | 1227732 | 2692962 |
| **旅游外汇收入(万美元)** | **Foreign Exchange Earnings from Tourism(USD 10000)** | **419472** | **464836** | **474356** | **165672** | **114269** | **90452** | **276314** |

# 主要统计指标解释

**社会消费品零售总额**　指企业（单位、个体户）通过交易直接售给个人、社会集团非生产、非经营用的实物商品金额，以及提供餐饮服务所取得的收入金额。个人包括城乡居民和入境人员，社会集团包括机关、社会团体、部队、学校、企事业单位、居委会或村委会等。

**批发和零售业商品购、销、存总额**　指各种登记注册类型的批发和零售企业、产业活动单位、个体经营者以本单位为总体的商品购进、销售、库存总额。

**商品购进总额**　指从本单位以外的单位和个人购进（包括从境外直接进口）作为转卖或加工后转卖的商品总额。

**商品销售总额**　指对本单位以外的单位和个人出售（包括对境外直接出口）本单位经营的商品总额（含增值税）。

**商品批发额**　指商品零售额以外的一切商品销售额。包括售给生产经营单位用于生产或经营用的商品销售额；售给批发和零售业、餐饮业用于转卖或加工后转卖的商品销售额；直接向国（境）外出口和委托外贸部门代理出口的商品销售额。

**商品零售额**　指售给城乡居民用于生活消费、售给社会集团用公款购买用作非生产、非经营使用的商品销售额。

**商品库存总额**　指报告期末各种登记注册类型的批发和零售业企业、产业活动单位、个体经营者已取得所有权的商品。

**商品交易市场**　指有固定场所、设施，有若干经营者入场实行集中、公开交易各类实物商品的市场。

**商品交易市场成交额**　指商品交易市场内所有经营者所实现的商品销售金额。商品交易市场包括消费品市场和生产资料市场。

**旅游者人数**

（1）入境国际旅游者人数：指来中国参观、访问、旅行、探亲、访友、休养、考察、参加会议和从事经济、科技、文化、教育、宗教等活动的外国人、华侨、港澳同胞和台湾同胞的人数。不包括外国在我国的常驻机构，如使领馆、通讯社、企业办事处的工作人员；来我国常住的外国专家、留学生以及在岸逗留不过夜人员。

（2）出境居民人数：指大陆居民因公务活动或私人事务短期出境的人数。公务活动出境居民人数包括在国际交通工具上的中国服务员工，因私出境居民人数不包括在国际交通工具上的中国服务员工。

（3）国内旅游者人数：指我国大陆居民和在我国常住 1 年以上的外国人、华侨、港澳台同胞离开常住地在境内其他地方的旅游设施内至少停留一夜，最长不超过 6 个月的人数。

**国际旅游（外汇）收入**　指入境旅游的外国人、华侨、港澳同胞和台湾同胞在中国大陆旅游过程中发生的一切旅游支出，对于国家来说就是国际旅游（外汇）收入。

# Explanatory Notes on Main Statistical Indicators

**Total Retail Sales of Consumer Goods** refer to the revenue received by enterprises(units, self-employed individuals) through direct sales of non-production and non-business physical commodities to individuals and social institutions, and revenue from providing catering services. Individuals include rural and urban households, population from abroad, social institutions include government agencies, social organizations, military units, schools, institutions, neighbourhood (village) committees, etc.

**Purchase, Sales and Stock of Commodities by Wholesale and Retail Trades** refer to the purchase, sales and stock of commodities by various registered wholesale and retail enterprises, industrial activity units and individual operators.

**Total Purchases of Commodities** refer to the total value of purchases of commodities by the establishments from other establishments or individuals (including direct import from abroad)for the purpose of re-selling.

**Total Sales of Commodities** refer to the total value (including VAT)of commodities sold by the establishments to other establishments and individuals(including direct export to abroad).

**Wholesale of Commodities** refer to all sales of commodities except the retail sales of consumer goods. It includes the sales of commodities to production or operating units for the purpose of production and operation; the sales of commodities to wholesale and retail sale trades and catering industry for the purpose of re-selling or re-selling after further processing; the sales of commodities for direct export to abroad or export on a commission basis by entrusted the foreign trade departments.

**Retail Sale of Commodities** refer to the commodities sold to urban and rural residents for their daily use, to social groups for the use of non-production and non-operation purchased by public money.

**Total Stock of Commodities** refer to the total commodities owned by wholesale and retail sale enterprises, industrical activity units and individual operators of various types of registration status at the end of the reference period.

**Commodity Transaction Markets** refer to the markets with fixed place and facilities, where some operators can centralize and trade publicly various physical good.

**Turnover of Commodity Transaction Markets** refer to the total sales value of commodities realized by the operators in the transaction markets. Commodity transaction markets include consumer good markets and means of production markets.

**Number of Tourists**

(1) International tourists refer to foreigners, overseas Chinese, Chinese compatriots from Hong Kong, Macao and Taiwan who come to China for sight-seeing, visits, tours, family reunions, vacations, study tours, conferences and other activities of a business, scientific and technological, cultural, educational and religious. It does not include representatives and employees of resident institutions of foreign countries in China such as embassies, consulates, news agencies and offices of foreign companies and organizations, nor does it include long-term foreign experts or students residing in China, or persons in transition without spending a night in China.

(2) Chinese residents going abroad refer to Chinese residents going abroad for short terms for either public business or private purposes. Chinese employees working on international transport carriers are included in those going abroad for public business purpose, not in those for private purpose.

(3) Domestic tourists refer to residents of the mainland of China who stay for one night at least but no more than 6 months at tourist facilities in other places than their permanent residence within the territory of the mainland of China, including foreigners, overseas Chinese and Chinese compatriots from Hong Kong, Macao and Taiwan who have resided in China for over one year.

**Foreign Exchange Earnings from International Tourism** refer to the total expenditures of foreigners, overseas Chinese, Chinese compatriots from Hong Kong, Macao and Taiwan during their stay in the mainland of China, which are earnings of foreign exchange from international tourism from the point of view from China.

# 15

# 科技、教育

# Science and Technology，Education

# 简 要 说 明

**一、本篇资料的主要内容**

本篇主要反映科技、专利、教育情况等内容。

科技部分主要包括科技活动、研究与发展课题情况，规上工业企业、高等学校科技活动情况；人才部分包括工程、农业、科研、卫生、教学等各类专业技术人员数；专利部分主要包括三种专利授权量；教育事业部分包括各级各类教育事业情况，各级各类学校招生、在校生、专任教师人数等情况。

**二、本篇的资料来源**

根据各部门制定的统计报表制度汇总加工整理而成。科技资料主要来自省教育厅、省统计局；人才资料来自省人力资源和社会保障厅；专利资料来自省知识产权局；教育事业资料来自省教育厅。

# Brief Introduction

**Ⅰ. Main Contents**

Data in this chapter show statistics on science and technology, patents and education.

Data on science and technology mainly include data on scientific and technical activities, research and development (R&D) projects, industrial enterprises above designated size scientific and technical activities of institutions of higher education. Data on talents mainly include number of professional and technical personnel of engineering, agriculture, scientific research, health and so on. Data on patents mainly include three kinds of patent grants. Data on education consist of education by level and type, entrants, number of enrollment, number of full-time teachers of all kinds of schools.

**Ⅱ. Sources of Data**

Data are collected and tabulated in accordance with the statistic reporting schemes stipulated by the departments concerned. Data on scientific and technical are mainly from Education Department and Statistics Bureau. Data on talents are from Provincial Human Resources and Social Security Department. Data on patents are provided by Provincial Intellectual Property Office. Data on education are from Provincial Education Department.

# 15-1 科技活动基本情况

| 指 标 | Item | 2017 |
|---|---|---|
| 研究机构数(个) | Number of Scientific and Technical Institutions(unit) | 24112 |
| 科研机构 | Scientific Research Institutions | 133 |
| 高等院校 | Higher Education Institutions | 1133 |
| 企业 | Enterprises | 22687 |
| 事业单位 | Government-affiliated Institutions | 159 |
| 研究与试验发展人员(万人) | Research and Experimental Development Personnel(10000 persons) | 75.42 |
| 研究与试验发展经费内部支出(亿元) | Internal Expenditure on Research and Experimental Development(100 million yuan) | 2260.06 |
| 研究与试验发展经费支出占地区生产总值比重(%) | Ratio of Expenditure on Research and Experimental Development to GDP(%) | 2.63 |

注：1．规模以上工业企业科技统计从2011年开始实施。
2．自2022年起，国家统计局不再反馈研究机构数。

# 15-2 规模以上工业企业研发情况

单位：亿元

| 指 标 | Item | 2017 |
|---|---|---|
| 企业数(个) | Number of Enterprises(unit) | 45413 |
| #有R&D活动的企业数 | Number of Enterprises with R&D Activities | 19323 |
| 企业办研发机构数(个) | Number of R&D Institutions(unit) | 22007 |
| R&D经费内部支出总额 | Internal Expenditure on R&D | 1833.88 |
| 经常性支出 | Recurrent Expenditure | 1619.95 |
| #R&D人员劳务费 | Service Fee of R&D Personnel | 512.82 |
| 资产性支出 | Capital Expenditure | 213.93 |
| #土建工程 | Civil Engineering | 3.57 |
| 仪器设备 | Instruments and Equipments | 210.36 |
| R&D经费来源 | Sources of R&D Funds | |
| #政府资金 | Government Funds | 25.94 |
| 企业资金 | Enterprises Funds | 1794.12 |
| 境外资金 | Offshore Funds | 6.06 |
| 其它资金 | Others Funds | 7.76 |
| R&D经费外部支出经费 | External Expenditure on R&D | 65.15 |
| 引进境外技术经费支出 | Expenditure for Acquisition of Overseas Technology | 29.43 |
| 引进境外技术的消化吸收经费支出 | Expenditure for Assimilation of Overseas Technology | 7.36 |
| 购买境内技术经费支出 | Expenditure for Purchase of Domestic Technology | 12.20 |
| 技术改造支出总额 | Expenditure for Technical Renovation | 469.66 |
| 研发活动产出 | R&D Output | |
| 新产品销售收入 | Sale Revenue of New Products | 28579.02 |
| 企业专利申请量(件) | Number of Patent Applications by Grants(unit) | 124979 |
| #发明专利 | Number of Inventions | 45719 |
| 企业拥有有效发明专利数(件) | Number of Effective Inventions by Enterprises(unit) | 140346 |

## Basic Statistics on Scientific and Technological Activities

| 2018 | 2019 | 2020 | 2021 | 2022 | 2023 |
|---|---|---|---|---|---|
| 24728 | 26087 | 20457 | 19111 | | |
| 130 | 128 | 123 | 117 | | |
| 1219 | 1369 | 1484 | 1550 | | |
| 23220 | 24432 | 18747 | 17333 | | |
| 159 | 158 | 103 | 111 | | |
| 79.41 | 89.77 | 91.45 | 108.83 | 117.13 | 120.21 |
| 2504.43 | 2779.52 | 3005.93 | 3438.56 | 3835.43 | 4212.29 |
| 2.69 | 2.82 | 2.93 | 2.95 | 3.14 | 3.29 |

a) Statistics of science and technology of industrial enterprises above designated size has been implemented since 2011.
b) Since 2022, the National Bureau of Statistics will no longer provide feedback on the number of research institutions.

## Statistics on R&D of Industrial Enterprises above Designated Size

(100 million yuan)

| 2018 | 2019 | 2020 | 2021 | 2022 | 2023 |
|---|---|---|---|---|---|
| 46260 | 46085 | 50142 | 56268 | 61205 | 66527 |
| 19669 | 27365 | 26161 | 27303 | 31594 | 27871 |
| 22469 | 23015 | 19147 | 17805 | 19586 | 19336 |
| 2024.52 | 2206.16 | 2381.69 | 2716.63 | 2993.68 | 3301.69 |
| 1788.66 | 2004.82 | 2178.89 | 2535.95 | 2771.05 | 3030.81 |
| 569.54 | 532.82 | 798.15 | 894.96 | 968.38 | 1128.34 |
| 235.86 | 201.34 | 202.80 | 180.69 | 222.62 | 270.88 |
| 3.98 | 4.20 | 3.60 | 5.78 | 4.97 | 5.88 |
| 231.88 | 197.14 | 199.20 | 174.91 | 217.65 | 265.00 |
| | | | | | |
| 26.18 | 28.61 | 21.77 | 24.82 | 30.68 | 22.62 |
| 1970.67 | 2177.06 | 2350.27 | 2681.18 | 2955.83 | 3268.66 |
| 12.08 | 0.25 | 7.94 | 9.36 | 5.52 | 7.47 |
| 15.59 | 0.24 | 1.71 | 1.27 | 1.65 | 2.95 |
| 68.23 | 96.52 | 108.95 | 127.63 | 156.40 | 146.66 |
| 30.02 | 20.70 | 20.82 | 43.20 | 56.04 | 110.71 |
| 7.36 | 2.50 | 8.90 | 1.67 | 2.30 | 3.86 |
| 12.20 | 16.34 | 16.38 | 25.61 | 163.39 | 29.48 |
| 402.28 | 356.28 | 358.47 | 449.67 | 455.50 | 360.67 |
| | | | | | |
| 28425.04 | 30101.94 | 39442.84 | 42622.37 | 51118.31 | 49561.71 |
| 165096 | 175906 | 196799 | 207371 | 218368 | 234666 |
| 55944 | 57429 | 62892 | 65806 | 73525 | 83835 |
| 176120 | 180893 | 224512 | 242423 | 299124 | 328671 |

# 15-3 规模以上工业企业研究与试验发展经费内部支出

单位：亿元

| 指标 | Item | 2017 |
| --- | --- | --- |
| **总计** | **Total** | **1833.88** |
| **按登记注册类型分** | **Grouped by Status of Registration** | |
| 内资企业 | Domestic Invested Enterprises | 1295.50 |
| 港、澳、台商投资企业 | Enterprises with Investment from Hong Kong,Macao and Taiwan | 217.36 |
| 外商投资企业 | Foreign Invested Enterprises | 321.02 |
| **按企业规模分** | **Grouped by Size of Enterprises** | |
| 大型企业 | Large Enterprises | 652.74 |
| 中型企业 | Medium-sized Enterprises | 544.02 |
| 小微型企业 | Small and Micro Enterprises | 637.13 |
| **按行业分** | **Grouped by Sector** | |
| **采矿业** | **Mining** | **4.36** |
| 煤炭开采和洗选业 | Mining and Washing of Coal | 2.91 |
| 石油和天然气开采业 | Extraction of Petroleum and Natural Gas | 0.64 |
| 黑色金属矿采选业 | Mining and Processing of Ferrous Metal Ores | 0.06 |
| 有色金属矿采选业 | Mining and Processing of Non-ferrous Metals Ores | 0.09 |
| 非金属矿采选业 | Mining and Processing of Non-metal Ores | 0.66 |
| **制造业** | **Manufacturing** | **1818.56** |
| 农副食品加工业 | Processing of Food from Agricultural Products | 24.53 |
| 食品制造业 | Manufacturing of Foods | 10.78 |
| 酒、饮料和精制茶制造业 | Manufacture of Liquor, Beverages and Refined Tea | 8.06 |
| 烟草制品业 | Manufacture of Tobacco | 0.40 |
| 纺织业 | Manufacture of Textile | 57.31 |

# Basic Statistics on Internal Expenditure on R&D of Industrial Enterprises above Designated Size

(100 million yuan)

| 2018 | 2019 | 2020 | 2021 | 2022 | 2023 |
|---|---|---|---|---|---|
| **2024.52** | **2206.16** | **2381.69** | **2716.63** | **2993.68** | **3301.69** |
| 1422.14 | 1578.92 | 1688.30 | 1952.62 | 2171.84 | 2455.43 |
| 223.63 | 253.78 | 282.82 | 333.38 | 350.30 | 401.01 |
| 378.75 | 373.46 | 410.57 | 430.63 | 471.54 | 445.25 |
| 759.00 | 853.57 | 897.36 | 1042.47 | 1158.46 | 1180.11 |
| 548.12 | 546.89 | 609.52 | 707.89 | 786.45 | 890.04 |
| 717.39 | 805.70 | 874.81 | 966.27 | 1048.77 | 1231.54 |
| **5.10** | **5.51** | **7.07** | **6.32** | **6.00** | **3.01** |
| 3.10 | 4.18 | 4.91 | 3.24 | 2.48 | 0.64 |
| 0.02 | 0.58 | 0.77 | 2.20 | 2.37 | 1.10 |
|  | 0.04 | 0.32 | 0.08 |  | 0.41 |
| 0.08 | 0.10 | 0.13 | 0.13 | 0.19 | 0.27 |
| 1.02 | 0.61 | 0.93 | 0.67 | 0.93 | 0.56 |
| **2003.09** | **2179.97** | **2351.42** | **2691.17** | **2968.95** | **3272.06** |
| 26.77 | 26.94 | 27.51 | 22.95 | 22.89 | 17.82 |
| 11.92 | 11.28 | 8.29 | 9.09 | 9.45 | 10.81 |
| 7.91 | 5.96 | 5.25 | 3.70 | 5.43 | 8.14 |
| 0.33 | 0.42 | 0.95 | 2.24 | 2.93 | 1.80 |
| 72.36 | 65.22 | 41.19 | 37.27 | 38.59 | 54.42 |

15-3 续表

单位：亿元

| 指标 | Item | 2017 |
|---|---|---|
| 纺织服装、服饰业 | Manufacture of Textile, Wearing Apparel and Accessories | 25.84 |
| 皮革、毛皮、羽毛及其制品和制鞋业 | Manufacture of Leather, Fur, Feather and Related Products and Footwear | 6.09 |
| 木材加工和木、竹、藤、棕、草制品业 | Processing of Timber,Manufacture of Wood, Bamboo,Rattan,Palm and Straw Products | 21.13 |
| 家具制造业 | Manufacture of Furniture | 3.57 |
| 造纸和纸制品业 | Manufacture of Paper and Paper Products | 18.30 |
| 印刷和记录媒介复制业 | Printing and Reproduction of Recording Media | 9.25 |
| 文教、工美、体育和娱乐用品制造业 | Manufacture of Articles for Culture, Education, Arts and Crafts, Sport and Entertainment Activities | 22.20 |
| 石油、煤炭及其他燃料加工业 | Processing of Petroleum, Coal and Other Fuels | 5.83 |
| 化学原料和化学制品制造业 | Manufacture of Raw Chemical Materials and Chemical Products | 193.40 |
| 医药制造业 | Manufacture of Medicines | 86.36 |
| 化学纤维制造业 | Manufacture of Chemical Fiber | 37.52 |
| 橡胶和塑料制品业 | Manufacture of Rubber and Plastics Products | 51.19 |
| 非金属矿物制品业 | Manufacture of Non-metallic Mineral Products | 51.78 |
| 黑色金属冶炼和压延加工业 | Smelting and Pressing of Ferrous Metals | 96.74 |
| 有色金属冶炼和压延加工业 | Smelting and Pressing of Non-ferrous Metals | 39.84 |
| 金属制品业 | Manufacture of Metal Products | 78.42 |
| 通用设备制造业 | Manufacture of General Purpose Machinery | 130.21 |
| 专用设备制造业 | Manufacture of Special Purpose Machinery | 132.89 |
| 汽车制造业 | Manufacture of Automobiles | 102.46 |
| 铁路、船舶、航空航天和其他运输设备制造业 | Manufacture of Railway, Ship, Aerospace and Other Transport Equipments | 54.15 |
| 电气机械和器材制造业 | Manufacture of Electrical Machinery and Apparatus | 283.35 |
| 计算机、通信和其他电子设备制造业 | Manufacture of Computers, Communication and Other Electronic Equipment | 201.10 |
| 仪器仪表制造业 | Instruments and Meters | 62.36 |
| 其他制造业 | Other Manufacturing | 2.22 |
| 废弃资源综合利用业 | Utilization of Waste Resources | 1.04 |
| 金属制品、机械和设备修理业 | Repair Service of Metal Products, Machinery and Equipment | 0.25 |
| **电力、热力、燃气及水的生产和供应业** | **Production and Supply of Electricity, Heat, Gas and Water** | **10.96** |
| 电力、热力生产和供应业 | Production and Supply of Electricity and Heat | 7.96 |
| 燃气生产和供应业 | Production and Supply of Gas | 1.46 |
| 水的生产和供应业 | Production and Supply of Water | 1.53 |

continued

(100 million yuan)

| 2018 | 2019 | 2020 | 2021 | 2022 | 2023 |
|---|---|---|---|---|---|
| 27.05 | 23.40 | 15.29 | 13.29 | 14.99 | 11.50 |
| 5.15 | 4.60 | 3.41 | 3.78 | 4.31 | 2.86 |
| 15.50 | 15.10 | 12.87 | 16.13 | 16.65 | 10.65 |
| | | | | | |
| 6.10 | 6.68 | 7.70 | 7.76 | 8.17 | 7.65 |
| 22.12 | 18.87 | 11.92 | 11.88 | 9.70 | 14.63 |
| 11.99 | 13.58 | 14.42 | 16.89 | 16.79 | 17.62 |
| 27.55 | 23.87 | 16.93 | 19.51 | 16.97 | 20.86 |
| | | | | | |
| 7.43 | 8.71 | 3.71 | 3.82 | 2.86 | 10.15 |
| 165.93 | 146.20 | 92.31 | 93.31 | 94.81 | 114.78 |
| 110.45 | 127.13 | 172.23 | 218.86 | 226.67 | 234.86 |
| 42.36 | 45.01 | 49.82 | 56.38 | 61.82 | 63.35 |
| 57.73 | 64.93 | 83.39 | 97.09 | 96.13 | 102.96 |
| 55.07 | 69.21 | 45.95 | 52.44 | 54.22 | 74.63 |
| 108.86 | 162.77 | 67.53 | 69.50 | 59.33 | 74.50 |
| 38.94 | 40.38 | 25.50 | 27.96 | 32.97 | 44.31 |
| 84.97 | 103.78 | 121.62 | 139.69 | 159.12 | 167.14 |
| 145.15 | 175.40 | 230.85 | 257.93 | 264.62 | 296.40 |
| 149.80 | 147.24 | 193.86 | 238.84 | 258.88 | 296.57 |
| 124.60 | 144.59 | 160.36 | 167.48 | 199.20 | 233.39 |
| 54.04 | 56.98 | 74.68 | 82.09 | 94.56 | 114.01 |
| | | | | | |
| 301.01 | 299.86 | 392.27 | 458.33 | 537.90 | 605.90 |
| 255.09 | 309.70 | 389.46 | 465.80 | 548.50 | 544.91 |
| 64.20 | 56.43 | 75.00 | 89.03 | 101.56 | 101.63 |
| 1.41 | 2.31 | 2.93 | 1.83 | 2.00 | 2.48 |
| 1.14 | 3.22 | 3.95 | 6.03 | 6.68 | 11.09 |
| 0.18 | 0.19 | 0.25 | 0.28 | 0.26 | 0.25 |
| **16.33** | **20.68** | **23.20** | **19.14** | **18.73** | **26.62** |
| 13.20 | 14.47 | 18.74 | 14.97 | 14.42 | 16.02 |
| 1.95 | 2.28 | 2.26 | 1.77 | 2.11 | 3.00 |
| 1.17 | 3.92 | 2.20 | 2.41 | 2.20 | 7.61 |

# 15-4 高等学校科技活动情况

| 项 目 | Item | 2017 |
|---|---|---|
| 参加科技统计的高校(所) | Higher Education Institutions in Statistics(unit) | 146 |
| 从事科技活动人数(人) | Number of Personnel in Science and Technology Activities(person) | 77290 |
| 教师 | Teachers | 50868 |
| 其他技术人员 | Other Technical Personnel | 26422 |
| 辅助人员 | Assistants | 421 |
| 从事研究与发展活动人员(人) | Personnel in Research and Development Activities(person) | 74576 |
| #正教授 | Professors | 8988 |
| 副教授 | Vice professors | 17768 |
| 讲师 | Lecturers | 21054 |
| 助教 | Assistants | 2853 |
| 研究与发展机构(个) | R&D Institutions(unit) | 780 |
| 机构中研究与发展人员(人) | R&D Personnel(person) | 23319 |
| 当年研究与开发经费收入(万元) | Funds Revenue of Research and Development(10000 yuan) | 1825727 |
| #科技事业费 | Science and Technology Funds | 83811 |
| 主管部门专项费 | Special Funds of Responsible Department for the Work | 351468 |
| 国务院各部门专项费 | Special Funds of State Council Departments | 57155 |
| 省专项费 | Provincial Special Foundation | 87567 |
| 企事业单位委托经费 | Entrusting Funds of Enterprises and Institutions | 673891 |
| 国家自然科学基金 | State Natural Science Foundation | 217544 |
| 各种收入转入科研经费 | Funds from Other Revenues | 125719 |
| 研究与发展课题(项) | R&D Projects(unit) | 50899 |
| #基础研究 | Basic Research | 19920 |
| 应用研究 | Applied Research | 14100 |
| 试验发展 | Experimental Development | 3894 |
| 研究与发展成果 | R&D Results | |
| 出版科学专著(部) | Publications on Science(book) | 461 |
| 发表学术论文(篇) | Papers Issued(piece) | 92944 |
| #国外发表 | Published in Foreign Periodicals | 43299 |
| 科技成果转让(项) | Scientific Results Transfered(unit) | 3442 |
| 获奖成果数(项) | Prized Results(unit) | 447 |
| #国家级 | National Level | 29 |
| 部省级 | Provincial Level | 270 |

# Basic Statistics on Science and Technology Activities by Higher Education Institutions

| 2018 | 2019 | 2020 | 2021 | 2022 | 2023 |
|---|---|---|---|---|---|
| 149 | 149 | 148 | 149 | 148 | 144 |
| 73921 | 82791 | 86517 | 92703 | 99408 | 106223 |
| 52654 | 55139 | 58035 | 61038 | 62502 | 64089 |
| 21267 | 27652 | 28482 | 31665 | 36833 | 41939 |
| 366 | 261 | 205 | 563 | 73 | 195 |
| 73055 | 82226 | 85843 | 84805 | 97635 | 94658 |
| 9393 | 10278 | 10811 | 11596 | 12701 | 12762 |
| 18427 | 19670 | 20742 | 21918 | 22494 | 23052 |
| 21675 | 22342 | 23655 | 24591 | 23992 | 24722 |
| 2882 | 2619 | 2622 | 2779 | 2843 | 3106 |
| 810 | 883 | 1000 | 1080 | 1118 | 1228 |
| 25084 | 26310 | 29116 | 29330 | 29576 | 33511 |
| 1397090 | 1724323 | 1764094 | 1944018 | 2218348 | 2458565 |
| 76080 | 108633 | 112789 | 131419 | 191547 | 257636 |
| 427216 | 469977 | 505712 | 240819 | 207177 | 236337 |
| 58403 | 82382 | 111358 | 258107 | 548235 | 601764 |
| 105557 | 93464 | 103016 | 130105 | 212706 | 206008 |
| 779897 | 901237 | 1005652 | 1244785 | 1314508 | 1391111 |
| 219893 | 271037 | 236586 | 258910 | 281204 | 299234 |
| 138995 | 204934 | 236090 | 228523 | 420548 | 508188 |
| 57125 | 49825 | 66789 | 84297 | 81466 | 90703 |
| 19682 | 22530 | 22576 | 29596 | 29970 | 32500 |
| 15774 | 20238 | 20959 | 22542 | 21127 | 22542 |
| 5972 | 7057 | 6590 | 6707 | 5844 | 8637 |
| | | | | | |
| 379 | 624 | 344 | 381 | 373 | 368 |
| 101418 | 110356 | 115830 | 122873 | 140316 | 143407 |
| 50799 | 57666 | 64988 | 74398 | 88318 | 94132 |
| 2535 | 2574 | 4950 | 5056 | 6013 | 8018 |
| 457 | 502 | 440 | 428 | 498 | 287 |
| 41 | 38 | | 23 | | |
| 277 | 309 | 276 | 248 | 498 | 287 |

# 15-5 各类专业技术人员数
# Number of Professional and Technical Personnels

单位：万人 (10000 persons)

| 年份 Year | 地区 Region | 各类专业技术人员 Total | #工程技术人员 Engineering | #农业技术人员 Agriculture | #科学研究人员 Scientific Research | #卫生技术人员 Health | #教学人员 Teaching |
|---|---|---|---|---|---|---|---|
| 1980 | | 43.87 | 9.63 | 1.13 | 1.47 | 9.02 | 17.13 |
| 1985 | | 83.41 | 20.70 | 1.76 | 1.59 | 13.35 | 35.90 |
| 1990 | | 158.86 | 31.84 | 2.35 | 1.84 | 13.87 | 44.50 |
| 1995 | | 184.97 | 28.38 | 2.65 | 0.60 | 15.48 | 50.72 |
| 2000 | | 194.24 | 44.84 | 4.61 | 1.81 | 23.04 | 66.15 |
| 2001 | | 186.05 | 40.11 | 4.18 | 1.75 | 23.19 | 66.95 |
| 2002 | | 175.79 | 35.79 | 3.74 | 1.56 | 22.96 | 67.56 |
| 2003 | | 163.20 | 29.19 | 3.74 | 1.82 | 22.07 | 68.01 |
| 2004 | | 147.23 | 22.16 | 3.25 | 1.77 | 20.86 | 69.25 |
| 2005 | | 148.67 | 20.96 | 3.18 | 1.83 | 23.45 | 69.33 |
| 2006 | | 142.20 | 20.54 | 3.11 | 1.69 | 21.35 | 69.27 |
| 2007 | | 142.18 | 20.03 | 2.92 | 1.64 | 21.86 | 69.00 |
| 2008 | | 142.26 | 19.72 | 3.06 | 1.68 | 22.04 | 69.89 |
| 2009 | | 141.61 | 19.67 | 2.99 | 1.64 | 21.88 | 69.48 |
| 2010 | | 140.53 | 19.00 | 2.72 | 1.53 | 21.21 | 66.69 |
| 2011 | | 140.51 | 19.82 | 2.85 | 1.71 | 22.04 | 69.09 |
| 2012 | | 140.65 | 19.79 | 2.69 | 1.77 | 22.30 | 68.93 |
| 2013 | | 117.11 | 10.99 | 2.58 | 0.82 | 22.37 | 66.95 |
| 2014 | | 117.98 | 11.20 | 2.63 | 0.87 | 23.01 | 67.38 |
| 2015 | | 118.43 | 11.46 | 2.59 | 1.21 | 23.01 | 67.43 |
| 2016 | | 118.42 | 11.77 | 2.44 | 1.00 | 23.46 | 67.27 |
| 2017 | | 119.34 | 11.78 | 2.60 | 1.04 | 23.75 | 67.74 |
| 2018 | | 119.89 | 11.14 | 2.53 | 1.30 | 23.46 | 67.10 |
| 2019 | | 122.00 | 11.96 | 2.51 | 1.10 | 23.85 | 68.50 |
| 2020 | | 125.12 | 12.37 | 2.21 | 1.36 | 23.60 | 70.79 |
| 2021 | | 132.25 | 14.18 | 2.00 | 0.84 | 24.41 | 72.70 |
| 2022 | | 134.79 | 13.65 | 2.08 | 0.78 | 24.72 | 74.46 |
| 2023 | | 137.06 | 14.40 | 2.00 | 0.94 | 24.84 | 75.94 |
| 南京市 | Nanjing | 12.33 | 1.45 | 0.09 | 0.07 | 2.83 | 6.52 |
| 无锡市 | Wuxi | 10.95 | 1.10 | 0.07 | 0.02 | 2.38 | 5.85 |
| 徐州市 | Xuzhou | 13.64 | 1.61 | 0.23 | 0.02 | 1.90 | 8.70 |
| 常州市 | Changzhou | 6.84 | 0.40 | 0.07 | 0.04 | 1.83 | 3.66 |
| 苏州市 | Suzhou | 15.78 | 1.74 | 0.17 | 0.03 | 3.76 | 8.49 |
| 南通市 | Nantong | 10.51 | 0.98 | 0.20 | 0.06 | 2.12 | 6.31 |
| 连云港市 | Lianyungang | 7.78 | 0.81 | 0.17 | 0.02 | 1.18 | 4.60 |
| 淮安市 | Huai'an | 6.66 | 0.34 | 0.15 | 0.01 | 1.18 | 4.28 |
| 盐城市 | Yancheng | 10.93 | 0.73 | 0.24 | 0.01 | 2.02 | 6.56 |
| 扬州市 | Yangzhou | 6.38 | 0.62 | 0.09 | 0.02 | 1.28 | 3.54 |
| 镇江市 | Zhenjiang | 4.91 | 0.48 | 0.10 | 0.01 | 1.10 | 2.56 |
| 泰州市 | Taizhou | 6.50 | 0.50 | 0.16 | 0.01 | 1.39 | 3.83 |
| 宿迁市 | Suqian | 5.55 | 0.23 | 0.08 | 0.01 | 0.34 | 4.29 |

注：本表数据含辖区内的全民所有制单位和集体所有制单位。

a) Figures in the table include the data of state-owned and collective-owned units.

# 15-6　三种专利授权量

# Number of Patent Grants for Three Kinds of Patents Accepted

单位：件　　(unit)

| 项　目 | Item | 2019 | 2020 | 2021 | 2022 | 2023 |
|---|---|---|---|---|---|---|
| **授权量合计** | **Total** | **314395** | **499167** | **640917** | **560127** | **447006** |
| #发　明 | Inventions | 39681 | 45975 | 68813 | 89248 | 107899 |
| 实用新型 | Utility Models | 233114 | 405885 | 515935 | 427156 | 302132 |
| 外观设计 | Designs | 41600 | 47307 | 56169 | 43723 | 36975 |
| #非职务 | Non-official | 25232 | 28562 | 30417 | 20920 | 13923 |
| 职务 | Official | 289163 | 470605 | 610500 | 539207 | 433083 |
| 大专院校 | Universities and Colleges | 28648 | 37864 | 45761 | 39058 | 30188 |
| 科研机构 | Scientific Research Institutions | 3194 | 3537 | 4128 | 5005 | 4100 |
| 企业 | Enterprises | 249460 | 419817 | 546566 | 487354 | 392787 |
| 机关团体 | Government Agencies and Organizations | 7861 | 9387 | 14045 | 7790 | 6008 |

注：自2021年起，国家知识产权局不再公布“专利申请量”数据，只公布“专利授权量”数据。

a) China National Intellectual Property Administration has published the data of “number of patent grants” instead of “number of patent applications” since 2021.

# 15-7 全省产品质量监督检查情况(2023年)
# Supervision and Inspection of Product Quality in the Province(2023)

| 产品名称 | Item | 监督检查批次数(批次) Batch times of Supervision (batch time) | 监督检查不合格批次数(批次) Qualification Batch times of Supervision (batch time) | 批次合格率(%) Rate of Qualification Batch times (%) |
|---|---|---|---|---|
| **合计** | **Total** | **14684** | **615** | **95.8** |
| **日用品和纺织品** | **Daily necessities and textiles** | **4171** | **234** | **94.4** |
| 纺织原料 | Textile raw materials | | | |
| 纺织品 | Textile | 2533 | 152 | 94.0 |
| 箱包鞋类 | Luggage and footwear | 420 | 39 | 90.7 |
| 儿童用品 | Children's products | 868 | 21 | 97.6 |
| 文体用品 | Sports supplies | 350 | 22 | 93.7 |
| **电子电器** | **Electronic appliances** | **1486** | | **100.0** |
| 家用电器 | Household appliances | 1064 | 83 | 92.2 |
| 照明光源及灯具 | Lighting sources and fixtures | 90 | 3 | 96.7 |
| 电子产品 | Electronic product | 332 | 25 | 92.5 |
| 其他电子电器 | Other electronic appliances | | | |
| **轻工产品** | **Light industrial products** | **2654** | **199** | **92.5** |
| 纸制品 | Paper products | 349 | 8 | 97.7 |
| 家化产品 | Household products | 250 | 2 | 99.2 |
| 家具 | Furniture | 590 | 58 | 90.2 |
| 燃气用具 | Gas appliances | 355 | 38 | 89.3 |
| 其他轻工产品 | Other light industrial products | 1110 | 93 | 91.6 |
| **建筑和装饰装修材料** | **Construction And Decoration Meterials** | **1675** | **79** | **95.3** |
| 建筑材料 | Construction Meterials | 975 | 52 | 94.7 |
| 装饰装修材料 | Decoration Meterials | 540 | 24 | 95.6 |
| 其他 | Others | 160 | 2 | 98.7 |
| **农业生产资料** | **Agricultural Means of production** | **370** | **26** | **93.0** |
| 化肥 | Chemical fertilizer | 260 | 20 | 92.3 |
| 其他 | Others | 110 | 6 | 94.5 |
| **机械及安防产品** | **Mechanical and security products** | **2974** | **104** | **96.50** |
| 车辆相关产品 | Vehicle related products | 1288 | 21 | 98.40 |
| 劳保产品 | Labor protection products | 240 | 13 | 94.60 |
| 消防器材 | Firefighting equipment | 533 | 49 | 90.80 |
| 计量器具 | Measuring Instruments | 59 | 9 | 84.70 |
| 通用机械 | General Machinery | 170 | 5 | 97.10 |
| 其他机械及安防产品 | Other mechanical and security products | 684 | 7 | 99.00 |
| **食品相关产品** | **Food related products** | **1354** | **14** | **99.00** |
| 食品相关产品 | Food related products | 1354 | 14 | 99.00 |

# 15-8　教育事业基本情况
## Basic Statistics on Education

| 指　标 | Item | 2017 | 2018 | 2019 | 2020 | 2021 | 2022 | 2023 |
|---|---|---|---|---|---|---|---|---|
| **学校数(所)** | **Number of Schools(unit)** | | | | | | | |
| 普通高等学校 | Regular Higher Education Institutions | 142 | 167 | 167 | 167 | 168 | 168 | 168 |
| 普通中等学校 | Regular Secondary Schools | 2925 | 2970 | 3000 | 3031 | 3083 | 3139 | 3201 |
| 中等专业学校 | Specialized Secondary Schools | 161 | 155 | 148 | 147 | 147 | 150 | 156 |
| 普通中学 | Regular Secondary Schools | 2712 | 2765 | 2804 | 2843 | 2895 | 2948 | 3000 |
| #高中 | Senior Secondary Schools | 564 | 578 | 580 | 585 | 609 | 644 | 664 |
| 职业高中 | Senior Secondary Vocational Schools | 52 | 50 | 48 | 41 | 41 | 41 | 45 |
| 小学 | Primary Schools | 4075 | 4103 | 4151 | 4144 | 4116 | 4088 | 4009 |
| 特殊教育学校 | Special Education Schools | 101 | 102 | 104 | 106 | 106 | 108 | 108 |
| **专任教师数(万人)** | **Number of Fulltime Teachers(10000 persons)** | | | | | | | |
| 普通高等学校 | Regular Higher Education Institutions | 11.29 | 11.64 | 12.06 | 12.60 | 11.66 | 12.39 | 13.04 |
| 普通中等学校 | Regular Secondary Schools | 31.64 | 32.77 | 33.95 | 35.76 | 37.71 | 39.19 | 40.43 |
| 中等专业学校 | Specialized Secondary Schools | 3.03 | 3.18 | 2.96 | 3.07 | 3.19 | 3.24 | 3.37 |
| 普通中学 | Regular Secondary Schools | 27.66 | 28.64 | 30.03 | 31.80 | 33.58 | 34.98 | 36.06 |
| #高中 | Secondary Senior Schools | 9.47 | 9.56 | 9.93 | 10.55 | 11.31 | 12.14 | 12.81 |
| 职业高中 | Senior Secondary Vocational Schools | 0.96 | 0.95 | 0.97 | 0.89 | 0.94 | 0.97 | 1.00 |
| 小学 | Primary Schools | 30.02 | 31.61 | 33.21 | 34.59 | 35.90 | 36.24 | 36.41 |
| 特殊教育学校 | Special Education Schools | 0.34 | 0.35 | 0.37 | 0.37 | 0.38 | 0.40 | 0.42 |
| **招生数(万人)** | **Number of Entrants(10000 persons)** | | | | | | | |
| 普通高等教育 | Regular Higher Education | 59.83 | 62.74 | 65.89 | 76.31 | 74.61 | 80.96 | 84.11 |
| 研究生 | Graduates | 6.45 | 6.91 | 7.35 | 8.95 | 9.46 | 9.95 | 10.43 |
| 本专科生 | Students Enrolled in Normal and Short-cycle Courses | 53.39 | 55.83 | 58.54 | 67.36 | 65.15 | 71.02 | 73.68 |
| 普通中等学校 | Regular Secondary Schools | 126.49 | 133.87 | 144.63 | 150.73 | 156.63 | 162.60 | 166.67 |
| 中等专业学校 | Specialized Secondary Schools | 13.59 | 16.01 | 16.92 | 18.16 | 15.98 | 15.85 | 15.54 |
| 普通中学 | Regular Secondary Schools | 107.23 | 115.44 | 124.98 | 129.84 | 135.36 | 141.00 | 145.08 |
| #高中 | Senior Secondary Schools | 31.46 | 35.21 | 38.76 | 42.34 | 44.94 | 48.66 | 50.50 |
| 职业高中 | Senior Secondary Vocational Schools | 5.67 | 2.42 | 2.73 | 2.74 | 5.29 | 5.75 | 6.05 |

注：自2019年起，特殊教育学生数为在特殊教育学校就读学生数。
a) Since 2019, the number of special education students has been the number of students studying in special education schools.

15-8 续表 continued

| 指 标 | Item | 2017 | 2018 | 2019 | 2020 | 2021 | 2022 | 2023 |
|---|---|---|---|---|---|---|---|---|
| 小学 | Primary Schools | 95.32 | 102.23 | 100.12 | 97.09 | 97.15 | 93.50 | 97.74 |
| 特殊教育学校 | Special Education Schools | 0.43 | 0.48 | 0.29 | 0.34 | 0.32 | 0.33 | 0.41 |
| **在校生数(万人)** | **Enrollment(10000 persons)** | | | | | | | |
| 普通高等教育 | Regular Higher Education | 194.46 | 200.08 | 208.86 | 225.84 | 238.23 | 251.87 | 261.86 |
| 研究生 | Graduates | 17.67 | 19.46 | 21.45 | 24.37 | 27.15 | 29.96 | 31.96 |
| 本专科生 | Students Enrolled in Normal and Short-cycle Courses | 176.79 | 180.63 | 187.41 | 201.47 | 211.08 | 221.91 | 229.90 |
| 普通中等学校 | Regular Secondary Schools | 359.02 | 381.32 | 404.44 | 427.80 | 445.59 | 465.92 | 482.74 |
| 中等专业学校 | Specialized Secondary Schools | 40.52 | 49.76 | 49.01 | 50.83 | 42.80 | 45.49 | 45.95 |
| 普通中学 | Regular Secondary Schools | 303.03 | 323.84 | 347.49 | 369.80 | 389.07 | 405.39 | 420.47 |
| #高中 | Senior Secondary Schools | 94.34 | 98.08 | 105.03 | 115.54 | 125.19 | 135.09 | 143.18 |
| 职业高中 | Senior Secondary Vocational Schools | 15.47 | 7.72 | 7.94 | 7.16 | 13.73 | 15.04 | 16.32 |
| 小学 | Primary Schools | 540.21 | 560.44 | 572.64 | 580.82 | 585.68 | 585.63 | 588.53 |
| 特殊教育学校 | Special Education Schools | 2.75 | 3.12 | 1.85 | 1.97 | 2.00 | 2.02 | 2.14 |
| **毕业生数(万人)** | **Graduates(10000 persons)** | | | | | | | |
| 普通高等教育 | Regular Higher Education | 53.53 | 53.87 | 53.86 | 56.99 | 58.63 | 64.05 | 70.96 |
| 研究生 | Graduates | 4.58 | 4.74 | 5.01 | 5.70 | 6.26 | 6.69 | 7.95 |
| 本专科生 | Students Enrolled in Normal and Short-cycle Courses | 48.95 | 49.13 | 48.85 | 51.29 | 52.36 | 57.36 | 63.01 |
| 普通中等学校 | Regular Secondary Schools | 111.61 | 112.83 | 119.00 | 124.75 | 129.43 | 140.07 | 146.7 |
| 中等专业学校 | Specialized Secondary Schools | 13.28 | 16.43 | 16.11 | 16.31 | 12.14 | 12.86 | 14.07 |
| 普通中学 | Regular Secondary Schools | 93.01 | 93.60 | 100.73 | 105.90 | 113.70 | 123.26 | 128.33 |
| #高中 | Senior Secondary Schools | 31.76 | 31.24 | 31.39 | 31.13 | 34.59 | 38.06 | 41.49 |
| 职业高中 | Senior Secondary Vocational Schools | 5.32 | 2.80 | 2.16 | 2.54 | 3.59 | 3.95 | 4.3 |
| 小学 | Primary Schools | 77.37 | 81.62 | 87.64 | 88.67 | 91.41 | 93.01 | 95.21 |
| 特殊教育学校 | Special Education Schools | 0.36 | 0.38 | 0.23 | 0.30 | 0.34 | 0.36 | 0.38 |

# 15-9　各级各类教育事业(2023年)
# Basic Statistics on Education by Type and Level (2023)

单位：人 (person)

| 指　标 | Item | 学校数(所) Number of Schools (unit) | 毕业生数 Graduates | 招生数 Entrants | 在　校 学生数 Enrollment | 教职工数 Educational Personnel | #专任教师 Full time Teachers |
|---|---|---|---|---|---|---|---|
| 普通高等教育 | Regular Higher Education | 168 | 709585 | 841081 | 2618643 | 183446 | 130368 |
| 研究生 | Graduates | | 79481 | 104250 | 319597 | | |
| 本专科学生 | Students Enrolled in Normal and Short-cycle Courses | | 630104 | 736831 | 2299046 | 183446 | 130368 |
| 普通中等专业学校 | Regular Specialized Secondary Schools | 156 | 140697 | 155372 | 459491 | 38776 | 33701 |
| 普通中学 | Regular Secondary Schools | 3000 | 1283277 | 1450795 | 4204709 | 452765 | 360585 |
| 高中 | Senior Secondary Schools | 664 | 414857 | 505021 | 1431830 | 163582 | 128075 |
| 初中 | Junior Secondary Schools | 2336 | 868420 | 945774 | 2772879 | 289183 | 232510 |
| 职业高中 | Senior Secondary Vocational Schools | 45 | 42976 | 60524 | 163205 | 11314 | 10047 |
| 技工学校 | Skilled Workers Schools | | | | | | |
| 小学 | Primary Schools | 4009 | 952062 | 977441 | 5885320 | 337667 | 364112 |
| 特殊教育学校 | Special Education Schools | 108 | 3817 | 4119 | 21408 | 4857 | 4190 |
| 幼儿园 | Kindergartens | 8073 | 918418 | 595663 | 2098948 | 305701 | 163663 |
| 成人高等教育 | Adult Higher Education | 8 | 272407 | 295014 | 654995 | 1593 | 965 |
| #广播电视大学 | Radio and TV Universities | 2 | 1459 | 818 | 2388 | 1126 | 631 |
| 管理干部学院 | Institutions of Administration | 2 | | | | 279 | 227 |
| 职工高等学校 | Schools of Higher Education for Staff and Workers | 3 | 601 | 612 | 977 | 65 | 39 |
| 教育学院 | Institute of Education | 1 | 2024 | 429 | 1377 | 123 | 68 |
| 成人中等专业学校 | Specialized Secondary Schools for Adults | 10 | 4886 | 4160 | 13804 | 910 | 660 |
| 网络教育 | Network-based Education | 3 | 58400 | 40221 | 211305 | | |

# 15-10　全省研究生数
# Number of Postgraduates

单位：人 (person)

| 指　标 | Item | 2017 | 2018 | 2019 | 2020 | 2021 | 2022 | 2023 |
|---|---|---|---|---|---|---|---|---|
| **高等学校** | **Higher Education Institutions** | | | | | | | |
| 招生数 | Entrants | 64266 | 68960 | 73294 | 89259 | 94347 | 99199 | 103878 |
| 在校生数 | Enrollment | 176108 | 193963 | 213713 | 242984 | 270647 | 298659 | 318522 |
| #女性 | Female | 84443 | 94635 | 104500 | 117564 | 130002 | 141078 | 149908 |
| 毕业生数 | Graduates | 45627 | 47239 | 49925 | 56828 | 62620 | 66778 | 79254 |
| **研究所(院)** | **Research Institutions (Academies)** | | | | | | | |
| 招生数 | Entrants | 189 | 178 | 242 | 253 | 260 | 291 | 372 |
| 在读人数 | Enrollment | 605 | 600 | 784 | 720 | 822 | 938 | 1075 |
| #女性 | Female | 170 | 200 | 233 | 222 | 248 | 281 | 353 |
| 毕业生数 | Graduates | 172 | 173 | 184 | 148 | 150 | 165 | 227 |

# 15-11 各级各类学校女在校学生和女专任教师数

| 指 标 | Item | 2017 |
|---|---|---|
| **女在校学生数(万人)** | **Number of Female Students Enrollment(10000 persons)** | |
| 普通高等教育本、专科 | Normal and Short-cycle Courses in Regular Higher Education Institutions | 87.25 |
| 普通中等专业学校 | Regular Specialized Secondary Schools | 23.99 |
| 普通中学 | Regular Secondary Schools | 141.13 |
| 职业高中 | Senior Secondary Vocational Schools | 3.97 |
| 小学 | Primary Schools | 247.85 |
| **女在校学生占在校学生总数(%)** | **Percentage of Female Students Enrollment to Total Students(%)** | |
| 普通高等教育本、专科 | Normal and Short-cycle Courses in Regular Higher Education Institutions | 49.4 |
| 普通中等专业学校 | Regular Specialized Secondary Schools | 46.8 |
| 普通中学 | Regular Secondary Schools | 46.6 |
| 职业高中 | Senior Secondary Vocational Schools | 44.5 |
| 小学 | Primary Schools | 45.9 |
| **女专任教师数(万人)** | **Number of Female Full-time Teachers(10000 persons)** | |
| 普通高等学校 | Regular Higher Education Institutions | 5.20 |
| 普通中等专业学校 | Regular Specialized Secondary Schools | 1.66 |
| 普通中学 | Regular Secondary Schools | 14.23 |
| 职业高中 | Senior Secondary Vocational Schools | 0.50 |
| 小学 | Primary Schools | 20.51 |
| **女专任教师占专任教师总数(%)** | **Percentage of Female Full-time Teachers to Total Teachers(%)** | |
| 普通高等学校 | Regular Higher Education Institutions | 46.0 |
| 普通中等专业学校 | Regular Specialized Secondary Schools | 55.0 |
| 普通中学 | Regular Secondary Schools | 51.4 |
| 职业高中 | Senior Secondary Vocational Schools | 52.1 |
| 小学 | Primary Schools | 68.3 |

# Number of Female Students Enrollment and Full-time Teachers of Formal Education by Type and Level

| 2018 | 2019 | 2020 | 2021 | 2022 | 2023 |
|---|---|---|---|---|---|
| | | | | | |
| 89.02 | 92.24 | 98.31 | 102.22 | 106.17 | 109.16 |
| 22.95 | 22.39 | 22.97 | 19.63 | 20.75 | 21.26 |
| 150.61 | 161.50 | 171.78 | 180.59 | 187.86 | 195.10 |
| 3.28 | 3.40 | 3.00 | 6.00 | 6.67 | 7.57 |
| 257.65 | 264.33 | 269.01 | 271.89 | 273.10 | 276.04 |
| | | | | | |
| 49.3 | 49.2 | 48.8 | 48.4 | 47.8 | 47.5 |
| 46.1 | 45.7 | 45.2 | 45.9 | 45.6 | 46.3 |
| 46.5 | 46.5 | 46.5 | 46.4 | 46.3 | 46.4 |
| 42.5 | 42.8 | 41.8 | 43.7 | 44.3 | 46.4 |
| 46.0 | 46.2 | 46.3 | 46.4 | 46.6 | 46.9 |
| | | | | | |
| 5.39 | 5.62 | 5.89 | 5.55 | 5.98 | 6.39 |
| 1.75 | 1.67 | 1.73 | 1.82 | 1.88 | 1.98 |
| 14.98 | 16.03 | 17.32 | 18.65 | 19.81 | 20.88 |
| 0.50 | 0.51 | 0.48 | 0.51 | 0.53 | 0.56 |
| 22.15 | 23.81 | 25.33 | 26.80 | 27.49 | 28.02 |
| | | | | | |
| 46.3 | 46.6 | 46.8 | 47.6 | 48.3 | 49.0 |
| 55.1 | 56.6 | 56.4 | 57.2 | 57.9 | 58.8 |
| 52.3 | 53.4 | 54.5 | 55.5 | 56.6 | 57.9 |
| 52.5 | 52.5 | 53.7 | 54.1 | 54.8 | 55.9 |
| 70.1 | 71.7 | 73.2 | 74.7 | 75.9 | 77.0 |

# 15-12 普通高等教育分科学生数(2023年)
# Number of Students for Regular Higher Education by Field of Study (2023)

单位：人 (person)

| 项目 | Item | 毕业生数 Graduates | 招生数 Entrants | 在校生数 Enrollment |
|---|---|---|---|---|
| **本科合计** | **Normal Courses** | **305547** | **357500** | **1290977** |
| #女生 | Female | 161847 | 168509 | 622763 |
| 哲学 | Philosophy | 125 | 600 | 1158 |
| 经济学 | Economics | 17017 | 18585 | 64886 |
| 法学 | Law | 8164 | 9665 | 36809 |
| 教育学 | Education | 10891 | 10688 | 41607 |
| 文学 | Literature | 25402 | 24468 | 97017 |
| #外语 | Foreign Language | 12755 | 11743 | 47568 |
| 历史学 | History | 973 | 1213 | 5177 |
| 理学 | Science | 19180 | 22664 | 88767 |
| 工学 | Engineering | 124588 | 153677 | 546452 |
| 农学 | Agriculture | 3175 | 4125 | 14630 |
| 医学 | Medicine | 17166 | 20655 | 83425 |
| 管理学 | Management | 51963 | 54021 | 190167 |
| 艺术学 | Art | 25576 | 30852 | 107517 |
| **专科合计** | **Short-cycle Courses** | **324557** | **379331** | **1008069** |
| #女生 | Female | 148389 | 179698 | 468836 |
| 农林牧渔大类 | Agriculture, Forestry, Husbandry and Fishery | 8649 | 9948 | 26140 |
| 资源环境与安全大类 | Resource, Environment and Security | 2547 | 5051 | 12006 |
| 能源动力与材料大类 | Energy, Power and Materials | 1380 | 2343 | 5606 |
| 土木建筑大类 | Civil Construction | 25471 | 28543 | 78891 |
| 水利大类 | Water Conservation | 27 | 48 | 135 |
| 装备制造大类 | Equipment Manufacture | 44627 | 61794 | 155900 |
| 生物与化工大类 | Biology and Chemical Industry | 3287 | 3646 | 9357 |
| 轻工纺织大类 | Light Industry and Textile | 2978 | 3137 | 8045 |
| 食品药品与粮食大类 | Food, Medicine and Grain | 7803 | 11176 | 27305 |
| 交通运输大类 | Transportation | 25662 | 29297 | 82518 |
| 电子信息大类 | Electronic Information | 54035 | 61983 | 166820 |
| 医药卫生大类 | Medicine and Health | 33724 | 37166 | 102211 |
| 财经商贸大类 | Finance and Trade | 57843 | 60686 | 164037 |
| 旅游大类 | Tourism | 11073 | 13684 | 34999 |
| 文化艺术大类 | Culture and Art | 22011 | 26196 | 68432 |
| 新闻传播大类 | Journalism and Communication | 2179 | 3368 | 8137 |
| 教育与体育大类 | Education and Physical Education | 17891 | 17109 | 46663 |
| 公安与司法大类 | Public Security and Justice | 1311 | 1259 | 3262 |
| 公共管理与服务大类 | Public Management and Service | 2059 | 2897 | 7605 |

注：招生数含五年制高职、专转本学生。

a) The number of entrants includes five-year higher vocational education and upgraded students.

# 15-13　每万人口在校学生数
## School Enrollment per 10000 Population

| 年 份<br>Year | 平均每万人口中<br>Average per 10000 Population | | |
|---|---|---|---|
| | 大学生<br>(人)<br>University and College Students(person) | 中学生<br>(人)<br>Secondary School Students(person) | 小学生<br>(人)<br>Primary School Students(person) |
| 1978 | 10.4 | 667.9 | 1489.3 |
| 1980 | 14.2 | 553.8 | 1409.4 |
| 1985 | 19.2 | 492.3 | 1091.1 |
| 1989 | 23.0 | 426.4 | 980.9 |
| 1990 | 21.7 | 460.3 | 904.8 |
| 1991 | 21.1 | 467.4 | 869.1 |
| 1992 | 22.1 | 476.6 | 846.5 |
| 1993 | 25.9 | 481.3 | 853.9 |
| 1994 | 28.7 | 503.8 | 877.7 |
| 1995 | 29.5 | 530.5 | 912.5 |
| 1996 | 31.0 | 549.1 | 967.4 |
| 1997 | 33.4 | 547.9 | 1024.6 |
| 1998 | 38.0 | 550.3 | 1046.8 |
| 1999 | 49.8 | 565.8 | 1027.6 |
| 2000 | 61.7 | 592.3 | 980.7 |
| 2001 | 79.6 | 643.1 | 933.4 |
| 2002 | 94.9 | 710.7 | 860.6 |
| 2003 | 116.1 | 761.3 | 782.3 |
| 2004 | 133.8 | 795.3 | 710.7 |
| 2005 | 155.2 | 793.3 | 649.6 |
| 2006 | 173.0 | 775.1 | 603.7 |
| 2007 | 193.1 | 740.8 | 562.9 |
| 2008 | 204.9 | 697.7 | 531.6 |
| 2009 | 214.0 | 642.6 | 512.7 |
| 2010 | 209.6 | 588.1 | 506.8 |
| 2011 | 227.1 | 430.2 | 518.6 |
| 2012 | 228.6 | 401.4 | 533.8 |
| 2013 | 232.7 | 374.7 | 549.7 |
| 2014 | 232.3 | 362.6 | 592.3 |
| 2015 | 234.8 | 357.1 | 627.0 |
| 2016 | 238.4 | 362.6 | 652.9 |
| 2017 | 242.2 | 377.4 | 672.8 |
| 2018 | 248.5 | 402.3 | 696.1 |
| 2019 | 258.8 | 430.6 | 709.6 |
| 2020 | 266.5 | 436.4 | 685.4 |
| 2021 | 280.1 | 457.4 | 688.6 |
| 2022 | 295.8 | 476.1 | 687.8 |
| 2023 | 307.1 | 493.2 | 690.2 |

注：近年小学学龄儿童入学率、小学毕业生升学率、初中毕业生升学率均已达100%，历史数据可在往年《江苏统计年鉴》中查找。

a) In recent years, the enrollment rate of primary school age children, the enrollment rate of primary school graduates, and the enrollment rate of middle school graduates have all reached 100%. Historical data can be found in the Jiangsu Statistical Yearbook of previous years.

# 15-14 分市教育事业基本情况(2023年)

| 指标 | Item | 南京 Nanjing | 无锡 Wuxi | 徐州 Xuzhou |
|---|---|---|---|---|
| **学校数(所)** | **Number of Schools (unit)** | **753** | **486** | **1259** |
| 普通高等学校 | Regular Higher Education Institutions | 51 | 13 | 12 |
| 普通中等学校 | Regular Secondary Schools | 296 | 229 | 415 |
| 中等专业学校 | Specialized Secondary Schools | 19 | 16 | 13 |
| 普通中学 | Regular Secondary Schools | 277 | 213 | 386 |
| #高中 | Senior Secondary Schools | 65 | 51 | 104 |
| 职业高中 | Senior Secondary Vocational Schools | | | 16 |
| 小学 | Primary Schools | 391 | 235 | 819 |
| 特殊教育学校 | Special Education Schools | 15 | 9 | 13 |
| **专任教师数(人)** | **Number of Full-time Teachers (person)** | **124755** | **68157** | **120842** |
| 普通高等学校 | Regular Higher Education Institutions | 51651 | 8320 | 9981 |
| 普通中等学校 | Regular Secondary Schools | 34420 | 30154 | 60753 |
| 中等专业学校 | Specialized Secondary Schools | 4293 | 4719 | 2507 |
| 普通中学 | Regular Secondary Schools | 30127 | 25435 | 55362 |
| #高中 | Senior Secondary Schools | 10210 | 8545 | 19050 |
| 职业高中 | Senior Secondary Vocational Schools | | | 2884 |
| 小学 | Primary Schools | 38038 | 29280 | 49489 |
| 特殊教育 | Special Education Schools | 646 | 403 | 619 |
| **招生数(人)** | **Entrants (person)** | | | |
| 普通高等教育 | Regular Higher Education | 319972 | 56641 | 62381 |
| 研究生 | Graduates | 66946 | 4539 | 7732 |
| 本专科生 | Students Enrolled in Normal and Short-cycle Courses | 253026 | 52102 | 54649 |
| 普通中等学校 | Regular Secondary Schools | 131053 | 119047 | 287418 |
| 中等专业学校 | Specialized Secondary Schools | 17415 | 15656 | 15278 |
| 普通中学 | Regular Secondary Schools | 113638 | 103391 | 242143 |
| #高中 | Senior Secondary Schools | 38692 | 33674 | 88603 |
| 职业高中 | Senior Secondary Vocational Schools | | | 29997 |
| 小学 | Primary Schools | 109394 | 85581 | 127692 |
| 特殊教育 | Special Education Schools | 466 | 380 | 817 |
| **在校生数(人)** | **Enrollment (person)** | | | |
| 普通高等教育 | Regular Higher Education | 1007559 | 173438 | 200090 |
| 研究生 | Graduates | 208149 | 13262 | 22741 |
| 本专科生 | Students Enrolled in Normal and Short-cycle Courses | 799410 | 160176 | 177349 |
| 普通中等学校 | Regular Secondary Schools | 366926 | 339970 | 835698 |
| 中等专业学校 | Specialized Secondary Schools | 49977 | 48170 | 45183 |
| 普通中学 | Regular Secondary Schools | 316949 | 291800 | 715414 |
| #高中 | Senior Secondary Schools | 106845 | 92753 | 238094 |
| 职业高中 | Senior Secondary Vocational Schools | | | 75101 |
| 小学 | Primary Schools | 565746 | 488059 | 812042 |
| 特殊教育 | Special Education Schools | 2350 | 1670 | 4789 |
| **毕业生数(人)** | **Graduates (person)** | | | |
| 普通高等教育 | Regular Higher Education | 274641 | 47046 | 50308 |
| 研究生 | Graduates | 50057 | 3294 | 6324 |
| 本专科生 | Students Enrolled in Normal and Short-cycle Courses | 224584 | 43752 | 43984 |
| 普通中等学校 | Regular Secondary Schools | 112962 | 102719 | 246571 |
| 中等专业学校 | Specialized Secondary Schools | 16469 | 14943 | 10461 |
| 普通中学 | Regular Secondary Schools | 96493 | 87776 | 221124 |
| #高中 | Senior Secondary Schools | 32579 | 29118 | 59300 |
| 职业高中 | Senior Secondary Vocational Schools | | | 14986 |
| 小学 | Primary Schools | 74811 | 69464 | 154845 |
| 特殊教育 | Special Education Schools | 381 | 290 | 682 |

# Basic Statistics on Education by Region (2023)

| 常　州<br>Changzhou | 苏　州<br>Suzhou | 南　通<br>Nantong | 连云港<br>Lianyungang | 淮　安<br>Huai'an | 盐　城<br>Yancheng | 扬　州<br>Yangzhou | 镇　江<br>Zhenjiang | 泰　州<br>Taizhou | 宿　迁<br>Suqian |
|---|---|---|---|---|---|---|---|---|---|
| **437** | **880** | **609** | **584** | **462** | **600** | **375** | **243** | **358** | **440** |
| 11 | 26 | 9 | 5 | 7 | 6 | 9 | 9 | 7 | 3 |
| 190 | 392 | 243 | 192 | 221 | 308 | 174 | 114 | 195 | 232 |
| 11 | 21 | 7 | 12 | 12 | 3 | 6 | 8 | 9 | 19 |
| 179 | 367 | 228 | 180 | 208 | 296 | 165 | 106 | 182 | 213 |
| 39 | 95 | 51 | 39 | 41 | 55 | 32 | 20 | 34 | 38 |
|  | 4 | 8 |  | 1 | 9 | 3 |  | 4 |  |
| 229 | 450 | 350 | 380 | 227 | 278 | 185 | 115 | 150 | 200 |
| 7 | 12 | 7 | 7 | 7 | 8 | 7 | 5 | 6 | 5 |
| **49962** | **121539** | **62203** | **60448** | **55473** | **68493** | **40322** | **31424** | **38707** | **60678** |
| 7940 | 15154 | 6651 | 3040 | 5206 | 4698 | 6083 | 7253 | 2760 | 1631 |
| 20892 | 49629 | 30075 | 32363 | 27463 | 36145 | 18713 | 12672 | 20785 | 30269 |
| 2573 | 5082 | 780 | 2851 | 2518 | 728 | 1078 | 1616 | 1500 | 3456 |
| 18319 | 44013 | 26210 | 29512 | 24875 | 33003 | 17009 | 11056 | 18851 | 26813 |
| 6252 | 14365 | 9953 | 10716 | 9918 | 11936 | 6832 | 4049 | 7226 | 9023 |
|  | 534 | 3085 |  | 70 | 2414 | 626 |  | 434 |  |
| 20956 | 56287 | 25143 | 24835 | 22576 | 27318 | 15287 | 11329 | 14986 | 28588 |
| 174 | 469 | 334 | 210 | 228 | 332 | 239 | 170 | 176 | 190 |
|  |  |  |  |  |  |  |  |  |  |
| 51023 | 94357 | 50641 | 21153 | 33740 | 27337 | 41947 | 45460 | 26050 | 10379 |
| 2120 | 7981 | 1972 | 761 | 524 | 438 | 4818 | 6419 |  |  |
| 48903 | 86376 | 48669 | 20392 | 33216 | 26899 | 37129 | 39041 | 26050 | 10379 |
| 86547 | 209969 | 106218 | 128676 | 103148 | 138008 | 66338 | 46048 | 73485 | 170736 |
| 8548 | 19341 | 5073 | 11847 | 11256 | 5011 | 4661 | 5947 | 10159 | 25180 |
| 77999 | 189515 | 91149 | 116829 | 91575 | 119247 | 58195 | 40101 | 61457 | 145556 |
| 26121 | 57171 | 30016 | 43010 | 33095 | 46289 | 22762 | 13555 | 22828 | 49205 |
|  | 1113 | 9996 |  | 317 | 13750 | 3482 |  | 1869 |  |
| 61347 | 169798 | 65958 | 58568 | 52678 | 61684 | 40935 | 30192 | 39673 | 73941 |
| 196 | 295 | 368 | 310 | 156 | 376 | 257 | 103 | 178 | 217 |
|  |  |  |  |  |  |  |  |  |  |
| 154751 | 293107 | 153801 | 66020 | 102466 | 82322 | 132362 | 143617 | 77354 | 31756 |
| 6147 | 24070 | 5679 | 2132 | 1246 | 1170 | 15326 | 19675 |  |  |
| 148604 | 269037 | 148122 | 63888 | 101220 | 81152 | 117036 | 123942 | 77354 | 31756 |
| 248432 | 577289 | 312889 | 385665 | 315615 | 406842 | 197886 | 137418 | 215885 | 486890 |
| 27194 | 56397 | 14316 | 37339 | 34789 | 13556 | 14164 | 17641 | 27686 | 73079 |
| 221238 | 516467 | 268240 | 348326 | 279574 | 356749 | 173578 | 119777 | 182786 | 413811 |
| 73540 | 152360 | 90527 | 122286 | 106371 | 134953 | 68890 | 42649 | 68990 | 133572 |
|  | 4425 | 30333 |  | 1252 | 36537 | 10144 |  | 5413 |  |
| 352595 | 954404 | 396056 | 396403 | 339537 | 409202 | 237618 | 177250 | 238144 | 518264 |
| 872 | 1757 | 1668 | 1576 | 1060 | 1950 | 1118 | 586 | 742 | 1270 |
|  |  |  |  |  |  |  |  |  |  |
| 41906 | 79244 | 40868 | 18566 | 32569 | 22795 | 34956 | 36085 | 21688 | 8913 |
| 1528 | 6681 | 1510 | 530 | 245 | 280 | 3774 | 5258 |  |  |
| 40378 | 72563 | 39358 | 18036 | 32324 | 22515 | 31182 | 30827 | 21688 | 8913 |
| 76025 | 163406 | 94604 | 120252 | 101739 | 135808 | 66614 | 42021 | 70585 | 133644 |
| 8507 | 17685 | 3376 | 12751 | 14069 | 6148 | 4007 | 4642 | 8954 | 18685 |
| 67518 | 144167 | 81312 | 107501 | 87281 | 119784 | 57949 | 37379 | 60034 | 114959 |
| 21610 | 42208 | 29496 | 33104 | 32267 | 41183 | 23799 | 13927 | 23844 | 32422 |
|  | 1554 | 9916 |  | 389 | 9876 | 4658 |  | 1597 |  |
| 52629 | 135183 | 60466 | 74670 | 58460 | 73717 | 35583 | 26402 | 38688 | 97144 |
| 191 | 300 | 334 | 224 | 195 | 414 | 222 | 140 | 257 | 187 |

# 主要统计指标解释

**科技活动** 指在自然科学、农业科学、医药科学、工程与技术科学、人文与社会科学领域（简称科学技术领域）中，与科技知识的产生、发展、传播和应用密切相关的有组织的活动。可分为研究与试验发展（R&D）、研究与试验发展成果应用及相关的科技服务三类活动。

**科技活动人员** 指直接从事科技活动，以及专门从事科技活动管理和为科技活动提供直接服务的人员。累计从事科技活动的实际工作时间占全年制度工作时间 10%及以上的人员。（1）直接从事科技活动的人员包括: 在独立核算的科学研究与技术开发机构、高等学校、各类企业及其他事业单位内设的研究室、实验室、技术开发中心及中试车间（基地）等机构中从事科技活动的研究人员、工程技术人员、技术工人及其他人员; 虽不在上述机构工作，但编入科技活动项目（课题）组的人员; 科技信息与文献机构中的专业技术人员; 从事论文设计的研究生等。(2）专门从事科技活动管理和为科技活动提供直接服务的人员包括: 独立核算的科学研究与技术开发机构、科技信息与文献机构、高等学校、各类企业及其他事业单位主管科技工作的负责人，专门从事科技活动的计划、行政、人事、财务、物资供应、设备维护、图书资料管理等工作的各类人员，但不包括保卫、医疗保健人员、司机、食堂人员、茶炉工、水暖工、清洁工等为科技活动提供间接服务的人员。

**研究与试验发展（R&D）** 指在科学技术领域，为增加知识总量，以及运用这些知识去创造新的应用而进行的系统的创造性的活动，包括基础研究、应用研究、试验发展三类活动。

**基础研究** 指为了获得关于现象和可观察事实的基本原理的新知识（揭示客观事物的本质、运动规律，获得新发现、新学说）而进行的实验性或理论性研究，它不以任何专门或特定的应用或使用为目的。其成果以科学论文和科学著作为主要形式。

**应用研究** 指为获得新知识而进行的创造性研究，主要针对某一特定的目的或目标。应用研究是为了确定基础研究成果可能的用途，或是为达到预定的目标探索应采取的新方法（原理性）或新途径。其成果形式以科学论文、专著、原理性模型或发明专利为主。

**试验发展** 指利用从基础研究、应用研究和实际经验所获得的现有知识，为产生新的产品、材料和装置，建立新的工艺、系统和服务，以及对已产生和建立的上述各项作实质性的改进而进行的系统性工作。其成果形式主要是专利、专有技术、具有新产品基本特征的产品原型或具有新装置基本特征的原始样机等。在社会科学领域，试验发展是指把通过基础研究、应用研究获得的知识转变成可以实施的计划（包括为进行检验和评估实施示范项目）的过程。人文科学领域没有对应的试验发展活动。

**研究与试验发展人员** 指参与研究与试验发展项目研究、管理和辅助工作的人员，包括项目（课题）组人员，企业科技行政管理人员和直接为项目（课题）活动提供服务的辅助人员。

**研究与试验发展人员全时当量** 指全时人员数加非全时人员按工作量折算为全时人员数的总和。例如：有两个全时人员和三个非全时人员（工作时间分别为 20%、30%、70%），则全时当量为 2+0.2+0.3+0.7=3.2 人年。

**专业技术人员** 指从事专业技术工作和专业技术管理工作的人员，即企事业单位中已经聘任专业技术职务从事专业技术工作和专业技术管理工作的人员，以及未聘任专业技术职务，现在专业技术岗位上工作的人员。包括工程技术人员，农业技术人员，科学研究人员，卫生技术人员，教学人员，经济人员，会计人员，统计人员，翻译人员，图书资料、档案、文博人员，新闻出版人员，律师、公证人员，广播电视播音人员，工艺美术人员，体育人员，艺术人员及企业政治思想工作人员，共十七个专业技术职务类别。

**政府资金** 指从各级政府部门获得的计划用于科技活动的经费，包括科学事业费、科技三项费、科研基建费、科学基金、教育等部门事业费中计划用于科技活动的经费以及政府部门预算外资金中计划用于科技活动的经费等。

**企业资金**　指从自有资金中提取或接受其他企业委托的、科研院所和高校等事业单位接受企业委托获得的，计划用于科研和技术开发的经费。不包括来自政府、金融机构及国外的计划用于科技活动的资金。

**科技活动经费内部支出**　指报告年内用于科技活动的实际支出包括劳务费、科研业务费、科研管理费，非基建投资购建的固定资产、科研基建支出以及其他用于科技活动的支出。不包括生产性活动支出、归还贷款支出及转拨外单位支出。

**新产品**　指采用新技术原理、新设计构思研制、生产的全新产品，或在结构、材质、工艺等某一方面比原有产品有明显改进，从而显著提高了产品性能或扩大了使用功能的产品。既包括政府有关部门认定并在有效期内的新产品，也包括企业自行研制开发，未经政府有关部门认定，从投产之日起一年之内的新产品。

**专利**　是专利权的简称，是对发明人的发明创造经审查合格后，由专利局依据专利法授予发明人和设计人对该项发明创造享有的专有权。包括发明、实用新型和外观设计。

**发明**　指对产品、方法或者其改进所提出的新的技术方案。

**实用新型**　指对产品的形状、构造或者其结合所提出的适于实用的新的技术方案。

**外观设计**　指对产品的形状、图案、色彩或者其结合所作出的富有美感并适于工业上应用的新设计。

**普通高等学校**　指按照国家规定的设置标准和审批程序批准举办，通过国家统一招生考试，招收高中毕业生为主要培养对象，实施高等学历教育的全日制大学、独立设置的学院和高等专科学校、高等职业学校和其他机构。

**成人高等学校**　指按照国家规定的设置标准和审批程序举办的，通过全国成人高等教育统一招生考试，招收具有高中毕业或同等学力的人员为主要培养对象，利用脱产、业余或函授等多种形式对其实施高等学历教育的学校。包括广播电视大学、职工高等学校、农民高等学校、管理干部学院、教育学院、独立函授学院、其他机构。

# Explanatory Notes on Main Statistical Indicators

**Scientific and Technological Activities(S&T Activities)** refer to organized activities which are closely related to the creation, development, dissemination and application of the scientific and technical knowledge in the fields of natural science, agricultural science, medical science, engineering and technological science, humanities and social sciences (short for scientific and technological fields). S&T activities can be classified in to 3 categories: research and experimental development(R&D), application of R&D results, and related scientific and technological services.

**Personnel Engaged in S&T Activities** refers to personnel directly engaged in S&T activities, in the management of S&T activities, and in providing direct service to S&T activities, who spend over 10%of the total working hours in a year in S&T activities. (1) People directly engaged in S&T activities include researchers, engineers, technicians and other related people engaged in S&T activities in independent-accounting R&D institutions, higher education institutions, and research institutes, laboratories, technology development centers and central experiment workshops under enterprises and institutions. People working in S&T research project teams, professional and technical people working in S&T information and archive institutes, and graduates working on the design of their papers are also included. (2)People engaged in the management of S&T activities and in providing direct service to S&T activities. They include the principals who are responsible for S&T activities in independent-accounting R&D institutions, S&T information and archive institutes, higher education institutions, and enterprises and institutions where S&T activities are undertaken. Also included are people who are responsible for the planning, administration, personnel management, financial management, logistics supply, equipment maintenance, library management. People providing indirect services are excluded, such as guards, health care personnel, drivers, canteen staff, tea stove workers, plumbing workers, cleaners and so on.

**Research and Experimental Development(R&D)** refers to systematic and creative activities in the field of science and technology aiming at increasing the knowledge and using the knowledge for new application. R&D includes 3 categories of activities: basic research, applied research and experimental development.

**Basic Research** refers to the experimental or theoretical research aiming at obtaining new knowledge on the fundamental principles of phenomena and observable facts to reveal the nature of objective things, law of movement, acquire new discoveries or new theories. Basic research takes no specific or designated application as the aim of the research. Results of basic research are mainly released or disseminated in the form of scientific papers or monographs.

**Applied research** refers to the creative research aiming at obtaining new knowledge on a specific objective or target. The purpose of the applied research is to identify the possible uses of results from basic research, or to explore new (fundamental)methods or new approaches. Results of applied research are expressed in the form of scientific papers, monographs, fundamental models or invention patents.

**Experimental Development** refers to systematic work, drawing on knowledge gained from basic and applied researches and practical experience to develop new products, materials and equipment, to establish new production process, systems and services, or to make substantial improvement on the existing products, process or services directly. Results of experimental development activities are embodied in patents, exclusive technology, and monotype of new products or equipment. In the field of social science, experimental development refers to the process of converting the knowledge from basic and applied researches into feasible programmes(including conduct of demonstration projects for assessment and evaluation). There are no relevant experimental development activities in the field of humanities.

**R&D Personnel** refer to persons engaged in reasearch, management and supporting activities of R&D, including persons in project teams, persons engaged in management of S&T activities of enterprises and supporting staff providing direct service to the research projects.

**Full-time Equivalent of R&D Personnel** refers to the sum of the number of full-time personnel plus the number of part-time personnel converted to the number of full-time personnel according to the workload. For example, the full-time equivalent of two full-time persons and three-persons(the working hours are respective 20%, 30% and 70%) is 2+0.2+0.3+0.7=3.2 man-years.

**Professional and Technical Personnel** refer to the person engaged in professional and technical work or in the management of professional and technical work, such as people with professional or technical positions who are engaged in professional and technical work or in the management of professional and technical work, and people without professional or technical positions but are working on professional or technical posts. They include professionals and technicians working in 17 categories of technical occupations, including engineering, agriculture, scientific research, medical service, teaching, economic, accounting, statistics, translation, libraries, archives, cultural and museum service, journalism and publication, lawyers, notarization service, radio and television broadcasting, handicraft and arts, sports, performing art, and political workers in enterprises.

**Government Funds** refer to funds obtained from government agencies at all levels to be used for S&T activities, including fund for scientific undertakings, 3 kinds of fund for S&T activities, fund for capital construction for scientific researches, science fund, fund from education expenditures by education departments for S&T activities, and extra-budget fund from government agencies for S&T activities.

**Enterprises Funds** refer to the expenditure of self-raised funds of enterprises, funds from other enterprises and funds received by universities or research institutions from enterprises for scientific research or technical development projects, excluding funds from government agencies, financial institutions or from foreign institutions.

**Internal Expenditure on R&D** refers to the real expenditure of surveyed units on R&D activities including labor fees. Business expenses of science and management, fixed assets constructed by non-infrastructure investment, scientific research infrastructure expenditures and other expenditures for scientific and technological activities, but excluding the expenditure on production activities, return of loan, and fees transferred to cooperated and entrusted agencies on R&D activities.

**New Products** refer to products developed and produced with new technology and design, or improved in structure, material, process or other aspects so that their performance are improved or their functions are expanded. They include those affirmed by government authorities in their validity period, as well as those developed by enterprises within a year without the affirmation of government authorities after they are put into production.

**Patents** an abbreviation for the patent right and refers to the exclusive right of ownership by the inventors or designers for the creation or inventions, given from the patent offices after due process of assessment and approval in accordance with the Patent Law. Patents are granted for inventions, utility models and designs.

**Inventions** refer to the new technical proposals to the products or methods or their modifications.

**Utility Models** refer to the practical and new technical proposals on the shape and structure of the product or the combination of both.

**Designs** refer to the aesthetics and industrially applicable new designs for the shape, pattern and color of the product, or their combinations.

**Regular Higher Education Institutions** refer to educational establishments, set up according to the government evaluation and approval procedures, enrolling graduates from senior secondary schools as the main target through National Matriculation TEST. They include full-time universities, independently established schools, independent colleges, high professional colleges, high vocational colleges and other institutions.

**Adults Higher Education Institutions** refer to educational establishments, set up in line with the government evolution and approval procedures, enrolling personnel graduated from senior secondary school or with equivalent education through National Matriculation TEST for Adult, and providing higher education courses in forms of full time, spare time, or correspondence for adults. Adults higher education institutions include radio and television universities, schools of higher education for staff and workers, schools of higher education for peasants, institutions of administration, educational colleges, independent correspondence colleges and other institutions.

# 16

# 文化、体育、卫生
# Culture, Sports and Public Health

# 简 要 说 明

**一、本篇资料的主要内容**

本篇主要反映文化、新闻出版、广播电影电视、体育、卫生事业的发展情况。

文化部分主要包括文化艺术和文物机构人员情况，群众艺术馆、文化馆站、公共图书馆业务活动及经费情况，文化产业发展情况；新闻出版部分包括报纸、期刊、图书出版情况；广播电影电视部分包括广播、电视事业发展情况，广播、电视节目制作时间；体育部分主要内容包括体育系统职工人数，等级运动员、裁判员人数，运动员在各级比赛中获奖牌情况；卫生部分主要内容有卫生机构、人员、床位数，医院诊疗人次及入院人数，传染病的发病及死亡等情况。

**二、本篇的资料来源**

根据各部门制定的统计报表制度汇总加工整理而成。文化艺术业、文物业、图书馆业、群众文化服务业的资料主要来自省文化和旅游厅；文化产业的资料来自省统计局；新闻出版资料来自省新闻出版局；广播、电视资料来自省广播电视局；体育资料来自省体育局；卫生部分的资料来自省卫生健康委员会。

# Brief Introduction

**I. Main Contents**

Data in this chapter mainly reflect the development of culture; news and publication; radio broadcasting; films and television; sports and public health.

Data on culture cover mainly information on institution and personnel of cultural and cultural relics, mass art centers, cultural centers(stations), facilities, services and expenditures of public libraries, cultural industry development. Press and publication section includes newspaper, periodicals and books published. Part of radio, film and TV includes broadcasting and television stations, production of broadcasting and TV programmes. Data on sports cover number of staff and workers in sports commissions, athletes and referees in grades and awards for athletes in competitions of all levels. Data on public health include mainly the number of institutions, personnel, hospital beds, number of patients treated and in-patients, the incidence and the deaths caused by infectious diseases.

**II. Sources of Data**

Data are collected and tabulated in accordance with the statistic reporting schemes stipulated by the departments concerned. Data on culture and arts, cultural relics, libraries and mass cultural services are mainly from Jiangsu Provincial Department of Culture and Tourism; data on cultural industry are from Jiangsu Bureau of Statistics; data on journalism are from Provincial Press and Publication Bureau; data on broadcasting and television are from Provincial Radio and Television Bureau; data on sports are from Province Sports Bureau; data on public heath are from Jiangsu Commission of Health.

# 16-1　文化艺术和文物事业机构、人员情况
# Number and Personnel of Cultural and Relics Institutions

| 项　目 | Item | 机构数(个) Number of Institutions (unit) | | 从业人数(人) Number of Employed Persons(person) | |
|---|---|---|---|---|---|
| | | 2022 | 2023 | 2022 | 2023 |
| **总　计** | **Total** | **22399** | **17823** | **129276** | **99755** |
| **艺术业** | **Art** | **1030** | **990** | **24694** | **21996** |
| #艺术展览、创作机构 | Art Exhibition and Creation Institutions | 93 | 61 | 931 | 765 |
| #艺术表演团体 | Art Performance Troupes | 634 | 651 | 15443 | 15230 |
| 话剧、儿童剧、滑稽剧类 | Drama, Children's Play and Comedy Troupes | 13 | 6 | 356 | 176 |
| 歌舞、音乐类 | Song and Dance, Musicals | 99 | 20 | 4614 | 1121 |
| 京剧、昆曲类 | Peking Opera and Kunqu Opera | 12 | 7 | 389 | 243 |
| 地方戏曲类 | Local Opera | 342 | 76 | 5528 | 2451 |
| 杂技、魔术、马戏类 | Acrobatics, magic, circus | 16 | 5 | 572 | 407 |
| 曲艺类 | Folk Arts | 49 | 12 | 1100 | 349 |
| 综合性艺术表演团体 | Comprehensive Art Performance | 103 | 525 | 2884 | 10483 |
| #艺术表演场馆 | Art Performance Venues | 321 | 278 | 9020 | 6001 |
| #剧场、影剧院 | Theaters, Music Halls and Cinemas | 150 | 233 | 3979 | 5390 |
| **图书馆业** | **Libraries** | **122** | **122** | **3937** | **4132** |
| #少儿图书馆 | Children's Libraries | 10 | 10 | 134 | 133 |
| 群众文化服务业 | Mass Culture | 1366 | 1371 | 7498 | 7315 |
| 群众艺术馆、文化馆 | Mass Art and Cultural Centers | 116 | 116 | 2249 | 2298 |
| 文化站 | Cultural Stations | 1250 | 1255 | 5249 | 5017 |
| #乡镇文化站 | Township Cultural Stations | 825 | 827 | 3466 | 3374 |
| 艺术教育业 | Art Education Institutions | 13 | 13 | 1156 | 1172 |
| 中等专业学校 | Specialized Secondary Schools | 7 | 7 | 873 | 888 |
| 其他教育机构 | Others | 6 | 6 | 283 | 284 |
| 文化市场经营单位 | Business Units in Cultural Market | 18196 | 14608 | 51629 | 50274 |
| 文艺科研 | Cultural and Artistic Research Institutions | 6 | 10 | 57 | 95 |
| 其他文化类 | Others | 240 | 236 | 19807 | 5941 |
| **文物业** | **Cultural Relic Industry** | **518** | **473** | **9077** | **8830** |
| 文物保护管理机构 | Agencies of Cultural Relics Preservation | 47 | 44 | 357 | 427 |
| 文物科研及其他文物机构 | Scientific Research and Other Cultural Relics Agencies | 98 | 99 | 640 | 609 |
| 博物馆 | Museums | 373 | 330 | 8080 | 7794 |
| 综合性 | Comprehensive | 95 | 85 | 3475 | 3368 |
| 历史类 | History | 157 | 151 | 3331 | 3427 |
| 艺术类 | Arts | 66 | 52 | 683 | 529 |
| 自然科技类 | Natural Science and Technology | 11 | 10 | 130 | 113 |
| 其他 | Others | 44 | 32 | 461 | 357 |

# 16-2 群众艺术馆、文化馆站业务活动及经费情况（2023年）
# Basic Statistics on Activities and Expenditures of Mass Art Centers and Cultural Centers (2023)

| 项 目 | Item | 总 计<br>Total | 群众艺术馆、文化馆<br>Mass Art Centers and Cultural Centers | 文化站<br>Cultural Stations |
|---|---|---|---|---|
| 单位数(个) | Number of Units(unit) | 1371 | 116 | 1255 |
| 举办展览(个) | Number of Exhibitions(unit) | 40906 | 3437 | 37469 |
| 组织文艺活动(次) | Number of Cultural Activities(times) | 235768 | 26307 | 209461 |
| 举办训练班班次(次) | Number of Training Classes(times) | 180046 | 52436 | 127610 |
| 举办训练班结业人次(万人次) | Number of Persons Completing Courses(10000 person-times) | 2614.08 | 319.83 | 2294.25 |
| 由群众艺术馆、文化馆(站)指导的单位 | Units Responsible for Guiding Mass Art Centers and Cultural Centers | 19120 | 4632 | 14488 |
| 馆办文艺团体(个) | Art Performance Troupes Run by Centers(unit) | 403 | 403 | |
| 馆办老年大学(个) | Colleges for the Elderly Run by Centers(unit) | 26 | 26 | |
| 群众业余文艺团队(个) | Part-time Art Groups(unit) | 18691 | 4203 | 14488 |
| 总支出(万元) | Total Expenditures(10000 yuan) | 257563.4 | 145822 | 111741.4 |

注：本表仅为文化系统内。
a) Data in this table only refer to those under the administration of the cultural departments.

# 16-3　公共图书馆业务活动及经费情况(2023年)
# Business Activities and Expenditures of Public Libraries (2023)

| 项　目 | Item | 总　计 Total | #省　级公共图书馆 Public Libraries at Provincial Level | #县(市、区)级公共图书馆 Public Libraries at County Level |
|---|---|---|---|---|
| 总藏量(万册、件) | Total Collections(10000 copies) | 11979.66 | 1334.48 | 10645.18 |
| 累计发放有效借书证数(万个) | Number of Library Cards Distributed Accumulated(10000 units) | 1223.30 | 98.10 | 1125.20 |
| 书刊文献外借人次(万人次) | Borrowing from Libraries of Books and Periodicals (10000 person-times) | 6420.22 | 62.36 | 6357.86 |
| 书刊文献外借册次(万册次) | Books and Periodicals Lent to Readers(10000 volume-times) | 10775.31 | 73.72 | 10701.59 |
| 组织各类讲座次数(次) | Number of Lectures(time) | 6067 | 67 | 6000 |
| 参加人数(万人次) | Participants to Lectures(10000 person-times) | 70.11 | 0.84 | 69.27 |
| 举办展览(个) | Number of Exhibitions(unit) | 3343 | 119 | 3224 |
| 参观人次(万人次) | Visitors to Exhibitions(10000 person-times) | 1888.23 | 29.5 | 1858.73 |
| 举办培训班(个) | Number of Training Courses(unit) | 7084 | 331 | 6753 |
| 培训人次(万人次) | Participants to Training Courses(10000 person-times) | 36.19 | 1.17 | 35.02 |
| 总支出(万元) | Total Expenditures(10000 yuan) | 145153.8 | 24288.5 | 120865.3 |
| #新增藏量购置费 | Purchase Expenses | 12084.6 | 2554.4 | 9530.2 |
| 本年新购藏量(万册、件) | Number of Books Purchased during the Year(10000 copies) | 416.39 | 45.86 | 370.53 |

# 16-4 报纸、期刊出版情况(2023年)
# Basic Statistics on Newspapers and Periodicals Published (2023)

| 指 标 | Item | 种 数<br>(种)<br>Number of Publications<br>(kind) | 总印数<br>(万册、万份)<br>Printed Copies<br>(10000 volumes) | 总印张<br>(万印张)<br>Printed Sheets<br>(10000 sheets) |
|---|---|---|---|---|
| **报纸** | **Newspapers** | **132** | **178061.30** | **342822.10** |
| **期刊** | **Periodicals** | **453** | **11111.03** | **48525.50** |
| 综合 | Comprehensiveness | 16 | 18.25 | 188.73 |
| 哲学、社会科学 | Philosophy and Social Sciences | 91 | 4966.65 | 21023.26 |
| 自然科学、技术 | Natural Sciences and Technology | 256 | 1372.95 | 6367.86 |
| 文化、教育 | Culture and Education | 61 | 4021.21 | 17527.72 |
| 文学、艺术 | Literature and Arts | 29 | 731.97 | 3417.93 |
| **画刊** | **Pictorials** | **1** | **170.67** | **1111.05** |
| **少年儿童读物** | **Juvenile and Children's Books** | **11** | **4677.80** | **15673.18** |

# 16-5　图书出版情况(2023年)
# Basic Statistics on Books Published (2023)

| 指　标 | Item | 出版图书种数(种) Number of Publications (kind) | 总印数(万册) Printed Copies (10000 volumes) | 总印张(万印张) Printed Sheets (10000 sheets) |
|---|---|---|---|---|
| **总　计** | **Total** | **26955** | **74906.05** | **642649.18** |
| 马列主义、毛泽东思想 | Marxism-leninism,Mao Zedong Thought | 32 | 31.46 | 474.27 |
| 哲学 | Philosophy | 417 | 386.99 | 4384.88 |
| 社会科学总论 | General Social Sciences | 166 | 310.58 | 2823.88 |
| 政治、法律 | Politics and Law | 379 | 766.07 | 5404.46 |
| 军事 | Military Affairs | 42 | 70.61 | 884.73 |
| 经济 | Economics | 739 | 191.21 | 2857.54 |
| 文化、科学、教育、体育 | Culture, Science, Education and Sports | 16585 | 66445.04 | 548193.24 |
| 语言、文字 | Languages | 615 | 583.40 | 6940.06 |
| 文学 | Literature | 2986 | 3065.86 | 35956.56 |
| 艺术 | Arts | 786 | 671.31 | 4881.91 |
| 历史、地理 | History and Geography | 912 | 564.00 | 7408.54 |
| 自然科学总论 | General Natural Sciences | 20 | 12.95 | 120.58 |
| 数理科学、化学 | Mathematics, Physics and Chemistry | 319 | 139.28 | 2089.86 |
| 天文学、地理科学 | Astronomy and Geology | 172 | 122.85 | 1131.04 |
| 生物科学 | Biology | 132 | 109.98 | 1132.57 |
| 医药、卫生 | Medicine and Health Care | 634 | 415.67 | 5324.19 |
| 农业科学 | Agricultural Science | 128 | 46.43 | 432.34 |
| 工业技术 | Industrial Technology | 1375 | 601.80 | 8533.41 |
| 交通运输 | Transportation | 113 | 31.99 | 446.83 |
| 航空、航天 | Aeronautics and Aerospace | 12 | 10.54 | 62.82 |
| 环境科技 | Environmental Science | 129 | 36.02 | 449.01 |
| 综合性图书 | General Books | 220 | 163.64 | 1781.41 |

注：本表为使用中国标准书刊号部分。
a) The table is publications with “China International Standard Book Number”.

# 16-6 按市分公共图书馆基本情况（2023年）

| 指 标 | Item | 南 京 Nanjing | 无 锡 Wuxi | 徐 州 Xuzhou |
|---|---|---|---|---|
| 公共图书馆(个) | Number of Public Libraries(unit) | 14 | 8 | 11 |
| 总藏量(万册件) | Total Collections(10000 copies) | 1019.75 | 1064.04 | 583.76 |
| 人均拥有公共图书馆藏量(册) | Collections of Public Libraries Owned per Person(copy) | 1.07 | 1.42 | 0.65 |
| 有效借书证数(个) | Number of Active Library Cards Distributed(unit) | 1576399 | 701969 | 399148 |
| 总流通人次(万人次) | Total Number of Circulation(10000 person-times) | 1163.12 | 1514.7 | 817.94 |
| #书刊文献外借人次 | Borrowing from Libraries of Books and Periodicals | 398.53 | 701.22 | 268.69 |
| 书刊文献外借册次(万册次) | Number of Books and Periodicals Lent to Readers(10000 copies-times) | 646.51 | 1098.63 | 445.6 |
| 阅览室座席数(个) | Seats of Reading Rooms(unit) | 9018 | 6821 | 5972 |
| 每万人拥有公共图书馆建筑面积(平方米) | Floor Space of Buildings of Public Libraries Owned per 10000 Person(sq.m) | 193.88 | 149.43 | 129.05 |
| 组织各类讲座次数(次) | Number of Lectures(time) | 1052 | 375 | 998 |
| 参加讲座人次(万人次) | Participants to Lectures(10000 person-times) | 8.98 | 6.02 | 17.64 |
| 举办展览(个) | Number of Exhibitions(unit) | 643 | 175 | 151 |
| 参观展览人次(万人次) | Visitors to Exhibitions(10000 person-times) | 232.75 | 297.12 | 91.41 |
| 举办培训班(个) | Number of Training Courses(unit) | 854 | 100 | 715 |
| 参加培训人次(万人次) | Participants to Training Courts(10000 person-times) | 6.75 | 0.33 | 4.9 |
| 计算机(台) | Computers(set) | 1229 | 958 | 591 |
| #电子阅览室终端数 | Terminals in Electronic Media Reading Rooms | 696 | 488 | 388 |

# 16-7 广播、电视事业发展情况

| 项 目 | Item | 2017 |
|---|---|---|
| 职工人数(人) | Number of Employed Persons (person) | 73417 |
| 中短波发射台及转播台(座) | Number of Transmissions and Relaying Stations of Medium and Short Ware Broadcast (set) | 21 |
| 中短波发射机功率(千瓦) | Power of Transmitters of Medium and Short Ware Broadcast (kW) | 735 |
| 广播人口覆盖率(%) | Population Coverage Rate of Radio (%) | 100 |
| 广播电台(座) | Radio (set) | 8 |
| 电视台(座) | Television Station (set) | 8 |
| 广播电视台(座) | Radio and Television Station (set) | 71 |
| 融媒体中心(个) | Convergence Media Center (unit) | |
| 调频电视发射及转播台(座) | Launch and FM TV Station (set) | 106 |
| 调频发射机功率(千瓦) | FM Transmitter Power (kW) | 173.4 |
| 电视发射机功率(千瓦) | TV Transmitter Power (kW) | 535.70 |
| 电视人口覆盖率(%) | Population Coverage Rate of TV (%) | 100.0 |
| 有线电视用户数(万户) | Users of Cable TV (10000 households) | 1606 |
| 数字电视用户数(万户) | Users of Digital TV (10000 households) | 1479 |
| 有线电视数字化率(%) | Cable TV Digitization Rate (%) | 92.3 |

注：融媒体中心统计自2021年开始。 a) The statistics from the convergence media center has begun since 2021.

# Statistics on Public Libraries by City (2023)

| 常州 Changzhou | 苏州 Suzhou | 南通 Nantong | 连云港 Lianyungang | 淮安 Huai'an | 盐城 Yancheng | 扬州 Yangzhou | 镇江 Zhenjiang | 泰州 Taizhou | 宿迁 Suqian |
|---|---|---|---|---|---|---|---|---|---|
| 8 | 11 | 11 | 8 | 9 | 11 | 8 | 9 | 7 | 6 |
| 555.95 | 2861.11 | 980.41 | 410 | 516.09 | 728.29 | 688.54 | 490.96 | 453.08 | 293.2 |
| 1.03 | 2.21 | 1.27 | 0.89 | 1.14 | 1.09 | 1.5 | 1.52 | 1.01 | 0.59 |
| 508689 | 4479082 | 1116587 | 121607 | 427559 | 430256 | 660895 | 290163 | 467820 | 71802 |
| 1361.39 | 3797.55 | 1567.66 | 373.52 | 711.88 | 1016.54 | 1300.06 | 619.83 | 255.76 | 432.43 |
| 738.58 | 1053.45 | 1097.21 | 132.65 | 199.87 | 270.91 | 784.62 | 366.9 | 122.37 | 222.86 |
| 813.33 | 2389.66 | 1697.98 | 242.79 | 475.97 | 426.58 | 1288.09 | 478.44 | 294.86 | 403.15 |
| 6204 | 11851 | 9916 | 4439 | 4012 | 7971 | 7481 | 3182 | 3477 | 2529 |
| 166.14 | 176.26 | 197.70 | 168.92 | 207.36 | 169.08 | 238.6 | 171.42 | 196.36 | 157.11 |
| | | | | | | | | | |
| 289 | 1005 | 529 | 161 | 311 | 325 | 251 | 256 | 266 | 182 |
| 1.38 | 5.04 | 5.33 | 1.25 | 2.38 | 4.76 | 3.16 | 6.28 | 2.88 | 4.17 |
| 88 | 647 | 257 | 67 | 130 | 335 | 196 | 261 | 103 | 171 |
| 127.2 | 264.17 | 168.05 | 102.58 | 76.74 | 235.75 | 107.06 | 93.96 | 15.18 | 46.76 |
| 484 | 1361 | 450 | 140 | 1915 | 138 | 94 | 143 | 186 | 173 |
| 1.99 | 3.67 | 3.75 | 0.79 | 6.78 | 1.06 | 1.45 | 0.56 | 1.7 | 1.29 |
| 475 | 2382 | 979 | 430 | 752 | 957 | 798 | 508 | 417 | 421 |
| 263 | 1158 | 620 | 246 | 483 | 599 | 507 | 385 | 267 | 315 |

# Basic Statistics on Radio and Television

| 2018 | 2019 | 2020 | 2021 | 2022 | 2023 |
|---|---|---|---|---|---|
| 59604 | 58992 | 62886 | 62977 | 65440 | 65326 |
| 21 | 21 | 21 | 21 | 21 | 21 |
| | | | | | |
| 735 | 735 | 730 | 807 | 812 | 800 |
| 100 | 100 | 100 | 100 | 100 | 100 |
| 8 | 8 | 4 | 4 | 4 | 4 |
| 8 | 8 | 4 | 4 | 4 | 4 |
| 74 | 71 | 74 | 74 | 74 | 74 |
| | | | 64 | 64 | 64 |
| 106 | 106 | 105 | 108 | 109 | 110 |
| 173.8 | 173.8 | 177.5 | 190.0 | 203.5 | 203.5 |
| 533.70 | 533.70 | 148.20 | 127.65 | 199.30 | 204.45 |
| 100.0 | 100.0 | 100.0 | 100.0 | 100.0 | 100.0 |
| 1641 | 1546 | 1528 | 1335 | 1248 | 1216 |
| 1567 | 1500 | 1515 | 1332 | 1243 | 1208 |
| 95.4 | 97.0 | 99.2 | 99.8 | 99.6 | 99.4 |

# 16-8 广播、电视节目制作时间
# Time of Production of Radio and Television Programmes

单位：小时 (hour)

| 项 目 | Item | 2017 | 2018 | 2019 | 2020 | 2021 | 2022 | 2023 |
|---|---|---|---|---|---|---|---|---|
| **广播节目制作** | **Production of Radio Programmes** | **577970** | **565828** | **554517** | **568126** | **573694** | **563913** | **559846** |
| #新闻 | News Programmes | 99103 | 95897 | 94889 | 89775 | 86109 | 88293 | 92392 |
| 专题 | Special Subject Programmes | 135877 | 134736 | 135089 | 141323 | 142712 | 137223 | 133127 |
| 文艺(综艺) | General Entertainment Programmes | 147033 | 142494 | 134848 | 137034 | 146474 | 149871 | 142357 |
| 广播剧 | Radio Play Programmes | 13125 | 14736 | 14996 | 12424 | 12151 | 12947 | 12502 |
| 广告 | Advertising Programmes | 69555 | 64168 | 64505 | 71044 | 74588 | 62739 | 64587 |
| **电视节目制作** | **Production of TV Programmes** | **195865** | **209004** | **188186** | **200939** | **192809** | **182141** | **181946** |
| #新闻 | News Programmes | 53275 | 53466 | 53958 | 61591 | 58655 | 58419 | 58225 |
| 专题 | Special Subject Programmes | 47159 | 54032 | 52464 | 54392 | 49503 | 44470 | 46687 |
| 文艺(综艺) | General Entertainment Programmes | 18017 | 32964 | 24680 | 24680 | 25958 | 20002 | 16170 |
| 影视剧 | TV Drama Programmes | 20459 | 9204 | 11054 | 11673 | 8988 | 6546 | 6027 |
| 广告 | Advertising Programmes | 32047 | 30642 | 29713 | 29156 | 33390 | 31445 | 30895 |

# 16-9 分地区规模以上文化及相关产业法人单位数(2022年末)
# Number of Corporate Units of Culture and Relevant Industries above Designated Size by City (By the end of 2022)

| 地 区 | Region | 法人单位数(个) Corporate Units (unit) | 文化制造业 Cultural Related Manufacturing | 文化批发和零售业 Culture related Wholesale and Retail | 文化服务业 Culture related Services |
|---|---|---|---|---|---|
| **全 省** | **Total** | **10718** | **3409** | **2435** | **4874** |
| 南京市 | Nanjing | 2021 | 207 | 449 | 1365 |
| 无锡市 | Wuxi | 1012 | 423 | 207 | 382 |
| 徐州市 | Xuzhou | 694 | 59 | 227 | 408 |
| 常州市 | Changzhou | 900 | 348 | 147 | 405 |
| 苏州市 | Suzhou | 1437 | 576 | 254 | 607 |
| 南通市 | Nantong | 1042 | 337 | 155 | 550 |
| 连云港市 | Lianyungang | 321 | 75 | 170 | 76 |
| 淮安市 | Huai'an | 424 | 159 | 61 | 204 |
| 盐城市 | Yancheng | 570 | 189 | 156 | 225 |
| 扬州市 | Yangzhou | 810 | 285 | 267 | 258 |
| 镇江市 | Zhenjiang | 346 | 133 | 94 | 119 |
| 泰州市 | Taizhou | 720 | 312 | 200 | 208 |
| 宿迁市 | Suqian | 421 | 306 | 48 | 67 |

# 16-10 分地区规模以上文化制造业企业基本情况(2022年)

# Statistics on Culture related Manufacturing Enterprises above Designated Size by City (2022)

单位：万元 (10000 yuan)

| 地 区 | Region | 企业单位数(个) Number of Enterprises (unit) | 年末从业人员(人) Employed Persons at Year-end (person) | 资产总计 Total Assets | 营业收入 Business Revenue | 营业税金及附加 Business Taxes and Extra Charges | 利润总额 Total Profits | 应交增值税 Value-added Tax Payable |
|---|---|---|---|---|---|---|---|---|
| **全 省** | **Total** | **3409** | **506515** | **66632403** | **67164786** | **263025** | **3370599** | **1047428** |
| 南京市 | Nanjing | 207 | 33585 | 5302244 | 6232452 | 20439 | 272655 | 42363 |
| 无锡市 | Wuxi | 423 | 53640 | 6968417 | 9299320 | 24416 | 349382 | 135672 |
| 徐州市 | Xuzhou | 59 | 8219 | 958437 | 901312 | 4004 | 9464 | 17247 |
| 常州市 | Changzhou | 348 | 49549 | 6238200 | 6564694 | 21562 | 450156 | 156386 |
| 苏州市 | Suzhou | 576 | 152604 | 24255423 | 23565549 | 79695 | 1111594 | 188393 |
| 南通市 | Nantong | 337 | 43602 | 4628504 | 4851401 | 25190 | 341562 | 80033 |
| 连云港市 | Lianyungang | 75 | 8159 | 738315 | 544969 | 4225 | -20383 | 17793 |
| 淮安市 | Huai'an | 159 | 17285 | 1265657 | 1641202 | 12936 | 147203 | 46556 |
| 盐城市 | Yancheng | 189 | 31547 | 4585205 | 3848989 | 22091 | 74061 | 117034 |
| 扬州市 | Yangzhou | 285 | 29172 | 2042257 | 2480022 | 12248 | 157523 | 55633 |
| 镇江市 | Zhenjiang | 133 | 16980 | 4927303 | 2376814 | 10779 | 142878 | 39499 |
| 泰州市 | Taizhou | 312 | 29983 | 2236361 | 2217706 | 12351 | 154444 | 65322 |
| 宿迁市 | Suqian | 306 | 32190 | 2486081 | 2640358 | 13089 | 180060 | 85500 |

# 16-11 分地区限额以上文化批发和零售业企业基本情况(2022年)

# Statistics on Culture related Wholesale and Retail Enterprises above Designated Size by City (2022)

单位：万元 (10000 yuan)

| 地 区 | Region | 企业单位数(个) Number of Enterprises (unit) | 年末从业人员(人) Employed Persons at Year-end (person) | 资产总计 Total Assets | 营业收入 Business Revenue | 营业税金及附加 Business Taxes and Extra Charges | 利润总额 Total Profits | 应交增值税 Value-added Tax Payable |
|---|---|---|---|---|---|---|---|---|
| **全 省** | **Total** | **2435** | **65991** | **19325018** | **26381481** | **58668** | **851621** | **270312** |
| 南京市 | Nanjing | 449 | 29737 | 9039908 | 10519445 | 18756 | 314687 | 102158 |
| 无锡市 | Wuxi | 207 | 4033 | 991220 | 2179363 | 3226 | 1776 | 10044 |
| 徐州市 | Xuzhou | 227 | 2503 | 225004 | 617646 | 2360 | 35631 | 7163 |
| 常州市 | Changzhou | 147 | 2609 | 693132 | 1484869 | 2600 | 24063 | 6684 |
| 苏州市 | Suzhou | 254 | 8721 | 2899414 | 5406946 | 14361 | 80235 | 38553 |
| 南通市 | Nantong | 155 | 3279 | 355001 | 810094 | 2758 | 35729 | 9880 |
| 连云港市 | Lianyungang | 170 | 2013 | 191173 | 851918 | 991 | 48270 | 4394 |
| 淮安市 | Huai'an | 61 | 1109 | 146572 | 288492 | 3758 | 6949 | 6677 |
| 盐城市 | Yancheng | 156 | 2696 | 1308018 | 859163 | 2094 | 35244 | 7599 |
| 扬州市 | Yangzhou | 267 | 4418 | 350976 | 686739 | 2534 | 22041 | 6525 |
| 镇江市 | Zhenjiang | 94 | 1357 | 447100 | 609363 | 848 | 13855 | 16709 |
| 泰州市 | Taizhou | 200 | 2728 | 2168183 | 1299427 | 1269 | 40911 | 22331 |
| 宿迁市 | Suqian | 48 | 788 | 509316 | 768017 | 3114 | 192229 | 31596 |

# 16-12 分地区重点文化服务业企业基本情况(2022年)
# Basic Conditions of Major Culture-related Service Enterprises by City (2022)

单位：万元 (10000 yuan)

| 地 区 | Region | 企业单位数(个) Number of Enterprises (unit) | 年末从业人员(人) Employed Persons at Year-end (person) | 资产总计 Total Assets | 营业收入 Business Revenue | 营业税金及附加 Business Taxes and Extra Charges | 利润总额 Total Profits | 应交增值税 Value-added Tax Payable |
|---|---|---|---|---|---|---|---|---|
| **全 省** | **Total** | **4874** | **498714** | **183066985** | **43274981** | **285112** | **3396306** | **1021717** |
| 南京市 | Nanjing | 1365 | 233616 | 61120419 | 21041484 | 130291 | 1592606 | 474754 |
| 无锡市 | Wuxi | 382 | 38993 | 11658649 | 4415807 | 22214 | 234766 | 94336 |
| 徐州市 | Xuzhou | 408 | 13405 | 1489333 | 1001371 | 8002 | 58390 | 37017 |
| 常州市 | Changzhou | 405 | 39220 | 28559287 | 2976531 | 24774 | 484505 | 60251 |
| 苏州市 | Suzhou | 607 | 89988 | 20892225 | 6350285 | 30141 | 356614 | 162984 |
| 南通市 | Nantong | 550 | 17249 | 3431565 | 1896979 | 13793 | 243530 | 65420 |
| 连云港市 | Lianyungang | 76 | 4045 | 7351301 | 452039 | 5586 | 44293 | 6500 |
| 淮安市 | Huai'an | 204 | 12461 | 2048898 | 989684 | 5574 | 233670 | 22288 |
| 盐城市 | Yancheng | 225 | 11676 | 14327284 | 1071208 | 14458 | 66451 | 15192 |
| 扬州市 | Yangzhou | 258 | 11537 | 5699603 | 1002680 | 9446 | 10861 | 15770 |
| 镇江市 | Zhenjiang | 119 | 6029 | 5889244 | 535773 | 5454 | -14078 | 23719 |
| 泰州市 | Taizhou | 208 | 14659 | 19199126 | 1023855 | 12418 | 79138 | 22217 |
| 宿迁市 | Suqian | 67 | 5836 | 1400049 | 517287 | 2962 | 5561 | 21269 |

# 16-13　等级运动员、裁判员人数
# Number of Athletes and Referees in Grades

单位：人　　(person)

| 项　目 | Item | 2017 | 2018 | 2019 | 2020 | 2021 | 2022 | 2023 |
|---|---|---|---|---|---|---|---|---|
| **等级运动员发展人数** | **Number of Athletes in Grades** | **2665** | **2311** | **2819** | **2148** | **1620** | **4012** | **3944** |
| 运动健将 | Master of Sports | 165 | | | 35 | 125 | 146 | 244 |
| 一级 | First Grade | 587 | 622 | 949 | 613 | 524 | 1354 | 1014 |
| 二级 | Second Grade | 1913 | 1689 | 1870 | 1500 | 971 | 2512 | 2686 |
| **等级裁判员发展人数** | **Number of Referees in Grades** | **5287** | **2311** | **4333** | **6191** | **7821** | **3020** | **11428** |
| 国家(际)级 | National(International) Level | 16 | | 5 | 4 | 17 | 38 | 111 |
| 一级 | First Grade | 749 | 622 | 656 | 1083 | 502 | 656 | 1143 |
| 二级 | Second Grade | 4522 | 1689 | 3672 | 5104 | 7302 | 2326 | 10174 |

注：2011年始运动健将包含国际运动健将。
a) Athletes have included international athletes since 2011.

# 16-14　运动员在各级比赛中获奖牌情况(2023年)
# Awards for Athletes in Competitions of All Levels (2023)

单位：个　　(unit)

| 项　目 | Item | 冠军 Champion | 亚军 Second Place | 季军 Third Place |
|---|---|---|---|---|
| 世界最高比赛 | World Highest Competition | 13 | 6 | 3 |
| 亚洲最高比赛 | Asian Highest Competition | 43 | 17 | 22 |
| 全国最高比赛 | National Highest Competition | 34 | 35 | 32 |

# 16-15 卫生事业基本情况(2023年)

| 项 目 | Item | 机构数(个) Institutions (unit) |
|---|---|---|
| **总 计** | **Total** | **39543** |
| **医院** | **Hospitals** | **2175** |
| 综合医院 | General Hospitals | 981 |
| 中医医院 | Traditional Chinese Medicine Hospitals | 166 |
| 中西医结合医院 | Integrated Traditional Chinese and Western Medicine Hospitals | 40 |
| 专科医院 | Specialized Hospitals | 562 |
| 护理院(中心) | Nursing Hospitals | 424 |
| **基层医疗卫生机构** | **Health Care Institutions at Grass-root Level** | **36378** |
| 社区卫生服务中心(站) | Community Health Service Centers(Stations) | 2690 |
| 卫生院 | Health Centers | 912 |
| 村卫生室 | Village Clinics | 14671 |
| 门诊部 | Outpatient Departments | 3603 |
| 诊所、卫生所、医务室 | Clinics, Sanitation Offices and Medical offices | 14502 |
| **专业公共卫生机构** | **Specialized Public Health Institutions** | **513** |
| 疾病预防控制中心 | Centers for Disease Control | 115 |
| 专科疾病防治院(所、站) | Specialized Disease Prevention and Treatment Institutes | 25 |
| 健康教育所(站、中心) | Health Education Centers | 6 |
| 妇幼保健院(所、站) | Maternal and Children Care Centers | 119 |
| 急救中心(站) | Emergency Centers (Stations) | 62 |
| 采供血机构 | Blood Collection and Supply Institutions | 32 |
| 卫生监督所(中心) | Health Inspection Institutions(Centers) | 113 |
| 计划生育技术服务机构 | Family Planning Technical Services Institutions | 41 |
| **其他卫生机构** | **Other Health Care Institutions** | **477** |
| 康复医疗机构 | Rehabilitation medical institutions | 29 |
| 医学科学研究机构 | Rehabilitative Medical Institutions Medical Sciences Research Institutions | 10 |
| 医学在职培训机构 | In-service Training of Medical Science Institutions | 18 |
| 临床检验中心(所、站) | Clinical Laboratory Centers (Stations) | 112 |
| 统计信息中心 | Statistical Information Centers | 19 |
| 其他 | Others | 190 |

# Basic Statistics of Health Care (2023)

| 床位数<br>(张)<br>Hospital Beds<br>(bed) | 卫生工作人员<br>(人)<br>Health Personnel<br>(person) | #卫生技术人员<br>Health Technical Personnel | #执业(助理)医师<br>Licensed Physicians & Physician Assistants |
|---|---|---|---|
| **578826** | **911019** | **743358** | **290105** |
| **456531** | **522533** | **432425** | **147495** |
| 238068 | 306342 | 265630 | 92512 |
| 54668 | 73778 | 63330 | 23141 |
| 6135 | 8394 | 6980 | 2719 |
| 94521 | 102478 | 81240 | 25673 |
| 63139 | 31518 | 15233 | 3441 |
| **108164** | **331183** | **267767** | **126572** |
| 24402 | 66849 | 58798 | 24419 |
| 82989 | 113919 | 99253 | 41942 |
|  | 38247 | 18817 | 15862 |
| 60 | 52349 | 40993 | 18811 |
| 713 | 59819 | 49906 | 25538 |
| **11315** | **43164** | **34683** | **13578** |
|  | 11729 | 9308 | 5244 |
| 1410 | 1101 | 828 | 355 |
|  | 138 | 40 | 19 |
| 9821 | 21272 | 18026 | 7222 |
| 84 | 2538 | 1228 | 613 |
|  | 2562 | 1869 | 109 |
|  | 3630 | 3361 |  |
|  | 194 | 23 | 16 |
| **2816** | **14139** | **8483** | **2460** |
| 2816 | 1365 | 946 | 341 |
|  | 324 | 109 | 67 |
|  | 657 | 77 | 36 |
|  | 4991 | 2642 | 310 |
|  | 132 | 4 | 4 |
|  | 3115 | 2100 | 886 |

# 16-16 卫生机构数
# Number of Health Care Institutions

单位：个 (unit)

| 年份 Year | 地区 Region | 总计 Total | #医院 Hospitals | #卫生院 Health Centers | #社区卫生服务中心 Community Health Service Centers | #门诊部 Outpatient Departments | #妇幼保健院(所、站) Maternal and Children Care Centers | #专科疾病防治院(所、站) Specialized Disease Prevention and Treatment Institutes | #疾病预防控制中心(防疫站) Disease Prevention and Controlling Centers |
|---|---|---|---|---|---|---|---|---|---|
| 1978 | | 9277 | | 2428 | | | 84 | 9 | 107 |
| 1980 | | 9943 | | 2457 | | | 99 | 17 | 119 |
| 1985 | | 11515 | | 2460 | | | 105 | 84 | 127 |
| 1990 | | 12366 | | 2491 | | | 114 | 108 | 135 |
| 1995 | | 12039 | | 2534 | | | 117 | 122 | 141 |
| 2000 | | 12813 | 634 | 1877 | | 106 | 112 | 118 | 142 |
| 2001 | | 13208 | 662 | 1771 | | 119 | 112 | 113 | 147 |
| 2002 | | 12368 | 891 | 1625 | 6 | 293 | 111 | 80 | 145 |
| 2003 | | 12733 | 920 | 1602 | 7 | 313 | 106 | 59 | 136 |
| 2004 | | 14447 | 995 | 1493 | 71 | 371 | 107 | 45 | 143 |
| 2005 | | 15324 | 1014 | 1472 | 108 | 372 | 107 | 49 | 154 |
| 2006 | | 17143 | 1061 | 1407 | 188 | 395 | 107 | 48 | 153 |
| 2007 | | 19129 | 1087 | 1384 | 302 | 458 | 106 | 49 | 166 |
| 2008 | | 13451 | 1093 | 1448 | 270 | 474 | 104 | 49 | 170 |
| 2009 | | 13388 | 1112 | 1440 | 314 | 484 | 105 | 47 | 170 |
| 2010 | | 30961 | 1157 | 1276 | 499 | 535 | 103 | 46 | 130 |
| 2011 | | 31680 | 1283 | 1223 | 484 | 708 | 106 | 53 | 129 |
| 2012 | | 31054 | 1426 | 1117 | 497 | 813 | 110 | 48 | 128 |
| 2013 | | 31005 | 1490 | 1066 | 528 | 921 | 109 | 45 | 124 |
| 2014 | | 32000 | 1524 | 1046 | 543 | 992 | 110 | 43 | 123 |
| 2015 | | 31925 | 1581 | 1035 | 548 | 1100 | 109 | 44 | 120 |
| 2016 | | 32135 | 1679 | 1041 | 544 | 1300 | 110 | 42 | 117 |
| 2017 | | 32037 | 1727 | 1058 | 558 | 1481 | 110 | 43 | 116 |
| 2018 | | 33253 | 1853 | 1057 | 565 | 1932 | 114 | 41 | 117 |
| 2019 | | 34796 | 1941 | 1041 | 563 | 2279 | 111 | 42 | 118 |
| 2020 | | 35746 | 1996 | 1005 | 568 | 2552 | 116 | 39 | 118 |
| 2021 | | 36448 | 2030 | 980 | 575 | 2916 | 118 | 34 | 115 |
| 2022 | | 37001 | 2087 | 945 | 581 | 3198 | 118 | 25 | 115 |
| 2023 | | 39543 | 2175 | 912 | 568 | 3603 | 119 | 25 | 115 |
| 南京市 | Nanjing | 3846 | 311 | 15 | 117 | 535 | 14 | 4 | 15 |
| 无锡市 | Wuxi | 3437 | 218 | 45 | 61 | 470 | 8 | 2 | 8 |
| 徐州市 | Xuzhou | 4693 | 205 | 160 | 53 | 403 | 13 | 3 | 12 |
| 常州市 | Changzhou | 2087 | 98 | 52 | 28 | 400 | 7 | 1 | 8 |
| 苏州市 | Suzhou | 4484 | 266 | 66 | 83 | 572 | 13 | 4 | 11 |
| 南通市 | Nantong | 3729 | 244 | 83 | 36 | 218 | 11 | 1 | 8 |
| 连云港市 | Lianyungang | 2912 | 92 | 83 | 22 | 196 | 7 | | 8 |
| 淮安市 | Huai'an | 2443 | 66 | 77 | 32 | 122 | 8 | 3 | 8 |
| 盐城市 | Yancheng | 3572 | 173 | 137 | 26 | 175 | 10 | | 10 |
| 扬州市 | Yangzhou | 2027 | 102 | 54 | 40 | 155 | 8 | 3 | 7 |
| 镇江市 | Zhenjiang | 1235 | 67 | 37 | 30 | 114 | 8 | 2 | 7 |
| 泰州市 | Taizhou | 2341 | 96 | 95 | 33 | 187 | 6 | 1 | 7 |
| 宿迁市 | Suqian | 2737 | 237 | 8 | 7 | 56 | 6 | 1 | 6 |

注：从2010年起卫生机构数包括村卫生室的数字(以下表同)。

a)Since 2010, the number of health care institutions has involved the figure of village health stations (the same below).

# 16-17　医疗卫生机构人员数
# Number of Persons Engaged in Health Care Institutions

单位：万人　　(10000 persons)

| 年 份 Year | 地 区 Region | 卫生工作人员 Health Personnel | 卫生技术人员 Health Technical Personnel | #执业(助理)医师 Licensed Physicians & Physician Assistants | #注册护士 Registered Nurses | 每万人拥有医师数(人) Number of Licensed Physicians per 10000 Persons(person) |
|---|---|---|---|---|---|---|
| 1978 | | 17.45 | 14.00 | 5.70 | 1.79 | 9.7 |
| 1980 | | 19.03 | 15.04 | 6.10 | 2.08 | 10.2 |
| 1985 | | 23.68 | 18.28 | 7.65 | 3.61 | 12.3 |
| 1990 | | 27.58 | 21.35 | 9.94 | 5.34 | 14.6 |
| 1995 | | 31.57 | 24.55 | 11.22 | 6.44 | 15.9 |
| 2000 | | 32.18 | 25.36 | 11.44 | 7.39 | 15.6 |
| 2001 | | 32.08 | 25.36 | 11.46 | 7.54 | 16.2 |
| 2002 | | 30.08 | 24.00 | 10.22 | 7.25 | 14.3 |
| 2003 | | 30.37 | 24.37 | 10.40 | 7.37 | 14.5 |
| 2004 | | 30.95 | 25.01 | 10.60 | 7.70 | 14.7 |
| 2005 | | 31.61 | 25.97 | 11.13 | 8.05 | 15.0 |
| 2006 | | 33.45 | 27.54 | 11.46 | 8.59 | 15.7 |
| 2007 | | 35.53 | 28.62 | 11.87 | 9.45 | 16.1 |
| 2008 | | 36.13 | 29.16 | 11.97 | 10.09 | 15.6 |
| 2009 | | 37.76 | 30.65 | 12.32 | 11.06 | 15.9 |
| 2010 | | 45.93 | 32.84 | 12.90 | 12.26 | 16.4 |
| 2011 | | 48.18 | 35.05 | 13.47 | 13.56 | 17.1 |
| 2012 | | 52.02 | 39.61 | 15.80 | 15.53 | 19.9 |
| 2013 | | 55.12 | 42.90 | 16.97 | 17.42 | 21.4 |
| 2014 | | 58.96 | 45.85 | 17.86 | 18.88 | 22.4 |
| 2015 | | 61.89 | 48.70 | 18.92 | 20.40 | 23.7 |
| 2016 | | 65.42 | 51.71 | 20.47 | 22.12 | 25.6 |
| 2017 | | 69.28 | 54.80 | 21.72 | 23.72 | 27.1 |
| 2018 | | 73.93 | 59.00 | 23.33 | 26.04 | 29.0 |
| 2019 | | 78.64 | 63.33 | 25.47 | 27.98 | 31.6 |
| 2020 | | 82.33 | 66.55 | 26.78 | 29.42 | 31.6 |
| 2021 | | 85.34 | 69.18 | 27.27 | 30.86 | 32.1 |
| 2022 | | 87.53 | 71.37 | 27.92 | 31.83 | 32.8 |
| 2023 | | 91.10 | 74.34 | 29.01 | 33.34 | 34.0 |
| 南京市 | Nanjing | 13.91 | 11.27 | 4.23 | 5.15 | 44.3 |
| 无锡市 | Wuxi | 8.66 | 6.99 | 2.70 | 3.15 | 36.0 |
| 徐州市 | Xuzhou | 9.66 | 7.82 | 3.02 | 3.62 | 33.5 |
| 常州市 | Changzhou | 5.47 | 4.53 | 1.76 | 2.03 | 32.7 |
| 苏州市 | Suzhou | 14.11 | 11.22 | 4.36 | 5.06 | 33.7 |
| 南通市 | Nantong | 7.42 | 6.06 | 2.41 | 2.68 | 31.2 |
| 连云港市 | Lianyungang | 4.19 | 3.52 | 1.39 | 1.63 | 30.2 |
| 淮安市 | Huai'an | 4.75 | 3.92 | 1.50 | 1.80 | 33.1 |
| 盐城市 | Yancheng | 6.49 | 5.38 | 2.21 | 2.24 | 33.0 |
| 扬州市 | Yangzhou | 4.13 | 3.45 | 1.42 | 1.45 | 30.9 |
| 镇江市 | Zhenjiang | 3.07 | 2.52 | 0.98 | 1.11 | 30.4 |
| 泰州市 | Taizhou | 4.50 | 3.68 | 1.48 | 1.56 | 32.9 |
| 宿迁市 | Suqian | 4.75 | 3.99 | 1.54 | 1.87 | 31.0 |

# 16-18　医疗卫生机构床位数
# Number of Beds in Health Care Institutions

单位：万张　　　　(10000 beds)

| 年　份<br>Year | 地　区<br>Region | 总　计<br>Total | #医院<br>Hospitals | #卫生院<br>Health Centers | #社区卫生服务中心<br>Community Health Service Centers | #专科疾病防治院(所、站)<br>Specialized Disease Prevention and Treatment Institutes | 每万人口医疗机构床位数(张)<br>Number of Beds in Hospitals and Health Centers per 10000 Persons(bed) |
|---|---|---|---|---|---|---|---|
| 1978 | | 12.29 | | 11.07 | | | 19.0 |
| 1980 | | 12.75 | | 11.62 | | | 19.6 |
| 1985 | | 14.29 | | 12.65 | | | 20.4 |
| 1990 | | 16.45 | | 14.54 | | | 21.5 |
| 1995 | | 17.46 | | 15.48 | | | 21.9 |
| 2000 | | 17.31 | 10.01 | 6.18 | | 0.13 | 22.1 |
| 2001 | | 17.32 | 10.14 | 6.13 | | 0.09 | 22.9 |
| 2002 | | 17.45 | 11.38 | 5.58 | | 0.10 | 23.8 |
| 2003 | | 17.99 | 11.54 | 5.63 | 0.07 | 0.08 | 24.0 |
| 2004 | | 18.90 | 12.31 | 5.42 | 0.25 | 0.14 | 24.6 |
| 2005 | | 20.01 | 13.18 | 5.41 | 0.40 | 0.10 | 25.6 |
| 2006 | | 21.16 | 14.27 | 5.31 | 0.67 | 0.10 | 26.8 |
| 2007 | | 22.00 | 15.15 | 5.30 | 0.92 | 0.10 | 27.8 |
| 2008 | | 23.51 | 16.39 | 5.70 | 0.82 | 0.07 | 28.8 |
| 2009 | | 25.15 | 17.76 | 5.71 | 1.07 | 0.07 | 30.4 |
| 2010 | | 26.97 | 19.55 | 5.20 | 1.58 | 0.09 | 31.5 |
| 2011 | | 29.64 | 22.17 | 5.13 | 1.57 | 0.11 | 34.6 |
| 2012 | | 33.31 | 25.59 | 5.18 | 1.67 | 0.13 | 38.8 |
| 2013 | | 36.83 | 28.62 | 5.51 | 1.81 | 0.12 | 43.0 |
| 2014 | | 39.23 | 30.93 | 5.56 | 1.85 | 0.11 | 45.8 |
| 2015 | | 41.36 | 32.85 | 5.64 | 1.90 | 0.11 | 48.3 |
| 2016 | | 44.31 | 35.62 | 5.88 | 1.82 | 0.11 | 51.9 |
| 2017 | | 46.98 | 37.03 | 6.80 | 2.11 | 0.17 | 54.6 |
| 2018 | | 49.15 | 38.80 | 7.07 | 2.23 | 0.13 | 59.7 |
| 2019 | | 51.59 | 40.72 | 7.46 | 2.27 | 0.14 | 59.7 |
| 2020 | | 53.50 | 42.17 | 7.69 | 2.40 | 0.19 | 58.9 |
| 2021 | | 54.86 | 42.99 | 7.79 | 2.55 | 0.18 | 59.7 |
| 2022 | | 56.30 | 44.37 | 8.01 | 2.44 | 0.14 | 61.5 |
| 2023 | | 57.88 | 45.65 | 8.20 | 2.44 | 0.14 | 63.3 |
| 南京市 | Nanjing | 7.25 | 6.61 | 0.07 | 0.34 | 0.01 | 70.1 |
| 无锡市 | Wuxi | 5.51 | 4.42 | 0.52 | 0.33 | 0.01 | 66.8 |
| 徐州市 | Xuzhou | 6.50 | 4.64 | 1.40 | 0.32 | 0.04 | 67.0 |
| 常州市 | Changzhou | 3.32 | 2.59 | 0.40 | 0.18 | | 55.6 |
| 苏州市 | Suzhou | 8.43 | 7.28 | 0.80 | 0.30 | | 62.5 |
| 南通市 | Nantong | 5.19 | 4.06 | 0.92 | 0.11 | 0.01 | 64.2 |
| 连云港市 | Lianyungang | 2.97 | 2.01 | 0.76 | 0.06 | | 60.3 |
| 淮安市 | Huai'an | 3.18 | 2.01 | 0.86 | 0.17 | 0.02 | 63.1 |
| 盐城市 | Yancheng | 4.42 | 3.14 | 1.06 | 0.11 | | 63.0 |
| 扬州市 | Yangzhou | 2.76 | 2.01 | 0.43 | 0.21 | 0.03 | 53.2 |
| 镇江市 | Zhenjiang | 1.82 | 1.37 | 0.18 | 0.13 | 0.02 | 48.2 |
| 泰州市 | Taizhou | 3.18 | 2.29 | 0.70 | 0.16 | | 66.3 |
| 宿迁市 | Suqian | 3.36 | 3.24 | 0.08 | 0.02 | | 66.7 |

# 16-19　医疗机构门诊情况(2023年)
# Outpatient Services in Medical Institutions (2023)

| 指　标 | Item | 诊疗人次(万人次) Visits(10000 person times) | #门诊 Outpatients Visits | #急诊 Emergency Visits |
|---|---|---|---|---|
| **总　计** | **Total** | **64242.60** | **57169.49** | **5073.71** |
| **医院** | **Hospitals** | **30001.86** | **25877.18** | **3762.70** |
| 综合医院 | General Hospitals | 19569.37 | 16719.16 | 2645.20 |
| 中医医院 | Traditional Chinese Medicine Hospitals | 5184.31 | 4419.01 | 688.64 |
| 中西医结合医院 | Integrated Traditional Chinese and Western Medicine Hospitals | 565.04 | 469.18 | 89.74 |
| 专科医院 | Specialized Hospitals | 4630.65 | 4228.32 | 338.75 |
| **基层医疗卫生机构** | **Health Care Institutions at Grass-root Level** | **32682.87** | **30033.93** | **1062.99** |
| 社区卫生服务中心(站) | Community Health Service Centers(Stations) | 9033.12 | 8354.29 | 347.31 |
| 卫生院 | Health Centers | 10304.10 | 9366.02 | 715.68 |
| #乡镇卫生院 | Township Health Centers | 10162.15 | 9248.80 | 691.03 |
| 村卫生室 | Village Clinics | 7159.14 | 6917.47 | |
| 门诊部 | Outpatient Departments | 2262.39 | 1769.52 | |
| 诊所、卫生所、医务室 | Clinics, Sanitation Offices and Medical Offices | 3924.11 | 3626.63 | |
| **专业公共卫生机构** | **Specialized Public Health Institutions** | **1533.26** | **1244.85** | **248.01** |
| 专科疾病防治院(所、站) | Specialized Disease Prevention and Treatment Institutes | 52.69 | 52.30 | 0.15 |
| 妇幼保健院(所、站) | Maternal and Children Care Centers | 1349.84 | 1192.54 | 117.13 |
| 急救中心(站) | Emergency Centers (Stations) | 130.73 | | 130.73 |
| **其他机构** | **Other Health Care Institutions** | **24.61** | **13.54** | **0.01** |
| 康复医疗机构 | Rehabilitative Medical Institutions | 24.61 | 13.54 | 0.01 |

# 16-20 医疗机构住院服务、病床使用情况(2023年)

| 指 标 | Item | 病床使用率(%) Utilization Rate of Beds (%) | | |
|---|---|---|---|---|
| | | 合 计 Total | 非营利 Nonprofit | 营 利 Profit |
| **总 计** | **Total** | **76.53** | **78.89** | **64.93** |
| **医院** | **Hospitals** | **81.09** | **85.26** | **65.36** |
| 综合医院 | General Hospitals | 84.25 | 86.98 | 68.58 |
| 中医医院 | Traditional Chinese Medicine Hospitals | 84.81 | 86.34 | 66.86 |
| 中西医结合医院 | Integrated Traditional Chinese and Western Medicine Hospitals | 74.59 | 80.78 | 56.21 |
| 专科医院 | Specialized Hospitals | 80.58 | 87.63 | 61.96 |
| **基层医疗卫生机构** | **Health Care Institutions at Grass-root Level** | **57.86** | **57.90** | **33.42** |
| 社区卫生服务中心 | Community Health Service Centers | 50.04 | 50.04 | |
| 卫生院 | Health Centers | 60.15 | 60.15 | |
| 乡镇卫生院 | Township Health Centers | 60.05 | 60.05 | |
| **专业公共卫生机构** | **Specialized Public Health Institutions** | **71.14** | **71.28** | **52.88** |
| 专科疾病防治院(所、站) | Specialized Disease Prevention and Treatment Institutes | 69.34 | 70.43 | 52.88 |
| 妇幼保健院(所、站) | Maternal and Children Care Centers | 71.39 | 71.39 | |
| **其他机构** | **Other Health Care Institutions** | **46.00** | **57.57** | **34.97** |
| 康复医疗机构 | Rehabilitative Medical Institutions | 46.00 | 57.57 | 34.97 |

# Conditions of Hospitalization Services and Utilization of Beds in Medical Institutions (2023)

| 入院人数(万人) Inpatients(10000 persons) | | | 每百门急诊人次的入院人数(人) Inpatients per 100 Outpatient and Emergency Visits (person) |
|---|---|---|---|
| 合　计 Total | 非营利 Nonprofit | 营　利 Profit | |
| **1711.92** | **1528.68** | **183.25** | **3.44** |
| **1406.05** | **1223.45** | **182.60** | **4.74** |
| 954.96 | 847.76 | 107.20 | 4.93 |
| 208.68 | 195.53 | 13.15 | 4.09 |
| 20.00 | 16.63 | 3.37 | 3.58 |
| 205.76 | 154.87 | 50.90 | 4.51 |
| **258.21** | **258.07** | **0.13** | **1.37** |
| 46.07 | 46.07 | | 0.53 |
| 211.92 | 211.92 | | 2.10 |
| 208.54 | 208.54 | | 2.10 |
| **42.94** | **42.63** | **0.30** | **3.15** |
| 1.27 | 0.97 | 0.30 | 2.42 |
| 41.67 | 41.67 | | 3.18 |
| **4.73** | **4.52** | **0.21** | **34.89** |
| 4.73 | 4.52 | 0.21 | 34.89 |

# 16-21 法定报告传染病发病及死亡情况(2023年)
# Legal Report on Morbidity and Mortality of Infection Diseases (2023)

| 病 名 | Diseases | 发病率(1/10万) Morbidity Rate (1/100 thousand) | 死亡率(1/10万) Mortality Rate (1/100 thousand) |
|---|---|---|---|
| 鼠疫 | The Plague | | |
| 霍乱 | Cholera | 0.0023 | |
| 传染性非典型肺炎 | SARS | | |
| 艾滋病 | AIDS | 1.7239 | 0.3323 |
| 病毒性肝炎 | Viral Hepatitis | 39.3663 | 0.1315 |
| 脊髓灰质炎 | Poliomyelitis | | |
| 人感染高致病性禽流感 | HpAI | | |
| 麻疹 | Measles | 0.0106 | |
| 流行性出血热 | Hemorrhage Fever | 0.1315 | |
| 狂犬病 | Hydrophobia | 0.0059 | 0.0047 |
| 流行性乙型脑炎 | Encephalitis B | 0.0047 | |
| 登革热 | Dengue Fever | 0.0775 | |
| 炭疽 | Anthrax | | |
| 细菌性和阿米巴性痢疾 | Dysentery | 0.8126 | 0.0012 |
| 肺结核 | Pulmonary Tuberculosis | 24.6412 | 0.0787 |
| 伤寒、副伤寒 | Typhoid Tuberculosis | 0.0493 | |
| 流行性脑脊髓膜炎 | Epidemic Encephalitis | 0.0059 | |
| 百日咳 | Pertussis | 0.2548 | |
| 白喉 | Diphtheria | | |
| 新生儿破伤风(1/1000) | Newborn Tetanus | | |
| 猩红热 | Scarlet Fever | 1.5008 | |
| 布鲁氏菌病 | Brucellosis | 0.3511 | |
| 淋病 | Gonorrhea | 7.3631 | |
| 梅毒 | Syphilis | 36.8309 | 0.0012 |
| 钩端螺旋体病 | Leptospirosis | 0.0070 | |
| 血吸虫病 | Schistosomiasis | | |
| 疟疾 | Malaria | 0.1421 | |
| 人感染H7N9禽流感 | Avian Influenza H7N9 | | |

# 16-22 孕产妇及婴儿死亡率
# Mortality Rate of Maternity Female and Babies

| 指 标 | Item | 2017 | 2018 | 2019 | 2020 | 2021 | 2022 | 2023 |
|---|---|---|---|---|---|---|---|---|
| 孕产妇死亡率(1/10万) | Mortality Rate of Maternity Female(1/100 thousand) | 10.42 | 9.83 | 7.78 | 5.09 | 5.51 | 5.06 | 4.39 |
| 婴儿死亡率(‰) | Mortality Rate of Babies(‰) | 2.61 | 2.71 | 2.52 | 2.44 | 2.19 | 2.05 | 1.82 |
| 5岁以下儿童死亡率(‰) | Mortality Rate of Children under 5(‰) | 3.67 | 3.99 | 3.74 | 3.69 | 3.35 | 3.16 | 2.97 |

# 主要统计指标解释

**文化事业机构**　指从事专业文化工作和为专业文化工作服务的独立建制的单位。不包括这些单位另外举办独立核算的其他机构和各部门的业余文化组织。

**艺术表演团体**　指从事戏曲、音乐、舞蹈、杂技等专业艺术表演，有独立账户的单位，不包括半工半艺、半农半艺和民间职业剧团。

**等级运动员人数**　指经考核正式批准授予等级运动员称号的人数。运动员等级分为国际级运动健将、运动健将、一级运动员、二级运动员、三级运动员、少年级运动员。

**等级裁判员人数**　指经考核正式批准授予等级裁判员称号的人数。裁判员等级分为国际裁判、国家级裁判、一级裁判、二级裁判、三级裁判。

**卫生机构**　指从卫生计生行政部门取得《医疗机构执业许可证》，或从民政、工商行政、机构编制管理部门取得法人单位登记证书，为社会提供医疗保障、疾病控制、卫生监督服务或从事医学科研和教育等工作的单位。

**卫生技术人员**　指卫生事业机构支付工资的全部职工中现任职务为卫生技术工作的专业人员，包括执业医师、执业助理医师、注册护士、药剂人员、检验人员和其他卫生技术人员。

**执业（助理）医师和注册护士**　指领取医师执业证书和注册护士证书的人员。

# Explanatory Notes on Main Statistical Indicators

**Cultural Institutions** refer to the independent establishment engaged in professional cultural work and dedicated to cultural work. They exclude other establishment ran by these cultural institutions and amateur groups established by various departments.

**Art Performance Troupes** refer to the units which are engaged in drama, music, dance, acrobatics or other art performances, with independent accounts, excluding the units which are engaged partly in industrial or agricultural activities, partly in art performance and the professional units organized by private.

**Number of Athletes in Grades** refer to the number of athletes who have been given titles through examination. The titles of athletes include international masters of sports, masters of sports, first grade sportsmen, second grade sportsmen, third grade sportsmen and young athletes.

**Number of Referees in Grades** refer to the number of referees who have been given titles after examination. They are classified as international referees, national referees and referees of the first, second and third grades.

**Health Care Institutions** refer to the units which have received the "Practice Licence of Medical Institutions" from health and family planning administrative departments, or the registered certification of corporation units from the civil, industrial and commercial, and organization establishment administrative departments. They provide the services of medical security, disease controlling, health supervision, or units engaged in medical scientific research and education.

**Health Technical Personnel** refers to all medical staff and workers employed by medical institutions, including health technical personnel, licensed physicians and physician assistants, registered nurses, pharmacists, inspectors and other health technical personnel.

**Licensed Physician Assistants and Registered Nurses** refer to the doctors and nurses who have received the practitioner doctor certification and registered nurse certification respectively.

# 17

# 公共管理、社会保障和社会组织

# Public Management, Social Security and Social Organizations

# 简 要 说 明

**一、本篇资料的主要内容**

本篇主要反映档案、民政、残疾人、社会保障、工会妇联、公检法司情况等内容。

档案部分主要包括档案机构人员，档案馆档案资料馆藏和利用情况；民政事业部分主要包括民政行业单位情况，民政事业经费情况，收养类单位情况，办理结婚、离婚情况；社会保障部分主要包括社会保险基本情况，社会保险基金收支及累计结余情况；公检法监司部分主要包括公安机关的刑事案件立案情况和治安案件查处情况，交通事故情况，消防总队的火灾事故情况，人民检察院的办案情况，人民法院审理案件和收结案情况，监察委立案结案情况，以及律师、公证、调解工作等情况。

**二、本篇的资料来源**

根据各部门制定的统计报表制度汇总加工整理而成。档案资料来自省档案局；民政事业资料来自省民政厅；残疾人事业资料来自省残疾人联合会；社会保障资料来自省人力资源和社会保障厅；工会妇联资料分别来自省妇女联合会和省总工会；公检法监司资料分别来自省公安厅、省人民检察院、省高级人民法院、省监察委、省司法厅。

# Brief Introduction

**I. Main Contents**

Data in this chapter show statistics on archives, civil affairs, disabled persons, social security, labour union and women's federation, public security, procuratorial and judicial affairs and so on.

Data on archives cover mainly information on staff in archive institutions, conditions of files stored and used in archives. Data on civil affairs include basic conditions of civil affairs industry agencies, expenses for civil affairs, adoptive units, marriages and divorces. Data on social security cover information of social insurance, revenue, expenses and balance of social insurance fund. Data on public security, procuratorial and judicial affairs cover information on criminal cases registered and investigation and handing of public security cases by the public security traffic accidents and fire accidents by fire brigade, cases handled by people's procuratorate, cases accepted and settled by people's courts, cases registered and settled by supervisory committee and lawyers, notarization and mediation.

**II. Sources of Data**

Data are collected and tabulated in accordance with the statistic reporting schemes stipulated by the departments concerned. Data on archives are provided by the archives management office of the Provincial Party Committee; data on civil affairs are from the Provincial Department of Civil Affairs； data on disabled persons are from Province Disabled Persons' Federation； data on social security are from Provincial Department of Human Resources and Social Security； data on Labour union and women's federation are respectively from Provincial Women's Federation and Federation of Labour Unions; data on public security, procuratorial and judicial affairs are respectively from Provincial Public Security Department, Provincial People's Procuratorate, Provincial High People's Court, Provincial Supervisory Committee and Justice Department.

# 17-1　档案事业机构人员数(2023年)
# Number of Personnel in Archive Institutions (2023)

| 项　目 | Item | 机构数(个) Number of Institutions (unit) | 专职人员数(人) Full-time Personnel (person) | #女性 Female | #大专以上文化程度 College and Higher Level |
|---|---|---|---|---|---|
| **总　计** | **Total** | **2607** | **6717** | **4383** | **6648** |
| 档案行政管理部门 | Administrative Department of Archives | 109 | 160 | 59 | 160 |
| 档案馆 | Archives | 158 | 2145 | 1128 | 2121 |
| 档案室(处、科) | Archives Offices (Sections) | 2340 | 4412 | 3196 | 4367 |

# 17-2　档案馆档案资料馆藏和利用情况
# Conditions of Files Stored and Used in Archives

| 项　目 | Item | 2017 | 2018 | 2019 | 2020 | 2021 | 2022 | 2023 |
|---|---|---|---|---|---|---|---|---|
| **馆藏档案** | **Number of Archives** | | | | | | | |
| 全宗(个) | Whole File(unit) | 20836 | 21237 | 21703 | 22155 | 23283 | 24033 | 24289 |
| 案卷(万卷) | Files(10000 volumes) | 2159 | 2482 | 2836 | 3044 | 3292 | 4554 | 4279 |
| 以件为保管单位档案(万件) | Take a Piece as A Storage Unit File(copy) | 1972 | 2649 | 3158 | 3533 | 4196 | 4909 | 5443 |
| 录音录像影片档案(盘) | Audio, Video and film Files(copy) | 82241 | 87823 | 88977 | 91849 | 114117 | 132854 | 134864 |
| 照片档案(万张) | Photos(10000 pieces) | 178 | 172 | 184 | 198 | 211 | 445 | 450 |
| **馆藏资料(万册)** | **Number of Material Stored(10000 volumes)** | **160** | **161** | **165** | **170** | **175** | **360** | **381** |
| **档案馆面积(平方米)** | **Area of Archives(sq.m)** | **851688** | **911137** | **1035080** | **1061439** | **1122457** | **1290556** | **1322701** |
| #库房面积 | Area of Storerooms | 315798 | 336597 | 334822 | 352445 | 372438 | 500187 | 514579 |
| **档案资料利用** | **Use of Material** | | | | | | | |
| 利用档案人次(万人次) | Number of Person-times Using Files Material(10000 person-times) | 50 | 61 | 55 | 49 | 52 | 72 | 77 |
| 利用档案卷次(万卷、件次) | Number of Archives Used(10000 volume-times) | 91 | 138 | 155 | 149 | 155 | 186 | 269 |
| 利用资料人次(万人次) | Person-time of Using Material(10000 person-times) | 1 | 2 | 1 | 1 | 1 | 10 | 13 |
| 利用资料(册次) | Number of Data Used( volumes-times) | 25009 | 29461 | 22503 | 21676 | 16307 | 114801 | 159869 |
| **开放档案** | **Archives Open to Public** | | | | | | | |
| 案卷(万卷/万件) | Files(10000 volumes) | 259 | 249 | 253 | 259 | 317 | 579 | 573 |
| 以件为保管单位档案(万件) | Take a Piece as A Storage Unit File(10000 volumes) | 59 | 74 | 75 | 80 | 269 | 856 | 1051 |

注：本表档案馆指国家综合档案馆。
a) Archives in this table refer to national comprehensive archives.

# 17-3 律师、公证及调解工作基本情况
# Basic Statistics on Lawyers， Notarization and Mediation

| 项　目 | Item | 2017 | 2018 | 2019 | 2020 | 2021 | 2022 | 2023 |
|---|---|---|---|---|---|---|---|---|
| **律师工作** | **Lawyers** | | | | | | | |
| 律师事务所(个) | Number of Law Offices(unit) | 1786 | 1882 | 2043 | 2187 | 2300 | 2415 | 2527 |
| 律师人数(人) | Number of Lawyers(person) | 21816 | 26570 | 30461 | 35632 | 39185 | 43940 | 48866 |
| 担任法律顾问(家) | Number of Units with Legal Advisors(unit) | 77830 | 82623 | 90495 | 85840 | 91810 | 98225 | 97089 |
| 民事案件诉讼代理(件) | Agent of Civil Cases(case) | 410173 | 493375 | 599258 | 574162 | 661561 | 699851 | 786019 |
| 刑事诉讼辩护及代理(件) | Agent and Defender of Criminal Cases(case) | 49549 | 62453 | 81066 | 67343 | 72460 | 60874 | 76130 |
| 非诉讼法律事务(件) | Non-litigious Legal Affairs(case) | 70793 | 85362 | 119775 | 55260 | 112874 | 107362 | 112043 |
| 解答法律咨询和代写法律事务文书(件) | Legal Advisory Services(case) | 388900 | 177689 | 176086 | 87386 | 77737 | 74150 | 85988 |
| 行政诉讼(件) | Administrative Litigation(case) | 13261 | 10793 | 13601 | 19347 | 19738 | 19705 | 22099 |
| **公证工作** | **Notarization** | | | | | | | |
| 公证处(个) | Number of Notary Offices(unit) | 104 | 107 | 107 | 105 | 105 | 105 | 101 |
| 公证人员(人) | Notarial Personnel(person) | 1598 | 1441 | 1509 | 1474 | 1461 | 1486 | 1490 |
| #公证员 | Notaries | 691 | 710 | 751 | 765 | 748 | 786 | 835 |
| 助理公证员 | Assistant Notaries | 605 | 731 | 758 | 709 | 713 | 700 | 655 |
| 办理国内公证文书(件) | Number of Domestic Notarized Documents(case) | 664324 | 551923 | 609491 | 605318 | 722819 | 704663 | 604396 |
| **人民调解工作** | **People's Mediation** | | | | | | | |
| 人民调解委员会(个) | Number of People's Mediation Committees(unit) | 37467 | 25593 | 30476 | 29143 | 29292 | 24493 | 25380 |
| 调解人员(人) | Number of Mediators(person) | 154506 | 116951 | 117023 | 108270 | 108854 | 97971 | 100283 |

注：2021年起，解答法律咨询(人次)和代写法律事务文书(件)合并统计。

a) The statistics of answering legal advice(person-times) and writing legal affairs documents on behalf(case) have been combined since 2021.

# 17-4　国内公证文书分类
# Domestic Notarial Documents by Type

单位：件　　(case)

| 指　标 | Item | 2017 | 2018 | 2019 | 2020 | 2021 | 2022 | 2023 |
|---|---|---|---|---|---|---|---|---|
| **总　计** | **Total** | **716810** | **551923** | **609491** | **605318** | **722819** | **704663** | **604396** |
| 合同(协议) | Contracts (Agreements) | 85210 | 54602 | 65557 | 56752 | 48466 | 34273 | 30156 |
| 继承 | Inheritance | 68818 | 94130 | 109643 | 102653 | 104294 | 89300 | 126046 |
| 单方法律行为 | Unilateral Legal Behavior | 292194 | 66815 | 61599 | 74968 | | | |
| 现场监督 | Field Supervision | 12490 | 22982 | 21716 | 24491 | 38063 | 40120 | 18994 |
| 保全证据 | Evidence Preservation | 34257 | 34100 | 41911 | 43007 | 73619 | 71113 | 56271 |
| 公司章程 | Corporation Constitutions | 22 | 225 | 388 | 6 | 39 | 1 | 7 |
| 组织资格 | Organization Qualification | 236 | 3 | 21 | 79 | 38 | 12 | 3 |
| 财产权 | Property Rights | 38 | 15 | 1 | 11 | 6 | 7 | 5 |
| 身份 | Identity | 6396 | 29070 | 27718 | 77 | 59 | 901 | 31 |
| 收养关系 | Adoptive Relationship | 82 | 33 | 20 | 3 | 25 | 14 | 13 |
| 婚姻状况 | Marital Status | 906 | 12917 | 8264 | 59 | 736 | 82 | 46 |
| 亲属关系 | Kinship Confirmation | 3030 | 27357 | 28377 | 2573 | 9049 | 2624 | 2677 |
| 有无违法犯罪记录 | Illegal and Criminal Record Check | 3444 | 22364 | 29184 | 1679 | 23206 | 2346 | 2002 |
| 证书(执照) | Certificate (Licence) | 6346 | 20531 | 30022 | 22429 | 70371 | 33758 | 34164 |
| 签名(印鉴) | Signature (Seal) | 70312 | 57293 | 53443 | 15940 | 36273 | 23030 | 12935 |
| 文本相符 | Conformity of Documentation | 40484 | 47236 | 41909 | 42669 | 128233 | 111169 | 31749 |
| 赋予执行效力 | Executor Force | 20835 | 20157 | 37705 | 57436 | 58560 | 44993 | 45072 |
| 执行证书 | Certificate of Execution | 1008 | 976 | 1105 | 657 | 404 | 800 | 1003 |
| 抵押登记 | Mortgage Registration | 382 | 107 | 384 | 1 | 56 | 3 | 6 |
| 提存 | Drawing | 73 | 60 | 94 | 64 | 69 | 83 | 168 |
| 保管 | Storage | 2 | 3 | 8 | 6 | 89 | 4 | 14 |
| 其他 | Others | 67602 | 10326 | 19603 | 17384 | 131164 | 250030 | 243034 |

注：2021年起不再统计单方法律行为指标，该数据并入其他项，其他项数据跟上年不衔接。

a) Indicators of unilateral legal behavior have no longer be counted since 2021. The data have been merged into other items, and other items of data have not been connected with last year.

# 17-5 涉外公证文书分类

# Foreign-related Notarial Documents by Type

单位：件 (case)

| 指 标Item | | 2017 | 2018 | 2019 | 2020 | 2021 | 2022 | 2023 |
|---|---|---|---|---|---|---|---|---|
| **总 计** | **Total** | **255136** | **212699** | **237015** | **108096** | **138191** | **166065** | **236960** |
| 出生 | Births | 29166 | 30818 | 23732 | 10708 | 15089 | 16966 | 25335 |
| 学历 | Education Background | 14020 | 9356 | 6676 | 3858 | 4331 | 3507 | 3390 |
| 经历 | Resume | 862 | 240 | 145 | 87 | 30 | 10 | 64 |
| 生存、居住 | Survival, Residence | 1954 | 308 | 1109 | 475 | 348 | 445 | 412 |
| 死亡 | Deaths | 326 | 281 | 307 | 122 | 172 | 170 | 387 |
| 收养 | Adoption | 240 | 15 | 11 | | | | 1 |
| 亲属关系 | Kinship Confirmation | 26820 | 22374 | 23775 | 6692 | 6262 | 8564 | 19319 |
| 婚姻状况 | Marital Status | 5438 | 8191 | 2180 | | | 943 | |
| 继承权 | Rights of Inheritance | 18 | 60 | 57 | 17 | 22 | 11 | 80 |
| 遗嘱 | Testament | 2 | 2 | 6 | 3 | 1 | | 1 |
| 委托书 | Power of Attorney | 3900 | 3342 | 2943 | 728 | 343 | 364 | 1060 |
| 声明书 | Declaration | 3968 | 2816 | 3001 | 899 | 845 | 1071 | 2504 |
| 有无违法犯罪记录 | Illegal and Criminal Record Check | 26212 | 27167 | 26687 | 16543 | 20976 | 24346 | 35707 |
| 文本相符 | Conformity of Documentation | 35144 | 44737 | 21496 | 33363 | 46991 | 53628 | 65880 |
| 其他 | Others | 63674 | 62992 | 24352 | 3612 | 1019 | 8999 | 4193 |

# 17-6 民政行业单位基本情况
# Basic Conditions of Civil Affairs Agencies

| 指 标 | Item | 单位数（个）Number of Institutions (unit) | | 职工人数（人）Number of Employed Workers(person) | |
|---|---|---|---|---|---|
| | | 2022 | 2023 | 2022 | 2023 |
| **民政行业单位** | **Civil Affairs Agencies** | **130551** | **126565** | **969266** | **946338** |
| 民政行政机关 | Civil Affairs Administrative Departments | 115 | 115 | 3143 | 3134 |
| 民政事业单位 | Civil Affairs Public Institutions | 2988 | 3171 | 201303 | 19888 |
| 社区服务中心 | Community Service Centers | 2507 | 2660 | 194871 | 12968 |
| 婚姻登记服务类单位 | Marriage Registration Units | 68 | 71 | 453 | 481 |
| 提供住宿的社会服务机构 | Social Service Institutions with Accommodations | 95 | 95 | 883 | 869 |
| 殡仪类单位 | Funeral and Interment Units | 219 | 225 | 4250 | 4569 |
| 福利彩票发行单位 | Welfare Lottery Issuing Units | 73 | 72 | 750 | 736 |
| 其他事业单位 | Other Public Institutions | 26 | 48 | 96 | 265 |
| 社会组织 | Social Organizations | 79306 | 75771 | 703724 | 683117 |
| 社会团体 | Social Groups | 30804 | 29644 | 203204 | 202704 |
| 基金会 | Fundations | 797 | 809 | 2820 | 2794 |
| 民办非企业单位 | Private Non-enterprise Units | 47705 | 45318 | 497700 | 477619 |
| 基层群众自治组织 | Grass Roots Autonomous Organizations | 21345 | 21416 | 112285 | 112239 |
| 社区居委会 | Neighborhood Committee | 7630 | 7714 | 42611 | 42907 |
| 村委会 | Villagers Committee | 13715 | 13702 | 69674 | 69332 |

# 17-7 提供住宿的社会服务机构基本情况(2023年)
# Basic Statistics of Social Service Institutions with Accommodations (2023)

| 项 目 | Item | 机构数（个）Institutions (unit) | 工作人员（人）Personnel (person) | 床 位（张）Beds (bed) | 年末收养人员(人) Adoptions at Year-end (person) |
|---|---|---|---|---|---|
| **总 计** | **Total** | **2615** | **58670** | **492752** | **203321** |
| 为老年人与残疾人提供服务的机构 | Institutions Providing Services for the Elderly and the Disabled | 2430 | 52326 | 458090 | 166755 |
| 社会福利院 | Social Welfare Institutions | 52 | 3123 | 20000 | 9081 |
| **为智障与精神病人提供服务的机构** | **Institutions Providing Services for Retarded People and Mental Illness Patients** | | | | |
| 社会福利医院 | Social Welfare Hospitals | 10 | 1357 | 5226 | 4355 |
| **为儿童提供收养救助服务的机构** | **Adoption Institutions Providing Services for children** | | | | |
| 儿童福利机构 | Child Welfare Institutions | 14 | 660 | 3142 | 1517 |
| 未成年人救助保护中心 | Minors Rescue and Protection Centers | 40 | 447 | 1319 | 34 |
| **其他提供住宿的社会服务机构** | **Other Social Service Institutions with Accommodation** | | | | |
| 生活无着人员救助站 | Rescue Stations for Helpless People | 69 | 757 | 4975 | 21579 |
| 其他收留抚养机构 | Other Adoption Institutions | | | | |

# 17-8 残疾人事业基本情况

| 项　目 | Item |
| --- | --- |
| **康复** | **Rehabilitation** |
| 得到基本康复服务残疾人数(人) | Basic rehabilitation services for disabled(person) |
| 视力残疾人数 | Number of Persons with Visual Disability |
| 听力残疾人数 | Number of Persons with Hearing Disability |
| 言语残疾人数 | Number of Persons with Speaking Disability |
| 肢体残疾人数 | Number of Persons with Physical Disability |
| 智力残疾人数 | Number of Persons with Mental Disability |
| 精神残疾人数 | Number of Persons with Mental Illness |
| 多重残疾人数 | Number of Persons with Multiple Disabilities |
| 0-17岁未持证残疾儿童 | Unlicensed Disabled Children Aged 0-17 |
| 残疾人康复机构(个) | Rehabilitation institutions for Handicapped Persons(unit) |
| 辅助器具服务机构(个) | Auxiliary Appliance Service Agencies(unit) |
| **教育** | **Education** |
| 特殊教育普通高中在校生(人) | Students at Senior Secondary Schools with Special Education(person) |
| 残疾人中等职业教育在校生(人) | Secondary Vocational Education for Handicapped Students(person) |
| 普通高等院校录取残疾考生(人) | Handicapped Students Admitted to Regular Higher Education Institutions(person) |
| **就业** | **Employment** |
| 残疾人就业人数(人) | Employed Handicapped Population(person) |
| 按比例就业 | Proportional Employment |
| 集中就业 | Concentrative Employment |
| 个体就业 | Individual Employment |
| 公益性岗位就业 | Employment of Public Welfare Jobs |
| 辅助性就业 | Auxiliary Employment |
| 农村种养加 | Rural Farming, Breeding and Processing |
| 灵活就业 | Flexible Employment |
| 新增残疾人职业技能培训人数(人) | Number of Newly Increased People with Disabilities in Vocational Skills Training (person) |
| **社会保障** | **Social Security** |
| 残疾居民实际参加城乡社会养老保险人数(人) | Handicapped Population Covered by Social Pension Insurance(person) |
| 60周岁以下参保残疾居民(人) | Handicapped Residents Under the Age of 60(person) |
| #重度残疾人 | Severely Handicapped |
| 非重度残疾人 | Non-severely Handicapped |
| **维权** | **Rights Protection** |
| 残疾人法律救助工作站(个) | Legal Assistance Stations for Handicapped Population(unit) |
| 残疾人法律救助工作站办理的案件(件) | Case Handled by the Legal Assistance Station for Handicapped Population(unit) |
| 残疾人机动轮椅车燃油补贴(人) | Subsidy for Fuel of Motor Wheelchairs of Handicapped Population(person) |
| **残联组织建设** | **Federation of Disabled Persons Organization Development** |
| 残疾人专职委员(人) | Full-time Committee Members with Disability(person) |
| 省市县乡残联实有人员（人） | Actual Personnel of Province-City-County-Township Federation of Disabled(person) |
| 残疾人人口库持证残疾人(万人) | Population with Disability Certificates in the Database of Population with Disability (10000 persons) |

# Basic Statistics on the Work for Persons with Disability

| 2017 | 2018 | 2019 | 2020 | 2021 | 2022 | 2023 |
|---|---|---|---|---|---|---|
| | | | | | | |
| 383743 | 357783 | 296713 | 277075 | 245192 | 233374 | 307748 |
| 41761 | 35484 | 25470 | 22622 | 18477 | 16040 | 24858 |
| 15958 | 12959 | 10033 | 9981 | 8105 | 7873 | 12114 |
| 112 | 80 | 117 | 123 | 166 | 178 | 266 |
| 196944 | 176784 | 133428 | 114041 | 95454 | 90203 | 130238 |
| 35227 | 30580 | 25802 | 24618 | 19736 | 17900 | 29319 |
| 71846 | 76066 | 75804 | 77608 | 74225 | 68911 | 76334 |
| 8897 | 8054 | 7819 | 7823 | 8139 | 8714 | 11010 |
| 12998 | 17776 | 18240 | 20259 | 20890 | 23555 | 23609 |
| 421 | 435 | 465 | 473 | 505 | 530 | 546 |
| 71 | 74 | 80 | 73 | 78 | 78 | 73 |
| | | | | | | |
| 762 | 588 | 604 | 534 | 547 | 573 | 709 |
| 1164 | 1544 | 1468 | 1694 | 1461 | 1368 | 1518 |
| 375 | 368 | 391 | 428 | 686 | 799 | 1382 |
| | | | | | | |
| 366632 | 380469 | 349038 | 336594 | 353087 | 372867 | 406754 |
| 70151 | 72912 | 68837 | 68641 | 78045 | 91061 | 100293 |
| 50431 | 50774 | 46450 | 44614 | 45209 | 41855 | 41250 |
| | | 42593 | 40315 | 38004 | 25623 | 26199 |
| | | 56706 | 51978 | 44832 | 39325 | 33769 |
| 8449 | 12057 | 12865 | 12587 | 14995 | 18048 | 21163 |
| | | 91165 | 80678 | 70005 | 87112 | 92224 |
| | | 30422 | 37780 | 61997 | 69843 | 91856 |
| | | | | 32576 | 25629 | 31367 |
| | | | | | | |
| 1404165 | 1147338 | 1143008 | 1173170 | 1223664 | 1261734 | 1277630 |
| 780717 | 667431 | 646018 | 646573 | 665682 | 685032 | 682199 |
| 241854 | 299541 | 290618 | 296069 | 310525 | 312914 | 316246 |
| 538863 | 367890 | 355400 | 350504 | 355157 | 372118 | 365953 |
| | | | | | | |
| 89 | 93 | 108 | 110 | 110 | 112 | 114 |
| 140 | 182 | | 86 | 64 | 32 | 153 |
| 22356 | 20641 | 18095 | 14190 | 12860 | 11002 | 10299 |
| | | | | | | |
| 21993 | 20418 | 20265 | 16260 | 18862 | 18756 | 19489 |
| 4951 | 4605 | 4667 | 4652 | 4742 | 4711 | 4584 |
| 151 | 160 | 164 | 163 | 166 | 169 | 171.7 |

# 17-9 婚姻登记和离婚情况
# Statistics of Marriage Registration and Divorce

| 年 份 Year | 地 区 Region | 结婚登记对数 (万对) Total Number of Marriage Registration (10000 couples) | 内地居民登记结婚 (万对) Marriage Registration of Mainland Residents (10000 persons) | 涉外及港澳台居民登记结婚 (万对) Marriage Registration Involving Foreigners or Residents (10000 persons) | 初 婚 (万人) First-Marriages (10000 persons) | 再婚 (万人) Re-marriages (10000 persons) | 离婚登记对数 (万对) Divorces (10000 couples) |
|---|---|---|---|---|---|---|---|
| 1985 | | 43.01 | 43.01 | 0.01 | 84.51 | 1.51 | 2.11 |
| 1990 | | 52.72 | 52.70 | 0.04 | 102.88 | 2.56 | 4.63 |
| 1995 | | 57.51 | 57.47 | 0.10 | 112.00 | 3.03 | 6.76 |
| 2000 | | 49.81 | 49.75 | 0.12 | 94.43 | 4.95 | 8.19 |
| 2001 | | 44.42 | 44.30 | 0.13 | 83.25 | 5.35 | 8.62 |
| 2002 | | 48.14 | 48.08 | 0.13 | 89.41 | 6.60 | 9.70 |
| 2003 | | 46.15 | 46.09 | 0.13 | 85.84 | 6.20 | 9.65 |
| 2004 | | 51.64 | 51.57 | 0.14 | 93.98 | 9.00 | 11.74 |
| 2005 | | 47.20 | 47.13 | 0.14 | 84.94 | 9.66 | 12.38 |
| 2006 | | 59.23 | 59.15 | 0.16 | 105.70 | 12.76 | 13.80 |
| 2007 | | 57.14 | 57.06 | 0.17 | 99.93 | 14.36 | 16.04 |
| 2008 | | 62.47 | 61.82 | 0.17 | 110.60 | 14.30 | 13.55 |
| 2009 | | 73.09 | 73.00 | 0.17 | 129.51 | 16.66 | 14.37 |
| 2010 | | 75.71 | 75.71 | 0.16 | 137.41 | 14.02 | 16.02 |
| 2011 | | 86.75 | 86.67 | 0.17 | 152.53 | 20.97 | 16.68 |
| 2012 | | 88.76 | 88.59 | 0.17 | 159.03 | 18.50 | 18.12 |
| 2013 | | 90.38 | 90.21 | 0.33 | 158.20 | 22.55 | 21.66 |
| 2014 | | 83.45 | 83.29 | 0.32 | 141.84 | 25.06 | 21.84 |
| 2015 | | 78.60 | 78.44 | 0.32 | 132.21 | 25.00 | 22.93 |
| 2016 | | 71.61 | 71.61 | 0.28 | 116.28 | 26.94 | 26.13 |

17-9　续表　continued

| 年　份<br>Year | 地　区<br>Region | 结婚登记对数<br>(万对)<br>Total Number of Marriage Registration<br>(10000 couples) | 内地居民登记结婚<br>(万对)<br>Marriage Registration of Mainland Residents<br>(10000 persons) | 涉外及港澳台居民登记结婚<br>(万对)<br>Marriage Registration Involving Foreigners or Residents<br>(10000 persons) | 初　婚<br>(万人)<br>First-Marriages<br>(10000 persons) | 再婚<br>(万人)<br>Re-marriages<br>(10000 persons) | 离婚登记对数<br>(万对)<br>Divorces<br>(10000 couples) |
|---|---|---|---|---|---|---|---|
| | 2017 | 67.55 | 67.55 | 0.14 | 106.29 | 28.81 | 24.62 |
| | 2018 | 63.77 | 63.63 | 0.14 | 97.30 | 30.24 | 24.57 |
| | 2019 | 56.94 | 56.81 | 0.14 | 83.85 | 30.04 | 26.06 |
| | 2020 | 49.23 | 49.16 | 0.07 | 69.63 | 17.54 | 23.57 |
| | 2021 | 46.70 | 46.63 | 0.07 | 77.74 | 15.65 | 13.48 |
| | 2022 | 41.20 | 41.12 | 0.07 | 68.81 | 13.58 | 12.92 |
| | 2023 | 45.39 | 45.23 | 0.16 | 67.88 | 22.89 | 16.02 |
| 南京市 | Nanjing | 6.82 | 6.79 | 0.02 | 9.38 | 4.25 | 2.41 |
| 无锡市 | Wuxi | 3.07 | 3.06 | 0.01 | 4.84 | 1.31 | 1.14 |
| 徐州市 | Xuzhou | 4.55 | 4.53 | 0.01 | 6.50 | 2.59 | 1.85 |
| 常州市 | Changzhou | 2.43 | 2.42 | 0.01 | 3.70 | 1.16 | 0.88 |
| 苏州市 | Suzhou | 5.79 | 5.76 | 0.03 | 8.72 | 2.87 | 1.93 |
| 南通市 | Nantong | 3.96 | 3.95 | 0.01 | 6.27 | 1.64 | 0.99 |
| 连云港市 | Lianyungang | 2.44 | 2.43 | 0.01 | 3.46 | 1.41 | 1.19 |
| 淮安市 | Huai'an | 2.74 | 2.72 | 0.01 | 4.05 | 1.42 | 1.00 |
| 盐城市 | Yancheng | 3.87 | 3.86 | 0.01 | 5.96 | 1.78 | 1.24 |
| 扬州市 | Yangzhou | 2.54 | 2.53 | 0.01 | 4.09 | 0.98 | 0.74 |
| 镇江市 | Zhenjiang | 1.34 | 1.33 | … | 1.99 | 0.69 | 0.57 |
| 泰州市 | Taizhou | 2.62 | 2.61 | 0.01 | 4.21 | 1.03 | 0.70 |
| 宿迁市 | Suqian | 3.23 | 3.23 | 0.01 | 4.70 | 1.77 | 1.36 |

# 17-10 社会保险基本情况

单位：万人

| 年份 Year | 地区 Region | 企业职工基本养老保险 Basic Endowment Insurance for Enterprise Workers | | | 城镇职工基本医疗保险 Basic Medical Insurance for Urban Workers | |
|---|---|---|---|---|---|---|
| | | 年末参保人数 Participants at Year-end | 在职参保人数 Participants at Work | 领取待遇的参保离退休人员 Insured retirees receiving treatment | 年末参保职工人数 Participants for Workers at Year-end | 年末参保退休人员 Participants for Retirees at Year-end |
| 2001 | | | | | 367.64 | 122.65 |
| 2002 | | 937.57 | 710.59 | 226.98 | 507.69 | 183.24 |
| 2003 | | 1022.17 | 775.74 | 246.42 | 608.41 | 226.67 |
| 2004 | | 1103.17 | 839.81 | 263.36 | 715.11 | 261.62 |
| 2005 | | 1234.87 | 952.31 | 282.56 | 821.07 | 303.02 |
| 2006 | | 1361.63 | 1059.25 | 302.38 | 935.77 | 338.51 |
| 2007 | | 1494.05 | 1167.43 | 326.62 | 1070.34 | 365.45 |
| 2008 | | 1641.36 | 1290.90 | 350.46 | 1213.90 | 390.35 |
| 2009 | | 1771.75 | 1386.05 | 385.70 | 1282.50 | 418.63 |
| 2010 | | 1921.82 | 1503.36 | 418.46 | 1405.06 | 443.20 |
| 2011 | | 2110.49 | 1659.61 | 450.88 | 1541.55 | 470.89 |
| 2012 | | 2308.05 | 1796.74 | 511.31 | 1646.53 | 508.94 |
| 2013 | | 2458.06 | 1901.82 | 556.24 | 1731.09 | 543.64 |
| 2014 | | 2566.51 | 1968.40 | 598.11 | 1784.86 | 576.95 |
| 2015 | | 2653.58 | 2013.49 | 640.09 | 1818.20 | 610.80 |
| 2016 | | 2725.94 | 2046.42 | 679.52 | 1849.36 | 641.16 |
| 2017 | | 2818.20 | 2097.30 | 720.90 | 1921.36 | 679.77 |
| 2018 | | 2957.56 | 2186.22 | 771.34 | 2029.51 | 723.13 |
| 2019 | | 3144.91 | 2329.47 | 815.44 | 2189.60 | 764.50 |
| 2020 | | 3274.02 | 2415.68 | 858.34 | 2296.64 | 805.62 |
| 2021 | | 3313.47 | 2419.94 | 893.53 | 2403.94 | 842.03 |
| 2022 | | 3388.70 | 2449.04 | 939.66 | 2506.37 | 882.11 |
| 2023 | | 3444.43 | 2454.17 | 990.26 | 2539.36 | 937.23 |
| 南京市 | Nanjing | 496.47 | 375.41 | 121.06 | 405.60 | 143.45 |
| 无锡市 | Wuxi | 410.19 | 300.86 | 109.33 | 318.15 | 119.31 |
| 徐州市 | Xuzhou | 176.46 | 124.31 | 52.15 | 135.22 | 60.18 |
| 常州市 | Changzhou | 258.12 | 182.50 | 75.61 | 194.83 | 70.48 |
| 苏州市 | Suzhou | 818.97 | 620.54 | 198.43 | 642.05 | 193.99 |
| 南通市 | Nantong | 270.02 | 181.08 | 88.94 | 187.44 | 79.82 |
| 连云港市 | Lianyungang | 96.07 | 67.04 | 29.04 | 67.93 | 28.18 |
| 淮安市 | Huai'an | 121.31 | 79.84 | 41.47 | 77.92 | 31.06 |
| 盐城市 | Yancheng | 189.36 | 122.77 | 66.59 | 119.82 | 53.37 |
| 扬州市 | Yangzhou | 173.10 | 114.49 | 58.61 | 123.43 | 54.97 |
| 镇江市 | Zhenjiang | 118.26 | 73.57 | 44.69 | 79.85 | 34.47 |
| 泰州市 | Taizhou | 151.41 | 101.48 | 49.93 | 121.10 | 52.63 |
| 宿迁市 | Suqian | 82.49 | 65.40 | 17.09 | 66.03 | 15.33 |

# Basic Statistics of Social Insurance

(10000 persons)

| 失业保险 Unemployment Insurance | | | 工伤保险 Work Injury Insurance | | 年末参加生育保险人数 Birth Insurance Participants at Year-end |
|---|---|---|---|---|---|
| 年末参保人数 Participants at Year-end | 全年发放失业保险金人数 Beneficiaries of Unemployment Insurance Fund | 全年发放失业保险金(亿元) Unemployed Relief (100 million yuan) | 年末参保人数 Participants at Year-end | 全年享受工伤待遇的人数 Beneficiaries at Year-end | |
| 750.90 | 53.70 | 9.16 | 473.94 | 0.79 | 483.46 |
| 733.87 | 76.71 | 13.00 | 480.00 | 1.44 | 486.06 |
| 761.62 | 88.25 | 13.92 | 503.02 | 1.68 | 504.06 |
| 797.09 | 85.98 | 14.73 | 577.20 | 2.28 | 552.68 |
| 838.48 | 67.02 | 12.03 | 680.21 | 3.22 | 630.92 |
| 901.08 | 51.63 | 9.36 | 812.69 | 5.06 | 711.49 |
| 968.48 | 48.65 | 9.37 | 920.98 | 5.84 | 794.11 |
| 1052.24 | 48.83 | 11.57 | 1055.71 | 7.90 | 907.23 |
| 1079.14 | 49.98 | 14.17 | 1118.10 | 9.34 | 962.46 |
| 1153.78 | 46.51 | 13.95 | 1205.52 | 9.79 | 1086.44 |
| 1238.16 | 57.70 | 19.83 | 1327.46 | 10.66 | 1199.21 |
| 1332.18 | 64.14 | 28.73 | 1420.74 | 12.29 | 1276.25 |
| 1389.34 | 68.70 | 31.69 | 1487.27 | 13.57 | 1355.62 |
| 1441.56 | 67.93 | 35.71 | 1540.11 | 14.28 | 1374.56 |
| 1490.91 | 68.30 | 40.63 | 1594.14 | 14.66 | 1471.68 |
| 1538.22 | 70.54 | 47.17 | 1633.93 | 15.08 | 1510.32 |
| 1582.95 | 65.36 | 48.96 | 1690.19 | 14.33 | 1582.01 |
| 1671.27 | 61.46 | 48.66 | 1777.50 | 14.79 | 1694.45 |
| 1794.20 | 62.70 | 58.98 | 2016.31 | 15.14 | 1868.80 |
| 1890.87 | 65.88 | 61.32 | 2130.85 | 15.18 | 1987.11 |
| 1989.41 | 64.05 | 64.23 | 2342.46 | 16.42 | 2094.92 |
| 2031.85 | 57.37 | 61.64 | 2401.01 | 18.10 | 2156.43 |
| 2037.66 | 68.90 | 78.60 | 2426.13 | 20.55 | 2175.84 |
| 350.55 | 14.69 | 17.21 | 391.00 | 2.93 | 362.95 |
| 263.00 | 7.01 | 8.22 | 280.87 | 2.77 | 269.78 |
| 101.06 | 3.39 | 3.64 | 119.21 | 1.42 | 110.00 |
| 153.58 | 4.43 | 5.02 | 208.00 | 1.70 | 167.51 |
| 554.76 | 19.42 | 23.02 | 633.82 | 4.97 | 569.18 |
| 147.11 | 5.05 | 5.80 | 160.98 | 1.64 | 161.73 |
| 51.04 | 1.44 | 1.44 | 71.37 | 0.46 | 55.66 |
| 59.08 | 1.63 | 1.68 | 86.97 | 0.54 | 68.97 |
| 92.65 | 3.04 | 3.18 | 124.70 | 0.97 | 98.77 |
| 80.63 | 3.02 | 3.21 | 100.65 | 0.80 | 91.83 |
| 60.53 | 2.23 | 2.56 | 74.77 | 0.78 | 66.26 |
| 76.57 | 2.19 | 2.38 | 100.56 | 1.00 | 95.75 |
| 47.10 | 1.36 | 1.25 | 64.37 | 0.55 | 57.44 |

# 17-11 社会保险基金收支及累计结余

# Revenue, Expenses and Balance of Social Insurance Fund

单位：亿元 (100 million yuan)

| 年份<br>Year | 合计<br>Total | 企业职工基本养老保险<br>Basic Endowment Insurance for Enterprise Workers | 城镇职工基本医疗保险<br>Basic Medical Insurance for Urban Workers | 失业保险<br>Unemployment Insurance | 工伤保险<br>Work Injury Insurance | 生育保险<br>Birth Insurance |
|---|---|---|---|---|---|---|
| **基金收入 Revenue** | | | | | | |
| 2001 | 205.03 | 148.53 | 33.43 | 18.28 | 2.18 | 2.61 |
| 2002 | 271.46 | 194.12 | 51.27 | 20.10 | 2.67 | 3.30 |
| 2003 | 344.48 | 238.86 | 73.32 | 24.97 | 3.32 | 4.01 |
| 2004 | 413.75 | 283.40 | 94.40 | 26.69 | 4.25 | 5.01 |
| 2005 | 519.83 | 356.23 | 117.99 | 31.63 | 6.66 | 7.32 |
| 2006 | 667.93 | 456.36 | 154.62 | 39.23 | 9.05 | 8.67 |
| 2007 | 874.11 | 598.45 | 203.65 | 48.71 | 12.12 | 11.19 |
| 2008 | 1107.35 | 749.30 | 264.07 | 62.88 | 16.12 | 14.98 |
| 2009 | 1251.93 | 865.28 | 291.67 | 63.00 | 15.74 | 16.24 |
| 2010 | 1450.35 | 999.80 | 339.90 | 72.46 | 18.77 | 19.41 |
| 2011 | 1854.94 | 1269.20 | 421.94 | 105.71 | 32.29 | 25.80 |
| 2012 | 2295.10 | 1566.17 | 531.60 | 121.63 | 43.70 | 32.00 |
| 2013 | 2513.41 | 1674.81 | 611.10 | 134.20 | 57.00 | 36.30 |
| 2014 | 2815.97 | 1889.12 | 698.60 | 114.86 | 73.35 | 40.04 |
| 2015 | 3141.11 | 2114.01 | 783.16 | 130.07 | 79.06 | 34.81 |
| 2016 | 3358.17 | 2259.27 | 869.39 | 112.44 | 78.13 | 38.95 |
| 2017 | 3719.86 | 2509.03 | 980.82 | 88.03 | 85.31 | 56.67 |
| 2018 | 4380.98 | 2989.31 | 1141.37 | 94.21 | 78.03 | 78.06 |
| 2019 | 4391.92 | 2868.90 | 1249.97 | 114.55 | 72.07 | 86.43 |
| 2020 | 3461.16 | 2038.48 | 1297.75 | 88.94 | 35.99 | |
| 2021 | 5176.87 | 3338.06 | 1614.65 | 135.95 | 88.21 | |
| 2022 | 5848.59 | 3829.11 | 1760.47 | 156.24 | 102.77 | |
| 2023 | 6301.60 | 4147.12 | 1874.16 | 168.72 | 111.60 | |
| **基金支出 Expenses** | | | | | | |
| 2001 | 187.11 | 145.79 | 21.60 | 16.50 | 1.48 | 1.75 |
| 2002 | 251.47 | 192.36 | 35.42 | 20.09 | 1.68 | 1.92 |
| 2003 | 289.96 | 207.41 | 55.55 | 22.05 | 2.80 | 2.15 |
| 2004 | 339.98 | 243.75 | 69.35 | 21.13 | 2.82 | 2.92 |
| 2005 | 401.02 | 281.85 | 90.60 | 20.22 | 4.01 | 4.34 |
| 2006 | 493.45 | 355.28 | 107.73 | 20.06 | 5.41 | 4.96 |
| 2007 | 586.98 | 419.36 | 133.83 | 19.81 | 7.05 | 6.93 |
| 2008 | 751.91 | 524.33 | 178.56 | 31.00 | 9.85 | 8.17 |
| 2009 | 913.13 | 617.65 | 231.80 | 40.77 | 11.92 | 10.99 |
| 2010 | 1075.77 | 737.91 | 270.26 | 41.37 | 13.94 | 12.29 |

注：2020年开始生育保险与职工医保合并实施，不再有单独的收支余。

a) Since 2020, birth insurance and basic medical insurance for workers have been combined, without separate balance of revenue and expenditure.

## 17-11　续表　continued

单位：亿元　(100 million yuan)

| 年份 Year | 合计 Total | 企业职工基本养老保险 Basic Endowment Insurance for Enterprise Workers | 城镇职工基本医疗保险 Basic Medical Insurance for Urban Workers | 失业保险 Unemployment Insurance | 工伤保险 Work Injury Insurance | 生育保险 Birth Insurance |
|---|---|---|---|---|---|---|
| 2011 | 1337.14 | 884.20 | 338.01 | 74.92 | 24.19 | 15.82 |
| 2012 | 1615.07 | 1078.06 | 418.74 | 57.35 | 38.70 | 22.22 |
| 2013 | 1943.66 | 1309.63 | 496.12 | 62.85 | 48.12 | 26.94 |
| 2014 | 2305.80 | 1553.78 | 586.60 | 70.16 | 61.08 | 34.18 |
| 2015 | 2640.03 | 1792.82 | 666.98 | 76.13 | 61.08 | 43.02 |
| 2016 | 2967.10 | 2006.70 | 735.25 | 109.77 | 55.24 | 60.13 |
| 2017 | 3257.07 | 2213.72 | 812.22 | 99.95 | 58.87 | 72.31 |
| 2018 | 3856.24 | 2705.27 | 911.08 | 98.22 | 65.39 | 76.28 |
| 2019 | 3746.21 | 2464.23 | 1011.58 | 115.75 | 74.42 | 80.23 |
| 2020 | 4066.47 | 2695.14 | 1106.15 | 188.95 | 76.23 | |
| 2021 | 4465.79 | 2925.10 | 1315.10 | 137.22 | 88.37 | |
| 2022 | 4824.18 | 3198.67 | 1362.03 | 165.99 | 97.49 | |
| 2023 | 5543.04 | 3474.57 | 1788.87 | 160.45 | 119.15 | |
| **累计结余** | | | | | | |
| **Balance at Year-end** | | | | | | |
| 2001 | 104.49 | 56.99 | 18.37 | 18.46 | 6.08 | 4.59 |
| 2002 | 124.37 | 58.74 | 34.22 | 18.37 | 7.07 | 5.97 |
| 2003 | 178.03 | 90.25 | 52.00 | 20.37 | 7.59 | 7.83 |
| 2004 | 249.39 | 127.58 | 77.05 | 25.83 | 9.02 | 9.91 |
| 2005 | 368.71 | 201.96 | 104.44 | 37.76 | 11.66 | 12.89 |
| 2006 | 550.51 | 305.40 | 154.95 | 58.26 | 15.31 | 16.59 |
| 2007 | 837.50 | 484.54 | 224.57 | 87.16 | 20.38 | 20.85 |
| 2008 | 1192.97 | 709.52 | 310.08 | 119.04 | 26.67 | 27.66 |
| 2009 | 1531.68 | 957.14 | 369.95 | 141.18 | 30.50 | 32.91 |
| 2010 | 1906.25 | 1219.03 | 439.60 | 172.27 | 35.32 | 40.03 |
| 2011 | 2424.02 | 1604.03 | 523.52 | 203.03 | 43.42 | 50.02 |
| 2012 | 3104.13 | 2092.14 | 636.40 | 267.30 | 48.50 | 59.79 |
| 2013 | 3667.81 | 2457.32 | 751.42 | 332.57 | 57.35 | 69.15 |
| 2014 | 4184.06 | 2792.66 | 863.42 | 383.36 | 69.61 | 75.01 |
| 2015 | 4685.13 | 3113.84 | 979.59 | 437.31 | 87.59 | 66.80 |
| 2016 | 5074.29 | 3366.42 | 1111.79 | 439.97 | 110.49 | 45.61 |
| 2017 | 5537.08 | 3661.73 | 1282.95 | 428.05 | 136.93 | 27.42 |
| 2018 | 6132.49 | 3945.76 | 1583.92 | 424.04 | 149.57 | 29.20 |
| 2019 | 7189.14 | 4820.40 | 1822.32 | 349.60 | 161.42 | 35.40 |
| 2020 | 6431.37 | 4011.30 | 2049.31 | 249.58 | 121.18 | |
| 2021 | 6940.58 | 4222.39 | 2348.86 | 248.31 | 121.02 | |
| 2022 | 7787.87 | 4675.72 | 2747.30 | 238.55 | 126.30 | |
| 2023 | 8331.27 | 5133.10 | 2832.60 | 246.82 | 118.75 | |

# 17-12 工会、妇联基本情况
# Basic Statistics on Labour Union and Women's Federation

单位：个 (unit)

| 项 目 | Item | 2019 | 2020 | 2021 | 2022 | 2023 |
|---|---|---|---|---|---|---|
| **工会基本情况** | **Basic Statistics on Labour Union** | | | | | |
| 基层工会组织数 | Number of Grassroot Labour Unions | 156700 | 155100 | 145600 | 144300 | 144700 |
| 职工人数(万人) | Number of Staff and Workers(10000 persons) | 2254.56 | 2240.27 | 2137.42 | 2126.43 | 2096.55 |
| #女职工人数 | Female | 960.11 | 949.43 | 910.89 | 904.23 | 885.57 |
| 会员人数(万人) | Number of Membership(10000 persons) | 2175.15 | 2156.21 | 2033.51 | 2023.13 | 2004.83 |
| #女会员人数 | Female | 935.07 | 919.35 | 867.61 | 861.11 | 848.05 |
| 女职工工作组织 | Number of Women Workers Working Committees | 140128 | 138546 | 128937 | 126254 | 126432 |
| 建立工会经费审查组织 | Number of Units Established with Funds Examing by Labour Union | 120077 | 121587 | 110490 | 111293 | 112217 |
| 建立职工代表大会制度的单位 | Number of Units Established with Workers Delegating Congress System | 321217 | 313236 | 270817 | 248668 | 245324 |
| 实行厂务公开的单位 | Number of Units Carried Out the Factory Business to Public | 269091 | 264010 | 230431 | 219895 | 212515 |
| 建立工会劳动保护监督检查委员会 | Number of Units Established with Labour Protection, Supervising and Examing Committees | 105282 | 101911 | 92230 | 91519 | 89531 |
| 建立工会劳动法律监督组织 | Number of Organizations Established with Law of Labour Supervising Committees by Labour Union | 97944 | 94228 | 81602 | 74442 | 73852 |
| 建立劳动争议调解委员会的单位 | Number of Units Established with Mediating Committee of Labour Disputes | 83610 | 82273 | 70219 | 59306 | 58525 |
| 职工董事人数(人) | Staff director(person) | 4406 | 3601 | 2814 | 2237 | 2612 |
| #女性 | Female | 1420 | 1185 | 835 | 674 | 807 |
| 职工监事人数(人) | Staff Supervisor(person) | 3915 | 3419 | 2788 | 2280 | 2530 |
| #女性 | Female | 1607 | 1328 | 1062 | 895 | 1020 |
| **妇联基本情况** | **Basic Statistics on Women's Federation** | | | | | |
| 全省妇联数 | Number of provincial Women's Federation | 22602 | 22447 | 22534 | 22580 | 22625 |
| 省级妇联 | Provincial Women's Federation | 1 | 1 | 1 | 1 | 1 |
| 市级妇联 | Municipal Women's Federation | 13 | 13 | 13 | 13 | 13 |
| 县(市、区)级妇联 | County(City, District) Women's Federation | 133 | 132 | 134 | 119 | 117 |
| 乡镇(街道)级妇联 | Township Women's Federation | 1278 | 1289 | 1275 | 1255 | 1260 |
| 村(社区)妇联 | Village(Community) Women's Federation | 21177 | 21012 | 21111 | 21192 | 21234 |
| 妇联干部数 | Number of Cadres | 2823 | 3383 | 2726 | 2870 | 2587 |
| 团体会员数 | Number of Membership | 428 | 421 | 418 | 418 | 593 |
| 妇联执委 | Executive Committee Member | | | | 273439 | 272709 |

注：1. 妇联干部数统计范围：省、市、县(市、区)、乡镇(街道)，含行政、事业编制。团体会员统计范围：省、市、县(市、区)。妇联执委统计范围：省、市、县(市、区)、乡镇(街道)、村(社区)，含专兼职正副主席。
2. 2017年江苏省全面完成村妇代会改建妇联工作，因此调整基层妇代会表述。

a) Statistics of cadres cover province, municipality, county(city, district), township(street), including administrative and public establishment. Statistics of memberships cover province, municipality, county(city, district). Statistics of executive committee members cover province, municipality, county(city, district), township(street), village(community), including chairmen and vice-chairmen of full-time and part-time.

b) The transformation from rural women's congress into women's federation completed in 2017. The expression of rural women's congress has been adjusted.

# 17-13 公安机关立案的刑事案件情况
# Criminal Cases Registered in Public Security Organs

| 案件类别 | Category of Cases | 立 案（起）Number of Cases Registered (case) | | 构 成（%）Composition (%) | |
|---|---|---|---|---|---|
| | | 2022 | 2023 | 2022 | 2023 |
| **合 计** | **Total** | **386895** | **354384** | **100.00** | **100.00** |
| 杀人 | Homicide | 230 | 246 | 0.06 | 0.07 |
| 伤害 | Injury | 4744 | 4994 | 1.23 | 1.41 |
| 抢劫 | Robbery | 317 | 321 | 0.08 | 0.09 |
| 强奸 | Rape | 2477 | 2372 | 0.64 | 0.67 |
| 拐卖妇女儿童 | Abducting Women or Children | 42 | 8 | 0.01 | … |
| 盗窃 | Larceny | 137056 | 106911 | 35.43 | 30.17 |
| 诈骗 | Fraud | 128962 | 142141 | 33.33 | 40.11 |
| 走私 | Smuggling | 14 | 74 | … | 0.02 |
| 伪造、变造货币，出售、购买、运输、持有、使用假币 | Forging Currency, Selling, Buying, Transporting, Holding and Using Counterfeit Currency | 70 | 58 | 0.02 | 0.02 |
| 毒品刑事犯罪 | Criminal offence of Drug | 779 | 925 | 0.20 | 0.26 |
| 抢夺 | Robbery and Snatch | 97 | 107 | 0.03 | 0.03 |
| 信用卡诈骗 | Credit Card Fraud | 240 | 181 | 0.06 | 0.05 |
| 其他 | Others | 111867 | 96046 | 28.91 | 27.10 |

# 17-14 公安机关受理、查处治安案件情况
# Cases of Offence against Public Order Handled by Public Security Organs

单位：件 (case)

| 案件类别 | Category of Cases | 2022 受理 Number of Cases Accepted | 2022 查处 Number of Cases Investigated and Treated | 2023 受理 Number of Cases Accepted | 2023 查处 Number of Cases Investigated and Treated |
|---|---|---|---|---|---|
| **合 计** | **Total** | **1176653** | **1117791** | **1257416** | **1177612** |
| 扰乱公共场所秩序 | Disturbing the Orders in Public Venues | 3076 | 3000 | 17327 | 16037 |
| 寻衅滋事 | Causing Quarrels and Making Troubles | 4699 | 4421 | 5511 | 5066 |
| 非法携带枪支、弹药、管制刀具 | Violation of Firearms Control Regulations | 795 | 746 | 803 | 763 |
| 违反危险物质管理规定 | Violation of Explosives Control Regulations | 2606 | 2448 | 4592 | 4421 |
| 殴打他人 | Battering Other Persons | 463367 | 451728 | 521870 | 505386 |
| 盗窃 | Stealing Property | 291868 | 269660 | 292476 | 265896 |
| 诈骗、抢夺、敲诈勒索 | Swindling, Robbery and Snatch and Extortion and Blackmail | 82413 | 74976 | 95857 | 83922 |
| 伪造、变造、倒卖有价票证、凭证 | Forge, Alter, Scalp Valuable Coupons or Certificates | 151 | 107 | 108 | 97 |
| 利用邪教、会道门、迷信活动危害社会 | Endangering the Society through Superstition | 202 | 183 | 165 | 151 |
| 卖淫、嫖娼 | Prostitution or Soliciting Prostitutes | 7934 | 7707 | 11866 | 11443 |
| 赌博 | Gambling | 17597 | 16717 | 28622 | 27274 |
| 其他 | Others | 301945 | 286098 | 278219 | 257156 |

# 17-15　火灾事故情况
# Basic Statistics on Fire Accidents

| 项　目 | Item | 合计 Total | | 按事故发生程度分 By Degree | | | | | | | |
|---|---|---|---|---|---|---|---|---|---|---|---|
| | | | | 特　大 Extraordinarily Severe | | 重大 Severe | | 较大 Major | | 一般 Ordinary | |
| | | 2022 | 2023 | 2022 | 2023 | 2022 | 2023 | 2022 | 2023 | 2022 | 2023 |
| 发生数(起) | Number of Fire Accidents(case) | 51995 | 42492 | | | | | 4 | 2 | 51991 | 42490 |
| 死亡人数(人) | Number of Deaths(person) | 59 | 42 | | | | | 14 | 13 | 45 | 29 |
| 受伤人数(人) | Number of Injuries(person) | 145 | 167 | | | | | 2 | 28 | 143 | 139 |
| 直接财产损失(万元) | Direct Property Losses(10000 yuan) | 65796 | 64288 | | | | | 946 | 2430 | 64851 | 61859 |
| 人口火灾发生率(1/10万人) | Incidence of Fire Accidents(per 100000 persons) | 61.06 | 50.10 | | | | | | | | |
| 平均每起事故损失(元) | Average Loss per Fire(yuan) | 12654 | 15130 | | | | | 2364001 | 12147600 | 12473 | 14558 |

# 17-16　人民检察院审查批准、决定逮捕犯罪嫌疑人和提起公诉被告人情况(2023年)
# Statistics on Examination, Approval and Arrest of Criminal Suspects and Indict the Defendants by People's Procuratorate (2023)

| 案件分类 | Category of Cases | 批捕、决定逮捕 Total of Arrests | | 决定起诉 Total of Public Prosecutions | |
|---|---|---|---|---|---|
| | | 件 (case) | 人 (person) | 件 (case) | 人 (person) |
| **合　计** | **Total** | **18486** | **24651** | **74859** | **105893** |
| **公安、安全、监狱等机关提请** | **Sub-total of Requests by Departments of State and Public Security and Prisons** | **18464** | **24626** | **73817** | **104704** |
| 危害国家安全案 | Offences Against State Security | 7 | 7 | 13 | 14 |
| 危害公共安全案 | Offences Against Public Security | 539 | 554 | 28170 | 28565 |
| 破坏社会主义市场经济秩序案 | Offences Against Socialist Market Economic Order | 1191 | 1743 | 3420 | 7333 |
| 侵犯公民人身、民主权利案 | Offences Against Citizens' Personal and Democratic Rights | 3974 | 4368 | 6638 | 7856 |
| 侵犯财产案 | Offences Against Properties | 7737 | 10087 | 18568 | 27607 |
| 妨害社会管理秩序案 | Offences Against Social Management of Order | 5011 | 7862 | 17003 | 33322 |
| 危害国防利益案 | Offences Against National Defense | 5 | 5 | 5 | 7 |
| **监察委移交及检察机关自行侦查等案件** | **Case Transferred by Committee of Supervisory** | **22** | **25** | **1042** | **1189** |
| 贪污贿赂案 | Offences on Corruption and Bribery | | | 978 | 1101 |
| 渎职案 | Offences on Dereliction of Duty | 22 | 25 | 64 | 88 |

# 17-17 人民检察院处理申诉案件情况(2023年)

单位：件

| 案件分类 | Category of Cases | 受案<br>Cases Accepted |
|---|---|---|
| **合　计** | **Total** | **128** |
| 不服检察机关处理决定 | Appeals against Decision of Procuratorate's Offices | 72 |
| 不服不批捕 | Appeals against Rejection of Arrest | 3 |
| 不服不起诉 | Appeals against Rejection of Prosecuting | 69 |
| 不服撤案 | Appeals against Withdrawal of the Case | |
| 不服原免予起诉 | Appeals against Original Exemption of Lawsuit | |
| 其他 | Others | |
| 不服法院刑事判决裁定 | Appeals against Judgment of Criminal Case | 56 |
| 危害国家安全案件 | Offences Against State Security | |
| 危害公共安全案件 | Offences Against Public Security | 2 |
| 破坏社会主义市场经济秩序案件 | Offences Against Socialist Economic Order | 3 |
| 侵犯公民人身、民主权利案件 | Offences Against Citizens' Personal and Democratic Rights | 14 |
| 侵犯财产案件 | Offences Against Properties | 25 |
| 妨害社会管理秩序案件 | Offences Against Social Management of Order | 10 |
| 危害国防利益案件 | Offences Against National Defense | |
| 军人违反职责案件 | Crimes of Soldiers Violating Military Duties Cases | |
| 贪污贿赂案件 | Offences on Corruption and Bribery | 2 |
| 渎职案件 | Offences on Dereliction of Duty | |

注：不服法院刑事判决裁定及其分项无“改变原决定分类”

# Appeals Cases Handled by People's Procuratorate (2023)

(case)

| 立案复查 Cases Registered for Reinvestigation | 结　案 Cases Settled | 改变原决定 Original Decision Changed | 提请抗诉 Submitting Procuratorate Appeal | 提出抗诉 Presenting Protest Appeal | 提出再审检察建议 Giving Retrial Procuratorate Suggestion | 不予抗诉 Refusing Procuratorate Appeal | 指令下级院抗诉 Command the Lower Court to Protest |
|---|---|---|---|---|---|---|---|
| **59** | **49** | | **7** | | **10** | **7** | |
| 36 | 24 | | | | | | |
| | | | | | | | |
| 36 | 24 | | | | | | |
| | | | | | | | |
| | | | | | | | |
| | | | | | | | |
| 23 | 25 | | 7 | | 10 | 7 | |
| | | | | | | | |
| | | | | | | | |
| | | | | | | | |
| 3 | 6 | | | | 3 | 3 | |
| 16 | 11 | | 6 | | 3 | 2 | |
| 3 | 6 | | 1 | | 4 | | |
| | | | | | | | |
| | | | | | | | |
| 1 | 2 | | | | | 2 | |

a) Appeals against Judgment of Criminal Case and its subentries do not include Original Decision Changed.

## 17-18 人民法院审理刑事一审案件收结案情况

## First Trial Criminal Cases Accepted and Settled by People's Courts

单位：件 (case)

| 项 目 | Item | 2021 | | 2022 | | 2023 | |
|---|---|---|---|---|---|---|---|
| | | 收 案 Cases Accepted | 结 案 Cases Settled | 收 案 Cases Accepted | 结 案 Cases Settled | 收 案 Cases Accepted | 结 案 Cases Settled |
| **合 计** | **Total** | **73087** | **74603** | **64403** | **64401** | **76779** | **78254** |
| 危害公共安全罪 | Offences Against Public Security | 27487 | 27810 | 24142 | 24184 | 28810 | 29088 |
| 破坏社会主义市场经济秩序罪 | Offences Against Socialist Economic Order | 4253 | 4574 | 3513 | 3705 | 3463 | 3602 |
| 侵犯公民人身权利民主权利罪 | Offences Against Citizens' Personal and Democratic Rights | 6612 | 6704 | 6657 | 6383 | 7120 | 7431 |
| 侵犯财产罪 | Offences Against Properties | 19837 | 20648 | 15556 | 15593 | 18794 | 18979 |
| 妨害社会管理秩序罪 | Offences Against Social Management of Order | 13986 | 13933 | 13496 | 13565 | 17532 | 18013 |
| 危害国防利益罪 | Offences Against National Defense | 7 | 7 | 8 | 8 | 6 | 6 |
| 贪污贿赂罪 | Offences on Corruption and Bribery | 846 | 881 | 952 | 885 | 970 | 1052 |
| 渎职罪 | Offences on Dereliction of Duty | 50 | 46 | 67 | 68 | 72 | 65 |
| 其他 | Others | 9 | | 12 | 10 | 12 | 18 |

注：结案含上年旧存(下同)。

a) Data of cases settled include cases turned over from previous year (The same applies to the following tables).

## 17-19 人民法院审理民事一审案件收结案情况（2023年）

## First Trial Civil Cases Accepted and Settled by People's Courts (2023)

单位：件 (case)

| 项 目 | Item | 收 案 Cases Accepted | 结 案 Cases Settled | | | | | |
|---|---|---|---|---|---|---|---|---|
| | | | | 调 解 Mediation | 判 决 Judgment | 驳 回 Reject | 撤 诉 With-drawal | 其 他 Others |
| **合 计** | **Total** | **1200232** | **1178004** | **328491** | **521282** | **14293** | **298683** | **15255** |
| 人格权纠纷 | Personality Disputes | 12771 | 12473 | 2971 | 6090 | 116 | 3189 | 107 |
| 婚姻家庭、继承纠纷 | Disputes of Marriage, Family and Inheritance | 125759 | 124252 | 60532 | 36701 | 588 | 25234 | 1197 |
| 物权纠纷 | Property Rights Disputes | 21798 | 21432 | 4161 | 8530 | 1076 | 7265 | 400 |
| 合同、准合同纠纷 | Contract and Quasi-contract Disputes | 787859 | 770842 | 203305 | 350446 | 9622 | 198554 | 8915 |
| 知识产权与竞争纠纷 | Intellectual Property Rights and Competition Disputes | 31862 | 31110 | 3459 | 6454 | 328 | 19429 | 1440 |
| 劳动争议、人事争议 | Labor Disputes, Personnel Disputes | 58178 | 56557 | 20117 | 24462 | 850 | 9799 | 1329 |
| 海事海商纠纷 | Maritime Disputes | 2101 | 2084 | 546 | 722 | 17 | 663 | 136 |
| 与公司、证券、保险、票据等有关的民事纠纷 | Civil Disputes Relating to Companies, Securities, Insurance, Bills, etc | 51892 | 52498 | 8492 | 29146 | 915 | 12628 | 1317 |
| 侵权责任纠纷 | Tort Liability Dispute | 104100 | 102868 | 24863 | 56268 | 423 | 20920 | 394 |
| 非诉讼程序纠纷 | Non-Litigious Procedure Dispute | | | | | | | |
| 特殊诉讼程序纠纷 | Special Litigious Procedure Dispute | 3912 | 3888 | 45 | 2463 | 358 | 1002 | 20 |

# 17-20　人民法院行政一审案件收结案情况(2023年)
# First Trial Administrative Cases Accepted and Settled by People's Courts(2023)

单位：件 (case)

| 项目 | Item | 收案 Cases Accepted | 结案 Cases Settled | 调解 Mediation | 判决 Judgment | 驳回 Reject | 撤诉 Withdrawal | 其他 Others |
|---|---|---|---|---|---|---|---|---|
| **合　计** | **Total** | **16790** | **17073** | **118** | **7163** | **3560** | **4536** | **1696** |
| 土地等资源 | Land | 1262 | 1313 | 3 | 368 | 423 | 325 | 194 |
| 公安 | Public Security | 2082 | 2141 | 3 | 1071 | 305 | 586 | 176 |
| 城建 | City Construction | 3583 | 3905 | 34 | 1466 | 1212 | 850 | 343 |
| 交通运输 | Traffic and Transport | 38 | 43 | 1 | 13 | 6 | 23 | |
| 工商 | Industry and Commerce | 529 | 470 | 9 | 120 | 113 | 206 | 22 |
| 环保 | Environment Protection | 172 | 217 | 4 | 91 | 33 | 79 | 10 |
| 计划生育 | Family Planning | 2 | 2 | | | | 2 | |
| 税务 | Tax | 84 | 70 | | 22 | 16 | 29 | 3 |
| 卫生 | Health | 101 | 101 | | 39 | 24 | 33 | 5 |
| 乡政府 | Townships Government | 1480 | 1674 | 13 | 684 | 391 | 401 | 185 |
| 劳动和社会保障 | Labour and Social Security | 2530 | 2360 | 10 | 1414 | 177 | 692 | 67 |
| 其他 | Others | 4927 | 4777 | 41 | 1875 | 860 | 1310 | 691 |

注：1.行政一审案件包括行政赔偿一审案件。
　　2.2021年起单独赔偿案件不单独统计，年鉴中已删除该分类。

a) First trial administrative cases include first trial administrative compensation cases.

b) Administrative compensation cases have not been counted separately since 2021. This category has been deleted from the yearbook.

# 主要统计指标解释

**律师** 指受聘参加法律顾问处工作，担任法律顾问、刑（民）事代理人、刑事辩护人，办理非诉讼事件、解答法律询问，代写法律事务文书等主要从事律师业务的专职法律工作者和兼职律师。

**公证人员** 指在国家公证机关依法办理公证事务的司法人员，包括公证员、助理公证员和在公证处工作的其他人员。

**公证文书** 指公证处在一定时期内办结的公证文书件数。公证文书按司法部规定或批准的格式制作，包括国内公证和涉外公证两部分。国内公证分为经济合同公证和民事法律关系公证两大类。

**调解人员** 指在人民调解委员会担负调解民间一般民事纠纷和轻微违法行为引起纠纷的工作人员，包括调解委员会的委员和调解小组的调解员。

**决定逮捕** 指检察机关对直接受理、自行侦查的案件，认为需要逮捕犯罪嫌疑人时，依据法律作出的逮捕决定。

**批准逮捕** 指检察机关对公安机关、国家安全机关、监狱管理机关提出逮捕的犯罪嫌疑人进行审查，根据事实，依法作出逮捕决定。

**决定起诉** 指检察机关对公安机关、国家安全机关、监狱管理机关和检察机关内设机构反贪污贿赂部门移送起诉的刑事犯罪嫌疑人进行审查，根据事实，依法向人民法院提起公诉。

# Explanatory Notes on Main Statistical Indicators

**Lawyers** are legal workers who are employed full time by legal advisory office to act as a legal advisors, agents in criminal（civil） lawsuits or defenders in criminal lawsuits, or to handle non-litigious legal affairs, to advise on matters of law or to write legal papers for others. Both full time and part time lawyers are included.

**Notary Personnel** refers to judicial workers of the state notary offices handling notarization work according to law. They include notaries, assistant notaries and other people working for notary offices.

**Notary Documents** refer to documents settled by notary offices for a set period of time. The notary documents are drawn up in accordance with the regulations of the Ministry of Justice, including domestic documents and foreign-related documents. Domestic documents are divided into two major categories, documents on economic contracts and documents on civil legal relation.

**Mediators** refer to workers on people's mediation committees responsible for mediating in civil disputes and cases of slight in-fraction of the law. They include members of the mediation committees and mediators of mediation groups.

**Decision on Arrest** refers to decision made by procuratorate office, in accordance with laws, to arrest the suspect(s) in the cases that are accepted and to be investigated by procurators office.

**Approval for Arrest** refers to the decision made by procuratorate office, in accordance with laws and relevant facts and after due investigation, to approve the arrest of the suspect(s) as proposed by the public security departments, state security departments or authority of prisons.

**Decision on Prosecution** refers to the decision made by procuratorate office, in accordance with laws and relevant facts, to prosecute to the people court against the suspect(s) of criminal cases handed by the public security departments, state security departments or authority of prisons,or by the anti-corruption and bribery departments of the procurators office.

# 18

# 城市经济与建设

# Urban Economy and Construction

# 简 要 说 明

**一、本篇资料的主要内容**

本篇资料反映城市建设基本情况、城市经济社会发展情况。

**二、资料来源**

城市建设数据来自住房与城乡建设部门及交通运输部门；城市经济社会发展统计数据来自市县社会经济基本情况统计年报，部分数据为初步核算数。

# Brief Introduction

**I. Main Contents**

Data in this chapter reflect the basic conditions of city construction, city economic and social development.

**Ⅱ. Sources of Data**

Data of city construction are provided by the Ministry of Housing and Urban-rural Development, Ministry of Communications. Data of city economic and social development come from cities and counties in basic socio-economic statistics annual report, and part of the data are preliminary statistics.

# 18-1 城市公用事业基本情况

| 指 标 | Item | 2017 |
|---|---|---|
| **城市基本情况** | **Basic Condition of City** | |
| 建成区面积(平方公里) | Areas of Built Districts(sq.km) | 4427 |
| 城市人口密度(人/平方公里) | Population Density of City Districts(person/sq.km) | 2092 |
| **供水、供气** | **Water Supply and Gas Supply** | |
| 自来水年供水量(亿吨) | Annual Volume of Tap Water Supply(100 million tons) | 54.00 |
| #生活用水量 | Water Consumption for Daily life | 25.21 |
| 平均每人日生活用水(升) | Per Capita for Daily Life per person Water Consumption(litre) | 215.20 |
| 用水普及率(%) | Coverage of Urban Population with Access to Tap Water(%) | 100.0 |
| 煤气(天然气)供气量(亿立方米) | Coal Gas and Natural Gas Supply(100 million cu.m) | 108.75 |
| #家庭用量 | Consumption for Household Use | 20.16 |
| 煤气(天然气)管道长度(公里) | Length of Gas Pipelines(km) | 71881 |
| 液化气家庭用量(万吨) | Consumption of Liquefied Gas for Household Use(10000 tons) | 39.13 |
| 燃气普及率(%) | Coverage of Urban Population with Access to Gas(%) | 99.7 |
| **市政工程** | **Municipal Engineering** | |
| 年末实有道路长度(公里) | Length of Paved Roads at Year-end(km) | 47112 |
| 平均每万人拥有道路长度(公里) | Length of Paved Roads per 10000 persons(km) | 14.65 |
| 年末实有道路面积(万平方米) | Area of Paved Roads at Year-end(10000 sq.m) | 82379 |
| 人均拥有道路面积(平方米) | Per Capita Area of Paved Roads(sq.m) | 25.62 |
| 排水管道长度(公里) | Length of Sewer Pipelines(km) | 76886 |
| 建成区排水管道密度(公里/平方公里) | Density of Drainage Pipelines(km/sq.km) | 13.59 |
| **公共交通** | **Public Traffic** | |
| 公共汽(电)车总数(辆) | Number of Public Buses and Trolley Buses in Operation(unit) | 41558 |
| 平均每万人拥有公共汽(电)车(辆) | Number of Public Buses and Trolley Buses per 10000 persons(unit) | 16.0 |
| 出租汽车(万辆) | Taxis(10000 units) | 5.35 |
| **城市绿化** | **City Greening** | |
| 公园绿地面积(公顷) | Area of Parks Green Land(hectare) | 48060 |
| 人均公园绿地面积(平方米) | Per Capita Area of Parks and Green Land(sq.m) | 14.95 |
| 公园面积(公顷) | Area of Parks(hectare) | 30141 |
| **环境卫生** | **Environmental Sanitation** | |
| 清运生活垃圾(万吨) | Volume of Garbage Disposal(10000 tons) | 1731.64 |
| 每万人拥有公厕(座) | Number of Public Toilets per 10000 persons(unit) | 4.00 |

注：1. 2011年起，煤气、天然气供气量统计口径调整。
2. 2017年起，建成区排水管道密度(公里/平方公里)统计口径调整。

# Basic Statistics on City Public Utilities

| 2018 | 2019 | 2020 | 2021 | 2022 | 2023 |
|---|---|---|---|---|---|
| | | | | | |
| 4558 | 4648 | 4787 | 4858 | 5654 | 5654 |
| 2176 | 2221 | 2240 | 2278 | 2142 | 2173 |
| | | | | | |
| 56.02 | 59.99 | 58.76 | 63.77 | 70.15 | 71.22 |
| 26.32 | 27.14 | 28.37 | 29.83 | 31.83 | 32.32 |
| 214.01 | 217.15 | 220.69 | 226.15 | 207.50 | 209.66 |
| 100.0 | 100.0 | 100.0 | 100.0 | 100.0 | 100.0 |
| 123.87 | 133.22 | 143.78 | 158.89 | 182.46 | 194.90 |
| 24.41 | 27.57 | 31.08 | 33.11 | 37.88 | 40.74 |
| 81809 | 89338 | 95315 | 109014 | 124832 | 130602 |
| 34.43 | 32.74 | 31.45 | 32.87 | 38.90 | 36.02 |
| 99.8 | 99.8 | 99.9 | 99.9 | 99.9 | 100.0 |
| | | | | | |
| 47973 | 49056 | 50861 | 53304 | 59961 | 60623 |
| 14.19 | 14.22 | 14.41 | 14.69 | 14.20 | 14.25 |
| 85212 | 87686 | 90570 | 93965 | 106966 | 108484 |
| 25.20 | 25.41 | 25.60 | 25.60 | 25.30 | 25.50 |
| 80649 | 83943 | 88001 | 92127 | 104783 | 107528 |
| 14.20 | 14.08 | 14.86 | 15.51 | 15.10 | 15.25 |
| | | | | | |
| 44186 | 49074 | 46683 | 47372 | 53419 | 51379 |
| 16.6 | 17.1 | 17.6 | 17.4 | 17.4 | 17.4 |
| 5.26 | 5.70 | 5.06 | 4.89 | 5.29 | 5.24 |
| | | | | | |
| 49580 | 51683 | 54270 | 56620 | 67364 | 68725 |
| 14.66 | 14.98 | 15.34 | 15.60 | 15.90 | 16.15 |
| 30546 | 31423 | 33106 | 34943 | 41059 | 41993 |
| | | | | | |
| 1718.02 | 1809.56 | 1870.53 | 1903.60 | 2189.04 | 2352.01 |
| 4.13 | 4.14 | 4.24 | 4.21 | 3.98 | 3.97 |

a) The statistical caliber of coal gas and natural gas supply has been adjusted since 2011.
b) The statistical caliber of density of drainage pipelines(km/sq.km) in built districts has been adjusted since 2017.

# 18-2 城市自来水情况

| 年 份<br>Year | 城 市<br>City | 综合生产能力<br>(万吨/日)<br>General Production Capacity<br>(10000 tons / day) | 全年供水总量<br>(万吨)<br>Total Annual Volume of Tap Water Supply<br>(10000 tons) |
|---|---|---|---|
| 1978 | | 112.3 | 35056 |
| 1980 | | 142.6 | 45221 |
| 1985 | | 218.9 | 76609 |
| 1989 | | 856.3 | 233848 |
| 1990 | | 941.7 | 256664 |
| 1991 | | 1056.1 | 282691 |
| 1992 | | 1191.4 | 317812 |
| 1993 | | 1299.5 | 342780 |
| 1994 | | 1368.9 | 358696 |
| 1995 | | 1388.7 | 382325 |
| 1996 | | 1424.4 | 349423 |
| 1997 | | 1457.1 | 343106 |
| 1998 | | 1543.6 | 358999 |
| 1999 | | 1585.5 | 339066 |
| 2000 | | 1641.6 | 353366 |
| 2001 | | 1698.5 | 332155 |
| 2002 | | 1803.7 | 380991 |
| 2003 | | 1835.0 | 380395 |
| 2004 | | 1871.4 | 392462 |
| 2005 | | 1977.6 | 390460 |
| 2006 | | 2166.8 | 472128 |
| 2007 | | 2334.7 | 452628 |
| 2008 | | 2356.9 | 436597 |
| 2009 | | 2534.1 | 449037 |
| 2010 | | 2714.7 | 482821 |
| 2011 | | 2757.2 | 477044 |
| 2012 | | 2749.8 | 492791 |
| 2013 | | 2902.6 | 489286 |
| 2014 | | 2961.6 | 488062 |
| 2015 | | 3104.1 | 506807 |
| 2016 | | 3369.7 | 533098 |
| 2017 | | 3445.2 | 540034 |
| 2018 | | 3491.2 | 560242 |
| 2019 | | 3472.5 | 599976 |
| 2020 | | 3490.4 | 587581 |
| 2021 | | 3608.2 | 637702 |
| 2022 | | 3957.8 | 701455 |
| 2023 | | 4775.1 | 712189 |
| 南京市区 | Nanjing Urban Area | 714.1 | 139449 |
| 无锡市区 | Wuxi Urban Area | 265.0 | 50838 |
| 徐州市区 | Xuzhou Urban Area | 174.7 | 45152 |
| 常州市区 | Changzhou Urban Area | 222.3 | 40576 |
| 苏州市区 | Suzhou Urban Area | 445.4 | 81851 |
| 南通市区 | Nantong Urban Area | 1050.9 | 36403 |
| 连云港市区 | Lianyungang Urban Area | 60.7 | 16794 |
| 淮安市区 | Huai'an Urban Area | 140.0 | 28367 |
| 盐城市区 | Yancheng Urban Area | 116.7 | 16510 |
| 扬州市区 | Yangzhou Urban Area | 121.2 | 27483 |
| 镇江市区 | Zhenjiang Urban Area | 80.0 | 15396 |
| 泰州市区 | Taizhou Urban Area | 56.4 | 12967 |
| 宿迁市区 | Suqian Urban Area | 55.6 | 14756 |

# Basic Statistics on Tap Water Supply in Cities

| #生　产<br>用水量<br>For Daily Consumption | #生　活<br>用水量<br>For Production Use | 用水人口<br>(万人)<br>Number of Population with Access to Tap Water<br>(10000 persons) | 人均日生活用水量<br>(升)<br>Per Capita Daily Consumption of Tap Water<br>(liter) | 城市人口用水普及率<br>(%)<br>Coverage of Urban Population with Access to Tap Water<br>(%) |
|---|---|---|---|---|
| 20073 | 12013 | 347.2 | 94.8 | 83.6 |
| 26005 | 16323 | 463.0 | 89.0 | 92.2 |
| 40908 | 29280 | 585.4 | 137.0 | 89.0 |
| 167472 | 54326 | 896.6 | 166.0 | 88.3 |
| 181543 | 62369 | 968.0 | 176.4 | 91.3 |
| 201088 | 68287 | 1049.2 | 178.3 | 93.8 |
| 224575 | 77010 | 1158.6 | 182.1 | 96.0 |
| 239520 | 83041 | 1238.6 | 183.7 | 97.1 |
| 243332 | 93030 | 1212.3 | 210.2 | 98.7 |
| 190471 | 105192 | 1277.5 | 225.6 | 98.9 |
| 192948 | 135429 | 1300.7 | 285.3 | 99.0 |
| 189889 | 131650 | 1346.1 | 267.9 | 99.3 |
| 199055 | 137663 | 1388.0 | 271.8 | 99.2 |
| 173487 | 138264 | 1425.4 | 265.8 | 99.1 |
| 172552 | 145707 | 1503.1 | 265.6 | 99.2 |
| 156019 | 156717 | 1745.2 | 246.0 | 91.0 |
| 182591 | 168929 | 2048.7 | 225.9 | 89.0 |
| 174834 | 171830 | 2167.7 | 217.2 | 91.9 |
| 179602 | 179068 | 2273.7 | 215.8 | 94.0 |
| 161320 | 185906 | 2408.5 | 211.5 | 96.3 |
| 225805 | 164928 | 2209.1 | 204.6 | 99.2 |
| 198647 | 167341 | 2300.9 | 199.5 | 99.5 |
| 187915 | 173506 | 2331.5 | 205.0 | 99.9 |
| 185461 | 183641 | 2443.9 | 207.2 | 99.7 |
| 204878 | 197408 | 2515.6 | 220.4 | 99.6 |
| 198830 | 206120 | 2660.5 | 212.3 | 99.6 |
| 200532 | 219008 | 2785.1 | 215.4 | 99.7 |
| 194884 | 220130 | 2875.2 | 209.8 | 99.7 |
| 184371 | 227293 | 2970.7 | 209.6 | 99.8 |
| 193679 | 236039 | 3068.6 | 210.7 | 99.8 |
| 201351 | 246698 | 3138.0 | 215.4 | 99.9 |
| 202144 | 252031 | 3214.9 | 215.2 | 100.0 |
| 203467 | 263207 | 3380.9 | 214.0 | 100.0 |
| 201721 | 271886 | 3450.6 | 217.1 | 100.0 |
| 183945 | 283695 | 3538.0 | 220.7 | 100.0 |
| 209128 | 298346 | 3628.5 | 226.1 | 100.0 |
| 236928 | 318251 | 4225.8 | 207.5 | 100.0 |
| 241172 | 323161 | 4254.2 | 209.7 | 100.0 |
| 46799 | 60623 | 701.0 | 237.0 | 100.0 |
| 21520 | 22102 | 301.6 | 200.8 | 100.0 |
| 13777 | 10692 | 212.0 | 149.9 | 100.0 |
| 14170 | 20209 | 215.4 | 257.1 | 100.0 |
| 30644 | 40473 | 509.4 | 217.7 | 100.0 |
| 14317 | 15099 | 212.8 | 194.4 | 100.0 |
| 3815 | 10039 | 104.8 | 262.5 | 100.0 |
| 13534 | 11824 | 157.3 | 218.6 | 100.0 |
| 3706 | 8829 | 147.4 | 164.2 | 100.0 |
| 5326 | 10337 | 138.7 | 204.2 | 100.0 |
| 5849 | 7231 | 89.4 | 221.7 | 100.0 |
| 3590 | 7459 | 98.7 | 207.6 | 100.0 |
| 5502 | 5679 | 112.5 | 138.4 | 100.0 |

# 18-3 城市煤气、液化石油气情况

| 年 份<br>Year | 城 市<br>City | 全年供气总量<br>Volume of Gas Supply | | |
|---|---|---|---|---|
| | | 煤 气<br>(万立方米)<br>Coal Gas<br>(10000 cu.m) | 天然气<br>(万立方米)<br>Natural Gas<br>(10000 cu.m) | 液化石油气<br>(吨)<br>Liquefied Petroleum Gas<br>(ton) |
| 1978 | | 11756 | | 23666 |
| 1980 | | 11401 | | 32591 |
| 1985 | | 13155 | | 42495 |
| 1989 | | 140497 | | 190471 |
| 1990 | | 142681 | | 216936 |
| 1991 | | 142665 | | 252342 |
| 1992 | | 147625 | | 337456 |
| 1993 | | 153994 | | 442089 |
| 1994 | | 184552 | | 574191 |
| 1995 | | 282227 | | 436131 |
| 1996 | | 271852 | | 543989 |
| 1997 | | 274853 | | 468106 |
| 1998 | | 331580 | | 620344 |
| 1999 | | 350299 | | 667556 |
| 2000 | | 362606 | | 705010 |
| 2001 | | 376025 | | 780527 |
| 2002 | | 788537 | | 1252001 |
| 2003 | | 802430 | | 1357710 |
| 2004 | | 1027886 | | 1226675 |
| 2005 | | 1290834 | | 1110300 |
| 2006 | | 1420015 | 155940 | 1042278 |
| 2007 | | 1633281 | 254507 | 999243 |
| 2008 | | 1554953 | 299726 | 931734 |
| 2009 | | 1728890 | 343544 | 865663 |
| 2010 | | 1931995 | 472309 | 766586 |
| 2011 | | 10310 | 591493 | 766635 |
| 2012 | | 4889 | 691763 | 735757 |
| 2013 | | 3940 | 765869 | 700765 |
| 2014 | | 612 | 842071 | 651779 |
| 2015 | | | 969799 | 593577 |
| 2016 | | | 962542 | 515611 |
| 2017 | | | 1087514 | 577137 |
| 2018 | | | 1238706 | 575121 |
| 2019 | | | 1332189 | 558223 |
| 2020 | | | 1437794 | 525335 |
| 2021 | | | 1588946 | 569194 |
| 2022 | | | 1824626 | 652929 |
| 2023 | | | 1949049 | 624676 |
| 南京市区 | Nanjing Urban Area | | 204377 | 52679 |
| 无锡市区 | Wuxi Urban Area | | 130308 | 18313 |
| 徐州市区 | Xuzhou Urban Area | | 65105 | 27087 |
| 常州市区 | Changzhou Urban Area | | 170158 | 36568 |
| 苏州市区 | Suzhou Urban Area | | 140948 | 52667 |
| 南通市区 | Nantong Urban Area | | 73654 | 29539 |
| 连云港市区 | Lianyungang Urban Area | | 142849 | 22440 |
| 淮安市区 | Huai'an Urban Area | | 41038 | 32224 |
| 盐城市区 | Yancheng Urban Area | | 30990 | 21229 |
| 扬州市区 | Yangzhou Urban Area | | 31017 | 23409 |
| 镇江市区 | Zhenjiang Urban Area | | 56013 | 14747 |
| 泰州市区 | Taizhou Urban Area | | 78740 | 9956 |
| 宿迁市区 | Suqian Urban Area | | 48098 | 15667 |

# Basic Statistics on Supply of Gas and Liquefied Petroleum Gas in Cities

| 家庭用气量 Consumption for Household Use | | | 用气人口(万人) Population with Access to Gas (10000 persons) | | | 燃气普及率 (%) Coverage of Urban Population with Access to Gas (%) |
|---|---|---|---|---|---|---|
| 煤　气 (万立方米) Coal Gas (10000 cu.m) | 天然气 (万立方米) Natural Gas (10000 cu.m) | 液化石油气 (吨) Liquefied Petroleum Gas (ton) | 煤　气 Coal Gas | 天然气 Natural Gas | 液化石油气 Liquefied Petroleum Gas | |
| 1592 | | 22043 | 15.7 | | 48.4 | 15.7 |
| 2215 | | 31350 | 20.0 | | 69.6 | 17.8 |
| 3851 | | 38834 | 39.9 | | 76.2 | 17.9 |
| 13429 | | 105671 | 93.0 | | 186.1 | 32.5 |
| 15902 | | 122691 | 101.2 | | 219.3 | 36.8 |
| 17750 | | 137780 | 116.3 | | 261.2 | 41.9 |
| 20943 | | 190861 | 131.0 | | 373.1 | 53.3 |
| 23774 | | 258003 | 150.6 | | 498.0 | 63.5 |
| 26281 | | 337126 | 180.3 | | 558.8 | 74.1 |
| 30877 | | 361990 | 213.4 | | 637.3 | 81.8 |
| 35837 | | 468838 | 243.3 | | 701.2 | 86.6 |
| 34055 | | 392574 | 244.1 | | 746.2 | 87.8 |
| 34797 | | 430131 | 271.1 | | 798.3 | 93.0 |
| 41206 | | 427971 | 323.9 | | 814.1 | 94.9 |
| 39141 | | 492377 | 324.7 | | 882.9 | 95.8 |
| 44685 | | 523600 | 373.2 | | 1200.3 | 82.0 |
| 38761 | | 632199 | 361.1 | | 1600.0 | 85.2 |
| 47369 | | 687358 | 405.8 | | 1673.5 | 88.6 |
| 40926 | | 708033 | 333.8 | | 1712.1 | 92.0 |
| 27831 | | 649936 | 234.1 | | 1720.0 | 93.3 |
| 18120 | 22710 | 591415 | 177.1 | 574.9 | 1408.8 | 97.1 |
| 13228 | 39383 | 548113 | 146.1 | 699.8 | 1407.3 | 97.4 |
| 12518 | 62207 | 578762 | 123.2 | 841.7 | 1328.2 | 98.2 |
| 11741 | 53244 | 531023 | 135.5 | 1029.6 | 1248.1 | 98.4 |
| 9664 | 79160 | 471731 | 89.8 | 1299.7 | 1115.0 | 99.1 |
| 9270 | 99133 | 464117 | 45.8 | 1557.5 | 1042.6 | 99.0 |
| 3883 | 121988 | 502258 | 27.5 | 1743.6 | 1006.5 | 99.4 |
| 2270 | 140471 | 458823 | 9.0 | 1906.6 | 956.6 | 99.6 |
| 470 | 147899 | 390403 | 9.0 | 2125.0 | 828.9 | 99.5 |
| | 173196 | 358045 | | 2345.7 | 714.6 | 99.6 |
| | 193326 | 314482 | | 2505.6 | 622.3 | 99.5 |
| | 201551 | 391296 | | 2625.7 | 581.4 | 99.7 |
| | 244109 | 344335 | | 2918.0 | 457.1 | 99.8 |
| | 275725 | 327391 | | 3016.5 | 426.2 | 99.8 |
| | 310763 | 314541 | | 3172.7 | 362.4 | 99.9 |
| | 331132 | 328700 | | 3305.5 | 320.1 | 99.9 |
| | 378762 | 388970 | | 3798.8 | 424.1 | 99.9 |
| | 407357 | 360223 | | 3854.2 | 397.9 | 99.9 |
| | 73433 | 18219 | | 650.7 | 48.5 | 99.8 |
| | 33008 | 4260 | | 284.6 | 17.0 | 100.0 |
| | 24337 | 18964 | | 196.5 | 15.5 | 100.0 |
| | 17021 | 1849 | | 212.1 | 3.3 | 100.0 |
| | 38202 | 35426 | | 451.0 | 58.4 | 100.0 |
| | 14680 | 19286 | | 203.0 | 9.9 | 100.0 |
| | 14585 | 21759 | | 94.4 | 10.4 | 100.0 |
| | 15691 | 23554 | | 150.9 | 6.4 | 100.0 |
| | 13250 | 18076 | | 133.9 | 13.5 | 100.0 |
| | 14949 | 8810 | | 123.8 | 14.9 | 100.0 |
| | 8929 | 10950 | | 75.1 | 14.3 | 100.0 |
| | 8181 | 6396 | | 85.6 | 12.8 | 99.6 |
| | 6443 | 10224 | | 98.8 | 13.7 | 100.0 |

# 18-4 城市市政工程情况

| 年 份<br>Year | 城 市<br>City | 年末实有道路长度(公里)<br>Length of Paved Roads at Year-end (km) | 年末实有道路面积(万平方米)<br>Area of Paved Roads at Year-end (10000sq.m) | 排水管道长度(公里)<br>Length of Sewer Pipelines (km) |
|---|---|---|---|---|
| 1978 | | 1893 | 1154 | 1503 |
| 1980 | | 1881 | 1160 | 1650 |
| 1985 | | 2437 | 1623 | 2277 |
| 1989 | | 5272 | 6607 | 3782 |
| 1990 | | 5812 | 5672 | 4099 |
| 1991 | | 5658 | 5216 | 4872 |
| 1992 | | 6781 | 6587 | 5721 |
| 1993 | | 7090 | 7581 | 6653 |
| 1994 | | 6150 | 7094 | 7019 |
| 1995 | | 8163 | 8669 | 8262 |
| 1996 | | 8552 | 9711 | 8860 |
| 1997 | | 9440 | 10438 | 8812 |
| 1998 | | 9618 | 11336 | 9574 |
| 1999 | | 10066 | 12283 | 10382 |
| 2000 | | 11011 | 13357 | 11097 |
| 2001 | | 16702 | 20309 | 13974 |
| 2002 | | 22656 | 26987 | 16744 |
| 2003 | | 25541 | 31859 | 20343 |
| 2004 | | 26598 | 35596 | 25537 |
| 2005 | | 28674 | 40830 | 28568 |
| 2006 | | 27058 | 41623 | 31215 |
| 2007 | | 28456 | 44595 | 34050 |
| 2008 | | 28761 | 47330 | 38062 |
| 2009 | | 30003 | 50075 | 42826 |
| 2010 | | 31899 | 53723 | 46867 |
| 2011 | | 32491 | 58405 | 51735 |
| 2012 | | 34966 | 62438 | 56887 |
| 2013 | | 36975 | 66970 | 62194 |
| 2014 | | 39070 | 71151 | 66256 |
| 2015 | | 40749 | 75052 | 70048 |
| 2016 | | 44999 | 79733 | 72823 |
| 2017 | | 47112 | 82379 | 76886 |
| 2018 | | 47973 | 85212 | 80649 |
| 2019 | | 49056 | 87687 | 83943 |
| 2020 | | 50861 | 90570 | 88001 |
| 2021 | | 53304 | 92965 | 92127 |
| 2022 | | 59961 | 106966 | 104783 |
| 2023 | | 60623 | 108484 | 107528 |
| 南京市区 | Nanjing Urban Area | 10890 | 18740 | 10867 |
| 无锡市区 | Wuxi Urban Area | 4127 | 7804 | 13635 |
| 徐州市区 | Xuzhou Urban Area | 2707 | 4819 | 3862 |
| 常州市区 | Changzhou Urban Area | 2896 | 5349 | 10076 |
| 苏州市区 | Suzhou Urban Area | 7539 | 11782 | 11740 |
| 南通市区 | Nantong Urban Area | 3545 | 6278 | 3864 |
| 连云港市区 | Lianyungang Urban Area | 2032 | 2853 | 3467 |
| 淮安市区 | Huai'an Urban Area | 2258 | 4274 | 3540 |
| 盐城市区 | Yancheng Urban Area | 1730 | 3917 | 3009 |
| 扬州市区 | Yangzhou Urban Area | 1935 | 3470 | 4017 |
| 镇江市区 | Zhenjiang Urban Area | 1568 | 2702 | 2152 |
| 泰州市区 | Taizhou Urban Area | 1526 | 3200 | 2477 |
| 宿迁市区 | Suqian Urban Area | 1266 | 2871 | 2416 |

注：2017年起，建成区排水管道密度(公里/平方公里)统计口径调整。

# Basic Statistics on Municipal Infrastructure in Cities

| 城市污水日处理能力(万吨) Daily Disposal Capacity of City Sewage (10000 tons) | 城市路灯盏数(千盏) Number of Street Lights (1000 units) | 人均拥有道路面积(平方米) Per Capita Area of Paved Roads (sq.m) | 建成区排水管道密度(公里/平方公里) Density of Sewer Pipelines in Built Districts (km / sq.km) | 污水处理率(%) Waster Water Treatment Rate (%) |
|---|---|---|---|---|
| 0.1 | 48 | 2.3 | | 0.2 |
| 1.8 | 71 | 2.5 | 5.3 | 0.6 |
| 91.3 | 122 | 7.7 | 5.7 | 23.0 |
| 103.5 | 129 | 6.3 | 5.7 | 16.4 |
| 133.2 | 144 | 5.8 | 5.4 | 13.4 |
| 155.5 | 165 | 7.0 | 5.6 | 16.7 |
| 160.7 | 194 | 7.4 | 4.7 | 22.9 |
| 236.7 | 194 | 7.1 | 6.0 | 31.8 |
| 273.5 | 215 | 8.3 | 7.5 | 38.7 |
| 390.3 | 256 | 8.9 | 7.5 | 42.7 |
| 434.3 | 290 | 9.3 | 7.1 | 47.5 |
| 589.3 | 328 | 9.8 | 7.6 | 49.3 |
| 632.9 | 381 | 10.2 | 8.0 | 58.1 |
| 712.9 | 437 | 10.6 | 8.0 | 61.8 |
| 736.7 | 549 | 10.6 | 9.0 | 65.3 |
| 800.4 | 753 | 11.7 | 8.6 | 66.0 |
| 906.6 | 971 | 13.5 | 9.6 | 69.9 |
| 1017.8 | 1169 | 14.7 | 11.3 | 76.1 |
| 1084.7 | 1296 | 16.3 | 12.0 | 77.7 |
| 1224.9 | 1501 | 18.7 | 12.1 | 81.8 |
| 1184.1 | 1701 | 19.3 | 12.6 | 84.4 |
| 1432.2 | 1660 | 20.3 | 13.1 | 84.1 |
| 1411.2 | 1982 | 20.4 | 14.1 | 85.4 |
| 1590.0 | 2174 | 21.3 | 14.3 | 87.6 |
| 1555.5 | 2331 | 21.9 | 14.8 | 89.9 |
| 1564.5 | 2727 | 22.4 | 15.6 | 90.7 |
| 1606.5 | 2877 | 23.2 | 16.3 | 92.1 |
| 1622.4 | 3198 | 23.9 | 19.5 | 93.5 |
| 1673.2 | 3391 | 24.4 | 16.7 | 93.9 |
| 1742.9 | 3510 | 25.4 | 16.9 | 94.6 |
| 1761.6 | 3538 | 25.6 | 13.6 | 95.3 |
| 1870.9 | 3443 | 25.2 | 14.2 | 95.6 |
| 1942.1 | 3621 | 25.4 | 14.1 | 96.1 |
| 1854.7 | 3663 | 25.6 | 14.9 | 96.8 |
| 1815.7 | 3849 | 25.6 | 15.5 | 97.0 |
| 1825.6 | 4375 | 25.3 | 15.1 | 97.1 |
| 1894.5 | 4430 | 25.5 | 15.2 | 97.4 |
| 348.0 | 653 | 26.7 | 12.1 | 98.5 |
| 166.5 | 290 | 25.9 | 23.8 | 99.0 |
| 81.0 | 140 | 22.7 | 12.5 | 96.1 |
| 119.5 | 329 | 24.8 | 25.4 | 99.1 |
| 238.3 | 508 | 23.1 | 19.5 | 96.2 |
| 101.5 | 317 | 29.5 | 12.7 | 97.8 |
| 57.8 | 70 | 27.2 | 15.4 | 99.0 |
| 65.5 | 139 | 27.2 | 15.7 | 96.3 |
| 41.9 | 293 | 26.6 | 6.3 | 97.6 |
| 62.0 | 137 | 25.0 | 18.7 | 96.5 |
| 40.0 | 121 | 30.2 | 10.9 | 99.5 |
| 32.5 | 206 | 32.4 | 14.5 | 98.1 |
| 43.0 | 58 | 25.5 | 14.2 | 98.7 |

a) Since 2017, the statistical caliber of density of drainage pipelines(km/sq.km) in built districts area has been adjusted.

# 18-5 城市园林绿化情况

| 年 份 Year | 城 市 City | 园林绿地面积 (公顷) Area of Parks, Gardens and Green Areas (hectare) | #公园 绿地 Park Green Areas | 建成区绿化覆盖面积 (公顷) Coverage of Green Areas in Completed Area (hectare) |
|---|---|---|---|---|
| 1978 | | 7303 | | |
| 1980 | | 6582 | 1341 | |
| 1985 | | 7998 | 1450 | |
| 1989 | | 18148 | 3214 | 12804 |
| 1990 | | 20337 | 3447 | 14112 |
| 1991 | | 19096 | 3841 | 16423 |
| 1992 | | 20898 | 4283 | 21726 |
| 1993 | | 30174 | 5882 | 31133 |
| 1994 | | 33089 | 6124 | 34728 |
| 1995 | | 48564 | 7226 | 34093 |
| 1996 | | 50558 | 7528 | 35964 |
| 1997 | | 52349 | 8175 | 38356 |
| 1998 | | 54756 | 8891 | 40513 |
| 1999 | | 57386 | 9581 | 43725 |
| 2000 | | 60064 | 10248 | 45925 |
| 2001 | | 94175 | 12724 | 49456 |
| 2002 | | 137702 | 16252 | 68413 |
| 2003 | | 145956 | 18743 | 74929 |
| 2004 | | 172563 | 21617 | 85367 |
| 2005 | | 189070 | 25687 | 94778 |
| 2006 | | 152885 | 25868 | 107752 |
| 2007 | | 180784 | 29125 | 116157 |
| 2008 | | 195460 | 30645 | 123801 |
| 2009 | | 214989 | 32403 | 127930 |
| 2010 | | 227584 | 33585 | 137623 |
| 2011 | | 237486 | 35634 | 147157 |
| 2012 | | 247001 | 38069 | 154135 |
| 2013 | | 256263 | 40413 | 161671 |
| 2014 | | 265543 | 42901 | 171265 |
| 2015 | | 274071 | 44713 | 179411 |
| 2016 | | 281855 | 46476 | 184591 |
| 2017 | | 285981 | 48060 | 190194 |
| 2018 | | 293765 | 49580 | 196610 |
| 2019 | | 298531 | 51683 | 201663 |
| 2020 | | 305816 | 54270 | 208084 |
| 2021 | | 345866 | 56620 | 212293 |
| 2022 | | 363375 | 67364 | 248225 |
| 2023 | | 366652 | 68725 | 252062 |
| 南京市区 | Nanjing Urban Area | 94898 | 11377 | 40578 |
| 无锡市区 | Wuxi Urban Area | 20895 | 4609 | 16060 |
| 徐州市区 | Xuzhou Urban Area | 17456 | 3726 | 12677 |
| 常州市区 | Changzhou Urban Area | 13158 | 3381 | 12578 |
| 苏州市区 | Suzhou Urban Area | 26330 | 7656 | 21350 |
| 南通市区 | Nantong Urban Area | 13878 | 4183 | 13515 |
| 连云港市区 | Lianyungang Urban Area | 21626 | 1688 | 9698 |
| 淮安市区 | Huai'an Urban Area | 10199 | 2766 | 9731 |
| 盐城市区 | Yancheng Urban Area | 8561 | 2342 | 8282 |
| 扬州市区 | Yangzhou Urban Area | 9733 | 2550 | 9061 |
| 镇江市区 | Zhenjiang Urban Area | 9757 | 1618 | 6446 |
| 泰州市区 | Taizhou Urban Area | 7442 | 1843 | 7089 |
| 宿迁市区 | Suqian Urban Area | 11423 | 1831 | 5884 |

# Basic Statistics on Parks, Gardens and Green Areas in Cities

| 公园 Park | | 人均公园绿地面积 (平方米) Per Capita Area of Park Green Areas (sq.m) | 建成区面积 (平方公里) Areas of Built Districts (sq.km) | 建成区绿化覆盖率 (%) Green Covered Area Rate in Completed Area (%) |
|---|---|---|---|---|
| 个数 (个) Number (unit) | 面积 (公顷) Area (hectare) | | | |
| 59 | 786 | | | |
| 72 | 944 | 2.7 | | 19.3 |
| 83 | 1030 | 2.3 | | 20.6 |
| 172 | 2725 | 3.7 | | 19.2 |
| 184 | 2991 | 3.8 | | 19.5 |
| 201 | 3071 | 4.3 | | 18.4 |
| 217 | 2958 | 4.5 | | 21.4 |
| 242 | 5179 | 5.8 | | 22.1 |
| 241 | 5396 | 6.1 | | 29.6 |
| 264 | 5648 | 6.9 | | 30.8 |
| 283 | 5263 | 6.9 | | 30.3 |
| 287 | 4831 | 7.3 | | 30.9 |
| 295 | 4920 | 7.7 | | 32.3 |
| 303 | 5027 | 8.0 | | 33.7 |
| 313 | 5159 | 8.1 | | 33.2 |
| 374 | 5549 | 6.6 | 1549 | 31.9 |
| 403 | 6374 | 7.1 | 1939 | 35.3 |
| 446 | 7317 | 7.9 | 2120 | 35.4 |
| 489 | 9098 | 8.9 | 2253 | 37.9 |
| 539 | 9924 | 10.3 | 2379 | 39.8 |
| 492 | 10608 | 11.6 | 2583 | 41.7 |
| 601 | 11787 | 12.6 | 2714 | 42.8 |
| 628 | 13026 | 13.1 | 2904 | 42.6 |
| 590 | 13740 | 13.2 | 3046 | 42.0 |
| 584 | 12433 | 13.3 | 3271 | 44.1 |
| 701 | 15687 | 13.3 | 3494 | 42.1 |
| 783 | 16465 | 13.6 | 3655 | 42.2 |
| 842 | 18707 | 14.0 | 3810 | 42.4 |
| 883 | 21879 | 14.4 | 4020 | 42.6 |
| 942 | 25935 | 14.6 | 4189 | 42.8 |
| 1074 | 29076 | 14.8 | 4299 | 42.9 |
| 1107 | 30141 | 15.0 | 4427 | 43.0 |
| 1133 | 30546 | 14.7 | 4558 | 43.1 |
| 1168 | 31423 | 15.0 | 4648 | 43.4 |
| 1194 | 33106 | 15.3 | 4787 | 43.5 |
| 1243 | 34943 | 15.6 | 4858 | 43.7 |
| 1711 | 41059 | 15.9 | 5654 | 43.9 |
| 1811 | 41993 | 16.2 | 5742 | 43.9 |
| 179 | 8114 | 16.2 | 901 | 45.0 |
| 78 | 4322 | 15.3 | 361 | 44.5 |
| 61 | 2456 | 17.6 | 294 | 43.2 |
| 45 | 1502 | 15.7 | 281 | 44.8 |
| 174 | 2906 | 15.0 | 481 | 44.4 |
| 52 | 822 | 19.7 | 304 | 44.5 |
| 75 | 1139 | 16.1 | 225 | 43.0 |
| 20 | 1176 | 17.6 | 218 | 44.6 |
| 65 | 1439 | 15.9 | 212 | 39.2 |
| 116 | 1922 | 18.4 | 206 | 44.0 |
| 28 | 627 | 18.1 | 148 | 43.5 |
| 133 | 1620 | 18.7 | 159 | 44.5 |
| 41 | 1444 | 16.3 | 131 | 45.0 |

# 18-6 城市环境卫生情况
## Basic Statistics on Urban Environmental Sanitation

| 年 份<br>Year | 城 市<br>City | 清扫面积<br>(万平方米)<br>Sweeping Areas<br>(10000 sq.m) | 生活垃圾清运量<br>(万吨)<br>Volume of Garbage Disposal<br>10000 tons) | 无害化处理厂日处理能力<br>(吨)<br>Day Disposal Capacities of Harmless Disposal Factories<br>(ton) | 生活垃圾年处理量<br>(万吨)<br>Volume of Garbage Disposal<br>(10000 tons) | 环卫机械<br>(辆)<br>Machines of Environment Sanitation<br>(unit) | 公共厕所<br>(座)<br>Public Toilets<br>(unit) |
|---|---|---|---|---|---|---|---|
| | 1978 | 503 | 79 | | | 223 | 3545 |
| | 1980 | 601 | 158 | | | 296 | 3712 |
| | 1985 | 1078 | 159 | 20 | | 734 | 4700 |
| | 1989 | 2136 | 262 | 162 | | 1735 | 7910 |
| | 1990 | 2445 | 288 | 385 | | 1322 | 8072 |
| | 1991 | 3068 | 341 | 1588 | 357.3 | 1604 | 9974 |
| | 1992 | 3432 | 409 | 7622 | 531.7 | 1785 | 9265 |
| | 1993 | 4095 | 408 | 14014 | 654.1 | 1998 | 9162 |
| | 1994 | 4240 | 360 | 16442 | 658.8 | 1736 | 7095 |
| | 1995 | 5429 | 398 | 13810 | 532.5 | 2072 | 7263 |
| | 1996 | 6252 | 426 | 13125 | 523.9 | 2144 | 6932 |
| | 1997 | 7085 | 479 | 15813 | 606.0 | 2351 | 7675 |
| | 1998 | 7589 | 486 | 18570 | 721.4 | 2407 | 7486 |
| | 1999 | 8221 | 505 | 43419 | 756.0 | 2458 | 7337 |
| | 2000 | 8773 | 515 | 17392 | 762.9 | 2569 | 7393 |
| | 2001 | 10971 | 634 | 17324 | 868.1 | 3800 | 9532 |
| | 2002 | 16101 | 723 | 19997 | 985.9 | 4573 | 11016 |
| | 2003 | 20874 | 775 | 20728 | 1060.9 | 4456 | 10660 |
| | 2004 | 22505 | 808 | 23569 | 1106.6 | 4494 | 10260 |
| | 2005 | 27101 | 835 | 24000 | 1030.5 | 5094 | 10591 |
| | 2006 | 29409 | 851 | 24545 | 915.7 | 5447 | 9165 |
| | 2007 | 31072 | 898 | 24192 | 942.8 | 5589 | 8520 |
| | 2008 | 35418 | 934 | 27985 | 1024.8 | 5939 | 9050 |
| | 2009 | 36160 | 957 | 34570 | 1048.4 | 6923 | 9654 |
| | 2010 | 44088 | 1017 | 37637 | 1064.3 | 7481 | 9475 |
| | 2011 | 46162 | 1120 | 42170 | 1142.0 | 7984 | 10134 |
| | 2012 | 48098 | 1210 | 43113 | 1258.4 | 8709 | 10035 |
| | 2013 | 52029 | 1203 | 40723 | 1250.3 | 9865 | 10438 |
| | 2014 | 55132 | 1352 | 50574 | 1400.7 | 11227 | 11178 |
| | 2015 | 57992 | 1456 | 52816 | 1518.2 | 12175 | 11739 |
| | 2016 | 62827 | 1562 | 55403 | 1634.3 | 13482 | 12136 |
| | 2017 | 67319 | 1735 | 60267 | 1734.6 | 16820 | 12934 |
| | 2018 | 63905 | 1718 | 60665 | 1718.0 | 17757 | 13965 |
| | 2019 | 71066 | 1810 | 63951 | 1809.6 | 19049 | 14279 |
| | 2020 | 69489 | 1871 | 83051 | 1870.5 | 21351 | 14961 |
| | 2021 | 74920 | 1904 | 83304 | 1903.6 | 23037 | 15284 |
| | 2022 | 89690 | 2189 | 93675 | 2189.0 | 27697 | 16817 |
| | 2023 | 88498 | 2352 | 104187 | 2352.0 | 28681 | 16896 |
| 南京市区 | Nanjing Urban Area | 8468 | 363 | 11750 | 363.1 | 4049 | 1012 |
| 无锡市区 | Wuxi Urban Area | 5728 | 215 | 7450 | 215.1 | 2427 | 1716 |
| 徐州市区 | Xuzhou Urban Area | 4035 | 130 | 4296 | 129.9 | 1376 | 964 |
| 常州市区 | Changzhou Urban Area | 3751 | 137 | 5860 | 137.2 | 1174 | 1200 |
| 苏州市区 | Suzhou Urban Area | 13904 | 337 | 13990 | 336.9 | 4735 | 1206 |
| 南通市区 | Nantong Urban Area | 4980 | 85 | | 85.0 | 1114 | 610 |
| 连云港市区 | Lianyungang Urban Area | 3353 | 77 | 3050 | 76.7 | 676 | 767 |
| 淮安市区 | Huai'an Urban Area | 3865 | 78 | 800 | 77.9 | 452 | 532 |
| 盐城市区 | Yancheng Urban Area | 4234 | 90 | 2856 | 89.9 | 847 | 571 |
| 扬州市区 | Yangzhou Urban Area | 2362 | 70 | 3900 | 70.0 | 439 | 489 |
| 镇江市区 | Zhenjiang Urban Area | 2270 | 45 | 1590 | 45.3 | 405 | 349 |
| 泰州市区 | Taizhou Urban Area | 2824 | 58 | 2150 | 57.7 | 898 | 549 |
| 宿迁市区 | Suqian Urban Area | 2883 | 45 | 1600 | 45.4 | 901 | 465 |

# 18-7　城市公共汽(电)车、出租汽车情况

# Basic Statistics on Buses (Trolley Buses)and Taxis in Cities

| 年份 Year | 城市 City | 年末实有公共汽(电)车营运车辆(辆) Number of Public Vehicles in Operation at Year-end (unit) | 实有公共汽(电)车营运标准车台(标台) Number of Standard Public Vehicles in Operation (standard unit) | 公共汽(电)车营运线路长度(公里) Length of Public Vehicles Routes in Operation (km) | 公共汽(电)车客运总量(万人次) Total Passenger Traffic by Public Vehicles (10000 person-times) | 每万人拥有公共交通车辆(标台) Number of Public Vehicles per 10000 Persons (standard unit) | 出租汽车营运车数(辆) Number of Taxi in Operation (unit) |
|---|---|---|---|---|---|---|---|
| 1978 | | 1407 | | 1772 | | | |
| 1980 | | 1605 | | 1920 | 100671 | | 150 |
| 1985 | | 2237 | | 2904 | 143146 | | 605 |
| 1989 | | 2826 | 3167 | 4603 | 135947 | 3.7 | 4555 |
| 1990 | | 2827 | 3210 | 3991 | 130641 | 3.6 | 5775 |
| 1991 | | 2968 | 3727 | 4229 | 124409 | 4.1 | 5005 |
| 1992 | | 4578 | 4855 | 6939 | 120282 | 5.1 | 8133 |
| 1993 | | 6384 | 5954 | 7570 | 109248 | 5.8 | 9838 |
| 1994 | | 7367 | 6808 | 10127 | 110921 | 6.8 | 12307 |
| 1995 | | 8019 | 7215 | 13642 | 95362 | 7.1 | 18073 |
| 1996 | | 7962 | 7144 | 3544 | 104583 | 6.6 | 25403 |
| 1997 | | 9665 | 7916 | 5684 | 124805 | 7.0 | 32493 |
| 1998 | | 12411 | 10080 | 5198 | 157600 | 8.9 | 34661 |
| 1999 | | 14136 | 11625 | 5858 | 191831 | 9.7 | 36613 |
| 2000 | | 14838 | 13341 | 6896 | 246314 | 10.6 | 36603 |
| 2001 | | 16244 | 14871 | 7296 | 224582 | 7.8 | 41480 |
| 2002 | | 16902 | 15874 | 12397 | 245227 | 6.9 | 41933 |
| 2003 | | 17822 | 17015 | 14696 | 233586 | 7.2 | 40073 |
| 2004 | | 19079 | 19098 | 15888 | 263088 | 7.9 | 40746 |
| 2005 | | 22197 | 22484 | 18077 | 283760 | 9.1 | 41476 |
| 2006 | | 22002 | 22898 | 12121 | 304669 | 10.4 | 42032 |
| 2007 | | 23874 | 26419 | 16133 | 322230 | 11.6 | 44993 |
| 2008 | | 25369 | 28664 | 14657 | 352597 | 12.4 | 44708 |
| 2009 | | 30432 | 34335 | 18881 | 389293 | 11.7 | 52282 |
| 2010 | | 28687 | 32927 | 44941 | 391856 | 11.9 | 52957 |
| 2011 | | 30867 | 35715 | 50971 | 424699 | 12.0 | 53409 |
| 2012 | | 32105 | 37743 | 52887 | 444148 | 11.7 | 54464 |
| 2013 | | 34176 | 40463 | 53903 | 453366 | 12.7 | 56785 |
| 2014 | | 36665 | 43815 | 57734 | 461348 | 14.1 | 60712 |
| 2015 | | 39729 | 47138 | 63623 | 474984 | 15.1 | 61120 |
| 2016 | | 39855 | 48090 | 63982 | 448734 | 15.5 | 54521 |
| 2017 | | 41558 | 49877 | 69100 | 449242 | 16.0 | 53465 |
| 2018 | | 44186 | 52850 | 79773 | 442020 | 16.6 | 52559 |
| 2019 | | 44976 | 53571 | 80629 | 417860 | 17.1 | 51098 |
| 2020 | | 46683 | 55230 | 83541 | 265665 | 17.6 | 50567 |
| 2021 | | 47372 | 54897 | 100391 | 287908 | 17.4 | 48902 |
| 2022 | | 53419 | 61187 | 119206 | 186444 | 17.4 | 52937 |
| 2023 | | 51379 | 58383 | 125879 | 212597 | 17.0 | 52395 |
| 南京市区 | Nanjing Urban Area | 8151 | 9773 | 13250 | 50798 | 21.8 | 10659 |
| 无锡市区 | Wuxi Urban Area | 4895 | 5449 | 11674 | 21047 | 16.7 | 5030 |
| 徐州市区 | Xuzhou Urban Area | 4869 | 5573 | 8802 | 20881 | 18.6 | 6018 |
| 常州市区 | Changzhou Urban Area | 2986 | 3393 | 7256 | 12438 | 16.6 | 3678 |
| 苏州市区 | Suzhou Urban Area | 9159 | 10232 | 21724 | 39132 | 18.6 | 8492 |
| 南通市区 | Nantong Urban Area | 3588 | 4025 | 13708 | 9672 | 18.4 | 2489 |
| 连云港市区 | Lianyungang Urban Area | 1910 | 2202 | 5929 | 5154 | 16.1 | 1721 |
| 淮安市区 | Huai'an Urban Area | 2785 | 3150 | 5871 | 7833 | 17.2 | 2426 |
| 盐城市区 | Yancheng Urban Area | 3536 | 3817 | 10279 | 16223 | 14.5 | 2886 |
| 扬州市区 | Yangzhou Urban Area | 2588 | 3029 | 5939 | 7192 | 17.8 | 3458 |
| 镇江市区 | Zhenjiang Urban Area | 1851 | 2133 | 5423 | 7199 | 17.2 | 2288 |
| 泰州市区 | Taizhou Urban Area | 2261 | 2566 | 9783 | 8959 | 16.7 | 1304 |
| 宿迁市区 | Suqian Urban Area | 2800 | 3042 | 6243 | 6069 | 13.6 | 1946 |

# 18-8 主要城市土地面积、人口情况(2023年)
# Land Area and Population of Major Cities (2023)

| 城　市 | City | 土地面积<br>(平方公里)<br>Land Area<br>(sq.km) | 年末户籍人口<br>(万人)<br>Registered Population at Year-end<br>(10000 persons) | 年末常住人口<br>(万人)<br>Permanent Population at Year-end<br>(10000 persons) |
|---|---|---|---|---|
| 南京市区 | Nanjing Urban Area | 6587 | 741.81 | 954.70 |
| 无锡市区 | Wuxi Urban Area | 1644 | 288.32 | 442.53 |
| 徐州市区 | Xuzhou Urban Area | 3062 | 348.94 | 361.74 |
| 常州市区 | Changzhou Urban Area | 2838 | 311.64 | 456.84 |
| 苏州市区 | Suzhou Urban Area | 4653 | 408.80 | 683.84 |
| 南通市区 | Nantong Urban Area | 3287 | 309.75 | 383.30 |
| 连云港市区 | Lianyungang Urban Area | 3032 | 225.29 | 224.45 |
| 淮安市区 | Huai'an Urban Area | 4476 | 329.99 | 283.81 |
| 盐城市区 | Yancheng Urban Area | 5601 | 239.70 | 237.37 |
| 扬州市区 | Yangzhou Urban Area | 2305 | 230.02 | 265.56 |
| 镇江市区 | Zhenjiang Urban Area | 1088 | 101.00 | 127.28 |
| 泰州市区 | Taizhou Urban Area | 1568 | 161.25 | 173.14 |
| 宿迁市区 | Suqian Urban Area | 2153 | 177.51 | 162.78 |

# 18-9 主要城市地区生产总值及指数(2023年)
# Gross Domestic Product and Indices of Major Cities(2023)

| 城　市 | City | 地　区<br>生产总值<br>(亿元)<br>Gross Domestic Product<br>(100 million yuan) | 第一产业<br>Primary Industry | 第二产业<br>Secondary Industry | 第三产业<br>Tertiary Industry | 人均地区<br>生产总值<br>(元)<br>Per Capita GDP<br>(yuan) | 地区生产<br>总值指数<br>(上年=100)<br>Indices of GDP<br>(preceding year =100) |
|---|---|---|---|---|---|---|---|
| 南京市区 | Nanjing Urban Area | 17421.40 | 317.75 | 5929.00 | 11174.65 | 183015 | 104.6 |
| 无锡市区 | Wuxi Urban Area | 8158.15 | 38.70 | 3600.30 | 4519.15 | 184486 | 106.1 |
| 徐州市区 | Xuzhou Urban Area | 4403.91 | 154.56 | 1862.05 | 2387.30 | 122012 | 105.9 |
| 常州市区 | Changzhou Urban Area | 8559.14 | 119.16 | 4011.25 | 4428.73 | 187524 | 106.3 |
| 苏州市区 | Suzhou Urban Area | 11611.87 | 66.40 | 5208.84 | 6336.63 | 170260 | 104.9 |
| 南通市区 | Nantong Urban Area | 6014.22 | 151.57 | 2847.91 | 3014.74 | 157185 | 105.7 |
| 连云港市区 | Lianyungang Urban Area | 2665.50 | 171.83 | 1299.90 | 1193.77 | 118937 | 112.2 |
| 淮安市区 | Huai'an Urban Area | 3293.51 | 240.30 | 1322.78 | 1730.44 |  | 107.8 |
| 盐城市区 | Yancheng Urban Area | 2923.70 | 234.22 | 1234.95 | 1454.53 | 123171 | 105.0 |
| 扬州市区 | Yangzhou Urban Area | 4382.11 | 114.65 | 2000.63 | 2266.83 | 165104 | 106.1 |
| 镇江市区 | Zhenjiang Urban Area | 2400.75 | 33.97 | 1061.53 | 1305.25 | 188701 | 106.4 |
| 泰州市区 | Taizhou Urban Area | 2842.94 | 86.31 | 1384.23 | 1372.41 | 164218 | 106.4 |
| 宿迁市区 | Suqian Urban Area | 1560.16 | 88.92 | 717.30 | 753.94 | 95824 | 107.2 |

# 18-10　主要城市房地产开发投资(2023年)

## Real Estate Development and Investment of Major Cities(2023)

单位：亿元

| 城　市 | City | 房地产开发投资 Real Estate Development and Investment | #住宅 Residential Buildings | 商品房销售面积(万平方米) Floor Space of Commercial Housing for Sales (10000 sq.m) | #住宅 Residential Buildings |
|---|---|---|---|---|---|
| 南京市区 | Nanjing Urban Area | 2772.37 | 2082.24 | 907.95 | 797.79 |
| 无锡市区 | Wuxi Urban Area | 899.26 | 715.15 | 732.65 | 515.14 |
| 徐州市区 | Xuzhou Urban Area | 523.63 | 420.89 | 606.60 | 559.92 |
| 常州市区 | Changzhou Urban Area | 740.70 | 601.68 | 538.30 | 403.20 |
| 苏州市区 | Suzhou Urban Area | 1644.93 | 1428.09 | 914.24 | 831.86 |
| 南通市区 | Nantong Urban Area | 545.11 | 443.16 | 608.37 | 425.35 |
| 连云港市区 | Lianyungang Urban Area | 192.30 | 148.46 | 182.46 | 164.00 |
| 淮安市区 | Huai'an Urban Area | 433.45 | 349.49 | 382.91 | 313.58 |
| 盐城市区 | Yancheng Urban Area | 567.17 | 460.52 | 862.54 | 716.93 |
| 扬州市区 | Yangzhou Urban Area | 511.19 | 409.20 | 430.51 | 334.88 |
| 镇江市区 | Zhenjiang Urban Area | 129.36 | 107.00 | 169.00 | 118.00 |
| 泰州市区 | Taizhou Urban Area | 249.24 | 205.37 | 288.07 | 223.23 |
| 宿迁市区 | Suqian Urban Area | 188.27 | 166.65 | 229.64 | 176.00 |

# 18-11　主要城市工业基本情况(2023年)

## Basic Statistics on Industry of Major Cities(2023)

单位：亿元　(100 million yuan)

| 城　市 | City | 规上工业企业单位数(个) Number of Industrial Enterprises above Designated Size (unit) | #大中型企业 Enterprises of Large and Medium Size | 资产总计 Total Assets | 负债合计 Total Liabilities | 营业收入 Business Revenue | 利润总额 Total Profits |
|---|---|---|---|---|---|---|---|
| 南京市区 | Nanjing Urban Area | 4714 | 382 | 18243.12 | 9824.58 | 16000.17 | 886.64 |
| 无锡市区 | Wuxi Urban Area | 4286 | 402 | 13742.04 | 6628.27 | 11650.71 | 921.06 |
| 徐州市区 | Xuzhou Urban Area | 1166 | 108 | 4936.13 | 2784.90 | 3719.22 | 260.12 |
| 常州市区 | Changzhou Urban Area | 6073 | 502 | 17120.60 | 9581.05 | 14187.94 | 921.90 |
| 苏州市区 | Suzhou Urban Area | 6119 | 870 | 21920.83 | 10989.84 | 19065.64 | 1189.96 |
| 南通市区 | Nantong Urban Area | 2850 | 226 | 7427.29 | 3901.72 | 5926.60 | 339.11 |
| 连云港市区 | Lianyungang Urban Area | 757 |  | 5911.82 | 3594.79 | 4194.69 | 297.28 |
| 淮安市区 | Huai'an Urban Area | 975 | 69 | 1512.58 | 829.31 | 1203.28 | 77.00 |
| 盐城市区 | Yancheng Urban Area | 1506 | 105 | 4107.60 | 2752.27 | 3611.39 | 72.35 |
| 扬州市区 | Yangzhou Urban Area | 2078 |  | 4317.04 | 2371.81 | 3851.59 | 190.49 |
| 镇江市区 | Zhenjiang Urban Area | 912 | 82 | 2853.01 | 1475.69 | 2438.39 | 104.09 |
| 泰州市区 | Taizhou Urban Area | 1484 | 83 | 3573.12 | 1967.29 | 3207.82 | 143.08 |
| 宿迁市区 | Suqian Urban Area | 772 | 79 | 2696.98 | 1247.33 | 2476.73 | 222.02 |

# 18-12 主要城市财政、金融(2023年)
# Government Finance and Financial Intermediation of Major Cities(2023)

单位：亿元 (100 million yuan)

| 城 市 | City | 一般公共预算收入 General Public Budget Revenue | #税收收入 Taxes | 一般公共预算支出 General Public Budget Expenditure | 人民币存款余额 Balance of RMB Deposits of Financial Institutions | #住户存款 Deposits of Household | 人民币贷款余额 Balance of RMB Loans from Financial Institutions |
|---|---|---|---|---|---|---|---|
| 南京市区 | Nanjing Urban Area | 1619.98 | 1366.53 | 1838.70 | 53178.25 | 15228.95 | 53901.89 |
| 无锡市区 | Wuxi Urban Area | 703.31 | 588.34 | 674.74 | 16635.28 | 7146.60 | 14398.70 |
| 徐州市区 | Xuzhou Urban Area | 240.93 | 198.41 | 291.64 | 7211.60 | 3634.63 | 6452.38 |
| 常州市区 | Changzhou Urban Area | 518.99 | 462.85 | 525.26 | 14912.82 | 6916.05 | 14210.50 |
| 苏州市区 | Suzhou Urban Area | 1336.35 | 1136.89 | 1518.14 | 29413.34 | 10341.56 | 31803.82 |
| 南通市区 | Nantong Urban Area | 386.11 | 298.82 | 618.50 | 11431.50 | 6231.22 | 9931.84 |
| 连云港市区 | Lianyungang Urban Area | 168.76 | 129.94 | 350.53 | 4050.35 | 1717.04 | 5151.78 |
| 淮安市区 | Huai'an Urban Area | 176.09 | 141.61 | 354.49 | 4372.14 | 1857.62 | 5306.85 |
| 盐城市区 | Yancheng Urban Area | 205.42 | 162.91 | 316.70 | 5963.96 | 2667.37 | 6723.04 |
| 扬州市区 | Yangzhou Urban Area | 223.63 | 176.71 | 420.99 | 7013.12 | 3776.71 | 6877.14 |
| 镇江市区 | Zhenjiang Urban Area | 105.60 | 78.73 | 146.13 | 4064.36 | 1726.75 | 4250.87 |
| 泰州市区 | Taizhou Urban Area | 218.12 | 149.25 | 336.34 | 5657.99 | 2531.90 | 5327.25 |
| 宿迁市区 | Suqian Urban Area | 135.46 | 114.05 | 198.56 | 3276.36 | 967.35 | 3069.99 |

# 18-13 主要城市贸易、外经(2023年)
# Domestic Trade and Foreign Economy of Major Cities(2023)

| 城 市 | City | 社会消费品零售总额(亿元) Total Retail Sales of Consumer Goods (100 million yuan) | 进出口总额(亿元) Total Value of Imports and Exports (100 million yuan) | 出口 Exports | 进口 Imports | 实际使用外资(亿美元) Actually Utilization of Foreign Capital (USD 100 million) |
|---|---|---|---|---|---|---|
| 南京市区 | Nanjing Urban Area | 8201.07 | 5659.94 | 3333.12 | 2326.82 | 49.40 |
| 无锡市区 | Wuxi Urban Area | 2264.95 | 4928.91 | 3289.98 | 1638.93 | 26.33 |
| 徐州市区 | Xuzhou Urban Area | 2060.41 | 798.84 | 667.51 | 131.33 | 2.66 |
| 常州市区 | Changzhou Urban Area | 2647.37 | 3008.79 | 2356.06 | 652.73 | 17.19 |
| 苏州市区 | Suzhou Urban Area | 5189.83 | 11488.19 | 7020.73 | 4467.46 | 37.85 |
| 南通市区 | Nantong Urban Area | 2165.65 | 2106.02 | 1490.70 | 615.32 | 12.89 |
| 连云港市区 | Lianyungang Urban Area | 810.76 | 1272.04 | 283.39 | 988.65 | 3.30 |
| 淮安市区 | Huai'an Urban Area | 1282.84 | 435.50 | 305.71 | 129.79 | 3.57 |
| 盐城市区 | Yancheng Urban Area | 1261.44 | 1016.82 | 654.98 | 361.84 | 7.59 |
| 扬州市区 | Yangzhou Urban Area | 1121.70 | 828.90 | 676.00 | 152.90 | 8.93 |
| 镇江市区 | Zhenjiang Urban Area | 721.99 | 648.39 | 434.69 | 213.70 | 1.52 |
| 泰州市区 | Taizhou Urban Area | 739.02 | 554.46 | 368.07 | 186.39 | 4.20 |
| 宿迁市区 | Suqian Urban Area | 808.05 | 332.06 | 284.43 | 47.62 | 2.29 |

# 18-14　主要城市电力(2023年)
# Electricity Consumption of Major Cities(2023)

| 城　市 | City | 全年用电量(亿千瓦时) Total Consumption of Electricity (100 million kW·h) | #工业用电 Consumption of Industrial Electricity | #城乡居民生活用电 Consumption of Household Electricity |
|---|---|---|---|---|
| 南京市区 | Nanjing Urban Area | 747.27 | 365.83 | 118.89 |
| 无锡市区 | Wuxi Urban Area | 445.70 | 283.24 | 57.43 |
| 徐州市区 | Xuzhou Urban Area | 218.38 | 119.70 | 40.25 |
| 常州市区 | Changzhou Urban Area | 496.21 | 360.17 | 57.27 |
| 苏州市区 | Suzhou Urban Area | 775.00 | 498.29 | 98.91 |
| 南通市区 | Nantong Urban Area | 350.15 | 237.35 | 47.44 |
| 连云港市区 | Lianyungang Urban Area | 217.85 | 158.42 | 25.38 |
| 淮安市区 | Huai'an Urban Area | 194.48 | 126.47 | 29.33 |
| 盐城市区 | Yancheng Urban Area | 215.80 | 146.50 | 26.95 |
| 扬州市区 | Yangzhou Urban Area | 184.21 | 111.62 | 31.82 |
| 镇江市区 | Zhenjiang Urban Area | 147.81 | 107.52 | 15.93 |
| 泰州市区 | Taizhou Urban Area | 134.36 | 88.20 | 20.80 |
| 宿迁市区 | Suqian Urban Area | 132.25 | 94.56 | 15.52 |

# 18-15　主要城市文教、科技、卫生(2023年)
# Culture, Education, Science, Technology and Public Health of Major Cities(2023)

| 城　市 | City | 普通本专科在校学生数(万人) Number of Undergraduates in Regular High Education Institutions (10000 persons) | 专利授权量(件) Number of Patent Applications Accepted (unit) | 公共图书馆图书藏量(千册) Total Volume of Collections of Public Libraries (1000 volumes) | 医疗卫生机构数(个) Number of Health Care Institutions (unit) | 卫生机构床位数(万张) Number of Beds in Health Care Institutions (10000 units) | 执业(助理)医师(万人) Licensed Physicians & Physician Assistants (10000 persons) |
|---|---|---|---|---|---|---|---|
| 南京市区 | Nanjing Urban Area | 79.94 | 68805 | 23542 | 3846 | 7.25 | 4.23 |
| 无锡市区 | Wuxi Urban Area | 20.17 | 38923 | 6594 | 2074 | 3.76 | 1.71 |
| 徐州市区 | Xuzhou Urban Area | 24.43 | 11958 | 1710 | 1882 | 3.43 | 1.58 |
| 常州市区 | Changzhou Urban Area | 17.35 | 42858 | 2787 | 1751 | 2.88 | 1.51 |
| 苏州市区 | Suzhou Urban Area | 30.52 | 130771 | 10162 | 2240 | 3.57 | 1.84 |
| 南通市区 | Nantong Urban Area | 15.66 | 16888 | 4271 | 1764 | 2.90 | 1.33 |
| 连云港市区 | Lianyungang Urban Area | 6.39 | 4780 | 2725 | 1458 | 1.60 | 0.78 |
| 淮安市区 | Huai'an Urban Area | 10.12 | 8501 | 3806 | 1287 | 2.02 | 0.96 |
| 盐城市区 | Yancheng Urban Area | 1.44 | 10942 | 3794 | 1324 | 1.73 | 0.88 |
| 扬州市区 | Yangzhou Urban Area | 11.70 | 19388 | 4016 | 1227 | 1.68 | 0.87 |
| 镇江市区 | Zhenjiang Urban Area | 12.39 | 15523 | 1161 | 50 | 1.01 | 0.49 |
| 泰州市区 | Taizhou Urban Area | 7.74 | 7172 | 2760 | 786 | 1.28 | 0.61 |
| 宿迁市区 | Suqian Urban Area | 3.48 | 9316 | 1871 | 798 | 1.12 | 0.52 |

注：部分市将省管、市管高校数据纳入“市区”数据，未列入“市辖区”数据。
a) Some cities have included the data of provincial and municipal schools in municipal data, but not included in urban area data.

# 18-16 主要城市居民收支情况(2023年)
# Household Income and Consumption Expenditure of Major Cities(2023)

单位：元 (yuan)

| 城市 | City | 城市常住居民人均可支配收入 Per Capita Disposable Income of Urban Permanent Households | 城市常住居民人均消费支出 Per Capita Consumption Expenditure of Urban Permanent Households | #食品烟酒 Foods, Tobacco and Liquor | 居民消费价格指数(上年=100) Consumer Price Index (preceding year=100) |
|---|---|---|---|---|---|
| 南京市区 | Nanjing Urban Area | 79858 | 46552 | 11733 | 100.6 |
| 无锡市区 | Wuxi Urban Area | 74490 | 48459 | 13181 | 100.6 |
| 徐州市区 | Xuzhou Urban Area | 44796 | 26937 | 7824 | 100.4 |
| 常州市区 | Changzhou Urban Area | 71744 | 41695 | 10905 | 100.4 |
| 苏州市区 | Suzhou Urban Area | 82989 | 50656 | 13189 | 100.2 |
| 南通市区 | Nantong Urban Area | 62512 | 38897 | 11097 | 100.5 |
| 连云港市区 | Lianyungang Urban Area | 46981 | 28577 | 7989 | 100.5 |
| 淮安市区 | Huai'an Urban Area | 48498 | 26149 | 7798 | 100.4 |
| 盐城市区 | Yancheng Urban Area | 54136 | 29148 | 7584 | 100.8 |
| 扬州市区 | Yangzhou Urban Area | 56781 | 33445 | 9647 | 100.4 |
| 镇江市区 | Zhenjiang Urban Area | 64602 | 37866 | 11004 | 100.5 |
| 泰州市区 | Taizhou Urban Area | 59604 | 35991 | 10080 | 100.6 |
| 宿迁市区 | Suqian Urban Area | 38756 | 23756 | 7022 | 100.6 |

# 18-17　市辖区主要指标(2023年)

# Major Indicators of Municipal Districts (2023)

| 市辖区 | Municipal District | 年末户籍人口(万人) Registered Population at Year-end (10000 persons) | 土地面积(平方公里) Land Area (sq.km) | 地区生产总值(亿元) Gross Domestic Product (100 million yuan) | #第二产业 Secondary Industry | #第三产业 Tertiary Industry | 一般公共预算收入(亿元) General Public Budget Revenues (100 million yuan) |
|---|---|---|---|---|---|---|---|
| **南京市** | **Nanjing City** | **741.81** | **6587** | **17421.4** | **5929.00** | **11174.65** | **1619.98** |
| 玄武区 | Xuanwu District | 45.71 | 75 | 1285.45 | 21.23 | 1264.22 | 104.19 |
| 秦淮区 | Qinhuai District | 67.09 | 49 | 1464.39 | 93.00 | 1371.39 | 113.12 |
| 建邺区 | Jianye District | 45.88 | 82 | 1300.10 | 382.51 | 917.59 | 167.74 |
| 鼓楼区 | Gulou District | 90.93 | 54 | 2038.79 | 147.25 | 1891.54 | 184.22 |
| 浦口区 | Pukou District | 35.62 | 698 | 529.95 | 182.44 | 298.47 | 65.30 |
| 栖霞区 | Qixia District | 58.90 | 395 | 1783.56 | 993.01 | 782.32 | 146.83 |
| 雨花台区 | Yuhuatai District | 33.92 | 132 | 1078.83 | 189.39 | 889.26 | 88.34 |
| 江宁区 | Jiangning District | 128.01 | 1563 | 3056.19 | 1657.93 | 1323.36 | 238.28 |
| 六合区 | Luhe District | 68.01 | 1295 | 613.54 | 233.86 | 306.23 | 50.11 |
| 溧水区 | Lishui District | 45.77 | 1064 | 1061.76 | 555.72 | 451.94 | 67.22 |
| 高淳区 | Gaochun District | 44.96 | 790 | 590.35 | 244.00 | 295.45 | 43.07 |
| **无锡市** | **Wuxi City** | **520.95** | **4627** | **15456.19** | **7376.85** | **7942.84** | **1195.42** |
| 锡山区 | Xishan District | 51.88 | 399 | 1259.86 | 645.15 | 597.34 | 122.04 |
| 惠山区 | Huishan District | 55.46 | 325 | 1276.03 | 696.57 | 562.73 | 121.27 |
| 滨湖区 | Binhu District | 37.87 | 572 | 1100.58 | 406.60 | 690.05 | 103.94 |
| 梁溪区 | Liangxi District | 80.45 | 72 | 1624.13 | 213.59 | 1410.54 | 58.40 |
| 新吴区 | Xinwu District | 41.34 | 220 | 2515.69 | 1560.55 | 954.47 | 262.20 |
| **徐州市** | **Xuzhou City** | **1029.36** | **11765** | **8900.44** | **3622.34** | **4507.13** | **545.96** |
| 鼓楼区 | Gulou District | 37.01 | 80 | 381.77 | 55.67 | 325.77 | 20.35 |
| 云龙区 | Yunlong District | 41.03 | 119 | 489.54 | 49.56 | 438.94 | 34.86 |
| 贾汪区 | Jiawang District | 51.05 | 612 | 432.50 | 191.73 | 207.82 | 26.40 |
| 泉山区 | Quanshan District | 55.21 | 80 | 679.08 | 91.71 | 587.11 | 32.69 |
| 铜山区 | Tongshan District | 121.99 | 1764 | 1381.33 | 668.43 | 602.97 | 57.80 |
| **常州市** | **Changzhou City** | **389.34** | **4372** | **10116.36** | **4857.43** | **5080.01** | **680.30** |
| 天宁区 | Tianning District | 48.66 | 155 | 972.41 | 238.33 | 726.78 | 49.79 |
| 钟楼区 | Zhonglou District | 44.73 | 133 | 942.32 | 264.97 | 674.75 | 50.83 |
| 新北区 | Xinbei District | 63.90 | 509 | 2118.65 | 1075.02 | 1022.85 | 144.40 |
| 武进区 | Wujin District | 100.76 | 1065 | 3222.84 | 1716.20 | 1463.73 | 216.31 |
| 金坛区 | Jintan District | 53.61 | 976 | 1302.92 | 716.74 | 540.61 | 57.66 |
| **苏州市** | **Suzhou City** | **786.22** | **8657** | **24653.37** | **11541.38** | **12916.77** | **2456.81** |
| 虎丘区 | Huqiu District | 49.83 | 332 | 1826.75 | 859.60 | 965.81 | 193.14 |
| 吴中区 | Wuzhong District | 78.32 | 2232 | 1624.00 | 741.50 | 865.00 | 222.64 |
| 相城区 | Xiangcheng District | 51.10 | 490 | 1147.80 | 548.60 | 590.48 | 139.82 |
| 姑苏区 | Gusu District | 74.96 | 83 | 950.04 | 51.71 | 898.34 | 64.60 |
| 吴江区 | Wujiang District | 91.90 | 1237 | 2377.28 | 1233.81 | 1105.22 | 239.90 |

18-17 续表 1 continued

| 市辖区 | Municipal District | 年末户籍人口(万人) Registered Population at Year-end (10000 persons) | 土地面积(平方公里) Land Area (sq.km) | 地区生产总值(亿元) Gross Domestic Product (100 million yuan) | #第二产业 Secondary Industry | #第三产业 Tertiary Industry | 一般公共预算收入(亿元) General Public Budget Revenues (100 million yuan) |
|---|---|---|---|---|---|---|---|
| **南通市** | **Nantong City** | **740.12** | **10507** | **11813.27** | **5728.15** | **5565.48** | **680.16** |
| 崇川区 | Chongchuan District | 73.90 | 312 | 1737.10 | 553.68 | 1182.09 | 113.19 |
| 通州区 | Tongzhou District | 122.76 | 1565 | 1642.28 | 868.21 | 705.74 | 83.91 |
| 海门区 | Haimen District | 96.57 | 1144 | 1664.67 | 808.10 | 778.95 | 75.01 |
| **连云港市** | **Lianyungang City** | **528.67** | **7224** | **4363.61** | **2011.68** | **1916.39** | **256.02** |
| 连云区 | Lianyun District | 20.77 | 815 | 286.43 | 136.57 | 138.28 | 23.61 |
| 海州区 | Haizhou District | 72.13 | 701 | 769.15 | 173.51 | 568.84 | 40.34 |
| 赣榆区 | Ganyu District | 117.81 | 1404 | 759.43 | 311.14 | 330.11 | 36.51 |
| **淮安市** | **Huai'an City** | **547.32** | **10030** | **5015.06** | **2023.21** | **2528.9** | **316.61** |
| 淮安区 | Huai'an District | 110.82 | 1452 | 795.40 | 331.04 | 377.09 | 38.58 |
| 淮阴区 | Huaiyin District | 86.07 | 1307 | 705.70 | 264.93 | 358.01 | 33.26 |
| 清江浦区 | Qingjiangpu District | 59.86 | 310 | 737.89 | 174.66 | 547.69 | 36.19 |
| 洪泽区 | Hongze District | 36.08 | 1273 | 438.63 | 168.17 | 219.84 | 27.03 |
| **盐城市** | **Yancheng City** | **789.09** | **17718** | **7403.87** | **2981.18** | **3603.82** | **482.73** |
| 亭湖区 | Tinghu District | 66.78 | 845 | 704.28 | 263.57 | 401.93 | 45.56 |
| 盐都区 | Yandu District | 69.06 | 1050 | 743.27 | 324.98 | 355.19 | 43.33 |
| 大丰区 | Dafeng District | 67.98 | 3488 | 820.75 | 267.51 | 426.64 | 61.99 |
| **扬州市** | **Yangzhou City** | **445.04** | **6591** | **7423.26** | **3509.60** | **3576.57** | **347.57** |
| 广陵区 | Guangling District | 48.17 | 335 | 1011.15 | 394.54 | 606.27 | 44.90 |
| 邗江区 | Hanjiang District | 65.32 | 553 | 1313.10 | 508.50 | 781.57 | 58.64 |
| 江都区 | Jiangdu District | 99.44 | 1329 | 1312.05 | 659.07 | 573.12 | 57.24 |
| **镇江市** | **Zhenjiang City** | **265.00** | **3840** | **5264.07** | **2507.36** | **2589.19** | **320.71** |
| 京口区 | Jingkou District | 31.00 | 96 | 600.49 | 159.53 | 440.07 | 18.64 |
| 润州区 | Runzhou District | 21.00 | 113 | 300.05 | 57.63 | 241.96 | 16.28 |
| 丹徒区 | Dantu District | 28.00 | 617 | 484.94 | 244.50 | 215.62 | 23.57 |
| **泰州市** | **Taizhou City** | **484.13** | **5788** | **6731.66** | **3258.62** | **3128.33** | **439.70** |
| 海陵区 | Hailing District | 46.02 | 307 | 774.45 | 328.29 | 430.52 | 40.02 |
| 高港区 | Gaogang District | 43.96 | 403 | 1191.95 | 645.37 | 530.39 | 103.18 |
| 姜堰区 | Jiangyan District | 71.27 | 858 | 876.55 | 410.57 | 411.49 | 43.56 |
| **宿迁市** | **Suqian City** | **585.41** | **8524** | **4398.07** | **1941.95** | **2066.62** | **302.00** |
| 宿城区 | Sucheng District | 113.44 | 846 | 562.11 | 157.37 | 372.98 | 38.17 |
| 宿豫区 | Suyu District | 64.07 | 1188 | 463.82 | 218.28 | 205.78 | 40.10 |

18-17 续表 2 continued

| 市辖区 | Municipal District | 房地产开发投资(亿元) Real Estate Development and Investment (100 million yuan) | #住宅 Residential Buildings | 社会消费品零售总额(亿元) Total Retail Sales of Consumer Goods (100 million yuan) | 进出口总额(亿元) Total Value of Imports and Exports (100 million yuan) | #出口 Exports | 实际使用外资(亿美元) Actually Utilization of Foreign Capital (USD 100 million) |
|---|---|---|---|---|---|---|---|
| **南京市** | **Nanjing City** | **2772.37** | **2082.24** | **8201.10** | **5659.94** | **3333.12** | **49.40** |
| 玄武区 | Xuanwu District | 109.88 | 47.41 | 1054.72 | 655.10 | 152.80 | 1.87 |
| 秦淮区 | Qinhuai District | 27.49 | 171.93 | 1063.14 | 754.00 | 420.90 | 2.92 |
| 建邺区 | Jianye District | 374.48 | 267.31 | 525.78 | 232.90 | 201.40 | 1.46 |
| 鼓楼区 | Gulou District | 103.66 | 49.96 | 1229.68 | 401.20 | 254.10 | 8.15 |
| 浦口区 | Pukou District | 229.18 | 194.60 | 150.35 | 274.30 | 134.00 | 0.85 |
| 栖霞区 | Qixia District | 375.88 | 309.84 | 536.36 | 965.50 | 496.40 | 3.40 |
| 雨花台区 | Yuhuatai District | 344.18 | 285.95 | 724.63 | 274.30 | 210.20 | 3.20 |
| 江宁区 | Jiangning District | 281.84 | 217.80 | 1103.49 | 1335.60 | 860.90 | 9.34 |
| 六合区 | Luhe District | 9.18 | 64.95 | 321.27 | 70.00 | 53.80 | 0.51 |
| 溧水区 | Lishui District | 143.88 | 113.69 | 461.28 | 152.70 | 116.20 | 0.92 |
| 高淳区 | Gaochun District | 33.36 | 31.02 | 243.31 | 111.50 | 105.00 | 0.28 |
| **无锡市** | **Wuxi City** | **1275.32** | **1020.87** | **3567.60** | **7065.32** | **4658.10** | **41.20** |
| 锡山区 | Xishan District | 147.38 | 109.36 | 296.46 | 338.43 | 312.92 | 4.82 |
| 惠山区 | Huishan District | 107.17 | 96.05 | 356.36 | 242.80 | 182.59 | 4.39 |
| 滨湖区 | Binhu District | 163.30 | 138.16 | 320.46 | 241.16 | 222.30 | 3.60 |
| 梁溪区 | Liangxi District | 211.02 | 145.46 | 780.89 | 472.77 | 380.47 | 1.36 |
| 新吴区 | Xinwu District | 146.71 | 128.14 | 426.86 | 3563.92 | 2128.51 | 11.44 |
| **徐州市** | **Xuzhou City** | **751.17** | **618.05** | **4445.10** | **1207.60** | **997.42** | **3.50** |
| 鼓楼区 | Gulou District | 105.91 | 79.87 | 353.54 | 14.06 | 13.07 | … |
| 云龙区 | Yunlong District | 142.61 | 107.81 | 331.33 | 23.54 | 23.26 | 0.19 |
| 贾汪区 | Jiawang District | 48.59 | 43.86 | 194.17 | 38.74 | 36.95 | 0.06 |
| 泉山区 | Quanshan District | 122.02 | 93.63 | 434.13 | 44.20 | 33.25 | 0.02 |
| 铜山区 | Tongshan District | 47.30 | 44.12 | 541.36 | 132.64 | 123.88 | 0.75 |
| **常州市** | **Changzhou City** | **822.91** | **668.23** | **3050.10** | **3183.63** | **2498.35** | **20.64** |
| 天宁区 | Tianning District | 205.66 | 164.69 | 467.09 | 199.70 | 174.03 | 0.22 |
| 钟楼区 | Zhonglou District | 127.98 | 110.14 | 532.09 | 188.58 | 174.27 | 1.63 |
| 新北区 | Xinbei District | 128.86 | 91.39 | 450.60 | 1298.02 | 997.85 | 8.46 |
| 武进区 | Wujin District | 198.10 | 170.07 | 931.02 | 983.91 | 723.30 | 5.98 |
| 金坛区 | Jintan District | 80.11 | 65.39 | 266.57 | 338.59 | 286.60 | 0.89 |
| **苏州市** | **Suzhou City** | **2597.97** | **2226.35** | **9582.90** | **24514.10** | **15081.59** | **69.05** |
| 虎丘区 | Huqiu District | 352.31 | 321.02 | 668.48 | 2478.82 | 1751.84 | 3.33 |
| 吴中区 | Wuzhong District | 281.74 | 248.74 | 937.10 | 716.17 | 537.94 | 4.86 |
| 相城区 | Xiangcheng District | 409.79 | 376.89 | 609.11 | 476.33 | 366.37 | 6.19 |
| 姑苏区 | Gusu District | 105.39 | 82.16 | 1032.34 | 150.00 | 132.90 | 0.04 |
| 吴江区 | Wujiang District | 299.77 | 230.17 | 769.70 | 1597.79 | 1222.24 | 3.92 |

18-17 续表 3 continued

| 市辖区 | Municipal District | 房地产开发投资(亿元) Real Estate Development and Investment (100 million yuan) | #住宅 Residential Buildings | 社会消费品零售总额(亿元) Total Retail Sales of Consumer Goods (100 million yuan) | 进出口总额(亿元) Total Value of Imports and Exports (100 million yuan) | #出口 Exports | 实际使用外资(亿美元) Actually Utilization of Foreign Capital (USD 100 million) |
|---|---|---|---|---|---|---|---|
| **南通市** | **Nantong City** | **925.11** | **757.77** | **4215.10** | **3500.29** | **2289.69** | **19.90** |
| 崇川区 | Chongchuan District | 221.18 | 180.88 | 734.35 | 700.22 | 493.64 | 1.95 |
| 通州区 | Tongzhou District | 137.22 | 117.48 | 540.36 | 308.87 | 271.83 | 1.21 |
| 海门区 | Haimen District | 93.36 | 75.10 | 516.95 | 353.32 | 279.92 | 2.88 |
| **连云港市** | **Lianyungang City** | **246.24** | **193.20** | **1277.30** | **1360.86** | **359.34** | **4.36** |
| 连云区 | Lianyun District | 8.21 | 6.48 | 80.57 | 187.71 | 36.70 | 0.38 |
| 海州区 | Haizhou District | 96.19 | 69.77 | 475.33 | 87.96 | 71.29 | 0.27 |
| 赣榆区 | Ganyu District | 35.86 | 31.59 | 197.38 | 166.56 | 49.06 | 0.68 |
| **淮安市** | **Huai'an City** | **282.12** | **212.68** | **1896.30** | **542.44** | **396.55** | **5.49** |
| 淮安区 | Huai'an District | 33.10 | 26.35 | 262.88 | 52.01 | 42.66 | 1.00 |
| 淮阴区 | Huaiyin District | 39.98 | 26.71 | 204.51 | 42.53 | 11.00 | 0.73 |
| 清江浦区 | Qingjiangpu District | 92.54 | 63.63 | 572.35 | 52.50 | 47.94 | 1.01 |
| 洪泽区 | Hongze District | 9.28 | 7.91 | 131.74 | 35.25 | 27.63 | 0.57 |
| **盐城市** | **Yancheng City** | **567.17** | **460.52** | **2872.50** | **1452.32** | **1015.18** | **9.38** |
| 亭湖区 | Tinghu District | 116.05 | 96.84 | 301.28 | 98.99 | 48.91 | 0.49 |
| 盐都区 | Yandu District | 103.80 | 90.90 | 297.07 | 88.66 | 43.86 | 0.34 |
| 大丰区 | Dafeng District | 35.94 | 29.35 | 260.24 | 279.89 | 154.87 | 0.53 |
| **扬州市** | **Yangzhou City** | **639.14** | **507.92** | **1660.60** | **1055.80** | **851.40** | **12.20** |
| 广陵区 | Guangling District | 43.71 | 36.88 | 357.29 | 112.10 | 107.90 | 0.26 |
| 邗江区 | Hanjiang District | 138.46 | 123.91 | 353.10 | 215.00 | 195.60 | 4.00 |
| 江都区 | Jiangdu District | 236.88 | 175.67 | 312.36 | 258.30 | 182.70 | 0.57 |
| **镇江市** | **Zhenjiang City** | **312.43** | **258.26** | **1481.70** | **986.41** | **741.51** | **4.26** |
| 京口区 | Jingkou District | 25.63 | 18.75 | 317.97 | 97.60 | 70.72 | 0.03 |
| 润州区 | Runzhou District | 31.29 | 26.74 | 151.16 | 23.23 | 16.07 | 0.05 |
| 丹徒区 | Dantu District | 23.90 | 21.67 | 77.14 | 69.96 | 59.67 | 0.10 |
| **泰州市** | **Taizhou City** | **365.00** | **303.41** | **1709.70** | **1344.39** | **938.14** | **9.29** |
| 海陵区 | Hailing District | 49.55 | 45.26 | 244.01 | 130.78 | 117.87 | 1.75 |
| 高港区 | Gaogang District | 165.11 | 132.63 | 292.36 | 286.11 | 120.16 | 1.03 |
| 姜堰区 | Jiangyan District | 34.58 | 27.48 | 202.66 | 137.58 | 130.03 | 1.43 |
| **宿迁市** | **Suqian City** | **381.03** | **317.74** | **1587.40** | **620.66** | **558.73** | **4.73** |
| 宿城区 | Sucheng District | 81.45 | 70.31 | 332.95 | 96.12 | 87.02 | 1.04 |
| 宿豫区 | Suyu District | 47.67 | 42.48 | 346.81 | 102.07 | 83.32 | 0.32 |

# 18-18　市辖区人口、面积(2023年)
# Population and Land Area of Municipal Districts(2023)

| 市辖区 | Municipal District | 年末户籍人口(万人) Registered Population at Year-end (10000 persons) | 年末总户数(万户) Total Households at Year-end (10000 households) | 土地面积(平方公里) Land Area (sq.km) | 人口密度(人/平方公里) Population Density (person/sq.m) |
|---|---|---|---|---|---|
| 南京市浦口区 | Nanjing Pukou District | 35.62 | 12.71 | 698 | 594 |
| 南京市江宁区 | Nanjing Jiangning District | 128.01 | 50.19 | 1563 | 1270 |
| 南京市六合区 | Nanjing Luhe District | 68.01 | 24.58 | 1295 | 495 |
| 南京市溧水区 | Nanjing Lishui District | 45.77 | 17.43 | 1064 | 482 |
| 南京市高淳区 | Nanjing Gaochun District | 44.96 | 16.92 | 790 | 557 |
| 徐州市贾汪区 | Xuzhou Jiawang District | 51.05 | 13.40 | 612 | 737 |
| 徐州市铜山区 | Xuzhou Tongshan District | 121.99 | 32.62 | 1764 | 635 |
| 常州市武进区 | Changzhou Wujin District | 100.76 | 36.67 | 1065 | 1619 |
| 常州市金坛区 | Changzhou Jintan District | 53.61 | 20.02 | 976 | 610 |
| 苏州市吴江区 | Suzhou Wujiang District | 91.90 | 30.46 | 1237 | 1271 |
| 南通市通州区 | Nantong Tongzhou District | 122.76 | 52.22 | 1565 | 809 |
| 南通市海门区 | Nantong Haimen District | 96.57 | 39.55 | 1144 | 871 |
| 连云港市赣榆区 | Lianyungang Ganyu District | 117.81 | 38.41 | 1517 | 655 |
| 淮安市淮安区 | Huai'an Huai'an District | 110.82 | 32.45 | 1452 | 539 |
| 淮安市淮阴区 | Huai'an Huaiyin District | 86.07 | 28.88 | 1307 | 563 |
| 淮安市洪泽区 | Huai'an Hongze District | 36.08 | 11.73 | 1273 | 221 |
| 盐城市盐都区 | Yancheng Yandu District | 69.06 | 23.88 | 1016 | 603 |
| 盐城市大丰区 | Yancheng Dafeng District | 67.98 | 25.82 | 3488 | 184 |
| 扬州市邗江区 | Yangzhou Hanjiang District | 65.32 | 21.82 | 553 | 1555 |
| 扬州市江都区 | Yangzhou Jiangdu District | 99.44 | 33.55 | 1329 | 699 |
| 镇江市丹徒区 | Zhenjiang Dantu District | 28.00 | 10.36 | 617 | 565 |
| 泰州市姜堰区 | Taizhou Jiangyan District | 71.27 | 24.71 | 858 | 780 |
| 宿迁市宿豫区 | Suqian Suyu District | 64.07 | 18.27 | 1188 | 492 |

# 18-19 市辖区地区生产总值(2023年)
# Gross Domestic Product of Municipal Districts(2023)

| 市辖区 | Municipal District | 地区生产总值(亿元) Gross Domestic Product (100 million yuan) | 第一产业 Primary Industry | 第二产业 Secondary Industry | #工业 Industry | 第三产业 Tertiary Industry | 地区生产总值指数(上年=100) Indices of GDP (preceding year=100) |
|---|---|---|---|---|---|---|---|
| 南京市浦口区 | Nanjing Pukou District | 529.95 | 49.04 | 182.44 | 138.02 | 298.47 | 105.0 |
| 南京市江宁区 | Nanjing Jiangning District | 3056.19 | 74.90 | 1657.93 | 1413.45 | 1323.36 | 104.5 |
| 南京市六合区 | Nanjing Luhe District | 613.54 | 73.45 | 233.86 | 193.73 | 306.23 | 105.0 |
| 南京市溧水区 | Nanjing Lishui District | 1061.76 | 54.10 | 555.72 | 482.77 | 451.94 | 105.2 |
| 南京市高淳区 | Nanjing Gaochun District | 590.35 | 50.90 | 244.00 | 121.33 | 295.45 | 104.3 |
| 徐州市贾汪区 | Xuzhou Jiawang District | 432.50 | 32.95 | 191.73 | 174.66 | 207.82 | 107.3 |
| 徐州市铜山区 | Xuzhou Tongshan District | 1381.33 | 109.93 | 668.43 | 571.39 | 602.97 | 109.5 |
| 常州市武进区 | Changzhou Wujin District | 3222.84 | 42.91 | 1716.20 | 1594.30 | 1463.73 | 104.9 |
| 常州市金坛区 | Changzhou Jintan District | 1302.92 | 45.57 | 716.74 | 615.03 | 540.61 | 108.2 |
| 苏州市吴江区 | Suzhou Wujiang District | 2377.28 | 38.25 | 1233.81 | 1141.57 | 1105.22 | 104.2 |
| 南通市通州区 | Nantong Tongzhou District | 1642.28 | 68.33 | 868.21 | 723.58 | 705.74 | 106.4 |
| 南通市海门区 | Nantong Haimen District | 1664.67 | 77.63 | 808.10 | 680.59 | 778.95 | 105.1 |
| 连云港市赣榆区 | Lianyungang Ganyu District | 759.43 | 118.18 | 311.14 | 212.65 | 330.11 | 105.7 |
| 淮安市淮安区 | Huai'an Huai'an District | 795.40 | 87.27 | 331.04 | 241.57 | 377.09 | 108.1 |
| 淮安市淮阴区 | Huai'an Huaiyin District | 705.70 | 82.75 | 264.93 | 212.04 | 358.01 | 107.0 |
| 淮安市洪泽区 | Huai'an Hongze District | 438.63 | 50.62 | 168.17 | 143.60 | 219.84 | 108.8 |
| 盐城市盐都区 | Yancheng Yandu District | 743.27 | 63.10 | 324.98 | 230.11 | 355.19 | 105.0 |
| 盐城市大丰区 | Yancheng Dafeng District | 820.75 | 126.60 | 267.51 | 244.21 | 426.64 | 102.0 |
| 扬州市邗江区 | Yangzhou Hanjiang District | 1313.10 | 23.03 | 508.50 | 410.48 | 781.57 | 106.3 |
| 扬州市江都区 | Yangzhou Jiangdu District | 1312.05 | 79.86 | 659.07 | 511.05 | 573.12 | 106.0 |
| 镇江市丹徒区 | Zhenjiang Dantu District | 484.94 | 24.82 | 244.50 | 213.19 | 215.62 | 103.7 |
| 泰州市姜堰区 | Taizhou Jiangyan District | 876.55 | 54.49 | 410.57 | 300.96 | 411.49 | 106.0 |
| 宿迁市宿豫区 | Suqian Suyu District | 463.82 | 39.77 | 218.28 | 165.28 | 205.78 | 108.1 |

# 18-20　市辖区投资、财政收支(2023年)
# Investment, Government Revenue and Expenditure of Municipal Districts(2023)

单位：亿元　　(100 million yuan)

| 市辖区 | Municipal District | 房地产开发投资 Real Estate Development and Investment | #住宅 Residential Buildings | 商品房销售面积(万平方米) Floor Space of Commercial Housing Sold (10000 sq.m) | 一般公共预算收入 General Public Budget Revenue | #税收收入 Taxes | 一般公共预算支出 General Public Budget Expenditure |
|---|---|---|---|---|---|---|---|
| 南京市浦口区 | Nanjing Pukou District | 229.18 | 194.60 | 47.86 | 65.30 | 52.29 | 119.82 |
| 南京市江宁区 | Nanjing Jiangning District | 281.84 | 217.80 | 169.10 | 238.28 | 218.04 | 272.62 |
| 南京市六合区 | Nanjing Luhe District | 9.18 | 64.95 | 63.21 | 50.11 | 32.62 | 96.28 |
| 南京市溧水区 | Nanjing Lishui District | 143.88 | 113.69 | 84.36 | 67.22 | 55.90 | 102.10 |
| 南京市高淳区 | Nanjing Gaochun District | 33.36 | 31.02 | 35.11 | 43.07 | 35.87 | 76.95 |
| 徐州市贾汪区 | Xuzhou Jiawang District | 48.59 | 43.86 | 122.04 | 26.40 | 18.67 | 44.36 |
| 徐州市铜山区 | Xuzhou Tongshan District | 47.30 | 44.12 | 90.00 | 57.80 | 42.43 | 110.19 |
| 常州市武进区 | Changzhou Wujin District | 198.10 | 170.07 | 110.49 | 216.31 | 190.05 | 227.71 |
| 常州市金坛区 | Changzhou Jintan District | 80.11 | 65.39 | 125.12 | 57.66 | 52.71 | 95.01 |
| 苏州市吴江区 | Suzhou Wujiang District | 299.77 | 230.17 | 114.68 | 239.90 | 196.84 | 321.01 |
| 南通市通州区 | Nantong Tongzhou District | 137.22 | 117.48 | 172.55 | 83.91 | 68.70 | 152.70 |
| 南通市海门区 | Nantong Haimen District | 93.36 | 75.10 | 176.44 | 75.01 | 60.00 | 126.16 |
| 连云港市赣榆区 | Lianyungang Ganyu District | 35.86 | 31.59 | 61.27 | 36.51 | 24.42 | 91.68 |
| 淮安市淮安区 | Huai'an Huai'an District | 33.10 | 26.35 | 91.67 | 38.58 | 30.00 | 102.23 |
| 淮安市淮阴区 | Huai'an Huaiyin District | 39.98 | 26.71 | 75.43 | 33.26 | 26.03 | 94.03 |
| 淮安市洪泽区 | Huai'an Hongze District | 9.28 | 7.91 | 26.16 | 27.03 | 19.93 | 63.34 |
| 盐城市盐都区 | Yancheng Yandu District | 103.80 | 90.90 | 115.53 | 43.33 | 34.14 | 82.52 |
| 盐城市大丰区 | Yancheng Dafeng District | 35.94 | 29.35 | 29.32 | 61.99 | 48.03 | 118.39 |
| 扬州市邗江区 | Yangzhou Hanjiang District | 138.46 | 123.91 | 101.22 | 58.64 | 49.59 | 95.18 |
| 扬州市江都区 | Yangzhou Jiangdu District | 236.88 | 175.67 | 195.79 | 57.24 | 46.56 | 105.89 |
| 镇江市丹徒区 | Zhenjiang Dantu District | 23.90 | 21.67 | 29.60 | 23.57 | 16.53 | 44.02 |
| 泰州市姜堰区 | Taizhou Jiangyan District | 34.58 | 27.48 | 51.73 | 43.56 | 32.63 | 80.77 |
| 宿迁市宿豫区 | Suqian Suyu District | 47.67 | 42.48 | 72.97 | 40.10 | 36.11 | 66.66 |

# 18-21 市辖区贸易、外资(2023年)
# Trade and Foreign Capital of Municipal Districts (2023)

| 市辖区 | Municipal District | 社会消费品零售总额(亿元) Total Retail Sales of Consumer Goods (100 million yuan) | 进出口总额(亿元) Total Value of Imports and Exports (100 million yuan) | 出口总额(亿元) Exports (100 million yuan) | 新设立外商直接投资企业数(家) Newly Established Foreign Direct Investment Entrepreneurs (Unit) | 实际使用外资(亿美元) Actually Utilization of Foreign Capital (100 million yuan) |
|---|---|---|---|---|---|---|
| 南京市浦口区 | Nanjing Pukou District | 150.35 | 274.30 | 134.00 | 20 | 0.85 |
| 南京市江宁区 | Nanjing Jiangning District | 1103.49 | 1335.60 | 860.90 | 103 | 9.34 |
| 南京市六合区 | Nanjing Luhe District | 321.27 | 70.00 | 53.80 | 17 | 0.51 |
| 南京市溧水区 | Nanjing Lishui District | 461.28 | 152.70 | 116.20 | 51 | 0.92 |
| 南京市高淳区 | Nanjing Gaochun District | 243.31 | 111.50 | 105.00 | 40 | 0.28 |
| 徐州市贾汪区 | Xuzhou Jiawang District | 194.17 | 38.74 | 36.95 | | 0.06 |
| 徐州市铜山区 | Xuzhou Tongshan District | 541.36 | 132.64 | 123.88 | | 0.75 |
| 常州市武进区 | Changzhou Wujin District | 931.02 | 983.91 | 723.30 | 72 | 5.98 |
| 常州市金坛区 | Changzhou Jintan District | 266.57 | 338.59 | 286.60 | 25 | 0.89 |
| 苏州市吴江区 | Suzhou Wujiang District | 769.70 | 1597.79 | 1222.24 | 89 | 3.92 |
| 南通市通州区 | Nantong Tongzhou District | 540.36 | 308.87 | 271.83 | 31 | 1.21 |
| 南通市海门区 | Nantong Haimen District | 516.95 | 353.32 | 279.92 | 38 | 2.88 |
| 连云港市赣榆区 | Lianyungang Ganyu District | 197.38 | 166.56 | 49.06 | 2 | 0.68 |
| 淮安市淮安区 | Huai'an Huai'an District | 262.88 | 52.01 | 42.66 | 12 | 1.00 |
| 淮安市淮阴区 | Huai'an Huaiyin District | 204.51 | 42.53 | 11.00 | 18 | 0.73 |
| 淮安市洪泽区 | Huai'an Hongze District | 131.74 | 35.25 | 27.63 | 12 | 0.57 |
| 盐城市盐都区 | Yancheng Yandu District | 297.07 | 88.66 | 43.86 | 8 | 0.34 |
| 盐城市大丰区 | Yancheng Dafeng District | 260.24 | 279.89 | 154.87 | 12 | 0.53 |
| 扬州市邗江区 | Yangzhou Hanjiang District | 353.10 | 215.00 | 195.60 | 55 | 4.00 |
| 扬州市江都区 | Yangzhou Jiangdu District | 312.36 | 258.30 | 182.70 | 17 | 0.57 |
| 镇江市丹徒区 | Zhenjiang Dantu District | 77.14 | 69.96 | 59.67 | 4 | 0.10 |
| 泰州市姜堰区 | Taizhou Jiangyan District | 202.66 | 137.58 | 130.03 | 8 | 1.43 |
| 宿迁市宿豫区 | Suqian Suyu District | 346.81 | 102.07 | 83.32 | 19 | 0.32 |

# 18-22 市辖区规模以上工业效益（2023年）
# Industrial Benefit above Designated Size of Municipal Districts(2023)

| 市辖区 | Municipal District | 企业个数（个）Number of Enterprises (unit) | 资产合计（亿元）Total Assets (100 million yuan) | 负债合计（亿元）Total Liabilities (100 million yuan) | 营业收入（亿元）Business Revenue (100 million yuan) | 利润总额（亿元）Total Profits (100 million yuan) |
|---|---|---|---|---|---|---|
| 南京市浦口区 | Nanjing Pukou District | 317 | 947.39 | 498.04 | 447.12 | 46.56 |
| 南京市江宁区 | Nanjing Jiangning District | 1353 | 5680.63 | 3156.85 | 4236.70 | 295.74 |
| 南京市六合区 | Nanjing Luhe District | 435 | 680.20 | 405.76 | 496.45 | 38.90 |
| 南京市溧水区 | Nanjing Lishui District | 752 | 1485.88 | 957.90 | 1086.22 | 96.54 |
| 南京市高淳区 | Nanjing Gaochun District | 322 | 338.60 | 182.53 | 241.97 | 13.14 |
| 徐州市贾汪区 | Xuzhou Jiawang District | 226 | 611.34 | 446.82 | 511.35 | 0.09 |
| 徐州市铜山区 | Xuzhou Tongshan District | 502 | 1133.36 | 773.62 | 1002.31 | 57.10 |
| 常州市武进区 | Changzhou Wujin District | 2750 | 6747.43 | 3975.73 | 6298.64 | 372.84 |
| 常州市金坛区 | Changzhou Jintan District | 753 | 3930.36 | 2389.09 | 2336.02 | 116.36 |
| 苏州市吴江区 | Suzhou Wujiang District | 1934 | 5540.31 | 2995.15 | 4775.72 | 240.73 |
| 南通市通州区 | Nantong Tongzhou District | 525 | 2452.93 | 1238.78 | 1948.68 | 87.59 |
| 南通市海门区 | NanTong Haimen District | 1075 | 1796.68 | 1056.93 | 1467.87 | 78.14 |
| 连云港市赣榆区 | Lianyungang Ganyu District | 358 | 718.54 | 495.42 | 769.00 | 20.19 |
| 淮安市淮安区 | Huai'an Huai'an District | 300 | 426.70 | 216.34 | 402.34 | 37.09 |
| 淮安市淮阴区 | Huai'an Huaiyin District | 285 | 531.56 | 309.23 | 337.74 | 4.21 |
| 淮安市洪泽区 | Huai'an Hongze District | 259 | 282.71 | 166.89 | 271.53 | 16.11 |
| 盐城市盐都区 | Yancheng Yandu District | 391 | 533.84 | 336.33 | 414.43 | 12.54 |
| 盐城市大丰区 | Yancheng Dafeng District | 574 | 1765.60 | 1163.87 | 1354.76 | 35.27 |
| 扬州市邗江区 | Yangzhou Hanjiang District | 561 | 1080.79 | 597.64 | 891.80 | 61.90 |
| 扬州市江都区 | Yangzhou Jiangdu District | 903 | 1227.83 | 724.09 | 1267.81 | 56.21 |
| 镇江市丹徒区 | Zhenjiang Dantu District | 308 | 576.42 | 320.80 | 514.55 | 16.62 |
| 泰州市姜堰区 | Taizhou Jiangyan District | 639 | 809.81 | 406.72 | 714.76 | 42.36 |
| 宿迁市宿豫区 | Suqian Suyu District | 269 | 618.24 | 341.78 | 542.72 | 21.50 |

# 18-23 市辖区教育、卫生、收入(2023年)
# Education, Public Health and Income of Municipal Districts(2023)

| 市辖区 | Municipal District | 普通中学在校学生(万人) Regular Secondary School Students Enrollment (10000 persons) | 小学在校学生(万人) Primary School Students Enrollment (10000 persons) | 医疗卫生机构个数(个) Number of Health Care Institutions (unit) | 卫生机构床位数(张) Number of Beds in Health Care Institutions (bed) | 执业(助理)医师(人) Licensed Physicians & Physician Assistants (person) | 城镇常住居民人均可支配收入(元) Per Capita Disposable Income of Urban Permanent Households (yuan) |
|---|---|---|---|---|---|---|---|
| 南京市浦口区 | Nanjing Pukou District | 1.32 | 2.50 | 153 | 2473 | 1399 | 73876 |
| 南京市江宁区 | Nanjing Jiangning District | 5.47 | 12.16 | 777 | 10611 | 5820 | 76693 |
| 南京市六合区 | Nanjing Luhe District | 2.32 | 3.67 | 231 | 2024 | 1762 | 71684 |
| 南京市溧水区 | Nanjing Lishui District | 2.04 | 3.25 | 226 | 2543 | 1634 | 69929 |
| 南京市高淳区 | Nanjing Gaochun District | 1.75 | 2.64 | 225 | 2951 | 1510 | 70580 |
| 徐州市贾汪区 | Xuzhou Jiawang District | 3.32 | 3.94 | 207 | 2525 | 1232 | 44132 |
| 徐州市铜山区 | Xuzhou Tongshan District | 8.63 | 10.10 | 543 | 6074 | 3180 | 50332 |
| 常州市武进区 | Changzhou Wujin District | 6.78 | 11.63 | 663 | 9868 | 5111 | 74630 |
| 常州市金坛区 | Changzhou Jintan District | 2.26 | 3.24 | 235 | 3268 | 1656 | 68376 |
| 苏州市吴江区 | Suzhou Wujiang District | 6.08 | 11.29 | 550 | 9236 | 4393 | 82655 |
| 南通市通州区 | Nantong Tongzhou District | 4.02 | 5.92 | 527 | 6946 | 3181 | 64612 |
| 南通市海门区 | Nantong Haimen District | 3.78 | 5.17 | 511 | 4941 | 2598 | 64517 |
| 连云港市赣榆区 | Lianyungang Ganyu District | 8.50 | 9.37 | 666 | 6527 | 2245 | 42667 |
| 淮安市淮安区 | Huai'an Huai'an District | 4.76 | 5.30 | 457 | 4416 | 2102 | 42194 |
| 淮安市淮阴区 | Huai'an Huaiyin District | 4.61 | 5.18 | 336 | 8277 | 3359 | 42859 |
| 淮安市洪泽区 | Huai'an Hongze District | 1.26 | 1.54 | 157 | 1426 | 760 | 48754 |
| 盐城市盐都区 | Yancheng Yandu District | 2.09 | 3.34 | 480 | 5084 | 2887 | 52263 |
| 盐城市大丰区 | Yancheng Dafeng District | 2.11 | 2.70 | 379 | 3742 | 2028 | 48989 |
| 扬州市邗江区 | Yangzhou Hanjiang District | 2.24 | 5.77 | 423 | 6064 | 3335 | 63447 |
| 扬州市江都区 | Yangzhou Jiangdu District | 3.28 | 4.03 | 443 | 4700 | 2367 | 58385 |
| 镇江市丹徒区 | Zhenjiang Dantu District | 1.10 | 1.50 | 48 | 1079 | 590 | 62894 |
| 泰州市姜堰区 | Taizhou Jiangyan District | 3.08 | 3.67 | 331 | 4230 | 2107 | 59749 |
| 宿迁市宿豫区 | Suqian Suyu District | 2.65 | 5.64 | 271 | 3379 | 1435 | |

# 主要统计指标解释

**供水综合生产能力**　指按供水设施取水、净化、送水、出厂输水干管等环节实际测定计算的综合生产能力。

**供水总量**　指报告期供水企业（单位）供出的全部水量。包括有效供水量及损失水量。

**生活用水量**　指居民日常生活与公共福利设施的用水量，包括居民、饮食店、旅馆、医院、理发店、浴池、洗衣店、游泳池、商店、学校、机关、部队等单位的用水量。

**城市人口用水普及率**　指城市用水人口数与城市人口总数之比。计算公式为：

用水普及率=城市用水人口数／城市人口总数×100%

**燃气供气管道长度**　指报告期末从气源厂压缩机的出口或门站出口到各类用户引入管之间的全部已经通气投入使用的管道长度。不包括煤气生产厂、输配站、液化气储存站、灌瓶站、储配站、气化站、混气站、供应站等厂（站）内的管道。按不同的材质、压力级别、管径分别统计。

**燃气供应总量**　指报告期燃气企业（单位）向用户供应的燃气数量。包括销售量及损失量。

**燃气普及率**　指报告期末使用燃气的城市人口数与城市人口总数的比率。计算公式为：

燃气普及率=用气人口数／城市人口总数×100%

**道路长度**　指道路长度和与道路相通的桥梁、隧道的长度，按车行道中心线计算。

**排水管道长度**　指所有排水总管、干管、支管、检查井及连接井进出口等长度之和。

计算时应按单管计算，即在同一条街道上如有两条或两条以上并排的排水管道时，应按每条排水管道的长度相加计算。

**城市污水处理能力**　指污水处理厂（或处理装置）每昼夜处理污水量的设计能力。

**营运车数**　指报告期末公交企业（单位）用于运营业务的全部车辆数。以企业（单位）固定资产台账中已投入运营的车辆数为准；新购、新制和调入的运营车辆，自投入之日起开始计算；调出、报废和调作他用的运营车辆，自上级主管机关批准之日起不再计入。

**园林绿地面积**　指报告期末用于园林和绿化的各种绿地面积。包括公共绿地、居住区绿地、单位附属绿地、防护绿地、生产绿地、道路绿地和风景林地面积。不包括：

1．屋顶绿化、垂直绿化、阳台绿化和室内绿化。

2．以物质生产为主的林地、耕地、牧草地、果园和竹园等。

3．城市总体规划中不列入绿地的水域。

**公园绿地**　指城市中向公众开放的以游憩为主要功能，有一定的游憩设施和服务设施，同时兼有健全生态、美化景观，防灾减灾等综合作用的绿化用地。包括综合公园、社区公园、专类公园、带状公园和街旁绿地。其中综合公园、专类公园和带状公园面积之和为公园面积。

# Explanatory Notes on Main Statistical Indicators

**General Production Capacity of Tap Water** refers to the actual comprehensive production capacity of the water facilities, making the capacity of the main links such as water collection, purification, conveyance and outflow of the trunk pipelines into account.

**Total Volume of Water Supply** refers to the total volume of water supplied by the water supply enterprises(units)during the reference period, including both the effective water supply and loss.

**Water Consumption for Daily Life** refers to the water consumption of households for daily life and the water consumption for public welfare facilities, including the consumption of restaurants, hotels, hospitals, barber shops, public bathhouses, laundries, swimming pools, shops, schools, institutions, army units and other units.

**Coverage Rate of Urban Population with Access to Tap Water** refers to the ratio of the urban population with access total water to the total urban population. The formula is:

Coverage of Population with Access to Tap Water = (Urban Population with Access to Tap Water/Urban Population) ×100%

**Length of Gas Pipelines** refer to the total length of pipelines between the outlet of the compressor, blower or burning gas tank of the source factory and the burning gas meters of users, which are all put in use, excluding the pipelines in burning gas-works(stations) and the pipelines of transportation and distribution station, liquefied petroleum gas storage station, pipeline and bottle station, storage and distribution station, gasification station, gas mixed station, supply station.They are counted respectively according to the different quality of materials, level of pressure and the size of bores.

**Total Volume of Gas Supply** refers to the volume of burning gas supplied by the burning gas enterprises, including both the sales volume and loss.

**Coverage Rate of Urban Population with Access to Gas** refers to the ratio of the urban population with access to buring go to the urban population at the reference period. The formula is:

Coverage of Urban Population with Access to Burning Gas = (Urban Population with Access to Burning Gas/Urban Population) ×100%

**Length of Roads** refer to the length of roads, as well as the length of bridges and tunnels, the same as the roads, and taking the middle line of traffic lane into account.

**Length of Sewage Pipelines** refer to the total length of general drainage, trunks, branch and blind drainages, inspection wells, connection wells, inlets and outlets, etc., taking the single pipe into account. Namely if there are two or more than two pipes standing side by side in a street, the length of every pipe should put into account.

**Disposal Capacity of Urban Sewage** refers to the designed 24-hour capacity of sewage disposal by the sewage treatment works.

**Number of Vehicles under Operation** refer to the total of operational vehicles(buses and trolley buses)available at the end of the reference period, taking them as the fixed assets registered in account book of the enterprises and put in operation as the accounting standard. Vehicles, newly bought, newly manufactured and transfered in from other units, should be put into account since the day of putting into operation, while the vehicles, transfered to other units, being scrapped and turned to other use, should not be put into account since the day of permission made by higher responsible department.

**Area of Gardens and Green Areas** refer to the various green land used for gardening and afforestation at the end of reference period, including public green land, residential area green land, subsidiary green land of the units, protection green land, production green land, roadside green land and scenic forest land, excluding:

1. Roof, perpendicular, balcony and indoor green areas.

2. Areas taking the material production as the main aim, such as forest land, cultivated land, pasture, orchard

and bamboo forest.

3. Water areas which are not listed in the urban general plan.

**Park Green Areas** refer to green areas open to the public for amusement and rest with the facilities of amusement, rest and serices. Its function includes perfecting ecology, beautifying landscape, and preventing and reducing disaster. Park green areas include comprehensive parks, community parks, theme parks, belt-shaped parks and green areas nearby streets. Total areas of comprehensive parks, theme parks and belt-shaped parks are the area of parks.

# 19

# 区域经济

# Regional Economy

# 简 要 说 明

**一、本篇资料的主要内容**

本篇资料反映苏南苏中苏北、沿江、沿海、沿东陇海线及长三角地区经济社会发展情况。

**二、资料来源**

本篇资料主要根据市县社会经济基本情况统计年报加工整理，部分数据为初步核算数。

# Brief Introduction

**I. Main Contents**

Data in this chapter reflect economic and social development of the Southern, Mid and Northern Jiangsu, the regions along the Yangtze River and coastal areas, the regions along the east Longhai railway and the Yangtze River Delta.

**Ⅱ. Sources of Data**

Data in this chapter mainly are based on the basic annual report of socio-economic situation, and part of the data are preliminary statistics.

# 19-1　三大区域主要经济指标(2023年)
# Major Economic Indicators of Three Regions (2023)

| 指　标 | Item | 苏　南 Southern Jiangsu | 苏　中 Mid Jiangsu | 苏　北 Northern Jiangsu |
|---|---|---|---|---|
| 土地面积(平方公里) | Land Area(sq.km) | 28084.32 | 22885.61 | 55663.29 |
| 年末常住人口(万人) | Permanent Population at Year-end(10000 persons) | 3860.10 | 1684.05 | 2981.85 |
| 地区生产总值(亿元) | Gross Domestic Product(100 million yuan) | 72911.39 | 25968.19 | 30081.05 |
| 第一产业 | Primary Industry | 995.91 | 1201.45 | 2877.83 |
| 第二产业 | Secondary Industry | 32212.02 | 12496.37 | 12580.36 |
| 第三产业 | Tertiary Industry | 39703.46 | 12270.37 | 14622.86 |
| #工业 | Industry | 28853.62 | 10181.36 | 10362.03 |
| 人均地区生产总值(元) | Per Capita GDP(yuan) | 189179 | 154239 | 100848 |
| 地区生产总值指数(上年=100) | Indices of GDP(preceding year=100) | 105.3 | 106.1 | 107.4 |
| 粮食产量(万吨) | Output of Grain(10000 tons) | 419.22 | 915.11 | 2500.23 |
| 油料产量(万吨) | Output of Oil-bearing Crops(10000 tons) | 15.10 | 39.82 | 48.50 |
| 肉类(万吨) | Meat(10000 tons) | 23.11 | 72.50 | 236.12 |
| 社会消费品零售总额(亿元) | Total Retail Sale of Consumer Goods (100 million yuan) | 25883.40 | 7585.50 | 12078.60 |
| 进出口总额(亿元) | Total Value of Imports and Exports (100 million yuan) | 41409.39 | 5900.49 | 5183.88 |
| #出口 | Exports | 26312.68 | 4079.23 | 3327.23 |
| 实际使用外资(亿美元) | Actually Utilization of Foreign Capital(USD 100 million) | 184.55 | 41.40 | 27.47 |
| 一般公共预算收入(亿元) | General Public Budget Revenue(100 million yuan) | 6273.22 | 1467.43 | 1903.32 |
| 一般公共预算支出(亿元) | General Public Budget Expenditure(100 million yuan) | 7238.89 | 2589.59 | 4218.98 |
| 金融机构人民币存款余额(亿元) | Balance of Deposits of Financial Institutions(100 million yuan) | 156415.23 | 41897.01 | 41367.31 |
| #住户存款 | Deposits of Households | 58988.82 | 24073.03 | 22384.49 |
| 金融机构人民币贷款余额(亿元) | Balance of RMB Loans from Financial Institutions(100 million yuan) | 152747.44 | 38264.59 | 42983.65 |
| 居民人均可支配收入(元) | Per Capita Disposable Income of Households(100 million yuan) | 69084 | 49866 | 37918 |
| 城镇常住居民 | Urban Permanent Households | 77693 | 60012 | 45283 |
| 农村常住居民 | Rural Permanent Households | 41809 | 32152 | 26591 |

## 19-2 三大区域经济社会基本情况(2023年)

| 指 标 | Item | 苏南合计 Southern Jiangsu | 南京 Nanjing | 无锡 Wuxi | 常州 Changzhou |
|---|---|---|---|---|---|
| **人口、就业** | **Population and Employment** | | | | |
| 土地面积(平方公里) | Land Area (sq.km) | 28084 | 6587 | 4627 | 4372 |
| 年末户籍人口(万人) | Registered Population at Year-end(10000 persons) | 2703.32 | 741.81 | 520.95 | 389.34 |
| 户籍人口城镇化率(%) | Urbanization Rate of Registered Population (%) | 82.10 | 83.70 | 87.60 | 75.70 |
| 年末总户数(万户) | Number of Households at Year-end(10000 households) | 971.77 | 275.51 | 184.91 | 141.97 |
| 年末常住人口(万人) | Permanent Population at Year-end(10000 persons) | 3860.10 | 954.70 | 749.50 | 537.50 |
| 常住人口城镇化率(%) | Urbanization rate of Permanent Population(%) | 83.1 | 87.2 | 83.3 | 78.5 |
| 人口密度(人/平方公里) | Density of Population(person/sq.km) | 1374 | 1449 | 1620 | 1229 |
| 就业人员(万人) | Employed Persons(10000 persons) | 2141.80 | 477.50 | 418.20 | 301.00 |
| 第一产业 | Primary Industry | 107.25 | 34.13 | 12.78 | 25.17 |
| 第二产业 | Secondary Industry | 958.26 | 149.76 | 207.00 | 134.72 |
| 第三产业 | Tertiary Industry | 1076.29 | 293.61 | 198.42 | 141.11 |
| **国民经济核算** | **National Accounts** | | | | |
| 地区生产总值(亿元) | Gross Domestic Product(100 million yuan) | 72911.39 | 17421.40 | 15456.19 | 10116.36 |
| 第一产业 | Primary Industry | 995.91 | 317.75 | 136.50 | 178.92 |
| 第二产业 | Secondary Industry | 32212.02 | 5929.00 | 7376.85 | 4857.43 |
| 第三产业 | Tertiary Industry | 39703.46 | 11174.65 | 7942.84 | 5080.01 |
| #工业 | Industry | 28853.62 | 5015.45 | 6616.42 | 4397.71 |
| 人均地区生产总值(按常住人口计算，元) | Per Capita GDP(permanent households, yuan) | 189179 | 183016 | 206278 | 188366 |
| 地区生产总值指数(上年=100) | Indices of GDP(preceding year=100) | 105.3 | 104.6 | 106.0 | 106.8 |
| 第一产业 | Primary Industry | 102.6 | 101.7 | 102.4 | 103.2 |
| 第二产业 | Secondary Industry | 104.9 | 102.8 | 106.9 | 107.1 |
| 第三产业 | Tertiary Industry | 105.7 | 105.6 | 105.3 | 106.6 |
| #工业 | Industry | 104.8 | 103.2 | 106.5 | 107.4 |
| 地区生产总值构成(%) | Composition of GDP(%) | | | | |
| 第一产业 | Primary Industry | 1.4 | 1.8 | 0.9 | 1.8 |
| 第二产业 | Secondary Industry | 44.2 | 34.0 | 47.7 | 48.0 |
| 第三产业 | Tertiary Industry | 54.4 | 64.2 | 51.4 | 50.2 |
| #工业 | Industry | 39.6 | 28.8 | 42.8 | 43.5 |
| **固定资产投资** | **Investment in Fixed Assets** | | | | |
| 房地产开发投资(亿元) | Real Estate Development and Investment (100 million yuan) | 7781.01 | 2772.37 | 1275.32 | 822.91 |
| #住宅 | Residential Buildings | 6255.95 | 2082.24 | 1020.87 | 668.23 |
| 商品房销售建筑面积(万平方米) | Floor Space of Commercial Housing Sold(10000 sq.m) | 4836.05 | 907.95 | 1081.83 | 618.86 |
| #住宅 | Residential Buildings | 4008.11 | 797.79 | 793.38 | 475.41 |
| **财政、金融、保险** | **Government Finance, Financial Intermediation and Insurance** | | | | |
| 一般公共预算收入 | General Public Budget Revenue | 6273.22 | 1619.98 | 1195.42 | 680.30 |
| #税收收入 | Taxes | 5251.37 | 1366.53 | 982.80 | 585.34 |

# Basic Conditions on Economy and Society of Three Regions (2023)

| 苏州<br>Suzhou | 镇江<br>Zhenjiang | 苏中合计<br>Mid Jiangsu | 南通<br>Nantong | 扬州<br>Yangzhou | 泰州<br>Taizhou | 苏北合计<br>Northern Jiangsu | 徐州<br>Xuzhou | 连云港<br>Lianyungang | 淮安<br>Huai'an | 盐城<br>Yancheng | 宿迁<br>Suqian |
|---|---|---|---|---|---|---|---|---|---|---|---|
| 8657 | 3840 | 22886 | 10507 | 6591 | 5788 | 55663 | 11765 | 7626 | 10030 | 17718 | 8524 |
| 786.22 | 265.00 | 1669.29 | 740.12 | 445.04 | 484.13 | 3479.85 | 1029.36 | 528.67 | 547.32 | 789.09 | 585.41 |
| 84.10 | 70.20 | 68.79 | 69.40 | 70.90 | 65.90 | 61.10 | 63.20 | 59.40 | 60.20 | 64.90 | 54.60 |
| 265.78 | 103.60 | 601.52 | 289.38 | 147.59 | 164.56 | 1043.62 | 287.61 | 158.04 | 173.02 | 267.20 | 157.75 |
| 1295.80 | 322.60 | 1684.05 | 774.85 | 458.50 | 450.70 | 2981.85 | 902.00 | 459.40 | 453.80 | 668.90 | 497.75 |
| 82.5 | 80.7 | 72.0 | 72.6 | 72.8 | 70.1 | 66.3 | 67.6 | 64.0 | 67.7 | 66.3 | 65.0 |
| 1497 | 840 | 736 | 737 | 696 | 779 | 536 | 767 | 602 | 452 | 378 | 584 |
| 747.40 | 197.70 | 1022.20 | 479.00 | 269.50 | 273.70 | 1676.00 | 471.60 | 248.70 | 262.60 | 412.30 | 280.80 |
| 17.55 | 17.62 | 147.25 | 65.62 | 37.26 | 44.37 | 365.50 | 86.81 | 65.00 | 65.51 | 78.52 | 69.66 |
| 386.63 | 80.15 | 419.11 | 205.58 | 104.58 | 108.95 | 581.63 | 167.86 | 78.78 | 86.04 | 154.24 | 94.71 |
| 343.22 | 99.93 | 455.84 | 207.80 | 127.66 | 120.38 | 728.87 | 216.93 | 104.92 | 111.05 | 179.54 | 116.43 |
| | | | | | | | | | | | |
| 24653.37 | 5264.07 | 25968.19 | 11813.27 | 7423.26 | 6731.66 | 30081.05 | 8900.44 | 4363.61 | 5015.06 | 7403.87 | 4398.07 |
| 195.22 | 167.52 | 1201.45 | 519.65 | 337.09 | 344.71 | 2877.83 | 770.97 | 435.54 | 462.95 | 818.87 | 389.50 |
| 11541.38 | 2507.36 | 12496.37 | 5728.15 | 3509.60 | 3258.62 | 12580.36 | 3622.34 | 2011.68 | 2023.21 | 2981.18 | 1941.95 |
| 12916.77 | 2589.19 | 12270.37 | 5565.47 | 3576.57 | 3128.33 | 14622.86 | 4507.13 | 1916.39 | 2528.90 | 3603.82 | 2066.62 |
| 10552.17 | 2271.87 | 10181.36 | 4832.08 | 2851.94 | 2497.34 | 10362.03 | 2959.71 | 1714.01 | 1620.02 | 2454.11 | 1614.18 |
| 190605 | 163273 | 154239 | 152508 | 161940 | 149383 | 100848 | 98683 | 94918 | 110329 | 110681 | 88379 |
| | | | | | | | | | | | |
| 104.6 | 106.3 | 106.1 | 105.8 | 106.0 | 106.8 | 107.4 | 107.1 | 110.2 | 107.8 | 105.9 | 107.8 |
| 103.1 | 103.4 | 103.5 | 102.9 | 103.7 | 104.1 | 103.9 | 103.7 | 104.2 | 103.3 | 103.7 | 104.9 |
| 103.6 | 106.0 | 107.0 | 107.1 | 106.6 | 107.4 | 108.4 | 107.0 | 116.8 | 105.8 | 106.9 | 108.9 |
| 105.5 | 106.7 | 105.4 | 104.7 | 105.6 | 106.4 | 107.3 | 107.8 | 105.4 | 110.3 | 105.5 | 107.3 |
| 103.2 | 105.8 | 106.5 | 107.0 | 105.9 | 106.1 | 108.7 | 106.8 | 120.1 | 105.3 | 106.6 | 109.0 |
| | | | | | | | | | | | |
| 0.8 | 3.2 | 4.6 | 4.4 | 4.5 | 5.1 | 9.6 | 8.7 | 10.0 | 9.2 | 11.1 | 8.9 |
| 46.8 | 47.6 | 48.1 | 48.5 | 47.3 | 48.4 | 41.8 | 40.7 | 46.1 | 40.4 | 40.2 | 44.1 |
| 52.4 | 49.2 | 47.3 | 47.1 | 48.2 | 46.5 | 48.6 | 50.6 | 43.9 | 50.4 | 48.7 | 47.0 |
| 42.8 | 43.2 | 39.2 | 40.9 | 38.4 | 37.1 | 34.4 | 33.3 | 39.3 | 32.3 | 33.1 | 36.7 |
| | | | | | | | | | | | |
| 2597.97 | 312.43 | 1921.26 | 925.11 | 639.14 | 357.01 | 2229.85 | 751.17 | 246.24 | 282.22 | 569.19 | 381.03 |
| | | | | | | | | | | | |
| 2226.35 | 258.26 | 1562.41 | 757.77 | 507.92 | 296.71 | 1804.62 | 618.05 | 193.20 | 213.11 | 462.53 | 317.74 |
| 1720.59 | 506.81 | 2446.75 | 1263.51 | 627.16 | 556.08 | 3741.45 | 1180.61 | 341.59 | 677.73 | 853.54 | 687.98 |
| 1524.88 | 416.66 | 1908.46 | 970.85 | 510.53 | 427.09 | 3156.83 | 1090.06 | 302.06 | 595.41 | 712.51 | 456.78 |
| | | | | | | | | | | | |
| 2456.81 | 320.71 | 1467.43 | 680.16 | 347.57 | 439.70 | 1903.32 | 545.96 | 256.02 | 316.61 | 482.73 | 302.00 |
| 2087.20 | 229.50 | 1123.70 | 538.79 | 277.00 | 307.91 | 1432.45 | 415.69 | 195.84 | 239.30 | 341.25 | 240.37 |

19-2 续表 1

| 指 标 | Item | 苏南合计 Southern Jiangsu | 南京 Nanjing | 无锡 Wuxi | 常州 Changzhou |
|---|---|---|---|---|---|
| 一般公共预算支出(亿元) | General Public Budget Expenditure(100 million yuan) | 7238.89 | 1838.70 | 1390.19 | 854.77 |
| 人均一般公共预算收入(元) | Per Capita General Public Budget Revenue(yuan) | 16277 | 17018 | 15954 | 12667 |
| 一般公共预算收入占GDP比重(%) | Percentage of General Public Budget Revenue to GDP(%) | 8.6 | 9.3 | 7.7 | 6.7 |
| 金融机构人民币存款余额(亿元) | Balance of Deposits of Financial Institutions (100 million yuan) | 156415.23 | 53178.25 | 26391.61 | 17608.33 |
| #住户存款 | Deposits of Households | 58988.82 | 15228.95 | 11743.94 | 8188.59 |
| 金融机构人民币贷款余额(亿元) | Balance of RMB Loans From Financial Institutions (100 million yuan) | 152747.44 | 53901.89 | 22288.90 | 16293.35 |
| **农业** | **Agriculture** | | | | |
| 农林牧渔业总产值(亿元) | Gross Output Value of Agriculture,Forestry, Animal Husbandry and Fishery(100 million yuan) | 1705.02 | 530.70 | 223.39 | 305.55 |
| 农业 | Farming | 935.24 | 285.10 | 137.55 | 162.77 |
| 林业 | Forestry | 81.91 | 25.00 | 12.78 | 12.16 |
| 牧业 | Animal Husbandry | 95.17 | 25.90 | 5.18 | 17.30 |
| 渔业 | Fishery | 392.41 | 147.70 | 34.67 | 81.11 |
| 农林牧渔服务业 | Agriculture, Forestry, Animal Husbandry and Fishery Services | 200.30 | 47.00 | 33.21 | 32.21 |
| 农业机械总动力(万千瓦) | Total Power of Agricultural Machinery (10000 kW) | 757.67 | 242.37 | 90.20 | 138.78 |
| 农作物总播种面积(千公顷) | Total Sown Areas of Farm Crops(1000 hectares) | 973.40 | 263.84 | 135.79 | 171.76 |
| #粮食 | Grain | 586.94 | 139.04 | 81.87 | 96.59 |
| 主要产品产量(万吨) | Output of Major Products(10000 tons) | | | | |
| 粮食 | Grain | 419.22 | 99.35 | 56.41 | 70.49 |
| 油料 | Oil-bearing Crops | 15.10 | 5.52 | 0.94 | 3.21 |
| 肉类 | Meat | 23.11 | 4.93 | 1.11 | 5.67 |
| #猪牛羊肉 | Pork, Beef and Mutton | 10.02 | 2.78 | 0.81 | 1.60 |
| 水产品 | Aquatic Products | 67.04 | 16.79 | 10.33 | 15.11 |
| **工业(规模以上)** | **Industry(above Designated Size)** | | | | |
| 工业企业单位数(个) | Number of Industrial Enterprises(unit) | 36918 | 4711 | 8495 | 6838 |
| 营业收入(亿元) | Business Revenues(100 million yuan) | 109744.02 | 16000.16 | 24096.93 | 18409.53 |
| 营业利润(亿元) | Business Profits(100 million yuan) | 6464.12 | 886.64 | 1771.37 | 1146.27 |
| 应收账款(亿元) | Accounts Receivables(100 million yuan) | 27296.40 | 3635.56 | 5385.42 | 5092.16 |
| 产成品(亿元) | Finished Goods(100 million yuan) | 6346.10 | 671.15 | 1933.47 | 940.54 |
| **建筑业** | **Construction** | | | | |
| 建筑施工企业个数(个) | Number of Construction Enterprises (unit) | 6315 | 2233 | 733 | 1080 |
| 建筑业总产值(亿元) | Gross Output Value of Construction (100 million yuan) | 13227.64 | 5078.86 | 1555.80 | 2258.42 |
| 房屋建筑施工面积(万平方米) | Floor Space of Buildings under Construction(10000 sq.m) | 53273.67 | 18883.55 | 5153.82 | 11427.68 |
| 房屋建筑竣工面积(万平方米) | Floor Space of Buildings Completed(10000 sq.m) | 15012.21 | 5023.46 | 1524.04 | 3944.40 |
| **交通运输、邮电业** | **Transport, Postal and Telecommunication Services** | | | | |
| 公路里程(公里) | Total Length of Highways(km) | 44255 | 9893 | 7645 | 8411 |
| #等级公路 | Expressway and Class I to IV Highways | 44255 | 9893 | 7645 | 8411 |
| #高速公路 | Expressway | 2085 | 553 | 324 | 379 |
| 公路客运量(公铁水，万人) | Passenger Traffic (Highways, railway, waterway) (10000 persons) | 34921 | 9506 | 7579 | 2360 |
| 公路货运量(公铁水，万吨) | Freight Traffic (Highways, railway, waterway)(10000 tons) | 224827 | 424196 | 150592 | 38501 |

continued

| 苏州 Suzhou | 镇江 Zhenjiang | 苏中合计 Mid Jiangsu | 南通 Nantong | 扬州 Yangzhou | 泰州 Taizhou | 苏北合计 Northern Jiangsu | 徐州 Xuzhou | 连云港 Lianyungang | 淮安 Huai'an | 盐城 Yancheng | 宿迁 Suqian |
|---|---|---|---|---|---|---|---|---|---|---|---|
| 2621.28 | 533.95 | 2589.59 | 1180.93 | 711.24 | 697.42 | 4218.98 | 1056.90 | 574.70 | 717.35 | 1228.23 | 641.80 |
| 18995 | 9947 | 8716 | 8781 | 7582 | 9757 | 6381 | 6053 | 5569 | 6965 | 7216 | 6069 |
| 10.0 | 6.1 | 5.7 | 5.8 | 4.7 | 6.5 | 6.3 | 6.1 | 5.9 | 6.3 | 6.5 | 6.9 |
| 50800.95 | 8436.09 | 41897.01 | 20606.07 | 10257.24 | 11033.70 | 41367.31 | 11636.95 | 5794.33 | 6683.14 | 11367.78 | 5885.11 |
| 19535.03 | 4292.31 | 24073.03 | 12405.04 | 5876.48 | 5791.51 | 22384.49 | 6831.18 | 2865.17 | 3322.09 | 6602.95 | 2763.10 |
| 51247.64 | 9015.66 | 38264.59 | 18288.02 | 9758.68 | 10217.89 | 42983.65 | 10841.34 | 6998.33 | 7634.42 | 11496.39 | 6013.17 |
| 354.80 | 290.58 | 2144.75 | 974.82 | 595.90 | 574.03 | 5061.62 | 1364.90 | 797.04 | 771.39 | 1454.40 | 673.89 |
| 181.70 | 168.12 | 1037.24 | 430.70 | 282.04 | 324.50 | 2862.93 | 899.20 | 342.36 | 486.75 | 729.70 | 404.92 |
| 20.70 | 11.27 | 20.53 | 4.30 | 13.06 | 3.17 | 92.06 | 22.80 | 10.78 | 16.63 | 25.20 | 16.65 |
| 11.90 | 34.89 | 265.45 | 144.50 | 58.02 | 62.93 | 849.70 | 255.70 | 118.77 | 113.58 | 254.10 | 107.55 |
| 88.90 | 40.03 | 616.66 | 266.22 | 202.51 | 147.93 | 891.45 | 84.70 | 246.69 | 113.31 | 336.80 | 109.95 |
| 51.60 | 36.28 | 204.87 | 129.10 | 40.26 | 35.51 | 365.49 | 102.50 | 78.45 | 41.12 | 108.60 | 34.82 |
| 140.07 | 146.25 | 1085.44 | 455.31 | 328.76 | 301.37 | 3517.08 | 823.03 | 584.96 | 662.64 | 796.50 | 649.95 |
| 214.06 | 187.95 | 1817.49 | 803.77 | 488.76 | 524.96 | 4799.06 | 1192.51 | 631.70 | 817.77 | 1404.41 | 752.67 |
| 132.43 | 137.01 | 1306.18 | 537.26 | 391.16 | 377.76 | 3565.83 | 770.07 | 513.02 | 683.68 | 994.13 | 604.93 |
| 95.10 | 97.87 | 915.11 | 342.79 | 289.23 | 283.09 | 2500.23 | 505.07 | 368.57 | 494.82 | 718.80 | 412.97 |
| 0.84 | 4.59 | 39.82 | 22.98 | 5.91 | 10.93 | 48.50 | 11.44 | 11.23 | 5.91 | 14.78 | 5.14 |
| 2.37 | 9.03 | 72.50 | 39.09 | 16.20 | 17.21 | 236.12 | 64.83 | 36.78 | 34.18 | 60.41 | 39.92 |
| 2.22 | 2.61 | 46.17 | 23.48 | 9.88 | 12.81 | 144.94 | 37.03 | 23.29 | 21.29 | 40.80 | 22.53 |
| 14.53 | 10.28 | 167.04 | 84.11 | 41.54 | 41.39 | 287.95 | 16.48 | 82.43 | 33.05 | 124.31 | 31.68 |
| 13972 | 2902 | 15095 | 6888 | 4203 | 4004 | 14526 | 3421 | 1479 | 2265 | 4421 | 2940 |
| 45582.76 | 5654.64 | 27658.07 | 13106.78 | 7284.02 | 7267.27 | 29073.56 | 6614.25 | 5187.64 | 3649.08 | 8572.94 | 5049.65 |
| 2338.70 | 321.14 | 1578.20 | 769.43 | 390.45 | 418.32 | 1864.39 | 385.66 | 402.32 | 252.92 | 397.98 | 425.51 |
| 11770.33 | 1412.93 | 5993.09 | 2938.81 | 1575.22 | 1479.06 | 5507.72 | 1520.56 | 611.12 | 657.92 | 1930.04 | 788.08 |
| 2476.37 | 324.57 | 1597.59 | 785.89 | 301.85 | 509.85 | 1564.89 | 387.32 | 241.37 | 181.19 | 413.84 | 341.17 |
| 1565 | 705 | 4025 | 1507 | 1381 | 1137 | 5096 | 1251 | 593 | 904 | 1734 | 613 |
| 4122.09 | 735.73 | 22329.45 | 11588.21 | 5472.26 | 3992.78 | 7583.06 | 1888.29 | 615.87 | 1746.40 | 2398.04 | 801.97 |
| 19666.63 | 2170.87 | 161340.00 | 95371.67 | 34413.35 | 27671.94 | 44331.04 | 8874.53 | 3823.53 | 11622.80 | 13526.50 | 6644.49 |
| 5352.26 | 727.06 | 44736.32 | 22922.67 | 11097.70 | 9009.79 | 13441.23 | 2416.99 | 1091.68 | 3114.88 | 4657.13 | 2240.22 |
| 11322 | 6984 | 37453 | 17561 | 9687 | 10205 | 77027 | 15999 | 12270 | 13791 | 22283 | 12684 |
| 11322 | 6984 | 37453 | 17561 | 9687 | 10205 | 77027 | 15999 | 12270 | 13791 | 22283 | 12684 |
| 620 | 209 | 1113 | 482 | 308 | 323 | 1931 | 464 | 354 | 400 | 417 | 296 |
| 13682 | 1794 | 5018 | 2243 | 1129 | 1646 | 7278 | 2834 | 1809 | 988 | 1419 | 228 |
| 27884 | 7511 | 152121 | 85704 | 30174 | 36243 | 137042 | 46326 | 19078 | 31478 | 28714 | 11446 |

19-2 续表 2

| 指 标 | Item | 苏南合计 Southern Jiangsu | 南京 Nanjing | 无锡 Wuxi | 常州 Changzhou |
|---|---|---|---|---|---|
| 机动车拥有量(万辆) | Number of Vehicles(10000 units) | 1419.60 | 338.51 | 270.86 | 186.24 |
| #私人汽车拥有量 | Number of Private Vehicles | 753.34 | 165.19 | 143.52 | 95.91 |
| 邮政业务总量(亿元) | Total Business Volume of Postal Services(100 million yuan) | 644.07 | 133.49 | 105.98 | 67.24 |
| 电信业务总量(亿元) | Total Business Volume of Telecommunication Services (100 million yuan) | 773.54 | 199.21 | 151.34 | 94.50 |
| 固定电话用户(万户) | Number of Fixed Telephone Subscribers (10000 subscribers) | 653.63 | 186.69 | 125.54 | 78.60 |
| 移动电话用户(万户) | Number of Mobile Phone Subscribers (10000 subscribers) | 5452.49 | 1422.34 | 1038.67 | 709.12 |
| 互联网宽带接入用户(万户) | Number of Internet Service Subscribers (10000 subscribers) | 2327.77 | 637.99 | 450.02 | 309.07 |
| 全年用电量(亿千瓦小时) | Total Consumption of Electricity (100 million kW·h) | 4262.54 | 747.27 | 864.07 | 625.09 |
| #工业用电 | Consumption of Industrial Electricity | 2898.73 | 365.83 | 615.03 | 466.36 |
| 居民生活用电 | Consumption of Household Electricity | | | | |
| **批发零售贸易、餐饮业** | **Wholesale and Retail Trade and Catering Services** | | | | |
| 社会消费品零售总额(亿元) | Total Retail Sale of Consumer Goods (100 million yuan) | 25883.40 | 8201.10 | 3567.60 | 3050.10 |
| **对外经济贸易、旅游** | **International Trade and Economic Cooperation and Tourism** | | | | |
| 进出口总额(亿元) | Total Value of Imports and Exports (100 million yuan) | 41409.39 | 5659.94 | 7065.32 | 3183.63 |
| 出口 | Exports | 26312.68 | 3333.12 | 4658.10 | 2498.35 |
| 进口 | Imports | 15096.71 | 2326.82 | 2407.22 | 685.27 |
| 外贸依存度(%) | Interdependent Level to Foreign Trade(%) | 56.8 | 32.5 | 45.7 | 31.5 |
| 实际使用外资(亿美元) | Actually Utilization of Foreign Capital(USD 100 million) | 184.55 | 49.40 | 41.20 | 20.64 |
| 接待境外旅游者人数(万人次) | Number of Overseas Tourists Received(10000 person-times | 120.62 | 34.29 | 19.01 | 8.50 |
| 旅游外汇收入(亿美元) | Foreign Exchange Earnings from Tourism(USD 100 millior | 23.31 | 7.03 | 3.32 | 1.57 |
| 星级饭店数(个) | Number of Star-rated Hotels(unit) | 163 | 52 | 22 | 26 |
| **教育** | **Education** | | | | |
| 学校数(所) | Number of Schools(unit) | | | | |
| #普通高校 | Regular Higher Education Institutions | 110 | 51 | 13 | 11 |
| 普通中等专业学校 | Regular Specialized Secondary Schools | 75 | 19 | 16 | 11 |
| 普通中学 | Regular Secondary Schools | 1142 | 277 | 213 | 179 |
| 小学 | Primary Schools | 1420 | 391 | 235 | 229 |
| 在校学生数(万人) | Number of Students Enrollment(10000 persons) | | | | |
| #普通高校 | Regular Higher Education Institutions | 177.25 | 100.76 | 17.34 | 15.48 |
| 普通中等专业学校 | Regular Specialized Secondary Schools | 19.94 | 5.00 | 4.82 | 2.72 |

continued

| 苏州 Suzhou | 镇江 Zhenjiang | 苏中合计 Mid Jiangsu | 南通 Nantong | 扬州 Yangzhou | 泰州 Taizhou | 苏北合计 Northern Jiangsu | 徐州 Xuzhou | 连云港 Lianyungang | 淮安 Huai'an | 盐城 Yancheng | 宿迁 Suqian |
|---|---|---|---|---|---|---|---|---|---|---|---|
| 537.22 | 86.77 | 482.10 | 252.05 | 112.95 | 117.10 | 722.38 | 227.05 | 119.80 | 94.10 | 162.34 | 119.09 |
| 302.93 | 45.79 | 257.52 | 137.21 | 58.73 | 61.58 | 363.84 | 117.96 | 54.90 | 52.10 | 79.96 | 58.92 |
| 296.44 | 40.92 | 217.35 | 124.75 | 52.28 | 40.32 | 302.13 | 79.98 | 52.36 | 53.09 | 46.63 | 70.07 |
| 280.31 | 48.18 | 240.11 | 110.77 | 67.11 | 62.23 | 370.73 | 112.76 | 57.50 | 53.22 | 86.36 | 60.89 |
| 211.41 | 51.39 | 237.77 | 92.40 | 87.60 | 57.77 | 261.98 | 90.05 | 53.18 | 34.84 | 52.13 | 31.78 |
| 1891.85 | 390.51 | 2023.93 | 942.38 | 560.83 | 520.72 | 3382.93 | 1073.23 | 518.69 | 521.30 | 733.04 | 536.67 |
| 744.49 | 186.20 | 953.34 | 449.91 | 263.38 | 240.05 | 1473.44 | 475.34 | 224.01 | 220.44 | 331.36 | 222.29 |
| 1719.31 | 306.80 | 1367.73 | 658.53 | 331.67 | 377.52 | 1843.97 | 452.85 | 319.45 | 276.26 | 482.59 | 312.82 |
| 1235.38 | 216.13 | 933.25 | 450.39 | 214.66 | 268.20 | 1186.53 | 260.59 | 216.42 | 174.51 | 321.95 | 213.05 |
| 9582.90 | 1481.70 | 7585.50 | 4215.10 | 1660.60 | 1709.70 | 12078.60 | 4445.10 | 1277.30 | 1896.30 | 2872.50 | 1587.40 |
| 24514.10 | 986.41 | 5900.49 | 3500.29 | 1055.80 | 1344.39 | 5183.88 | 1207.60 | 1360.86 | 542.44 | 1452.32 | 620.66 |
| 15081.59 | 741.51 | 4079.23 | 2289.69 | 851.40 | 938.14 | 3327.23 | 997.42 | 359.34 | 396.55 | 1015.18 | 558.73 |
| 9432.51 | 244.90 | 1821.25 | 1210.60 | 204.40 | 406.26 | 1856.65 | 210.18 | 1001.52 | 145.88 | 437.14 | 61.92 |
| 99.4 | 18.7 | 22.7 | 29.6 | 14.2 | 20.0 | 17.2 | 13.6 | 31.2 | 10.8 | 19.6 | 14.1 |
| 69.05 | 4.26 | 41.40 | 19.90 | 12.20 | 9.29 | 27.47 | 3.50 | 4.36 | 5.49 | 9.38 | 4.73 |
| 55.39 | 3.44 | 14.06 | 7.96 | 3.96 | 2.14 | 10.36 | 2.93 | 1.35 | 1.91 | 3.51 | 0.67 |
| 10.68 | 0.71 | 2.30 | 1.10 | 0.79 | 0.41 | 2.02 | 0.59 | 0.26 | 0.34 | 0.70 | 0.12 |
| 51 | 12 | 80 | 40 | 22 | 18 | 69 | 8 | 10 | 18 | 20 | 13 |
| 26 | 9 | 25 | 9 | 9 | 7 | 33 | 12 | 5 | 7 | 6 | 3 |
| 21 | 8 | 22 | 7 | 6 | 9 | 59 | 13 | 12 | 12 | 3 | 19 |
| 367 | 106 | 575 | 228 | 165 | 182 | 1283 | 386 | 180 | 208 | 296 | 213 |
| 450 | 115 | 685 | 350 | 185 | 150 | 1904 | 819 | 380 | 227 | 278 | 200 |
| 29.31 | 14.36 | 36.35 | 15.38 | 13.24 | 7.74 | 48.27 | 20.01 | 6.60 | 10.25 | 8.23 | 3.18 |
| 5.64 | 1.76 | 5.62 | 1.43 | 1.42 | 2.77 | 20.39 | 4.52 | 3.73 | 3.48 | 1.36 | 7.31 |

19-2 续表 3

| 指 标 | Item | 苏南合计 Southern Jiangsu | 南京 Nanjing | 无锡 Wuxi | 常州 Changzhou |
|---|---|---|---|---|---|
| 普通中学 | Regular Secondary Schools | 146.62 | 31.69 | 29.18 | 22.12 |
| 小学 | Primary Schools | 253.81 | 56.57 | 48.81 | 35.26 |
| 专任教师数(万人) | Number of Full-time Teachers (10000 persons) | | | | |
| #普通高校 | Regular Higher Education Institutions | 9.03 | 5.17 | 0.83 | 0.79 |
| 普通中等专业学校 | Regular Specialized Secondary Schools | 1.83 | 0.43 | 0.47 | 0.26 |
| 普通中学 | Regular Secondary Schools | 12.90 | 3.01 | 2.54 | 1.83 |
| 小学 | Primary Schools | 15.59 | 3.80 | 2.93 | 2.10 |
| **科技、文化、卫生** | **Science, Culture and Public Health** | | | | |
| 专利申请授权量(件) | Number of Patents Applications Accepted(unit) | 313931 | 68806 | 55973 | 42858 |
| #发明 | Inventions | 79149 | 28565 | 11750 | 8122 |
| 公共图书馆(个) | Public Libraries(unit) | 50 | 14 | 8 | 8 |
| 公共图书馆藏书量(万册、件) | Total Collections of Public Libraries (10000 volumes) | 5992 | 1020 | 1064 | 556 |
| 卫生机构数(个) | Number of Health Care Institutions(unit) | 15089 | 3846 | 3437 | 2087 |
| #医院 | Hospitals | 960 | 311 | 218 | 98 |
| 卫生机构床位数(万张) | Number of Beds in Health Care Institutions (10000 beds) | 26.33 | 7.25 | 5.51 | 3.32 |
| #医院 | Hospital | 22.27 | 6.61 | 4.42 | 2.59 |
| 卫生技术人员(万人) | Number of Health Technical Personnel(10000 persons) | 36.53 | 11.27 | 6.99 | 4.53 |
| #执业(助理)医师 | Licensed Physicians & Physician Assistants | 14.03 | 4.23 | 2.70 | 1.76 |
| **人民生活** | **People's Livelihood** | | | | |
| 居民人均可支配收入(元) | Per Capita Disposable Income of Households(yuan) | 69084 | 72112 | 69016 | 62592 |
| 城镇常住居民人均可支配收入(元) | Per Capita Disposable Income of Urban Permanent Households(yuan) | 77693 | 79858 | 76644 | 71744 |
| 城镇常住居民人均生活消费支出(元) | Per Capita Consumption Expenditure of Urban Permanent Households(yuan) | 46775 | 46552 | 48409 | 41695 |
| #食品烟酒 | Foods,Tobacco and Liquor | 12221 | 11733 | 12829 | 10905 |
| 恩格尔系数(城镇)(%) | Engle Coefficient(Urban)(%) | 26.1 | 25.2 | 26.5 | 26.2 |
| 农村常住居民人均可支配收入(元) | Per Capita Disposable Income of Rural Permanent Households(yuan) | 41809 | 36789 | 44617 | 40401 |
| 农村常住居民人均生活消费支出(元) | Per Capita Consumption Expenditure of Rural Permanent Households(yuan) | 29922 | 27811 | 31785 | 28895 |
| #食品烟酒 | Foods,Tobacco and Liquor | 8697 | 8243 | 9599 | 9006 |
| 恩格尔系数(农村)(%) | Engle Coefficient(Rural)(%) | 29.1 | 29.6 | 30.2 | 31.2 |
| 城镇人均住房建筑面积(平方米) | Per Capita of Floor Space of Building under Construction in Urban Areas(sq.m) | 43.9 | 40.8 | 44.6 | 52.0 |
| 农村人均住房建筑面积(平方米) | Per Capita of Floor Space of Building under construction in Rural Areas(sq.m) | 68.6 | 66.8 | 65.9 | 79.9 |
| 居民消费价格指数(上年=100) | Consumer Price Index (preceding year=100) | | 100.6 | 100.6 | 100.4 |

continued

| 苏州 Suzhou | 镇江 Zhenjiang | 苏中合计 Mid Jiangsu | 南通 Nantong | 扬州 Yangzhou | 泰州 Taizhou | 苏北合计 Northern Jiangsu | 徐州 Xuzhou | 连云港 Lianyungang | 淮安 Huai'an | 盐城 Yancheng | 宿迁 Suqian |
|---|---|---|---|---|---|---|---|---|---|---|---|
| 51.65 | 11.98 | 62.46 | 26.82 | 17.36 | 18.28 | 211.39 | 71.54 | 34.83 | 27.96 | 35.67 | 41.38 |
| 95.44 | 17.73 | 87.18 | 39.61 | 23.76 | 23.81 | 247.54 | 81.20 | 39.64 | 33.95 | 40.92 | 51.83 |
| 1.52 | 0.73 | 1.55 | 0.67 | 0.61 | 0.28 | 2.46 | 1.00 | 0.30 | 0.52 | 0.47 | 0.16 |
| 0.51 | 0.16 | 0.34 | 0.08 | 0.11 | 0.15 | 1.21 | 0.25 | 0.29 | 0.25 | 0.07 | 0.35 |
| 4.40 | 1.11 | 6.21 | 2.62 | 1.70 | 1.89 | 16.96 | 5.54 | 2.95 | 2.49 | 3.30 | 2.68 |
| 5.63 | 1.13 | 5.54 | 2.51 | 1.53 | 1.50 | 15.28 | 4.95 | 2.48 | 2.26 | 2.73 | 2.86 |
| 130771 | 15523 | 68906 | 33535 | 19388 | 15983 | 64168 | 19219 | 6593 | 8501 | 20539 | 9316 |
| 26959 | 3753 | 14918 | 7437 | 3725 | 3756 | 13830 | 5512 | 1807 | 1463 | 3824 | 1224 |
| 11 | 9 | 26 | 11 | 8 | 7 | 45 | 11 | 8 | 9 | 11 | 6 |
| 2861 | 491 | 2122 | 980 | 689 | 453 | 2531 | 584 | 410 | 516 | 728 | 293 |
| 4484 | 1235 | 8097 | 3729 | 2027 | 2341 | 16357 | 4693 | 2912 | 2443 | 3572 | 2737 |
| 266 | 67 | 442 | 244 | 102 | 96 | 773 | 205 | 92 | 66 | 173 | 237 |
| 8.43 | 1.82 | 11.13 | 5.19 | 2.76 | 3.18 | 20.43 | 6.50 | 2.97 | 3.18 | 4.42 | 3.36 |
| 7.28 | 1.37 | 8.36 | 4.06 | 2.01 | 2.29 | 15.04 | 4.64 | 2.01 | 2.01 | 3.14 | 3.24 |
| 11.22 | 2.52 | 13.19 | 6.06 | 3.45 | 3.68 | 24.63 | 7.82 | 3.52 | 3.92 | 5.38 | 3.99 |
| 4.36 | 0.98 | 5.31 | 2.41 | 1.42 | 1.48 | 9.66 | 3.02 | 1.39 | 1.50 | 2.21 | 1.54 |
| 74076 | 55565 | 49866 | 51853 | 47717 | 49255 | 37918 | 38089 | 35983 | 39058 | 41252 | 32693 |
| 82989 | 64602 | 60012 | 62512 | 56781 | 59604 | 45283 | 44796 | 43769 | 48498 | 48526 | 38756 |
| 50656 | 37866 | 36538 | 38897 | 33445 | 35991 | 26568 | 26937 | 28024 | 26149 | 26884 | 23756 |
| 13189 | 11004 | 10404 | 11097 | 9647 | 10080 | 7817 | 7824 | 8871 | 7798 | 7543 | 7022 |
| 26.0 | 29.1 | 28.5 | 28.5 | 28.8 | 28.0 | 29.4 | 29.0 | 31.7 | 29.8 | 28.1 | 29.6 |
| 46385 | 35466 | 32152 | 32977 | 31488 | 31810 | 26591 | 27065 | 24411 | 25287 | 29744 | 24679 |
| 31609 | 28576 | 24041 | 23802 | 24466 | 24280 | 18884 | 19894 | 17537 | 16581 | 21856 | 16428 |
| 8520 | 8557 | 7308 | 7054 | 7146 | 7933 | 5939 | 6136 | 6398 | 5170 | 6630 | 4888 |
| 27.0 | 29.9 | 30.4 | 29.6 | 29.2 | 32.7 | 31.5 | 30.8 | 36.5 | 31.2 | 30.3 | 29.8 |
| 45.4 | 51.2 | 50.0 | 51.8 | 51.2 | 50.3 | 45.3 | 45.6 | 53.1 | 50.5 | 46.5 | 46.9 |
| 74.4 | 64.1 | 67.0 | 70.2 | 64.8 | 67.9 | 58.2 | 58.0 | 62.3 | 59.3 | 54.5 | 53.4 |
| 100.2 | 100.5 |  | 100.5 | 100.4 | 100.6 |  | 100.4 | 100.5 | 100.4 | 100.8 | 100.6 |

# 19-3 江苏主要指标占长三角地区比重(2023年)
# Proportion of Main Indicators of Jiangsu in Yangtze River Delta Area (2023)

| 指 标 | Item | 长三角地区四省市合计 Yangtze River Delta | 长三角地区占全国比重(%) Proportion of Yangtze River Delta in the Country (%) | 江苏占长三角地区比重(%) Proportion of Jiangsu in Yangtze River Delta (%) |
|---|---|---|---|---|
| 土地面积(万平方公里) | Permanent Population at Year-end(10000 sq.km) | 35.5 | 3.7 | 30.2 |
| 年末总人口(万人) | Total Population at Year-end(10000 persons) | 23761.0 | 16.9 | 35.9 |
| 地区生产总值(亿元) | Gross Domestic Product(100 million yuan) | 305044.7 | 24.2 | 42.0 |
| 第一产业 | Primary Industry | 11000.5 | 12.3 | 46.1 |
| 第二产业 | Secondary Industry | 121347.2 | 25.1 | 46.9 |
| 第三产业 | Tertiary Industry | 172697.1 | 25.1 | 38.4 |
| #工业 | Industry | 103523.9 | 25.9 | 47.6 |
| 房地产开发投资(亿元) | Real Estate Development and Investment(100 million yuan) | 35989.9 | 32.1 | 33.2 |
| 一般公共预算收入(亿元) | Indices of GDP(100 million yuan) | 30781.7 | 26.3 | 32.3 |
| 金融机构本外币存款余额(亿元) | Balance of Deposits of Local and Foreign Currencies of Financial Institutions (100 million yuan) | 754388.2 | 26.0 | 32.6 |
| 金融机构本外币贷款余额(亿元) | Loans Balance of Local and Foreign Currencies Loans from Financial Institutions(100 million yuan) | 643389.3 | 26.6 | 36.7 |
| 社会消费品零售总额(亿元) | Total Retail Sales of Consumer Goods(100 million yuan) | 119621.5 | 25.4 | 38.1 |
| 进出口总额(亿元) | Total Value of Imports and Exports(100 million yuan) | 21563.3 | 36.3 | 34.6 |
| 出口 | Exports | 13082.1 | 38.7 | 36.6 |
| 进口 | Imports | 8481.2 | 33.2 | 31.4 |
| 实际使用外资(亿美元) | Actually Utilization of Foreign Capital(USD 100 million) | 842.0 | 51.6 | 30.1 |
| 普通高等学校数(所) | Regular Higher Education Institutions (unit) | 466.0 | 16.5 | 36.1 |
| 发明专利申请授权量(万件) | Number of Authorized Invention Patent Applications(10000 units) | 24.8 | 26.9 | 43.6 |
| 医疗卫生机构数(万个) | Number of Health Care Institutions(10000 units) | 11.5 | 10.8 | 34.3 |
| 执业(助理)医师数(万人) | Licensed physicians & Physician Assistants(10000 persons) | 85.0 | 17.8 | 34.1 |

# 19-4　沿江开发区域主要指标占全省比重(2023年)

# Proportion of Main Indicators of Development Zones along the Yangtze River in Jiangsu Province (2023)

| 指　标 | Item | 全　省 Province | 沿　江 开发区域 Development Zones along the Yangtze River | 沿江开发区域占全省比重(%) Proportion of Development Zones along the Yangtze River in Jiangsu Province (%) |
|---|---|---|---|---|
| 年末常住人口(万人) | Permanent Population at Year-end(10000 persons) | 8526 | 3582 | 42.0 |
| 土地面积(万平方公里) | Land Area(10000 sq.km) | 10.72 | 3.17 | 29.6 |
| 地区生产总值(亿元) | Gross Domestic Product(100 million yuan) | 128222.16 | 63883.07 | 49.8 |
| 第一产业 | Primary Industry | 5075.80 | 1486.16 | 29.3 |
| 第二产业 | Secondary Industry | 56909.66 | 28280.09 | 49.7 |
| 第三产业 | Tertiary Industry | 66236.70 | 34116.83 | 51.5 |
| #工业 | Industry | 49244.63 | 24521.63 | 49.8 |
| 规模以上工业营业收入(亿元) | Business Revenue of Industry Enterprises above Designated Size (100 million yuan) | 171068.50 | 78454.05 | 45.9 |
| 规模以上工业利润总额(亿元) | Total Profits of Industry Enterprises above Designated Size(100 million yuan) | 9950.67 | 4458.90 | 44.8 |
| 房地产开发投资(亿元) | Real Estate Development and Investment(100 million yuan) | 11932.10 | 6272.88 | 52.6 |
| 社会消费品零售总额(亿元) | Total Retail Sales of Consumer Goods(100 million yuan) | 45547.50 | 21591.19 | 47.4 |
| 进出口总额(亿元) | Total Value of Imports and Exports(100 million yuan) | 52493.75 | 21299.79 | 40.6 |
| #出口 | Exports | 33719.13 | 13847.77 | 41.1 |
| 实际使用外资(亿美元) | Total Retail Sale of Consumer Goods(USD 100 million) | 253.40 | 129.59 | 51.1 |
| 一般公共预算收入(亿元) | General Public Budget Revenue(100 million yuan) | 9930.18 | 4446.47 | 44.8 |
| 一般公共预算支出(亿元) | General Public Budget Expenditure(100 million yuan) | 15242.28 | 5489.31 | 36.0 |
| 金融机构人民币存款余额(亿元) | Balance of Deposits of Financial Institutions(100 million yuan) | 239679.55 | 129701.72 | 54.1 |
| #住户存款 | Deposits of Households | 105446.33 | 53948.53 | 51.2 |
| 金融机构人民币贷款余额(亿元) | Balance of Loans from Financial Institutions(100 million yuan) | 233995.68 | 124770.47 | 53.3 |

# 19-5 沿江地区主要指标(2023年)
# Main Indicators of the Region along the Yangtze River(2023)

| 地 区 | Region | 年末户籍人口(万人) Registered Population at Year-end (10000 persons) | 土地面积(平方公里) Land Area (sq.km) | 人口密度(人/平方公里) Density of Population (person/ sq.km) | 就业人员(万人) Employed Persons (10000 persons) | #第二产业 Secondary Industry | #第三产业 Tertiary Industry |
|---|---|---|---|---|---|---|---|
| **沿江八市** | **Eight Cities** | **5544.15** | **50969** | **1088** | **3042.06** | **1323.85** | **1477.64** |
| **沿江开发区域** | **Development Zones along the Yangtze River** | **3581.54** | **31692** | **1130** | **1974.78** | **808.76** | **990.98** |
| 南京市区 | Nanjing Urban Area | 954.70 | 6587 | 1449 | 477.50 | 149.76 | 293.61 |
| 江 阴 市 | Jiangyin | 178.51 | 987 | 1809 | 103.76 | 59.30 | 41.24 |
| 常州市区 | Changzhou Urban Area | 456.84 | 2838 | 1610 | 248.41 | 109.28 | 122.24 |
| 常 熟 市 | Changshu | 168.29 | 1276 | 1319 | 101.23 | 56.99 | 41.24 |
| 张家港市 | Zhangjiagang | 144.02 | 987 | 1459 | 79.48 | 44.02 | 33.06 |
| 太 仓 市 | Taicang | 84.80 | 810 | 1047 | 48.95 | 24.51 | 22.10 |
| 南通市区 | Nantong Urban Area | 383.30 | 3287 | 1166 | 247.53 | 98.77 | 124.26 |
| 启 东 市 | Qidong | 95.55 | 1681 | 568 | 55.53 | 23.41 | 21.37 |
| 如 皋 市 | Rugao | 121.91 | 1574 | 775 | 66.47 | 27.69 | 24.40 |
| 扬州市区 | Yangzhou Urban Area | 265.56 | 2305 | 1152 | 158.88 | 59.43 | 86.14 |
| 仪 征 市 | Yizheng | 53.83 | 902 | 597 | 32.89 | 13.46 | 14.74 |
| 镇江市区 | Zhenjiang Urban Area | 127.28 | 1088 | 1170 | 20.32 | 4.36 | 15.86 |
| 丹 阳 市 | Danyang | 99.39 | 1047 | 949 | 63.11 | 28.84 | 28.15 |
| 扬 中 市 | Yangzhong | 31.65 | 327 | 968 | 19.75 | 10.71 | 7.48 |
| 句 容 市 | Jurong | 64.28 | 1378 | 466 | 39.07 | 13.97 | 18.85 |
| 泰州市区 | Taizhou Urban Area | 173.14 | 1568 | 1104 | 104.09 | 40.63 | 53.44 |
| 靖 江 市 | Jingjiang | 66.23 | 655 | 1011 | 41.52 | 20.78 | 15.89 |
| 泰 兴 市 | Taixing | 112.26 | 2395 | 469 | 66.29 | 22.85 | 26.89 |

19-5　续表 1　Continued

| 地　区 | Region | 地　区<br>生产总值<br>(亿元)<br>Gross Domestic Product<br>(100 million yuan) | 第一产业<br>Primary Industry | 第二产业<br>Secondary Industry | 第三产业<br>Tertiary Industry | #工业<br>Industry | 人均地区<br>生产总值<br>(元)<br>Per Capita GDP<br>(yuan) |
|---|---|---|---|---|---|---|---|
| **沿江八市** | **Eight Cities** | **98879.58** | **2197.36** | **44708.39** | **51973.84** | **39034.98** | **178555** |
| **沿江开发区域** | **Development Zones along the Yangtze River** | **63883.07** | **1486.16** | **28280.09** | **34116.83** | **24521.63** | **178871** |
| 南京市区 | Nanjing Urban Area | 17421.40 | 317.75 | 5929.00 | 11174.65 | 5015.45 | 183015 |
| 江 阴 市 | Jiangyin | 4960.51 | 40.96 | 2567.58 | 2351.97 | 2349.93 | 277962 |
| 常州市区 | Changzhou Urban Area | 8559.14 | 119.16 | 4011.25 | 4428.73 | 3674.81 | 187524 |
| 常 熟 市 | Changshu | 2800.16 | 42.56 | 1379.16 | 1378.44 | 1281.43 | 165921 |
| 张家港市 | Zhangjiagang | 3365.80 | 31.09 | 1681.35 | 1653.36 | 1568.77 | 233105 |
| 太 仓 市 | Taicang | 1734.94 | 24.33 | 813.97 | 896.64 | 751.69 | 205124 |
| 南通市区 | Nantong Urban Area | 6014.22 | 151.57 | 2847.91 | 3014.74 | 2419.28 | 157185 |
| 启 东 市 | Qidong | 1447.28 | 94.44 | 707.15 | 645.68 | 553.03 | 151349 |
| 如 皋 市 | Rugao | 1534.39 | 88.38 | 731.76 | 714.26 | 611.71 | 125698 |
| 扬州市区 | Yangzhou Urban Area | 4382.11 | 114.65 | 2000.63 | 2266.83 | 1633.93 | 165104 |
| 仪 征 市 | Yizheng | 1042.91 | 25.24 | 531.50 | 486.17 | 455.27 | 193687 |
| 镇江市区 | Zhenjiang Urban Area | 2400.75 | 33.97 | 1061.53 | 1305.25 | 954.03 | 188701 |
| 丹 阳 市 | Danyang | 1500.68 | 56.41 | 786.20 | 658.07 | 744.01 | 151103 |
| 扬 中 市 | Yangzhong | 630.45 | 18.76 | 339.53 | 272.17 | 316.33 | 199320 |
| 句 容 市 | Jurong | 791.67 | 58.38 | 348.53 | 384.75 | 292.59 | 123236 |
| 泰州市区 | Taizhou Urban Area | 2842.94 | 86.31 | 1384.23 | 1372.41 | 1110.88 | 164218 |
| 靖 江 市 | Jingjiang | 1298.79 | 27.77 | 713.57 | 557.45 | 483.45 | 196192 |
| 泰 兴 市 | Taixing | 1154.93 | 154.43 | 445.24 | 555.26 | 305.04 | 102871 |

## 19-5 续表 2 Continued

单位：% (%)

| 地区 | Region | 三次产业占GDP比重 Percentage of Three Industries to GDP | | | | 一般公共预算收入占GDP比重 Percentage of General Public Budget Revenue to GDP | 外贸依存度 Interdependent Level to Foreign Trade |
|---|---|---|---|---|---|---|---|
| | | 第一产业 Primary Industry | 第二产业 Secondary Industry | 第三产业 Tertiary Industry | #工业 Industry | | |
| **沿江八市** | **Eight Cities** | **2.2** | **45.2** | **52.6** | **39.5** | **7.8** | **47.8** |
| **沿江开发区域** | **Development Zones along the Yangtze River** | **2.3** | **44.3** | **53.4** | **38.4** | **7.0** | **33.3** |
| 南京市区 | Nanjing Urban Area | 1.8 | 34.0 | 64.1 | 28.8 | 9.3 | 32.5 |
| 江阴市 | Jiangyin | 0.8 | 51.8 | 47.4 | 47.4 | 5.0 | 31.7 |
| 常州市区 | Changzhou Urban Area | 1.4 | 46.9 | 51.7 | 42.9 | 6.1 | 35.2 |
| 常熟市 | Changshu | 1.5 | 49.3 | 49.2 | 45.8 | 8.5 | 53.8 |
| 张家港市 | Zhangjiagang | 0.9 | 50.0 | 49.1 | 46.6 | 7.0 | 84.2 |
| 太仓市 | Taicang | 1.4 | 46.9 | 51.7 | 43.3 | 10.9 | 61.9 |
| 南通市区 | Nantong Urban Area | 2.5 | 47.4 | 50.1 | 40.2 | 5.8 | 35.0 |
| 启东市 | Qidong | 6.5 | 48.9 | 44.6 | 38.2 | 5.2 | 22.0 |
| 如皋市 | Rugao | 5.8 | 47.7 | 46.6 | 39.9 | 5.0 | 20.0 |
| 扬州市区 | Yangzhou Urban Area | 2.6 | 45.7 | 51.7 | 37.3 | 5.1 | 18.9 |
| 仪征市 | Yizheng | 2.4 | 51.0 | 46.6 | 43.7 | 4.8 | 11.4 |
| 镇江市区 | Zhenjiang Urban Area | 1.4 | 44.2 | 54.4 | 39.7 | 4.4 | 27.0 |
| 丹阳市 | Danyang | 3.8 | 52.4 | 43.9 | 49.6 | 5.3 | 16.6 |
| 扬中市 | Yangzhong | 3.0 | 53.9 | 43.2 | 50.2 | 6.4 | 7.8 |
| 句容市 | Jurong | 7.4 | 44.0 | 48.6 | 37.0 | 6.3 | 5.0 |
| 泰州市区 | Taizhou Urban Area | 3.0 | 48.7 | 48.3 | 39.1 | 7.7 | 19.5 |
| 靖江市 | Jingjiang | 2.1 | 54.9 | 42.9 | 37.2 | 5.7 | 26.6 |
| 泰兴市 | Taixing | 13.4 | 38.6 | 48.1 | 26.4 | 4.4 | 6.8 |

19-5　续表 3　Continued

| 地　区 | Region | 规模以上工业企业个数(个) Number of Industrial Enterprises above Designated Size (unit) | 资产合计(亿元) Total Assets (100 million yuan) | 营业收入(亿元) Business Revenue (100 million yuan) | 利润总额(亿元) Total Profits (100 million yuan) | 平均用工人数(万人) Annual Average Employees (10000 persons) |
|---|---|---|---|---|---|---|
| **沿江八市** | **Eight Cities** | **49634** | **150553.35** | **136861.96** | **7989.56** | **768.22** |
| **沿江开发区域** | **Development Zones along the Yangtze River** | **29944** | **88776.76** | **78454.05** | **4458.90** | **425.48** |
| 南京市区 | Nanjing Urban Area | 4478 | 18764.50 | 16000.17 | 886.64 | 65.19 |
| 江 阴 市 | Jiangyin | 2463 | 7855.33 | 7528.20 | 568.16 | 37.38 |
| 常州市区 | Changzhou Urban Area | 5667 | 16867.72 | 14187.94 | 921.90 | 81.82 |
| 常 熟 市 | Changshu | 1842 | 5758.52 | 4885.90 | 278.71 | 27.50 |
| 张家港市 | Zhangjiagang | 1566 | 7044.10 | 6553.70 | 148.27 | 23.11 |
| 太 仓 市 | Taicang | 1265 | 2952.85 | 3051.12 | 192.49 | 16.98 |
| 南通市区 | Nantong Urban Area | 2870 | 7530.30 | 5926.60 | 339.11 | 37.80 |
| 启 东 市 | Qidong | 758 | 1805.24 | 1991.32 | 143.13 | 10.64 |
| 如 皋 市 | Rugao | 1024 | 1762.28 | 1344.66 | 60.35 | 9.39 |
| 扬州市区 | Yangzhou Urban Area | 1937 | 4228.79 | 3851.59 | 190.49 | 30.29 |
| 仪 征 市 | Yizheng | 603 | 1113.09 | 1183.63 | 57.85 | 6.44 |
| 镇江市区 | Zhenjiang Urban Area | 775 | 2774.40 | 2438.39 | 104.09 | 11.68 |
| 丹 阳 市 | Danyang | 951 | 1949.48 | 1660.85 | 112.61 | 15.23 |
| 扬 中 市 | Yangzhong | 493 | 1210.43 | 1061.92 | 71.43 | 5.94 |
| 句 容 市 | Jurong | 314 | 917.30 | 493.48 | 33.01 | 4.35 |
| 泰州市区 | Taizhou Urban Area | 1420 | 3539.47 | 3207.82 | 143.08 | 20.47 |
| 靖 江 市 | Jingjiang | 730 | 1878.61 | 1417.77 | 107.91 | 11.14 |
| 泰 兴 市 | Taixing | 788 | 824.35 | 1668.96 | 99.66 | 10.13 |

19-5 续表 4 Continued

| 地 区 | Region | 房地产开发投资（亿元）Real Estate Development and Investment (100 million yuan) | #住宅 Residential Buildings | 社会消费品零售总额（亿元）Total Retail Sales of Consumer Goods (100 million yuan) | 进出口总额（亿元）Total Value of Imports and Exports (100 million yuan) | #出口 Exports | 实际使用外资（亿美元）Actually Utilization of Foreign Capital (USD 100 million) |
|---|---|---|---|---|---|---|---|
| **沿江八市** | **Eight Cities** | **9710.26** | **7825.06** | **33468.80** | **47309.87** | **30391.91** | **225.95** |
| **沿江开发区域** | **Development Zones along the Yangtze River** | **6272.88** | **4963.46** | **21591.19** | **21299.79** | **13847.77** | **129.59** |
| 南京市区 | Nanjing Urban Area | 2772.37 | 2082.24 | 8201.07 | 5659.94 | 3333.12 | 49.40 |
| 江 阴 市 | Jiangyin | 206.66 | 178.49 | 711.70 | 1572.91 | 1052.39 | 11.00 |
| 常州市区 | Changzhou Urban Area | 740.70 | 601.68 | 2647.37 | 3008.79 | 2356.06 | 17.19 |
| 常 熟 市 | Changshu | 199.51 | 176.17 | 1290.28 | 1505.84 | 1079.22 | 3.49 |
| 张家港市 | Zhangjiagang | 205.59 | 178.77 | 836.31 | 2835.10 | 1275.79 | 5.81 |
| 太 仓 市 | Taicang | 194.48 | 154.73 | 548.83 | 1074.32 | 582.55 | 5.34 |
| 南通市区 | Nantong Urban Area | 545.11 | 443.16 | 2165.65 | 2106.02 | 1490.70 | 12.89 |
| 启 东 市 | Qidong | 142.64 | 117.86 | 519.97 | 318.07 | 236.00 | 1.03 |
| 如 皋 市 | Rugao | 97.86 | 79.01 | 560.60 | 306.17 | 223.63 | 1.67 |
| 扬州市区 | Yangzhou Urban Area | 511.19 | 409.20 | 1121.70 | 828.90 | 676.00 | 8.93 |
| 仪 征 市 | Yizheng | 30.48 | 23.43 | 140.55 | 118.50 | 84.30 | 2.53 |
| 镇江市区 | Zhenjiang Urban Area | 129.36 | 107.00 | 721.99 | 648.39 | 434.69 | 1.52 |
| 丹 阳 市 | Danyang | 68.25 | 53.46 | 391.84 | 249.44 | 228.28 | 1.75 |
| 扬 中 市 | Yangzhong | 26.28 | 20.39 | 173.95 | 49.35 | 45.80 | 0.38 |
| 句 容 市 | Jurong | 88.54 | 77.40 | 193.96 | 39.23 | 32.73 | 0.38 |
| 泰州市区 | Taizhou Urban Area | 249.24 | 205.37 | 739.02 | 554.46 | 368.07 | 4.20 |
| 靖 江 市 | Jingjiang | 42.59 | 35.99 | 273.95 | 345.29 | 272.38 | 1.39 |
| 泰 兴 市 | Taixing | 22.02 | 19.10 | 352.43 | 79.06 | 76.06 | 0.68 |

19-5 续表 5 Continued

单位：亿元 (100 million yuan)

| 地 区 | Region | 一般公共预算收入 General Public Budget Revenue | #税收收入 Taxes | 一般公共预算支出 General Public Budget Expenditure | 年末金融机构人民币存款余额 Balance of Deposits of Financial Institutions at Year-end | #住户存款 Deposits of Households | 年末金融机构人民币贷款余额 Balance of Loans from Financial Institutions at Year-end |
|---|---|---|---|---|---|---|---|
| **沿江八市** | **Eight Cities** | **7740.65** | **6375.07** | **9828.48** | **198312.24** | **83061.85** | **191012.03** |
| **沿江开发区域** | **Development Zones along the Yangtze River** | **4446.47** | **3656.31** | **5489.31** | **129701.72** | **53948.53** | **124770.47** |
| 南京市区 | Nanjing Urban Area | 1619.98 | 1366.53 | 1838.70 | 53178.25 | 15228.95 | 53901.89 |
| 江 阴 市 | Jiangyin | 248.29 | 211.02 | 255.62 | 5824.63 | 2471.18 | 4823.62 |
| 常州市区 | Changzhou Urban Area | 518.99 | 462.85 | 525.26 | 14912.82 | 6916.05 | 14210.50 |
| 常 熟 市 | Changshu | 237.39 | 194.54 | 273.22 | 5301.68 | 2691.55 | 4611.11 |
| 张家港市 | Zhangjiagang | 237.07 | 190.84 | 234.44 | 5935.27 | 2419.51 | 4753.46 |
| 太 仓 市 | Taicang | 189.42 | 160.30 | 183.72 | 2742.88 | 1219.95 | 2993.72 |
| 南通市区 | Nantong Urban Area | 351.14 | 281.48 | 435.40 | 11431.50 | 6231.22 | 9931.84 |
| 启 东 市 | Qidong | 75.01 | 60.61 | 128.99 | 2360.16 | 1672.65 | 2001.68 |
| 如 皋 市 | Rugao | 77.01 | 64.10 | 146.31 | 2306.59 | 1599.25 | 2174.42 |
| 扬州市区 | Yangzhou Urban Area | 223.63 | 176.71 | 420.99 | 7013.12 | 3776.71 | 6877.14 |
| 仪 征 市 | Yizheng | 50.33 | 39.80 | 86.27 | 1091.05 | 657.40 | 1028.70 |
| 镇江市区 | Zhenjiang Urban Area | 105.60 | 78.73 | 146.13 | 4064.36 | 1726.75 | 4250.87 |
| 丹 阳 市 | Danyang | 80.05 | 63.01 | 113.08 | 2141.65 | 1276.34 | 1987.13 |
| 扬 中 市 | Yangzhong | 40.03 | 32.50 | 57.91 | 1021.50 | 594.60 | 1054.73 |
| 句 容 市 | Jurong | 50.05 | 35.63 | 83.00 | 1208.58 | 694.62 | 1722.93 |
| 泰州市区 | Taizhou Urban Area | 218.12 | 149.25 | 336.34 | 5657.99 | 2531.90 | 5327.25 |
| 靖 江 市 | Jingjiang | 73.46 | 50.62 | 94.27 | 1978.30 | 1057.95 | 1830.95 |
| 泰 兴 市 | Taixing | 50.91 | 37.81 | 129.66 | 1531.38 | 1181.96 | 1288.54 |

# 19-6 沿海地区主要指标(2023年)
# Main Indicators of the Coastal Regions(2023)

| 地　区 | Region | 年末户籍人口(万人) Registered Population at Year-end (10000 persons) | 土地面积(平方公里) Land Area (sq.km) | 人口密度(人/平方公里) Density of Population (person/sq.km) | 就业人员(万人) Employed Persons (10000 persons) | #第二产业 Secondary Industry | #第三产业 Tertiary Industry |
|---|---|---|---|---|---|---|---|
| **沿海三市合计** | **Three Cities** | **1903.15** | **35449** | **537** | **1140.00** | **438.6** | **492.3** |
| **沿海地带合计** | **Coastal Regions** | **1537.54** | **29243** | **526** | **933.80** | **364.36** | **410.79** |
| 南通市市区 | Nantong Urban Area | 383.30 | 3287 | 1166 | 247.53 | 98.77 | 124.26 |
| 海　安　市 | Haian | 86.63 | 1184 | 732 | 55.41 | 31.95 | 16.17 |
| 如　东　县 | Rudong | 87.46 | 2781 | 314 | 54.06 | 23.76 | 21.60 |
| 启　东　市 | Qidong | 95.55 | 1681 | 568 | 55.53 | 23.41 | 21.37 |
| 连云港市区 | Lianyungang Urban Area | 224.45 | 2603 | 862 | 123.48 | 42.48 | 61.42 |
| 灌　云　县 | Guanyun | 70.73 | 1543 | 458 | 37.33 | 9.86 | 10.53 |
| 灌　南　县 | Guannan | 60.30 | 1041 | 579 | 32.36 | 11.83 | 9.11 |
| 盐城市市区 | Yancheng Urban Area | 237.37 | 5601 | 424 | 147.65 | 56.70 | 72.74 |
| 响　水　县 | Xiangshui | 45.71 | 1470 | 311 | 25.39 | 9.30 | 10.07 |
| 滨　海　县 | Binhai | 81.74 | 1921 | 426 | 47.70 | 16.99 | 18.95 |
| 射　阳　县 | Sheyang | 75.68 | 2573 | 294 | 47.96 | 17.32 | 19.46 |
| 东　台　市 | Dongtai | 88.62 | 3558 | 249 | 59.40 | 21.99 | 25.11 |

19-6 续表 1 Continued

| 地　区 | Region | 地区生产总值(亿元) Gross Domestic Product (100 million yuan) | 第一产业 Primary Industry | 第二产业 Secondary Industry | 第三产业 Tertiary Industry | #工业 Industry | 人均地区生产总值(元) Per Capita GDP (yuan) |
|---|---|---|---|---|---|---|---|
| **沿海三市合计** | **Three Cities** | **23580.75** | **1774.06** | **10721.01** | **11085.69** | **9000.20** | **123897** |
| **沿海地带合计** | **Coastal Regions** | **19814.24** | **1429.66** | **9049.80** | **9334.77** | **7660.78** | **128886** |
| 南通市市区 | Nantong Urban Area | 6014.22 | 151.57 | 2847.91 | 3014.74 | 2419.28 | 157185 |
| 海　安　市 | Haian | 1436.27 | 81.06 | 793.24 | 561.97 | 689.20 | 165621 |
| 如　东　县 | Rudong | 1381.13 | 104.18 | 648.08 | 628.87 | 558.85 | 157726 |
| 启　东　市 | Qidong | 1447.28 | 94.44 | 707.15 | 645.68 | 553.03 | 151349 |
| 连云港市区 | Lianyungang Urban Area | 2665.50 | 171.83 | 1299.90 | 1193.77 | 1131.83 | 118937 |
| 灌　云　县 | Guanyun | 455.54 | 74.84 | 163.41 | 217.29 | 125.61 | 64133 |
| 灌　南　县 | Guannan | 491.94 | 79.29 | 218.98 | 193.67 | 176.10 | 81259 |
| 盐城市市区 | Yancheng Urban Area | 2923.71 | 234.23 | 1234.95 | 1454.53 | 1013.22 | 123171 |
| 响　水　县 | Xiangshui | 500.61 | 65.75 | 228.31 | 206.55 | 210.60 | 109495 |
| 滨　海　县 | Binhai | 639.52 | 83.34 | 255.60 | 300.58 | 204.81 | 78229 |
| 射　阳　县 | Sheyang | 740.04 | 118.01 | 266.50 | 355.53 | 232.31 | 97772 |
| 东　台　市 | Dongtai | 1118.48 | 171.12 | 385.77 | 561.59 | 345.94 | 126197 |

## 19-6　续表 2　Continued

单位：%　　(%)

| 地　区 | Region | 三次产业占GDP比重 Percentage of Three Industries to GDP | | | | 一般公共预算收入占GDP比重 Percentage of General Public Budget Revenue to GDP | 外贸依存度 Interdependent Level to Foreign Trade |
|---|---|---|---|---|---|---|---|
| | | 第一产业 Primary Industry | 第二产业 Secondary Industry | 第三产业 Tertiary Industry | #工业 Industry | | |
| **沿海三市合计** | **Three Cities** | **7.5** | **45.5** | **47.0** | **38.2** | **6.0** | **26.8** |
| **沿海地带合计** | **Coastal Regions** | **7.2** | **45.7** | **47.1** | **38.7** | **5.8** | **29.6** |
| 南通市市区 | Nantong Urban Area | 2.5 | 47.4 | 50.1 | 40.2 | 5.8 | 35.0 |
| 海　安　市 | Haian | 5.6 | 55.2 | 39.1 | 48.0 | 4.9 | 14.2 |
| 如　东　县 | Rudong | 7.5 | 46.9 | 45.5 | 40.5 | 5.1 | 41.0 |
| 启　东　市 | Qidong | 6.5 | 48.9 | 44.6 | 38.2 | 5.2 | 22.0 |
| 连云港市区 | Lianyungang Urban Area | 6.4 | 48.8 | 44.8 | 42.5 | 6.3 | 47.7 |
| 灌　云　县 | Guanyun | 16.4 | 35.9 | 47.7 | 27.6 | 5.5 | 4.2 |
| 灌　南　县 | Guannan | 16.1 | 44.5 | 39.4 | 35.8 | 5.1 | 4.1 |
| 盐城市市区 | Yancheng Urban Area | 8.0 | 42.2 | 49.7 | 34.7 | 7.0 | 34.8 |
| 响　水　县 | Xiangshui | 13.1 | 45.6 | 41.3 | 42.1 | 5.4 | 6.8 |
| 滨　海　县 | Binhai | 13.0 | 40.0 | 47.0 | 32.0 | 5.0 | 15.5 |
| 射　阳　县 | Sheyang | 15.9 | 36.0 | 48.0 | 31.4 | 4.4 | 10.7 |
| 东　台　市 | Dongtai | 15.3 | 34.5 | 50.2 | 30.9 | 5.8 | 10.8 |

## 19-6　续表 3　Continued

| 地　区 | Region | 规模以上工业企业个数（个） Number of Industrial Enterprises above Designated Size (unit) | 资产合计（亿元） Total Assets (100 million yuan) | 营业收入（亿元） Business Revenue (100 million yuan) | 利润总额（亿元） Total Profits (100 million yuan) | 平均用工人数（万人） Annual Average Employees (10000 persons) |
|---|---|---|---|---|---|---|
| **沿海三市合计** | **Three Cities** | **12710** | **32061.35** | **26837.38** | **1571.30** | **152.22** |
| **沿海地带合计** | **Coastal Regions** | **10187** | **28378.57** | **23147.79** | **1297.15** | **125.11** |
| 南通市市区 | Nantong Urban Area | 2850 | 7427.29 | 5926.60 | 339.11 | 37.80 |
| 海　安　市 | Haian | 1035 | 1768.35 | 1569.73 | 83.79 | 11.36 |
| 如　东　县 | Rudong | 859 | 1635.44 | 1473.74 | 98.40 | 9.36 |
| 启　东　市 | Qidong | 964 | 3107.01 | 1991.32 | 143.13 | 10.64 |
| 连云港市区 | Lianyungang Urban Area | 757 | 5911.82 | 4194.69 | 297.28 | 13.00 |
| 灌　云　县 | Guanyun | 159 | 281.26 | 139.09 | 10.12 | 1.20 |
| 灌　南　县 | Guannan | 164 | 314.69 | 392.77 | 6.95 | 1.80 |
| 盐城市市区 | Yancheng Urban Area | 1506 | 4107.60 | 3611.39 | 72.35 | 21.00 |
| 响　水　县 | Xiangshui | 256 | 952.25 | 1663.74 | 80.47 | 2.00 |
| 滨　海　县 | Binhai | 321 | 735.97 | 486.62 | 23.73 | 3.00 |
| 射　阳　县 | Sheyang | 555 | 899.39 | 647.57 | 55.94 | 5.00 |
| 东　台　市 | Dongtai | 761 | 1237.52 | 1050.51 | 85.90 | 9.00 |

## 19-6 续表 4 Continued

| 地 区 | Region | 房地产开发投资(亿元) Real Estate Development and Investment (100 million yuan) | #住宅 Residential Buildings | 社会消费品零售总额(亿元) Total Retail Sales of Consumer Goods (100 million yuan) | 进出口总额(亿元) Total Value of Imports and Exports (100 million yuan) | #出口 Exports | 实际使用外资(亿美元) Actually Utilization of Foreign Capital (USD 100 million) |
|---|---|---|---|---|---|---|---|
| **沿海三市合计** | **Three Cities** | **1738.53** | **1411.49** | **8364.90** | **6313.48** | **3664.22** | **33.65** |
| **沿海地带合计** | **Coastal Regions** | **1735.59** | **1408.06** | **6964.22** | **5855.19** | **3318.45** | **31.53** |
| 南通市市区 | Nantong Urban Area | 545.11 | 443.16 | 2165.65 | 2106.02 | 1490.70 | 12.89 |
| 海 安 市 | Haian | 71.37 | 59.70 | 444.83 | 203.84 | 149.28 | 1.49 |
| 如 东 县 | Rudong | 68.13 | 58.04 | 524.09 | 566.20 | 190.09 | 2.82 |
| 启 东 市 | Qidong | 142.64 | 117.86 | 519.97 | 318.07 | 236.00 | 1.03 |
| 连云港市区 | Lianyungang Urban Area | 192.30 | 148.46 | 810.76 | 1272.04 | 283.39 | 3.30 |
| 灌 云 县 | Guanyun | 23.69 | 18.48 | 84.67 | 19.00 | 18.51 | 0.08 |
| 灌 南 县 | Guannan | 12.17 | 9.93 | 100.18 | 20.28 | 19.02 | 0.92 |
| 盐城市市区 | Yancheng Urban Area | 567.17 | 460.52 | 1261.44 | 1016.82 | 654.98 | 7.59 |
| 响 水 县 | Xiangshui | 11.89 | 10.68 | 137.00 | 33.86 | 28.77 | 0.03 |
| 滨 海 县 | Binhai | 31.41 | 22.79 | 280.66 | 99.27 | 68.28 | 0.62 |
| 射 阳 县 | Sheyang | 29.06 | 25.19 | 295.08 | 78.89 | 68.84 | 0.15 |
| 东 台 市 | Dongtai | 40.65 | 33.25 | 339.88 | 120.91 | 110.59 | 0.60 |

## 19-6 续表 5 Continued

单位：亿元 (100 million yuan)

| 地 区 | Region | 一般公共预算收入 General Public Budget Revenue | #税收收入 Taxes | 一般公共预算支出 General Public Budget Expenditure | 年末金融机构人民币存款余额 Balance of Deposits of Financial Institutions at Year-end | #住户存款 Deposits of Households | 年末金融机构人民币贷款余额 Balance of Loans from Financial Institutions at Year-end |
|---|---|---|---|---|---|---|---|
| **沿海三市合计** | **Three Cities** | **1418.91** | **1075.88** | **2983.86** | **37768.18** | **21873.16** | **36782.74** |
| **沿海地带合计** | **Coastal Regions** | **1184.55** | **923.62** | **2266.56** | **33283.02** | **18485.45** | **32475.73** |
| 南通市市区 | Nantong Urban Area | 386.11 | 298.82 | 618.50 | 11676.05 | 6260.50 | 9931.84 |
| 海 安 市 | Haian | 71.01 | 57.60 | 139.66 | 2348.67 | 1535.14 | 2211.99 |
| 如 东 县 | Rudong | 71.03 | 57.60 | 147.47 | 2211.94 | 1371.53 | 1968.10 |
| 启 东 市 | Qidong | 75.01 | 60.61 | 128.99 | 2388.61 | 1676.22 | 2001.68 |
| 连云港市区 | Lianyungang Urban Area | 168.76 | 129.94 | 350.53 | 4050.35 | 1717.04 | 5151.78 |
| 灌 云 县 | Guanyun | 25.07 | 17.39 | 66.07 | 492.15 | 341.37 | 566.07 |
| 灌 南 县 | Guannan | 25.11 | 17.36 | 62.67 | 456.45 | 267.23 | 520.62 |
| 盐城市市区 | Yancheng Urban Area | 205.42 | 162.91 | 316.70 | 5963.96 | 2667.37 | 6723.04 |
| 响 水 县 | Xiangshui | 27.26 | 22.00 | 74.18 | 423.09 | 279.36 | 513.07 |
| 滨 海 县 | Binhai | 31.86 | 24.53 | 111.69 | 788.31 | 515.60 | 804.88 |
| 射 阳 县 | Sheyang | 32.92 | 24.04 | 100.19 | 935.22 | 693.52 | 907.78 |
| 东 台 市 | Dongtai | 65.01 | 50.81 | 149.90 | 1548.21 | 1160.57 | 1174.88 |

# 19-7　沿东陇海线地区主要指标(2023年)

# Main Indicators of the East Region along the Long-hai Railway (2023)

| 地　区 | Region | 年末户籍人口(万人) Registered Population at Year-end (10000 persons) | 土地面积(平方公里) Land Area (sq.km) | 人口密度(人/平方公里) Density of Population (person/ sq.km) | 就业人员(万人) Employed Persons (10000 persons) | #第二产业 Secondary Industry | #第三产业 Tertiary Industry |
|---|---|---|---|---|---|---|---|
| **东陇海合计** | **Total** | **928.76** | **11379** | **816** | **493.36** | **165.82** | **242.94** |
| 徐州市市区 | Xuzhou Urban Area | 361.74 | 3062 | 1181 | 192.98 | 64.46 | 110.20 |
| 新　沂　市 | Xinyi | 95.53 | 1592 | 600 | 51.41 | 18.72 | 20.12 |
| 邳　州　市 | Pizhou | 143.12 | 2085 | 686 | 69.96 | 25.55 | 27.34 |
| 连云港市区 | Lianyungang Urban Area | 224.45 | 3032 | 740 | 123.48 | 42.48 | 61.42 |
| 东　海　县 | Donghai | 103.92 | 2037 | 510 | 55.53 | 14.61 | 23.86 |

## 19-7　续表 1　Continued

| 地　区 | Region | 地区生产总值(亿元) Gross Domestic Product (100 million yuan) | 第一产业 Primary Industry | 第二产业 Secondary Industry | 第三产业 Tertiary Industry | #工业 Industry | 人均地区生产总值(元) Per Capita GDP (yuan) |
|---|---|---|---|---|---|---|---|
| **东陇海合计** | **Total** | **10002.67** | **704.08** | **4314.44** | **4984.16** | **3661.17** | **107787** |
| 徐州市市区 | Xuzhou Urban Area | 4403.91 | 154.56 | 1862.05 | 2387.30 | 1547.32 | 122012 |
| 新　沂　市 | Xinyi | 905.24 | 96.33 | 344.42 | 464.50 | 287.88 | 94661 |
| 邳　州　市 | Pizhou | 1277.39 | 171.78 | 478.68 | 626.93 | 413.67 | 89156 |
| 连云港市区 | Lianyungang Urban Area | 2665.50 | 171.83 | 1299.90 | 1193.77 | 1131.83 | 118937 |
| 东　海　县 | Donghai | 750.63 | 109.58 | 329.39 | 311.66 | 280.47 | 72134 |

## 19-7　续表 2　Continued

| 地　区 | Region | 规模以上工业企业个数(个) Number of Industrial Enterprises above Designated Size (unit) | 资产合计(亿元) Total Assets (100 million yuan) | 营业收入(亿元) Business Revenue (100 million yuan) | 利润总额(亿元) Total Profits (100 million yuan) | 平均用工人数(万人) Annual Average Employees (10000 persons) |
|---|---|---|---|---|---|---|
| **东陇海合计** | **Total** | **3348** | **12886.60** | **9889.51** | **719.16** | **43.61** |
| 徐州市市区 | Xuzhou Urban Area | 1166 | 4936.13 | 3719.22 | 260.12 | 17.73 |
| 新　沂　市 | Xinyi | 447 | 828.30 | 755.47 | 23.13 | 4.22 |
| 邳　州　市 | Pizhou | 579 | 777.49 | 759.04 | 50.66 | 5.94 |
| 连云港市区 | Lianyungang Urban Area | 757 | 5911.82 | 4194.69 | 297.28 | 13.03 |
| 东　海　县 | Donghai | 399 | 432.87 | 461.09 | 87.98 | 2.69 |

19-7 续表 3 Continued

| 地 区 | Region | 房地产开发投资(亿元) Real Estate Development and Investment (100 million yuan) | #住宅 Residential Buildings | 社会消费品零售总额(亿元) Total Retail Sales of Consumer Goods (100 million yuan) | 进出口总额(亿元) Total Value of Imports and Exports (100 million yuan) | #出口 Exports | 实际使用外资(亿美元) Actually Utilization of Foreign Capital (USD 100 million) |
|---|---|---|---|---|---|---|---|
| **东陇海合计** | **Total** | **843.96** | **681.68** | **4064.21** | **2398.82** | **1202.05** | **6.59** |
| 徐州市市区 | Xuzhou Urban Area | 523.63 | 420.89 | 2060.41 | 798.84 | 667.51 | 2.66 |
| 新 沂 市 | Xinyi | 57.71 | 49.37 | 424.21 | 105.34 | 51.25 | 0.32 |
| 邳 州 市 | Pizhou | 52.23 | 46.63 | 487.18 | 173.05 | 161.48 | 0.24 |
| 连云港市区 | Lianyungang Urban Area | 192.30 | 148.46 | 810.76 | 1272.04 | 283.39 | 3.30 |
| 东 海 县 | Donghai | 18.08 | 16.32 | 281.64 | 49.54 | 38.43 | 0.06 |

19-7 续表 4 Continued

单位：亿元 (100 million yuan)

| 地 区 | Region | 一般公共预算收入 General Public Budget Revenue | #税收收入 Taxes | 一般公共预算支出 General Public Budget Expenditure | 年末金融机构人民币存款余额 Balance of Deposits of Financial Institutions at Year-end | #住户存款 Deposits of Households | 年末金融机构人民币贷款余额 Balance of Loans from Financial Institutions at Year-end |
|---|---|---|---|---|---|---|---|
| **东陇海合计** | **Total** | **542.12** | **437.33** | **980.10** | **13927.64** | **7194.03** | **14469.47** |
| 徐州市市区 | Xuzhou Urban Area | 240.93 | 198.41 | 291.64 | 7211.60 | 3634.63 | 6452.38 |
| 新 沂 市 | Xinyi | 48.97 | 39.34 | 113.09 | 781.06 | 509.03 | 913.02 |
| 邳 州 市 | Pizhou | 46.39 | 38.50 | 129.42 | 1089.26 | 793.80 | 1192.43 |
| 连云港市区 | Lianyungang Urban Area | 168.76 | 129.94 | 350.53 | 4050.35 | 1717.04 | 5151.78 |
| 东 海 县 | Donghai | 37.08 | 31.15 | 95.42 | 795.37 | 539.52 | 759.86 |

# 20

# 市县社会经济

# Social Economy of Cities and Counties

# 简 要 说 明

**一、本篇资料的主要内容**

本篇资料反映市县经济社会发展情况。

**二、资料来源**

本篇资料主要根据市县社会经济基本情况统计年报加工整理，部分数据为初步核算数。

# Brief Introduction

**I. Main Contents**

Data in this chapter reflect the economic and social development of cities and counties.

**Ⅱ. Sources of Data**

Data in this chapter are mainly based on the statistical annual report on the basic socio-economic situation, and part of the data are preliminary statistics.

# 20-1　人口(2023年)
# Population (2023)

| 市　县 | City and County | 年末户籍人口(万人) Registered Population at Year-end (10000 persons) | 年末常住人口(万人) Permanent Population at Year-end (10000 persons) | 人口密度(人/平方公里) Density of Population (person/ sq.km) |
|---|---|---|---|---|
| **南京市** | **Nanjing City** | **741.81** | **954.70** | **1449** |
| **无锡市** | **Wuxi City** | **520.95** | **749.50** | **1620** |
| 江阴市 | Jiangyin City | 126.70 | 178.51 | 1809 |
| 宜兴市 | Yixing City | 105.93 | 128.46 | 643 |
| **徐州市** | **Xuzhou City** | **1029.36** | **902.00** | **767** |
| 丰　县 | Fengxian County | 118.32 | 92.07 | 635 |
| 沛　县 | Peixian County | 125.65 | 102.46 | 567 |
| 睢宁县 | Suining County | 137.75 | 107.08 | 605 |
| 新沂市 | Xinyi City | 109.18 | 95.53 | 600 |
| 邳州市 | Pizhou City | 189.52 | 143.12 | 686 |
| **常州市** | **Changzhou City** | **389.34** | **537.50** | **1229** |
| 溧阳市 | Liyang City | 77.69 | 80.66 | 525 |
| **苏州市** | **Suzhou City** | **786.22** | **1295.80** | **1497** |
| 常熟市 | Changshu City | 105.10 | 168.29 | 1319 |
| 张家港市 | Zhangjiagang City | 92.43 | 144.02 | 1459 |
| 昆山市 | Kunshan City | 125.65 | 214.85 | 2305 |
| 太仓市 | Taicang City | 54.25 | 84.80 | 1047 |
| **南通市** | **Nantong City** | **740.12** | **774.85** | **737** |
| 如东县 | Rudong County | 97.02 | 87.46 | 314 |
| 启东市 | Qidong City | 106.56 | 95.55 | 568 |
| 如皋市 | Rugao City | 137.57 | 121.91 | 775 |
| 海安市 | Haian City | 89.24 | 86.63 | 732 |
| **连云港市** | **Lianyungang City** | **528.67** | **459.40** | **602** |
| 东海县 | Donghai County | 123.47 | 103.92 | 510 |
| 灌云县 | Guanyun County | 100.25 | 70.73 | 463 |
| 灌南县 | Guannan County | 79.65 | 60.30 | 586 |

20-1 续表 continued

| 市 县 | City and County | 年末户籍人口（万人）Registered Population at Year-end (10000 persons) | 年末常住人口（万人）Permanent Population at Year-end (10000 persons) | 人口密度（人/平方公里）Density of Population (person/ sq.km) |
|---|---|---|---|---|
| **淮安市** | **Huai'an City** | **547.32** | **453.80** | **452** |
| 涟水县 | Lianshui County | 107.06 | 81.17 | 483 |
| 盱眙县 | Xuyi County | 77.06 | 60.02 | 240 |
| 金湖县 | Jinhu County | 33.21 | 28.80 | 209 |
| **盐城市** | **Yancheng City** | **789.09** | **668.90** | **378** |
| 响水县 | Xiangshui County | 60.23 | 45.71 | 311 |
| 滨海县 | Binhai County | 116.98 | 81.74 | 426 |
| 阜宁县 | Funing County | 105.90 | 79.03 | 549 |
| 射阳县 | Sheyang County | 90.52 | 75.68 | 294 |
| 建湖县 | Jianhu County | 72.98 | 60.75 | 525 |
| 东台市 | Dongtai City | 102.78 | 88.62 | 249 |
| **扬州市** | **Yangzhou City** | **445.04** | **458.50** | **696** |
| 宝应县 | Baoying County | 83.93 | 67.73 | 463 |
| 仪征市 | Yizheng City | 53.79 | 53.83 | 597 |
| 高邮市 | Gaoyou City | 77.30 | 71.38 | 371 |
| **镇江市** | **Zhenjiang City** | **265.00** | **322.60** | **840** |
| 丹阳市 | Danyang City | 78.00 | 99.39 | 949 |
| 扬中市 | Yangzhong City | 28.00 | 31.65 | 968 |
| 句容市 | Jurong City | 58.00 | 64.28 | 466 |
| **泰州市** | **Taizhou City** | **484.13** | **450.70** | **779** |
| 兴化市 | Xinghua City | 147.01 | 112.26 | 469 |
| 靖江市 | Jingjiang City | 63.16 | 66.23 | 1011 |
| 泰兴市 | Taixing City | 112.71 | 99.08 | 847 |
| **宿迁市** | **Suqian City** | **585.41** | **497.75** | **584** |
| 沭阳县 | Shuyang County | 196.63 | 166.01 | 722 |
| 泗阳县 | Siyang County | 104.04 | 82.99 | 602 |
| 泗洪县 | Sihong County | 107.23 | 85.97 | 319 |

# 20-2　户数及土地面积(2023年)
# Number of Households and Land Area (2023)

| 市　县 | City and County | 年末总户数 (万户) Number of Households at Year-end (10000 households) | 土地面积 (平方公里) Land Area (sq.km) | 建成区面积 (平方公里) Area of Built Districts (sq.km) |
|---|---|---|---|---|
| **南京市** | **Nanjing City** | **275.51** | **6587** | **901** |
| **无锡市** | **Wuxi City** | **184.91** | **4627** | **584** |
| 江阴市 | Jiangyin City | 40.57 | 987 | 125 |
| 宜兴市 | Yixing City | 37.79 | 1997 | 98 |
| **徐州市** | **Xuzhou City** | **287.61** | **11765** | **509** |
| 丰　县 | Fengxian County | 32.63 | 1450 | 35 |
| 沛　县 | Peixian County | 37.54 | 1806 | 56 |
| 睢宁县 | Suining County | 32.87 | 1769 | 34 |
| 新沂市 | Xinyi City | 30.37 | 1592 | 40 |
| 邳州市 | Pizhou City | 48.74 | 2085 | 51 |
| **常州市** | **Changzhou City** | **141.97** | **4372** | **315** |
| 溧阳市 | Liyang City | 27.00 | 1535 | 35 |
| **苏州市** | **Suzhou City** | **265.78** | **8657** | **776** |
| 常熟市 | Changshu City | 31.92 | 1276 | 101 |
| 张家港市 | Zhangjiagang City | 31.47 | 987 | 67 |
| 昆山市 | Kunshan City | 44.73 | 932 | 72 |
| 太仓市 | Taicang City | 18.50 | 810 | 56 |
| **南通市** | **Nantong City** | **289.38** | **10507** | **447** |
| 如东县 | Rudong County | 35.94 | 2781 | 32 |
| 启东市 | Qidong City | 46.48 | 1681 | 36 |
| 如皋市 | Rugao City | 44.53 | 1574 | 43 |
| 海安市 | Haian City | 34.38 | 1184 | 32 |
| **连云港市** | **Lianyungang City** | **158.04** | **7626** | **324** |
| 东海县 | Donghai County | 31.39 | 2037 | 40 |
| 灌云县 | Guanyun County | 28.31 | 1529 | 29 |
| 灌南县 | Guannan County | 23.42 | 1028 | 30 |

20-2　续表　continued

| 市　县 | City and County | 年末总户数(万户) Number of Households at Year-end (10000 households) | 土地面积(平方公里) Land Area (sq.km) | 建成区面积(平方公里) Area of Built Districts (sq.km) |
|---|---|---|---|---|
| **淮 安 市** | **Huai'an City** | **173.02** | **10030** | **336** |
| 涟 水 县 | Lianshui County | 31.82 | 1679 | 40 |
| 盱 眙 县 | Xuyi County | 21.63 | 2497 | 41 |
| 金 湖 县 | Jinhu County | 12.17 | 1378 | 37 |
| **盐 城 市** | **Yancheng City** | **267.20** | **17718** | **416** |
| 响 水 县 | Xiangshui County | 16.80 | 1470 | 23 |
| 滨 海 县 | Binhai County | 35.14 | 1921 | 37 |
| 阜 宁 县 | Funing County | 34.44 | 1439 | 47 |
| 射 阳 县 | Sheyang County | 29.95 | 2573 | 29 |
| 建 湖 县 | Jianhu County | 27.18 | 1157 | 29 |
| 东 台 市 | Dongtai City | 37.78 | 3558 | 40 |
| **扬 州 市** | **Yangzhou City** | **147.59** | **6591** | **312** |
| 宝 应 县 | Baoying County | 26.08 | 1462 | 38 |
| 仪 征 市 | Yizheng City | 17.98 | 902 | 39 |
| 高 邮 市 | Gaoyou City | 24.70 | 1922 | 29 |
| **镇 江 市** | **Zhenjiang City** | **103.60** | **3840** | **242** |
| 丹 阳 市 | Danyang City | 28.45 | 1047 | 43 |
| 扬 中 市 | Yangzhong City | 10.82 | 327 | 17 |
| 句 容 市 | Jurong City | 23.24 | 1378 | 34 |
| **泰 州 市** | **Taizhou City** | **164.56** | **5788** | **281** |
| 兴 化 市 | Xinghua City | 48.56 | 2395 | 43 |
| 靖 江 市 | Jingjiang City | 20.66 | 655 | 34 |
| 泰 兴 市 | Taixing City | 39.67 | 1170 | 45 |
| **宿 迁 市** | **Suqian City** | **157.75** | **8524** | **298** |
| 沭 阳 县 | Shuyang County | 50.71 | 2299 | 78 |
| 泗 阳 县 | Siyang County | 27.42 | 1378 | 48 |
| 泗 洪 县 | Sihong County | 29.07 | 2694 | 41 |

# 20-3　年末就业人员(2023年)
# Employed Persons at the end of the year (2023)

单位：万人　　(10000 persons)

| 市　县 | City and County | 就业人员 Employed Persons | 第一产业 Primary Industry | 第二产业 Secondary Industry | 第三产业 Tertiary Industry |
|---|---|---|---|---|---|
| **南京市** | **Nanjing City** | **478.00** | **34.00** | **150.00** | **294.00** |
| **无锡市** | **Wuxi City** | **418.20** | **12.78** | **207.00** | **198.42** |
| 江阴市 | Jiangyin City | 103.76 | 3.22 | 59.30 | 41.24 |
| 宜兴市 | Yixing City | 72.78 | 7.50 | 39.45 | 25.83 |
| **徐州市** | **Xuzhou City** | **471.60** | **86.81** | **167.86** | **216.93** |
| 丰　县 | Fengxian County | 49.72 | 12.41 | 18.56 | 18.75 |
| 沛　县 | Peixian County | 52.77 | 12.86 | 20.11 | 19.80 |
| 睢宁县 | Suining County | 54.76 | 13.58 | 20.46 | 20.72 |
| 新沂市 | Xinyi City | 51.41 | 12.57 | 18.72 | 20.12 |
| 邳州市 | Pizhou City | 69.96 | 17.07 | 25.55 | 27.34 |
| **常州市** | **Changzhou City** | **301.00** | **25.17** | **134.72** | **141.11** |
| 溧阳市 | Liyang City | 52.59 | 8.29 | 25.44 | 18.87 |
| **苏州市** | **Suzhou City** | **747.40** | **17.55** | **386.63** | **343.22** |
| 常熟市 | Changshu City | 101.23 | 3.00 | 56.99 | 41.24 |
| 张家港市 | Zhangjiagang City | 79.48 | 2.40 | 44.02 | 33.06 |
| 昆山市 | Kunshan City | 129.81 | 1.03 | 72.57 | 56.21 |
| 太仓市 | Taicang City | 48.95 | 2.34 | 24.51 | 22.10 |
| **南通市** | **Nantong City** | **479.00** | **65.62** | **205.58** | **207.80** |
| 如东县 | Rudong County | 54.06 | 8.70 | 23.76 | 21.60 |
| 启东市 | Qidong City | 55.53 | 10.75 | 23.41 | 21.37 |
| 如皋市 | Rugao City | 66.47 | 14.38 | 27.69 | 24.40 |
| 海安市 | Haian City | 55.41 | 7.29 | 31.95 | 16.17 |
| **连云港市** | **Lianyungang City** | **248.70** | **65.00** | **78.78** | **104.92** |
| 东海县 | Donghai County | 55.53 | 17.06 | 14.61 | 23.86 |
| 灌云县 | Guanyun County | 37.33 | 16.94 | 9.86 | 10.53 |
| 灌南县 | Guannan County | 32.36 | 11.42 | 11.83 | 9.11 |

## 20-3 续表 continued

单位：万人 (10000 persons)

| 市 县 | City and County | 就业人员 Employed Persons | 第一产业 Primary Industry | 第二产业 Secondary Industry | 第三产业 Tertiary Industry |
|---|---|---|---|---|---|
| **淮 安 市** | **Huai'an City** | **262.60** | **65.51** | **86.04** | **111.05** |
| 涟 水 县 | Lianshui County | 47.88 | 15.89 | 12.64 | 19.34 |
| 盱 眙 县 | Xuyi County | 34.39 | 9.77 | 11.43 | 13.19 |
| 金 湖 县 | Jinhu County | 16.74 | 4.70 | 6.07 | 5.97 |
| **盐 城 市** | **Yancheng City** | **412.30** | **78.52** | **154.24** | **179.54** |
| 响 水 县 | Xiangshui County | 25.39 | 6.02 | 9.30 | 10.07 |
| 滨 海 县 | Binhai County | 47.70 | 11.76 | 16.99 | 18.95 |
| 阜 宁 县 | Funing County | 47.57 | 11.63 | 17.03 | 18.91 |
| 射 阳 县 | Sheyang County | 47.96 | 11.18 | 17.32 | 19.46 |
| 建 湖 县 | Jianhu County | 36.63 | 7.42 | 14.91 | 14.30 |
| 东 台 市 | Dongtai City | 59.40 | 12.30 | 21.99 | 25.11 |
| **扬 州 市** | **Yangzhou City** | **270.00** | **37.00** | **105.00** | **128.00** |
| 宝 应 县 | Baoying County | 37.00 | 10.00 | 15.00 | 13.00 |
| 仪 征 市 | Yizheng City | 33.00 | 5.00 | 13.00 | 15.00 |
| 高 邮 市 | Gaoyou City | 40.00 | 9.00 | 17.00 | 14.00 |
| **镇 江 市** | **Zhenjiang City** | **197.70** | **17.62** | **80.15** | **99.93** |
| 丹 阳 市 | Danyang City | 63.11 | 6.12 | 28.84 | 28.15 |
| 扬 中 市 | Yangzhong City | 19.75 | 1.56 | 10.71 | 7.48 |
| 句 容 市 | Jurong City | 39.07 | 6.25 | 13.97 | 18.85 |
| **泰 州 市** | **Taizhou City** | **273.70** | **44.37** | **108.95** | **120.38** |
| 兴 化 市 | Xinghua City | 66.29 | 16.55 | 22.85 | 26.89 |
| 靖 江 市 | Jingjiang City | 41.52 | 4.85 | 20.78 | 15.89 |
| 泰 兴 市 | Taixing City | 61.80 | 12.95 | 24.69 | 24.16 |
| **宿 迁 市** | **Suqian City** | **280.80** | **69.66** | **94.71** | **116.43** |
| 沭 阳 县 | Shuyang County | 91.52 | 24.05 | 30.50 | 36.97 |
| 泗 阳 县 | Siyang County | 45.63 | 12.15 | 15.01 | 18.47 |
| 泗 洪 县 | Sihong County | 47.23 | 13.20 | 15.11 | 18.92 |

# 20-4　地区生产总值(2023年)
# Gross Domestic Product (2023)

单位：亿元　(100 million yuan)

| 市　县 | City and County | 地　区生产总值 Gross Domestic Product | 第一产业 Primary Industry | 第二产业 Secondary Industry | 第三产业 Tertiary Industry | #工业 Industry | 人均地区生产总值(元) Per Capita Gross Domestic Product (yuan) |
|---|---|---|---|---|---|---|---|
| **南 京 市** | **Nanjing City** | **17421.40** | **317.75** | **5929.00** | **11174.65** | **5015.45** | **183015** |
| **无 锡 市** | **Wuxi City** | **15456.19** | **136.50** | **7376.85** | **7942.84** | **6616.42** | **206278** |
| 江 阴 市 | Jiangyin City | 4960.51 | 40.96 | 2567.58 | 2351.97 | 2349.93 | 277962 |
| 宜 兴 市 | Yixing City | 2337.53 | 56.84 | 1208.97 | 1071.72 | 1007.20 | 181725 |
| **徐 州 市** | **Xuzhou City** | **8900.44** | **770.97** | **3622.34** | **4507.13** | **2959.71** | **98683** |
| 丰　县 | Fengxian County | 554.28 | 102.85 | 208.79 | 242.64 | 175.88 | 60081 |
| 沛　县 | Peixian County | 1051.74 | 127.81 | 453.29 | 470.63 | 329.33 | 102548 |
| 睢 宁 县 | Suining County | 707.89 | 117.67 | 275.10 | 315.13 | 205.62 | 65995 |
| 新 沂 市 | Xinyi City | 905.24 | 96.33 | 344.42 | 464.50 | 287.88 | 94661 |
| 邳 州 市 | Pizhou City | 1277.39 | 171.78 | 478.68 | 626.93 | 413.67 | 89156 |
| **常 州 市** | **Changzhou City** | **10116.36** | **178.92** | **4857.43** | **5080.01** | **4397.71** | **188366** |
| 溧 阳 市 | Liyang City | 1557.22 | 59.76 | 846.18 | 651.28 | 722.90 | 193132 |
| **苏 州 市** | **Suzhou City** | **24653.37** | **195.22** | **11541.38** | **12916.77** | **10552.17** | **190605** |
| 常 熟 市 | Changshu City | 2800.16 | 42.56 | 1379.16 | 1378.44 | 1281.43 | 165921 |
| 张家港市 | Zhangjiagang City | 3365.80 | 31.09 | 1681.35 | 1653.36 | 1568.77 | 233105 |
| 昆 山 市 | Kunshan City | 5140.60 | 30.84 | 2633.92 | 2475.84 | 2435.84 | 240569 |
| 太 仓 市 | Taicang City | 1734.94 | 24.33 | 813.97 | 896.64 | 751.69 | 205124 |
| **南 通 市** | **Nantong City** | **11813.27** | **519.65** | **5728.15** | **5565.48** | **4832.08** | **152508** |
| 如 东 县 | Rudong County | 1381.13 | 104.18 | 648.08 | 628.87 | 558.85 | 157726 |
| 启 东 市 | Qidong City | 1447.28 | 94.44 | 707.15 | 645.68 | 553.03 | 151349 |
| 如 皋 市 | Rugao City | 1534.39 | 88.38 | 731.76 | 714.26 | 611.71 | 125698 |
| 海 安 市 | Haian City | 1436.27 | 81.06 | 793.24 | 561.97 | 689.20 | 165621 |
| **连云港市** | **Lianyungang City** | **4363.61** | **435.54** | **2011.68** | **1916.39** | **1714.01** | **94917** |
| 东 海 县 | Donghai County | 750.63 | 109.58 | 329.39 | 311.66 | 280.47 | 72134 |
| 灌 云 县 | Guanyun County | 455.54 | 74.84 | 163.41 | 217.29 | 125.61 | 64133 |
| 灌 南 县 | Guannan County | 491.94 | 79.29 | 218.98 | 193.67 | 176.10 | 81259 |

## 20-4 续表 continued

单位：亿元 (100 million yuan)

| 市 县 | City and County | 地区生产总值 Gross Domestic Product | 第一产业 Primary Industry | 第二产业 Secondary Industry | 第三产业 Tertiary Industry | #工业 Industry | 人均地区生产总值（元） Per Capita Gross Domestic Product (yuan) |
|---|---|---|---|---|---|---|---|
| **淮安市** | **Huai'an City** | **5015.06** | **462.95** | **2023.21** | **2528.90** | **1620.02** | **110329** |
| 涟水县 | Lianshui County | 735.96 | 83.06 | 325.70 | 327.19 | 246.63 | 90307 |
| 盱眙县 | Xuyi County | 551.11 | 82.64 | 200.27 | 268.20 | 179.97 | 91539 |
| 金湖县 | Jinhu County | 434.48 | 56.95 | 174.47 | 203.06 | 153.33 | 150941 |
| **盐城市** | **Yancheng City** | **7403.87** | **818.87** | **2981.18** | **3603.82** | **2454.11** | **110681** |
| 响水县 | Xiangshui County | 500.61 | 65.75 | 228.31 | 206.55 | 210.60 | 109495 |
| 滨海县 | Binhai County | 639.52 | 83.34 | 255.60 | 300.58 | 204.81 | 78229 |
| 阜宁县 | Funing County | 738.56 | 85.84 | 300.80 | 351.92 | 205.84 | 93441 |
| 射阳县 | Sheyang County | 740.04 | 118.01 | 266.50 | 355.53 | 232.31 | 97772 |
| 建湖县 | Jianhu County | 742.96 | 60.59 | 309.25 | 373.12 | 241.39 | 122278 |
| 东台市 | Dongtai City | 1118.48 | 171.12 | 385.77 | 561.59 | 345.94 | 126197 |
| **扬州市** | **Yangzhou City** | **7423.26** | **337.09** | **3509.60** | **3576.57** | **2851.94** | **161940** |
| 宝应县 | Baoying County | 941.60 | 96.74 | 454.45 | 390.41 | 349.13 | 138900 |
| 仪征市 | Yizheng City | 1042.91 | 25.24 | 531.50 | 486.17 | 455.27 | 193687 |
| 高邮市 | Gaoyou City | 1056.64 | 100.46 | 523.02 | 433.16 | 413.61 | 148103 |
| **镇江市** | **Zhenjiang City** | **5264.07** | **167.52** | **2507.36** | **2589.19** | **2271.87** | **163272** |
| 丹阳市 | Danyang City | 1500.68 | 56.41 | 786.20 | 658.07 | 744.01 | 151103 |
| 扬中市 | Yangzhong City | 630.45 | 18.76 | 339.53 | 272.17 | 316.33 | 199320 |
| 句容市 | Jurong City | 791.67 | 58.38 | 348.53 | 384.75 | 292.59 | 123236 |
| **泰州市** | **Taizhou City** | **6731.66** | **344.71** | **3258.62** | **3128.33** | **2497.34** | **149383** |
| 兴化市 | Xinghua City | 1154.93 | 154.43 | 445.24 | 555.26 | 305.04 | 102871 |
| 靖江市 | Jingjiang City | 1298.79 | 27.77 | 713.57 | 557.45 | 483.45 | 196192 |
| 泰兴市 | Taixing City | 1434.99 | 76.20 | 715.58 | 643.21 | 597.97 | 144875 |
| **宿迁市** | **Suqian City** | **4398.07** | **389.50** | **1941.95** | **2066.62** | **1614.18** | **88379** |
| 沭阳县 | Shuyang County | 1411.67 | 123.55 | 618.96 | 669.16 | 540.22 | 85068 |
| 泗阳县 | Siyang County | 724.80 | 85.42 | 318.23 | 321.14 | 258.39 | 87378 |
| 泗洪县 | Sihong County | 701.45 | 91.61 | 287.45 | 322.38 | 224.83 | 81630 |

# 20-5　地区生产总值构成(2023年)
# Components of Gross Domestic Product (2023)

| 市　县 | City and County | 地区生产总值指数(上年=100) Gross Domestic Product (Preceding Year=100) | 三次产业占GDP比重(%) Percentage of Three Industries to GDP | | | 一般公共预算收入占GDP的比例(%) General Public Budget Revenue to GDP (%) | 外贸依存度(%) Interdependent Level to International Trade(%) |
|---|---|---|---|---|---|---|---|
| | | | 第一产业 Primary Industry | 第二产业 Secondary Industry | 第三产业 Tertiary Industry | | |
| **南京市** | **Nanjing City** | **104.6** | **1.8** | **34.0** | **64.2** | **9.3** | **32.5** |
| **无锡市** | **Wuxi City** | **106.0** | **0.9** | **47.7** | **51.4** | **7.7** | **45.7** |
| 江阴市 | Jiangyin City | 105.9 | 0.8 | 51.8 | 47.4 | 5.0 | 31.7 |
| 宜兴市 | Yixing City | 106.2 | 2.4 | 51.7 | 45.8 | 6.0 | 24.1 |
| **徐州市** | **Xuzhou City** | **107.1** | **8.7** | **40.7** | **50.6** | **6.1** | **13.6** |
| 丰　县 | Fengxian County | 106.0 | 18.6 | 37.7 | 43.8 | 6.4 | 4.1 |
| 沛　县 | Peixian County | 107.3 | 12.2 | 43.1 | 44.7 | 5.2 | 6.9 |
| 睢宁县 | Suining County | 107.2 | 16.6 | 38.9 | 44.5 | 6.3 | 4.9 |
| 新沂市 | Xinyi City | 110.1 | 10.6 | 38.0 | 51.3 | 5.4 | 11.6 |
| 邳州市 | Pizhou City | 110.0 | 13.4 | 37.5 | 49.1 | 3.6 | 13.5 |
| **常州市** | **Changzhou City** | **106.8** | **1.8** | **48.0** | **50.2** | **6.7** | **31.5** |
| 溧阳市 | Liyang City | 109.7 | 3.8 | 54.3 | 41.8 | 6.7 | 11.2 |
| **苏州市** | **Suzhou City** | **104.6** | **0.8** | **46.8** | **52.4** | **10.0** | **99.4** |
| 常熟市 | Changshu City | 103.6 | 1.5 | 49.3 | 49.2 | 8.5 | 53.8 |
| 张家港市 | Zhangjiagang City | 103.7 | 0.9 | 50.0 | 49.1 | 7.0 | 84.2 |
| 昆山市 | Kunshan City | 105.0 | 0.6 | 51.2 | 48.2 | 8.9 | 148.0 |
| 太仓市 | Taicang City | 105.3 | 1.4 | 46.9 | 51.7 | 10.9 | 61.9 |
| **南通市** | **Nantong City** | **105.8** | **4.4** | **48.5** | **47.1** | **5.8** | **29.6** |
| 如东县 | Rudong County | 106.5 | 7.5 | 46.9 | 45.5 | 5.1 | 41.0 |
| 启东市 | Qidong City | 106.2 | 6.5 | 48.9 | 44.6 | 5.2 | 22.0 |
| 如皋市 | Rugao City | 105.9 | 5.8 | 47.7 | 46.5 | 5.0 | 20.0 |
| 海安市 | Haian City | 106.0 | 5.6 | 55.2 | 39.1 | 4.9 | 14.2 |
| **连云港市** | **Lianyungang City** | **110.2** | **10.0** | **46.1** | **43.9** | **5.9** | **31.2** |
| 东海县 | Donghai County | 110.0 | 14.6 | 43.9 | 41.5 | 4.9 | 6.6 |
| 灌云县 | Guanyun County | 105.3 | 16.4 | 35.9 | 47.7 | 5.5 | 4.2 |
| 灌南县 | Guannan County | 105.0 | 16.1 | 44.5 | 39.4 | 5.1 | 4.1 |

20-5 续表 continued

| 市 县 | City and County | 地区生产总值指数(上年=100) Gross Domestic Product (Preceding Year=100) | 三次产业占GDP比重(%) Percentage of Three Industries to GDP | | | 一般公共预算收入占GDP的比例(%) General Public Budget Revenue to GDP (%) | 外贸依存度(%) Interdependent Level to International Trade(%) |
|---|---|---|---|---|---|---|---|
| | | | 第一产业 Primary Industry | 第二产业 Secondary Industry | 第三产业 Tertiary Industry | | |
| **淮安市** | **Huai'an City** | **107.8** | **9.2** | **40.3** | **50.4** | **6.3** | **10.8** |
| 涟水县 | Lianshui County | 108.0 | 11.3 | 44.3 | 44.5 | 4.5 | 4.7 |
| 盱眙县 | Xuyi County | 107.5 | 15.0 | 36.3 | 48.7 | 4.1 | 4.1 |
| 金湖县 | Jinhu County | 107.8 | 13.1 | 40.2 | 46.7 | 6.9 | 11.5 |
| **盐城市** | **Yancheng City** | **105.9** | **11.1** | **40.3** | **48.7** | **6.5** | **19.6** |
| 响水县 | Xiangshui County | 105.1 | 13.1 | 45.6 | 41.3 | 5.4 | 6.8 |
| 滨海县 | Binhai County | 106.6 | 13.0 | 40.0 | 47.0 | 5.0 | 15.5 |
| 阜宁县 | Funing County | 106.7 | 11.6 | 40.7 | 47.7 | 4.4 | 7.5 |
| 射阳县 | Sheyang County | 106.4 | 16.0 | 36.0 | 48.0 | 4.4 | 10.7 |
| 建湖县 | Jianhu County | 106.8 | 8.2 | 41.6 | 50.2 | 5.6 | 6.3 |
| 东台市 | Dongtai City | 107.0 | 15.3 | 34.5 | 50.2 | 5.8 | 10.8 |
| **扬州市** | **Yangzhou City** | **106.0** | **4.5** | **47.3** | **48.2** | **4.7** | **14.2** |
| 宝应县 | Baoying County | 106.1 | 10.3 | 48.3 | 41.5 | 3.2 | 6.3 |
| 仪征市 | Yizheng City | 105.3 | 2.4 | 51.0 | 46.6 | 4.8 | 11.4 |
| 高邮市 | Gaoyou City | 105.9 | 9.5 | 49.5 | 41.0 | 4.1 | 4.7 |
| **镇江市** | **Zhenjiang City** | **106.3** | **3.2** | **47.6** | **49.2** | **6.1** | **18.7** |
| 丹阳市 | Danyang City | 106.5 | 3.8 | 52.4 | 43.9 | 5.3 | 16.6 |
| 扬中市 | Yangzhong City | 108.9 | 3.0 | 53.9 | 43.2 | 6.4 | 7.8 |
| 句容市 | Jurong City | 105.5 | 7.4 | 44.0 | 48.6 | 6.3 | 5.0 |
| **泰州市** | **Taizhou City** | **106.8** | **5.1** | **48.4** | **46.5** | **6.5** | **20.0** |
| 兴化市 | Xinghua City | 107.3 | 13.4 | 38.6 | 48.1 | 4.4 | 6.8 |
| 靖江市 | Jingjiang City | 107.5 | 2.1 | 54.9 | 42.9 | 5.7 | 26.6 |
| 泰兴市 | Taixing City | 106.5 | 5.3 | 49.9 | 44.8 | 6.8 | 25.5 |
| **宿迁市** | **Suqian City** | **107.8** | **8.9** | **44.1** | **47.0** | **6.9** | **14.1** |
| 沭阳县 | Shuyang County | 108.3 | 8.8 | 43.8 | 47.4 | 4.8 | 8.3 |
| 泗阳县 | Siyang County | 107.9 | 11.8 | 43.9 | 44.3 | 4.6 | 13.2 |
| 泗洪县 | Sihong County | 107.9 | 13.0 | 41.0 | 46.0 | 4.8 | 10.7 |

# 20-6　农林牧渔业总产值(2023年)

# Gross Output Value of Agriculture, Forestry,Animal Husbandry and Fishery (2023)

单位：亿元 (100 million yuan)

| 市　县 | City and County | 农林牧渔业总产值 Gross Output Value of Agriculture, Forestry, Animal Husbandry and Fishery | 农业 Farming | 林业 Forestry | 畜牧业 Animal Husbandry | 渔业 Fishery | 农林牧渔服务业 Agriculture Forestry Animal Husbandry and Fishery Services |
|---|---|---|---|---|---|---|---|
| **无锡市** | **Wuxi City** | **223.39** | **137.55** | **12.78** | **5.18** | **34.67** | **33.21** |
| 江阴市 | Jiangyin City | 67.15 | 41.35 | 5.34 | 2.02 | 8.31 | 10.13 |
| 宜兴市 | Yixing City | 90.33 | 53.25 | 2.88 | 2.70 | 20.62 | 10.89 |
| **徐州市** | **Xuzhou City** | **1364.90** | **899.20** | **22.80** | **255.70** | **84.70** | **102.50** |
| 丰　县 | Fengxian County | 175.37 | 137.73 | 1.18 | 24.69 | 2.04 | 9.73 |
| 沛　县 | Peixian County | 225.48 | 145.72 | 1.92 | 42.20 | 14.13 | 21.52 |
| 睢宁县 | Suining County | 201.76 | 126.73 | 4.25 | 48.48 | 7.73 | 14.58 |
| 新沂市 | Xinyi City | 182.94 | 100.58 | 4.96 | 34.51 | 26.54 | 16.35 |
| 邳州市 | Pizhou City | 304.49 | 207.92 | 4.70 | 50.46 | 16.93 | 24.49 |
| **常州市** | **Changzhou City** | **305.55** | **162.77** | **12.16** | **17.30** | **81.11** | **32.21** |
| 溧阳市 | Liyang City | 101.61 | 54.41 | 2.52 | 3.45 | 31.80 | 9.44 |
| **苏州市** | **Suzhou City** | **354.80** | **181.70** | **20.70** | **11.90** | **88.90** | **51.60** |
| 常熟市 | Changshu City | 75.91 | 44.90 | 1.78 | 3.29 | 14.74 | 11.20 |
| 张家港市 | Zhangjiagang City | 57.43 | 36.36 | 5.61 | 3.32 | 2.81 | 9.32 |
| 昆山市 | Kunshan City | 52.58 | 18.58 | 4.42 | 0.04 | 24.39 | 5.16 |
| 太仓市 | Taicang City | 44.11 | 24.68 | 4.11 | 1.27 | 6.41 | 7.65 |
| **南通市** | **Nantong City** | **974.82** | **430.70** | **4.30** | **144.50** | **266.22** | **129.10** |
| 如东县 | Rudong County | 206.97 | 72.54 | 0.82 | 33.11 | 83.98 | 16.52 |
| 启东市 | Qidong City | 192.90 | 55.03 | 0.67 | 13.61 | 96.80 | 26.78 |
| 如皋市 | Rugao City | 147.46 | 88.37 | 0.18 | 35.68 | 10.20 | 13.02 |
| 海安市 | Haian City | 154.31 | 71.08 | 0.42 | 43.77 | 19.36 | 19.68 |
| **连云港市** | **Lianyungang City** | **797.04** | **342.36** | **10.78** | **118.77** | **246.69** | **78.45** |
| 东海县 | Donghai County | 198.76 | 114.30 | 3.16 | 34.04 | 20.09 | 27.17 |
| 灌云县 | Guanyun County | 145.98 | 67.69 | 2.82 | 24.03 | 25.36 | 26.08 |
| 灌南县 | Guannan County | 139.29 | 75.72 | 1.59 | 33.36 | 19.31 | 9.32 |

## 20-6 续表 continued

单位：亿元 (100 million yuan)

| 市 县 | City and County | 农林牧渔业总产值 Gross Output Value of Agriculture, Forestry, Animal Husbandry and Fishery | 农业 Farming | 林业 Forestry | 畜牧业 Animal Husbandry | 渔业 Fishery | 农林牧渔服务业 Agriculture Forestry Animal Husbandry and Fishery Services |
|---|---|---|---|---|---|---|---|
| **淮安市** | **Huai'an City** | **771.39** | **486.75** | **16.63** | **113.58** | **113.31** | **41.12** |
| 涟水县 | Lianshui County | 139.29 | 94.69 | 4.40 | 21.88 | 10.05 | 8.28 |
| 盱眙县 | Xuyi County | 136.34 | 69.50 | 1.93 | 22.41 | 36.57 | 5.92 |
| 金湖县 | Jinhu County | 94.46 | 56.87 | 2.21 | 9.40 | 21.38 | 4.60 |
| **盐城市** | **Yancheng City** | **1454.40** | **729.70** | **25.20** | **254.10** | **336.80** | **108.60** |
| 响水县 | Xiangshui County | 119.45 | 53.13 | 2.16 | 12.82 | 43.53 | 7.81 |
| 滨海县 | Binhai County | 147.53 | 67.84 | 2.03 | 33.99 | 33.28 | 10.39 |
| 阜宁县 | Funing County | 149.68 | 82.05 | 2.08 | 30.17 | 23.14 | 12.25 |
| 射阳县 | Sheyang County | 214.14 | 92.84 | 3.95 | 37.06 | 61.01 | 19.28 |
| 建湖县 | Jianhu County | 103.75 | 52.43 | 2.61 | 12.42 | 27.16 | 9.13 |
| 东台市 | Dongtai City | 313.16 | 165.79 | 6.95 | 73.11 | 49.38 | 17.93 |
| **扬州市** | **Yangzhou City** | **595.90** | **282.04** | **13.06** | **58.02** | **202.51** | **40.26** |
| 宝应县 | Baoying County | 167.03 | 65.68 | 3.67 | 14.86 | 72.71 | 10.11 |
| 仪征市 | Yizheng City | 51.49 | 32.60 | 2.21 | 7.59 | 2.52 | 6.58 |
| 高邮市 | Gaoyou City | 176.44 | 68.67 | 1.93 | 19.65 | 74.34 | 11.86 |
| **镇江市** | **Zhenjiang City** | **290.58** | **168.12** | **11.27** | **34.89** | **40.03** | **36.28** |
| 丹阳市 | Danyang City | 96.97 | 54.77 | 2.60 | 11.68 | 15.38 | 12.54 |
| 扬中市 | Yangzhong City | 34.00 | 20.00 | 1.40 | 2.40 | 5.80 | 4.40 |
| 句容市 | Jurong City | 96.42 | 59.37 | 5.19 | 8.60 | 10.30 | 12.96 |
| **泰州市** | **Taizhou City** | **574.03** | **324.50** | **3.17** | **62.93** | **147.93** | **35.51** |
| 兴化市 | Xinghua City | 270.32 | 109.58 | 1.31 | 21.68 | 121.56 | 16.18 |
| 靖江市 | Jingjiang City | 45.68 | 32.98 | 0.44 | 3.95 | 3.48 | 4.82 |
| 泰兴市 | Taixing City | 117.44 | 85.62 | 0.91 | 18.64 | 6.62 | 5.64 |
| **宿迁市** | **Suqian City** | **673.89** | **404.92** | **16.65** | **107.55** | **109.95** | **34.82** |
| 沭阳县 | Shuyang County | 211.82 | 166.51 | 6.10 | 24.30 | 6.28 | 8.64 |
| 泗阳县 | Siyang County | 151.01 | 76.88 | 6.24 | 20.13 | 39.11 | 8.64 |
| 泗洪县 | Sihong County | 156.23 | 77.24 | 1.41 | 28.23 | 41.80 | 7.55 |

# 20-7　农业生产情况(2023年)
# Basic Conditions of Output of Agriculture (2023)

| 市　县 | City and County | 农作物总播种面积(千公顷) Total Sown Area (1000 hectares) | #粮食作物 Grain Crops | 农业机械总动力(万千瓦) Total Agricultural Machinery Power (10000 kW) |
|---|---|---|---|---|
| **南 京 市** | **Nanjing City** | **263.84** | **139.04** | **242.37** |
| **无 锡 市** | **Wuxi City** | **135.79** | **81.87** | **90.20** |
| 江 阴 市 | Jiangyin City | 33.72 | 19.18 | 27.80 |
| 宜 兴 市 | Yixing City | 80.42 | 52.16 | 41.63 |
| **徐 州 市** | **Xuzhou City** | **1192.51** | **770.07** | **823.03** |
| 丰　县 | Fengxian County | 155.69 | 100.67 | 127.16 |
| 沛　县 | Peixian County | 159.37 | 100.31 | 117.50 |
| 睢 宁 县 | Suining County | 189.43 | 147.11 | 129.74 |
| 新 沂 市 | Xinyi City | 192.68 | 106.57 | 132.23 |
| 邳 州 市 | Pizhou City | 236.07 | 127.77 | 132.01 |
| **常 州 市** | **Changzhou City** | **171.76** | **96.59** | **138.78** |
| 溧 阳 市 | Liyang City | 78.06 | 55.13 | 58.82 |
| **苏 州 市** | **Suzhou City** | **214.06** | **132.43** | **140.07** |
| 常 熟 市 | Changshu City | 58.85 | 33.83 | 34.00 |
| 张家港市 | Zhangjiagang City | 43.95 | 31.48 | 30.43 |
| 昆 山 市 | Kunshan City | 20.01 | 12.90 | 18.36 |
| 太 仓 市 | Taicang City | 36.07 | 21.97 | 21.37 |
| **南 通 市** | **Nantong City** | **803.77** | **537.26** | **455.31** |
| 如 东 县 | Rudong County | 169.00 | 141.31 | 103.98 |
| 启 东 市 | Qidong City | 129.82 | 80.92 | 71.71 |
| 如 皋 市 | Rugao City | 158.13 | 100.13 | 96.39 |
| 海 安 市 | Haian City | 104.47 | 80.14 | 76.33 |
| **连云港市** | **Lianyungang City** | **631.70** | **513.02** | **584.96** |
| 东 海 县 | Donghai County | 209.43 | 164.23 | 155.57 |
| 灌 云 县 | Guanyun County | 146.35 | 121.49 | 99.69 |
| 灌 南 县 | Guannan County | 106.66 | 88.06 | 130.54 |

20-7 续表 continued

| 市 县 | City and County | 农作物总播种面积(千公顷) Total Sown Area (1000 hectares) | #粮食作物 Grain Crops | 农业机械总动力(万千瓦) Total Agricultural Machinery Power (10000 kW) |
|---|---|---|---|---|
| **淮 安 市** | **Huai'an City** | **817.77** | **683.68** | **662.64** |
| 涟 水 县 | Lianshui County | 177.20 | 141.93 | 135.40 |
| 盱 眙 县 | Xuyi County | 163.74 | 148.03 | 135.22 |
| 金 湖 县 | Jinhu County | 84.01 | 75.88 | 82.03 |
| **盐 城 市** | **Yancheng City** | **1404.41** | **994.13** | **796.50** |
| 响 水 县 | Xiangshui County | 115.65 | 85.20 | 88.02 |
| 滨 海 县 | Binhai County | 164.62 | 132.64 | 116.08 |
| 阜 宁 县 | Funing County | 168.81 | 127.11 | 94.76 |
| 射 阳 县 | Sheyang County | 203.42 | 157.15 | 109.74 |
| 建 湖 县 | Jianhu County | 122.03 | 95.36 | 72.00 |
| 东 台 市 | Dongtai City | 250.64 | 148.26 | 119.41 |
| **扬 州 市** | **Yangzhou City** | **488.76** | **391.16** | **328.76** |
| 宝 应 县 | Baoying County | 137.51 | 113.31 | 91.40 |
| 仪 征 市 | Yizheng City | 52.57 | 37.79 | 45.02 |
| 高 邮 市 | Gaoyou City | 136.50 | 114.04 | 79.60 |
| **镇 江 市** | **Zhenjiang City** | **187.95** | **137.01** | **146.25** |
| 丹 阳 市 | Danyang City | 70.46 | 58.48 | 41.79 |
| 扬 中 市 | Yangzhong City | 16.49 | 10.66 | 13.33 |
| 句 容 市 | Jurong City | 58.25 | 38.20 | 48.63 |
| **泰 州 市** | **Taizhou City** | **524.96** | **377.76** | **301.37** |
| 兴 化 市 | Xinghua City | 203.79 | 162.92 | 133.84 |
| 靖 江 市 | Jingjiang City | 47.36 | 37.08 | 27.93 |
| 泰 兴 市 | Taixing City | 133.65 | 85.22 | 63.40 |
| **宿 迁 市** | **Suqian City** | **752.67** | **604.93** | **649.95** |
| 沭 阳 县 | Shuyang County | 255.49 | 185.45 | 232.85 |
| 泗 阳 县 | Siyang County | 121.52 | 96.68 | 119.66 |
| 泗 洪 县 | Sihong County | 202.41 | 179.85 | 167.00 |

# 20-8　农产品产量(2023年)
# Output of Farm Products (2023)

单位：万吨　　(10000 tons)

| 市　县 | City and County | 粮食产量 Output of Grain | 油料产量 Output of Oil-bearing Crops | 棉花产量(吨) Output of Cotton (ton) | 肉类总产量 Output of Meat | #猪牛羊肉 Pork, Beef and Mutton | 水产品产量 Output of Aquatic Products |
|---|---|---|---|---|---|---|---|
| **南京市** | **Nanjing City** | **99.35** | **5.52** | **246** | **4.93** | **2.78** | **16.79** |
| **无锡市** | **Wuxi City** | **56.41** | **0.94** | | **1.11** | **0.81** | **10.33** |
| 江阴市 | Jiangyin City | 13.18 | 0.26 | | 0.37 | 0.28 | 2.01 |
| 宜兴市 | Yixing City | 35.99 | 0.52 | | 0.69 | 0.51 | 7.22 |
| **徐州市** | **Xuzhou City** | **505.07** | **11.44** | **4165** | **64.83** | **37.03** | **16.48** |
| 丰　县 | Fengxian County | 61.49 | 0.65 | 4165 | 4.81 | 3.57 | 0.30 |
| 沛　县 | Peixian County | 66.63 | 0.35 | | 11.32 | 4.45 | 2.88 |
| 睢宁县 | Suining County | 94.91 | 3.05 | | 10.36 | 6.31 | 2.70 |
| 新沂市 | Xinyi City | 72.49 | 5.42 | | 9.64 | 5.53 | 2.43 |
| 邳州市 | Pizhou City | 85.87 | 1.17 | | 14.79 | 7.98 | 2.80 |
| **常州市** | **Changzhou City** | **70.49** | **3.21** | | **5.67** | **1.60** | **15.11** |
| 溧阳市 | Liyang City | 41.18 | 2.47 | | 1.04 | 0.40 | 3.77 |
| **苏州市** | **Suzhou City** | **95.10** | **0.84** | **21** | **2.37** | **2.22** | **14.53** |
| 常熟市 | Changshu City | 24.35 | 0.20 | 16 | 1.00 | 0.97 | 2.59 |
| 张家港市 | Zhangjiagang City | 22.30 | 0.24 | | 0.38 | 0.33 | 0.96 |
| 昆山市 | Kunshan City | 9.64 | 0.15 | | 0.01 | 0.01 | 2.18 |
| 太仓市 | Taicang City | 15.52 | 0.13 | 4 | 0.26 | 0.25 | 0.90 |
| **南通市** | **Nantong City** | **342.79** | **22.98** | **446** | **39.09** | **23.48** | **84.11** |
| 如东县 | Rudong County | 98.24 | 2.78 | 31 | 10.86 | 5.50 | 33.09 |
| 启东市 | Qidong City | 33.60 | 5.28 | 16 | 3.81 | 2.83 | 32.16 |
| 如皋市 | Rugao City | 68.21 | 3.15 | 1 | 9.89 | 5.21 | 2.88 |
| 海安市 | Haian City | 62.47 | 1.42 | | 7.74 | 5.57 | 5.04 |
| **连云港市** | **Lianyungang City** | **368.57** | **11.23** | | **36.78** | **23.29** | **82.43** |
| 东海县 | Donghai County | 117.28 | 5.34 | | 10.93 | 7.02 | 7.24 |
| 灌云县 | Guanyun County | 88.17 | 0.19 | | 7.23 | 4.68 | 6.57 |
| 灌南县 | Guannan County | 64.61 | 0.28 | | 10.85 | 7.36 | 4.91 |

20-8 续表 continued

单位：万吨 (10000 tons)

| 市 县 | City and County | 粮食产量 Output of Grain | 油料产量 Output of Oil-bearing Crops | 棉花产量（吨） Output of Cotton (ton) | 肉类总产量 Output of Meat | #猪牛羊肉 Pork, Beef and Mutton | 水产品产量 Output of Aquatic Products |
|---|---|---|---|---|---|---|---|
| **淮安市** | **Huai'an City** | **494.82** | **5.91** | **1** | **34.18** | **21.29** | **33.05** |
| 涟水县 | Lianshui County | 97.41 | 2.82 | | 7.28 | 4.50 | 5.46 |
| 盱眙县 | Xuyi County | 105.58 | 0.69 | 1 | 8.10 | 4.57 | 10.69 |
| 金湖县 | Jinhu County | 57.63 | 0.55 | | 1.98 | 1.55 | 5.89 |
| **盐城市** | **Yancheng City** | **718.80** | **14.78** | **127** | **60.41** | **40.80** | **124.31** |
| 响水县 | Xiangshui County | 60.27 | 1.17 | | 4.58 | 3.92 | 7.51 |
| 滨海县 | Binhai County | 99.30 | 1.57 | | 9.46 | 6.59 | 10.96 |
| 阜宁县 | Funing County | 96.26 | 1.16 | | 8.23 | 5.62 | 8.05 |
| 射阳县 | Sheyang County | 114.59 | 1.62 | 22 | 9.07 | 6.78 | 19.29 |
| 建湖县 | Jianhu County | 71.73 | 1.53 | | 2.36 | 0.99 | 10.53 |
| 东台市 | Dongtai City | 103.18 | 3.45 | 82 | 13.31 | 8.00 | 18.80 |
| **扬州市** | **Yangzhou City** | **289.23** | **5.91** | | **16.20** | **9.88** | **41.54** |
| 宝应县 | Baoying County | 87.59 | 1.41 | | 4.65 | 3.09 | 14.90 |
| 仪征市 | Yizheng City | 27.04 | 0.99 | | 1.63 | 1.37 | 0.82 |
| 高邮市 | Gaoyou City | 84.84 | 1.60 | | 5.42 | 2.40 | 18.88 |
| **镇江市** | **Zhenjiang City** | **97.87** | **4.59** | | **9.03** | **2.61** | **10.28** |
| 丹阳市 | Danyang City | 43.24 | 0.78 | | 3.14 | 0.88 | 4.86 |
| 扬中市 | Yangzhong City | 7.60 | 0.25 | | 0.32 | 0.19 | 0.80 |
| 句容市 | Jurong City | 26.22 | 2.32 | | 2.26 | 0.56 | 2.64 |
| **泰州市** | **Taizhou City** | **283.09** | **10.93** | | **17.21** | **12.81** | **41.39** |
| 兴化市 | Xinghua City | 125.10 | 3.28 | | 4.27 | 3.04 | 31.87 |
| 靖江市 | Jingjiang City | 27.28 | 0.66 | | 1.22 | 0.76 | 1.09 |
| 泰兴市 | Taixing City | 63.61 | 3.75 | | 6.04 | 5.00 | 2.38 |
| **宿迁市** | **Suqian City** | **412.97** | **5.14** | **23** | **39.92** | **22.53** | **31.68** |
| 沭阳县 | Shuyang County | 129.57 | 2.05 | | 8.33 | 6.01 | 1.79 |
| 泗阳县 | Siyang County | 64.90 | 0.76 | | 6.45 | 4.67 | 11.49 |
| 泗洪县 | Sihong County | 118.35 | 1.89 | 18 | 9.92 | 8.34 | 9.35 |

# 20-9 规模以上工业企业主要经济指标(2023年)

# Main Economic Indicators of Industrial Enterprises above Designated Size (2023)

单位：亿元 (100 million yuan)

| 市 县 | City and County | 企业个数(个) Number of Enterprises (unit) | 资产合计 Total Assets | 负债合计 Total Liabilities | 营业收入 Business Revenue | 营业成本 Business Cost | 利润总额 Total Profits |
|---|---|---|---|---|---|---|---|
| **南京市** | **Nanjing City** | **4714** | **18243.12** | **9824.58** | **16000.17** | **13329.53** | **886.64** |
| **无锡市** | **Wuxi City** | **8495** | **25688.95** | **13384.81** | **24096.93** | **20323.56** | **1771.37** |
| 江阴市 | Jiangyin City | 2623 | 7910.84 | 4482.33 | 7528.20 | 6472.44 | 568.16 |
| 宜兴市 | Yixing City | 1586 | 4036.07 | 2274.21 | 4918.02 | 4311.47 | 282.14 |
| **徐州市** | **Xuzhou City** | **3421** | **7960.84** | **4576.07** | **6614.25** | **5506.15** | **385.66** |
| 丰 县 | Fengxian County | 343 | 327.97 | 180.13 | 330.55 | 282.96 | 20.26 |
| 沛 县 | Peixian County | 508 | 728.41 | 452.02 | 706.96 | 638.29 | 21.67 |
| 睢宁县 | Suining County | 378 | 362.55 | 234.71 | 342.99 | 302.12 | 9.82 |
| 新沂市 | Xinyi City | 447 | 828.30 | 475.07 | 755.47 | 682.26 | 23.13 |
| 邳州市 | Pizhou City | 578 | 777.49 | 449.24 | 759.04 | 652.75 | 50.66 |
| **常州市** | **Changzhou City** | **6838** | **20206.78** | **11711.64** | **18409.53** | **15728.91** | **1146.27** |
| 溧阳市 | Liyang City | 765 | 3086.19 | 2130.59 | 4221.59 | 3707.42 | 224.37 |
| **苏州市** | **Suzhou City** | **13470** | **48279.16** | **25262.88** | **45042.62** | **38600.27** | **2285.95** |
| 常熟市 | Changshu City | 1842 | 5758.52 | 3009.43 | 4885.90 | 4135.82 | 278.71 |
| 张家港市 | Zhangjiagang City | 1566 | 7044.10 | 3758.64 | 6553.70 | 5921.55 | 148.27 |
| 昆山市 | Kunshan City | 2678 | 10602.86 | 5909.73 | 11486.25 | 10231.88 | 476.52 |
| 太仓市 | Taicang City | 1265 | 2952.85 | 1595.23 | 3051.12 | 2555.66 | 192.49 |
| **南通市** | **Nantong City** | **6888** | **16089.60** | **8909.08** | **13106.78** | **11226.16** | **769.43** |
| 如东县 | Rudong County | 859 | 1635.44 | 950.88 | 1473.74 | 1244.72 | 98.40 |
| 启东市 | Qidong City | 964 | 3107.01 | 1666.75 | 1991.32 | 1700.31 | 143.13 |
| 如皋市 | Rugao City | 775 | 1857.43 | 1122.21 | 1344.66 | 1146.75 | 60.35 |
| 海安市 | Haian City | 1035 | 1768.35 | 1070.37 | 1569.73 | 1353.31 | 83.79 |
| **连云港市** | **Lianyungang City** | **1479** | **6940.64** | **4189.94** | **5187.64** | **4137.11** | **402.32** |
| 东海县 | Donghai County | 399 | 432.87 | 184.18 | 461.09 | 342.90 | 87.98 |
| 灌云县 | Guanyun County | 159 | 281.26 | 196.41 | 139.09 | 113.21 | 10.12 |
| 灌南县 | Guannan County | 164 | 314.69 | 214.56 | 392.77 | 364.51 | 6.95 |

20-9 续表 continued

单位：亿元 (100 million yuan)

| 市 县 | City and County | 企业个数（个） Number of Enterprises (unit) | 资产合计 Total Assets | 负债合计 Total Liabilities | 营业收入 Business Revenue | 营业成本 Business Cost | 利润总额 Total Profits |
|---|---|---|---|---|---|---|---|
| **淮 安 市** | **Huai'an City** | **2265** | **4139.33** | **2392.33** | **3419.55** | **2828.51** | **221.24** |
| 涟 水 县 | Lianshui County | 325 | 585.77 | 329.90 | 448.98 | 318.30 | 63.73 |
| 盱 眙 县 | Xuyi County | 305 | 295.04 | 187.70 | 302.38 | 262.85 | 10.01 |
| 金 湖 县 | Jinhu County | 414 | 539.70 | 351.64 | 496.37 | 422.96 | 25.85 |
| **盐 城 市** | **Yancheng City** | **4343** | **9031.11** | **6081.02** | **8542.95** | **7519.68** | **399.55** |
| 响 水 县 | Xiangshui County | 256 | 952.25 | 769.49 | 1663.74 | 1537.74 | 80.47 |
| 滨 海 县 | Binhai County | 321 | 735.97 | 500.94 | 486.62 | 418.53 | 23.73 |
| 阜 宁 县 | Funing County | 397 | 465.36 | 282.41 | 517.66 | 434.74 | 42.43 |
| 射 阳 县 | Sheyang County | 555 | 899.39 | 615.75 | 647.57 | 524.96 | 55.94 |
| 建 湖 县 | Jianhu County | 547 | 633.03 | 387.82 | 565.45 | 472.90 | 38.74 |
| 东 台 市 | Dongtai City | 761 | 1237.52 | 772.36 | 1050.51 | 877.35 | 85.90 |
| **扬 州 市** | **Yangzhou City** | **4203** | **7368.04** | **4128.79** | **7284.02** | **6222.62** | **390.45** |
| 宝 应 县 | Baoying County | 666 | 787.43 | 475.17 | 1002.89 | 853.88 | 62.08 |
| 仪 征 市 | Yizheng City | 637 | 1130.78 | 643.51 | 1183.63 | 1033.38 | 57.85 |
| 高 邮 市 | Gaoyou City | 822 | 1132.69 | 638.24 | 1245.67 | 1071.79 | 80.03 |
| **镇 江 市** | **Zhenjiang City** | **2902** | **7179.10** | **3901.81** | **5654.64** | **4713.76** | **321.14** |
| 丹 阳 市 | Danyang City | 1058 | 2013.48 | 1115.20 | 1660.85 | 1331.88 | 112.61 |
| 扬 中 市 | Yangzhong City | 576 | 1283.53 | 721.78 | 1061.92 | 856.56 | 71.43 |
| 句 容 市 | Jurong City | 356 | 1029.08 | 589.14 | 493.48 | 417.07 | 33.01 |
| **泰 州 市** | **Taizhou City** | **4004** | **8250.69** | **4534.80** | **7267.27** | **6096.39** | **418.32** |
| 兴 化 市 | Xinghua City | 852 | 836.11 | 431.75 | 972.71 | 811.51 | 67.66 |
| 靖 江 市 | Jingjiang City | 793 | 1892.70 | 1061.91 | 1417.77 | 1192.53 | 107.91 |
| 泰 兴 市 | Taixing City | 875 | 1948.76 | 1073.84 | 1668.96 | 1406.93 | 99.66 |
| **宿 迁 市** | **Suqian City** | **2938** | **5216.21** | **2695.51** | **5048.64** | **4195.11** | **425.47** |
| 沭 阳 县 | Shuyang County | 1111 | 947.61 | 542.58 | 1412.10 | 1215.17 | 82.62 |
| 泗 阳 县 | Siyang County | 552 | 758.95 | 438.65 | 545.79 | 473.09 | 24.64 |
| 泗 洪 县 | Sihong County | 503 | 812.68 | 466.95 | 614.03 | 495.61 | 96.19 |

# 20-10　电力(2023年)
# Electricity Services (2023)

单位：亿千瓦时　　(100 million kW·h)

| 市　县 | City and County | 全年用电量 Total Electricity Consumption | #工业用电 Electricity Consumption for Industrial Use | #城乡居民生活用电 Electricity Consumption for Urban and Rural Households |
|---|---|---|---|---|
| **南京市** | **Nanjing City** | **747.27** | **365.83** | **118.89** |
| **无锡市** | **Wuxi City** | **864.07** | **615.03** | **97.09** |
| 江阴市 | Jiangyin City | 285.44 | 235.17 | 22.83 |
| 宜兴市 | Yixing City | 132.93 | 96.61 | 16.83 |
| **徐州市** | **Xuzhou City** | **452.85** | **260.59** | **88.76** |
| 丰　县 | Fengxian County | 35.29 | 19.71 | 8.63 |
| 沛　县 | Peixian County | 61.27 | 43.44 | 9.66 |
| 睢宁县 | Suining County | 35.74 | 15.82 | 9.83 |
| 新沂市 | Xinyi City | 47.99 | 30.98 | 8.12 |
| 邳州市 | Pizhou City | 48.61 | 25.38 | 12.28 |
| **常州市** | **Changzhou City** | **625.09** | **466.36** | **66.60** |
| 溧阳市 | Liyang City | 128.88 | 106.19 | 9.33 |
| **苏州市** | **Suzhou City** | **1719.31** | **1235.38** | **183.56** |
| 常熟市 | Changshu City | 234.30 | 183.43 | 21.72 |
| 张家港市 | Zhangjiagang City | 320.79 | 280.79 | 18.32 |
| 昆山市 | Kunshan City | 277.11 | 190.63 | 33.27 |
| 太仓市 | Taicang City | 112.10 | 82.24 | 11.35 |
| **南通市** | **Nantong City** | **658.53** | **450.39** | **94.49** |
| 如东县 | Rudong County | 95.41 | 71.23 | 10.08 |
| 启东市 | Qidong City | 54.08 | 31.02 | 12.36 |
| 如皋市 | Rugao City | 81.99 | 53.13 | 15.48 |
| 海安市 | Haian City | 76.90 | 57.66 | 9.13 |
| **连云港市** | **Lianyungang City** | **319.45** | **216.42** | **46.81** |
| 东海县 | Donghai County | 37.62 | 19.24 | 9.28 |
| 灌云县 | Guanyun County | 20.64 | 7.60 | 6.63 |
| 灌南县 | Guannan County | 43.34 | 31.16 | 5.52 |

## 20-10 续表 continued

单位：亿千瓦时 (100 million kW·h)

| 市 县 | City and County | 全年用电量 Total Electricity Consumption | #工业用电 Electricity Consumption for Industrial Use | #城乡居民生活用电 Electricity Consumption for Urban and Rural Households |
|---|---|---|---|---|
| **淮 安 市** | **Huai'an City** | **276.26** | **174.51** | **45.32** |
| 涟 水 县 | Lianshui County | 31.79 | 18.25 | 7.11 |
| 盱 眙 县 | Xuyi County | 29.35 | 16.09 | 5.70 |
| 金 湖 县 | Jinhu County | 20.64 | 13.71 | 3.18 |
| **盐 城 市** | **Yancheng City** | **482.59** | **321.95** | **71.76** |
| 响 水 县 | Xiangshui County | 55.15 | 44.91 | 5.06 |
| 滨 海 县 | Binhai County | 32.20 | 16.57 | 8.38 |
| 阜 宁 县 | Funing County | 35.40 | 20.62 | 7.97 |
| 射 阳 县 | Sheyang County | 41.04 | 23.70 | 8.08 |
| 建 湖 县 | Jianhu County | 39.74 | 27.98 | 6.29 |
| 东 台 市 | Dongtai City | 63.26 | 41.67 | 9.02 |
| **扬 州 市** | **Yangzhou City** | **331.67** | **214.66** | **51.66** |
| 宝 应 县 | Baoying County | 30.72 | 17.20 | 6.61 |
| 仪 征 市 | Yizheng City | 57.58 | 43.42 | 6.17 |
| 高 邮 市 | Gaoyou City | 59.17 | 42.43 | 7.06 |
| **镇 江 市** | **Zhenjiang City** | **306.80** | **216.13** | **39.41** |
| 丹 阳 市 | Danyang City | 100.26 | 76.41 | 11.07 |
| 扬 中 市 | Yangzhong City | 21.61 | 13.81 | 4.02 |
| 句 容 市 | Jurong City | 37.12 | 18.40 | 8.40 |
| **泰 州 市** | **Taizhou City** | **377.52** | **268.20** | **52.30** |
| 兴 化 市 | Xinghua City | 86.39 | 63.00 | 11.13 |
| 靖 江 市 | Jingjiang City | 53.49 | 35.82 | 8.47 |
| 泰 兴 市 | Taixing City | 103.28 | 81.17 | 11.90 |
| **宿 迁 市** | **Suqian City** | **312.82** | **213.05** | **46.41** |
| 沭 阳 县 | Shuyang County | 87.28 | 59.66 | 15.51 |
| 泗 阳 县 | Siyang County | 54.01 | 36.80 | 7.68 |
| 泗 洪 县 | Sihong County | 39.28 | 22.03 | 7.71 |

# 20-11　房地产主要指标(2023年)

# Main Indicators of Investment for Real Estate (2023)

单位：亿元 (100 million yuan)

| 市　县 | City and County | 房地产开发投资 Investment in Real Estate Development | #住宅 Residential Buildings | 商品房销售面积(万平方米) Floor Space of Commercial Buildings Sold (10000 sq.m) | #住宅 Residential Buildings |
|---|---|---|---|---|---|
| **南京市** | **Nanjing City** | **2772.37** | **2082.24** | **908** | **798** |
| **无锡市** | **Wuxi City** | **1275.32** | **1020.87** | **1082** | **793** |
| 江阴市 | Jiangyin City | 206.66 | 178.49 | 219 | 188 |
| 宜兴市 | Yixing City | 169.41 | 127.24 | 130 | 91 |
| **徐州市** | **Xuzhou City** | **751.17** | **618.05** | **1181** | **1090** |
| 丰　县 | Fengxian County | 26.02 | 21.72 | 77 | 71 |
| 沛　县 | Peixian County | 57.54 | 48.69 | 111 | 100 |
| 睢宁县 | Suining County | 34.04 | 30.75 | 107 | 101 |
| 新沂市 | Xinyi City | 57.71 | 49.37 | 114 | 108 |
| 邳州市 | Pizhou City | 52.23 | 46.63 | 165 | 150 |
| **常州市** | **Changzhou City** | **822.91** | **668.23** | **619** | **475** |
| 溧阳市 | Liyang City | 82.21 | 66.55 | 81 | 72 |
| **苏州市** | **Suzhou City** | **2597.97** | **2226.35** | **1721** | **1525** |
| 常熟市 | Changshu City | 199.51 | 176.17 | 150 | 145 |
| 张家港市 | Zhangjiagang City | 205.59 | 178.77 | 209 | 196 |
| 昆山市 | Kunshan City | 353.46 | 288.59 | 282 | 225 |
| 太仓市 | Taicang City | 194.48 | 154.73 | 165 | 127 |
| **南通市** | **Nantong City** | **925.11** | **757.77** | **1264** | **971** |
| 如东县 | Rudong County | 68.13 | 58.04 | 113 | 90 |
| 启东市 | Qidong City | 142.64 | 117.86 | 187 | 176 |
| 如皋市 | Rugao City | 97.86 | 79.01 | 193 | 140 |
| 海安市 | Haian City | 71.37 | 59.70 | 162 | 140 |
| **连云港市** | **Lianyungang City** | **246.24** | **193.20** | **342** | **302** |
| 东海县 | Donghai County | 18.08 | 16.32 | 60 | 58 |
| 灌云县 | Guanyun County | 23.69 | 18.48 | 54 | 38 |
| 灌南县 | Guannan County | 12.17 | 9.93 | 45 | 41 |

## 20-11 续表 continued

单位：亿元 (100 million yuan)

| 市 县 | City and County | 房地产开发投资 Investment in Real Estate Development | #住宅 Residential Buildings | 商品房销售面积（万平方米） Floor Space of Commercial Buildings Sold (10000 sq.m) | #住宅 Residential Buildings |
|---|---|---|---|---|---|
| **淮 安 市** | **Huai'an City** | **282.12** | **212.68** | **678** | **595** |
| 涟 水 县 | Lianshui County | 26.04 | 20.19 | 113 | 109 |
| 盱 眙 县 | Xuyi County | 11.55 | 9.99 | 79 | 77 |
| 金 湖 县 | Jinhu County | 5.70 | 4.94 | 29 | 27 |
| **盐 城 市** | **Yancheng City** | **567.17** | **460.52** | **863** | **717** |
| 响 水 县 | Xiangshui County | 11.89 | 10.68 | 24 | 21 |
| 滨 海 县 | Binhai County | 31.41 | 22.79 | 76 | 69 |
| 阜 宁 县 | Funing County | 15.02 | 13.93 | 55 | 52 |
| 射 阳 县 | Sheyang County | 29.06 | 25.19 | 90 | 84 |
| 建 湖 县 | Jianhu County | 5.69 | 5.20 | 60 | 48 |
| 东 台 市 | Dongtai City | 40.65 | 33.25 | 175 | 128 |
| **扬 州 市** | **Yangzhou City** | **639.14** | **507.92** | **627** | **511** |
| 宝 应 县 | Baoying County | 92.14 | 72.73 | 80 | 60 |
| 仪 征 市 | Yizheng City | 30.48 | 23.43 | 42 | 37 |
| 高 邮 市 | Gaoyou City | 73.27 | 57.01 | 102 | 89 |
| **镇 江 市** | **Zhenjiang City** | **312.43** | **258.26** | **507** | **417** |
| 丹 阳 市 | Danyang City | 68.25 | 53.46 | 102 | 81 |
| 扬 中 市 | Yangzhong City | 26.28 | 20.39 | 47 | 35 |
| 句 容 市 | Jurong City | 88.54 | 77.40 | 189 | 183 |
| **泰 州 市** | **Taizhou City** | **365.00** | **303.41** | **569** | **440** |
| 兴 化 市 | Xinghua City | 51.15 | 42.95 | 89 | 68 |
| 靖 江 市 | Jingjiang City | 42.59 | 35.99 | 71 | 57 |
| 泰 兴 市 | Taixing City | 22.02 | 19.10 | 122 | 92 |
| **宿 迁 市** | **Suqian City** | **381.03** | **317.74** | **688** | **457** |
| 沭 阳 县 | Shuyang County | 81.80 | 52.43 | 219 | 78 |
| 泗 阳 县 | Siyang County | 56.84 | 50.83 | 138 | 111 |
| 泗 洪 县 | Sihong County | 54.13 | 47.82 | 102 | 92 |

# 20-12 国内贸易、对外经济(2023年)
# Domestic Trade, International Economy (2023)

| 市 县 | City and County | 社会消费品零售总额(亿元) Total Retail Sales of Consumer Goods (100 million yuan) | 进出口总额(亿元) Total Value of Imports and Exports (100 million yuan) | 出口 Exports | 进口 Imports | 实际使用外资(亿美元) Total Amount of Foreign Investment Actually Utilized (USD 100 million) |
|---|---|---|---|---|---|---|
| **南京市** | **Nanjing City** | **8201.10** | **5659.94** | **3333.12** | **2326.82** | **49.40** |
| **无锡市** | **Wuxi City** | **3567.55** | **7065.32** | **4658.10** | **2407.22** | **41.20** |
| 江阴市 | Jiangyin City | 711.70 | 1572.91 | 1052.39 | 520.52 | 11.00 |
| 宜兴市 | Yixing City | 590.90 | 563.50 | 315.73 | 247.77 | 3.87 |
| **徐州市** | **Xuzhou City** | **4445.10** | **1207.60** | **997.42** | **210.18** | **3.50** |
| 丰 县 | Fengxian County | 323.65 | 22.83 | 21.08 | 1.76 | … |
| 沛 县 | Peixian County | 649.72 | 72.55 | 67.88 | 4.66 | 0.06 |
| 睢宁县 | Suining County | 499.94 | 34.99 | 28.22 | 6.77 | 0.22 |
| 新沂市 | Xinyi City | 424.21 | 105.34 | 51.25 | 54.09 | 0.32 |
| 邳州市 | Pizhou City | 487.18 | 173.05 | 161.48 | 11.57 | 0.24 |
| **常州市** | **Changzhou City** | **3050.10** | **3183.63** | **2498.35** | **685.27** | **20.64** |
| 溧阳市 | Liyang City | 402.75 | 174.78 | 142.24 | 32.54 | 3.45 |
| **苏州市** | **Suzhou City** | **9582.90** | **24514.10** | **15081.59** | **9432.51** | **69.05** |
| 常熟市 | Changshu City | 1290.28 | 1505.84 | 1079.22 | 426.63 | 3.49 |
| 张家港市 | Zhangjiagang City | 836.31 | 2835.10 | 1275.79 | 1559.31 | 5.81 |
| 昆山市 | Kunshan City | 1717.66 | 7610.64 | 5123.30 | 2487.34 | 16.57 |
| 太仓市 | Taicang City | 548.83 | 1074.32 | 582.55 | 491.77 | 5.34 |
| **南通市** | **Nantong City** | **4215.10** | **3500.29** | **2289.69** | **1210.60** | **19.90** |
| 如东县 | Rudong County | 524.09 | 566.20 | 190.09 | 376.11 | 2.82 |
| 启东市 | Qidong City | 519.97 | 318.07 | 236.00 | 82.07 | 1.03 |
| 如皋市 | Rugao City | 560.60 | 306.17 | 223.63 | 82.55 | 1.67 |
| 海安市 | Haian City | 444.83 | 203.84 | 149.28 | 54.55 | 1.49 |
| **连云港市** | **Lianyungang City** | **1277.30** | **1360.86** | **359.34** | **1001.52** | **4.36** |
| 东海县 | Donghai County | 281.64 | 49.54 | 38.43 | 11.12 | 0.06 |
| 灌云县 | Guanyun County | 84.67 | 19.00 | 18.51 | 0.49 | 0.08 |
| 灌南县 | Guannan County | 100.18 | 20.28 | 19.02 | 1.26 | 0.92 |

20-12 续表 continued

| 市 县 | City and County | 社会消费品零售总额(亿元) Total Retail Sales of Consumer Goods (100 million yuan) | 进出口总额(亿元) Total Value of Imports and Exports (100 million yuan) | 出口 Exports | 进口 Imports | 实际使用外资(亿美元) Total Amount of Foreign Investment Actually Utilized (USD 100 million) |
|---|---|---|---|---|---|---|
| **淮安市** | **Huai'an City** | **1896.30** | **542.44** | **396.55** | **145.88** | **5.49** |
| 涟水县 | Lianshui County | 237.38 | 34.46 | 29.60 | 4.86 | 0.71 |
| 盱眙县 | Xuyi County | 191.04 | 22.34 | 21.64 | 0.70 | 0.61 |
| 金湖县 | Jinhu County | 134.82 | 50.13 | 39.60 | 10.53 | 0.60 |
| **盐城市** | **Yancheng City** | **2872.53** | **1452.32** | **1015.18** | **437.14** | **9.38** |
| 响水县 | Xiangshui County | 137.00 | 33.86 | 28.77 | 5.09 | 0.03 |
| 滨海县 | Binhai County | 280.66 | 99.27 | 68.28 | 30.99 | 0.62 |
| 阜宁县 | Funing County | 311.12 | 55.57 | 39.23 | 16.34 | 0.13 |
| 射阳县 | Sheyang County | 295.08 | 78.89 | 68.84 | 10.05 | 0.15 |
| 建湖县 | Jianhu County | 247.35 | 47.00 | 44.49 | 2.51 | 0.26 |
| 东台市 | Dongtai City | 339.88 | 120.91 | 110.59 | 10.32 | 0.60 |
| **扬州市** | **Yangzhou City** | **1660.60** | **1055.80** | **851.40** | **204.40** | **12.20** |
| 宝应县 | Baoying County | 191.46 | 59.20 | 47.20 | 12.00 | 1.65 |
| 仪征市 | Yizheng City | 140.55 | 118.50 | 84.30 | 34.20 | 2.53 |
| 高邮市 | Gaoyou City | 206.93 | 49.20 | 43.90 | 5.30 | 1.65 |
| **镇江市** | **Zhenjiang City** | **1481.70** | **986.41** | **741.51** | **244.90** | **4.26** |
| 丹阳市 | Danyang City | 391.84 | 249.44 | 228.28 | 21.16 | 1.75 |
| 扬中市 | Yangzhong City | 173.95 | 49.35 | 45.80 | 3.55 | 0.38 |
| 句容市 | Jurong City | 193.96 | 39.23 | 32.73 | 6.50 | 0.38 |
| **泰州市** | **Taizhou City** | **1709.70** | **1344.39** | **938.14** | **406.26** | **9.29** |
| 兴化市 | Xinghua City | 352.43 | 79.06 | 76.06 | 3.00 | 0.68 |
| 靖江市 | Jingjiang City | 273.95 | 345.29 | 272.38 | 72.91 | 1.39 |
| 泰兴市 | Taixing City | 344.30 | 365.58 | 221.63 | 143.95 | 3.02 |
| **宿迁市** | **Suqian City** | **1587.40** | **620.66** | **558.73** | **61.92** | **4.73** |
| 沭阳县 | Shuyang County | 386.55 | 117.82 | 111.70 | 6.12 | 1.42 |
| 泗阳县 | Siyang County | 193.85 | 95.82 | 91.44 | 4.38 | 0.53 |
| 泗洪县 | Sihong County | 198.94 | 74.96 | 71.16 | 3.79 | 0.49 |

# 20-13 财政、金融(2023年)
## Government Finance, Financial Intermediation (2023)

单位：亿元 (100 million yuan)

| 市 县 | City and County | 一般公共预算收入 General Public Budget Revenue | #税收收入 Tax Revenue | 一般公共预算支出 General Public Budget Expenditure | 年末金融机构存款余额 Loans Balance of Financial Institutions (Year-end) | #住户存款 Household Deposits | 年末金融机构贷款余额 Loans Balance of Financial Institutions (Year-end) |
|---|---|---|---|---|---|---|---|
| **南 京 市** | **Nanjing City** | **1619.98** | **1366.53** | **1838.70** | **53178.25** | **15228.95** | **53901.89** |
| **无 锡 市** | **Wuxi City** | **1195.42** | **982.80** | **1390.19** | **26391.61** | **11743.94** | **22288.90** |
| 江 阴 市 | Jiangyin City | 248.29 | 211.02 | 255.62 | 5824.63 | 2471.18 | 4823.62 |
| 宜 兴 市 | Yixing City | 140.80 | 114.68 | 178.37 | 3931.69 | 2126.16 | 3066.58 |
| **徐 州 市** | **Xuzhou City** | **545.96** | **415.69** | **1056.90** | **11636.95** | **6831.18** | **10841.34** |
| 丰 县 | Fengxian County | 35.61 | 28.17 | 90.42 | 758.35 | 576.29 | 671.30 |
| 沛 县 | Peixian County | 54.59 | 40.99 | 114.16 | 922.57 | 677.07 | 793.51 |
| 睢 宁 县 | Suining County | 44.25 | 35.17 | 111.76 | 874.11 | 640.36 | 818.70 |
| 新 沂 市 | Xinyi City | 48.97 | 39.34 | 113.09 | 781.06 | 509.03 | 913.02 |
| 邳 州 市 | Pizhou City | 46.39 | 38.50 | 129.42 | 1089.26 | 793.80 | 1192.43 |
| **常 州 市** | **Changzhou City** | **680.30** | **585.34** | **854.77** | **17608.33** | **8188.59** | **16293.35** |
| 溧 阳 市 | Liyang City | 105.03 | 85.29 | 148.78 | 2695.51 | 1272.54 | 2082.85 |
| **苏 州 市** | **Suzhou City** | **2456.81** | **2087.20** | **2621.28** | **50800.95** | **19535.03** | **51247.64** |
| 常 熟 市 | Changshu City | 237.39 | 194.54 | 273.22 | 5301.68 | 2691.55 | 4611.11 |
| 张家港市 | Zhangjiagang City | 237.07 | 190.84 | 234.44 | 5935.27 | 2419.51 | 4753.46 |
| 昆 山 市 | Kunshan City | 456.59 | 404.64 | 411.76 | 7407.78 | 2862.46 | 7085.52 |
| 太 仓 市 | Taicang City | 189.42 | 160.30 | 183.72 | 2742.88 | 1219.95 | 2993.72 |
| **南 通 市** | **Nantong City** | **680.16** | **538.79** | **1180.93** | **20606.07** | **12405.04** | **18288.02** |
| 如 东 县 | Rudong County | 71.03 | 57.60 | 147.47 | 2176.13 | 1369.88 | 1968.10 |
| 启 东 市 | Qidong City | 75.01 | 60.61 | 128.99 | 2360.16 | 1672.65 | 2001.68 |
| 如 皋 市 | Rugao City | 77.01 | 64.10 | 146.31 | 2306.59 | 1599.25 | 2174.42 |
| 海 安 市 | Haian City | 71.01 | 57.60 | 139.66 | 2331.70 | 1532.04 | 2211.99 |
| **连云港市** | **Lianyungang City** | **256.02** | **195.84** | **574.70** | **5794.33** | **2865.17** | **6998.33** |
| 东 海 县 | Donghai County | 37.08 | 31.15 | 95.42 | 795.37 | 539.52 | 759.86 |
| 灌 云 县 | Guanyun County | 25.07 | 17.39 | 66.07 | 492.15 | 341.37 | 566.07 |
| 灌 南 县 | Guannan County | 25.11 | 17.36 | 62.67 | 456.45 | 267.23 | 520.62 |

20-13 续表 continued

单位：亿元 (100 million yuan)

| 市 县 | City and County | 一般公共预算收入 General Public Budget Revenue | #税收收入 Tax Revenue | 一般公共预算支出 General Public Budget Expenditure | 年末金融机构存款余额 Loans Balance of Financial Institutions (Year-end) | #住户存款 Household Deposits | 年末金融机构贷款余额 Loans Balance of Financial Institutions (Year-end) |
|---|---|---|---|---|---|---|---|
| **淮安市** | **Huai'an City** | **316.61** | **239.30** | **717.35** | **6683.14** | **3322.09** | **7634.42** |
| 涟水县 | Lianshui County | 33.02 | 27.00 | 82.52 | 750.06 | 455.11 | 611.08 |
| 盱眙县 | Xuyi County | 22.54 | 14.63 | 78.20 | 627.45 | 426.99 | 698.99 |
| 金湖县 | Jinhu County | 30.01 | 25.00 | 59.00 | 518.93 | 341.48 | 525.29 |
| **盐城市** | **Yancheng City** | **482.73** | **341.25** | **1228.23** | **11367.78** | **6602.95** | **11496.39** |
| 响水县 | Xiangshui County | 27.26 | 22.00 | 74.18 | 422.75 | 279.24 | 513.07 |
| 滨海县 | Binhai County | 31.86 | 24.53 | 111.69 | 787.45 | 515.32 | 804.81 |
| 阜宁县 | Funing County | 32.51 | 26.01 | 103.23 | 896.55 | 648.07 | 658.73 |
| 射阳县 | Sheyang County | 32.92 | 24.04 | 100.19 | 933.89 | 693.02 | 907.75 |
| 建湖县 | Jianhu County | 41.56 | 30.89 | 119.90 | 889.67 | 645.76 | 736.03 |
| 东台市 | Dongtai City | 65.01 | 50.81 | 149.90 | 1543.19 | 1159.65 | 1174.66 |
| **扬州市** | **Yangzhou City** | **347.57** | **277.00** | **711.24** | **10257.24** | **5876.48** | **9758.68** |
| 宝应县 | Baoying County | 30.05 | 24.19 | 102.16 | 978.73 | 636.81 | 812.29 |
| 仪征市 | Yizheng City | 50.33 | 39.80 | 86.27 | 1091.05 | 657.40 | 1028.70 |
| 高邮市 | Gaoyou City | 43.56 | 36.30 | 101.81 | 1174.34 | 805.56 | 1040.55 |
| **镇江市** | **Zhenjiang City** | **320.71** | **229.50** | **533.95** | **8436.09** | **4292.31** | **9015.66** |
| 丹阳市 | Danyang City | 80.05 | 63.01 | 113.08 | 2141.65 | 1276.34 | 1987.13 |
| 扬中市 | Yangzhong City | 40.03 | 32.50 | 57.91 | 1021.50 | 594.60 | 1054.73 |
| 句容市 | Jurong City | 50.05 | 35.63 | 83.00 | 1208.58 | 694.62 | 1722.93 |
| **泰州市** | **Taizhou City** | **439.70** | **307.91** | **697.42** | **11033.70** | **5791.51** | **10217.89** |
| 兴化市 | Xinghua City | 50.91 | 37.81 | 129.66 | 1531.38 | 1181.96 | 1288.54 |
| 靖江市 | Jingjiang City | 73.46 | 50.62 | 94.27 | 1978.30 | 1057.95 | 1830.95 |
| 泰兴市 | Taixing City | 97.21 | 70.23 | 137.15 | 1866.03 | 1019.70 | 1771.16 |
| **宿迁市** | **Suqian City** | **302.00** | **240.37** | **641.80** | **5885.11** | **2763.10** | **6013.17** |
| 沭阳县 | Shuyang County | 67.10 | 50.76 | 142.88 | 1131.72 | 797.06 | 1134.62 |
| 泗阳县 | Siyang County | 33.50 | 27.24 | 91.30 | 751.33 | 493.77 | 955.55 |
| 泗洪县 | Sihong County | 33.34 | 27.72 | 98.67 | 725.70 | 504.92 | 853.01 |

# 20-14　科技、教育(2023年)
## Science, Technology and Education (2023)

| 市　县 | City and County | 专利申请授权量(件) Number of Patent Applications and Grants (unit) | #发　明 Inventions | 普通中学在校学生(万人) Regular Secondary Schools Student Enrolment (10000 persons) | 小学在校学生(万人) Primary Schools Student Enrolment (10000 persons) | 普通中学专任教师(人) Full-time Teachers in Regular Secondary Schools (person) | 小　学专任教师(人) Full-time Teachers in Primary Schools (person) |
|---|---|---|---|---|---|---|---|
| **南 京 市** | **Nanjing City** | **68805** | **28565** | **31.69** | **56.57** | **30127** | **38038** |
| **无 锡 市** | **Wuxi City** | **55953** | **11750** | **29.18** | **48.81** | **25435** | **29280** |
| 江 阴 市 | Jiangyin City | 9462 | 1494 | 7.00 | 11.30 | 6115 | 6813 |
| 宜 兴 市 | Yixing City | 7568 | 1120 | 4.69 | 7.63 | 4367 | 4207 |
| **徐 州 市** | **Xuzhou City** | **19219** | **5512** | **71.54** | **81.20** | **55362** | **49489** |
| 丰　县 | Fengxian County | 1115 | 294 | 7.14 | 8.02 | 4918 | 4800 |
| 沛　县 | Peixian County | 1150 | 261 | 8.24 | 9.55 | 6296 | 5669 |
| 睢 宁 县 | Suining County | 1056 | 297 | 8.64 | 9.99 | 5871 | 5716 |
| 新 沂 市 | Xinyi City | 2308 | 638 | 9.02 | 8.88 | 7318 | 5563 |
| 邳 州 市 | Pizhou City | 1632 | 476 | 14.65 | 13.01 | 12866 | 8855 |
| **常 州 市** | **Changzhou City** | **42858** | **8122** | **22.12** | **35.26** | **18319** | **20956** |
| 溧 阳 市 | Liyang City | 2677 | 735 | 3.11 | 4.54 | 2951 | 2856 |
| **苏 州 市** | **Suzhou City** | **130771** | **26959** | **51.65** | **95.44** | **44013** | **56287** |
| 常 熟 市 | Changshu City | 9943 | 1896 | 5.62 | 9.81 | 5034 | 5716 |
| 张家港市 | Zhangjiagang City | 9103 | 2385 | 6.12 | 10.27 | 4850 | 6138 |
| 昆 山 市 | Kunshan City | 25244 | 3683 | 9.29 | 18.75 | 6934 | 10105 |
| 太 仓 市 | Taicang City | 8159 | 1408 | 3.12 | 5.62 | 2403 | 3369 |
| **南 通 市** | **Nantong City** | **33535** | **7437** | **26.82** | **39.61** | **26210** | **25143** |
| 如 东 县 | Rudong County | 2287 | 550 | 2.61 | 3.04 | 2933 | 2584 |
| 启 东 市 | Qidong City | 3992 | 857 | 2.95 | 4.04 | 3206 | 2862 |
| 如 皋 市 | Rugao City | 5342 | 729 | 5.32 | 7.15 | 4933 | 4407 |
| 海 安 市 | Haian City | 5026 | 1085 | 2.72 | 4.04 | 3268 | 2795 |
| **连云港市** | **Lianyungang City** | **6593** | **1807** | **34.83** | **39.64** | **29512** | **24835** |
| 东 海 县 | Donghai County | 832 | 182 | 9.47 | 10.01 | 8403 | 6479 |
| 灌 云 县 | Guanyun County | 526 | 127 | 5.40 | 5.53 | 4859 | 3863 |
| 灌 南 县 | Guannan County | 455 | 127 | 4.71 | 4.83 | 3831 | 3018 |

## 20-14 续表 continued

| 市 县 | City and County | 专利申请授权量(件) Number of Patent Applications and Grants (unit) | #发明 Inventions | 普通中学在校学生(万人) Regular Secondary Schools Student Enrolment (10000 persons) | 小学在校学生(万人) Primary Schools Student Enrolment (10000 persons) | 普通中学专任教师(人) Full-time Teachers in Regular Secondary Schools (person) | 小学专任教师(人) Full-time Teachers in Primary Schools (person) |
|---|---|---|---|---|---|---|---|
| **淮安市** | **Huai'an City** | **8501** | **1463** | **27.96** | **33.95** | **24875** | **22576** |
| 涟水县 | Lianshui County | 859 | 144 | 5.38 | 6.27 | 4971 | 4115 |
| 盱眙县 | Xuyi County | 866 | 62 | 4.33 | 4.30 | 3958 | 3107 |
| 金湖县 | Jinhu County | 1162 | 135 | 0.94 | 1.48 | 949 | 1016 |
| **盐城市** | **Yancheng City** | **20539** | **3824** | **35.67** | **40.92** | **33003** | **27318** |
| 响水县 | Xiangshui County | 574 | 100 | 3.60 | 3.75 | 3366 | 2614 |
| 滨海县 | Binhai County | 1044 | 159 | 6.16 | 5.73 | 4734 | 3646 |
| 阜宁县 | Funing County | 1418 | 165 | 4.99 | 5.75 | 4401 | 3759 |
| 射阳县 | Sheyang County | 1189 | 188 | 3.72 | 4.12 | 3562 | 2997 |
| 建湖县 | Jianhu County | 2371 | 267 | 2.84 | 3.27 | 2720 | 2350 |
| 东台市 | Dongtai City | 3001 | 745 | 3.01 | 3.66 | 3410 | 2511 |
| **扬州市** | **Yangzhou City** | **19388** | **3725** | **17.36** | **23.76** | **17009** | **15287** |
| 宝应县 | Baoying County | 1550 | 232 | 2.80 | 3.27 | 2969 | 2241 |
| 仪征市 | Yizheng City | 2009 | 304 | 1.92 | 2.61 | 1976 | 1751 |
| 高邮市 | Gaoyou City | 3793 | 532 | 2.29 | 3.06 | 2504 | 2162 |
| **镇江市** | **Zhenjiang City** | **15523** | **3753** | **11.98** | **17.73** | **11056** | **11329** |
| 丹阳市 | Danyang City | 4378 | 420 | 4.07 | 5.71 | 3693 | 3569 |
| 扬中市 | Yangzhong City | 2723 | 438 | 1.14 | 1.77 | 1060 | 1093 |
| 句容市 | Jurong City | 1443 | 210 | 2.06 | 3.25 | 2074 | 2235 |
| **泰州市** | **Taizhou City** | **15983** | **3756** | **18.28** | **23.81** | **18851** | **14986** |
| 兴化市 | Xinghua City | 2593 | 645 | 5.06 | 5.60 | 4623 | 3860 |
| 靖江市 | Jingjiang City | 3268 | 865 | 2.24 | 3.23 | 2684 | 2021 |
| 泰兴市 | Taixing City | 3061 | 647 | 3.98 | 4.96 | 4641 | 3275 |
| **宿迁市** | **Suqian City** | **9316** | **1224** | **41.38** | **51.83** | **26813** | **28588** |
| 沭阳县 | Shuyang County | 1582 | 302 | 14.41 | 17.06 | 8528 | 8777 |
| 泗阳县 | Siyang County | 1607 | 172 | 7.76 | 8.18 | 4937 | 5052 |
| 泗洪县 | Sihong County | 1579 | 161 | 8.11 | 9.63 | 5728 | 5319 |

# 20-15　文化、卫生(2023年)
# Culture and Health (2023)

| 市　县<br>City and County | | 公共图书馆(个)<br>Public Libraries (unit) | 公共图书馆图书藏量(千册)<br>Total Collections of Public Libraries (1000 volumes) | 医疗卫生机构数(个)<br>Number of Health Care Institutions (unit) | 医疗机构床位数(张)<br>Number of Beds in Health Care Institutions (bed) | 卫生技术人员(人)<br>Health Technical Personnel (person) | #执业(助理)医师<br>Licensed Physicians & Physician Assistants |
|---|---|---|---|---|---|---|---|
| **南京市** | **Nanjing City** | **15** | **23542** | **3846** | **72495** | **112704** | **42328** |
| **无锡市** | **Wuxi City** | **8** | **10640** | **3437** | **55125** | **69927** | **27000** |
| 江阴市 | Jiangyin City | 1 | 3144 | 710 | 9520 | 13039 | 5315 |
| 宜兴市 | Yixing City | 1 | 902 | 653 | 7967 | 11718 | 4576 |
| **徐州市** | **Xuzhou City** | **12** | **6842** | **4693** | **64991** | **78207** | **30200** |
| 丰　县 | Fengxian County | 1 | 265 | 586 | 5148 | 5959 | 2780 |
| 沛　县 | Peixian County | 1 | 977 | 613 | 7354 | 6317 | 2561 |
| 睢宁县 | Suining County | 1 | 1289 | 461 | 5198 | 6768 | 2644 |
| 新沂市 | Xinyi City | 1 | 592 | 420 | 4397 | 6337 | 2377 |
| 邳州市 | Pizhou City | 1 | 724 | 731 | 8638 | 10418 | 4039 |
| **常州市** | **Changzhou City** | **8** | **5559** | **2087** | **33178** | **45295** | **17560** |
| 溧阳市 | Liyang City | 1 | 568 | 336 | 4391 | 7264 | 2494 |
| **苏州市** | **Suzhou City** | **11** | **28611** | **4484** | **84328** | **112248** | **43648** |
| 常熟市 | Changshu City | 1 | 3186 | 598 | 12073 | 12834 | 5257 |
| 张家港市 | Zhangjiagang City | 1 | 3131 | 537 | 10140 | 12234 | 5004 |
| 昆山市 | Kunshan City | 1 | 3475 | 755 | 9321 | 16070 | 6346 |
| 太仓市 | Taicang City | 1 | 1650 | 336 | 4725 | 6020 | 2583 |
| **南通市** | **Nantong City** | **11** | **9804** | **3729** | **51927** | **60578** | **24147** |
| 如东县 | Rudong County | 2 | 604 | 489 | 4121 | 5262 | 2297 |
| 启东市 | Qidong City | 1 | 954 | 458 | 4897 | 6157 | 2512 |
| 如皋市 | Rugao City | 2 | 1169 | 601 | 7656 | 7943 | 3500 |
| 海安市 | Haian City | 1 | 715 | 417 | 6259 | 6471 | 2578 |
| **连云港市** | **Lianyungang City** | **7** | **4369** | **2912** | **29705** | **35160** | **13868** |
| 东海县 | Donghai County | 1 | 796 | 557 | 5207 | 5869 | 2415 |
| 灌云县 | Guanyun County | 1 | 313 | 482 | 4415 | 4606 | 1860 |
| 灌南县 | Guannan County | 1 | 551 | 415 | 4117 | 4601 | 1782 |

20-15 续表 continued

| 市 县 City and County | | 公共图书馆(个) Public Libraries (unit) | 公共图书馆图书藏量(千册) Total Collections of Public Libraries (1000 volumes) | 医疗卫生机构数(个) Number of Health Care Institutions (unit) | 医疗机构床位数(张) Number of Beds in Health Care Institutions (bed) | 卫生技术人员(人) Health Technical Personnel (person) | #执业(助理)医师 Licensed Physicians & Physician Assistants |
|---|---|---|---|---|---|---|---|
| **淮 安 市** | **Huai'an City** | **9** | **5161** | **2443** | **31805** | **39165** | **15037** |
| 涟 水 县 | Lianshui County | 1 | 213 | 495 | 4730 | 5194 | 2110 |
| 盱 眙 县 | Xuyi County | 1 | 410 | 385 | 4034 | 4531 | 1791 |
| 金 湖 县 | Jinhu County | 1 | 732 | 146 | 1979 | 2204 | 871 |
| **盐 城 市** | **Yancheng City** | **11** | **7283** | **3572** | **44214** | **53752** | **21226** |
| 响 水 县 | Xiangshui County | 1 | 411 | 230 | 2907 | 3372 | 1244 |
| 滨 海 县 | Binhai County | 1 | 296 | 442 | 4714 | 5277 | 2170 |
| 阜 宁 县 | Funing County | 2 | 556 | 427 | 5256 | 6282 | 2795 |
| 射 阳 县 | Sheyang County | 1 | 984 | 345 | 4662 | 5110 | 2345 |
| 建 湖 县 | Jianhu County | 1 | 333 | 324 | 3503 | 4266 | 1909 |
| 东 台 市 | Dongtai City | 1 | 729 | 480 | 5870 | 6515 | 1967 |
| **扬 州 市** | **Yangzhou City** | **8** | **7286** | **2027** | **27577** | **34455** | **14181** |
| 宝 应 县 | Baoying County | 1 | 1133 | 340 | 3918 | 4531 | 1929 |
| 仪 征 市 | Yizheng City | 1 | 1570 | 194 | 3034 | 3904 | 1730 |
| 高 邮 市 | Gaoyou City | 1 | 567 | 266 | 3872 | 4287 | 1842 |
| **镇 江 市** | **Zhenjiang City** | **9** | **4392** | **48** | **18162** | **25179** | **9795** |
| 丹 阳 市 | Danyang City | 2 | 844 | 35 | 4196 | 5917 | 2379 |
| 扬 中 市 | Yangzhong City | 1 | 531 | 57 | 1429 | 2330 | 929 |
| 句 容 市 | Jurong City | 1 | 539 | 59 | 2465 | 3890 | 1604 |
| **泰 州 市** | **Taizhou City** | **7** | **4582** | **2341** | **31759** | **36768** | **14832** |
| 兴 化 市 | Xinghua City | 1 | 309 | 689 | 7625 | 7488 | 3203 |
| 靖 江 市 | Jingjiang City | 1 | 1132 | 355 | 4942 | 5459 | 2258 |
| 泰 兴 市 | Taixing City | 1 | 381 | 511 | 6365 | 7669 | 3311 |
| **宿 迁 市** | **Suqian City** | **7** | **4119** | **2735** | **33560** | **39920** | **15441** |
| 沭 阳 县 | Shuyang County | 1 | 1468 | 897 | 9169 | 11271 | 4645 |
| 泗 阳 县 | Siyang County | 1 | 428 | 531 | 6537 | 7085 | 2760 |
| 泗 洪 县 | Sihong County | 1 | 262 | 518 | 6626 | 7722 | 2791 |

# 20-16　人民生活(2023年)
# People's Livelihoods (2023)

| 市　县 | City and County | 居民人均可支配收入(元) Per Capita Disposable Income of Households (yuan) | 居民人均生活消费支出(元) Per Capita Consumption Expenditure of Households (yuan) | #食品烟酒 Foods, Tobacco and Liquor | 居民恩格尔系数(%) Engle Coefficient of Households (%) | 居民人均住房建筑面积(平方米) Per Capita Floor Space of Residential Buildings Constructed (sq.m) |
|---|---|---|---|---|---|---|
| **南京市** | **Nanjing City** | **72112** | **43182** | **11106** | **25.7** | **45.5** |
| **无锡市** | **Wuxi City** | **69016** | **44450** | **12060** | **27.1** | **49.0** |
| 江阴市 | Jiangyin City | 73861 | 40930 | 11366 | 27.8 | 64.8 |
| 宜兴市 | Yixing City | 61349 | 39034 | 10950 | 28.1 | 62.6 |
| **徐州市** | **Xuzhou City** | **38089** | **24273** | **7185** | **29.6** | **50.0** |
| 丰　县 | Fengxian County | 30726 | 21365 | 6460 | 30.2 | 49.8 |
| 沛　县 | Peixian County | 36152 | 22946 | 6757 | 29.4 | 50.0 |
| 睢宁县 | Suining County | 30741 | 18630 | 5577 | 29.9 | 50.4 |
| 新沂市 | Xinyi City | 33414 | 22200 | 6541 | 29.5 | 61.3 |
| 邳州市 | Pizhou City | 36792 | 21131 | 6304 | 29.8 | 50.5 |
| **常州市** | **Changzhou City** | **62592** | **37957** | **10301** | **27.1** | **64.2** |
| 溧阳市 | Liyang City | 54743 | 31785 | 8911 | 28.0 | 54.8 |
| **苏州市** | **Suzhou City** | **74076** | **46018** | **12052** | **26.2** | **52.4** |
| 常熟市 | Changshu City | 71555 | 44597 | 12009 | 26.9 | 65.8 |
| 张家港市 | Zhangjiagang City | 71883 | 42824 | 11359 | 26.5 | 52.6 |
| 昆山市 | Kunshan City | 73750 | 44398 | 12409 | 27.9 | 49.3 |
| 太仓市 | Taicang City | 70607 | 43726 | 11535 | 26.4 | 59.0 |
| **南通市** | **Nantong City** | **51853** | **33449** | **9637** | **28.8** | **58.2** |
| 如东县 | Rudong County | 46190 | 28985 | 8399 | 29.0 | 61.9 |
| 启东市 | Qidong City | 49085 | 35882 | 10622 | 29.6 | 63.5 |
| 如皋市 | Rugao City | 46205 | 28511 | 8091 | 28.4 | 68.7 |
| 海安市 | Haian City | 47842 | 31838 | 9169 | 28.8 | 63.0 |
| **连云港市** | **Lianyungang City** | **35983** | **23806** | **7877** | **33.1** | **57.2** |
| 东海县 | Donghai County | 34636 | 22619 | 7833 | 34.6 | 61.7 |
| 灌云县 | Guanyun County | 29466 | 18937 | 6202 | 32.8 | 56.2 |
| 灌南县 | Guannan County | 30036 | 20186 | 6296 | 31.2 | 68.2 |

20-16 续表 1 continued

| 市 县 | City and County | 居民人均可支配收入(元) Per Capita Disposable Income of Households (yuan) | 居民人均生活消费支出(元) Per Capita Consumption Expenditure of Households (yuan) | #食品烟酒 Foods, Tobacco and Liquor | 居民恩格尔系数(%) Engle Coefficient of Households (%) | 居民人均住房建筑面积(平方米) Per Capita Floor Space of Residential Buildings Constructed (sq.m) |
|---|---|---|---|---|---|---|
| **淮安市** | **Huai'an City** | **39058** | **22257** | **6730** | **30.2** | **54.1** |
| 涟水县 | Lianshui County | 32166 | 19394 | 5871 | 30.3 | 54.4 |
| 盱眙县 | Xuyi County | 37484 | 20081 | 6011 | 29.9 | 51.2 |
| 金湖县 | Jinhu County | 38944 | 26781 | 8083 | 30.2 | 55.4 |
| **盐城市** | **Yancheng City** | **41252** | **24936** | **7190** | **28.8** | **49.4** |
| 响水县 | Xiangshui County | 33373 | 17371 | 5089 | 29.3 | 45.4 |
| 滨海县 | Binhai County | 34602 | 20681 | 5902 | 28.7 | 45.0 |
| 阜宁县 | Funing County | 34335 | 23497 | 6578 | 28.0 | 53.7 |
| 射阳县 | Sheyang County | 36605 | 24577 | 7186 | 29.2 | 51.6 |
| 建湖县 | Jianhu County | 39574 | 22349 | 6559 | 29.3 | 50.0 |
| 东台市 | Dongtai City | 44579 | 25415 | 7423 | 29.2 | 59.2 |
| **扬州市** | **Yangzhou City** | **47717** | **30228** | **8751** | **29.0** | **56.1** |
| 宝应县 | Baoying County | 36701 | 23928 | 7154 | 29.9 | 53.5 |
| 仪征市 | Yizheng City | 45718 | 28624 | 8324 | 29.1 | 54.4 |
| 高邮市 | Gaoyou City | 40289 | 28349 | 8178 | 28.8 | 63.1 |
| **镇江市** | **Zhenjiang City** | **55565** | **34985** | **10245** | **29.3** | **55.2** |
| 丹阳市 | Danyang City | 53382 | 34981 | 10361 | 29.6 | 54.3 |
| 扬中市 | Yangzhong City | 59618 | 34448 | 10209 | 29.6 | 59.0 |
| 句容市 | Jurong City | 49210 | 31649 | 10125 | 32.0 | 57.7 |
| **泰州市** | **Taizhou City** | **49255** | **31630** | **9281** | **29.3** | **56.5** |
| 兴化市 | Xinghua City | 42733 | 26140 | 7847 | 30.0 | 49.2 |
| 靖江市 | Jingjiang City | 53389 | 38964 | 11312 | 29.0 | 63.6 |
| 泰兴市 | Taixing City | 48043 | 30469 | 8732 | 28.7 | 71.3 |
| **宿迁市** | **Suqian City** | **32693** | **20600** | **6102** | **29.6** | **49.7** |
| 沭阳县 | Shuyang County | 32208 | 21054 | 6267 | 29.8 | 50.3 |
| 泗阳县 | Siyang County | 31989 | 21139 | 6298 | 29.8 | 52.7 |
| 泗洪县 | Sihong County | 31151 | 18776 | 5578 | 29.7 | 49.0 |

## 20-16　续表 2　continued

| 市　县 | City and County | 城镇常住居民人均可支配收入(元) Per Capita Disposable Income of Urban Permanent Households (yuan) | 城镇常住居民人均生活消费支出(元) Per Capita Consumption Expenditure of Urban Permanent Households (yuan) | #食品烟酒 Foods, Tobacco and Liquor | 城镇常住居民恩格尔系数(%) Engle Coefficient of Urban Permanent Households (%) | 城镇常住居民人均住房建筑面积(平方米) Per Capita Floor Space of Urban Residential Buildings Constructed (sq.m) |
|---|---|---|---|---|---|---|
| **南京市** | **Nanjing City** | **79858** | **46552** | **11733** | **25.2** | **40.8** |
| **无锡市** | **Wuxi City** | **76644** | **48409** | **12829** | **26.5** | **44.6** |
| 江阴市 | Jiangyin City | 84952 | 44685 | 12265 | 27.4 | 66.0 |
| 宜兴市 | Yixing City | 72399 | 44471 | 12378 | 27.8 | 56.7 |
| **徐州市** | **Xuzhou City** | **44796** | **26937** | **7824** | **29.0** | **45.6** |
| 丰　县 | Fengxian County | 36614 | 25525 | 7645 | 30.0 | 46.4 |
| 沛　县 | Peixian County | 43554 | 26452 | 7652 | 28.9 | 48.4 |
| 睢宁县 | Suining County | 36914 | 20442 | 5938 | 29.0 | 44.2 |
| 新沂市 | Xinyi City | 40096 | 25298 | 7311 | 28.9 | 57.8 |
| 邳州市 | Pizhou City | 45262 | 24195 | 7091 | 29.3 | 42.5 |
| **常州市** | **Changzhou City** | **71744** | **41695** | **10905** | **26.2** | **52.0** |
| 溧阳市 | Liyang City | 66183 | 33933 | 9283 | 27.4 | 45.8 |
| **苏州市** | **Suzhou City** | **82989** | **50656** | **13189** | **26.0** | **45.4** |
| 常熟市 | Changshu City | 83384 | 49372 | 13213 | 26.8 | 64.4 |
| 张家港市 | Zhangjiagang City | 83812 | 48116 | 12752 | 26.5 | 49.4 |
| 昆山市 | Kunshan City | 83921 | 49074 | 13507 | 27.5 | 42.3 |
| 太仓市 | Taicang City | 82639 | 49376 | 12869 | 26.1 | 51.0 |
| **南通市** | **Nantong City** | **62512** | **38897** | **11097** | **28.5** | **51.8** |
| 如东县 | Rudong County | 59192 | 33278 | 9497 | 28.5 | 57.3 |
| 启东市 | Qidong City | 60041 | 43934 | 12962 | 29.5 | 56.5 |
| 如皋市 | Rugao City | 58803 | 32782 | 9305 | 28.4 | 65.1 |
| 海安市 | Haian City | 60012 | 35577 | 10046 | 28.2 | 60.1 |
| **连云港市** | **Lianyungang City** | **43769** | **28024** | **8871** | **31.7** | **53.1** |
| 东海县 | Donghai County | 43513 | 27568 | 9316 | 33.8 | 58.3 |
| 灌云县 | Guanyun County | 36520 | 21884 | 7284 | 33.3 | 54.2 |
| 灌南县 | Guannan County | 38834 | 24857 | 7563 | 30.4 | 58.4 |

20-16 续表 3 continued

| 市 县 | City and County | 城镇常住居民人均可支配收入(元) Per Capita Disposable Income of Urban Permanent Households (yuan) | 城镇常住居民人均生活消费支出(元) Per Capita Consumption Expenditure of Urban Permanent Households (yuan) | #食品烟酒 Foods, Tobacco and Liquor | 城镇常住居民恩格尔系数(%) Engle Coefficient of Urban Permanent Households (%) | 城镇常住居民人均住房建筑面积(平方米) Per Capita Floor Space of Urban Residential Buildings Constructed (sq.m) |
|---|---|---|---|---|---|---|
| **淮安市** | **Huai'an City** | **48498** | **26149** | **7798** | **29.8** | **50.5** |
| 涟水县 | Lianshui County | 40394 | 23843 | 7124 | 29.9 | 49.4 |
| 盱眙县 | Xuyi County | 48630 | 25860 | 7742 | 29.9 | 50.5 |
| 金湖县 | Jinhu County | 49006 | 30212 | 8965 | 29.7 | 52.3 |
| **盐城市** | **Yancheng City** | **48526** | **26884** | **7543** | **28.1** | **46.5** |
| 响水县 | Xiangshui County | 40064 | 18011 | 5303 | 29.4 | 42.8 |
| 滨海县 | Binhai County | 42209 | 22598 | 6291 | 27.6 | 45.5 |
| 阜宁县 | Funing County | 40684 | 29118 | 8170 | 28.1 | 52.4 |
| 射阳县 | Sheyang County | 42684 | 30789 | 8891 | 28.9 | 48.5 |
| 建湖县 | Jianhu County | 47112 | 24617 | 6979 | 28.4 | 50.0 |
| 东台市 | Dongtai City | 51859 | 27216 | 7920 | 29.1 | 50.6 |
| **扬州市** | **Yangzhou City** | **56781** | **33445** | **9647** | **28.8** | **51.2** |
| 宝应县 | Baoying County | 43178 | 25950 | 7759 | 29.9 | 50.5 |
| 仪征市 | Yizheng City | 58348 | 32915 | 9527 | 28.9 | 51.4 |
| 高邮市 | Gaoyou City | 50254 | 32970 | 9447 | 28.7 | 59.4 |
| **镇江市** | **Zhenjiang City** | **64602** | **37866** | **11004** | **29.1** | **51.2** |
| 丹阳市 | Danyang City | 64718 | 35557 | 10575 | 29.7 | 51.2 |
| 扬中市 | Yangzhong City | 71302 | 37185 | 11018 | 29.6 | 56.4 |
| 句容市 | Jurong City | 62269 | 35501 | 11112 | 31.3 | 49.5 |
| **泰州市** | **Taizhou City** | **59604** | **35991** | **10080** | **28.0** | **50.3** |
| 兴化市 | Xinghua City | 53875 | 29771 | 8504 | 28.6 | 49.1 |
| 靖江市 | Jingjiang City | 64093 | 43820 | 12445 | 28.4 | 51.0 |
| 泰兴市 | Taixing City | 59297 | 36372 | 10596 | 29.1 | 51.6 |
| **宿迁市** | **Suqian City** | **38756** | **23756** | **7022** | **29.6** | **46.9** |
| 沭阳县 | Shuyang County | 38191 | 24090 | 7158 | 29.7 | 47.1 |
| 泗阳县 | Siyang County | 38049 | 23177 | 6888 | 29.7 | 53.0 |
| 泗洪县 | Sihong County | 36914 | 23048 | 6850 | 29.7 | 46.8 |

20-16 续表 4 continued

| 市 县 | City and County | 农村常住居民人均可支配收入(元) Per Capita Disposable Income of Rural Permanent Households (yuan) | 农村常住居民人均生活消费支出(元) Per Capita Consumption Expenditure of Rural Permanent Households (yuan) | #食品烟酒 Foods, Tobacco and Liquor | 农村常住居民恩格尔系数(%) Engle Coefficient of Rural Permanent Households (%) | 农村常住居民人均住房建筑面积(平方米) Per Capita Floor Space of Rural Residential Buildings Constructed (sq.m) |
|---|---|---|---|---|---|---|
| **南京市** | **Nanjing City** | **36789** | **27811** | **8243** | **29.6** | **66.8** |
| **无锡市** | **Wuxi City** | **44617** | **31785** | **9599** | **30.2** | **65.9** |
| 江阴市 | Jiangyin City | 47846 | 32120 | 9257 | 28.8 | 62.0 |
| 宜兴市 | Yixing City | 40633 | 28841 | 8273 | 28.7 | 80.8 |
| **徐州市** | **Xuzhou City** | **27065** | **19894** | **6136** | **30.8** | **58.0** |
| 丰县 | Fengxian County | 24714 | 17117 | 5251 | 30.7 | 54.1 |
| 沛县 | Peixian County | 27971 | 19071 | 5768 | 30.2 | 52.4 |
| 睢宁县 | Suining County | 24407 | 16771 | 5207 | 31.0 | 60.1 |
| 新沂市 | Xinyi City | 25891 | 18713 | 5675 | 30.3 | 66.0 |
| 邳州市 | Pizhou City | 27363 | 17720 | 5428 | 30.6 | 58.8 |
| **常州市** | **Changzhou City** | **40401** | **28895** | **9006** | **31.2** | **79.9** |
| 溧阳市 | Liyang City | 37742 | 28593 | 8360 | 29.2 | 68.6 |
| **苏州市** | **Suzhou City** | **46385** | **31609** | **8520** | **27.0** | **74.4** |
| 常熟市 | Changshu City | 46816 | 34612 | 9491 | 27.4 | 70.2 |
| 张家港市 | Zhangjiagang City | 47032 | 31799 | 8455 | 26.6 | 59.3 |
| 昆山市 | Kunshan City | 47115 | 32154 | 9533 | 29.6 | 70.9 |
| 太仓市 | Taicang City | 46462 | 32390 | 8859 | 27.4 | 76.0 |
| **南通市** | **Nantong City** | **32977** | **23802** | **7054** | **29.6** | **70.2** |
| 如东县 | Rudong County | 29914 | 23611 | 7024 | 29.7 | 67.3 |
| 启东市 | Qidong City | 34743 | 25341 | 7559 | 29.8 | 79.4 |
| 如皋市 | Rugao City | 29806 | 22951 | 6511 | 28.4 | 73.3 |
| 海安市 | Haian City | 31944 | 26953 | 8023 | 29.8 | 66.2 |
| **连云港市** | **Lianyungang City** | **24411** | **17537** | **6398** | **36.5** | **62.3** |
| 东海县 | Donghai County | 25448 | 17497 | 6299 | 36.0 | 65.2 |
| 灌云县 | Guanyun County | 22878 | 16183 | 5247 | 32.4 | 58.2 |
| 灌南县 | Guannan County | 21835 | 15832 | 5109 | 32.3 | 72.1 |

20-16 续表 5 continued

| 市 县 | City and County | 农村常住居民人均可支配收入(元) Per Capita Disposable Income of Rural Permanent Households (yuan) | 农村常住居民人均生活消费支出(元) Per Capita Consumption Expenditure of Rural Permanent Households (yuan) | #食品烟酒 Foods, Tobacco and Liquor | 农村常住居民恩格尔系数(%) Engle Coefficient of Rural Permanent Households (%) | 农村常住居民人均住房建筑面积(平方米) Per Capita Floor Space of Rural Residential Buildings Constructed (sq.m) |
|---|---|---|---|---|---|---|
| **淮 安 市** | **Huai'an City** | **25287** | **16581** | **5170** | **31.2** | **59.3** |
| 涟 水 县 | Lianshui County | 23565 | 14744 | 4560 | 30.9 | 62.4 |
| 盱 眙 县 | Xuyi County | 25441 | 13836 | 4141 | 29.9 | 53.4 |
| 金 湖 县 | Jinhu County | 27948 | 23033 | 7119 | 30.9 | 61.1 |
| **盐 城 市** | **Yancheng City** | **29744** | **21856** | **6630** | **30.3** | **54.5** |
| 响 水 县 | Xiangshui County | 25519 | 16620 | 4837 | 29.1 | 48.6 |
| 滨 海 县 | Binhai County | 25865 | 18480 | 5455 | 30.1 | 44.4 |
| 阜 宁 县 | Funing County | 26691 | 16729 | 4775 | 28.5 | 61.1 |
| 射 阳 县 | Sheyang County | 28678 | 16476 | 4962 | 30.1 | 57.4 |
| 建 湖 县 | Jianhu County | 29401 | 19289 | 5991 | 31.1 | 50.0 |
| 东 台 市 | Dongtai City | 34012 | 22801 | 6701 | 29.4 | 72.9 |
| **扬 州 市** | **Yangzhou City** | **31488** | **24466** | **7146** | **29.2** | **64.8** |
| 宝 应 县 | Baoying County | 29779 | 21768 | 6509 | 29.9 | 56.7 |
| 仪 征 市 | Yizheng City | 30340 | 23401 | 6859 | 29.3 | 57.9 |
| 高 邮 市 | Gaoyou City | 29560 | 23373 | 6812 | 29.1 | 67.2 |
| **镇 江 市** | **Zhenjiang City** | **35466** | **28576** | **8557** | **29.9** | **64.1** |
| 丹 阳 市 | Danyang City | 36759 | 34136 | 10049 | 29.4 | 60.0 |
| 扬 中 市 | Yangzhong City | 40743 | 30027 | 8903 | 29.6 | 63.3 |
| 句 容 市 | Jurong City | 32081 | 26596 | 8830 | 33.2 | 67.6 |
| **泰 州 市** | **Taizhou City** | **31810** | **24280** | **7933** | **32.7** | **67.9** |
| 兴 化 市 | Xinghua City | 29940 | 21972 | 7093 | 32.3 | 49.5 |
| 靖 江 市 | Jingjiang City | 34814 | 30538 | 9345 | 30.6 | 83.7 |
| 泰 兴 市 | Taixing City | 32153 | 22133 | 6100 | 27.6 | 97.5 |
| **宿 迁 市** | **Suqian City** | **24679** | **16428** | **4888** | **29.8** | **53.4** |
| 沭 阳 县 | Shuyang County | 24946 | 17369 | 5186 | 29.9 | 54.1 |
| 泗 阳 县 | Siyang County | 24687 | 18682 | 5587 | 29.9 | 52.4 |
| 泗 洪 县 | Sihong County | 24230 | 13645 | 4052 | 29.7 | 51.6 |

# 21

# 县(市)社会经济发展序列

# Social Economy Development Sequence of Counties（Cities）

# 简 要 说 明

**一、本篇资料的主要内容**

本篇资料反映县（市）经济社会发展水平序列情况。

**二、资料来源**

本篇资料主要根据市县社会经济基本情况统计年报加工整理，部分数据为初步数。

# Brief Introduction

**I. Main Contents**

Data in this chapter reflects the sequence of socio-economic development of counties(cities).

**Ⅱ. Sources of Data**

Data in this chapter are mainly based on the basic conditions of socio-economic in the statistical annual report, and part of the data are preliminary statistics.

# 21-1　年末户籍人口(2023年)
# Total Registered Population at Year-end (2023)

| 位次 No. | 县(市)名称 | County (City) | 绝对数(万人) Value (10000 persons) | 位次 No. | 县(市)名称 | County (City) | 绝对数(万人) Value (10000 persons) |
|---|---|---|---|---|---|---|---|
| 1 | 沭阳县 | Shuyang County | 196.63 | 21 | 东台市 | Dongtai City | 102.78 |
| 2 | 邳州市 | Pizhou City | 189.52 | 22 | 灌云县 | Guanyun County | 100.25 |
| 3 | 兴化市 | Xinghua City | 147.01 | 23 | 如东县 | Rudong County | 97.02 |
| 4 | 睢宁县 | Suining County | 137.75 | 24 | 张家港市 | Zhangjiagang City | 92.43 |
| 5 | 如皋市 | Rugao City | 137.57 | 25 | 射阳县 | Sheyang City | 90.52 |
| 6 | 江阴市 | Jiangyin City | 126.70 | 26 | 海安市 | Hai'an City | 89.24 |
| 7 | 沛县 | Peixian County | 125.65 | 27 | 宝应县 | Baoying County | 83.93 |
| 8 | 昆山市 | Kunshan City | 125.65 | 28 | 灌南县 | Guannan County | 79.65 |
| 9 | 东海县 | Donghai County | 123.47 | 29 | 丹阳市 | Danyang City | 78.00 |
| 10 | 丰县 | Fengxian County | 118.32 | 30 | 溧阳市 | Liyang City | 77.69 |
| 11 | 滨海县 | Binhai County | 116.98 | 31 | 高邮市 | Gaoyou City | 77.30 |
| 12 | 泰兴市 | Taixing City | 112.71 | 32 | 盱眙县 | Xuyi County | 77.06 |
| 13 | 新沂市 | Xinyi City | 109.18 | 33 | 建湖县 | Jianhu County | 72.98 |
| 14 | 泗洪县 | Sihong County | 107.23 | 34 | 靖江市 | Jingjiang City | 63.16 |
| 15 | 涟水县 | Lianshui County | 107.06 | 35 | 响水县 | Xiangshui County | 60.23 |
| 16 | 启东市 | Qidong City | 106.56 | 36 | 句容市 | Jurong City | 58.00 |
| 17 | 宜兴市 | Yixing City | 105.93 | 37 | 太仓市 | Taicang City | 54.25 |
| 18 | 阜宁县 | Funing County | 105.90 | 38 | 仪征市 | Yizheng City | 53.79 |
| 19 | 常熟市 | Changshu City | 105.10 | 39 | 金湖县 | Jinhu County | 33.21 |
| 20 | 泗阳县 | Siyang County | 104.04 | 40 | 扬中市 | Yangzhong City | 28.00 |

# 21-2 地区生产总值(2023年)
# Gross Domestic Product (2023)

| 位次 No. | 县(市)名称 | County (City) | 绝对数(亿元) Value (100 million yuan) | 位次 No. | 县(市)名称 | County (City) | 绝对数(亿元) Value (100 million yuan) |
|---|---|---|---|---|---|---|---|
| 1 | 昆山市 | Kunshan City | 5140.60 | 21 | 仪征市 | Yizheng City | 1042.91 |
| 2 | 江阴市 | Jiangyin City | 4960.51 | 22 | 宝应县 | Baoying County | 941.60 |
| 3 | 张家港市 | Zhangjiagang City | 3365.80 | 23 | 新沂市 | Xinyi City | 905.24 |
| 4 | 常熟市 | Changshu City | 2800.16 | 24 | 句容市 | Jurong City | 791.67 |
| 5 | 宜兴市 | Yixing City | 2337.53 | 25 | 东海县 | Donghai County | 750.63 |
| 6 | 太仓市 | Taicang City | 1734.94 | 26 | 建湖县 | Jianhu County | 742.96 |
| 7 | 溧阳市 | Liyang City | 1557.22 | 27 | 射阳县 | Sheyang City | 740.04 |
| 8 | 如皋市 | Rugao City | 1534.39 | 28 | 阜宁县 | Funing County | 738.56 |
| 9 | 丹阳市 | Danyang City | 1500.68 | 29 | 涟水县 | Lianshui County | 735.96 |
| 10 | 启东市 | Qidong City | 1447.28 | 30 | 泗阳县 | Siyang County | 724.80 |
| 11 | 海安市 | Hai'an City | 1436.27 | 31 | 睢宁县 | Suining County | 707.89 |
| 12 | 泰兴市 | Taixing City | 1434.99 | 32 | 泗洪县 | Sihong County | 701.45 |
| 13 | 沭阳县 | Shuyang County | 1411.67 | 33 | 滨海县 | Binhai County | 639.52 |
| 14 | 如东县 | Rudong County | 1381.13 | 34 | 扬中市 | Yangzhong City | 630.45 |
| 15 | 靖江市 | Jingjiang City | 1298.79 | 35 | 丰县 | Fengxian County | 554.28 |
| 16 | 邳州市 | Pizhou City | 1277.39 | 36 | 盱眙县 | Xuyi County | 551.11 |
| 17 | 兴化市 | Xinghua City | 1154.93 | 37 | 响水县 | Xiangshui County | 500.61 |
| 18 | 东台市 | Dongtai City | 1118.48 | 38 | 灌南县 | Guannan County | 491.94 |
| 19 | 高邮市 | Gaoyou City | 1056.64 | 39 | 灌云县 | Guanyun County | 455.54 |
| 20 | 沛县 | Peixian County | 1051.74 | 40 | 金湖县 | Jinhu County | 434.48 |

# 21-3　第一产业增加值(2023年)
# Value added of the Primary Industry (2023)

| 位次 No. | 县(市)名称 | County (City) | 绝对数(亿元) Value (100 million yuan) | 位次 No. | 县(市)名称 | County (City) | 绝对数(亿元) Value (100 million yuan) |
|---|---|---|---|---|---|---|---|
| 1 | 邳州市 | Pizhou City | 171.78 | 21 | 盱眙县 | Xuyi County | 82.64 |
| 2 | 东台市 | Dongtai City | 171.12 | 22 | 海安市 | Hai'an City | 81.06 |
| 3 | 兴化市 | Xinghua City | 154.43 | 23 | 灌南县 | Guannan County | 79.29 |
| 4 | 沛县 | Peixian County | 127.81 | 24 | 泰兴市 | Taixing City | 76.20 |
| 5 | 沭阳县 | Shuyang County | 123.55 | 25 | 灌云县 | Guanyun County | 74.84 |
| 6 | 射阳县 | Sheyang City | 118.01 | 26 | 响水县 | Xiangshui County | 65.75 |
| 7 | 睢宁县 | Suining County | 117.67 | 27 | 建湖县 | Jianhu County | 60.59 |
| 8 | 东海县 | Donghai County | 109.58 | 28 | 溧阳市 | Liyang City | 59.76 |
| 9 | 如东县 | Rudong County | 104.18 | 29 | 句容市 | Jurong City | 58.38 |
| 10 | 丰县 | Fengxian County | 102.85 | 30 | 金湖县 | Jinhu County | 56.95 |
| 11 | 高邮市 | Gaoyou City | 100.46 | 31 | 宜兴市 | Yixing City | 56.84 |
| 12 | 宝应县 | Baoying County | 96.74 | 32 | 丹阳市 | Danyang City | 56.41 |
| 13 | 新沂市 | Xinyi City | 96.33 | 33 | 常熟市 | Changshu City | 42.56 |
| 14 | 启东市 | Qidong City | 94.44 | 34 | 江阴市 | Jiangyin City | 40.96 |
| 15 | 泗洪县 | Sihong County | 91.61 | 35 | 张家港市 | Zhangjiagang City | 31.09 |
| 16 | 如皋市 | Rugao City | 88.38 | 36 | 昆山市 | Kunshan City | 30.84 |
| 17 | 阜宁县 | Funing County | 85.84 | 37 | 靖江市 | Jingjiang City | 27.77 |
| 18 | 泗阳县 | Siyang County | 85.42 | 38 | 仪征市 | Yizheng City | 25.24 |
| 19 | 滨海县 | Binhai County | 83.34 | 39 | 太仓市 | Taicang City | 24.33 |
| 20 | 涟水县 | Lianshui County | 83.06 | 40 | 扬中市 | Yangzhong City | 18.76 |

# 21-4 第二产业增加值(2023年)
# Value added of the Secondary Industry (2023)

| 位次 No. | 县(市)名称 | County (City) | 绝对数 (亿元) Value (100 million yuan) | 位次 No. | 县(市)名称 | County (City) | 绝对数 (亿元) Value (100 million yuan) |
|---|---|---|---|---|---|---|---|
| 1 | 昆山市 | Kunshan City | 2633.92 | 21 | 兴化市 | Xinghua City | 445.24 |
| 2 | 江阴市 | Jiangyin City | 2567.58 | 22 | 东台市 | Dongtai City | 385.77 |
| 3 | 张家港市 | Zhangjiagang City | 1681.35 | 23 | 句容市 | Jurong City | 348.53 |
| 4 | 常熟市 | Changshu City | 1379.16 | 24 | 新沂市 | Xinyi City | 344.42 |
| 5 | 宜兴市 | Yixing City | 1208.97 | 25 | 扬中市 | Yangzhong City | 339.53 |
| 6 | 溧阳市 | Liyang City | 846.18 | 26 | 东海县 | Donghai County | 329.39 |
| 7 | 太仓市 | Taicang City | 813.97 | 27 | 涟水县 | Lianshui County | 325.70 |
| 8 | 海安市 | Hai'an City | 793.24 | 28 | 泗阳县 | Siyang County | 318.23 |
| 9 | 丹阳市 | Danyang City | 786.20 | 29 | 建湖县 | Jianhu County | 309.25 |
| 10 | 如皋市 | Rugao City | 731.76 | 30 | 阜宁县 | Funing County | 300.80 |
| 11 | 泰兴市 | Taixing City | 715.58 | 31 | 泗洪县 | Sihong County | 287.45 |
| 12 | 靖江市 | Jingjiang City | 713.57 | 32 | 睢宁县 | Suining County | 275.10 |
| 13 | 启东市 | Qidong City | 707.15 | 33 | 射阳县 | Sheyang City | 266.50 |
| 14 | 如东县 | Rudong County | 648.08 | 34 | 滨海县 | Binhai County | 255.60 |
| 15 | 沭阳县 | Shuyang County | 618.96 | 35 | 响水县 | Xiangshui County | 228.31 |
| 16 | 仪征市 | Yizheng City | 531.50 | 36 | 灌南县 | Guannan County | 218.98 |
| 17 | 高邮市 | Gaoyou City | 523.02 | 37 | 丰县 | Fengxian County | 208.79 |
| 18 | 邳州市 | Pizhou City | 478.68 | 38 | 盱眙县 | Xuyi County | 200.27 |
| 19 | 宝应县 | Baoying County | 454.45 | 39 | 金湖县 | Jinhu County | 174.47 |
| 20 | 沛县 | Peixian County | 453.29 | 40 | 灌云县 | Guanyun County | 163.41 |

# 21-5 第三产业增加值(2023年)
# Value added of the Tertiary Industry (2023)

| 位次 No. | 县(市)名称 | County (City) | 绝对数(亿元) Value (100 million yuan) | 位次 No. | 县(市)名称 | County (City) | 绝对数(亿元) Value (100 million yuan) |
|---|---|---|---|---|---|---|---|
| 1 | 昆山市 | Kunshan City | 2475.84 | 21 | 新沂市 | Xinyi City | 464.50 |
| 2 | 江阴市 | Jiangyin City | 2351.97 | 22 | 高邮市 | Gaoyou City | 433.16 |
| 3 | 张家港市 | Zhangjiagang City | 1653.36 | 23 | 宝应县 | Baoying County | 390.41 |
| 4 | 常熟市 | Changshu City | 1378.44 | 24 | 句容市 | Jurong City | 384.75 |
| 5 | 宜兴市 | Yixing City | 1071.72 | 25 | 建湖县 | Jianhu County | 373.12 |
| 6 | 太仓市 | Taicang City | 896.64 | 26 | 射阳县 | Sheyang City | 355.53 |
| 7 | 如皋市 | Rugao City | 714.26 | 27 | 阜宁县 | Funing County | 351.92 |
| 8 | 沭阳县 | Shuyang County | 669.16 | 28 | 涟水县 | Lianshui County | 327.19 |
| 9 | 丹阳市 | Danyang City | 658.07 | 29 | 泗洪县 | Sihong County | 322.38 |
| 10 | 溧阳市 | Liyang City | 651.28 | 30 | 泗阳县 | Siyang County | 321.14 |
| 11 | 启东市 | Qidong City | 645.68 | 31 | 睢宁县 | Suining County | 315.13 |
| 12 | 泰兴市 | Taixing City | 643.21 | 32 | 东海县 | Donghai County | 311.66 |
| 13 | 如东县 | Rudong County | 628.87 | 33 | 滨海县 | Binhai County | 300.58 |
| 14 | 邳州市 | Pizhou City | 626.93 | 34 | 扬中市 | Yangzhong City | 272.17 |
| 15 | 海安市 | Hai'an City | 561.97 | 35 | 盱眙县 | Xuyi County | 268.20 |
| 16 | 东台市 | Dongtai City | 561.59 | 36 | 丰县 | Fengxian County | 242.64 |
| 17 | 靖江市 | Jingjiang City | 557.45 | 37 | 灌云县 | Guanyun County | 217.29 |
| 18 | 兴化市 | Xinghua City | 555.26 | 38 | 响水县 | Xiangshui County | 206.55 |
| 19 | 仪征市 | Yizheng City | 486.17 | 39 | 金湖县 | Jinhu County | 203.06 |
| 20 | 沛县 | Peixian County | 470.63 | 40 | 灌南县 | Guannan County | 193.67 |

# 21-6 全部工业增加值(2023年)
# Value added of Total Industry (2023)

| 位次 No. | 县(市)名称 | County (City) | 绝对数(亿元) Value (100 million yuan) | 位次 No. | 县(市)名称 | County (City) | 绝对数(亿元) Value (100 million yuan) |
|---|---|---|---|---|---|---|---|
| 1 | 昆山市 | Kunshan City | 2435.84 | 21 | 沛县 | Peixian County | 329.33 |
| 2 | 江阴市 | Jiangyin City | 2349.93 | 22 | 扬中市 | Yangzhong City | 316.33 |
| 3 | 张家港市 | Zhangjiagang City | 1568.77 | 23 | 兴化市 | Xinghua City | 305.04 |
| 4 | 常熟市 | Changshu City | 1281.43 | 24 | 句容市 | Jurong City | 292.59 |
| 5 | 宜兴市 | Yixing City | 1007.20 | 25 | 新沂市 | Xinyi City | 287.88 |
| 6 | 太仓市 | Taicang City | 751.69 | 26 | 东海县 | Donghai County | 280.47 |
| 7 | 丹阳市 | Danyang City | 744.01 | 27 | 泗阳县 | Siyang County | 258.39 |
| 8 | 溧阳市 | Liyang City | 722.90 | 28 | 涟水县 | Lianshui County | 246.63 |
| 9 | 海安市 | Hai'an City | 689.20 | 29 | 建湖县 | Jianhu County | 241.39 |
| 10 | 如皋市 | Rugao City | 611.71 | 30 | 射阳县 | Sheyang City | 232.31 |
| 11 | 泰兴市 | Taixing City | 597.97 | 31 | 泗洪县 | Sihong County | 224.83 |
| 12 | 如东县 | Rudong County | 558.85 | 32 | 响水县 | Xiangshui County | 210.60 |
| 13 | 启东市 | Qidong City | 553.03 | 33 | 阜宁县 | Funing County | 205.84 |
| 14 | 沭阳县 | Shuyang County | 540.22 | 34 | 睢宁县 | Suining County | 205.62 |
| 15 | 靖江市 | Jingjiang City | 483.45 | 35 | 滨海县 | Binhai County | 204.81 |
| 16 | 仪征市 | Yizheng City | 455.27 | 36 | 盱眙县 | Xuyi County | 179.97 |
| 17 | 邳州市 | Pizhou City | 413.67 | 37 | 灌南县 | Guannan County | 176.10 |
| 18 | 高邮市 | Gaoyou City | 413.61 | 38 | 丰县 | Fengxian County | 175.88 |
| 19 | 宝应县 | Baoying County | 349.13 | 39 | 金湖县 | Jinhu County | 153.33 |
| 20 | 东台市 | Dongtai City | 345.94 | 40 | 灌云县 | Guanyun County | 125.61 |

# 21-7　人均地区生产总值(2023年)
# Per Capita Gross Domestic Product (2023)

| 位次 No. | 县(市)名称 County (City) | | 绝对数(元) Value ( yuan) | 位次 No. | 县(市)名称 County (City) | | 绝对数(元) Value ( yuan) |
|---|---|---|---|---|---|---|---|
| 1 | 江阴市 | Jiangyin City | 277962 | 21 | 句容市 | Jurong City | 123236 |
| 2 | 昆山市 | Kunshan City | 240569 | 22 | 建湖县 | Jianhu County | 122278 |
| 3 | 张家港市 | Zhangjiagang City | 233105 | 23 | 响水县 | Xiangshui County | 109495 |
| 4 | 太仓市 | Taicang City | 205124 | 24 | 兴化市 | Xinghua City | 102871 |
| 5 | 扬中市 | Yangzhong City | 199320 | 25 | 沛县 | Peixian County | 102548 |
| 6 | 靖江市 | Jingjiang City | 196192 | 26 | 射阳县 | Sheyang City | 97772 |
| 7 | 仪征市 | Yizheng City | 193687 | 27 | 新沂市 | Xinyi City | 94661 |
| 8 | 溧阳市 | Liyang City | 193132 | 28 | 阜宁县 | Funing County | 93441 |
| 9 | 宜兴市 | Yixing City | 181725 | 29 | 盱眙县 | Xuyi County | 91539 |
| 10 | 常熟市 | Changshu City | 165921 | 30 | 涟水县 | Lianshui County | 90307 |
| 11 | 海安市 | Hai'an City | 165621 | 31 | 邳州市 | Pizhou City | 89156 |
| 12 | 如东县 | Rudong County | 157726 | 32 | 泗阳县 | Siyang County | 87378 |
| 13 | 启东市 | Qidong City | 151349 | 33 | 沭阳县 | Shuyang County | 85068 |
| 14 | 丹阳市 | Danyang City | 151103 | 34 | 泗洪县 | Sihong County | 81630 |
| 15 | 金湖县 | Jinhu County | 150941 | 35 | 灌南县 | Guannan County | 81259 |
| 16 | 高邮市 | Gaoyou City | 148103 | 36 | 滨海县 | Binhai County | 78229 |
| 17 | 泰兴市 | Taixing City | 144875 | 37 | 东海县 | Donghai County | 72134 |
| 18 | 宝应县 | Baoying County | 138900 | 38 | 睢宁县 | Suining County | 65995 |
| 19 | 东台市 | Dongtai City | 126197 | 39 | 灌云县 | Guanyun County | 64133 |
| 20 | 如皋市 | Rugao City | 125698 | 40 | 丰县 | Fengxian County | 60081 |

# 21-8 一般公共预算收入(2023年)
# General Public Budget Revenue (2023)

| 位次 No. | 县(市)名称 | County (City) | 绝对数(亿元) Value (100 million yuan) | 位次 No. | 县(市)名称 | County (City) | 绝对数(亿元) Value (100 million yuan) |
|---|---|---|---|---|---|---|---|
| 1 | 昆山市 | Kunshan City | 456.59 | 21 | 新沂市 | Xinyi City | 48.97 |
| 2 | 江阴市 | Jiangyin City | 248.29 | 22 | 邳州市 | Pizhou City | 46.39 |
| 3 | 常熟市 | Changshu City | 237.39 | 23 | 睢宁县 | Suining County | 44.25 |
| 4 | 张家港市 | Zhangjiagang Cit | 237.07 | 24 | 高邮市 | Gaoyou City | 43.56 |
| 5 | 太仓市 | Taicang City | 189.42 | 25 | 建湖县 | Jianhu County | 41.56 |
| 6 | 宜兴市 | Yixing City | 140.80 | 26 | 扬中市 | Yangzhong City | 40.03 |
| 7 | 溧阳市 | Liyang City | 105.03 | 27 | 东海县 | Donghai County | 37.08 |
| 8 | 泰兴市 | Taixing City | 97.21 | 28 | 丰县 | Fengxian County | 35.61 |
| 9 | 丹阳市 | Danyang City | 80.05 | 29 | 泗阳县 | Siyang County | 33.50 |
| 10 | 如皋市 | Rugao City | 77.01 | 30 | 泗洪县 | Sihong County | 33.34 |
| 11 | 启东市 | Qidong City | 75.01 | 31 | 涟水县 | Lianshui County | 33.02 |
| 12 | 靖江市 | Jingjiang City | 73.46 | 32 | 射阳县 | Sheyang City | 32.92 |
| 13 | 如东县 | Rudong County | 71.03 | 33 | 阜宁县 | Funing County | 32.51 |
| 14 | 海安市 | Hai'an City | 71.01 | 34 | 滨海县 | Binhai County | 31.86 |
| 15 | 沭阳县 | Shuyang County | 67.10 | 35 | 宝应县 | Baoying County | 30.05 |
| 16 | 东台市 | Dongtai City | 65.01 | 36 | 金湖县 | Jinhu County | 30.01 |
| 17 | 沛县 | Peixian County | 54.59 | 37 | 响水县 | Xiangshui County | 27.26 |
| 18 | 兴化市 | Xinghua City | 50.91 | 38 | 灌南县 | Guannan County | 25.11 |
| 19 | 仪征市 | Yizheng City | 50.33 | 39 | 灌云县 | Guanyun County | 25.07 |
| 20 | 句容市 | Jurong City | 50.05 | 40 | 盱眙县 | Xuyi County | 22.54 |

# 21-9 人均一般公共预算收入(2023年)
# Per Capita General Public Budget Revenue (2023)

| 位次 No. | 县(市)名称 | County (City) | 绝对数(元) Value ( yuan) | 位次 No. | 县(市)名称 | County (City) | 绝对数(元) Value ( yuan) |
|---|---|---|---|---|---|---|---|
| 1 | 太仓市 | Taicang City | 22395 | 21 | 高邮市 | Gaoyou City | 6105 |
| 2 | 昆山市 | Kunshan City | 21367 | 22 | 响水县 | Xiangshui County | 5963 |
| 3 | 张家港市 | Zhangjiagang City | 16419 | 23 | 沛县 | Peixian County | 5323 |
| 4 | 常熟市 | Changshu City | 14066 | 24 | 新沂市 | Xinyi City | 5121 |
| 5 | 江阴市 | Jiangyin City | 13913 | 25 | 兴化市 | Xinghua City | 4535 |
| 6 | 溧阳市 | Liyang City | 13026 | 26 | 宝应县 | Baoying County | 4433 |
| 7 | 扬中市 | Yangzhong City | 12657 | 27 | 射阳县 | Sheyang City | 4350 |
| 8 | 靖江市 | Jingjiang City | 11098 | 28 | 灌南县 | Guannan County | 4148 |
| 9 | 宜兴市 | Yixing City | 10946 | 29 | 睢宁县 | Suining County | 4125 |
| 10 | 金湖县 | Jinhu County | 10425 | 30 | 阜宁县 | Funing County | 4113 |
| 11 | 泰兴市 | Taixing City | 9815 | 31 | 涟水县 | Lianshui County | 4052 |
| 12 | 仪征市 | Yizheng City | 9347 | 32 | 沭阳县 | Shuyang County | 4044 |
| 13 | 海安市 | Hai'an City | 8196 | 33 | 泗阳县 | Siyang County | 4038 |
| 14 | 如东县 | Rudong County | 8111 | 34 | 滨海县 | Binhai County | 3897 |
| 15 | 丹阳市 | Danyang City | 8060 | 35 | 泗洪县 | Sihong County | 3880 |
| 16 | 启东市 | Qidong City | 7850 | 36 | 丰县 | Fengxian County | 3860 |
| 17 | 句容市 | Jurong City | 7791 | 37 | 盱眙县 | Xuyi County | 3744 |
| 18 | 东台市 | Dongtai City | 7335 | 38 | 东海县 | Donghai County | 3564 |
| 19 | 建湖县 | Jianhu County | 6841 | 39 | 灌云县 | Guanyun County | 3529 |
| 20 | 如皋市 | Rugao City | 6316 | 40 | 邳州市 | Pizhou City | 3238 |

# 21-10 粮食产量(2023年)
# Output of Grain (2023)

| 位次 No. | 县(市)名称 | County (City) | 绝对数 (万吨) Value (10000 tons) | 位次 No. | 县(市)名称 | County (City) | 绝对数 (万吨) Value (10000 tons) |
|---|---|---|---|---|---|---|---|
| 1 | 沭阳县 | Shuyang County | 129.57 | 21 | 泗阳县 | Siyang County | 64.90 |
| 2 | 兴化市 | Xinghua City | 125.10 | 22 | 灌南县 | Guannan County | 64.61 |
| 3 | 泗洪县 | Sihong County | 118.35 | 23 | 泰兴市 | Taixing City | 63.61 |
| 4 | 东海县 | Donghai County | 117.28 | 24 | 海安市 | Haian City | 62.47 |
| 5 | 射阳县 | Sheyang County | 114.59 | 25 | 丰县 | Fengxian County | 61.49 |
| 6 | 盱眙县 | Xuyi County | 105.58 | 26 | 响水县 | Xiangshui County | 60.27 |
| 7 | 东台市 | Dongtai City | 103.18 | 27 | 金湖县 | Jinhu County | 57.63 |
| 8 | 滨海县 | Binhai County | 99.30 | 28 | 丹阳市 | Danyang City | 43.24 |
| 9 | 如东县 | Rudong County | 98.24 | 29 | 溧阳市 | Liyang City | 41.18 |
| 10 | 涟水县 | Lianshui County | 97.41 | 30 | 宜兴市 | Yixing City | 35.99 |
| 11 | 阜宁县 | Funing County | 96.26 | 31 | 启东市 | Qidong City | 33.60 |
| 12 | 睢宁县 | Suining County | 94.91 | 32 | 靖江市 | Jingjiang City | 27.28 |
| 13 | 灌云县 | Guanyun County | 88.17 | 33 | 仪征市 | Yizheng City | 27.04 |
| 14 | 宝应县 | Baoying County | 87.59 | 34 | 句容市 | Jurong City | 26.22 |
| 15 | 邳州市 | Pizhou City | 85.87 | 35 | 常熟市 | Changshu City | 24.35 |
| 16 | 高邮市 | Gaoyou City | 84.84 | 36 | 张家港市 | Zhangjiagang City | 22.30 |
| 17 | 新沂市 | Xinyi City | 72.49 | 37 | 太仓市 | Taicang City | 15.52 |
| 18 | 建湖县 | Jianhu County | 71.73 | 38 | 江阴市 | Jiangyin City | 13.18 |
| 19 | 如皋市 | Rugao City | 68.21 | 39 | 昆山市 | Kunshan City | 9.64 |
| 20 | 沛县 | Peixian County | 66.63 | 40 | 扬中市 | Yangzhong City | 7.60 |

# 21-11　油料产量(2023年)
# Output of Oil bearing Crops (2023)

| 位次 No. | 县(市)名称 | County (City) | 绝对数 (万吨) Value (10000 tons) | 位次 No. | 县(市)名称 | County (City) | 绝对数 (万吨) Value (10000 tons) |
|---|---|---|---|---|---|---|---|
| 1 | 新沂市 | Xinyi City | 5.42 | 21 | 响水县 | Xiangshui County | 1.17 |
| 2 | 东海县 | Donghai County | 5.34 | 22 | 邳州市 | Pizhou City | 1.17 |
| 3 | 启东市 | Qidong City | 5.28 | 23 | 阜宁县 | Funing County | 1.16 |
| 4 | 泰兴市 | Taixing City | 3.75 | 24 | 仪征市 | Yizheng City | 0.99 |
| 5 | 东台市 | Dongtai City | 3.45 | 25 | 丹阳市 | Danyang City | 0.78 |
| 6 | 兴化市 | Xinghua City | 3.28 | 26 | 泗阳县 | Siyang County | 0.76 |
| 7 | 如皋市 | Rugao City | 3.15 | 27 | 盱眙县 | Xuyi County | 0.69 |
| 8 | 睢宁县 | Suining County | 3.05 | 28 | 靖江市 | Jingjiang City | 0.66 |
| 9 | 涟水县 | Lianshui County | 2.82 | 29 | 丰县 | Fengxian County | 0.65 |
| 10 | 如东县 | Rudong County | 2.78 | 30 | 金湖县 | Jinhu County | 0.55 |
| 11 | 溧阳市 | Liyang City | 2.47 | 31 | 宜兴市 | Yixing City | 0.52 |
| 12 | 句容市 | Jurong City | 2.32 | 32 | 沛县 | Peixian County | 0.35 |
| 13 | 沭阳县 | Shuyang County | 2.05 | 33 | 灌南县 | Guannan County | 0.28 |
| 14 | 泗洪县 | Sihong County | 1.89 | 34 | 江阴市 | Jiangyin City | 0.26 |
| 15 | 射阳县 | Sheyang County | 1.62 | 35 | 扬中市 | Yangzhong City | 0.25 |
| 16 | 高邮市 | Gaoyou City | 1.60 | 36 | 张家港市 | Zhangjiagang City | 0.24 |
| 17 | 滨海县 | Binhai County | 1.57 | 37 | 常熟市 | Changshu City | 0.20 |
| 18 | 建湖县 | Jianhu County | 1.53 | 38 | 灌云县 | Guanyun County | 0.19 |
| 19 | 海安市 | Haian City | 1.42 | 39 | 昆山市 | Kunshan City | 0.15 |
| 20 | 宝应县 | Baoying County | 1.41 | 40 | 太仓市 | Taicang City | 0.13 |

# 21-12 规模以上工业企业利润总额(2023年)
# Total Profits of Industrial Enterprises above Designated Size (2023)

| 位次 No. | 县(市)名称 | County (City) | 绝对数(亿元) Value (100 million yuan) | 位次 No. | 县(市)名称 | County (City) | 绝对数(亿元) Value (100 million yuan) |
|---|---|---|---|---|---|---|---|
| 1 | 江阴市 | Jiangyin City | 568.16 | 21 | 兴化市 | Xinghua City | 67.66 |
| 2 | 昆山市 | Kunshan City | 476.52 | 22 | 涟水县 | Lianshui County | 63.73 |
| 3 | 宜兴市 | Yixing City | 282.14 | 23 | 宝应县 | Baoying County | 62.08 |
| 4 | 常熟市 | Changshu City | 278.71 | 24 | 如皋市 | Rugao City | 60.35 |
| 5 | 溧阳市 | Liyang City | 224.37 | 25 | 仪征市 | Yizheng City | 57.85 |
| 6 | 太仓市 | Taicang City | 192.49 | 26 | 射阳县 | Sheyang County | 55.94 |
| 7 | 张家港市 | Zhangjiagang City | 148.27 | 27 | 邳州市 | Pizhou City | 50.66 |
| 8 | 启东市 | Qidong City | 143.13 | 28 | 阜宁县 | Funing County | 42.43 |
| 9 | 丹阳市 | Danyang City | 112.61 | 29 | 建湖县 | Jianhu County | 38.74 |
| 10 | 靖江市 | Jingjiang City | 107.91 | 30 | 句容市 | Jurong City | 33.01 |
| 11 | 泰兴市 | Taixing City | 99.66 | 31 | 金湖县 | Jinhu County | 25.85 |
| 12 | 如东县 | Rudong County | 98.40 | 32 | 泗阳县 | Siyang County | 24.64 |
| 13 | 泗洪县 | Sihong County | 96.19 | 33 | 滨海县 | Binhai County | 23.73 |
| 14 | 东海县 | Donghai County | 87.98 | 34 | 新沂市 | Xinyi City | 23.13 |
| 15 | 东台市 | Dongtai City | 85.90 | 35 | 沛县 | Peixian County | 21.67 |
| 16 | 海安市 | Haian City | 83.79 | 36 | 丰县 | Fengxian County | 20.26 |
| 17 | 沭阳县 | Shuyang County | 82.62 | 37 | 灌云县 | Guanyun County | 10.12 |
| 18 | 响水县 | Xiangshui City | 80.47 | 38 | 盱眙县 | Xuyi County | 10.01 |
| 19 | 高邮市 | Gaoyou City | 80.03 | 39 | 睢宁县 | Suining County | 9.82 |
| 20 | 扬中市 | Yangzhong City | 71.43 | 40 | 灌南县 | Guannan County | 6.95 |

# 21-13　社会消费品零售总额(2023年)
# Total Retail Sales of Consumer Goods (2023)

| 位次 No. | 县(市)名称 | County (City) | 绝对数(亿元) Value (100 million yuan) | 位次 No. | 县(市)名称 | County (City) | 绝对数(亿元) Value (100 million yuan) |
|---|---|---|---|---|---|---|---|
| 1 | 昆山市 | Kunshan City | 1717.66 | 21 | 丰县 | Fengxian County | 323.65 |
| 2 | 常熟市 | Changshu City | 1290.28 | 22 | 阜宁县 | Funing County | 311.12 |
| 3 | 张家港市 | Zhangjiagang City | 836.31 | 23 | 射阳县 | Sheyang City | 295.08 |
| 4 | 江阴市 | Jiangyin City | 711.70 | 24 | 东海县 | Donghai County | 281.64 |
| 5 | 沛县 | Peixian County | 649.72 | 25 | 滨海县 | Binhai County | 280.66 |
| 6 | 宜兴市 | Yixing City | 590.90 | 26 | 靖江市 | Jingjiang City | 273.95 |
| 7 | 如皋市 | Rugao City | 560.60 | 27 | 建湖县 | Jianhu County | 247.35 |
| 8 | 太仓市 | Taicang City | 548.83 | 28 | 涟水县 | Lianshui County | 237.38 |
| 9 | 如东县 | Rudong County | 524.09 | 29 | 高邮市 | Gaoyou City | 206.93 |
| 10 | 启东市 | Qidong City | 519.97 | 30 | 泗洪县 | Sihong County | 198.94 |
| 11 | 睢宁县 | Suining County | 499.94 | 31 | 句容市 | Jurong City | 193.96 |
| 12 | 邳州市 | Pizhou City | 487.18 | 32 | 泗阳县 | Siyang County | 193.85 |
| 13 | 海安市 | Hai'an City | 444.83 | 33 | 宝应县 | Baoying County | 191.46 |
| 14 | 新沂市 | Xinyi City | 424.21 | 34 | 盱眙县 | Xuyi County | 191.04 |
| 15 | 溧阳市 | Liyang City | 402.75 | 35 | 扬中市 | Yangzhong City | 173.95 |
| 16 | 丹阳市 | Danyang City | 391.84 | 36 | 仪征市 | Yizheng City | 140.55 |
| 17 | 沭阳县 | Shuyang County | 386.55 | 37 | 响水县 | Xiangshui County | 137.00 |
| 18 | 兴化市 | Xinghua City | 352.43 | 38 | 金湖县 | Jinhu County | 134.82 |
| 19 | 泰兴市 | Taixing City | 344.30 | 39 | 灌南县 | Guannan County | 100.18 |
| 20 | 东台市 | Dongtai City | 339.88 | 40 | 灌云县 | Guanyun County | 84.67 |

# 21-14　出口总额(2023年)
# Total Value of Exports (2023)

| 位次 No. | 县(市)名称 | County (City) | 绝对数(亿元) Value (100 million yuan) | 位次 No. | 县(市)名称 | County (City) | 绝对数(亿元) Value (100 million yuan) |
|---|---|---|---|---|---|---|---|
| 1 | 昆山市 | Kunshan City | 5123.30 | 21 | 泗洪县 | Sihong County | 71.16 |
| 2 | 张家港市 | Zhangjiagang City | 1275.79 | 22 | 射阳县 | Sheyang City | 68.84 |
| 3 | 常熟市 | Changshu City | 1079.22 | 23 | 滨海县 | Binhai County | 68.28 |
| 4 | 江阴市 | Jiangyin City | 1052.39 | 24 | 沛县 | Peixian County | 67.88 |
| 5 | 太仓市 | Taicang City | 582.55 | 25 | 新沂市 | Xinyi City | 51.25 |
| 6 | 宜兴市 | Yixing City | 315.73 | 26 | 宝应县 | Baoying County | 47.20 |
| 7 | 靖江市 | Jingjiang City | 272.38 | 27 | 扬中市 | Yangzhong City | 45.80 |
| 8 | 启东市 | Qidong City | 236.00 | 28 | 建湖县 | Jianhu County | 44.49 |
| 9 | 丹阳市 | Danyang City | 228.28 | 29 | 高邮市 | Gaoyou City | 43.90 |
| 10 | 如皋市 | Rugao City | 223.63 | 30 | 金湖县 | Jinhu County | 39.60 |
| 11 | 泰兴市 | Taixing City | 221.63 | 31 | 阜宁县 | Funing County | 39.23 |
| 12 | 如东县 | Rudong County | 190.09 | 32 | 东海县 | Donghai County | 38.43 |
| 13 | 邳州市 | Pizhou City | 161.48 | 33 | 句容市 | Jurong City | 32.73 |
| 14 | 海安市 | Hai'an City | 149.28 | 34 | 涟水县 | Lianshui County | 29.60 |
| 15 | 溧阳市 | Liyang City | 142.24 | 35 | 响水县 | Xiangshui County | 28.77 |
| 16 | 沭阳县 | Shuyang County | 111.70 | 36 | 睢宁县 | Suining County | 28.22 |
| 17 | 东台市 | Dongtai City | 110.59 | 37 | 盱眙县 | Xuyi County | 21.64 |
| 18 | 泗阳县 | Siyang County | 91.44 | 38 | 丰县 | Fengxian County | 21.08 |
| 19 | 仪征市 | Yizheng City | 84.30 | 39 | 灌南县 | Guannan County | 19.02 |
| 20 | 兴化市 | Xinghua City | 76.06 | 40 | 灌云县 | Guanyun County | 18.51 |

# 21-15　实际使用外资(2023年)
# Foreign Investment Actually Utilized (2023)

| 位次 No. | 县(市)名称 | County (City) | 绝对数 (亿美元) Value (USD 100 million) |
|---|---|---|---|
| 1 | 昆山市 | Kunshan City | 16.57 |
| 2 | 江阴市 | Jiangyin City | 11.00 |
| 3 | 张家港市 | Zhangjiagang City | 5.81 |
| 4 | 太仓市 | Taicang City | 5.34 |
| 5 | 宜兴市 | Yixing City | 3.87 |
| 6 | 常熟市 | Changshu City | 3.49 |
| 7 | 溧阳市 | Liyang City | 3.45 |
| 8 | 泰兴市 | Taixing City | 3.02 |
| 9 | 如东县 | Rudong County | 2.82 |
| 10 | 仪征市 | Yizheng City | 2.53 |
| 11 | 丹阳市 | Danyang City | 1.75 |
| 12 | 如皋市 | Rugao City | 1.67 |
| 13 | 高邮市 | Gaoyou City | 1.65 |
| 14 | 宝应县 | Baoying County | 1.65 |
| 15 | 海安市 | Hai'an City | 1.49 |
| 16 | 沭阳县 | Shuyang County | 1.42 |
| 17 | 靖江市 | Jingjiang City | 1.39 |
| 18 | 启东市 | Qidong City | 1.03 |
| 19 | 灌南县 | Guannan County | 0.92 |
| 20 | 涟水县 | Lianshui County | 0.71 |
| 21 | 兴化市 | Xinghua City | 0.68 |
| 22 | 滨海县 | Binhai County | 0.62 |
| 23 | 盱眙县 | Xuyi County | 0.61 |
| 24 | 金湖县 | Jinhu County | 0.60 |
| 25 | 东台市 | Dongtai City | 0.60 |
| 26 | 泗阳县 | Siyang County | 0.53 |
| 27 | 泗洪县 | Sihong County | 0.49 |
| 28 | 扬中市 | Yangzhong City | 0.38 |
| 29 | 句容市 | Jurong City | 0.38 |
| 30 | 新沂市 | Xinyi City | 0.32 |
| 31 | 建湖县 | Jianhu County | 0.26 |
| 32 | 邳州市 | Pizhou City | 0.24 |
| 33 | 睢宁县 | Suining County | 0.22 |
| 34 | 射阳县 | Sheyang City | 0.15 |
| 35 | 阜宁县 | Funing County | 0.13 |
| 36 | 灌云县 | Guanyun County | 0.08 |
| 37 | 沛县 | Peixian County | 0.06 |
| 38 | 东海县 | Donghai County | 0.06 |
| 39 | 响水县 | Xiangshui County | 0.03 |
| 40 | 丰县 | Fengxian County | … |

# 21-16 金融机构各项存款余额(人民币)(2023年)
# Balance of Various Deposits of Financial Institutions (RMB) (2023)

| 位次 No. | 县(市)名称 | County (City) | 绝对数 (亿元) Value (100 million yuan) | 位次 No. | 县(市)名称 | County (City) | 绝对数 (亿元) Value (100 million yuan) |
|---|---|---|---|---|---|---|---|
| 1 | 昆山市 | Kunshan City | 7407.78 | 21 | 邳州市 | Pizhou City | 1089.26 |
| 2 | 张家港市 | Zhangjiagang City | 5935.27 | 22 | 扬中市 | Yangzhong City | 1021.50 |
| 3 | 江阴市 | Jiangyin City | 5824.63 | 23 | 宝应县 | Baoying County | 978.73 |
| 4 | 常熟市 | Changshu City | 5301.68 | 24 | 射阳县 | Sheyang City | 933.89 |
| 5 | 宜兴市 | Yixing City | 3931.69 | 25 | 沛县 | Peixian County | 922.57 |
| 6 | 太仓市 | Taicang City | 2742.88 | 26 | 阜宁县 | Funing County | 896.55 |
| 7 | 溧阳市 | Liyang City | 2695.51 | 27 | 建湖县 | Jianhu County | 889.67 |
| 8 | 启东市 | Qidong City | 2360.16 | 28 | 睢宁县 | Suining County | 874.11 |
| 9 | 海安市 | Hai'an City | 2331.70 | 29 | 东海县 | Donghai County | 795.37 |
| 10 | 如皋市 | Rugao City | 2306.59 | 30 | 滨海县 | Binhai County | 787.45 |
| 11 | 如东县 | Rudong County | 2176.13 | 31 | 新沂市 | Xinyi City | 781.06 |
| 12 | 丹阳市 | Danyang City | 2141.65 | 32 | 丰县 | Fengxian County | 758.35 |
| 13 | 靖江市 | Jingjiang City | 1978.30 | 33 | 泗阳县 | Siyang County | 751.33 |
| 14 | 泰兴市 | Taixing City | 1866.03 | 34 | 涟水县 | Lianshui County | 750.06 |
| 15 | 东台市 | Dongtai City | 1543.19 | 35 | 泗洪县 | Sihong County | 725.70 |
| 16 | 兴化市 | Xinghua City | 1531.38 | 36 | 盱眙县 | Xuyi County | 627.45 |
| 17 | 句容市 | Jurong City | 1208.58 | 37 | 金湖县 | Jinhu County | 518.93 |
| 18 | 高邮市 | Gaoyou City | 1174.34 | 38 | 灌云县 | Guanyun County | 492.15 |
| 19 | 沭阳县 | Shuyang County | 1131.72 | 39 | 灌南县 | Guannan County | 456.45 |
| 20 | 仪征市 | Yizheng City | 1091.05 | 40 | 响水县 | Xiangshui County | 422.75 |

# 21-17　金融机构各项贷款余额(人民币)(2023年)
# Balance of Various Loans of Financial Institutions(RMB) (2023)

| 位次<br>No. | 县(市)名称 | County (City) | 绝对数<br>(亿元)<br>Value<br>(100 million yuan) | 位次<br>No. | 县(市)名称 | County (City) | 绝对数<br>(亿元)<br>Value<br>(100 million yuan) |
|---|---|---|---|---|---|---|---|
| 1 | 昆山市 | Kunshan City | 7085.52 | 21 | 高邮市 | Gaoyou City | 1040.55 |
| 2 | 江阴市 | Jiangyin City | 4823.62 | 22 | 仪征市 | Yizheng City | 1028.70 |
| 3 | 张家港市 | Zhangjiagang City | 4753.46 | 23 | 泗阳县 | Siyang County | 955.55 |
| 4 | 常熟市 | Changshu City | 4611.11 | 24 | 新沂市 | Xinyi City | 913.02 |
| 5 | 宜兴市 | Yixing City | 3066.58 | 25 | 射阳县 | Sheyang City | 907.75 |
| 6 | 太仓市 | Taicang City | 2993.72 | 26 | 泗洪县 | Sihong County | 853.01 |
| 7 | 海安市 | Hai'an City | 2211.99 | 27 | 睢宁县 | Suining County | 818.70 |
| 8 | 如皋市 | Rugao City | 2174.42 | 28 | 宝应县 | Baoying County | 812.29 |
| 9 | 溧阳市 | Liyang City | 2082.85 | 29 | 滨海县 | Binhai County | 804.81 |
| 10 | 启东市 | Qidong City | 2001.68 | 30 | 沛县 | Peixian County | 793.51 |
| 11 | 丹阳市 | Danyang City | 1987.13 | 31 | 东海县 | Donghai County | 759.86 |
| 12 | 如东县 | Rudong County | 1968.10 | 32 | 建湖县 | Jianhu County | 748.90 |
| 13 | 靖江市 | Jingjiang City | 1830.95 | 33 | 盱眙县 | Xuyi County | 698.99 |
| 14 | 泰兴市 | Taixing City | 1771.16 | 34 | 丰县 | Fengxian County | 671.30 |
| 15 | 句容市 | Jurong City | 1722.93 | 35 | 阜宁县 | Funing County | 658.73 |
| 16 | 兴化市 | Xinghua City | 1288.54 | 36 | 涟水县 | Lianshui County | 611.08 |
| 17 | 邳州市 | Pizhou City | 1192.43 | 37 | 灌云县 | Guanyun County | 566.07 |
| 18 | 东台市 | Dongtai City | 1174.66 | 38 | 金湖县 | Jinhu County | 525.29 |
| 19 | 沭阳县 | Shuyang County | 1134.62 | 39 | 灌南县 | Guannan County | 520.62 |
| 20 | 扬中市 | Yangzhong City | 1054.73 | 40 | 响水县 | Xiangshui County | 513.07 |

# 21-18 居民人均可支配收入(2023年)
# Per Capita Disposable Income of Households (2023)

| 位次 No. | 县(市)名称 County (City) | | 绝对数 (元) Value ( yuan) | 位次 No. | 县(市)名称 County (City) | | 绝对数 (元) Value ( yuan) |
|---|---|---|---|---|---|---|---|
| 1 | 江阴市 | Jiangyin City | 73861 | 21 | 建湖县 | Jianhu County | 39574 |
| 2 | 昆山市 | Kunshan City | 73750 | 22 | 金湖县 | Jinhu County | 38944 |
| 3 | 张家港市 | Zhangjiagang City | 71883 | 23 | 盱眙县 | Xuyi County | 37484 |
| 4 | 常熟市 | Changshu City | 71555 | 24 | 邳州市 | Pizhou City | 36792 |
| 5 | 太仓市 | Taicang City | 70607 | 25 | 宝应县 | Baoying County | 36701 |
| 6 | 宜兴市 | Yixing City | 61349 | 26 | 射阳县 | Sheyang City | 36605 |
| 7 | 扬中市 | Yangzhong City | 59618 | 27 | 沛县 | Peixian County | 36152 |
| 8 | 溧阳市 | Liyang City | 54743 | 28 | 东海县 | Donghai County | 34636 |
| 9 | 靖江市 | Jingjiang City | 53389 | 29 | 滨海县 | Binhai County | 34602 |
| 10 | 丹阳市 | Danyang City | 53382 | 30 | 阜宁县 | Funing County | 34335 |
| 11 | 句容市 | Jurong City | 49210 | 31 | 新沂市 | Xinyi City | 33414 |
| 12 | 启东市 | Qidong City | 49085 | 32 | 响水县 | Xiangshui County | 33373 |
| 13 | 泰兴市 | Taixing City | 48043 | 33 | 沭阳县 | Shuyang County | 32208 |
| 14 | 海安市 | Hai'an City | 47842 | 34 | 涟水县 | Lianshui County | 32166 |
| 15 | 如皋市 | Rugao City | 46205 | 35 | 泗阳县 | Siyang County | 31989 |
| 16 | 如东县 | Rudong County | 46190 | 36 | 泗洪县 | Sihong County | 31151 |
| 17 | 仪征市 | Yizheng City | 45718 | 37 | 睢宁县 | Suining County | 30741 |
| 18 | 东台市 | Dongtai City | 44579 | 38 | 丰县 | Fengxian County | 30726 |
| 19 | 兴化市 | Xinghua City | 42733 | 39 | 灌南县 | Guannan County | 30036 |
| 20 | 高邮市 | Gaoyou City | 40289 | 40 | 灌云县 | Guanyun County | 29466 |

# 21-19　城镇常住居民人均可支配收入(2023年)

# Per Capita Disposable Income of Urban Permanent Residents (2023)

| 位次 No. | 县(市)名称 County (City) | | 绝对数 (元) Value ( yuan) | 位次 No. | 县(市)名称 County (City) | | 绝对数 (元) Value ( yuan) |
|---|---|---|---|---|---|---|---|
| 1 | 江阴市 | Jiangyin City | 84952 | 21 | 金湖县 | Jinhu County | 49006 |
| 2 | 昆山市 | Kunshan City | 83921 | 22 | 盱眙县 | Xuyi County | 48630 |
| 3 | 张家港市 | Zhangjiagang City | 83812 | 23 | 建湖县 | Jianhu County | 47112 |
| 4 | 常熟市 | Changshu City | 83384 | 24 | 邳州市 | Pizhou City | 45262 |
| 5 | 太仓市 | Taicang City | 82639 | 25 | 沛县 | Peixian County | 43554 |
| 6 | 宜兴市 | Yixing City | 72399 | 26 | 东海县 | Donghai County | 43513 |
| 7 | 扬中市 | Yangzhong City | 71302 | 27 | 宝应县 | Baoying County | 43178 |
| 8 | 溧阳市 | Liyang City | 66183 | 28 | 射阳县 | Sheyang City | 42684 |
| 9 | 丹阳市 | Danyang City | 64718 | 29 | 滨海县 | Binhai County | 42209 |
| 10 | 靖江市 | Jingjiang City | 64093 | 30 | 阜宁县 | Funing County | 40684 |
| 11 | 句容市 | Jurong City | 62269 | 31 | 涟水县 | Lianshui County | 40394 |
| 12 | 启东市 | Qidong City | 60041 | 32 | 新沂市 | Xinyi City | 40096 |
| 13 | 海安市 | Hai'an City | 60012 | 33 | 响水县 | Xiangshui County | 40064 |
| 14 | 泰兴市 | Taixing City | 59297 | 34 | 灌南县 | Guannan County | 38834 |
| 15 | 如东县 | Rudong County | 59192 | 35 | 沭阳县 | Shuyang County | 38191 |
| 16 | 如皋市 | Rugao City | 58803 | 36 | 泗阳县 | Siyang County | 38049 |
| 17 | 仪征市 | Yizheng City | 58348 | 37 | 睢宁县 | Suining County | 36914 |
| 18 | 兴化市 | Xinghua City | 53875 | 38 | 泗洪县 | Sihong County | 36914 |
| 19 | 东台市 | Dongtai City | 51859 | 39 | 丰县 | Fengxian County | 36614 |
| 20 | 高邮市 | Gaoyou City | 50254 | 40 | 灌云县 | Guanyun County | 36520 |

# 21-20 农村常住居民人均可支配收入(2023年)
# Per Capita Disposable Income of Rural Permanent Residents (2023)

| 位次 No. | 县(市)名称 County (City) | | 绝对数(元) Value (yuan) | 位次 No. | 县(市)名称 County (City) | | 绝对数(元) Value (yuan) |
|---|---|---|---|---|---|---|---|
| 1 | 江阴市 | Jiangyin City | 47846 | 21 | 高邮市 | Gaoyou City | 29560 |
| 2 | 昆山市 | Kunshan City | 47115 | 22 | 建湖县 | Jianhu County | 29401 |
| 3 | 张家港市 | Zhangjiagang City | 47032 | 23 | 射阳县 | Sheyang City | 28678 |
| 4 | 常熟市 | Changshu City | 46816 | 24 | 沛县 | Peixian County | 27971 |
| 5 | 太仓市 | Taicang City | 46462 | 25 | 金湖县 | Jinhu County | 27948 |
| 6 | 扬中市 | Yangzhong City | 40743 | 26 | 邳州市 | Pizhou City | 27363 |
| 7 | 宜兴市 | Yixing City | 40633 | 27 | 阜宁县 | Funing County | 26691 |
| 8 | 溧阳市 | Liyang City | 37742 | 28 | 新沂市 | Xinyi City | 25891 |
| 9 | 丹阳市 | Danyang City | 36759 | 29 | 滨海县 | Binhai County | 25865 |
| 10 | 靖江市 | Jingjiang City | 34814 | 30 | 响水县 | Xiangshui County | 25519 |
| 11 | 启东市 | Qidong City | 34743 | 31 | 东海县 | Donghai County | 25448 |
| 12 | 东台市 | Dongtai City | 34012 | 32 | 盱眙县 | Xuyi County | 25441 |
| 13 | 泰兴市 | Taixing City | 32153 | 33 | 沭阳县 | Shuyang County | 24946 |
| 14 | 句容市 | Jurong City | 32081 | 34 | 丰县 | Fengxian County | 24714 |
| 15 | 海安市 | Hai'an City | 31944 | 35 | 泗阳县 | Siyang County | 24687 |
| 16 | 仪征市 | Yizheng City | 30340 | 36 | 睢宁县 | Suining County | 24407 |
| 17 | 兴化市 | Xinghua City | 29940 | 37 | 泗洪县 | Sihong County | 24230 |
| 18 | 如东县 | Rudong County | 29914 | 38 | 涟水县 | Lianshui County | 23565 |
| 19 | 如皋市 | Rugao City | 29806 | 39 | 灌云县 | Guanyun County | 22878 |
| 20 | 宝应县 | Baoying County | 29779 | 40 | 灌南县 | Guannan County | 21835 |

# 附录

# Appendix

## 全国分省主要指标

## Main Indicators by Province

# 简　要　说　明

**一、主要内容**

包括全国各省、自治区、直辖市经济社会主要指标。

**二、资料来源**

资料均来自《中国统计摘要 2023》，部分数据为初步统计数。其中江苏的数据与相应篇章内容保持一致。

# Brief Introduction

**Ⅰ. Main Content**

Data in this chapter include economic and social main indicators of provinces, autonomous regions and municipalities.

**Ⅱ. Sources of Data**

Data in this charter come from *China Statistics Abstract 2023*, and part of the data are preliminary statistics. Data of Jiangsu Province are consistent with corresponding chapter.

# 附录1-1　人口及地区生产总值(2023年)
# Population and Gross Domestic Product (2023)

| 地　区 | Region | 年末常住人口(万人) Permanent Population at Year end (10000 persons) | 年末城镇人口比重(%) Proportion of Urban Population at Year end (%) | 地区生产总值(亿元) Gross Domestic Product (100 million yuan) | 第一产业 Primary Industry | 第二产业 Secondary Industry | 第三产业 Tertiary Industry | 人均地区生产总值(元) Per Capita Gross Domestic Product (yuan) |
|---|---|---|---|---|---|---|---|---|
| **全　国** | **National Total** | **140967** | **66.2** | **1260582** | **89755** | **482589** | **688238** | **89358** |
| 北　京 | Beijing | 2186 | 87.8 | 43761 | 106 | 6526 | 37130 | 200278 |
| 天　津 | Tianjin | 1364 | 85.5 | 16737 | 269 | 5983 | 10486 | 122752 |
| 河　北 | Hebei | 7393 | 62.8 | 43944 | 4466 | 16435 | 23043 | 59332 |
| 山　西 | Shanxi | 3466 | 65.0 | 25698 | 1389 | 13330 | 10980 | 73984 |
| 内蒙古 | Inner Mongolia | 2396 | 69.6 | 24627 | 2737 | 11704 | 10186 | 102677 |
| 辽　宁 | Liaoning | 4182 | 73.5 | 30209 | 2651 | 11735 | 15824 | 72107 |
| 吉　林 | Jilin | 2339 | 64.7 | 13531 | 1645 | 4585 | 7301 | 57739 |
| 黑龙江 | Heilongjiang | 3062 | 67.1 | 15884 | 3518 | 4291 | 8074 | 51563 |
| 上　海 | Shanghai | 2487 | 89.5 | 47219 | 96 | 11613 | 35510 | 190321 |
| **江　苏** | **Jiangsu** | **8526** | **75.0** | **128222** | **5076** | **56910** | **66237** | **150487** |
| 浙　江 | Zhejiang | 6627 | 74.2 | 82553 | 2332 | 33953 | 46269 | 125043 |
| 安　徽 | Anhui | 6121 | 61.5 | 47051 | 3497 | 18872 | 24682 | 76830 |
| 福　建 | Fujian | 4183 | 71.0 | 54355 | 3218 | 23966 | 27171 | 129865 |
| 江　西 | Jiangxi | 4515 | 63.1 | 32200 | 2450 | 13707 | 16043 | 71216 |
| 山　东 | Shandong | 10123 | 65.5 | 92069 | 6506 | 35988 | 49575 | 90771 |
| 河　南 | Henan | 9815 | 58.1 | 59132 | 5360 | 22175 | 31597 | 60073 |
| 湖　北 | Hubei | 5838 | 65.5 | 55804 | 5073 | 20216 | 30515 | 95538 |
| 湖　南 | Hunan | 6568 | 61.2 | 50013 | 4621 | 18823 | 26569 | 75938 |
| 广　东 | Guangdong | 12706 | 75.4 | 135673 | 5541 | 54437 | 75695 | 106985 |
| 广　西 | Guangxi | 5027 | 56.8 | 27202 | 4468 | 8924 | 13810 | 54005 |
| 海　南 | Hainan | 1043 | 62.5 | 7551 | 1507 | 1449 | 4595 | 72958 |
| 重　庆 | Chongqing | 3191 | 71.7 | 30146 | 2075 | 11699 | 16372 | 94147 |
| 四　川 | Sichuan | 8368 | 59.5 | 60133 | 6057 | 21307 | 32770 | 71835 |
| 贵　州 | Guizhou | 3865 | 55.9 | 20913 | 2894 | 7311 | 10708 | 54172 |
| 云　南 | Yunnan | 4673 | 52.9 | 30021 | 4207 | 10256 | 15558 | 64107 |
| 西　藏 | Tibet | 365 | 38.9 | 2393 | 215 | 883 | 1295 | 65642 |
| 陕　西 | Shaanxi | 3952 | 65.2 | 33786 | 2650 | 16069 | 15067 | 85448 |
| 甘　肃 | Gansu | 2465 | 55.5 | 11864 | 1641 | 4081 | 6142 | 47867 |
| 青　海 | Qinghai | 594 | 62.8 | 3799 | 387 | 1613 | 1799 | 63903 |
| 宁　夏 | Ningxia | 729 | 67.3 | 5315 | 428 | 2487 | 2400 | 72957 |
| 新　疆 | Xinjiang | 2598 | 59.2 | 19126 | 2742 | 7710 | 8673 | 73774 |

# 附录1-2 地区生产总值构成及增速(2023年)
# Composition and Growth Rate of Gross Domestic Product (2023)

| 地 区 | Region | 地区生产总值构成(%) Composition Gross Domestic Product (%) | 第一产业 Primary Industry | 第二产业 Secondary Industry | 第三产业 Tertiary Industry | 地区生产总值比上年增长(%) Growth Rate of Gross Domestic Product Over Preceding Year (%) |
|---|---|---|---|---|---|---|
| **全 国** | **National Total** | **100.0** | **7.1** | **38.3** | **54.6** | **5.2** |
| 北 京 | Beijing | 100.0 | 0.2 | 14.9 | 84.8 | 5.2 |
| 天 津 | Tianjin | 100.0 | 1.6 | 35.7 | 62.7 | 4.3 |
| 河 北 | Hebei | 100.0 | 10.2 | 37.4 | 52.4 | 5.5 |
| 山 西 | Shanxi | 100.0 | 5.4 | 51.9 | 42.7 | 5.0 |
| 内蒙古 | Inner Mongolia | 100.0 | 11.1 | 47.5 | 41.4 | 7.3 |
| 辽 宁 | Liaoning | 100.0 | 8.8 | 38.8 | 52.4 | 5.3 |
| 吉 林 | Jilin | 100.0 | 12.2 | 33.9 | 54.0 | 6.3 |
| 黑龙江 | Heilongjiang | 100.0 | 22.2 | 27.0 | 50.8 | 2.6 |
| 上 海 | Shanghai | 100.0 | 0.2 | 24.6 | 75.2 | 5.0 |
| **江 苏** | **Jiangsu** | **100.0** | **4.0** | **44.4** | **51.7** | **5.8** |
| 浙 江 | Zhejiang | 100.0 | 2.8 | 41.1 | 56.0 | 6.0 |
| 安 徽 | Anhui | 100.0 | 7.4 | 40.1 | 52.5 | 5.8 |
| 福 建 | Fujian | 100.0 | 5.9 | 44.1 | 50.0 | 4.5 |
| 江 西 | Jiangxi | 100.0 | 7.6 | 42.6 | 49.8 | 4.1 |
| 山 东 | Shandong | 100.0 | 7.1 | 39.1 | 53.8 | 6.0 |
| 河 南 | Henan | 100.0 | 9.1 | 37.5 | 53.4 | 4.1 |
| 湖 北 | Hubei | 100.0 | 9.1 | 36.2 | 54.7 | 6.0 |
| 湖 南 | Hunan | 100.0 | 9.2 | 37.6 | 53.1 | 4.6 |
| 广 东 | Guangdong | 100.0 | 4.1 | 40.1 | 55.8 | 4.8 |
| 广 西 | Guangxi | 100.0 | 16.4 | 32.8 | 50.8 | 4.1 |
| 海 南 | Hainan | 100.0 | 20.0 | 19.2 | 60.9 | 9.2 |
| 重 庆 | Chongqing | 100.0 | 6.9 | 38.8 | 54.3 | 6.1 |
| 四 川 | Sichuan | 100.0 | 10.1 | 35.4 | 54.5 | 6.0 |
| 贵 州 | Guizhou | 100.0 | 13.8 | 35.0 | 51.2 | 4.9 |
| 云 南 | Yunnan | 100.0 | 14.0 | 34.2 | 51.8 | 4.4 |
| 西 藏 | Tibet | 100.0 | 9.0 | 36.9 | 54.1 | 9.5 |
| 陕 西 | Shaanxi | 100.0 | 7.8 | 47.6 | 44.6 | 4.3 |
| 甘 肃 | Gansu | 100.0 | 13.8 | 34.4 | 51.8 | 6.4 |
| 青 海 | Qinghai | 100.0 | 10.2 | 42.5 | 47.4 | 5.3 |
| 宁 夏 | Ningxia | 100.0 | 8.1 | 46.8 | 45.1 | 6.6 |
| 新 疆 | Xinjiang | 100.0 | 14.3 | 40.3 | 45.3 | 6.8 |

# 附录1-3　房地产开发投资主要指标(2023年)
# Main Indicators of Investment for Real Estate Development (2023)

| 地　区 | Region | 房地产开发投资(亿元) Investment in Real Estate Development (Including Farm Households) (100 million yuan) | #住宅 Residential Buildings | 新建商品房销售额(亿元) Value of Sale of New Commercial Buildings (100 million yuan) | #住宅 Residential Buildings | 新建商品房销售面积(万平方米) Floor Space of New Commercial Buildings Sold (10000 sq.m) | 新建商品房待售面积(万平方米) Floor Space of New Commercial Buildings for Sale (10000 sq.m) |
|---|---|---|---|---|---|---|---|
| **全　国** | **National Total** | **110913** | **83820** | **116622** | **102990** | **111735** | **67295** |
| 北　京 | Beijing | 4196 | 2713 | 4233 | 3809 | 1123 | 2950 |
| 天　津 | Tianjin | 1232 | 974 | 1893 | 1810 | 1177 | 1226 |
| 河　北 | Hebei | 3094 | 2605 | 3539 | 3374 | 4323 | 1240 |
| 山　西 | Shanxi | 1751 | 1417 | 1588 | 1505 | 2353 | 895 |
| 内蒙古 | Inner Mongolia | 963 | 753 | 993 | 903 | 1512 | 1181 |
| 辽　宁 | Liaoning | 1745 | 1379 | 1557 | 1405 | 2071 | 3220 |
| 吉　林 | Jilin | 824 | 614 | 730 | 672 | 1057 | 1345 |
| 黑龙江 | Heilongjiang | 457 | 372 | 554 | 488 | 858 | 1558 |
| 上　海 | Shanghai | 5886 | 3403 | 7260 | 6685 | 1808 | 2920 |
| **江　苏** | **Jiangsu** | **11932** | **9623** | **12682** | **11270** | **11019** | **4208** |
| 浙　江 | Zhejiang | 13198 | 9180 | 11504 | 10147 | 6106 | 2813 |
| 安　徽 | Anhui | 4659 | 3754 | 3873 | 3564 | 4678 | 2429 |
| 福　建 | Fujian | 4403 | 3204 | 4657 | 3811 | 4225 | 2341 |
| 江　西 | Jiangxi | 1581 | 1318 | 2482 | 2101 | 3433 | 751 |
| 山　东 | Shandong | 8169 | 6562 | 9541 | 8174 | 11287 | 3545 |
| 河　南 | Henan | 4189 | 3637 | 4546 | 4210 | 6965 | 2703 |
| 湖　北 | Hubei | 5409 | 4297 | 4619 | 3970 | 5265 | 2303 |
| 湖　南 | Hunan | 3833 | 3118 | 3700 | 3300 | 5637 | 1297 |
| 广　东 | Guangdong | 13466 | 9711 | 15136 | 13005 | 9622 | 10547 |
| 广　西 | Guangxi | 1337 | 1057 | 1686 | 1439 | 2917 | 2468 |
| 海　南 | Hainan | 1171 | 842 | 1494 | 1290 | 900 | 1118 |
| 重　庆 | Chongqing | 2792 | 2106 | 2475 | 1953 | 3572 | 3064 |
| 四　川 | Sichuan | 5321 | 4002 | 7170 | 6286 | 8006 | 2821 |
| 贵　州 | Guizhou | 1188 | 981 | 1252 | 1124 | 2215 | 1187 |
| 云　南 | Yunnan | 2067 | 1543 | 1702 | 1486 | 2491 | 2502 |
| 西　藏 | Tibet | 79 | 60 | 67 | 55 | 80 | 97 |
| 陕　西 | Shaanxi | 2943 | 2277 | 2974 | 2721 | 2711 | 1090 |
| 甘　肃 | Gansu | 1263 | 1029 | 901 | 846 | 1497 | 658 |
| 青　海 | Qinghai | 201 | 159 | 167 | 154 | 236 | 196 |
| 宁　夏 | Ningxia | 436 | 346 | 479 | 441 | 690 | 749 |
| 新　疆 | Xinjiang | 1169 | 823 | 1167 | 990 | 1903 | 1873 |

# 附录1-4 居民人均收入与支出(2023年)
# Per Capita Income and Consumption Expenditure of Households (2023)

单位：元 (yuan)

| 地区 | Region | 全体居民 All Households | | 城镇常住居民 Urban Permanent Households | | 农村常住居民 Rural Permanent Households | |
|---|---|---|---|---|---|---|---|
| | | 人均可支配收入 Per Capita Disposable Income | 人均消费支出 Per Capita Consumption Expenditure | 人均可支配收入 Per Capita Disposable Income | 人均消费支出 Per Capita Consumption Expenditure | 人均可支配收入 Per Capita Disposable Income | 人均消费支出 Per Capita Consumption Expenditure |
| **全 国** | **National Total** | **39218** | **26796** | **51821** | **32994** | **21691** | **18175** |
| 北 京 | Beijing | 81752 | 47586 | 88650 | 50897 | 37358 | 26277 |
| 天 津 | Tianjin | 51271 | 34914 | 55355 | 37586 | 30851 | 21553 |
| 河 北 | Hebei | 32903 | 22920 | 43631 | 27906 | 20688 | 17244 |
| 山 西 | Shanxi | 30924 | 19756 | 41327 | 24524 | 17677 | 13684 |
| 内蒙古 | Inner Mongolia | 38130 | 27025 | 48676 | 32249 | 21221 | 18650 |
| 辽 宁 | Liaoning | 37992 | 24865 | 45896 | 29091 | 21483 | 16040 |
| 吉 林 | Jilin | 29797 | 21411 | 37503 | 26677 | 19472 | 14354 |
| 黑龙江 | Heilongjiang | 29694 | 22052 | 36492 | 25882 | 19756 | 16453 |
| 上 海 | Shanghai | 84834 | 52508 | 89477 | 54919 | 42988 | 30782 |
| **江 苏** | **Jiangsu** | **52674** | **35491** | **63211** | **40461** | **30488** | **25029** |
| 浙 江 | Zhejiang | 63830 | 42194 | 74997 | 47762 | 40311 | 30468 |
| 安 徽 | Anhui | 34893 | 23607 | 47446 | 27900 | 21144 | 18905 |
| 福 建 | Fujian | 45426 | 31869 | 56153 | 37674 | 26722 | 21746 |
| 江 西 | Jiangxi | 34242 | 23379 | 45554 | 27733 | 21358 | 18421 |
| 山 东 | Shandong | 39890 | 24293 | 51571 | 30251 | 23776 | 16075 |
| 河 南 | Henan | 29933 | 21011 | 40234 | 25570 | 20053 | 16638 |
| 湖 北 | Hubei | 35146 | 27106 | 44990 | 31500 | 21293 | 20922 |
| 湖 南 | Hunan | 35895 | 25462 | 49243 | 31035 | 20921 | 19210 |
| 广 东 | Guangdong | 49327 | 34331 | 59307 | 39333 | 25142 | 22209 |
| 广 西 | Guangxi | 29514 | 19749 | 41287 | 24427 | 18656 | 15435 |
| 海 南 | Hainan | 33192 | 23752 | 42661 | 28930 | 20708 | 16924 |
| 重 庆 | Chongqing | 37595 | 26515 | 47435 | 31531 | 20820 | 17964 |
| 四 川 | Sichuan | 32514 | 23550 | 45227 | 29280 | 19978 | 17901 |
| 贵 州 | Guizhou | 27098 | 20161 | 42772 | 27693 | 14817 | 14260 |
| 云 南 | Yunnan | 28421 | 20995 | 43563 | 28338 | 16361 | 15147 |
| 西 藏 | Tibet | 28983 | 17220 | 51900 | 28858 | 19924 | 12619 |
| 陕 西 | Shaanxi | 32128 | 22012 | 44713 | 27303 | 16992 | 15647 |
| 甘 肃 | Gansu | 25011 | 19013 | 39833 | 27044 | 13131 | 12575 |
| 青 海 | Qinghai | 28587 | 20327 | 40408 | 25373 | 15614 | 14790 |
| 宁 夏 | Ningxia | 31604 | 21629 | 42395 | 27076 | 17772 | 14649 |
| 新 疆 | Xinjiang | 28947 | 19715 | 40578 | 26134 | 17948 | 13645 |

# 附录1-5　居民消费价格指数(2023年)
# Consumer Price Indices (2023)

上年=100　　(preceding year=100)

| 地　区 | Region | 居民消费价格指数 Consumer Price Index | 食　品 Foods | 衣　着 Clothing | 居　住 Housing | 生活用品及服务 Articles for Daily Use and Services | 交　通 Transport | 教育文化和娱乐 Education、Culture and Recreation | 医疗保健 Health Care | 其他用品和服务 Other Articles and Services |
|---|---|---|---|---|---|---|---|---|---|---|
| **全　国** | **National Total** | **100.2** | **100.3** | **101.0** | **100.0** | **100.1** | **97.7** | **102.0** | **101.1** | **103.2** |
| 北　京 | Beijing | 100.4 | 100.1 | 100.6 | 100.3 | 100.3 | 98.3 | 102.8 | 100.2 | 104.2 |
| 天　津 | Tianjin | 100.4 | 100.5 | 101.0 | 100.5 | 100.0 | 97.2 | 103.1 | 100.4 | 103.6 |
| 河　北 | Hebei | 100.6 | 100.5 | 102.3 | 100.3 | 100.6 | 97.6 | 101.5 | 103.2 | 103.2 |
| 山　西 | Shanxi | 99.9 | 99.8 | 100.3 | 100.0 | 100.3 | 98.0 | 100.4 | 100.9 | 102.4 |
| 内蒙古 | Inner Mongolia | 100.6 | 100.6 | 101.2 | 100.1 | 100.5 | 98.0 | 101.5 | 103.3 | 103.5 |
| 辽　宁 | Liaoning | 100.1 | 100.1 | 100.5 | 100.4 | 100.2 | 98.1 | 101.0 | 100.1 | 103.1 |
| 吉　林 | Jilin | 99.9 | 99.3 | 100.1 | 100.0 | 100.2 | 97.8 | 101.4 | 100.7 | 103.4 |
| 黑龙江 | Heilongjiang | 100.6 | 100.6 | 101.7 | 100.1 | 100.3 | 98.1 | 101.6 | 102.5 | 102.8 |
| 上　海 | Shanghai | 100.3 | 98.8 | 102.0 | 100.2 | 100.4 | 99.1 | 103.6 | 100.2 | 104.8 |
| **江　苏** | **Jiangsu** | **100.4** | **101.0** | **101.4** | **100.0** | **100.6** | **96.7** | **101.8** | **103.2** | **103.9** |
| 浙　江 | Zhejiang | 100.3 | 100.6 | 101.0 | 99.6 | 100.4 | 97.9 | 102.8 | 101.0 | 103.6 |
| 安　徽 | Anhui | 100.2 | 100.5 | 101.6 | 99.7 | 100.1 | 97.5 | 102.0 | 100.7 | 103.2 |
| 福　建 | Fujian | 100.0 | 100.9 | 100.0 | 99.8 | 99.9 | 96.7 | 101.6 | 100.7 | 103.1 |
| 江　西 | Jiangxi | 100.3 | 100.4 | 101.9 | 100.1 | 99.8 | 97.5 | 102.3 | 100.7 | 103.3 |
| 山　东 | Shandong | 100.1 | 100.3 | 100.6 | 100.1 | 100.0 | 97.7 | 102.0 | 100.2 | 103.7 |
| 河　南 | Henan | 99.8 | 99.6 | 99.8 | 99.6 | 99.6 | 97.9 | 101.4 | 100.9 | 103.2 |
| 湖　北 | Hubei | 100.1 | 99.9 | 101.3 | 100.4 | 100.2 | 97.5 | 101.8 | 100.5 | 102.9 |
| 湖　南 | Hunan | 100.2 | 99.4 | 101.0 | 100.4 | 100.1 | 98.0 | 101.6 | 102.0 | 103.0 |
| 广　东 | Guangdong | 100.4 | 101.4 | 101.8 | 99.5 | 99.9 | 97.7 | 102.7 | 100.4 | 102.3 |
| 广　西 | Guangxi | 99.8 | 100.0 | 102.1 | 99.1 | 99.0 | 96.9 | 101.8 | 101.5 | 102.1 |
| 海　南 | Hainan | 100.3 | 101.3 | 99.8 | 99.4 | 100.2 | 98.5 | 101.8 | 99.8 | 102.0 |
| 重　庆 | Chongqing | 99.7 | 98.6 | 101.0 | 100.2 | 99.8 | 98.8 | 101.3 | 100.2 | 102.4 |
| 四　川 | Sichuan | 100.0 | 99.8 | 99.0 | 100.4 | 100.0 | 97.9 | 102.5 | 100.6 | 102.6 |
| 贵　州 | Guizhou | 99.7 | 99.8 | 102.0 | 99.8 | 100.0 | 97.3 | 100.4 | 100.0 | 101.9 |
| 云　南 | Yunnan | 100.3 | 100.9 | 100.5 | 100.3 | 100.2 | 97.2 | 102.2 | 100.7 | 103.0 |
| 西　藏 | Tibet | 99.9 | 99.9 | 100.1 | 100.2 | 100.0 | 98.1 | 100.6 | 101.0 | 103.7 |
| 陕　西 | Shaanxi | 100.1 | 99.8 | 100.4 | 100.4 | 99.7 | 97.9 | 101.0 | 101.4 | 103.8 |
| 甘　肃 | Gansu | 100.5 | 100.3 | 100.2 | 99.6 | 100.0 | 99.2 | 101.6 | 103.5 | 103.2 |
| 青　海 | Qinghai | 100.5 | 99.4 | 100.5 | 100.1 | 100.1 | 99.2 | 104.2 | 102.1 | 103.5 |
| 宁　夏 | Ningxia | 100.4 | 100.3 | 100.5 | 100.6 | 99.8 | 98.5 | 101.7 | 100.8 | 104.6 |
| 新　疆 | Xinjiang | 100.0 | 99.6 | 102.5 | 100.0 | 99.4 | 98.0 | 101.0 | 100.3 | 104.4 |

# 附录1-6 农林牧渔业总产值和增速(2023年)
# Gross Output Value and Growth Rate of Agriculture, Forestry, Animal Husbandry and Fishery (2023)

| 地区 | Region | 农林牧渔业总产值(亿元) Gross Output Value of Agriculture, Forestry, Animal Husbandry and Fishery (100 million yuan) | #农业 Farming | #林业 Forestry | #畜牧业 Animal Husbandry | #渔业 Fishery | 农林牧渔业总产值比上年增长(%) Gross Output Value of Agriculture, Forestry, Animal Husbandry and Fishery Over Preceding Year (%) |
|---|---|---|---|---|---|---|---|
| **全 国** | **National Total** | **158507** | **87073** | **7006** | **38965** | **16116** | **4.2** |
| 北 京 | Beijing | 252.62 | 135.60 | 65.87 | 41.99 | 4.04 | -4.6 |
| 天 津 | Tianjin | 511.26 | 269.39 | 5.98 | 145.55 | 71.91 | 1.3 |
| 河 北 | Hebei | 7770.85 | 4081.04 | 259.13 | 2394.97 | 351.21 | 3.0 |
| 山 西 | Shanxi | 2291.70 | 1332.70 | 177.35 | 642.75 | 9.59 | 4.0 |
| 内蒙古 | Inner Mongolia | 4447.31 | 2288.03 | 116.85 | 1898.72 | 32.16 | 5.5 |
| 辽 宁 | Liaoning | 5266.81 | 2284.53 | 144.64 | 1691.45 | 957.02 | 4.7 |
| 吉 林 | Jilin | 3128.02 | 1494.51 | 70.05 | 1402.18 | 65.44 | 5.0 |
| 黑龙江 | Heilongjiang | 6492.51 | 4200.38 | 207.98 | 1722.87 | 155.06 | 2.6 |
| 上 海 | Shanghai | 269.60 | 145.25 | 7.18 | 47.01 | 52.71 | -0.7 |
| **江 苏** | **Jiangsu** | **8935.53** | **4844.11** | **188.42** | **1230.13** | **1903.21** | **3.9** |
| 浙 江 | Zhejiang | 3978.02 | 1871.94 | 198.25 | 393.16 | 1375.25 | 4.2 |
| 安 徽 | Anhui | 6247.89 | 2906.33 | 479.88 | 1746.31 | 689.48 | 4.4 |
| 福 建 | Fujian | 5729.21 | 2193.52 | 454.75 | 1083.36 | 1789.56 | 4.3 |
| 江 西 | Jiangxi | 4198.93 | 2003.39 | 399.77 | 978.34 | 554.10 | 4.2 |
| 山 东 | Shandong | 12531.90 | 6462.43 | 244.47 | 2973.68 | 1807.64 | 5.1 |
| 河 南 | Henan | 10304.58 | 6471.19 | 162.24 | 2595.99 | 141.51 | 2.2 |
| 湖 北 | Hubei | 9106.87 | 4428.78 | 356.25 | 1934.32 | 1602.02 | 4.4 |
| 湖 南 | Hunan | 8199.35 | 4141.54 | 513.65 | 2232.06 | 635.03 | 3.7 |
| 广 东 | Guangdong | 9202.09 | 4430.96 | 562.69 | 1696.79 | 2005.31 | 5.1 |
| 广 西 | Guangxi | 7229.34 | 4253.52 | 543.70 | 1505.31 | 583.01 | 4.7 |
| 海 南 | Hainan | 2410.33 | 1319.74 | 111.41 | 334.24 | 523.04 | 4.8 |
| 重 庆 | Chongqing | 3154.29 | 1978.04 | 188.11 | 766.62 | 142.86 | 4.5 |
| 四 川 | Sichuan | 9977.76 | 5821.66 | 481.80 | 3035.62 | 359.09 | 4.0 |
| 贵 州 | Guizhou | 4953.61 | 3360.32 | 358.49 | 907.86 | 81.19 | 4.0 |
| 云 南 | Yunnan | 6834.50 | 4041.84 | 485.17 | 1969.32 | 125.37 | 4.3 |
| 西 藏 | Tibet | 320.14 | 132.60 | 9.51 | 169.97 | 0.28 | 13.1 |
| 陕 西 | Shaanxi | 4724.91 | 3468.13 | 96.37 | 864.39 | 36.66 | 4.0 |
| 甘 肃 | Gansu | 2927.69 | 2001.64 | 37.26 | 700.13 | 1.77 | 6.1 |
| 青 海 | Qinghai | 575.60 | 259.34 | 12.61 | 290.92 | 4.29 | 4.7 |
| 宁 夏 | Ningxia | 885.69 | 459.51 | 10.64 | 358.01 | 22.83 | 7.6 |
| 新 疆 | Xinjiang | 5648.25 | 3991.42 | 55.62 | 1210.60 | 33.56 | 6.5 |

注：本表绝对数按当年价格计算，增长速度按可比价格计算。

a) The absolute numbers in this table are calculated based on current year prices, and the growth rate is calculated based on comparable prices

# 附录1-7　主要农产品产量(2023年)
# Output of Major Farm Products (2023)

单位：万吨　　(10000 tons)

| 地　区 | Region | 粮　食 Grain | 油　料 Oil-bearing Crops | 棉　花 Cotton | 肉　类 Meat | 奶　类 Milk | 水果 Fruits |
|---|---|---|---|---|---|---|---|
| **全　国** | **National Total** | **69541** | **3864** | **562** | **9748** | **4281** | **32744** |
| 北　京 | Beijing | 47.78 | 1.03 | 0.00 | 4.23 | 26.50 | 41.77 |
| 天　津 | Tianjin | 255.73 | 0.42 | 0.15 | 31.51 | 54.12 | 42.34 |
| 河　北 | Hebei | 3809.92 | 118.28 | 10.39 | 495.01 | 574.29 | 1563.25 |
| 山　西 | Shanxi | 1478.09 | 17.93 | 0.01 | 154.99 | 147.46 | 1082.78 |
| 内蒙古 | Inner Mongolia | 3957.84 | 206.18 | | 291.24 | 794.93 | 213.26 |
| 辽　宁 | Liaoning | 2563.40 | 128.14 | | 473.71 | 136.03 | 928.25 |
| 吉　林 | Jilin | 4186.50 | 88.40 | | 309.43 | 30.89 | 157.23 |
| 黑龙江 | Heilongjiang | 7788.22 | 16.52 | | 328.48 | 504.30 | 188.93 |
| 上　海 | Shanghai | 101.86 | 0.65 | | 12.16 | 30.68 | 31.67 |
| **江　苏** | **Jiangsu** | **3797.70** | **103.42** | **0.50** | **331.72** | **72.88** | **1015.18** |
| 浙　江 | Zhejiang | 638.79 | 35.57 | 0.34 | 119.90 | 20.93 | 733.36 |
| 安　徽 | Anhui | 4150.75 | 188.99 | 2.03 | 497.10 | 53.63 | 828.80 |
| 福　建 | Fujian | 510.97 | 24.38 | | 311.41 | 25.42 | 914.34 |
| 江　西 | Jiangxi | 2198.31 | 148.13 | 2.20 | 369.07 | 6.34 | 798.99 |
| 山　东 | Shandong | 5655.28 | 280.75 | 12.58 | 910.09 | 318.29 | 3208.16 |
| 河　南 | Henan | 6624.27 | 703.04 | 0.75 | 679.15 | 241.78 | 2561.65 |
| 湖　北 | Hubei | 2777.04 | 394.87 | 9.60 | 457.91 | 8.99 | 1191.48 |
| 湖　南 | Hunan | 3068.01 | 293.15 | 7.60 | 582.59 | 8.03 | 1266.09 |
| 广　东 | Guangdong | 1285.19 | 121.01 | | 507.46 | 20.32 | 2127.79 |
| 广　西 | Guangxi | 1395.36 | 80.75 | 0.09 | 478.94 | 13.79 | 3553.21 |
| 海　南 | Hainan | 147.02 | 7.93 | | 76.38 | 0.29 | 592.60 |
| 重　庆 | Chongqing | 1095.90 | 77.46 | | 215.82 | 3.05 | 645.93 |
| 四　川 | Sichuan | 3593.76 | 438.64 | 0.01 | 697.09 | 72.06 | 1490.35 |
| 贵　州 | Guizhou | 1119.68 | 110.97 | 0.03 | 246.88 | 3.71 | 756.67 |
| 云　南 | Yunnan | 1974.00 | 68.45 | | 536.06 | 73.87 | 1380.88 |
| 西　藏 | Tibet | 108.87 | 5.01 | | 31.34 | 64.30 | 3.13 |
| 陕　西 | Shaanxi | 1323.66 | 60.63 | 0.02 | 135.66 | 163.90 | 2335.53 |
| 甘　肃 | Gansu | 1272.90 | 63.10 | 4.25 | 157.44 | 102.76 | 1043.95 |
| 青　海 | Qinghai | 116.23 | 32.05 | | 41.40 | 33.94 | 2.45 |
| 宁　夏 | Ningxia | 378.80 | 4.61 | | 41.41 | 430.63 | 310.53 |
| 新　疆 | Xinjiang | 2119.16 | 43.19 | 511.25 | 222.62 | 243.21 | 1733.76 |

# 附录1-8 主要工业产品产量(2023年)
# Output of Major Industrial Products (2023)

| 地 区 | Region | 布 (亿米) Cloth (100 million m) | 农用化肥(折纯) (万吨) Chemical Fertilizers for Agricultural Use (10000 tons) | 水 泥 (万吨) Cement (10000 tons) | 生 铁 (万吨) Pig Iron (10000 tons) | 粗 钢 (万吨) Crude Steel (10000 tons) |
|---|---|---|---|---|---|---|
| **全 国** | **National Total** | **294.9** | **5713.6** | **202293.0** | **87101.3** | **101908.1** |
| 北 京 | Beijing | | | 200.0 | | |
| 天 津 | Tianjin | 0.1 | 61.0 | 484.0 | 1895.3 | 1644.5 |
| 河 北 | Hebei | 8.1 | 232.6 | 9982.0 | 19530.7 | 21050.6 |
| 山 西 | Shanxi | 0.2 | 425.9 | 4660.6 | 6015.3 | 6292.0 |
| 内蒙古 | Inner Mongolia | | 466.7 | 3729.6 | 2347.9 | 3266.9 |
| 辽 宁 | Liaoning | 0.7 | 38.1 | 3814.0 | 6948.9 | 7344.1 |
| 吉 林 | Jilin | 0.3 | 19.0 | 2032.1 | 1359.9 | 1452.5 |
| 黑龙江 | Heilongjiang | | 82.8 | 1944.7 | 865.7 | 956.4 |
| 上 海 | Shanghai | 0.5 | 0.8 | 441.7 | 1460.4 | 1573.3 |
| **江 苏** | **Jiangsu** | **59.5** | **187.1** | **14368.9** | **9762.2** | **11859.2** |
| 浙 江 | Zhejiang | 67.6 | 33.4 | 12710.8 | 873.6 | 1445.7 |
| 安 徽 | Anhui | 5.0 | 215.4 | 13251.7 | 3111.2 | 3891.5 |
| 福 建 | Fujian | 22.7 | 23.2 | 8038.7 | 1486.1 | 3405.5 |
| 江 西 | Jiangxi | 5.7 | 91.7 | 8341.1 | 2446.7 | 2658.5 |
| 山 东 | Shandong | 45.1 | 465.8 | 12894.3 | 7293.9 | 7455.9 |
| 河 南 | Henan | 5.0 | 432.3 | 9553.9 | 2819.1 | 3262.4 |
| 湖 北 | Hubei | 33.6 | 670.9 | 9892.7 | 2863.8 | 3640.9 |
| 湖 南 | Hunan | 0.8 | 58.0 | 8285.9 | 2180.8 | 2415.6 |
| 广 东 | Guangdong | 15.9 | 10.7 | 14322.3 | 2437.6 | 3692.1 |
| 广 西 | Guangxi | 0.3 | 27.4 | 9998.8 | 3402.1 | 3816.6 |
| 海 南 | Hainan | | 65.5 | 1545.4 | | |
| 重 庆 | Chongqing | 1.6 | 184.2 | 5477.8 | 651.6 | 889.7 |
| 四 川 | Sichuan | 10.2 | 316.5 | 12151.6 | 1983.6 | 2688.8 |
| 贵 州 | Guizhou | 0.6 | 243.6 | 5883.4 | 390.6 | 443.6 |
| 云 南 | Yunnan | | 250.6 | 9610.5 | 1472.1 | 2309.6 |
| 西 藏 | Tibet | | | 1198.4 | | |
| 陕 西 | Shaanxi | 6.2 | 155.8 | 5768.4 | 1182.8 | 1426.6 |
| 甘 肃 | Gansu | | 21.0 | 4125.5 | 814.7 | 1108.9 |
| 青 海 | Qinghai | | 476.8 | 1192.2 | 67.1 | 73.8 |
| 宁 夏 | Ningxia | 0.5 | 73.9 | 1670.0 | 326.4 | 596.2 |
| 新 疆 | Xinjiang | 13.3 | 382.6 | 4810.5 | 1111.4 | 1246.9 |

附录1-8 续表 continued

| 地 区 | Region | 钢 材<br>(万吨)<br>Rolled Steel<br>(10000 tons) | 汽 车<br>(万辆)<br>Motor Vehicles<br>(10000 units) | 移动通信手持机<br>(万台)<br>mobile communication<br>Handheld device<br>(10000 units) | 微型计算机设备<br>(万台)<br>Microcomputer Equipment<br>(10000 units) |
|---|---|---|---|---|---|
| **全 国** | **National Total** | **136268.2** | **3011.3** | **156642.2** | **33056.9** |
| 北 京 | Beijing | 183.7 | 100.3 | 10286.8 | 615.8 |
| 天 津 | Tianjin | 5991.9 | 89.5 | | |
| 河 北 | Hebei | 29792.6 | 84.1 | | |
| 山 西 | Shanxi | 6876.6 | 10.6 | 2009.2 | 19.5 |
| 内蒙古 | Inner Mongolia | 3385.8 | 10.6 | | |
| 辽 宁 | Liaoning | 7848.4 | 94.3 | 6.2 | |
| 吉 林 | Jilin | 1588.2 | 155.9 | | |
| 黑龙江 | Heilongjiang | 933.3 | 9.0 | | 1.0 |
| 上 海 | Shanghai | 1917.2 | 215.6 | 2367.1 | 1900.9 |
| **江 苏** | **Jiangsu** | **16631.5** | **195.2** | **7893.9** | **2762.2** |
| 浙 江 | Zhejiang | 3155.8 | 152.6 | 3032.3 | 140.0 |
| 安 徽 | Anhui | 4164.9 | 208.8 | | 2125.8 |
| 福 建 | Fujian | 3956.8 | 33.2 | 852.6 | 466.1 |
| 江 西 | Jiangxi | 3646.3 | 48.0 | 9268.5 | 2370.8 |
| 山 东 | Shandong | 10858.5 | 197.4 | 277.4 | 0.6 |
| 河 南 | Henan | 3400.2 | 78.3 | 14510.9 | 165.5 |
| 湖 北 | Hubei | 3848.6 | 179.0 | 5387.7 | 1347.2 |
| 湖 南 | Hunan | 2890.8 | 44.7 | 1571.2 | 141.7 |
| 广 东 | Guangdong | 6319.1 | 519.2 | 64944.2 | 7335.0 |
| 广 西 | Guangxi | 5200.5 | 97.5 | 2266.1 | 173.4 |
| 海 南 | Hainan | | 3.0 | | |
| 重 庆 | Chongqing | 2072.2 | 231.8 | 8493.3 | 7400.5 |
| 四 川 | Sichuan | 4045.9 | 97.5 | 14567.0 | 5337.8 |
| 贵 州 | Guizhou | 579.9 | 4.8 | 1458.0 | 2.8 |
| 云 南 | Yunnan | 2459.0 | 1.8 | 4187.4 | 743.7 |
| 西 藏 | Tibet | | | | |
| 陕 西 | Shaanxi | 1629.4 | 147.0 | 3126.4 | 2.9 |
| 甘 肃 | Gansu | 1179.4 | | | |
| 青 海 | Qinghai | 69.7 | | 120.4 | |
| 宁 夏 | Ningxia | 582.2 | | | |
| 新 疆 | Xinjiang | 1497.3 | 1.9 | 15.5 | 3.6 |

# 附录1-9 客运量和旅客周转量(2023年)

# Passenger Traffic and Passenger Kilometers (2023)

| 地区 | Region | 客运量(万人) Passenger Traffic (10000 persons) | 铁路 Railways | 公路 Highways | 水运 Waterways | 旅客周转量(亿人公里) Passenger Kilometers (100 million Passenger km) | 铁路 Railways | 公路 Highways | 水运 Waterways |
|---|---|---|---|---|---|---|---|---|---|
| **全国** | **National Total** | **930441.6** | **385449.6** | **457263.6** | **25770.7** | **28609.7** | **14729.4** | **3517.6** | **53.8** |
| 北京 | Beijing | 40885.2 | 15165.2 | 25720.1 | | 236.7 | 163.2 | 73.5 | |
| 天津 | Tianjin | 13187.1 | 4969.2 | 8056.2 | 161.6 | 226.5 | 178.8 | 47.4 | 0.2 |
| 河北 | Hebei | 20417.7 | 12387.7 | 8029.9 | | 1080.4 | 1003.9 | 76.5 | |
| 山西 | Shanxi | 12378.7 | 8513.8 | 3659.0 | 205.9 | 277.5 | 231.9 | 45.6 | 0.1 |
| 内蒙古 | Inner Mongolia | 7538.0 | 5059.7 | 2478.4 | | 216.5 | 184.2 | 32.3 | |
| 辽宁 | Liaoning | 28002.3 | 11187.3 | 16285.0 | 530.0 | 643.5 | 553.2 | 86.6 | 3.8 |
| 吉林 | Jilin | 14502.9 | 5932.8 | 8443.2 | 126.9 | 290.3 | 225.4 | 64.8 | 0.1 |
| 黑龙江 | Heilongjiang | 16265.3 | 8160.8 | 7872.2 | 232.3 | 282.5 | 229.6 | 52.6 | 0.3 |
| 上海 | Shanghai | 19966.1 | 13006.6 | 6326.3 | 633.2 | 190.1 | 119.0 | 70.2 | 0.9 |
| **江苏** | **Jiangsu** | **73556.2** | **31821.3** | **38904.0** | **2830.9** | **1311.0** | **1052.6** | **257.3** | **1.1** |
| 浙江 | Zhejiang | 51460.5 | 26686.5 | 19680.0 | 5094.0 | 923.1 | 739.3 | 178.1 | 5.7 |
| 安徽 | Anhui | 25898.2 | 15190.7 | 10484.2 | 223.2 | 998.7 | 883.7 | 114.6 | 0.3 |
| 福建 | Fujian | 25583.7 | 12470.5 | 12024.4 | 1088.8 | 466.2 | 378.6 | 86.6 | 1.0 |
| 江西 | Jiangxi | 24638.3 | 12701.8 | 11708.5 | 228.1 | 832.7 | 749.1 | 83.3 | 0.3 |
| 山东 | Shandong | 35996.7 | 21003.0 | 12441.5 | 2552.2 | 981.4 | 810.9 | 162.1 | 8.4 |
| 河南 | Henan | 59097.9 | 20224.0 | 38582.6 | 291.3 | 1496.2 | 1124.6 | 371.1 | 0.4 |
| 湖北 | Hubei | 36512.3 | 17041.6 | 18753.1 | 717.6 | 867.3 | 743.2 | 120.1 | 3.9 |
| 湖南 | Hunan | 46863.0 | 17552.0 | 27953.5 | 1357.5 | 1142.4 | 967.8 | 172.5 | 2.1 |
| 广东 | Guangdong | 70296.2 | 36939.0 | 30582.8 | 2774.4 | 1275.8 | 1014.1 | 253.1 | 8.6 |
| 广西 | Guangxi | 29825.9 | 12078.0 | 16854.5 | 893.5 | 636.2 | 467.5 | 165.1 | 3.6 |
| 海南 | Hainan | 9626.0 | 3035.4 | 4307.0 | 2283.7 | 91.4 | 47.8 | 39.4 | 4.2 |
| 重庆 | Chongqing | 27943.1 | 9538.2 | 17532.4 | 872.5 | 381.4 | 267.3 | 108.5 | 5.5 |
| 四川 | Sichuan | 61011.9 | 21927.2 | 37977.0 | 1107.7 | 757.1 | 529.0 | 227.0 | 1.0 |
| 贵州 | Guizhou | 25121.6 | 8067.4 | 16709.2 | 345.0 | 504.0 | 370.7 | 132.6 | 0.6 |
| 云南 | Yunnan | 23178.4 | 9442.2 | 13120.6 | 615.6 | 429.0 | 294.5 | 133.5 | 1.0 |
| 西藏 | Tibet | 1174.2 | 421.2 | 753.0 | | 46.3 | 22.4 | 23.9 | |
| 陕西 | Shaanxi | 24902.8 | 12056.8 | 12753.6 | 92.4 | 636.3 | 528.4 | 107.7 | 0.2 |
| 甘肃 | Gansu | 15728.9 | 6200.4 | 9371.0 | 157.5 | 468.5 | 402.4 | 66.0 | 0.2 |
| 青海 | Qinghai | 2601.4 | 1033.4 | 1438.9 | 129.1 | 117.9 | 86.9 | 30.8 | 0.1 |
| 宁夏 | Ningxia | 3870.0 | 1053.1 | 2590.9 | 226.0 | 71.8 | 43.3 | 28.4 | 0.1 |
| 新疆 | Xinjiang | 20453.4 | 4582.7 | 15870.7 | | 422.4 | 316.2 | 106.2 | |
| 不分地区 | Regardless of Region | 61957.6 | | | | 10309.0 | | | |

注：不分地区合计为民航完成数。客运量和旅客周转量的全国总计等于分省数与不分地区数据之和。

a) The total number of civil aviation completed regardless of region. The national total of passenger volume and passenger turnover is equal to the sum of data by province and by region.

# 附录1-10 货运量和货物周转量(2023年)
# Freight Traffic and Freight Ton-Kilometers (2023)

| 地 区 | Region | 货运量(万吨) Freight Traffic (10000 tons) | 铁路 Railways | 公路 Highways | 水运 Waterways | 货物周转量(亿吨公里) Freight Ton-Kilometers (100 million ton km) | 铁路 Railways | 公路 Highways | 水运 Waterways |
|---|---|---|---|---|---|---|---|---|---|
| **全 国** | **National Total** | **5570636.1** | **503534.6** | **4033681.2** | **936746.2** | **247745.3** | **36460.4** | **73950.2** | **129951.5** |
| 北 京 | Beijing | 19707.0 | 307.7 | 19399.3 | | 1062.6 | 805.7 | 256.9 | |
| 天 津 | Tianjin | 56073.4 | 11673.1 | 33741.9 | 10658.5 | 2785.8 | 566.6 | 690.0 | 1529.2 |
| 河 北 | Hebei | 253091.1 | 30124.4 | 217492.1 | 5474.6 | 14796.9 | 5436.7 | 8472.2 | 888.0 |
| 山 西 | Shanxi | 222753.0 | 101001.1 | 121751.1 | 0.8 | 6877.4 | 3494.2 | 3383.2 | 0.0 |
| 内蒙古 | Inner Mongolia | 236621.3 | 90249.5 | 146371.8 | | 5556.1 | 3195.7 | 2360.4 | |
| 辽 宁 | Liaoning | 179703.6 | 20073.0 | 153305.4 | 6325.1 | 4685.9 | 1196.6 | 2869.1 | 620.2 |
| 吉 林 | Jilin | 54409.9 | 5375.7 | 49034.3 | | 2013.0 | 572.2 | 1440.8 | |
| 黑龙江 | Heilongjiang | 54457.7 | 12137.2 | 41619.4 | 701.1 | 1942.2 | 1011.9 | 891.4 | 39.0 |
| 上 海 | Shanghai | 153213.4 | 547.2 | 50436.3 | 102229.9 | 32789.8 | 22.1 | 895.4 | 31872.3 |
| **江 苏** | **Jiangsu** | **310363.4** | **9315.1** | **183485.4** | **117563.0** | **13232.1** | **368.7** | **3459.5** | **9403.9** |
| 浙 江 | Zhejiang | 344880.7 | 5565.3 | 222803.0 | 116512.5 | 15062.2 | 278.0 | 3142.2 | 11642.0 |
| 安 徽 | Anhui | 422887.8 | 8053.7 | 260939.5 | 153894.7 | 12097.2 | 833.6 | 3792.7 | 7470.9 |
| 福 建 | Fujian | 178748.6 | 5211.5 | 110497.0 | 63040.2 | 12230.9 | 214.6 | 1319.1 | 10697.2 |
| 江 西 | Jiangxi | 209403.4 | 5130.6 | 188006.0 | 16266.9 | 5348.0 | 598.2 | 4256.8 | 493.1 |
| 山 东 | Shandong | 346632.7 | 35841.6 | 285567.2 | 25224.0 | 15043.2 | 1868.8 | 7999.4 | 5175.1 |
| 河 南 | Henan | 283055.7 | 12521.2 | 251332.6 | 19202.0 | 12228.8 | 2696.3 | 8183.2 | 1349.4 |
| 湖 北 | Hubei | 248947.4 | 6158.8 | 173045.3 | 69743.3 | 8593.4 | 1172.3 | 2424.3 | 4996.8 |
| 湖 南 | Hunan | 228497.4 | 5091.5 | 200673.9 | 22732.1 | 3036.9 | 1015.4 | 1574.4 | 447.1 |
| 广 东 | Guangdong | 371033.2 | 12344.5 | 252808.8 | 105880.0 | 29304.4 | 370.8 | 2850.5 | 26083.0 |
| 广 西 | Guangxi | 228354.8 | 11503.1 | 172005.4 | 44846.3 | 5589.6 | 772.4 | 2000.4 | 2816.8 |
| 海 南 | Hainan | 35987.4 | 890.1 | 7773.8 | 27323.5 | 11713.2 | 12.7 | 45.3 | 11655.2 |
| 重 庆 | Chongqing | 141103.6 | 2518.4 | 117583.8 | 21001.4 | 3928.5 | 334.8 | 1126.6 | 2467.1 |
| 四 川 | Sichuan | 201399.6 | 8437.0 | 185814.1 | 7148.5 | 3434.4 | 1159.9 | 1983.9 | 290.6 |
| 贵 州 | Guizhou | 102678.2 | 6503.4 | 95909.0 | 265.7 | 1468.7 | 678.5 | 783.9 | 6.3 |
| 云 南 | Yunnan | 144427.2 | 6225.8 | 137540.2 | 661.2 | 2062.1 | 515.4 | 1538.6 | 8.1 |
| 西 藏 | Tibet | 5057.8 | 103.6 | 4954.2 | | 161.6 | 36.1 | 125.5 | |
| 陕 西 | Shaanxi | 180282.3 | 46128.9 | 134102.4 | 51.0 | 4478.1 | 2547.8 | 1930.1 | 0.2 |
| 甘 肃 | Gansu | 79806.7 | 9904.6 | 69902.1 | | 4245.7 | 2155.2 | 2090.5 | |
| 青 海 | Qinghai | 21604.8 | 3621.6 | 17983.3 | | 803.4 | 593.9 | 209.5 | |
| 宁 夏 | Ningxia | 54996.2 | 9934.8 | 45061.3 | | 946.6 | 281.4 | 665.3 | |
| 新 疆 | Xinjiang | 103782.6 | 21041.0 | 82741.6 | | 2843.3 | 1654.2 | 1189.1 | |
| 不分地区 | Regardless of Region | 96674.2 | | | | 7383.2 | | | |

注：不分地区合计中包括民航、管道等完成数。货运量和货物周转量的全国总计等于分省数与不分地区数据之和。

a) The total for civil aviation, pipelines, etc. is included in the total regardless of region. The national total of freight volume and cargo turnover is equal to the sum of data by province and by region.

# 附录1-11 国内外贸易(2023年)
# Domestic and Foreign Trade (2023)

| 地 区 | Region | 社会消费品零售总额(亿元) Total Retail Sales of Consumer Goods (100 million yuan) | 进出口总额(亿美元) Total Value of Imports and Exports (USD 100 million) | 出口 Exports | 进口 Imports |
|---|---|---|---|---|---|
| **全 国** | **National Total** | **471495.2** | **417568.3** | **33800.2** | **25568.0** |
| 北 京 | Beijing | 14462.7 | 36466.3 | 852.7 | 4334.7 |
| 天 津 | Tianjin | 3820.7 | 8004.7 | 516.8 | 621.6 |
| 河 北 | Hebei | 15040.5 | 5818.4 | 498.1 | 328.5 |
| 山 西 | Shanxi | 7981.8 | 1693.7 | 149.0 | 91.4 |
| 内蒙古 | Inner Mongolia | 5374.3 | 1965.3 | 111.5 | 167.6 |
| 辽 宁 | Liaoning | 10362.1 | 7659.6 | 502.8 | 586.7 |
| 吉 林 | Jilin | 4150.4 | 1679.1 | 88.9 | 149.1 |
| 黑龙江 | Heilongjiang | 5634.2 | 2978.3 | 107.9 | 315.6 |
| 上 海 | Shanghai | 18515.5 | 42121.6 | 2471.2 | 3519.1 |
| **江 苏** | **Jiangsu** | **45547.5** | **52493.8** | **4794.4** | **2666.9** |
| 浙 江 | Zhejiang | 32550.2 | 48998.0 | 5073.0 | 1894.8 |
| 安 徽 | Anhui | 23008.3 | 8052.2 | 743.5 | 400.4 |
| 福 建 | Fujian | 22109.6 | 19743.5 | 1672.6 | 1135.5 |
| 江 西 | Jiangxi | 13659.8 | 5697.7 | 561.0 | 251.4 |
| 山 东 | Shandong | 36141.8 | 32642.6 | 2761.8 | 1878.7 |
| 河 南 | Henan | 26004.4 | 8107.9 | 750.1 | 401.5 |
| 湖 北 | Hubei | 24041.9 | 6449.7 | 616.0 | 300.4 |
| 湖 南 | Hunan | 20203.3 | 6175.0 | 572.2 | 307.9 |
| 广 东 | Guangdong | 47494.9 | 83040.7 | 7731.0 | 4071.6 |
| 广 西 | Guangxi | 8651.6 | 6936.5 | 515.9 | 469.1 |
| 海 南 | Hainan | 2511.3 | 2312.8 | 105.7 | 223.5 |
| 重 庆 | Chongqing | 15130.3 | 7137.4 | 680.2 | 335.3 |
| 四 川 | Sichuan | 26313.4 | 9574.9 | 858.1 | 503.1 |
| 贵 州 | Guizhou | 9011.2 | 759.8 | 73.9 | 34.0 |
| 云 南 | Yunnan | 11560.7 | 2588.0 | 131.5 | 236.3 |
| 西 藏 | Tibet | 879.8 | 109.8 | 13.8 | 1.6 |
| 陕 西 | Shaanxi | 10759.0 | 4042.1 | 374.5 | 200.9 |
| 甘 肃 | Gansu | 4329.7 | 491.7 | 17.6 | 52.4 |
| 青 海 | Qinghai | 987.7 | 48.7 | 4.2 | 2.7 |
| 宁 夏 | Ningxia | 1354.9 | 205.4 | 21.4 | 7.9 |
| 新 疆 | Xinjiang | 3849.7 | 3573.3 | 428.9 | 77.8 |